D1921092

Enzyklopädie der Psychologie

ENZYKLOPÄDIE DER PSYCHOLOGIE

In Verbindung mit der
Deutschen Gesellschaft für Psychologie

herausgegeben von

Prof. Dr. Carl F. Graumann, Heidelberg
Prof. Dr. Martin Irle, Mannheim
Prof. Dr. Wolfgang Prinz, Bielefeld
Prof. Dr. Dr. h.c. Hans Thomae, Bonn
Prof. Dr. Franz E. Weinert, München

Themenbereich D

Praxisgebiete

Serie III

Wirtschafts-, Organisations- und Arbeitspsychologie

Band 1

Arbeitspsychologie

Verlag für Psychologie · Dr. C.J. Hogrefe
Göttingen · Toronto · Zürich

Arbeitspsychologie

Herausgegeben von

Prof. Dr. Uwe Kleinbeck, Wuppertal

und

Prof. Dr. Dr. Joseph Rutenfranz, Dortmund

Verlag für Psychologie · Dr. C.J. Hogrefe
Göttingen · Toronto · Zürich

© by Verlag für Psychologie · Dr. C. J. Hogrefe, Göttingen 1987

Das Werk einschließlich aller seiner Teile ist urheberrechtlich geschützt. Jede Verwertung außerhalb der engen Grenzen des Urheberrechtsgesetzes ist ohne Zustimmung des Verlages unzulässig und strafbar. Das gilt insbesondere für Vervielfältigungen, Übersetzungen, Mikroverfilmungen und die Einspeicherung und Verarbeitung in elektronischen Systemen.

Gesamtherstellung: Konrad Triltsch, Druck- und Verlagsanstalt, Würzburg.
Printed in Germany.
ISBN 3 8017 0517 X

Autorenverzeichnis

Dr. Christof Baitsch

Lehrstuhl für Arbeits- und Organisationspsychologie der Eidgenössischen Techn. Hochschule Zürich
Nelkenstr. 11

CH-8092 Zürich

Dr. Gerhard Ernst

Universität Oldenburg
Fach Psychologie im FB 5
Birkenweg 3

2900 Oldenburg

Prof. Dr. Carl Graf Hoyos

Lehrstuhl für Psychologie der Technischen Universität München
Lothstr. 17

8000 München 2

Prof. Dr. Uwe Kleinbeck

Fach Psychologie
Bergische Universität
Gesamthochschule Wuppertal
Gaußstr. 20

5600 Wuppertal 1

Prof. Dr. Peter Knauth

Institut für Industriebetriebslehre und Industrielle Produktion (IIP)
Abteilung Arbeitswissenschaft
Universität Karlsruhe (TH)
Hertzstr. 16, Bau 06.33

7500 Karlsruhe 21

Prof. Dr. Kurt Landau

Universität Hohenheim
Fachgebiet Arbeitswissenschaft und Haushaltstechnologie
Postfach 700562

7000 Stuttgart 70

Prof. Dr. Holger Luczak

Techn. Universität Berlin
Fachbereich 11
Konstruktion und Fertigung
Institut für Arbeitswissenschaft
Ernst-Reuter-Platz 7

1000 Berlin 10

PD Dr. Günter F. Müller

Universität Oldenburg
Fach Psychologie im FB 5
Birkenweg 3

2900 Oldenburg

Prof. Dr. Friedhelm Nachreiner

Universität Oldenburg
Fach Psychologie im FB 5
Birkenweg 3

2900 Oldenburg

Dipl.-Psych. Wolfgang Ottmann

Institut für Arbeitsphysiologie an der Universität Dortmund
Abteilung Arbeitspsychologie II
Ardeystr. 67

4600 Dortmund 1

Dr. Rainer Oesterreich

Institut für Humanwissenschaft
in Arbeit und Ausbildung
der Technischen Universität Berlin
Ernst-Reuter-Platz 7

1000 Berlin 10

Prof. Dr. Walter Rohmert

Institut für Arbeitswissenschaft der
Technischen Hochschule Darmstadt
Petersenstr. 30

6100 Darmstadt

Prof. Dr. Dr. Joseph Rutenfranz

Institut für Arbeitsphysiologie
an der Universität Dortmund
Abteilung Arbeitsphysiologie II
Ardeystr. 67

4600 Dortmund 1

Dipl.-Psych. Klaus-Helmut Schmidt

Institut für Arbeitsphysiologie
an der Universität Dortmund
Abteilung Arbeitsphysiologie II
Ardeystr. 67

4600 Dortmund 1

Prof. Dr. Wolfgang Schönpflug

Institut für Psychologie der Freien
Universität Berlin
Fachbereich Erziehungs- und
Unterrichtswissenschaften
Habelschwerdter Allee 45

1000 Berlin 33

Dr. Andrew P. Smith

MRC Perceptual and Cognitive
Performance Unit
Laboratory of Experimental Psychology
University of Sussex

Brighton BN1 9QG – Sussex
England

Prof. Dr. Eberhard Ulich

Lehrstuhl für Arbeits- und Organisations-
psychologie der Eidgenössischen Techn.
Hochschule Zürich
Nelkenstr. 11

CH-8092 Zürich

Prof. Dr. Walter Volpert

Institut für Humanwissenschaft
in Arbeit und Ausbildung
der Technischen Universität Berlin
Ernst-Reuter-Platz 7

1000 Berlin 10

Vorwort

Die Arbeitspsychologie hat sich seit ihren Anfängen (Münsterberg, 1912; Kraepelin, 1926) mit der Analyse und Gestaltung der Bedingungen und Folgen menschlicher Arbeit befaßt. Sie hat sich mit wechselndem Erfolg darum bemüht, auf dem Boden psychologischer Grundlagenforschung Erkenntnisse zu sammeln, die im Rahmen einer arbeitspsychologischen Technologie für die Lösung praktischer Probleme nutzbar gemacht werden können.

Im Zuge der Entwicklung dieses Faches fällt dem vorliegenden Enzyklopädieband die Aufgabe zu, in einer Zwischenbilanz den bisher erreichten Erkenntnisstand darzustellen sowie auf einige aktuelle und zukünftige Forschungs- und Anwendungsschwerpunkte hinzuweisen.

In dem einleitenden Kapitel über die psychische Regulation von Arbeitstätigkeiten (W. Volpert) wird zunächst die Rolle einer Allgemeinen Arbeitspsychologie unter Forschungs- und Anwendungsaspekten thematisiert. Es schließen sich zwei Beiträge zur Analyse von Arbeitsbedingungen an, in denen in enger Anlehnung an das Einführungskapitel (R. Oesterreich, W. Volpert) methodische Ansätze zur Beschreibung des Forschungsgegenstandes dargestellt werden (W. Rohmert und K. Landau).

Nach der Beschreibung des Gegenstandes, der Theorien und Methoden der Arbeitspsychologie folgt eine Einführung in die Konzepte der Belastung und Beanspruchung bei der Arbeit (W. Schönpflug), in der zunächst die einschlägigen Begriffe erläutert und strukturell verankert werden. Die psychophysiologischen Methoden zur Erfassung von Beanspruchungszuständen bilden einen zweiten Teil dieses Themenbereiches (H. Luczak). Beiträge zu den Grundlagen sensumotorischer Arbeitstätigkeiten (K.-H. Schmidt) und zum Einfluß von Umgebungsfaktoren auf die psychische Leistung (A. P. Smith und W. Ottmann) greifen den Fortschritt in anwendungsorientierten Fragestellungen noch einmal aus einer mehr forschungsbezogenen Perspektive auf, bevor mit den Methoden zur Planung und Bewertung arbeitspsychologischer Interventionsmaßnahmen (F. Nachreiner, G. F. Müller und G. Ernst) konkrete Arbeitsgestaltungsprobleme erörtert werden.

Die für die Arbeitspsychologie besondere Bedeutung der Motivationspsychologie wird dabei durch die Beiträge zur Gestaltung von Motivationsbedingungen der Arbeit (U. Kleinbeck) und zur Arbeitsstrukturierung (E. Ulich und C. Baitsch) betont. Die Darstellung des Erkenntnisstandes zur Arbeitszeitgestaltung rundet diesen Themenbereich ab (P. Knauth und J. Rutenfranz). Ansätze zur Beschreibung der psychologischen Bedingungen des Verhaltens in gefährlichen Arbeitssituationen und Konsequenzen, die man aus diesem Wissen für sicherheitsfördernde Maßnahmen ziehen kann, werden im letzten Kapitel (C. Graf Hoyos) erörtert.

Die Beiträge zu diesem Band dokumentieren den Fortschritt dieses Faches, machen aber zur gleichen Zeit auch deutlich, daß die Entwicklung von arbeitspsychologischen Handlungstechniken noch am Anfang steht. Dieses Buch versucht darum, Anregungen für weitere Forschungen in diesem zentralen Lebensbereich von Menschen zu geben.

U. Kleinbeck
Wuppertal

J. Rutenfranz
Dortmund

Inhaltsverzeichnis

1. Kapitel: Psychische Regulation von Arbeitstätigkeiten
Von Walter Volpert

2. Kapitel: Handlungstheoretisch orientierte Arbeitsanalyse
Von Rainer Oesterreich und Walter Volpert

3. Kapitel: Aufgabenbezogene Analyse von Arbeitstätigkeiten
Von Kurt Landau und Walter Rohmert

4. Kapitel: Beanspruchung und Belastung bei der Arbeit – Konzepte und Theorien
Von Wolfgang Schönpflug

5. Kapitel: Psychophysiologische Methoden zur Erfassung psychophysischer Beanspruchungszustände
Von Holger Luczak

6. Kapitel: Psychologische Grundlagen sensumotorischer Arbeitstätigkeiten
Von Klaus-Helmut Schmidt

7. Kapitel: Einfluß von Umgebungsfaktoren auf die psychische Leistung
Von Andrew P. Smith und Wolfgang Ottmann

8. Kapitel: Methoden zur Planung und Bewertung arbeitspsychologischer Interventionsmaßnahmen
Von Friedhelm Nachreiner, Günter F. Müller und Gerhard Ernst

9. Kapitel: Gestaltung von Motivationsbedingungen der Arbeit
Von Uwe Kleinbeck

10. Kapitel: Arbeitsstrukturierung
Von Eberhard Ulich und Christof Baitsch

11. Kapitel: Arbeitszeitgestaltung
Von Peter Knauth und Joseph Rutenfranz

12. Kapitel: Verhalten in gefährlichen Arbeitssituationen Von Carl Graf Hoyos

1. Kapitel

Psychische Regulation von Arbeitstätigkeiten

Walter Volpert

1 Einleitung: eine Allgemeine Psychologie für die Arbeitspsychologie?

„Die Arbeitspsychologie war jahrzehntelang eine angewandte Disziplin ohne ausreichendes eigenes theoretisches Fundament . . . Die Überwindung dieses Zustands ist die derzeitige Hauptaufgabe unserer Arbeitspsychologie, weil sie die unerläßliche Voraussetzung erfolgreicher Unterstützung der Praxis im Zeitalter der hochmechanisierten und automatisierten Produktion ist. Gerade dafür wird eine theoretische Konzeption der psychischen Regulation der Arbeitstätigkeit erforderlich; sie ist nicht ohne kybernetische Mittel konzipierbar, aber diese bilden noch nicht die psychologische Theorie.

Es könnte eingewendet werden, eigenes theoretisches Bemühen der Arbeitspsychologie sei überflüssig, da sie doch Konzeptionen der Allgemeinen Psychologie übernehmen und anwenden könne. Dies träfe nur dann zu, wenn die psychologischen Spezifika und Problemgebiete des Arbeitsprozesses in der Allgemeinen Psychologie aufgehoben wären. Das ist jedoch bisher nicht der Fall; sie enthält keine Psychologie des Handelns" (Hacker 1968, 19).

Diese Sätze stehen in einem Text, mit dem Winfried Hacker 1968 einen Band „Arbeitspsychologie und wissenschaftlich-technische Revolution" (den Berichtsband einer Tagung in Dresden) einleitet (Hacker, Skell & Straub 1968). Sie markieren die Beweggründe und die wesentlichen Merkmale theoretischer Bemühungen um eine Darstellung der ‚psychischen Regulation der Arbeitstätigkeit' mit allgemeinpsychologischem Anspruch – eine ‚Handlungsregulationstheorie'.

Zweierlei wird dem Leser von heute an diesem Zitat auffallen. Da ist einmal der programmatische Charakter, der eine gewisse Aufbruchstimmung erkennen läßt. Betrachtet man die Arbeiten, die seither dem Kreis der Handlungsregulationstheorie zuzuordnen sind, kann man wohl sagen, daß diese Stimmung nicht getrogen hat. Auch das etwas harte Wort, die Allgemeine Psychologie (von 1968) enthielte „keine Psychologie des Handelns", entspringt diesem programmatischen Impetus. Die Geschichte handlungspsychologischer Bemühungen reicht weit zurück, gerade das neu erwachte Interesse konnte hier so manches wiederentdecken (vgl. Thomas 1976) – vor allem in den Arbeiten des Kreises um Kurt Lewin. Die Aussage markiert aber richtig, daß im ‚Hauptstrom' der deutsch- und englischsprachigen Psychologie vor den 70er Jahren von ‚Handlung' und ‚Handeln' kaum die Rede war.

Zum zweiten fällt auf, wie eng Hacker das Erfordernis neuer theoretischer Bemühungen an Veränderungen im Produktionsprozeß bindet, die man damals mit ‚Automatisierung der Produktion' umschrieben hat. Mit diesen Veränderungen entstanden neue Arbeitsaufgaben und Arbeitstätigkeiten und damit auch gewandelte Forschungs- und Gestaltungsfelder der Arbeitspsychologie. Allein die hohen materiellen Kosten, die Handlungsfehler hervorrufen konnten, wiesen betriebliche Praktiker auf die Bedeutung arbeitspsychologischer Themen hin. Die Vision eines Menschen, der qualifiziert und verantwortlich komplexe technische Anlagen überwacht und steuert, konnte sich zudem auf konkrete Anlagen dieser Art beziehen. Die neuen Probleme erforderten eine veränderte Konzeption des Arbeitshandelns. Weder das Bild eines außengesteuerten Reiz-Reaktions-Automaten noch die Vorstellung eines handlungslosen Gedanken-Wesens boten hierfür den hinreichenden Ausgangspunkt.

Hackers Ausführungen müssen im Hinblick auf ihren wirtschaftlich-gesellschaftlichen und gesellschaftstheoretischen Kontext interpretiert werden. Dennoch und trotz erheblicher Unterschiede bezüglich dieses Kontextes wurde die Forderung nach einer handlungstheoretischen Begründung auch in der westlichen deutschsprachigen Psychologie erhoben, zuerst und vor allem von Eberhard Ulich (z. B. 1970). Hier spielte die Diskussion um eine ‚Humanisierung der Arbeit' eine wichtige Rolle, die sich zu Beginn der 70er Jahre erheblich verstärkte und in welcher etwa das Konzept des ‚Handlungsspielraums' psychologischer Begründung bedurfte.

Sicherlich sind damit die Gründe nicht erschöpfend beschrieben, die zur Konzipierung einer allgemein-, also handlungspsychologischen Begründung arbeitspsychologischer Fragestellung führten. Das Interesse an ‚Handlungstheorien' nahm in der damaligen Zeit über die Grenzen der Arbeitspsychologie hinaus sowohl in der Psychologie als auch in anderen Sozialwissenschaften und in der Philosophie zu. Das mehrbändige, von Lenk (1977 ff.) herausgegebene Werk vermittelt einen Überblick über historische und aktuelle Ansätze. Heute ist die Rede von Handlung so verbreitet, daß man geneigt sein könnte, von einer jener Modeerscheinungen zu sprechen, von denen auch Wissenschaften nicht verschont bleiben. Die Handlungsregulationstheorie als (allgemein-) psychologische Theorie der psychischen Regulation von (Arbeits-)Tätigkeiten spielt nur einen Part in diesem mehr oder minder harmonischen Konzert. Es soll im folgenden auch nur um diesen Part gehen.

Zur Vermeidung von Mißverständnissen seien dem drei kurze Bemerkungen vorangestellt:

1) Aus der Gegenstandsbestimmung des Ansatzes ergibt sich ein gewisses Oszillieren zwischen allgemein- und arbeitspsychologischer Fragestellung (dem auch der folgende Text nicht wird entkommen können). Da es um eine allgemeine theoretische Begründung geht, ist von ‚Handeln' und nicht von ‚Arbeitshandeln' die Rede, obwohl das auf Arbeitsaufgaben bezogene Handeln im Mittelpunkt der Überlegungen steht. Daraus erklärt sich zum Teil auch, daß andere allgemeinpsychologische Handlungstheorien andere Schwerpunkte und Akzente setzen (vgl. etwa v. Cranach, Kalbermatten, Indermühle & Gugler 1980; Kaminski 1981; Stadler & Seeger 1981).

2) Nach Dörner (1985) sollte eine Handlungspsychologie als Integration verschiedener allgemeinpsychologischer Theorien, als Betrachtung des Handelns in seiner Ganzheit aufgefaßt werden. Einem solchen Anspruch kann die Handlungsregulationstheorie nur beschränkt genügen, wenngleich Hackers „Allgemeine Arbeits- und Ingenieurspychologie" zweifellos einen beachtlichen Versuch in dieser Richtung, bei Akzentuierung des Arbeitsbereiches, darstellt (Hacker 1973, 3. Aufl. 1980).

3) Merkmal der meisten Handlungstheorien in den verschiedenen Disziplinen scheint zu sein, was Balog (1984) am Beispiel der soziologischen Handlungstheorien beschreibt: Sie blicken wenig über die Grenzen des eigenen Ansatzes oder gar der eigenen Disziplin hinaus. Das schon erwähnte, von Lenk herausgegebene Werk ist insofern auch ein Beleg dafür, wie oft Wissenschaftler verschiedener Disziplinen an ähnlichen Problemen arbeiten, ohne dies recht wahrzunehmen. Trotz ihrer expliziten Bezüge zur Gesellschaftstheorie ist auch die Handlungsregulationstheorie von diesem Mangel betroffen.

Allerdings ist es wohl ein schwieriges, wenn nicht unmögliches Unterfangen, all das, was mit ‚Handeln' mitgemeint ist, überblicken zu wollen und dabei die Konzentration auf jenes zu wahren, was das Hauptthema der Handlungsregulationstheorie ist: die Beschreibung der psychologischen Seite von Arbeitstätigkeiten und Arbeitsaufgaben. Der folgende Text beginnt mit recht allgemeinen Überlegungen zum Konzept einer Handlungspsychologie, engt sich dann ein auf die Darstellung eines bestimmten Prozeßmodells, um aus der Erweiterungsbedürftigkeit dieses Modells wieder allgemeinere Erwägungen abzuleiten.

2 *Handlung und Regulation*

Will man den Strom menschlichen Verhaltens analysieren (und beeinflussen), so kommt man ohne theoretische Vorannahmen nicht aus. Dabei wird die Position des Analysierenden auch hinsichtlich zweier Dimensionen oder Polaritäten zu bestimmen sein:

(1) Soll der vor sich gehende *Prozeß* modelliert werden oder jenes *Substrat*, das man als hinter diesem Prozeß stehend vermutet (etwa die ‚Persönlichkeit')?

(2) Wird die *Autonomie* des Prozesses bzw. des Verhaltensträgers hervorgehoben oder deren *Determiniertheit* durch die Vor-Gegebenheiten einer äußeren, objektiven Umwelt?

Sicherlich bestätigt sich auch hier die Erfahrung, daß es weniger auf die Wahl einer Seite als auf die richtige Balance beider Aspekte ankommt, auf das Spielen der Melodie *und* des Kontrapunktes. Dennoch ist die Psychologiegeschichte gefüllt mit Vorstellungen, die unter den erwähnten Aspekten durchaus einseitig sind. Dabei werden dann auch die Schwierigkeiten sichtbar, die mit jeder der Akzentsetzungen verbunden sind. Bei der Betonung des Prozeßhaften droht nämlich der Handlungsträger, das ‚Subjekt', seine Substanz zu verlieren; setzt man das Gegengewicht zu stark, so entsteht ein Panoptikum merkwürdig starrer ‚Eigenschaften'. Der radikale Autonomie-Gedanke führt zu subjektivistischen, gar solipsistischen Positionen, in welchen Welt nur als die vom Individuum interpretierte und konstruierte erscheint; eine Überbetonung des Aspekts der Determiniertheit läßt dagegen den Handelnden als nur re-aktiv, als vollständig von außen gelenkt und getrieben erscheinen.

In vielen psychologischen Modellen verbinden sich Einseitigkeiten auf beiden Dimensionen: behavioristische Annahmen verabsolutieren den Prozeß- und den Determinationsgedanken; Verhalten wird zur außengeleiteten Kette von Reaktionen. Die arbeitsorganisatorische Wendung eines solchen Modells ist der Taylorismus, der Arbeit nach einem solchen Bild verketteter und außengesteuerter Elemente gestalten will. Auf der anderen Seite verbinden sich in Vorstellungen der Bewußtseinspsychologie häufig die statische und die subjektivistische Sichtweise. In der Arbeitspsychologie gehören hierzu auch viele eignungsdiagnostische Modelle, die einer Fähigkeiten- und Eigenschaften-Mystik huldigen, und all jene subjektivistischen Positionen, welche die Existenz oder doch die Relevanz von Faktoren bestreiten, die den Individuen vor-gegeben sind (wie etwa die Arbeitsaufgabe).

Wenn das Konzept einer Psychologie der *Handlung* vielen in den letzten Jahren so attraktiv erschien, so dürfte dies auch darin begründet sein, daß ein solches

Konzept derartige Einseitigkeiten zu vermeiden hat, soll der Bezug auf den Begriff der Handlung und seine Alltags-Bedeutung erhalten bleiben. Mehr noch: Im Prinzip läßt sich auch schon eine Erwartung formulieren, was auf beiden Dimensionen die Melodie und was der Kontrapunkt sein soll: der Begriff der Handlung akzentuiert zunächst einmal den *Prozeß*, verweist darauf, daß es die Gestalt und die Gestaltung dieses Prozesses zu untersuchen gilt. Handlung wird aber im Alltagsverständnis stets auch so verstanden, daß sie von einem Subjekt, einem lebendigen Handlungsträger ausgeht. Die Erzeugung des Handlungsstromes wird also einem über die Zeit bestehenden und in seinen Teilen verbundenen Ganzen – Organismus, Person, System – zugeschrieben.

Ebenso akzentuiert ‚Handlung' die *Autonomie* des Prozesses und seines Trägers. Aber das Allgemeinverständnis setzt den Handelnden gleichzeitig in eine Welt – in Situationen, die er eingreifend oder kommunizierend zu bewältigen hat. Die Situationen determinieren damit das Handeln in einem noch zu bestimmenden Ausmaß. Dieses Ausmaß darf weder vernachlässigt noch als so groß angesehen werden, daß man von einer ausschließlichen Determination von außen sprechen dürfte.

Der Möglichkeitsraum psychologischer Handlungstheorien läßt sich so umreißen. Wenngleich sich dabei zeigt, daß manche bestehenden Ansätze einfach das falsche Etikett gewählt haben, ist dieser Raum jedoch noch recht groß. Er läßt sich weiter einengen durch das Konzept der *Regulation*. Dieses beinhaltet eine bestimmte Auffassung vom spezifisch psychologischen Zugang zur Handlung.

Aus dem Verhaltensstrom kann man, nach Kriterien unterschiedlicher Art, einen Teilbereich ausgliedern und in ‚Handlungen' aufgliedern. Diese Handlungen sind nun Gegenstand verschiedener Wissenschaftsdisziplinen – etwa der Jurisprudenz, der Ökonomie oder der Soziologie. Der Psychologe fragt danach, was jenem Strom seine Struktur und Form gibt, was ihn also – da er sich beständig vollzieht – in jeweils erkennbare Bahnen lenkt und ihm eine jeweils erfaßbare Gestalt gibt. Es geht um die psychischen Prozesse der Formung und Lenkung von Handlungen. Das beinhaltet zwar immer auch Annahmen über die Struktur dieses Handelns, aber eben unter dem psychologischen Aspekt der Gestaltung dieses Prozesses. Diese Gestaltung ist mit dem Begriff der Regulation gemeint.

Es ließe sich mit ihm – trotz seiner ‚technischen' Beiklänge – leichter arbeiten und argumentieren, wäre nicht eine vertrackte Ähnlichkeit mit dem Begriff der ‚Regelung', welcher u. a. in der Kybernetik seinen Platz hat und dem der ‚Steuerung' entgegengesetzt wird. Deshalb sei sogleich betont, daß das Konzept der Regulation allgemeiner und einem älteren begrifflichen Rahmen zugehörig ist als das der Regelung; in dieser Allgemeinheit bezieht Regulation immer auch Prozesse der Steuerung mit ein.

Begriffe und ihre Bezugsrahmen haben oft ihre eigene Geschichte, wobei bisweilen Übersetzungsprobleme eine komplizierende Rolle spielen. Jener Ansatz der Handlungsregulationstheorie, der sich aus der arbeitspsychologischen Programmatik von Hacker und Ulich entwickelte, fand seinen allgemeineren Bezugsrahmen in Auffassungen der sowjetischen Psychologie, zunächst vor allem in den Schriften von S. L. Rubinstein (z. B. 1968), später auch von A. N. Leontjew (z. B. 1982). Dieser Ansatz wird in deutschsprachigen Texten oft als ‚Tätigkeitspsychologie' gekennzeichnet. Sei diese Diskrepanz von ‚Tätigkeit' und ‚Handlung' nun ein Übersetzungsproblem oder habe sie ihre inhaltlichen Gründe – die sowjetische Tätigkeitspsychologie genügt jedenfalls den oben genannten Anforderungen an eine Psychologie der Handlung in hohem Ausmaß (und mit einigen Spezifikationen, von denen noch die Rede sein wird). Hier entstand auch die skizzierte Beschreibung des psychologischen Zugangs zum Phänomen der Handlung und damit (als deutsche Übersetzung) der Begriff der ‚Regulation'. (Von ähnlichen Begriffsverwendungen, etwa in der Physiologie der Bewegungen, sei hier einmal abgesehen).

Mag der Leser nun einen Eindruck davon haben, was ‚Handlungspsychologie' sein soll – ‚Handeln' selbst ist damit noch nicht definiert. Eine derartige Definition ist aber in der Psychologie durchaus traditionell – Ulich hat sie 1972 (a), Dörner 1985 wieder aufgegriffen: *Handeln* ist *ziel*gerichtetes Verhalten, wobei das Ziel und die Bemühung, es zu erreichen, *bewußt* sind. Die einzelne *Handlung* läßt sich dadurch ausgrenzen, daß sie einem seinerseits ausgrenzbaren und benennbaren Ziel dient. Größere, zusammenhängende Handlungsgefüge, deren Ziel sehr komplex und nicht immer in seinen verschiedenen Aspekten bewußt ist, kann man als *Tätigkeit* bezeichnen. Unselbständige Bestandteile von Handlungen im Sinn von einzelnen Bewegungen oder Verrichtungen sind entsprechend *Operationen*. Eine derartige Unterscheidung nimmt auch Leontjew vor.

Aus dieser Kennzeichnung des Handelns ergibt sich, daß nicht alles im Strom der menschlichen Aktivität ein solches Handeln sein kann. Dieses ist vielmehr nur eine besondere, hervorgehobene Form menschlichen Verhaltens. Ob sie allerdings die wesentliche oder besonders wünschenswerte Form des menschlichen Verhaltens ist, ist damit noch nicht entschieden. Die Antwort auf diese Frage hängt sehr vom jeweiligen Kulturkreis und vom Zeitgeist ab. Heute werden viele zustimmen, wenn Hermann Hesse den Inder Siddhartha am Ende des Weges der Läuterung sagen läßt: „Suchen heißt: ein Ziel haben. Finden aber heißt: frei sein, offen stehen, kein Ziel haben" (Hesse 1974, 112). Dennoch gehören beide Erfahrungen zusammen – hatte Siddhartha deshalb kein Ziel, weil er schon dort angelangt war?

Den Bereich der Arbeit braucht solch West-Östliches indes nicht zu berühren. Das komplexe Gesamtziel dieses Bereiches – zur gemeinsamen Daseinsvorsorge beizutragen und dadurch den eigenen Lebensunterhalt zu sichern – mag zwar dem einzelnen nur teilweise, im Rahmen gesellschaftlicher Widersprüche, bewußt sein. Der Tätigkeitsvollzug kennt jedoch in aller Regel ausgrenzbare Einzelziele, die sich das Individuum in Erfüllung der Arbeitsaufgabe setzt und die sich nicht – wie manchmal im Bereich des Sports und anderswo – im reinen Vollzug der Bewegung erschöpfen. Freilich gibt es auch hier Ausnahmen, vor allem in Form pathogener Arbeitsstrukturen, von denen noch die Rede sein wird. Aber gerade diese sind als defiziente Formen zu beschreiben; ‚Handlung' im definierten Sinne bleibt die Grund- und die Normalform abgrenzbarer individueller Verhaltenseinheiten im Bereich der Arbeitstätigkeit.

3 Miller, Galanter, Pribram und die Computer-Metapher

Die Tätigkeitspsychologie lieferte nicht nur den Rahmen für das gesuchte Modell der psychischen Regulation der (Arbeits-)Tätigkeit. Sie machte hierzu auch einige Angaben. Von Motiven war ebenso die Rede wie von tätigkeitsregulierenden Abbildern und Bewegungsentwürfen. Das Modell selbst galt es aber erst noch zu entwickeln. Die eingangs zitierten Ausführungen von Hakker benennen den Bereich, von dem man sich damals Hilfe erwartete: Die Theorie sei „nicht ohne kybernetische Mittel konzipierbar".

Eine solche Haltung entsprach der damals weit verbreiteten Überzeugung, die neuen disziplinübergreifenden Ansätze der Kybernetik, der Systemtheorie und insbesondere der Theorie ‚informationsverarbeitender Systeme' könnten zum Fortschritt (nicht nur) der psychologischen Wissenschaft beitragen. Eine solche Hoffnung erfaßte vor allem jene, denen an der Untersuchung von *Prozessen* gelegen war. Denn hier bot sich die Möglichkeit, die Struktur solcher Prozesse und ihre Erzeugung mit maschinellen Mitteln nachzubilden. In der Psychologie verband sich dies vor allem mit den Möglichkeiten der (damals schon einige Jahrzehnte alten) programmierbaren Rechner. Wenn es gelang, ein Prozeßmodell als konkreten Ablauf einer Rechnerprozedur zu ‚verwirklichen', so galt dies damals nicht nur als Beweis für die interne Logik des Modells, sondern fast auch schon als Beleg für seine Gültigkeit (v. a. wenn gewisse Verlaufsmerkmale und Zwischenresultate mit Daten übereinstimmten, die von Versuchspersonen produziert wurden). Daß man sich damit auch in das Prokrustesbett mechanistischer Modelle und computer-kompatibler Algorithmen begab, war als Kritik in diesen Jahren nur sehr leise zu hören.

Zum Beginn des Jahres 1956 überraschte Herbert A. Simon, Organisationstheoretiker und Ökonom, seine Studenten mit der Nachricht, er habe – zusammen mit dem Mathematiker Allen Newell – „eine denkende Maschine“ erfunden (vgl. McCorduck 1979, 115 ff.). Grund der Simonschen Euphorie war der Umstand, daß es ihm und Newell gelungen war, ein Computerprogramm zu schreiben, das Beweisführungen innerhalb der formalen Logik simulierte und dabei eine gewisse Übereinstimmung mit der entsprechenden Vorgehensweise von Menschen zu zeigen schien. Bekannter als dieses Programm wurde ein anderes, das Ähnliches im Feld der Geometrie leistete und das von seinen Schöpfern kühn „Allgemeiner Problem-Löser“ (General Problem Solver – GPS) genannt wurde. Die Simon-Newellschen Methoden und Programme enthielten viele Merkmale, die sich in späteren Theorien des Denkens und Handelns wiederfinden lassen.

- Eine Person, deren Motivation nicht in Frage steht, wird mit einer Aufgabe (meist einem Denkspiel o. ä.) konfrontiert. Man nimmt an, daß sie sich Ziele bildet, welche den Aufgaben entsprechen, und daß sie dabei mit einem inneren Modell des Aufgaben-Umfeldes (einem „Problemraum“) arbeitet.
- Die allgemeine Vorgehensweise bei der „Problemlösung“ wird als Computerprogramm interpretiert, als Ablauf von Wenn-Dann-Beziehungen, von Zustandsdiagnosen und Maßnahmen.
- Durch eine „Ziel-Mittel-Analyse“ werden über mehrere Stadien hinweg Teilziele gebildet, es entsteht also eine „hierarchische“ Ordnung von Zielen und zugehörigen Diagnosen bzw. Maßnahmen.
- Wesentliche Prozeduren bei der Analyse sind „Heuristiken“, allgemeine und vielseitig einsetzbare Verfahrensvorschriften, die für die jeweils konkrete Problemlage konkretisiert werden.
- Die wichtigste programmtechnische Grundlage ist die rekursive Verarbeitung von Listenstrukturen. Dieses Verfahren erlaubt die flexible Bearbeitung eines komplexen Datenmaterials in der Form, daß sich dieselben Prozeduren mehrfach wiederholen. Die vorhandenen Daten und Prozeduren werden so angeordnet, daß sie ineinander geschachtelt sind: Jede Einheit ist Teil einer ‚Obereinheit‘ derselben Struktur und besteht selbst wiederum aus ‚Untereinheiten‘ von ebenfalls gleicher Struktur.

Der Einfluß der neuen Computer-Modelle auf die Psychologie, insbesondere des Denkens und Problemlösens, war außerordentlich groß. Für den, der an Handlungspsychologie interessiert war, fehlte aber noch ein wesentliches Zwischenglied: der Bezug zum ‚motorischen‘ Vollzug, zur eingreifenden Welt-Veränderung. Die Lücke verkleinerte sich durch die Bemühungen Chomskys, ein computerprogramm-analoges Modell zur Erzeugung von Sprache zu erstellen. Diese „generative Grammatik“ (vgl. Chomsky 1969) war zwar stark idealisiert, und es gelang auch mit ihrer Hilfe nicht, maschinelle Übersetzungen zu ermöglichen. Aber sie gewann großen Einfluß in der Sprachwissenschaft und gab ein Prozeßmodell dafür an, wie eine strukturierte Folge von ‚Äußerungen‘ eines Subjekts durch interne Vorgänge erzeugt (generiert) wird.

Es war ein folgerichtiger und nicht allzu großer Schritt, dieses Modell auch auf die Erzeugung zielgerichteten Verhaltens und auf menschliches Handeln auszudehnen. Vielleicht war dies ein Mißverständnis des Konzepts der generativen Grammatik (vgl. Hörmann 1978, 33ff.), aber wohl ein fruchtbares und folgenreiches. Der Schritt wurde in einem Buch von Miller, Galanter & Pribram vollzogen (1960, deutsche Übersetzung 1973). Resultat eines Forschungssemesters von drei Psychologen (bzw. Psychophysiologen), strahlte dieses Buch Begeisterung über die neuen Modelle und die Computer-Metapher aus. Während bisherige Theorien über kognitive oder bewußt zielgerichtete Prozesse beim Menschen immer mit dem Odium des Spekulativ-Subjektivistischen behaftet waren, bot sich nun eine interessante Beweismöglichkeit: die Übertragung ins Mechanische, die Realisierung als Computerprogramm. Sie bewirkt, daß „der Psychologe bei jeder geglückten mechanischen Simulation materialistische Befriedigung verspürt und seinen Theorien besser vertraut" (Miller et al., 49).

So beflügelt gingen die Autoren daran, jenes „theoretische Vakuum" zu füllen, die Kluft, welche Kognition und Aktion immer noch trennte (19ff.). Mit Blick auf die erwähnten Computer-Modelle schien dies auch recht einfach: Was verband das innere Bild der Welt, das sich ein Lebewesen aufbaute, mit dessen Aktivitäten? Was erzeugt also diese Aktivitäten? Ein Plan, eine organisierende Sequenz von Bewegungsinstruktionen. Womit ist dieser Plan unmittelbar zu vergleichen? Mit einem Programm, der Instruktionen-Abfolge für einen Computer.

Die Pläne lassen sich differenzieren, dabei auch verschiedenen hierarchischen Klassen (Ebenen) zuordnen. ‚Unten' gibt es Bewegungsprogramme, vergleichbar den ‚Subroutinen' der Computer, vielseitig einsetzbaren und relativ starren, aber hocheffizienten Teilprogrammen. ‚Oben' existierten ‚Metapläne', aus denen eine Vielzahl von Einzelplänen erzeugt werden konnte, ganz wie Simons Heuristiken.

Miller et al. boten darüber hinaus ein klares und im Prinzip überaus einfaches Modell der Struktur von Plänen an. Jeder Plan und damit auch jede konkret abgrenzbare Handlung hat die Grundform eines Regelkreises. Nachdem das Ziel gebildet und – in einem ersten „Test" – die Diskrepanz zwischen Ist- und Sollzustand festgestellt ist, erfolgt eine Aktivität – ein „Operate" – zur Reduzierung dieser Diskrepanz. Der Zustand nach der Aktivität wird erneut getestet. Ist die Diskrepanz verschwunden, so findet die Verhaltenseinheit ihr Ende („Exit"). Besteht der Unterschied noch weiter, so wird wieder zur Aktion übergegangen, bis die Schleife irgendwann ihr Ende findet. Diese einfache Kreisstruktur nannten die Autoren „TOTE-Einheit".

Sie kann durch eine ebenso einfache Rekursions-Annahme beträchtliche Komplexität erreichen: Jedes „Operate“ besteht seinerseits wieder aus TOTE-Einheiten – vielleicht nur einer, im Idealfall aus zweien, häufig auch aus mehreren, die miteinander linear verkettet sind. Mit dieser Annahme entsteht eine Verschachtelungs-Struktur mit mehreren hierarchischen Ebenen von Handlungen und Teilhandlungen bzw. Zielen und Teilzielen. Da das Modell der TOTE-Einheit eine Zeitstruktur beinhaltet, ergibt sich durch die nämliche Rekursions-Annahme auch ein Ablauf-Modell: das der hierarchisch-sequentiellen Handlungsorganisation, das weiter unten (bei 6) noch ausführlicher darzustellen sein wird.

Dieses Modell wird von Miller et al. in ihrem Buch in verschiedener Hinsicht erörtert und differenziert. Auch hier bleibt der Simon-Newellsche Problemlöser Vorbild: Der Planende und Ausführende ist im wesentlichen eine einzelne Person, deren Aktivität keiner Begründung bedarf und die bei der Bildung ihrer Ziele auch kaum in Konflikt mit einer restriktiven Umwelt kommt.

Das Modell war, wenn man so will, die handlungspsychologische Wendung der Computer-Metapher. Es bot sich zur Füllung jener Lücke an, welche innerhalb der Tätigkeitspsychologie offenbar noch bestand. Es lieferte ein wissenschaftliches Konzept für Struktur und Regulation komplexer Tätigkeiten. Es war ein Prozeß- und ein Prozeß-Erzeugungs-Modell, eine konkrete und handhabbare Alternative zur statischen Eigenschaften- und Fähigkeiten-Mystik. Es war ebenso eine Alternative zu elementaristischen Reiz-Reaktions-Modellen, die nicht einmal komplexere Bewegungen erklären konnten. Es betonte die Aktivität und damit die Autonomie des Individuums (vielleicht zu sehr, aber dies schien korrigierbar). So entstand ein Ansatz zur Analyse der psychischen Regulation von (Arbeits-)Tätigkeiten, indem dieses Modell der Erzeugung von Handlungen in das allgemeine tätigkeitspsychologische Rahmenkonzept eingepaßt wurde.

4 *Der weitere Fortschritt der Computer-Modelle und die Handlungspsychologie*

Bevor dies ausführlicher dargestellt werden soll, sei noch kurz auf die Weiterentwicklung jener Ansätze eingegangen, welche die Gleichsetzung von menschlichem Denken und maschinellen Prozeduren zum Ausgangspunkt ihrer Modellbildung machen. Wert und Begrenztheit der Computer-Metapher in der Psychologie können hier nicht ausführlich diskutiert werden (vgl. Dreyfus 1985; Volpert 1985a). Es soll nur kurz erörtert werden, wie weit sich hier Fortschritte im Hinblick auf eine Handlungspsychologie, so wie sie eingangs umrissen wurde, ergeben haben. Ist die Kluft zwischen Kognition und Aktion durch solche Modelle überwunden?

Der Aufschwung, den die Computerwissenschaft und insbesondere die Erforschung sogenannter ‚Künstlicher Intelligenz' in den letzten Jahrzehnten genommen hat, ist bemerkenswert. Allerdings spielt der ursprüngliche Ansatz von Simon und Newell inzwischen nur noch eine historische Rolle. Es erwies sich nämlich als nicht möglich, ein Programmsystem zu entwickeln, das dem Anspruch eines „Allgemeinen Problemlösers" nähergekommen wäre und damit allgemeine menschliche Denk- und Handlungsweisen modelliert hätte. „Diese Bestrebungen erwiesen sich als weniger fruchtbar; man hat sie inzwischen nahezu gänzlich aufgegeben", schreibt ein amerikanischer Computer-Wissenschaftler in einer populärwissenschaftlichen Zeitschrift (Lenat 1984, 180). Das konnte zwar die Mehrzahl der Psychologen nicht davon abhalten, weiter mit dem Konzept des GPS-Programmes zu arbeiten (schon der durchaus dürftige Nachweis einer Übereinstimmung der GPS-Prozeduren mit protokollierten Äußerungen von Versuchspersonen hatte das nicht getan). Newell und Simon selbst haben jedoch in ihrem 1972 erschienenen Buch über „Menschliches Problemlösen" (!) die Akzente in bemerkenswerter Weise verschoben:

- Sie betonen die determinierende Rolle dessen, was sie „Aufgaben-Umgebung" nennen. Wäre dem Menschen vollkommene Rationalität zu eigen, so meinen sie, würde diese Aufgaben-Umgebung die Zielbildung vollständig bestimmen.
- Menschliche Denkprozesse werden nach Auffassung der Autoren durch „Produktions-Systeme" in Gang gehalten – durch relativ einfache Mechanismen, die bei Vorliegen einer bestimmten Konstellation situativer Merkmale eine bestimmte, eng umschriebene Aktivität erzeugen.

Die Rückkehr zur behavioristischen und tayloristischen Grundposition ist deutlich. Das übergeordnete Ziel ist (in der Organisation Simonscher Prägung) eindeutig festgelegt. Menschliche Freiheit verwirklicht sich darin, die Abweichungen von dem ‚einen besten Weg' möglichst gering zu halten. Autonomie wird zum rationalitätsvermindernden Eigensinn.

Als die Suche nach dem „Allgemeinen Problemlöser" als Computerprogramm gescheitert war, ging die Mehrzahl der Forschungen zur ‚Künstlichen Intelligenz' und zur kognitiven Psychologie in eine andere Richtung: die der Entwicklung von Modellen zur „Wissens-Repräsentation" und entsprechender „wissensbasierter Systeme" in Rechnern. Dabei sollte menschliches Wissen hinsichtlich sehr eng eingegrenzter Gebiete möglichst detailliert abgebildet werden. Auch hier liegt eine Vielzahl von Ergebnissen vor. Aus der Sicht der Handlungspsychologie ist die Entwicklung aber insofern enttäuschend, als sie – wie schon die Bezeichnungen zeigen – eine Rückwendung zu einem handlungsfernen Subjektivismus darstellt. Die Frage, welches konkrete Tun sich aus den Prozessen in internen Repräsentationen, semantischen Netzen etc. ergibt, und wie es sich ergibt, wird in aller Regel übersehen oder für irrelevant erklärt; das Handeln verkümmert zur selbstverständlichen Parallele oder Folge der Manipulation am internen Modell. Typisch für derartige Modelle ist etwa Winograds SHRDLU-Programm, welches Handeln in realen Welten dadurch abbilden will, daß ein entsprechend programmierter Rechner in einer simulierten Mikro-Welt hypothetische Aktivitäten vermeldet. Sampson hat 1981 vergleichbaren Ansätzen in der kognitiven Psychologie ein bemerkenswertes Ausmaß an Realitätsverlust attestiert. Fuhrer vermerkt (1983, 57) gar, daß auch die gängigen handlungspsychologischen Modelle in ähnlicher Weise welt-los sind (wobei er den Ansatz Hackers allerdings ausnimmt). In der Tat ein wunderlicher Vorwurf und, sollte er zutreffen, ein noch wunderlicherer Tatbestand.

Bei allen Fortschritten in der Forschung über ‚Künstliche Intelligenz' und der daran ausgerichteten kognitiven Psychologie ist also nicht zu erkennen, daß die Kluft zwischen Kognition und Aktion durch diese Fortschritte überbrückt worden wäre. Namhafte Vertreter der Kognitionspsychologie haben die Auffassung, menschliches Denken sei nach dem Bild eines Computerprogramms aufzufassen, inzwischen relativiert und kritisert. Sie haben andere Modelle entworfen, die sich auf reales Handeln in der realen Welt beziehen (Pribram 1975; Neisser 1979; Dörner, Kreuzig, Reither & Stäudel 1983). Ein 1985 von Frese & Sabini herausgegebener Sammelband nimmt das Thema jener unüberbrückbaren Kluft erneut auf.

Man sollte indessen die Computer-Metapher nicht grundsätzlich mit Versuchen gleichsetzen, die Struktur und Regulation menschlicher Handlungen durch ein Prozeßmodell zu erfassen. Wenn es nicht gelungen ist, einen „Allgemeinen Problemlöser" als Computerprogramm zu schaffen, so war doch die Suche nach allgemeinen Organisationsprinzipien des Handelns nicht falsch. Problematisch waren allenfalls die mechanistischen Vorannahmen bei dieser Suche.

Im folgenden soll nun dargestellt werden, in welcher Weise die – arbeits- und tätigkeitspsychologisch orientierte – Handlungsregulationstheorie das Konzept und Modell einer hierarchisch-sequentiellen Handlungsorganisation aufgenommen und weiterentwickelt hat.

5 *Handlungseinheit und Aufgabe*

Im Unterschied zum traditionellen Behaviorismus betonten Miller et al. die Autonomie und Eigenaktivität des Subjekts. Ihr Text kann aber auch so gelesen werden, als sei der Kontrapunkt der Außen-Bestimmtheit des Handelns nicht richtig gesetzt, die Position damit subjektivistisch vereinseitigt. Der Kreis der TOTE-Einheit kann als in sich geschlossene Setzung eines welt-losen Subjekts (miß-)verstanden werden. Ähnlich kann man die TOTE-Schleife als pure Wiederholung derselben Teilhandlung ansehen, wodurch das Modell sehr unflexibel und realitätsfern wird. Im Anschluß an Kritik aus den Reihen der Tätigkeitspsychologie am TOTE-Modell präzisierte Hacker zunächst dieses Modell zum Konzept der „VVR-Einheit" als der „wirksamen Funktionseinheit der (Arbeits-)Tätigkeit" (1980, 92):

- Der „Test" wird zum *Vergleich* zwischen situativen Gegebenheiten (teilweise als Handlungsresultate) mit der durch das Ziel definierten, antizipierten Muster-Situation.
- Aus dem „Operate" wird die *Veränderung*, der reale Eingriff in die Umwelt, etwa in Form der Herstellung eines Arbeitsprodukts.
- Die *Rückmeldung* des Veränderungs-Resultats wird als entscheidendes Merkmal der Einheit hervorgehoben.
- Die durch den Vergleichsvorgang gemeldete spezifische Differenz zum Ziel ist jeweils Ausgangspunkt einer neuen Veränderung; insofern kommt es nur im Extremfall zu einer einfachen Wiederholung.

Ein wesentliches Moment des Umweltbezugs sind für Hacker darüber hinaus „Führungsvorgaben" aus der Umwelt. Diese Umwelt setzt dem Handelnden nicht nur ihre Widerständigkeit entgegen, sie stellt an ihn auch bestimmte *Handlungsforderungen*. Die Individuen entwickeln diesen Handlungsforderungen entsprechende Handlungsstrukturen und eignen sich damit die Handlungsforderungen an (was sie schließlich auch dazu befähigt, die letzteren aktiv zu verändern). Dabei betont die Handlungsregulationstheorie – im Anschluß an die Tätigkeitspsychologie – den historisch-gesellschaftlichen Charakter der Handlungsforderungen. Neuere Ansätze einer „ökologischen Psychologie" heben in ganz ähnlicher Weise die Handlungsforderungen hervor, betonen aber dabei besonders ihre Bedingtheit durch natürliche oder quasi-natürliche Gegebenheiten (vgl. Fuhrer 1983).

Im Bereich der Arbeitstätigkeit tritt der gesellschaftliche Charakter der Handlungsforderungen besonders hervor. Die Arbeitspersonen sind in einen größeren Handlungszusammenhang, den Produktionsprozeß und die Gesamtheit der darauf bezogenen Arbeitsaufgaben eingebunden.

Diese jeweiligen *Aufgaben* sind die wesentlichen Stellen, an welchen der übergeordnete, den Individuen äußerliche Handlungszusammenhang die konkreten Individuen trifft und ihnen konkrete Handlungsforderungen stellt. Der Charakter eines ‚Schnittpunktes' zwischen Organisation und Individuum macht die Arbeitsaufgabe zum psychologisch relevantesten Teil der vorgegebenen Arbeitsbedingungen. Sie ist „das grundlegende Ausgangsmoment jeder psychologischen Analyse der Arbeitstätigkeit" (Hacker 1980, 54). Damit ist sie auch wichtigster Ansatzpunkt der Arbeitsgestaltung: „Die sozialökonomisch bedingte Struktur der bewußt projektierten oder zugelassenen Arbeitsaufgaben beeinflußt somit wesentlich die psychischen Eigenschaften der Werktätigen" (Hacker 1980, 305). Außerhalb des Arbeitsbereiches lassen sich spezifische Handlungsforderungen als Aufgaben nicht so leicht identifizieren, dennoch dürfte auch hier das Konzept der Aufgabe von besonderer Bedeutung für die Analyse der Rahmenbedingungen individuellen und sozialen Handelns sein (vgl. v. Cranach, Ochsenbein & Valach 1984; Kaminiski 1986).

6 Das Modell der hierarchisch-sequentiellen Handlungsorganisation

Wie erwähnt, wird bei Miller et al. aus dem einfachen, zyklischen Grundmodell eine relativ komplexe Handlungsstruktur durch eine ebenso einfache Rekursionsanweisung. Diese Annahme wird von der Handlungsregulationstheorie übernommen: Der Veränderungs-Teil jeder VVR-Einheit besteht seinerseits wieder aus VVR-Einheiten. Damit entsteht ein Modell, welches über den Ablauf elementarer Veränderungs-Teile (Bewegungen) eine Pyramide von Vergleichs-Prozessen setzt, die ebenfalls in bestimmter Weise zu durchwandern ist: die hierarchisch-sequentielle Handlungsorganisation. Sie wird im folgenden kurz beschrieben (vgl. ausführlicher bei Volpert 1983a).

a) Jede Handlungseinheit ist Teil einer ‚Obereinheit' und besteht ihrerseits aus ‚Untereinheiten'. Man kann sich diesen Aufbau dadurch veranschaulichen, daß man an die Basis von Dreiecken jeweils mehrere kleine Dreiecke hängt (wie in Abb. 1 geschehen). Eine noch einfachere Darstellung ist die Wiedergabe eines ‚Baumes' von Zielen und Teilzielen.

b) Durch die Rekursionsanweisung entstehen verschiedene ‚*Ebenen*' von Handlungseinheiten, was einen hierarchischen Aufbau ergibt. Je ‚höher' die Handlungsebene, desto komplexer sind die Ziele zugehöriger Handlungseinheiten.

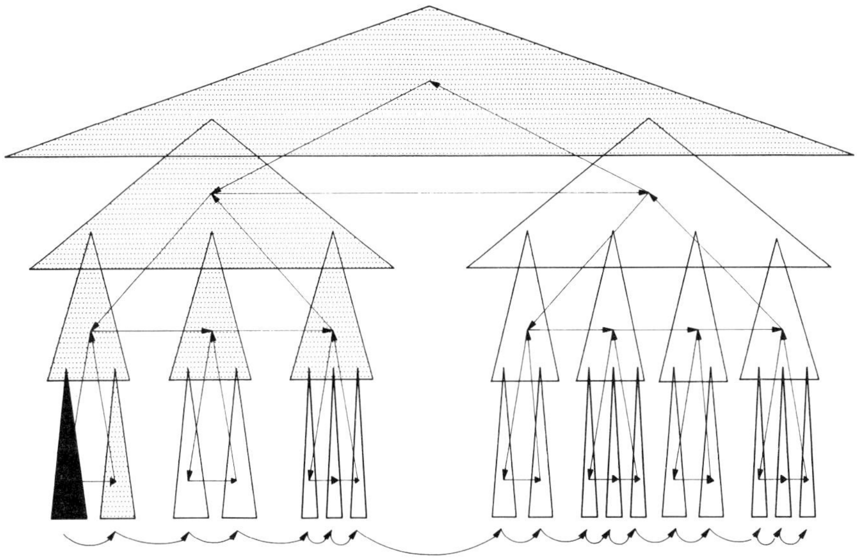

Abb. 1: Das Modell der hierarchisch-sequentiellen Handlungsorganisation

c) Bei jeder Rekursionsanweisung ist ein Ende anzugeben. In unserem Falle sind dies die *‚Basiseinheiten‘*. Solche sind als Bewegungsabläufe im Sinne ‚sensumotorischer Fertigkeiten‘ aufzufassen. Sie sind psychisch automatisiert, laufen also nach einem Initialimpuls weithin ohne Bewußtseinskontrolle ab und erreichen ihr Ziel mit hoher Wahrscheinlichkeit.

d) Die Rekursionsanweisung bestimmt auch einen bestimmten Modus des ‚Durcharbeitens‘ der Handlungspyramide. Dieser sei durch *Abb. 1* und die folgende Beschreibung kurz erläutert.

Der Leser möge sich durch die etwas umständliche verbale Darstellung nicht allzu sehr verwirren lassen; sie zeigt nur, wie schwierig es ist, rekursive Prozesse beschreibend auseinanderzufalten. Das zugrunde liegende Ablaufprinzip ist sehr einfach. Wir unterscheiden bei der Beschreibung zwischen der ‚Generierung‘ einer Handlungseinheit (der Erzeugung des Ziels und des zugehörigen Plans) und ihrer ‚Durchführung‘. Als ‚Starteinheit‘ sei die erste Handlungseinheit aus einer Gruppe aus derselben Ebene bezeichnet, als ‚Endeinheit‘ entsprechend die letzte.

(1) In absteigender Folge werden alle Untereinheiten der jeweils ersten Starteinheit generiert, bis alle jene Basiseinheiten generiert sind, welche zur ersten Starteinheit auf der nächsthöheren Ebene gehören. (Diese Einheiten sind in der Abbildung grau getönt.)

(2) Die erste (schwarz gefärbte) Basiseinheit wird nun durchgearbeitet, die Zielerreichung rückgemeldet. Bei positivem Resultat folgt unmittelbar die nächste Basiseinheit – und so fort, bis alle generierten Basiseinheiten durchgearbeitet sind.

(3) Nun erfolgt die Rückmeldung zur nächsthöheren Ebene. Wird dort Zielerreichung festgestellt, so wird zur nächsten, bereits generierten Einheit dieser Ebene fortgeschritten. Die dieser Einheit zugehörigen Basiseinheiten werden – wiederum ‚absteigend' – neu generiert.

(4) Analog wird nun die ganze Pyramide durchgearbeitet. Immer, wenn eine Endeinheit erreicht ist, wird zur Obereinheit aufgestiegen und dort zur nächsten, bereits generierten Einheit derselben Ebene übergegangen. Die entsprechenden Untereinheiten werden dann jeweils neu generiert. Bei ‚Endeinheiten von Endeinheiten' erfolgen entsprechend mehr aufsteigende Rückmeldungen und absteigende Generierungen.

(5) Die Handlung ist beendet, wenn auf der höchsten Ebene durch Rückmeldung die Zielerreichung festgestellt wird.

e) Beim ‚Durcharbeiten' der Pyramide kann es an jeder Stelle zu unvorhergesehenen, nicht angezielten Situationsveränderungen kommen. Eigene Fehler oder unerwartete Ereignisse können dazu führen, daß das Ziel verfehlt wird. Solche *Abweichungen* werden in einer Weise *korrigiert*, die den erforderlichen Umweg möglichst gering und höhere Ziele möglichst unverändert läßt: Es wird geprüft, ob eine Korrektur auf derselben Ebene möglich ist, auf der die Abweichung festgestellt wurde. Ist dies nicht der Fall, wird die Planung der jeweiligen ‚Obereinheit' (also auf der nächsthöheren Ebene) revidiert. Diese aufsteigende Rekursion wird dann abgebrochen, wenn eine Korrektur erfolgen kann, welche die Ziele aller weiteren ‚Obereinheiten' unverändert läßt. Höherrangige Ziele können damit u. U. sehr lange, also auch bei häufigen Abweichungen auf niedrigeren Ebenen, aufrechterhalten werden.

7 *Antizipation und planende Strategie*

So weit sei das Modell beschrieben, wie es sich aus der Verbindung von Grundeinheit und Rekursionsanweisung ergibt. Daran lassen sich einige Überlegungen und Befunde anschließen, die vor allem den Prozeß und die Grundlagen des Planens betreffen.

a) Mit Sicherheit ist die ‚Verarbeitungskapazität' handelnder Individuen begrenzt, sowohl hinsichtlich der Zahl von Untereinheiten, die jeweils einer Einheit zugeordnet werden können, als auch hinsichtlich der Handlungsebenen, die zum selben Zeitpunkt in die Planung einbezogen werden können. Man kann annehmen, daß in beiden Fällen Millers (1956) „magische Sieben" eine Rolle spielt. Das bedeutet, daß der Mensch, sofern er sich höheren Planungsebenen aktuell zuwendet, mit einer gewissen Notwendigkeit die Ausführungsebene (die Basiseinheiten) hemmen und sich damit zunehmend vom unmittelbaren Handlungsvollzug entfernen muß. Es kommt also zu einem internen Durchspielen von Handlungen, einem ‚Probehandeln', welches – da es vom Zwang zur konkreten Veränderung entlastet ist – auch hypothetisch mehrere Varianten nacheinander durchgehen kann. Viele Denkprozesse dürften so zu charakterisieren sein. Dieses Probehandeln ergänzt und überformt den aktuellen Vorlauf der Generierung vor der Handlungsausführung. Beides zusammengefaßt ergibt die Vorwegnahme von Handlungsabläufen und -resultaten, die ‚*Antizipation*'.

b) Jede Antizipation muß ohne konkrete Aktions-Rückmeldungen und ohne Informationen über sonstige, während des Handlungsvollzugs ablaufende Prozesse auskommen. Sie bedarf daher eines inneren Modells, d. h. intern repräsentierter Kenntnisse über Zusammenhänge von situativen Veränderungen mit Zielen und zugehörigen Handlungsplänen. Diese internen Repräsentationen sind also nicht nur ‚Wissen über die Welt', sie zentrieren sich um Handlungsmöglichkeiten. Zudem müssen sie, zumindest für den jeweiligen Tätigkeitsbereich, einen inneren Zusammenhang aufweisen. Eine einfache additive Verbindung von Wenn-Dann-Beziehungen genügt nicht, sofern komplexere Situationsveränderungen und Zielerreichungen antizipiert werden. Diese erforderlichen Merkmale sind mit dem Begriff des ‚*Operativen Abbildsystems*' (OAS) umschrieben (siehe vor allem bei Hacker 1980, 82ff.).

c) Schon aufgrund der genannten Kapazitätsgrenzen, aber auch hinsichtlich der für jedes Handeln erforderlichen Rückmeldungen ist ein *Optimalbereich der Antizipation* anzunehmen, und zwar hinsichtlich beider Dimensionen der Handlungsorganisation: des zeitlichen Vorlaufs und der hierarchischen Höhe (vgl. Skell 1972; Volpert 1976). Dieser Optimalbereich ist offensichtlich auch aufgaben- und situationsabhängig. Die Antizipation muß umso genauer sein, je höher das Risiko ist, daß einzelne Handlungsfehler zur Verfehlung des Gesamtziels führen, wenn es z. B. in einem Produktionsprozeß eindeutige Restriktionen des Ablaufs gibt. Obwohl es auch Beispiele von überzogener Vorausplanung gibt, dürfte doch im Alltagsleben und vor allem im Arbeitsbereich die tatsächliche Antizipation geringer sein als dieses Optimum.

d) Ausgehend von solchen Überlegungen wurde von Hacker, Skell u. a. eine Reihe von Untersuchungen über sowohl effiziente als auch belastungsgünstige Handlungsweisen von Produktionsarbeiterinnen und -arbeitern durchgeführt (vgl. vor allem Hacker 1980, 223ff.). Diese Handlungsweisen werden mit dem Begriff der ‚*planenden Strategie*' zusammengefaßt. Darunter ist generell eine aufgabenadäquate hohe Antizipationsweite auf der Basis eines (ebenfalls im Hinblick auf die Arbeitsaufgaben) hoch entwickelten Operativen Abbildsystems zu verstehen. Merkmale des verstärkt antizipativen Vorgehens sind insbesondere die Nutzung von Vorsignalen (welche z. B. Veränderungen im Produktionsprozeß oder Maschinenausfälle ankündigen) und die Durchführung vorbeugender Eingriffe (um z. B. drohenden Maschinenstillständen oder Produktionsfehlern zuvorzukommen).

8 Das zentrale Konzept: Arbeitsaufgabe, Regulationserfordernisse, vollständige Handlung

Die letzten Überlegungen zeigen, daß sich aus dem Prozeßmodell der Handlung und aus darauf aufbauenden empirischen Untersuchungen Qualitätskriterien und -unterschiede konkreter Handlungen und Arbeitsvollzüge ableiten lassen. Auch eine solche Vorgehensweise ist dem Modell der hierarchisch-sequentiellen Handlungsorganisation immanent: da es einen idealtypischen Handelnden beschreibt, liefert es nicht nur Hypothesen darüber, wie Menschen konkret handeln; es gibt auch Anweisungen, wie sie ‚richtig' oder ‚rational' handeln sollen, und damit Beschreibungsansätze für ein Handeln, das von diesen Kriterien abweicht. Ein derart defizientes Handeln wurde zunächst unter dem Begriff der „Partialisierung", der Zerstückelung von Handlungen erörtert (vgl. Volpert 1975, 153 ff.). Hacker beschreibt den Idealtyp als „*vollständiges Handeln*" (vgl. Hacker 1980, 398 ff.). Wesentliche Merkmale einer solchen vollständigen Handlung sind:

- selbständige Setzung relativ komplexer Ziele, die ihrerseits in einen größeren Sinnzusammenhang von höheren Zielen eingeordnet werden können;
- eigenständige Handlungsvorbereitungen auf der Grundlage eines hochentwickelten Operativen Abbildsystems, die auch zu neuartigen Lösungen führen können;
- selbständige Ziel-Mittel-Entscheidungen;
- eine situationsadäquate Antizipationsweite.

Von solchen Handlungsformen wird angenommen, daß sie nicht nur hocheffizient sind, daß die Handlungsziele also bei vergleichsweise geringem Aufwand erreicht werden können – was sich etwa als hohe Arbeitsleistung bei relativ geringer psychischer Beanspruchung niederschlägt. Darüber hinaus wirken sie auch ‚persönlichkeitsfördernd' im Sinne der ständigen Weiterentwicklung von Persönlichkeitsmerkmalen, die ihrerseits als positive Handlungsvoraussetzungen anzusehen sind und damit z. B. das Meistern immer schwierigerer und komplexerer Arbeitssituationen ermöglichen.

Diese letztere Argumentation könnte als Beschreibung eines zirkulären Prozesses oder gar selbst als Zirkelschluß angesehen werden (Leistungsfähigere bewältigen ihre Aufgabe besser und werden dadurch immer leistungsfähiger). Diese Gefahr besteht jedoch nur, wenn man das Autonomie-Problem wieder einmal in Richtung des Subjektivismus zu lösen versucht. Wie kann man aber annehmen, daß eine Handlung gleichzeitig vollständig ist (bzw. sein soll) und doch bestimmt von einer Arbeitsaufgabe als externer Vorgabe? Wir erinnern uns: Bei Newell & Simon ist eine ideale Problemlösung gerade dadurch gekennzeichnet, daß sie vollständig durch die Aufgaben-Umgebung bedingt ist; lediglich die „begrenzte Rationalität" des Handelnden begründet Abweichungen. Das ist die einseitig deterministische Antwort (zu der übrigens auch Vertreter der ökologischen Psychologie neigen, vgl. hierzu Volpert 1984). Eine ähnlich deterministische Position könnte auch der Handlungsregulationstheorie unterstellt werden: durch die objektiv vorgegebenen Bedingungen, insbesondere die Arbeitsaufgabe, ist das Handlungsziel festgelegt. Die Aufgabe ist einfach zu verinnerlichen, und das Individuum hat nur die ‚Wahl', den einen besten Weg zu finden oder zu verfehlen.

Es gibt aber einen anderen, für die Analyse und Gestaltung der Arbeit weitaus fruchtbareren Ansatz, an das Autonomie-Problem heranzugehen. Das ist die folgende Grundannahme: Durch die jeweils vorgegebene Arbeitsaufgabe ist das Ausmaß bestimmt, in welchem sich der individuelle Handlungsvollzug dem Idealbild einer vollständigen Handlung annähern kann oder nicht. Die Arbeitsaufgabe stellt Handlungsforderungen, genauer: *Regulationserfordernisse,* und sie eröffnet oder verschließt damit auch *Regulationschancen*: einen ‚Spielraum' für komplexes Handeln, welches eigenständige Zielbildungen und Wegentscheidungen beinhaltet und gleichzeitig, gerade dadurch, aufgaben- und leistungsgerechte Eingriffe ermöglicht.

Die Untersuchung solcher Regulationserfordernisse und damit jenes ‚Spielraums' steht für die Handlungsregulationstheorie im Zentrum der Arbeitsanalyse. Die Erhöhung der Regulationserfordernisse und die Erweiterung des Spielraums ist damit auch die Hauptrichtung handlungspsychologisch begründeter Vorschläge zur Arbeitsgestaltung. Gemäß den Hypothesen über die leistungs- und persönlichkeitsförderliche Wirkung ‚vollständiger' Handlungen wird entsprechenden Maßnahmen der Aufgabengestaltung ein ähnlicher Doppeleffekt zugeschrieben. Andererseits werden gravierende Abweichungen in negativer Richtung – also Aufgaben, die restriktiv sind und ‚partialisierte Handlungen' erzwingen – als persönlichkeitsschädigend und darüber hinaus als leistungsmindernd angesehen.

Konkrete (Arbeits-)Aufgaben sind nach dieser Auffassung auf einer Dimension einzuordnen, deren positive Richtung man mit ‚Potenz zur Autonomie' umschreiben könnte und deren negative Richtung als ‚Zwang zur Heteronomie' benannt werden könnte. Die Beschreibung dieser Dimension erfolgte in der Handlungsregulationstheorie unterschiedlich, sie hat ihrerseits eine gewisse Entwicklung. Hacker spricht zunächst von verschiedenen „Freiheitsgraden", welche bei der Aufgabenerfüllung an „Eingriffspunkten" im Produktionsprozeß gegeben sind (z. B. 1968, 30 ff.). Ulich (1972 b) unterscheidet zwei Dimensionen des „Handlungsspielraums": den „Tätigkeitsspielraum" als Variationsbreite gleichstrukturierter Tätigkeiten und den – wesentlich wichtigeren – „Entscheidungs- und Dispositionsspielraum". Bei Volpert (1975) werden Art und Ausmaß der „Partialisierung" in einen engen und direkten Zusammenhang mit der Entwicklung von Produktionsweise und Arbeitsteilung (im Kontext der marxistischen Gesellschaftstheorie) gebracht. Die neueren handlungspsychologischen Verfahren der Arbeitsanalyse TBS und VERA, die im folgenden Beitrag zu diesem Band dargestellt werden, beschreiben das Ausmaß der Restriktivität/Vollständigkeit einer Handlung bzw. die Höhe der „Regulationserfordernisse" und geben Hinweise, welche arbeitsgestalterischen Maßnahmen die gefundenen Defizite beseitigen können.

Die Argumentationsweise sei, ihrer Bedeutung wegen, noch einmal wiederholt und ergänzt: Die jeweiligen Arbeitsaufgaben (in deren Definition die handlungspsychologischen Aspekte der Arbeitsbedingungen und der Arbeitsmittel mit eingehen) bestimmen das Ausmaß, in welchem die Personen ihr Handeln dem Vorbild einer ‚vollständigen' Handlung annähern, also selbständig und schöpferisch sein können. Die Arbeitsaufgaben determinieren nicht das konkrete Handeln, wohl aber die Höhe der Regulationserfordernisse, welche gleichzeitig Regulationschancen sind. Dabei spielt die Möglichkeit zu eigenständiger Zielbildung eine besondere Rolle (vgl. Hacker 1983). Dieses Ausmaß und diese Höhe haben kurz- und langfristige Auswirkungen auf die Entwicklung der Persönlichkeit, die mit solchen Aufgaben konfrontiert wird. Ein größerer Handlungsspielraum bzw. höhere Regulationserfordernisse wirken dabei förderlich, während für einen kleineren Handlungsspielraum bzw. niedrigere Regulationserfordernisse das Gegenteil gilt.

Damit sind ein gerichteter Wirkungszusammenhang und der wesentliche auslösende Faktor in diesem Zusammenhang angegeben. Beides hat die Handlungsregulationstheorie mit einer Forschungsrichtung gemeinsam, die eher sozialepidemiologisch orientiert ist und häufig unter dem Begriff der „*Sozialisation durch Arbeit*" oder „beruflichen Sozialisation" zusammengefaßt wird. Hier liegt bereits eine größere Anzahl von empirischen Untersuchungen und gesicherten Befunden vor (einen Überblick vermitteln etwa Lempert 1977; Frese, Greif & Semmer 1978; Kohn & Schooler 1983). Im Sinn der genannten Hypothese konnte ein Einfluß von Arbeitssituationen, insbesondere des Handlungsspielraums, nachgewiesen werden, u. a. auf

- psychische und psychosomatische Aspekte der Gesundheit und des Wohlbefindens,
- intellektuelles Leistungsvermögen, insbesondere Flexibilität des Denkens,
- Aktivität oder Passivität im Bereich von Freizeit und politischem Engagement.

Die Untersuchungen sind hinsichtlich ihrer theoretischen Modelle und methodischen Zugänge recht heterogen und beziehen sich nur selten auf Annahmen zur psychischen Regulation der Arbeitstätigkeit (eine Ausnahme bilden neuere Befunde im deutschsprachigen Raum, die von Greif 1983a zusammengefaßt wurden). Dennoch kann man diese Untersuchungen, gerade wegen der Übereinstimmung ihrer Ergebnisse, als Stützung der handlungspsychologischen Hypothesen über den Zusammenhang von Regulationserfordernissen der Aufgaben mit der Entwicklung von Persönlichkeitsmerkmalen ansehen.

Natürlich wäre es wiederum eine einseitige Position, wollte man sämtliche Merkmale der individuellen Handlungsregulation auf den Aufgabenzuschnitt zurückführen. Freiheitsgrade, Handlungsspielräume und Regulationschancen müssen vom Individuum erkannt und genutzt (dürfen auch nicht überschätzt) werden (vgl. Hacker & Matern 1980). Insofern ergänzen sich Maßnahmen der Arbeitsgestaltung und der Qualifizierung stets gegenseitig (vgl. die Beträge zu diesen Themen im vorliegenden Band). Im letzteren Bereich der Qualifizierung von Arbeitenden gilt die Aufmerksamkeit der Forscher, die dem Ansatz der Handlungsregulationstheorie zuzurechnen sind, insbesondere der Entwicklung von Lernverfahren, welche auf die Verbindung von intellektueller Durchdringung und handelnder Bewältigung komplexer Lernaufgaben abzielen (vgl. als kurze Überblicksdarstellungen Ulich & Frei 1980; Rühle, Matern & Skell 1980; Volpert 1985b).

9 *Weiterungen: Kontrolle, flexibles Grundmuster, Regulationsebenen*

Mit den Ausführungen der Kapitel 5 bis 8 ist das Modell der psychischen Regulation von (Arbeits-)Tätigkeiten, so wie es derzeit entwickelt ist, noch nicht vollständig beschrieben. Theoretische Überlegungen, aber auch Lösungsversuche im Bereich von Arbeitsanalyse und Arbeitsgestaltung erbrachten Differenzierungen des Modells über den Themenkreis ‚Handlungsorganisation – Handlungsforderungen – Handlungsspielraum‘ hinaus. Von diesen sollen hier drei diskutiert werden, die als besonders wichtig erscheinen.

9.1 Kontrolle und Effizienz-Divergenz

Zuerst sei ein Themenbereich genannt, der wieder das Problem der Autonomie des Handelns in allgemeiner Perspektive aufgreift. Das Gegenmodell zu einer solchen Autonomie ist ein Handelnder (allgemeiner: ein Lebewesen), dessen Lebens- und Verhaltensmöglichkeiten einseitig von äußeren Gegebenheiten determiniert sind. Man kann also das Maß an Autonomie gleichsetzen mit den Möglichkeiten des handelnden Subjektes, auf die Umwelt gemäß eigenen Motiven und selbstgesetzten Zielen einzuwirken, noch allgemeiner: mit dem Ausmaß, in welchem dieses Subjekt Möglichkeiten der Wahl, Optionen für unterschiedliches Verhalten hat, sieht und nutzt (wie dies auch im Konzept des ‚Handlungsspielraums' angesprochen wird). Ein solcher Spielraum in einem weiteren Sinne wurde in der amerikanischen Psychologie unter dem Begriff „control" diskutiert (die Eindeutschung in „Kontrolle" ist nicht unproblematisch). Restriktive Handlungsbedingungen fanden unter dem Etikett der „erlernten Hilflosigkeit" oder des „external locus of control" Beachtung (vgl. Seligman 1979; Rotter 1966). Einer derartigen ‚Nicht-Kontrolle' werden negative Folgen im Sinne andauernder psychischer Beeinträchtigung zugeschrieben. Frese (1977, 1978) hat Parallelen zwischen solchen Modellen und dem handlungspsychologischen Konzept der Partialisierung deutlich gemacht.

Oesterreich (1981, 1983) nahm diesen Aspekt der Autonomie als Wahlfreiheit zum Ausgangspunkt einer wesentlichen Erweiterung und Differenzierung des Handlungsmodells. Man stelle sich ein „Handlungsfeld" vor, in welchem über eine Folge von Zeitpunkten hinweg Handlungen mit Situationskonstellationen als „Konsequenzen" verbunden sind. Jede Handlung führt mit angebbaren „Wirkwahrscheinlichkeiten" zu verschiedenen derartigen Konsequenzen. Diese Konsequenzen unterscheiden sich dadurch, daß man von ihnen aus verschiedene andere Situationskonstellationen erreichen kann („Divergenz"), wobei sowohl die genannten Konsequenzen als auch die ihnen folgenden mit unterschiedlich großer Sicherheit erreicht werden können („Effizienz"). Oesterreich verbindet beide Aspekte als „Effizienz-Divergenz" miteinander und gibt Möglichkeiten an, die Ausprägung dieser Kategorie zu berechnen.

„Hoch effizient-divergente" Situationskonstellationen (Konsequenzen) sind also Handlungsziele von besonderer Qualität und werden deshalb im Idealfall bevorzugt ausgewählt. Sie ermöglichen nicht nur gewissermaßen ein Spiel auf der Klaviatur der Handlungsmöglichkeiten, sondern sie verkürzen auch – bei komplexen Gesamtzielen – die optimale Antizipationsweite. Es ist nicht mehr erforderlich, den gesamten Weg bis hin zu jenem Gesamtziel bis ins Detail vorauszuplanen. Vielmehr genügt es, die nächsten hoch effizient-divergenten Konsequenzen als Zwischenziele in Betracht zu ziehen.

Auch innerhalb dieses Modells wird die Bedeutung der Zielbildung und der Variationsmöglichkeiten des Handelns hervorgehoben. Darüber hinaus ergibt sich die Möglichkeit einer handlungspsychologischen Definition des Begriffs der Kontrolle. Das gesamte „Handlungsfeld“ eines Individuums teilt sich in „Handlungsbereiche“, in denen die Einzelhandlungen thematisch zusammengehören und die insofern dem Konzept der Tätigkeit bei Leontjew vergleichbar sind. Die möglichen Zielkonsequenzen eines solchen Handlungsbereiches lassen sich daraufhin betrachten, wie effizient-divergent sie sind. Eine Mittelwertsbildung über diese Konsequenzen ergibt die „objektive Regulierbarkeit“ des jeweiligen Handlungsbereichs und damit das Ausmaß der „objektiven Kontrolle“, die ein Individuum über diesen Bereich hat. Die objektive Kontrolle wird damit vor dem Hintergrund der Vielfalt gegebener Handlungsmöglichkeiten und möglicher Zielstellungen beurteilt. Darauf aufbauend läßt sich das Insgesamt der individuellen Handlungsbereiche kennzeichnen, wobei wiederum die Differenziertheit und die Entwicklungspotenz dieser Gesamtheit zu berücksichtigen ist (vgl. Oesterreich 1986).

Die „objektive Kontrolle“ ist in diesem Sinne zwar unabhängig von Einschätzungen des Individuums über die Regulierbarkeit des Handlungsbereichs, wohl aber abhängig von dessen Fertigkeiten. Betrachtet man – im Sinne des Autonomie-Problems – den Anteil der vor-gegebenen Außenbedingungen an dieser Regulierbarkeit, so stößt man wiederum auf den Aspekt der Regulationserfordernisse, welche gleichzeitig Regulationschancen sind und die vor allem im Hinblick auf konkrete Aufgaben (innerhalb oder außerhalb des Arbeitsbereiches) zu erfassen sind.

9.2 Flexible Grundmuster als Bausteine des Operativen Abbildsystems

Oben (bei 7) war das Operative Abbildsystem (OAS) als Insgesamt interner und relativ überdauernder Repräsentationen von Bedingungs-Handlungs-Ergebnis-Zusammenhängen bezeichnet worden, welches die kognitive Grundlage der Handlungsregulation ist. Ein solches Konzept ist gewissermaßen der auf Substanz und Persistenz orientierte ‚Kontrapunkt‘ in einem Modell, das die Analyse von Prozessen in den Vordergrund stellt. Dabei ist zuzugestehen, daß bislang lediglich angegeben ist, was das OAS bzw. dessen Funktion sei, nicht aber, wie es funktioniere. Wir hatten (bei 4) kritisiert, daß neuere kognitionswissenschaftliche Modelle die Kluft zwischen Denken und Handeln noch nicht überbrückt hätten. Der Begriff des OAS allein tut das auch nicht, er ist allenfalls als Rahmenkonzept zu verstehen.

Dabei treten die bekannten Aporien erneut auf. Man kann etwa annehmen, daß – innerhalb eines Modells der hierarchisch-sequentiellen Handlungsorganisation – die Handlungseinheiten der verschiedenen Ebenen nach Art der Simon-Newellschen Produktionssysteme irgendwie intern gespeichert und abrufbereit sind. Angesichts der faktischen Variabilität unseres Verhaltens muß man aber eine immense Vielzahl solcher Speicherelemente annehmen. Akzentuiert man andererseits die (z. B. netzwerkartige) Struktur unseres ‚Wissens über Welt' (oder auch nur eines kleinen Ausschnittes davon), so treten nicht nur ähnliche Probleme der Komplexität auf, es fragt sich auch, durch welche Vorgänge das Individuum zum weltbezogenen Handeln – nicht nur zu internen Manipulationen am internen System – kommt. Eine Lösung dieses Problems wurde bisher noch nicht vorgestellt, es gibt aber einige Annäherungen dazu.

Die phänomenal außerordentliche Variabilität des Verhaltens wird in der Psychologie seit langem dadurch erklärt, daß es sich hierbei um Variationen von Grundmustern handelt, wobei lediglich diese Grundmuster und ggf. noch Spezifikations-Anweisungen im Gedächtnis über die Zeit transportiert sowie erfahrungsbedingt verändert werden. Für solche invarianten Grundlagen variierenden Handelns, Denkens und Wahrnehmens ist der Begriff des *Schemas* traditionell (vgl. v. a. Bartlett 1932; Piaget 1969 sowie als Überblick und Diskussion des Konzepts Herrmann 1965). Das Konzept fand in hohem Ausmaß Eingang in kognitions- und sprachpsychologische Modelle, die sich auf Computersimulationen und -analogien berufen (vgl. Rumelhart 1980; Abelson 1981). Dabei dominiert eine Interpretation als recht allgemeiner, aber auch fest vorgegebener ‚Rahmen', gewissermaßen als Schablone, in deren Leerstellen je nach Situation die jeweiligen Parameter oder Spezifikationen einzugeben sind.

Auch innerhalb handlungspsychologischer Überlegungen spielt der Schema-Begriff eine besondere Rolle. Miller et al. beziehen sich gleich zu Anfang ihres Buches (17) auf die entsprechenden Überlegungen von Bartlett. Die Autoren nehmen das Konzept in verschiedener Form auf: Zunächst ist der Plan ein antizipatives Handlungsschema. Das Verhältnis zwischen Festgelegtheit und Variabilität wird aber auch am Beispiel relativ fest eingeprägter, mit den „Subroutinen" der Rechner vergleichbarer Pläne diskutiert (beim Tier v. a. die Instinkte, beim Menschen die „skills" als lernbedingt verfestigte Handlungsmuster). Auch die Pläne selbst werden nicht im Gedächtnis irgendwie gespeichert. Vielmehr erzeugt sie der Handelnde aus „Metaplänen" hohen Allgemeinheitsgrades, deren Zahl vergleichbar gering ist (so daß sich das Problem der beschränkten Gedächtniskapazität verkleinert).

Hacker betont ebenfalls den Schema-Charakter operativer Abbilder. Darüber hinaus nimmt er oberhalb der Ebene sensumotorischer Regulation noch unterschiedliche Ausprägungen der Schema-Geleitetheit des Arbeitshandelns an. Dies ist bei Hacker der Ausgangspunkt für die Differenzierung von zwei Regulationsebenen oberhalb der Sensumotorik (vgl. Hacker 1980, 103 ff.). „Einfache" Handlungen resultieren aus der Verbindung von (begrifflich überformten) Signalverarbeitungen mit relativ starren Handlungsschemata, „komplexe" Handlungen erfordern dagegen verschiedene intellektuelle Teilhandlungen und haben häufig „verallgemeinerte Verfahren" zur gedächtnismäßigen Grundlage.

Im Bereich der Sensumotorik war von Volpert (1971, 4. Aufl. 1983) auf den Schema-Charakter der „sensumotorischen Fertigkeiten" hingewiesen worden. Neuerdings wird in diesem Bereich das Schema-Konzept von Schmidt (z. B. 1975) wieder aufgenommen, der – ähnlich den kognitionspsychologischen Modellen – „generalisierte Motor-Programme" in Verbindung mit Spezifikations-Anweisungen annimmt (vgl. hierzu Munzert 1986).

Bei Volpert (1984, 1986) werden schließlich weitere Überlegungen über die Einbeziehung des Schema-Konzepts in die Handlungsregulationstheorie vorgestellt:

(1) In Wiederaufnahme des Konzepts der Metapläne wird angenommen, daß im aktuellen Handeln alle Handlungseinheiten aus Schemata als Grundmustern erzeugt werden.

(2) Sensumotorische (und kognitive) Fertigkeiten sind dabei als Automatismen mit relativ starren Ablauf-Festlegungen zu unterscheiden von *flexiblen Grundmustern* des Handelns, welche weitgehend ebenen-unspezifisch sind.

(3) Dabei wird eine sehr enge wechselseitige Verschränkung von Objekt- und Handlungs-Schemata angenommen. Sowohl die sowjetische Tätigkeitspsychologie als auch die neuere Wahrnehmungspsychologie betonen eine entsprechende wechselseitige Verschränkung von Wahrnehmen und Verhalten (vgl. Wygotski 1978; Neisser 1979 sowie Stadler, Seeger & Raeithel 1977). Menschliche Erfahrungen werden gesellschaftlich über die Generationen transportiert, und zwar auf der Basis von Objektivierungen. Dies sind situative Konstellationen (materielle Objekte und symbolische Systeme), die vom Menschen (als Gattungswesen) gewissermaßen in die Welt hineingebaut werden und die den konkreten Individuen als überindividuelle Handlungserfahrungen begegnen. Der Bereich der Arbeit und der Arbeitsmittel als ‚Werkzeuge' spielt dabei eine besondere Rolle, ebenso die Sprache als zusätzliches und hochflexibles Medium der Objektivierung (vgl. Holzkamp 1973; Hildebrand-Nilshon 1980). Diese objektivierten Handlungserfahrungen begegnen dem Individuum wieder in der

doppelten Existenzweise als (aktuelle oder potentielle) Handlungsforderungen und als Handlungsmöglichkeiten. Im Prozeß der ‚Aneignung' wird eine individuelle Grundlage der Handlungsregulation aufgebaut, die diesen vor-gegebenen Handlungsforderungen und -möglichkeiten entspricht. Dabei fallen die Wahrnehmung einer bestimmten (sozial geprägten) Situations-Konstellation – z. B. in Form der Identifizierung von Objekten – und der darin enthaltenen Handlungsforderungen – als Aktualisierung eines Handlungsgrundmusters – weithin zusammen. Die Handlungsforderungen bilden den Möglichkeitsraum für die Entwicklung des Individuums, wobei dieses den Rahmen seiner Autonomie nutzen und – sobald dies zur Entwicklungsnotwendigkeit geworden ist – erweitern kann und soll.

(4) Damit kann auch die *Aufgabe* als Objektivierung eines solchen Grundmusters verstanden werden. Der Bezug von sozial herangetragenen Handlungsforderungen und autonomen Handlungen des Individuums erscheint hier wieder als jene wechselseitige Bedingtheit von Regulationserfordernissen und Regulationschancen, von Handlungsbeschränkungen und Handlungsspielraum, die oben (bei 8) hervorgehoben wurden.

9.3 Die Unterscheidung von Regulationsebenen

Die dritte Differenzierung des ursprünglichen Modells, die in diesem Kapitel erörtert werden soll, ist von besonderer Bedeutung für Fragen der Arbeitsanalyse und Arbeitsgestaltung. Wie beschrieben, enthält das Modell der hierarchisch-sequentiellen Handlungsorganisation eine Rekursionsanweisung, als deren Folge ineinander verschachtelte Handlungseinheiten und damit hierarchisch geordnete Handlungsebenen entstehen. Die Dimension, die diesen Handlungsebenen zugrunde liegt, also die ‚Vertikale', wird im Modell eher allgemein und formal beschrieben. Je ‚höher' man diese Ebenen hinaufsteigt, desto komplexer und allgemeiner werden die Ziele und entsprechend die Handlungseinheiten (im Modell wird nicht, wie bei Dörner 1976, zwischen „Komplexions-" und „Abstraktions-Hierarchie" unterschieden). Die zeitliche Erstreckung bis zur Beendigung der Handlungseinheiten nimmt bei diesem ‚Aufstieg' ebenfalls zu. Insgesamt sinkt also die „direkte Erreichbarkeit" der Ziele (Volpert 1983a).

Das formale Modell ermöglicht jedoch keine inhaltliche Beschreibung solcher unterschiedlichen Ebenen, durch welche etwa konkrete (Arbeits-)Handlungen gekennzeichnet und bewertet werden können. Eine solche Unterscheidung kann wiederum auf das formale Modell nicht eindeutig abgebildet werden; vielmehr stellen die ‚Regulationsebenen' eher vertikale Bereiche, Zusammenfassungen verschiedener Handlungsebenen im formalen Modell, dar. Dennoch erscheint eine solche Kennzeichnung und Bewertung für konkrete Fragen der Arbeitsanalyse und Arbeitsgestaltung wünschenswert und notwendig. Der Unterscheidung von Regulationsebenen sind wesentliche Teile in den Arbeiten von Hacker (1980) und Oesterreich (1981) gewidmet. Die jeweiligen Unterscheidungskriterien wurden in den vorhergehenden Teilkapiteln dieses Textes schon angesprochen.

Eine Unterscheidung zwischen Prozessen der sensumotorischen Regulation und Vorgängen eines von Denkprozessen geleiteten Handelns liegt nahe, zumal sie auch zwei verschiedene etablierte Forschungsbereiche benennt. Hakkers eben erwähnte Differenzierung von „einfachen" und „komplexen" Handlungen teilt die höhere Ebene noch einmal auf. Die drei Regulationsebenen, die so entstehen, sind in *Tabelle 1* kurz charakterisiert.

Tabelle 1: Das Modell der drei Regulationsebenen (nach Hacker 1980, 3. Aufl., und Volpert 1975)

Regulationsebenen in aufsteigender Folge:	sensumotorische RE	perzeptiv-begriffl. RE	intellektuelle RE
Vergleichsvorgänge:	stereotype Prüfprogramme, meist unterhalb der Bewußtseinsebene	Verarbeitung informationshaltiger Signale	intellektuelle Operationen der Analyse und Synthese
ebenenspezifische Bestandteile des „Operativen Abbildsystems":	bewegungsorientierende Abbilder (nicht bewußtseinspflichtig, in ihren kinästhetischen Hauptanteilen nicht bewußtseinsfähig)	begrifflich überformte Wahrnehmungen und Vorstellungen (bewußtseinsfähig, jedoch nicht immer bewußtseinspflichtig)	komplexe, intellektuell vermittelte Abbildsysteme
ebenenspezifische Pläne:	Bewegungsentwürfe als „Unterprogramme"	allgemeine Handlungsschemata mit Situationsspezifikationen	komplexe taktische und strategische Pläne
ebenenspezifische Handlungsformen:	stereotype Sequenzen	einfache Handlungen als flexible Variationen von Handlungs-Grundformen	komplexe Handlungen
individuell verfügbare ebenenspezifische Plansysteme:	sensumotorische Fertigkeiten	Formen des Könnens	verallgemeinerte Verfahren

Dieses 3-Ebenen-Modell gibt die Möglichkeit, eine Vielzahl empirischer Befunde unterschiedlichen Handlungsformen zuzuordnen. Darüber hinaus besticht es durch seine Alltagsnähe und Klarheit. Schwächen des Modells sind in zweierlei Hinsicht festzustellen. Zunächst deckt die oberste, die „intellektuelle“ Regulationsebene, einen sehr breiten Bereich ab, ist insgesamt nach oben hin offen. Dies gibt Anlaß zum Mißverständnis, das Modell beziehe sich nur auf Handlungen, bei denen die intellektuelle Regulation doch noch recht einfach sei. Gerade bei der Analyse komplexer Aufgaben ist also eine weitere Differenzierung ‚nach oben‘ wünschenswert. Ein anderes Problem bezieht sich auf die „perzeptiv-begriffliche“ Regulationsebene. Wie schon an der Bezeichnung deutlich wird, ist diese Ebene eher durch ihre Mittelstellung definiert als durch Prozesse, die für sie spezifisch wären und die es nicht – in anderer Ausprägung – auch auf den beiden anderen Regulationsebenen gäbe. Dies gilt für die Schema-Geleitetheit des Handelns ebenso wie für den Bezug auf perzeptiv geordnete und begrifflich überformte „Signale“. Auch wenn sich recht leicht Beispiele für diese Ebene finden lassen, hat sich die Zuordnung konkreter Arbeitstätigkeiten zu ihr doch als schwierig erwiesen. Damit erhebt sich auch die Frage nach einem anderen Einteilungsprinzip für derartige Regulationsebenen.

Oesterreich (1981) legt ein 5-Ebenen-Modell der Handlungsregulation vor, wobei sich das Kriterium der vertikalen Differenzierung vollständig aus den Grundannahmen der Oesterreichschen Konzeption ableitet. Dieses Modell wird in *Abb. 2* wiedergegeben.

Besonders sei hervorgehoben, daß bei dieser Einteilung, im Unterschied zum formalen Ablaufmodell, die Ziele einer spezifischen Ebene zugeordnet werden, auf welcher gleichzeitig, im Gang von unten nach oben, das Prinzip der Effizienz-Divergenz zum Tragen kommt. Die beiden höchsten Ebenen der Bereichs- und der Erschließungsplanung beziehen sich auf Prozesse der Koordination verschiedener komplexer Handlungen, für die das formale Ablaufmodell nicht mehr zutrifft.

Konzepte von Regulationsebenen, wie die beiden hier beschriebenen, machen noch eine Zusatzannahme, welche sich wiederum auf die Determiniertheit des (Arbeits-)Handelns und damit auf die bereits eingeführten Konzepte der Arbeitsaufgabe und der Regulationserfordernisse bezieht. Aufgaben, so lautet diese Annahme, lassen sich hinsichtlich ihrer Regulationserfordernisse und damit auch hinsichtlich ihres Handlungsspielraums mit Hilfe eines solchen Ebenen-Modells kategorisieren. Es kann angegeben werden, welcher Ebene bzw. Stufe die erforderlichen Regulationsprozesse zugehören. Je höher die Stufe, desto höher auch die Regulationserfordernisse und -chancen.

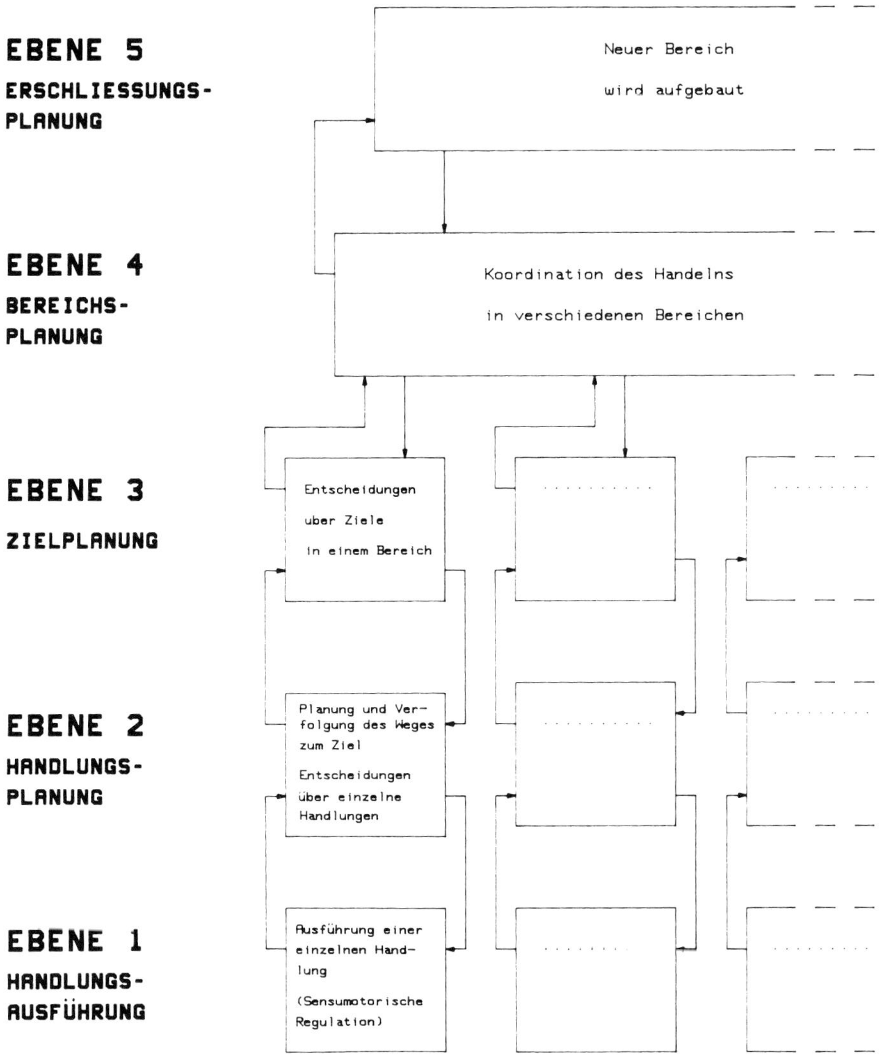

Abb. 2: Das Modell der fünf Regulationsebenen nach Oesterreich (aus: Oesterreich 1986)

Hierarchische Aufteilungen von Arbeitsaufgaben sind in der Arbeitspsychologie und Arbeitswissenschaft keineswegs neu, sie ergeben sich recht unmittelbar aus Konzepten der arbeitsteiligen Produktionsorganisation (vgl. z. B. Bainbridge & Beishon 1964). Gerade dieser Umstand bringt es aber mit sich, daß solche Aufgaben-Einteilungen wenig Bezug nehmen auf die erforderlichen Regulationsvorgänge. Die Abbildung des Modells von Regulationsebenen auf die Aufgaben bietet hier eine Lösung an.

Die im folgenden Beitrag dieses Bandes besonders beschriebenen Verfahren der Aufgabenanalyse TBS und VERA gehen diesen Weg. Dem TBS liegt dabei die Hackersche Einteilung zugrunde, die im Bereich der „intellektuellen" Ebene weiter differenziert wurde. VERA basiert auf dem dargestellten 5-Ebenen-Modell, wobei jede Ebene nach einer recht einfachen Regel noch einmal zweigeteilt wird und sich damit 10 Stufen ergeben. Die Höhe der Regulationserfordernisse von Arbeitsaufgaben kann mit VERA praktikabel und eindeutig einer dieser 10 Stufen zugeordnet werden. Gleichzeitig ergeben sich Hinweise darauf, was die Ansatzpunkte für eine Erhöhung der Regulationserfordernisse sind.

10 Ergänzungen: Motivation, Emotion, soziales Handeln

Einige Themen waren in den frühen Versionen der Handlungsregulationstheorie eher unterbelichtet. Dies stieß auf Kritik – zu Recht, wenn man eine Handlungspsychologie als übergreifendes und integrierendes theoretisches Konzept ansieht. Worin der Grund für derartige Einseitigkeiten auch gelegen haben mag – in einer inner-arbeitspsychologischen Aufteilung der Aufgaben zwischen der ‚Arbeitspsychologie' und der ‚Sozialpsychologie des Betriebes', in einer zu engen Anlehnung an das ursprüngliche Simon-Newellsche Modell oder in anderem – die Ergänzungsbedürftigkeit wurde erkannt, und es wurde versucht, ihr mit Konzepten zu entsprechen, die allerdings in vielem noch weitere Differenzierung erfordern.

10.1 Motivation

Jedes Prozeßmodell hat Schwierigkeiten mit den Begriffen ‚Motiv' und ‚Motivation'. Es geht davon aus, daß der zu untersuchende Prozeß vor sich geht und keines Anstoßes bedarf, um voranzuschreiten – während man Motive traditionell als solche Anstöße auffaßt. Die Regulation des Prozesses der Handlung scheint zunächst durch das Modell der hierarchisch-sequentiellen Handlungsorganisation und der darin enthaltenen Ziel-Teilziel-Hierarchien hinlänglich beschrieben. So setzen denn auch Miller et al. Motive weithin mit höherrangigen Zielen gleich, die den Handlungsstrom lenken. Im Anschluß an Leontjew kann solchen höherrangigen Zielen der Charakter des ‚Motivs' einer Tätigkeit zugeschrieben werden, wobei diese Motive – im Gegensatz zu den Zielen im engeren Sinne – nicht stets und voll bewußt sein müssen (vgl. Kleiber & Stadler 1981). Unter Bezug auf neuere Motivationstheorien (vgl. Heckhausen 1980) wird bei Volpert (1983a) darüber hinaus angenommen, jede Handlungseinheit werde beständig auf ihren Beitrag zur Erreichung einer Vielzahl übergeordneter Ziele, ihre „Gesamt-Instrumentalität" eingeschätzt; diese Einschätzung spiele eine wichtige Rolle bei der Selektion von Handlungseinheiten.

Das Problem solcher Modelle ist, daß sie zumeist eine Inhaltlichkeit der Motive behaupten, ohne sie zu benennen, und daß sie dort, wo sie letzteres doch tun, notwendig recht allgemein bleiben müssen. So ist es zwar möglich, allgemeine Motive der Arbeitstätigkeiten zu kennzeichnen und in ihrer Widersprüchlichkeit – individueller Gelderwerb gegen Beitrag zur gemeinsamen Daseinsvorsorge – einen ersten Ausgangspunkt der ‚Partialisierung' von Handlungen zu sehen (vgl. Volpert 1975, 153 ff.). Derartige Überlegungen sind aber noch recht weit von Fragen der Analyse und Gestaltung konkreter Arbeitsaufgaben entfernt.

Ein anderer Zugang ergibt sich durch die Annahme, Aufgaben mit hohem Handlungsspielraum, also mit hohen Regulationserfordernissen und -chancen, hätten einen besonderen motivierenden Charakter. Doch klingt dies zunächst wiederum nach einem Zirkelschluß: Bestimmte Aufgaben wirkten motivierend, weil sie persönlichkeitsförderlich seien, und seien persönlichkeitsförderlich, weil sie motivierend wirkten. Dieser Gefahr ist nur zu begegnen, wenn man ein generelles Streben der Individuen postuliert, mit hohen Regulationserfordernissen und -chancen konfrontiert zu sein, also selbständig komplexe Ziele bilden und die dazugehörigen Handlungen ausführen zu wollen. Eine solche Annahme wird sowohl durch empirische Befunde (vgl. bei Hacker 1980, 119 f.) bestätigt als auch durch theoretische Überlegungen zur gattungsgeschichtlichen Evolution der menschlichen Motive (vgl. etwa Holzkamp-Osterkamp 1975). Auch im – bereits kurz umrissenen – Handlungsmodell von Oesterreich (1981, 1983) wird ein solches übergreifendes Motiv als „Kontrollstreben" angenommen, welches den individuellen Handlungssystemen ihre Entwicklungsdynamik gibt. Dieses Kontrollstreben ist auf die Entfaltung der Merkmale jeder der Oesterreichschen Handlungsebenen ausgerichtet; auf den höheren Ebenen bedeutet es etwa eine Tendenz zu hoch effizient-divergenten Handlungszielen, zur Erhöhung der „objektiven Kontrolle" über Handlungsbereiche sowie zur Erkundung und Entfaltung neuer Handlungsbereiche (vgl. Oesterreich 1981, 209 ff.).

Das „Kontrollstreben" darf nicht im Sinne eines Suchens nach inhaltsentleerter Vielfalt aufgefaßt werden. Es ist vielmehr der ‚gemeinsame Nenner' der den verschiedenen Handlungsbereichen inhärenten Motive (im Leontjewschen Sinne) und gewinnt dort inhaltliche Farbigkeit, kann sogar zum Paradox eines zeitweiligen Verzichts auf individuelle Kontrolle führen, wenn die Perspektive auf ein später höheres, sogar überindividuelles Ausmaß an Kontrolle über die Arbeits- und Lebensbedingungen besteht. Doch von solchen Weiterungen einmal abgesehen, liefert es eine hinreichende Begründung dafür, der Erhöhung der Regulationserfordernisse und -chancen bei der Aufgabengestaltung auch eine motivierende Funktion zuzuschreiben.

10.2 Emotion

Emotionen kommen in den ersten Versionen der Handlungsregulationstheorie kaum vor – zumindest dies hat der Ansatz mit andern psychologischen (Handlungs-) Theorien weithin gemeinsam (vgl. Scherer 1981). Doch kann die Lücke relativ problemlos gefüllt werden. Emotionen werden als ganzheitliche und unmittelbare situationsbewertende Teilprozesse beschrieben, die in der Regel aktivierend wirken. In kognitivistischen Modellen entstehen sie zumeist aus der Informationsverarbeitung und bilden gewissermaßen das bewertende Resümee. Zajonc (1980) wendet sich gegen eine solche „postkognitive" Auffassung und favorisiert ein „präkognitives" Konzept, für das er viele gute Gründe und empirische Befunde heranziehen kann. Demnach sind die Emotionen eine globale und schnelle Handlungsbewertung, welche der kognitiven Analyse im aktuellen Handlungsverlauf (und übrigens auch in der Evolution) vorausgeht. In diesem Sinne sprechen von Cranach & Ochsenbein (1984) von Emotionen als einem besonderen „Selbstüberwachungs-System" (vgl. auch Dörner 1982). Für Oesterreich (1981, 246) entsprechen Emotionen globalen Schätzungen der Wirksamkeit von Handlungen, wobei sich diese Schätzungen sowohl auf die Wahrscheinlichkeiten der Zielerreichung als auf Instrumentalitäten im Hinblick auf höhere Ziele beziehen.

Bei Volpert (1983b) wird eine Verbindung der prä- und der postkognitiven Sichtweise vorgeschlagen. Emotionen sind insofern präkognitiv, als sie eine schnelle und ganzheitliche Globaleinschätzung von Handlungsresultaten und -perspektiven darstellen. Sie sind insofern postkognitiv, als diese Einschätzung einer lernbedingten Veränderung unterworfen ist. Prozesse der kognitiven Analyse wirken auf das (im aktuellen Vollzug den Kognitionen vorausgehende) Bewertungssystem der Emotionen und machen diese stabiler und realitätsangepaßter. So entsteht schließlich die Sicherheit des ‚Handelns aus dem Gefühl heraus', das wir bei der meisterhaften Beherrschung komplexer Handlungen – etwa beim Konzertpianisten – so sehr bewundern.

10.3 Soziales Handeln

Während die Berücksichtigung der *gesellschaftlichen Determiniertheit* des Handelns konstitutiv für die Handlungsregulationstheorie ist, hat sie lange Zeit von der Analyse *konkreter Interaktionen* – innerhalb und außerhalb des Arbeitsvollzugs – abgesehen. Dies führte zu einer Kette von Mißverständnissen.

Miller et al. vollzogen eine schnelle und nicht problematisierte Gleichsetzung zwischen der individuellen hierarchisch-sequentiellen Handlungsorganisation und dem arbeitsteilig organisierten Produktionsprozeß (was die Vermutung nahelegt, daß sie eigentlich vom letzteren auf den ersteren geschlossen haben). Diese Gleichsetzung – und die sie befördernde Ursprungsbedeutung des Wortes ‚Hierarchie' – führten schnell zu dem Vorwurf, das Modell legitimiere nicht nur eine hierarchische Organisation der Produktion im allgemeinen (ein Vorwurf, mit dem auch Anhänger der marxistischen Gesellschaftstheorie zumeist leben können), sondern (und das ist schlimmer) es rechtfertige auch bestehende und verfestigte gesellschaftliche Ungleichheit, mache sie geradezu zur anthropologischen Konstante. Das Argument scheint zunächst weit weg von der psychologischen Fragestellung und zudem durch das Konzept der ‚Partialisierung' widerlegt. Es gibt aber Anlaß, einer allzu starken und starren Betonung des ‚hierarchischen' Moments im Modell entgegenzutreten (vgl. Volpert 1984).

Darüber hinaus haben die Vertreter der Handlungsregulationstheorie bislang wenig Bezug genommen auf die Tradition soziologischer Handlungstheorien, obwohl sich dort – im Anschluß an das Konzept von Max Weber (vgl. 1956) – die Kritik am „instrumentellen Handeln" entfaltet hat (z. B. Horkheimer 1967) und obwohl die Äußerungen von Parsons über die inneren Widersprüche „utilitaristischer Handlungstheorien" (1937, 51 ff.) auch für den Simon-Newellschen Ansatz und dessen Nachfolger gelten. Da die Handlungsregulationstheorie die Aspekte der Gegenstandsveränderung und der Teilzielbildung betont, liegt das Mißverständnis nahe, sie reduziere alles Handeln auf jenes „instrumentelle". Geht man mit Habermas davon aus, daß sich sozialwissenschaftliche Analyse heute vorrangig mit dem Bereich des „kommunikativen" statt des „teleologischen" Handelns befassen solle, so erscheint jener Ansatz mit seinem eigensinnigen Interesse daran, wie Menschen ihre Ziele erreichen, als veraltet. Allerdings weist Balog (1984) darauf hin, daß die Habermasschen Ausführungen gar nicht interpretierbar sind, wenn man nicht auch dem „kommunikativen Handeln" die Grundmomente der Ziel-Orientierung und der Weg-Analyse zuschreibt.

Zweifellos bedarf dieses Problem noch der Klärung. Die Versuche, aus der Handlungsregulationstheorie heraus den Aspekt des sozialen Handelns zu erfassen, gehen bislang in andere Richtungen, wovon zwei besonders hervorzuheben sind:

(1) Greif (1983 b) stellt eine Verbindung zwischen der Handlungsregulationstheorie und organisationspsychologischen bzw. -theoretischen Konzepten her. (Da die Organisationspsychologie aus dem Themenbereich des vorliegenden Bandes ausgeklammert bleibt, kann darauf hier nicht weiter eingegangen werden.)

(2) Von Cranach et al. (1984) sowie Oesterreich & Resch (1985) untersuchen Kooperationsprozesse als Vorgänge aufgabenbezogenen Handelns. Von Cranach et al. zeigen, daß sich das Modell der Handlungsregulation auch auf die Gruppe als Subjekt der Handlung übertragen läßt und so ein Prozeß abgebildet werden kann, der auf zwei Ebenen abläuft, aber eine vergleichbare Grundstruktur hat. Individuellen Kognitionen entsprechen etwa handlungsbezogene Kommunikationen, individuellen Handlungen kooperative Gruppenhandlungen. Während hier der Aspekt der Generalisierbarkeit des Grundmodells betont wird, akzentuieren Oestereich & Resch (1985) – in gewisser Annäherung an Habermas – die Verschiedenheit materieller Handlungen und „kommunikativer Akte". Letztere sind nicht Bestandteile der individuellen Handlungsregulation, sondern dienen der zwischenmenschlichen Verständigung über Handlungsziele und -pläne sowie der Angleichung der je individuellen Regulationsprozesse von Handlungspartnern. Zwischen den Annahmen beider Autorengruppen besteht allerdings nicht notwendigerweise ein Widerspruch. Gemeinsam ist ihnen die Annahme zweier analytisch und empirisch trennbarer Handlungsprozesse.

Die Distanz zur soziologischen Handlungstheorie vermindert sich durch solche Konzepte, wobei auch auf der ‚Gegenseite' eine Annäherung an das Grundmodell der Handlungsregulationstheorie festzustellen ist (vgl. Geulen

1982; Balog 1984). Zweifellos bleibt eine Theorie der Handlungsregulation so lange unvollständig, als sie nicht auch die Prozesse unmittelbarer Interaktion zwischen Handlungspartnern einbezieht – insbesondere deshalb, weil die individuelle Übernahme von gesellschaftlich vorgeprägten Handlungsmustern, also auch von Aufgaben, in solchen Interaktionen geschieht.

11 Die Perspektive: eine kontrastive Theorie des menschlichen Handelns

Mit den letzten Überlegungen ist eine Entwicklungsnotwendigkeit der hier vorgestellten Ansätze genannt. Eine zweite Entwicklungsrichtung scheint aber noch wichtiger (und wohl auch mit der ersten zusammenhängend): Arbeitstätigkeiten und Arbeitsaufgaben unterliegen z. Z. einer starken und schnellen Veränderung, die durch neue Informations- und Kommunikationstechniken vorangetrieben wird („Bildschirm-“ und „computerunterstützte Arbeit“). Hier gibt es widersprüchliche Tendenzen und Interpretationen. Zum einen nehmen die Möglichkeiten einer ‚Taylorisierung der Kopfarbeit‘ in hohem Maße zu, entsprechende nachteilige Folgen für die Arbeitenden sind zu befürchten (vgl. Volpert 1985 a). Zum anderen ergeben sich Perspektiven auf „neue Produktionskonzepte“, in welchen wieder auf die Fachkompetenz und den Handlungsspielraum der Arbeitenden gesetzt wird (vgl. Kern & Schumann 1984). Das Idealbild eines von Mühsal und Routine befreiten, die komplexe Informationstechnik als ‚Werkzeug‘ einsetzenden Menschen wird neu gemalt. Dem stehen wiederum eher düstere Prognosen einer heraufziehenden ‚Computer-Kultur‘ gegenüber, in welcher sich die Menschen selbst als Maschinen interpretieren oder sich in einen Kognitionsautomaten und in eine weltfern-phantastische Emotionalität aufspalten (vgl. Turkle 1984).

Die Arbeitspsychologie ist erneut gefordert. Bemühungen um eine Erhöhung der „Benutzerfreundlichkeit“ der neuen Geräte im Sinne einer „Software-Ergonomie“ greifen zu kurz. Aus den Annahmen über die psychische Regulation von Arbeitstätigkeiten lassen sich durchaus Hinweise für die Gestaltung des sogenannten Mensch-Rechner-Dialogs ableiten (vgl. z. B. Hacker & Schönfelder 1986). Ein beständiger und tiefgreifender Ansatz zur Bewertung und Gestaltung von (Arbeits-)Aufgaben im Umgang mit den neuen Informations- und Kommunikationstechniken ergibt sich jedoch nur, wenn mit aller Konsequenz der Unterschied zwischen menschlichem Denken, Fühlen und Handeln einerseits und maschinellen Prozeduren andererseits (auch wenn diese das Denken ‚simulieren‘) untersucht und beachtet wird. Eine solche *kontrastive Aufgabenanalyse und Arbeitsgestaltung* will nicht Mensch und Maschine bzw.

Rechner miteinander ‚vergleichen', sondern zielt gerade auf die Unvergleichbarkeit und damit die *Stärken* menschlichen Denkens, Fühlens und Handelns, stellt diese in den Mittelpunkt und prüft, welche Wege es gibt, diese Stärken zu erhalten und zu fördern.

Dies bedeutet neues theoretisches Bemühen und vor allem: das Aufgeben der Metapher vom Menschen als Kognitions-Automaten und vom menschlichen Denken und Planen als Computerprogramm. Diese Metapher konnte schon bisher die auf sie gerichteten Erwartungen nicht befriedigen. Sie lieferte kein Modell eines sich entwickelnden *Prozesses*, sondern lediglich eine äußerliche und mechanische Ablauf-Vorschrift. Als solche gab sie auch keine Antwort auf das Problem der *Autonomie* menschlichen Denkens und Handelns. Die oben (bei 4) beschriebene Entwicklung des Simon-Newellschen Ansatzes ist ein Beleg hierfür.

Die Handlungsregulationstheorie hat die Computer-Metapher immer mehr metaphorisch als wörtlich genommen. Der Ausbau, die Weiterungen und Ergänzungen des Modells haben es in deutliche Entfernung zu seinem mechanistischen Ursprung gebracht. Dennoch gilt es, den Grundansatz im Lichte neuer Erkenntnisse zu überdenken. Auch dies kann im Hinblick auf die beiden Polaritäten ‚Prozeß – Substanz' sowie ‚Autonomie – Außendeterminiertheit' geschehen. Die jeweiligen Akzentsetzungen – die jeweilige Melodie und ihr Kontrapunkt – und die damit verbundenen theoretischen Folgeprobleme haben bislang die Entwicklung der Theorie gewissermaßen spiralförmig vorangetrieben. Im folgenden soll skizziert werden, wie dieser Prozeß fortschreiten könnte und wie sich die Antworten auf die beiden Probleme miteinander verbinden lassen.

Allgemeine *Prozeß*modelle sind in den letzten Jahren vor allem in Theorien der *Selbstorganisation* erweitert worden (vgl. z. B. Jantsch 1979). Das Verhältnis von Prozeß und Substanz wird dabei in spezifischer Weise beantwortet: „Autopoietische Systeme" (Maturana & Varela 1982) sind dadurch gekennzeichnet, daß sich das Lebewesen mit seinen Teilfunktionen über die Zeit erhält, obwohl alle seine Einzelbestandteile ständig vergehen und sich erneuern. In diesem Rahmen läßt sich ein Prozeßmodell aufstellen, ohne daß von der Körperlichkeit des Prozeßträgers abgesehen werden muß. Gleichzeitig ist ein solches selbstorganisierendes und autopoietisches System nicht ohne eine Um- oder Lebenswelt zu denken, so daß es diese nicht nach Art eines Kognitions-Automaten erst intern re-konstruieren müßte.

Damit verschränkt sich die Prozeß-Substanz-Polarität mit der zweiten, dem Widerspruch von *Autonomie* und Determiniertheit. Wie schon aus den Bezeichnungen ersichtlich, akzentuieren die Theorien selbstorganisierender und autopoietischer Systeme den Aspekt der Selbst-Bestimmung, sind damit auch eine geeignete Basis für Handlungstheorien. Manche Vertreter solcher Modelle verengen diese zwar in subjektivistischer Weise; das Verhältnis von System und Umwelt wird jedoch in der Regel durch das Konzept der *Koevolution* beschrieben (wie es ähnlich auch aus ganz anderer Richtung, nämlich der ökologischen Psychologie entwickelt wurde, vgl. Shaw & Turvey 1981). Das System und seine Umwelt entwickeln sich gemeinsam: die Lebewesen strukturieren (durch ihre Handlungen) ihre Lebenswelt, und diese Strukturen wirken wiederum (als Handlungsforderungen) auf die Lebewesen zurück. Der geschichtlich-kulturelle Entwicklungsprozeß des Menschen beschleunigt diese Koevolution erheblich, führt aber auch zu Widersprüchen im Sinne gesellschaftlich ungleich verteilter Handlungsmöglichkeiten.

In einen solchen Rahmen lassen sich etwa die Konzepte der (Arbeits-)Aufgabe und des aufgabenerfüllenden Handelns sowie der Regulationserfordernisse und -chancen sehr viel müheloser einpassen als in einen Rahmen, der auf der Computer- und Programm-Metapher basiert. Auch die Verschränkung von Objekt- und Handlungsschema wird als Folge und Ausdruck der Koevolution verständlich. Pribram hat (z. B. 1975) ein „holographisches" Gedächtnismodell vorgelegt, das die Doppelexistenz der Schemata in der Außen- und der ‚Innen'-Welt der Subjekte erhellt. Wahrgenommene Objekte und Situationen finden im system-internen Erregungsprozeß ‚Resonanz' bei permanent gehaltenen Erregungsmustern. Die (komplizierten) Details des Modells brauchen hier nicht entfaltet zu werden. Entscheidend ist, daß es ihm zufolge möglich ist, eine größere Anzahl von Objekt- und Handlungserfahrungen bei vergleichsweise geringem Aufwand über die Zeit zu transportieren, und daß sich im Resonanz-Vorgang jene Merkmale wiederfinden lassen, die (innerhalb der Handlungsregulationstheorie) dem Schema als einem *flexiblen Grundmuster* zugeschrieben werden. Damit kann auch gegenüber einer mechanistischen Interpretation des Schema-Konzepts als ‚Schablone mit Spezifikations-Anweisungen' auf den ganzheitlichen, verschiedene Wahrnehmungs- wie Handlungs-Aspekte einschließenden Charakter solcher Grundmuster verwiesen werden. (Man denke etwa an unsere inneren Konzepte von ‚Hund' und ‚Katze' oder von Handlungsformen wie ‚Streicheln' und ‚Tätscheln'.) Auf solchem Hintergrund läßt sich ein verbesserter Begriff der ‚Handlungseinheit' im Prozeßmodell entwerfen, welcher die Erkenntnisfortschritte der TOTE-Einheit – vor allem den zyklischen Charakter und die ‚hierarchische' Verschachtelung – wahrt, aber seine mechanistischen und subjektivistischen Schwächen vermeidet. Ein Ansatz hierzu ist Raeithels (1983) Konzept der „konkreten Funktion". (Vgl. zu diesem Thema Volpert 1986.)

Dies sind Rahmenkonzepte für die postulierte kontrastive Aufgabenanalyse und Arbeitsgestaltung. Sie selbst bleibt noch ein Desiderat. Es fehlt eine entsprechende kontrastive Theorie des menschlichen Handelns und seiner Regulation. Damit schließt sich der Kreis zu jenem Zitat, mit dem die Ausführungen dieses Beitrags begannnen: Wiederum steht die Arbeitspsychologie vor der Aufgabe, sich eine allgemeinpsychologische Grundlage zu schaffen, um ihren Aufgaben bei veränderten Arbeitsbedingungen und gewandelten Vorstellungen über eine Humanisierung der Arbeit gerecht zu werden. Doch kann sie diesmal auf einem Fundus von theoretischen und empirischen Ergebnissen aufbauen, den sie sich in Form der Handlungsregulationstheorie geschaffen hat.

Literatur

Abelson, R. P. 1981. Psychological status of the script concept. American Psychologist, **36,** 715–729.

Bainbridge, L. & Beishon, R. J. 1964. The place of check lists in ergonomic job analysis. In Proc. 2nd. IEA Congress (Ergonomics Suppl.). London: Taylor & Francis. 379–387.

Balog, A. 1984. Kommunikatives Handeln und Lebenswelt. Österreichische Zeitschrift für Soziologie, **9,** 246–255.

Bartlett, F. C. 1932. Remembering. A study in experimental and social psychology. Cambridge University Press.

Chomsky, N. 1969. Aspekte der Syntaxtheorie. Frankfurt am Main: Suhrkamp.

von Cranach, M., Kalbermatten, U., Indermühle, K. & Gugler, B. 1980. Zielgerichtetes Handeln. Bern: Huber.

von Cranach, M. & Ochsenbein, G. 1984. „Selbstüberwachungssysteme" und ihre Funktion in der menschlichen Informationsverarbeitung (= Forschungsberichte aus dem Psychologischen Institut der Universität Bern. Nr. 1984 – 2). Bern: Psychologisches Institut der Universität Bern (Photodruck).

von Cranach, M., Ochsenbein, G. & Valach, L. 1984. The group as a self-active system. Outline of a theory of group action (= Forschungsberichte aus dem Psychologischen Institut der Universität Bern Nr. 1984 – 1) Bern: Psychologisches Institut der Universität Bern (Photodruck).

Dörner, D. 1976. Problemlösen als Informationsverarbeitung. Stuttgart: Kohlhammer.

Dörner, D. 1982. Verhalten, Denken und Emotionen (= Memorandum Nr. 11 des Lehrstuhls Psychologie II der Universität Bamberg). Bamberg: Lehrstuhl Psychologie II der Universität (Photodruck).

Dörner, D. 1985. Verhalten und Handeln. In Dörner, D. & Selg, H. (Hg.). Psychologie – Eine Einführung in ihre Grundlagen und Anwendungsfelder. Stuttgart: Kohlhammer. 73–86.

Dörner, D., Kreuzig, H. W., Reither, F. & Stäudel, T. (Hg.) 1983. Lohhausen. Vom Umgang mit Unbestimmtheit und Komplexität. Bern: Huber.

Dreyfus, H. L. 1985. Die Grenzen künstlicher Intelligenz. Was Computer nicht können. Königstein: Athenäum.

Frese, M. 1977. Psychische Störungen bei Arbeitern. Zum Einfluß von gesellschaftlicher Stellung und Arbeitsplatzmerkmalen. Salzburg: Müller.

Frese, M. 1978. Partialisierte Handlung und Kontrolle: Zwei Themen der industriellen Psychopathologie. In Frese, M., Greif, S. & Semmer, N. (Hg.). Industrielle Psychopathologie. Bern: Huber. 159–183.

Frese, M., Greif, S. & Semmer, N. (Hg.) 1978. Industrielle Psychopathologie (= Schriften zur Arbeitspsychologie Nr. 23). Bern: Huber.

Frese, M. & Sabini, J. (Hg.) 1985. Goal directed behavior. The concept of action in psychology. Hillsdale: Erlbaum.

Fuhrer, U. 1983. Überlegungen zur Ökologisierung handlungspsychologischer Theorienbildung. In Montada, L., Reusser, K. & Steiner, F. (Hg.). Kognition und Handeln. Festschrift für Hans Aebli. Stuttgart: Klett-Cotta. 54–63.

Geulen, D. 1982. Soziales Handeln und Perspektivenübernahme. In Geulen, D. (Hg.). Perspektivenübernahme und soziales Handeln. Texte zur sozial-kognitiven Entwicklung. Frankfurt am Main: Suhrkamp. 24–72.

Greif, S. 1983. Streß und Gesundheit. Ein Bericht über Forschungen zur Belastung am Arbeitsplatz. Zeitschrift für Sozialisationsforschung und Erziehungssoziologie, **3**, 41–58 (a).

Greif, S. 1983. Konzepte der Organisationspsychologie. Eine Einführung in grundlegende theoretische Ansätze. Bern: Huber (b).

Habermas, J. 1981. Theorie des kommunikativen Handelns. Zwei Bände. Frankfurt am Main: Suhrkamp.

Hacker, W. 1968. Zur Entwicklung der Arbeitspsychologie in der wissenschaftlich-technischen Revolution. In Hacker, W., Skell, W. & Straub, W. (Hg.). Arbeitspsychologie und wissenschaftlich-technische Revolution. Berlin (DDR): Deutscher Verlag der Wissenschaften. 11–39.

Hacker, W. 1980. Allgemeine Arbeits- und Ingenieurpsychologie. Psychische Struktur und Regulation von Arbeitstätigkeiten. Berlin (DDR): Deutscher Verlag der Wissenschaften (3. Aufl. – für 1986 ist eine Neuausgabe unter dem Titel „Allgemeine Arbeitspsychologie“ angekündigt).

Hacker, W. 1983. Ziele – eine vergessene psychologische Schlüsselvariable? Zur antriebsregulatorischen Potenz von Tätigkeitsmerkmalen. Psychologie für die Praxis **2,** 5–26.

Hacker, W. & Matern, B. 1980. Methoden zum Ermitteln tätigkeitsregulierender kognitiver Prozesse und Repräsentationen bei industriellen Arbeitstätigkeiten. In Volpert, W. (Hg.). Beiträge zur psychologischen Handlungstheorie. Bern: Huber. 29–49.

Hacker, W. & Schönfelder, E. 1986. Job organization and allocation of functions between man and computer: I. Analysis and assessment. In Klix, F. & Wandke, H. (Hg.). Man-computer interaction research. MACINTER-I. Amsterdam: North Holland. 403–419.

Hacker, W., Skell, W. & Straub, W. (Hg.) 1968. Arbeitspsychologie und wissenschaftlich-technische Revolution. Berlin (DDR): Deutscher Verlag der Wissenschaften.

Heckhausen, H. 1980. Motivation und Handeln. Lehrbuch der Motivationspsychologie. Berlin (West): Springer.

Herrmann, Th. 1965. Psychologie der kognitiven Ordnung. Berlin (West): de Gruyter.

Hesse, H. 1974. Siddartha. Eine indische Dichtung. Frankfurt am Main: Suhrkamp.

Hildebrand-Nilshon, M. 1980. Die Entwicklung der Sprache – Phylogenese und Ontogenese. Frankfurt am Main: Campus.

Hörmann, H. 1978. Meinen und Verstehen. Grundzüge einer psychologischen Semantik. Frankfurt am Main: Suhrkamp.

Holzkamp, K. 1973. Sinnliche Erkenntnis. Historischer Ursprung und gesellschaftliche Funktion der Wahrnehmung (= Texte zur Kritischen Psychologie, Band 1). Frankfurt am Main: Athenäum Fischer.

Holzkamp-Osterkamp, U. 1975. Grundlagen der psychologischen Motivationsforschung 1 (= Texte zur Kritischen Psychologie, Band 4/1). Frankfurt am Main: Campus.

Horkheimer, M. 1967. Zur Kritik der instrumentellen Vernunft. Frankfurt am Main: Fischer.

Jantsch, E. 1979. Die Selbstorganisation des Universums. Vom Urknall zum menschlichen Geist. München: Hanser.

Kaminski, G. 1981. Überlegungen zur Funktion von Handlungstheorien in der Psychologie. In Lenk, H. (Hg.). Handlungstheorien interdisziplinär, Band 3, 1. Halbband. München: Fink. 93–121.

Kaminski, G. 1986. Paradigmengebundene Behavior Setting-Analyse. In Kaminski, G. (Hg.). Ordnung und Variabilität im Alltagsgeschehen. Das Behavior Setting-Konzept in den Verhaltens- und Sozialwissenschaften. Göttingen: Hogrefe. 154–176.

Kern, H. & Schumann, M. 1984. Das Ende der Arbeitsteilung? Rationalisierung in der industriellen Produktion. München: Beck.

Kleiber, D. & Stadler, M. 1981. Emotionale und kognitive Handlungsregulation. Überlegungen zur Rolle der Emotionen in der Tätigkeitstheorie und der kognitiven Theorie. In Kleiber, D. (Hg.). Handlungstheorie in der Anwendung. Mitteilungen der DGVP, Sonderheft IV/1981. 275–298.

Kohn, M. L. & Schooler, C. 1983. Work and personality. An inquiry into the impact of social stratification. Norwood: Ablex.

Lempert, W. 1977. Untersuchungen zum Sozialisationspotential gesellschaftlicher Arbeit. Berlin (West): Max-Planck-Institut für Bildungsforschung.

Lenat, D. B. 1984. Software für Künstliche Intelligenz. Spektrum der Wissenschaft, H. 11, 178–189.

Lenk, H. (Hg.) 1977 ff. Handlungstheorien – interdisziplinär (4 Bände) München: Fink.

Leontjew, A. N. 1982. Tätigkeit, Bewußtsein, Persönlichkeit. Köln: Pahl-Rugenstein.

McCorduck, P. 1979. Machines who think. A personal inquiry into the history and prospects of Artificial Intelligence. San Francisco: Freeman.

Maturana, H. R. & Varela, F. J. 1982. Autopoietische Systeme: eine Bestimmung der lebendigen Organisation. In Maturana, H. R. Erkennen: Die Organisation und Verkörperung von Wirklichkeit. Braunschweig: Vieweg. 170–235.

Miller, G. A. 1956. The magical number seven, plus or minus two: Some limit on our capacity for processing information. Psychological Review, **63,** 81–97.

Miller, G. A., Galanter, E. & Pribram, K. H. 1973. Strategien des Handelns. Pläne und Strukturen des Verhaltens. Stuttgart: Klett-Cotta.

Munzert, J. 1986. Schema-Repräsentationen bei der sensumotorischen Regulation, Sportwissenschaft, **16,** (Im Druck).

Neisser, R. 1979. Kognition und Wirklichkeit. Prinzipien und Implikationen der kognitiven Psychologie. Stuttgart: Klett-Kotta.

Newell, A. & Simon, H. A. 1972. Human problem solving. Englewood Cliffs: Prentice-Hall.

Oesterreich, R. 1981. Handlungsregulation und Kontrolle. München: Urban & Schwarzenberg.

Oesterreich, R. 1983. Der Begriff „Effizienz-Divergenz“ als theoretischer Zugang zu Problemen der Planung des Handelns und seiner Motivation. In Hacker, W., Volpert, W. & v. Cranach, M. (Hg.). Kognitive und motivationale Aspekte der Handlung. Bern: Huber. 110–122.

Oesterreich, R. 1986. Personale Organisation und Koordination von Handlungsbereichen. In Alberg, T. & Hardt, St. (Hg.). Bericht zur Tagung „Struktur und Funktion von Persönlichkeitsmerkmalen und Möglichkeiten ihrer Veränderung“, Band 2. Leipzig: Karl-Marx-Universität, Sektion Psychologie. 38–59.

Oesterreich, R. & Resch, M. 1985. Zur Analyse arbeitsbezogener Kommunikation. Zeitschrift für Sozialisationsforschung und Erziehungssoziologie, **5,** 87–106.

Parsons, T. 1937. The structure of social action. A study in social theory with special reference to a group of recent European writers. New York: McGraw-Hill.

Piaget, J. 1969. Das Erwachen der Intelligenz beim Kinde (= Gesammelte Werke, Band 1) Stuttgart: Klett.

Pribram, K. H. 1975. Toward a holonomic theory of perception. In Ertel, S., Kemmler, L. & Stadler, M. (Hg.). Gestalttheorie in der modernen Psychologie. Darmstadt: Steinkopff. 161–184.

Raeithel, A. 1983. Tätigkeit, Arbeit und Praxis. Grundbegriffe für eine praktische Psychologie. Frankfurt am Main: Campus.

Rotter, J. B. 1966. Generalized expectancies for internal vs. external control of reinforcement. Psychological Monographs **80**.

Rubinstein, S. L. 1968. Grundlagen der allgemeinen Psychologie. Berlin (DDR): Volk und Wissen (6. Aufl.).

Rühle, R., Matern, B. & Skell, W. 1980. Training kognitiver Regulationsgrundlagen. In Hacker, W. & Raum, W. (Hg.). Optimierung von kognitiven Arbeitsanforderungen. Bern: Huber. 223–228.

Rumelhart, D. E. 1980. Schemata: The building blocks of cognition. In Spiro, R. J., Bruce, B. C. & Brewer, W. F. (Hg.). Theoretical issues in reading comprehension. Perspectives from cognitive psychology linguistics, artifical intelligence, and education. Hillsdale: Erlbaum. 33–57.

Sampson, E. E. 1981. Cognitive psychology as ideology. American Psychologist, **36,** 730–743.

Scherer, K. R. 1981. Wider die Vernachlässigung der Emotion in der Psychologie. In Michaelis, W. (Hg.). Bericht über den 32. Kongreß der Deutschen Gesellschaft für Psychologie in Zürich 1980, Band 1. Göttingen: Hogrefe. 304–317.

Schmidt, R. A. 1975. A schema theory of discrete motor skill learning. Psychological Review, **82,** 225–260.

Seligman, M. E. P. 1979. Erlernte Hilflosigkeit. München: Urban & Schwarzenberg.

Shaw, R. & Turvey, M. T. 1981. Coalitions as models for ecosystems: a realist perspective on perceptual organization. In Kubvoy, M. & Pommerantz, J. R. (Hg.). Perception organization. Hillsdale: Erlbaum. 343–415.

Skell, W. 1972. Analyse von Denkleistungen bei der Planung und praktischen Durchführung von Produktionsarbeiten in der Berufsausbildung. In Skell, W. (Hg.). Psychologische Analysen von Denkleistungen in der Produktion. Berlin (DDR): Deutscher Verlag der Wissenschaften. 13–100.

Stadler, M. & Seeger, F. 1981. Psychologische Handlungstheorie auf der Grundlage des materialistischen Tätigkeitsbegriffs. In Lenk, H. (Hg.). Handlungstheorien – interdisziplinär, Band 3, 1. Halbband. München: Fink. 191–233.

Stadler, M., Seeger, F. & Raeithel, A. 1975. Psychologie der Wahrnehmung. München: Juventa.

Thomas, A. (Hg.) 1976. Psychologie der Handlung und Bewegung. Meisenheim: Hain.

Turkle, S. 1984. Die Wunschmaschine. Vom Entstehen der Computerkultur. Reinbek: Rowohlt.

Ulich, E. 1970. Industriepsychologie. In Management-Enzyklopädie, Band 3. München: moderne industrie. 408–519.

Ulich, E. 1972. Training und Beanspruchung – ein Forschungskonzept. Sportwissenschaft, **2,** 273–277 (a).

Ulich, E. 1972. Arbeitswechsel und Aufgabenerweiterung. REFA-Nachrichten, **25,** 265–275 (b).

Ulich, E. & Frei, F. 1980. Persönlichkeitsförderliche Arbeitsgestaltung und Qualifizierungsprobleme. In Volpert, W. (Hg.). Beiträge zur Psychologischen Handlungstheorie. Bern: Huber. 71–86.

Volpert, W. 1975. Die Lohnarbeitswissenschaft und die Psychologie der Arbeitstätigkeit. In Groskurth, P. & Volpert, W. Lohnarbeitspsychologie. Berufliche Sozialisation: Emanzipation zur Anpassung. Frankfurt am Main: Fischer Taschenbuch. 11–196.

Volpert, W. 1976. Überlegungen zum Vorgang der Planerzeugung. Probleme und Ergebnisse der Psychologie, H. 59, 19–24.

Volpert, W. 1983. Sensumotorisches Lernen. Zur Theorie des Trainings in Industrie und Sport. Frankfurt am Main: Fachbuchhandlung für Psychology (4. Aufl.).

Volpert, W. 1983. Das Modell der hierarchisch-sequentiellen Handlungsorganisation. In Hacker, W., Volpert, W. & von Cranach, M. (Hg.). Kognitive und motivationale Aspekte der Handlung. Bern: Huber. 38–58 (a).

Volpert, W. 1983. Emotionen aus der Sicht der Handlungsregulationstheorie. In Janssen, J. P. (Hg.). Aktivierung, Handlung, Motivation und Coaching im Sport. Schorndorf: Hofmann. 193–205 (b).

Volpert, W. 1984. Maschinen-Handlungen und Handlungs-Modelle. Ein Plädoyer gegen die Normierung des Handelns. Gestalt Theory, **6,** 70–100.

Volpert, W. 1985. Zauberlehrlinge. Die gefährliche Liebe zum Computer. Weinheim: Beltz (a).

Volpert, W. 1985. Pädagogische Aspekte der Handlungsregulationstheorie. In Passe-Tietjen, H. & Stiehl, H. (Hg.). Betriebliches Handlungslernen und die Rolle des Ausbilders. Wetzlar: Jungarbeiter-Initiative an der Werner-v.-Siemens-Schule. 109–123 (b).

Volpert, W. 1986. Gestaltbildung im Handeln. Zur psychologischen Kritik des mechanistischen Weltbildes. Gestalt Theory, **8,** 43–60.

Weber, M. 1956. Wirtschaft und Gesellschaft. Grundriß der verstehenden Soziologie. Tübingen: Mohr.

Wygotski, L. S. 1978. Mind in society. The development of higher psychological processes. Cambridge (Mass.): Harvard University Press.

Zajonc, R. B. 1980. Feeling and thinking. Preferences need no inferences. American Psychologist, **35,** 151–175.

2. Kapitel

Handlungstheoretisch orientierte Arbeitsanalyse

Rainer Oesterreich und Walter Volpert

1 Vorbemerkungen

1.1 Eingrenzungen

Es gibt – innerhalb der Psychologie und über ihre Grenzen hinaus – verschiedene und divergierende Ansätze von Handlungstheorien, aus denen sich u. U. auch unterschiedliche Methoden der psychologischen Arbeitsanalyse ableiten lassen. Dieser Beitrag beschränkt sich auf jene Ansätze, die man als ‚Handlungsregulationstheorie' zusammenfassen kann und die im vorhergehenden Beitrag zu diesem Band skizziert wurden.

Das Schwergewicht liegt dabei auf zwei Verfahren der Arbeitsanalyse, die bereits als entwickelte Untersuchungs-Instrumentarien vorliegen und mit Hilfe derer die Anforderungen von Arbeitsaufgaben an das Handeln der Personen untersucht werden können: das *Tätigkeits-Bewertungssystem (TBS)* (Hacker, Iwanowa & Richter 1983) und das *Verfahren zur Ermittlung von Regulationserfordernissen in der Arbeitstätigkeit (VERA)* (Volpert, Oesterreich, Gablenz-Kolakovic, Krogoll & Resch 1983). Beide Verfahren beziehen sich auf industrielle Arbeitstätigkeiten ‚gewerblicher' Art, die also auch manuelle Arbeitsausführungen beinhalten. Wir werden kurz auch auf weitere, handlungstheoretisch orientierte Verfahren der psychologischen Arbeitsanalyse eingehen. Im Vordergrund soll jedoch nicht die Darstellung von Verfahren stehen, sondern die Entwicklung von Grundgedanken einer derartigen Arbeitsanalyse.

1.2 Zur Abfolge der Darstellungen

Zum theoretischen Hintergrund unserer Ausführungen kann auf den vorangehenden Beitrag in diesem Band verwiesen werden. Dieser Text soll zeigen, zu welchen theoretischen und methodischen Konsequenzen für die Arbeitsanalyse die Betonung der Zielgerichtetheit des Handelns (2.) und die Auffassung von Arbeitsbedingungen als Handlungsforderungen (3.) führen. Im Anschluß daran (bei 4.) werden diese Verfahren knapp vorgestellt, ohne daß diese Vorstellung jedoch die Lektüre der entsprechenden Handbücher und Anleitungen ersetzen kann und soll. Das abschließende Kapitel (5.) faßt die wesentlichen Grundgedanken und Merkmale der Verfahren noch einmal in vier kurzen Thesen zusammen.

1.3 Die Zielstellung der Verfahren

Eine der zentralen Aussagen der Rahmentheorie im Hinblick auf Arbeitstätigkeit lautet: Der wesentliche Aspekt der (gesellschaftlich und organisatorisch bedingten) Arbeitsbedingungen ist, daß sie Arbeitsaufgaben als Handlungsforderungen an Individuen stellen, denen diese durch ihre individuellen Handlungsstrukturen entsprechen sollen. Das wichtigste Merkmal dieser Handlungsforderungen ist das Ausmaß, in dem sie selbständige Zielbildungen ermöglichen und erfordern, also die Höhe der ‚Regulationserfordernisse', welche zugleich Regulationschancen sind. Es wird angenommen, daß höhere Regulationserfordernisse und -chancen in dem Sinn positiv wirken, daß sie die Kompetenz und die Motivation der Individuen zur Bewältigung komplexer Handlungsforderungen generell, also auch außerhalb des Arbeitsbereiches, erhöhen. Restriktive Handlungsforderungen im Sinne niedriger Regulationserfordernisse ermöglichen demgegenüber nur ‚unvollständige', ‚partialisierte' Handlungen, welche entsprechend ungünstige Auswirkungen auf die Persönlichkeit haben.

Arbeitsanalyse-Verfahren auf der Grundlage der Handlungsregulationstheorie sind also vorwiegend darauf gerichtet, den ‚Handlungsspielraum' bzw. die Regulationserfordernisse und -chancen im skizzierten Sinne zu erfassen. Sie können damit als *eine* methodische Grundlage zur Untersuchung des Zusammenhangs von Arbeit und Persönlichkeit dienen. Ebenso sollen sie eine Bewertung bestehender oder bislang nur projektierter Arbeitsaufgaben ermöglichen. Schließlich streben sie an, Hinweise für eine ‚persönlichkeitsfördernde Arbeitsgestaltung' zu geben.

Aufgrund dieser Zielstellungen können die skizzierten Verfahren der psychologischen Arbeitsanalyse auch das Methodeninventar von Forschungs- und Gestaltungsansätzen erweitern, die außerhalb des Kontextes der Handlungsregulationstheorie und auch der Arbeitspsychologie anzusiedeln sind: Untersuchungen über den Zusammenhang von Arbeit und Persönlichkeit (vgl. Kohn 1985, Hoff, Lappe & Lempert 1985); Abschätzung von Technikfolgen, insbesondere im Hinblick auf das Denken, Fühlen und Handeln der Individuen (vgl. Volpert 1985); und schließlich Themen der Arbeitsorganisation und der Qualifizierung (vgl. die diesbezüglichen Beiträge in diesem Band).

2 Ziele im Arbeitshandeln

In der Psychologie wird mit der Wortverwendung *Handeln* stets hervorgehoben, daß es um Zielsetzungen und Zielverfolgungen im menschlichen Verhalten geht. Im folgenden soll verdeutlicht werden, welche Konsequenzen die Betonung der Zielgerichtetheit des Handelns für die Arbeitsanalyse hat.

2.1 Handlung und Ziel

Hacker (1983) kennzeichnet die Bedeutung der Ziele in der Tätigkeit – nicht nur in der Arbeit – durch drei Funktionen, die Zielen zukommen: (1) Ziele aktivieren für und veranlassen zu Tätigkeiten. Sie wirken als Quasibedürfnisse im Sinne von Lewin (1926). (2) Ziele organisieren und lenken die Tätigkeit über Abfolgen von Zwischenzielen und bestimmen das Erleben von Komplexität und Abwechslung im Gegensatz zur Einförmigkeit. (3) Ziele liegen den Vergleichen der Tätigkeitsergebnisse mit den antizipierten Zielcharakteristika zugrunde.

Eine Arbeit, die keine Zielstellungen beinhaltet, wäre demnach wenig motivierend und wenig strukturiert. Ist aber eine Arbeit denkbar, für die es keine Ziele gibt? Auch die einfachste Arbeit resultiert zwar in Arbeitsergebnissen, sie braucht aber deswegen noch keine *selbstgesetzten* Ziele zu beinhalten. Dies wird im folgenden deutlicher.

Ein Ziel ist ein vor dem Handeln antizipierter Zustand, der durch Handeln erreicht werden soll. Diese Kennzeichnung ist jedoch unvollständig. Der antizipierte Zustand muß vom Handelnden aus anderen potentiell möglichen Zuständen, die ebenfalls durch Handeln erreichbar wären, ausgewählt worden sein. Gibt es nur einen möglichen zukünftigen Zustand, ist sein Erreichen zwingend vorgegeben. Ist also ein Arbeitsergebnis in allen Einzelheiten festgelegt, so ist es nicht als Ziel innerhalb der Arbeitstätigkeit anzusehen. Es gibt dann zwar andere antizipierbare mögliche ‚Zustände', die durch absichtliche Verfehlung des Arbeitsergebnisses oder durch Arbeitsverweigerung ‚herzustellen' wären. Das würde jedoch nicht zur Ausführung der Arbeitstätigkeit selbst gehören, sondern z. B. zu Bereichen innerbetrieblicher oder gewerkschaftlicher Auseinandersetzungen.

Vor dem Hintergrund dieser Argumentation könnte es so aussehen, als ob es gar keine Ziele innerhalb der Arbeitstätigkeit geben könne, wenn Arbeitsergebnisse vorgegeben sind. Es ist jedoch jeweils genauer zu betrachten, wie sehr ein vorgegebenes Arbeitsergebnis in allen Einzelheiten festgelegt ist, ob es nicht – durchaus zulässige – Varianten des Arbeitsergebnisses gibt, deren genauere Bestimmung dem Arbeitenden überlassen bleibt. Insbesondere kann es auch Ziele *auf dem Weg* zum Arbeitsergebnis geben. Dies gilt dann, wenn unterschiedliche Vorgehensweisen im Prozeß des Herstellens möglich sind, also mit der Vorgabe des Arbeitsergebnisses nicht auch eine rigide Festlegung der Vorgehensweise verbunden ist. Dann gibt es auf dem Weg zum Arbeitsergebnis alternativ mögliche ‚Zustände', zwischen denen der Arbeitende auswählen kann, die also als Ziele anzusehen sind.

Das zentrale Anliegen der beiden Arbeitsanalyse-Instrumentarien TBS und VERA ist es, für konkrete industrielle Arbeitsaufgaben festzustellen, inwieweit sie Möglichkeiten bzw. Erfordernisse für die Bildung von eigenständigen Zielen des Arbeitenden beinhalten. Hierzu ist eine genaue Untersuchung des gesamten Prozesses einer Arbeitstätigkeit erforderlich. Bevor wir darauf näher eingehen, müssen noch einige theoretische Vorstellungen bzw. Begriffe erläutert werden, die mit ‚eigenständigen Zielsetzungen' in der Arbeit verbunden sind.

Ulich (1972) prägte den Begriff „Handlungsspielraum" zur Kennzeichnung von Arbeitstätigkeiten. Den Handlungsspielraum beschreibt er als durch die beiden Dimensionen „Tätigkeitsspielraum" und „Entscheidungs- und Kontrollspielraum" gegeben. (Ulich verwendet den Begriff „Tätigkeitsspielraum" inzwischen in einer wesentlich breiteren Bedeutung, vgl. Ulich 1983.)

Anknüpfend an Ulich sieht Hacker (1980, 73 f.) den Handlungsspielraum einer Arbeitstätigkeit vor allem durch die „Summe der Freiheitsgrade" gegeben. „Freiheitsgrade" gibt es im Arbeitsprozeß an den Stellen, die Möglichkeiten zu Entscheidungen über verschiedene Varianten des Arbeitsweges beinhalten, „denen wiederum der Möglichkeit nach die kognitive Analyse der verschiedenen Möglichkeiten (Orientierung) vorausgeht". Freiheitsgrade sind „Kristallisationspunkte für regulative psychische Komponenten der Arbeitstätigkeiten und determinieren die Beschaffenheit der psychischen Struktur" – wobei mit „psychischer Struktur" nicht diejenige der arbeitenden Person gemeint ist, sondern die der Arbeitstätigkeit inhärente Struktur, welche die psychische Regulation in bezug auf diese Tätigkeit prägt. Im Aufdecken der Freiheitsgrade sieht Hacker „das unerläßliche Fundament der Analyse von psychischen Anforderungen einer Arbeitstätigkeit".

Die Bedeutsamkeit solcher Entscheidungspunkte in der Handlungstheorie wird auch aus einer bestimmten Auffassung von der Einheit Handlung deutlich. Nach Oesterreich (1981, 81 ff.) ist der Beginn einer Handlung dadurch gekennzeichnet, daß an dieser Stelle der Aktivitätsfluß auch in eine andere Richtung hätte fortgesetzt werden können. Für das Ende einer Handlung gilt entsprechend: Es ist die nächste Stelle im Aktivitätsfluß, an der wiederum die Möglichkeit vorgesehen ist, den Aktivitätsfluß in eine andere Richtung zu lenken (während der Handlung gibt es lediglich die Möglichkeit, den vorgesehenen Aktivitätsfluß zu unterbrechen). Für Arbeitstätigkeiten, deren Weg zum Arbeitsergebnis keinerlei Entscheidung erfordert, muß dann gelten, daß der Arbeitsprozeß (innerhalb eines Zyklus bis zum jeweiligen Arbeitsergebnis) nur eine einzige Handlung enthält. Wenn am Ende eines solchen Zyklus sofort der nächste, gleiche Zyklus zu folgen hat, ist noch nicht einmal der Arbeitsprozeß innerhalb eines Zyklus als eine ganze Handlung anzusehen. Bei solchen repetitiven Arbeiten kann es nur zeit- bzw. mengenbezogene Ziele geben – d. h., es kann schneller oder langsamer gearbeitet werden. (Hacker spricht hier von „zeit/mengenbezogenen Freiheitsgraden", womit er allerdings den ursprünglich auf die Tätigkeitsabfolge bezogenen Freiheitsgrad-Begriff erweitert, vgl. 1983.) Allenfalls ist noch die Qualität der Arbeitsergebnisse durch den Grad der Genauigkeit der Arbeitsausführung zu beeinflussen, was wiederum mit der Arbeitsgeschwindigkeit zusammenhängen dürfte.

In theoretischen Analysen möglicher Handlungsabfolgen wurde der Begriff ‚Effizienz-Divergenz' eingeführt (Oesterreich 1981). Mit ihm wird thematisiert, in welchem Ausmaß in der Folge einer Handlung wirksame und unterschiedliche weitere Handlungen – unterschiedlich in bezug auf verschiedene Ziele – möglich sind. Es wird angenommen, daß als längerfristige Ziele solche zukünftigen Situationen bevorzugt werden, deren Effizienz-Divergenz besonders hoch ist – die also in besonderem Maße eine Auswahl zwischen verschiedenen Fortsetzungen des Handelns ermöglichen. Für einen ganzen ‚Handlungsbereich' – der z. B. aus den in einer Arbeitstätigkeit möglichen Abfolgen von Handlungen bestehen kann – kennzeichnet die ‚durchschnittliche Effizienz-Divergenz' die Handlungsvielfalt des Bereichs und die Möglichkeiten, sich in ihm zwischen mehreren unterschiedlichen Zielen zu entscheiden.

Dies führt uns von der Erörterung einzelner Handlungen und ihrer Ziele zu der Frage, wie komplexere, viele Handlungen beinhaltende Arbeitstätigkeiten zu betrachten sind.

2.2 Handlungsstrukturen und Ziele

In komplexeren Arbeitstätigkeiten kann es eine Vielzahl einzelner Handlungen geben. Um eine konkrete Arbeitsaufgabe unter diesem Gesichtspunkt zu kennzeichnen, wäre nach verschiedenen Handlungen und Zielen zu fragen, welche sich zueinander als Ober- und Unterziele verhalten können. Dies könnte zunächst bedeuten, die hierarchisch-sequentielle Organisation der Handlungen einer Arbeitsaufgabe zu bestimmen – also die Handlungen und Ziele gemäß dem Modell der hierarchisch-sequentiellen Handlungsregulation so zu ordnen, wie es Abbildung 1 im vorhergehenden Beitrag dieses Bandes nahelegt. Dieses formale Modell kann jedoch nicht ohne weiteres auf real beobachtbares Handeln angewendet werden (ein – freilich konstruiertes – Beispiel findet man bei Oesterreich 1981, 9 ff.).

In den beiden Verfahren TBS und VERA wird der Untersucher angeleitet, die jeweils vorliegende Arbeitsaufgabe in Abschnitte zu unterteilen, was als Differenzierung einzelner Handlungen aufgefaßt werden könnte. Im VERA sollen „Arbeitseinheiten" unterschieden und in ihrer Abfolge – die auch verzweigt sein kann – beschrieben werden. Dem entspricht im TBS die Aufteilung in „Arbeitsgangstufen" und ihre Darstellung in einem „Programmablaufplan" (Flußdiagramm). Solche Abschnitte entsprechen jedoch nicht zwingend auch einzelnen Handlungen. Bei einfachen Tätigkeiten können mehrere solcher Abschnitte zu einer einzigen Handlung gehören, bei sehr komplexen Tätigkeiten kann ein Abschnitt mehrere Handlungen umfassen. Die Unterteilungen in „Arbeitseinheiten" bzw. „Arbeitsgangstufen" sollen vielmehr den Untersucher dazu anhalten, den Arbeitsprozeß möglichst eingehend zu untersuchen und in seiner Struktur zu verstehen. Die handlungspsychologische Beschreibung der Arbeitsaufgabe erfolgt im Anschluß daran und bezieht sich nicht unmittelbar auf diese Unterscheidungen von Abschnitten im Arbeitsprozeß. Die Verfahren TBS und VERA gehen dabei unterschiedliche Wege:

Im VERA wird ein „10-Stufen-Modell der Regulationserfordernisse" für die Arbeitstätigkeit definiert (Volpert et al. 1983, 41 ff.). Seine Grundlage ist ein 5-Ebenen-Modell der Handlungsregulation (vgl. Oesterreich 1981), das im VERA für Arbeitstätigkeiten spezifiziert wurde und in dem innerhalb jeder Ebenen noch zwei Stufen unterschieden werden. Für die jeweils untere Stufe einer Ebene gilt die Charakteristik der betreffenden Ebene nicht vollständig: z. B. ist statt des Planens (Ebene 2, Stufe 2) nur ein Vergegenwärtigen des Vorgehens erforderlich (Ebene 2, Stufe 2 R). Durch die Beantwortung der Fragen eines „Fragenalgorithmus" stellt der Untersucher für eine Arbeitsaufgabe fest, bis hin zu welcher Stufe sie vom Arbeitenden psychische Regulationen erfordert. Tabelle 1 enthält die zehn Stufen-Definitionen in verkürzter Form. Das Verständnis des 10-Stufen-Modells erschließt sich am ehesten, wenn man zunächst nur die den fünf Ebenen entsprechenden Stufen (ohne „R") beachtet, und – von oben nach unten gehend – die einzelnen Definitionen als sukzessive Einengung oder – von unten nach oben – als sukzessive Erweiterung des Blickwinkels auf eine sehr umfassende Arbeitstätigkeit auffaßt.

Tabelle 1: Das 10-Stufen-Modell der Regulationserfordernisse des VERA (verkürzte Formulierungen)

Ebene 5: Schaffung neuer Handlungsbereiche

Das *Resultat der Arbeitsaufgabe* ist nicht festgelegt und nur durch Schaffung neuer Möglichkeiten der Produktion zu erreichen. Es geht also um die Erschließung eines neuen Produktionsbereiches.

Stufe 5:
Es werden Bedingungen für die Entwicklung von *Aktionsprogrammen* bestimmt: Dies geschieht durch antizipatorisches Erproben völlig neuer Teilzielplanungen, die auch andere Teilzielplanungen in bereits bestehenden Produktionsbereichen verändern und in neuartiger Weise ergänzen oder integrieren sollen.

Stufe 5 R:
Es werden Bedingungen für die Entwicklung von *Aktionsprogrammen* bestimmt. Dies geschieht durch antizipatorisches Erproben völlig neuer Teilzielplanungen, die andere Teilzielplanungen in bereits bestehenden Produktionsbereichen nicht gefährden dürfen.

Ebene 4: Koordination mehrerer Handlungsbereiche

Das *Resultat der Arbeitsaufgabe* ist nicht in allen Einzelheiten festgelegt. Es besteht in der Aufrechterhaltung oder Initiierung eines mehrere Bereiche umfassenden Arbeitsprozesses.

Stufe 4:
Das *Aktionsprogramm* besteht aus mehreren vom Arbeitenden generierten Teilzielplanungen, die so aufeinander bezogen sind, daß ihre Realisierungen sich gegenseitig ergänzen. Bei der Teilzielplanung in einem Bereich müssen vom Arbeitenden gleichzeitig seine Teilzielplanungen in anderen Bereichen beachtet werden.

Stufe 4 R:
Das *Aktionsprogramm* besteht aus einer vom Arbeitenden generierten Teilzielplanung, die berücksichtigt, daß die Realisierung anderer Teilzielplanungen nicht gefährdet wird. Diese werden nicht vom Arbeitenden selbst generiert, er muß sie jedoch reflektieren und über bedeutsame Auswirkungen Informationen weitergeben.

Ebene 3: Teilzielplanung

Das *Resultat der Arbeitsaufgabe* ist nicht in allen Einzelheiten festgelegt. Das Arbeitsresultat kann erst über eine Abfolge von ebenfalls nicht in allen Einzelheiten festgelegten Teilzielen, die auf dem Weg zum Arbeitsresultat liegen, erreicht werden.

Stufe 3:
Das *Aktionsprogramm* besteht aus einer nur grob bestimmten Abfolge von Teilzielen, die der Arbeitende selbst geplant hat. Zunächst wird das erste Teilziel bestimmt und ein Handlungsprogramm, das bis zum nächsten Teilziel reicht, auf der Stufe 2 geplant. Nach der Ausführung des Handlungsprogrammes wird die Planung der weiteren Teilziele überprüft und ggf. korrigiert. Dann wird das nächste Teilziel exakt bestimmt, das bis zu ihm reichende Handlungsprogramm generiert usw.

Stufe 3 R:
Das *Aktionsprogramm* besteht aus einer nur grob bestimmten Abfolge von Teilzielen. Diese Abfolge ist jedoch nicht vom Arbeitenden selbst geplant, sie ist ihm vielmehr durch externe oder durch die Konstruktion und Anordnung der Arbeitsmaterialien vorgegeben. Der Arbeitende muß daher die vorgegebene Teilzielabfolge antizipatorisch reflektieren, nicht jedoch generieren.

Ebene 2: Handlungsplanung

Das *Resultat der Arbeitsaufgabe* ist nicht durch ein Bewegungsprogramm allein herzustellen, verschiedene Bewegungsprogramme müssen in neuartiger Weise miteinander verknüpft werden.

Tabelle 1. (Fortsetzung)

Stufe 2:
Das *Aktionsprogramm* besteht aus einem Handlungsprogramm. Das Handlungsprogramm wird vom Arbeitenden selbst geplant. Es hat unterschiedliche Möglichkeiten der Verknüpfung verschiedener Bewegungsprogramme vorher antizipatorisch durchgespielt und dann ein bis zum Arbeitsergebnis reichendes Handlungsprogamm festgelegt.

Stufe 2R:
Das *Aktionsprogramm* besteht aus einem Handlungsprogramm, es ist dem Arbeitenden durch andere oder durch die Konstruktion und Anordnung der Arbeitsmaterialien vorgegeben. Der Arbeitende muß jedoch das vorgegebene Handlungsprogramm antizipatorisch reflektieren.

Ebene 1: Sensumotorische Regulation

Das *Resultat der Arbeitsaufgabe* ist durch schon oft ausgeführte Abfolgen von Arbeitsbewegungen herzustellen.

Stufe 1:
Das *Aktionsprogramm* besteht aus einem Bewegungsprogramm, das in bewußter Zuwendung ausgelöst wird und dann automatisiert bis hin zum Arbeitsergebnis abläuft. Es kommt vor, daß auch solche Varianten zu berücksichtigen sind, die zu anderen Varianten des Arbeitsergebnisses führende Bewegungsabläufe oder die Benutzung anderer Arbeitsgeräte erfordern.

Stufe 1R:
Das *Aktionsprogramm* besteht aus einem Bewegungsprogramm, das in bewußter Zuwendung – evtl. auch ohne bewußte Zuwendung – ausgelöst wird und dann automatisiert bis hin zum Arbeitsresultat abläuft. Es kommt nicht vor, daß auch solche Variationen zu berücksichtigen sind, die zu anderen Varianten des Arbeitsergebnisses führende Bewegungsabläufe oder die Benutzung anderer Arbeitsgeräte erfordern.

Tabelle 2: Bezüge dreier TBS-Skalen zur TBS-Sammelskala und zu den VERA-Stufen. Die Auslassung einiger waagerechter Unterteilungslinien soll andeuten, daß Bezüge zu einem Bereich der Sammelskala, aber nicht direkt zu ihren einzelnen Kategorien bestehen.

„Sammelskala" Erforderliche geistige (kognitive) Leistungen	Hauptebenen der psychischen Ausführungsregulation	Erforderliche Orientierungsleistungen (in der Umgebung) und Beurteilung	Differenzierung erforderlicher Denk-(Problemlösungs-)Operationen	VERA-Stufen
(9) Schöpferisch offen			(5) wie (4) in überwiegend offenen (d. h. komplexen, vernetzten, dynamischen) Problembereichen	5
(8) Schöpferisch geschlossen	(5) Informationsverarbeitung mit selbständigen	(5) Beurteilen komplexer Zustände oder	(4) vorwiegend „selbständige" schöpferische Denkoperationen, evtl. einschließlich Zielfindung in überwiegend geschlossenen Problembereichen	5R

Tabelle 2. (Fortsetzung)

„Sammelskala" Erforderliche geistige (kognitive) Leistungen	Hauptebenen der psychischen Ausführungsregulation	Erforderliche Orientierungsleistungen (in der Umgebung) und Beurteilung	Differenzierung erforderlicher Denk-(Problemlösungs-)Operationen	VERA-Stufen
(7) Nichtalgorithmische entwerfende Denkvorgänge, nicht schöpferisch (+ diagnostische)	(nicht algorithmisch vorgegebenen) Denk-(Problemlösungs-) Anforderungen nicht-schöpferischer oder schöpferischer Art	Prozesse mit Integration verschiedener Merkmale nach selbstzufindenden Gesichtspunkten/ Regeln	(3) vorwiegend nichtalgorithmische („selbständige"), jedoch nicht schöpferische Denkoperationen	4
(6) Nichtalgorithmische diagnostische Denkvorgänge, nicht schöpferisch				4 R
(5) wie (4) bei unvollständigen Regeln	(4) Informationsverarbeitung mit Denk-(Problemlösungs-)Anforderungen nach bekannten Bearbeitungsvorschriften (-algorithmen, -programmen)	(4) Beurteilen komplexer Zustände oder Prozesse mit Integration verschiedener Merkmale nach gegebenen Gesichtspunkten/Regeln	(2) vorwiegend unvollständig algorithmische Denkoperationen	3
(4) Algorithmische entwerfende Denkvorgänge bei vollständigen Regeln (+ diagnostische)				3 R
(3) wie (2) aber mit einigen algorithmischen Denkschritten bei unvollständigen Regeln	(3) Informationsverarbeitung als (beim Wahrnehmen erfolgende) Urteilsvorgänge ohne leistungsbestimmende Denk-(Problemlösungs-) Anforderungen	(3) Beurteilen (d. h. Vergleichen, Bewerten sowie Klassifizieren) von einzelnen Merkmalen ohne deren Integration	(1) vorwiegend vollständig algorithmische Denkoperationen	2
(2) Informationsverarbeitung als wahrnehmungsinterne Urteile				2 R
(1) Bewußtseinspflichtige Informationsübertragung	(2) bewußtseinspflichtige Informationsübertragung ohne leistungsbestimmende Verarbeitungserfordernisse	(2) Aufnahme bewußtseinspflichtiger handlungsregulierender Signale u. deren assoziative Umsetzung in Maßnahmen ohne Vergleichsoperationen	(0) keine Denkoperationen	1
(0) Nichtbewußtseinspflichtig, sensumotorisch	(1) sensumotorische, nicht bewußtseinspflichtige Kontrolle bewegungszentrierten Ausführens	(1) Aufnahme von nichtbewußtseinspflichtigen bewegungsregulierenden Signalen		1 R

Im TBS werden verschiedene Aspekte, die mit der hierarchischen Höhe der erforderlichen psychischen Regulationsprozesse verbunden sind, in verschiedenen Skalen operationalisiert, auf denen der Untersucher die Arbeitstätigkeit beurteilen soll: „Freiheitsgrade", „mögliche bzw. erforderliche Entscheidungen", „Planen eigener Arbeitstätigkeit", „Hauptebenen der psychischen Ausführungsregulation", „erforderliche Orientierungsleistungen und Beurteilungen", „Differenzierung erforderlicher Denk-(Problemlösungs-)Operationen" und „Sammelskala: erforderliche geistige (kognitive) Leistungen". Die – im TBS explizierten (Hacker et al. 1983, 70f.) – Bezüge von drei dieser Skalen zur Sammelskala haben wir in Tabelle 2 so dargestellt, daß auch Bezüge zu den VERA-Stufen deutlich werden. (Beide Verfahren enthalten noch eine Reihe von anderen Beurteilungen, die wir hier nicht erörtern können.)

Es gibt heute eine Vielzahl von Arbeitstätigkeiten, die keine umfassenden Handlungsstrukturen und eigenständigen Zielsetzungen der Arbeitenden enthalten. Bei Ausübung solcher Arbeitstätigkeiten ist zu befürchten, daß die betreffenden Personen in ihrer Entwicklung des Handelns auch außerhalb der Arbeit behindert werden. (Näheres dazu im vorhergehenden Beitrag von Volpert in diesem Band.) Die Analyse der Arbeit in Hinblick auf den Umfang von Handlungsstrukturen beinhaltet somit die Frage nach Arbeitsbedingungen, die sich hemmend auf die Persönlichkeitsentwicklung auswirken können. Das VERA enthält daher auch einen eigenen, ausführlich erläuterten Teil, mit Hilfe dessen der Untersucher Vorschläge entwicklen soll, wie die Regulationserfordernisse der untersuchten Arbeitstätigkeit erhöht werden könnten (Volpert et al. 1983, 145ff.). Für die Ergebnisskalen des TBS werden „empfehlenswerte Mindestausprägungen" angegeben (Hacker et al. 1983, 82). Der Untersucher ist aufgefordert, für seine Ergebnisse zu prüfen, inwieweit sie unterhalb der „Mindestausprägungen" liegen. Sollte dies der Fall sein, muß erwogen werden, die Arbeitstätigkeit in Richtung auf verbesserte Bedingungen der Persönlichkeitsförderlichkeit umzugestalten.

3 Arbeitsbedingungen als Handlungsforderungen

Auch außerhalb der Arbeitstätigkeit sind die Menschen in Zusammenhänge gestellt, denen sie durch ihre Handlungen entsprechen müssen. Das heißt nicht, daß sie zu bestimmten Handlungen gezwungen sind. Aber das Handeln kann nicht nur den Zielen und Wünschen der Individuen entsprechen, sondern muß bestimmte äußere Gegebenheiten berücksichtigen – und auch die Ziele und Wünsche werden nicht unabhängig von äußeren Gegebenheiten gebildet. Diese äußeren Gegebenheiten haben sowohl physikalischen Charakter als auch sozialen und gesellschaftlichen Charakter. Für unsere Zusammenhänge ist vor allem wichtig, daß sie *Handlungs-Charakter* haben, also verschiedene Handlungen ermöglichen – und andere Handlungen eben nicht.

Ebenso sind in einer psychologischen Arbeitsanalyse die Arbeitsbedingungen – physikalisch gegeben durch Rohmaterialien, Werkzeuge, Maschinen, sozial gegeben durch die innerbetriebliche Arbeitsteilung, gesellschaftlich gegeben durch die Produktionsverhältnisse und den Gebrauchswert des hergestellten Produkts für andere – als Handlungsforderungen zu verstehen, die sich für den Arbeitenden stellen.

Dies hat unmittelbar mit der Frage nach dem *Gegenstand* der Arbeitsanalyse zu tun. Hier sind noch weitere Eingrenzungen vorzunehmen. Sie betreffen (a) die Unterteilung der Handlungsforderungen einer Arbeitstätigkeit in voneinander unabhängige ‚Arbeitsaufgaben' und (b) die Frage, ob überindividuell gültige Handlungsforderungen oder individuelle Eigenarten – mit denen bestimmte Arbeitende den Handlungsforderungen begegnen – untersucht werden sollen.

3.1 Unterscheidung von Arbeitsaufgaben

Die Unterscheidung von Teilen der Arbeitstätigkeiten an einem Arbeitsplatz mag zunächst sehr abstrakt-theoretisch erscheinen, sie ist aber auch von praktischer Relevanz für die psychologische Arbeitsanalyse. Wann immer aus Arbeitsanalyseergebnissen Vorschläge für Veränderungen von Arbeitsbedingungen abgeleitet oder Antworten auf Forschungsfragen gegeben werden sollen, muß klar sein, welche spezifischen Bedingungen für das jeweilige Ergebnis wirksam waren. Wenn sich z. B. ergeben hat, daß die Tätigkeit an bestimmten Arbeitsplätzen sehr monoton oder belastend ist, könnte dies nur aus speziellen Teilen der Tätigkeit an jedem Arbeitsplatz resultieren – aus anderen jedoch nicht. Und wie sollte z. B. eine Arbeitstätigkeit *insgesamt* gekennzeichnet werden, von der ein Teil mit Monotonie verbunden ist, ein anderer mit spezifischen Beanspruchungen aufgrund ständig auftretender unerwarteter Ereignisse? In einer undifferenzierten Gesamtbeurteilung würde diese Arbeitstätigkeit als weder monoton noch besonders beanspruchend erscheinen.

In handlungstheoretischer Sichtweise sind Teile von Arbeitstätigkeiten als verschiedene *Arbeitsaufgaben* dann voneinander zu unterscheiden, wenn sich ein Teil der Arbeitsprozesse auf eine andere Zielstellung bezieht als ein anderer Teil. (Nicht handlungstheoretisch orientierte Versuche solcher Unterteilungen diskutiert Frieling 1975, 16ff.) Die Abgrenzung von Arbeitsaufgaben kann daher *nicht vor* der Arbeitsanalyse geschehen, sie ist bereits Bestandteil und ein erstes Ergebnis der handlungstheoretisch orientierten Arbeitsanalyse.

Sowohl TBS wie VERA schreiben bestimmte Untersuchungsschritte vor, die in entsprechenden Abgrenzungen resultieren. Im VERA wird anschließend dem Untersucher die Aufgabe gestellt zu unterscheiden, ob verschiedene Teile der Arbeitstätigkeit verschiedenen Zielstellungen (deren Verfolgung in der Zuständigkeit des Arbeitenden liegt) zuzuordnen sind. Als Kriterium der Unterscheidung zweier Arbeitsaufgaben wird angegeben: „Es wäre denkbar, daß zwei Personen getrennt voneinander und gleichzeitig die verschiedenen Arbeitseinheiten ausführen, (a) ohne daß während der Arbeit einer dem anderen Informationen weitergeben müßte oder daß Sichtkontakt bestehen müßte, (b) ohne daß einer dem anderen bearbeitete Materialien direkt weitergeben müßte". Nur wenn sowohl (a) wie auch (b) zutreffen, handelt es sich um verschiedene Teile der Arbeitstätigkeit und damit um unterschiedliche Arbeitsaufgaben (Volpert et al. 1983, Manual S. 21). So wird auch im TBS der Untersucher aufgefordert, „zu überlegen, ob vermutliche Teiltätigkeiten von verschiedenen Werktätigen ohne Kooperation und Kommunikation während der Ausübung (also nicht nur zu Ende oder zu Beginn) ausgeführt werden können. Falls dies zutrifft, ist ein Hinweis auf unterschiedliche Teiltätigkeiten gegeben", und es werden noch fünf andere Hinweise zur Abgrenzung von „Teiltätigkeiten" erläutert (Hacker et al., 32f., „Teiltätigkeiten" sind hier wie Arbeitsaufgaben im Sinne des VERA zu verstehen).

Diese Abgrenzungen sind für beide Verfahren auch insofern zentral, als die danach folgenden Untersuchungsschritte getrennt für die unterschiedenen Arbeitsaufgaben des Arbeitsplatzes durchzuführen sind und in verschiedenen Ergebnissen für verschiedene Arbeitsaufgaben resultieren können.

Zusätzlich kann die Beurteilung der gesamten Arbeitstätigkeit eines Arbeitsplatzes durch die Mittelung der Ergebnisse hinsichtlich der einzelnen Arbeitsaufgaben geschehen. Die Berechnung erfolgt über ein „zeitgewichtetes arithmetisches Mittel", in dem die Zeitanteile der einzelnen Arbeitsaufgaben an der gesamten Arbeitszeit berücksichtigt werden (inwiefern diese Berechnung – angesichts der Tatsache, daß in die Mittelung eingehenden Skalen nur Ordinalskalenniveau haben – angemessen ist, wird bei Volpert et al. 1983, 200f. diskutiert). Solche zusammenfassenden Beurteilungen können sich auch auf die Gesamtheit verschiedener Arbeitsaufgaben einer ganzen Arbeitsgruppe oder nach anderen Kriterien zusammengehörige Arbeitsaufgaben beziehen.

3.2 Bedingungsbezogene (objektive) und personenbezogene (subjektive) Fragestellungen der psychologischen Arbeitsanalyse

Die Tatsache, daß sich die Handlungsforderungen einer Arbeitstätigkeit nicht völlig abstrakt, sondern den Arbeitenden stellen, hat mitunter zu der Folgerung geführt, man könnte die Arbeitsbedingungen als Handlungsforderungen nur für jeweils einen bestimmten Arbeitenden beschreiben, dem sich diese Forderungen konkret stellen, aber keine überindividuell gültigen Aussagen über Handlungsforderungen – und damit über Arbeits*bedingungen* aus handlungspsychologischer Sicht – machen. Daraus würde folgen, daß eine psychologische Arbeitsanalyse sich nie auf bestimmte Arbeitsbedingungen, sondern immer nur auf den Umgang bestimmter Personen mit bestimmten Arbeitsbedingungen beziehen kann.

Gerade wenn man von einer Interaktion zwischen Person und Situation ausgeht und diese Interaktion untersuchen will, kommt man nicht umhin, diese beiden Seiten zwar in ihrer wechselseitigen Bezogenheit, aber doch getrennt zu erfassen: situationsseitig also allgemeine, nicht durch individuelle Besonderheiten ‚gebrochene' Charakteristika als Prozeßmerkmale des durch diese Situation geforderten Handelns (vgl. Oesterreich & Volpert 1983). Der ökologisch orientierte Ansatz in der Psychologie versucht diesem theoretischen Erfordernis durch die Konzepte der „Affordances" (Gibson 1982) oder „Behavior Settings" (Barker 1968) zu entsprechen.

Mit der Gegenargumentation, derartige individuum-übergreifende situative Merkmale existierten nicht, da jedes Individuum Situationen anders auffasse (z. B. eine Arbeitsaufgabe in anderer Weise „redefiniere", vgl. Hackman 1969), wird „Interaktion" als etwas Vorgegebenes und nicht als Gegenstand wissenschaftlicher Untersuchungen aufgefaßt. Von einer solchen Position aus ist nicht einmal die Untersuchung individueller Unterschiede möglich: denn diese erfordert den Vergleich interindividuell verschiedener Weisen der Auseinandersetzung mit gleichen oder ähnlichen Situationen. Situationen sind dann als gleich oder ähnlich aufzufassen, wenn die psychischen Prozesse, die zu ihrer Bewältigung erforderlich sind, in ihren Strukturmerkmalen gleich oder ähnlich sind – wobei man sich auf ein ‚allgemeines Subjekt' beziehen und von individuellen Besonderheiten zunächst abstrahieren muß.

Damit soll keinesfalls behauptet werden, individuelle Besonderheiten eines Arbeitenden seien keine Fragestellung der Arbeitsanalyse. Zwischen der Fragestellung nach den allgemeinen, überindividuell gültigen Handlungsforderungen und der Fragestellung nach den individuellen Besonderheiten eines Handelnden beim Umgang mit bestimmten Arbeitsbedingungen *kann* jedoch nicht nur unterschieden werden, dies *muß* vielmehr in jedem Fall und in aller Klarheit geschehen.

Die Auseinandersetzung um diese Unterscheidung wird häufig mit dem Begriffspaar „objektiv-subjektiv" verknüpft (vgl. z. B. Gablenz-Kolakovic, Krogoll, Oesterreich & Volpert 1981). Dabei wird mit „objektiver Arbeitsanalyse" eine psychologische Arbeitsanalyse bezeichnet, die sich auf eine allgemeine Kennzeichnung der Arbeitsbedingungen richtet. Ihre Ergebnisse machen vor allem Aussagen über die veränderungsbedürftigen Arbeitsbedingungen, um diese z. B. ‚menschengerechter' zu gestalten. Dabei wird von individuellen Besonderheiten der aktuell unter diesen Bedingungen arbeitenden Person zu abstrahieren versucht.

Die „subjektive Arbeitsanalyse" untersucht dagegen explizit die individuellen Besonderheiten bestimmter Personen, womit sowohl individuelle – von anderen Personen unterschiedene – Vorgehensweisen, Kenntnisse, Leistungen usw. als auch persönliche Wahrnehmungen und Wertungen zur eigenen Arbeitstätigkeit thematisiert werden.

Anstelle des Begriffspaars „objektiv-subjektiv" wollen wir hier das Begriffspaar „bedingungsbezogen-personenbezogen" verwenden. Dies erscheint uns weniger mißverständlich, denn die Worte „objektiv" und „subjektiv" werden zu häufig mit jeweils abweichenden Bedeutungen gebraucht.

So wäre die „bedingungsbezogene" und auch die „personenbezogene" Arbeitsanalyse für Autoren wie z. B. Euler (1977) oder Karg & Staehle (1982) „subjektiv", weil in beiden nicht die technisch-organisatorischen Gegebenheiten untersucht werden, sondern der Umgang von Menschen (Subjekten) mit solchen Gegebenheiten; gemäß dieser Wortverwendung hätten prinzipiell alle psychologischen Arbeitsanalysen eine „subjektive" Fragestellung. Eine gänzlich andere Wortverwendung findet man z. B. bei Marstedt & Mergner (1983); sie fordern eine „Subjektivierung der Tätigkeitsanalyse" in dem Sinne, daß Arbeitsanalysen die Bedürfnisse und Interessen der Arbeitenden grundsätzlicher berücksichtigen sollen.

Mißverständnisse hinsichtlich des Wortpaars „objektiv-subjektiv" entstehen auch leicht durch seine Verwendung sowohl in der Unterscheidung „bedingungsbezogene vs. personenbezogene Fragestellung" wie in der Unterscheidung „auf Beobachtung beruhende (objektive) vs. auf Befragung beruhende (subjektive) Erhebungsmethoden" (vgl. z. B. Udris 1981). Auf den ersten Blick könnte man meinen, die Untersuchungen mit bedingungsbezogener Fragestellung müßten sich auf Beobachtungsmethoden und die mit personenbezogener Fragestellung auf Befragungsmethoden stützen. Dies ist jedoch nicht zwingend (vgl. auch Abschn. e). In der personenbezogenen Arbeitsanalyse könnten unterschiedliche Vorgehensweisen verschiedener Personen auch durch Beobachtung festgestellt werden – in der bedingungsbezogenen Arbeitsanalyse könnten die Arbeitenden auch befragt und dabei aufgefordert werden, von ganz individuellen Vorgehensweisen zu abstrahieren.

Die beiden handlungstheoretisch orientierten Arbeitsanalyseverfahren TBS und VERA sind Instrumentarien mit *bedingungsbezogener* Fragestellung. In beiden Verfahren wird darauf hingewiesen, daß mit ihnen nicht Personen, sondern Arbeitsbedingungen als Handlungsforderungen beurteilt werden sollen. Im TBS wird dazu ausgeführt: „Das Verfahren bildet ... nur einen Teil der

Einflußgrößen auf die Persönlichkeitsentwicklung im Arbeitsprozeß ab; nämlich die durch den konkreten, einzelnen Arbeitsauftrag und seine Ausführungsbedingungen objektiv gegebenen Möglichkeiten für persönlichkeitsförderliche Arbeiten, bei Voraussetzung der durch die Produktionsverhältnisse des realen Sozialismus gegebenen allgemeinen Bedingungen sowie unabhängig von den individuellen Eigenarten der jeweiligen arbeitenden Menschen ..." (Hacker et al. 1983, 25). Im VERA wird unter der Überschrift „Die Ermittlung von objektiven Regulationserfordernissen" ausführlich erläutert, daß es nicht um die Untersuchung der arbeitenden Personen, sondern um die überindividuell gegebenen „Regulationserfordernisse" geht (Volpert et al. 1983, 34 ff.). Im folgenden wollen wir darstellen, welche theoretischen und untersuchungspraktischen Voraussetzungen dabei gegeben sein müssen.

3.3 Voraussetzungen der bedingungsbezogenen Arbeitsanalyse

Wenn in der bedingungsbezogenen psychologischen Arbeitsanalyse von den individuellen Eigenarten eines Arbeitenden abstrahiert werden soll, kann das natürlich nicht bedeuten, daß vom menschlichen Handeln schlechthin abstrahiert werden kann. Es wird auch nicht möglich sein, bei der Durchführung der Arbeitsanalyse ohne Beobachtung und/oder Befragung mindestens eines Arbeitenden, der die Tätigkeit ausführt, die jeweiligen Handlungsforderungen zu ermitteln.

Mit der Abstraktion von den individuellen Eigenarten ist intendiert, über die Arbeitsbedingungen Aussagen zu machen, die ihre Geeignetheit für das menschliche Handeln im allgemeinen betreffen. In eventuellen Änderungsvorschlägen als Ergebnis entsprechender Analysen geht es dann um die Anpassung der Arbeitsbedingungen an die Eigenarten des menschlichen Handelns. Theoretisch tritt damit in der bedingungsbezogenen Arbeitsanalyse an die Stelle des aktuell Arbeitenden eine Vorstellung vom Menschen im allgemeinen Sinn. Solch eine Vorstellung kann verschiedenste Inhalte haben, es ist notwendig, sie in bezug auf die Arbeitstätigkeit zu explizieren. Solche Explikationen sind in theoretischen Modellen enthalten. Die bedingungsbezogene psychologische Arbeitsanalyse erfordert also, sich in der empirischen Untersuchung einer Arbeitstätigkeit auf ein theoretisches Modell zu beziehen, das allgemeinpsychologische Aussagen enthält.

Für den TBS ist dies die – vor allem von Hacker (1980) entwickelte – allgemeine Arbeits- und Ingenieurpsychologie, in der theoretische Vorstellungen über die psychische Struktur und Regulation von Arbeitstätigkeiten entwikkelt werden. Auch die theoretische Konzeption, welche dem VERA zugrunde liegt, steht in diesen Zusammenhängen, formuliert jedoch mit dem 10-Stufen-

Modell expliziter als im TBS eine bestimmte Auffassung von der psychischen Regulation.

Damit ist jedoch noch nichts darüber ausgesagt, wie eine Arbeitstätigkeit untersucht werden kann, wenn einerseits von den individuellen Eigenarten der Arbeitsausführung abgesehen werden soll, andererseits aber nicht auf die Beobachtung und/oder Befragung mindestens eines Arbeitenden verzichtet werden kann: im Grunde soll hier nicht die Arbeit des beobachteten und/oder befragten Arbeitenden selbst, sondern die eines *idealtypischen* Arbeitenden analysiert werden. Wir wollen dieses Problem und seine Lösung am Beispiel des Vorgehens mit dem VERA erläutern.

Hinsichtlich der Fragestellung des VERA ist zunächst davon auszugehen, daß das Niveau der bei einer Arbeit erforderlichen Regulationen zu einem wesentlichen Teil von den bisher erworbenen Kenntnissen und Fertigkeiten der Arbeitenden abhängt. Je mehr Kenntnisse und Fertigkeiten für die Arbeitsaufgabe eine Person erworben hat, desto niedriger wird in der Regel das Niveau – die Ebene oder Stufe – der erforderlichen Regulationen sein. Über dieses Niveau kann also nur etwas ausgesagt werden, wenn die jeweiligen Kenntnisse und Fertigkeiten des Arbeitenden berücksichtigt werden. Man könnte z. B. danach fragen, welche Regulationserfordernisse eine Aufgabe für jemanden hat, der noch gar keine aufgabenspezifischen Kenntnisse und Erfahrungen besitzt oder für jemanden, der ein bestimmtes Ausbildungs- oder Übungsprogramm durchlaufen hat.

Beim VERA interessieren jedoch jene Regulationserfordernisse, die langfristig auch dann noch wirksam sind, wenn individuelle Einarbeitungsprozesse abgeschlossen sind – im Prinzip also jene, die sich für einen Arbeitenden stellen, der die jeweilige Arbeitstätigkeit ‚vollkommen' ausführen kann. Einem solchen *idealtypischen* Arbeitenden kommt derjenige nahe, der seit längerer Zeit die zu untersuchende Arbeitsaufgabe perfekt ausführen kann. Unter praktischen Gesichtspunkten schien hier die folgende Annahme sinnvoll: Jeder Arbeitende, der die zu untersuchende Arbeitsaufgabe in befriedigender Weise beherrscht – sich also nicht mehr in einer Phase des Anlernens befindet und darüber hinaus nach dem Urteil seiner Kollegen und Vorgesetzten als in dieser Aufgabe geübt gilt – hat für diese Aufgabe so viel Kenntnisse und Fertigkeiten erworben, daß er dem idealtypischen Arbeitenden hinreichend ähnlich ist.

Diese Annahme wäre dann widerlegt, wenn auch geübte Arbeitende noch immer so viele Kenntnisse und Fertigkeiten in bezug auf die interessierende Arbeitsaufgabe hinzugewinnen könnten, daß sich die Regulationserfordernisse für sie noch weiter verändern (also verringern). Dann müßten die VERA-Untersuchungen bei verschiedenen geübten Arbeitenden, welche die gleiche Arbeitstätigkeit ausführen, zu unterschiedlichen Beurteilungen der Regulationserfordernisse führen. Die Ermittlung der Regulationserfordernisse durch das VERA für die gleiche Arbeitsaufgabe erwies sich jedoch als hinreichend wiederholungsstabil, wenn unterschiedliche Arbeitende beobachtet und befragt wurden (Volpert et al. 1983, 70ff.). Dies ergab sich aus „Doppel-Untersuchungen“, in denen je zwei geübte Arbeitende durch zwei unterschiedliche Untersucher unabhängig voneinander bei der Ausführung der gleichen Arbeitsaufgabe beobachtet und befragt wurden.

Analog der VERA-Vorschrift, nach der ein hinreichend geübter Arbeitender für jede zu untersuchende Aufgabe vorausgesetzt wird, wird im TBS ausgeführt: „Bei der Beschränkung auf *objektive Möglichkeiten* für die Fähigkeits- und Einstellungsentwicklung kann zwar von individuellen, nicht aber auch von allgemeinen Eigenschaften der Arbeitenden abgesehen werden. Bei der Bewertung werden Werktätige unterstellt, die den gesellschaftlichen Arbeitsauftrag als persönliche Aufgabe übernehmen, seine forderungsgerechte Erfüllung anstreben, die festgelegte Ausbildung und eine ausreichende Einarbeitung besitzen und keine habituellen Einschränkungen der Leistungsfähigkeit aufweisen“ (Hacker et al. 1983, 10).

Die bedingungsbezogene Arbeitsanalyse erfordert also, Vorgehensweisen zu entwickeln, wie von den in die Untersuchung einbezogenen Arbeitenden auf den *idealtypischen* Arbeitenden geschlossen werden kann. Es wäre auch in Betracht zu ziehen, mehrere Arbeitende unabhängig voneinander zur gleichen Arbeitsaufgabe zu beobachten und zu befragen und die Ergebnisse anschließend zu verallgemeinern. (Der Nachteil des letzteren Vorgehens wäre, daß Arbeitstätigkeiten, die in einem Betrieb nur von einem einzigen Arbeitenden ausgeführt werden, nicht bedingungsbezogen untersucht werden könnten.)

3.4 Voraussetzungen der personenbezogenen Arbeitsanalyse

Die beschriebenen Anforderungen an den theoretischen Hintergrund sowie an die Durchführung der bedingungsbezogenen Arbeitsanalyse mit der Notwendigkeit, von individuellen Eigenarten des Arbeitenden zu abstrahieren, bringen ohne Frage konzeptuelle wie erhebungstechnische Schwierigkeiten mit sich. Ist die personenbezogene Arbeitsanalyse insgesamt weniger aufwendig zu konzipieren und durchzuführen, da es ja hier gerade auf die individuellen Besonderheiten ankommt?

Die personenbezogene (subjektive) Arbeitsanalyse kann prinzipiell zwei Fragerichtungen haben: Sie kann sich erstens auf individuell besondere Arten der Arbeitsausführung richten; dabei kann z. B. nach besonderen Planungsweisen oder den besonderen Umgang mit auftretenden Schwierigkeiten gefragt werden. Sie kann sich zweitens auf individuelle Wahrnehmungen und Bewertungen zur eigenen Arbeitstätigkeit richten.

Ein Instrumentarium zur personenbezogenen Arbeitsanalyse im Hinblick auf personenspezifische Vorgehensweisen gibt es noch nicht (vgl. dazu Wendrich 1984, der die Bedeutung und auch methodische Probleme dieser Fragerichtung erläutert). An ein solches Instrumentarium ist jedoch die Anforderung zu stellen, sich auf eine bedingungsbezogene Arbeitsanalyse zu stützen. Denn wie kann eine in der personenbezogenen Analyse festgestellte Vorgehensweise als personenspezifisch gekennzeichnet werden, wenn dem Untersucher nicht bekannt ist, welche Arten der Vorgehensweisen von den Arbeitsbedingungen her vorgegeben sind? Es könnte ihm unterlaufen, daß er ein stets – d. h. individuenübergreifend – erforderliches Vorgehen als individuelle Eigenart eines Arbeitenden interpretiert. Der Aufwand, vor der personenbezogenen eine bedingungsbezogene Arbeitsanalyse durchzuführen, könnte höchstens umgangen werden, wenn mehrere Arbeitende, welche exakt die gleiche Tätigkeit ausführen, miteinander verglichen werden. Aber auch hier wäre es nützlich, ihre voneinander abweichenden Vorgehensweisen nicht nur als Unterschiede zwischen ihnen, sondern auch in bezug auf die sich aus den Arbeitsbedingungen ergebenden Handlungsforderungen zu beschreiben.

Mit der „Subjektiven Arbeitsanalyse (SAA)" von Udris (1980) liegt ein handlungstheoretisch orientiertes Verfahren vor, das die Wahrnehmungen und Wertungen zur eigenen Arbeitstätigkeit erfaßt. Mit diesem Instrumentarium können z. B. Gruppen von Arbeitenden miteinander verglichen werden. So ging es in den Untersuchungen von Martin, Udris, Ackermann & Oegerli (1980) um Vergleiche zwischen Gruppen mit „restringiertem vs. erweitertem Handlungsspielraum" – womit auf eine bedingungsbezogene Charakterisierung der Arbeitstätigkeit Bezug genommen und daran die Frage angeschlossen wurde, ob sich entsprechende Gruppenunterschiede auch in den Wahrnehmungen und Wertungen (den SAA-Ergebnissen) wiederfinden. Hier wird deutlich, daß auch die personenbezogene Arbeitsanalyse die festgestellten Wahrnehmungen und Wertungen in irgendeiner Weise auf überindividuell gültige Arbeitsbedingungen beziehen muß. Andernfalls wird sie nicht im Sinne einer *Arbeits*-Analyse, sondern als Erhebungsinstrument im Rahmen von Untersuchungen über die Beziehungen zwischen Einstellungen zur eigenen Arbeit und anderen Einstellungen (oder anderen Personenkriterien) eingesetzt. Noch deutlicher wird die Voraussetzung einer bedingungsbezogenen Arbeitsanalyse für die personenbezogene Arbeitsanalyse, wenn es explizit um individuum-spezifische Meinungen einzelner Arbeitender zu bestimmten Arbeitsbedingungen geht, wie etwa zum „Handlungsspielraum": Ohne eine bedingungsbezogene Arbeitsanalyse (des „Handlungsspielraums") könnte aufgrund der Befragungsergebnisse nichts über die besondere, von der Individualität des Arbeitenden geprägte Spezifität der Wahrnehmung gesagt werden.

Insgesamt gesehen setzt also die personenbezogene Arbeitsanalyse, gleichgültig ob es in ihr um individuelle Arbeitsweisen oder um Wahrnehmungen und

Wertungen zur eigenen Arbeit geht, eine bedingungsbezogene Arbeitsanalyse voraus.

3.5 Zur Frage der Erhebungsmethodik

In der handlungstheoretisch orientierten Arbeitsanalyse geht es um psychische Prozesse im Verlaufe der Arbeit. Es erscheint kaum denkbar, daß diese Prozesse während der Arbeit allein durch die Beobachtung der Tätigkeit in eindeutiger Weise erschlossen werden können. Bei der psychologischen Untersuchung der Arbeit – in der es um mehr als physikalische Gegebenheiten und äußerliche Bewegungsverläufe geht – kann auf die sprachliche Kommunikation mit den Arbeitenden nicht verzichtet werden (vgl. auch Quaas & Raum 1973). Sich bei der Arbeitsanalyse allein auf die sprachliche Kommunikation zu stützen, erscheint jedoch ebenfalls fragwürdig, insbesondere wenn dabei – wie so häufig – Fragebogen-Beantwortungen im Vordergrund stehen.

Das grundsätzliche Problem des Einsatzes von Fragebogen entsteht durch die Ambiguität der Alltagssprache und durch Schwierigkeiten bei der Umsetzung von wissenschaftlichen Begriffen in die Alltagssprache (vgl. auch Tränkle 1983). Das Prinzip aller Fragebogen besteht darin, daß möglichst allgemeinverständliche – also der Alltagssprache nahestehende – Aussagen formuliert werden, zu denen dann der Fragebogen-Beantworter Stellung nehmen soll – z. B. durch Bejahung oder Verneinung. Trotz der Ambiguität der Alltagssprache wird in alltäglichen Gesprächen Sprache verstanden, weil jeweils klar ist, auf welche konkrete Situation sich die Aussagen beziehen und weil das Verständnis mehrdeutiger Wortverwendungen und Wortverbindungen in vorgängigen Kommunikationen aufgebaut wurde. Dies ist bei der Vorgabe einzelner Itemformulierungen, die aus sich selbst heraus verständlich sein sollten, nicht der Fall. Bei Fragebogen, in denen es um die Erfassung wissenschaftlicher Konstrukte geht, kommt als wesentliche Erschwernis noch hinzu, daß der Wissenschaftler seine fachsprachlichen Begriffe, über die seine Konstrukte definiert sind, im Fragebogen in Alltagssprache übersetzt hat. Ob sie dann noch so verstanden werden, wie er sie gemeint hat, ist durchaus fraglich und damit auch, ob er die Fragebogen-Beantwortungen im Sinne der zugrunde liegenden Konstrukte interpretieren kann.

Die Konstruktion von Fragebogenskalen geschieht in der wissenschaftlichen Psychologie überwiegend vor dem Hintergrund der klassischen Testtheorie. Argumentationen, die zur Entwicklung dieser Grundlagen geführt haben, beziehen sich auf Tests, die von der getesteten Person Aufgabenlösungen verlangen, bei denen feststeht, welches richtige und welches falsche Antworten sind. Ein ungenügendes Verständnis einer Aufgabenformulierung ist hier insofern wenig relevant, als bei richtiger Lösung das richtige Verständnis der Aufgabenformulierung vorausgesetzt werden kann. Eine falsche Lösung kann sowohl durch falsches Verständnis der Aufgabe als auch durch die falsche Bearbeitung der Aufgabe bei richtigem Verständnis zustande kommen – was aber nicht im einzelnen zu interessieren braucht. Dies ist anders, wenn der Test ein Fragebogen ist, in dem es keine richtigen oder falschen Beantwortungen gibt – man will ja aus Unterschieden der Beantwortungen auf unterschiedliche Meinungen der Personen schließen. Dabei ist es von entscheidender Bedeutung, ob die vorgegebenen Formulierungen einheitlich so verstanden werden, wie es der Fragebogenkonstrukteur intendiert hat.

Durch die klassischen Test-Gütekriterien der Objektivität, Reliabilität und Validität – welche sich ursprünglich auf Tests mit Aufgabenlösungen beziehen – wird dieses Problem nur am Rande berührt. Die *Objektivität* eines Fragebogens mit vorgegebenen Antwortalternativen ist fast selbstverständlich, da sie sich vorwiegend auf die – durch den Auswerter vorzunehmende – richtige Sichtung der Ankreuzungen bezieht. Die *Reliabilität als interne Konsistenz* kann auch vorwiegend durch Sprachverständnis-Zusammenhänge zwischen den Itemformulierungen zustande kommen, die *Reliabilität als Wiederholungsstabilität* durch die Zeit-Stabilität bestimmter – auch falscher – Verständnisweisen. Die *Konstrukt-Validität* hat nichts mit dem Verständnis der Fragebogen-Beantworter, sondern allein mit dem Verständnis der Fragebogen-Konstrukteure bzw. von herangezogenen – meist wissenschaftlich ausgebildeten – Experten zu tun. Selbst die *Kriterien-Validität* könnte angemessen hohe Werte allein dadurch erhalten, daß nach dem Außenkriterium ‚hoch' einzustufende Fragebogen-Beantworter die Formulierungen anders oder besser verstehen als die nach dem Außenkriterium ‚niedrig' einzustufenden Beantworter.

Sicherlich können sehr gute Reliabilitäten und Validitäten letztlich nur erreicht werden, wenn die Fragen-Formulierungen auch im Sinne der Konstrukteure verstanden werden. Aber – und darum ging es uns – von den klassischen Gütekriterien bezieht sich keines explizit auf das Verständnis der Formulierungen. Hier wäre – für Fragebogen – die Entwicklung weiterer Gütekriterien und Methoden zu ihrer Überprüfung wünschenswert.

Was ist der Ausweg aus den geschilderten Schwierigkeiten der Umsetzung wissenschaftlicher Konstrukte in die Alltagssprache und der Ambiguität der Alltagssprache? Wir sehen zwei Wege: Der erste ist, den Arbeitenden das Verständnis der interessierenden wissenschaftlichen Begriffe und deren Zusammenhang zu vermitteln und sie dann in der Wissenschaftssprache zu befragen. Dieser Weg ist jedoch sehr aufwendig.

Der zweite Weg ist der, den auch die Arbeitsanalyseverfahren TBS und VERA gehen. Der ‚Anwender' des Verfahrens wird mit der wissenschaftlichen Begrifflichkeit möglichst vollständig vertraut gemacht – durch Schulung oder durch in einer Anleitung enthaltene Texte. Die Fragen, die dann in bezug auf einen Arbeitenden oder einen Arbeitsplatz gestellt sind, werden in der Fachsprache an diesen Anwender gerichtet, und er hat sie zu beantworten. Die Informationen, die er dazu benötigt, beschafft er sich im freien Dialog mit dem Arbeitenden während der Beobachtung der betreffenden Arbeitstätigkeit.

Durch dieses Vorgehen wird erstens das Problem der Umsetzung wissenschaftlicher Begriffe in die Alltagssprache vermieden. Zweitens wird die Ambiguität der sprachlichen Kommunikation durch die Dialogform vermindert, weil im Dialog ein gemeinsames Wortverständnis aufgebaut werden kann, beide Gesprächspartner Rückfragen stellen können und – wenn das Gespräch während der Beobachtung verläuft – Sprache auf konkrete Gegebenheiten und konkrete Handlungen bezogen werden kann. Letzteres hat auch den Vorteil, daß Unterschiede der Verbalisierungsfähigkeit weniger gravierend sind, weil Sprechakte durch Zeigen auf Gegenstände oder Vorführen von Arbeitsweisen unterstützt werden können.

Dieses methodische Vorgehen wird als *Beobachtungsinterview* bezeichnet. In ihm wird der Arbeitende nicht als ‚Versuchsperson', sondern als Fachmann für seine Arbeitstätigkeit angesehen. Das ist hier nicht im moralischen Sinn gemeint, sondern wir halten es für unabdingbar für eine erfolgreiche Arbeitsanalyse. Es erfordert auch, daß nur solche Arbeitende beobachtet und befragt werden können, welche die Zielrichtung der Arbeitsanalyse kennen und zur Teilnahme an der Untersuchung an ihrem Arbeitsplatz freiwillig bereit sind.

Das Beobachtungsinterview auf der Grundlage eines Arbeitsanalyse-Instrumentariums beläßt zwar dem Untersucher einige Freiheiten bei seinem Vorgehen im einzelnen. Dennoch muß das Vorgehen so weit festgelegt werden, daß auch verschiedene Untersucher in vergleichbarer Weise verfahren. Sowohl das TBS wie das VERA schreiben in ihren Anleitungen eine Abfolge von Untersuchungsschritten fest (vgl. unten bei 4).

Die testtheoretischen Gütekriterien eines Instrumentariums, das als Beobachtungsinterview konzipiert ist und das *vom Untersucher* die Umsetzung der von ihm gewonnenen Informationen in Beantwortungen der *ihm* gestellten Fragen verlangt, müssen sich dann auf dessen Fragenbeantwortungen (genauer: die Fragenbeantwortungen mehrer Untersucher) beziehen.

Zu beachten ist, daß sich hier die Gütekriterien Objektivität und Reliabilität nicht immer voneinander trennen lassen: Die Untersucher-Übereinstimmung im Sinne von Objektivität läßt sich nur in wiederholten Untersuchungen durch mindestens zwei Untersucher pro Arbeitsaufgabe feststellen, was gleichzeitig eine Wiederholungsuntersuchung im Sinne von Retest-Reliabilität ist (allein der Reliabilität zuzurechnen wäre lediglich das Kriterium „Innere Konsistenz"). Speziell in der *bedingungsbezogenen* Arbeitsanalyse müßten die Untersucher auch dann ausreichend gut übereinstimmen, wenn für die *gleiche Arbeitstätigkeit* zwei *verschiedene Arbeitende* beobachtet und befragt werden. Würde hier die gleiche Person wiederholt beobachtet und befragt, wäre nicht feststellbar, ob eine Untersucher-Übereinstimmung lediglich auf den über die Zeit unverändert gebliebenen Antwort- und Arbeitsstil des Untersuchten oder wirklich auf die überindividuell gültigen Arbeitsbedingungen zurückzuführen ist. Für das TBS und für das VERA wurden solche Untersuchungen durchgeführt (vgl. Hacker et al. 1983, 11ff. und Volpert et al. 1983, 70ff.).

4 Kurzdarstellungen handlungstheoretisch orientierter Arbeitsanalyseverfahren

In den Abschnitten (a) und (b) werden die beiden Verfahren TBS und VERA vorgestellt, auf die wir uns in den vorangegangenen Darstellungen immer wieder beispielhaft bezogen haben. Im Abschnitt (c) wird ein Überblick zu weiteren handlungstheoretisch orientierten Verfahren gegeben. Näheres zu allen Verfahren ist aus der angegebenen Literatur zu entnehmen, deren Lektüre unsere hier gegebenen Erläuterungen nicht ersetzen können.

Sowohl TBS wie VERA wurden primär als Forschungsinstrumente konzipiert. Sie ermöglichen einer Forschergruppe die genauere Analyse ihres Untersuchungsfeldes, die Beurteilung einzelner Arbeitstätigkeiten in Hinblick auf die Dringlichkeit von Umgestaltungserfordernissen und die Bewertung von Umgestaltungsmaßnahmen im Vorher-Nachher-Vergleich. Verglichen werden können auch Arbeitstätigkeiten unter verschiedenen technischen und organisatorischen Bedingungen mit gleichen oder ähnlichen Produktionszielen, was vor allem für die Abschätzung von Folgen der Einführung neuer technischer Einrichtungen von Bedeutung sein kann. Denkbar ist jedoch auch der Einsatz der Verfahren durch ‚Betriebspraktiker', die jenseits von Forschungsinteressen Hinweise für Umgestaltungserfordernisse an bestimmten Arbeitsplätzen gewinnen oder Auswirkungen unterschiedlicher Gestaltungsmöglichkeiten prospektiv abschätzen möchten.

4.1 Das Tätigkeits-Bewertungssystem (TBS)

Das TBS untersucht industrielle gewerbliche Arbeitstätigkeiten im Hinblick auf Tätigkeitsmerkmale mit möglichen Potenzen für die Erhaltung und Erweiterung von kognitiven Fähigkeiten der Arbeitenden. Die Tätigkeitsmerkmale werden durch insgesamt 45 Skalen beurteilt. Von individuellen Besonderheiten einzelner Arbeiter wird abstrahiert, das TBS hat also eine bedingungsbezogene Fragestellung (vgl. Abschnit 3b). Das Verfahren wurde an der Technischen Universität Dresden in Kooperation mit verschiedenen Industriebetrieben entwickelt.

Das TBS (Hacker et al. 1983) besteht aus einer *Handanweisung* und einem *Merkmalsteil*. Einen Überblick findet man bei Iwanowa & Hacker (1984). In der Handanweisung sind die konzeptionellen Grundlagen und das Vorgehen bei der Verfahrensentwicklung dargestellt, und es werden Erhebungshinweise zu den Skalen des Merkmalsteils gegeben. Die Erhebungsmethode ist das Beobachtungsinterview (vgl. Abschn. 3e), dessen Ergebnisse auf einem „Erhebungsbogen" eingetragen werden.

Der Untersucher beginnt mit der *logischen Auftragsanalyse*. Hier ist die gesamte Arbeitstätigkeit eines Arbeitenden in die Aufgabe der jeweiligen Abteilung einzuordnen, die Grobstruktur des ihm übertragenen Auftragskomplexes zu bestimmen und dieser in „Teiltätigkeiten" (sie entsprechen den „Arbeitsaufgaben", vgl. Abschn. 3a) zu untergliedern. Für diese Untergliederung werden „Findehilfen" gegeben. Für die im folgenden vorzunehmenden Bewertungen auf den Skalen der Teile A bis D ist in einer Tabelle angegeben, wie die Skalen auf die „Gesamttätigkeit" und/oder die „Teiltätigkeiten" zu beziehen sind.

Der *Teil A* betrifft *organisatorische und technische Bedingungen*, welche die Vollständigkeit bzw. Unvollständigkeit von Tätigkeiten determinieren. Er enthält insgesamt 25 Skalen zu den Bereichen *Vielfalt der Teiltätigkeiten, Variabilität der Tätigkeit, Routinemäßige Ausführung, Durchschaubarkeit des Produktions- und Arbeitsprozesses, Vorhersehbarkeit und zeitliche Bindung (Koppelung) von Anforderungen, Beeinflußbarkeit des Arbeitsprozesses* und *Körperliche Abwechslung.*

Im *Teil B* ist auf 7 Skalen die *Kooperation und Kommunikation* zu beurteilen. *Teil C* enthält 3 Skalen zur *Verantwortung, die aus dem Arbeitsauftrag folgt, Teil D* 7 Skalen zum Bereich *Erforderliche geistige (kognitive) Leistungen*. Speziell für den *Teil D* wird in der Handanweisung noch eine *Sammelskala* erläutert. *Teil E* bezieht sich mit 3 Skalen auf *Qualifikations- und Lernerfordernisse.*

Die – auf einem „Profilblatt" einzutragenden – Ergebnisse sollen durch den Vergleich mit *empfehlenswerten Mindestausprägungen* beurteilt werden. Die Mindestausprägungen wurden durch Expertenurteile von Arbeitspsychologen gewonnen. Unterhalb der Mindestausprägungen liegende Ergebnisse sind als Hinweise auf Umgestaltungserfordernisse zu verstehen.

Erprobt wurden die TBS-Skalen in verschiedenen Untersuchungen, die Teile des TBS im Hinblick auf bestimmte Fragestellungen verwendeten, sowie in einer größeren Untersuchung von 99 Bedien- und Montage-Tätigkeiten mit dem gesamten TBS. Über den Zeitaufwand für die Untersuchung einer Arbeitstätigkeit werden keine Angaben gemacht. Die Autoren setzen voraus, daß ein potentieller Untersucher die „Methodik der psychologischen Arbeitsuntersuchung" *beherrscht* (Hacker et al. 1983, 24), wobei sie auf das Lehrbuch „Psychologische Arbeitsanalyse" (Matern 1984) verweisen.

Als Kurzformen des TBS (TBS-K) wurden bzw. werden fünf branchenspezifische Verfahren entwickelt; und zwar für Elektrotechnik/Elektronik, Leichtindustrie (Metallverarbeitung), Gießereien, Bauwesen und Handel (vgl. Hakker et al. 1983, 10).

4.2 Das Verfahren zur Ermittlung von Regulationserfordernissen in der Arbeitstätigkeit (VERA)

Das VERA untersucht, in welchem Ausmaß eine gewerbliche Arbeitstätigkeit in der Industrie eigenständige Planungs- und Denkprozesse vom Arbeitenden verlangt. Dies wird vor dem Hintergrund des *10-Stufen-Modells der Regulationserfordernisse* (vgl. Tabelle 1) beurteilt. Von individuellen Besonderheiten des jeweiligen Arbeiters wird dabei abstrahiert, das VERA hat also eine bedingungsbezogene Fragestellung (vgl. Abschn. 3b). Das Verfahren wurde an der Technischen Universität Berlin im Rahmen eines vom Bundesministerium für Forschung und Technologie geförderten Projekts zur „Humanisierung des Arbeitslebens" entwickelt.

Das VERA (Volpert et al. 1983) besteht aus *Handbuch* und *Manual*, die beide in einem Band veröffentlicht wurden. Einen Überblick – auch zur Verfahrensentwicklung – findet man bei Oesterreich (1984). Im Handbuch sind der theoretische Hintergrund und die Entwicklungsarbeiten dargestellt, und es werden Erläuterungen und Hinweise zum Gebrauch des Manuals gegeben. Im Manual wird der Untersucher dazu angeleitet, in einem ‚Beobachtungsinterview' (vgl. Abschn. 3e) am Arbeitsplatz bestimmte Informationen zu erheben und diese auf vorgegebenen Antwortblättern zu protokollieren.

Zunächst muß der Untersucher festlegen, welche Arbeitstätigkeit untersucht und welcher Arbeitende dabei beobachtet und gefragt wird. Generelle Regeln für sein gesamtes Vorgehen werden ihm im *Teil D Anleitung zum Vorgehen* vermittelt. Die Durchführung der Arbeitsanalyse beginnt dann im *Teil A* des Manuals, der den Untersucher dazu anleitet, sich zunächst *allgemein zu orientieren*, d. h. sich über räumliche Verhältnisse am Arbeitsplatz und über Aspekte der Arbeitsorganisation zu informieren. Dann wird eine Untergliederung der gesamten Arbeitstätigkeit in ‚Arbeitsaufgaben' verlangt (vgl. Abschn. 3a). Wie bei dieser Untergliederung vorzugehen ist, wird im einzelnen beschrieben. Das weitere im Manual beschriebene Vorgehen bezieht sich auf jeweils eine Arbeitsaufgabe. Für alle Arbeitsaufgaben wird der im folgenden beschriebene Untersuchungsprozeß jeweils getrennt durchlaufen.

In der *speziellen Orientierung* im *Teil B* werden dem Untersucher Fragen zu erforderlichen Überlegungen und Planungen gestellt. Für die Beantwortung dieser Fragen sind jeweils Antwortalternativen vorgegeben. Die Fragen sind so konstruiert, daß ihre Beantwortung in eine bestimmte Richtung eher zu erwarten ist, wenn die Stufe der Regulationserfordernisse für die untersuchte Arbeitsaufgabe höher ist.

Die *Beurteilung der Regulationserfordernisse* geschieht im *Teil C* dann durch die Beantwortung von Fragen eines „Fragenalgorithmus“: Die Beantwortung der ersten Frage legt hier fest, welche Frage als nächste zu beantworten ist usw. Auf diese Weise entsteht ein „Fragenweg“, der mit der Zuordnung der Arbeitsaufgabe zu einer der Stufen der Regulationserfordernisse endet.

Nach dieser Beurteilung werden in der *Stufenbeschreibung* drei Fragen zur Arbeitsaufgabe gestellt. Welche der Fragen dies speziell sind, hängt von der vorher ermittelten Stufe der Regulationserfordernisse ab. Die erste Frage verlangt, wesentliche Merkmale der Arbeitstätigkeit so zu charakterisieren, wie es die Logik des Stufenmodells für die jeweilige Stufe erfordert. Hierbei soll die Stufenbeurteilung noch einmal überprüft werden. In der zweiten Frage geht es um solche Merkmale der Arbeitsaufgabe, die nicht entfallen dürfen, wenn die bisherige Höhe der Stufe erhalten bleiben soll. Mit der Beantwortung der dritten Frage soll der Untersucher Vorschläge für konkrete Änderungen der betrieblichen Bedingungen machen, deren Verwirklichung eine Erhöhung der Regulationserfordernisse um mindestens eine Stufe mit sich bringen würde.

Für alle Arbeitsaufgaben eines Arbeitsplatzes oder nach anderen Kriterien gruppierte Arbeitsaufgaben können die „Regulationserfordernisse einer Aufgabenstruktur“ als eine Verteilung der zeitlichen Anteile verschiedener Stufenhöhen der Arbeitsaufgaben dargestellt werden.

Das VERA wurde an 260 Arbeitsaufgaben in 9 Industriebranchen von insgesamt 19 verschiedenen Untersuchern erprobt. Ein Untersucher benötigt für die Analyse einer Arbeitsaufgabe durchschnittlich drei, maximal fünf Stunden, je nach der Komplexität der zu untersuchenden Tätigkeit. Gehören mehrere Arbeitsaufgaben zu einem Arbeitsplatz, so reduziert sich die Zeit für jede weitere Arbeitsaufgabe. Im Durchschnitt werden vier Stunden pro Arbeitsplatz – mit eventuell mehreren Arbeitsaufgaben – benötigt.

Eine für *Büroarbeitstätigkeiten* geeignete Variante (VERA-S, „S“ = Sachbearbeiter), die rechnergestütze Teile der Büroarbeit besonders berücksichtigt, ist bereits ausgearbeitet. Sie wird z. Z. in der Praxis erprobt (vgl. in Nullmeier & Rödiger 1986 die „Beiträge des Interdisziplinären Forschungsprojektes Gestaltung von Dialogschnittstellen") und wird voraussichtlich 1987 vorliegen. *Kommunikations- und Kooperationsprozesse* werden im VERA nicht direkt untersucht. Eine entsprechende konzeptuelle Erweiterung wird von Oesterreich & Resch (1985) skizziert.

4.3 Weitere handlungstheoretisch orientierte Arbeitsanalyseverfahren

Das Verfahren *SAA* (*Subjektive Arbeitsanalyse,* Udris 1980) besteht aus insgesamt 14 Skalen, von denen je 2 oder 3 sich auf Meinungen bzw. Wertungen zu *Handlungsspielraum, Transparenz, Verantwortung, Qualifikation, soziale Struktur* und *Arbeitsbelastung (Überforderung)* beziehen. Die Skalen enthalten insgesamt 50 Items, welche den Arbeitenden in einem Fragebogen vorgegeben werden. Für jede der 14 Skalen wurde ein weiteres Item formuliert, das nach der vom Arbeitenden erlebten Bedeutsamkeit der jeweiligen Thematik fragt (Martin et al. 1980, 65f.).

Die *STA* (*Subjektive Tätigkeitsanalyse,* Ulich 1981) ist eine Anleitung zur Beteiligung von Arbeitenden an der Vorbereitung und Durchführung von sie selbst betreffenden Arbeitsgestaltungsmaßnahmen bei Unterstützung und Beratung externer Experten (Arbeitspsychologen bzw. -pädagogen) und damit kein Instrumentarium zur Arbeitsanalyse im engeren Sinn. In vier Schritten werden die Arbeitenden zunächst bei einer handlungstheoretisch orientierten Bewertung ihrer eigenen Arbeitstätigkeit und bei der Entwicklung von Vorstellungen über wünschenswerte Umgestaltungen unterstützt. Dann werden voraussichtlich notwendige Qualifikationsmaßnahmen bestimmt und schließlich im Prozeß der Neugestaltung ihrer Tätigkeit durchgeführt.

Im Projekt „Psychischer Streß am Arbeitsplatz" wurde eine Reihe von Fragebogenskalen entwickelt und angewendet (vgl. Dunckel 1985, Semmer 1984 und Zapf et al. 1983), darunter auch 7 Skalen zur *Tätigkeitsanalyse*, welche aus jeweils 3–10 Einzelitems bestehen. Sie beziehen sich auf *Arbeitskomplexität, Handlungsspielraum, Intensität, Kommunikation, organisatorische Probleme, Unfallgefährdung* und *Unsicherheit.* Die Fragebogen werden dem Arbeitenden selbst vorgelegt. Teilweise direkt vergleichbare Skalen wurden für Arbeitsplatzbeobachtungen entwickelt, wobei die Items durch die Untersucher auf der Grundlage von Beobachtungsinterviews beantwortet werden.

Das zur Zeit in der Entwicklung befindliche Verfahren *RHIA* (*Regulationshindernisse in der Arbeitstätigkeit,* vgl. Leitner, Krogoll, Oesterreich, Resch & Volpert 1984) untersucht und beurteilt industrielle Arbeitstätigkeit in Hinblick auf kognitive Belastungen (im Sinne von Streß und Monotonie), welche aus den Arbeitsbedingungen resultieren. Das Verfahren wird zur Zeit in der Praxis erprobt. Es bezieht sich auf den gleichen theoretischen Hintergrund wie das VERA. Die endgültige Verfahrensform wird ca. 1987 vorliegen.

So weit der Überblick zu bereits entwickelten bzw. kurz vor ihrer Fertigstellung stehenden handlungstheoretisch orientierten Arbeitsanalyseverfahren. Weitere Entwicklungen sind zu erwarten. Verfahren, welche die erforderlichen kognitiven Voraussetzungen bzw. die Qualifikationsvoraussetzungen ermitteln, fehlen noch völlig (im Bereich der Soziologie gehen die von Mickler et al. 1976 dargestellten „Kategorien zur Analyse von Qualifikationsanforderungen" in diese Richtung), als eine „vorläufige Diskussionsbasis" verstehen Baitsch & Frei (1980) ihre Arbeiten zur „Qualifizierung in der Arbeitstätigkeit".

5 Zusammenfassende Thesen

Wir haben verschiedene Grundgedanken der handlungstheoretischen Arbeitsanalyse dargestellt, wobei vor allem auf die Arbeitsanalyseverfahren *Tätigkeits-Bewertungssystem (TBS)* und *Verfahren zur Ermittlung von Regulationserfordernissen in der Arbeitstätigkeit (VERA)* Bezug genommen wurde. Zusammenfassend sollen diese Grundgedanken auf vier Thesen bezogen werden. Die Thesen bilden den – nicht nur das Gebiet der Arbeitspsychologie betreffenden – Hintergrund für die handlungstheoretisch orientierte Arbeitsanalyse.

(1) *In seiner Tätigkeit setzt sich der Mensch mit seiner Umwelt auseinander und verändert sie nach seinen Zielen. Das bewußte und zielgerichtete Handeln sollte Ausgangspunkt bei der Untersuchung der menschlichen Psyche sein.*

Den Eigenarten des Menschen angemessene, humane Arbeitstätigkeiten sollten Möglichkeiten beinhalten, innerhalb der Arbeit zielgerichtet zu handeln. Für die handlungstheoretisch orientierte Arbeitsanalyse ist zentral, Arbeitstätigkeiten daraufhin zu untersuchen und zu bewerten, inwieweit sie eigenständige Zielsetzungen und Entscheidungen der Arbeitenden ermöglichen.

(2) *Handeln wird als gegenständlich verstanden, es wird von den objektiven Bedingungen der Umwelt mitbestimmt und wirkt zugleich auf sie ein. Handeln wird weder allein durch Denken noch allein durch Reagieren geleitet.*

In der handlungstheoretisch orientierten Arbeitsanalyse wird zwischen Bedingungen des Arbeitshandelns und individuellen Besonderheiten der Arbeitenden unterschieden. Die bedingungsbezogene (objektive) Arbeitsanalyse fragt nach den allgemeinen, überindividuell gültigen Handlungsforderungen einer Arbeitstätigkeit. Die personenbezogene (subjektive) Arbeitsanalyse fragt nach den individuellen Besonderheiten des Arbeitshandelns und den individuell besonderen Wahrnehmungen und Bewertungen, wobei jedoch die überindividuell gültigen Handlungsforderungen betreffender Arbeitstätigkeiten als Bezugsrahmen bekannt sein müssen.

(3) *Menschliches Handeln ist in gesellschaftliche Zusammenhänge eingebunden. Die Grundlagen des menschlichen Handelns sind in der historisch-gesellschaftlichen Entwicklung geschaffen worden und werden von den Individuen im Laufe ihrer Entwicklung angeeignet. Umgekehrt trägt auch das individuelle Handeln zur Erhaltung und Weiterentwicklung der menschlichen Gesellschaft bei.*

In der handlungstheoretisch orientierten Arbeitsanalyse wird die einzelne Arbeitstätigkeit vor dem Hintergrund der Aufteilung größerer Arbeitsprozesse gesehen. Diese Aufteilung kann zu nicht-menschengerechten Arbeitstätigkeiten führen, welche keine eigenständigen Zielsetzungen ermöglichen. Solche Entwicklungen werden durch Konzepte wie das der ‚Partialisierung' und das des ‚unvollständigen Handelns' charakterisiert und kritisiert. Hierbei wird auch der Zusammenhang zwischen dem Handeln innerhalb und außerhalb der Arbeit thematisiert.

(4) *Handeln ist als Prozeß zu verstehen. Nicht nur die Fähigkeit zur Ausführung verschiedenster einzelner Handlungen, sondern insbesondere zur Regulation größerer Handlungsgefüge kennzeichnet den Menschen.*

Die Handlungsregulationstheorie formuliert ein Prozeßmodell des Handelns und seiner Regulation. Im Modell der hierarchisch-sequentiellen Handlungsregulation wird die Über- und Unterordnung von Handlungen und Zielen abzubilden versucht, darüber hinaus werden qualitativ unterschiedene Ebenen der Handlungsregulation definiert. In der handlungstheoretisch orientierten Arbeitsanalyse werden Arbeitstätigkeiten vor dem Hintergrund solcher Modelle beschrieben und bewertet. Wesentliches Leitkriterium ist dabei die Frage, wie hoch die Regulationserfordernisse und mit ihnen die Regulationschancen von Arbeitsaufgaben sind. In der Erhöhung dieser Erfordernisse und Chancen liegt der wesentliche Ansatzpunkt für die Gestaltung persönlichkeitsförderlicher Arbeitsplätze.

Literatur

Baitsch, C. & Frei, F. 1980. Qualifizierung in der Arbeitstätigkeit. Bern: Huber.

Barker, R. G. 1968. Ecological Psychology. Stanford, Ca.: Stanford University Press.

Dunckel, H. 1985. Mehrfachbelastungen am Arbeitsplatz und psychosoziale Gesundheit. Psychologische Überlegungen und aktuarische Analysen. Frankfurt am Main: Peter Lange.

Euler, H. P. 1977. Das Konfliktpotential industrieller Arbeitsstrukturen. Analyse der technischen und sozialen Ursachen. Opladen: Westdeutscher Verlag.

Frieling, E. 1975. Psychologische Arbeitsanalyse. Stuttgart: Kohlhammer.

Gablenz-Kolakovic, S., Krogoll, T., Oesterreich, R. & Volpert, W. 1981. Subjektive oder objektive Arbeitsanalyse? Zeitschrift für Arbeitswissenschaft, **4,** 217–220.

Gibson, J. J. 1982. Wahrnehmung und Umwelt. Der ökologische Ansatz in der visuellen Wahrnehmung. München: Urban & Schwarzenberg.

Hacker, W. 1980. Allgemeine Arbeits- und Ingenieurpsychologie. Psychische Struktur und Regulation von Arbeitstätigkeiten. Berlin (DDR): Deutscher Verlag der Wissenschaften (3. Aufl.).

Hacker, W. 1983. Ziele – eine vergessene psychologische Schlüsselvariable? Zur antriebsregulatorischen Potenz von Tätigkeitsinhalten. Psychologie für die Praxis, **2,** 5–26.

Hacker, W., Iwanowa, A. & Richter, P. 1983. Tätigkeits-Bewertungssystem. Berlin (DDR): Psychodiagnostisches Zentrum.

Hackman, J. R. 1969. Nature of the tasks as a determiner of job behavior. Personell Psychology, **22,** 435–444.

Hoff, E. H., Lappe, L. & Lempert, W. (Hg.) 1985. Arbeitsbiographie und Persönlichkeitsentwicklung. Bern: Huber.

Iwanowa, A. & Hacker, W. 1984. Das Tätigkeitsbewertungssystem. Ein Hilfsmittel beim Erfassen potentiell gesundheits- und entwicklungsfördernder objektiver Tätigkeitsmerkmale. Psychologie und Praxis, **28,** 57–66.

Karg, P. W. & Staehle, W. H. 1982. Analyse der Arbeitssituation. Verfahren und Instrumente. Freiburg i. Br.: Rudolf Haufe Verlag.

Kohn, M. L. 1985. Arbeit und Persönlichkeit – ungelöste Probleme der Forschung. In Hoff, E. H., Lappe, L. & Lempert, W. (Hg.) Arbeitsbiographie und Persönlichkeitsentwicklung. Bern: Huber. 41–73.

Leitner, K., Krogoll, T., Oesterreich, R., Resch, M. & Volpert, W. 1984. Regulationshindernisse in der Arbeitstätigkeit (RHIA). Eine Verfahrensentwicklung zur Ermittlung kognitiver Arbeitsbelastung. Berlin (West): Technische Universtität (Hektographie).

Lewin, K. 1926. Vorsatz, Wille und Bedürfnis. Mit Vorbemerkungen über die psychischen Kräfte und Energien und die Struktur der Seele. Psychologische Forschung, **7,** 294–399.

Marstedt, G. & Mergner, U. 1983. Subjektivierung der Tätigkeitsanalyse – Überlegungen zur Bedeutung beschäftigungsgruppen- und subjektspezifischer Beschaffenheit als Maßstab der Beurteilung von Tätigkeitsanforderungen am Beispiel der Belastungsanalyse. In Dürholt, E., Facaoaru, C., Frieling, E., Kannheiser,

W. & Wöcherl, H. (Hg.). Qualitative Arbeitsanalyse. Neue Verfahren zur Beurteilung von Tätigkeiten. Schriftenreihe „Humanisierung des Arbeitslebens", Bd. **36**. Frankfurt am Main: Campus. 221–237.

Martin, E., Udris, I., Ackermann, U. & Oegerli, K. 1980. Monotonie in der Industrie. Eine ergonomische, psychologische und medizinische Studie an Uhrenarbeitern. Bern: Huber.

Matern, B. 1984. Psychologische Arbeitsanalyse (= Spezielle Arbeits- und Ingenieurpsychologie in Einzeldarstellung, Bd. **3**). Berlin (West): Springer.

Mickler, O., Dittrich, E. & Neumann, U. 1976. Technik, Arbeitsorganisation und Arbeit. Eine Untersuchung in der automatisierten Produktion. Frankfurt am Main: Aspekte.

Nullmeier, E. & Rödiger, K.-H. (Hg.) 1986. Dialogsysteme in der Arbeitswelt. Mannheim: Bibliographisches Institut (i. Dr.).

Oesterreich, R. 1981. Handlungsregulation und Kontrolle. München: Urban & Schwarzenberg.

Oesterreich, R. 1984. Zur Analyse von Planungs- und Denkprozessen in der industriellen Produktion. Das Arbeitsanalyseinstrument VERA. Diagnostica, **30,** 216–234.

Oesterreich, R. & Resch, M. G. 1985. Zur Analyse arbeitsbezogener Kommunikation. Zeitschrift für Sozialisationsforschung und Erziehungssoziologie **5,** 87–106.

Oesterreich, R. & Volpert, W. 1984. Ein Plädoyer für die Untersuchung von Prozeßstrukturen bei der Forschung über „Sozialisation durch Arbeit". Zeitschrift für Sozialisationsforschung und Erziehungssoziologie, **3,** 59–71.

Quaas, W. & Raum, H. 1973. Zur Problematik der Begriffsfassung von Arbeitsanforderungen, ihrer Erfaßbarkeit und praktischen Bedeutung. In Hacker, W., Quaas, W., Raum, H. & Schulz, H.-J. (Hg.). Psychologische Arbeitsuntersuchung. Berlin (DDR): Deutscher Verlag der Wissenschaften.

Semmer, N. 1984. Streßbezogene Tätigkeitsanalyse. Weinheim: Beltz.

Tränkle, U. 1983. Fragebogenkonstruktion. In Feger, H. & Bredenkamp, J. (Hg.). Enzyklopädie der Psychologie, Bd. **2**. Datenerhebung. Forschungsmethoden der Psychologie. Göttingen: Hogrefe.

Udris, I. 1980. Fragebogen zur subjektiven Arbeitsanalyse. Zürich: Lehrstuhl für Arbeits- und Betriebspsychologie an der Eidgenössischen Technischen Hochschule (Hektographie).

Udris, I. 1981. Redefinition als Problem der Arbeitsanalyse. In Frei, F. & Ulich, E. (Hg.) Beiträge zur psychologischen Arbeitsanalyse. Bern: Huber. 281–302.

Ulich, E. 1972. Arbeitswechsel und Aufgabenerweiterung. REFA-Nachrichten, **25,** 265–275.

Ulich, E. 1981. Subjektive Tätigkeitsanalyse als Voraussetzung autonomie-orientierter Arbeitsgestaltung. In Frei, F. & Ulich, E. (Hg.). Beiträge zur psychologischen Arbeitsanalyse (= Schriften zur Arbeitspsychologie Nr. 31). Bern: Huber. 327–347.

Ulich, E. 1983. Vorwort des Herausgebers. In Osterloh, M. Handlungsspielraum und Informationsverarbeitung. Bern: Huber. 5–6.

Volpert, W. 1985. Zauberlehrlinge. Die gefährliche Liebe zum Computer. Weinheim: Beltz.

Volpert, W. Oesterreich, R., Gablenz-Kolakovic, S., Krogoll, T. & Resch, M. 1983. Verfahren zur Ermittlung von Regulationserfordernissen in der Arbeitstätigkeit (VERA). Analyse von Planungs- und Denkprozessen in der industriellen Produktion. Köln: Verlag TÜV Rheinland.

Wendrich, P. 1984. Neue Anforderungen an die Psychodiagnostik aus arbeitspsychologischer Sicht. Psychologie für die Praxis, **3,** 248–252.

Zapf, D., Bamberg, E., Dunckel, H., Frese, M., Greif, S., Mohr, G., Rückert, D. & Semmer, N. 1983. Dokumentation der Skalen des Forschungsprojektes „Psychischer Streß am Arbeitsplatz" – Hemmende und fördernde Bedingungen für humane Arbeitsplätze. Bonn: BMFT, Projektträger Humanisierung des Arbeitslebens, 01VD177-ZA-TAP16 (Hektographie).

3. Kapitel

Aufgabenbezogene Analyse von Arbeitstätigkeiten

Kurt Landau und Walter Rohmert

1 Einführung

1.1 Die menschliche Tätigkeit im Arbeitssystem

Der folgende Beitrag beschäftigt sich mit der menschlichen *Tätigkeit* im *Arbeitssystem*. Dabei wird in operationaler Definition unter Tätigkeit all das verstanden, was der Mensch zur Erhaltung und Entfaltung seiner eigenen Existenz und/oder der Existenz der Gesellschaft tut, soweit es von der Gesellschaft akzeptiert und honoriert wird. Diese Erklärung des Tätigkeitsbegriffs aus seiner Einbindung in einen sozialen Bezugsrahmen ermöglicht eine Abgrenzung der Arbeitstätigkeit zu Spiel und Sport und macht deutlich, daß Arbeitstätigkeit mehr ist als zielgerichtetes Verhalten zur Befriedigung persönlicher Bedürfnisse.

Während wir Spiel und Sport (vom Berufssport abgesehen) zum zweckfreien Tätigsein rechnen, gehört die Arbeitstätigkeit zusammen mit dem Lernen zum zweckgebundenen Tätigsein. Dabei sind alle Elemente des tätigen Seins voneinander abhängig und bedingen einander gegenseitig.

Der definierte Inhalt der Arbeitstätigkeit ist – bedingt durch die vielfältigen und immer rascher auftretenden technischen Veränderungen – einem stetigen Wandel unterworfen. Wurde noch zu Beginn unseres Jahrhunderts der hohe körperliche Anteil der Arbeitstätigkeiten betont, so sind es heute erhöhte mental-emotionale Komponenten, die bei der Überwachung bzw. Steuerung weitgehend verselbständigter Produktions- und Verwaltungsprozesse anfallen. Eine Analyse der Arbeitstätigkeit, die nur auf den körperlichen Elementen fußt, erscheint daher wirklichkeitsfremd und außerhalb einer arbeitspsychologischen Legitimation.

Untersucht man in der täglichen Praxis Arbeitstätigkeiten im Hinblick auf ihren spezifischen Arbeitsinhalt, so lassen sich eine Reihe von Grundtypen

Grundform menschlicher Arbeit	Spezifischer Arbeitsinhalt	Ausgewählte Beispiele	Vorwiegende Beanspruchung von Organen und Fähigkeiten	Arbeits-physiologische Bezeichnung
vorwiegend körperlich	Erzeugen von Kräften	Transporttätigkeit	Muskeln (ggf. Herz und Kreislauf)	muskuläre Arbeit
	Koordination von Motorik und Sensorik	Montieren, Kranfahren	Muskeln/Sinnesorgane	sensumotorische Arbeit
vorwiegend nichtkörperlich	Umsetzen von Information in Reaktion	Kontrolltätigkeit	Sinnesorgane/ Muskeln	vorwiegend nichtmuskuläre Arbeit
	Umsetzen von Eingangsinformation in Ausgangsinformation	Programmieren, Verwaltungstätigkeit, Fremdsprachenübersetzen	Sinnesorgane/ geistige Fähigkeiten	
	Erzeugen von Information	Diktieren, Konstruieren	geistige Fähigkeiten	geistige Arbeit im engeren Sinne

Abb. 1: Grundtypen von Arbeitsaufgaben (Rohmert, 1972)

ableiten. Diese Grundtypen unterscheiden sich deutlich durch unterschiedliche Beanspruchung von Organen und Nutzung besonderer Fähigkeiten (zu diesen Termini siehe auch den Beitrag von Luczak in diesem Buch). Solche Unterschiede haben zur Formulierung besonderer ergonomischer/arbeitspsychologischer Bezeichnungen geführt (siehe Abb. 1).

Versucht man diese unterschiedlichen Arbeitsformen aus der Sichtweise der Wissenschaftsdisziplinen zu betrachten, die sich mit der menschlichen Arbeit auseinander setzen, so erweist sich eine Darstellung nach Abb. 2 als sinnvoll: Während die physiologische und die ingenieurwissenschaftliche Betrachtungsweise eher naturwissenschaftlich ausgerichtet sind, beinhaltet die philosophisch-historische und philosophisch-materialistische Betrachtungsweise eher geisteswissenschaftliche Denkansätze. Im Gegensatz zum ingenieurwissenschaftlichen Ansatz ist der physiologische Ansatz primär elementbezogen strukturell und erst sekundär methodenbezogen funktionell.

Wie weiter unten noch zu zeigen sein wird, hat eine Analyse von Arbeitstätigkeiten, die sich nicht dem Vorwurf der Einseitigkeit auszusetzen hat, nach Möglichkeit mehrere Betrachtungsweisen menschlicher Arbeit zu berücksichtigen.

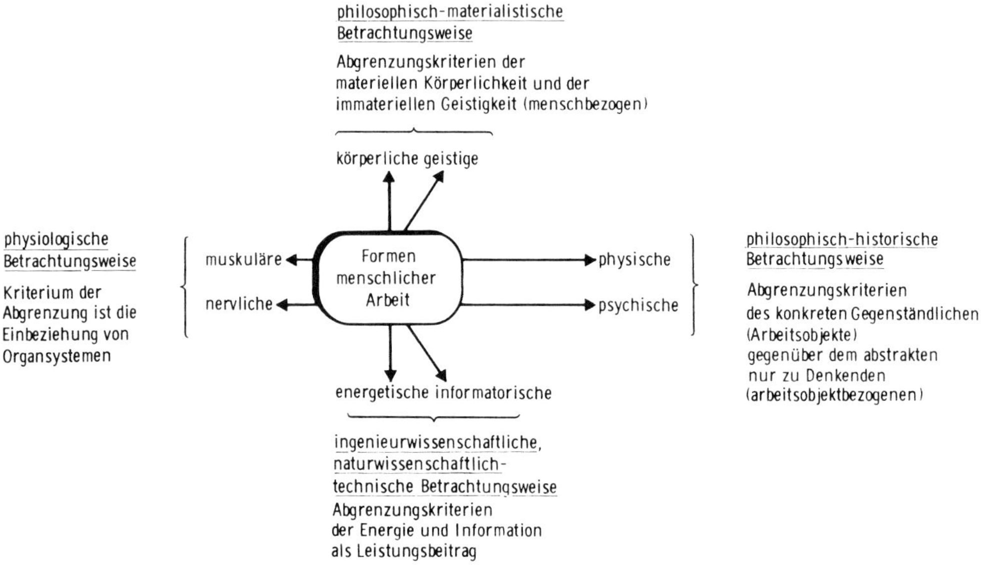

Abb. 2: Zusammenhang zwischen verschiedenen Betrachtungsweisen menschlicher Arbeit und Gliederung von Arbeitsformen (Luczak, 1975)

Die menschliche Arbeitstätigkeit vollzieht sich im *Arbeitssystem*. Hierunter versteht man das Zusammenwirken von Mensch und Arbeitsmittel im Arbeitsablauf am Arbeitsplatz und in einer bestimmten organisatorischen, chemisch/physikalischen und sozialen Arbeitsumgebung.

Der Begriff Arbeitssystem wird synonym zum Ausdruck „Mensch-Arbeits-System" verwendet und stellt auch eine Verallgemeinerung des in der Arbeitspsychologie oft gebrauchten Begriffes „Mensch-Maschine-System (MMS)" dar.

Der Arbeitssystembegriff hat inzwischen in der nationalen und internationalen Normungsarbeit Berücksichtigungen gefunden (DIN 33 400) und ist sowohl in der wissenschaftlichen Arbeit als auch im Arbeitsstudium verbreitet.

Arbeitssysteme sind dynamische, soziotechnische, offene Systeme. Sie stehen mit der Umgebung in materieller, energetischer und informatorischer Sicht in Austauschbeziehungen.

Arbeitssysteme sind in der Regel komplexe oder hyper-komplexe Systeme, die wiederum auf mehreren Hierarchiestufen in Untersysteme zerlegbar sind, auf der anderen Seite jedoch auch übergeordneten Systemen angehören. So sind sie sowohl homöostatisch – also selbstgesteuert – als auch fremdgesteuert.

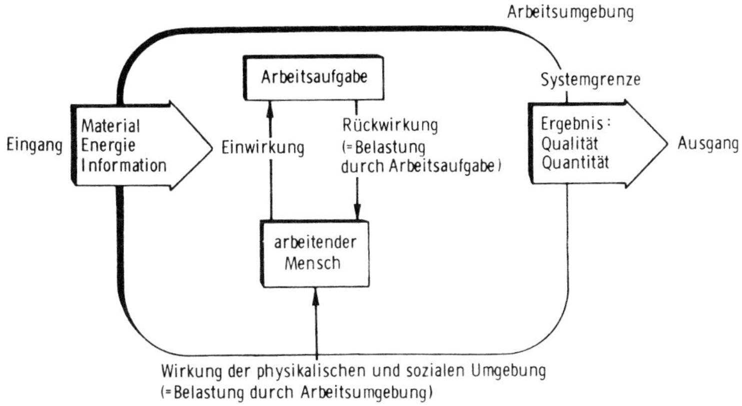

Abb. 3: Arbeitssystem als einfachstes Grundmodell menschlicher Arbeit

Vor allem im Arbeitsstudium kennzeichnet man die auf verschiedenen Hierarchiestufen vorliegenden, unter Umständen vernetzten Arbeitssysteme mit Mikro- und Makro-Arbeitssystemen nach Umfang bzw. Komplexität. Abb. 3 zeigt das einfachste Arbeitssystem als Grundmodell menschlicher Arbeit mit den beiden Elementen Mensch und Arbeitsaufgabe.

Beispielhaft sei dieses Modell an einem sicherlich jedem bekannten Arbeitssystem „Maurer/Baustelle" erläutert. Zunächst wird mit der Arbeitsaufgabe final, qualitativ und quantitativ das zu erzielende Arbeitsergebnis gekennzeichnet bzw. als Soll-Arbeitsergebnis vom Menschen gefordert. Die Arbeitsaufgabe läßt sich mit „Herstellen von Mauerwerk" beschreiben. Hätte man ein Arbeitssystem aus dem Dienstleistungsbereich gewählt, so würde die zu erbringende Dienstleistung als Arbeitsaufgabe formuliert.

Zur Lösung dieser Aufgabe benötigt der Maurer sowohl Material (z. B. Werkzeuge, Steine, Mörtel) als auch Energie als Hilfsmittel für die Einwirkung (z. B. elektrische Energie zum Betrieb einer Steinsäge) und schließlich Information in Form eines Arbeitsauftrages.

Der Maurer wirkt mit einer bestimmten Arbeitsmethode im Arbeitssystem auf den Arbeitsgegenstand ein. Um diese Einwirkung abwickeln zu können, benötigt er bestimmte körperliche und geistig/seelische Eigenschaften, Kenntnisse, Erfahrungen und Fertigkeiten.

Umgekehrt werden an den Maurer beim Lösen der Arbeitsaufgabe durch Arbeitstätigkeit bestimmte Anforderungen gestellt, die das Überwinden von Widerständen (Arbeitsschwere oder Arbeitsschwierigkeit) verlangen. Diese Widerstände stellen eine Rückwirkung der Arbeitsaufgabe auf den Maurer dar, die auch als Belastung durch die Arbeitsaufgabe bezeichnet wird (siehe dazu auch den Beitrag von Luczak in diesem Buch).

Das Ergebnis der Maurertätigkeit zeigt sich in den Komponenten der Qualität und der Quantität des Arbeitsergebnisses. Durch die Systemgrenze, z. B. der maximalen Armreichweite des Maurers, den Gebäudegrenzen oder auch den Grenzen seines Funktionsbereiches (z. B. des Stromversorgungsnetzes für den Betrieb der Steinsäge), werden die Beziehungen zwischen der Arbeitsaufgabe und dem Menschen gegenüber einer Umgebung abgegrenzt. Aus dieser Umgebung können zusätzliche belastende physikalisch-chemische Umgebungseinflüsse sowie soziale Umgebungseinflüsse ergänzend zur Belastung durch die Arbeitsaufgabe auftreten. Die innerhalb der Hüllfläche des Arbeitssystems liegenden Komponenten, also z. B. Mensch und Arbeitsmittel, bezeichnet man als Systemelemente oder Teilfunktionen des Arbeitssystems. Diese Teilfunktionen können sowohl durch menschliche Tätigkeit als auch durch technische Sachmittel verwirklicht werden, wofür der Begriff der Technisierung des Arbeitssystems eingeführt wurde (Kirchner, 1972). Wenn alle Systemelemente von menschlicher Tätigkeit realisiert werden, spricht man von „manueller Ausführung", also direkter Einwirkung des Menschen auf das Arbeitsobjekt. In der „mechanisierten Ausführung" werden die Systemelemente des Einwirkungsbereiches durch technische Sachmittel realisiert, es wird daneben eine technische Energiequelle für die Prozessenergie eingesetzt. In der „automatisierten Ausführung" wird dann die gesamte Lenkung, also die Funktionslenkung und die Programmlenkung, ebenfalls durch technische Sachmittel vorgenommen.

Mit dem Modell des Arbeitssystems wird der Mensch aus einer arbeitstechnischen Sicht als Systemelement gesehen. Zwar kann dies soweit gehen, daß das Systemelement ‚Mensch' als ein hyper-komplexes biologisch-soziales Gebilde angesehen und untersucht wird, es wird jedoch sofort deutlich, daß dies eine einseitig technische, nicht dem menschlichen Wesen voll gerecht werdende Betrachtungsweise ist. Die Vorteile der Arbeitssystembetrachtung, die vor allem darin bestehen, daß mit geeigneten mathematischen Verfahren Systemanalysen die Grundlage für die Simulation von Arbeitsabläufen bilden können, haben hier ihre Grenzen (Laurig, 1971).

1.2 Zielrichtung und Anwendungsbereiche aufgabenbezogener Tätigkeitsanalyseverfahren

Die Analyse der Arbeitssystemstruktur und die Analyse des Zusammenwirkens der Arbeitssystemelemente können auf mannigfaltige Art vorgenommen werden. So ist es sicherlich nicht berechtigt, von *der* Tätigkeits- bzw. Arbeitsanalyse zu sprechen – auch nicht von *der* handlungsorientierten oder *der* aufgabenbezogenen Tätigkeitsanalyse.

Die Art und Weise, wie Tätigkeitsanalysen an Arbeitssystemen konzipiert und durchgeführt werden, hängt zunächst vom zugrunde liegenden theoretischen Konzept und dem damit verbundenen Gegenstand der Tätigkeitsanalyse – also dem Arbeitssystem, der Stelle, dem Individuum usw. – ab. Während der Gegenstandsbereich von Tätigkeitsanalysen weiter oben bereits als „menschliche Tätigkeit im Arbeitssystem" festgelegt wurde, wird das der Tätigkeitsanalyse zugrunde liegende theoretische Konzept im nächsten Abschnitt 2.1 detailliert behandelt. Darüber hinaus wird die Tätigkeitsanalyse jedoch noch von den mit ihr verbundenen Methoden und Techniken sowie den Anwendungsmöglichkeiten bestimmt.

Zur Beurteilung der Tätigkeitsanalyseverfahren können die folgenden Kriterien, die im wesentlichen auf Frieling und Graf Hoyos zurückgehen, herangezogen werden (Frieling, 1975; Graf Hoyos, 1974):

Das Verfahren soll

- auf einem theoretischen Modell basieren, das eine für die Praxis relevante Interpretation der mit dem Arbeitsanalyseverfahren erhaltenen Ergebnisse erlaubt
- alle in einem konkreten Arbeitssystem vorhandenen Anforderungen vollständig erfassen
- bezüglich Anwendung, Datenverarbeitung und Datenauswertung möglichst ökonomisch sein; die Verfahrensdurchführung soll standardisierbar sein
- über eine rein verbale Tätigkeitsbeschreibung hinausgehen und quantifizierbare Aussagen mindestens auf dem Ordinalskalenniveau erlauben.

Bei Anwendung des Verfahrens müssen Angaben zur

- Zuverlässigkeit, mit der mehrere Beurteiler zum selben Zeitpunkt ein Arbeitssystem analysieren (Inter-rater-reliabilität), und zur
- Zuverlässigkeit, mit der die einzelnen Fragen des Arbeitsanalyseverfahrens eingestuft werden (Item-Reliabilität), gemacht werden können.

Zusätzlich zu diesen Kriterien muß die Anwendbarkeit des Verfahrens für alle vorkommenden körperlichen und nicht-körperlichen Arbeitsformen mit Arbeitsinhalten, die vom Erzeugen von Kräften bis zum Erzeugen von Informationen reichen, gefördert werden (vgl. Rohmert, 1972).

Neuere aufgabenbezogene Tätigkeitsanalyseverfahren erfüllen vor allem die letztgenannte Forderung nach der Anwendbarkeit des Verfahrens auch für vorwiegend nicht-körperliche Tätigkeiten. Umfangreiche Anwendungen im Bereich von Dienstleistungs- und Managementtätigkeiten liegen mittlerweile vor – weit über die in der Vergangenheit vorwiegend analysierten ausführenden Produktionstätigkeiten mit stark partialisierter Handlung (Volpert, 1975) hinaus (s. z. B. Ohl, 1983; Ohl, Rohmert, 1984; Rohmert, Haider, 1982; Nachreiner, Rohmert und Rutenfranz, 1982; Landau, 1981; Landau, Mainzer, 1981; Landau, Rohmert, 1980; Rohmert, Landau, 1977).

An dieser Stelle soll nun keine weitere Taxonomie der Tätigkeitsanalyse erarbeitet werden, es sei statt dessen auf Frieling (1975), Graf Hoyos (1974), von Pupka (1977), Rohmert u. a. (1975), Frei (1981) verwiesen. Vielen Taxonomien ist gemeinsam, daß sie der Erfüllung der teststatistischen Anforderungen von Tätigkeitsanalyseverfahren, vor allem deren theoretischen Begründung, besondere Aufmerksamkeit schenken (Fleishman, 1975; Theologus, Romashko und Fleishman, 1970; Frieling, 1977; Hackman, 1970; McCormick, 1976; Morsh, 1964; Prien, Ronan, 1971).

Systematisierungen nach Skalenniveau sowie Kriterien der Datenerfassung und -bewertung werden von Laurig (1977) vorgenommen. Kirchner und Rohmert (1973) betonen bei der Systematisierung der theoretischen Konzepte insbesondere die Unterscheidung von induktiven und deduktiven Vorgehensweisen.

Stark praxisbezogene Einordnungen von Verfahren der Tätigkeitsanalyse werden bei Hackstein (1977), Hennecke (1976a u. b), Simon (1977) und Zerga (1943) vorgenommen.

Der Leser erhält dann am leichtesten einen Überblick zu den unterschiedlichen taxonomischen Strategien bei der Tätigkeitsanalyse, wenn die Diskussion der Anwendungsbereiche und Zielrichtungen solcher Verfahren an den Anfang gestellt wird. So liegen Anwendungsmöglichkeiten von Tätigkeitsanalysen im Hinblick auf die Anforderungsanalyse und Arbeitsgestaltung vor. Die Tätigkeitsanalysedaten geben bei entsprechender Auswertung Aufschluß über die Anforderungen, die eine bestimmte Tätigkeit an die Arbeitsperson stellt. Aus Tätigkeitsanalysedaten können die Gestaltungszustände von Arbeitssystemen analysiert, systematisiert und miteinander verglichen werden; die Analyse liefert zugleich Informationen über extreme Belastungssituationen und ihre Beseitigung durch korrektive Gestaltungsmaßnahmen. Häufig können Tätigkeitsanalyseverfahren auch prognostisch angewendet werden und sich daher auf real nicht existierende, sich erst in der Planungsphase befindende Arbeitssysteme beziehen.

Im Bereich der Personalverwaltung ist die Tätigkeitsanalyse mit Zielrichtung Anforderungsanalyse zusammen mit der Bestimmung der psychischen und physischen Eignungsvoraussetzungen eine wertvolle Hilfe.

Die weiteren Anwendungsbereiche wie z. B. Arbeits- und Berufsklassifikation, Unfallursachenforschung, Erarbeitung von Betriebsanweisungen oder Ableitung von Ausbildungszielen machen deutlich, daß der Universalität von Tätigkeitsanalyseverfahren große Aufmerksamkeit geschenkt wird.

Abb. 4 stellt einige der Hauptanwendungsgebiete bzw. Zielrichtungen von Tätigkeitsanalyseverfahren noch einmal zusammen.

Verfahren mit großer Bandbreite haben jedoch auch häufig den Nachteil, daß Ergebnisse auf einem hohen Superzeichenniveau erzielt werden, so daß der Anwendungsbezug nicht immer unmittelbar einsichtig wird. Die Aufzählung der Anwendungsbereiche kann daher nicht unwidersprochen stehen bleiben und auch nicht in jedem Falle als Vorteil von Breitbandverfahren der Tätigkeitsanalyse angesehen werden. Mit jedem universell angelegten und einsetzbaren Tätigkeitsanalyseverfahren geht individuumbezogene, betriebsbezogene, branchenbezogene, arbeitsformbezogene usw. Information verloren. Interpretiert man die Ergebnisse von Tätigkeitsanalyseverfahren beanspruchungsbezogen, so geht man damit von der Fiktion aus, daß sich alle Individuen in als ähnlich klassifizierten Arbeitssituationen gleich verhalten werden (Frei, 1981) – unabhängig davon, ob sich das Individuum dieser Arbeitssituation zum ersten Mal gegenüber sieht oder ob sie routinemäßig bewältigt wird. Tätigkeitsanalyseverfahren mit angestrebter universeller Bandbreite sind jedoch auf der anderen Seite nicht im strikten Sinne „objektiv", da das Arbeitsverhalten des Individuums im Arbeitssystem in jedem Falle in die Analyse eingeht – dies gilt vor allem bei der Anwendung der Technik des Beobachtungsinterviews zur Gewinnung von Tätigkeitsanalysedaten (s. dazu Abschn. 3.1.2.). Dem Analytiker wird es hier nicht oder nur annähernd gelingen, sich vom beobachteten Arbeitsverhalten des Individuums zu lösen und mit den erhobenen Daten ein abstrahiertes Arbeitsverhalten zu kodieren.

Ein angestrebtes Tätigkeitsanalyseverfahren mit universeller Bandbreite hat jedoch vor allem bei der Bearbeitung betriebsübergreifender Fragestellungen immense Bedeutung: Spezifische, situations- und individuumsabhängige Verfahren versagen beim Vergleich von Arbeitssystemmerkmalen über den einmaligen, ursächlich intendierten Anwendungszweck hinaus. Spezifische Analyseverfahren erlauben im Regelfall nicht den Aufbau einer Tätigkeitsanalyse-Datenbank und somit die langfristig angelegte, ergonomische, ökologische und ökonomische Risiken erkennende Vorgehensweise.

Einsatzbereich	Anwendungsfall und mögliches Ergebnis
Ergonomische und arbeitstechnische Gestaltung von Arbeitssystemen	
Arbeitssystemdokumentation und -diagnose	Beschreibung und gegebenenfalls Quantifizierung von Systemelementen und ihren Eigenschaften, z. B. bezüglich der mit ihnen verbundenen Belastungen; Ableitung von Gestaltungsnotwendigkeiten; Bildung und Überprüfung von Gestaltungsprioritäten; Verhinderung möglicher Schädigungen durch Ermittlung nicht erträglicher Belastungen/Beanspruchungen; Gezielter Belastungsabbau
Produktgestaltung	Beschreibung und gegebenenfalls Quantifizierung von Produkteigenschaften im Hinblick auf ihre menschbezogene Wirkung bei der späteren Nutzung durch den Konsumenten bzw. Investor
Betriebsorganisation	
Vorbereitung organisatorischer Umstellungen	Analyse von Anforderungsprofilen verschiedener Tätigkeiten vor und nach betrieblichen Umstellungen bzw. vor und nach technisch/technologischer Änderungen; Prognose von Anforderungsverschiebungen durch technischen Wandel
Arbeitsablaufgestaltung	Aufgaben bzw. Anforderungsabfolgen im Verlauf der Arbeitszeit
Schichtzeit- und Pausengestaltung	Festlegung von Pausenzeiten auf der Basis von Belastungsrangreihen für Arbeitssysteme; Arbeitsverteilung für bestimmte Schichtlagen nach Anforderungsarten und -umfang; Vermeidung von Fehlzeiten durch belastungsbezogene Ursachenanalyse
Personalverwaltung	
Personalwerbung	Erstellen von Personalanzeigen nach vorliegenden Tätigkeitsanalysen
Auslese und Plazierung	Selektion von Bewerbern auf den Grad der Übereinstimmung von Anforderungs- und Eignungsprofil; Festlegung von Eignungskriterien/Tauglichkeitskriterien
Anlernung/Einarbeitung/Umschulung	Ableitung von Schulungsnotwendigkeiten/Schulungsmaßnahmen anhand des Aufgaben/Anforderungsprofils von Arbeitssystemen

Einsatzbereich	Anwendungsfall und mögliches Ergebnis
Eingliederung leistungsgeminderter und anderer Personengruppen in den Betrieb	Suche nach geeigneten Arbeitssystemen mit bestimmten Aufgaben/Anforderungsprofilen zur Sicherstellung der Erträglichkeit der Arbeit
Qualitative Personalplanung bzw. Personaleinsatzplanung	Vergleich von Eignungs- und Anforderungsmerkmalen (langfristige und kurzfristige Betrachtungsweise)
Personalvertretung	Tätigkeitsanalysen als Diskussionsgrundlage in Gesprächen bzw. Auseinandersetzung zwischen den Tarifvertrags- bzw. Betriebsparteien
Lohngestaltung	Überprüfung von Einstufungen durch Vergleich der Anforderungsstruktur von problematischen Arbeitssystemen mit betrieblichen Brücken- oder Eckarbeitssystemen
Entlohnungsgrundsatzdiagnose	Vergleich betrieblicher und branchentypischer Anforderungen im Hinblick auf Angemessenheit eines Entlohnungsgrundsatzes
Berufsberatung und -forschung	
Berufsklassifikation	Ableitung einer anforderungs- bzw. aufgabenbezogenen Tätigkeitsklassifikation und Vergleich mit herkömmlichen Berufsklassifikationen; Gesundheitsstatus in verschiedenen Berufsgruppen; Analyse von Tätigkeiten bzw. Berufen nach psychischen und physischen Eignungsvoraussetzungen; Analyse von Unfallschwere und -häufigkeit nach Tätigkeits-/Berufsgruppen; Klassifikation von Berufen nach soziodemographischen Faktoren
Berufsberatung und -aufklärung	Erläuterung von Tätigkeitsspektren bei der Beratung von Schulabsolventen

Abb. 4: Ausgewählte Anwendungsgebiete von Tätigkeitsanalyseverfahren

2 Tätigkeitsanalyse als Aufgabenanalyse

2.1 Abgrenzung des Aufgabenbegriffs

2.1.1 Die Arbeitsaufgabe aus ingenieurwissenschaftlicher Sicht

Versucht man zunächst den zweiten Teil des Begriffs „Tätigkeitsanalyse" zu definieren, so kann man unter ‚-Analyse' im engeren Sinn das „Zerlegen in

Elemente" verstehen. Es geht also darum, ein komplexes Ganzes – die Tätigkeit – in Elemente zu gliedern.

Diese Gliederung ist zum einen in der *Zeitdimension* möglich:

Arbeitsabläufe – darunter versteht man die räumliche und zeitliche Folge des Zusammenwirkens von Mensch und Betriebsmittel mit dem Arbeitsgegenstand (REFA, 1978) – werden in Teilabläufe, Ablaufstufen und Vorgänge (das sind die „Makroablaufabschnitte"), in Teilvorgänge, Vorgangsstufen und Vorgangselemente (das sind die „Mikroablaufabschnitte") gegliedert.

Diese Gliederung erlaubt lediglich eine Abschätzung der zeitlichen Länge von *Ablaufabschnitten* und ist für die Zwecke der aufgabenbezogenen Tätigkeitsanalyse zu unpräzise und auch wenig ergiebig.

Eine zweite Gliederung besteht in einer artmäßigen Kodierung der Ablaufabschnitte. Diese artmäßige Kodierung erfolgt durch die Zuordnung von *Ablaufarten.* Ablaufarten sind Bezeichnungen für das Zusammenwirken von Mensch und Arbeitsmittel mit der Eingabe (des Arbeitssystems) innerhalb bestimmter Ablaufabschnitte. Hat man für einen durch Zuordnung einer Ablaufart kodierten Ablaufabschnitt die Zeit ermittelt, so spricht man von *Zeitart*, wenn damit die Zeit dieses Ablaufabschnittes näher gekennzeichnet wird. Eine methodische Kodierung von Ablaufabschnitten durch Zuordnung von Ablaufarten ist die Voraussetzung für eine methodische Ermittlung von Arbeitsergebnis-Daten (John, Bokranz, 1978).

Ablaufarten können z. B. nach folgenden Prinzipien gegliedert werden:

Vorbereiten des Arbeitssystems und Ausführung des Auftrags	Rüsten/Ausführen
Beeinflußbarkeit der Zeit von Ablaufabschnitten durch die Arbeitsperson	Voll beeinflußbar/bedingt beeinflußbar/ nicht beeinflußbar
Einsatzart von Mensch und Betriebsmittel	Im Einsatz/außer Einsatz/Betriebsruhe/ nicht erkennbar
Art der Auftragserfüllung	Bearbeitung/Unterbrechung der Bearbeitung/außer Erfüllung/Betriebsruhe/ nicht erkennbar

Obwohl solche Ablaufartengliederungen universell für alle Arbeitsformen anwendbar sind und damit eine Möglichkeit bieten,

- arbeitsauftragsbezogen
- schichtbezogen
- periodenbezogen (Woche, Monat, Quartal, Jahr)

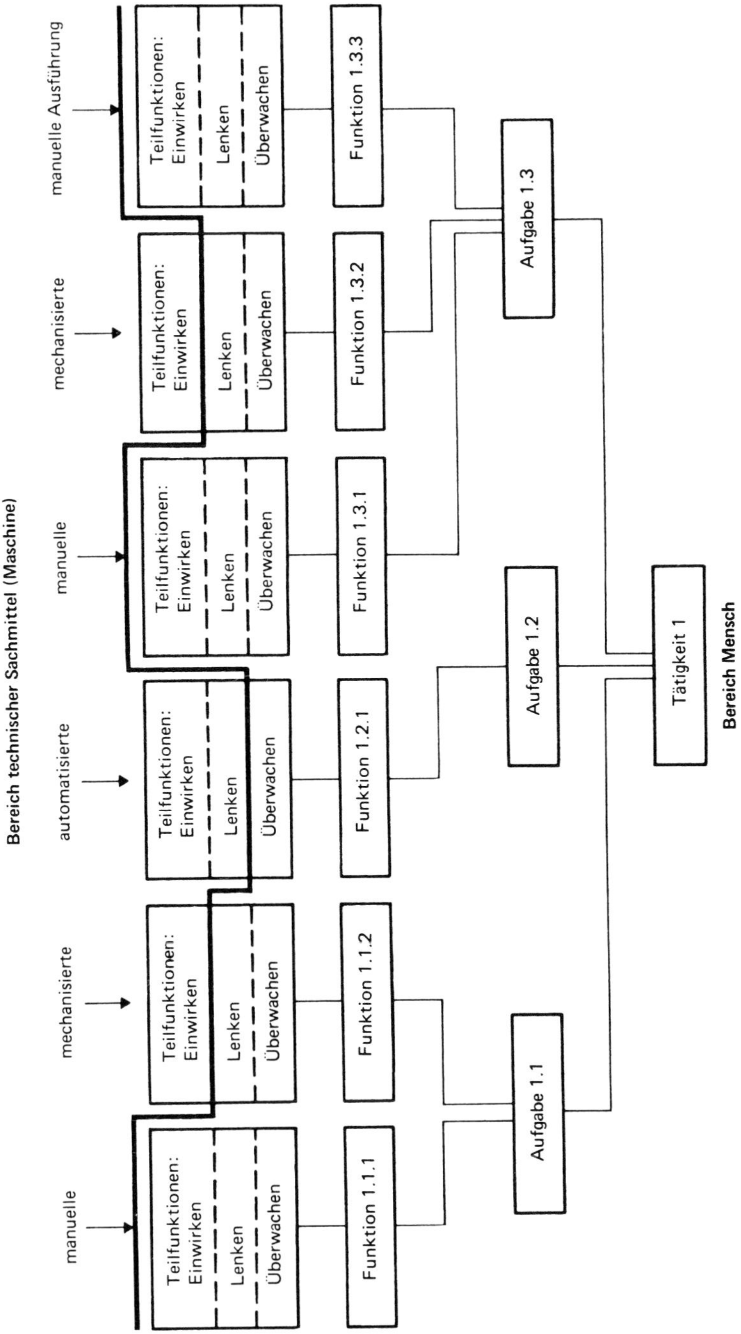

Abb. 5: Zusammensetzung menschlicher Tätigkeit (Kirchner, Rohmert, 1973)

den Ablauf lückenlos zu kodieren, sind sie vordergründig am Arbeitsfortschritt orientiert und für eine menschbezogene Tätigkeitsanalyse nur bedingt brauchbar.

Im Gegensatz zu dieser zeitvarianten Betrachtungsweise erlaubt die Arbeitsaufgabenanalyse aus einer ingenieurwissenschaftlichen Sicht auch *strukturanalytisches Vorgehen.* Kirchner und Rohmert (1973) untergliedern z. B. die Tätigkeit weiter in Aufgaben und Funktionen. Dabei versteht man unter Funktion in einem ausschließlich technischen Sinne die Realisierung der Zweckerfüllung des Arbeitssystems.

Die Zusammenfassung einzelner aufeinanderfolgenden Funktionen zu einem übergeordneten Zweck wird als „Aufgabe" bezeichnet. Die gesamte menschliche Arbeit einer Arbeitsperson wird dann ihre „Tätigkeit" genannt. Die Tätigkeit setzt sich aus mehreren Aufgaben mit unterschiedlichen Zwecken zusammen (Abb. 5, Kirchner, Rohmert, 1973, S. 19).

Die vor allem im militärischen Bereich erprobten und eingeführten verrichtungsbezogenen Tätigkeitsinventare sind ebenfalls dieser Rubrik der strukturanalytischen, vorwiegend aus einer ingenieurwissenschaftlichen Sicht betriebenen Aufgabenanalyse zuzuordnen.

Hierbei versteht man die *Aufgabe* als Oberbegriff für mehrere, sachlich zusammenhängende Arbeitsvorgänge, die meist in einem vorgegebenen Ablauf ausgeübt werden und gleichartige, wenn auch vom Wert her unterschiedliche Anforderungen an die Arbeitnehmer stellen.

Der *Arbeitsvorgang* ist nach dieser Auffassung eine in sich geschlossene, von einem Arbeitnehmer ganzheitlich durchzuführende Aktivität. Er stellt die kleinste, gleichzeitig aber wichtigste zu beschreibende „Einheit von Aktivitäten" eines Arbeitnehmers dar und ist das Grundelement, auf das sich diese Verfahren stützen (Zieske, 1978).

Abb. 6 zeigt einen Ausschnitt aus einem Aufgabeninventar.

Weitere Untersuchungen zu solchen Tätigkeitsinventaren werden z. B. von Morsh u. a. (1961), Morsh (1967), Morsh (1966) beschrieben. Tätigkeitsinventare werden im Regelfall für ein bestimmtes Arbeitsplatzkollektiv (Unternehmen, Werk, Abteilung usw.) entworfen und anschließend in Form der „Hörsaalmethode" für ein größeres Kollektiv auch gemeinsam erhoben.

Da die Erhebungskataloge im Hinblick auf die Arbeitsverhältnisse ausschließlich im untersuchten Bereich formuliert werden, sind die zu erwartenden

Name der Verrichtung	zutreffend?
.	
.	
.	
.	
Reagenzien vorbereiten	ja/nein
Hämatologische Verfahren vorbereiten	ja/nein
Hämatologische Verfahren durchführen	ja/nein
Cholesterin-Test durchführen	ja/nein
Chlorid-Test durchführen	ja/nein
Elektrolyt-Bestimmung durchführen	ja/nein
.	
.	
.	
.	

Abb. 6: Ausschnitt aus einem Tätigkeitsinventar für Laborarbeiten (Christal, 1974)

Ergebnisse für diesen Bereich sicherlich wertvoll, jedoch auf andere Kollektive nicht oder nur bedingt übertragbar. Belastungsvergleich und auch prognostische Untersuchungen z. B. im Rahmen der Technikfolgeabschätzung sind damit nicht möglich.

2.1.2 Die Arbeitsaufgabe aus organisationstheoretischer Sicht

Während sich die oben besprochene ingenieurwissenschaftliche Aufgabenanalyse an den technischen Arbeitsverrichtungen oder den technischen Arbeitsfunktionen orientiert, geht die organisationstheoretische Analyse von der Gesamtaufgabe der Unternehmung aus. Hier ist es die marktorientierte Produktionsaufgabe, die zusammen mit den „Neben"-aufgaben aus den Bereichen Beschaffung, Fertigung, Lagerung, Finanzierung nach organisatorisch formalen Gesichtspunkten in Teilaufgaben gegliedert wird.

So versteht Kosiol (1973, S. 199) unter Aufgabenanalyse die aus der konkreten Wirklichkeit der gegebenen Erfahrungswelt für eine bestimmte – bereits vorhandene oder zu errichtende – Unternehmung abgeleitete Feststellung der – tatsächlich vorhandenen oder vorauszusehenden – Teilaufgaben. Die Aufgabenanalyse ist ein empirisches Verfahren der Bestandsaufnahme, das in der Sammlung und Ordnung der mit der Gesamtaufgabe zusammenhängenden analytischen Teilaufgabe besteht. Dabei ergibt sich ein Aufgabengefüge, das den Ausdruck einer bestimmten geordneten Bindung aller Teilaufgaben zueinander darstellt.

Dementsprechend wird aus organisationstheoretischer Sicht unter einer Aufgabe die Zielsetzung für menschliche Aktionsmöglichkeiten für zweckbezogene menschliche Handlungen verstanden. Die Aufgabe stellt ein gesetztes (vorgegebenes) Soll dar, das zu verwirklichen ist.

Die Aufgabe läßt sich nach dieser Vorstellung durch folgende 5 Begriffsmerkmale oder Bestimmungselemente kennzeichnen (Kosiol, 1973, S. 202):

a) Jede Aufgabe enthält einen bestimmten *Verrichtungsvorgang*. Dieser Arbeitsprozeß vollzieht sich entweder als (überwiegend) mentales Handeln oder (meist) als eine Kombination mentalen und korporalen Handelns.

b) Jede Aufgabe erstreckt sich auf einen Gegenstand (*Objekt*), an dem sich die geforderte Tätigkeit vollziehen soll; er ist entweder personaler oder mentaler Art.

c) Jede Aufgabe erfordert regelmäßig den Einsatz von sachlichen Hilfsmitteln (*Sach- oder Arbeitsmitteln*); diese dienen der Durchführung des Arbeitsprozesses.

d) Jede Aufgabe ordnet sich in den *Raum* ein und

e) je nach der *Zeit* ein, d. h., sie wird durch diese beiden grundlegenden Existenzbedingungen determiniert.

Das Ergebnis einer organisationstheoretischen Aufgabenanalyse ist zunächst die *Aufgabenstruktur* – also eine Taxonomie von Teilaufgaben und Unteraufgaben (das sind Teilaufgaben, die nicht weiter gegliedert werden). Anschließend werden bei der *Aufgabensynthese* aus den gewonnenen Teil- bzw. Unteraufgaben Aufgabenbündel gebildet, die bestimmten Personen/Stellen übertragen werden können.

Auf diesem Grundkonzept aufbauend hat Kosiol die sachzielorientierte Aufgabengliederung nach Objekt und Verrichtung sowie die formalzielorientierte Gliederung nach Rang, Phase, Zweckbeziehung, Mittel, Raum und Zeit vorgenommen (s. z. B. Kosiol, 1973). Einen Überblick zu den Beschreibungsmerkmalen und Gliederungsgesichtspunkten bei der Aufgabenanalyse gibt Abb. 7.

Die objekt- und verrichtungsbezogene Aufgabengliederung können in Form einer logischen UND-Teilung sowie in Form einer logischen ODER-Teilung vorgenommen werden. Dabei ist zu beachten, daß bei jedem Verzweigungspunkt die Summe der gegliederten Teilaufgabeninhalte gleich dem Inhalt der ungegliederten Aufgabe sein muß. An jedem Verzweigungspunkt darf nur ein einziger Gliederungsgesichtspunkt (z. B. objektorientierte UND-Gliederung) angewendet werden. Der Gliederungsgesichtspunkt kann von einem zum nächsten Verzweigungspunkt ebenfalls wechseln (REFA, 1981). Abb. 8 zeigt als Beispiel die Gliederung der unmittelbaren Aufgaben einer Giroabteilung.

sachzielorientierte Gliederung		formalzielorientierte Gliederung					
Merkmale der Aufgabe		Merkmale der Aufgabenerfüllung (Beispiele)					
Objekt	Verrichtung	Rang	Phase	Zweck-Beziehung	Mittel	Raum	Zeit
woran?	was, wie?	entscheiden oder ausführen?	planen, ausführen, kontrollieren	mittelbar unmittelbar?	womit?	wo?	wann, wie lange?

Abb. 7: Beschreibungsmerkmale und Gliederungsgesichtspunkte bei der Aufgabenanalyse (REFA, 1981)

Andere Gliederungsprinzipien der organisationstheoretischen Aufgabenanalyse werden mit der Klassifikation nach Planungs-, Realisations- und Kontrollaufgaben verwirklicht (Frese, 1980).

2.1.3 Die Arbeitsaufgabe aus arbeitspsychologischer/ergonomischer Sicht

Im Gegensatz zu den bisher besprochenen Aufgabenkonzepten, die den Menschen als Systemelement oder als Produktionsfaktor sehen, interessieren sich Arbeitspsychologie und Ergonomie ausschließlich für die Interaktion Mensch und Arbeit.

Vier mögliche Ansätze zum Aufgabenverständnis im Spannungsfeld dieser Interaktion lassen sich ableiten (Hackman, 1970; Wheaton, 1968; Graf Hoyos, 1974; Frieling, 1975; Graf Hoyos, Frieling, 1977 usw.):

1. Aufgabe als Verhaltensbeschreibung (Fine, 1967; Rabideau, 1964)
   Dieses rein deskriptive Aufgabenkonzept hat zum Ziel, das nach außen hin sichtbare und registrierbare Arbeitsverhalten von Personen durch eine Vielzahl von Tätigkeitsmerkmalen zu beschreiben. Im Menschen ablaufende physio-psychologische Prozesse bzw. in Anspruch genommene Kapazitäten werden nicht erfaßt.

2. Aufgabe als Eignungsvoraussetzung (z. B. Theologus u. a., 1970; Fleishman u. a., 1970a, b; Fleishman 1975)
   Aufgaben werden indirekt durch die sie prägenden Eignungsmerkmale – also Eigenschaften, Fähigkeiten, Fertigkeiten und Kenntnisse – beschrieben und bewertet. Die Eignungsmerkmale werden über Expertenratings Aufgaben zugeordnet, dabei spielen faktoranalytische Ansätze zur Zusammenfassung von Eignungsmerkmalen eine besondere Rolle.

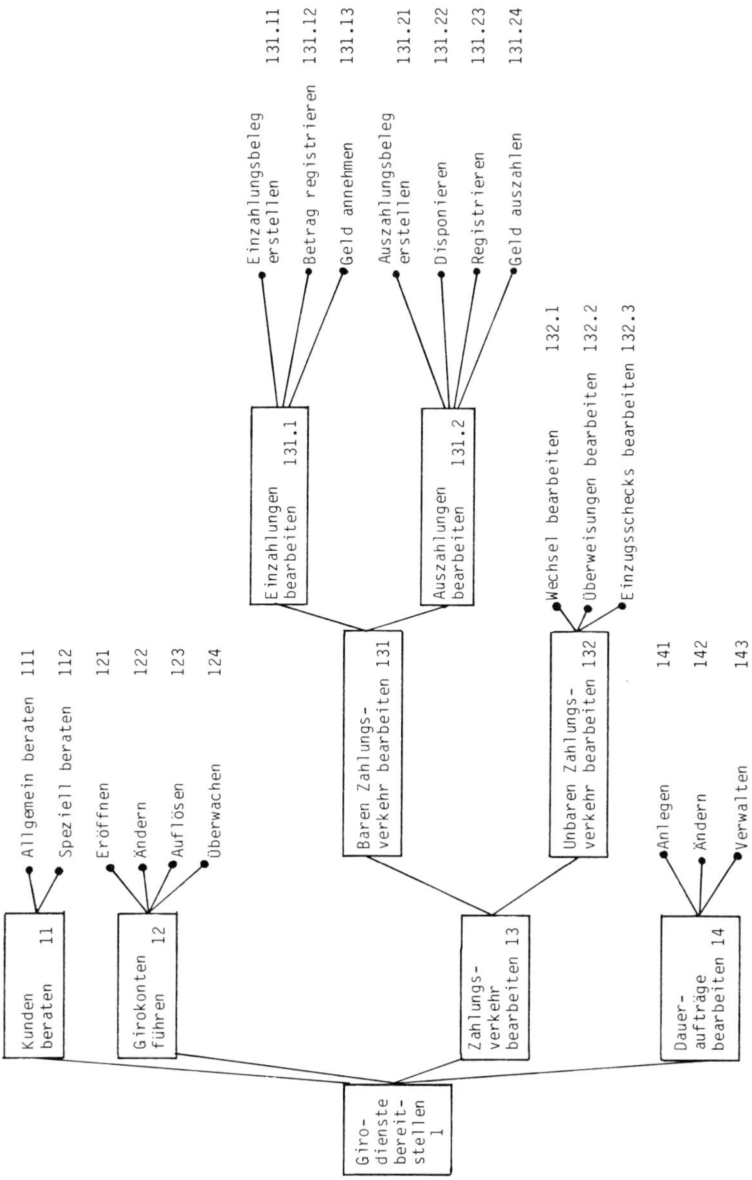

Abb. 8: Gliederung der unmittelbaren Aufgaben einer Giroabteilung (Allefeld, 1979)

Das Verhalten der Arbeitspersonen während der Tätigkeitsausübung – auch in einem prozeßdynamischen Sinne – kann mit dieser Vorgehensweise nicht erfaßt werden.

3. Aufgabe als Verhaltensanforderung (Miller, 1971)
Mit diesem Ansatz werden Aufgaben vor allem durch die verschiedenen Informationsverarbeitungsfunktionen beschrieben. Mit einem Glossar von 24 Informationsverarbeitungsfunktionen wird der Tatsache Rechnung getragen, daß Arbeitsinhalte derzeit und in Zukunft immer mehr im informatorisch-mentalen und immer weniger im energetisch-effektorischen Bereich liegen werden. Die 24 Funktionen leiten sich aus den 6 Bestimmungselementen der Aufgabe „Aufeinanderfolge“, „Handlung“, „Informationsverarbeitungsprozesse“, „Steuerung“, „Durchführungszustand“ und „Werkzeuge“ ab. Beziehungen zwischen Aufgabenglossar und Arbeitsverhalten des Menschen sind damit jedoch nicht darstellbar.

4. Aufgabe als Reiz-Komplex (Hackman, 1969, 1970)
Die Aufgabe wird hier unabhängig von der Arbeitsperson lediglich im Hinblick auf den mit ihr verbundenen Reiz-Komplex sowie die notwendigen Informationen zum Ziel und zur Durchführung der Aufgabe gesehen. Eine Aufgabe kann einer Person (oder einer Gruppe) durch einen Außenstehenden übertragen werden oder sich selbst gestellt sein. Eine Aufgabe besteht demnach aus einem Reizkomplex und einer Reihe von Anweisungen, die spezifizieren, was gegenüber den Reizen zu tun ist. Die Instruktionen geben an, welche Operationen durch den (oder die) Handelnden im Hinblick auf die Reize durchgeführt werden müssen und/oder welche Ziele zu erreichen sind (Hackman, 1970, S. 210 in der Übersetzung von Graf Hoyos, 1974).

Häufig werden Elemente dieser vier aufgeführten Aufgabendefinitionen herausgegriffen und zu einer eigenen Sicht der Arbeitsaufgabe verschmolzen. So kann man in einer naturwissenschaftlichen Erklärung der Arbeitsaufgabe sowohl technologisch-technische (Handbuch der Tätigkeitselemente, 1967), funktionsbezogene (Kirchner, Rohmert, 1973) sowie auch informationstheoretische (Miller, 1971) Denkansätze miteinander verknüpfen. Die Arbeitsaufgabe wird dann als ein naturwissenschaftlich erklärbares Phänomen durch den Arbeitsvorgang, das Arbeitsobjekt, die Arbeits- und Betriebsmittel – dies sind also die Elemente eines Arbeitssystems – im Hinblick auf die erforderlichen typologisch bestimmten individuellen Eigenschaften, Fähigkeiten und Fertigkeiten des arbeitenden Menschen charakterisiert. Von besonderer Bedeutung hierbei ist, daß die Nutzung des Modells des Arbeitssystems nicht bei der rein arbeitstechnischen Betrachtung des Menschen als Systemelement stehenbleibt, sondern eine Erklärung der Arbeitstätigkeit aus ihrer menschbezogenen Wirkung vornimmt.

2.2 Arbeitsaufgabe und Anforderung

Unter den Tätigkeitsanforderungen an eine Arbeitsperson versteht man in Anlehnung an Hacker (1973) die zur Bewältigung von Arbeitsaufgaben notwendigen allgemeinen personellen Leistungsvoraussetzungen. Die Tätigkeitsanforderungen bestimmen zusammen mit den aufgabenunspezifischen, situativen Anforderungen die Gesamtheit der Anforderungen.

Die Anforderungen werden dabei nicht in Form von Persönlichkeitsvariablen, also als hypothetisch formulierte, pauschale „Fähigkeits-" oder „Vermögensgrößen" (z. B. Durchsetzungsfähigkeit, Abstraktionsvermögen usw.) ausgedrückt – wie es vor allem im Rahmen von Anforderungsanalysen für die Zwecke der Personalführung (vgl. z. B. Nutzhorn, 1964) oder der Arbeitsbewertung (vgl. z. B. Böhrs, 1959; Euler, Stevens, 1952; Hennecke, 1975; Paasche, 1974; REFA, 1977; Wibbe, 1966 usw.) geschieht. Diese direkte Ableitung von Leistungsvoraussetzungen aus komplexen Tätigkeiten auf der Basis von Denkansätzen der Persönlichkeitspsychologie ist wiederholt kritisiert worden (z. B. von Hacker, 1978; Graf Hoyos, 1974; v. Pupka, 1977; Volpert, 1973; speziell auf die Arbeitsbewertung bezogen von Laske, 1975).

Darüber hinaus wird in der Literatur auf die Problematik des Anforderungsbegriffs im Sinne einer Vieldeutigkeit und Unterschiedlichkeit der Verwendung hingewiesen (Bürgi, 1976; Trebeck, 1970; Volpert, 1973).

Neben der Abgrenzung gegenüber dem aus Persönlichkeitsvariablen abgeleiteten Anforderungsbegriff erscheint es deshalb sinnvoll, zusätzlich noch eine Einengung im Hinblick auf die Vermeidung einer betriebswirtschaftlich-organisationswissenschaftlich orientierten produktbezogenen Anforderungsdefinition vorzunehmen.

Der in diesem Beitrag verwendete Anforderungsbegriff bestimmt sich daher allein aus der bereits im 2. Kapitel dieses Bandes (handlungstheoretisch orientierte Arbeitsanalyse) erwähnten ingenieurpsychologischen Ausprägung eines inneren Modells (im Sinne von Hacker) als Handlungsmodell des Menschen.

Für dieses Handlungsmodell können von Kirchner & Rohmert (1973, S. 24) folgende Anforderungsbereiche übernommen werden:

(1) Anforderungsbereich Informationsaufnahme: Hierbei handelt es sich um das Erkennen wesentlicher Zustände zur Ableitung von Entscheidungen für Handlungen. Von Bedeutung sind das Sinnesorgan und die entsprechende Wahrnehmung und die Verarbeitung dieser Information bis zur Erkennung des Zustandes.

(2) Anforderungsbereich Informationsverarbeitung: In diesem Bereich muß die richtige, das heißt eine sinnvolle Reaktion ausgewählt werden. In die Entscheidung gehen ein die Kenntnisse über die Handlungsobjekte, ihre Eigenschaften und deren Veränderungsmöglichkeiten und dazu noch Vorgehensweisen für die Handlungsauswahl. Diese Kenntnisse müssen im Langzeitgedächtnis gespeichert werden. Außerdem wird noch das Kurzzeitgedächtnis für Zwischenspeicherung von zu verknüpfenden Informationen in Anspruch genommen.

(3) Anforderungsbereich Informationsausgabe/Handlung: Darunter ist nicht allein die ausgeführte Handlung zu verstehen, sondern auch ihre Organisation und direkte Kontrolle. Hier zeigen sich die notwendigen Fertigkeiten, die jedoch auch bis in den Entscheidungsbereich mit hineinreichen können.

Die bei Kirchner & Rohmert (1973) gesondert ausgewiesenen Anforderungsbereiche Belastungen und Antriebe können im Rahmen der obigen drei Anwendungsbereiche mitberücksichtigt werden.

Ebenso wie der Anforderungsbegriff ist auch der dazu antagonistische Eignungsbegriff durch die umgangssprachliche Benutzung sehr vieldeutig geworden (siehe dazu die Begriffsdiskussion bei Volpert, 1973). Da die Beziehungen Anforderung – Eignung in diesem Beitrag nicht detailliert erörtert werden, sei auf einschlägige Literatur (besonders zur quantitativen und qualitativen Personalplanung (z. B. Hackstein, Kaiser, Luxem, 1975; Meyer, 1973a, 1973b) und zur Berufsforschung (Bürgi, 1976; Jenrich, 1966; Volpert, 1973)) zur weiteren Begriffsabklärung verwiesen.

Soweit die Begriffe Eigenschaften, Fähigkeiten und Fertigkeiten hier angesprochen werden, sind sie als Komponenten einer komplexeren Eignung der Arbeitsperson bezüglich der Ermöglichung der Arbeitsausführung und des Ertragenkönnens der bei der Arbeitsausführung sich einstellenden Belastungen (Kirchner & Rohmert, 1973, S. 21) zu verstehen. Dabei sind die typologisch bestimmten individuellen Eigenschaften die Grundlagen der relativ zeitstabilen allgemeinen Fähigkeiten (Fleishman, 1967, 1975) und der zeitvarianten, erlernbaren, handlungsorientierten Fertigkeiten.

2.3 Arbeitsaufgabe und Beanspruchung

Im Belastungs-Beanspruchungs-Konzept menschlicher Tätigkeiten (s. z. B. Rohmert u. a., 1973; Luczak, 1975) wird die Arbeitsaufgabe in den „Objektbereich“ eingeordnet. In dieser modelltheoretischen Vorstellung gehören zu

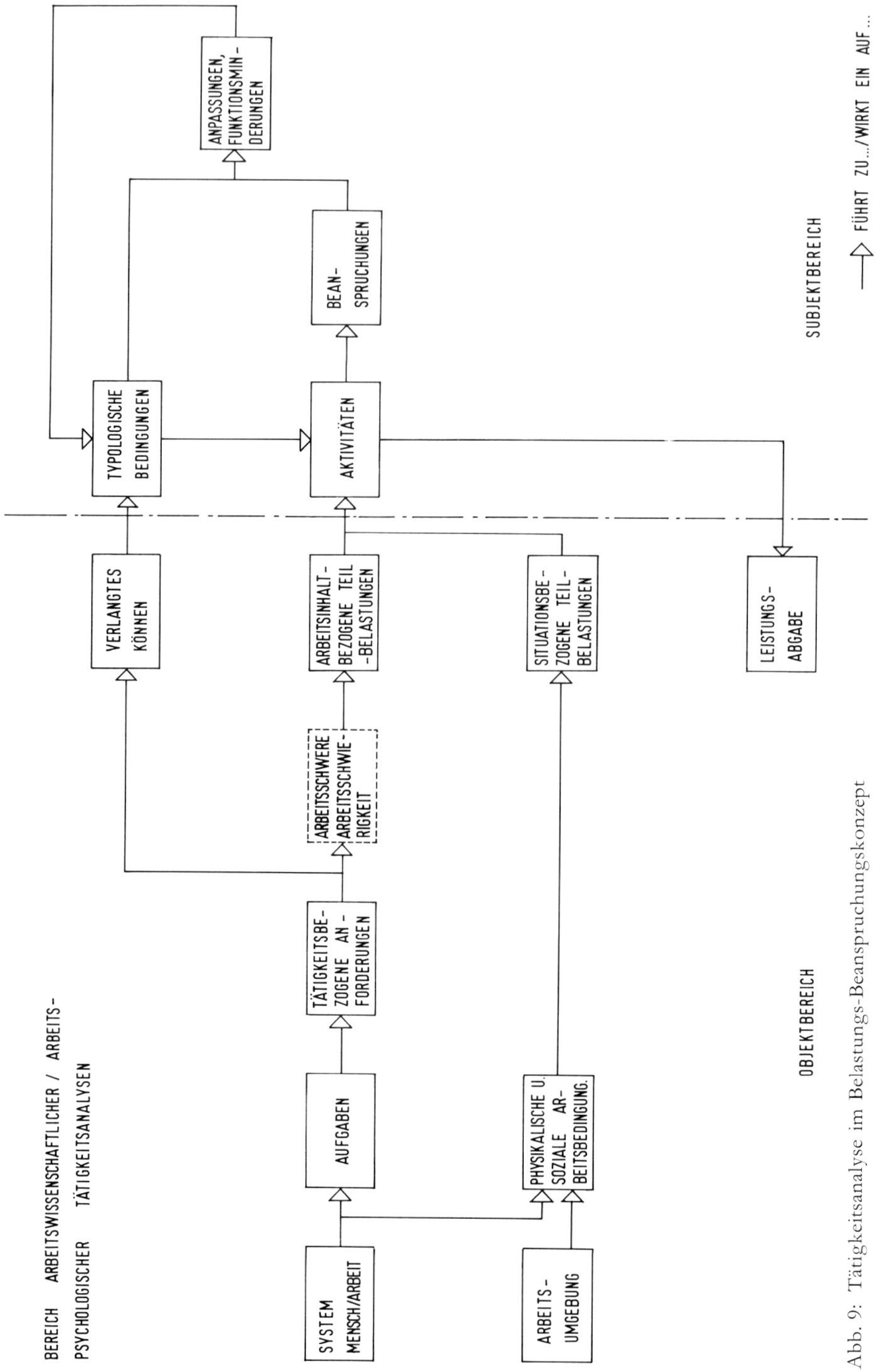

Abb. 9: Tätigkeitsanalyse im Belastungs-Beanspruchungskonzept

diesem Objektbereich sowohl die Arbeitsaufgabe, als auch die Arbeitsumgebungsbedingungen, aus denen sich tätigkeitsbezogene und situative Anforderungen ergeben. Diese kennzeichnen die energetisch-effektorische Arbeitsschwere und die informatorisch-mentale Arbeitsschwierigkeit (Abb. 9).

Die Dauer und zeitliche Verteilung der Arbeitsschwere und -schwierigkeit ergeben die arbeitsinhaltsbezogenen Teilbelastungen, ausgedrückt durch Faktoren und Größen, die die exogenen, in einer objektbezogenen Analyse gefundenen Einwirkungen des Arbeitssystems auf die Arbeitsperson beschreiben (Luczak, 1975; Rohmert u. a., 1985). Zusammen mit den aus den physikalischen und sozialen Arbeitsbedingungen resultierenden situationsbezogenen Teilbelastungen bestimmen die arbeitsinhaltsbezogenen Teilbelastungen die subjektiven Aktivitäten bzw. – passiv betrachtet – das Reaktionsverhalten des Menschen. Die Aktivitäten werden wiederum durch die Antriebe und dispositiven Gegebenheiten der Arbeitsperson, die sich zum Teil aus dem verlangten Können ableiten lassen, beeinflußt. Die damit für diesen „Objektbereich" des erweiterten Belastungs-Beanspruchungs-Konzepts dargestellten Beziehungen dienen z. B. dem Arbeitswissenschaftlichen Erhebungsverfahren zur Tätigkeitsanalyse (Landau u. a., 1975; Landau, 1978 a u. b; Rohmert, Landau, 1979) als Ansatzpunkt einer Tätigkeitsanalyse.

Insbesondere die gleichzeitige Berücksichtigung der Kategorien „Aufgaben", „Anforderungen", „Umgebungsbedingungen" und „verlangtes Können" als Determinanten der Belastung kann – auch im Sinne einer „Arbeitsanalyse über breitgestreute Variablen" (Frieling, 1975; McCormick, 1976) – als ein, für eine arbeitspsychologische/ergonomische Tätigkeitsanalyse geeignetes theoretisches Konzept angesehen werden.

Auf der Basis des zwischen den genannten Belastungsdeterminanten und Teil-Belastungen bestehenden, kausalen Zusammenhangs kann, zwar nicht allgemeingültig, jedoch exemplarisch die quantitative, funktionelle und zeitliche Gültigkeit einer Ursache-Wirkung-Beziehung nachgewiesen werden (vgl. Luczak, 1975).

Wird darum die aufgabenbezogene Tätigkeitsanalyse als Analyse der Belastungsdeterminanten verstanden, so kann davon ausgegangen werden, daß auf dieser Grundlage eine Quantifizierung – in der Regel auf Ordinalskalenniveau – von Belastungsabschnitten nach ihrer Dauer, Höhe, Reihenfolge bzw. Überlagerung sowie ihrer zeitlichen Lage innerhalb einer Schicht möglich ist (vgl. Laurig, 1977).

Wird zusätzlich für ein aufgabenbezogenes Tätigkeitsanalyseverfahren der Anspruch einer *beanspruchungsrelevanten Belastungsbeschreibung* erhoben, so bedeutet dies:

- den Aufbau des Analyseverfahrens nach Beanspruchungskategorien (vgl. Luczak, 1975) – soweit Beanspruchungsarten qualitativ und quantitativ reproduzierbar analysiert werden können (dies trifft z. B. für emotionale Beanspruchungen nicht zu)
- die zumindest qualitative Abstufung der Verfahrensmerkmale nach der mit ihnen beschriebenen psycho-physischen Beanspruchung
- die Zuordnungsmöglichkeit ausgewählter Verfahrensmerkmale zu Kennwerten der psycho-physischen Beanspruchung
- die Bereitstellung von Skalierungs- und Einstufungshilfen auf der Basis physiologischer und psychologischer Beanspruchungsuntersuchungen.

Selbstverständlich geht diese Form der beanspruchungsrelevanten Tätigkeitsanalyse über eine Tätigkeitsanalyse nach dem in Abb. 9 markierten „Objektbereich" hinaus.

Trotzdem können – und sollen – solche Instrumente der Tätigkeitsanalyse interindividuelle Variationen im Arbeitshandeln nicht erfassen. So hat z. B. Hackman (1970) die objektive Seite der Arbeitsaufgabe um den Vorgang der „Redefinition" erweitert. Hierbei muß die Arbeitsperson zunächst die Arbeitsaufgabe verstehen, sie muß bereit sein, sie zu akzeptieren und sich den daraus ergebenden Anforderungen zu stellen, sie bringt weiterhin ihre Bedürfnisse und Wertvorstellungen in die Arbeit ein. Der Einfluß früherer Erfahrungen ist zu berücksichtigen (Graf Hoyos, 1974).

Subjektive Verfahren der Aufgaben-/Tätigkeitsanalyse heben auf die individuellen Unterschiede zwischen den Arbeitspersonen ab, die sich sowohl in der subjektiven Wahrnehmung als auch im Arbeitshandeln niederschlagen. Da diese Instrumente der subjektiven Tätigkeitsanalyse auf die Bewußtseinsfähigkeit und Verbalisierbarkeit von Arbeitsprozessen angewiesen sind und diese Voraussetzungen nur zum Teil erfüllt werden, können sie daher auch nur einen Ausschnitt der psychischen Prozesse erfassen (Gablenz-Kolakovic u. a., 1981). Der Beitrag von Volpert und Oesterreich in diesem Handbuch geht auf solche Verfahren ein.

Es sei darauf hingewiesen, daß aufgabenbezogene Tätigkeitsanalyseverfahren, die einen universellen Anwendungsbereich fordern bzw. beanspruchen – im Sinne einer Tätigkeitsanalyse über breitgestreute Arbeitsvariable – nicht zwingend auch diesen Bereich der subjektiven Tätigkeitsanalyse abdecken wollen oder können. Die Kritik der handlungstheoretisch orientierten Tätigkeitsanalyse, daß häufig eine aufgabenbezogene Tätigkeitsanalyse der psychischen Struktur der Arbeiten zu wenig oder keine Aufmerksamkeit schenkt (Frei, 1981), erscheint daher nicht berechtigt.

3 Verfahren und Methoden der aufgabenbezogenen Tätigkeitsanalyse

3.1 Übersicht

3.1.1 Verfahren der aufgabenbezogenen Tätigkeitsanalyse

Zur begrifflichen Klarheit erscheint es angemessen, zwischen *Verfahren* bzw. *Instrumenten* der Tätigkeitsanalyse auf der einen Seite und den *Methoden* bzw. *Techniken* zur Umsetzung der Verfahren auf der anderen Seite zu unterscheiden.

Während mit dem Begriff „Verfahren" die gesamte theoretische Konzeption, die Zielsetzungen und möglichen Anwendungen sowie die teststatistische Absicherung abgedeckt werden sollen, bezieht sich der Ausdruck „Methode" bzw. „Technik" allein auf die Umsetzung des Verfahrens in die Praxis. So kann ein Tätigkeitsanalyseverfahren im Regelfall mit annähernd gleicher Güte durch mehrere Methoden – zum Beispiel Interview, Beobachtungsinterview, Selbstaufschreibung (siehe unten) – umgesetzt werden.

Weiterhin sei einschränkend zu der folgenden Besprechung bemerkt, daß vorwiegend anforderungsorientierte, auf einem ingenieurwissenschaftlichen Denkansatz beruhende Tätigkeitsanalyseverfahren hier als nicht zum Thema gehörig auch nicht besprochen werden. Der Leser sei statt dessen auf die einschlägige Literatur verwiesen (DIN 33 407; Hackstein, Below, Güttler & Zülch, 1979; Nutzhorn, 1964; REFA, 1977; Rühl, Heitz & Lusser, 1980; usw.). Ebenso werden Verfahren zur subjektiven Arbeitsanalyse, zur Analyse der Arbeitszufriedenheit, des Führungsverhaltens von Vorgesetzten usw. hier nicht behandelt (siehe dazu: Bayrisches Staatsministerium, 1976; Benninghaus, 1981; Bowers, Franklin, 1977; Bruggemann, 1976; Celluci, de Vries, 1978; Fischer, Lück, 1972; Fittkau-Garthe, Fittkau, 1971; Hackman, Oldham, 1974; IG-Metall, 1979; Kern, Schumann, 1970; Lynch, 1974; Mahler, 1974; Martin, Ackermann, Udris, Oegerli, 1980; Müller-Böling, 1978; Neuberger, Allerbeck, 1978; Plath, Richter, 1978; Sims, Szilagyi, Keller, 1976; Smith, Kendall, Hulin, 1969; Staehle, Hattke, Sydow, 1981; Turner, Lawrence, 1965; Ulich, 1981; Udris, 1977; White, 1975; usw.)

Verfahrensübersichten zur Arbeitsanalyse im weiteren Sinne wurden von Frei (1981), Frieling (1975), Frieling, Kannheiser, Dürrholt & Schneider (1979), Hennecke (1976a), Hoyos & Frieling (1977), Jones, Hulbert & Haase (1953), Karg & Staehle (1982), Kenton (1979), Neunert (1979), Prien & Ronan (1971), Rohmert, Luczak & Landau (1975) und anderen erarbeitet.

An dieser Stelle sollen lediglich einige ausgewählte aufgabenbezogene Tätigkeitsanalyseverfahren aufgeführt und bezüglich ihrer intendierten Zielrich-

Kurzbezeichnung	Titel	Quelle	Zielrichtung
PAQ/FAA	Position Analysis Questionnaire/ Fragebogen zur Arbeitsanalyse	McCormick, E. J., Jeanneret, P. R. & Mecham, R. C.: The development and background of the Position Analysis Questionnaire (PAQ). Lafayette, Ind.: Occupational Research Center, Purdue Univ. Report No. 5, 1969 bzw. Frieling, E. & Hoyos, C. Graf: Fragebogen zur Arbeitsanalyse (FAA) Bern: Huber, 1978	Breitbandverfahren zur Einordnung unterschiedlicher Arbeitsplätze. Einordnung geschieht über einen Vergleich der Merkmale (Items) des Verfahrens. Vorwiegender Anwendungszweck: Gewinnung von Ähnlichkeitsaussagen über Arbeitsplätze auf der Basis festgelegter Merkmale (Frieling, 1979)
Standard-Arbeitsplatz-Karte	Einheitliche Arbeitsplatzkarte	Arendt, M.; Uhlemann, K. D.: Vorschlag zur Anwendung einer einheitlichen Arbeitsplatzkarte. Arbeit und Arbeitsrecht 29, 1974, 733–739	Primärdatenträger für alle arbeitsplatzbezogenen Informationen; Planung der Verbesserung der Arbeitsbedingungen und der Arbeitsorganisation.
AET	Arbeitswissenschaftliches Erhebungsverfahren zur Tätigkeitsanalyse	Landau, K.; Luczak, H.; Rohmert, W.: Arbeitswissenschaftlicher Erhebungsbogen zur Tätigkeitsanalyse (AET), in Rohmert, W.; Rutenfranz, J. (Hrsg.): Arbeitswissenschaftliche Beurteilung der Belastung und Beanspruchung an industriellen Arbeitsplätzen, Bonn (1975) und Rohmert, W.; Landau, K.: Arbeitswissenschaftliches Erhebungsverfahren zur Tätigkeitsanalyse – AET. Bern: Huber (1979)	Breitbandverfahren zur enpaßbezogenen Tätigkeits- bzw. Belastungsanalyse. Anwendung z. B. zur Arbeitsgestaltung/ Arbeitsstrukturierung, Arbeitsbewertung, arbeitsmedizinischen Risikoerkennung sowie zur Technikfolgeabschätzung (s. a. dazu Abschnitt 3.2)

– – –	Ergonomische Bewertung von Arbeitssystemen	Schmidtke, H.: Ergonomische Bewertung von Arbeitssystemen, München: Hanser 1976	Beschreibung der technischen Komponenten und der Umweltfaktoren von Arbeitssystemen mit anschließender Gebrauchswert- und Nutzwertbeurteilung, Ableitung von Aussagen zur gesundheitlichen Unbedenklichkeit, Bedienungs- und Funktionssicherheit, Realisierbarkeit der intendierten Funktions- und Leistungsziele.
Profils de Postes	Arbeitsplatzprofile	Services des conditions de travail de la Régie Nationale des Usines Renault (Hrsg.): Les profils des postes, Paris 1976	Aufdeckung von Gestaltungs-Schwachstellen in erster Linie an gewerblichen Arbeitsplätzen; numerische Bewertung der Schwachstellen.
– – –	Arbeitshygienische Professiographie	Häublein, H.-G.; Heuchert, G.; Schulz, G. & Blau, E.: Methodische Anleitung zur arbeitshygienischen Professiographie, Berlin: Forschungsverband Arbeitsmedizin der DDR, 1979	Arbeitshygienische Analyse von Arbeitsplätzen zur Bewertung von Belastungen und Expositionen. Aufdeckung kausaler Zusammenhänge von Berufsmerkmalen und Gesundheitsentwicklung.
– – –	Verfahren zur Beschreibung der Verwandtschaft zwischen Tätigkeiten	Janes, A.: Verfahren zur Beschreibung der Verwandtschaft zwischen Tätigkeiten, Ref. am 26. Kongress der GfA, 6. 3. 1980 in Hamburg	Aussagen über Handlungen und Handlungselemente, die prozeßspezifische und prozeßübergreifende Qualifikationen vermitteln. Erkennen von Tätigkeitsverwandtschaft und Flexibilitätspotential von Tätigkeiten.
BEAT	Betriebssoziologischer Erhebungsbogen zur Arbeitsplatz- und Tätigkeitsanalyse	Linke, J.: Die Arbeitsanalyse als Element einer Handlungsanalyse, in: Frei, F. & Ulrich, E. (Hrsg.): Beiträge zur psychologischen Arbeitsanalyse, Bern: Huber, 1981	Ermittlung von Eigendisponierbarkeit, Kontrollspielräumen, Komplexität der Aufgabenstruktur

Kurzbezeichnung	Titel	Quelle	Zielrichtung
VILA	Verfahren zur Identifizierung lernrelevanter Arbeitsmerkmale	Volpert, W.; Ludborzs, B. & Muster, M.:Lernrelevante Aspekte in der Aufgabenstruktur von Arbeitstätigkeiten – Probleme und Möglichkeiten der Analyse, in: Frei, F. & Ulrich, E. Beiträge zur psychologischen Arbeitsanalyse, Bern: Huber, 1981	Vergleich verschiedener Arbeitsplätze und Vorher/Nachher-Vergleich bezüglich Persönlichkeitsförderlichkeit und Ableitung von Ansatzpunkten zur Neugestaltung von Arbeitstätigkeiten.
TBS	Bewertung und Gestaltung von progressiven Inhalten der Arbeit	Baarss, A.; Hacker, W.; Hartmann, W.; Iwanowa, A.; Richter, P. & Wolf, S.: Psychologische Arbeitsanalysen zur Erfassung der Persönlichkeitsförderlichkeit von Arbeitsinhalten, in: Frei, F.; Ulrich, E. (Hrsg.): Beiträge zur psychologischen Arbeitsanalyse, Bern: Huber, 1981	Analyse und Bewertung der Persönlichkeitsförderlichkeit von Arbeitsaufträgen bzw. realisierten Tätigkeiten. Einordnung des Auftrages in den Produktionsprozess, die Mensch-Maschine-Funktionsteilung und die Arbeitsteilung. Tätigkeitsanalyse hinsichtlich kognitiver und manueller Verrichtungen. Ableitung von Lernerfordernissen.
VERA	Verfahren zur Ermittlung von Regulationserfordernissen in der Arbeitstätigkeit	Volpert, W.; Oesterreich, R.; Gablenz-Kolakovic, S.; Krogoll, T. & Resch, M.: Verfahren zur Ermittlung von Regulationserfordernissen in der Arbeitstätigkeit (VERA). Köln: TÜV-Rheinland, 1983	Bestimmung der Denk- und Planungsprozesse („Regulationserfordernisse") bei der Ausführung von Arbeitsaufgaben zur Identifikation veränderungsbedürftiger Arbeitsplätze bzw. Bewertung der „Persönlichkeitsförderlichkeit" von Tätigkeiten.

Abb. 10: Ausgewählte (vorwiegend) aufgabenbezogene Tätigkeitsanalyseverfahren aus dem deutschsprachigen Raum

tung besprochen werden. Es wird darauf verzichtet, die Verfahren im Hinblick auf die Erfüllung der bereits genannten arbeitsanalytischen Gütekriterien – wie theoretische Begründung, Ökonomie, Quantifizierbarkeit, Standardisierbarkeit, Lehrbarkeit sowie Reliabilität zu bewerten.

Abb. 10 stellt in tabellarischer Form einige ausgewählte Tätigkeitsanalyseverfahren aus dem deutschsprachigen Raum mit ihrem Titel, der Quellenangabe und der Zielrichtung des Verfahrens zusammen. Es wurde dabei Wert darauf gelegt, möglichst vielseitig die möglichen Varianten einer aufgabenbezogenen Tätigkeitsanalyse abzubilden. Die Aufzählung der Verfahren erfolgt in der Reihenfolge des Erscheinungsjahres. Während die von Linke (1981) entwikkelten Tätigkeitsanalyseverfahren sowohl klassisches aufgabenanalytisches als auch handlungstheoretisches Gedankengut enthalten, basieren die anderen aufgeführten Verfahren auf Reiz-Reaktions-Modellen, die im wesentlichen auf neo-behavioristisches Gedankengut zurückzuführen sind (Hull, 1952; Spence, 1948; Skinner, 1958). Reiz-Reaktions-Modelle im engeren Sinne des Wortes gehen allerdings davon aus, daß bestimmte Aufgabenkombinationen in der Arbeitsperson bei Wiederholung immer wieder zu den gleichen Beanspruchungen führen. Aspekte des Lernens, der Anpassung, der Übung usw. können nicht berücksichtigt werden, da die psychische Struktur der Arbeitsperson nicht in das Modell eingeht. Dies ist der bedeutsamste Kritikpunkt an diesem Verfahren. Eine Lösung dieser Problematik im Rahmen der skizzierten Reiz-Reaktions-Modelle ist nur annäherungsweise dadurch möglich, daß Merkmale des Tätigkeitsanalyseverfahrens die Notwendigkeit des Lernens, des Übens, der Anpassung sowie weitere Handlungsspielräume, Entkopplung Mensch-Betriebsmittel, Bindung an den Arbeitsfluß usw. berücksichtigen. Zugleich sind die Ergebnisse einer phänomenalen Biologie (Golenhofen, 1962), zum Beispiel beim Zugang der Tätigkeitsanalyse über die Sinneswahrnehmungen im Sinne einer ganzheitlich-phänomenologischen Vorgehensweise zu nutzen.

Eine Integration der Arbeits*bewertung* in die Tätigkeitsanalyse – und damit eine politische Sicht des Mensch-Arbeits-Systems – *muß jedoch grundsätzlich* abgelehnt werden, da Außenstehende sonst ausschließlich naturwissenschaftlich begründbare, auf die Ausführbarkeit und Erträglichkeit einer arbeitsbezogenen Skalierung bei der Tätigkeitsanalyse von zumutbarkeits- und zufriedenheitsbezogenen, von den wirtschaftlichen und sozialen Bedingungen abhängigen und *in der Regel* stark schwankenden Bewertungen nicht trennen könnten (siehe dazu Rohmert, 1972).

Selbstverständlich darf auch dem Arbeitsanalytiker keine werturteilsfreie Betrachtungsweise zugestanden werden, er sollte jedoch Arbeitsanalyse und -bewertung sowohl bezüglich der Randbedingungen als auch der Verfahrensweisen in dem oben erwähnten Sinne trennen.

Erforderliche Genauigkeit und Feinheit bei der Informationsaufnahme

1 sehr gering
(die Informationsaufnahme beschränkt sich auf sehr grobe Details)
2 gering
3 mittel
4 hoch
5 sehr hoch

Die *Genauigkeit und Feinheit,* die beim Erkennen der Information zur Bewältigung der Arbeitsaufgabe notwendig ist, soll beurteilt werden.

Dabei soll z. B. die Objektgröße bei der visuellen Informationsaufnahme, die zugelassene Fehlerzahl oder Toleranz berücksichtigt werden.

S
0 Gebäudereinigung
Betonieren
Platinen bestücken
Meßkörper verschalten
Radarlotsentätigkeit
Goldschmiedearbeiten
Technisches Zeichnen

Abb. 11: Beispiel eines Tätigkeitsmerkmals (Rohmert, Landau, 1979)

3.1.2 Techniken der aufgabenbezogenen Tätigkeitsanalyse

Zur Umsetzung eines Tätigkeitsanalyseverfahrens in Betrieb und Verwaltung kommt eine Reihe verschiedener Techniken in Frage. Diese Techniken können nach dem Grad ihrer Standardisierung in unstandardisierte, halbstandardisierte und standardisierte Verfahren unterteilt werden (Frieling 1975). Greift man im Rahmen einer Tätigkeitsanalyse auf vorliegende Arbeitsplatzbeschreibungen, auf Informationen aus Dokumentenanalysen, aus Ausbildungsberichten sowie auf Berichte von Stelleninhabern, Arbeitsanalytikern oder Vorgesetzten zurück, so bedeutet dies, daß eine Tätigkeitsanalyse in qualitativer Form nach bestimmten Richtlinien erhoben und in freier Formulierung niedergelegt wird (Graf Hoyos & Frieling, 1977). Der Ermessensspielraum des Analytikers läßt sich eingrenzen, wenn auf halbstandardisierte Verfahren zurückgegriffen wird. Dazu zählen zum Beispiel Beobachtungs- und Interviewleitfäden, Arbeitstagebücher oder die von Flanagan (1954) entwickelte „Critical Incident Technique". Möchte man dagegen den Ermessensspielraum bei der Tätigkeitsanalyse minimieren, so bietet sich die Verwendung standardisierter Verfahren wie Fragebogen, Interview, Checkliste, Beobachtungsinterview usw. an. Hier werden nach einem genau festgelegten Schema die einzelnen Merkmale einer Position qualitativ oder quantitativ erfaßt. Werden standardisierte Verfahren eingesetzt, so nimmt auch der Verfahrensaufwand, in erster Linie bei der Entwicklung des Analyseverfahrens, zu. Allerdings verbessern sich jedoch dann Durchführungs- und Auswertungsökonomie, so daß sich auf lange Sicht die Anwendung eines standardisierten Verfahrens auch aus ökonomischen Gründen empfiehlt. Ebenfalls mit dem Grad der Standardisierung ist zu erwarten, daß die Zuverlässigkeit eines Tätigkeitsanalyseverfahrens zunimmt.

Die Beobachtung und auch die Befragung eines Stelleninhabers bzw. dessen Vorgesetzten findet bei dieser Analysetechnik auf der Basis sogenannter Items bzw. Tätigkeitsmerkmale statt. Abb. 11 zeigt ein Beispiel für ein solches Item, wie es im Arbeitswissenschaftlichen Erhebungsverfahren zur Tätigkeitsanalyse (AET, Rohmert & Landau, 1979) vorkommt.

3.2 Das Arbeitswissenschaftliche Erhebungsverfahren zur Tätigkeitsanalyse als Beispiel eines aufgabenbezogenen Tätigkeitsanalyseverfahrens

Ziel bei der Erarbeitung des Arbeitswissenschaftlichen Erhebungsverfahrens zur Tätigkeitsanalyse (AET, nach Rohmert & Landau, 1979) war, ein Arbeitsbeschreibungs- und Analyseverfahren zur engpaßbezogenen Belastungsanalyse von Mensch/Arbeits-Systemen zu entwickeln, das die Nachteile speziell zweckbezogener und auf bestimmte Anwendungsgebiete zugeschnittener Methodiken vermeidet.

Untersuchungsgegenstand des AET ist die Tätigkeit als die menschliche Arbeit einer Arbeitsperson, die an einem oder mehreren Arbeitsplätzen ausgeführt wird. Die Tätigkeit kann sich aus einer oder mehreren Aufgaben mit unterschiedlichen Zwecken zusammensetzen. Die Aufgabenerfüllung führt zu Tätigkeitsanforderungen im Menschen. Die Tätigkeitsanalyse stellt also eine Brücke zwischen den zu erfüllenden Aufgaben und den daraus sich ergebenden Anforderungen an den arbeitenden Menschen dar.

Die Akzente des zugrunde liegenden theoretischen Konzepts werden deutlich durch die folgende Grobgliederung des AET mit den Hauptteilen

A: Arbeitssystem

B: Aufgabenanalyse

C: Anforderungsanalyse

hervorgehoben. Mit der Gliederung von Teil A des AET wird nach den Elementen und Flüssen des Arbeitssystems vorgegangen; damit ist eine logisch deduktive Abprüfung der Vollständigkeit in Bezug auf dieses abstrakte Konzept möglich.

Das konkrete Arbeitssystem im Betrieb, das zu analysieren ist, wird unter materiellen, energetischen und informatorischen Aspekten entsprechend den Kategorien Material, Energie und Information in abstrahierten allgemeinen Arbeitssystemen betrachtet (Abb. 3). Das führt zu einer Gliederung dieses Verfahrensteils mit den Punkten „Stoffliche Arbeitsobjekte“, „Energien und Informationen als Arbeitsobjekte“ und „Menschliche Arbeitsobjekte“. Insgesamt werden die Arbeitsobjekte mit 33 Merkmalen klassifiziert. Neben den Arbeitsobjekten sind es die Arbeitsmittel, die zusammen mit den auf das Arbeitssystem einwirkenden Umgebungseinflüssen erfaßt werden (Kapitel A 2 und A 3). Die Prozesse, die sich im Arbeitssystem vollziehen, stehen in einem bestimmten zeitlichen, logischen und hierarchischen Zusammenhang, das heißt die „organisatorischen Aspekte der Arbeit“ (Abschnitt A 3.2) sind zu dokumentieren; weiterhin hat das Arbeitssystem einen Zweck oder ein Ziel, das heißt in der Regel „wirtschaftliche Aspekte“ (Abschnitt A 3.3). Zu den Arbeits- und Betriebsmitteln sind 36, zu der physikalischen, organisatorischen und sozialen Arbeitsumgebung 50 sowie zu den ökonomischen Bedingungen der Arbeit 24 Merkmale vorgesehen.

Die Bedingungen der physikalisch-chemischen Arbeitsumgebung werden nach der Belastungshöhe bzw. der Belastungsdauer eingestuft.

Der Komplex Arbeitssicherheit und Berufskrankheitsrisiko wird in die beiden Teilgebiete arbeitsobjekt-/arbeitsmittelbedingte Arbeitssicherheit und arbeitsumgebungsbedingte Arbeitssicherheit aufgeteilt.

Bei der Beurteilung der Arbeitsorganisation wird nach der zeitlichen und strukturellen Arbeitsorganisation untergliedert, daneben wird die Stellung der Arbeitsperson in den betrieblichen Aufbau-, Ablauf- und Informationsorganisationen untersucht. Bei der Analyse der wirtschaftlichen Aspekte der Arbeit wird schließlich nach Entlohnungsgrundsätzen und Entlohnungsformen differenziert (vgl. Birkwald, Lübben, Harbisch & Neudel, 1972).

Teil B des AET „Aufgabenanalyse“ orientiert sich zu einem kleinen Teil an der Originalfassung des „Position Analysis Questionnaire“ nach McCormick u. a. (1969), übersetzt und überarbeitet von Frieling & Graf Hoyos (1978). Teil B enthält insgesamt 31 Merkmale, gegliedert nach Aufgaben, die auf

- stoffliche Arbeitsobjekte
- abstrakte Arbeitsobjekte
- Menschen, Tiere, Pflanzen

bezogen sind. Weiterhin wird die Anzahl und Wiederholungsfrequenz von Aufgaben ermittelt.

Mit Teil C des AET „Anforderungsanalyse" wird eine Beschreibung und Skalierung der energetisch-effektorischen Tätigkeitselemente und der informatorischen Tätigkeitselemente vorgenommen. Die Gliederung erfolgt hier nach dem in Abschnitt 2.2 vorgestellten Handlungsmodell des Menschen in die Bereiche Informationsaufnahme, Entscheidung und Handlung.

Innerhalb dieser übergeordneten Gliederung wurden die Merkmale so ausgewählt, daß möglichst alle beanspruchten Körperfunktionen berücksichtigt wurden. Das gilt sowohl für die Funktion der Kraft- und Energieerzeugung in den unterschiedlichen Effektoren als auch für die Funktion des Entdeckens, Erkennens, Entscheidens und Handelns in den unterschiedlichen Informationsverarbeitungsmechanismen. Zusätzlich wurde die Merkmalsstufung in der Weise vorgenommen, daß mit höherer Stufenzahl auch eine erhöhte physische oder psychische Beanspruchung angenommen werden konnte. Dies ist dann gegeben, wenn die Skalierung der Merkmale nach *Belastungshöhe,* das heißt Intensität, Schwere, Schwierigkeit, Geschwindigkeit, oder der *Belastungsdauer,* das heißt Zeitdauer, Häufigkeit, Wahrscheinlichkeit, vorgenommen wird.

Damit ergibt sich ein Arbeitsanalyseverfahren, das alle praktisch vorkommenden Anforderungsmerkmale bei verschiedenen Formen vorwiegend körperlicher sowie vorwiegend nichtkörperlicher Arbeit berücksichtigt und damit dem weiter oben geforderten Kriterium der Vollständigkeit genügt.

Auch das Kriterium einer theoretischen Begründbarkeit des Arbeitsanalyseverfahrens wird – durch den Aufbau des AET nach dem Belastungs-Beanspruchungs-Konzept, also durch die direkte Berücksichtigung und Skalierung physischer und psychischer Anforderungsdaten und durch eine aufgabenbezogene Betrachtungsweise im Rahmen beanspruchter Körperfunktionen – erfüllt.

Durch Verwendung der Technik des Beobachtungsinterviews wird im Vergleich zum „Position Analysis Questionnaire" nach McCormick u.a. eine ähnlich hohe Verfahrensökonomie bezüglich Anwendung, Datenverarbeitung und -auswertung sowie Standardisierbarkeit und Lehrbarkeit erreicht. Die Quantifizierung als weitere Forderung des bereits genannten Kriterienkatalogs ist ebenfalls durch die ordinale Stufung der Merkmalsschlüssel gegeben.

Die Verfahrenszuverlässigkeit konnte mit der Ermittlung der Merkmals- sowie der Positionsreliabilität über größere Tätigkeitskollektive gesichert werden (siehe Landau, 1978a).

Das Arbeitswissenschaftliche Erhebungsverfahren wurde bisher in über 200 Unternehmen beziehungsweise Organisationen aus allen Wirtschaftsabteilungen eingesetzt. Das Schwergewicht des Einsatzes lag dabei auf der ergonomisch/arbeitspsychologischen Begutachtung beziehungsweise Beratung. Nicht selten waren dabei auch Streitfälle der Einordnung von Tätigkeiten bezüglich ihrer Arbeitsschwere und -schwierigkeit zu klären. Insgesamt wurden mit dem AET bis jetzt über 5000 Analysen in Industrie und Verwaltung durchgeführt.

Die in der Form des Beobachtungsinterviews erhobenen AET-Daten werden mit einem Verwaltungs- und Informationssystem zur Arbeitsanalyse, das als organisationsunabhängige Serviceeinrichtung konzipiert wurde und dem AET-Anwender zur Verfügung steht, verwaltet und ausgewertet. Dieses Informationssystem, das mehr als 300 Programme umfaßt, erlaubt univariate statistische Analysen – dazu gehören zum Beispiel Häufigkeitszählungen, Median- und Quartilermittlungen, Profilanalysen und weitere multivariate Verfahren wie Faktoren- und Clusteranalyse. Nähere Angaben dazu werden von Landau & Rohmert (1981 a, 1981 b), Knorz, Landau & Reus (1981) sowie Landau (1984) gemacht.

Die AET-Anwendung beziehungsweise Handhabung wird bei Landau & Rohmert (1981 a) beschrieben.

4 *Ausgewählte Ergebnisse aus der Anwendung eines Tätigkeitsanalyseverfahrens*

4.1 Methodik der Untersuchung

Um die Art einer aufgabenbezogenen Tätigkeitsanalyse über die in den vorangegangenen Abschnitten aufgeführten Beispiele und Ergebnishinweise hinaus in vertiefter Weise zu illustrieren, sollen im folgenden einige Ergebnisse aus einer Analyse unserer AET-Datenbank vorgestellt werden. Dabei wird von der Arbeitshypothese ausgegangen, daß zwischen den Arbeitsaufgaben und den Tätigkeitsanforderungen eine dominante Abhängigkeit besteht – neben den weiteren, hier nicht untersuchten korrelativen Beziehungen zwischen Arbeitsaufgaben, Wirtschaftsabteilung bzw. Branche, geschlechtsspezifische Besetzung, organisatorischer und chemisch-physikalischer Arbeitsumgebung usw.

Für diese Auswertung standen 3272 auswertbare Datensätze zur Verfügung, für die die Abhängigkeiten zwischen den in Abb. 12 aufgeführten AET-Merkmalen untersucht wurden.

Aufgaben		Anforderungen	
Merkmal-Nr.	Bezeichnung	Merkmal-Nr.	Bezeichnung
144	Einrichten/Vorbereiten	193	Zeitl. Entscheidungsdruck
145	Transportieren	194	Allgemeine Schulbildung
146	Bestücken/Einsetzen	195	Berufsausbildung
147	Bearbeiten	196	Arbeitserfahrung
148	Justieren/Messen	206	Stat. Haltearbeit (Arm-Schulter-Rücken)
149	Bedienen/Steuern		
150	Montieren	208	Schwere dynamische Muskelarbeit
151	Aufstellen/Anordnen		
152	Eingeben	210	Einseitig dynamische Arbeit (Finger-Hand-System)
153	Durchführen einfacher Handgriffe	211	Einseitig dynamische Arbeit (Hand-Arm-System)
154	Qualitätsbeurteilung		
155	Kontrollieren		
156	Überwachen		
157	Planen/Organisieren		
158	Kodieren		
159	Informationen übertragen		
160	Ordnen		
161	Kombinieren		
162	Analysieren		
163	Zählen		
164	Mathematisieren		
165	Sprechen in der Öffentlichkeit/Präsentieren		
166	Beurteilung menschlichen Verhaltens		
167	Dienen/Versorgen/Pflegen		
168	Unterhalten		
169	Beraten		
170	Verhandeln		
171	Schulen/Unterrichten		
172	Befragen		

Abb. 12: Untersuchte Aufgaben/Anforderungs-Kombinationen aus dem AET-Datensatz

Die folgenden Darstellungen beziehen sich auf Kombinationen von Arbeitsaufgaben mit den Ausprägungen „wichtig“/„sehr wichtig“ (Merkmalsstufe 4 und 5) und Anforderungen mit den Ausprägungen „hoch“/„sehr hoch“ (Merkmalsstufen 4 und 5).

Es sei daraufhingewiesen, daß eine Generalisierung der Aussagen dieser Auswertung nur mit der gebotenen Vorsicht möglich ist, da eine statistische Repräsentativität durch die bewußte Auswahl der Stichprobe nicht gesichert ist. Eine umfassende, über diesen Beitrag hinausgehende Auswertung der Tätigkeitsanalyse-Datenbank – verbunden mit einer ex-post-Validierung der Stichprobenzusammenstellung – wird von Landau & Rohmert (in Vorbereitung) vorgenommen.

4.2 Ergebnisse

4.2.1 Aufgaben und resultierende Tätigkeitsanforderungen

Abb. 13 enthält eine Gegenüberstellung der mit vorwiegend Bestückungs-, Bearbeitungs- und Bedienungsaufgaben verbundenen Tätigkeitsanforderungen. Dabei wurden nur solche Tätigkeiten in die Analyse miteinbezogen, bei denen die genannten Aufgaben sowie die Tätigkeitsanforderungen jeweils in der Stufe ‚hoch'/‚sehr hoch' skaliert waren.

Diese reduzierte Grundgesamtheit wird in den nachfolgenden Abbildungen 13–20 mit N bezeichnet. Die Prozentangaben beziehen sich jeweils auf diesen Wert.

Vorwiegende *Bestückungsaufgaben* führen an 20,3 % von den (825) hochskalierten Tätigkeiten zu einseitig dynamischer Arbeit des Hand-Arm-Systems sowie des Finger-Hand-Systems in einer hohen Ausprägung (linker Teil der Abb. 13). Bei einem großen Prozentsatz der Arbeitsplätze kann jedoch auch die Bestückung mit schwerer dynamischer Arbeit des Oberkörpers verbunden sein. Hierbei handelt es sich – gemäß der Itemformulierung – in erster Linie um Einsetzaufgaben (also z. B. Einlegen einer Welle in eine Lagerung). Dies macht deutlich, daß Bestücken/Einsetzen häufig in den Grenzbereichen zwischen einseitig dynamischer und schwer dynamischer Arbeit liegt. Beide Arbeitsformen können mit einer statischen Belastung der Oberarm/Schulter/Rücken-Region verbunden sein. Anforderungen an besondere Kenntnisse oder an Arbeitserfahrung sind mit diesen Aufgaben nicht verknüpft.

Das Anforderungsspektrum für vorwiegende *Bearbeitungsaufgaben* weicht von dem eben Besprochenen ab (mittlerer Teil der Abb. 13). Hier stehen hohe Zeitanteile für statische Haltearbeit der Region Arm/Schulter/Rücken (an 10,3 % der untersuchten Tätigkeiten). Diese Aufgaben werden häufig bei der mechanischen Bearbeitung von Werkstücken (Schlossertätigkeit, Werkzeugbau, Schreinerarbeiten usw.) ausgeführt. Die Bedeutung der einseitig dynamischen Arbeit tritt hier zurück. Markant ist der zeitliche Entscheidungsdruck, unter dem sowohl Bedienungs- als auch Bestückungs- und Bearbeitungsaufgaben ausgeführt werden müssen. Kenntnisanforderungen sind höher als im ersten Beispiel skaliert, vor allem spielt die Arbeitserfahrung eine bedeutsame Rolle – weiterhin ein Hinweis, daß hier in großem Maße Facharbeitertätigkeiten vorliegen.

Bei *Bedienungsaufgaben* tritt die Bedeutung der körperlichen Arbeit zurück. Dagegen ist ein deutlicher Anstieg der Arbeitserfahrung (an 12,7 % der unter-

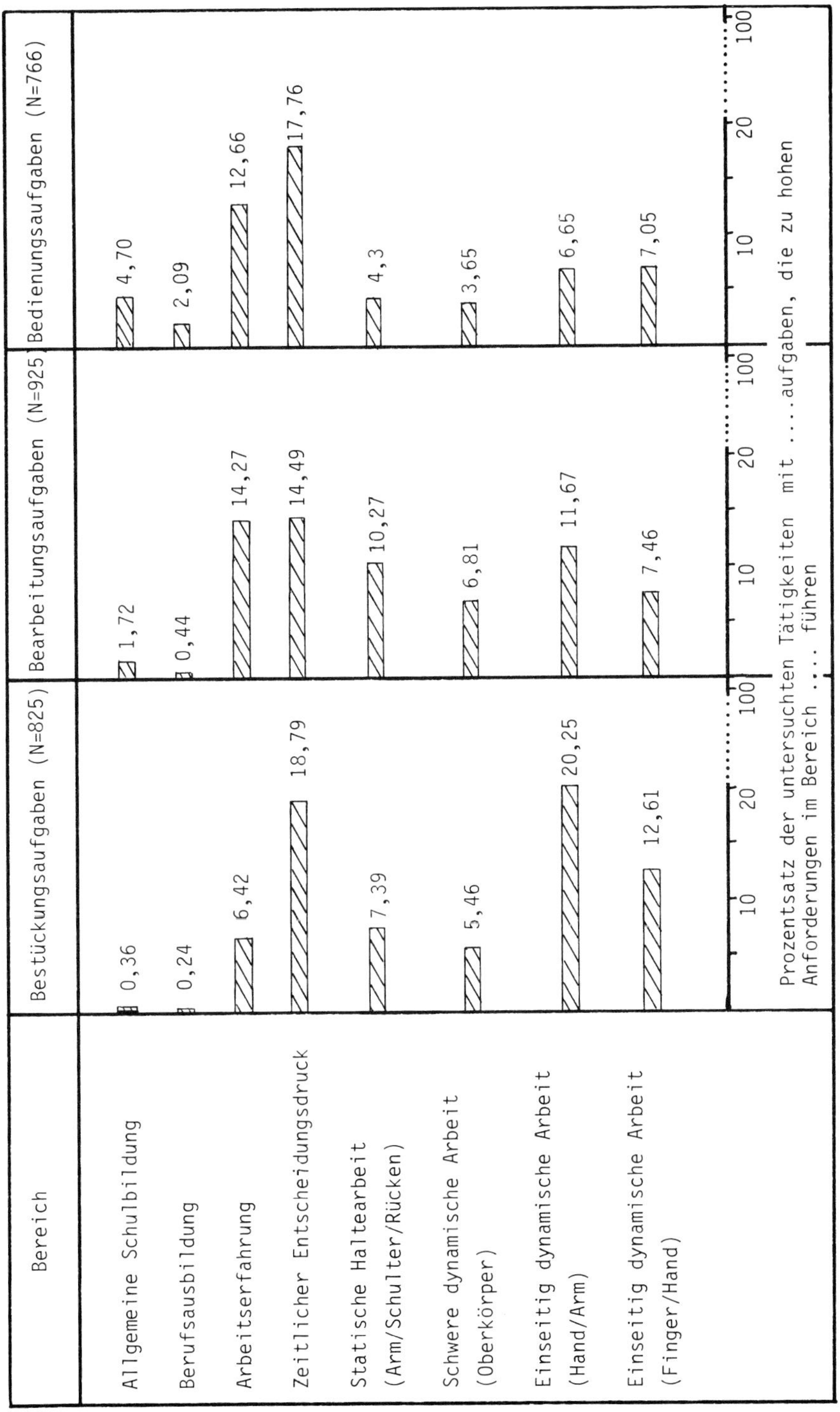

Abb. 13: Prozentsatz der Tätigkeiten mit überwiegenden Bestückungs-, Bearbeitungs- und Bedienungsaufgaben, die zu hohen energetisch-effektorischen bzw. informatorisch-mentalen Anforderungen führen

suchten Tätigkeiten) zu verzeichnen. Diese Arbeitsaufgabe ist auch im Vergleich zu den beiden bereits angesprochenen mit dem höchsten zeitlichen Entscheidungsdruck verbunden. Die in Abb. 14 gegenübergestellten Tätigkeitsanforderungen, die mit *Kontroll- und Überwachungsaufgaben* häufig verknüpft sind, weisen eine insgesamt ähnliche Struktur auf: Arbeitserfahrung (16,2/19,8% von N = 956/814) und zeitlicher Entscheidungsdruck spielen in beiden Fällen eine dominante Rolle, wobei jedoch bei den Überwachungsaufgaben der Prozentanteil der untersuchten Tätigkeiten mit hohen Anforderungen im Bereich Arbeitserfahrung bzw. zeitlicher Entscheidungsdruck bedeutend höher ist. Ebenso sind Überwachungsaufgaben mit hohen Anforderungen an die Schul- und Berufsausbildung verknüpft. Die Bedeutung der einseitig dynamischen und schwer dynamischen Arbeit tritt im Gegensatz zu Bestückungs- und Bearbeitungsaufgaben zurück.

Bei *Justage-, Vorbereitungs- und Einrichtungsaufgaben* sind die hier untersuchten körperlichen und vorwiegend informationsverarbeitenden Anforderungen gegenüber den bisher angesprochenen Arbeitsaufgaben an einer wesentlich geringeren Anzahl von Arbeitsplätzen mit hohen Ausprägungen vorhanden (Abb. 15). Während der Akzent bei vorwiegenden Einrichtungs- und Vorbereitungsaufgaben auf der schweren dynamischen Arbeit des Oberkörpers, der einseitig dynamischen Arbeit sowie der statischen Haltearbeit im Bereich Arm/Schulter/Rücken liegt, ist es beim Justieren, Einstellen und Messen die Berufsausbildung und die Arbeitserfahrung, die diese Arbeitsaufgaben charakterisiert. Es wird damit deutlich, daß die häufige Zusammenfassung von Justage- und Einstellaufgaben auf der einen Seite – beispielsweise im Rahmen von Stellen- und Tätigkeitsbeschreibungen oder von Berufstaxonomien – nicht berechtigt ist.

Das *Aufstellen und Anordnen* von Gegenständen, z. B. das Einsortieren von Waren in ein Regal, das Arbeiten in einem Werkzeuglager, ist mit insgesamt sehr niedrigen Anforderungen im körperlichen und informatorisch-mentalen Bereich verknüpft. Hohe Anforderungsausprägungsgrade werden nur an wenigen der untersuchten Arbeitsplätze erreicht (siehe Abb. 16).

Im Gegensatz dazu sind *Transportaufgaben* mit hohen Zeitanteilen an schwerer dynamischer Arbeit des Oberkörpers verbunden. An zweiter Stelle steht die statische Haltearbeit der Arm-Schulter-Rücken-Region. Der zeitliche Entscheidungsdruck, unter dem diese Arbeiten ausgeführt werden müssen, ist – wie auch bei den anderen bisher besprochenen Arbeitsaufgaben – an 15–20% der Arbeitsplätze hoch oder sehr hoch.

Abb. 17 faßt die *Arbeitsaufgaben,* die *auf vorwiegend abstrakte Arbeitsobjekte* bezogen sind, zusammen. In allen vier Fällen, d. h. dem Analysieren, dem Kodie-

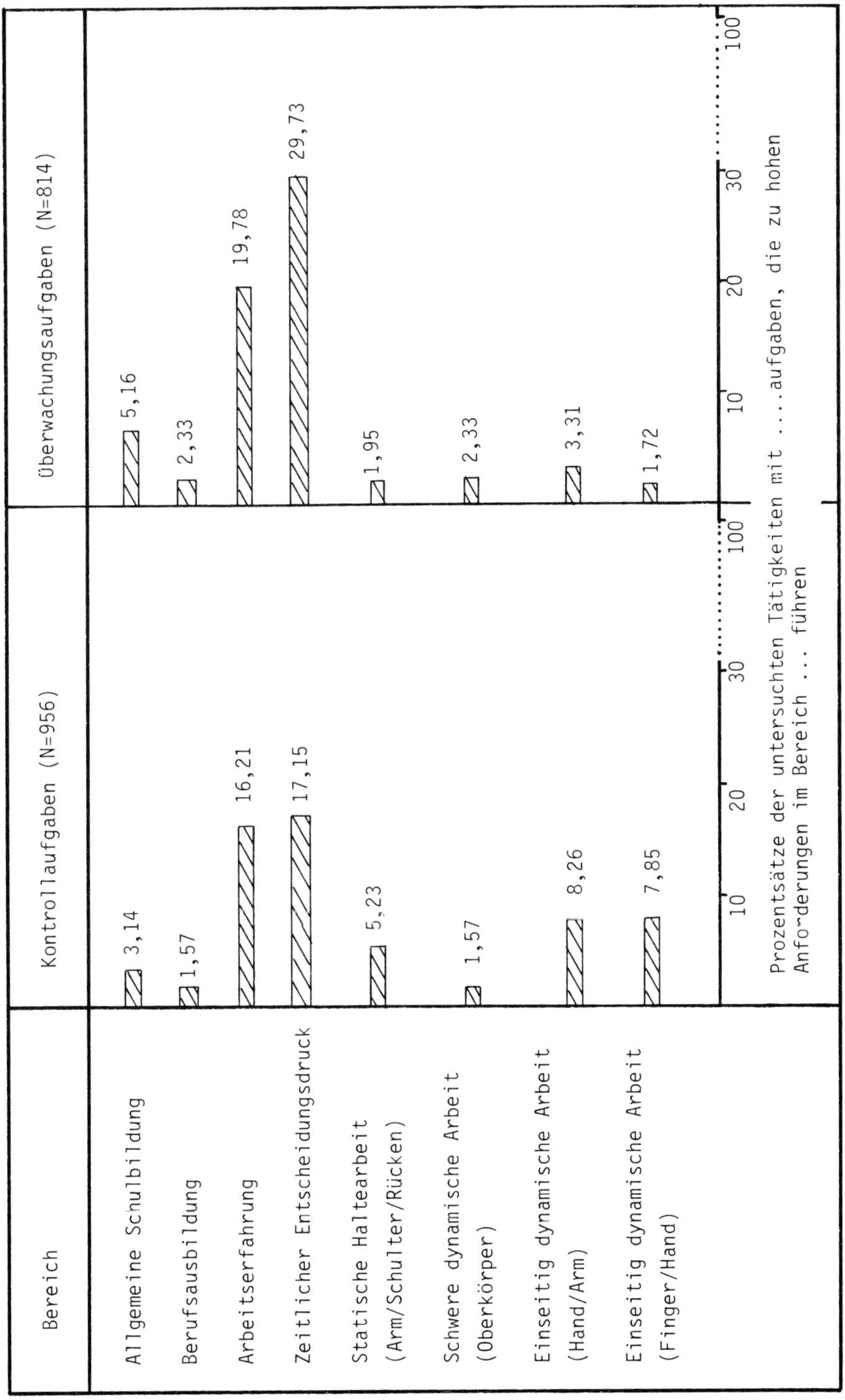

Abb. 14: Prozentsatz der Tätigkeiten mit überwiegenden Kontroll- und Überwachungsaufgaben, die zu hohen energetisch-effektorischen bzw. informatorisch-mentalen Anforderungen führen

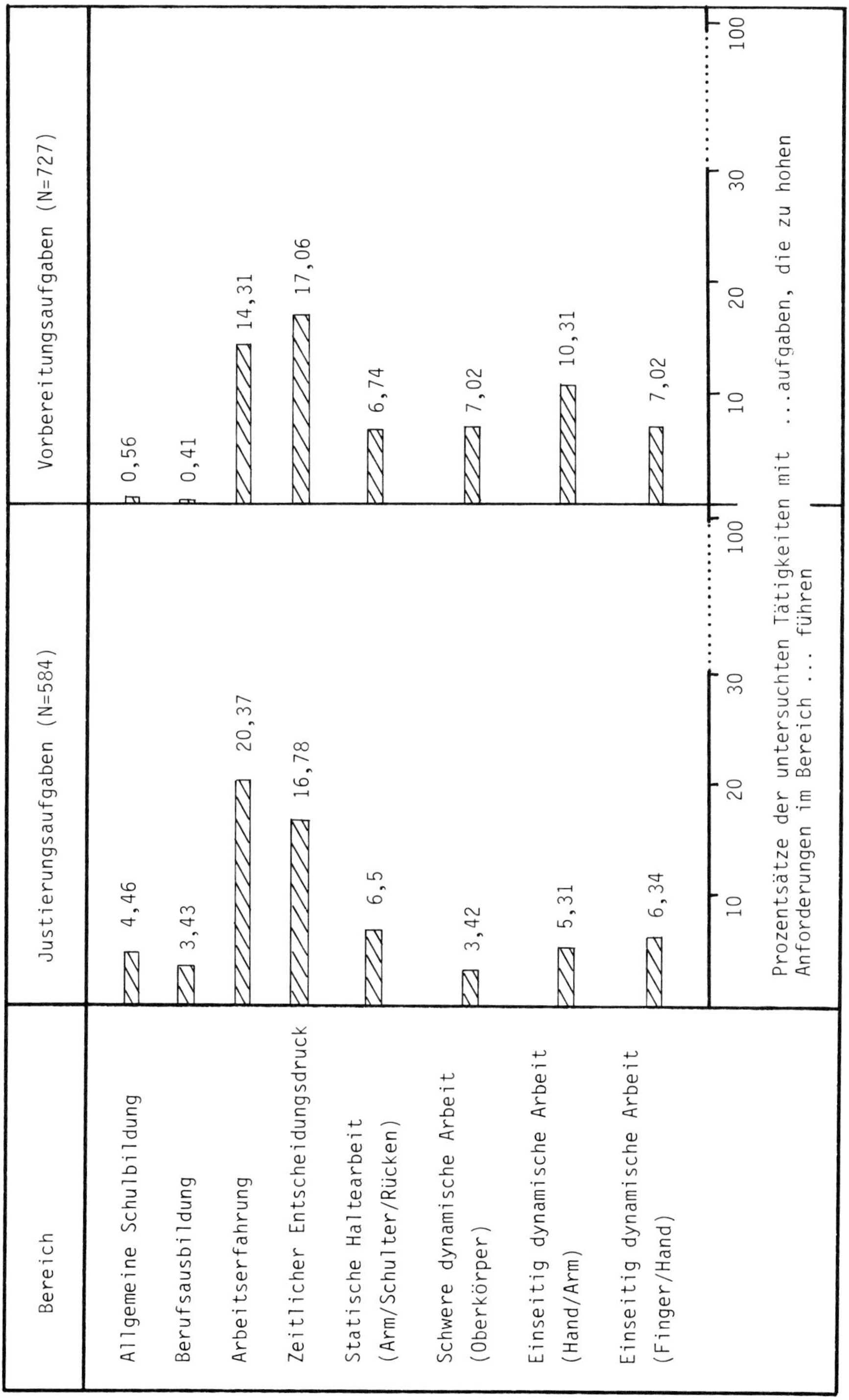

Abb. 15: Prozentsatz der Tätigkeiten mit überwiegenden Justierungs- und Vorbereitungsaufgaben, die zu hohen energetisch-effektorischen bzw. informatorisch-mentalen Anforderungen führen

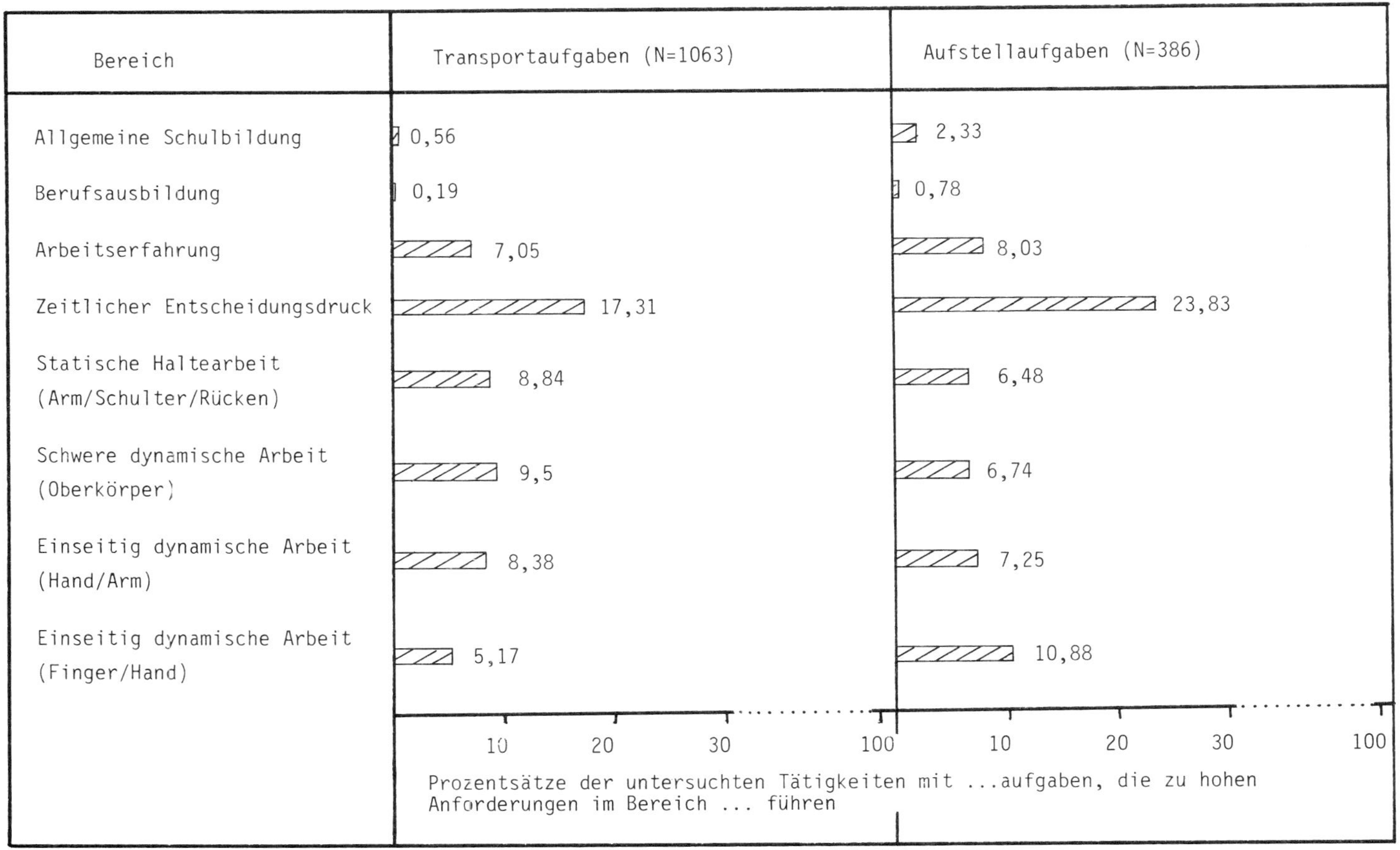

Abb. 16: Prozentsatz der Tätigkeiten mit überwiegenden Transport- und Aufstellaufgaben, die zu hohen energetisch-effektorischen bzw. informatorisch-mentalen Anforderungen führen

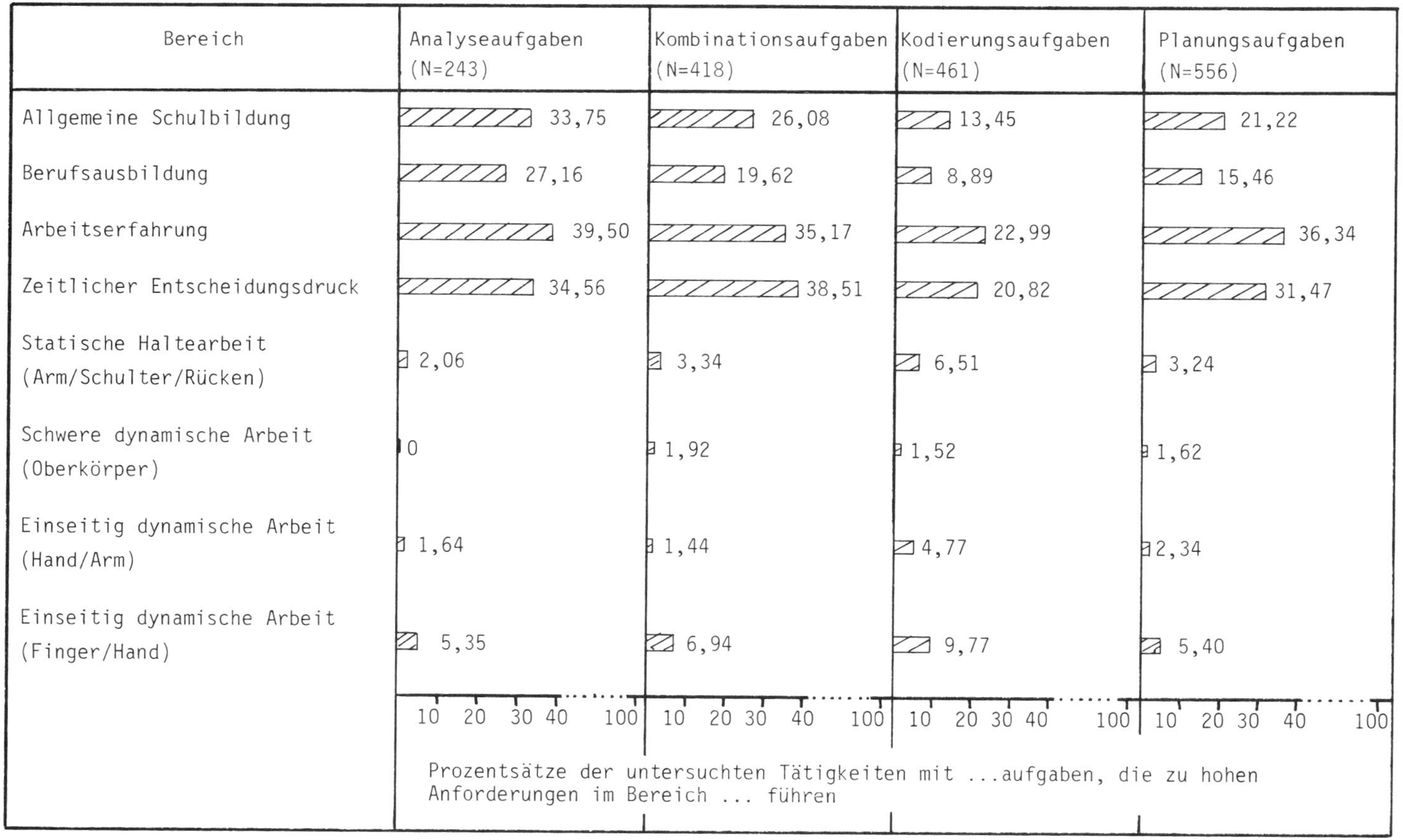

Abb. 17: Prozentsatz der Tätigkeiten mit überwiegenden Analyse-, Kombinations-, Kodierungs- und Planungsaufgaben, die zu hohen energetisch-effektorischen bzw. informatorisch-mentalen Anforderungen führen

ren, dem Kombinieren und dem Planen, spielen die Anforderungen an die Berufsausbildung die dominante Rolle. Dabei werden bei Kodierungsaufgaben jedoch nur in etwa 9 % der Fälle hohe Anforderungen an die Berufsausbildung eingestuft, bei Planungs-, Kombinations- und Analyseaufgaben sind es dagegen zwischen 16 und 27 %. Die Bedeutung der allgemeinen Schulausbildung hat an 26 bis 34 % der untersuchten Arbeitsplätze vor allem für Kombinations- und Planungsaufgaben hohe Bedeutung. An dritter Stelle stehen die Anforderungen an die Arbeitserfahrung, die bei Analyseaufgaben an etwa 40 % der untersuchten Tätigkeiten ihren höchsten Wert erreichen. Alle hier besprochenen Aufgaben sind mit einem sehr hohen zeitlichen Entscheidungsdruck gekoppelt. Erwartungsgemäß tritt die Bedeutung der körperlichen Arbeit hier zurück.

4.2.2 Tätigkeitsanforderungen und damit verbundene Arbeitsaufgaben

Die folgende Abb. 18 macht in einer umgekehrten Betrachtungsweise die korrelativen Beziehungen zwischen Anforderungen und Arbeitsaufgaben im Vergleich deutlich. So ist z. B. für viele – auch sitzend ausgeführte – Kontroll-, Bestückungs- und Bedienungsaufgaben eine Belastung durch statische Haltearbeit der Arm-Schulter-Rücken-Region charakteristisch. Die höchsten Ausprägungen der statischen Haltearbeit sind jedoch mit Bearbeitungsaufgaben verknüpft. Beide Ergebnisse weisen daraufhin, daß Arbeitsgestaltungsmaßnahmen zur Vermeidung bzw. Verringerung statischer Haltearbeit entgegen landläufiger Meinung immer noch mit Vorrang zu betreiben sind (siehe auch Rohmert, 1960).

Erwartungsgemäß sind Bestückungs-, Bedienungs- und Steuerungsaufgaben mit hohen Anforderungen in Folge einseitig dynamischer Arbeit des Finger/Hand- bzw. Hand/Arm-Systems verbunden. Auch für Aufgaben der Informationsübertragung, der Kontrolle, der Justage und der Kodierung sind solche Anforderungen typisch.

Abb. 19 macht den Zusammenhang zwischen Schulausbildung, Berufsausbildung und Arbeitserfahrung und den einschlägigen Arbeitsaufgaben deutlich. Erwartungsgemäß sind Schulbildung und hochqualifizierte Berufsausbildung mit den Arbeitsaufgaben Analysieren, Übertragen von Information, Kombinieren und Planen/Organisieren gekoppelt. Dabei sind die Arbeitsplatzbesetzungszahlen hoher Anforderungs-/Aufgabenausprägungen bei der Berufsausbildung deutlich höher als bei der allgemeinen Schulbildung und Arbeitserfahrung. Die Arbeitserfahrung hat vor allem auch für Überwachungstätigkeiten eine besonders hohe Bedeutung.

Arbeitsaufgaben	Koppelung mit statischer Haltearbeit (Arm/Schulter/Rücken) (N=207)	Koppelung mit schwerer dynamischer Muskelarbeit (Oberkörper) (N=148)	Koppelung mit einseitig dynamischer Arbeit (Finger/Hand) (N=284)	Koppelung mit einseitig dynamischer Arbeit (Hand/Arm) (N=355)
Bestücken/Einsetzen	22,7	27,7	25,4	37,5
Bearbeiten	41,6	33,8	20,8	20,3
Justieren	9,7	10,1	8,1	4,5
Bedienen	23,7	16,2	19,4	21,7
Qualitätsbeurteil.	10,1	6,8	3,2	1,7
Kontrollieren	12,6	4,7	11,3	10,1
Überwachen	9,2	10,1	2,5	4,2
Planen/Organisieren	2,4	3,4	1,8	0,6
Kodieren	4,4	2,7	3,9	2,3
Übertragen von Informationen	3,9	0,7	14,4	2,3
Kombinieren	3,9	3,4	2,1	0,3
Analysieren	1,5	0	1,8	0,8
Beurteilen menschlichen Verhaltens	1,0	0	0	0
Beraten	0,5	2,7	0	0,6
Verhandeln	0	1,4	0	0
Schulen/Unterricht	1,5	2,7	0,7	0,6
Befragen	0,5	0	0	0,3
	10 20 30 40 100	10 20 30 40 100	10 20 30 40 100	10 20 30 40 100

Prozentsätze der Fälle, gekoppelt mit hohen Anforderungen im Bereich ... bei den Arbeitsaufgaben ...

Abb. 18: Prozentsatz der Arbeitsaufgaben mit Kopplung an hohe körperliche Anforderungen

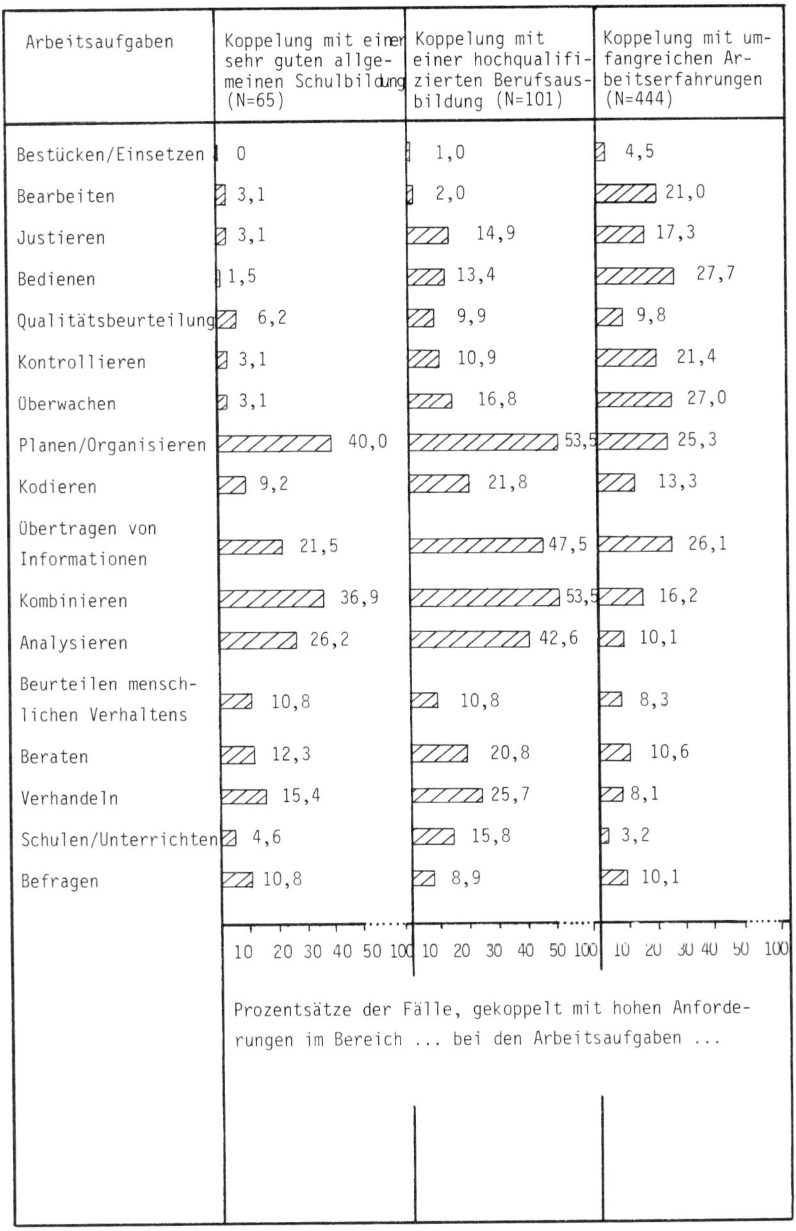

Abb. 19: Prozentsatz der Arbeitsaufgaben mit Kopplung an hohe Abb.ungs- und Qualifikationsvoraussetzungen

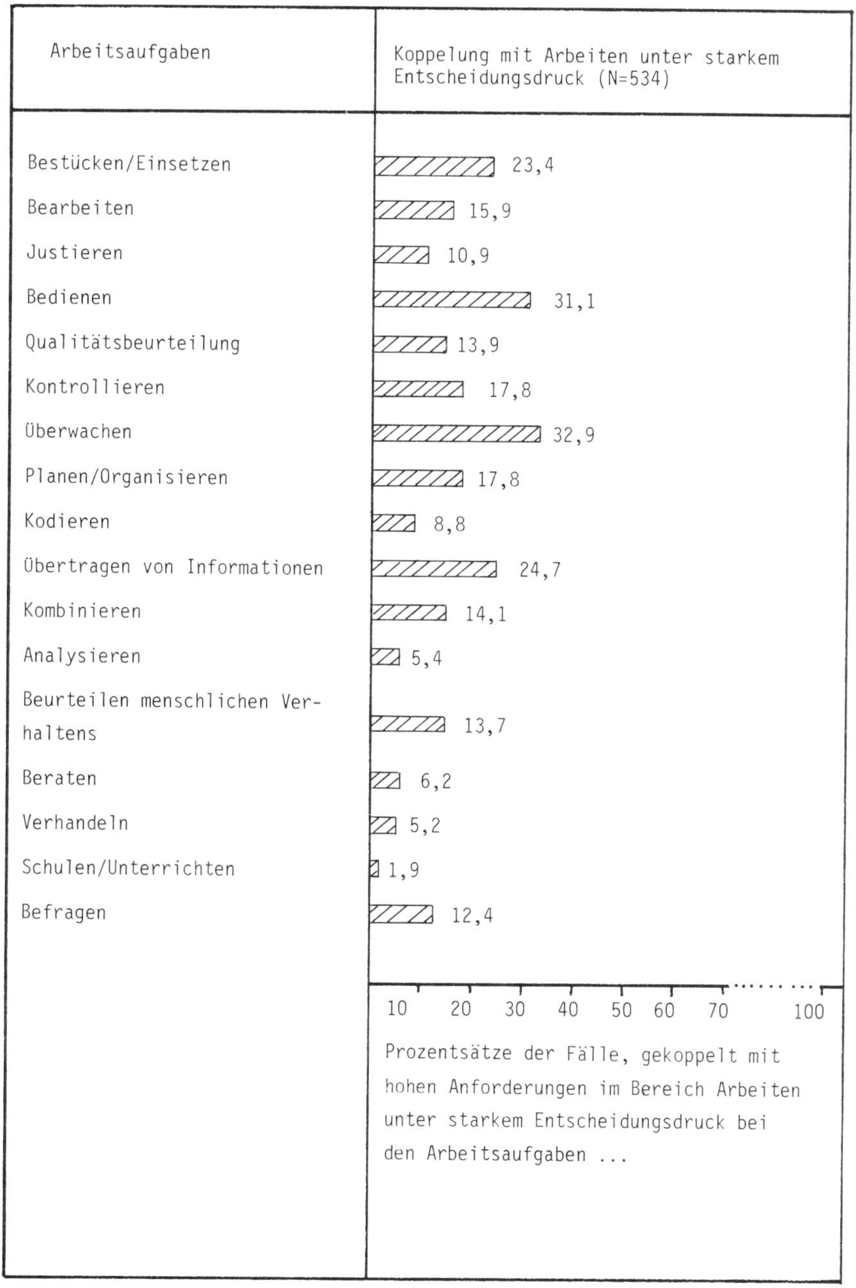

Abb. 20: Prozentsatz der Arbeitsaufgaben mit Kopplung an Arbeiten unter starkem Entscheidungsdruck

4.2.3 Partialisierung der Handlung und Entscheidungsdruck

Mit dem Merkmal 174 ‚Zyklusdauer der verrichtungsbezogenen Grundaufgabe' enthält das AET auch ein Merkmal, das etwas über Inhalt und Dauer der wichtigsten Arbeitsaufgabe von Stelleninhabern aussagt. Hier wurden die Merkmalsstufen „vier" und „fünf" – Zyklusdauer unter zwei Minuten – zusammengefaßt untersucht. Diese Stufenbesetzung traf für insgesamt 633 Tätigkeiten der AET-Datenbank zu. Die Häufigkeitsanalyse zeigte, daß solche hochrepetitiven Arbeitsaufgaben mit extrem kleinem Inhalt vor allem bei Bestückungstätigkeiten (36% der untersuchten Arbeitsplätze), Bearbeitungstätigkeiten (16%), Transportvorgängen (15%) und Bedienungsarbeiten (15%) vorkommen.

Dieses Ergebnis wird durch die Abb. 20 – mit einer Gegenüberstellung von Entscheidungsdruck und Arbeitsaufgaben – gestützt.

Literatur

Allefeld, H. 1979. Girodienste bereitstellen. Lehrunterlage der REFA-Organisatoren-Ausbildung Nr. 186002.

Altmann, G.; Arendt, M. 1980. Die Standard-Arbeitsplatzkarte. Arbeit und Arbeitsrecht **3**, 99–105.

Arendt, M.; Uhlemann, K. 1974. Vorschlag zur Anwendung einer einheitlichen Arbeitsplatzkarte. Arbeit und Arbeitsrecht, **29**, 733–739. Verlag Die Wirtschaft, Berlin.

Baarss, A.; Hacker, W.; Hartmann, W.; Iwanowa, A.; Richter, P.; Wolf, S. 1981. Psychologische Arbeitsanalysen zur Erfassung der Persönlichkeitsförderlichkeit von Arbeitsinhalten, in: Frei, F.; Ulich, E. (Hrsg.): Beiträge zur psychologischen Arbeitsanalyse, Bern: Huber.

Bayerisches Staatsministerium für Arbeit und Sozialordnung. 1976. „Wo drückt uns der Schuh?" Arbeitnehmer in Bayern beurteilen ihre Arbeitswelt. Bayr. Staatsministerium für Arbeit und Sozialordnung. Dokumentation, 1–176.

Benninghaus, H. 1981. Zwischenbericht über das Forschungsprojekt „Merkmale und Auswirkungen beruflicher Tätigkeit 1980"; Technische Universität Berlin, Institut für Soziologie, unveröffentlicht.

Birkwald, R.; Lübben, H.; Harbisch, H.; Neudel, F. 1972. Vorschläge zur Gestaltung einer Betriebsvereinbarung über Entlohnungsgrundsatz und Entlohnungsmethode. Frankfurt/M.: Union Verlagsanstalt, 2. Aufl.

Böhrs, H. 1959. Normalleistung und Erholungszuschlag in der Vorgabezeit. München, Carl Hanser Verlag.

Bowers, D. G.; Franklin, J. L. 1977. Data Based Organizational Change (Survey-Guided Development I.) Michigan 1975; La Lolla, Calif.

Bruggemann, A. 1976. Zur empirischen Untersuchung verschiedener Formen der Arbeitszufriedenheit; in: Zeitschrift für Arbeitswissenschaft, 71 ff., **2**.

Bürgi, A. 1976. Die Analyse von Berufen und Berufsanforderungen. Stuttgart: Verlag W. Kohlhammer.

Celluci, A. J.; Vries, de, D. L. 1978. Measuring Managerial Satisfaction: A Manual for the MJS: Techn. Report No. 11 des Center for Creative Leadership, Greensboro, N.C.

Christal, R. E. 1975. The United States Air Force Occupational Research Project Lackland (Texas): Occupational Research Division, Air Force Human Resources Laboratory (AFSC), Report-No.: AFHRL-TR-73-75.

Christal, R. E.; Weissmuller, J. H. 1975. New CODAP Programs For Analyzing Task Factor Information Lackland (Texas): Occupational and Manpower Research Division Computational Sciences Division Air Force Human Resources Laboratory (AFSC).

McCormick, E. J.; Jeanneret, P. R.; Mecham, R. C. 1969. The Development and Background of the Position Analysis Questionnaire (PAQ), Lafayette, Indiana: Occupational Research Center, Purdue University, Report No. 5, Contract Monr-1100 (28), **6**.

McCormick, E.J. 1976. Job and Task Analysis, in: Dunnette, M. D. (Hrsg.): Handbook of Industrial and Organizational Psychology. Chicago: Rand McNally College Publishing Company, 651–696.

DIN 33 400. Gestalten von Arbeitssystemen nach arbeitswissenschaftlichen Erkenntnissen. Berlin/Köln: Beuth-Vertrieb GmbH.

DIN 33 407. 1980. Arbeitsanalyse (Merkmale) Berlin/Köln: Beuth-Vertrieb GmbH.

Euler, H.; Stevens, H. 1952. Die analytische Arbeitsbewertung als Hilfsmittel zur Bestimmung der Arbeitsschwierigkeit (für Handarbeit) Düsseldorf: Verlag Stahleisen.

Fine, S. 1967. Matching job requirements and worker qualifications, in: Fleishman, E.: Studies in personnel and industrial psychology. Homewood (Ill.): The Dorsey Press.

Fischer, L.; Lück, H. F. 1972. Entwicklung einer Skala zur Messung von Arbeitszufriedenheit (SAZ); in: Psychologie und Praxis. Heft April-Juni, S. 64 ff.

Fittgau-Garthe, H.; Fittkau, B. 1971. Fragebogen zur Vorgesetzten-Verhaltensbeschreibung (F-V-V-B), Göttingen.

Flanagan, J. C. 1954. The critical incident technique. Psychological Bulletin, 51, **4**, 327–358.

Fleishman, E. A. 1967. Development of a behaviour taxonomy for describing human tasks: a correlation experimental approach, in: Journal of applied psychology, **51,** 1–10.

Fleishman, E. A.; Teichner, W. H.; Stephenson, R. W. 1970a. Development of a Taxon-
omy of Human Performance: A Review of the second years progress. Washington, D.C.: American Institute for Research, Techn. Rep. No. 2.

Fleishman, E. A.; Stephenson, R. W. 1970b. Development of a Taxonomy of Human Performance. A Review of the third years progress. Washington, D.C.: American Institute for Research, Techn. Rep. No. 3.

Fleishman, E. A. 1975. Taxonomic problems in human performance research, in: Singleton, W. T.; Spurgeon, P. (Hrsg.): Measurement of human resources. London: Taylor & Francis Ltd., 49–72.

Frei, F. 1977. Handlungsorientierte Tätigkeitsanalyse? – eine Erwiderung; in: Angewandte Arbeitswissenschaft. Mitteilung der IfaA, **2,** 54–60.

Frei, F. 1979. Universelle und/oder spezifische Verfahren. Mitteilungen des IfaA, **82,** 37–40.

Frei, F. 1981. Psychologische Arbeitsanalyse – Eine Einführung zum Thema, in: Frei, F. & Ulich, E. (Hrsg.): Beiträge zur psychologischen Arbeitsanalyse, Bern, Huber.

Frese, E. 1976. Aufbauorganisation, Gießen.

Frese, E. 1980. Aufgabenanalyse und -synthese; in: Grochla, E. (Hrsg.): Handwörterbuch der Organisation, Stuttgart: Poeschel.

Frieling, E. 1975. Psychologische Arbeitsanalyse, Stuttgart: Verlag W. Kohlhammer.

Frieling, E. 1977. Occupational analysis: some details of an illustrative German project, in: Int. Rev. App. Psychol., 26, **2,** 77–85.

Frieling, E. u. a. 1979. Bestandsaufnahme der in den arbeitsorganisatorischen Forschungsvorhaben eingesetzten Methoden zur Analyse der Arbeitssituation. Bericht für den Projektträger ‚Humanisierung des Arbeitslebens/BMFT', Auftrags-Nr. 01 HX 359-AA-TAP 0001.

Frieling, E.; Hoyos, C. Graf. 1978. Fragebogen zur Arbeitsanalyse -FAA. Bern: Hans Huber Verlag.

Gablenz-Kolakovic, S.; Krogoll, T.; Oesterreich, R.; Volpert, W.. 1981. Subjektive oder objektive Arbeitsanalyse? Z. Arbeitswissenschaft, **35,** 217–220.

Golenhofen, K. 1962. Physiologie des menschlichen Muskelkreislaufes. Marburger Sitzungsberichte 83/84, 167–254.

DeGreene, K. B. 1970. Systems Psychology. New York: McGraw-Hill Book Company.

Hacker, W. 1973. Allgemeine Arbeits- und Ingenieurpsychologie. Berlin, VEB Deutscher Verlag der Wissenschaften.

Hackman, J. R. 1969. Toward Understanding the Role of Tasks in Behavioral Research. Acta Psychologica, **31,** 97–128.

Hackman, J. R. 1970. Tasks and Tasks Performance in Research on Stress. In: McGrath, J. E. (Hrsg.): Social and Psychological Factors in Stress. New York: Holt, Rinehart & Winston, 202–237.

Hackman, J. R.; Oldham, G. R. 1974. The Job Diagnostic Survey: An Instrument for the Diagnosis of Jobs and Evaluation of Job Redesign Projects, Technical Report No. **4,** Department of Administrative Scienees, Yale University, New Haven.

Hackstein, R. 1977. Arbeitswissenschaft im Umriß, Bd. **2**, Essen Verlag W. Girardet.

Hackstein, R. und Mitarbeiter, 1975. Ein Analyse-Instrumentarium zur Erfassung und zum Vergleich von Arbeitsplatz-Anforderungs- und Personal-Fähigkeitsdaten. Aachen: Forschungsinstitut für Rationalisierung.

Hackstein, R.; von Below, F.; Güttler, G., Zülch, G. 1979. FIR-API – ein Instrumentarium für die qualitative Personalplanung im Bereich gewerblicher Arbeitnehmer, Aachen.

Hackstein, R.; Kaiser, M.; Luxem, E. 1975. Kategorieschema zur Kennzeichnung der Tätigkeiten gewerblicher Arbeitnehmer in der Industrie. Mitteilungen aus der Arbeitsmarkt- und Berufsforschung, **8**, 2, 149–163.

Häublein, H.-G.; Heuchert, G.; Schulz, G.; Blau, E. 1979. Methodische Anleitung zur arbeitshygienischen Professiographie, Berlin: Forschungsverband Arbeitsmedizin der DDR.

Handbuch der Tätigkeitselemente. 1967. (Deutsche Übersetzung des „Work Performed Manual", U.S. Dpt. of Labor, Washington, 1959), Wiesbaden, Statistisches Bundesamt.

Hennecke, A. 1975. Arbeitsanforderungen, Arbeitsbewertung und Arbeitsgestaltung. Mitteilungen des IfaA, **57**, 29–54.

Hennecke, A. 1976a. Neuere Verfahren der Anforderungsvermittlung durch Arbeitsanalyse. Mitteilungen des Ifa A, **64,** 3–19.

Hennecke, A. 1976b. Das Gutachten von Rohmert/Rutenfranz aus der Sicht der Arbeitsbewertung. Mitteilungen des Ifa A, **65,** 2–36.

Hoyos, Graf, C. 1974. Arbeitspsychologie. Stuttgart: Verlag W. Kohlhammer, GmbH.

Hoyos, Graf, C. 1977. Handlungsorientierte Tätigkeitsanalyse mit dem „Fragebogen zur Arbeitsanalyse". Angewandte Arbeitswissenschaft, **68**, 18–30.

Hoyos, Graf, C. 1979. Aktuelle Probleme der psychologischen Arbeitsanalyse. Mitteilungen d. IfaA, **82**, 2–6.

Hoyos, Graf, C.; Frieling, E. 1977. Die Methodik der Arbeits- und Berufsanalyse, in: Seifert, K. H. (Hrsg.): Handbuch der Berufspsychologie, Göttingen: Verlag für Psychologie Dr. C. J. Hogrefe.

Hull, C. L. 1952. A behavior system. New Haven: Yale University Press.

IG-Metall Bezirksleitung Stuttgart. 1979. Werktage müssen menschlicher werden! Stuttgart.

Janes, A. 1980. Verfahren zur Beschreibung der Verwandtschaft zwischen Tätigkeiten, Ref. am 26. Kongreß der GfA, 6. 3. 1980 in Hamburg.

Jenrich, J. 1966. Beitrag zur methodischen Erarbeitung von Berufsbildern für Fahrertätigkeiten. Aachen: Dissertation an der Fakultät für Maschinenwesen der RWTH Aachen.

John, B.; Bokranz, R. 1978. Arbeitsdatenermittlung. Gräfeling: Resch.

Jones, M. H.; Hulbert, S. F.; Haase, R. H. 1953. A survey of the literature of job analysis of technical positions. Personnel Psych., **6,** 173–194.

Karg, P. W.; Staehle, W. H. 1982. Analyse der Arbeitssituation. Freiburg: Haufe.

Kenton, E. 1979. Job analysis methodology, National Technical Information Service, Springfield, VA.

Kern, H.; Schumann, M. 1970. Industriearbeit und Arbeiterbewußtsein. Europäische Verlagsanstalt, **8**.

Kirchner, J. 1972. Arbeitswissenschaftlicher Beitrag zur Automatisierung – Analyse und Synthese von Arbeitssystemen. REFA-Schriftenreihe „Arbeitswissenschaft und Praxis", Band **23**, Berlin, Köln, Frankfurt/M.: Beuth-Vertrieb.

Kirchner, J.-H.; Rohmert, W. 1973. Problemanalyse zur Erarbeitung eines arbeitswissenschaftlichen Instrumentariums für Tätigkeitsanalysen, in: Bundesinstitut für Berufsbildungsforschung (Hrsg.): Arbeitswissenschaftliche Studien zur Berufsbildungsforschung. Hannover: Gebr. Jänecke Verlag, 7–48.

Knorz, G.; Landau, K.; Reus, J.. 1981. VISA – ein Informationssystem zur Arbeitsanalyse – Teil 2: Realisierung, in: Fortschrittliche Betriebsführung **30**, 3, 176–184.

Kosiol, E. 1973. Aufgabenanalyse, in: Grochla, E. (Hrsg.): Handwörterbuch der Organisation. Stuttgart: Poeschel Verlag.

Landau, K. 1978a. Das Arbeitswissenschaftliche Erhebungsverfahren zur Tätigkeitsanalyse – AET – Dissertation, TH Darmstadt.

Landau, K. 1978b. Das Arbeitswissenschaftliche Erhebungsverfahren zur Tätigkeitsanalyse – AET im Vergleich zu Verfahren der analytischen Arbeitsbewertung, in: Fortschrittliche Betriebsführung, **27**, 1, 33–38.

Landau, K. 1979. Das Arbeitswissenschaftliche Erhebungsverfahren zur Tätigkeitsanalyse – AET. Referat auf dem 25. Frühjahrskongreß der Gesellschaft für Arbeitswissenschaft in Wien, 4. 5. 1979, in: Angewandte Arbeitswissenschaft, **82**, 20–26.

Landau, K. 1980. Auswirkungen der Mikroelektronik aus arbeitswissenschaftlicher Sicht. Informationen für die Beratungs- und Vermittlungsdienste der Bundesanstalt für Arbeit, **52**, 1769–1773.

Landau, K. 1981. Durchführung einer EDV-Umstellung, in: Fallbeispiele zur Arbeitsanalyse. Bern: Verlag Hans Huber, 201–207.

Landau, K. 1983. Tätigkeitsanalyse, in: Rohmert, W.; Rutenfranz, J. (Hrsg.): Praktische Arbeitsphysiologie, 3. Auflage, Stuttgart: Thieme.

Landau, K. 1984. Arbeitsanalyse für den Ingenieur und Organisator. Leistung und Lohn, Heft 144–147.

Landau, K.; Luczak, H.; Rohmert, W. 1975. Arbeitswissenschaftlicher Erhebungsbogen zur Tätigkeitsanalyse. In: Rohmert, W.; Rutenfranz, J.: Arbeitswissenschaftliche Beurteilung der Belastung und Beanspruchung an unterschiedlichen Arbeitsplätzen. Der Bundesminister für Arbeit und Sozialordnung, Bonn.

Landau, K.; Luczak, H.; Rohmert, W. 1976. Clusteranalytische Untersuchungen zum arbeitswissenschaftlichen Erhebungsbogen zur Tätigkeitsanalyse – AET – Zeitschrift für Arbeitswissenschaft, **30**, 1, 31–39.

Landau, K.; Mainzer, J. 1981. Anforderungsanalyse und Arbeitsgestaltungsmaßnahmen in einer Telefonzentrale, Fallbeispiele zur Arbeitsanalyse. Bern: Verlag Hans Huber, 115–134.

Landau, K.; Reus, J. 1979. Körperhaltungen bei Tätigkeiten aus Industrie, Verwaltung, Landwirtschaft und Bergbau. Int. Arch. Occup. Environ. Health, **44**, 213–231.

Landau, K.; Rohmert, W. in Vorbereitung. Auswertung der Tätigkeitsanalyse – Datenbank.

Landau, K.; Rohmert, W. 1980. Stellenbeschreibungen mit dem AET. Zeitschrift für Organisation, **49**, 3, 169–174.

Landau, K.; Rohmert, W. 1981 a. (Hrsg.), Fallbeispiele zur Arbeitsanalyse. Bern: Verlag Hans Huber.

Landau, K.; Rohmert, W. 1981 b. VISA – ein Informationssystem zur Arbeitsanalyse – Teil 1: Konzeption, in: Fortschrittliche Betriebsführung **30**, 3, 171–175.

Laurig, W. 1971. Simulationsmethoden zum Abschätzen des Erholzeitbedarfs, Werkstatt und Betrieb, **104**, 263–267.

Laurig, W. 1977. Der Arbeitsinhalt als ergonomische Fragestellung. Dortmund: Vortrag gehalten auf der Internationalen Tagung der Sozialakademie vom 20.–23. 6. 1977

Laske, St. 1975. Lohnpolitik mit Hilfe von Leerformeln – Zum Objektivitätscharakter der Arbeitsbewertung. Wuppertal: Arbeitspapiere des Fachbereichs Wirtschaftswissenschaft der GH Wuppertal.

Linke, J. 1981. Die Arbeitsanalyse als Element einer Handlungsanalyse, in: Frei, F.; Ulich, E. (Hrsg.) Beiträge zur psychologischen Arbeitsanalyse, Bern: Huber.

Luczak, H. 1975. Untersuchungen informatorischer Belastung und Beanspruchung des Menschen. Fortschritts-Berichte der VDI-Zeitschriften, Reihe 10, **2**, Düsseldorf, VDI-Verlag.

Luczak, H. 1982. Grundlagen ergonomischer Belastungssuperposition, in: Rohmert, W. (Hrsg.): Ergonomie der kombinierten Belastungen, Köln: O. Schmidt, 19–46.

Luczak, H.; Landau, K.; Rohmert, W. 1976. Faktorenanalytische Untersuchungen zum Arbeitswissenschaftlichen Erhebungsbogen zur Tätigkeitsanalyse – AET, in: Z. f. Arbeitswissenschaft, 30. Jg., **1**, 22–30.

Lynch, B. P. 1974. An Empirical Assessment of Perrow's Technology Construct; in: Administrative Science Quarterly, 338.

Mahler, W. R. 1974. Diagnostic Studies; Reading, Mass.

Martin, E.; Ackermann, U.; Udris, H.; Oegerli, K. 1980. Monotonie in der Industrie, Bern: Huber.

Meyer, F. W. 1973a. Entwicklung einer rechnergestützten Methode zum Vergleich von Anforderungs- und Fähigkeitsprofilen. Aachen: Dissertation, Fakultät für Maschinenwesen der TH Aachen.

Meyer, F. W. 1973b. Aufbau von Arbeitsplatz- und Personal-Informationssystemen. Arbeit und Leistung, **27**, 11, 306–310.

Miller, R. B. 1971. Development of a taxonomy of human performance, Washington: American Institutes for Research.

Morsh, J. E. 1966. Impact of the Computer on Job Analysis in the United States Air Force. Lackland (Texas): Personnel Research Laboratory, Aerospace Medical Devision, Air Force Systems Command, PRL-TR-66-19.

Morsh, J. E. 1967. The Analysis of Jobs – Use of the Task Inventory Method of Job Analysis. in: Fleishman, E. (Hrsg.): Studies in Personnel and Industrial Psychology. Homewood (Ill.): The Dorsey Press.

Morsh, J. E. 1964. Personnel Psychology. 17.1964. Job analysis in the United States Air Force.

Morsh, J. E.; Madden, J. M.; Christal, R. E. 1961. Job analysis in the United States Air Force. Techn. Report WADD-TR-61-113, Lackland Air Force Base, Texas, USA.

Müller-Böling, D. 1978. Arbeitszufriedenheit bei automatisierter Datenverarbeitung. München/Wien.

Nachreiner, F.; Rohmert, W.; Rutenfranz, J. 1982. Schichtdienst bei der Berufsfeuerwehr. Oldenburg, Darmstadt, Dortmund: Interner Bericht.

Neuberger, O.; Allerbeck, M. 1978. Messung und Analyse von Arbeitszufriedenheit; Bern, Stuttgart.

Neunert, J. 1979. Der Anfang einer Verständigung? Zusammenfassung der Podiumsdiskussion „Arbeitsanalyse" auf dem Frühjahrskongreß der Gesellschaft für Arbeitswissenschaft in Wien, 2.–4. Mai 1979, in: Angewandte Arbeitswissenschaft, **82,** 57–61.

Nutzhorn, H. 1964. Leitfaden der Arbeitsanalyse. Bad Harzburg (RKW-Schriftenreihe).

Ohl, B. 1983. Arbeitswissenschaftliche Dienstpostenbewertung. Düsseldorf: VDI.

Ohl, B.; Rohmert, W. 1984. Arbeitswissenschaftlicher Beitrag zur Dienstpostenbewertung. Z. Arb.wiss. **38**, 1, 8–11.

Paasche, J. 1974. Die Praxis der Arbeitsbewertung. Köln: Müssener-Verlag.

Plath, H.-E.; Richter, P. 1976. Erfassung von Beeinträchtigung durch Belastungswirkungen, Monotonie und psychische Sättigung. Sozialistische Arbeitswissenschaft **20**, 1, 27–37.

Prien, E. P.; Ronan, W. W. 1971. Job Analysis. A Review of Research Findings. Personnel Psychology, **24**, 371–396.

v. Pupka, M. 1977. Anforderungsgerechtes menschliches Verhalten bei Transporttätigkeit – Anforderungs- und Eignungsprofile. Dortmund: Bundesanstalt für Arbeitsschutz und Unfallforschung, Forschungsbericht Nr. 158.

Rabideau, G. F. 1964. Field measurement of human performance in man-machine-systems. Human Factors, **6**, 663–672.

REFA (Hrsg.). 1977[3]. REFA-Lexikon Betriebsorganisation. Berlin/Köln: Beuth-Verlag GmbH.

REFA (Hrsg.). 1977[4]. Methodenlehre des Arbeitsstudiums, Teil 4 – Anforderungsermittlung (Arbeitsbewertung). München: Carl Hanser Verlag.

REFA (Hrsg.). 1978. Methodenlehre des Arbeitsstudiums, Teil 2 – Datenermittlung. München: Carl Hanser Verlag.

REFA (Hrsg.). 1981. Methodenlehre der Organisation für Büro und Verwaltung, Teil 4 – Aufbauorganisation, Darmstadt: REFA.

Rohmert, W. 1960. Ermittlung von Erholungspausen für statische Arbeit des Menschen. Int. Z. angew. Physiol. einschl. Arbeitsphysiologie, **18,** 123–164.

Rohmert, W. 1972. Aufgaben und Inhalt der Arbeitswissenschaft. Die berufsbildende Schule, **24,** 1, 3–14.

Rohmert, W. 1981. Ergonomische Prüflisten, in: Schmidtke, H. (Hrsg.): Ergonomie, München: Hanser Verlag.

Rohmert, W. 1982. Ergonomie der kombinierten Belastungen – Vorbemerkungen zu einem arbeitswissenschaftlichen Kolloquium, in: Rohmert, W. (Hrsg.): Ergonomie der kombinierten Belastungen, Köln: Schmidt.

Rohmert, W. 1983. Formen menschlicher Arbeit, in: Rohmert, W.; Rutenfranz, J. (Hrsg.): Praktische Arbeitsphysiologie, Stuttgart: Thieme.

Rohmert, W. und Mitarbeiter. 1985. Arbeitswissenschaft I, Umdruck zur Vorlesung, 15. berichtigte und erweiterte Auflage, Darmstadt.

Rohmert, W. u. a. 1973. Psychophysische Belastung und Beanspruchung von Fluglotsen. Berlin: Beuth Vertrieb GmbH, Schriftenreihe Arbeitswissenschaft und Praxis, Bd. **30**.

Rohmert, W.; Haider, E. 1982. Arbeitswirtschaftliche und soziale Folgewirkungen neuerer Technologien im Bereich der Textverarbeitung. Eschborn: RKW.

Rohmert, W.; Landau, K. 1977. Arbeitswissenschaftliche Erhebungen zur Tätigkeitsanalyse im EDV-Bereich, Fortschrittliche Betriebsführung, **26**, 3, 153–158.

Rohmert, W.; Landau, K. 1979. Das Arbeitswissenschaftliche Erhebungsverfahren zur Tätigkeitsanalyse (AET). Handbuch und Merkmalheft. Bern, Stuttgart, Wien: Hans Huber.

Rohmert, W.; Rutenfranz, J. 1975. Arbeitswissenschaftliche Beurteilung der Belastung und Beanspruchung an unterschiedlichen industriellen Arbeitsplätzen; Gutachterliche Stellungnahme, Bonn: Der Bundesminister für Arbeit und Sozialordnung.

Rohmert, W.; Haider, E.; Landau, K. 1979. Entwicklung und Anwendung eines Arbeitswissenschaftlichen Erhebungsverfahrens zur Tätigkeitsanalyse zum Anforderungsbereich Handlung – H-AET, in: Int. Arch. Occup. Environ Hlth **43**, 17–35.

Rohmert, W.; Luczak, H.; Landau, K. 1975. Arbeitswissenschaftlicher Erhebungsbogen zur Tätigkeitsanalyse – AET, in: Z. f. Arbeitswissenschaft, 29. Jg., **4**, 199–207.

Rohmert, W.; Rutenfranz, J.; Landau, K. 1977. Zur Beurteilung der Belastung und Beanspruchung an industriellen Arbeitsplätzen, in: Z. f. Arbeitswissenschaft 31, **2**, 73–78.

Rohmert, W.; Rutenfranz, J.; Luczak, H.; Landau, K.; Wucherpfennig, D. 1975. Arbeitswissenschaftliche Beurteilung der Belastung und Beanspruchung an unterschiedlichen industriellen Arbeitsplätzen, in: Rohmert, W.; Rutenfranz, J.: Arbeitswissenschaftliche Beurteilung der Belastung und Beanspruchung an unterschiedlichen industriellen Arbeitsplätzen. Der Bundesminister für Arbeit und Sozialordnung, Bonn, 15–250.

Rühl, G.; Heitz, F.; Lusser, P. 1980. Planung und Einrichtung von Betrieben, Schorndorf.

Schmidtke, H. 1976. Ergonomische Bewertung von Arbeitssystemen. Carl Hanser Verlag. München, Wien, 172.

Services des Conditions de Travail de la Regie Nationale des Usines Renault. 1976. (Hrsg.): Les profils des postes, Paris.

Simon, A. 1977. Beschreibung von Angestelltentätigkeiten – Analyse betrieblicher Formulare. Mitteilungen des IfaA, **68**, 1–6.

Sims, H. D.; Szilagyi, A. D.; Keller, R. T. 1976. The Measurement of Job Characteristics; In: Academy of Management Journal. 195.

Skinner, B. F. 1958. Science and human behavior. New York: Mac Millan Company.

Smith, P.C.; Kendall, L. M.; Hulin, C. L. 1969. The Measurement of Satisfaction in Work and Retirement; Chicago.

Spence, K. W. 1948. The methods and postulates of 'behaviorism'. Psychol. Rev. **55**, 67–78.

Staehle, W. H.; Hattke, W.; Sydow, J. 1981. Die Arbeit an Datensichtgeräten aus der Sicht der Betroffenen. DBW-Depot-Papier 81-5-1, Stuttgart, Poeschel.

Theologus, G. C.; Romashko, T.; Fleishman, E. A. 1970. Development of a taxonomy of Human Performance: A feasibility study of ability dimensions for classifying human tasks. Pittsburgh: American Institutes for Research, AD 705 672.

Tomaszewski, T. 1968. Schema einer psychologischen Analyse der Berufe, in: Hacker, W.; Skell, W.; Straub, W. (Hrsg.): Arbeitspsychologie und wissenschaftlich-technische Revolution. Berlin: VEB Deutscher Verlag der Wissenschaften, 139–149.

Trebeck, R. 1970. Die Arbeitsanalyse als Grundlage der Arbeitsgestaltung der Auswahl und Ausbildung von Mitarbeitern und der Arbeitsbewertung, in: Mayer, A.; Herwig, B.: Betriebspsychologie, Handbuch der Psychologie, **9**, Göttingen: Verlag f. Psychologie, Dr. C. J. Hogrefe.

Turner, A. N.; Lawrence, P. R. 1965. Industrial Jobs and the Worker, Boston.

Udris, I. 1977. Fragebogen zur Arbeitsbeanspruchung: unveröffentl. Arbeitspapiere. Zürich: Lehrstuhl für Arbeits- und Betriebspsychologie der ETH.

Ulich, E. 1981. Subjektive Tätigkeitsanalyse als Voraussetzung autonomieorientierter Arbeitsgestaltung, in: Frei, F.; Ulich, E. (Hrsg.): Beiträge zur psychologischen Arbeitsanalyse, Bern: Huber.

Volpert, W. 1973. Arbeitswissenschaftliche Grundlagen der Berufsbildungsforschung. Bundesinstitut für Berufsbildungsforschung (Hrsg.): Arbeitswissenschaftliche Studien zur Berufsbildungsforschung. Gebrüder Jänecke Verlag, Hannover, 49–105.

Volpert, W. 1975. Die Lohnarbeitswissenschaft und die Psychologie der Arbeitstätigkeit, in: Groskurth, P.; Volpert, W.: Lohnarbeitspsychologie, Frankfurt: Fischer.

Volpert, W.; Ludborzs, B.; Muster, M. 1981. Lernrelevante Aspekte in der Aufgabenstruktur von Arbeitstätigkeiten – Probleme und Möglichkeiten der Analyse, in: Frei, F.; Ulich, E.: Beiträge zur psychologischen Arbeitsanalyse, Bern: Huber.

Volpert, W.; Oesterreich, R.; Gablenz-Kolakovic, S.; Krozoll, T.; Resch, M. 1983. Verfahren zur Ermittlung von Regulationserfordernissen in der Arbeitstätigkeit (VERA). Köln. TÜV-Rheinland.

Wheaton, G. R. 1968. Development of a taxonomy of human performance: A review of classif. American Institutes for Research Pittsburgh P.A. Washington.

White, G. C. 1975. Job Design and Work Organization, Diagnosis and Measurement; Research Unit, Paper No. 4, Department of Employment, London.

Wibbe, J. 1966. Arbeitsbewertung – Entwicklung, Verfahren und Probleme. München: Carl Hanser Verlag

Wibbe, J. 1974. Leistungsbeurteilung und Lohnfindung. München, Wien: Carl Hanser Verlag.

Zerga, J. E. 1943. Job analysis – a resumé and bibliography. Journal of Applied Psychology, **27,** 249–267.

Zieske, W. 1978. Arbeitsanalyse auf neuen Wegen. Mit. d. IfaA, **76,** 2–20.

Zieske, W. 1980. Qualität von Erhebungen zum Arbeitsplatz, Mitteilungen des IfaA, **86**, 28–31.

4. Kapitel

Beanspruchung und Belastung bei der Arbeit – Konzepte und Theorien

Wolfgang Schönpflug

1 Die Begriffe „Beanspruchung" und „Belastung" – Bestimmung, Abgrenzung, Varianten

1.1 Die Begriffe „Beanspruchung" und „Belastung" außerhalb der Arbeitspsychologie

Im Deutschen Wörterbuch von Jacob und Wilhelm Grimm (Band 1) aus dem Jahre 1854 findet man das Wort „Beanspruchung" noch nicht; das Wort „Belastung" ist zwar aufgeführt, jedoch nur mit einem einzigen Beleg versehen. Über eine ganze Druckspalte erstrecken sich dagegen die Belege für das Stichwort „Anspruch" (mit den Bedeutungsvarianten „Anrede", „Zuspruch", „Forderung" und „Belästigung"). Ganze sieben Druckspalten sind später (Band 6) dem Wort „Last" gewidmet (in physikalischer Bedeutung „was aufgeladen wird zum Tragen", aber auch sinnbildlich als „Kummer", „körperliche Beschwerde" und „Schuld" – jeweils mit Betonung des Aspekts der besonderen Schwere). Die Verben „beanspruchen" und „belasten" sind im Grimmschen Wörterbuch nur kurz verzeichnet. Es sind transitive Verben (das heißt: sie ziehen ein Objekt nach sich). Erst in neuerer Zeit haben sie sich gebildet und mit ihnen die Nomina „Beanspruchung" und „Belastung". Das Schicksal der Transitivierung und Nominalisierung teilen „Beanspruchung" und „Belastung" mit zahlreichen anderen zeitgenössischen Wörtern (z. B. „Betreuung"). Mit ihnen geraten sie in den Verdacht, der Neigung der modernen Verwaltung, Politik und Technik zur Manipulation und Verdinglichung zu entspringen, ja dieser Neigung sogar als Werkzeuge zu dienen (zur Sprachgeschichte und -kritik s. Kolb 1979; Sternberger, Storz & Süskind 1968; Weisgerber 1958).

In der Tat sind es Recht und Wirtschaft, in denen der Begriff „Anspruch" eine zentrale Rolle spielt. Das Bürgerliche Gesetzbuch definiert in § 194,1 „Anspruch" als „Recht des Berechtigten, vom Verpflichteten ein Tun oder ein Unterlassen zu verlangen". Unterschieden wird dabei zwischen einem persönlichen und einem dinglichen Anspruch. Der persönliche Anspruch entsteht durch Vereinbarung zwischen Vertragspartnern (z. B. Anspruch auf Pachtzins); der persönliche Anspruch beruht auf dem Prinzip des Austauschs von Leistung und Gegenleistung. Der dingliche Anspruch ergibt sich gegenüber jedermann aufgrund einer (in der Regel durch Vorschrift definierten) Sachlage (z. B. Anspruch auf Vorfahrt im Straßenverkehr); der dingliche Anspruch beruht auf dem Prinzip der allgemeinen Verpflichtung.

Der Begriff „Belastung" ist in Recht und Wirtschaft ebenfalls vertreten; da bedeutet er die Beschränkung des Eigentums (z. B. Rechte von Hypothekengläubigern an einem Grundstück). Auch in der Medizin wird der Begriff benutzt; unter „erblicher Belastung" wird dort die Gesamtheit der krankhaften Erbanlagen eines Individuums zusammengefaßt. Reich an Bedeutungen tritt der Begriff in der Technik auf. In der Bautechnik bezeichnet er die an Bauwerken oder Bauteilen wirkenden Kräfte, im Maschinenbau und in der Elektrotechnik die von Anlagen und Motoren abgegebene Leistung, in der Umwelttechnik den Schadstoffgehalt von Luft, Boden und Wasser, in der Kommunikationstechnik die Ausnutzung von Übertragungsleitungen.

Im übrigen sind „Beanspruchung" und „Belastung" im allgemeinen Sprachverständnis zweideutig: Sie können einen Vorgang („Stattfinden einer Beanspruchung oder Belastung") oder einen Zustand („beansprucht oder belastet sein") bezeichnen (Duden 1977). Ist der Zustand gemeint, richtet sich die Aufmerksamkeit vornehmlich auf das Objekt, das den Vorgang der Beanspruchung oder Belastung erleidet (z. B. Belastung einer Brücke). Ist der Vorgang gemeint, richtet sich die Aufmerksamkeit auch oder sogar vornehmlich auf den Auslöser des Vorgangs (z. B. Belastung von Flüssen durch Abwässer).

1.2 Die Begriffe „Beanspruchung" und „Belastung" in der deutschsprachigen Arbeitspsychologie

In den Wortschatz der deutschsprachigen Arbeitspsychologie wurden die Begriffe „Beanspruchung" und „Belastung" während der vierziger Jahre übernommen. Eingebürgert haben sie sich zunächst am Dortmunder Kaiser-Wilhelms-Institut (später: Max-Planck-Institut) für Arbeitspsychologie. Den Begriff der Beanspruchung verwenden die Mitglieder der Dortmunder Gruppe mit einer Haupt- und einer Nebenbedeutung. In erster Bedeutung bezeichnen sie damit die Beteiligung einer psychophysischen Funktion an einer Arbeitstätigkeit. Die zweite Bedeutung läßt sich aus der ersten nach Annahme einer Kapazitätsbeschränkung herleiten: An eine Tätigkeit gebunden steht eine Funktion für eine andere gleichzeitige Tätigkeit nicht oder nur eingeschränkt zur Verfügung. Minderung der weiteren Verfügbarkeit einer Funktion – das ist die Nebenbedeutung des Begriffs der Beanspruchung.

Empirisch umgesetzt wird diese Begriffsbestimmung zuerst von Bornemann (1942/1959) in seinen Untersuchungen zur geistigen Beanspruchung. Als geistige Funktion schlechthin deutet er die bewußte Aufmerksamkeit; zusätzlich nimmt er an, diese Funktion werde am stärksten, wenn nicht gar vollständig, vom Kopfrechnen in Anspruch genommen. Werden nun – so die weitere Argumentation – gleichzeitig mit dem Kopfrechnen andere Tätigkeiten wie Kehren, Nageln oder Geldzählen durchgeführt, so gelingt das nur in dem Maße, in dem diese Tätigkeiten der bewußten Aufmerksamkeit nicht bedürfen. Aus den Leistungseinbußen, welche diese Tätigkeiten in Konkurrenz mit Kopfrechnen erleiden, schließt Bornemann auf ihren Anteil an bewußter Aufmerksamkeit, – allgemein auf den für sie spezifischen Grad der geistigen Beanspruchung (z. B. Kehren 10%, Geldzählen 80% geistige Beanspruchung, da Kopfrechnen die Leistung in diesen Tätigkeiten um 10% bzw. 80% herabsetzt).

Analog zur geistigen Beanspruchung wird die körperliche Beanspruchung analysiert. Allerdings wird hier nicht die Methode der Doppeltätigkeit angewendet; es bleibt bei Begleitmessungen von Körpervorgängen während einheitlicher Arbeitsabläufe. Erfaßt werden in den frühen Dortmunder Studien vor allem die Atmung und der Herzschlag bei Halte- und Transportarbeiten (vgl. Lehmann 1953; Graf 1960). Damit ist die oben genannte Hauptbedeutung des Beanspruchungsbegriffs erfüllt. Die Nebenbedeutung bleibt unberücksichtigt: es wird nicht ausdrücklich ermittelt, in welchem Maße konkurrierende Tätigkeiten leiden, wenn zentrale Körperfunktionen (z. B. erhöhte Sauerstoffaufnahme) für bestimmte Arbeiten (z. B. Radfahren) gebunden sind.

Der Begriff der Belastung wird – der oben (Abschnitt 1.1) bereits vermerkten Neigung der Allgemeinsprache folgend – den schweren und anstrengenden Tätigkeiten vorbehalten. Graf (1960, S. 35f.) stellt ausdrücklich fest, eine Beanspruchung im Sinne Bornemanns bedeute lediglich die Festlegung einer Funktion für einen bestimmten Zweck (z. B. bleibe bei 100%iger Inanspruchnahme der Aufmerksamkeit durch Lesen „für andere geistige Tätigkeiten kein Raum mehr"). Ein „Durchgedreht-sein", eine „geistige Überanstrengung" sei mit einer solchen Funktionsfestlegung nicht notwendig verbunden. Hier handle es sich um Phänomene eigener Art. Sofern sie kognitiv-emotionaler Natur sind, wird für sie der Sammelbegriff „nervöse Belastung" gewählt (s.

bereits Graf, Pirtkien, Rutenfranz et al. 1958). Entsprechend wird dann der angestrengte Einsatz von Körperorganen und -funktionen bei Schwerarbeit als physische oder körperliche Belastung bezeichnet (s. Lehmann 1953).

Im Jahre 1961 erhebt der Vorgänger dieses Enzyklopädiebandes, das Handbuch für Betriebspsychologie, „Psychische Beanspruchung" zum enzyklopädischen Begriff (Bartenwerfer 1961). Eine Vereinheitlichung des Gebrauchs ist zu dieser Zeit weder für den Begriff der Beanspruchung noch für den Begriff der Belastung abzusehen. Weithin werden die Begriffe austauschbar benutzt; so definiert im Jahre 1967 die Brockhaus-Enzyklopädie den Begriff „Belastung" in der Psychologie als „Beanspruchung, die an den Menschen gestellt wird". Die Zweideutigkeit der Umgangssprache, mit „Beanspruchung" und „Belastung" sowohl einen Vorgang als auch einen Zustand zu bezeichnen (s. Abschnitt 1.1), setzt sich im wissenschaftlichen Sprachgebrauch fort (u.a. Rüssel 1961; Schmidtke 1965). Unter den beiden Begriffen wird wahlweise das Befinden und Verhalten arbeitender Menschen behandelt – wie ursprünglich von der Dortmunder Gruppe bevorzugt – oder die situativen Auslöser jenes Befindens und Verhaltens (z.B. Hitze, Lärm oder Schichtarbeit).

Rohmert und Rutenfranz haben seit den siebziger Jahren auf eine klare Trennung der Begriffe „Beanspruchung" (entsprechend engl. ‚strain') und „Belastung" (entsprechend engl. ‚load') in der Arbeitspsychologie gedrungen (Rohmert 1973; Rohmert & Rutenfranz 1975; Rutenfranz 1976; Rohmert 1984). Als Belastung sollten nur „objektive, von außen her auf den Menschen einwirkende Größen und Faktoren" gelten. Den subjektiven Folgen derartiger Belastung, „deren Auswirkungen im Menschen und auf den Menschen" wird der Begriff der Beanspruchung zugewiesen (Zitate nach Rohmert & Rutenfranz 1975, S. 8). Der Definitionsvorschlag von Rohmert und Rutenfranz ist inzwischen mehrfach aufgegriffen worden (s. Bachmann, Heinroth & Renner 1978; Greif 1983; Hoyos 1974; Nachreiner 1984; Rühmann & Bubb 1981; Scheuch & Schreinicke 1983) und dürfte einer einheitlichen Sprachregelung in der deutschsprachigen Arbeitspsychologie den Weg bahnen.

1.3 Nachbarbegriffe: Streß, Fehlbeanspruchung, Anspannung, Anstrengung, Erregung, Aktivierung, Angst, Monotonie, Sättigung, Belästigung

Die durch strenge Trennung von objektiver Belastung und subjektiver Beanspruchung zu erzielende gedankliche Klarheit (s. Abschnitt 1.2) droht oft durch den undifferenzierten Gebrauch des Begriffs „Streß" verloren zu gehen. Das Wort „stress" gehört bereits zum Bestand des mittelalterlichen Englisch und bezeichnet zunächst die äußere Not und die auferlegte Mühsal. Später werden auch die durch äußere Beschwerden ausgelösten inneren Zustände „stress" genannt: die innere Anspannung, die Angestrengtheit, die Gefühle des Unglücklichseins. In der Physik erhält das Wort zunächst die Bedeutung des Drucks oder des auf einem Körper lastenden Gewichts. In seiner Elastizitätstheorie aus dem Jahre 1679 legt der englische Naturforscher Robert Hooke allerdings „stress" als Spannung fest, die in einem Körper unter Belastung entsteht (bei der Stabbiegeprobe als Verhältnis der einwirkenden Kraft zum Querschnitt dyn/cm^2). Je nach Material und Temperatur sind in Abhängigkeit von der so definierten Spannung Dehnungen und Verformungen zu beobachten, die unter dem Oberbegriff „strain" zusammengefaßt werden. Man kann also sowohl äußere Belastung als auch innere Beanspruchung „Streß" nennen und sich in beiden Fällen auf die Wortgeschichte berufen (Hinkle 1973).

In die psychophysiologische Fachliteratur wird der Begriff „Streß" 1914 von Cannon eingeführt. Der Siegeszug des Begriffs beginnt 1936 mit einer kurzen Notiz Selyes und erreicht 1958 mit einem Artikel von Paul auch die deutschsprachige Fachliteratur. Selye (1981, S. 170, s. a. Selye 1952, 1967) beschreibt Streß als „unspezifische Reaktion auf jede Anforderung". Schäden und Gefahren, aber auch verlockende Anreize und Anlässe zu übergroßer Freude nennt Selye „Stressoren". Stressoren lösen nach Selye zahlreiche körperliche Vorgänge aus (z. B. Entzündung von Geweben, Bildung von Geschwüren, Steigerung der Hormonproduktion), im psychischen Bereich auf Abwehr, Angriff und Flucht gerichtete Emotionen und Handlungen. Diese Vorgänge bilden zusammen ein der Anpassung, insbesondere der inneren Homöostase (Levi 1974; Levi & Andersson 1975) dienliches Syndrom.

In der Arbeitspsychologie steht es ebenfalls frei, „Streß" als eine Reaktion auf eine Belastung oder als Belastung selbst aufzufassen. So meinen z. B. Greif (1979), Hacker & Richter (1980), Schönpflug (1979), Semmer (1984) und Welford (1973) einen individuellen Zustand oder eine organismische Reaktion während der Arbeit, wenn sie den Begriff „Streß" benutzen. Andere Autoren bezeichnen dagegen als Streß belastende äußere Arbeitsbedingungen: Zeitdruck, Hitze, hohe Aufgabenschwierigkeit, Feindseligkeit im Betrieb, Organisationsmängel u. ä. (u. a. Kahn et al. 1964; Kahn 1974; Greiff 1974; Caplan, Cobb, French et al. 1975/1982).

Neu geprägt wurde in der Dresdner arbeitspsychologischen Forschungsgruppe um Hacker der Begriff der Fehlbeanspruchung (Hacker & Richter 1980). Der Begriff bekennt sich zu einer normativen Betrachtungsweise. Aus normativer Sicht lassen sich adaptative Beanspruchungen feststellen; sie rechtfertigen sich offenbar aufgrund biologisch-evolutionärer Zweckbestimmung (z. B. Ausnutzung des normalen Sehvermögens) und der Rationalität ihrer Zielsetzung (Wert der Arbeit), durch Funktionsstärkung (z. B. bei Krafttraining) und Funktionsverbesserung (z. B. bei Erlernen neuer Fertigkeiten, Entfaltung von Kreativität) – allgemein durch Ausführbarkeit, Erträglichkeit und Zumutbarkeit der Arbeit sowie durch die Förderung der Persönlichkeitsentwicklung (Hacker 1978). Eine Fehlbeanspruchung läßt sich dagegen nicht als adaptativ rechtfertigen. Sie bedarf der frühzeitigen Erkennung, der Prävention und der Intervention.

Aus dem Komplex der Beanspruchung hebt der Begriff der Anspannung (engl. ‚tension') den energetischen Aufwand bei der Auseinandersetzung mit Belastungen hervor. Man kann „psychophysische Anspannung" als Oberbegriff benutzen, dem sich dann einerseits der Begriff „Anstrengung" (engl. ‚effort'), andererseits der Begriff „Erregung" (engl. ‚excitation') unterordnet. Alle drei Begriffe sind aus der Umgangssprache vertraut. Zusätzlich knüpft „Anspannung" an den Gebrauch in der Physik an (Spannung von Federn und anderen festen Körpern, Spannung in Gasen und Flüssigkeiten, elektrische und magnetische Spannung). Der Begriff „Erregung" ist im übrigen in der Physiologie verankert (Erregung als Aktivität von Nerven oder von Rezeptoren der Sinnesorgane).

Im einzelnen bezeichnet „Anstrengung" eine aktive Anspannung, wie sie während zielgerichteter Tätigkeiten auftritt. Im Unterschied dazu wird als „Erregung" eine Anspannung beschrieben, die eine Person erleidet; sie rührt von äußeren Ereignissen her oder entsteht autonom im Inneren eines Menschen, ohne daß dieser sich ihrer ohne weiteres erwehren kann. Diese Beschreibung gilt auch für Gefühle, und so wird „Erregung" zumeist mit dem Begriff der Gefühlsintensität gleichgesetzt. Entsprechend unterscheiden sich die Funktionsbestimmungen. Diene die Anstrengung der Überwindung von Schwierigkeiten und Gefahren (u. a. Hillgruber 1912; Ach 1935; Kahneman 1973), sei die emotionale Erregung Ausdruck widerstreitender Reaktionstendenzen angesichts unerwarteter, intimer oder normwidriger Vorkommnisse (s. vor allem Berlyne 1960; Traxel 1962).

In der physiologischen Symptomatik beider Formen der Anspannung wurden Übereinstimmungen entdeckt: Mit Anstrengung und emotionaler Erregung gehen gleichermaßen Steigerungen der muskulären, vegetativen und zentralnervösen Aktivität einher – vor allem Veränderungen der Muskelspannung, der Herz- und Kreislauftätigkeit, der Atmung und der Hautleitfähigkeit, des Frequenzspektrums des Elektroenzephalogramms sowie des reizevozierten Potentials. Exakte psychometrische Beziehungen zwischen subjektiven Skalen der Anspannung, Anstrengung und Emotionalität auf der einen Seite und physiologischen Parametern auf der anderen haben zahlreiche Autoren zu ermitteln versucht. Als Beispiele aus dem deutschsprachigen Bereich zu nennen sind Studien zur Beziehung der skalierten Anspannung oder Anstrengung zur Pulsfrequenz (Schmidtke & Schmale 1962; Bartenwerfer 1963; Schönpflug 1965) und zum Elektroenzephalogramm (Sickel 1962) sowie der Stärke von Gefühlen zur Hautwiderstandsänderung (Traxel 1960). Solche Studien versprechen einen doppelten Erkenntnisgewinn. Erstens dienen sie der Validierung von subjektiven Urteilen über die Stärke von Anspannung, Anstrengung und Gefühl. Zweitens gestatten sie Vergleiche zwischen verschiedenen Klassen von Urteilen (z. B. zwischen Anstrengung und Unlustgefühl) anhand gleicher psychophysiologischer Funktionen.

Aus der Gleichheit ihrer physiologischen Korrelate hat man sogar auf die Äquivalenz verschiedener Formen der Anspannung geschlossen. Es handle sich hier um unterschiedliche Erscheinungsformen derselben generalisierten Funktionsaktivierung, einer Mobilisierung von Leistungsreserven. Im Retikulärsystem des Hirnstamms werde der Energieeinsatz zentral gesteuert. Das generelle Aktivierungsniveau teile sich den verschiedenen physischen Funktionsbereichen wie der Muskelanspannung und der emotional-vegetativen Reaktion mit (Lindsley 1951; Duffy 1962). Damit war eine Theorie der allgemeinen psychophysiologischen Funktionsaktivierung geboren, aus welcher das Konzept einer zentralen und generalisierten Beanspruchung durch Arbeit abzuleiten war.

Die Theorie der generalisierten Funktionsaktivierung hat einer eingehenden empirischen Überprüfung freilich nicht standgehalten. Multivariate Untersuchungen in Leistungssituationen haben recht starke Dissoziationen zwischen verschiedenen physiologischen Reaktionen nachgewiesen; die Annahme ihrer funktionellen Einheit ist damit hinfällig (u. a. Fahrenberg et al. 1979). Auf neurophysiologische Befunde gestützt haben Pribram & McGinnies (1975) drei Aktivierungszentren unterschieden, je eines für die Sensorik, die Motorik sowie die Umstellung von der Sensorik zur Motorik. Schon vorher trat Eysenck (1967) für eine Trennung der Aufmerksamkeitsaktivierung (als Persönlichkeitsdimension erfaßt im Faktor der Extraversion) und der Emotionsaktivierung (erfaßt als Neurotizismus) ein; die erste sei durch die Retikulärformation des Gehirns gesteuert, die zweite durch dessen limbisches System. Es gibt noch andere Ansätze zur differentiellen Betrachtung der psychophysiologischen Funktionsaktivierung (u. a. Vanderwolf & Robinson 1981). Auch Selbstbeschreibungen des eigenen Funktionszustandes scheinen in mehr als einer Dimension zu variieren. So ermittelte Thayer (1978) neben einem Faktor „Anspannung – Entspannung“ einen weiteren Faktor „Wachheit-Ermüdung“.

Zu den besonders beanspruchenden Emotionen zählt die Angst. Daß auch Angst die Arbeit begleiten kann, ist sicher keine neue Erkenntnis, wird jedoch erst seit kurzem in der Arbeitspsychologie diskutiert. Angst (engl. ‚anxiety‘) ist als spannungsvoll emotionaler Zustand zu definieren, der in der Regel als negativ bewertet wird und sich auf sorgenvolle Gedanken (engl. ‚worry‘) stützt (vgl. Schwarzer 1981; Spielberger 1980). Die Sorgen beziehen sich auf mögliches Versagen bei Arbeit und Lernen (Leistungsangst), auf den Verlust von Leben und Gesundheit (physische Angst), auf Herabsetzungen im Urteil der Mitmenschen (soziale Angst) sowie auf andere mögliche Schäden und Nachteile in der Zukunft. Die Angst als Komponente der beruflichen Beanspruchung wurde zunächst für einzelne Gruppen wie Lehrer (Weidenmann 1978), Soldaten (Grinker & Spiegel 1945; Basowitz et al. 1955) und Betriebsleiter (van Dijkhuizen 1980; Abdel-Halim 1982) dargestellt. Neuerdings findet man jedoch auch Autoren, die der Angst eine zentrale Rolle bei der Entstehung der Beanspruchung überhaupt zuerkennen. So erklären Greif (1983) sowie Hacker & Richter (1980) die Angst zum Kern des Streßzustandes: Streß beruhe auf „aversiven Prognosen“ (Greif 1983) und bilde einen „Zustand angstbedingt erregter Gespanntheit, der durch erlebte Bedrohung durch Arbeitsbeanspruchungen entsteht“ (Hacker & Richter 1980, S. 74).

Unter den Erscheinungsformen der Beanspruchung nimmt die Angst eine Sonderstellung ein. Entspringt sie doch weniger als etwa die Anstrengung oder die Aktivierung von Leistungsfunktionen der unmittelbaren Erfahrung der Gegenwart und mehr der Vorstellung der Zukunft. Gegenwärtige Anforderungen und Arbeitsbedingungen lösen nur dann Angst aus, wenn die Betroffenen sie als Vorläufer zukünftiger Mißerfolge und Krisen auffassen. Die Unsicherheit über die tatsächliche Entwicklung zukünftiger Ereignisse bildet den Nährboden für zahlreiche sorgenvolle Vorstellungen. Daher wird Angst stärker als andere Formen der Beanspruchung zu einem personabhängigen Phänomen (vgl. auch Abschnitt 3.2).

Es gibt noch andere Empfindungen, welche die Arbeit begleiten können und als beanspruchend zu bewerten sind. Zwei von ihnen hat bereits die frühe Arbeitspsychologie ausführlich behandelt: Die Monotonie und die psychische Sättigung (vgl. Ach 1935; Giese 1927). Die Monotonie umschreibt die Umgangssprache mit den Ausdrücken „Langeweile“, „Leere“ und „Lähmung“; die Empfindung stellt sich bei gleichförmigen Routinetätigkeiten (z. B. Montagen am Fließband) sowie bei Arbeiten mit langen Phasen der Untätigkeit (z. B. bei Instrumentenüberwachung mit seltenen Eingriffen) ein (Winkler 1922; Wunderlich 1926; Wyatt 1930; Hacker & Richter 1980; Davies, Shackleton & Parasuraman 1983). In der Empfindung psychischer Sättigung herrscht ein Widerwille gegen die Fortführung einer Arbeit vor, der zum Abbruch oder wenigstens zur Variation der Tätigkeit drängt. Auch Sättigung entsteht bei gleichförmigen Tätigkeiten; eine wichtige Voraussetzung für das Aufkommen von Sättigung ist jedoch das Fehlen befriedigender Ergebnisse oder Ergebnisfolgen, z. B. die Erzeugung unbrauchbarer oder unverkäuflicher Produkte (s. Karsten 1928; Hacker & Richter 1980). Der Begriff der Sättigung zielt somit auf die aversive Motivation bei fortgesetzter und anreizarmer Arbeit, der Begriff der Monotonie auf die kognitive und motivationale Verflachung, die mit häufiger Wiederholung von Arbeitsschritten oder längerer Unterforderung bei der Arbeit einhergeht.

Weitere subjektive Empfindungen, die im Bedeutungsspektrum der zu behandelnden Beanspruchungskonzepte anzusiedeln sind, seien nur kurz erwähnt. Hierzu gehört der Begriff „Belästigung" (engl. ‚annoyance'); seine enge Verwandtschaft mit dem Begriff der Belastung ist bereits aus der sprachlichen Übereinstimmung leicht ersichtlich. Vor allem in Ergänzung der Begriffe „Streß" (als Reaktionssyndrom), „Erregung" und „Anstrengung" kennzeichnet er die aversive Komponente dieser Zustände. Auslösern von Belästigung wird die Eigenschaft der Lästigkeit zugeschrieben. Der häufige Gebrauch des Lästigkeitsbegriffs in der Umweltdiskussion bewirkt, daß dieser vorzugsweise mit den in dieser Diskussion hervorgehobenen physikalischen Belastungen (z. B. Geruch, Lärm) in Zusammenhang gebracht wird. Gleichwertige Belästigungen stellen sich im Betrieb auch durch soziale Belastungen ein (z. B. unzureichendes Entgelt, Konflikte mit Kollegen oder Vorgesetzten). Für diesen Anwendungsfall haben sich wiederum andere Begriffe eingebürgert: Unzufriedenheit (engl. ‚dissatisfaction') und schlechtes Betriebsklima (engl. ‚morale') (s. Bruggemann, Großkurth & Ulich 1975; Neuberger & Allerbeck 1978). Bei Betonung der emotionalen Komponente der Belästigung kann man auch von „Ärger" (engl. ‚anger') sprechen, einem Begriff der Umgangssprache, dem neuerdings vor allem Averill (1979) wissenschaftliche Qualität verschafft hat.

Bei Empfindungen wie „Belästigung" oder „Ärger" handelt es sich um Beeinträchtigungen des subjektiven Wohlbefindens. Die Weltgesundheitsorganisation hat 1947 vorgeschlagen, solche Beeinträchtigungen durchweg als Gesundheitsstörungen anzuerkennen. Dieser Vorschlag hat sich in der Gesetzgebung nicht durchsetzen können; der dort verankerte Krankheitsbegriff verlangt den Nachweis körperlicher Störungen. Gleichwohl ist das individuelle und soziale Wohlbefinden als Rechtsgut anerkannt, und zwar im Bundesimmissionsschutzgesetz der Bundesrepublik Deutschland. Das Gesetz erhebt die Forderung nach Schutz vor „erheblicher Belästigung". Dabei bildet sowohl die semantische Bestimmung des Begriffs der Belästigung als auch die psychometrische Festlegung des Begriffs der Erheblichkeit aus psychologischer Sicht ein schwieriges Problem (Rohrmann 1984).

1.4 Beanspruchung als Folge von Arbeit: Ermüdung, Ausgebrannt sein, gesundheitliche Schädigung

Im weiteren Sinne umfaßt der Begriff der Beanspruchung auch Folgen der Arbeit. Arbeit beansprucht über ihre Dauer hinaus, indem sie noch nach ihrem Abschluß die Funktionsfähigkeit herabsetzt. Besonders augenfällig wird dies bei den Phänomenen der Ermüdung, der gesundheitlichen Schädigung sowie des „Ausgebrannt seins". Damit soll keine strenge Trennung von Beanspruchungen während und nach einer Tätigkeit eingeführt werden. Denn einerseits braucht die Beanspruchung während der Arbeit keineswegs mit der Arbeitszeit zu enden. Dies geschieht regelmäßig wohl nur bei der muskulären Beanspruchung, während kognitiv-emotionale Prozesse – wie etwa Ärger und Unzufriedenheit – mitunter erst lange nach Arbeitsschluß abklingen. Andererseits setzen die Phänomene, die hier als Folgen der Tätigkeit dargestellt werden, keinesfalls immer erst am Ende der Arbeitszeit ein, sondern bauen sich zumeist während der Tätigkeit kontinuierlich auf.

Eine doppelte Bedeutung kommt so dem Begriff der Ermüdung (engl. ‚fatigue') zu. Zum einen bezeichnet er den Zustand der Erholungsbedürftigkeit nach getaner Arbeit (z. B. Lehmann 1953). Zum anderen wird Ermüdung als Indikator der Beanspruchung während der Tätigkeit aufgefaßt, ja geradezu mit dem Begriff der Beanspruchung durch die Tätigkeit gleichgesetzt. In der frühen Arbeitspsychologie tritt die Ermüdung als Konzept hervor, das ausdrücklich oder stillschweigend eine Fülle von Aspekten der Belastung und Beanspruchung abzudecken sucht (vgl. Giese 1927). Welche Breite der Begriff der Ermüdung annehmen kann, erkennt man u. a. an der intuitiven Dimensionsbestimmung Bornemanns (1956/57, S. 65): Ermüdung enthalte eine Willenskomponente (Anspannung – Abspannung), eine Gefühlskomponente (Angeregtheit – Sättigung), eine vegetative Komponente (Wachheit – Schläfrigkeit) sowie eine muskulär-nervöse Komponente (Kraftgefühl – Kraftlosigkeit). Mit von Bracken (1952) kann man diese Aufzählung noch um eine Komponente der Hemmung erweitern.

Die Theorie der Ermüdung konnte sich schon bald auf experimentelle und angewandte Forschungen stützen (s. Thorndike 1900, Offner 1928), für die Mosso (1892) mit der Einführung des Ergographen und Kraepelin (1902) mit der Darstellung der Arbeitskurve maßgebende methodische Grundlagen geschaffen haben. Zwei Arten von Unterscheidungen werden in der Regel getroffen: Erstens wird die subjektive Empfindung der Müdigkeit der objektiven Organermüdung gegenüber gestellt, zweitens lokale Ermüdungserscheinungen (z. B. Ermüdung eines Arms) den generellen bzw. zentralen (allgemeine Müdigkeit). Als Korrelate subjektiver Müdigkeit und zur Aufklärung der Natur objektiver Ermüdungszustände werden dann physiologische und biochemische Veränderungen, z. B. Veränderungen des Kolloidzustandes im Muskel und Veränderungen des Blutbildes gesucht (s. Schmidtke 1965).

Bezeichnet der Begriff der Ermüdung den Prozeß der Funktionsschwächung während der Arbeit, so liegt nahe, ihn mit dem Begriff der nachlassenden Anspannung (s. Abschnitt 1.3) gleichzusetzen. Tatsächlich konvergieren die beiden Größen mitunter; teilweise verhalten sie sich jedoch antagonistisch. Analysiert man unausgelesene Selbstbeschreibungen, wie das Thayer (1978, s. o.) getan hat, so findet man für Ermüdung und Anspannung zwei getrennte Faktoren, die freilich an einem Pol korreliert sind: Frische kann gleichermaßen mit niedriger oder hoher Anspannung einhergehen, Müdigkeit ist jedoch eher von geringer als von starker Anspannung begleitet. Diese Konvergenz kann jedoch in einzelnen Fällen von einem Antagonismus abgelöst werden. Zur Kompensation einer drohenden oder eingetretenen Ermüdung wird die Anspannung gesteigert und dadurch trotz Dauerbeanspruchung ein hoher Leistungsstand gesichert (Düker 1963, Cameron 1973); erst nach Abschluß der Tätigkeit läßt die Steigerung der Anspannung nach, und die Ermüdung sowie das Erholungsbedürfnis treten offen zutage (vgl. Warren & Clark 1937). Vor allem der mögliche Antagonismus zwischen der Ermüdung und der sie kompensierenden (willentlichen) Anspannung bildet ein Argument für die begriffliche Trennung der beiden Größen.

Da zur Kennzeichnung der Beanspruchung während einer Tätigkeit eine größere Zahl präziserer Begriffe zur Verfügung steht, kann man ohne Nachteil den Begriff der Ermüdung auf den Zustand der Müdigkeit oder der Erholungsbedürftigkeit einschränken, der die Folge fortgesetzter Tätigkeit bildet. In diesem Sinne verknüpft Bartenwerfer (1970, S. 169) im Vorgänger dieser Enzyklopädie, dem Handbuch für Psychologie, den Begriff der psychischen Beanspruchung mit demjenigen der Ermüdung, indem er Beanspruchung als „Vorgang, der zur Ermüdung führt" definiert. Ermüdung wird so zunächst zur Funktion der Beanspruchungsdauer (vgl. Rühmann & Bubb 1981; Holding 1983). Eine Wechselwirkung von Beanspruchungsdauer und -stärke ist dabei in Rechnung zu stellen. Die Ermüdung als Funktion fortgesetzter Beanspruchung beschleunigt sich mit der Höhe der Beanspruchung, und die Wirkung der Intensität der Beanspruchung bemißt sich auch nach deren Dauer (vgl. Schulz & Schönpflug 1982).

Möglich ist schließlich, Ermüdung bzw. Müdigkeit als Funktion des Arbeits- und Tagesrhythmus zu definieren; als Zeiten erhöhter Müdigkeit können dann die Phasen verminderter physiologischer Leistungsbereitschaft gelten (vgl. Ernst 1984; Monk & Folkard 1983). Ermüdung als Funktion der Beanspruchungsdauer oder des Tagesrhythmus hat ein besonderes Merkmal: sie ist kurzfristig nicht reversibel. Zwar kann sie durch willentliche Anspannung schnell überwunden werden (s. o.), abzubauen ist sie lediglich durch länger dauernde Erholung.

Der jüngste unter den Begriffen der Beanspruchung ist das „Ausgebrannt sein" (engl. ‚burnout'). Er gelangte durch Freudenberger (1974) in die wissenschaftliche Diskussion und hat sich inzwischen als Fachterminus im Überschneidungsbereich von Klinischer Psychologie und Organisationspsychologie durchgesetzt. „Ausgebrannt sein" bezeichnet eine Persönlichkeitsveränderung, als deren Symptome zu nennen sind: Physische Erschöpfung, Antriebslosigkeit, Desinteresse an der Umwelt, Emotionsarmut, Gefühle der Hilflosigkeit, Verlust des Selbstvertrauens, Enttäuschung über Privatleben und Arbeit, Feindseligkeit und Zynismus gegenüber Partnern (u. a. Maslach 1976, 1982; Freudenberger & Richelson 1980; Pines & Aronson 1981). Betroffene geben als Gründe für ihren Zustand Schwierigkeiten und Konflikte im Privat- und Arbeitsleben an; in vielen Begründungen taucht das Argument der Erfolglosigkeit eigener Bemühungen auf. Solche retrospektiven Selbstdiagnosen können freilich selbst einen Teil der Symptomatik des „Ausgebrannt seins" darstellen und tragen möglicherweise zur Aufklärung der Genese dieses Zustandes objektiv wenig bei. Trotzdem sollte man die Herkunft des „Ausgebrannt seins" aus den Belastungen des Arbeitslebens nicht in Zweifel ziehen; denn es scheinen gerade solche Personen bevorzugt davon betroffen zu sein, die sich vorher stark mit ihrem Beruf identifiziert und mit großem Einsatz ihrer Arbeit gewidmet haben (u. a. Freudenberger & Richelson 1980; Pines & Aronson 1981). Es scheint sich um ein Depressionssyndrom zu handeln, in das die oben behandelten Phänomene der Ermüdung und Sättigung eingehen. Im Unterschied zu den vorher aufgeführten, in der Regel leicht reversiblen Formen der Beanspruchung ist das Syndrom durch die im Arbeitsleben üblichen Erholungspausen meist nicht zu beseitigen und bedarf der professionellen Therapie oder zumindest der partnerschaftlichen Hilfe (s. Farber 1983).

Mit dem Syndrom des chronischen „Ausgebrannt seins" ist die Grenze zur gesundheitlichen Schädigung überschritten. Die gesundheitliche Schädigung ist eine extreme Form der Arbeitsbeanspruchung, insbesondere wenn sie nicht mehr oder nur mit großem therapeutischen Aufwand rückgängig zu machen ist. Die Vermeidung gesundheitlicher Risiken und Schäden bei der Arbeit ist ein vorrangiges Ziel der Ergonomie, das mit staatlichen und genossenschaftlichen Forderungen zum Arbeits- und Umweltschutz (in der Bundesrepublik Deutschland niedergelegt im Bundesimmissionsschutzgesetz, Gewerbeordnungen, Vorschriften der Berufsgenossenschaften) im Einklang steht. Als Krankheiten gelten somatische (einschließlich psychiatrische) Störungen. Es handelt sich dabei um langsame organische Veränderungen (z. B. Magengeschwüre, Staublunge) und um Unfallfolgen (z. B. Knochenbrüche, Gewebequetschungen).

1.5 Fazit: Aspekte vorzufindender Belastungs- und Beanspruchungskonzepte

Die meisten Konzepte zu den Phänomenen menschlicher Belastung und Beanspruchung haben ihren Ursprung in der Allgemeinsprache. In die Arbeitspsychologie übernommen, haben sie viel von ihrer umgangssprachlichen Bedeutung behalten; Sonderbedeutungen der Begriffe in anderen Disziplinen haben einen Einfluß auf ihre Verwendung in der Psychologie ausgeübt. Ihre weitere Entwicklung in der Psychologie war eher wildwüchsig und verschiedenen Forschungsprogrammen (Herrmann 1976) angepaßt. Nicht zunehmende Konzentration auf wenige präzise und je nach Anwendungssituation zu differenzierende Begriffe ist festzustellen, sondern eher die Pflege einer Vielfalt von Nachbarbegriffen, deren intuitives Verständnis in konkreten Anwendungssituationen ihre eingehendere Bestimmung und wechselseitige Abgrenzung entbehrlich erscheinen läßt.

Bei aller Unklarheit, Uneinheitlichkeit und Inkonsistenz treten einige Aspekte zutage, die im Interesse der Systematisierung eine Hervorhebung verdienen:

1. Aspekt: Definition von „Belastung/Beanspruchung" als organismischer Zustand bzw. als Reaktion auf Anforderungen.
2. Aspekt: Definition von „Belastung/Beanspruchung" als auslösende Bedingung. Damit sind die Anforderungsmerkmale gemeint, die den unter (1) aufgeführten Zustand hervorrufen.
3. Aspekt: Definition von „Belastung/Beanspruchung" als Prozeß der Umwelteinwirkung. Der Begriff des belastenden/beanspruchenden Prozesses stellt einen Zusammenhang zwischen auslösenden Bedingungen (Aspekt 2) und resultierendem Zustand (Aspekt 1) her; er beruht auf der Annahme eines Wirkungsmechanismus, der den Zusammenhang stiftet.

(Nach allgemeinem Sprachgebrauch kann sowohl der Prozeß mit den ihn auslösenden Bedingungen als auch der resultierende organismische Zustand wahlweise als Belastung oder als Beanspruchung bezeichnet werden. Der Vorschlag, für den Zustand des arbeitenden Menschen ausschließlich die Bezeichnung „Beanspruchung", für die äußeren Arbeitsbedingungen ausschließlich die Bezeichnung „Belastung" zu verwenden, erscheint jedoch nützlich und wird hier übernommen.)

4. Aspekt: Unterscheidung von allgemeinen und individuellen Belastungen. Angeregt durch die juristische Trennung von dinglichem und persönlichem Anspruch lohnt wohl die Unterscheidung zwischen allgemeinen und individuellen Belastungen. Ergeben sich die einen ohne Rücksicht auf die Person und die Tätigkeit der jeweils Betroffenen aufgrund der Anwesen-

heit in der jeweiligen Umgebung (z. B. Flutkatastrophen in einer Küstenlandschaft), so entspringen die anderen der individuell gestalteten Transaktion mit der Umgebung (z. B. Schwierigkeiten und Gefahren beim Roden eines Waldes).

5. Aspekt: Unterscheidung von gegenwärtigen und zukünftigen Belastungen. Nicht nur aktuelle Belastungsbedingungen sind in Rechnung zu stellen, sondern auch gedankliche Vorwegnahmen zukünftiger Belastungen.

6. Aspekt: Definition der Beanspruchung als Aktivierung einer Funktion. Unter diesem Aspekt ist die Beteiligung von menschlichen Funktionen an Arbeitstätigkeiten zu analysieren.

7. Aspekt: Definition der Beanspruchung als Bindung einer (in ihrer Kapazität begrenzten) Funktion. Die Aktivierung einer Funktion (z. B. der Gedächtnisfunktion) bei der Arbeit legt diese mit einem bestimmten Anteil ihrer Kapazität auf bestimmte Tätigkeiten und Zwecke fest. Anderen Tätigkeiten und Zwecken steht dieselbe Funktion nur nach Maßgabe der noch freien Kapazitäten zur Verfügung.

8. Aspekt: Definition der Beanspruchung als Funktionsschwächung. In Abhängigkeit von der Intensität und Dauer der Beanspruchung ist eine zeitlich begrenzte Minderung von Funktionen festzustellen.

9. Aspekt: Definition der Beanspruchung als Funktionsverlust. Unter dem Begriff „Funktionsverlust" seien die über Funktionsschwächungen hinausgehenden chronischen Minderungen der Funktionstüchtigkeit zusammengefaßt, vor allem Schädigungen der körperlichen Gesundheit und pathologische Persönlichkeitsveränderungen. Funktionsverluste überdauern – anders als Schwächungen – die normalen Arbeitspausen. Sie sind nicht durch einfache Erholung zu beseitigen und bedürfen oft der professionellen Therapie.

10. Aspekt: Bestimmung von Bereichen der Beanspruchung. Es lassen sich so viele Bereiche der Beanspruchung definieren, wie Funktionen zu unterscheiden sind. Eher als eine differenzierte Trennung zahlreicher Bereiche ist jedoch eine Dreiergliederung zu beobachten. Dabei wird zwischen mentaler (kognitiver, geistiger), emotionaler und körperlicher (physischer) Beanspruchung unterschieden.

11. Aspekt: Phänomenologie der Beanspruchung. Die Beanspruchung wird im Bewußtsein der Betroffenen repräsentiert und findet in ihrer Sprache Ausdruck. In den umgangssprachlichen Bezeichnungen der Beanspruchung wie „Anstrengung", „Langeweile", „Überdruß", „Müdigkeit", „Angst" spiegeln sich wohl verschiedene Beanspruchungsformen und Belastungsbedingungen wider.

12. Aspekt: Evaluation der Beanspruchung und der Belastung. Die Begriffe „Beanspruchung" und „Belastung" sowie ihre Nachbarn können deskriptiv verwendet werden und von einer bewertenden Bedeutung frei bleiben. Alle Begriffe können jedoch auch eine Bewertung enthalten und normgerechte sowie nicht aversiv empfundene Zustände und Bedingungen von den normwidrigen und aversiven trennen.

(Ist eine Bewertung beabsichtigt, bietet sich der Begriff der Beanspruchung zur Bezeichnung normgerechter und nicht aversiv empfundener Zustände und Bedingungen an, der Begriff der Belastung zur Kennzeichnung der normwidrigen und aversiven. Jedoch wäre eine solche Begriffsbestimmung mit der Festlegung unter (3) nicht in Einklang zu bringen und wird daher hier unterlassen.)

2 *Belastungen und Ressourcen zu ihrer Bewältigung: Klassifikationen und Beziehungen*

2.1 Dimensionen der Arbeitsbelastung

Als Belastungen sollen hier in Übereinstimmung mit Rohmert & Rutenfranz (1975, s. Abschnitt 1.2) von außen vorgegebene Faktoren behandelt werden, die vom Arbeitenden einen Einsatz fordern. Aufzählungen und Klassifikationen von Belastungen sind mehrfach versucht worden (s. Meister 1969; Margolis, Kroes & Quinn 1974; McGrath 1976; Greif 1979; Udris 1981). Verzichtet man auf Einfachzuordnungen, so findet man die folgenden sechs Dimensionen, in denen sie sich hauptsächlich unterscheiden:

1. Die Herkunft von Belastungen: Belastungen entspringen dem individuellen Arbeitsplatz sowie dessen Umfeld. Der Arbeitsplatz ist vor allem geprägt durch den speziellen Arbeitsauftrag einschließlich der unmittelbaren Bedingungen, unter denen dieser Auftrag zu bearbeiten ist (s. hierzu besonders Hacker 1981). Das weitere Umfeld, das Belastungen hervorbringen kann, bilden die Räumlichkeiten sowie die soziale Organisation des Betriebes (s. hierzu besonders Gebert 1981; Schuler 1980). Hinzu kommen betriebsübergreifende Räumlichkeiten (z. B. Gewerbegebiete) und Institutionen (z. B. Verbände der Tarifpartner). Probleme, die außerhalb des Arbeitsbereichs entstehen, etwa Schwierigkeiten in der Familie, können während der Arbeit ebenfalls Aufmerksamkeit auf sich ziehen und so als Belastungen in den Arbeitsbereich eindringen (s. Wilensky 1981).

2. Die Qualität von Belastungen: Je nach Arbeitssituation und Berufsziel können Belastungen recht spezifische Qualitäten annehmen. Die Vielfalt der

für die Arbeitswelt wichtigen Qualitäten gewinnt durch eine Trennung von sozialen, biologischen, physikalisch-geographischen und technischen Belastungen wenigstens eine grobe Gliederung. Soziale Belastungen ergeben sich aus dem menschlichen Bemühen um Normierung und Organisation; sie gehen einerseits von der Unzulänglichkeit getroffener Entscheidungen aus (z. B. unausführbaren Vorschriften, Ungerechtigkeiten gegenüber Mitarbeitern), zum anderen von Unstimmigkeiten während der Entscheidungsfindung (z. B. Kompetenzkonflikte, Kontroversen über Betriebsziele). Als biologisch zu bezeichnen sind Belastungen vonseiten der belebten Natur (z. B. Schädlingsbefall, allergieauslösende Pollen). Physikalisch-geographische Belastungen erzeugt die unbelebte Natur vor allem mit ihren klimatischen und geologischen Veränderungen (z. B. Unwetter, Steinschlag) sowie durch räumliche Distanzen und landschaftliche Hindernisse, die bei der Verteilung von Gütern, bei der Beschaffung von Rohstoffen, der Organisation von Arbeitsgruppen u. ä. zu überwinden sind. Technische Belastungen sind vom Menschen selbst geschaffen; es sind Folgeerscheinungen der von ihm selbst gestalteten materiellen Wohn-, Erholungs- und Arbeitswelt (z. B. Schadstoffemission).

3. Die Beeinflußbarkeit (Kontrollierbarkeit) von Belastungen: So vielgestaltig wie die Qualitäten von Belastungen sind die Methoden zu ihrer Bewältigung. Der Wirksamkeit von Methoden zur Minderung von Belastungen sind jedoch Grenzen gesetzt; die Anwendung solcher Methoden stellt ihre eigenen Anforderungen. So wird die generelle und individuelle Beeinflußbarkeit einer Belastung – öfter Kontrollierbarkeit oder (aus der Sicht des Betroffenen) Kontrolle genannt – zu einem wichtigen Bewertungsmerkmal. In der Fachdiskussion sind hierzu drei Konzepte einschlägig: Die objektive Beeinflußbarkeit, der Handlungsspielraum bei der Kontrolle und die Schwierigkeit der Kontrolle. Objektiv ist Beeinflußbarkeit (Kontrolle) gegeben, wenn mindestens ein Verfahren zur Minderung einer Belastung ausführbar ist; bei fehlender Beeinflußbarkeit ist der Betroffene hilflos der Belastung ausgeliefert. Der Handlungsspielraum bei der Kontrolle erweitert sich mit der Menge ausführbarer Verfahren zur Belastungsminderung. Die individuelle Schwierigkeit der Kontrolle bemißt sich nach der Menge und Höhe der Qualifikationen, welche die erfolgreiche Minderung einer Belastung voraussetzt.

Probleme der Kontrolle (Frese & Greif 1978) oder des Handlungsspielraums (Ulich, Großkurth & Bruggemann 1973; Ulich, Frei & Baitsch 1980) – auch Autonomie (Hackman & Lawler 1971) und Verfügbarkeit von Freiheitsgraden (Hacker 1978) bei der Arbeit genannt – stellen sich nicht nur bei der Bewältigung von Arbeitsaufgaben, sondern auch in Zusammenhang mit zusätzlichen Bedingungen des Arbeitsplatzes sowie des Arbeitsumfeldes. Auch Zusatzbelastungen wie Lärm, der nicht aus der eigenen Arbeit entsteht (z. B. Glass & Singer 1972), Rollenkonflikte (z. B. Kahn et al. 1964) und Gefahren für die

Erhaltung des eigenen Arbeitsplatzes (z. B. Semmer 1984) können den Charakter von Aufgaben annehmen. Die Minderung von zusätzlichen Belastungen mag für den Betroffenen zum Ziel seiner Tätigkeit werden, nicht anders als die Erledigung einer vertragsgemäßen Arbeitsaufgabe. Daher sind Zusatzbelastungen bei der Arbeit nicht anders als zentrale Aufgaben nach ihrer Kontrollierbarkeit zu beurteilen, und es schwinden in der psychologischen Analyse die Grenzen zwischen Belastungen vonseiten einer zentralen Arbeitsaufgabe und Belastungen vonseiten zusätzlicher Arbeitsbedingungen (Schönpflug 1979).

4. Die Planmäßigkeit und Voraussehbarkeit von Belastungen: Manche Belastungen sind als Bestandteile oder Konsequenzen von Arbeitsabläufen oder Arbeitsumfeldern vorauszusehen und einzukalkulieren (z. B. Entzug des Nachtschlafs bei Schichtbetrieb, Verstopfung von Verkehrswegen bei Schichtwechsel), während andere sich autonom und zumeist unvorhergesehen einstellen (z. B. Unfälle, Produktionsstörungen). Unvorhersehbarkeit ist mit belastender Unsicherheit verbunden (Miller 1981), die Bewältigung unplanmäßiger Belastungen ist oft erschwert, weil dafür nur unzureichende Vorkehrungen getroffen werden (vgl. Hoyos 1980; Breznitz 1984).

5. Die Zeitcharakteristik von Belastungen: Hierzu gehören die Dauer und die Häufigkeit von Belastungen sowie die Verteilung ihres Auftretens in der Zeit (Meßzeit, Arbeitszeit, Tageszeit).

6. Die Auswirkung von Belastungen auf den Betroffenen: Wiederum ist an die Vielfalt von Belastungen zu erinnern (s. o.), die ein breites Spektrum an Wirkungen hervorzubringen in der Lage ist. Vergleichbar werden die qualitativ unterschiedlichen Wirkungen anhand dreier Merkmale: Der Wirkungsrichtung, dem Wirkungsgrad sowie der Zeitperspektive ihrer Wirkung.

Bezüglich der Wirkungsrichtung sind positive und negative Fälle zu unterscheiden: Schädliche und störende Bedingungen auf der einen Seite, anregende und aufreizende Bedingungen auf der anderen. Verhaltenstheoretiker (vgl. Skinner 1938) werden die ersteren mit negativen Verstärkern gleichsetzen, die letzteren mit positiven. Die Belastungswirkungen können den Betroffenen sogleich in der Gegenwart ereilen oder erst zu einem späteren Zeitpunkt in der Zukunft; die zeitliche Variation des Eintretens von Belastungswirkungen macht deren Zeitperspektive aus. Positive Ereignisse, Glück und Erfolg, werden nur als Belastungen aufgeführt, wenn sie erst in Aussicht stehen und ihr Eintreffen ungewiß ist, negative Ereignisse, Mißgeschick und Mißerfolg, dagegen sowohl vor als auch nach ihrem Eintreten. Lazarus & Launier (1978) unterscheiden entsprechend drei Klassen von Belastungen: Verlust (engl. ‚loss'), Bedrohung (engl. ‚threat') und Herausforderung (engl. ‚challenge').

Der Wirkungsgrad einer Belastung beschreibt das Ausmaß, die Stärke und die Nachhaltigkeit von Herausforderungen und Bedrohungen. Der Wirkungsgrad kann in Parametern der jeweils auslösenden äußeren Bedingungen geschätzt werden, z. B. als Schallpegel in Dezibel (vgl. Jones 1983) oder als Leistungsprämie in einem Geldbetrag (vgl. Eysenck 1983), jedoch auch nach ihren zu erwartenden oder tatsächlich eintretenden Folgen, z. B. als Erkrankungsrisiko oder als Stärke des Monotonieerlebnisses (s. Abschnitte 1.3 und 1.4).

Ein kurzer Exkurs sei noch zur Frage gestattet: Kann man Herausforderungen als Belastungen bezeichnen? Die Umgangssprache dürfte sich dagegen sträuben; sie versieht den Begriff der Belastung eher mit einer negativen Bewertung, während sie den Begriff der Herausforderung mit einer positiven Bewertung belegt (s. Abschnitt 1.1). Wenn nun – abweichend von der Umgangssprache – die Herausforderung nicht anders als die Bedrohung unter den Oberbegriff der Belastung gestellt wird, so ist dies die Konsequenz aus der früheren Festlegung, zu den Belastungen – vorerst ohne weitere Wertung – alle jene Bedingungen zu zählen, die eine Beanspruchung nach sich ziehen. Herausforderungen führen aber zu Beanspruchung. Insofern trifft sich die Klassifizierung mit dem Ansatz Welfords (1973), alle motivierenden Bedingungen als Stressoren zu behandeln.

2.2 Mehrfachbelastung

Am Arbeitsplatz und anderswo unterliegt der Mensch nur ausnahmsweise einer und nur einer Belastung. In der Regel häufen sich die Belastungen (vgl. Poulton 1978; Nachreiner 1981). Kombinationen von Belastungen werden in drei Erscheinungsformen beschrieben: Als Kombination belastender Attribute von Arbeitsplätzen, als Mehrfachaufgaben sowie als Einzelaufgaben (oder Mehrfachaufgaben) mit Zusatzbelastung aus der Umgebung. Ein Ansatz zur Bestimmung von Kombinationen belastender Attribute stammt von Dunckel (1985). Er ließ Arbeitsplätze nach Kriterien der Regulationshindernisse, der Regulationsanforderungen und des Handlungsspielraums einstufen und bestimmte mit Hilfe einer Clusteranalyse sechs ausreichend besetzte, in sich homogene und voneinander abgrenzbare Gruppen von Arbeitsplätzen. Jede dieser Gruppen läßt sich durch eine andere Kombination von Merkmalen charakterisieren, die als Belastungsgrößen in Frage kommen. Eine solche Kombination lautet zum Beispiel: Hohe Regulationshindernisse, höhere Regulationsanforderungen, mittlerer Handlungsspielraum.

Mehrfachaufgaben setzen unterschiedliche Ziele, die mittels heterogener Teiltätigkeiten gleichzeitig zu verfolgen sind. Der Begriff der Mehrfachaufgabe wird nicht nur verwendet, wenn nach Art und Ablauf verschiedene Arbeiten gleichzeitig verlangt werden – wie z. B. das Verfolgen einer Spur auf einem

Bildschirm über einen Steuerknüppel sowie Knopfdruckreaktionen auf akustische Signale (Kleinbeck, Schmidt & Ottmann 1982); er wird auch bei Kombination mehrerer ähnlicher Komponenten von Tätigkeiten benutzt – wie Bewegungen in der Vertikalen und in der Horizontalen (Navon & Gopher 1979). Während experimentelle Untersuchungen sich auf Doppelaufgaben beschränken, weisen Beobachtungen im Feld oft auf Arbeiten hin, bei denen mehr als zwei Ziele miteinander konkurrieren. Komplexe Arbeitsaufgaben – etwa aus dem Bereich der handwerklichen Fertigung – spalten sich leicht in eine Fülle teilweise simultan, teilweise sukzessiv anzugehender Teilaufgaben auf (vgl. Kaminski 1983), von denen jede zur Belastungsquelle wird. So ist die Spezialisierung der Arbeit auf wenige eng umschriebene Aufgaben aus einem Gesamtkomplex, wie sie vor allem in der Serienfertigung der Industrie üblich ist, durchaus als Versuch der Entlastung anzuerkennen. Freilich sinkt mit einer solchen Partialisierung der Arbeit wieder der Handlungsspielraum des Arbeitenden (vgl. Frese 1978). Durch Arbeitsteilung geht bei unzureichender Kommunikation der Überblick über den gesamten Arbeitsablauf verloren (dazu mehr in Abschnitt 3.4), und die verbleibenden Einzelbelastungen wiederholen sich in gleichförmigem Ablauf. Mit dem Bemühen um Entlastung durch Arbeitsteilung können sich somit Belastungsmomente eigener Art entwickeln.

Zusatzbelastungen können sich aus der eigenen Arbeitstätigkeit ergeben (z. B. Maschinenlärm vom eigenen Arbeitsplatz), können aber auch fremden Ursprungs sein (z. B. Verkehrslärm im Büro). Untersucht wurden neben einzelnen homogenen Zusatzbelastungen von Tätigkeiten, z. B. einem 1000 Hz Ton während einer Lernaufgabe (Hörmann & Todt 1960), auch Kombinationen heterogener Zusatzbelastungen, z. B. Blendung und Lärm (Höfert 1981). Wenn derart mehrere Aufgaben oder Aufgaben und Zusatzbelastungen miteinander um Aufmerksamkeit konkurrieren, können sich Hierarchien zwischen Belastungsquellen ergeben: Prioritäten bei verschiedenen Aufgaben, Prioritäten bei der Auseinandersetzung mit zusätzlichen Belastungsbedingungen, Prioritäten im Verhältnis von Arbeitsaufgaben und zusätzlichen Belastungsbedingungen (vgl. Gopher, Brickner & Navon 1982; Hockey 1970).

Je für sich geringfügige Belastungen erzeugen durch Summation möglicherweise Wirkungen, deren Stärke der Wirkung einzelner gewichtiger Stressoren nicht nachsteht. Überdies ist die Vermutung nicht von der Hand zu weisen, daß mehrere gleichzeitige Belastungen in Interaktion treten und gemeinsam eine Gesamtbelastung hervorrufen, welche die Summe ihrer Einzelwirkungen übersteigt (s. Poulton 1978). Es gibt weiterhin Anzeichen dafür, daß in den Industriekulturen im allgemeinen die Zahl schwerer Belastungen abgenommen hat, die dadurch geschaffene Entlastung aber durch eine neue Empfindsamkeit für eine größere Menge kleinerer Belastungen gemindert wird (vgl. Schönpflug 1983, 1984). Auf die Arbeitswelt angewandt würde dies alles bedeuten: Ihre gewichtigen Belastungen sind erfolgreich bekämpft worden (Kürzung der Arbeitszeit, Verringerung körperlicher Lasten, Erhöhung der Arbeitssicherheit u. ä.); umso mehr Aufmerksamkeit vermögen nun die kleineren Belastungen auf sich zu ziehen (Verlegen von Akten, Ausbleiben von Lieferungen u. ä.). Das Zurückdrängen von „Makrostressoren" dürfte somit für „Mikrostressoren" (McLean 1976) Platz schaffen. „Täglicher Kleinkram", „Alltagsärger" (engl. ‚daily hazzles') bestimmt dann im gegebenen Fall den Arbeitstag und möglicherweise das langfristige Wohlergehen (Lazarus & Cohen 1978).

2.3 Belastungen als relationale Größen

Relational nennt man einen Begriff, der seine volle Bedeutung erst durch Bezug auf einen anderen gewinnt. „Belastung" ist ein solcher relationaler Begriff; denn inwiefern eine Bedingung zu einer Belastung wird, hängt wesentlich von dem Objekt ab, auf welches sie einwirkt. Relational sind auch einzelne Merkmale der Belastung zu betrachten, wobei den folgenden in der Analyse eine Schlüsselrolle zufällt: Kontrollierbarkeit (Schwierigkeit, Handlungsspielraum), Wirksamkeit (Richtung, Stärke) und Zeitcharakteristik (Dauer, Häufigkeit).

Aussagen darüber, wie schwer die Bewältigung einer Belastung fällt, welcher Handlungsspielraum sich bei dem Versuch der Bewältigung eröffnet, ja ob es überhaupt gelingen kann, auf eine belastende Größe Einfluß zu nehmen, sind im Grunde nur sinnvoll, wenn man die intellektuelle und physische Leistungsfähigkeit von Betroffenen in Rechnung stellt, ihre Erfahrung und ihre soziale Organisation. Die Wirkungsrichtung und der Wirkungsgrad einer Belastung stehen mit Motiven, Absichten und Wertvorstellungen der Betroffenen in Zusammenhang. Was für einen Menschen zur Herausforderung wird, was zur Bedrohung, hängt von seinen Bedürfnissen und Zielen ab. Erst auf ihrer Grundlage sind Vor- und Nachteile, Anreize wie Gefährdungen zu bestimmen. Nach den gleichen Bedürfnissen und Zielen richtet sich die Stärke der Wirkung, die Intensität, die Nachhaltigkeit und persönliche Bedeutsamkeit eines Anreizes oder einer Gefährdung. Wenn sich aus diesen Abhängigkeiten keine völlige Individualisierung von Belastungsreaktionen sowie der Belastungen selbst ergibt, so liegt das an den unverkennbaren (biologisch und kulturell bedingten) Invarianten und Variationsgrenzen der menschlichen Persönlichkeit.

Die Zeitcharakteristik einer Belastung steht sowohl mit Bedürfnissen als auch mit Leistungsfähigkeiten in Beziehung. Zum einen werden Herausforderungen und Bedrohungen für ein Individuum nur so lange bestehen, wie hierfür eine Bedürfnisgrundlage gegeben ist. Wechselt diese, so bleibt auch die Belastungswirkung nicht die gleiche (z. B. verlieren Eßwaren durch Befriedigung des Hungerbedürfnisses an Anreizwert). Ein anderer Zusammenhang kommt durch Veränderungen der Leistungsfähigkeit zustande. Eine längere und häufigere Belastung kann die Leistungsfähigkeit fördern; der Betroffene lernt dann, Belastungen schneller zu bewältigen, ihr Auftreten zu verhindern oder sich der Konfrontation mit ihnen zu entziehen (vgl. Averill 1973). Wird durch vorherige Belastung jedoch die Leistungsfähigkeit gemindert, so sind eine langsamere Bewältigung und eine weniger wirksame Vorsorge zu erwarten; dies entspricht einer Verlängerung und Vermehrung von Belastungen.

So kann die Anpassung der Umwelt an menschliche Bedürfnisse und Fähigkeiten zum maßgebenden Kriterium für die Bestimmung von Belastungen werden. In ihrer Theorie zur Person-Umwelt-Anpassung (engl. ‚person-environment-fit') bewerten French (1978, s. a. French et al. 1974) und van Harrison (1978) vor allem die Schwere und den Abwechslungsreichtum von Aufgaben, das Angebot von Umweltreizen und -informationen sowie die soziale Position nach ihrer Eignung, subjektive Wünsche zu befriedigen und individuelle Fähigkeiten auszuschöpfen. Als optimal erweisen sich in ihrer Analyse Umweltgegebenheiten in mittlerer Ausprägung. Abweichungen vom Optimum führen – was die Fähigkeiten betrifft – zu Überforderung oder Unterforderung und – was die Bedürfnisse anbelangt – zu Entbehrung. (Das andere Extrem des Überflusses wird in der Theorie der Person-Umwelt-Anpassung ausgeklammert.)

Mit besonderem methodischen Aufwand wurde in den letzten Jahren der relationale Charakter der Belastung durch Mehrfachtätigkeit herausgearbeitet. Zugrunde liegt diesem Ansatz – nicht anders als bei Bornemann (s. Abschnitt 1.2), auf welchen die englischsprachigen Studien jedoch nicht Bezug nehmen – ein Modell der geteilten Leistungsvoraussetzungen (Norman & Bobrow 1975; Navon & Gopher 1979). Nicht die Menge gleichzeitig ausgeführter Arbeiten entscheide über den Grad der Mehrfachbelastung, sondern das Ausmaß, in dem diese Arbeiten gleiche Fähigkeiten und Kräfte in Anspruch nähmen. Dies wird über kombinierte Leistungskurven (engl. ‚performance operating characteristics') überprüft. Die Kurven stellen dar, wie sich bei steigender Schwierigkeit in konkurrierenden Tätigkeiten die Leistung verändert. Je mehr die Zunahme der Schwierigkeit bei der einen Tätigkeit die Leistung bei der anderen, simultan ausgeführten beeinträchtigt, desto größer ist die Gemeinsamkeit der nach dem Modell anzunehmenden Leistungsvoraussetzungen. Wenn etwa in einer Studie von Gopher, Brickner & Navon (1982) eine Vergrößerung des Satzes einzugebender Buchstaben beim (einhändigen) Maschineschreiben die Genauigkeit beim Nachfahren eines Punktes in einem zweidimensionalen Feld sinken läßt, so schließen die Autoren daraus auf eine gemeinsame Gedächtniskomponente beider Tätigkeiten. Die Höhe der Belastung durch mehrere Tätigkeiten bemißt sich – legt man das Modell der geteilten Leistungsvoraussetzungen zugrunde – einerseits nach der Verfügbarkeit jener Fähigkeiten und Kräfte, die für simultane Arbeiten gemeinsam genutzt werden, andererseits nach dem Grad ihrer gehäuften Inanspruchnahme.

2.4 Ressourcen

Die relationale Betrachtung lenkt die Aufmerksamkeit auf jene Mittel, die der Mensch seiner Belastung entgegenzusetzen hat. Solche Mittel lassen sich unter dem Oberbegriff „Ressourcen" (engl. ‚resource') zusammenfassen. Der Begriff ist schon längere Zeit in der Ökonomie und Soziologie heimisch und hat neuerdings auch den Weg in die Arbeits- und Streßpsychologie gefunden (Lazarus 1966; Gopher & Sanders 1984). Ressourcen kann man grob einteilen in persönliche, natürlich vorgegebene, technisch hergestellte und sozial organisierte.

Zu den persönlichen Ressourcen zu rechnen sind die geistigen Fähigkeiten zum Erkennen und Lösen von Problemen, die Motivation zum Durchstehen von Krisen, die körperliche Kraft und Geschicklichkeit. Natürlich vorgegeben ist die Tier- und Pflanzenwelt, sind Rohstoffvorkommen u. ä., technisch konstruiert sind Geräte, Bauten u. ä., sozial organisiert sind kooperierende und kommunizierende Gruppen am Arbeitsplatz, im Betrieb, über den Betrieb hinaus. Man kann die natürlichen, technischen und sozialen Ressourcen als externe zusammenfassen und den persönlichen gegenüberstellen.

Eine weitere mögliche Unterscheidung ist die Trennung von permanenten und konsumptiven (zum Verbrauch bestimmten) Ressourcen. Permanente Ressourcen unterliegen in der Regel nur einer langsamen Abnutzung und verändern sich wenig mit der Dauer und Intensität ihres Einsatzes. Die Abnahme konsumptiver Ressourcen erfolgt im Vergleich dazu schnell; ihre Geschwindigkeit richtet sich deutlich nach dem Grad und der Dauer ihrer Nutzung (vgl. die Unterscheidung von Gebrauchs- und Verbrauchsgütern in der Wirtschaftstheorie, s. von Böventer 1984, S. 5). Eine permanente technische Ressource ist beispielsweise eine Maschine, deren Funktionstüchtigkeit mit der Dauer und Härte des Einsatzes nur langsam abnimmt. Vergleichsweise schnell und deutlich proportional zur Laufzeit und zum Nutzungsgrad der Maschine sinkt der Vorrat an Energie, welche der Maschine zugeführt wird; diese Energie kann als Beispiel einer konsumptiven Größe dienen (s. a. Wickens, Tsang & Pierce 1985).

Die Unterscheidung zwischen permanenten und konsumptiven Größen ergibt auch für persönliche Ressourcen einen Sinn. Als permanente persönliche Ressourcen sind jene langfristig verfügbaren, vermutlich strukturell verankerten inneren Leistungsvoraussetzungen aufzufassen, die als Fähigkeiten, Kompetenzen, Kapazitäten u. ä. in der Arbeitspsychologie geläufig sind. Sie scheinen auch unter wiederholter und intensiver Nutzung nicht zu leiden, ja erfahren dabei mitunter sogar einen Übungsgewinn. So läßt sich z. B. das Arbeitsgedächtnis wiederholt füllen, ohne daß eine schnelle Beeinträchtigung zu beobachten wäre – ein Beispiel für eine permanente menschliche Ressource. Anders steht es mit den konsumptiven Größen. Sie werden metaphorisch als Kräfte und Energien beschrieben und treten als Phänomene der Anstrengung, der Anspannung und des Willens in Erscheinung, für die sich wiederum physiologische Korrelate in Muskeln und inneren Organen nachweisen lassen (z. B. Blutzuckerreserven, Adenosintriphosphat im Muskel). Kräfte, Energien u. ä. verhalten sich als Verbrauchsgrößen, mit begrenzter Vorratshaltung, aber schnellem, dem Einsatz deutlich proportionalen Abbau.

Es scheint nun ein durchgehendes Prinzip zu sein, daß konsumptive Ressourcen der Erhaltung und Aktivierung der permanenten dienen. In dieser maßgebenden Funktion unentbehrlich, werden konsumptive Ressourcen freilich zu kritischen Größen. Sie können schnell versiegen, und während sie – mitunter mit größerem Aufwand – ersetzt werden, bleiben die durch sie nicht mehr ausreichend versorgten und aktivierten permanenten Ressourcen ungenutzt. So wird die Instabilität konsumptiver Ressourcen zum Risiko für den Einsatz von Ressourcen überhaupt. Auf die persönlichen Ressourcen angewandt, bedeutet dies: Die Mobilisierung von Energie (bzw. der Kraftaufwand, die Anstrengung, die psychische Anspannung) aktiviert den Einsatz menschlicher Fähigkeiten (vgl. Kahneman 1973; Thomas 1983). Die menschlichen Energievorräte sind jedoch begrenzt und durch Inanspruchnahme mitunter schnell erschöpft. Mangelt es an Energie, liegen auch die langfristigen Kapazitäten brach. Gerade die für die Regeneration benötigte Zeit kann jedoch in eine Phase neuer oder fortgesetzter Belastung fallen, in welcher die Verfügbarkeit aller Kräfte und Fähigkeiten erstrebenswert ist. Den Verbrauch von Kräften bei einer Arbeit und deren Fehlen bei nachfolgenden Bemühungen um Bewältigung späterer Anforderungen haben Glass, Singer & Friedman (1969) „psychische Kosten der Anpassung“ genannt; dieses Phänomen ist inzwischen eingehend untersucht worden (s. Cohen 1980). Dem Haushalten mit psychischer Energie kommt demnach eine Schlüsselrolle für das kontinuierliche Bewältigen von Belastungen zu. So ist es nur folgerichtig, daß energetische Begriffe, vor allem „Anspannung“, „Anstrengung“ und „Streß“ (als Zustandsvariable) an den Konzepten der Beanspruchung einen erheblichen Anteil haben (s. Abschnitt 1.3).

Ein Bereich der psychologischen Forschung, der sich bereits lange und ausgiebig dem Problem der persönlichen Ressourcen widmet, ist die Eignungsdiagnostik (vgl. u. a. Guion 1965). Unter den externen Ressourcen haben in der Belastungsforschung neuerdings die sozialen starke Beachtung erfahren; soziale Unterstützung hat sich dabei zwar nicht als unfehlbares, aber doch oft wirksames Mittel zur Bewältigung von Belastungen erwiesen (s. Payne 1980; House 1981). Technische Ressourcen sind ein Thema bei der Untersuchung von Mensch-Maschine-Systemen (vgl. u. a. Kantowitz & Sorkin 1983). Die Hilfe natürlicher Ressourcen gegen Belastung scheint noch nicht zentraler Gegenstand eines psychologischen Forschungsprogramms geworden zu sein; ganz ausgeschlossen ist das Thema aus der psychologischen Forschung jedoch nicht (s. Bergius 1984).

2.5 Facit: Die Anpassung von Ressourcen an Belastungen

Die Welt der Arbeit stellt ein Netz von Ressourcen dar. Der Prozeß der Arbeit als Güterproduktion und Dienstleistung hat die Erhaltung, die Optimierung und den Ausbau dieses Netzes zum Ziel. Dabei sind konsumptive wie permanente Ressourcen neu zu beschaffen, zu pflegen, lohnend zu nutzen, nach Beschädigung wiederherzustellen und nach Verlust zu ersetzen. Die Ressourcen, dazu bestimmt, vor Belastungen zu bewahren, werden allerdings selbst zum Angriffspunkt von Belastung. Belastungen lassen sich demnach einerseits als Ereignisse und Bedingungen definieren, welche einzelne Ressourcen sowie die Organisation ihres Netzwerks gefährden oder vernichten; zur Belastung wird andererseits die Chance, Ressourcen zu vermehren und ihre Organisation zu verbessern. Das Netz von Ressourcen bewährt sich in dem Maße, in dem es Entlastung schafft, ohne selbst für Belastungen anfällig zu sein. Dazu bedarf es einer quantitativen und qualitativen Anpassung verfügbarer Ressourcen an mögliche Belastungen.

Zum Zwecke der psychologischen Analyse ist das Netzwerk von Ressourcen durchaus egozentrisch zu sehen; Arbeit als individuelle Tätigkeit in diesem Netzwerk ist in der Regel egoistisch motiviert. Es herrscht die Tendenz vor, den persönlichen Ressourcen den Vorrang zu geben und externe (technische, soziale, naturgegebene) Ressourcen in deren Dienst zu stellen. Belastung bestimmt sich dann vorrangig nach der Gefährdung und Schädigung persönlicher Ressourcen. Aus egozentrischer Sicht und egoistischer Motivation sind lediglich zwei Stufen der Belastung zu unterscheiden. Die eine richtet sich unmittelbar gegen persönliche Ressourcen, die andere mittelbar, indem sie diese ihrer äußeren Hilfen beraubt oder zu berauben droht.

Selbst bei egozentrischer Sichtweise und egoistischer Motivation werden freilich persönliche Ressourcen nicht durchweg geschont. Um sich die erstrebte technische, soziale, von der Natur bereitgestellte Hilfe zu sichern, bedarf es des Einsatzes eigener Kräfte und Fähigkeiten. Dieser Einsatz ist lohnend, wenn er langfristig einen Zugewinn an persönlichen Ressourcen herbeiführt oder wenn er den fortdauernden Abfluß persönlicher Ressourcen beendet. Ein Zugewinn an persönlichen Ressourcen kommt zumeist durch Lernen zustande, eine Ersparnis von Ressourcen durch Aufbau äußerer Hilfen, durch Abbau bestehender Belastungen und durch Vorbeugung gegen drohende Belastungen (s. a. Abschnitt 3.5).

Es darf allerdings an dieser Stelle nicht unerwähnt bleiben, daß das beschriebene egoistische Denken einem altruistischen weichen kann. Ein Ausgleich beider Tendenzen führt zu einer gleichmäßigen Bewertung persönlicher und äußerer Gegebenheiten. Überwiegt gar der Altruismus, geht die Arbeitsmoral in eine Opfermoral über (vgl. Reykowski 1978).

3 Von der Belastung zur Beanspruchung: Zusammenhänge und vermittelnde Prozesse

3.1 Objektive Belastung und Beanspruchung – der erste Zugang zur Bedingungs-Wirkungsanalyse

Belastende Bedingungen in der Arbeitswelt objektiv zu beschreiben, liegt im Interesse der Wissenschaft, der Technik und der Verwaltung. Die Eigenschaft der Objektivität wird in erster Linie Meßwerten zuerkannt, die mit Hilfe standardisierter technischer (z. B. physikalischer) und mathematischer Verfahren ermittelt wurden (z. B. Messungen des Schallpegels in Arbeitsräumen nach DIN 45 630, Deutsches Institut für Normung 1967). Als objektiv anerkannt sind aber auch Expertenurteile und übereinstimmende Einschätzungen neutraler Beobachter, die nach einem standardisierten Beobachtungs- und Bewertungsschema vorgehen. Mitunter werden Mittelwerte von Urteilen der Betroffenen ebenfalls zu den objektiven Maßen gerechnet; dies geschieht in der Annahme, daß die Mittelung die Fehlerstreuung um einen wahren Wert beseitigt (Sodhi 1953).

Verwaltungen drängen auf eine objektive Kennzeichnung von Belastungen, weil insbesondere die standardisierte technische Messung unkontroverse Ergebnisse verspricht. Dies fördert die Rechtssicherheit bei der Festsetzung von Richt- und Grenzwerten sowie bei der Überprüfung der Einhaltung dieser Werte; der Durchsetzbarkeit administrativer Maßnahmen zum Abbau von Belastungen kommt dies zugute. Der Technik kann eine objektive Charakterisierung von Belastungen konkrete Hinweise auf deren Entstehung vermitteln; damit sind wiederum die Ziele für technische Maßnahmen zur Minderung der Belastung präzisiert. Dies alles sind praktische Bedürfnisse, die dem anwendungsorientierten Wissenschaftler freilich Verpflichtungen auferlegen. Die Wissenschaft hat jedoch auch selbst Argumente hervorgebracht, die eine objektive Definition von Belastungen verlangen. Sie entspringen einerseits der behavioristischen Tradition, die Verhalten grundsätzlich als Reaktion auf objektive, aus der gegenwärtigen Situation stammende Reize deutet (s. Skinner 1938). Andererseits leiten sie sich aus der materialistischen Philosophie her, die den Menschen und sein Bewußtsein als Produkt seiner nach naturwissenschaftlichen Maßstäben zu beschreibenden Umgebung betrachtet (s. Nieke 1980).

So knüpft sich in der Tradition des klassischen Behaviorismus und Materialismus an die Erhebung objektiver Belastungsparameter im Extremfall die Erwartung, die Beanspruchung sei durch die objektiv vorgegebenen Belastungen unmittelbar und vollständig determiniert. Eine solche Erwartung läßt sich abmildern, indem man Belastungen nur noch als Risikofaktoren deutet, denen unter den gegebenen biologischen und kulturellen Verhältnissen eine eindeutige Wirkungstendenz zuzusprechen ist. Der Nachweis von Belastungswirkungen ist unter diesen Voraussetzungen korrelationsstatistisch zu führen; objektive Parameter aus der Arbeitssituation werden dabei mit Indizes der Beanspruchung in Beziehung gesetzt; einen vollständigeren Überblick gibt Holt (1982).

Die Situationsparameter betreffen wahlweise die zu erledigende Arbeitsaufgabe (z. B. Schwere von Lasten, Häufigkeit von Signalen), die physikalisch-geographische Umgebung (z. B. die Hitze im Arbeitsraum) und die soziale Umgebung (z. B. Fluktuation im Betrieb, Lohnniveau). Zu unterscheiden sind drei Untersuchungsansätze: Erstens, Studien, die der aktuellen Wirkung einzelner Stressoren wie Extremtemperaturen (s. Ramsey 1983) oder Lärm (s. Jones 1983) gewidmet sind. Zweitens, Untersuchungen der langfristigen Auswirkungen einzelner komplexer Arbeitsbedingungen wie Schichtarbeit (s. Monk & Folkard 1983; Ernst 1984) oder gefährlicher Arbeitsaufträge wie Tieftauchen und Fliegen (s. Idzikowski & Baddeley 1983). Drittens, Untersuchungen der langfristigen Auswirkung von Gruppen miteinander verknüpfter Arbeitsplatzbedingungen (s. Gardell & Johansson 1981; Frese 1985).

Die gefundenen Korrelationen sind häufig statistisch erheblich, aber gering in ihrer Höhe; eine Varianzaufklärung von 10 % ist ein günstiges Ergebnis. Nur bei extremen Belastungen kann man mit ausgeprägten, interindividuell konstanten Effekten rechnen. Gerade dann aber ist in der Praxis mit Schutzmaßnahmen zu rechnen, welche diese Belastungen mindern, und außerdem mit Selektionsvorgängen, welche nur diejenigen Personen an einem Arbeitsplatz belassen, die für die dort herrschenden Belastungen weniger anfällig sind. Es bleiben demnach zunächst zwei Möglichkeiten der Argumentation: Die an den Arbeitsplätzen herrschenden Belastungen werden von den dort verbleibenden Personen gut bewältigt (Kasl 1978). Und zweitens in Modifikation dazu: Es ist nur eine Minderheit von Arbeitenden, die den Belastungen an ihrem Arbeitsplatz auf Dauer nicht gewachsen sind und gleichwohl dort verbleiben; dies ist vor allem dann möglich, wenn sich die Beanspruchung nicht alsbald in Leistungsminderungen niederschlägt, Befindensstörungen hingenommen werden und die Wahrscheinlichkeit von Gesundheitsstörungen erst nach längerer Zeit ansteigt. Folgt man dem zweiten Argument, deuten selbst geringe Korrelationen auf die ernsthafte Gefährdung eines Teils der Population hin (Frese 1985).

3.2 Subjektive Einschätzung und innere Bewältigung von Belastungen

Es gibt freilich einen grundsätzlichen Widerspruch gegen die Annahme eines direkten kausalen Zusammenhangs zwischen innerer Beanspruchung und objektiver äußerer Belastung. Individuen seien dem Einfluß von Personen, Objekten und Ereignissen aus ihrer Umwelt nicht als passive Wesen ausgesetzt. Äußere Belastungen seien Informationen, die erst aktiv wahrgenommen und kognitiv verarbeitet werden müßten. Dadurch entstünden subjektive Bilder der Arbeitssituation und der Arbeitsaufgabe. Hackman (1970) spricht von einer subjektiven „Umdefinition von Aufgaben" (engl. ‚redefinition of tasks'), Hacker (1981) unterscheidet zwischen übergebenem Auftrag und übernommenen Anforderungen, Caplan et al. (1982) stellen der objektiven Umwelt eine subjektiv wahrgenommene gegenüber. Es seien die subjektiven Anforderungen und Bedingungen, welche die Beanspruchung bestimmten. Sofern diese von den objektiven abwichen, sei ein Zusammenhang mit objektiven Belastungsparametern nicht zu erwarten.

Mit der Annahme einer eigenen subjektiven Repräsentation von Belastungen folgt die Arbeitspsychologie tiefenpsychologisch und kognitivistisch orientierten Autoren. Sie beschreiben die Wahrnehmung als einen Konstruktionsprozeß, der unter dem Einfluß von persönlichen Motiven steht. Die von außen angebotene Information gehe – wegen der Unvollkommenheit der Sinnesorgane und wegen Einschränkungen der Wahrnehmungssituation – nur in Auswahl, d. h. unvollständig in die Wahrnehmung und Verarbeitung ein. Andererseits strebe die Verarbeitung über die vorgegebene Information hinaus. Logische Schlußfolgerungen und Rückgriffe auf das Gedächtnis ermöglichen Ergänzungen, Korrekturen und Präzisierungen der zugegangenen Information; Lücken und Fehler in der zugehenden Information lassen sich mit Hilfe der

Logik und der Erfahrung mitunter ausgleichen. Als Ergebnis der Verarbeitung kann dann ein subjektives Bild der Arbeitssituation und der Arbeitsaufgabe entstehen, das der Realität gleicht. Freilich birgt die selektive Wahrnehmung, die Anwendung der Logik und der Rückgriff auf frühere Erfahrung auch die Gefahr der Abweichung von der Realität. Durch lücken- und fehlerhafte Informationswahl, irreführende Schlußfolgerungen und unangemessenes Festhalten an Erfahrungen kann sich ein Bild der Arbeitssituation ergeben, das sich mit der Realität nicht mehr deckt.

Beim Vergleich von Realität und subjektiver Repräsentation findet man Hinweise auf Über- und Unterschätzungen von Belastungen, auf Übersehen von Belastungen, aber auch auf die subjektive Annahme von Belastungen, für die der objektive Beurteiler in der Realität keine ausreichende Grundlage erkennt. Dies gilt nicht nur für die Risiken am Arbeitsplatz, im betrieblichen Umfeld sowie der Arbeitsorgansation (z. B. der Einschätzung des Unfallrisikos), sondern auch für die Schwierigkeiten von Arbeitsaufgaben. Man kann somit subjektive Abschwächungen des Belastungseindrucks den subjektiven Verstärkungen gegenüberstellen. Und beide kann man auf eigene Motive und Einstellungen zurückführen (s. dazu auch Abschnitt 3.5).

Die subjektive Abschwächung des Belastungseindrucks zeigt sich in zwei Erscheinungsformen: Erstens, Schäden und Gefahren werden von dem Betroffenen gar nicht wahrgenommen; zumindest entgehen sie seiner bewußten Aufmerksamkeit. In einer zweiten Form werden Schäden und Gefahren zwar nicht völlig übersehen, jedoch verharmlost und ironisiert. Unter Berufung auf Freud (1926/1972) werden diese Erscheinungen als „Verleugnung" (engl. ‚denial') bezeichnet und folgendermaßen gedeutet: Das Erkennen von Bedrohungen vollzieht sich zunächst in einer vorbewußten Stufe; gleichzeitig wird die durch die Bedrohung erzeugte Angst kenntlich, welche geeignet ist, den Betroffenen in seinem Funktionskern, seinem Ich, zu erschüttern. Zum Schutz des Ich wird nun die weitere Wahrnehmung sowie die Verarbeitung bis zur bewußten Wiedergabe blockiert (vgl. Haan 1977; Breznitz 1983). Indem Verleugnung die Realität verfehlt, kann sie dazu führen, daß angemessene Problemlösungen unterbleiben. Haan (1982) und Lazarus (1983) beurteilen die Verleugnung jedoch auch als eine ökonomische Strategie, falls sie dem Betroffenen eine Auseinandersetzung mit nicht zu bewältigenden Stressoren (z. B. unheilbaren Krankheiten) erspart. Zu einem ähnlichen Schluß gelangt Miller (1981): Menschen stumpfen ab oder – aktiver gefaßt – legen sich ein „dickes Fell" zu (engl. ‚blunting'), wenn sie gegenüber wiederholten Belastungen Hilflosigkeit empfinden.

Tendenzen zur Verstärkung subjektiver Belastung äußern sich in Phänomenen, welche eine Umkehrung der soeben beschriebenen Erscheinungsformen der subjektiven Abschwächung bilden: Statt Übersehen und Leugnen von durch Konsens oder Realitätseinsicht erwiesenen Anforderungen und Bedrohungen erscheint der Glaube an Gebote und Gefahren, den weder ausreichend viele Mitmenschen teilen noch genügend reale Hinweise stützen; statt Verharmlosen und Ironisieren von Forderungen und Bedrohlichkeiten ein Aufbauschen und Ernstnehmen von Geboten und Gefahren, das außenseiterhaft und realitätsfremd erscheint. Der Begriff der erhöhten Sensibilität für angstthematische Situationsmerkmale (Byrne 1964) deckt nur einen Teil dieser Phänomene ab. Zu berücksichtigen ist auch, daß teilweise Belastungsmomente neu in die Situation eingeführt, in diese projiziert werden. Es ist gegenwärtig vor allem die Angsttheorie, in welcher die Neigung zur verstärkten subjektiven Repräsentation von Belastungen erörtert wird. Zusammenhänge sind einerseits mit dem Gedächtnis andererseits mit Denkprozessen zu erkennen. Möglicherweise enthält das Gedächtnis mitunter einen Bestand an angstauslösenden Kognitionen (z. B. gefährliche Objekte oder Unglücksfälle betreffend), der in größerem Umfang in die Verarbeitung eingeht und deren Ergebnis prägt (vgl. Hamilton 1983). Zu bedenken ist weiterhin, daß das Ausdenken von Gefahren und Aufgaben nicht nur konventionelle, sondern auch kreative Züge annehmen kann; es wird zur Denkleistung des Problemfindens (Getzels & Csikszentmihalyi 1975).

Nach Lazarus (1966, s. a. Lazarus & Launier 1978) fußt die subjektive Einschätzung von Belastungen auf einer relationalen Betrachtungsweise (s. dazu Abschnitt 2.3). Die Betroffenen unterziehen ihre Belastungen – Lazarus bevorzugt den Ausdruck „Stressoren“ – einer doppelten Bewertung: In einem Akt der Ersteinschätzung (engl. ‚primary appraisal‘) werden Stressoren im Hinblick auf die Bedürfnislage nach ihrem Anreizwert oder ihrer Bedrohlichkeit beurteilt. In einem Akt der Zweiteinschätzung (engl. ‚secondary appraisal‘) tritt ein weiteres Urteilskriterium hinzu: die Wahrscheinlichkeit der Streßbewältigung (engl. ‚coping‘). Ein Stressor verliert an Bedrohlichkeit und gewinnt an Anreiz, je größere Chancen zu seiner Bewältigung festzustellen sind; umgekehrt steigt die Bedrohlichkeit und sinkt der Anreiz bei Fehlen wirksamer Bewältigungsschritte. Eine Person kann ihre Einschätzungen wiederholen und gelangt so zu einer Neubewertung (engl. ‚reappraisal‘); eine Neubewertung erscheint besonders nach Erhalt neuer Informationen über den Stressor und dessen Bewältigung angezeigt.

Bewältigung bedeutet den Abbau von Belastungen oder zumindest den Schutz vor bestehenden Belastungen. Begreift man Belastungen als objektive Gegebenheiten einer realen Umwelt, wird man als Bewältigung nur die aktive Veränderung dieser Umwelt verstehen können. In diesem Sinne spricht man von „aktiver“ oder „äußerer“ Bewältigung (hierzu mehr in Abschnitt 3.4). Aus kognitivistischer Sicht kommt es auf die innere Repräsentation von Belastungszuständen an. Dabei ist die subjektive Vorstellung einer Belastungsminderung (trotz unveränderter objektiver Lage) der Wahrnehmung einer tatsächlich bewerkstelligten Minderung gleichwertig. Der Betroffene kann sich demnach durch eine günstige Erst- oder Zweiteinschätzung (s. o.) Entlastung verschaffen. Die Belastungsminderung durch günstige Einschätzung wird „innere Bewältigung" genannt (Lazarus & Launier 1978).

Zur Minderung der Beanspruchung ist aus kognitivistischer Sicht die innere Bewältigung ebenso geeignet wie die äußere. Freilich gilt dann auch: Ergebnis der subjektiven Einschätzung kann eine verstärkte innere Repräsentation von Belastungen (s. o.) sein. Diese ist ebenso wie eine real vermehrte Belastung geeignet, die Beanspruchung zu erhöhen. In Fällen, in denen subjektiv hervorgebrachte Vorstellungen von Forderungen und Bedrohungen gegenüber deren wirklichkeitsgetreuer Wahrnehmung die Oberhand gewinnen, wird man von Selbstbeanspruchung sprechen dürfen (z. B. bei selbstinduziertem Zeitdruck, s. Schulz 1979).

3.3 Subjektive Belastung und Beanspruchung – ein zweiter Zugang zur Bedingungs-Wirkungsanalyse

Das theoretische Argument, die Beanspruchung richte sich nach der von den Betroffenen subjektiv eingeschätzten Belastung, zieht das methodische Argument nach sich, die Betroffenen allein kämen als Experten für die Beurteilung ihrer eigenen Arbeitsbedingungen in Betracht. Zum bevorzugten Verfahren der Belastungsdiagnostik wird damit die Befragung der Betroffenen.

Inzwischen gibt es eine Fülle von Untersuchungen über den Zusammenhang von Indikatoren der Beanspruchung und subjektiven Urteilen der Belastung (s. zum größeren Überblick Holt 1982; als Ergänzung van Dijkhuizen 1980; Dunckel 1985; Gardell 1978; Frese 1985; Moray 1982; Richter, Richter & Schmidt 1982; Semmer 1984). Von den Betroffenen erfragt wurden dabei ihre Beurteilung der äußeren Arbeitsbedingungen wie Geruchsbelästigung, von Merkmalen der Arbeit wie deren Intensität und Dauer, von sozialen Merkmalen des Betriebs wie der Mitbestimmung oder der Beziehung zu den Vorgesetzten, von weitergehenden Umständen wie der Sicherheit des Arbeitsplatzes sowie von spezifischen Formen der Belastung wie Einseitigkeit und Gleichförmigkeit.

Die Studien zur subjektiven Belastung haben – nicht anders als die Untersuchungen zur objektiven Belastung (s. Abschnitt 3.2) – zahlreiche statistisch gesicherte Korrelationen mit Maßen der Beanspruchung erbracht. Freilich liegen die berichteten Korrelationen im allgemeinen nicht höher als die für objektive Belastungsparameter (s. Abschnitt 3.1) gefundenen; 10% gilt hier ebenfalls als ein hoher Anteil an aufgeklärter Varianz. Gemessen am theoretisch begründeten Anspruch des kognitivistischen Ansatzes ist das kein befriedigendes Ergebnis. Man kann methodische Gründe für den unbefriedigenden Ertrag der bisherigen Erhebungen zur subjektiven Belastung verantwortlich machen. Da ist zum einen das Problem der unkontrollierten interindividuellen Varianz, beruhend auf unterschiedlichen Auffassungen der vorgelegten Urteilsskalen, ja sogar auf einem unterschiedlichen sprachlichen Verständnis der erfragten Sachverhalte. Zum anderen ließe sich geltend machen, daß die bisher angewandten Methoden der Komplexität der zu analysierenden Zusammenhänge nicht gerecht geworden sind. In der Tat beschränken sich ältere Studien auf die Berechnung linearer Korrelationen zwischen Einzelwerten, und erst in neueren findet man multiple Korrelationen (z. B. Semmer 1984), kanonische Korrelationen (z. B. Dunckel 1985) und nichtlineare Korrelationen (van Dijkhuizen 1980). Allerdings sollte man auf den Methodenfortschritt allein nicht zu große Hoffnungen setzen; den Studien, die bereits daran teilhaben, ist im Vergleich zu ihren methodisch schlichteren Vorläufern eine sprunghafte Verbesserung der Varianzaufklärung nicht gelungen.

Woran es gegenwärtig möglicherweise mehr mangelt als an Methoden der multivariaten Datenanalyse sind komplexe theoretische Modelle der Beziehung von Belastung und Beanspruchung. Solche Modelle sollten gezielte Hypothesen für die Erhebung, Auswertung und Interpretation liefern und den Weg für Untersuchungen bahnen, die anstelle von rätselhaften Spuren klare Hinweise auf die Wirklichkeit liefern. So wären Moderatorvariablen bzw. Interaktionen besser kenntlich zu machen, d. h. Größen, die einen Zusammenhang modifizieren. Hier könnte man als Beispiel die These Karaseks (1979) anführen, es gäbe eine Wechselwirkung zwischen der Breite des Entscheidungsspielraums und der Schwere der Arbeit; unter der Einschränkung des Entscheidungsspielraums litten vor allem Personen mit schwerer Arbeit, während bei leichter Arbeit eher eine Ausweitung des Entscheidungsspielraums nachteilig sei. Weiterhin sollte man nach nicht-linearen Korrelationen nicht nur mit Schrotschußverfahren suchen; man sollte sie häufiger theoretisch begründet postulieren. So wäre etwa – um bei der Variable des Handlungsspielraums zu bleiben – die Möglichkeit eines kurvilinearen Zusammenhangs des Handlungsspielraums zur Beanspruchung zu erkunden (s. a. Holt 1982); ein solcher Zusammenhang ergäbe sich, falls sich – je nach Arbeit und Qualifikation – ein optimaler Spielraum bestimmen ließe, unterhalb dessen Kontrollverlust und oberhalb dessen geistige Überforderung zu beklagen wäre.

Angesichts der Aufgabe der Konstruktion leistungsfähiger theoretischer Beanspruchungs-Belastungs-Modelle erscheint die Kontroverse über den Wert objektiver und subjektiver Belastungsindikatoren nachrangig. Vielmehr sollten theoretische Modelle so angelegt sein, daß sowohl objektive als auch subjektive Variablen Platz darin finden. Schließlich dürften sich solche Modelle nicht in der Vorhersage metrischer Beziehungen zwischen Belastungs- und Beanspruchungsvariablen erschöpfen. Sie müßten, schon um Vorhersagen metrischer Beziehungen argumentativ zu begründen, ebenfalls Aussagen über Prozesse und Mechanismen enthalten, die zwischen der Belastung als einem Ausgangszustand und der Beanspruchung als einem Endzustand vermitteln.

3.4 Beanspruchung durch Versuche der aktiven, äußeren Bewältigung von Belastungen

Die Prozesse, in deren Verlauf sich entscheidet, wie weit eine Belastungsvariable eine Beanspruchung hervorruft, sind als zielgerichtete Handlungen oder als Teile zielgerichteter Handlungen zu beschreiben. Zielgerichtete Handlungen treten damit in einer Doppelfunktion auf: Sie dienen einerseits der aktiven, äußeren Bewältigung von Belastungen; zum anderen bieten sie die Angriffspunkte, an denen Belastungen ansetzen, wenn sie Beanspruchung erzeugen. Zugespitzt ausgedrückt: Beanspruchung stammt nicht unmittelbar von einer äußeren Belastung, sondern von Tätigkeiten, deren Ziel gerade die Bewältigung der Belastung ist. (Insofern ist Passivität mitunter ein probates Mittel der Streßvermeidung, s. a. Abschnitt 3.5). Ein solcher Interpretationsansatz ist der psychologischen Handlungstheorie zuzurechnen. Es kennzeichnet das handlungstheoretisch orientierte Vorgehen, Beanspruchung aus der Prozeßanalyse, Belastung aus der Bedingungsanalyse von Bewältigungsversuchen erschließen zu wollen.

Der Begriff der äußeren, aktiven Bewältigung wurde oben (Abschnitt 3.3) bereits eingeführt. Mit dem Begriff der äußeren, aktiven Bewältigung begegnet übrigens ein Konzept, das den allgemeinen Begriff der Arbeit einschließt. Nicht alle Formen der Bewältigung sind als Arbeit zu bezeichnen, aber Arbeit ist stets eine Form der Bewältigung – und eine wichtige und häufige noch dazu. Die beiden Begriffe teilen dabei eine Zweideutigkeit: „Bewältigung" wie „Arbeit" kann sowohl einen Prozeß bedeuten als auch das Ergebnis dieses Prozesses. Diese Doppeldeutigkeit greifen die hier einschlägigen Handlungstheorien auf, indem sie die Konzepte „Prozeß" und „Ergebnis" zwar zunächst begrifflich trennen, sodann aber theoretisch eng miteinander verknüpfen. Sie beschreiben Arbeit und Bewältigung als zielgerichtete Handlungen und damit als Tätigkeiten, denen eine Tendenz zur Erreichung eines bestimmten Ergebnisses innewohnt; das intendierte Ergebnis ist nach diesem Ansatz ein fester Bestandteil des Handlungsprozesses.

Entsprechend der oben erwähnten Doppelfunktion lassen sich Handlungen unter zwei Aspekten analysieren: Zum einen unter dem Aspekt der angemessenen Verhaltensregulation als „normale“, d. h. stabil verlaufende, aufwandsarme, zielsichere Bewältigungsversuche, zum anderen unter dem Aspekt der Fehlregulation (Teichner 1968; Schönpflug 1979) als krisenhafte, ja sogar „pathologisch“ genannte (Frese, Greif & Semmer 1978) Tätigkeiten mit hoher Instabilität, gesteigertem Aufwand und geminderter Effizienz. Es sind vor allem die Krisen und Störungen der Tätigkeit, auf welche handlungstheoretisch orientierte Streßforscher hinweisen: Auf Unterbrechungen und Fehler, auf Unsicherheit, auf übergroße Anstrengung, auf emotionale und physiologische Labilität (Frankenhaeuser 1979; Hacker 1976; Nitsch 1981; Schulz 1982; Schulz & Schönpflug 1982; Semmer 1984).

Äußere Bedingungen werden dadurch zur Belastung, daß sie den beabsichtigten Fortgang von Handlungen stören, den ihnen zugedachten Erfolg gefährden und Handlungsunsicherheit erzeugen. Dies gilt für alle Phasen von Handlungen, als welche vorzugsweise genannt werden (s. Tomaszewski 1978; Schönpflug 1979; Hacker & Richter 1980): Die Orientierung in der Handlungssituation (Modellbildung), die Entscheidung für ein Handlungsziel (Zielbildung), die Ausbildung eines Plans zur Erreichung dieses Ziels (Strategiebildung), die Ausführung des Plans sowie die Prüfung des Handlungsergebnisses (Erfolgsrückmeldung). Insofern sind Belastungen phasenspezifisch zu bestimmen. Es sind erschwerende oder störende Bedingungen für die Modellbildung (z. B. schlechte Sichtverhältnisse), die Zielbildung (z. B. unerwünschte Nebenwirkungen erwünschter Effekte), die Strategiebildung (z. B. Einschränkung des Dispositionsspielraums durch Zeitdruck), die Ausführung (z. B. feindselige Gegenmaßnahmen) sowie die Rückmeldung (z. B. widersprüchliche Auskünfte über die erzielte Leistung).

Auch Handlungskrisen und Handlungsunsicherheiten sind phasenspezifisch zu beschreiben. An Formen von Krisen und Unsicherheiten lassen sich aufzählen (vgl. a. Appley & Trumbull 1967):

1. Der Konflikt – die Unentschlossenheit zwischen verschiedenen Alternativen annähernd gleicher Attraktivität (vor allem bei der Wahl von Zielen, aber auch bei der Wahl von Strategien),

2. die Unklarheit – die aus unzureichender Diskrimination entsteht (mangelnde Trennschärfe bei der Wahrnehmung und Beurteilung von Personen, Objekten und Ereignissen, unzureichende Unterscheidung von Zielen, Strategien und Rückmeldungen),

3. die kognitive Deprivation – das Vermissen von Informationen und eigenen Ideen (Fehlen von Kenntnissen über die Arbeitsorganisation u. ä., Mangel an Zielvorstellungen, Ratlosigkeit bezüglich einer einzuschlagenden Strategie, Unkenntnis von Handlungsfolgen),

4. die Frustration – die Enttäuschung über nicht erfüllte Erwartungen (Enttäuschung über Mißerfolg, über ungünstige Arbeitsbedingungen u. ä.),
5. die Überbeanspruchung – das Aufbieten aller Kräfte und Fähigkeiten ohne Gewähr für den erfolgreichen Abschluß der Tätigkeit (bei übermäßig schwierigen Aufgaben, Konkurrenz von mehreren gleichzeitig zu erledigenden Tätigkeiten, Erschwerung durch äußere Störungen),
6. die Unterbeanspruchung – das Fortführen einer Tätigkeit ohne ausreichende Gelegenheit, vorhandene Fähigkeiten und Kräfte zum Einsatz zu bringen.

Diese Krisen schließen neben einer kognitiven Komponente auch eine emotionale ein; im subjektiven Erleben kann gerade die emotionale Komponente zur dominierenden werden (u. a. Ärger bei Frustration, Angst bei Orientierungsmangel, Verzweiflung bei Konflikt).

Fehlregulationen werden durch Leistungs- und Aufwandsanalysen belegt. Leistungsanalysen zum Nachweis von Fehlregulation machen die Entstehung von Fehlern zu ihrem zentralen Thema (vgl. Wehner 1984). Als Konsequenz von Handlungsfehlern kommt nicht nur das Verfehlen eines ursprünglich gesetzten Ziels in Frage, sondern auch das Schaffen neuer Probleme – wie Landverwüstung, Materialbeschädigung, Körperverletzung, Beleidigung von Partnern (Lumsden 1975; Schönpflug 1979). Die motorischen Fehlhandlungen (z. B. Vergreifen, Versprechen) haben das Interesse tiefenpsychologischer Autoren gefunden, weil sie das Wirken unbewußter, verdrängter Tendenzen zu beweisen schienen (vgl. vor allem Freud 1901/1973). Zu ihrer Erklärung gibt es jedoch auch kognitionstheoretische Ansätze, die von der Annahme der Verdrängung keinen Gebrauch machen (Reason 1979; Norman 1981). Bezüglich möglicher Fehler bei der Modellbildung, der Ziel- und Strategiebildung sowie der Rückmeldung gibt die einschlägige Kognitions- und Motivationsforschung zahlreiche Aufschlüsse (s. Schönpflug 1985). Stärker ausgearbeitete Theorien bleiben nicht bei einer Bedingungsanalyse von Fehlern stehen, sondern entwickeln Hypothesen über die inneren Abläufe und Mechanismen, die von Belastungen besonders betroffen sind – etwa Verschiebungen von Entscheidungskriterien, Überlastungen des Arbeitsgedächtnisses und Umstellungen der Aufmerksamkeit (Broadbent 1971; Hockey 1979).

Aufwandsanalysen stützen sich zumeist auf subjektive Maße der Anspannung und Anstrengung sowie auf physiologische Aktivierungsindikatoren (s. Haider 1969; Frankenhaeuser 1979). Diese Analysen begeben sich ebenfalls auf die Suche nach dem Punkt, an dem eine normal zu nennende, d. h. den Leistungsvoraussetzungen des Menschen angemessene Beanspruchung endet und jenseits dessen die auf Dauer nicht mehr zumutbare Überbeanspruchung beginnt.

Tatsächlich scheint die biochemische Analyse Hinweise für eine Differenzierung zu geben. Während generell mit der Höhe der Anstrengung die Ausschüttung von Katecholaminen (Adrenalin und Noradrenalin) zunimmt, wird bei unlustvoller Beanspruchung (engl. ‚distress') zusätzlich Kortisol freigesetzt (Ursin, Baade & Levine 1978, insbesondere S. 119 f.; Lundberg & Frankenhaeuser 1980).

Weniger verbreitet ist der Ansatz, den Handlungsaufwand durch Zählung von Arbeitsschritten und durch Messung des Zeitbedarfs abzuschätzen (vgl. Schönpflug 1983, 1985). Ohne die Rigorosität klassischer Zeit- und Bewegungsstudien aufleben lassen zu wollen, wird eine kritische Analyse des Arbeitsablaufs doch die Zweckdienlichkeit und Entbehrlichkeit einzelner Schritte beurteilen dürfen. Dabei bietet jede Handlungsphase wiederum ihre eigenen Möglichkeiten zu einem unökonomischen Engagement. So kann etwa die Phase der Modellbildung zu aufwendig genannt werden, wenn zusätzlich zur aufgabendienlichen Information aufgabenirrelevante Information, obwohl sie als solche leicht kenntlich ist, beschafft und verarbeitet wird (vgl. Schulz 1979). Zielsetzung und Planung sind wichtige Grundlagen für die Durchführung und den Erfolg einer Tätigkeit; gleichwohl kann der Aufwand für ihre Ausarbeitung größer sein als ihr späterer Nutzen, insbesondere wenn vorherige Festlegungen durch spätere Änderungen der Arbeitssituation überholt werden (vgl. Battmann 1984). Ausgeführte Handlungen können durch die Wahl unzweckmäßiger Strategien (vgl. etwa Schulz 1981) oder durch den exzessiven Einbau von Hilfsoperationen wie Prüfen und Absichern in unökonomischer Weise ausgedehnt werden (Strelau 1975, s. a. die in Abschnitt 3.5 beschriebene Theorie der funktionellen Struktur von Handlungen). Selbst die Beschaffung und Verwertung von Rückmeldungen, so unentbehrlich diese in angemessener Auswahl für das Lernen und die Regelung von Emotionen sein mögen, kann den Bedarf übersteigen und damit zu aufwendig werden (vgl. Battmann im Druck).

Fehler sind nicht nur als Konsequenzen erhöhter Belastung und Beanspruchung zu betrachten; sie werden selbst zu Quellen der Belastung und tragen zur Erhöhung der Beanspruchung bei. Denn Fehler und ihre Folgen stehen nicht nur am Abschluß von Handlungen sondern auch an ihrem Anfang. Menschen wollen ihre Mißerfolge und Schäden ausgleichen und verlangen sich daher neue Anstrengungen ab. Mißerfolge werden gewöhnlich durch verbesserte Wiederholung der mißglückten Tätigkeit ausgeglichen, zur Beseitigung neu geschaffener Probleme sind in der Regel neue Tätigkeiten zu entwerfen und auszuführen (z. B. Reparaturen, Ersetzen von Gütern, Entschuldigungen). Solche kompensatorische Tätigkeiten können sich recht aufwendig gestalten; ihr Aufwand kann jedenfalls denjenigen leicht übersteigen, der nötig gewesen wäre, um den zu kompensierenden Fehler von vornherein zu vermeiden. Insofern kann man das fehlerhafte Handeln auch als unökonomisch bewerten. Der Gedanke, daß das Streben nach Kompensation eigener Fehler das menschliche Verhalten maßgeblich motiviert, hat durch Adler (1907/1973) in der Psychologie Verbreitung gefunden. Schulz (1979) und Schönpflug (1983) haben ihn für die Streßforschung nutzbar zu machen versucht, indem sie argumentiert haben, Belastung verursache Fehler, deren versuchte Kompensation wesentlich zu der als Streß bezeichneten erhöhten Beanspruchung beitrage.

Daß aus Handlungen eine vermehrte Beanspruchung erwachse, wenn diese unter Störungen zu leiden hätten und mit zu hohem Aufwand verbunden seien, ist lediglich eine Argumentationsrichtung. Eine andere ist: Vermehrte Beanspruchung erwächst aus der Beschneidung von Handlungskompetenzen. Diese zweite Argumentationsrichtung bemängelt vor allem die Arbeitsteilung in der Industrie, welche die große Masse von Arbeitnehmern in der betrieblichen Mitbestimmung einschränke und auf die Ausführung eng umschriebener Tätigkeiten festlege (Gardell 1978; Frese 1978). Die theoretischen Grundlagen für diese Argumentation hat Volpert (1974, 1983) zusammengestellt. Nach Volpert sind die Kompetenzen und Bedürfnisse des Arbeitenden auf eine vollständige sequentiell-hierarchische Tätigkeit angelegt. Unter sequentiell versteht er in Übereinstimmung mit Hacker (1978) und Tomaszewski (1978) eine Abfolge, die von der Modellierung der Arbeitssituation über Zielsetzung, Planung, Ausführung zur Rückmeldung fortschreitet (vgl. die oben angegebenen Handlungsphasen). Hierarchisch nennt er den Aufbau der Tätigkeit innerhalb jeder Handlungsphase; es überlagern darin kognitive Anteile die motorischen Komponenten, wobei die ersteren steuernde Funktion besitzen und die letzteren der Steuerung unterworfen sind. Im Zuge der Arbeits- und Kompetenzenteilung werde die wünschenswerte sequentiell-hierarchische Organisation der Arbeit empfindlich beschnitten. Eine sequentielle Beschneidung bedeutet, nur einen Ausschnitt aus dem kompletten Arbeitsablauf selbst vollziehen zu können – für die meisten Arbeitnehmer, Planungen auszuführen, ohne selbst über Pläne und Ziele mitentscheiden zu können. Eine Beschneidung in der Hierarchie bedeutet, nur innerhalb einzelner Hierarchieschichten tätig sein zu können – für die meisten Arbeitnehmer, sich auf Bewegungsabläufe zu konzentrieren, ohne deren Sinn und Zusammenhang erfassen zu können. Eine starke Spezialisierung oder – nach Volpert – Partialisierung der Arbeit fördere dabei den Verlust an Kontrolle und Rationalität. Die Isolation seiner Arbeit hindere den Einzelnen, den Gesamtzusammenhang seines Betriebs und – über den Betrieb hinaus – der Wirtschaft zu begreifen. Ohne Überblick gäbe es kein ausreichendes Verständnis, und ohne diese beiden sei der Arbeitende fremder Macht und äußerem Einfluß hilflos ausgeliefert.

3.5 Selbstregulation und Umweltregulation zur Optimierung der Beanspruchung

Arbeitspsychologische Theorien scheinen oft von der Annahme auszugehen, dem Menschen seien seine Aufgaben, Fähigkeiten, Kräfte und Hilfsmittel zugeteilt. Seine Wahrnehmung dieser Größen könne schwanken (vgl. Abschnitt 3.2); aber wirklich ändern könne er sie nicht. Diese Annahme läßt unberücksichtigt, daß Menschen regelmäßig ihre Umwelt und sich selbst beobachten und sowohl die Umwelt als auch ihre eigene Person nach ihren Wünschen zu verändern trachten. So eröffnet sich ihnen die – wie immer begrenzte – Möglichkeit, ihre Aufgaben, Fähigkeiten und Hilfen selbst zu gestalten und das Maß ihrer Kräfte selbst zu bestimmen. Ihre Selbst- und Umweltregulation kann dabei zwei Richtungen nehmen. Sie kann auf die Vermehrung von Fähigkeiten, Kräften und Hilfen hinwirken, damit die betroffenen Personen Belastungen besser gewachsen sind; in diesem Fall lassen sich auch die Anforderungen steigern. Die Regulation kann aber auch auf die Minderung von Fähigkeiten, Kräften und Hilfen gerichtet sein, um das Unterlassen von Tätigkeiten zu begründen und die damit verbundenen Anstrengungen und Risiken zu sparen. Das Unterlassen liegt vor allem bei wenig erfolgversprechenden Aufgaben nahe; es wird mitunter durch die Aussicht motiviert, die unterlassene Arbeit an andere Personen weitergeben zu können (Schönpflug 1985).

Der Königsweg zur Steigerung eigener Fähigkeiten ist das Lernen. Nur begrenzt gelingt es (wie bei Vossel & Laux 1978) in einer Belastungsphase selbst, die zur Bewältigung benötigten Kompetenzen zu vermehren oder gar neu zu erwerben. In der Regel gestaltet sich der Lernprozeß recht kapazitätsintensiv (vgl. Höpfner & Skell 1983) und hat nur Aussicht auf Erfolg, wenn er in sonst von Belastungen freie Zeiten verlagert wird. So wird die berufliche Ausbildung zur „Streßimpfung" (engl. ‚stress inoculation', Meichenbaum & Novaco 1978); Fertigkeiten und Kenntnisse erhöhen die Leistungsfähigkeit und mindern die Anstrengung (Hacker 1976; Hacker et al. 1978). Entsprechend wirkt sich der Aufbau, der Ausbau und die Anwerbung fremder Hilfe aus – sowohl technischer als auch sozialer Hilfe.

Die Motivation, sich von Verpflichtungen zur Arbeit zu befreien und diese zu unterlassen, verhindert Lernen und eine Stärkung äußerer Hilfen; sie führt darüber hinaus zur Selbstbehinderung und zum Abbau von Hilfseinrichtungen. Selbstbehinderung (engl. ‚self-handicapping') nennen Berglas & Jones (1978) jede Handlung und jede Wahl einer Handlungssituation, die ein Versagen entschuldigen. Die Autoren haben die Einnahme von leistungshemmenden Pharmaka als Beispiele einer selbstbehindernden Aktion untersucht; man weiß, daß Selbstbehinderung bis zur Selbstverstümmelung fortschreiten kann.

Von Selbstbehinderung wird auch gesprochen, wenn auf dem Wege der Selbstinstruktion der Glaube an die eigene Fähigkeit herabgesetzt wird (Smith, Snyder & Handelsman 1982). In die Selbstdarstellung gegenüber sich selbst und anderen Personen kann ein tatsächlicher oder angenommener Mangel an Fähigkeit mit der Absicht eingebracht werden, Entlastung oder Entschuldigung zu erwirken (Laux 1986). Entsprechend reicht der Abbau von Hilfen von der gedanklichen Abwertung ihrer Brauchbarkeit bis zu ihrer Zerstörung (s. Schönpflug 1985).

Auch die verfügbaren Kraftreserven lassen sich langfristig steigern – ein Thema, das in den Sportwissenschaften (s. Starischka 1984) heimischer geworden ist als in der Psychologie. In der Psychologie hat jedoch das Thema der erhöhten Anstrengung Beachtung gefunden. Die Anstrengung läßt sich kurzfristig steigern und erhöht dann die Ausnutzung der verfügbaren Kapazitäten (Kahneman 1973, s. a. Abschnitt 2.4). Erhöhungen der Anstrengung lassen sich willentlich herbeiführen und sind insofern Teil der Selbstregulation (Hakker 1978). Die Anstrengung ist so nicht nur den jeweiligen Kapazitäten anzupassen, sondern auch den jeweiligen Anforderungen und Belastungen (Frankenhaeuser & Lundberg 1974; Meyer 1984; Meyer & Hallermann 1974; Weiner 1980).

Die Steigerung der Anstrengung geht oft einher mit einer Vermehrung des Handlungsaufwands und schlägt sich in der Zahl von Einzeloperationen in einer Handlung nieder. Diese Vermehrung kann von Fehlerkorrekturen herrühren, die bei geringerer Anstrengung unterbleiben (Schulz 1979). Aber Anstrengung ist auch im Zusammenhang mit der Struktur von Tätigkeiten zu sehen. Dieses Konzept erhält von Tomaszewski (1978) eine eigenständige Bedeutung. Der Autor unterscheidet primäre und produktive von sekundären und auxiliären Teiltätigkeiten. Produktive Tätigkeiten bestehen aus den Operationen oder Einzelschritten, die für das Erreichen eines Ziels unerläßlich sind (z. B. beim Taxifahrer alle Schalt- und Lenkvorgänge auf dem Weg zu dem vom Fahrgast angegebenen Ziel). Zu den primären Tätigkeiten hinzutreten können Hilfstätigkeiten der Kontrolle (z. B. beim Taxifahrer Überprüfen des Reifendrucks) und der Vorsorge (z. B. Auffüllen eines Reservetanks). Nach Strelau (1983) ist die Neigung zu Hilfstätigkeiten eine Funktion des energetischen Niveaus. Danach findet Anstrengung nicht nur ihren Ausdruck in der Intensität und Geschwindigkeit von Handlungen, sondern auch in ihrer qualitativen Struktur.

Insbesondere wenn Kräfte durch längere Beanspruchung zur Neige gehen (s. Bornemann 1956/57) oder wenn ihr Einsatz sich nicht durch Erfolg rechtfertigt (s. Weiner 1980), kommt es zu einer Senkung der Anstrengung. Indem Personen an Anstrengung sparen, verkürzen sie auch ihre Handlungen; Korrekturen und Hilfstätigkeiten, aber auch produktive Operationen im Sinne Tomaszewski's (s. o.) unterbleiben (vgl. Schulz & Battmann 1980). Erhöhte Risiken und Leistungseinbußen werden in Kauf genommen, wenn nur der Aufwand eingeschränkt werden kann (Wendrich 1973; Shingledecker & Holding 1974; Schulz 1979).

Einer individuellen Regelung unterliegen schließlich die Anforderungen, denen sich Menschen aussetzen. Sie werden teils kurzfristig, teils auf lange Sicht bestimmt. Ihren deutlichsten Ausdruck findet die Selbstbestimmung der Anforderungen in Verschiebungen des Anspruchsniveaus. Unter Anspruchsniveau versteht man in Übereinstimmung mit Hoppe (1930) die Höhe der angestrebten Leistung, einen auf das Ergebnis bezogenen Standard der Menge, Güte und Geschwindigkeit. Aber auch Ansprüche an die Gestaltung und Kontrolle der Arbeit, wie sie die Handlungsstruktur bestimmen (z. B. Prüfen von Zwischenergebnissen, Absichern vor Störungen, s. o.) sollten in den Begriff einbezogen werden.

Die Wahl des Anspruchsniveaus, sicherlich die wichtigste Komponente bei der individuellen „Neudefinition" von Aufgaben (s. Abschnitt 3.2), entscheidet maßgeblich über die entstehende Beanspruchung. Die Erhöhung des Anspruchsniveaus ist ein Schritt zur Leistungssteigerung und eröffnet die Aussicht auf vermehrten Abbau von Belastungen. Eine anspruchsvollere Zielsetzung kann allerdings auch leicht eine größere Beanspruchung nach sich ziehen; denn höhere Ziele verlangen zumeist schwierigere Tätigkeiten, und die Gefahr, an ihnen zu scheitern, ist ebenfalls gesteigert. Umgekehrt beugt die Senkung des Anspruchsniveaus der Überforderung und dem Mißerfolg vor, wenn sie auch das Risiko der unzureichenden Bewältigung von Belastungen in sich birgt. So sind in der Erwartung von Belastungen als Alternative zu einer Steigerung der Anstrengung (s. o.) Senkungen des Anspruchsniveaus zu beobachten (Krenauer & Schönpflug 1980; Künstler & Zimmer 1982).

Die Regulation von Anforderungen beruht auf Entscheidungen, die eine Person für sich selbst vollzieht, und kann insofern als Akt der Selbstregulation gedeutet werden (Reykowski 1972). Sodann muß die getroffene Entscheidung in die Tat umgesetzt werden; dies ist ein Akt der Umweltregulation. Dabei wird es mitunter darum gehen, sich um die Zuteilung eines Auftrags durch andere zu bewerben oder Aufträge anderer abzuweisen. Die persönlich zu treffende Entscheidung fußt im übrigen auf Werthaltungen, die durch Reflektion und Persuasion zu ändern sind; eine idealistische Aufwertung wird dabei einer Steigerung von Anforderungen zugute kommen, eine zynische Abwertung die Senkung von Anforderungen nach sich ziehen (Ellis 1978).

Bereits im Abschnitt 2.4 wurden Fähigkeiten, Kräfte und Hilfen als Ressourcen dargestellt und in Abschnitt 2.5 Anforderungen als Gefährdungen dieser

Ressourcen oder als Chancen ihrer Vermehrung gedeutet. Daran schließt sich dieser Abschnitt an. Er führt nur in größerer Detailliertheit aus, wie sich die Arbeit am Netz der Ressourcen im individuellen Verhalten niederschlägt. Um dieser Arbeit gerecht zu werden, muß man berücksichtigen, daß Individuen das Netz ihrer Ressourcen im ganzen zu optimieren trachten und insofern Ressourcen nicht nur je für sich sondern auch im Bezug zueinander regulieren. Die zu beachtende Beziehung kann dabei substitutiv oder komplementär sein. Bei einer substitutiven Beziehung sind Ressourcen austauschbar – so kann etwa ein Automat eine menschliche Fertigkeit ablösen; bei einer komplementären Beziehung verlangt eine Ressource die Unterstützung einer anderen – so erfordert der Einsatz nicht automatischer Geräte oft erhebliche Fertigkeiten aufseiten ihrer Bediener. Schließlich gilt es, die Kombination von Ressourcen optimal auf die anstehenden Belastungen abzustimmen; diese Abstimmung wird erleichtert, wenn die Freiheit bei der Wahl von Anforderungen dazu genutzt wird, die anstehenden Belastungen umgekehrt an das Ensemble der verfügbaren Ressourcen anzupassen.

3.6 Facit: Ebenen der Beanspruchung und das Problem der Ökonomie

In den Abschnitten 3.4 und 3.5 werden offensichtlich zwei verschiedene Ebenen der Beanspruchung zum Thema. Die erste – sie wurde in Abschnitt 3.4 behandelt – kann man die Ebene der exekutiven Beanspruchung nennen. Exekutive Beanspruchung bildet die unmittelbare Konsequenz der Konfrontation mit einer Belastung; sie entsteht, wenn Ressourcen ins Feld geführt werden, um die aktuelle Belastung zu bewältigen. Auf dieser ersten Ebene spielt sich die alltägliche Arbeit ab. Die zweite Ebene – ihr war der Abschnitt 3.5 gewidmet – kann man als Ebene der präparativen Beanspruchung bezeichnen. Präparativ sei sie deshalb genannt, weil sie in vorbereitender Manier Ressourcen schafft, freigibt oder vorenthält, die bei einer Konfrontation mit einer Belastung einzusetzen sind; mitunter übt sie sogar auf die Belastung selbst Einfluß aus, mit der eine Konfrontation erfolgt. Die präparative Ebene ist am offenkundigsten bei der Arbeitsplanung sowie in der Ausbildung verwirklicht. Man kann die Systematik noch weiter treiben und herausstreichen, daß nach dieser Beschreibung die präparative Ebene, weil diese die Rahmenbedingungen für die Vorgänge auf der exekutiven Ebene setzt, in hierarchischer Sicht die höhere ist und bei einer perspektivischen Betrachtung als Metaebene dient.

In der Regulation der Beanspruchung auf beiden Ebenen kommen Probleme der Ökonomie zum Vorschein. Die Frage ist: Wann lohnt sich eine Beanspruchung, und wann sind Personen bereit, eine Beanspruchung auf sich zu nehmen? Nutzen und Kosten sind bei der ökonomischen Analyse vorrangig zu unterscheiden. Die beiden Begriffe lassen sich wohl auch psychologisch sinnvoll und ohne Bezug auf Geldwerte definieren. Psychische Kosten (vgl. zu diesem Begriff bereits Abschnitt 2.4) sind mit der Bindung, vor allem aber mit dem Verbrauch persönlicher Ressourcen gleichzusetzen; sie entstehen aber auch aus der Erfahrung der Bindung und Einbuße äußerer Ressourcen. Die Bewältigung von Belastungen (Ebene 1) zählt offenkundig als Nutzen, ebenso die angemessene Vorbereitung auf die Auseinandersetzung mit Belastungen (Ebene 2). Nutzen ist psychologisch sinnvoll als Zuwachs von Ressourcen zu ermitteln, aber auch als Ersparnis von Ressourcen; zur Ersparnis von Ressourcen trägt jede Bewältigung von Belastungen bei, weil sie die Zeit der Auseinandersetzung mit ihnen verkürzt (Schönpflug 1985). Eine Ersparnis läßt sich allerdings auch erzielen, indem man die Auseinandersetzung mit einer Belastung meidet – etwa durch Anwendung einer Strategie der Selbstbehinderung (s. Abschnitt 3.5).

Der Beanspruchung fällt somit eine Doppelrolle zu. Auf der einen Seite bildet sie einen Kostenfaktor. Auf der anderen läßt sich ohne sie ein Nutzen nicht erzielen. Lohnend wird sie dann, wenn ihr Nutzen die mit ihr verbundenen Kosten übertrifft. Dies kann unter Umständen erst bei langfristiger Bilanzierung der Fall sein. Mitunter erscheint bei kurzfristiger Betrachtung eine starke Beanspruchung für die Beseitigung einer geringen Belastung als hoch; in der langfristigen Betrachtung erweist sich jedoch eine kurze und starke Beanspruchung gegenüber einer geringen, aber lange Zeit andauernden Belastung als vorteilhaft. Entsprechend mag der Verzicht auf die Auseinandersetzung mit einer Belastung sich mitunter langfristig als weise Entscheidung rechtfertigen, mitunter nur kurzfristig lohnen.

So bieten sich ökonomische Analysen der Beanspruchung und des Umgangs mit Ressourcen an. Bereits ausgearbeitete Nutzen-Kosten-Theorien wie die von Rofé (1984) über den Zusammenhang von Belastung und dem Anschluß an Partner können dabei ein Vorbild sein. Bedenken könnte man gegen ökonomische Analysekonzepte vorbringen, weil sie sich einseitig an Kriterien wie Nutzenmaximierung oder Kostenminderung orientieren. Diesen Bedenken ist entgegenzuhalten, daß die Untersuchung ökonomischer Prozesse sich keineswegs auf das rationale Nutzen-Kosten-Kalkül einengt. Auch andere für Entscheidungen maßgebende Prinzipien lassen sich in die Analyse einbringen, aus psychologischer Sicht etwa Gewohnheiten, Ängste, Hoffnungen und Zwänge – entsprechend den Autoritäten und Traditionen der Mikroökonomie (vgl. von Böventer 1984).

4 *Ausblick: Praktische Konsequenzen*

Es waren zahlreiche und verschiedenartige Konzepte und Theorien, die in diesem Kapitel ausgebreitet wurden. Sie stützen sich auf Erfahrungen in dokumentierten Prüfsituationen. Wie weit sie sich in weiteren und möglicherweise grundlegend anderen Situationen bewähren, ist neu in Erfahrung zu bringen. Auf keinen Fall lassen sich die dargestellten Konzepte und Theorien der Anwendung zuführen, ohne den Besonderheiten einzelner Praxisfelder angepaßt worden zu sein. Eine Anpassung wird freilich nur so weit gelingen, wie die Begriffe und Annahmen für das betreffende Praxisfeld von Bedeutung und Gewicht sind. Mit Münsterberg (1914) kann man zwei Arten von Anwendungssituationen unterscheiden: Solche, die in der Vergangenheit liegen und eine Erklärung verlangen, und solche, die in der Zukunft zu realisieren sind und eine Gestaltung erfordern.

An beide Arten von Anwendungssituationen sollte man mit einem breit gefächerten begrifflichen und theoretischen Repertoire herangehen. Der Reichtum an Modellvorstellungen ist eine Warnung vor vorschnellen Vereinfachungen in der Praxis. Insbesondere sollten zur Diagnose und zur Prävention von unzumutbarer Belastung und Beanspruchung die folgenden Bereiche gleichrangig berücksichtigt werden:

1. Die Belastungsbedingungen am Arbeitsplatz.
2. Das Verhalten am Arbeitsplatz, soweit es der Bewältigung von Arbeitsaufgaben und weiteren Belastungen dient.
3. Die Qualifikation der Arbeitenden zur Bewältigung ihrer Arbeitsaufgaben sowie der weiteren Belastungen.

Entsprechend dieser Dreiteilung wird die psychologisch betriebene Ergonomie sich nicht auf die Beurteilung und Gestaltung von Arbeitsplätzen und deren Umgebung beschränken dürfen. Verhaltens- (einschließlich Fehler)analysen werden diese ergänzen müssen. Mehr noch: Erst aus der Interaktion von Belastungsgrößen und individuellen und sozialen Bewältigungsmaßnahmen wird die Herkunft und Höhe der Beanspruchung zu ermitteln sein. Daraus erwächst die ergonomische Aufgabe zum Entwurf optimaler Arbeitstätigkeiten und Schutzmaßnahmen für den Arbeitenden. Richtet sich somit die Aufmerksamkeit auf die Fähigkeit des Arbeitenden, seine Beanspruchung zumutbar zu halten, wird zum dritten seine Vorbereitung auf die Belastungen an seinem Arbeitsplatz zum Problem. Innerbetriebliche und überbetriebliche Ausbildungs- und Weiterbildungsprogramme sind damit gefordert, die mit der Einführung in eine Arbeitsaufgabe ein Training im Erkennen und Bewältigen sämtlicher Belastungen am Arbeitsplatz verbinden.

Dem Praktiker sollte an der obigen Zusammenstellung zu denken geben, welch breiten Raum die personzentrierten Ansätze im Vergleich zu den situationszentrierten einnehmen. Situationszentrierte Ansätze beruhen auf der Vorstellung, in der Belastungssituation falle dem betroffenen Menschen stets die Rolle des Opfers zu. Die Konsequenz einer solchen Vorstellung ist, die Diagnostik als Wirkungsanalyse und die Gestaltung als Umweltkontrolle anzulegen. Personzentrierte Ansätze betonen dagegen die Reflektiertheit und Aktivität des Betroffenen, seine Fähigkeit, mögliche Belastungsfaktoren verschieden zu deuten, ihnen zu entgehen, sie herbeizuführen, vor ihnen zu versagen oder sie zu beseitigen. Aus dieser Sicht kommt es darauf an, dem Betroffenen die Möglichkeit der Selbstdiagnose zu erschließen und ihm dazu realistische Einschätzungen von Belastungssituationen und eigenen Wirkungsmöglichkeiten zu vermitteln. Ebenso gilt es aus dieser Sicht, dem Betroffenen zu Kompetenzen der effektiven Bewältigung von Belastungen zu verhelfen und ihn in der Fähigkeit zur Selbstregulation zu üben. So dürften situationsbezogene Ansätze im wissenschaftlichen Denken mit dirigistischen Tendenzen in der Arbeitswelt (denen eine soziale und fürsorgliche Absicht keineswegs abgesprochen sein soll) korrespondieren, während die personbezogenen Ansätze eher mit Bestrebungen nach Autonomie und Selbstverantwortung bei der Arbeit einhergehen.

Literatur

Abdel-Halim, A. A. 1982. Social support and managerial affective responses to job stress. Journal of Occupational Behaviour, **3,** 281–295.

Ach, N. 1935. Analyse des Willens. In Abderhalden, E. (Hrsg.). Handbuch der biologischen Arbeitsmethoden. Band 6. Berlin: Urban & Schwarzenberg.

Adler, A. 1973. Die Theorie der Organminderwertigkeit und ihre Bedeutung für Philosophie und Psychologie. In Adler, A. & Furthmüller, C. (Hrsg.). Heilen und Bilden. Frankfurt: Fischer. 42–52. (Erstausgabe 1907).

Appley, M. H. & Trumbull, R. 1967. On the concept of psychological stress. In Appley, M. H. & Trumbull, R. (Hrsg.). Psychological stress. New York: Appleton-Century-Crofts. 1–13.

Averill, J. R. 1973. Personal control over aversive stimuli and its relationship to stress. Psychological Bulletin, **80,** 286–303.

Averill, J. R. 1979. Anger. In Howe, H. E. & Dienstbier, R. A. (Hrsg.). Nebraska Symposium on Motivation, **26.** Lincoln: University of Nebraska Press. 1–80.

Bachmann, W., Heinroth, H. & Renner, K. 1978. Psychohygienische Probleme der Berufsarbeit. Zeitschrift für die gesamte Hygiene, **24,** 588–594.

Bartenwerfer, H. 1961. Psychische Beanspruchung und Ermüdung. In Mayer, A. & Herwig, B. (Hrsg.). Handbuch der Psychologie. Band 9. Betriebspsychologie. Göttingen: Hogrefe, 252–275 (2. Auflage 1970, 168–209).

Bartenwerfer, H. 1963. Über Art und Bedeutung der Beziehung zwischen Pulsfrequenz und skalierter psychischer Anspannung. Zeitschrift für experimentelle und angewandte Psychologie, **10,** 455–470.

Basowitz, H., Persky, H., Korchin, S. J. & Grinker, R. R. 1955. Anxiety and stress. New York: McGraw-Hill.

Battmann, W. 1984. Regulation und Fehlregulation im Verhalten. IX. Entlastung und Belastung durch Planung. Psychologische Beiträge, **26,** 672–691.

Battmann, W. im Druck. Request of feedback as a means of self-assessment and affect optimization. Motivation and Emotion.

Bergius, R. 1984. Sozialwissenschaftliche Forschungen zum Energieproblem der Wirtschaft. Psychologische Rundschau, **35,** 185–197.

Berglas, S. & Jones, E. E. 1978. Drug choice as a self-handicapping strategy in response to noncontingent success. Journal of Personality and Social Psychology, **36,** 405–417.

Berlyne, D. E. 1960. Conflict, arousal, and curiosity. New York: McGraw-Hill.

Bornemann, E. 1959. Untersuchungen über den Grad der geistigen Beanspruchung. Meisenheim: Hain. (Nachdruck von 1942. Arbeitsphysiologie, **12,** 142–191).

Bornemann, E. 1956/57. Psychologie der Ermüdung. Psychologie und Praxis, **1,** 57–69.

von Böventer, E. 1984 (4. Auflage). Einführung in die Mikroökonomie. München: Oldenbourg.

von Bracken, H. 1952. Komponenten der Ermüdung. Zentralblatt für Arbeitswissenschaft, **6,** 161–164.

Breznitz, S. (Hrsg.). 1983. Denial of stress. New York: International Universities Press.

Breznitz, S. 1984. Cry wolf: The psychology of false alarms. Hillsdale: Erlbaum.

Broadbent, D. E. 1971. Decision and stress. London: Pergamon.

Brockhaus Enzyklopädie (Band 2). 1967. Wiesbaden: Brockhaus.

Bruggemann, A., Großkurth, P. & Ulich, E. 1975. Arbeitszufriedenheit. Bern: Huber.

Bürgerliches Gesetzbuch 1982. (26. Auflage, herausgegeben von Beck, C. H.). München: Deutscher Taschenbuch Verlag.

Byrne, D. 1964. Repression-sensitization as a dimension of personality. In Maher, B. A. (Hrsg.). Progress in Experimental Personality Research. Band 1. New York: Academic Press. 169–220.

Cameron, C. 1973. A theory of fatigue. Ergonomics, **16,** 633–648.

Cannon, W. B. 1914. The interrelations of emotions as suggested by recent physiological researches. American Journal of Psychology, **25,** 256–282.

Caplan, R. D., Cobb, S., French, J. R. P., Harrison, R. V. & Pinneau, S. R. 1982. Arbeit und Gesundheit. Bern: Huber. (Übersetzung der englischen Erstausgabe von 1975).

Cohen, S. 1980. Aftereffects of stress in human performance and social behavior: A review of research and theory. Psychological Bulletin, **88,** 82–108.

Davies, R. D., Shackleton, V. J. & Parasuraman, R. 1983. Monotony and boredom. In Hockey, R. (Hrsg.). Stress and fatigue in human performance. Chicester: Wiley. 1–32.

Deutsches Institut für Normung. 1967. DIN 45 630: Grundlagen der Schallmessung. Blatt 1: Physikalische und subjektive Größen von Schall.

van Dijkhuizen, N. 1980. From stressors to strains. Lisse: Swets & Zeitlinger.

Duden. 1977. Das große Wörterbuch der deutschen Sprache (Band 1). Mannheim: Dudenverlag.

Duffy, E. 1962. Activation and behavior. New York: Wiley.

Düker, H. 1963. Über reaktive Anspannungssteigerung. Zeitschrift für experimentelle und angewandte Psychologie, **10,** 46–72.

Dunckel, H. 1985. Mehrfachbelastungen am Arbeitsplatz und psychosoziale Gesundheit. Frankfurt a. M.: Lang.

Ellis, A. 1978. What people can do for themselves to cope with stress. In Cooper, C. L. & Payne, R. (Hrsg.). Stress at work. Chicester: Wiley. 209–222.

Ernst, G., 1984. Die Interferenz von Arbeit und Freizeit bei verschiedenen Arbeitssystemen. Frankfurt a. M.: Lang.

Eysenck, H. J. 1967. The biological basis of personality. Springfield: Thomas.

Eysenck, M. 1983. Incentives. In Hockey, R. (Hrsg.). Stress and fatigue in human performance. Chicester: Wiley. 169–202.

Fahrenberg, J., Walschburger, P., Foerster, F., Myrtek, M. & Müller, W. 1979. Psychophysiologische Aktivierungsforschung. Ein Beitrag zu den Grundlagen der multivariaten Emotions- und Streßtheorie. München: Minerva.

Farber, B. A. (Hrsg.). 1983. Stress and burnout in the human service professions. New York: Pergamon.

Frankenhaeuser, M. 1979. Psychoneuroendocrine approaches to the study of emotion as related to stress and coping. In Howe, H. E. & Dienstbier, R. A. (Hrsg.). Nebraska Symposium on Motivation, **26.** Lincoln: University of Nebraska Press. 123–161.

Frankenhaeuser, M. & Lundberg, U. 1974. Immediate and delayed effects of noise on performance and arousal. Biological Psychology, **2,** 127–133.

French, J. R. P. 1978. Person-Umwelt-Übereinstimmung und Rollenstress. In Frese, M., Greif, S. & Semmer, N. (Hrsg.). Industrielle Psychopathologie. Bern: Huber. 42–51.

French, J. R. P., Rodgers, W. & Cobb, S. 1974. Adjustment as person-environment fit. In Coelho, G.V., Hamburg, D. A. & Adams, J. S. (Hrsg.). Coping and adaptation. New York: Basic Books. 316–333.

Frese, M. 1978. Partialisierte Handlung und Kontrolle: Zwei Themen der industriellen Psychopathologie. In Frese, M., Greif, S. & Semmer, N. (Hrsg.). Industrielle Psychopathologie. Bern: Huber. 159–183.

Frese, M. 1985. Stress at work and psychosomatic complaints: A causal interpretation. Journal of Applied Psychology, **70,** 314–328.

Frese, M. & Greif, S. 1978. „Humanisierung der Arbeit" und Stress-Kontrolle. In Frese, M., Greif, S. & Semmer, N. (Hrsg.). Industrielle Psychopathologie. Bern: Huber. 216–231.

Frese, M., Greif, S. & Semmer, N. (Hrsg.). 1978. Industrielle Psychopathologie. Bern: Huber.

Freud, S. 1972. Hemmung, Symptom und Angst. Gesammelte Werke. Band 14. Frankfurt: Fischer. 111–205. (Erstausgabe 1926).

Freud, S. 1973. Psychopathologie des Alltagslebens. Gesammelte Werke. Band 4. Frankfurt: Fischer. (Erstausgabe 1901).

Freudenberger, H. J. 1974. Staff burnout. Journal of Social Issues, **30,** 159–165.

Freudenberger, H. J. & Richelson, G. 1980. Burnout: The high cost of high achievement. Garden City, N.Y.: Anchor Press.

Gardell, B. 1978. Arbeitsgestaltung, intrinsische Arbeitszufriedenheit und Gesundheit. In Frese, M., Greif, S. & Semmer, N. (Hrsg.). Industrielle Psychopathologie. Bern: Huber. 52–111.

Gardell, B. & Johansson, G. (Hrsg.). 1981. Working life: A social science contribution to work reform. Chicester: Wiley.

Gebert, D. 1981. Belastung und Beanspruchung in Organisationen. Stuttgart: Poeschel.

Getzels, J. W. & Csikszentmihalyi, M. 1975. From problem solving to problem finding. In Taylor, I. A. & Getzels, J. W. (Hrsg.). Perspectives in creativity. Chicago: Aldine. 90–116.

Giese, F. 1927. Methoden der Wirtschaftspsychologie. In Abderhalden, E. (Hrsg.). Handbuch der biologischen Arbeitsmethoden. Band 9. Berlin: Urban & Schwarzenberg.

Glass, D. C. & Singer, J. E. 1972. Urban stress. New York: Academic Press.

Glass, D. C., Singer, J. E. & Friedman, L. N. 1969. Psychic cost of adaptation to an environmental stressor. Journal of Personality and Social Psychology, **12,** 200–210.

Gopher, D., Brickner, M. & Navon, D. 1982. Different difficulty manipulations interact differently with task emphasis: Evidence for multiple resources. Journal of Experimental Psychology: Human Perception and Performance, **8,** 146–157.

Gopher, D. & Sanders, A. F. 1984. S-Oh-R: Oh stages! Oh resources! In Prinz, W. & Sanders, A. F. (Hrsg.). Cognition and motor processes. Berlin: Springer. 231–253.

Graf, O. 1960. Arbeitsphysiologie. Wiesbaden: Gabler.

Graf, O., Pirtkien, R., Rutenfranz, J. & Ulich, E. 1958. Nervöse Belastung im Betrieb. I. Nachtarbeit und nervöse Belastung. Köln: Westdeutscher Verlag.

Greif, S. 1979. Psychischer Stress am Arbeitsplatz. Schweizerische Zeitschrift für Psychologie und ihre Anwendungen, **38,** 244–251.

Greif, S. 1983. Streß und Gesundheit. Ein Bericht über Forschungen zur Belastung am Arbeitsplatz. Zeitschrift für Sozialisationsforschung und Erziehungssoziologie, **3,** 41–58.

Greiff, B. S. 1974. Work performance and occupational stress. In McLean, A. (Hrsg.). Occupational stress. Springfield: Thomas. 91–93.

Grimm, J. & Grimm, W. 1854, 1885. Deutsches Wörterbuch (Bände 1 und 6). Leipzig: Hirzel.

Grinker, R. R. & Spiegel, J. P. 1945. Men under stress. London: Churchill.

Guion, R. M. 1965. Personnel testing. New York: McGraw-Hill.

Haan, N. (Hrsg.). 1977. Coping and defending: Processes of self-environment organization. New York: Academic Press.

Haan, N. 1982. The assessment of coping, defense, and stress. In Goldberger H. & Breznitz, S. (Hrsg.). Handbook of stress. New York: Free Press. 254–269.

Hacker, W. 1976. Psychische Regulation von Arbeitstätigkeiten: Innere Modelle, Strategien in Mensch-Maschine-Systemen, Belastungswirkungen. In Hacker, W. (Hrsg.). Psychische Regulation von Arbeitstätigkeiten. Berlin: Deutscher Verlag der Wissenschaften. 21–38.

Hacker, W. 1978. Allgemeine Arbeits- und Ingenieurspsychologie. Bern: Huber.

Hacker, W. 1981. Psychische Anforderungen. In Stoll, F. (Hrsg.). Die Psychologie des 20. Jahrhunderts. Anwendungen im Berufsleben. Band 13. Zürich: Kindler. 635–658.

Hacker, W., Plath, H. E., Richter, P. & Zimmer, K. 1978. Internal representation of task structure and mental load of work: Approaches and methods of assessment. Ergonomics, **21,** 187–194.

Hacker, W. & Richter, P. 1980. Psychische Fehlbeanspruchung: Psychische Ermüdung, Monotonie, Sättigung und Stress. Berlin: Deutscher Verlag der Wissenschaften.

Hackman, J. R. 1970. Tasks and task performance in research on stress. In McGrath, J. E. (Hrsg.). Social and psychological factors in stress. New York: Holt, Rinehart & Winston. 202–237.

Hackman, J. R. & Lawler, E. E. 1971. Employee reactions to job characteristics. Journal of Applied Psychology Monograph, **55,** 259–286.

Haider, M. 1969. Elektrophysiologische Indikatoren der Aktiviertheit. In Schönpflug, W. (Hrsg.). Methoden der Aktivierungsforschung. Bern: Huber. 125–156.

Hamilton, V. 1983. The cognitive structures and processes of human motivation and personality. Chicester: Wiley.

van Harrison, R. 1978. Person-environment fit and job stress. In Cooper, C. L. & Payne, R. (Hrsg.). Stress at work. Chicester: Wiley. 175–205.

Herrmann, Th. 1976. Die Psychologie und ihre Forschungsprogramme. Göttingen: Hogrefe.

Hillgruber, A. 1912. Fortlaufende Arbeit und Willensbetätigung. Untersuchungen zur Psychologie und Philosophie, **1,** Heft 6.

Hinkle, L. E. 1973. The concept of ‚stress' in the biological and social sciences. Science, Medicine and Man, **1,** 31–48.

Hockey, G. R. J. 1970. Signal probability and spatial location as possible bases for increased selectivity in noise. Quarterly Journal of Experimental Psychology, **22,** 37–42.

Hockey, R. 1979. Stress and the cognitive components of skilled performance. In Hamilton, V. & Warburton, D. M. (Hrsg.). Human stress and cognition: An information-processing approach. Chicester: Wiley. 141–177.

Höfert, W. 1981. Lärm und Blendung: zu einigen Effekten kombinierter Umgebungsstressoren. In Schick, A. (Hrsg.). Akustik zwischen Physik und Psychologie. Stuttgart: Klett-Cotta. 207–210.

Holding, D. H. 1983. Fatigue. In Hockey, R. (Hrsg.). Stress and fatigue in human performance. Chicester: Wiley. 145–168.

Holt, R. R. 1982. Occupational stress. In Goldberger, L. & Breznitz, S. (Hrsg.). Handbook of stress. New York: Free Press. 419–444.

Höpfner, H.-D. & Skell, W. 1983. Zur Systematisierung von Formen der Übung kognitiver Prozesse – Klassifikationsgesichtspunkte und Darstellung entscheidender Variabler. Forschung der sozialen Berufsbildung, **17,** 161–166.

Hoppe, F. 1930. Untersuchungen zur Handlungs- und Affektpsychologie. IX. Erfolg und Mißerfolg. Psychologische Forschung, **14,** 1–63.

Hörmann, H. & Todt, E. 1960. Lärm und Lernen. Zeitschrift für experimentelle und angewandte Psychologie, **7,** 422–426.

House, J. S. 1981. Work stress and social support. Reading, Mass.: Addison-Wesley.

Hoyos, C. Graf 1974. Arbeitspsychologie. Stuttgart: Kohlhammer.

Hoyos, C. Graf 1980. Psychologische Unfall- und Sicherheitsforschung. Stuttgart: Kohlhammer.

Idzikowski, Ch. & Baddeley, A. D. 1983. Fear and dangerous environments. In Hockey, R. (Hrsg.). Stress and fatigue in human performance. Chicester: Wiley. 123–144.

Jones, D. 1983. Noise. In Hockey, R. (Hrsg.). Stress and fatigue in human performance. Chicester: Wiley. 61–96.

Kahn, R. L. 1974. Conflict, ambiguity and overload: three elements in job stress. In McLean, A. (Hrsg.). Occupational stress. Springfield: Thomas. 47–61.

Kahn, R. L., Wolfle, D. M., Quinn, R. P., Snoek, J. D. & Rosenthal, R. A. 1964. Organizational stress: studies in role conflict and ambiguity. New York: Wiley.

Kahneman, D. 1973. Attention and effort. Englewood Cliffs: Prentice Hall.

Kaminski, G. 1983. Probleme einer ökopsychologischen Handlungstheorie. In Montada, L., Reusser, K. & Steiner, G. (Hrsg.). Kognition und Handeln. Stuttgart: Klett-Cotta. 35–53.

Kantowitz, B. H. & Sorkin, R. D. 1983. Human factors: understanding people-systems relationships. New York: McGraw-Hill.

Karasek, R. A. 1979. A stress management model of job strain. Administrative Science Quarterly, **24,** 285–308.

Karsten, A. 1928. Psychische Sättigung. Psychologische Forschung, **10,** 142–254.

Kasl, S. V. 1978. Epidemiological contributions to the study of work stress. In Cooper, C. L. & Payne, R. (Hrsg.). Stress at work. Chicester: Wiley. 3–48.

Kleinbeck, U., Schmidt, K.-H. & Ottmann, W. 1982. Beziehungen zwischen Motivation und Handlungssteuerung unter Bedingungen mentaler Mehrfachbelastung. In Rohmert, W. (Hrsg.). Ergonomie der kombinierten Belastungen. Köln: Schmidt. 128–148.

Kolb, H. 1979. Das verkleidete Passiv. In Braun, P. (Hrsg.). Deutsche Gegenwartssprache. München: Fink. 265–295.

Kraepelin, E. 1902. Die Arbeitskurve. Wundt's Philosophische Studien, Band 19.

Krenauer, M. & Schönpflug, W. 1980. Regulation und Fehlregulation im Verhalten. III. Zielsetzung und Ursachenbeschreibung unter Belastung. Psychologische Beiträge, **22,** 414–431.

Künstler, B. & Zimmer, K. 1982. Toward the analysis of motivational influences in coping with mental load. In Bachmann, W. & Udris, I. (Hrsg.). Mental load and stress in activity – European approaches. Berlin: Deutscher Verlag der Wissenschaften. 79–83.

Laux, L. 1986. A self-presentational view of coping with stress. In Appley, M. H. & Trumbull, R. (Hrsg.). Dynamics of stress. New York: Plenum. 235–255.

Lazarus, R. S. 1966. Psychological stress and the coping process. New York: McGraw-Hill.

Lazarus, R. S. 1983. Costs and benefits of denial. In Breznitz, S. (Hrsg.). Denial of stress. New York: International Universities Press. 1–30.

Lazarus, R. S. & Cohen, J. B. 1978. Environmental stress. In Altman, J. & Wohlwill, J. F. (Hrsg.). Human behavior and environment. New York: Plenum. 89–127.

Lazarus, R. S. & Launier, R. 1978. Stress-related transactions between persons and environment. In Pervin, L. A. & Lewis, M. (Hrsg.). Perspectives in interactional psychology. New York: Plenum. 287–327.

Lehmann, G. 1953. Praktische Arbeitsphysiologie. Stuttgart: Thieme.

Levi, L. 1974. Psychosocial stress and disease: A conceptual model. In Gunderson, E. K. E. & Rahe, R. H. (Hrsg.). Life stress and illness. Springfield: Thomas. 8–33.

Levi, L. & Andersson, L. 1975. Psychosocial stress: Population, environment and quality of life. New York: Spectrum.

Lindsley, D. B. 1951. Emotion. In Stevens, S. S. (Hrsg.). Handbook of Experimental Psychology. New York: Wiley. 473–516.

Lumsden, D. P. 1975. Towards a systems model of stress: feedback from an anthropological study of the impact of Ghana's Volta River project. In Sarason, I. G. & Spielberger, Ch. D. (Hrsg.). Stress and anxiety. Band 2. New York: Wiley. 191–228.

Lundberg, U. & Frankenhaeuser, M. 1980. Pituitary-adrenal and sympathetic-adrenal correlates of stress and effort. Journal of Psychosomatic Research, **24,** 125–130.

Margolis, B. K., Kroes, W. H. & Quinn, R. P. 1974. Job stress: An unlisted occupational hazard. Journal of Occupational Medicine, **16,** 654–661.

Maslach, C. 1976. Burned out. Human Behavior, **5,** 16–22.

Maslach, C. 1982. Understanding burnout: Definitional issues analyzing a complex phenomenon. In Payne, W. S. (Hrsg.). Job stress and burnout. Beverly Hills: Sage. 29–40.

McGrath, J. E. 1976. Stress and behavior in organizations. In Dunnette, N. D. (Hrsg.). Handbook of industrial and organizational psychology. Chicago: Rand McNally. 1351–1395.

McLean, P. D. 1976. Depression as a specific response to stress. In Sarason, I. G. & Spielberger, Ch. D. (Hrsg.). Stress and anxiety. Band 3. New York: Wiley. 297–324.

Meichenbaum, D. & Novaco, R. 1978. Stress inoculation: A preventive approach. In Spielberger, Ch. D. & Sarason, I. G. (Hrsg.). Stress and anxiety. Band 5. Washington: Hemisphere. 317–330.

Meister, W. 1969. Psychische Beanspruchung im Arbeitsprozeß. In Kulka, H. (Hrsg.). Arbeitspsychologie für die industrielle Praxis. Berlin: Verlag Technik. 111–130.

Meyer, W. U. 1984. Das Konzept von der eigenen Begabung. Bern: Huber.

Meyer, W. U. & Hallermann, B. 1974. Anstrengungsintention bei leichten und schweren Aufgaben in Abhängigkeit von der wahrgenommenen eigenen Begabung. Archiv für Psychologie, **126,** 85–89.

Miller, S. M. 1981. Predictability and human stress: Toward a clarification of evidence and theory. In Berkowitz, L. (Hrsg.). Advances in experimental social psychology. Band 14. New York: Academic Press. 203–256.

Monk, T. & Folkard, S. 1983. Circadian rhythms and shiftwork. In Hockey, R. (Hrsg.). Stress and fatigue in human performance. Chicester: Wiley. 97–122.

Moray, N. 1982. Subjective mental workload. Human Factors, **24,** 25–40.

Mosso, A. 1892. Die Ermüdung. Leipzig: Hirzel.

Münsterberg, H. 1914. Grundzüge der Psychotechnik. Leipzig: Barth.

Nachreiner, F. 1981. Lärm: Isolierte Belastungsgröße oder Komponente der Gesamtbelastung? Einige eher grundsätzliche Überlegungen zum Problem der Belastung und Beanspruchung durch Lärm am Arbeitsplatz. In Schick, A. (Hrsg.). Akustik zwischen Physik und Psychologie. Stuttgart: Klett-Cotta. 211–214.

Nachreiner, F. 1984. Belastungs – Beanspruchungsmodelle in der Schallwirkungsforschung. In Schick, A. & Walcher, K. P. (Hrsg.). Beiträge zur Bedeutungslehre des Schalls. Bern: Lang. 285–294.

Navon, D. & Gopher, D. 1979. On the economy of the human processing system. Psychological Review, **86,** 214–255.

Neuberger, O. & Allerbeck, M. 1978. Messung und Analyse von Arbeitszufriedenheit. Bern: Huber.

Nieke, K. 1980. Materialismus. In Ritter, J. & Gründer, K. (Hrsg.). Historisches Wörterbuch der Philosophie. Band 5. Basel: Schwabe. 842–850.

Nitsch, J. R. 1981. Streßtheoretische Modellvorstellungen. In Nitsch, J. R. (Hrsg.). Stress – Theorien, Untersuchungen, Maßnahmen. Bern: Huber. 52–141.

Norman, D. A. 1981. Categorization of action slips. Psychological Review, **88,** 1–15.

Norman, D. A. & Bobrow, D. G. 1975. On data-limited and resource-limited processes. Cognitive Psychology, **7,** 44–64.

Offner, M. 1928 (2. Auflage). Die geistige Ermüdung. Berlin: Reuther & Reichard.

Paul, H. 1958. Über den Psycho-Stress. Psychologie und Praxis, **2,** 1–13.

Payne, R. 1980. Organizational stress and social support. In Cooper, C. L. & Payne, R. (Hrsg.). Current concerns in occupational stress. New York: Wiley. 269–298.

Pines, A. & Aronson, E. 1981. Burnout: From tedium to personal growth. New York: Free Press.

Poulton, Ch. 1978. Blue collar stressors. In Cooper, C. L. & Payne, R. (Hrsg.). Stress at work. Chicester: Wiley. 51–79.

Pribram, K. H. & McGinnies, D. 1975. Arousal, activation and effort in the control of attention. Psychological Review, **82,** 116–149.

Ramsey, J. D. 1983. Heat and cold. In Hockey, R. (Hrsg.). Stress and fatigue in human performance. Chicester: Wiley. 33–60.

Reason, J. 1979. Actions not as planned: The prize of automatization. In Underwood, G. & Stevens, R. (Hrsg.). Aspects of consciousness. Band 1. London: Academic Press. 67–89.

Reykowski, J. 1972. Efficiency of self-regulation and tolerance for stress. Studia Psychologica, **14,** 294–300.

Reykowski, J. 1978. Persönlichkeitspsychologische Mechanismen prosozialen Verhaltens. Probleme und Ergebnisse der Psychologie, **67,** 65–86.

Richter, P., Richter, P. G. & Schmidt, Ch. 1982. Psychophysiological analysis and evaluation of mental load in field studies. In Bachmann, W. & Udris, I. (Hrsg.). Mental load and stress in activity – European approaches. Berlin: Deutscher Verlag der Wissenschaften. 33–41.

Rofé, Y. 1984. Stress and affiliation: A utility theory. Psychological Review, **91,** 235–250.

Rohmert, W. 1973. Psycho-physische Belastung und Beanspruchung von Fluglotsen. Berlin: Beuth.

Rohmert, W. 1984. Das Belastungs-Beanspruchungs-Konzept. Zeitschrift für Arbeitswissenschaft, **38,** 193–200.

Rohmert, W. & Rutenfranz, J. 1975. Arbeitswissenschaftliche Beurteilung der Belastung und Beanspruchung an unterschiedlichen industriellen Arbeitsplätzen. Bonn: Bundesminister für Arbeit und Sozialordnung.

Rohrmann, B. 1984. Psychologische Kriterien zur „Erheblichkeit" von Belästigungen. In Schick, A. & Walcher, K. P. (Hrsg.). Beiträge zur Bedeutungslehre des Schalls. Bern: Lang. 139–149.

Rühmann, H. & Bubb, H. 1981. Belastung und Ermüdung. In Stoll, F. (Hrsg.). Die Psychologie des 20. Jahrhunderts. Band 13. Anwendungen im Berufsleben. Zürich: Kindler. 310–340.

Rutenfranz, J. 1976. Arbeitsmedizinische Erwartungen an die Ergonomie. In Brenner, W., Rohmert, W. & Rutenfranz, J. (Hrsg.). Ergonomische Aspekte der Arbeitsmedizin. Stuttgart: Gentner. 31–38.

Rüssel, A. 1961. Arbeitspsychologie. Bern: Huber.

Scheuch, K. & Schreinicke, G. 1983. Streß. Gedanken – Theorien – Probleme. Berlin: Volk und Gesundheit.

Schmidtke, H. 1965. Die Ermüdung. Bern: Huber.

Schmidtke, H. & Schmale, H. 1962. Untersuchungen zur Genese des Anstrengungserlebnisses. Psychologische Beiträge, **7,** 370–386.

Schönpflug, W. 1965. Eine Kategorienskala erlebter Aktivierung und ihre Beziehungen zu Puls- und Hautwiderstandswerten. In Heckhausen, H. (Hrsg.). Bericht über den 24. Kongreß der Deutschen Gesellschaft für Psychologie in Wien 1964. Göttingen: Hogrefe. 281–288.

Schönpflug, W. 1979. Regulation und Fehlregulation im Verhalten. I. Verhaltensstruktur, Effizienz und Belastung – theoretische Grundlagen eines Untersuchungsprogramms. Psychologische Beiträge, **21,** 174–282.

Schönpflug, W. 1983. Coping efficiency and situational demands. In Hockey, R. (Hrsg.). Stress and fatigue in human performance. Chicester: Wiley. 299–330.

Schönpflug, W. 1984. Regulation und Fehlregulation im Verhalten. X. Entlastung und Belastung durch gesundheitsfördernde Maßnahmen. Psychologische Beiträge, **26,** 692–721.

Schönpflug, W. 1985. Goal directed behavior as a source of stress: Psychological origins and consequences of inefficiency. In Frese, M. & Sabini, J. (Hrsg.). Goal directed behavior: The concept of action in psychology. Hillsdale, N.J.: Erlbaum. 172–188.

Schuler, R. S. 1980. Definition and conceptualization of stress in organizations. Organizational Behavior and Human Performance, **25,** 184–215.

Schulz, P. 1979. Regulation und Fehlregulation im Verhalten. II. Stress durch Fehlregulation. Psychologische Beiträge, **21,** 597–621.

Schulz, P. 1981. Die Beeinträchtigung des Lernprozesses durch Verkehrslärm bei unterschiedlich leistungsfähigen Personen. In Schick, A. (Hrsg.). Akustik zwischen Physik und Psychologie. Stuttgart: Klett-Cotta. 188–192.

Schulz, P. 1982. Regulation und Fehlregulation im Verhalten. VII. Entstehungsbedingungen und Erscheinungsweisen der emotionalen Belastung in Leistungssituationen. Psychologische Beiträge, **24,** 498–522.

Schulz, P. & Battmann, W. 1980. Die Auswirkungen von Verkehrslärm auf verschiedene Tätigkeiten. Zeitschrift für experimentelle und angewandte Psychologie, **27,** 592–606.

Schulz, P. & Schönpflug, W. 1982. Regulatory activity during states of stress. In Krohne, H. W. & Laux, L. (Hrsg.). Achievement, stress, and anxiety. Washington: Hemisphere . 51–74.

Schwarzer, R. 1981. Streß, Angst und Hilflosigkeit. Stuttgart: Kohlhammer.

Selye, H. 1936. A syndrome produced by diverse nocuous agents. Nature, **138,** 32.

Selye, H. 1952. The story of the adaptation syndrome. Montreal: Acta.

Selye, H. 1967. Streß und der schaffende Mensch. Arbeit und Leistung, **21,** 61–63.

Selye, H. 1981. Geschichte und Grundzüge des Streßkonzepts. In Nitsch, J. R. (Hrsg.). Stress – Theorien, Untersuchungen, Maßnahmen. Bern: Huber. 163–187.

Semmer, N. 1984. Streßbezogene Tätigkeitsanalyse. Weinheim: Beltz.

Shingledecker, C. A. & Holding, D. H. 1974. Risk and effort measures of fatigue. Journal of Motor Behavior, **6,** 17–25.

Sickel, W. 1962. Über das menschliche Enzephalogramm nach mehrstündiger psychischer Aktivität. Archiv für die gesamte Psychologie, **114,** 1–54.

Skinner, B. F. 1938. The behavior of organisms. New York: Appleton Century Crofts.

Smith, T. W., Snyder, C. R. & Handelsman, M. M. 1982. On the self-serving function of an academic wooden leg: Test anxiety as a self-handicapping strategy. Journal of Personality and Social Psychology, **42,** 314–321.

Sodhi, K. S. 1953. Urteilsbildung im sozialen Kraftfeld. Göttingen: Hogrefe.

Spielberger, Ch. D. 1980. Streß und Angst. Weinheim: Beltz.

Starischka, S. 1984. Verbesserung konditioneller Fähigkeiten. In Carl, K., Kayser, D., Mechling, H. & Preising, W. (Hrsg.). Handbuch Sport. Wissenschaftliche Grundlagen von Unterricht und Training. Band 1. Düsseldorf: Schwann. 421–456.

Sternberger, D., Storz, N. & Süskind, N. 1968. Aus dem Wörterbuch des Unmenschen. Neue erweiterte Ausgabe mit Zeugnissen des Streits über die Sprachkritik. Hamburg: Classen.

Strelau, J. 1975. Reactivity and activity style in selected occupations. Polish Psychological Bulletin, **5,** 199–206.

Strelau, J. 1983. Temperament, personality, activity. New York: Academic Press.

Teichner, W. H. 1968. Interaction of behavioral and physiological stress reactions. Psychological Review, **75,** 271–291.

Thayer, R. E. 1978. Towards a psychological theory of multidimensional activation (arousal). Motivation and Emotion, **2,** 1–34.

Thomas, E. A. 1983. Notes on effort and achievement-oriented behavior. Psychological Review, **90,** 1–20.

Thorndike, E. L. 1900. Mental fatigue. Psychological Review, **7,** 466–482.

Tomaszewski, T. 1978. Tätigkeit und Bewußtsein. Weinheim: Beltz.

Traxel, W. 1960. Die Möglichkeit einer objektiven Messung der Stärke von Gefühlen. Psychologische Forschung, **26,** 75–90.

Traxel, W. 1962. Grundzüge eines Systems der Motivierungen. Archiv für die gesamte Psychologie, **114,** 143–172.

Udris, I. 1981. Streß in arbeitspsychologischer Sicht. In Nitsch, J. R. (Hrsg.). Stress – Theorien, Untersuchungen, Maßnahmen. Bern: Huber. 391–440.

Ulich, E., Frei, F. & Baitsch, C. 1980. Zum Begriff der persönlichkeitsförderlichen Arbeitsgestaltung. Zeitschrift für Arbeitswissenschaft, **34,** 210–213.

Ulich, E., Grosskurth, P. & Bruggemann, A. 1973. Neue Formen der Arbeitsgestaltung. Frankfurt a. M.: Europäische Verlagsanstalt.

Ursin, H., Baade, E. & Levine, S. (Hrsg.). 1978. Psychobiology of stress. New York: Academic Press.

Vanderwolf, C. H. & Robinson, T. E. 1981. Reticulo-cortical activity and behavior. Behavioral and Brain Sciences, **4,** 459–514.

Volpert, W. 1974. Handlungsstrukturanalyse als Beitrag zur Qualifikationsforschung. Köln: Pahl-Rugenstein.

Volpert, W. 1983. Das Modell der hierarchisch-sequentiellen Handlungsorganisation. In Hacker, W., Volpert, W. & von Cranach, M. (Hrsg.). Kognitive und soziale Aspekte der Handlung. Bern: Huber. 38–58.

Vossel, G. & Laux, L. 1978. The impact of stress experience on heart rate and task performance in the presence of a novel stressor. Biological Psychology, **6,** 193–201.

Warren, N. & Clark, S. 1937. Blocking in mental and motor tasks during a 65-hour vigil. Journal of Experimental Psychology, **21,** 97–105.

Wehner, Th. 1984. Im Schatten des Fehlers. Einige methodisch bedeutsame Arbeiten zur Fehlerforschung. Bremer Beiträge zur Psychologie. Nr. 34. Bremen: Universität Bremen.

Weidenmann, B. 1978. Lehrerangst. München: Ehrenwirth.

Weiner, B. 1980. Human motivation. New York: Holt, Rinehart & Winston.

Weisgerber, L. 1958. Verschiebungen in der sprachlichen Einschätzung von Menschen und Sachen. Köln: Westdeutscher Verlag.

Welford, A. T. 1973. Stress and performance. Ergonomics, **16,** 567–580.

Wendrich, P. 1973. Methodische Probleme bei der Anwendung von Algorithmen zur Strukturanalyse von Arbeitshandlungen bei Belastungsuntersuchungen. In Hakker, W., Quaas, W., Raum, H. & Schulz, H.-J. (Hrsg.). Psychologische Arbeitsuntersuchung. Berlin: Deutscher Verlag der Wissenschaften. 92–108.

Wickens, Ch. D., Tsang, P. & Pierce, B. 1985. The dynamics of resource allocation. Advances in Man-Machine Systems Research, **2,** 1–49.

Wilensky, H. L. 1981. Family life cycle, work and the quality of life: Reflections on the roots of happiness, dispair and indifference in modern society. In Gardell, B. & Johansson (Hrsg.). Man and working life. Chicester: Wiley. 235–266.

Winkler, H. 1922. Die Monotonie der Arbeit. Ein Beitrag zum Problem des psychischen Verhaltens bei gleichförmiger körperlicher Arbeit. Zeitschrift für angewandte Psychologie, **20,** 46–88.

World Health Organization. 1947. Chronicle of the WHO, **29.**

Wunderlich, H. 1926. Die Einwirkung einförmiger, zwangsläufiger Arbeit auf die Persönlichkeit. Zeitschrift für angewandte Psychologie, **25,** 321–373.

Wyatt, S. 1930. Das Problem der Monotonie und Langeweile bei Industriearbeit. Industrielle Psychotechnik, **7,** 114–123.

5. Kapitel

Psychophysiologische Methoden zur Erfassung psychophysischer Beanspruchungszustände

Holger Luczak

1 Definition, Abgrenzungen und Konzeption

Psychophysische Beanspruchungszustände sind als Wirkungen und Folgen von verursachenden Belastungen aufzufassen. Diese zunächst tautologisch anmutende Aussage erhält ihren Erklärungswert aus dem Belastungs-Beanspruchungs-Konzept (vgl. zusammenfassend Rohmert 1983, 1984), das Ursachen im technologischen und organisatorischen Gestaltungszustand von Arbeitssystemen als *auf* den Menschen objektiv einwirkende *Belastungsmerkmale* identifizieren und den Auswirkungen *im* Menschen als subjektive Folgen hinsichtlich verhaltensbezogener, empfindungsbezogener und organismischer *Beanspruchungsmerkmale* gegenüberstellen will. Mit dem Begriff „Arbeitssystem" im vorstehenden Satz ist angedeutet, daß hier nur solche Beanspruchungszustände berücksichtigt und behandelt werden, die sich im Zusammenhang mit menschlicher Arbeit (zu den Arbeitsbegriffen und Menschenbildern vgl. Luczak und Rohmert 1985) feststellen lassen, nicht vorwiegend durch die Persönlichkeitsstruktur geprägt sind und durch Arbeitsgestaltungsmaßnahmen zu beeinflussen sind.

Menschliche Arbeit bzw. Arbeit des Menschen ist stets mit dem „Einsatz von Lebenskräften" (Jastrzebowsky 1857) verbunden. Wenn hier von psychophysischen Beanspruchungszuständen die Rede ist, so kann dieser Begriff als Synonym zu dem von Jastrzebowsky bereits 1857 geprägten Begriff aufgefaßt werden. Das Bewußtsein, daß der Einsatz der Lebenskräfte bzw. der psychophysischen Beanspruchungszustände ein wissenschaftliches und methodisches Problem darstellen, ist also seit langem vorhanden. Obwohl, so gesehen, ein beachtlicher Bearbeitungszeitraum verfügbar war, entspricht das Arbeitsergebnis bezüglich der Qualität vorhandener psychophysiologischer Methoden hinsichtlich theoretischer Fundierung, meßmethodischer Gütekriterien und praktischer Einsetzbarkeit nicht selbst bescheiden formulierten Ansprüchen und Erwartungen. Trotz einer Reihe methodischer Möglichkeiten in verschiedenen physiologischen Indikationsbereichen fehlt letztlich der „Durchbruch" in der Methodenentwicklung, der es gestatten würde, ein breites Spektrum unterschiedlicher psychophysischer Beanspruchungszustände nach Art, Intensität, Dauer und Verlauf zu identifizieren und so verschiedene menschliche Arbeitsformen und praktisch auftretende Tätigkeiten nach Maß und Zahl vergleichbar und unterscheidbar zu machen. Diesen mehr oder weniger unbefriedigenden Entwicklungsstatus teilt die psychophysiologische Forschung und Methodenentwicklung im übrigen mit anderen Ansätzen der Skalierung psychophysischer Beanspruchungszustände (Sharit & Salvendy 1982), die Unterscheidungen aus der Aufgabenbewältigung und dem Leistungsverlauf (siehe exemplarisch und zusammenfassend Welford 1978 sowie Moray 1979) einerseits, sowie aus dem Erleben und Empfinden der Arbeitssituation (Plath & Richter 1978, Künstler 1980, Hacker & Richter 1984) andererseits ableiten wollen. Im folgenden werden diese Ansätze wegen der Berücksichtigung in anderen Kapiteln dieses Buches nicht weiter verfolgt. Allein die physiologischen Methoden werden näher behandelt. Dabei erweist es sich als hilfreich, von Gliederungen organismischer Systeme, in denen sich psychophysische Beanspruchungszustände ausprägen können, Gebrauch zu machen, um eine weitgehend überdeckungsfreie Darstellung zu den weiteren Ansätzen einer Beanspruchungsforschung zu erreichen.

Die Konzeption der Darstellung orientiert sich demnach primär an der Art der physiologischen Systeme, in denen sich Funktionsgrößen bei psychophysischer Beanspruchung meßbar verändern. Sekundäres Gliederungsmerkmal ist die Art der verursachenden Belastungssituationen. Obwohl die Meinung vorherrscht, daß die psychophysiologischen Methoden „nur im begrenzten Umfang und mit geringem Gültigkeitsanspruch die Beantwortung der in der arbeitswissenschaftlichen Praxis aufgeworfenen Fragen gestatten" (Plath & Richter 1978, 46), erweist es sich immer wieder als überraschend, daß gerade bei der Anwendung in praktischen Feldsituationen mit „Ernsthaftigkeitscharakter" die Meßergebnisse wesentlich „brauchbarer" sind als in Simulations- oder Experimental-Laboratoriums-Situationen mit „Spielcharakter" für die betroffenen Arbeitspersonen. Insofern sind neben den Ergebnissen aus idealtypischen Laboratoriumsexperimenten mit Simulationen von spezifischen Arbeitsformen besonders realtypische Tätigkeitsstudien in der praktischen Arbeitswelt zu erschließen und zu berichten.

2 Theoretische Grundlagen

Als theoretische Basis eines Ansatzes zur Erfassung psychophysischer Beanspruchung ist auf die Aktivierungstheorie zu verweisen (Haider 1969). Die Aktivierungstheorie postuliert als Voraussetzung und Begleiterscheinung jeder verhaltensbezogenen Äußerung – also auch und insbesondere von Arbeit – eine Gesamterregung des Organismus. Die Erregtheit und Aktionsbereitschaft des Organismus innerhalb des Schlaf-Wachheits-Kontinuums wird auf zentrale Regelprozesse des Organismus zurückgeführt, die durch exogene und endogene Reize verschiedene organismische Systeme so einstellen, daß eine „Gesamtleistung" vom Organismus abgefordert werden kann. In diesem Konzept lassen sich unterschiedliche Aktivierungsstufen unterscheiden, die als Stadien psychophysischer Beanspruchung interpretiert werden können. Folgt man in dieser Hinsicht den Vorstellungen von Haider (1969), so lassen sich vier belastungsbezogene Aktivierungsstadien unterscheiden, die nach dem Kriterium ihrer Zeitdynamik hierarchisch aufeinander aufgebaut sind: Das erste Stadium betrifft die Regulation im Bereich des Schlaf-Wachheits-Kontinuums im Tagesgang; das zweite postuliert einen allgemeinen Aktivierungsstatus mit lediglich langsamen Fluktuationen, der „tonische Aktivierung" genannt wird. Er entspricht in etwa einer allgemein ergotropen Einstellung des Organismus. Die dritte Hierarchieebene wird gekennzeichnet durch schnelle Aktivierungsfluktuationen, die auf spezifische situative Einflüsse – auch Arbeitsbedingungen – zurückgeführt werden und „phasische Aktivierung" genannt werden. Auf einer vierten Ebene sollen diesen Mechanismen noch weitere Fluktuationen überlagert sein, die nach der Art und Intensität einer äußeren Reizsituation spezifische Antworten liefern. Im Sinne des Belastungs-Beanspruchungskonzeptes würde dies eine Belastungsselektivität physiologischer Reaktionsmechanismen bedeuten.

Frühe Konzepte der Aktivierungstheorie gehen von einer einheitlichen Aktivierungsdimension aus, d. h. es wird *ein* Kontinuum der Aktivierung postuliert, das vom Koma über verschiedene Stadien des Schlaf-Wachheits-Zustandes bis zu höchster Erregung reicht. Zur Erschließung dieses Kontinuums sind prinzipiell alle physiologischen Indikatoren ähnlich geeignet – nach dieser „allgemeinen" Aktivierungstheorie –, die etwas über den Zustand der „Aktiviertheit" – man könnte auch vom Zustand psychophysischer Beanspruchung sprechen – aussagen. Vertreter dieses Ansatzes einer Erfassung psychophysischer Beanspruchungszustände ist beispielsweise Lindsley (1960), der allein auf EEG-Messungen zur Kennzeichnung psychophysischer Zustände (Wachheitsgrade) zurückgriff. Natürlich widerspricht dieses *Prinzip einer Allgemein-Aktivierung* Erkenntnissen der Physiologie und Anatomie, die besagen, daß der menschliche Organismus in Form von „Baugruppen“ mit sehr spezifischer und selektiver Funktionszuordnung aufgebaut ist.

Zwar spielt in dieser Baugruppen-Systematik ein Teil des Zentralnervensystems, nämlich die Retikularformation, eine übergeordnete Rolle; dennoch sind die Kopplungen organismischer Systeme zu vielfältig, um eindimensional adäquat erfaßt zu werden.

Die Wichtigkeit der Retikularformation für den Aktivierungsstatus ergibt sich aus ihren vielfältigen Ankopplungen an andere Hirnstrukturen. Solche Verbindungen bestehen zur Großhirnrinde, d. h. zum Kurz- und Langzeitgedächtnis sowie zu den Assoziationsbahnen, die die Reizsituation mit dem Handlungsentwurf im Großhirn in Verbindung bringen. Eine niedrige retikuläre Aktivierung führt also auch zu Einbußen von Großhirnleistungen.

Weiterhin ist die formatio retikularis in nahezu jeden Impulsstrom der afferenten sensorischen Bahnen einbezogen, d. h. exogene Informationsströme beeinflussen über Axonkollaterale den Aktivierungsstatus, was als aufsteigendes retikuläres Aktivierungssystem bezeichnet wird. Aber auch endogene Informationsströme im Gehirn ohne unmittelbare sensorische und motorische Kopplung werden als bedeutsam für die Bewußtseinslage und für die physiologische Basis des Antriebes in der formatio retikularis mit verarbeitet und genutzt. In Abhängigkeit von solchen peripheren und kortikalen Einflüssen übt die sensorische formatio retikularis eine Weckwirkung auf den Cortex aus.

Absteigend ist die formatio retikularis mit neuronalen Systemen im Rückenmark verbunden, die die Muskelspannung (Muskeltonus) regulieren und einen Teil der Reflextätigkeit beeinflussen. Ein hoher Aktivierungsstatus führt zu einem hohen Muskeltonus, d. h. der Begriff der „gespannten Aufmerksamkeit“ ist durchaus im Sinne einer Anspannung von Muskeln und Sehnen zu interpretieren. Das Gegenteil ist ein Zustand der Entspanntheit und Schlaffheit, der sein Extrem im Schlafzustand erreicht, d. h. der Schlaf-Wach-Rhythmus ist gleichermaßen von der formatio retikularis beeinflußt.

Die Ankopplung der formatio retikularis an die vegetativen Zentren des Zwischenhirns (Hypothalamus) erklärt die Abhängigkeit vegetativer Begleitphänomene der Informationsverarbeitung vom retikulären Aktivitätspegel. Die vegetativen Begleitphänomene sind z. B. in einer Herzfrequenz- und Blutdruckreaktion zu sehen, ebenso wie in einer allgemeinen Erhöhung bzw. Erniedrigung des Sympathikustonus. Mit dieser Kopplung wird die Voraussetzung für Arbeit geschaffen, d. h. eigentlich autoregulativ arbeitende physiologische Systeme werden im Sinne einer Veränderung von Zielgrößen (Feedforward-Schaltung) in einen Zustand gesteigerter Arbeitsbereitschaft gebracht (Ergotropie).

Weitere Verbindungen von der formatio retikularis gehen zum Limbischen System, das für die Regulierung der Affektlage und Emotionen mitverantwortlich ist. Änderungen des retikulären Aktivitätspegels führen also auch zu einer Veränderung der Stimmung, die von Aggressivität über gespannte Anteilnahme bis zur völligen Apathie und Gleichgültigkeit variieren kann, d. h. die emotionale und motivationale Grundlage von Arbeit wird gleichermaßen durch die formatio retikularis mit gelegt.

Diese vielfältigen Kopplungen führen auch zu einem spezifischen Erscheinungsbild, das den Namen formatio retikularis begründet: Es liegt ein engvermaschtes Netz von Nervenzellen vor, das entweder maschenartig diffus verstreut oder in Kernen verdichtet ist.

So gesehen lassen sich Funktionen des Organismus über eine psychologisch und physiologisch begründete Betrachtung mit Zuständen psychophysischer Beanspruchung in Verbindung bringen.

3 Erfassungsmethoden an einzelnen organismischen Systemen

3.1 Operationale Definition psychophysischer Beanspruchung

Die Erfassung physiologischer Merkmale psychophysischer Beanspruchung basiert überlicherweise auf theoretischen Konzepten, wie z. B. dem Belastungs-Beanspruchungs-Konzept und der Aktivierungstheorie, wobei jedoch eindeutige theoretische Begründungen für die Auswahl und den Auswertungsgang spezieller physiologischer Meßgrößen aus den theoretischen Konzepten nicht hergeleitet werden können. Der Beitrag einer Meßgröße zur Erkennung und Bewertung psychophysischer Beanspruchung entzieht sich einer auf allgemein anerkannten und ausreichend detaillierten Theorien basierenden Parametrisierung. Absolute Bewertungen und vergleichende Analysen der psychophysischen Beanspruchung in Arbeitsprozessen sind deshalb auf Indikatoren der Beanspruchung, d. h. auf operationale Definitionen des unmittelbar nicht quantifizierbaren Indikandum, angewiesen. Das bedeutet, daß die Meßvorschrift festlegt, was als psychophysische Beanspruchung bezeichnet wird.

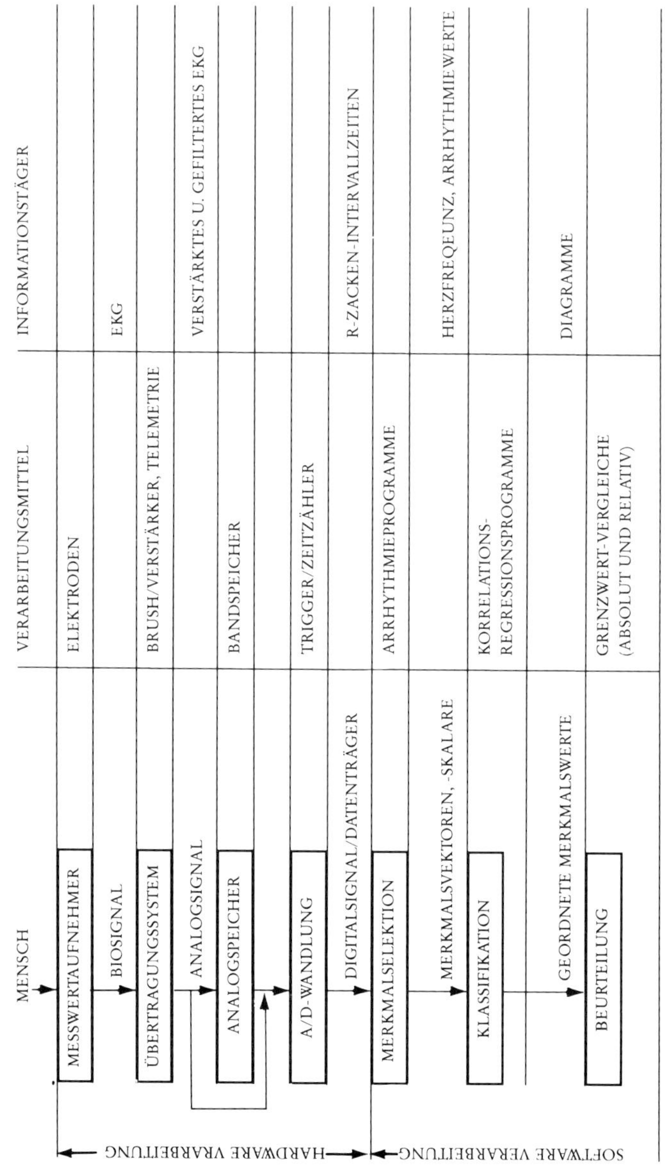

Abb. 1: Verarbeitung physiologischer Meßgrößen als Beanspruchungsindikatoren (aus Luczak 1975, 105)

Ein Beispiel für die Elemente einer derartigen Meßvorschrift ist die Verarbeitung des Elektrokardiogramms bis zum Beanspruchungsindikator „Momentanherzfrequenz" bzw. „Arrhythmie-Kennwert" (Abb. 1).

Ein Biosignal wird durch Meßwertaufnehmer, im Falle elektrophysiologischer Meßgrößen durch Oberflächenelektroden, abgeleitet, verstärkt, durch eine

Telemetrieanlage oder ein anderes Übertragungssystem sowie weitere Verstärkungen und Filterungen als Analogsignal frequenz- oder puls-code- moduliert auf einem Bandgerät oder vorverarbeitet in Digitalspeicher abgelegt. Direkt on-line oder in einem späteren Auswertungsgang off-line wird dann nach weiteren Filterungen, Impulsformungen o.ä. das Analogsignal über Zähler oder A/D-Wandler in digitale Zahlenwerte transformiert. In der Regel reicht bis zu diesem Stadium der Hardware-Auswertungsgang. Im Software-Auswertungsgang wird die Folge digitaler Meßwerte in einem Rechner einer Merkmalsextraktion, d. h. in der Regel einer Informationsverdichtung unterworfen, so z. B. Mittelungs-, Glättungs-, Häufigkeits- und Frequenzanalyseprozeduren, die zu Merkmalsvektoren, z. B. Zeitreihen oder Spektren, oder Merkmalsskalaren, z. B. Mittelwerten oder Streuungen, führen. Diese extrahierten Merkmalskennwerte müssen durch Klassifikatoren, im einfachsten Fall durch eine systematische Anordnung und Zusammenfassung nach Einflußgrößen, in komplizierteren Fällen durch Trenn- und Fraktionierungsansätze geordnet werden. In den geordneten Merkmalskennwerten lassen sich dann die Abhängigkeiten und Korrelationen zwischen Belastungen und psychophysischen Beanspruchungen erkennen. Bis hierher ist der Ansatz weitgehend identisch mit dem in der psychophysiologischen Grundlagenforschung verwendeten, in der Arbeitspsychologie, Arbeitsphysiologie und Arbeitswissenschaft als angewandte Disziplinen müssen jedoch aus den Ergebnissen Beurteilungen abgeleitet werden, so z. B. über die Zulässigkeit der Höhe und zeitlichen Folge von Beanspruchungsprozessen. So gesehen ist mit der operationalen Definition psychophysischer Beanspruchung auch in besonderem Maße eine Bewertungsproblematik verknüpft.

3.2 Herz-Kreislauf-System

Am Herz-Kreislaufsystem des Menschen lassen sich verschiedene Meßgrößen abgreifen, die für die Diagnose psychophysischer Beanspruchung von Bedeutung sind:

1. die Herzschlagfrequenz,
2. die Herzschlagfrequenz-Variabilität bzw. Arrhythmie,
3. die Atemfrequenz und
4. der Blutdruck.

Aufgrund der einfachen Meßbarkeit über das Elektrokardiogramm (vgl. Abb. 1) und der hohen Aussagekraft hinsichtlich des psychophysischen Beanspruchungszustandes kommt der *Herzschlagfrequenz* als Beanspruchungsindikator eine besondere Bedeutung zu. Allerdings stellt sich sowohl im Laboratorium wie in der realen Arbeitssituation gerade bei der Reaktion der Herzschlagfrequenz das Problem einer Fraktionierung und Zurechnung unterschiedlicher Beanspruchungsanteile an spezifische Belastungsarten. So reagiert die Herzschlagfrequenz in aller Deutlichkeit auf Belastungen durch statische und dynamische Muskelarbeitsformen (vgl. Rohmert 1973) sowie – bezogen auf die Belastung durch die Arbeitsumgebung – auf thermische Einflüsse (vgl. Wenzel 1969). Demgegenüber sind Effekte einer mentalen und emotionalen Beanspruchung zumeist weniger deutlich und auch weniger reproduzierbar im Verlauf der Herzschlagfrequenz ausgeprägt. Das bedeutet, daß der Status psychophysischer Beanspruchung häufig durch energetische Belastungen und motorische Aktionen verdeckt wird. Dennoch gelingt in vielen Fällen eine Aussage zur psychophysischen Beanspruchung, jedoch eigentlich nur dann, wenn für die energetische Belastung die ceteris-paribus Klausel gilt, und wenn eine informatorische Belastung mit einer beträchtlichen emotionalen Belastung verknüpft ist. Schon um die Jahrhundertwende wurden von verschiedenen Autoren Erhöhungen der Herzschlagfrequenz bei mentalen Tätigkeiten, zumeist bei Rechenaufgaben, festgestellt (vgl. z. B. Gent 1903, Zoneff und Meumann 1903). Durch neuere Untersuchungen (vgl. z. B. Rutenfranz 1960, Bartenwerfer 1960, Luczak 1975, Klimmer 1978, Philipp 1979) konnte für Laboratoriumstätigkeiten gesichert werden, daß die Herzschlagfrequenz als Beanspruchungsindikator erst dann anschlägt, wenn durch eine besondere informatorische Arbeitsschwierigkeit oder Arbeitsgeschwindigkeit (Zeitdruck) eine hohe emotionale Belastungskomponente aufgrund des Vordringens in Grenzbereiche der Informationsverarbeitung (Überforderung) gegeben ist. Diese Aussage wird bestärkt durch die Ergebnisse von Messungen in Feldstudien, bei denen sich Verlaufscharakteristiken der Herzschlagfrequenz signifikant nur bei solchen Arbeitssituationen gegenüber Ruhewerten änderten, die eine hohe Informationsverarbeitungsdichte mit gravierender aktueller „Bedrohung" verbinden, so z. B. bei Testpiloten verschiedener Flugobjekte (Rowen 1961, Balke u. a. 1966, Eichler und Lobsien 1970) einschließlich Fallschirmsprung (Renemann u. a. 1968, Shane und Slinde 1968), bei Sondersituationen in erdgebundenen Fördermitteln und Verkehrsmitteln, z. B. beim plötzlichen Bremsen eines Zuges (Kiczka und Czyzewska 1976) bzw. im Automobilrennsport (Rapp u. a. 1965), aber auch bei Wasserfahrzeugen (vgl. Böttger u. a. 1973, Klimmer 1978). Neben diesen Arbeitsinhalten aus dem Gebiet des Verkehrswesens sind vorwiegend Tätigkeiten der reproduzierenden Informationsverarbeitung vor einem Auditorium zu nennen, so z. B. Prüfungssituationen (vgl. Philipp 1979) und nicht zuletzt Tätigkeiten in der darstellenden Kunst z. B. bei Orchestermusikern (Haider und Groll-Knapp 1971). In Arbeitssituationen oder Experimentalsituationen, die durch Unterforderung oder Anpassung gekennzeichnet sind, nimmt demgegenüber die Herzschlagfrequenz mit der Arbeitsdauer ab (vgl. z. B. Luczak und Rohmert 1976). Besonders deutlich konnte dieses Symptom einer abnehmenden Herzschlagfrequenz

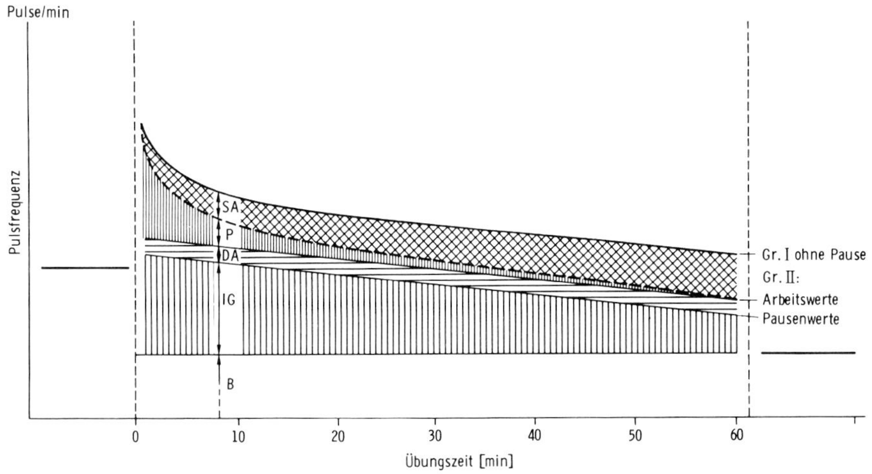

Abb. 2: Herzfrequenzverläufe in der Übungsphase mit bzw. ohne Pausen. B = Basisherzfrequenz bei Ruhe im Sitzen (Arbeitsposition) nach dem Versuch, IG = Herzfrequenzerhöhung infolge der intensionalen Grundspannung, DA = Herzfrequenzerhöhung infolge dynamischer Arbeit, P = Herzfrequenzerhöhung infolge psychogener, meist emotionaler Reaktionen, SA = Herzfrequenzerhöhung infolge statischer Muskelarbeit (aus Rutenfranz u. a. 1971, 101)

bei Übungssituationen sensumotorischer Tätigkeiten nachgewiesen werden (vgl. Rutenfranz u. a. 1971).

Aufgrund des Versuchsplanes konnte der Herzfrequenzverlauf hinsichtlich der Fraktionierung eines Beanspruchungszustandes nach verschiedenen Anteilen der Auswirkung von Arbeitsformen und Belastungshöhen gedeutet werden.

Auch Zunahmen der psychophysischen Beanspruchung mit der Arbeitsdauer konnten anhand von Veränderungen der Herzschlagfrequenz in Abhängigkeit von der Belastungshöhe und der Belastungsdauer nachgewiesen werden. So beschrieben Rohmert und Mitarbeiter (1976) bei einer Fluglotsentätigkeit die Beanspruchungsveränderung – gemessen an der Reaktion der Herzschlagfrequenz – in Abhängigkeit von der Anzahl der Luftfahrzeuge unter Kontrolle – Parameter der Belastungshöhe – und der Fortschrittszeit – Parameter der Belastungsdauer (Abb. 3).

Anstiege in der Herzschlagfrequenz in Abhängigkeit von der Belastungshöhe und Belastungsdauer sind als Ermüdungssymptome zu deuten (vgl. Rohmert und Luczak 1973; Richter u. a. 1980).

Interpretiert man die bisher berichteten Veränderungen der Herzschlagfrequenz in Abhängigkeit vom psychophysischen Beanspruchungszustand als primär tonische Veränderungen im Sinne der Aktivierungstheorie, so lassen

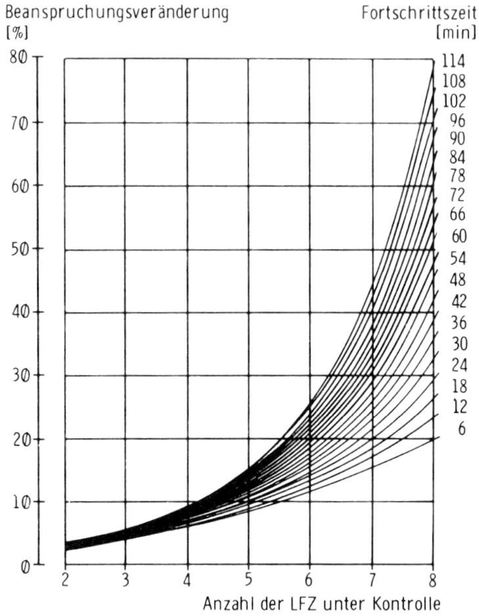

Abb. 3: Beanspruchungsveränderung (relative Veränderung der Arbeitsherzfrequenz) als Funktion der arbeitssystemspezifischen Kenngröße der Belastungshöhe „Anzahl Luftfahrzeuge" und der Fortschrittszeit bzw. Belastungsdauer (nach Rohmert u. Mitarb. 1976 aus Rohmert & Rutenfranz 1983, 83)

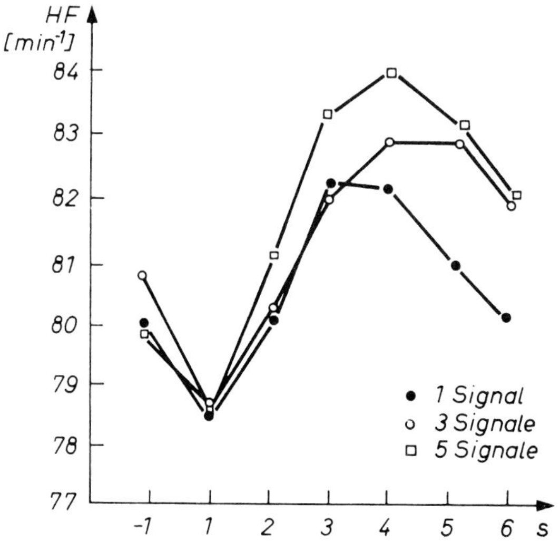

Abb. 4: Verlauf der Momentanherzfrequenz innerhalb der ersten 6 Sekunden nach Signalexposition in visuellen Wahlreaktionsexperimenten mit unterschiedlicher Alternativanzahl (nach Walter & Porges 1976 aus Hacker & Richter 1984, 156)

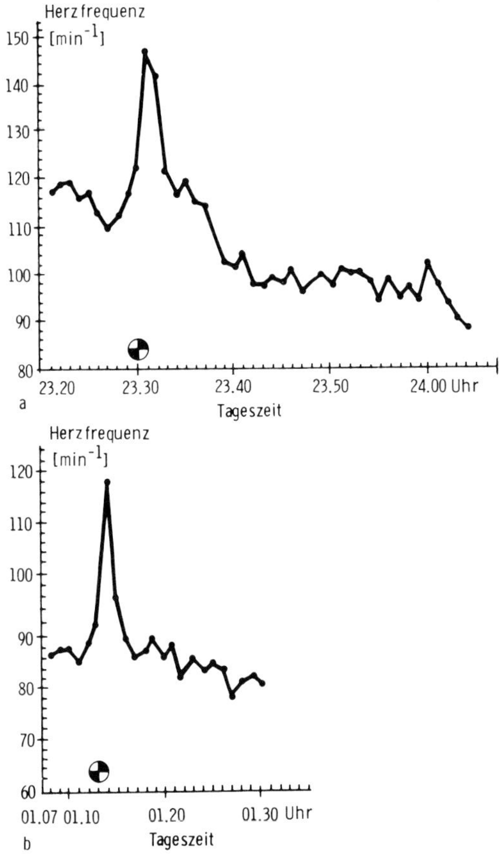

Abb. 5: Pulsfrequenz bei zwei Schubbootkapitänen (aus W. Rohmert, J. Rutenfranz, H. Luczak 1975) ⊕ Beginn des Manövers. a) Manöver „Ausfahrt rückwärts aus einem Hafen in das Wartebecken vor der Schleuse, Verband durch Seitenwind sehr stark in die Richtung auf die Pier gedrückt, komplizierte Steuermanöver notwendig" b) Manöver „Ausfahrt aus dem Kanal in die sehr windige und wellige Elbe mit dem gesamten Verband"

sich nach Untersuchungen von Walter und Porges (1976) sowie Richter u. a. (1980) im Bereich von Sekunden auch phasische Veränderungen feststellen.

Demnach findet in der phasischen Herzfrequenz-Reaktion nicht nur der Zeitpunkt einer Handlung sondern auch ihre Schwierigkeit eine Abbildung, was anhand der Veränderung der Parameter, die in der Abb. 4 angegeben sind, nachgewiesen werden konnte. Auch unter Feldbedingungen (Abb. 5) konnte gezeigt werden, daß zeitsynchrone Kovariationen zwischen phasischen Reaktionen der Herzschlagfrequenz, abgrenzbaren kognitiven Operationen und sozial-emotional hoch bewerteten Situationsveränderungen auftraten (vgl. Rohmert, Rutenfranz, Luczak 1975).

Richter u. a. (1980) kommen zu dem Schluß, daß die bei einer getakteten mentalen Aufgabenerfüllung entstehende Folge von phasischen Herzfrequenzreaktionen die allgemein meßbaren Arrhythmie-Depressionen bei derartigen Aufgabeninhalten auslösen könnte.

Die Variabilität der Herzschlagfrequenz bzw. *Arrhythmie* wird durch Auswertung von Amplitudenvariationen nach unterschiedlichen Arrhythmie-Maßen quantifiziert (vgl. z. B. Luczak und Laurig 1973; Strasser 1974). Das Erkenntnisinteresse unterschiedlicher Autoren liegt zunächst darin, Arrhythmie-Metriken zu finden, die auf äußere Belastungssituationen mentaler und emotionaler Art in reproduzierbarer Weise und mit entsprechender Selektivität der Belastungshöhe reagieren. Obwohl diese Bemühungen teilweise zu widersprüchlichen Resultaten geführt haben, konnten in der Arrhythmie-Reaktion mentale und emotionale, tonische und phasische Anteile festgestellt werden (vgl. z. B. Luczak 1975, Luczak u. a. 1980).

In der Abb. 6 ist auf der Abszisse neben dem Eingangsinformationsfluß bzw. der Anzahl der Wahl-Reaktionsalternativen als Arbeitsschwierigkeits-Kenngröße der in der Versuchsreihenfolge begründete Wechsel von Arbeitsperioden und Pausen aufgetragen. Im Sinne einer Aufspaltung des psychophysischen Beanspruchungszustandes sind auf der Ordinate verschiedene gemessene Werte des Arrhythmiequotienten (vgl. Laurig, Luczak, Philipp 1971) skaliert. Vom Nullpunkt der Ordinate ausgehend findet sich zunächst ein Abschnitt an Arrhythmie-Reaktion, der auf physiologische Rhythmen und eine Art physiologisches Grundrauschen zurückzuführen ist, was auch durch regelungstheoretische Modelle des physiologischen Systems erklärt werden kann (vgl. Luczak und Raschke 1975; Luczak 1978). Ein derartiger Anteil von Grundrauschen findet sich in jeder Arrhythmie-Messung unabhängig von der Belastungssituation.

Sodann sind im Diagramm die niedrigsten Arrhythmiewerte innerhalb der Arbeitssituation gefunden worden, wobei sich zudem eine Abhängigkeit von der Arbeitsschwierigkeit zeigt. Dieser Anteil einer belastungshöhebedingten Arrhythmie-Variation ist sowohl nach dem Modell einer informatorischen Belastungs- bzw. Beanspruchungshöhe erklärbar als auch nach der Aktivierungstheorie als derjenige Anteil identifizierbar, der im gesamten Aktivierungsgeschehen als belastungsselektiv und reizspezifisch herausgehoben werden kann (vgl. auch Haider 1969). Prinzipiell wird dieser Anteil aus dem gesamten Arrhythmie-„Sprung“ von den Ruhewerten zu den Belastungswerten dadurch fraktioniert, daß die Abhängigkeit der ARQ-Werte von der Arbeitsschwierigkeit auf einen fiktiven Wert der Belastungshöhe gleich null extra-poliert wird. Über diesem Sektor liegt ein weiterer Sektor, der sich durch die Aktivierungstheorie als „phasische Aktivierung“ spezifizieren läßt. Diesen

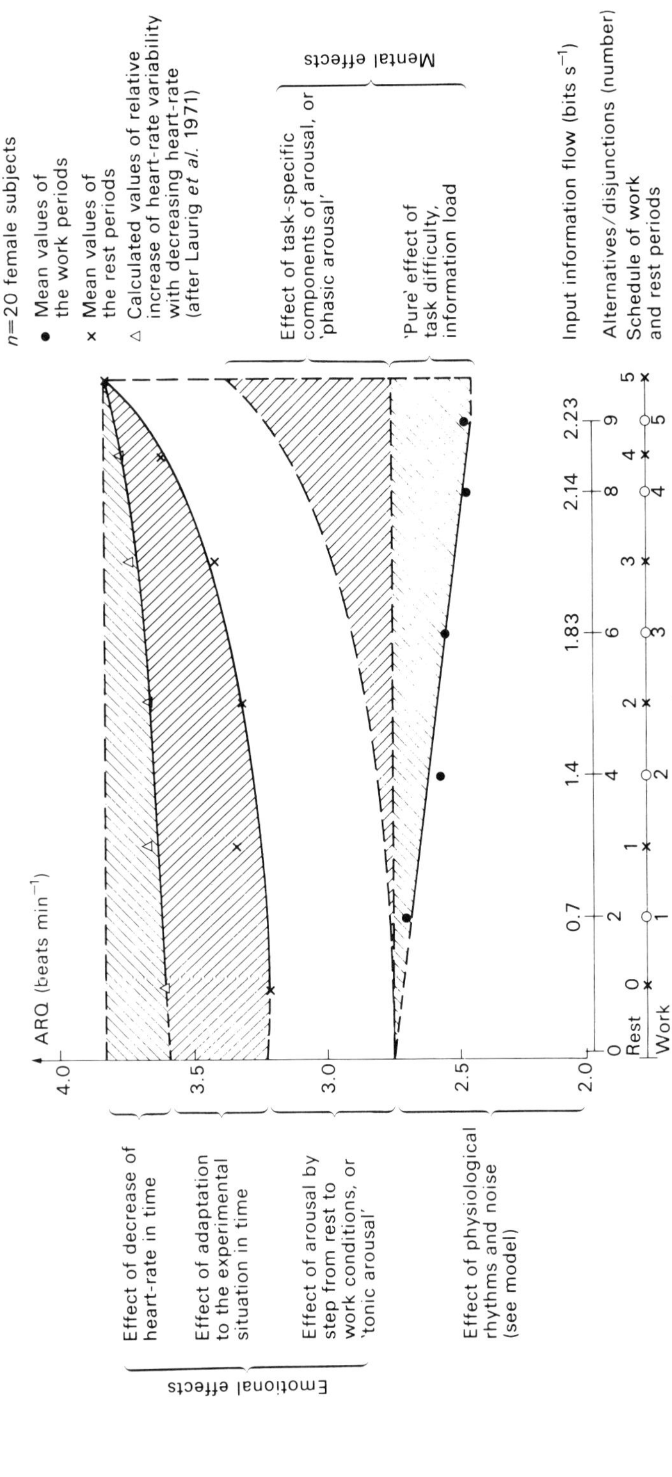

Abb. 6: Dekomposition eines psychophysischen Beanspruchungszustandes im Verhalten der Arrhythmie (aus Luczak, Philipp, Rohmert 1980)

deutlich mit der Belastungshöhe verknüpften Sektoren überlagert ist ein Sektor, der den Sprung von Ruhewerten zu Arbeitswerten einheitlich ausweist. Im Sinne der Aktivierungstheorie handelt es sich also um dauerhaft angelegte Aktivierungsstadien, eine so bezeichnete „tonische Aktivierung".

Auch die Ruhewerte lassen sich, da sie eine systematische Variation in Abhängigkeit von der Dauer des Experimentes aufzeigen, weiter aufspalten. So kann die stetige Zunahme der Arrhythmie über der Dauer des Experimentes in den Ruhephasen dahingehend interpretiert werden, daß die Versuchspersonen sich emotional an die Experimentalsituation gewöhnten und anpaßten. Diese Hypothese wird dadurch bestärkt und unterstüzt, daß die Herzfrequenz während der Versuchsdauer stetig abnahm, was aufgrund einer Zwangskopplung zwischen Herzfrequenz und Herzfrequenzvariabilität einen weiteren physiologisch bedingten Fraktionierungsanteil ergibt. Hypothetisch und interpretativ können die einzelnen Effekte zusammengefaßt werden: Die phasischen Aktivierungsstadien zusammengenommen mit den reizspezifischen beziehungsweise den „rein" auf die Arbeitsschwierigkeit zurückzuführenden Variationen sind als mentale Beanspruchung zu kennzeichnen. Die Effekte, die die Anpassung und Gewöhnung signalisieren sowie den Sprung von Ruhe zu Belastung markieren, sind als emotionale Effekte aufzufassen. Durch dieses Verfahren der Dekomposition eines psychophysischen Beanspruchungszustandes in seine Einzelbestandteile wird – wenn auch hypothetisch und heuristisch – ein Erklärungsmodell für die Beurteilung einer Belastungssituation eingeführt.

Neueste Versuche einer Erklärung des Arrhythmie-Phänomens laufen darauf hinaus, die Arrhythmie-Depressionen bei psychophysischer Beanspruchung als Veränderungen in der neuronalen Steuerung des Barorezeptor-Reflexes zu deuten (Mulder u. Mulder 1981) oder durch Aufspaltung des Elektrokardiogramms in einzelne Anteile Vagus- und Sympatikuseffekte zu separieren (Luttmann, Jäger, Laurig 1984).

Trotz dieser Erfolge in der Laboratoriumsforschung muß bezogen auf Feldstudien der begrenzte Erkenntniswert der Arrhythmie für die Beurteilung des psychophysischen Beanspruchungszustandes hervorgehoben werden: Der Einfluß endogener physiologischer Funktionen, des Sprechens über die respiratorische Arrhythmie, des motorischen Einsatzes von Muskelgruppen, der Variabilität eines Tätigkeitsvollzuges, der Kopplung an das Niveau der Herzschlagfrequenz und das Problem der sehr individualspezifischen Dynamik der Reaktion lassen ein Heranziehen zur Beurteilung von Arbeitssituationen nur dann zu, wenn die Herzschlagfrequenz konstant bleibt und auch die weiteren Bedingungen des Versuches sehr genau kontrolliert werden können.

Obwohl die Messung des arteriellen *Blutdruckes* in der psychophysiologischen Grundlagenforschung eine bedeutende Rolle spielt, und obwohl beispielsweise andere physiologische Phänomene, wie z. B. die Arrhythmie-Abnahme bei mentaler Belastung, auf Veränderungen im Blutdruck-Regelkreis zurückgeführt werden können, ist dieses Verfahren der Indikation psychophysischer Beanspruchung in arbeitswissenschaftlich relevanten Experimentalanordnungen vergleichsweise wenig eingesetzt worden. Dies basiert auf der mangelnden Rückwirkungsfreiheit der Methodik, die als kontinuierlich registrierende invasive Technik „blutig" ist und als auskultatorische Methode unter Verwendung einer aufpumpbaren (Arm-)Manschette, einem Manometer und einem Stethoskop (Verfahren nach Riva-Rocci) bei Arbeitsprozessen nur schwierig für eine kontinuierliche Registrierung eingesetzt werden kann. Obwohl verschiedene Richtungen der Methodenentwicklung, z. B. das Penaz Servo-Plethysmo-Manometer oder die Methode der kontinuierlichen Erfassung der Blutdruckvariabilität über die Pulswellengeschwindigkeit (siehe Molhoek u. a. 1982; Andreassi 1980; Rogge 1981) diese Nachteile zu beseitigen versuchten, sind breitere Anwendungen in arbeitswissenschaftlichen Zusammenhängen nicht bekannt geworden. Die Kovariation der Blutdruckwerte mit allgemeiner Aktiviertheit gilt jedoch als gesichert (vgl. Janke 1976), auch deutliche Beziehungen zur Höhe einer mentalen Belastung durch kontinuierliche Informationsverarbeitung konnten gefunden werden (Ettema & Zielhuis 1971).

Die Erfassung von *Atmungs*charakteristika dient sehr häufig dem Zweck, die Interaktion von respiratorischem und kardiovasculärem System meßtechnisch zu bestimmen. Hinsichtlich psychophysischer Beanspruchung sollen damit Effekte energetisch-effektorischer Belastung auf Kreislaufgrößen ausgeschlossen werden. Im Prinzip bedient man sich dazu der in der Arbeitsphysiologie eingeführten Methodik der Spirometrie (Ulmer 1983). Ansonsten werden Atemtiefe und Atemfrequenz über Nasen-Thermistoren oder Registrierungen des Brustumfanges erfaßt. Nach Naumann (1977) gestattet der Atemzeitquotient, d. h. das Verhältnis von Exspirations- zur Inspirationsdauer, die beste Trennung zwischen vorwiegend körperlichen und vorwiegend geistigen Beanspruchungsformen. Aufgrund rhythmologischer Effekte sind Atmungs-Kenngrößen auch bedeutsam für die Beurteilung respiratorischer Arrhythmie bei Registrierungen der momentanen Herzfrequenz für Arrhythmieauswertungen.

3.3 Großhirnrinde

Im Gehirn des Menschen laufen ständig elektrophysiologische Prozesse ab, die sich im Schlaf, in Ruhe und bei Arbeitshandlungen entsprechend der verminderten oder verstärkten neuronalen Aktivität verändern. Die Messung dieser hirnelektrischen Erscheinungen, die Elektroenzephalographie, wird als Indikator psychophysischer Beanspruchung bei arbeitswissenschaftlichen Fragestellungen vergleichsweise selten eingesetzt, da die in der Literatur berichteten Befunde nach wie vor außerordentlich widersprüchlich sind und das EEG – vorwiegend in Feldstudien – schwierig zu messen und auszuwerten ist. Das an der Kopfhaut über Elektroden abgegriffene EEG entsteht über die Summation postsynaptischer Potentiale vermischt mit neuronalen Aktionspotentialen, die durch den Durchtritt durch die Hirnoberfläche, die Hirnflüssigkeit, das Knochengewebe und die Hautschichten in ihrem Verlaufsbild beeinflußt werden (vgl. Caspers und Speckmann 1970). Aufgrund dieser Beeinflussung durch zwischen Cortex- und Schädeloberfläche liegendes Knochen- und Hautgewebe, das als Parallel- und Serienschaltung von Impedanzen wirkt, ist das Oberflächen-EEG ein Summenpotential, dem nur in sehr begrenztem Maße Informationen entsprechend der funktionellen Organisation des Zentralnervensystems entnommen werden können. Dennoch sind genaue Anweisungen zur Ausmessung der Elektrodenposition entsprechend dem sogenannten „10/20-System" (Jasper 1958) auf der Schädeloberfläche notwendig, um intra- oder interindividuelle Vergleiche bei Verlaufsanalysen im Rahmen eines stets gleichen Bezugssystems durchführen zu können. In solchermaßen abgeleiteten und verstärkten Signalen sind als Merkmalsträger einer Aktivierung beziehungsweise psychophysischen Beanspruchung Veränderungen von Frequenzen und Amplituden identifizierbar. Dabei sind drei Merkmalsbereiche unterscheidbar, die psychophysiologische Relevanz besitzen (vgl. Hacker und Richter 1984):

1. das spontane Elektroenzephalogramm (EEG)

2. ausgelöste (evozierte) Potentiale (EP)

3. kortikale Gleichspannungsänderungen bzw. Contingent Negative Variations (CNV).

Hinsichtlich des *spontanen Elektroenzephalogramms*, das in der Spannungsamplitude im Mikrovoltbereich auftritt und in den Frequenzen bezüglich einer Beanspruchungsaussage von 0 bis ca. 30 Hertz Informationen enthält, müssen für eine psychophysiologische Bewertung charakteristische Frequenzbereiche unterschieden werden (Abb. 7): Man teilt das Elektroenzephalogramm auf in Delta-Wellen mit Frequenzen von 0,5–3,5 Hertz, in Theta-Wellen mit Frequenzen von 4–7 Hertz, Alpha-Wellen mit Frequenzen von 8–13 Hertz und Beta-Wellen mit Frequenzen von 14–30 Hertz. In diesen Frequenzbereichen ergeben sich in Abhängigkeit vom Status des Menschen im Schlaf-Wachheits-Kontinuum charakteristische Verschiebungen nach Amplitude und Frequenz, wobei sowohl verschiedene Schlafstadien unterschieden werden können als auch unterschiedliche Aktivierungs- bzw. Beanspruchungs-Stadien (vgl. z. B. Haider 1969).

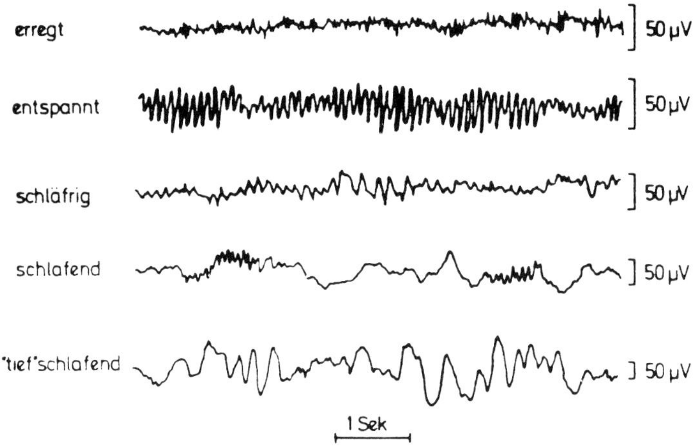

Abb. 7: EEG-Verläufe bei verschiedenen Aktivierungsstadien (nach Penfield & Jasper aus Rogge 1981)

Folgt man den arbeitswissenschaftlich relevanten Literaturanalysen von z. B. Philipp (1979) sowie Hecker, Schmidtke und Wegener (1980), die die Gesamtheit der EEG-Publikationen mit psychophysiologischer Bedeutung auf weit über 10.000 schätzen, so lassen sich zum Stand der Forschungen die folgenden Feststellungen treffen:

„Nahezu alle Untersucher stellen signifikante Veränderungen im EEG mit der Veränderung der Belastungssituation fest. Dies gilt sowohl für den Bereich herabgesetzter Vigilanz in Vigilanzexperimenten als auch für den Bereich mentaler Beanspruchung durch mentale Tätigkeit oder sensumotorische Tätigkeiten sowie für den Bereich emotionaler Beanspruchung, z. B. durch Stress-Stimuli. Dabei sind die festgestellten Veränderungen in ihrem Ausmaß geringer als Veränderungen, die durch bloßes Öffnen bzw. Schließen der Augen hervorgerufen werden“ (vgl. Hecker u. a. 1980, 12 dort weitere Literatur). Bezüglich der Aktivierungstheorie stellen die gleichen Autoren fest, daß die Widersprüchlichkeit der experimentellen Ergebnisse eine allgemein anerkannte Aktivierungstheorie bisher nicht zulasse, da experimentell belegte Stützungen der Modellvorstellung jeweils durch gleichermaßen experimentell belegte Kritiken relativiert würden.

„Im Bereich psychischer Beanspruchung durch mentale Tätigkeit läßt sich z. B. bei den Alpha-Wellen ähnliches feststellen. Nach der Aktivierungstheorie ist zu erwarten, daß die Alpha-Aktivität bei der Durchführung mentaler Tätigkeiten im Vergleich zu einer Ruhesituation zurückgeht und durch höherfrequente Wellen kleinerer Amplituden abgelöst wird. Neben vielen Arbeiten, die

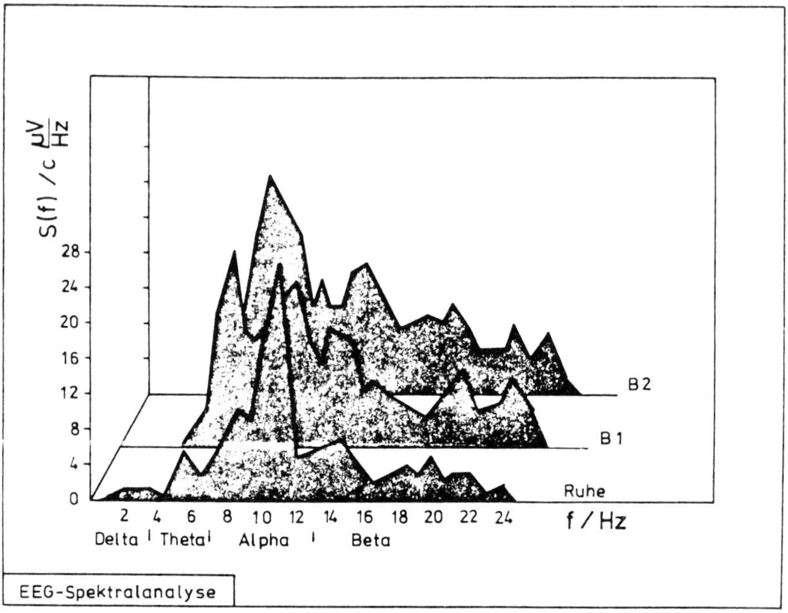

Abb. 8: Veränderungen im EEG-Leistungsdichtespektrum in Abhängigkeit von der Belastungshöhe bei informatorischer Tätigkeit (R = Ruhe, B1 = 10 Rechenaufgaben/min, B2 = 20 Rechenaufgaben/min; Abl. O_2-P_4) (aus Philipp 1979, 43)

diese These unterstützen, gibt es eine Reihe von Untersuchungen, die hierzu im Widerspruch stehen. Vor allem bei geöffneten Augen wurde oft eine Alpha-Zunahme bei mentaler Tätigkeit festgestellt, aber auch bei geschlossenen Augen bei einem Teil der Versuchspersonen. Daneben gibt es Arbeiten, die keine oder nur außerhalb des Alpha-Bereiches EEG-Veränderungen feststellen“ (Hecker u. a. 1980, 13). Ebenso widersprüchlich scheinen die Ergebnisse hinsichtlich des Versuches zu sein, unterschiedliche Schwierigkeitsgrade der Aufgaben und die damit variierte Beanspruchungshöhe mit EEG-Variationen zu korrelieren. Dennoch findet man auch in der neueren experimentellen Literatur (vgl. z. B. Otto & Weber 1974, Philipp 1979; Weickmann, Gille, Otto, Ullsperger 1979; Matejcek 1981; Michel u. a. 1982; Otto, Grüner, Weber 1983; Kakizaki 1984) immer wieder Befunde (Abb. 8 und 9), die deutliche Abhängigkeiten der Reaktion verschiedener Frequenzbänder im EEG von der Belastungshöhe nach Arbeitsgeschwindigkeits- und Arbeitsschwierigkeits-Kriterien feststellen.

Eine versuchsmethodisch sauber geplante Überprüfung der Reliabilität und Validität spektraler EEG-Parameter als Indikatoren einer psychischen Beanspruchung von Hecker u. a. (1980) macht jedoch deutlich, daß solche Ergebnisse wenig für die Beurteilung praktischer Arbeitssituationen bedeuten. In

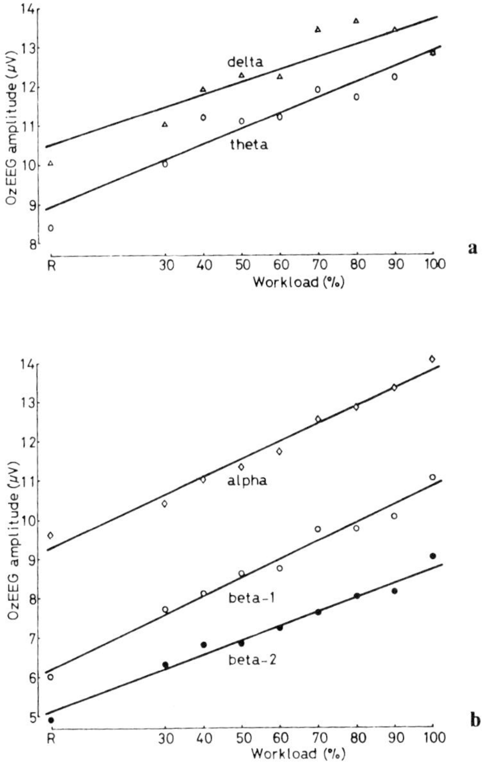

Abb. 9: Mittlere Amplituden in verschiedenen EEG-Frequenzbändern in Abhängigkeit von der Belastungshöhe bei Rechenaufgaben mit Zeitzwang (relativiert auf max. Rechengeschwindigkeit) (aus Kakizaki 1984, 209)

dieser Untersuchung wurde – abweichend von bisherigen Versuchskonzepten – das individuelle EEG in einer Langzeitstudie mit Wiederholversuchen analysiert. Demnach ist das EEG vorwiegend individuell geprägt, vorwiegend Artefakte lösen stabile Variationen aus, die spezifische Wirkung operational definierter Beanspruchungszustände auf das EEG, die auch erlebensmäßig als Situationen mit unterschiedlicher psychischer Beanspruchung empfunden werden, ist nur gering – wenn auch statistisch signifikant – und von hoher zeitlicher Instabilität. Die Autoren kommen zu dem Schluß, daß sich nur diejenige Komponente der psychischen Beanspruchung im EEG niederschlägt, die aus dem Zwang zur Fokussierung der Aufmerksamkeit auf vorgegebene Beobachtungsinhalte resultiert. Trotz dieser pessimistischen Ergebnisse bezogen auf die Beurteilung von Daten aus Laboratoriumsexperimenten konnte z. B. Philipp (1979) mit einer vereinfachten Auswertungstechnik des spontanen EEG, d. h. einer Bildung von frequenzbandbezogenen elektrischen Aktivitäten, die psychophysische Beanspruchung in Prüfungssituationen

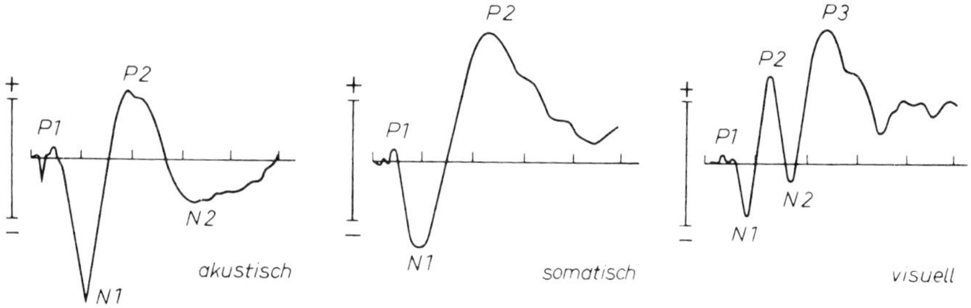

Abb. 10: Evozierte Potentiale bei 3 Sinnesmodalitäten; Abszisse 100 ms je Teilstrich, Ordinate 10 µV (aus Hacker & Richter 1984, 146)

nachverfolgen, wobei die Variationen in den EEG-Parametern mit weiteren physiologischen Parametern hoch korreliert waren (siehe auch Abb. 25 an anderer Stelle in dieser Abhandlung).

Elektrische, kortikale Antworten auf sensorische Reize, allgemein als *evozierte Potentiale* bezeichnet, wurden zunächst an der Hirnrinde von Versuchstieren nachgewiesen. Schließlich gelang es, Reizantworten auch im EEG des Menschen nach einer spezifischen Technik zu identifizieren: Über eine Anzahl von gleichlangen, hintereinander auf Reizung aufgenommene EEG-Segmente wird gemittelt, um dadurch typische Merkmale einer Reizantwort hervorzuheben. Dies ist notwendig, da evozierte Potentiale in der Regel Amplituden von wenigen Mikrovolt (0,3–20 Mikrovolt) besitzen, während die spontane Grundaktivität des EEG oft erheblich höhere Amplituden aufweist (bis zu 100 Mikrovolt). Außerdem überlappen sich die Bandbreiten der Frequenzen von Grundaktivität und Reizantwort. Die Bedeutung von evozierten Potentialen für eine arbeitswissenschaftliche Aussage hängt letztlich von den Auswertungskriterien ab. Bislang beschränkt man sich auf die Ausmessung von Latenzzeiten und Amplituden hervorstechender Maxima und Minima (Abb. 10).

Psychophysische Beanspruchungsgrade sind jedoch aus evozierten Potentialen lediglich in Form von Nominalskalierungen abzuleiten: So gelang es, akustisch evozierte Potentiale von visuell evozierten Potentialen zu separieren (vgl. Davis 1977; van der Tweel 1977). Darüber hinaus können Unterschiede zwischen reinen optischen Blitzen und strukturierten Reizen, wie der Umkehr eines Schachbrettmusters gefunden werden (vgl. Rietveld u. a. 1967). Über Separierungen hinsichtlich der Schwierigkeit der Identifikation unterschiedlicher sensorischer Reize ist bisher wenig bekannt geworden (z. B. Yagi 1982). So kommen auch Hacker und Richter (1984) zu dem Schluß, daß zum gegenwärtigen Zeitpunkt eine Verwendung evozierter Potentiale zur Aufdeckung tätigkeitsbedingter Aktivitätsveränderungen verfrüht erscheint, obwohl Veränderungen in Latenzzeiten und Amplitudenhöhen bei Vigilanzversuchen gefunden wurden.

Ähnlich liegen die Verhältnisse für die *„Contingent Negative Variation“ (CNV)*. Es handelt sich um langsame Potentialschwankungen, die als Ausdruck einer zentralen Orientierungsvorbereitung im Sinne einer motorischen Bereitschaftsreaktion interpretiert werden können (Walter u. a. 1964). Sie wurden in Reaktionszeitexperimenten gemessen, bei denen zwischen dem Vorsignal und einem zweiten Signal, auf das unmittelbar motorisch reagiert werden mußte, die EEG-Verläufe ausgewertet wurden. Über diesen Aspekt einer Belastungsbeschreibung nach der Antizipation einer reaktionsfordernden Situation hinaus enthalten CNV-Verläufe nach dem gegenwärtigen Stand der Forschung jedoch keine Informationen zur Beanspruchungshöhe (Tecce 1972; Blowers 1977; vgl. auch Hacker und Richter 1984).

In einem ähnlichen Ansatz, wie CNV-Bestimmung, versuchte z. B. Holoch (1972) eine nicht erfolgte Handlungsvorbereitung im Sinne einer Vorhersage von Nicht-Reaktionen auf relevante Reize aus der Spontanaktivität des EEG vorherzusagen. Er entwickelte entsprechende Separierungsfunktionen auf diskriminanzanalytischer Grundlage, mit denen er eine Anzahl von mentalen „Blockings“ vorhersagen konnte.

Zusammenfassend muß zu EEG-Parametern als Indikatoren psychophysischer Beanspruchung festgehalten werden, daß sie auf Grund schwieriger Meßtechnik, komplizierter Auswertungstechnik, Artefaktanfälligkeit, Defiziten in Validität und Reliabilität und mangelnder Rückwirkungsfreiheit (vorwiegend EP und CNV) weniger relevant sind. Dies ist weniger auf den Stand der Forschungen zur Meßtechnik und Auswertungstechnik zurückzuführen, als vielmehr auf Defizite in der Kausalinterpretation von EEG-Verläufen.

Neue Resultate in einer Beanspruchungsforschung des Zentralnervensystems sind voraussichtlich von der Magnetoenzephalographie (MEG) zu erwarten (Blum, Bauer, Eyferth 1984; Eyferth 1985). Die Methode basiert auf der SQUID-Technik (Superconducting Quantum Interference Device), einer experimentalphysikalischen Methode zur Messung extrem schwacher magnetischer Felder, die auch bei elektrischen Erscheinungen im Nervensystem auftreten. Der Vorteil gegenüber der herkömmlichen Elektroenzephalographie liegt in der Möglichkeit, neuroelektrische Prozesse nach *Ort* und Zeit im Nervensystem, d. h. in bestimmten Arealen, zu erfassen, da im Gehirn funktionell-anatomisch bestimmte Areale für definierte Verabeitungsmechanismen vorgesehen sind. Aktive Neuronengruppen sind zu lokalisieren, ihre elektrische Aktivität ist absolut und berührungslos unabhängig von Referenzelektroden festzustellen. Daß damit die menschliche Informationsverarbeitung nach Art und Intensität in den organismischen Auswirkungen in besonderer Weise nachverfolgt werden kann, ist nach dem aktuellen Stand der Methodenentwicklung des MEG weniger als Feststellung denn als Spekulation zu begreifen.

3.4 Sehapparat

Da über 3/4 der Information in Arbeitsprozessen über den visuellen Apparat des Menschen läuft, ergibt sich für Indikatoren psychophysischer Beanspruchung, die am visuellen System ansetzen, eine hohe Augenschein-Validität. Allerdings ist in der neueren Beanspruchungs- und Ermüdungsforschung unbestritten, daß die visuelle Informationsaufnahme hinsichtlich Sehschärfe, Kontrast und Leuchtdichte sich zwar in weiten Bereichen Belastungsbedingungen anpassen kann, daß diese Funktion aber so gut wie nicht in Abhängigkeit von einer arbeitsbezogenen Beanspruchungshöhe und Beanspruchungsdauer Reaktionen zeigt. Wenn auch der zentrale rezeptorische Teil des Visusapparates einschließlich der Sehnerven keine Beanspruchungsindikation liefert, so können doch verschiedene funktionell anatomische Systeme differenziert werden, die die eigentliche Visusfunktion unterstützen und die nach dem Stand der Forschung beanspruchungsabhängig in ihren funktionellen Eigenschaften reagieren. Dies betrifft:

- den Bewegungsapparat (Blickbewegung, Okulomotorik),
- den Blendenapparat (Pupillen-Iris-System),
- den Lidschlußapparat und
- die Retina hinsichtlich ihrer Funktion, zeitlich sukzessiv dargebotene Reize zu separieren (Flimmerverschmelzungsfrequenz).

Hinsichtlich einer *Blickbewegungsanlayse* für Zwecke der Beanspruchungsindikation erscheint es einleuchtend, daß z. B. die Häufigkeit und Dauer, mit der Objekte im Arbeitsvollzug fixiert werden, etwas über die mentale Verarbeitung aussagen sollten. Allerdings setzt sich die Blickbewegung aus willkürlichen und unwillkürlichen Anteilen zusammen, so daß im Sinne des Belastungs-Beanspruchungs-Konzeptes streng genommen keine reine Beanspruchungsindikation, sondern ebenso eine Handlungsindikation vorliegt, d. h. auch Strategien der Verarbeitung spiegeln sich im Verhalten der Blickbewegung wider.

Für die Registrierung von Blickbewegungen haben sich in arbeitswissenschaftlich relevanten Untersuchungsfällen vorwiegend zwei Methoden bewähren können: die Cornea-Reflexions-Methode und die Elektrookulographie. Bei der Cornea-Reflexions-Methode beruht das Meßprinzip auf dem Umstand, daß der Radius der Corneawölbung kleiner als der des Bulbus ist. Bei Drehungen des Bulbus wird sich ein auf die Cornea auftreffender Lichtstrahl, der relativ zum Kopf fix ist, systematisch entsprechend den Reflexionsgesetzen verschieben (vgl. Gutjahr 1965, Young und Sheena 1975, Saupe 1985). Wird eine solchermaßen auf die Cornea aufgespiegelte Marke mit einer Aufnahme des Gesichtsfeldes einer Arbeitsperson entsprechend überlagert, so läßt sich der momentane Fixationspunkt identifizieren. Eine aktuelle Geräteübersicht gibt Saupe (1985).

Geht es bei der Registrierung weniger um die Identifikation des Fixationsortes als vielmehr um Fixationszeiten, Fixationsamplituden und weitere Parameter des Fixationswechsels, so hat sich als gebräuchlichste Form der meßtechnischen Erfassung der Augenbewegungen das Elektrookulogramm (EOG) durchgesetzt. Das Meßprinzip basiert auf dem Bestandspotential zwischen Cornea und Retina, das beim normalen Auge ca. 1 Millivolt beträgt und bei Drehung des Augapfels im Sinne einer vektoriellen Spannungszerlegung rechts und links bzw. oberhalb und unterhalb des Augapfels über Elektroden abgegriffen werden kann. Zur Meßmethodik sei auf Shackel (1967), Oster und Stern (1980) und auf Saupe (1985) verwiesen, da die besonderen Probleme der Verstärkung von Gleichspannungssignalen und deren Interferenz mit Elektroden- und Hauteinflüssen hier nicht detailliert dargestellt werden können. Gleichermaßen problematisch aufgrund des Arbeitsaufwandes ist die Auswertung von Blickbewegungsregistrierungen, da automatische Erkennungssysteme für den Fixationsort und in Verbindung mit dem fixierten Objekt für freibewegliche Arbeitspersonen in beliebigen Arbeitsplätzen bisher fehlen (vgl. z. B. Schick und Radke 1981; Saito 1984). Darüber hinaus erschwert die Vielzahl verschiedener ausgewerteter Parameter der Augenbewegung in der Literatur die Entwicklung einheitlicher automatisierter Auswertemethoden. Dieser Umstand wird aus einer Literaturanalyse deutlich, die sich auf neuere Literaturstellen zur psychophysischen Beanspruchung durch vorwiegend Fahrzeugführung beschränkt (vgl. Abb. 11).

Obwohl aus der Abbildung deutlich wird, daß die Untersuchungen sich wegen unterschiedlicher Versuchsdesigns, unterschiedlicher Aufgabeninhalte, unterschiedlicher Meß- und Auswertetechnik nicht miteinander vergleichen lassen, ist zusammenfassend festzustellen, daß die Analyse der Augenbewegungsparameter als psychophysische Beanspruchungsindikatoren sinnvoll erscheint:

- Bei Ermüdung, unter Alkohol- oder Pharmakaeinfluß werden die Sakkaden langsamer (siehe auch Brandt und Büchele 1983, Ohtani 1971).
- Die Fixationsdauer nimmt bei steigender Belastungshöhe zu (vgl. Heinze 1977; Höfner und Hoskovec 1973; Rayner 1978; Tole u. a. 1982).
- Die periphere Wahrnehmung in der Fahrzeugführung nimmt bei steigender Belastungshöhe ab (vgl. Höfner und Hoskovec 1973; Ceder 1977; Voss 1981).

Diese, für die psychophysische Beanspruchung durch Fahrzeugführung charakteristischen Ergebnisse werden durch Resultate aus Experimenten zur Qua-

Parameter der Augenbewegungen / Literatur	Robinson 1979	Meyer-Delius u. Johnson 1982	Widdel u. Kaster 1981	Ohtani 1971	Papin u.a. 1980	Heinze 1977	Voss u. Haller 1982	Nagata u. Kuriyama 1982	Zwahlen 1980
Zeitelemente (Latenz, Sakkadendauer, Verarbeitungszeit)	×	×							
Sakkadengeschwindigkeit	×	×							
Augenfolgebewegungen		×							
Beziehung zwischen Kopf- u. Augenbewegung	×							×	
Reproduktion des Blickbewegungsverlaufes			×					×	×
Mittlere Fixationsdauer		×							
Mittlere Blickdauer							×		
Häufigkeitsverteilung der Fixationsdauer		×	×	×					×
Häufigkeitsverteilung der Blickdauer					×				
Fixationsfrequenz			×						
Sakkadenfrequenz		×							
Blickfrequenz					×				
Visuelle Abtasthäufigkeit definierter Blickgebiete					×	×			
Verkettung der Fixationsorte (Übergangshäufigkeit)					×	×			
Verteilung der Blicksprungweite									×
Visual Lobe area			×						
Mittlere Betrachtungsdauer definierter Blickgebiete					×	×	×		×
Häufigkeitsverteilung der Checkintervalle					×				
Out of View time									×
Zusätzliche Größen:									
Reaktionszeit		×					×		
Suchzeit			×						
Fehlerrate, Leistungsgrößen		×	×	×		×	×		
Meßmethode: C = Cornea-Reflexion; N = NAC; M = Eye-Marker Techn.; E = EOG	C	E	C	E	N	N	E	M	C
Belastungsvarianten: A = Art; D = Dauer; H = Höhe; U = Umweltbeding.; Z = Zusatz	H U	A Z	A H	A H		A H	Z	A	U Z
Individuelle Eigenschaften: K = Kenntnisse; L = Lernvorgang			K L		K			K	

Abb. 11: Ausgewertete Größen in der Okulomotorik als Beanspruchungsindikatoren

litätsprüfung und Inspektion, d. h. bei Aufgaben visuellen Suchens, bestätigt (Bahill und Stark 1975; Robinson u. a. 1976; Hayashi und Ogawara 1977; Wentworth und Buck 1982). Zudem können bei derartigen Versuchen aus der Blickbewegungsregistrierung Aussagen zur Strategie der Fehler-Detektion, der maximalen Zuspielgeschwindigkeit und der günstigen Anordnung von Zielflächen im Gesichtsfeld abgeleitet werden.

Das Studium der Augenbewegungen beim Lesen hat seit den Anfängen experimentalpsychologischer Forschung eine große Rolle gespielt. Eine Übersicht über Probleme und Ergebnisse dieser Forschung gibt Venezky (1977). Neuerdings sind im Zusammenhang mit der Textverarbeitung an Bildschirmterminals die Ergebnisse dieser Untersuchungen wieder aufgegriffen und in einen neuen Zusammenhang eingeordnet worden (z. B. Fleischer u. a. 1984). Bei elektrookulographischen Registrierungen während verschiedener Tätigkeiten an Bildschirmen konnten Meyer-Delius u. a. (1981) charakteristische Ermüdungssymptome der visuellen Wahrnehmungsleistung im Bild des Elektrookulogramms entdecken, die zu Veränderungen in der Dienstzeit und Pausenregelung genutzt wurden.

Auch bei informatorischen Tätigkeiten, die sich durch eine hohe kombinatorische Verarbeitungsleistung auszeichnen, sind Augenbewegungen z. B. zur Identifikation kognitiver Prozesse (Rosen und Czech 1966), zur Typisierung von Perzeptionsleistungen, zur Kennzeichnung der Schwierigkeit von Problemlösungsprozessen und zum Lernverhalten (Fleming 1969) erfolgreich eingesetzt worden. Allerdings wird aus diesen Untersuchungen auch deutlich, daß die Blickbewegung – im engeren Sinne aufgefaßt – kein Beanspruchungsindikator ist, sondern ein Aktivitätsindikator, der primär vom Handlungsvollzug selbst geprägt wird. Dies wurde auch bei einer Untersuchung von Fluglotsen festgestellt (Rohmert und Mitarbeiter 1973), wobei die Häufigkeit und Amplitude der Blickwechsel, quantifiziert durch die elektrookulographische Aktivität als Amplituden-Zeitintegral gemessen und ausgewertet wurde. Bei niedriger Belastungshöhe und Aufgabenschwierigkeit waren diese Meßwerte zunächst relativ hoch, sanken im Normalbereich einer Aufgabenbewältigung auf relative Minima ab, und stiegen schließlich bei einer extrem hohen Belastung wiederum mit der Aufgabenschwierigkeit an. Die U-Funktion entspricht im Verlauf Konzepten der Aktivierungstheorie, was letztlich daraufhin deutet, daß sich willkürliche und unwillkürliche Komponenten im Sinne eines organismischen und handlungsbezogenen Beanspruchungssyndroms im Bild der Blickbewegung überlagern.

Abschließend sei noch darauf hingewiesen, daß Augenbewegungen auch für die Indikation von Erholungsprozessen im Schlaf – gemessen an der Häufigkeit von REM (**R**apid **E**ye **M**ovement) Phasen – bedeutsam sind.

Sowohl mit der Corneareflexionsmethode als auch mit dem vertikalen Elektrookulogramm lassen sich *Lidschlüsse* mit relativ geringem technischen Aufwand identifizieren. Für die Blickbewegungsregistrierung sind sie ein Artefakt, für die psychophysiologische Beanspruchungsforschung scheinen sie eine ergänzende Information hinsichtlich des Verlaufs von Beanspruchungsprozessen nach Art und Intensität zu eröffnen. Separiert man den reflektorischen Schutz-Lidschluß sowie den bedingt reflektorischen optokinetischen Lidschluß im Blickwechsel, so sind für den spontanen Lidschluß als Auswertungsgröße subkortikale Mechanismen bestimmend, die durch psychophysische Einflüsse veränderlich sind. Nach den Untersuchungen von Haider und Rohmert (1976; 1978) scheint die Lidschlußfrequenz als Indikator einer psychophysischen Beanspruchung primär auf antriebsregulatorische Effekte im zentralen Nervensystem zu reagieren denn auf ausführungsregulatorische Effekte. Wie bei diesen Untersuchungen in 4-stündiger simulierter Kraftfahrzeugfahrt festgestellt werden konnte, gehen Verbesserungen der Steuerleistung einher mit einem Anstieg bzw. einer Konstanz der Lidschlußfrequenz, während in Phasen sinkender Leistung eine Abnahme der Lidschlußfrequenz festzustellen ist. Diese laboratoriumsbezogenen Befunde konnten in Feldstudien an Bildmischern in einer Fernsehregie bestätigt werden, wobei sich in Phasen erhöhter psychophysischer Beanspruchung deutlich erhöhte Lidschlußfrequenzen herausstellten (vgl. Haider u. a. 1983). Ähnliche Befunde wurden auch von Gille u. a. (1977) berichtet, die mit wachsender Aufgabenschwierigkeit eine Zunahme der Lidschlußfrequenz fanden (Abb. 12).

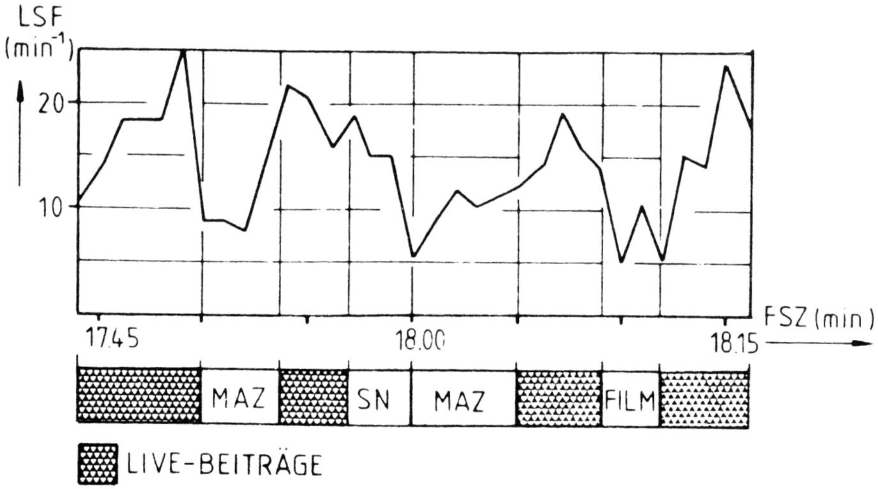

Abb. 12: Lidschlußfrequenz einer Bildmischerin in einer Fernsehregie; Erhöhung in LIVE-Abschnitten; Reaktion bei vorgefertigten Sendeabschnitten: MAZ = Magnetaufzeichnung; SN = Studionachrichten (aus Haider u. a. 1983)

Diesen Resultaten bei Untersuchungen, die erhebliche Komponenten von visueller Informationsaufnahme enthalten, stehen Befunde von Holland und Tarlow (1972, 1975) gegenüber, die bei Tätigkeiten *ohne* visuelle Informationsaufnahme, d. h. Behalten von auditiv dargebotenen Zeichenketten unterschiedlicher Schwierigkeiten, signifikante Abnahmen der Lidschlußfrequenz feststellten. Eine theoretische Begründung für diese Unterschiede in signifikanten experimentellen Resultaten kann bisher nicht gegeben werden. Offensichtlich scheint jedoch der Indikator Lidschlußfrequenz nach der Belastungsart „mit/ohne visuelle Informationsaufnahme" konträr zu reagieren. Letztlich muß festgehalten werden, daß die Verwendung der Lidschlußfrequenz als Indikator psychophysischer Beanspruchung jeweils im Zusammenhang mit der Arbeitsaufgabe gesehen werden muß, da diese offensichtlich Zeitpunkt und Häufigkeit des Lidschlusses mitbestimmt.

Bei fixierter Arbeits- bzw. Versuchsperson, d. h. unter Verwendung von Kinnstütze, Kopfstütze, Beißplatte oder in engen Grenzen frei beweglichem Kopf, existieren Meßsysteme, die neben der Aufnahme von Blickbewegung und Lidschluß auch den Pupillendurchmesser angeben und aufzeichnen (Krüger 1982; Saupe 1985). Wegen der Einschränkung der Bewegungsfreiheit sind arbeitswissenschaftlich relevante Messungen des Pupillendurchmessers auf das Laboratorium und den Simulator beschränkt. Zwar ist die Größe des Pupillendurchmessers primär von der Helligkeit abhängig, weiterhin auch von einer Reihe von Artefakten, über die Tryon (1975) referiert, dennoch kommt Hess (1975) zu dem Schluß, daß die Pupillenreaktion etwas mit „Interesse", „Emotion" und „Motivation" zu tun hat. Die vielfältigen Einflußgrößen auf die Pupillenreaktion resultieren u. a. aus den anatomischen und physiologischen Verhältnissen (vgl. Rogge 1981). Die Pupillengröße wird über hypothalamische Steuerung durch 2 Muskelgruppen eingestellt, wobei der musculus sphincter pupillae, der parasympathisch innerviert ist, die Pupille verengt, während der sympathisch versorgte musculus dilator pupillae sie erweitert. Das jeweilige Ausmaß der Pupillenöffnung wird ferner von exzitatorischen und inhibitorischen Prozessen des Kortex bestimmt, der seinerseits wieder durch mehrfache Verbindung mit anderen Hirnteilen beeinflußt wird. Daraus wird auch die Vielzahl psychischer Einflüsse auf die Pupillenreaktion erklärbar (vgl. Übersicht bei Janisse 1977). Hinsichtlich psychophysischer Beanspruchung durch eine Arbeitsbelastung kann auf die umfassenden Sammelreferate von Beatty (1982) sowie Heemstra (1984) verwiesen werden. Demnach sind in der Pupillenreaktion sowohl tonische als auch phasische Anteile identifizierbar, weiterhin können innerhalb einer Arbeitsaufgabe Schwierigkeitsstufen unterschieden werden (siehe Abb. 13) ebenso wie verschiedene Typen von Arbeitsaufgaben zu charakteristischen Vergrößerungen der Pupillenweite führen (vgl. Abb. 14).

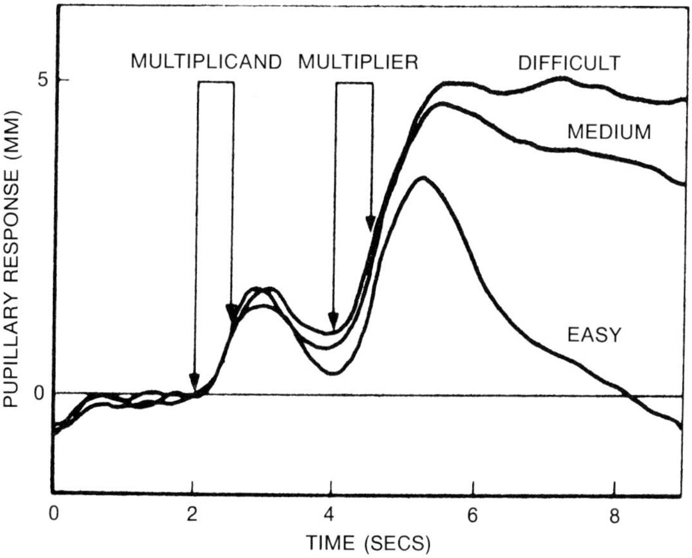

Abb. 13: Pupillenreaktion bei Multiplikationsaufgaben (aus Beatty 1982, 283)

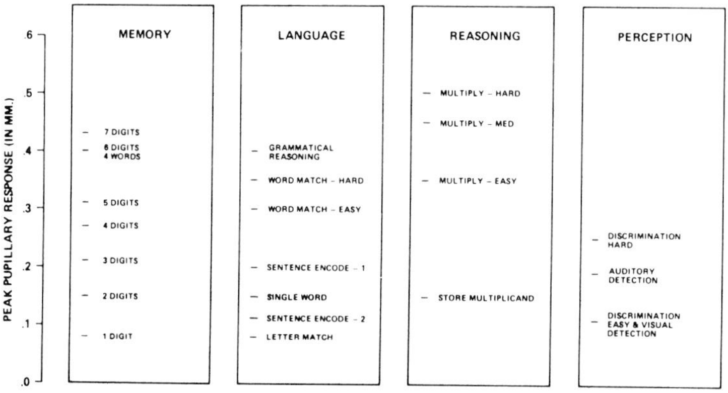

Abb. 14: Amplituden-Maxima der Pupillenreaktion bei unterschiedlichen informatorischen Tätigkeiten (aus Beatty 1982, 285)

Aus diesen Ergebnissen wird deutlich, daß die Pupillenreaktion bei kontrollierten Versuchsbedingungen vorwiegend als ein Indikator der Arbeitsschwierigkeit aufgefaßt werden kann. Daß vorwiegend der mentale Anteil einer psychophysischen Beanspruchung in der Pupillenreaktion abgebildet wird, wird aus den experimentellen Befunden deutlich, die bei gleicher Aufgabenschwierigkeit deutliche Differenzen in der Stärke der Pupillenreaktion zwischen hochleistungsfähigen („intelligenten“) und weniger leistungsfähigen Arbeispersonen feststellten. Auch Abhängigkeiten von der Arbeitsdauer konnten in Viliganzexperimenten nachgewiesen werden (vgl. Beatty 1982).

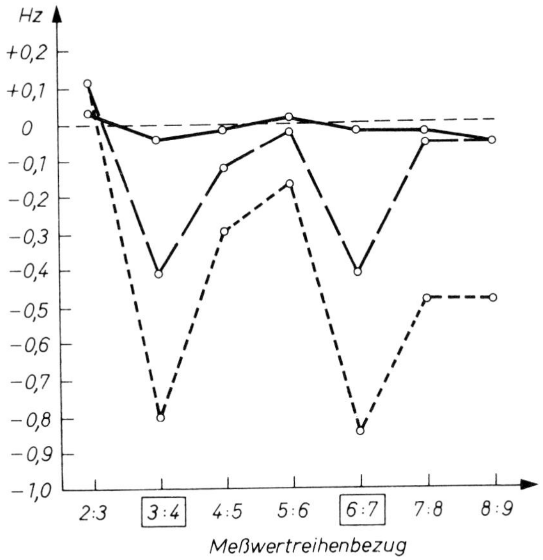

Mittlere Differenzen zwischen aufeinanderfolgenden Meßreihen (Die Tätigkeit liegt zwischen den Meßreihen 3 und 4 sowie 6 und 7, die Zeit der Tätigkeitsunterbrechung zwischen den Meßreihen 4 und 6 sowie 7 und 8).
——— Beanspruchungsstufe 1 (Beschäftigung, keine Leistungsanforderungen),
— — — — Beanspruchungsstufe 2 (Bearbeitung von KLT-Aufgaben des Types D),
- - - - - Beanspruchungsstufe 3 (Bearbeitung von KLT-Aufgaben des Types F) (Plath 1976).

Abb. 15: Flimmerverschmelzungsfrequenz als Funktion der Arbeitsdauer (Arbeits-Pausen-Wechsel) bei unterschiedlichen Beanspruchungsstufen (aus Hacker & Richter 1984, 139)

Trotz eingeschränkter Praktikabilität scheint die Methodik der Pupillometrie hinsichtlich einer Indikation psychophysischer Beanspruchung beachtlich valide und reliabel zu sein (Abb. 14).

Nach wie vor wird in der Beanspruchungsforschung versucht, anhand der *Flimmerverschmelzungsfrequenz* Aussagen über den Status der psychophysischen Beanspruchung bei Arbeitsaufgaben im Vorher-Nachher-Vergleich zu gewinnen. Als Flimmerverschmelzungsfrequenz wird diejenige Frequenz sukzessiv dargebotener optischer Reize bezeichnet, bei der der visuelle Kanal des Menschen den Eindruck eines kontinuierlichen Lichtreizes gewinnt, ohne noch einzelne Helligkeitsschwankungen wahrnehmen zu können (Abb. 15). Die Art der Meßmethodik bedingt also, daß der Arbeitsvollzug zur Messung mit dieser Methode unterbrochen werden muß. Wie Hacker und Richter (1984) in einer Würdigung neuerer Literatur feststellen, sind Beanspruchungszustände im Laboratorium in Relation zur Arbeitsschwierigkeit valid differenzierbar, wobei sie vorwiegend auf Resultate von Plath (1976) Bezug nehmen.

Die Kautelen, unter denen die Methodik überhaupt valide Resultate ermöglicht – Ausgangswertproblem, Schwellenbestimmungsmethode, Adaptationsproblem, langfristige Anpassungen etc. –, lassen die Praktikabilität trotz sehr einfacher Meßvorrichtung in einem kritischen Licht erscheinen. Dennoch konnten auch unter Feldbedingungen psychophysische Beanspruchungszustände differenziert beurteilt werden (vgl. Kogi und Saito 1971; Weber, Jermini und Grandjean 1975).

3.5 Hautoberfläche

Beanspruchungsermittlung ist auch die Messung von elektrischen Hauterscheinungen, obwohl diese Methode in der physiologischen Psychologie hauptsächlich und vielfach zur Kennzeichnung von Gefühlsqualitäten und Gefühlsintensitäten eingesetzt wurde. Seit dem ersten Bericht über den Zusammenhang zwischen emotionalen Reizen und Hautwiderstandsreaktionen (Fère 1888) hat sich eine beträchtliche Menge teils widersprüchlicher Literatur mit unterschiedlichen Aussagen und Interpretationen angesammelt, was zu einer uneinheitlichen Begriffsdefinition und -verwendung beigetragen hat. Als übergeordneter Begriff für alle hautelektrischen Erscheinungen kann der Ausdruck elektrodermale Aktivität (EDA) Verwendung finden (vgl. auch Rogge 1981).

EDA-Messungen, die in Form von Hautwiderstand bzw. Hautleitfähigkeit einerseits exosomatisch und in Form des Hautpotentials endosomatisch andererseits erfaßt werden können, zeigen für arbeitswissenschaftlich relevante Messungen unterschiedliche Zuverlässigkeitswerte. Faber (1980) empfiehlt die exosomatische Messung, bei der ein Schwachstrom in Form einer Wechselspannung von höchstens 0,5 Volt mit einer Frequenz von etwa 10 Hz oder ein entsprechend gepulster Gleichstrom (Konstantspannungspulsmethode) durch das Gewebe zwischen zwei Hautpunkten geschickt wird, die mit einer vorzugsweise trockenen Elektrode mit einer Kontaktfläche von etwa 1 cm^2 gefertigt aus Platin-Mohr oder Silber-Silberclorid beklebt sind. So läßt sich der Hautwiderstand (Skin Resistance = SR) bzw. die Hautleitfähigkeit (Skin Conduction = SC) bestimmen. Da der Grundwiderstand der Haut erhebliche interindividuelle Differenzen aufweist und auch starke intraindividuelle Schwankungen auftreten, wird zur Kennzeichnung des jeweils vorherrschenden tonischen Grundwiderstandes der Ausdruck Hautwiderstandsniveau (Skin Resistance Level = SRL) bzw. Hautleitfähigkeitsniveau (Skin Conduction Level = SCL) verwandt. Den langsamen, tonischen Grundwiderstands- bzw. Grundleitfähigkeitsniveauveränderungen überlagert sind reizabhängige phasische Schwankungen, die als elektrodermale Reaktionen auf besondere Belastungssituationen ansprechen können und als Hautwiderstandsreaktion (Skin Resistance Response = SRR) oder Hautleitfähigkeitsreaktionen (Skin Conduction Response = SCR) bezeichnet werden (siehe auch Boucsein u. a. 1979, 1984).

Zurückzuführen sind die Widerstandsveränderungen nach dem Stand der Erkenntnisse (vgl. zusammenfassend Faber 1980 und Rogge 1981) auf die Sekretion der eccrinen Schweißdrüsen, wobei die Hand- und Fußinnenflächen eine Sonderstellung einnehmen, da sie vorwiegend auf mentale und emotionale Reize reagieren. Die Sonderstellung dieser Areale führt Darrow (1933) auf die bessere Greifmöglichkeit bei Flucht- und Kampfreaktionen zurück, da die Hand- und Fußinnenflächen in feuchtem Zustand einen höheren Reibungskoeffizienten aufweisen. Die Innervation der eccrinen Schweißdrüsen erfolgt rein sympathisch. Dies ist eine physiologische Besonderheit, da die meisten Organe vom Sympathikus und Parasympathikus versorgt werden. Eine weitere Besonderheit stellt die sowohl cholinerge als auch adrenerge Übertragung in den Synapsen des Postganglions der Schweißdrüse dar. Während für die emotional verursachte Erregung der Schweißdrüse adrenerge Nerven vermutet werden, wird die thermoregulatorische Erregung der Drüse cholinerg übertragen. Diese unterschiedliche Ansteuerung im physiologischen System kann als Erklärung dafür herangezogen werden, daß unterschiedliche Belastungsarten zu unterschiedlichen Verlaufsreaktionen der EDA führen.

Nach einer aktuellen Monographie von Faber (1980), der sich sowohl mit der meßtechnischen Optimierung der Methode der Registrierung der elektrodermalen Aktivität für eine arbeitswissenschaftliche Anwendung befaßte, als auch verschiedene Belastungsarten und Belastungshöhen untersuchte, ist eine Reaktion der elektrischen Hautleitfähigkeit in ihren unterschiedlichen Parametern von einem Beanspruchungszustand abhängig, in dem neben der elektrischen Meßmethode Persönlichkeitsmerkmale, klimatische Bedingungen, körperliche Aktivitäten (nur schweißtreibende) und mentale sowie emotionale Belastung interferieren.

Betrachten wir die Ortskurve der Hautimpedanz in Abhängigkeit von der allgemeinen zentralen Aktiviertheit – bestimmt nach der von Bartenwerfer (1969) vorgeschlagenen psychophysikalischen Meßmethodik –, so kann der Abbildung 16 unmittelbar entnommen werden, daß sich bei niedrigen Frequenzen, hier 10 Hz, sowohl Realteil und Imaginärteil als auch Impedanzbetrag und Phasenwinkel dazu eignen, unterschiedliche Zustände der Aktiviertheit, hier AZA 10, 20 und 32, anzuzeigen. Aus meßmethodischen Gründen wird man sich mit einer Messung der Admittanz der Haut (Hautleitfähigkeit) begnügen, obwohl aus dem Diagramm hervorgeht, daß die größte Empfindlichkeit der Hautleitfähigkeitsmeßmethode hinsichtlich einer allgemeinen zentralen Aktiviertheit beim Verhältnis der Realteile für 10 Hz zu erwarten ist (Faber 1980).

Solchermaßen identifizierbare unterschiedliche psychische Beanspruchungszustände konnten für verschiedene Laboratoriumstätigkeiten, wie z. B. Rechen- und Trackingaufgaben, sowie für verschiedene Feldsituationen, so z. B. Prüfungssituationen, industrielle Montagetätigkeiten mit hohen sensomotorischen Komponenten und Zeitdruck durch weitere Messungen festgestellt werden.

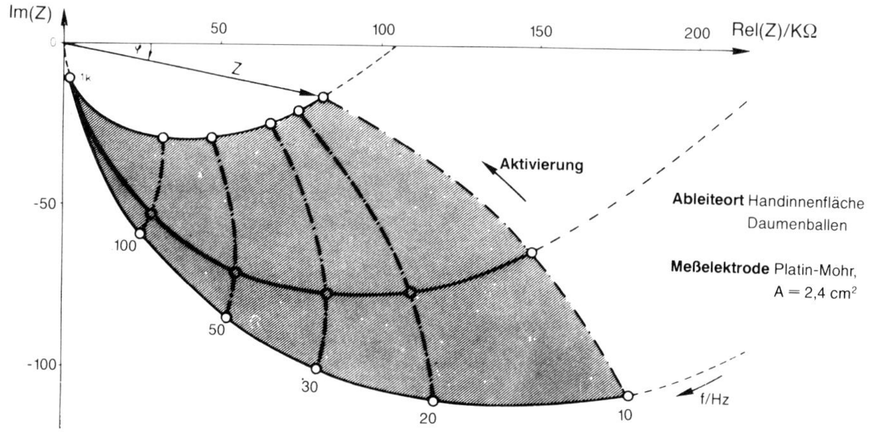

Abb. 16: Ortskurve der Hautimpedanz in Abhängigkeit von der Aktiviertheit; Vp: FA: monopolare Ableitung, feuchte Referenzelektroden mit /Z/ < 1 K Ω (Faber 1980, 46)

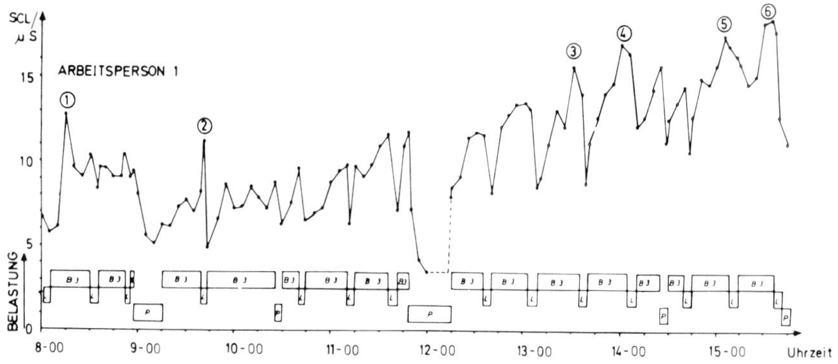

1 Versuchsleiter (VL) instruiert AP 1
2 AP 1 unsicher über Bestückungsreihenfolge
3 AP 1 trinkt Kaffee am Arbeitsplatz
4 AP 1 spricht mit dem Betriebsrat über erbrachte Stückzahl
5 AP 1 entdeckt und korrigiert einen Bestückungsfehler
6 AP 1 spricht mit der Gruppenleiterin über erbrachte Leistung

Abb. 17: Zeitverlauf von Hautleitfähigkeit und Tätigkeiten gestufter Belastung: P = Pause, L = stehende Tätigkeit am Lötband, B3 = Bestücken von Platinen (Faber 1983, 88)

Eine differenzierte Betrachtung eines psychophysischen Beanspruchungszustandes durch industrielle Tätigkeiten der Montage, des Bestückens und Verpackens nach tonischen und phasischen Anteilen sowie nach Einflüssen der Belastungsart, Belastungshöhe und Belastungsdauer in der EDA wurde von Faber (1983) vorgelegt.

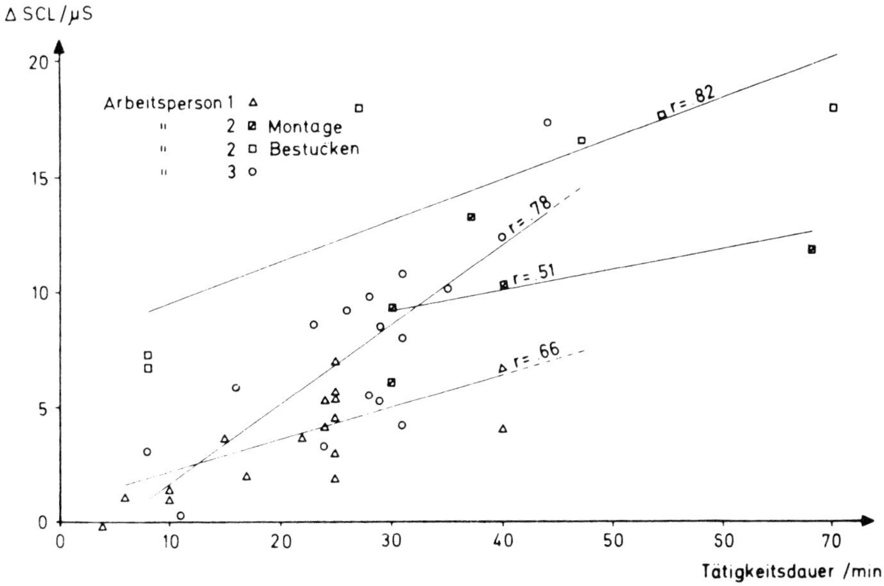

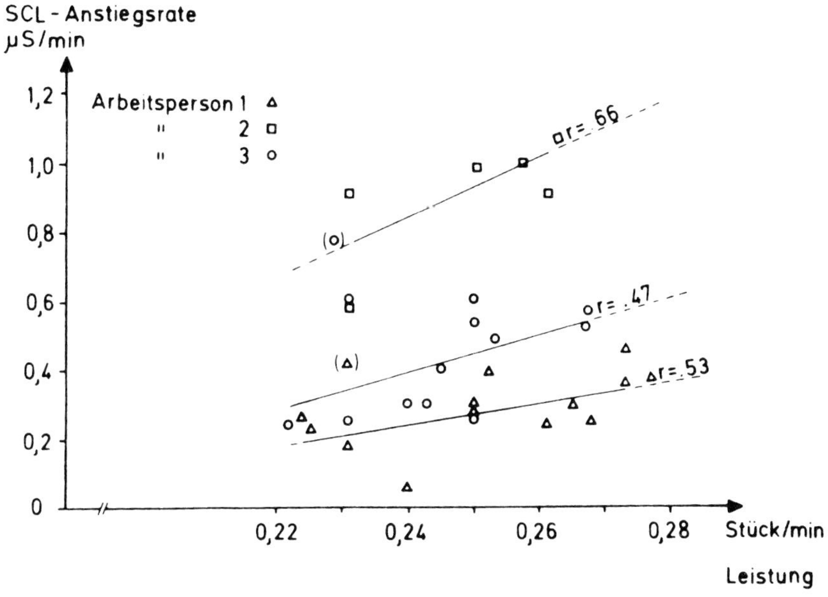

Abb. 18: Zunahme der Hautleitfähigkeit über der Tätigkeitsdauer (a) (Faber 1983, 89) und der Leistung (b) (Faber 1983, 90)

Wie der Zeitverlauf einer SCL-Messung im ganzschichtigen Arbeitsversuch zeigt, lassen sich deutlich emotionale Sondersituationen, das heißt phasische Beanspruchungsanteile im Sinne einer SCR erkennen (Abb. 17). Darüber hinaus ist ein allgemeiner Anstieg im Zeitverlauf über der Belastungsdauer erkennbar. Tätigkeiten mit hoher Konzentration – Bestücken von Platinen – führen im Vergleich zu einer informatorisch gering beanspruchenden Tätigkeit des Überwachens am Lötband zu erhöhten SCL-Werten. Am niedrigsten sind die SCL-Meßwerte in der Pause. Per Augenschein und nach der phänomenologischen Evidenz läßt sich also bereits eine Beziehung zwischen dem differenzierten Belastungszustand und der psychophysischen Reaktion im SCL-Verlauf feststellen. Wird dieses erkennbare Phänomen quantifiziert, so ergibt sich sowohl ein Anstieg der Hautleitfähigkeit über der Belastungshöhe, gemessen durch die erbrachte Leistung, als auch ein Anstieg der SCL über der Tätigkeitsdauer, der in Abhängigkeit von der Leistungsfähigkeit von Arbeitspersonen und von der informatorischen Schwierigkeit der Tätigkeit unterschiedlich stark ausfällt (Abb. 18).

Diese Untersuchungen zeigen, daß Hautleitfähigkeitsmessungen geeignet sein können, die individuelle Beanspruchung bei informatorischer Belastung zu indizieren. Neben den Haupteinflußgrößen Belastungshöhe und Belastungsdauer auf den Beanspruchungsindikator SCL werden hierbei ebenso emotional bedingte Sondertatbestände des psychischen Beanspruchungszustandes integriert. Obwohl Faber (1983) für den untersuchten Fall die Validität der Methodik und ihre Praktikabilität für ganzschichtige Arbeitsuntersuchungen in der industriellen Praxis nachweisen konnte, bleiben dennoch Zweifel an einer allgemeinen Verwertbarkeit. Vielfältige Störeinflüsse aus dem Bereich der Thermoregulation und der emotionalen Steuerung können Reaktionen auf informatorische Belastungskomponenten verdecken, wie Rutenfranz (1958) bereits vor Jahrzehnten in einer differenzierten Analyse der Einflußgrößen und diagnostischen Verwendungsmöglichkeiten der Methodik nachweist.

3.6 Bewegungsapparat

Methoden, die eine Beurteilung psychophysischer Beanspruchung nach dem Aktivierungsstatus des spinalen Systems anstreben, sind die Elektromyographie und Tremormessungen an Extremitäten. Seit Pelnar (1913) wird der *Tremor* als die unwillkürliche Bewegung eines Körperteiles definiert, das um eine Gleichgewichtslage, annähernd sinusförmig, mit Frequenzen größer als 0,5 Hz, schwingt (Sälzer 1973). Untersuchungen über die Entstehung des Tremors von Sälzer, Schreiber und Rohmert (1973) haben gezeigt, daß sich im Tremorverlauf zwei unterschiedliche Schwingungen überlagern, deren Frequenzen und Amplituden sich für unterschiedliche Extremitäten und deren mechanische Eigenschaften typisch unterscheiden. Der eine Schwingungsanteil läßt sich auf impulsförmige, mechanische Anregungen der Muskeln des jeweils betrachteten mechanischen schwingungsfähigen Sytems zurückführen, so z. B. durch die Herztätigkeit oder die Kontraktion einzelner Muskelfasern, der andere Schwingungsteil ergibt sich aus Eigenreflexketten und umlaufenden Impulsen im neuromuskulären Regelkreis einer Haltungs- und Kraftstabilisierung. Durch einen unterschiedlichen Aktivierungsstatus des spinalen Systems verschieben sich aufgrund unterschiedlicher Alpha-Afferenzen Verstärkungsfaktoren und Laufzeiten in diesem Regelkreis und damit verknüpft Amplituden- und Frequenzverhalten des Tremors (nach Sälzer 1973).

Gemessen wird der Tremor, der normalerweise im Frequenzbereich von 4 bis 18 Hz und im Amplitudenbereich von 0,5 bis 10 µ beim gesunden Menschen schwankt, durch Weg- oder Beschleunigungsaufnehmer, die an der betrachteten Extremität, zumeist Finger-, Hand- oder Armsystem angebracht sind (vgl. Rogge 1981, Sälzer 1973). Für die arbeitswissenschaftliche Interpretation hat sich die Weiterverarbeitung des Signals in Form der Tremoraktivität als Beanspruchungsgröße bewährt:

$$TA = \frac{1}{T_2 - T_1} \int_{T_1}^{T_2} |\text{Tremorschwingungen}| \; dt$$

(nach Sälzer 1973)

Bezogen auf mentale und emotionale Beanspruchungen sind Literaturergebnisse über die Änderung der Tremoramplitude uneinheitlich: French (1944) und Grögler (1958) stellten eine geringfügige Erniedrigung der Tremoramplituden bei der Lösung von Rechenaufgaben fest. Dem gegenüber fanden Kuna u. a. (1964) für Rechnen unter Zeitdruck einen signifikanten Anstieg der Tremoramplituden. Ein Anstieg der Amplituden bei „Ermüdung" und „Emotion" wird von Usui u. a. (1984) in einer akutellen Literaturübersicht berichtet, wobei allerdings vorwiegend auf Literaturstellen der 60er und der ersten Hälfte der 70er Jahre Bezug genommen wird. Um der Widersprüchlichkeit von Laboratoriumsbefunden mit simulierten Tätigkeiten zu entgehen, wählte Sälzer zur Kennzeichnung des psychophysischen Beanspruchungszustandes durch Tremormessungen realtypische Tätigkeiten, so Prüfungssituationen bei Diplom-Hauptprüfungskandidaten und Fluglotsentätigkeiten.

Für eine Prüfung läßt sich die Beanspruchungshöhe zweifellos nicht durch eine Differenzbildung zwischen einer Messung unmittelbar vor der Prüfung und unmittelbar nach der Prüfung ableiten, wie ansonsten bei Tremormessungen üblich. Aufgrund einer beträchtlichen intentionalen Grundspannung ist mit deutlich erhöhten Ausgangswerten unmittelbar vor der Prüfung in physiologi-

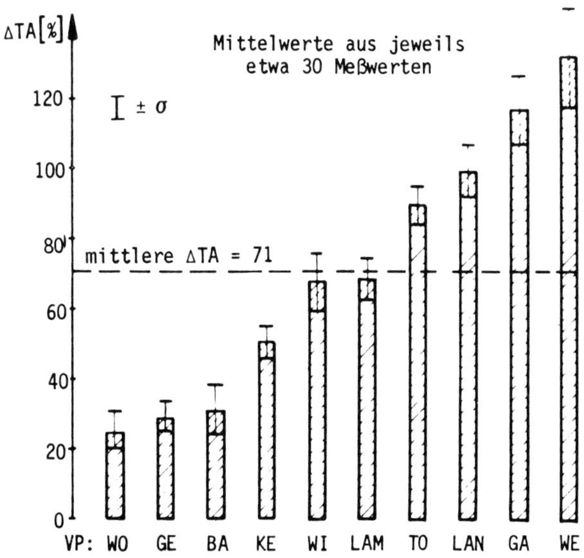

Abb. 19: Veränderungen der Tremoraktivität bei unterschiedlichen Arbeitspersonen infolge Prüfungen (aus Sälzer 1973, 90)

schen Aktivierungsindikatoren zu rechnen. Für seine Untersuchungen wählte Sälzer als Bezugsbasis eine Messung, die 2 Wochen vor der Prüfung durchgeführt wurde. Zur Kennzeichnung des psychophysischen Beanspruchungszustandes wurde die TA jeweils vor und etwa 15 Minuten nach der Prüfung gemessen. Aus diesen Werten wurde ein Mittelwert gebildet und die Abweichung zur Bezugsmessung berechnet, die in der Abbildung 19 für 10 unterschiedliche Versuchspersonen aufgetragen ist. Die mittlere Δ TA in der Prüfungssituation liegt bei einem Wert von 71 % über dem Ausgangswert. Keine Versuchsperson hatte eine erniedrigte Δ TA, so daß von einem auch interindividuell stabilen Verhalten der Δ TA als Beanspruchungsmeßgröße bei dieser Belastungssituation gesprochen werden kann. Eine differenzierende Betrachtung nach Belastungshöhe und Belastungsdauer ist mit dieser Fallstudie nicht möglich, jedoch läßt sich anhand der Leistungsdichtespektren des Handtremors in Ruhe und nach vorangegangener psychischer Beanspruchung durch die Hauptdiplomprüfung feststellen, daß sich auch das Frequenzverhalten neben der TA charakteristisch ändert (Abb. 20).

Der Handtremor setzt sich in Ruhe aus einer Reihe von Frequenzen zusammen, die durch die Handhaltung, die Stärke der Anspannung der Muskulatur etc. beeinflußt werden. Infolge der hohen psychischen Beanspruchung durch die Prüfung prägt sich ein Maximum im Leistungsdichtespektrum bei 7,5 Hz aus. Die starke Ausprägung dieser 7,5 Hz Komponente kann auf eine stärkere

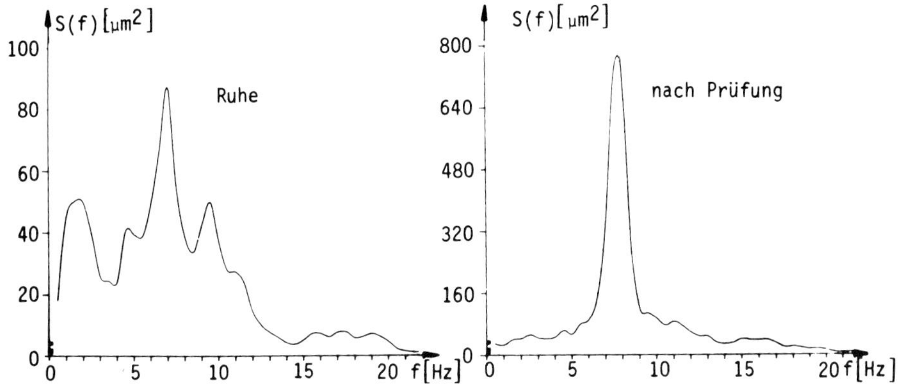

Abb. 20: Verschiebungen im Leistungsdichtespektrum des Tremors durch eine Prüfungssituation

Innervation der Muskeln und damit eine Veränderung des neuromuskulären Regelkreises zurückgeführt werden, wie auch Eiff (1965) feststellt.

Um auch den Einfluß der Belastungshöhe im psychophysischen Beanspruchungszustand – gemessen durch die Tremoraktivität – festzustellen, untersuchte Sälzer bei der Fluglotsentätigkeit die Abhängigkeit der normierten Tremoraktivitätsänderung (Δ TA) von der Schwierigkeit von Arbeitsabschnitten. Die Schwierigkeit der Arbeitsabschnitte wurde dabei von den Fluglotsen selbst auf einer 8-stufigen Skala angegeben.

Die einzelnen Arbeitsabschnitte hatten in der Regel eine Länge von 2 Stunden. Der kürzeste Arbeitsabschnitt dauerte 1 Stunde, der längste 3 Stunden. Da die psychophysische Beanspruchung eine Funktion der Arbeitsschwierigkeit und der Arbeitsdauer ist, wurde die Änderung der Tremoraktivität auf jeweils 1 Stunde berechnet. Die Änderungen der TA wurden jeweils auf den Wert vor Beginn der Schicht bezogen. Wie die Abbildung 22 zeigt, ergibt sich erst für Schwierigkeiten größer als 5 eine eindeutige Abhängigkeit der Mittelwerte der Tremoraktivitätsteigerung von der Schwierigkeit der Arbeitsaufgabe. Dieses Ergebnis bestätigt die Laboratoriumsbefunde von anderen Autoren dahingehend, daß erst ab einer bestimmten Belastungshöhe, nämlich der Stufe 6 innerhalb der 8-stufigen Belastungshöhenskala, eine Veränderung der Tremoraktivität mit dieser Schwierigkeitskenngröße nachgewiesen werden kann. So gesehen handelt es sich bei der Tremormessung um eine physiologische Meßmethode, die offensichtlich erst in Grenzbereichen einer psychophysischen Beanspruchung anspricht. Belege für eine Abhängigkeit der Δ TA von der Arbeitsdauer fehlen ebenso wie weitere Untersuchungen an realtypischen Tätigkeiten in Form von Fallstudien in praxisnahen Arbeitssituationen. Besonders

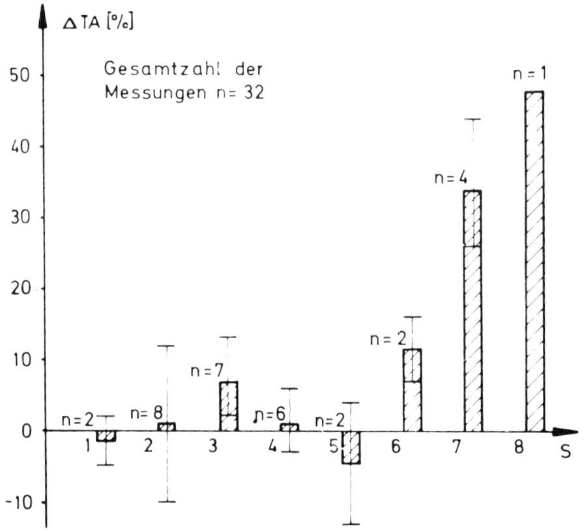

Abb. 21: Abhängigkeit normierter Veränderungen der Tremoraktivität (Δ TA) von der Arbeitsschwierigkeit bei Fluglotsentätigkeiten (aus Sälzer 1973, 88)

dere Belastungssituationen, hier als Beispiel die Prüfungssituation, führen jedoch ebenso zu quantitativ beurteilbaren Veränderungen im Verhalten des Tremors wie die Arbeitsschwierigkeit (Fluglotsentätigkeit) und die Arbeitsgeschwindigkeit (Rechnen unter Zeitdruck) (vgl. Konecny 1960, Rohracher & Inanaga 1969).

In einem auf die gleichen Mechanismen wie der Tremor kausal und physiologisch-strukturell aufbauenden Meßansatz hinsichtlich psychophysischer Beanspruchung wird als Indikator bei informatorischer Belastung gelegentlich die *Elektromyographie* verwendet. Dies basiert auf der Theorie, daß die Aktivität der motorischen Neurone von Muskeln, die nicht im mechanischen Arbeitsvollzug selbst aktiv eingesetzt sind, in Korrelation zum Aktivierungsstatus des gesamten Nervensystems steht. Die Stärke des spontanen Muskeltonus, erfaßt über das Elektromyogramm, kann also als mit der Aktivierung zunehmende Meßgröße informatorischer Beanspruchung interpretiert werden (vgl. Haider 1969). Dieser Versuch ist wiederholt seit Entwicklung der elektrophysiologischen Methoden in den 30er Jahren (vgl. z. B. Davis 1938) unternommen worden. Das Oberflächen-Elektromyogramm (EMG), das als Interferenzmuster von Einzelaktionspotentialen der Muskelfasern eines Muskels oder einer Muskelgruppe im Frequenzbereich von 40 bis etwa 1000 Hz und in der Amplitude zwischen 1 bis 500 Mikrovolt auftritt (Rogge 1981), kann mit Hilfe von Oberflächenelektroden, die aus Silber-Silberclorid gefertigt sind und auf dem Muskelbauch paarig in Längsrichtung der Muskelfaser angeordnet aufgeklebt sind sowie mit einer Leitpaste elektrisch mit der Körperoberfläche verbunden sind, gemessen werden. Aufgrund des stochastischen Signalcharakters ist eine Art Artefakterkennung, z. B. durch elektrische oder magnetische Einstreuungen in die Elektrodenableitungen oder von Bewegungsartefakten schwierig, so daß neuerdings aktive Elektroden mit Impedanzwandlereigenschaften empfohlen und verwendet werden (Hagemann, Luhede, Luczak 1985). Aus dem Oberflächen-Elektromyogramm wird durch Verstärkung, Gleichrichtung und Integration über definierte Zeitbasen die elektrische Aktivität als psychophysische Beanspruchungsmeßgröße gewonnen:

$$EA = \frac{1}{T_2 - T_1} \int_{T_1}^{T_2} EMG\,(t)\, dt$$

Bei der Wahl der Muskeln, von denen abgeleitet werden soll, ist das Erkenntnisinteresse hinsichtlich der Art der psychophysischen Beanspruchung maßgebend: Bei Muskelarbeitsformen, z. B. statischer oder einseitig dynamischer Arbeit (vgl. Laurig 1970, 1974) ist der im Arbeitsvollzug mit höchster Relativkraft bzw. höchster Bewegungsfrequenz eingesetzte Muskel nach dem Engpaßprinzip zu wählen, bei informatorischen Arbeitsformen mit sensumotorischen Komponenten, z. B. Tastaturbedienungen, können auch Ableitungen von der Fingermuskulatur, der Muskulatur des Schulter-Arm-Bereiches und der Stammuskulatur zu aussagefähigen Resultaten führen. So fanden z. B. Rohmert und Luczak (1978) beim Videokodieren arbeitsdauerabhängige Anstiege im Elektromyogramm des musculus extensor digitorum (Fingerstrekker) und des musculus rhomboideus (Stammuskel), die im Rahmen eines Bewertungskonzeptes psychophysischer Beanspruchungszustände in Ermüdungsgrade transformiert wurden.

Nach diesen Erfahrungen, auch bezogen auf Anpassungsreaktionen (vgl. Luc zak und Rohmert 1976), ist es empfehlenswert, solche Muskeln zu wählen, die durch den Bezug zur Erfüllung einer informatorischen Arbeitsaufgabe zumindest eine bestimmte Grundanspannung aufweisen. Lippold (1967) empfiehlt für Beanspruchungsexperimente mit emotionalen Komponenten den musculus frontalis (Stirnmuskulatur) und mit Einschränkungen den musculus masseter (Kaumuskulatur).

Bei allen myographischen Messungen ist jedoch zu berücksichtigen, daß Meßwerte nicht intra- und interindividuell in ihrer absoluten Höhe vergleichbar sind, da Elektrodenpositionen und Übergangswiderstände nicht hinreichend genau reproduzierbar sind (vgl. Zipp 1978, Rau 1973). Insofern können absolute Meßwerte der elektrischen Aktivität bei verschiedenen Beanspruchungssituationen nur innerhalb einer Meßanordnung an jeweils einer Versuchsperson verglichen werden (siehe Rohmert und Luczak 1978) oder als Abweichungen von einem definierten Bezugswert bzw. Anstiegsgeschwindigkeiten von diesem Bezugswert ausgehend (Δ EA) für eine Beanspruchungsaussage herangezogen werden.

Primär ist die Elektromyographie zur Beurteilung der Beanspruchung und Ermüdung bei statischer und einseitig dynamischer Muskelarbeit anzusehen, wobei hohe Validitäts- und Reliabilitätswerte erzielt werden (Laurig 1970, 1974). Darüber hinausgehende Effekte psychophysischer Beanspruchung sind zwar verschiedentlich nachgewiesen worden (siehe auch die Übersicht bei Hacker und Richter 1984), systematische Untersuchungen zur Abhängigkeit der elektrischen Aktivitäten von der Belastungshöhe und Belastungsdauer bei informatorischer Arbeit, abgesehen von den berichteten Fallstudienergebnissen, stehen jedoch nach wie vor aus.

3.7 Hormon-System

Die Bedeutung des symphato-adrenomedullären Systems für den Stoffwechsel in Verbindung mit seiner Beziehung zu menschlichem Verhalten in verschiedenen Situationen ist seit den frühen Arbeiten von Cannon (1915) vielfach untersucht worden. Als biochemische Indikatoren für die Aktivität dieses neuroendokrinen Systems haben sich insbesondere die Katecholamine Adrenalin und Noradrenalin bewähren können (vgl. Übersicht bei Frankenhäuser 1969). Biochemische Methoden der Beanspruchungsanalyse bauen auf der Hypothese auf, daß die bei neuronaler Aktivität an den Nervenendungen, im Gehirn und den Nebennieren freigesetzten chemischen Substanzen zur humoralen Einstellung des Organismus auf die Belastung bzw. deren Abbau- und Abfallverbindungen durch den Blutkreislauf und Harnstoffwechsel schließlich im Urin in unterschiedlicher Konzentration in Abhängigkeit von der Belastung des Nervennetzes meßbar sein müßten. Diese lange Ursache-Wirkungs-Kette und der meßtechnische Ansatz an Stoffwechselvorgängen, die sich simultan und sukzessiv im Organismus mit laufenden chemischen Veränderungen abspielen und die nur in großen Zeitabständen abgetastet werden können (Urinsammelperioden), bewirkt, daß lediglich das zeitliche Beanspruchungsintegral einer Periode informatorischer Belastung in einer Folgemessung überhaupt erfaßt werden kann (vgl. z. B. Klimmer 1978, Abb. 22).

Bestimmt werden als biochemische Indikatoren einer psychophysischen Beanspruchung Erhöhungen des Spiegels von Adrenalin und seiner Abbauprodukte, d. h. der sog. Katecholamine bzw. Katecholamin-Metaboliten. Diese, auch Streß-Hormone genannten chemischen Verbindungen sind vorwiegend im Blutplasma, jedoch auch im Urin in unterschiedlicher Konzentration nach

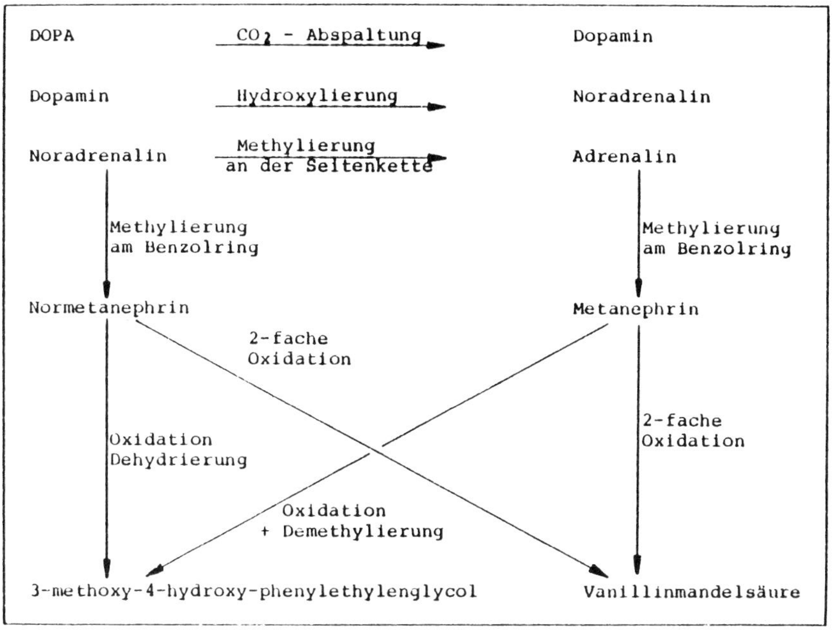

Abb. 22: Katecholamin-Stoffwechsel (aus Klimmer 1978, 17)

Belastungsart, Belastungshöhe und Belastungsdauer nachweisbar. Eine Bestimmung der Katecholamin-Konzentration im Blutplasma würde bedeuten, auf blutige Messungen überzugehen, was aus Gründen der Rückwirkungsfreiheit und Zumutbarkeit für ergonomische Untersuchungen in der Regel abgelehnt wird. Bestimmt werden die Katecholamin-Konzentrationen daher zumeist aus dem Urin von Arbeitspersonen, wobei aufgrund der minimalen Urinsammelperioden Abtastzeiträume von mindestens 1–2 Stunden eingehalten werden müssen, selbst wenn in den Versuchen zusätzlich Getränke angeboten werden. Die Katecholamin-Ausscheidung kann daher allenfalls als Indikator tonischer Aktivierung aufgefaßt werden.

Eine Literaturübersicht zu meßmethodischen Aspekten, belastungsvarianten und zeitvarianten Effekten sowie typologischen Faktoren in der Katecholaminausscheidung gibt Klimmer (1978) neben der Präsentation von eigenen im Laboratorium und in Feldsituationen gewonnenen Erkenntnissen. Aus dieser Literaturübersicht wird deutlich, daß unterschiedliche Arten von vorwiegend körperlicher und nichtkörperlicher Arbeit, unterschiedliche Zeiteffekte (z. B. Tages- und Jahresperiodik), sowie Alters- und Geschlechtseinflüsse einschließlich persönlichkeitsbedingter Variablen (vgl. Meyer-Bahlburg 1970) sich in unterschiedlichen Katecholamin-Metaboliten niederschlagen. Eine exakte

Meßwertgewinnung der Katecholaminausscheidung zur Feststellung des Einflusses von psychophysischer Beanspruchung setzt die Kontrolle dieser Faktoren ebenso voraus wie die eingenommene Menge von koffeinhaltigen oder alkoholischen Getränken und Nahrungsmitteln, in denen Noradrenalin enthalten ist, darüberhinaus Rauchen, Körpergewicht und Haltung sowie Tageszeit. Nur so können die für eine Differenzbildung relevanten Bezugswerte, ausgehend von den Normalwerten (vgl. Dokumenta Geigy 1973) gewonnen werden. Weitere Vergleichsschwierigkeiten zwischen verschiedenen Autoren ergeben sich durch die Wahl verschiedener Bezugsbasen nach Zeit und Menge.

Bei „sauberer“ Versuchsplanung und Versuchsmethodik können jedoch verschiedene berufliche Tätigkeiten und auch unterschiedliche Belastungsstufen innerhalb einer beruflichen Tätigkeit sowohl bei der Simulation im Laboratorium als auch in realen Feldstudien nach der Beanspruchung separiert werden. Im Laboratoriumsversuch konnten Tätigkeiten verschiedener Arbeitsgeschwindigkeit, z. B. von Klimmer (1978) Rechenaufgaben mit unterschiedlicher Taktfrequenz (siehe auch Konzett u. a. 1971, Ward u. a. 1983, Fibiger & Singer, 1984), ebenso nach Katecholaminausscheidung separiert werden wie Laboratoriumstätigkeiten unterschiedlicher Schwierigkeit (vgl. Frankenhäuser und Johansson 1976, Forsman & Lindblad 1983; Hyyppa u. a. 1983, Abb. 23).

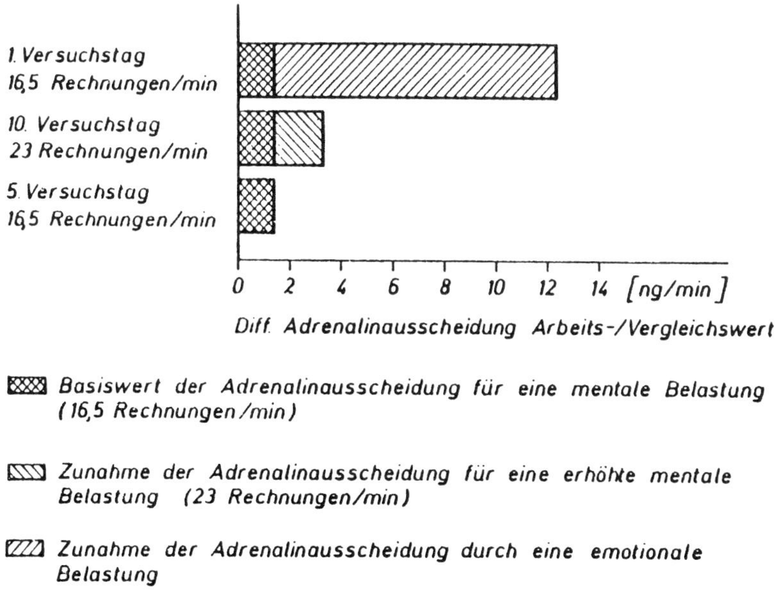

Abb. 23: Erhöhungen der Adrenalin-Ausscheidung im Urin an Versuchstagen mit unterschiedlichen mentalen und emotionalen Belastungen (aus Klimmer 1978, 140)

Neben diesem Effekt der Belastungshöhe läßt sich deutlich auch ein Effekt der Belastungsdauer – gemessen an der Anzahl der Versuchstage – identifizieren. Die emotionale Sondersituation am 1. Versuchstag führt zu deutlich überhöhten Werten der Katecholaminausscheidung. Solche Anpassungseffekte waren auch in anderen Experimentalanordnungen, z. B. bei Vigilanztätigkeiten (Unterforderungssituation) feststellbar, wobei sich der für Vigilanzversuche typische abnehmende Verlauf mit sinkender Aktivierung in Abhängigkeit von der Arbeitsdauer ergab (vgl. z. B. O'Hanlon & Horvath 1973, O'Hanlon & Beatty 1976).

Da vorwiegend tonische Aktivierungszustände mit ihren langsamen Schwankungen überhaupt erfaßbar sind, sind weitere zeitvariante Veränderungen von Beanspruchungszuständen in Abhängigkeit von Parametern der Belastungsdauer im Tages- und Wochenverlauf, z. B. zur Beurteilung von Schichtsystemen, in der Katecholaminausscheidung verfolgt worden, so z. B. von Patkai u. a. (1977) sowie Åkerstedt u. a. (1977) bei Schriftsetzern und von Klimmer u. a. (1984) an Schiffspersonal. Aus dem Vergleich von „normalen" Tagesgängen der Katecholaminausscheidung im Vergleich zu Nachtschicht- und Wechselschichtarbeitern konnten Beurteilungen zum Arbeitszeitregime abgeleitet werden.

Bezogen auf Feldstudienergebnisse zur Beanspruchungshöhe sei exemplarisch auf Klimmer (1978) verwiesen, der verschiedene Tätigkeiten im Flugverkehrskontrolldienst – Radar Control – Radar Hand-off-Control, Tower, im Stellwerksdienst bei der deutschen Bundesbahn und bei verschiedenen an Führerscheinprüfungen beteiligten Personen – Fahrlehrer und Prüfling – nach der Katecholamin-Ausscheidung vergleichend beurteilen konnte. Auch bei Doktorprüfungen war der Adrenalinspiegel 3-fach, der Noradrenalingspiegel 2-fach über Normwerten erhöht (Johansson, Collins & Collins 1983, Abb. 24).

Auch besondere Belastungszustände lassen sich hinsichtlich der Katecholaminausscheidung als Beanspruchungsindikator separieren (Johansson u. a. 1978). Bei repetitiver und taktgebundener Arbeit im Vergleich zu flexibler Arbeitseinbindung in einem Sägewerk wurden bei ansonsten vergleichbaren Belastungsbedingungen Destabilisierungen in der Adrenalin- und Noradrenalin-Ausscheidung bei den „zeitlich und inhaltlich gebundenen" Arbeitsformen festgestellt. Diese Instabilitäten traten bei der Personengruppe mit flexibler Zuordnung zu Arbeitsinhalten nicht auf. Ähnliche Befunde ergaben sich beim Vergleich von Leistungslöhnern (Bandarbeit und Stücklohn) mit Zeitlöhnern (Timio & Gentili 1976). Als besondere Stressoren erwiesen sich auch Systemausfälle an rechnergestützten Arbeitsplätzen, die im Dialogbetrieb in einer Versicherungsgesellschaft im Vergleich zu einem „normalen" Tätigkeitsverlauf von Johansson und Aronsson (1980) untersucht wurden. Die psychophy-

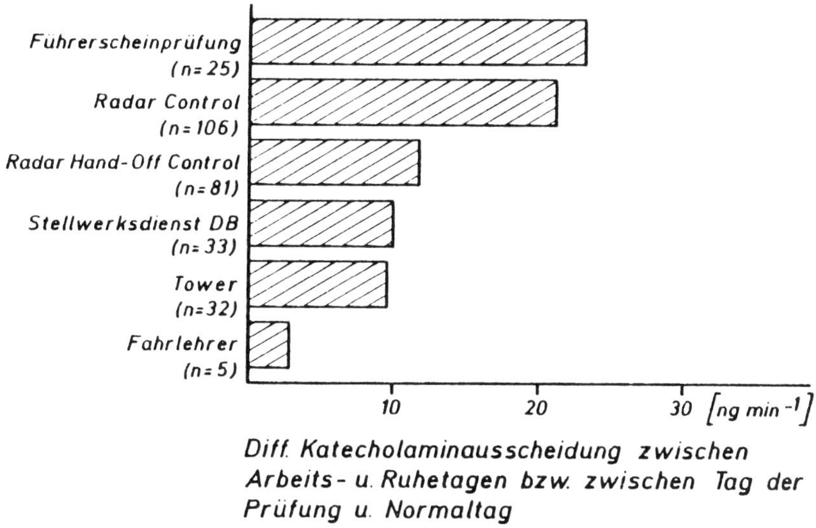

Abb. 24: Katecholamin-Ausscheidung in verschiedenen Berufssituationen (aus Klimmer 1978, 125)

sische Beanspruchung, gemessen an der Adrenalinausscheidung sowie Blutdruck und Herzschlagfrequenz, war unter den Störungsbedingungen deutlich erhöht.

Nach diesen Ergebnissen kann geschlossen werden, daß vorwiegend Tätigkeiten mit Kombinationen von mentaler und emotionaler Belastung zu einer erhöhten Ausscheidung von Adrenalin führen. Tätigkeiten mit hohem energetischem Aufwand führen dagegen vorwiegend zu einer erhöhten Noradrenalin-Ausscheidung. Die Art der energetischen Belastung des Körpers ist dabei unerheblich: Halte- und Haltungsarbeit ebenso wie dynamische Arbeit kleiner und großer Muskelgruppen, die im Zusammenhang mit informatorischen Prozessen ablaufen, sind ursächlich für diesen Effekt. Das bedeutet, daß bei einer erhöhten Ausscheidung von Adrenalin und Noradrenalin bei unterschiedlichen Gestaltungszuständen hinsichtlich des psychophysischen Beanspruchungszustandes davon auszugehen ist, daß der Adrenalinanteil vorwiegend die emotionale Komponente der Beanspruchung und der Noradrenalinanteil vorwiegend die energetische Komponente einer Beanspruchungshöhe anzeigt.

Ebenso wie die Katecholamine gelten die Kortikoide und ihre Metaboliten (z. B. Cortisol, 17-Ketosteroide, 17-Hydroxy-Ketosteroide) als Aktiviertheits- bzw. Beanspruchungsindikatoren. So berichtet Mason (1972) in einer Literaturübersicht von einer Steigerung bei experimentell erzeugter oder in realen

Lebenssituationen auftretender psychophysischer Beanspruchung. Rogge (1981) berichtet über Reaktionen der Kortikoide bei unterschiedlichen emotionalen Belastungssituationen in Form der Antizipation von Kampf- oder Prüfungssituationen (dort auch weitere Literatur).

Auch bei den Lipiden (Fettstoffe) resultieren bei emotionaler Erregung erhöhte Konzentrationen im Plasma und Urin (Carlson u. a. 1972). Weiterhin sei auf die Bedeutung der Nukleinsäuren, insbesondere der Ribonukleinsäure bei Gedächtnis- und Lernvorgängen hingewiesen, ebenso wie auf Substanzen, z. B. Serotonin, die für den Erholungsvorgang im Schlaf eine große Rolle spielen (vgl. Rogge 1981 in Übersicht).

Zusammenfassend ist festzustellen, daß mit in der Richtigkeit und Genauigkeit weiter verbesserten und ökonomisch rationelleren Analysemethoden von der Forschungsrichtung der Erfassung und Bestimmung biochemischer Indikatoren psychophysischer Beanspruchung breitere Ansätze der Messung und Bewertung erwartet werden können (Schwedt 1976, Neidhardt u. a. 1981, 1982, 1983, 1983a).

4 Methodenkombinationen

4.1 Synopsen von Polygraphien

Folgt man dem Grundgedanken, daß psychophysische Beanspruchung als Syndrom eher mit polygraphischen Meßkonzepten, denn mit einer einzigen Meßgröße erfaßt werden kann, so stellt sich das Problem der synoptischen Darstellung physiologischer Meßgrößen hinsichtlich einer Beanspruchungsbeurteilung; bei der Synopse sind

1. Veränderungsrichtung und Dynamikbereich einzelner Meßgrößen infolge belastungs- und zeitvarianter Effekte zu vereinheitlichen,
2. Ausgangswerte und Dimensionen hinsichtlich meßtechnischer Skalierung auf einheitliche Bezugsniveaus zu bringen,
3. Individualspezifische Reaktionen zu normieren.

Zur Lösung dieser Probleme bieten sich Normierungen der Reaktionen auf Bezugswerte an, die entweder in Ruhe oder unter kontrollierten Belastungsbedingungen gewonnen wurden. Da Ruhebedingungen bei psychophysischer Beanspruchung unkontrollierbar sind, empfehlen sich standardisierte Belastungsbedingungen in der Nähe einer Dauerleistungs-/Dauerbeanspruchungs-

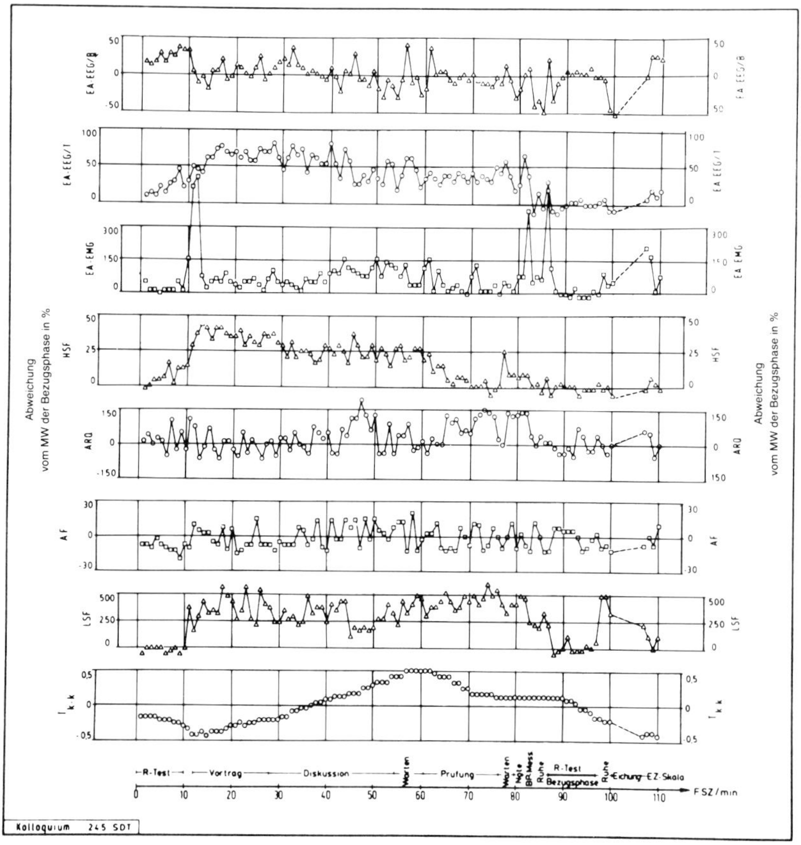

Abb. 25: Verlauf von kontinuierlich registrierten physiologischen Meßgrößen während eines Prüfungskolloquiums (aus Philipp 1979, 120). Normierte Werte von T_{K-K} Körpertemperatur, LSF = Lidschlußfrequenz, AF = Atemfrequenz, ARQ = Arrhythmiequotient, HSF = Herzschlagfrequenz, EA-EMG = elektr. Aktivität/Elektromyogramm, EA-EEG/T = Theta-Aktivität, EA-EEG/B = Beta-Aktivität

grenze, da in diesem Fall sowohl eine hinreichende Ausschöpfung von Verarbeitungskapazität als auch zeitstabile Verläufe für die Bildung des Bezugswertes erwartet werden können.

So hat z. B. Philipp (1979) zur synoptischen Beurteilung von Beanspruchungsverläufen in Prüfungssituationen die Meßwerte Y_i (t) auf den Mittelwert der jeweiligen Beanspruchungshöhe $\bar{Y}$ in einem Rechentest nach der Prüfung normiert:

$$Y_n(t) = \frac{Y_i(t) - \bar{Y}}{\bar{Y}} \cdot 100\,\%$$

So werden Synopsen über Zeitverläufe dahingehend erleichtert, daß unmittelbar festgestellt werden kann (durch Augenschein),

- ob eine Meßgröße durchweg oberhalb oder unterhalb des Bezugsniveaus verläuft,
- ob ihr Zeitverhalten stabil oder labil ist im Vergleich zu anderen Meßgrößen und welche relativen Anstiegs- und Abfallgeschwindigkeiten vorliegen,
- welche Ereignisse nach Versuchsprotokoll (Belastungsbedingungen) besondere Beanspruchungshöhen in einzelnen Meßgrößen simultan oder sukzessiv ausgelöst haben (Abb. 25).

Ausprägungsgrade psychophysischer Beanspruchung in unterschiedlichen organismischen Systemen sind in ihrer Amplituden- und Phasenbeziehung erkennbar.

4.2 Algorithmische Verfahren

Der gegenwärtige Stand der Forschung zu psychophysiologischen Methoden einer Kennzeichnung von Beanspruchungszuständen zeigt, daß es nicht einen einzigen Parameter für den Nachweis von psychophysischer Beanspruchung geben kann. Die Zielsetzung neuerer Forschung – insbesondere im Hinblick auf den Zweck einer Bewertung von praktischen Arbeitssituationen – besteht darin, daß objektive, reliable und valide Muster aus mehreren Indikatoren zu entwickeln sind, die Beanspruchungszustände bei langzeitig ausgeübten Tätigkeiten anzeigen.

Angesichts einer Situation, bei der einzelne physiologische Methoden eine unzureichende Validität und Reliabilität hinsichtlich der Beanspruchungsskalierung aufzuweisen haben, bei der also die Wertung „wissenschaftlich unzureichend und unbefriedigend" durchaus möglich ist, ist es verwunderlich, daß der Gedanke aufkommt, solche Methoden zu kombinieren und in der Aussage zu kumulieren. Wenn die einzelne Methode mangelhaft ist, kann bei der Zusammenführung mehr herauskommen als eine Agglomeration von Mängeln? Dies kann eigentlich nur dann geschehen, wenn im einzelnen Mängelteil Teilfunktionen enthalten sind, die bei sinnvoller Zusammenführung eine Gesamtfunktion ergeben, die in der Qualität weit über dem Funktionsniveau des Einzelteils liegt. Tatsächlich scheint dies bei den psychophysiologischen Methoden zur Kennzeichnung psychophysischer Beanspruchungszustände der Fall zu sein. Betrachten wir dazu die beiden folgenden, schematischen Diagramme, die die Beanspruchungshöhe jeweils auf der Ordinate ausweisen und auf der Abszisse die Belastungshöhe bzw. eine Belastungsdauer aufgetragen haben (Abb. 26).

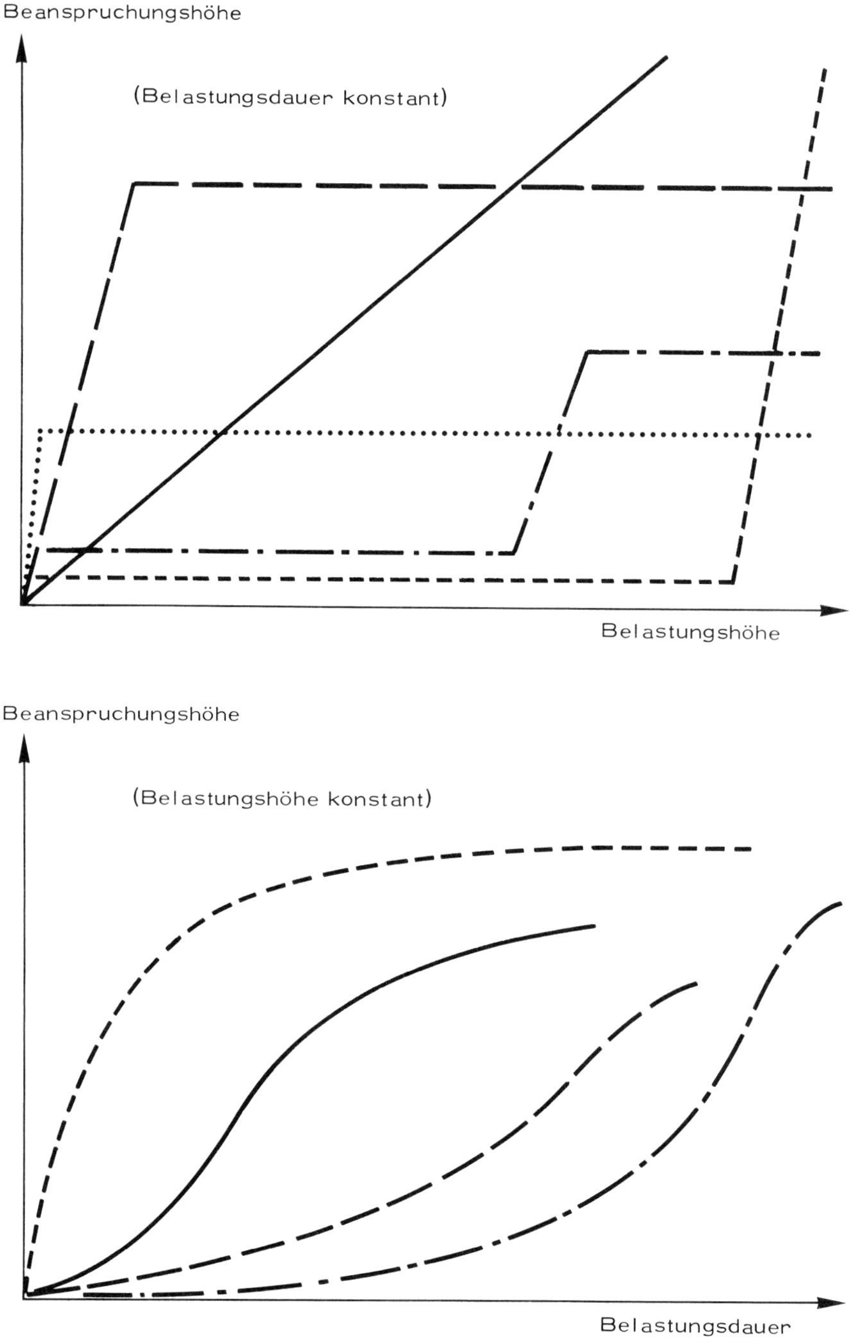

Abb. 26: Beanspruchungshöhe – gemessen mit unterschiedlichen Indikatoren – als Funktion von Belastungshöhe und -dauer (schematisch)

Modelltypen	deterministisch	probabilistisch	possibilistisch
Eigenschaften der Klassifikation	sicher eindeutig	unsicher eindeutig	unsicher nicht eindeutig
Beziehung zwischen den klassifizierten Objekten	Äquivalenz	Äquivalenz	Ähnlichkeit
Beispiele hinsichtlich Beschreibung psychophysischer Beanspruchungszustände	Ermüdungsgrad-Klassifikation (z. B. Rohmert u. Luczak 1973; Luczak 1975; Haider 1977; Helbig u. Luczak 1979 etc.)	Kanonische Korrelation von Belastungs-/Beanspruchungs-Verläufen (z. B. Rohmert u. Mitarb. 1973; Luczak u. Mitarb. 1985; Schütte u. a. 1984 etc.)	Unscharfe Zuordnung von Symptomen der Belastung und Beanspruchung auf der Basis der Theorie unscharfer Mengen (z. B. Straube o. J.; Willaeys u. Malvache 1979; Kramer 1985 etc.)

Abb. 27: Klassifizierung von Modelltypen zur Zusammenführung des Aussagegehaltes unterschiedlicher Beanspruchungsindikatoren

Die verschiedenen Kurven kennzeichnen hypothetisch, in welcher Art eine bestimmte organismische Meßgröße relativ zu ihrem Ausgangszustand als Konstrukt der Beanspruchung auf eine Belastung reagiert, wobei sowohl die Belastungshöhe, d. h. eine Amplitudenbeziehung gemeint sein kann, als auch die Belastungsdauer, d. h. eine Phasenbeziehung in Betracht kommen kann. So gesehen kennzeichnen die beiden Abbildungen einen Zustand, in dem die einzelne organismische Meßgröße nicht in der Lage ist, die Beanspruchungshöhe über den gesamten Bereich aller möglichen Belastungen nach Höhe- und Daueraspekten abzubilden. Vor dem Kriterium einer Validität könnte also keine der Meßgrößen bestehen. Andererseits wird aus den Abbildungen auch deutlich, daß jede der einzelnen Meßgrößen einen ihr eigenen auszuschöpfenden Aussagewert hat, der von den jeweils anderen Meßgrößen nicht in gleicher Weise geliefert werden kann. Von daher erscheint es nicht abwegig, einen Kombinationsversuch des Aussagegehaltes der einzelnen Meßgrößen für eine Beanspruchungsskalierung zu unternehmen.

Tatsächlich hat es solche – mit einigem Erfolg beschiedene – Versuche der Kombination in der vergangenen Dekade erstmals bezogen auf den Bereich der Ergonomie gegeben. Überblickt man diese Ansätze, so lassen sich nach den Eigenschaften der Klassifikation und nach der Beziehungsstruktur der klassifizierten Erscheinungsformen die Modelltypen „deterministisch“, „probabilistisch“ und „possibilistisch“ trennen, wie in Abb. 27 ausgewiesen.

4.2.1 Deterministische Konzepte

Dem deterministischen Modelltypus zuzurechnen ist die Ermüdungsgradklassifikation von Rohmert und Luczak (1973; siehe auch Luczak 1974), die in Folgestudien – teilweise geringfügig modifiziert – bestätigt werden konnte (Haider 1977; Helbig und Luczak 1979). Obwohl bis zum Zeitpunkt des Entwurfes und der Überprüfung dieses Konzeptes einer Ermüdungsgradklassifikation nur wenige Befunde über verschiedene Grade psychophysischer Ermüdung vorlagen, konnten die bisherigen Ergebnisse wie folgt zusammengefaßt werden (siehe auch Schmidtke 1969):

1. Bei einer die Grenze der momentanen Regenerationsfähigkeit überschreitenden Beanspruchung treten als erste Ermüdungssymptome Störungen in physiologischen Funktionsbereichen auf, die durch die verrichtete Tätigkeit primär beansprucht sind. Hierbei ist eine Reaktion der Beanspruchungskenngrößen der Engpaßbereiche, in der Regel der im Arbeitsvollzug gebundenen peripher-physiologischen Organsysteme der Sensorik und Motorik zu erwarten. Dies wird als Ermüdungsgrad 1 gekennzeichnet.

2. Erreichen die Störungen einen Grad, daß sie der Selbstbeobachtung des Individuums zugänglich werden, so ist eine weitere Stufe der Ermüdung erreicht. In dieser Phase wird der Mittelwert der Leistungskurve noch nicht betroffen, jedoch nimmt die Leistungsstreuung und die Häufigkeit von Fehlleistungen zu. Da die Arbeitsperson bei entsprechender Motivation versucht, durch erhöhte Willensanspannung das bisherige Leistungsniveau aufrecht zu erhalten, ist im Beanspruchungsbereich eine Reaktion der zentralen Indikatoren der Aktiviertheit zu erwarten, d. h. beispielsweise Kreislaufreaktionen und Reaktionen der Aktivierung der Stammuskulatur. Somit ist ein Ermüdungsgrad 2 identifizierbar.

3. Die Phase der Leistungskurve mit der Häufung von Schwankungen wird abgelöst von einer solchen mit fallender Tendenz. Wegen der Störung von zentralen Integrationsprozessen spricht man auch von Allgemein- oder Willensermüdung. Dabei sind auch primär nicht beanspruchte Funktionssysteme des Organismus beeinträchtigt. Eine Simultanreaktion zentralphysiologischer Beanspruchungsindikatoren kann erwartet werden. Damit ist diagnostisch ein Ermüdungsgrad 3 festgelegt.

4. Schließlich treten Störungen des Funktionsgefüges ein, die schon als qualitative Veränderungen der Persönlichkeitsstruktur anzusehen sind und als erschöpfungsähnliche Zustände psychopathologischen Erscheinungsbildern sowie Bewußtseinsstörungen durch Narkotika gleichen. In der Regel wird die Arbeit bei Beginn dieses Stadiums von der Arbeitsperson verweigert, was als Ermüdungsgrad 4 bezeichnet werden kann.

Nach diesem 4-Stufen-Konzept einer Ermüdungsgradklassifikation determinieren zeitvariante Veränderungen im Sinne einer Destabilisierung in Messungen an peripherphysiologischen Organsystemen einen Ermüdungsgrad 1, solche in Leistungsstreuungs- und Fehlleistungsmessungen sowie in Messungen an zentralphysiologischen Organsystemen nachgewiesene Symptome einen Ermüdungsgrad 2, solche in den Absolutzahlen von Leistungsmessungen in Verbindung mit der vorgenannten physiologischen Symptomatik einen Ermüdungsgrad 3. Arbeitsphasen ohne negativ zeitvariante Veränderungen in den Meßgrößen werden mit dem Ermüdungsgrad 0, d. h. einem Zustand psychophysischer Beanspruchung unterhalb jedweder Destabilisierungsschwelle, solche mit Funktionsminderungen im physiologischen Bereich und Arbeitsverweigerung unter totalem Leistungszerfall mit dem Ermüdungsgrad 4 belegt.

Das beschriebene Konzept basiert auf einer Destabilisierungstheorie, die besagt, daß in Abhängigkeit von der Arbeitsschwierigkeit, der Arbeitsdauer, und der Leistungsfähigkeit der betreffenden Arbeitspersonen ab bestimmter Schwellwerte der Belastungshöhe in phasischer Folge mit unterschiedlichen physiologischen Meßgrößen belegbare psychophysische Beanspruchungszustände auftreten. In einer Validitätsbetrachtung konnten so auch tatsächlich bei einer Tätigkeit des Videokodierens an 18 Versuchspersonen in ganzschichtigen Arbeitsversuchen Zusammenhänge zwischen Häufigkeit und Schwere der Ermüdungsgrade einerseits und der Arbeitsschwierigkeit, der Arbeitsdauer und der Leistungsfähigkeit der Versuchspersonen andererseits nachgewiesen werden (siehe Luczak 1975). Auch eine Reliabilitätsprüfung durch vergleichende Betrachtung von Erst- und Zweitversuchen verlief erfolgreich. Trotz dieser positiven Resultate muß auf einige Schwächen des Konzeptes hingewiesen werden: Die Stärke der Reaktion in der einzelnen physiologischen Meßgröße geht nicht in eine Beurteilung ein, sofern eine signifikante Veränderung der Anpassungsbreite des entsprechenden Organsystems festgestellt werden kann. Das heißt, daß Anstiegsgeschwindigkeiten und Anstiegsamplituden unterschiedlicher Stärke oberhalb eines Schwellwertes nicht besonders beachtet werden, obwohl sich auch daraus noch unterschiedliche psychophysische Beanspruchungszustände differenzieren und entwickeln lassen. Darüber hinaus werden aufwendige Mehrfachmessungen an verschiedenen Organsystemen einschließlich Leistungsmessungen über die Typisierung von Ermüdungsgraden in eine Ordinalskala transformiert, womit eine erhebliche Informationsreduktion verbunden ist. Letztlich ist noch der deterministische Ansatz zu berücksichtigen, der ein bestimmtes Symptom jeweils einem Ermüdungsgrad eindeutig zuweist. Multiple Zuordnungen mit wechselnden Wertigkeiten, wie sie sich zum Beispiel durch das Konzept der „unscharfen Mengen" erschließen, sind so nicht möglich, obwohl in Abhängigkeit von der Arbeitsaufgabe und dem Versuchspersonenkollektiv solche Ansätze zu situations-adäquateren Beurteilungsschemata führen können.

4.2.2 Probabilistische Konzepte

In bezug auf die probabilistischen Modelltypen der Identifikation von psychophysischen Beanspruchungszuständen ist vorwiegend auf die kanonische Korrelation zwischen mehreren Belastungs- und Beanspruchungsgrößen zu verweisen (Rohmert und Mitarbeiter 1973, 192). Durch dieses statistische Verfahren der multivariaten Analyse werden mehrere Beanspruchungsgrößen x_i mit mehreren Belastungsgrößen y_i verknüpft, d. h. z. B., daß bezogen auf die Tätigkeit des Fluglotsen insofern ein besonderer Aufschluß über den psychophysischen Beanspruchungszustand gewonnen werden kann als die Beanspruchungsgrößen Pulsfrequenz und Augenaktivität mit der Anzahl der Luftfahrzeuge und der Arbeitsdauer mit hoher Bestimmtheit gekoppelt werden können:

$$b_1 \cdot \text{Pulsfrequenz} + b_2 \cdot \text{Augenaktivität} = a_1 \cdot \text{Luftfahrzeuge} + a_2 \cdot \text{Arbeitsdauer}.$$

Bei einer kanonischen Korrelationsrechnung werden die Koeffizienten a_i und b_i einer Belastungs-Beanspruchungs-Funktion $g(b_i\, y_i) = f(a_i\, x_i)$ so bestimmt, das die beiden Funktionen g und f mit maximal möglicher Korrelation (= kanonischer Korrelation) verknüpft sind. Dieser von Rohmert und Mitarbeitern (1973) erstmals bei Arbeitstätigkeiten praktizierte Ansatz, der damals auf wenige ausgewählte Versuchssituationen und Personen angewendet wurde, wurde in neuerer Zeit von Luczak und Mitarbeitern (1985) bei einer simulierten Schiffsführungsaufgabe breiter angewendet, wobei auch für die Arbeitsgestaltung auf der Schiffsbrücke anwendbare Resultate gefunden werden konnten (vgl. auch Schütte u. a. 1984, 1985). Da im nautischen Bereich die Art der anfallenden Tätigkeiten von den Situationsgegebenheiten bestimmt wird, führen Veränderungen der Situationsbedingungen auch zu Variationen der jeweiligen Aufgabenstruktur (z. B. Positionskontrolle, Wetterbeobachtung, Seeraumüberwachung, Bahnführung etc.). Damit entstehen die während der Schiffsführung auftretenden Belastungen wesentlich aus den jeweiligen situativen Bedingungen mit ihren spezifischen Anforderungen an die Informationsaufnahme, Verarbeitung und Umsetzung. Ausgehend von der Annahme, daß sich die Aufgabenstruktur auch in der Betätigung und Bedienung von Geräten und Instrumenten auf der Brücke (Radar, Decca etc.) abbildet, kann mit einer Aufzeichnung dieser Aktivitäten die Belastungssituation dokumentiert werden. Die mit dem aktuellen Signalangebot auf der Brücke auftretenden psychophysischen Beanspruchungen wurden über physiologische Parameter wie Herzschlagfrequenz, Stirn-EMG und Lidschlußfrequenz erhoben.

In einer kanonischen Korrelationsrechnung wurden die Belastungsvariablen, d. h. die Beobachtungshäufigkeiten einiger für die Schiffsführung wichtiger Informationsquellen mit den Werten der psychophysischen Beanspruchung getrennt für 5 Situationen in Verbindung gebracht. Solche Verkehrssituationen – Situation I „Entgegenkommer", Situation II „Radar", Situation III „freier Seeraum", Situation IV „Kurswechsel", Situation V „ Fischer und Reede", ergeben ein eher unterschiedliches Bild eines psychophysischen Belastungs- und Beanspruchungsstatus. Obwohl die kanonischen Korrelationskoeffizienten situationsbezogen sehr einheitlich im Bereich von 0,92 bis 0,97 rangieren, d. h. Zusammenhänge sehr hoher Bestimmtheit ausweisen, differenziert sich das Belastungs- und Beanspruchungsbild, gemessen an den Koeffizienten a_i und b_i der jeweiligen Variablen nach der Situation. Die ermittelten Zusammenhänge lassen zwar eine gerichtete Einwirkungs-Auswirkungs-Interpretation nicht zu, erlauben aber differenzierte Aussagen über den Zusammenhang wesentlich bestimmende Variablen. Die durch die Variation der experimentellen Bedingungen induzierten Veränderungen der Tätigkeitsstrukturen korrespondieren mit einer unterschiedlichen Variablengewichtung pro Situation. Aus den so gekennzeichneten Variablen ergeben sich Hinweise auf in ihrer informatorischen Belastung und Beanspruchung auffällige Arbeiten: In Situation I sind dies Kollisionsschutzmaßnahmen bedingt durch das Fremdschiff, in Situation II dagegen durch den Radarausfall notwendig werdende Arbeiten zur Fehlerbeseitigung und die nun mit anderen nautischen Hilfsmitteln (Karte, Decca) durchzuführende Standortbestimmung, in Situation III die Planung der im weiteren Fahrtverlauf anfallenden Schiffsmanöver, in Situation IV die Überwachung und Kontrolle des eingeleiteten Kurswechsels sowie schließlich in Situation V die fortlaufende Anpassung der Schiffsgeschwindigkeit und des Kurses an die Fahrwasserbedingungen (Abb. 28).

Wenn man im Verlauf der Herzschlagfrequenz vorwiegend einen Spiegel der emotionalen Beanspruchung sieht, im Verlauf der elektrischen Aktivität des musculus frontalis eine allgemeine Aufmerksamkeitsspannung und in der Lidschlußfrequenz den Grad der willkürlich realisierten Leistungsreserven, so ergibt sich situationsbezogen ein differenziertes Bild des psychophysischen Beanspruchungsstatus in Verbindung mit der Belastungssituation. Bei allen Verkehrssituationen I bis V sind die Befunde im Verlauf der elektrischen Aktivität des musculus frontalis nicht auffällig differenzierend. Sie sprechen für ein über die gesamte Navigationsaufgabe vergleichsweise konstant bleibendes Niveau einer allgemeinen Aufmerksamkeitsspannung. Bezogen auf die Herzschlagfrequenz und Lidschlußfrequenz ergibt sich ein weitaus differenzierteres Bild. Vorwiegend in den Situationen II und III, in denen „plötzliche" Ereignisse wie Radarausfall oder Wegfall einer Störung einer Maschinenanlage auftreten, steigt das Gewicht der Herzfrequenzmessung für eine Beanspruchungsbeurteilung. In den Situationen I und V, in denen es um die Abschätzung möglicher Kollisionskurse und sog. kritischer Passierabstände bezogen auf Entgegenkommer, Reede und querlaufende Fischerboote geht, ist die Lidschlußfrequenz der gewichtigste Beanspruchungindikator.

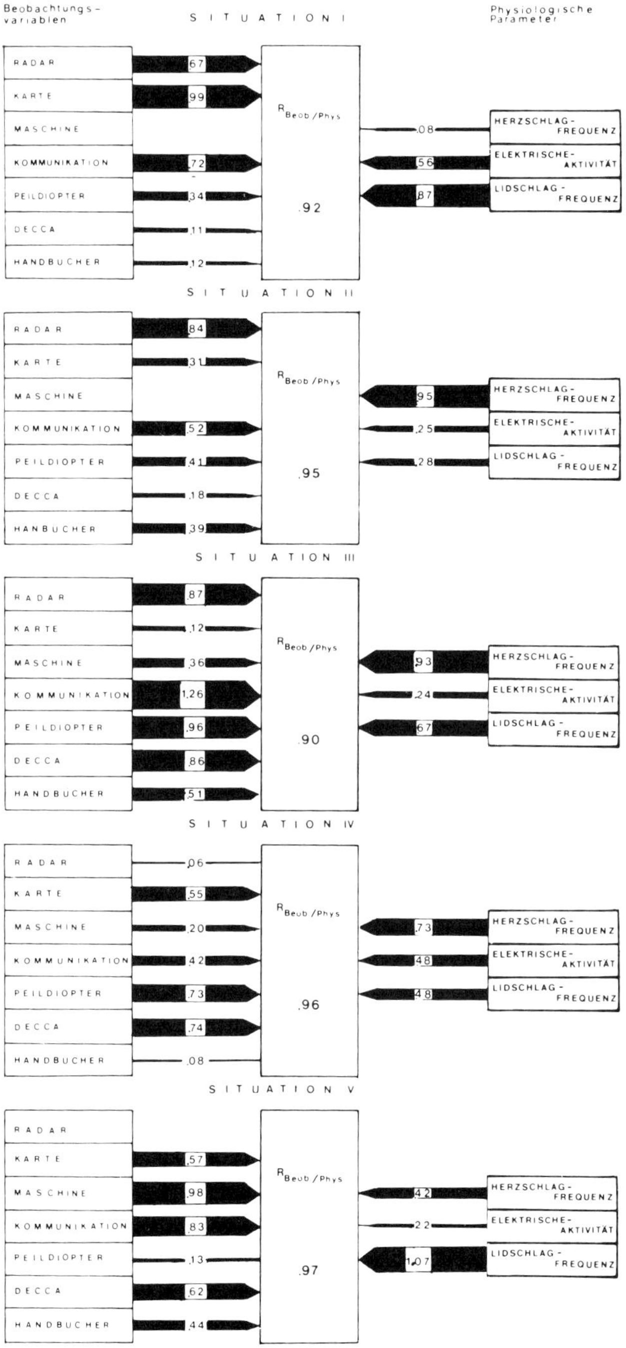

Abb. 28: Kanonische Korrelation zwischen Belastungsgrößen und physiologischen Beanspruchungsindikatoren bei einer simulierten Schiffsführungsaufgabe in 5 unterschiedlichen Situationen (Besprechung im Text) (aus Schütte, Schwier, Luczak 1985)

So gesehen erschließt sich über das Instrument der kanonischen Korrelationsrechnung ein differenziertes Bild eines psychophysischen Belastungs- und Beanspruchungs-Status, wobei allerdings hervorgehoben werden muß, daß trotz hoher Bestimmtheiten der gefundenen Zusammenhänge Interpretationsspielräume hinsichtlich der wechselnden Beiträge verschiedener Belastungs- und Beanspruchungsindikatoren zum Gesamtergebnis beträchtlich bleiben.

4.2.3 Possibilistische Konzepte

Zur Überprüfung der Ähnlichkeit zeitvarianter Belastungs- und Beanspruchungsverläufe in menschlichen Arbeitsprozessen hinsichtlich einer Klassifikation in Beanspruchungszustände werden seit kurzem neben den bereits beschriebenen Ansätzen „unscharfe" Verfahren eingefügt (Zadeh 1977). Solche Verfahren der unscharfen Klassifikation berücksichtigen den fließenden Übergang zwischen Gruppen von Belastungs- und Beanspruchungsverläufen als eine Alternative zu herkömmlichen „scharfen" Klassifikationsverfahren nach deterministischen und probabilistischen Konzepten. Deterministische Modelle haben die Eigenschaft, daß die Klassifikation sicher und eindeutig ist. Im Gegensatz hierzu ist eine Klassifikation in probabilistischen Modellen unsicher, da sie von zufällig auftretenden Ereignissen und Beobachtungsresultaten abhängt. Die Entscheidungsbildung in probabilistischen Modellen bleibt aber eindeutig, d. h. ein Objekt kann nicht mehreren Klassen zugeordnet werden. Die Klassen überlappen sich nicht. Possibilistische Entscheidungsbildung hängt auch von unsicherem Vorwissen ab und ist daher ein unsicherer Prozess, aber zusätzlich ist eine entsprechende Entscheidung nicht eindeutig, d. h. die Klassen überlappen sich. Offensichtlich erscheint ein mathematischer Apparat zur Klassifikation von Beanspruchungszuständen besonders geeignet, wenn er der Unsicherheit des Vorwissens besonders Rechnung trägt. Dies erscheint bei der Theorie der unscharfen Mengen gegeben. Daß die Situation bezüglich der Beanspruchungsskalierung als unsicher eingestuft werden muß, ergibt sich aus folgenden Fakten (vgl. Straube, Richter und Richter 1978):

1. der bislang noch unbefriedigenden Validität der verwendeten Indikatoren;
2. der Komplexität von Beanspruchungsfolgen und der Möglichkeit kompensatorischer, antizipatorischer, kognitiver und emotionaler Stabilisierungsfaktoren;
3. der Schwierigkeit, anforderungshomogene und zugleich statistisch repräsentative Stichproben von Arbeitskräften zu finden.

Das Fehlen eines geschlossenen theoretischen Konzeptes über das Wesen arbeitsbedingter psychophysischer Beanspruchung, meßmethodische Schwierigkeiten und Probleme der Setzung von Zulässigkeitsgrenzen erklären die

Begrenztheit bisheriger Bewertungsversuche. Die Anwendung der Theorie unscharfer Mengen auf die Analyse von Beanspruchungszuständen ermöglicht eine materialverdichtete Beschreibung psychophysiologischer Stabilitätszustände in einer dimensionslosen Maßzahl. Dazu werden Verlaufsmerkmale psychophysiologischer Indikatoren, z. B. steigend, konstant, fallend, in bestimmten Stärkegraden und für bestimmte Zeitabschnitte aufgenommen und in einem so bezeichneten unscharfen Algorithmus zusammen mit Leistungs- und Empfindensmaßen zu Beanspruchungszuständen verknüpft. Beispiele für Laboratoriumstätigkeiten geben Straube u. a. (1978), für die Bewertung von Feldsituationen hinsichtlich einer Beanspruchungsanalyse sei auf Richter (1982) und Kramer (1985) verwiesen. Dort können auch die Einzelheiten des Algorithmus zur Generierung der Beanspruchungszustände als „unscharfe Mengen" nachgelesen werden, eine Darstellung, die hier mangels Raum entfallen muß. Die weitere Entwicklung in diesem Bereich erscheint vielversprechend, eine abschließende Wertung erübrigt sich mangels Substanz aufgrund der Neuartigkeit des Ansatzes.

5 Methodenpakete nach Anwendungsfeldern am Beispiel von Arbeitsplätzen im Verkehrswesen

Zweifellos ist es zur Erfassung psychophysischer Beanspruchungszustände von realen Arbeitsplätzen notwendig, hinsichtlich einer Methodenauswahl und Methodenkombination die Belastungssituation in besonderem Maße zu berücksichtigen. Statt einer gegliederten Analyse solcher „praktikablen" Methodiken soll exemplarisch ein Bereich von Arbeitsplätzen im Verkehrswesen behandelt werden.

Das Problem einer Begrenzung der Beanspruchungshöhe ist gerade in der Verkehrstechnik, d. h. in der Führung von Land-, Wasser- und Luftfahrzeugen, von besonderer sicherheitsbezogener Bedeutung (vgl. z. B. Luczak & Compes 1985). Da eine Vielzahl von Unfällen auf so bezeichnetes „menschliches Versagen" zurückgeführt wird, sind Untersuchungen zur psychophysischen Beanspruchung von Operateuren solcher Fahrzeugsysteme mit dem Zweck der Identifizierung zulässiger Beanspruchungsgrade vielfach durchgeführt worden, wobei auch wesentliche Beiträge zur Methodik und Systematik einer Beanspruchungsskalierung resultieren (Literaturanalyse bei Cakir & Reimann 1983). In der Regel werden bei solchen Anwendungsstudien psychophysiologische Methoden mit Ansätzen aufgaben- und leistungsverlaufsanalytischer Forschung und psychophysikalischer – auf das Erleben und Empfinden der Beanspruchungsituation durch Eigen- und Fremdbeurteilung abhebender

– Forschung kombiniert. Die sich daraus ergebenden Methodenpakete versuchen, Mängel in der Objektivität, Validität und Reliabilität eines Methodenbereiches durch die Breite des Meßansatzes mit multipler Verknüpfung der resultierenden Datensätze hinsichtlich der Beurteilungsaussage auszugleichen.

Trotz dieser multiplen Ansätze der Beanspruchungsanalyse ergibt sich bezogen auf den Bereich der Verkehrstechnik ein besonderes Primat physiologischer Methoden: Aufgrund der raschen Veränderung der situativen Rahmenbedingungen, in denen sich Phasen mit Gleichförmigkeitscharakter mit Phasen der Reaktion auf besondere Reize ggf. noch mit Gefährdungscharakter abwechseln, sind zeitlich integrierende Meßmethoden weniger geeignet. Allein kontinuierlich messende Verfahren mit organismischen Funktionsgrößen, die rasch (mit geringer Zeitverzögerung) auf einen Belastungssprung ansprechen, werden einem zeitvariablen Konstrukt der Beanspruchung gerecht (Häcker 1976). Darüber hinaus ist die Mehrzahl von Beanspruchungsuntersuchungen bei realitätsnahen Bedingungen an Simulatoren oder in Versuchsfahrzeugen in „echten" Verkehrssituationen durchgeführt worden, was die Reaktionskinetik physiologischer Variablen erfahrungsgemäß in dem Sinne verstärkt, daß das Signal-Rausch-Verhältnis bei einer psychophysischen Beanspruchungsanalyse verbessert wird. So gesehen, sind psychophysiologische Methoden vielfach die „Methoden der Wahl" bei Experimenten in der Fahrzeugführung.

Dies betrifft sowohl die Führung von

- Landfahrzeugen,
- Wasserfahrzeugen und
- Luftfahrzeugen,

als auch von Raumfahrzeugen, über die allerdings bis dato wenig publiziert wurde.

Für die Führung von Landfahrzeugen auf Straße und Schiene wurden Methodenstudien in aller Breite erstellt (Küting 1976, 1977; Hoyos 1979). Ergebnis dieser Übersichten ist, daß als Beanspruchungsindikatoren vielfach die Herzschlagfrequenz und deren Variabilität verwendet und als valide Skalierung emfohlen werden, aber auch angefochten werden (Pfendler 1982). Blutdruck und Atmung sowie weitere gekoppelte Kreislaufparameter – Pulswellenlaufzeit, Puls-Atem-Quotient- haben sich sowohl in der Vergangenheit (Küting 1976) als auch in aktuellen Untersuchungen nicht bewähren können (Reimann 1982).

Die Elektromyographie als Methode einer psychophysischen Beanspruchungsanalyse scheidet in bewegten Systemen mit Vertikal-, Roll- und Nickschwingungen des Fahrzeugs sowie Brems- und Beschleunigungsvorgängen aus, da eine Erhöhung der elektrischen Aktivität aufgrund mechanischer Einflüsse nicht von einer solchen durch informatorische Einflüsse separiert werden kann (Kröger 1979). An fixen Simulatoren waren EMG-Reaktionen, die in Beziehung zur psychophysischen Beanspruchung aus der Fahraufgabe und Fahrdauer gebracht werden konnten, ebenso nicht feststellbar (Haider 1977).

Die Lidschlagfrequenz wurde unter Fahrbedingungen von Haider und Rohmert (1976, 1978) sowie Reimann (1982) untersucht. Bei einer Beanspruchungsanalyse muß zwischen reflektorischen, bedingt reflektorischen und spontanen Lidschlägen unterschieden werden. Da solche Separierungen unter den Bedingungen von Simulations- und Felduntersuchungen an Fahrzeugen schwierig sind, bringen Helbig & Luczak (1979) global signifikante Anstiege in der Lidschlußfrequenz mit einer Zunahme der Beanspruchung in Verbindung, während Haider und Rohmert (1976, 1978) in bezug auf eine Ermüdungsdiagnose eine Phase der Indifferenz ohne Reaktion der LSF bei geringer Ermüdung, eine Phase der Sensibilität mit Ansteigen der LSF bei mittlerer Ermüdung und eine Phase der Abstumpfung mit Abfallen der LSF bei großer Ermüdung identifizieren.

Am Auge wurde auch die Flimmerverschmelzungsfrequenz FVF vielfach im Vorher-Nachher-Vergleich bei verschiedenen Fahrsituationen gemessen. Bei realitätsnahen Untersuchungen mit wechselnden Abständen und Leuchtdichteverhältnissen sind solche Meßansätze seit langem obsolet (Schmidtke 1965), da Adaptations- und Akkomodationsvorgänge sich dem Meßergebnis mit untrennbaren Störungen überlagern. Trotz dieser Einschätzung sind in einer neueren Untersuchung an Busfahrern bei verschiedenen Belastungssituationen signifikante Unterschiede gefunden worden (Reimann 1982), die bei Berufsverkehrsspitzen im so bezeichneten Nebenturnus (spezielle Schichtformen) besonders drastische Abnahmen bei Prä-Post-Vergleich ergaben. Die Methode ist jedoch zeitlich integrierend und nicht zur Kennzeichnung einer momentanen Beanspruchungshöhe geeignet.

Auch die Hautwiderstandsmessung hat ihre Befürworter für Beanspruchungsmessungen bei Fahraufgaben (Küting 1976, Helander 1974), da man davon ausgeht, daß – konstante klimatische und energetische Beanspruchungskomponenten vorausgesetzt – der Sympathikustonus abgebildet wird. Primär Helander gelang es, in Feldversuchen signifikante Beziehungen zwischen Fahrsituationen beziehungsweise Fahrverhalten einerseits und elektrodermalen Reaktion andererseits nachzuweisen, so z. B. zur Bremsbetätigung (Helander 1974), zu den Verkehrsanforderungen (Helander 1975), zu den Straßenverhältnissen (Helander 1972, 1976, 1978) und zur Fahrpraxis (Helander 1977).

Elektroencephalographische Messungen wurden zwar hin und wieder versucht, so z. B. von Garavy (1977), eindeutige Tendenzen in Abhängigkeit von der Fahraufgabe blieben jedoch verborgen. Im Laboratorium am Fahrsimulator probierte Haider (1977) ebenso EEG-Messungen mit eine verknüpfenden Auswertung der Theta- und Delta-Aktivität, allerdings ohne Resultate, so daß insgesamt der Schluß zulässig ist, daß die Zeit für valide EEG-Messungen bei Fahrtätigkeiten noch nicht reif ist.

Auch Messungen der Katecholaminausscheidung wurden für Fahrtätigkeiten als Beanspruchungsskalierung herangezogen (Reimann 1982), aufgrund des Fehlens einer Ergebnisdarstellung kann auf methodische Mängel bzw. unbefriedigende Beiträge zu einer Interpretation psychophysischer Beanspruchungszustände geschlossen werden. Erhöhte Werte der Katecholaminausscheidung werden allerdings von Mulders et al. (1982) bei Busfahrern gegenüber Ruhewerten festgestellt, wobei auch Beziehungen zwischen gesundheitlicher Beeinträchtigung gemessen an der mittleren Krankheitsdauer und Höhe der arbeitsbedingten Adrenalinausscheidung nachgewiesen werden konnten.

Zumeist werden die geschilderten Methoden für die Beurteilung einer Fahrsituation isoliert betrachtet, selbst wenn mehrere Meßgrößen parallel erhoben werden. Bei einem Mehrfach-Meßansatz werden üblicherweise signifikante Resultate bei einzelnen Meßgrößen „herausgepickt“ und interpretiert, so z.B. bei Reimann (1982), wobei die theoretische Begründung für die ausgewählte Interpretation über den durch expost-Analysen statistisch „gesicherten“ Eklektizismus unbefriedigend bleibt. Die Einbringung von einzelnen Meßresultaten in ein zusammenfassendes Beurteilungskonzept steht für die Fahrzeugführung am Entwicklungsbeginn: Verwiesen werden kann auf die Klassifikation von Graden zeitvarianter Beanspruchung bzw. Ermüdungsgraden von Haider (1977), die in Anlehnung an das deterministische Konzept von Rohmert und Luczak (1973) Fehlleistungsverläufe mit Verläufen der Lidschlußfrequenz, der Momentanherzfrequenz und des Arrhythmiequotienten verbindet. In dem probabilistischen Konzept werden von Schütte, Schwier und Luczak (1984) Zeitreihen der Belastung und Beanspruchung bei Schiffsführung über kanonische Korrelationsrechnungen zu beurteilenden Aussagen verknüpft, wobei ein erster Versuch zu diesem Ansatz bereits von Rohmert und Mitarbeitern (1973) unternommen wurden. Auf der Basis des possibilistischen Konzepts der Theorie unscharfer Mengen wurden von Kramer (1985) Fahrsituationen bzw. Fahrverhalten mit Blickbewegungen in Verbindung gebracht.

Breite Anwendungen und Überprüfungen solcher kombinierter Ansätze stehen allerdings aus, wohl nicht zuletzt aus dem Grund, weil kombinierte Messungen und Auswertungen als extrem aufwendig gelten und nur von wenigen Forschungseinrichtungen leistbar erscheinen.

Der für Landfahrzeuge im methodischen Detail berichtete Status trifft für die Führung von Wasserfahrzeugen und Luftfahrzeugen in ähnlicher Weise zu.

Bei der Schiffsführung unterscheiden sich die psychophysischen Beanspruchungszustände des nautischen Personals charakteristisch in Abhängigkeit von Seereiseabschnitten, die sich nach der Enge der Verkehrswege und der Verkehrsdichte (Hafen, Revier, freier Seeraum) klassifizieren lassen. Methodenkombinationen, die den Bedingungen einer Beanspruchungsmessung auf See und an Schiffsführungssimulatoren gerecht werden, wurden von Luczak und Mitarbeitern (1985) entwickelt und angegeben. Auf der Basis von Testfahrten an einer Schiffsführungs- und Simulationsanlage (Schütte, Schwier, Luczak 1984) konnten Beanspruchungszustände und Beanspruchungsprozess des nautischen Wachpersonals durch kanonische Verknüpfung (kanonische Korrelationsrechnung) so aufbereitet werden, daß auch konkrete Hinweise zu einer Beanspruchungsminderung durch entsprechende Brückengestaltung gegeben werden konnten. Derartige Verknüpfungen von physiologischer Messung und konkreter Gestaltungsaussage erschließen sich gerade durch polygraphische Meßansätze, die Leistungs- und Verhaltensvariablen, die sich aus dem Arbeitsinhalt und der Arbeitsplatzgestaltung ergeben, mit Erlebens- und Empfindungsmaßen, die etwas über Akzeptanz der Arbeitsbedingungen aussagen, sowie physiologischer Identifikation und Bewertung psychophysischer Beanspruchungszustände verbinden. Insofern sind sie besonders aufschlußreich, wenn auch besonders aufwendig.

Bei der Führung von Luftfahrzeugen stellt sich zum einen das Problem der Pilotenbelastung, der für das einzelne LFZ die Kurssteuerung und die Ausregelung von Störungen im aktuellen Flugverlauf übernimmt, zum anderen das Problem der Fluglotsenbelastung, der eine Verkehrssituation mit einer Menge von LFZ kollisionsfrei halten muß. Für Studien an Fluglotsen sei exemplarisch auf Rohmert und Mitarbeiter (1973) verwiesen. Spezielle physiologische Ansätze einer Beanspruchungsskalierung von Flugzeug-Besatzungen wurden von Wierwille (1979) in einer zusammenfassenden Literaturstudie zusammengestellt.

6 Diskussion zur Validität und Reliabilität

Die so besprochenen psychophysiologischen Beanspruchungsindikatoren, die sowohl nach der Aktivierungstheorie als auch nach den physiologisch strukturellen Analysen zur Kopplung der Retikularformation eine hohe Konstrukt- und Augenschein-Validität aufweisen, die zudem den wesentlichen Vorteil hoher Durchführungs- und Auswertungsobjektivität haben, sind in ihrer statistisch zu überprüfenden Kriteriumsvalidität – Aussagekraft für psychophysische Beanspruchungszustände – und Reliabilität jedoch als beschränkt aussagefähig zu klassifizieren. Methodische Unterschiede bei der Datenerhebung sowie die unvollständige Dokumentation biometrischer Angaben zum Versuchspersonenkollektiv führen häufig zu widersprüchlichen Untersuchungsresultaten (vgl. Luczak 1983). Diese Unsicherheitsquellen im Hinblick auf eine Validitäts- und Reliabilitätsbetrachtung lassen sich auf einige grundlegende Ursachen zurückführen, die nach dem gegenwärtigen Stand der experimentellen und theoretischen Forschung zur Arbeitspsychologie psychophysischer Beanspruchung noch nicht vollständig geklärt sind:

1. Erwartungshaltungen und Gewöhnungseffekte bei den Arbeits- und Versuchspersonen führen zu Reaktionsmustern in den physiologischen Variablen, die belastungsvariante Effekte weitgehend verdecken können.

2. Die Alters- und Geschlechtsabhängigkeit verschiedener Kennwerte kann bei entsprechend strukturierten Versuchspersonenkollektiven eine belastungsspezifische Aussage verdecken. So ist z. B. bei der Reaktion der Herzfrequenz-Arrhythmie die intraindividuelle Streuung, die sich teilweise auf die Belastungsvariation zurückführen läßt, in der gleichen Größenordnung, wie die interindividuelle Streuung durch nicht systematisch im Versuch variierte Parameter. Das bedeutet, daß die Mehrzahl von Versuchspersonen in Zusammenhang mit bestimmten Belastungssituationen ein spezifisches physiologisches Reaktionsmuster ausweisen, das durch geeignete Normierungen fraktioniert werden muß.

3. Bei länger dauernden physiologischen Experimenten ist jeweils der Tagesrhythmus häufig nicht mit ausreichender Aufmerksamkeit dokumentiert ebenso wie Effekte, die aufgrund tageszeitlicher Schwankungen in den klimatischen, beleuchtungsbezogenen und weiteren umgebungsbezogenen Belastungsbedingungen auftreten, ebenso wie z. B. der Nahrungsaufnahme, die über das metabolische System auf eine Vielzahl physiologischer Variablen „durchschlagen“ können.

4. Vielfach existieren auch gegenseitige Abhängigkeiten zwischen verschiedenen physiologischen Indikatoren, die aufgrund von gegenregulatorischen Effekten in physiologischen Systemen eine Verdeckung der Belastungsvarianz verursachen können. Am Beispiel der bereits angesprochenen Herzfrequenz-Arrhythmie ist über eine biokybernetisch-regelungstechnische Betrachtungsweise klargestellt worden, daß die Herzfrequenz-Arrhythmie einen erheblichen „Rauschpegel“ in bezug auf eine Beanspruchungsbeurteilung mitführt, da Gegenkopplungen zwischen Blutdruck

und Herzfrequenz, Atemfrequenz und Herzfrequenz, sowie Vasomotorentonus und Herzfrequenz vorliegen. Solche Rauschanteile müssen zumindest vor einer Beurteilung psychophysischer Beanspruchung transparent gemacht werden, wenn nicht nach Möglichkeit eliminiert werden.

5. Aus der bereits angesprochenen regelungstechnischen Betrachtungsweise wird häufig auch deutlich, daß in bezug auf die Setzung eines äußeren Reizes erhebliche Totzeiten und Verzögerungszeitkonstanten unterschiedlicher Ordnung durch die Trägheit physiologischer Systeme auftreten, bis eine Beanspruchungsreaktion auf einen Belastungsreiz wirksam wird. Werden nun übliche Korrelationsrechnungen unter Vernachlässigung des Zeiteinflusses zwischen Belastungs- und Beanspruchungsvariablen durchgeführt, so kann sich allein aufgrund der zeitlichen Phasenverschiebung physiologischer Abläufe eine zu geringe Schätzung des Korrelationskoeffizienten und damit der Validität ergeben.

6. Auch informatorisch-mentale Belastungssituationen sind üblicherweise nicht isoliert simulierbar und darstellbar, sie sind zumindest überlagert von sozial-emotionalen Komponenten, wenn nicht erheblichen energetisch-effektorischen Komponenten. Die Fraktionierung einer rein quantitativ belastungshöhe-bedingten physiologischen Reaktion stößt immer auf erhebliche Schwierigkeiten versuchsmethodischer und physiologisch-endogener Art. So ist z. B. gesichert, daß nach dem Wilder'schen Ausgangswertgesetz eine Abhängigkeit der Reaktionsamplitude physiologischer Variablen vom Ausgangswert gegeben ist. Das heißt, je höher der Ausgangswert einer Beanspruchung, desto geringer ist der Anstieg der Reaktion auf eine Belastungsvariation, was im Grenzfall zu einer totalen Verdeckung informatorisch-mentaler Beanspruchungen durch andere Belastungsarten führen kann.

7. Schließlich ist der Komplex der meßmethodischen und auswertungsmethodischen Ungereimtheiten zu nennen, wobei methodenbedingte Meßfehler und inadäquate Auswertungsmodalitäten, wie z. B. die Nichtberücksichtigung einer häufig gegebenen Nichtlinearität des Zusammenhangs zwischen physiologischen Variablen und Belastung sowie physiologischer Variablen untereinander anzuführen sind, ebenso wie deren Datenstatistik von einer Normalverteilungshypothese erheblich abweichen kann.

Literatur

Äkerstedt, T., Patkai, P., Dahlgren, K., 1977. Field studies of shiftwork: II. Temporal patterns in psychophysiological activation in workers alternating between night and day work. Ergonomics **20,** 621–631.

Andreassi, J. L., 1980. Psychophysiology Oxford/New York: Oxford University Press.

Bahill, T., Stark, L., 1975. Overlapping saccades and glissades are produced by fatigue in the saccadic eye movement system. Experimental Neurology **48,** 95–106.

Balke, B., Melton, C. E., Blake, C., 1966. Physiological stress and fatigue in aerial missions for the control of forest fires. Aerospace Medicine **37,** 221–227.

Bartenwerfer, H., 1960. Beiträge zum Problem der psychischen Beanspruchung. Forschungsberichte des Landes Nordrhein-Westfalen Nr. 808. Opladen: Westdeutscher Verlag.

Bartenwerfer, H., 1969. Einige praktische Konsequenzen aus der Aktivierungstheorie. Zeitschrift für experimentelle und angewandte Psychologie **16,** 195–222.

Beatty, J., 1982. Task-Evoked Pupillary Responses, Processing Load, and the Structure of Processing Resources. Psychological Bulletin 91, **2,** 276–292.

Blowers, G. H., 1977. The CNV: An Electrocortical Sign of Attention or Arousal. Psychologia **20,** 206–216.

Blum, T., Bauer, R., Eyferth, K., 1984. Investigations of the retinotopic organization of the human visual cortex using the neuromagnetic method. In: R. H. Nodar & G. Barber (Eds.): Evoked Potentials II – The 2nd International Evoked Potentials Symposium. Boston: Butterworth Publishers.

Böttger, M., Klimmer, F., Knauth, P., Nachreiner, F., Rutenfranz, J., 1973. Analyse der Tätigkeitsanforderungen für Binnenschiffahrtssteuerstände. Arbeitsmedizin, Sozialmedizin, Präventivmedizin **11,** 254–259.

Boucsein, W., Hoffmann, G., 1979. A direct comparison of the skin conductance and skin resistance methods. Psychophysiology **16,** 1, 66–70.

Boucsein, W., Baltissen, R., Euler, M., 1984. Dependance of skin conductance reaction and skin resistance reactions upon previous level. Psychophysiology **21,** 2, 212–218.

Brandt, T., Büchele, W., 1983. Augenbewegungsstörungen. Stuttgart/New York: G. Fischer Verlag.

Cakir, A. E., Reimann, J., 1983. Expertise zum Forschungsstand der Beanspruchungserfassung bei Fahrzeugführern. Forschungsbericht BMFT-FB-HA 83-002. Karlsruhe: Fachinformationszentrum.

Cannon, W. B., 1915. Bodily changes in pain, hunger, fear and rage. New York: Appleton.

Carlson, L. A., Levi, L., Orö, L., 1972. Stressor-induced changes in plasma lipids and urinary excretion of catecholamines and their modification by nicotine acid. In: Levi, L. (ed.): Stress and distress in response to psychosocial stimuli. Supplement No. 528 zu Acta Medica Scandinavia 191, Stockholm.

Caspers, H., Speckmann, E. J., 1970. Postsynaptische Potentiale einzelner Neuronen und ihre Beziehung zum EEG. Zeitschrift EEG-EMG **1,** 2, 55–65.

Ceder, A., 1977. Drivers' eye movements as related to attention in simulated traffic flow conditions. Human Factors **19,** 6, 571–581.

Darrow, C. W., 1933. The functional significance of the galvanic skin reflex and perspiration on the backs and palms of the hands. Psychological Bulletin **30,**712ff.

Davis, C. 1938. Relation of muscular action potentials to difficulty and frustration. Journal Exp. Psychol. **23,** 141–158.

Davis, H., 1977. Human auditory evoked potentials. In: H. van Duijn, D. N. J. Donker, A. C. van Hoffelen (Hrsg.): Current concepts in clinical neurophysiology. Amsterdam: North Holland.

Documenta Geigy 1973. Wissenschaftliche Tabellen. Basel: Geigy.

Eichler, J. & I. Lobsien, 1970. Telemetrie des Belastungs-EKG beim Sportflug. In: L. Demling & K. Bachmann (Hrsg.): Biotelemetrie. Stuttgart: Thieme.

Eiff, A. W., 1965. Zentralnervöse Beeinflussung des Elektromyogramms. München: J. F. Bergmann.

Ettema, J. H. & R. L. Zielhuis, 1971. Physiological parameters of mental load. Ergonomics **14,** 137–144.

Eyferth, K., 1985. Magnetoenzephalographie versus Elektroenzephalographie – Neuromagnetische Lokalisation von Großhirnprozessen. Forschung Aktuell **2,** 3, 8–10.

Faber, S., 1980. Hautleitfähigkeitsuntersuchungen als Methode in der Arbeitswissenschaft. Fortschrittsberichte VDI-Zeitschrift **17,** 9. Düsseldorf: VDI-Verlag.

Faber, S., 1983. Zur Auswertemethodik und Interpretation von Hautleitfähigkeitsmessungen bei arbeitswissenschaftlicher Beanspruchungsermittlung. Zeitschrift für Arbeitswissenschaft **37,** 2, 85–91.

Fère, C., 1888. Note sur les modifications de la tension électrique dans le corps humain. Comptes rendus des Séances de la Société de Biologie **5,** 28–33.

Fibiger, W., Singer, G., 1984. Urinary dopamine in physical and mental effort. European Journal of Applied Physiology **52,** 437–440.

Fleischer, A. G., Becker, G., Knabe, K. P., Rademacher, U., 1984. Analyse der Augen- und Kopfbewegungen bei der Textverarbeitung. Zeitschrift für Arbeitswissenschaft **38,** 3, 156–160.

Fleming, M., 1969. Eye movement indices of cognitive behavior. AV Communication Review **17,** 4, 383–198.

Forsman, L., Lindblad, L. E., 1983. Effect of Mental stress on Baroreceptor-Mediated Changes in Blood Pressure and Heart Rate and on Plasma Catecholamines and Subjective Responses in Healthy Men and Women. Psychosomatic Medicine 45, **5,** 435–445.

Frankenhäuser, M., 1969. Biochemische Indikatoren der Aktiviertheit: Die Ausscheidung von Katecholaminen. In: W. Schönpflug (Hrsg.), Methoden der Aktivierungsforschung. Bern/Stuttgart/Wien: H. Huber.

Frankenhäuser, M., Johansson, G., 1976. Task demands as reflected in catecholamine excretion and heart rate. Journal of Human Stress, March 1976.

French, J. W., 1944. A comparison of finger tremor with the galvanic skin reflex and pulse. Journal of experimental Psychology **34,** 494–505.

Garavy, K., 1977. Messungen von Ermüdungserscheinungen bei Kraftfahrzeug-Führern, Forschungsbericht 7529, Institut für Landverkehrsmittel der TU Berlin.

Gent, W., 1903. Volumenpulscurven bei Gefühlen und Affecten. Wundt Philosophische Studien **18,** 715–792.

Gille, H.-G., Otto, E., Ullsperger, P., 1977. Aktivierungsabhängigkeit, Anforderungsspezifität und Zeitverhalten physiologischer Variablen bei gestuften Leistungsanforderungen im Rahmen des Konzentrations-Leistungs-Tests. Zeitschrift für Psychologie **185,** 397–413.

Grögler, E., 1958. Der Einfluß der Ermüdung auf die Mikrovibration. Dissertation: unveröff.

Gutjahr, G., 1965. Die Methode der Blickregistrierung. Göttingen: Dissertation.

Hacker, W. & Richter, P., 1984. Psychische Fehlbeanspruchung. Berlin: Springer (2. Auflage).

Häcker, H., 1976. Belastung und Beanspruchung. Eine Analyse des Konstruktes unter Berücksichtigung bisheriger Untersuchungsstrategien. Forschungsprojekt 7401/2 der Bundesanstalt für Straßenwesen. Tübingen: Eigenverlag.

Hagemann, B., Luhede, G., Luczak, H., 1985. Improved „active" electrodes for recording bioelectric signals in work physiology. European Journal of Applied Physiology **54,** 95–98.

Haider, M., 1969. Elektrophysiologische Indikatoren der Aktiviertheit. In: Schönpflug (Hrsg.), Methoden der Aktivierungsforschung. Bern/Stuttgart/Wien: Huber.

Haider, E., 1977. Beurteilung von Belastung und zeitvarianter Beanspruchung des Menschen bei kompensatorischen Regeltätigkeiten: Simulationen, Feldstudien, Modelle. Fortschritts-Berichte VDI-Zeitschrift **17,** 5. Düsseldorf: VDI-Verlag.

Haider, E., Rohmert, W., 1976. Untersuchung zur Lidschlußfrequenz bei vierstündiger simulierter Kraftfahrzeugfahrt. European Journal of Applied Physiology **35,** 137–148.

Haider, E., Rohmert, W., 1978. Untersuchungen zur Kompensation von Leistung und Beanspruchung bei informatorischer Arbeit. European Journal of Applied Physiology **39,** 263–276.

Haider, E., Rohmert, W., Bopp, W., 1983. Emotionale und informatorische Beanspruchungen in einer Fernsehregie. Zeitschrift für Arbeitswissenschaft **37,** 3, 158–162.

Haider, M., Groll-Knapp, E., 1971. Psychophysiologische Untersuchungen über die Belastungen des Musikers in einem Symphonieorchester. In: M. Piperek (Hrsg.), Stress und Kunst. Wien: Braumüller.

Hayashi, E., Ogawara, Y., 1977. A study on the workload of shear-line inspection based on eye-movement analysis. Journal of Human Ergology **6,** 121–126.

Hecker, R., Schmidtke, H. Wegener, H., 1980. Reliabilität und Validität spektraler EEG-Parameter als Indikatoren der psychischen Beanspruchung. Meisenheim a. Glan: Verlag A. Hain.

Heemstra, M. L., 1984. Pupillometrie en cognitieve processen. Nederlands Tijdschrift voor de Psychologie **39,** 3–18.

Heinze, W., 1977. Simulationsuntersuchung zur Bestimmung der Pilotenbeanspruchung bei unkonventionellen, räumlich gekrümmten Anflugprofilen. Braunschweig: Dissertation.

Helander, M., 1974. Drivers physiological reactions and control operations as influenced by traffic events. Zeitschrift für Verkehrssicherheit **20,** 3, 174–186.

Helander, M., 1975. Physiological reaction of drivers as indicators of road traffic demand. Transportation Research Record **530,** 1–17.

Helander, M., 1976. Drivers reactions to road conditions: a psychophysiological approach. Göteborg: Chalmers Univ. of Technology.

Helander, M., 1977. Vehicle control and driving experience: a psychophysiological approach. Zeitschrift für Verkehrssicherheit **23,** 1, 6–10.

Helander, M., 1978. Applicability of drivers electrodermal response to the design of the traffic environment. Journal of Applied Psychology **63,** 481–488.

Helander, M., Söderberg, S., 1972. Driver visual behavior and electrodermal response during highway driving. University of Göteborg, psychological Reports Nr. **4** Vol. 2.

Helbig, M., Luczak, H., 1979. Ergonomische Untersuchungen zur Superposition von Regeltätigkeiten und mechanischen Schwingungen. European Journal of Applied Physiology 42.

Hess, E., 1975. The tell-tale eye. New York: Van Nostrand Reinhold.

Höfner, K. J., Hoskovec, J., 1973. Registrierung der Blickbewegungen beim Autofahren – bisherige Forschungen. Zeitschrift für Verkehrssicherheit **19,** 4.

Holland, M. K., Tarlow, G., 1972. Blinking and mental load. Psychological Reports **31,** 119–127.

Holland, M. K., Tarlow, G., 1975. Blinking and thinking. Perceptual and Motor Skills **41,** 403–406.

Holoch, J., 1972. Wachsamkeitsprognose mittels Computeranalyse des spontanen Elektroenzephalogrammes. München: Dissertation.

Hoyos, C. Graf, 1979. Belastung und Beanspruchung am Steuer eines Kraftfahrzeuges – Untersuchungen mit Meßfahrzeugen. Eigenverlag Bundesanstalt für Straßenwesen, Bereich Unfallforschung, Köln.

Hyyppa, M. T., Anugola, S., Lahtela, K., Lahti, R., Marniemi, J., 1983. Psychoneuroendocrine responses to mental load in an achievement-oriented task. Ergonomics **26,** 12, 1155–1162.

Janisse, M. P., 1977. Pupillometry – The Psychology of the Pupillary Response. New York: J. Wiley & Sons.

Janke, 1976. Psychophysiologische Grundlagen des Verhaltens. In: Kereckjarto, M. (Hrsg.), Medizinische Psychologie. Berlin: Springer.

Jasper, H. H., 1958. The Ten-Twenty Electrode System of the International Federation. EEG Clin. Neurophysiol. **10,** 371–375.

Jastrzebowsky, W., 1857. Rys Ergonomji, Czyli Nauki o Pracy. Przyroda i Przemysl **2** (29), 277.

Johansson, G., Aronsson, G., Lindström, B., 1978. Social psychological and neuroendocrine stress reactions in highly mechanized work. Ergonomics **21,** 583–599.

Johansson, G., Aronsson, G., 1980. Stress reactions in computerized administrative work. Reports of the Department of Psychology, Univ. of Stockholm, Suppl. 50.

Johansson, G., Collins, A., Collins, P., 1983. Male und Female Psychoneuroendocrine Response to Examination stress: A Case Report. Motivation and Emotion **7,** 1, 1–9.

Kakizaki, T., 1984. Relationship between EEG amplitude and subjective rating of task strain during performance of a calculating task. European Journal of Applied Physiology **53,** 206–212.

Kiczka, K. & E. Czyzewska, 1976. Untersuchungen der Einmannbesatzung von Diesel-Lokomotiven. Arbeitsmedizin, Sozialmedizin, Präventivmedizin **11,** 292–295.

Klimmer, F., 1978. Analyse mentaler und emotionaler Beanspruchung des arbeitenden Menschen. Darmstadt: Dissertation D17.

Klimmer, F., Knauth, P., Neidhart, B., Condon, R., Whelpton, C., Herrmann, H., Rutenfranz, J., Colquhoun, W. P., 1984. Belastung und Beanspruchung des nautischen Personals durch mehrmonatige konstante Wachsysteme bei der Schiffsführung eines Öl-Großtankers. Arbeitsmedizin, Sozialmedizin, Präventivmedizin **19,** 161–166.

Kogi, K. Saito, Y., 1971. A factor-analytic study of phase discrimination in mental fatigue. Ergonomics **14,** 1, 119–127.

Konecny, E., 1960. Der Einfluß emotionaler Belastungen auf die Leistung und auf den Handtremor. Zeitschrift für experimentelle und angewandte Psychologie **7,** 409–421.

Konzett, H., Hörtnagel, H., Hörtnagel, H., Winkler, H., 1971. On the Urinary Output of Vasopressing, Epinepherine and Norepinepherine during Different Stress Situation. Psychopharmacologia **21,** 247–256.

Kramer, U., 1985. On the application of fuzzy sets to the analysis of the system driver-vehicle-environment. Automatica **21,** 1, 101–107.

Kröger, W., 1979. Elektromyographische Messungen an einem Rückenmuskel bei Linienbusfahrern. Medizinische Hochschule Lübeck: Dissertation.

Krüger, H., 1982. Gerät zur simultanen Registrierung von Blickrichtung, Vergenz und Pupillenweite.- Biomedizinische Technik 27, **3,** 59–63.

Kuna, H., Golmhofen, K., Lienert, G. A., 1964. Zuverlässigkeit und Gültigkeit der Mikrovibration als Aktiviertheitsindikator. Zeitschrift für experimentelle und angewandte Psychologie **11,** 3, 455–479.

Künstler, B., 1980. Psychische Belastung durch die Arbeitstätigkeit – Theoretisches Rahmenkonzept der Entwicklung eines Fragebogens zum Belastungserleben. Probleme und Ergebnisse der Psychologie, **74,** 45–67.

Küting, H. J., 1976. Belastung und Beanspruchung des Kraftfahrers – Literaturübersicht zum Stand der Forschung. Forschungsbericht für die Bundesanstalt Straßenwesen im Selbstverlag, Köln.

Küting, H. J., 1977. Belastung und Beanspruchung des Kraftfahrers – Literaturübersicht zum Stand der Forschung. Zeitschrift für Verkehrssicherheit **23,** 1, 28–30.

Laurig, W., 1970. Elektromyographie als arbeitswissenschaftliche Untersuchungsmethode zur Beurteilung von statischer Haltearbeit. Berlin: Beuth.

Laurig, W., 1974. Beurteilung einseitig dynamischer Muskelarbeit. Berlin: Beuth.

Laurig, W., Luczak, H., Philipp, U., 1971. Ermittlung der Pulsfrequenzarrhythmie bei körperlicher Arbeit. Internationale Zeitschrift für angewandte Physiologie **30,** 40–51.

Lindsley, D. B., 1960. Attention, Consciousness, Sleep and Wakefulness. In: Field, J. e.a. (Hersg.), Handbook of Physiology, Section I: Neurophysiology, Vol. III. Washington: American Physiological Society.

Lippold; v. C. J., 1967. Electromyography. In: P. H. Venables & I. Martin (Eds.) A. manual of psychophysiological methods. Amsterdam: North-Holland.

Luczak, H., 1975. Untersuchungen informatorischer Belastung und Beanspruchung des Menschen. Fortschrittsberichte der VDI-Zeitschrift, Reihe 10, Nr. 2. Düsseldorf: VDI-Verlag.

Luczak, H., 1978. Fractioned heart-rate variability, Part I: Analysis in a model of the cardiovascular and cardiorespiratory system. Ergonomics **21,** 11, 895–911.

Luczak, H., 1983. Informationstechnische Gestaltung. In: W. Rohmert, J. Rutenfranz (Hrsg.), Praktische Arbeitsphysiologie. Stuttgart/New York: Thieme.

Luczak, H. & Compes, P. C., 1985. Sicherheit im Schiffsverkehr. Wuppertal: Gesellschaft für Sicherheitswissenschaft.

Luczak, H. & Laurig W., 1973. An analysis of heart rate variability. Ergonomics **16,** 1, 85–98.

Luczak, H., Philipp, U., Rohmert, W., 1980. Decomposition of heart-rate variability under the ergonomic aspects of stressor analyses. In: R. I. Kitney & J. Rompelmann (Eds.), The study of heart-rate variability. Oxford: Clarendon Press.

Luczak, H. & Raschke F., 1975. Regelungstheoretisches Kreislaufmodell zur Interpretation arbeitsphysiologischer und rhythmologischer Einflüsse auf die Momentanherzfrequenz: Arrhythmie Biological Cybernetics **18,** 1, 1–13.

Luczak, H., Rohmert, W., 1976. Anpassungsreaktionen von Arbeitspersonen bei ergonomischen Feldstudien informatorischer Arbeitsinhalte. European Journal of Applied Physiology **35,** 33–47.

Luczak, H., Rohmert, W., 1986. Ansätze zu einer anthropologischen Systematik arbeitswissenschaftlicher Erkenntnisse. Zeitschrift für Arbeitswissenschaft **39,** 3, 129–144.

Luczak, H. und Mitarbeiter, 1985. Belastungs- und Beanspruchungsuntersuchungen zum Schiff der Zukunft. BAU-Forschungsbericht. Bremerhaven: Wirtschaftsverlag.

Luttmann, A., Jäger, M., Laurig, W., 1984. EKG-Analysen zur Ermittlung der Beanspruchung des Menschen bei informatorischer Arbeit. Biomedizinische Technik **29,** 221–222.

Mason, J. W., 1972. Organisations of psychoendocrine mechanisms; a review and reconsideration of research. In: N. S. Greenfield, R. A. Sternbach (eds.), Handbook of Psychophysiology. New York: Holt, Rinehart & Winston.

Matejcek, M., 1981. Konzeption und Beitrag zur Validierung einer quantitativen Meßmethode zur Auffindung elektroenzephalographischer Korrelate der Vigilanzregulierung. Stuttgart: Dissertation.

Meyer-Bahlburg, F., 1970. Katecholaminausscheidung unter Aktivierungs- und Entspannungsbedingungen in Beziehung zu Persönlichkeits- und Leistungsvariablen. Düsseldorf: Dissertation.

Meyer-Delius, J., Kriesell, W., Johnson, D., 1981. Training und Ermüdung der visuellen Wahrnehmungsleistung im Bild des Elektrookulogramms. Zeitschrift für Arbeitswissenschaft **35,** 3, 168–173.

Meyer-Delius, J., Johnson, D., 1982. Zeitbedarf für Sakkaden und Fixationsdauer der Augen bei Aufgaben visueller Kontrolle. Arbeitsmedizin, Sozialmedizin, Präventivmedizin, **17,** 10, 245–249.

Michel, J., Koch, B., Camman, H., Ellermann, J., Chegurov, Y., Suvorov, B., 1982. System analysis of the EEG during stimulus discrimination tasks. Human Physiology **8,** 1, 7–14.

Molhoek, P. G., Wesseling, K. H., Arntzenius, A. C., Settels, J. J. M., Vollenhoven, E. van, Weeda, H. W. H., Wit, B. de, 1982. Evaluation of the Penaz servoplethysmomanometer for continuous, non-invasive measurement of finger blood pressure. In: O. Rompelmann & R. I. Kitney (Eds.), The analysis of heart rate variability and blood pressure fluctuations. Delft: University of Technology.

Moray, N., 1979. Mental Workload – Its Theory and Measurement. NATO Conference Series, Series III: Human Factors, Volume 8. Plenum Press: New York & London.

Mulder, G. & Mulder L. J. M., 1981. Information Processing and Cardiovascular Control. Psychophysiology **18,** 4, 392–402.

Mulders, H. P. G., Meijman, T. F., O'Hanlan, J. F., Mulder, G., 1982. Differential psychophysiological reactivity of city bus drivers. Ergonomics **25,** 11, 1003–1011.

Nagata, M., Kuriyama, H., 1982. Visual Behavior of novice and experienced drivers SAE-Paper 820 415, 1693–1701.

Naumann,H.-J., 1977. Das Verhalten der Atemzeitwerte unter physischer und psychischer Belastung im Labor. Zeitschrift ges. Hyg. **23,** 534–537.

Neidhart, B., Brockmann, W., Knauth, P., 1983. Anwendung der Katecholamin-Analyse im Rahmen arbeitsphysiologischer Studien. Zeitschrift für Arbeitswissenschaft 37 **4,** 233–237.

Neidhart, B., Kringe, K. P., Lippmann, C., Brockmann, W., Deutschmann, P., Baumhoer, G., Klimmer, F., Knauth, P., 1981. Methodenvergleich zur Analytik der Katecholamine Noradrenalin und Adrenalin im Urin. In: G. Schäcke, E. Stollenz (Hrsg.): Epidemiologische Ansätze im Bereich der Arbeitsmedizin. Stuttgart: Gentner.

Neidhart, B., Kringe, K. P., Lippmann, C., Deutschmann, P., 1982. Ansätze zur vollautomatischen Katecholaminanalyse im Urin. In: T. M. Fliedner (Hrsg.): Kombinierte Belastungen am Arbeitsplatz. – Der chronisch Erkrankte im Betrieb. Stuttgart: Gentner.

Neidhart, B., Lippmann, C., Baumhoer, G., Deutschmann, P., 1983. Alternativen zur radioenzymatischen Catecholaminbestimmung. In: K. Stalder (Hrsg.): Immunbiologische Aspekte in der Arbeitsmedizin. Medizinische und berufliche Rehabilitation. Stuttgart: Gentner.

O'Hanlon, J. F., Beatty, J., 1976. Catecholamine correlates of radar monitoring performance. Biol. psychol. **4,** 293–304.

O'Hanlon, J. F., Horvath, S., 1973. Interrelationships Among Performance, Circulating Concentrations of Adrenaline, Noradrenaline, Glucose, and the Free Fatty Acids in Men Performing a Monitoring Task. Psychophysiology **10,** 3, 251–259.

Ohtani, A., 1971. An analysis of eye movements during a visual task. Ergonomics **14,** 1, 167–174.

Oster, Ph. J., Stern, J. A., 1980. Measurement of Eye Movements. In: Martin, J., Venables, P. H. (Eds.): Techniques in Psychophysiology. New York: J. Wiley & Sons.

Otto, E., Grüner, P., Weber, H., 1983. Perioden und Amplitudenverteilungsparameter des EEGs bei geistiger Belastung – zur Konkordanz maschineller und visumanueller Auswertungsmethoden. Psychiatrie, Neurologie, und Psychologie **31,** 12, 727–735.

Otto, E., Weber, H., 1974. EEG-Aktivitätsmuster, Augenbewegungen, Lidschlagrate und Herzschlagfrequenz bei visueller Informationsverarbeitung. Zeitschrift Psychologie **182,** 3, 284–306.

Patkai, P., Åkerstedt, T., Petterson, K., 1977. Field studies of shiftwork: I. Temporal patterns in psychophysiological activation in permanent night workers. Ergonomics **20,** 611–619.

Papin, J. P., Naureils, P., Sautucci, G., 1980. Pick up of visual information by the pilot during the ground control approach in a fighter aircraft simulator. Aviation, Space and Environment Medicine May 1980, 463–469.

Pelnar, J., 1913. Das Zittern. Berlin: Springer.

Pfendler, C., 1982. Bewertung der Brauchbarkeit von Methoden zur Messung der mentalen Beanspruchung bei Kfz-Lenkaufgaben. Zeitschrift für Arbeitswissenschaft **36,** 3, 170–174.

Philipp, U., 1979. Zur Beurteilung der Herzschlagfrequenz bei psychophysisch hoch belastenden Tätigkeiten. Darmstadt: Dissertation D17.

Plath, H.-E., 1976. Zur Indikation von Belastungswirkungen kognitiver Tätigkeiten bei unterschiedlicher Schwierigkeit der Aufgabenbewältigung. In: W. Hacker (Hrsg.), Psychische Regulation von Arbeitstätigkeiten. Berlin: VEB Deutscher Verlag der Wissenschaft.

Plath, H.-E. & Richter, P., 1978. Der BMS(I)-Erfassungsbogen – Ein Verfahren zur skalierten Erfassung erlebter Beanspruchungsfolgen. Probleme und Ergebnisse der Psychologie **65,** 45–87.

Rapp, R. M., Dietlein, L. F., Nuttall, J. C., 1965. Some physiological observations and monitoring technics associated with auto racing. Aerospace Medizin **36,** 156.

Rau, G., 1973. Ein verbessertes Meßsystem zur quantitativen Oberflächenmyographie. Anthropotechnische Mitteilung Nr. 2. Forschungsinstitut für Antropotechnik, Meckenheim.

Rayner, K., 1978. Eye movements in reading and information processing. Psychological Bulletin **85,** 3, 618–660.

Reimann, J., 1982. Zur Belastung und Beanspruchung von Linienbusfahrern im innerstädtischen Verkehr. Berlin: Dissertation D 83.

Renemann, H., Beckhove, P., Roskamm, H., 1968. Herzfrequenz bei Fallschirmabsprüngen. In: Stress und Fliegen. Darmstadt: Wehr und Wissen Verlagsgesellschaft.

Richter, P., Richter, P. G., Schmidt, Ch., Straube, B., 1980. Psychophysiologische Aufwandsbestimmung als Grundlage der Effektivitätsbeurteilung von Arbeitstätigkeiten. Zeitschrift für Physiologie **188,** 3, 275–291.

Richter, P. G., 1982. Ein Ansatz zur integrativen Auswertung mehrdimensionaler Verlaufsstudien. Dresden: v.v.Ms.

Rietveld, W. J., Tordoir, W. E. M., Hagenouw, J. R. I., Lubbers, J. A., Spoor, Th. A. C., 1967. Visual evoked responses to blank and to checker board flashes. Acta physiol. pharmacol. Neerl 14.

Robinson, G. H., 1979. Dynamics of the eye and head during movement between displays: A qualitative and quantitative guide for designers. Human Factors **21,** 3, 343–352.

Robinson, G. H., Korth, B. W., Ringenbach, J. P., 1976. Dynamics of the eye and head during an element of visual search. Ergonomics **19,** 6, 691–709.

Rogge, K.-E., 1981. Physiologische Psychologie. München/Wien/Baltimore: Urban & Schwarzenberg.

Rohmert, W., 1983. Formen menschlicher Arbeit. In: W. Rohmert, J. Rutenfranz (Hrsg.), Praktische Arbeitsphysiologie. Stuttgart/New York: Thieme.

Rohmert, W., 1984. Das Belastungs-Beanspruchungs-Konzept. Zeitschrift für Arbeitswissenschaft **38,** 4, 193–204.

Rohmert, W., 1973. Pulsfrequenz und Dauerleistungsgrenze. In: H. Dupuis und W. Hammer (Hrsg.), Pulsfrequenz und Arbeitsuntersuchungen. Berlin/Köln/Frankfurt: Beuth-Vertrieb.

Rohmert, W. & Luczak, H., 1973. Ergonomische Beurteilung informatorischer Arbeit. Int. Zeitschrift für angewandte Physiologie **31,** 209-229.

Rohmert, W. & Luczak, H., 1978. Ergonomics in the design and evaluation of a system for „Postal Video Letter Coding". Applied Ergonomics **9,** 85–95.

Rohmert, W. und Mitarbeiter, 1973. Psychophysische Belastung und Beanspruchung von Fluglotsen. Berlin: Beuth.

Rohmert, W. und Mitarbeiter, 1976. Benutzerhandbuch zu den Untersuchungen zur psychophysischen Belastung und Beanspruchung von Fluglotsen. Darmstadt: v.v.Ms.

Rohmert, W. & Rutenfranz, J. (Hrsg.), 1983. Praktische Arbeitsphysiologie (begründet von G. Lehmann). Stuttgart: Thieme.

Rohmert, W., Rutenfranz, J., Luczak, H., 1975. Arbeitswissenschaftliche Beurteilung der Belastung und Beanspruchung an unterschiedlichen industriellen Arbeitsplätzen/Forschungsbericht. Bonn: Bundesministerium für Arbeit und Sozialordnung.

Rohracher, H. & K. Inanaga, 1969. Die Mikrovibration. Berlin: Huber.

Rosen, S., Czech, D., 1966. The use of electro-oculography for identifying phases of cognitive process. Psychophysiology **3,** 2, 203–212.

Rowen, B., 1961. Biomedical Monitoring of the X-15 program. Report: Air Force Flight Test Centre, Flight Test. Engineering Division, Edwards AFB, California.

Rutenfranz, J., 1958. Der Widerstand der Haut gegenüber schwachen elektrischen Strömen. Der Hautarzt **9,** 7, 289–299.

Rutenfranz, J., 1960. Über das Verhalten der Pulsfrequenz bei Arbeit unter Zeitdruck. Internationale Zeitschrift für angewandte Physiologie **18,** 264–279.

Rutenfranz, J., Rohmert, W., Iskander, A., 1971. Über das Verhalten der Pulsfrequenz während des Erlernens sensumotorischer Fertigkeiten unter besonderer Berücksichtigung der Pausenwirkung. Internationale Zeitschrift für angewandte Physiologie **29,** 101.

Saito, S., 1984. Binocular and two-dimensional eye movement analyser for physiological evaluation of VDT operations. In: G. Salvendy (Ed.): Human-Computer Interaction. Amsterdam: Elsevier.

Sälzer, M., 1973. Tremoruntersuchungen als Methode in der Arbeitswissenschaft. Berlin/Köln/Frankfurt: Beuth-Vertrieb.

Sälzer, M., Schreiber, H. J., Rohmert, W., 1973. Tremor und Arbeitssicherheit – Eine Dokumentation und Systematisierung der Literatur. BAU-Forschungsbericht Nr. 103. Wilhelmshaven: Hug & Co.

Saupe, I., 1985. Blickbewegungen und ihre Messung. Bericht des Forschungsinstitutes für Anthropotechnik, Wachtberg-Werthoven.

Schick, F., Radke, H., 1981. A method for semi-automatic analysis of eye movements. In: Manned-system design, new methods and equipment. Nato-Bericht Vol. 17, Freiburg.

Schmidtke, H., 1969. Untersuchungen zum Problemkreis der geistigen Ermüdung. Studienreihe Arbeitsphysiologie und Arbeitspsychologie Nr. 6 der Kommission der Europäischen Gemeinschaft, Generaldirektion soziale Angelegenheiten, Luxemburg.

Schmidtke, H., 1965. Die Ermüdung. Bern: Huber.

Schütte, M., Schwier, W., Luczak, H., 1984. Arbeitswissenschaftliche Ergebnisse zur Gestaltung der Schiffsführungszentrale eines Schiffs der Zukunft. Ortung und Navigation **3,** 401–424.

Schütte, M., Schwier, W., Luczak, H., 1985. Informatorische Belastungen und Beanspruchungen bei einer simulierten Schiffsführungsaufgabe. Zeitschrift für Arbeitswissenschaft **39,** 1, 39–48.

Schwedt, G., 1976. Methoden zur Abtrennung der Katecholamine aus Urin für die automatisch-fluorimetrische Routineanalyse. In: W. Bremer, W. Rohmert, J. Rutenfranz (Hrsg.), Ergonomische Aspekte der Arbeitsmedizin. Stuttgart: A. W. Gentner Verlag.

Shackel, B., 1967. Eye Movement Recording by Electro-Oculography. In: Venables, P. H., Martin, J. (Eds.): A Manual of Psychophysiological Methods. Amsterdam: North-Holland Publ.-Comp.

Shane, W. P. & K. E. Slinde, 1968. Continuous ECG recording during free-fall parachuting. Aerospace Medicine **39,** 597–603.

Sharit, J. & Salvendy, G., 1982. Occupational Stress: Review and Reappraisal. Human Factors **24,** 2, 129–162.

Strasser, H., 1974. Beurteilung ergonomischer Fragestellungen mit Herzfrequenz und Sinusarrhythmie. Internationales Arch. Arbeitsmedizin **32,** 261–287.

Straube, B., Richter, P., Richter, P. G., 1978. Die Anwendung der Theorie unscharfer Mengen zur integrativen Bestimmung des Grades der psychischen Beanspruchung. Dresden: v.v.Ms.

Tecce, J. J., 1972. Contingent Negative Variation (CNV) and Psychological Processes in Man. Psychological Bulletin **77,** 2, 73–108.

Timio, M., Gentili, S., 1976. Adrenosympathetic overactivity under conditions of work stress. Brit. J. prev. soc. Med. **30,** 262–265.

Tole, J. R., Stephens, A. T., Harris, R. L., Ephrath, A. R., 1982. Visual scanning behavior and mental workload in aircraft pilots. Aviation, Space, and Environmental Medicine, January 1982, 54–61.

Tryon, W. W., 1975. Pupillometry: A survey of sources of variation. Psychophysiology **12,** 90–93.

Tweel, L. H. van der, 1977. Visual evoked potentials, a methodological panorama. In: H. van Duijn u. a. (Hrsg.), Current concepts in clinical neurophysiology. Amsterdam: North Holland.

Ulmer, H.-V., 1983. Energieumsatz. In: W. Rohmert & J. Rutenfranz (Hrsg.), Praktische Arbeitsphysiologie (begründet von G. Lehmann). Stuttgart/New York: G. Thieme.

Usui, T., Sakamoto, K., Okuno, H., 1984. Mechanisms of Mechanical Vibrations in Living Body and Its Application to Various Fields. Annals of Physiological Anthropology **3,** 3, 177–193.

Venezky, R. L., 1977. Research on reading processes. A historical perspective. American Psychologist **32,** 339–345.

Voss, M., 1981. Narrowing of the visual field as an indicator of mental workload. In: Manned-system design, new methods and equipment. Nato-Bericht Vol. 17, Freiburg.

Voss, M., Haller, R., 1982. Processing of on-board route guidance information in real traffic situations. In: IFAC Analysis, Design and Evaluation of Man-Machine Systems, S. 371–375, Baden-Baden.

Walter, W. G., Cooper, R., Aldridge, V. J., McCallum, W. C., Winter, A. L., 1964. Contingent negative variation: An electric sign of sensory-motor association and expectancy in the human brain. Nature **203,** 380–384.

Walter, G. F. & Porges, S. W., 1976. Heart rate and respiratory response as a function of task difficulty: The use of discriminant analysis in the selection of psychologically sensitive physiological response. Psychophysiology **13,** 563–571.

Ward, M., Mefford, I., Parker, S., Chesnay, M., Taylor, B., Keegan, D., Barchas, J., 1983. Epinepherine and Norepinepherine Responses in Continuously Collected Human Plasma to a Series of Stressors. Psychosomatic Medicine **45,** 6, 471–486.

Weber, A., Jermini, C., Grandjean, E., 1975. Relationship between objective and subjective assessment of experimentally induced fatigue. Ergonomics **18,** 151–156.

Weickmann, B., Gille, H. G., Otto, E., Ullsperger, P., 1979. Ereignisbezogenes Auftreten von Alphawellen-Gruppen im EEG beim Lösen periodisch projizierter Rechenaufgaben. Zeitschrift für Psychologie **187,** 3, 326–339.

Welford, A. T., 1978. Mental Work-load as a Function of Demand, Capacity, Strategy and Skill. Ergonomics **21,** 3, 151–167.

Wentworth, R. N., Buck, J. R., 1982. Presentation effects and eye-motion behaviors in dynamic visual inspection. Human Factors **24,** 6, 643–658.

Wenzel, H. G., 1969. Über die Ursachen der Begrenzung der körperlichen Dauerleistungsfähigkeit des Menschen. In: Schriftenreihe „Arbeitsmedizin – Sozialmedizin – Arbeitshygiene" Band **29.** Stuttgart: A. W. Gentner-Verlag.

Widdel, H., Kaster, J., 1981. Eye movement measurement in the assessment and training of visual performance . In: Manned-system design, new methods and equipment. Nato Bericht Vol. 17, Freiburg.

Wierwille, W. W., 1979. Physiological Measures of Aircrew Mental Workload. Human Factors **21,** 575–593.

Willaeys, D. & W. Malvache, 1979. Contribution of the fuzzy sets theory and applications. Amsterdam: North Holland Publishing Comp.

Yagi, A., 1982. Information-processing load and variability of visual evoked potentials. Perceptual and Motor Skills **54,** 975–978.

Young, L. R., Sheena, D., 1975. Survey of Eye Movement Recording Methods. Behaviour Research Methods & Instrumentation **7,** 5, 397–429.

Zadeh, L. A., 1977. Fuzzy sets and their application to pattern classification and clustering analysis. In: Ryzin, J. (Hrsg.), Classification and clustering. New York: Academic Press.

Zipp, P., 1978. Die Bemessung der Elektroden-Haut-Kontaktfläche bei der quantitativen Oberflächenelektrographie (EKG) und (EMG). Biomedizinische Technik **23,** 130–140.

Zoneff, P. & E. Meumann, 1903. Über Begleiterscheinungen psychischer Vorgänge in Atem und Puls. Wundt Philosoph. Studie **18,** 1–113.

Zwahlen, H., 1980. Driver Eye scanning behavior in rain and during unexpected windshield wiper failure. Zeitschrift für Verkehrssicherheit **26,** 4, 148–155.

6. Kapitel

Psychologische Grundlagen sensumotorischer Arbeitstätigkeiten

Klaus-Helmut Schmidt

1 Einleitung

Der Vollzug menschlicher Arbeitstätigkeiten erfolgt letztlich immer durch den vermittelnden Einsatz von Bewegungen. Selbst Tätigkeiten, welche vorwiegend mentale Anforderungen stellen, werden zumindest in der Endphase ihrer Ausführung in irgendeiner Form (z. B. durch Sprech- oder Schreiboperationen, manuelle Eingaben in Tastatur- oder maschinelle Bedienfelder) motorisch realisiert.

Zwar hat im Laufe der technischen Entwicklung der Anteil von Arbeitsaufgaben, bei denen Menschen zum Zwecke der Energieübertragung oder des Lastentransportes Bewegungen mit hohem Kraftaufwand und hoher Wiederholungsfrequenz ausführen müssen, kontinuierlich abgenommen; gleichzeitig jedoch ist eine zumindest relative Zunahme von feinmotorischen Bewegungsvollzügen mit hohen raum-zeitlichen Präzisionsanforderungen und fein abgestimmtem Krafteinsatz unübersehbar (vgl. Rohmert, Rutenfranz & Ulich, 1971; Hacker, 1978). Arbeitsbewegungen dieser Art dienen vorwiegend der Informationsübertragung sowie der gegenständlichen Veränderung von Arbeitsobjekten.

Bedingt durch diese Anforderungsverschiebung verlagerte sich auch das arbeitswissenschaftliche Interesse an der Analyse von Arbeitsbewegungen. Während bei den vorwiegend grobmotorischen, kraftintensiven Tätigkeiten die Untersuchung des Energieumsatzes beim arbeitenden Menschen im Vordergrund stand (s. Rohmert, 1981), liegt der Hauptakzent heute vor allem auf der

Analyse der die Bewegungsausführung kontrollierenden Informationsverarbeitungsprozesse (vgl. Stelmach & Requin, 1980; Holding, 1981; Heuer, Kleinbeck & Schmidt, 1985). Hierbei geht es insbesondere um die Untersuchung der Frage, welche sensorischen Informationen in welchem Umfang und in welcher Art und Weise zur Ausführungskontrolle von Bewegungen herangezogen werden.

Kenntnisse über diese *sensorischen Informationsgrundlagen der Bewegungskontrolle* sind als Ausgangspunkt zur Ableitung von Lösungsansätzen für ein breites Spektrum arbeitspsychologischer Aufgabenstellungen bedeutsam. Diese lassen sich grob zwei Anwendungsfeldern zuordnen, nämlich einmal dem Bereich der Arbeitsgestaltung, zum anderen dem Bereich des Trainings sensumotorischer Arbeitstätigkeiten.

Maßnahmen der *Arbeitsgestaltung* verfolgen primär das Ziel, die Ausführbarkeit von Arbeitstätigkeiten sicherzustellen und zu optimieren. Unter diesem Bewertungsaspekt stehen allgemein die für die Tätigkeitsausführung notwendigen Informationen im Mittelpunkt der Betrachtung (vgl. Hacker, 1984). Untersuchungen der Ausführbarkeit prüfen, ob die für eine forderungsgerechte Erledigung von Arbeitsaufträgen notwendigen tätigkeitskontrollierenden Informationen (aus der Arbeitsumgebung, dem Arbeitsmittel und -gegenstand etc.) der handelnden Person auch tatsächlich in ausreichender Qualität und Menge zur Verfügung stehen. Eine Ausführbarkeitsbewertung von Arbeitsaufträgen, welche hohe Anforderungen an Bewegungspräzision und -schnelligkeit stellen, dürfte folglich ohne Berücksichtigung der speziellen Kenntnisse über die sensorischen Grundlagen der Bewegungskontrolle nicht möglich sein.

Arbeitsgestalterische Aufgaben mit diesem speziellen Bezug auf Arbeitsbewegungen reichen – um nur einige Beispiele zu nennen – von der ausführbarkeitsoptimalen Auslegung der Schnittstellen in komplexen Mensch-Maschine-Systemen, der Arbeitsmittel- oder Werkzeuggestaltung bis hin zur Ermittlung des Zeitbedarfs von Bewegungen für die Organisation des zeitlichen Arbeitsablaufs. Es liegt auf der Hand, daß die Gewährleistung der Ausführbarkeit von sensumotorischen Vollzügen auch erheblich zur Beseitigung von Fehlbeanspruchungen und zur Reduzierung von Fehlhandlungen beitragen kann (vgl. auch die Kap. 4 und 12 in diesem Band).

Zentrale praktische Fragestellung im Zusammenhang des Lernens und des gezielten *Trainings von sensumotorischen Arbeitstätigkeiten* ist die nach der optimalen Gestaltung der Anlern- und Trainingsbedingungen. Optimierungskriterien hierbei sind vorwiegend der zeitliche Trainingsaufwand sowie die Leistungswirksamkeit der erlernten motorischen Arbeitsvollzüge. Auch dieser pragmatische Ansatz kommt ohne ein vertieftes Wissen darüber, wie und vor allem aufgrund welcher Informationen Bewegungen gelernt werden, nicht aus. Denn nur hierauf aufbauend sind Regeln für die Trainingsgestaltung ableitbar, welche z. B. die Art der im Training bereitzustellenden Informationen, deren Darbietungsform und Nutzungsmöglichkeiten betreffen.

2 Sensorische Informationsgrundlagen der Bewegungskontrolle

2.1 Grundstruktur von Arbeitsbewegungen

Nach einer prägnanten Formulierung von Kalveram (1983, S. 246) besteht die allgemeinste instrumentelle Funktion von motorischen Aktivitäten darin, „... bestimmte Wahrnehmungskonstellationen, welche gewünscht, aber noch nicht realisiert sind, herbeizuführen, ferner, bestehende Wahrnehmungskonstellationen aufrecht zu erhalten, wenn sie erwünscht sind". Diese Aussage verweist zum einen auf die enge funktionale Verflechtung von Wahrnehmung und Bewegung, die auch im Begriff „Sensumotorik" zur Kennzeichnung des hier behandelten Gegenstandes zutreffend beschrieben wird. Des weiteren ist in dieser Aussage indirekt die bedeutsame Vorstellung zum Ausdruck gebracht, daß die intendierten sensorischen Resultate von motorischen Aktivitäten letztlich deren Auswahl und Ausführungsweise determinieren. Dies setzt voraus, daß 1. der handelnde Mensch in der Lage sein muß, die gewünschten Wahrnehmungskonstellationen als Ergebnis einer motorischen Aktion in irgendeiner Form vorwegzunehmen, und daß 2. für die resultatangemessene Auswahl und Realisierung einer motorischen Aktivität unter vielen möglichen bekannt sein muß, welche Aktivitäten zu den intendierten Ergebnissen führen.

Sensorisch vermittelte Konsequenzen von motorischen Vollzügen sind in der Regel die relativ zu den Raumkoordinaten und Objekten der Außenwelt bestimmbaren Endpositionen der bewegten Gliedmaßen und – was im Zusammenhang mit Arbeitsbewegungen von zentraler Bedeutung ist – gegenständliche Veränderungen an Objekten der Außenwelt sowie durch motorisch abgegebene Informationen bewirkte Werkzeug- oder Maschinenoperationen. Während die räumlichen Endpositionen von freien Gliedmaßenbewegungen vor Ausführungsbeginn zumeist direkt visuell erkennbar sind (man denke an einfache Hinlang- und Greifbewegungen zu Arbeitsobjekten), erfordert die Vorwegnahme der sensorischen Ergebnisse von motorisch bewirkten Objektveränderungen zumeist eine vorstellungsmäßige Repräsentation der intendierten Endzustände. Das gleiche gilt für intendierte Bewegungsresultate, die durch Maschinen- oder Werkzeugoperationen vermittelt sind, wenngleich hier auch

Bedingungen vorliegen können, unter denen die gewünschten Resultate unmittelbar erkennbar sind; beispielsweise wird beim erfolgreichen Autofahren dem sichtbaren Straßenverlauf gefolgt.

Das strukturell Gemeinsame aller dieser Fälle ist, daß ein *intendiertes Bewegungsresultat*, welches unmittelbar erkennbar oder in der Vorstellung repräsentiert ist, antizipiert und durch die folgende Bewegung nachgebildet wird (Klix, 1980). Dies gelingt jedoch nur dann, wenn zwischen gewählter Bewegung und den gewünschten sensorischen Bewegungskonsequenzen eine bekannte Beziehung besteht. Der Aufbau dieser Beziehung muß durch Lernprozesse erfolgen, die zumindest im Anfangsstadium entsprechend dem Prinzip von Versuch und Irrtum ablaufen (Adams, 1984).

Nach einer von Heuer (1983) vorgelegten, detaillierten Analyse besteht das Erlernen dieser Beziehung in der Ausbildung von festen Relationen zwischen drei verschiedenen, dem Zentralnervensystem (ZNS) bei der Bewegungsausführung verfügbaren Informationen. Dies sind einmal die eine Bewegung auslösenden motorischen Kommandos, welche vom ZNS selbst erzeugt werden, sowie die bewegungsverlauf- und resultatbezogenen exterozeptiv (vorwiegend visuell) und propriozeptiv erfaßbaren Bewegungsinformationen.

Durch die Ausbildung fester Relationen zwischen initialem Bewegungskommando und den visuellen und propriozeptiven Bewegungsinformationen einerseits sowie der Relation zwischen visuellen und propriozeptiven Informationen andererseits „weiß" das ZNS, welche motorischen Aktivitäten initiiert werden müssen, um die gewünschten Bewegungseffekte zu erzielen. Heuer (1983) bezeichnet diese Umsetzung von motorischen Kommandos in die resultierenden, sensorisch erfaßbaren Bewegungen und deren Resultate als „*Körper-Transformation*".

Motorische Kommandos führen jedoch nicht immer zu einer Veränderung von Gliedmaßenpositionen, sondern bei unveränderter Position auch zur Entfaltung einer bestimmten Kraft. Dieser Kraftaspekt ist ebenfalls im Begriff der „Körper-Transformation" eingeschlossen und beinhaltet hier die Beziehung zwischen motorischen Kommandos und den mit Hilfe der Sehnenspindeln wahrnehmbaren Informationen über den entfalteten Kraftbetrag und dessen Wirkrichtung.

In der Regel kann davon ausgegangen werden, daß beim erwachsenen Menschen die Körper-Transformationen beherrscht werden. In bestimmten Arbeitssituationen sind jedoch Ausführungsbedingungen anzutreffen, durch welche diese gelernten Körper-Transformationen eine empfindliche Störung erfahren, so z. B. bei Arbeiten, die nur mit Hilfe von Vergrößerungsinstrumen-

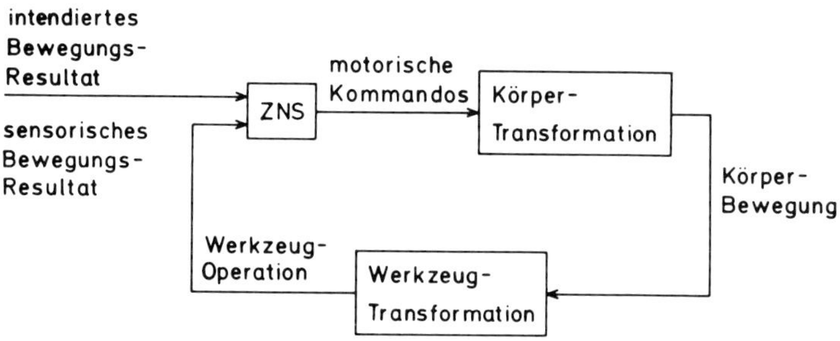

Abb. 1: Strukturbestandteile von Arbeitsbewegungen (nach Heuer, 1983)

ten (Lupe, Mikroskop etc.) ausgeführt werden können. Unter solchen Bedingungen führen motorische Aktivitäten nicht mehr zu den erwarteten – in diesem Falle visuellen – Resultaten. Auf die dadurch bedingten Ausführbarkeitsprobleme wird im Abschnitt 3.2 näher eingegangen.

Bei Integration von Werkzeugen oder Maschinen in die „Gliederkette" des arbeitenden Menschen (Rüssel, 1976) muß neben der Körper-Transformation die Transformation der Gliedmaßenbewegung in die Werkzeug- oder Maschinenwirkung beherrscht werden. In diesen Fällen wirkt die ausgeführte Bewegung zunächst auf ein technisches System ein, welches die Bewegung in Systemoperationen umsetzt und schließlich das gewünschte Resultat hervorbringt. Dieser Vorgang wird „*Werkzeug-Transformation*" genannt (siehe Merz, Kalveram & Huber, 1981; Heuer, 1983). Ein einfaches Beispiel hierfür ist die Transformation von Finger- und Handbewegungen durch einen Bleistift in Schreiboperationen; ein komplexeres Beispiel beinhaltet die Transformation einer Lenkradbewegung über die Regelstrecke einer Maschine in eine Fahrzeugbewegung.

In der Abb. 1 sind die genannten wesentlichen Strukturbestandteile von Arbeitsbewegungen im Überblick dargestellt. Die in der Abbildung dargestellte Anordnung der Strukturbestandteile in Form eines Regelkreises deutet zwar darauf hin, daß Bewegungen grundsätzlich als Regelvorgänge beschreibbar sind; daraus läßt sich jedoch nicht ableiten, daß jede Bewegung durch Regelvorgänge tatsächlich kontrolliert wird (Heuer, 1983).

Auf die Frage, wie die aufgeführten strukturellen Komponenten im Prozeß der Ausführungskontrolle von Bewegungen funktional zusammengeschlossen werden, wird im folgenden Abschnitt eingegangen.

2.2 Ausführungskontrolle von Bewegungen

Nahezu alle gegenwärtig diskutierten Theorien zur Ausführungskontrolle willkürlicher Bewegungen lassen sich zwei grundlegenden Erklärungsansätzen zuordnen, welche zunächst jeweils ausschließliche Alleingeltung beanspruchten (in der alten Peripheralismus- vs. Zentralismus-Debatte, s. Kelso & Stelmach, 1976), mittlerweile jedoch als wechselseitig sich ergänzend betrachtet werden. Dem ersten Ansatz entsprechend erfolgt die Kontrolle von Bewegungen durch einen *Regelprozeß* auf der Grundlage sensorischer Rückkoppelungsschleifen (Regelkreis-Modell; closed-loop-Modell); der zweite Ansatz basiert auf der Annahme von zentral bereitgestellten *Bewegungsprogrammen*, durch welche – analog einem Computerprogramm – der Bewegungsablauf ohne Einschluß peripherer Informationen gesteuert wird (Bewegungsprogramm-Modell; open-loop-Modell).

2.2.1 Bewegungskontrolle durch Regelvorgänge

Die Vorstellung, daß die Kontrolle von Bewegungen durch Regelvorgänge erfolgt, wird durch zwei zentrale Annahmen begründet:

a) Mit Hilfe der Propriozeptoren und Exterozeptoren werden fortlaufend afferente Informationen über das aktuelle Bewegungsgeschehen zurückgemeldet. Dieser reafferente Informationsfluß ermöglicht die Wahrnehmung von Gliedmaßenpositionen, Positionswechseln und den dabei eingesetzten Kraftbeträgen.

b) Die aktuellen sensorischen Bewegungsinformationen werden vermittels eines Vergleichsmechanismus mit den Soll-Werten der intendierten Bewegung in Beziehung gesetzt und verglichen. Dabei entdeckte Abweichungen des Ist-Wertes vom Soll-Wert werden durch Korrekturbefehle, welche der Größe und Richtung der Abweichung angepaßt sind, beantwortet und im Bewegungsvollzug ausgeglichen.

Eine solche Konzeption der Bewegungskontrolle wirft natürlich die Frage nach der Herkunft und der Repräsentationsform der Führungsgröße (Soll-Wert) im Regelkreis auf (vgl. Stelmach & Diggles, 1982).

Im einfachsten Falle ist die Führungsgröße als visuelle Vorlage in der Außenwelt gegeben (z. B. Straßenverlauf beim Autofahren). Die ebenfalls visuell zugänglichen Informationen über den aktuellen Bewegungsverlauf können direkt mit der Führungsgröße verglichen werden. In standardisierter Form läßt sich eine solche Bedingung experimentell durch das sog. Folge-(pursuit-) Tracking simulieren. Hierbei wird einer Person auf einem Anzeigegerät (z. B.

einem Fernsehmonitor) ein gut sichtbarer Lichtpunkt dargeboten, der in mehr oder weniger vorhersehbarer Weise ein- oder zweidimensionale Bewegungen ausführt (Führungsgröße). Ein zweiter Lichtpunkt (die Regelgröße) ist von der Person über die manuelle Bedienung eines Stellteiles so zu bewegen, daß er möglichst deckungsgleich mit der Führungsgröße deren Bewegungsverlauf nachvollzieht. Die Informationen über Führungs- und Regelgröße sind unmittelbar sichtbar, und auch der Verlauf beider Größen kann unmittelbar verfolgt werden.

Im Falle visuell nicht zugänglicher Bewegungsvorlagen nimmt man (bei beherrschter Körper-Transformation) an, daß parallel mit dem initialen efferenten Impuls für eine Bewegung ein bei korrekter Ausführung zu erwartendes Feedbackmuster generiert wird, welches für die aktuell einlaufenden Reafferenzen als Vergleichsstandard oder Führungsgröße dient. Dies setzt natürlich voraus, daß das reafferente Informationsmuster bei korrekter Bewegungsausführung, auf das sich die Erwartung bezieht, bekannt ist. Die Kenntnis darüber dürfte umso zutreffender sein, je umfangreicher die Feedbackerfahrungen bei verschiedenen Bewegungsvarianten sind. In der bekannten closed-loop-Theorie von Adams (1971, 1976) wird dieser interne Vergleichsstandard als „*perceptual trace*" bezeichnet; in der Theorie Hackers (1978) übernehmen die in Form von „*Bewegungsentwürfen*" antizipativ gebildeten „bewegungsorientierenden Abbilder" funktional eine äquivalente Rolle.

Der historische Vorläufer dieser theoretischen Vorstellung über die Natur der Führungsgröße bei der Regelung von Bewegungen ist das von v. Holst & Mittelstaedt (1950) entwickelte „*Reafferenzprinzip*". Im Rahmen dieses neurophysiologischen Modells wird die Annahme formuliert, daß von jedem efferenten Bewegungsimpuls im neuronalen System eine sog. „Efferenzkopie" abgelegt wird. Diese Efferenzkopie wird gelöscht, sobald die reafferenten Informationen über den aktuellen Bewegungsvollzug mit ihr übereinstimmen. Bestehen Diskrepanzen zwischen diesen beiden Informationsmustern, werden Bewegungskorrekturen zum Diskrepanzausgleich veranlaßt.

Die Angemessenheit dieser Konzeption der Bewegungskontrolle als Regelvorgang ist natürlich streng an den Nachweis gebunden, daß Bewegungen während ihrer Ausführung auf der Grundlage einlaufender Feedbackinformationen tatsächlich an die jeweils wirksamen Führungsgrößen angepaßt werden. Dazu müssen jedoch bestimmte zeitliche Voraussetzungen gegeben sein, die durch die Tatsache bedingt sind, daß biologische Systeme Zeit zur Aufnahme und Verarbeitung von Informationen benötigen. So vergeht – regelungstheoretisch gesprochen – immer eine gewisse Mindestzeit, bis aktuell auftretende Soll-Ist-Abweichungen im Regelkreis festgestellt und durch korrigierende Einwirkungen auf den Ist-Wert beantwortet werden können (Laufzeit im Regelkreis). Bis zur Anpassung an den Soll-Wert vergeht dann nochmals eine bestimmte Zeit, welche in der Addition mit der Laufzeit die Einstellzeit definiert.

Nach Schätzungen von Küpfmüller & Poklekowski (1956) liegt beim Menschen die Laufzeit des inneren, propriozeptiven Regelkreises im Bereich von 50 msec (vgl. auch Vossius, 1961), die des äußeren, visuellen nach häufig zitierten Befunden von Keele & Posner (1968) im Zeitbereich von 190 bis 260 msec. Neuere Untersuchungen dagegen gehen mit 100 bis 150 msec von einer wesentlich kürzeren Laufzeit im visuellen Regelkreis aus (Smith & Bowen, 1980; Carlton, 1981; Zelaznik, Hawkins & Kisselburgh, 1983).

Diese systembedingten Zeitverhältnisse haben natürlich Konsequenzen für die Art der eingesetzten Bewegungskontrolle. Denn ungeachtet der Unterschiede in den geschätzten Laufzeiten dürfte bei Bewegungen, deren Ausführungszeiten die Verzögerungszeiten bei der Verarbeitung peripherer Informationen unterschreiten, eine Regelung nicht mehr möglich sein. Als Beispiele für solche schnellen, nicht mehr regelbaren Bewegungsabläufe werden in der Literatur das Klavierspielen (Lashley, 1951; Shaffer, 1980), das Schreibmaschinenschreiben (Shaffer, 1975, 1978; Sternberg, Monsell, Knoll & Wright, 1978) sowie das Sprechen (Lenneberg, 1978) genannt.

Selbst unter der häufig gemachten Annahme, daß im Zuge des Lernens von Bewegungen die Regelung von dem langsamen, visuellen Regelkreis zunehmend auf den wesentlich schnelleren, propriozeptiven Regelkreis übergeht, wobei das visuelle System hier nur noch die Raumeinordnung liefert (vgl. z. B. Fleishman & Rich, 1963; Klix, 1980), sind Bewegungen nicht in allen Phasen regelbar. Dies gilt in jedem Falle für die Anfangsphasen einer Bewegung, denn eine Regelung kann erst einsetzen, nachdem periphere Informationen über den Anfangsablauf eingetroffen sind. Diesem Sachverhalt trägt das closed-loop-Modell von Adams (1971) Rechnung, indem für diese ersten Phasen von Bewegungen ein eigener, gespeicherter Startmechanismus („memory trace“) postuliert wird, welcher die Bewegungen auslöst. Dieser Startmechanismus weist funktionale Ähnlichkeiten mit dem Bewegungsprogramm-Konzept auf, das im folgenden dargestellt werden soll.

2.2.2 *Bewegungskontrolle durch Bewegungsprogramme*

Nach einer weitverbreiteten Definition von Keele (1968) beinhaltet das Bewegungsprogramm-Konzept zwei zentrale Annahmen, welche ungeachtet der unterschiedlichen Bedeutungs- und Verwendungsvarianten des Konzepts von allen in der Literatur vertretenen Ansätzen geteilt werden. Die erste

Annahme umfaßt die dem Regelungsprinzip entgegengesetzte Vorstellung, daß Bewegungen ohne Beteiligung von peripheren, reafferenten Informationen, allein durch *motorische Kommandos* gesteuert ablaufen. Diese motorischen Kommandos werden – der zweiten Annahme gemäß – vor Bewegungsbeginn zentral bereitgestellt und enthalten alle für die Bewegungsausführung notwendigen Informationen, vor allem die, welche die Abfolgestruktur und die zeitlichen Aspekte des Bewegungsverlaufs bestimmen (Summers, 1981; Rosenbaum, 1985).

Diese Annahmen gründen sich im wesentlichen auf den empirischen Nachweis der folgenden Ableitungen: Es sollte sich zeigen lassen, daß a) Bewegungen auch bei vollständiger Ausschaltung peripherer Feedbackinformationen störungsfrei ablaufen, daß b) die einlaufenden Feedbackinformationen nicht verarbeitet und zur Bewegungskontrolle herangezogen werden, und daß schließlich c) Bewegungen bereits vor ihrem Beginn in ihren Abläufen festgelegt werden und sich nicht erst im Bewegungsvollzug entfalten.

Historischer Ausgangspunkt für den Nachweis, daß willkürliche Bewegungen selbst bei Ausschaltung aller peripheren Informationen ausgeführt werden können, ist die mittlerweile klassische Studie von Lashley (1917). Bei einem Mann, der aufgrund einer Rückenmarkverletzung im linken Kniegelenk sensorisch völlig unempfindlich war (weder passiv geführte Bewegungen noch Einwirkungen äußerer Kräfte konnten wahrgenommen werden), machte Lashley die Beobachtung, daß dieser Patient durchaus gezielt instruierte Bewegungen mit dem linken Unterschenkel aktiv reproduzieren konnte. Die hierauf aufbauenden, vor allem von Laszlo und Mitarbeitern (Laszlo, 1966; Laszlo & Bairstow, 1971) durchgeführten Versuche, auf experimentellem Wege beim Menschen alle bewegungsrelevanten Informationen auszuschalten, müssen allerdings mit Vorbehalt interpretiert werden. Denn die hier eingesetzten, nichtoperativen Methoden können eine vollständige Unterbrechung der peripheren Informationsflüsse letztlich nicht garantieren. Zweifelsfreiere Ergebnisse liefern dagegen die vornehmlich bei Affen durchgeführten Deafferentierungs-Experimente (s. Taub, Heitmann & Barro, 1977). Hier zeigte es sich, daß Bewegungen bei operativ durchtrennten Hinterhornwurzeln zur Ausschaltung aller propriozeptiven Bewegungsinformationen durchaus möglich sind.

Die zweite Ableitung aus dem Bewegungsprogramm-Konzept stützt sich im wesentlichen auf die schon erwähnten zeitlichen Voraussetzungen für eine effektive Feedbackverarbeitung. Einige Bewegungen laufen so schnell ab, daß deren Bewegungszeiten die kritischen Lauf- und Einstellzeiten im visuellen und propriozeptiven Regelkreis unterschreiten. Die empirischen Belege hierfür beziehen sich vornehmlich auf kurze, diskrete Zielbewegungen (vgl. Schmidt & Russel, 1972; Schmidt & McCabe, 1976). Aber auch längerzyklische Bewegungssequenzen scheinen bei ausreichender Übung durch eine Programm-Steuerung kontrollierbar zu sein.

In einem von Pew (1966) berichteten Experiment mußten Personen durch alternierendes Betätigen von Drucktasten mit dem Zeigefinger der linken und rechten Hand einen sich kontinuierlich über einen Bildschirm bewegenden Lichtpunkt im Zentrum einer Linie halten. Im Anfangsstadium des Lernens verarbeiteten die Personen zunächst immer das visuelle Feedback von einer Tastenbetätigung, bevor sie die nachfolgenden Reaktionen zur Korrektur des Lichtpunktes ausführten. Nach mehrwöchiger Übung zeigte sich eine deutliche Veränderung dieser diskreten Fehler-Korrektur-Strategie. Die Personen führten nun sehr schnelle und regelmäßige Muster von Bewegungssequenzen aus, ohne auf das visuelle Ergebnis einzelner Reaktionen zu warten. Nur gelegentlich wurde auf das visuelle Feedback zur Korrektur des Bewegungsverlaufs zurückgegriffen. An die Stelle einer Regelung trat eine Programmierung ganzer Bewegungsabschnitte in Anpassung an die Bewegungscharakteristik der Vorlage (vgl. auch Pew, 1974).

Ähnliche Strategien dürften auch das Verhalten ungeübter und hochgeübter Klavierspieler bestimmen. Während ungeübte Spieler einzelne Anschläge diskret kontrollieren, kontrolliert der hochgeübte Spieler ganze Anschlagsequenzen als zusammengeschlossene Bewegungseinheit (Heuer, 1983).

Der dritte methodische Zugang zum Nachweis einer Programmsteuerung von Bewegungen beruht auf der Annahme, daß Bewegungsprogramme vor Ausführungsbeginn einer Bewegung vom Zentralnervensystem aufgebaut und bereitgestellt werden. Da dieser Prozeß Zeit in Anspruch nimmt, und zwar umso mehr, je komplexer eine Bewegung und das zugrundeliegende Programm organisiert sind, sollten Abhängigkeiten zwischen der Reaktionszeit und der Komplexität der geforderten Bewegung bestehen. Diese Annahmen gehen auf die bekannte „memory-drum"-Theorie von Henry & Rogers (1960) zurück, derzufolge Bewegungsprogramme in Analogie zum Computer-Programm aus einem überdauernden Speichermedium in die neuralen Kontrollinstanzen einer aktuellen Bewegung eingelesen werden.

In Übereinstimmung mit diesen Annahmen konnte gezeigt werden, daß die Reaktionszeiten für Bewegungen mit der Bewegungsweite, der geforderten Genauigkeit, der Anzahl der einzelnen Bewegungskomponenten sowie der Komplexität der zeitlichen Abfolgestruktur der Komponenten anwachsen (vgl. die Sammelreferate von Klapp, 1977; Kerr, 1978; Rosenbaum, 1983, 1985).

Faßt man alle vorliegenden empirischen Ergebnisse zu den drei genannten Prüfbereichen der Bewegungsprogramm-Forschung zusammen, so läßt sich schlußfolgern, daß zumindest einige – vor allem kurzzyklische und hochgeübte – Bewegungen durch zentral bereitgestellte Programme gesteuert werden. Dies bedeutet jedoch nicht, daß bei der Kontrolle von Bewegungen gänzlich auf periphere Informationen verzichtet werden könnte. Neuere Ansätze sehen vielmehr in der *Interaktion von Feedback- und Programm-Kontrolle* die angemessenste Beschreibung und Erklärung des Bewegungsgeschehens.

So weist Keele (1973) den peripheren Informationen zumindest vier Funktionen im Rahmen des Bewegungsprogramm-Konzepts zu. Danach liefern die peripheren Informationen zunächst eine Orientierung über die Ausgangsbedingungen von Bewegungen. Vor allem die relative Lage des Körpers und der Gliedmaßen im Raum sowie die aktuellen Umgebungsbedingungen müssen bekannt sein, bevor in Anpassung daran ein adäquates Programm bereitgestellt werden kann. Zweitens bieten die bewegungsverlaufbezogenen Informationen die Möglichkeit, die Zielangemessenheit der Bewegungsausführung zu überwachen. Dadurch können drittens zumindest grobe Abweichungen entdeckt und durch gelegentlich stattfindende Korrekturen ausgeglichen werden. Die von den hochgeübten Personen in der Studie von Pew (1966) gezeigte Strategie ist ein Beispiel hierfür. Schließlich ist das periphere Feedback notwendig für den Aufbau valider Erwartungen über die bei korrekter Bewegungsausführung eintreffenden Feedbackinformationen.

Ähnliche Vorstellungen einer Integration von Steuerungs- und Regelungsprozessen finden sich in der Schema-Theorie von Schmidt (1975, 1976), die zugleich versucht, einige theoretische Erklärungsschwächen der beiden bisher behandelten, traditionellen Ansätze aufzugreifen und zu beheben.

2.2.3 Schema-Theorie der Bewegungskontrolle

Die erste Erklärungsschwierigkeit hängt mit dem Umfang an Informationen zusammen, der gespeichert werden müßte, um Bewegungen zu regeln oder durch ein Programm zu steuern. Im Regelungsansatz wird implizit angenommen, daß für jede Bewegung ein eigener *Vergleichsstandard* für die einlaufenden Feedbackinformationen ausgebildet und gespeichert wird; im Bewegungsprogrammansatz wird unterstellt, daß für jede Bewegung ein *spezifisches Programm* gespeichert und abgerufen werden muß. Angesichts der nahezu unendlichen Vielzahl von möglichen Bewegungen dürfte eine solche Eins-zu-Eins-Zuordnung von Bewegung und gespeichertem Programm bzw. Vergleichsstandard rasch die Grenzen der menschlichen Kapazität zur Informationsspeicherung überschreiten.

Das zweite Problem, das mit dem Speicherproblem eng verbunden ist, betrifft die Erklärung der beträchtlichen Variabilität und Flexibilität im Bewegungsgeschehen. Es ist eher die Ausnahme als die Regel, daß sich Bewegungen in exakt der gleichen Art und Weise wiederholen; selbst bei identischen Ausführungsbedingungen und identischem Bewegungsresultat lassen sich beträchtliche Variationen der Ausführungsweise von Bewegungen beobachten (vgl. Higgins & Spaeth, 1972, zit. n. Summers, 1981). Das bedeutet aber auch, daß der menschliche Bewegungsapparat in der Lage ist, durchaus neue, bisher noch nicht ausgeführte Bewegungen zu generieren. Eine Erklärung hierfür ist aufgrund der postulierten, starren Zuordnung von Vergleichsstandard bzw. Bewegungsprogramm und jeder einzelnen Bewegung weder im Programm- noch im Regelungsansatz möglich.

Beide Probleme, das Speicher- sowie das Variabilitäts- oder Neuheitsproblem werden in der von Schmidt (1975, 1976) vorgestellten Schema-Theorie aufgehoben. Kernstück dieser Theorie ist die Annahme, daß sogenannte *„generalisierte Bewegungsprogramme"* ganze Klassen ähnlicher Bewegungen steuern. Nur diese, über die verschiedenen Bewegungen einer Klasse generalisierten Programme sind gedächtnismäßig gespeichert; sie enthalten lediglich ein *abstraktes Schema* der klassenspezifischen Bewegungsmerkmale.

Vor Ausführung einer bestimmten Bewegung wird in Abhängigkeit von den Ausgangsbedingungen und dem intendierten Bewegungsresultat ein geeigne-

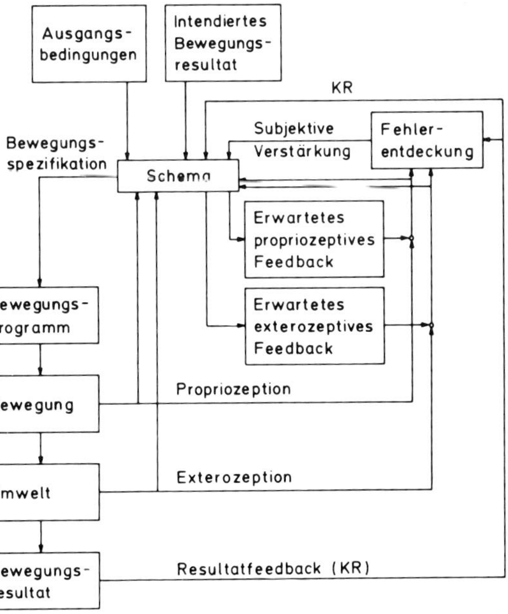

Abb. 2: Ereignisabfolge in der Schema-Theorie der Bewegungskontrolle (nach Schmidt, 1975)

tes Programm ausgewählt, welches dann um Spezifikationen ergänzt wird, die sich aus den Anforderungen des aktuellen Situationskontextes ergeben. Diese Spezifikationen, die als variable Parameter des übergeordneten Programms betrachtet werden können, legen die konkreten Einzelheiten der Bewegung wie Weite, Schnelligkeit, aufzuwendender Kraftbetrag etc. fest. Das um die variablen Parameter ergänzte Programm steuert letztlich den nachfolgenden Bewegungsablauf bis zum Erreichen des gewünschten Resultats. Im linken Teil der Abb. 2 ist diese Ereignisabfolge der flexiblen Bewegungsprogrammierung im Flußdiagramm dargestellt.

Die Programm-Steuerung wird ergänzt durch einen parallel ablaufenden Regelvorgang, der im rechten Teil der Abbildung veranschaulicht ist. Mit der Selektion eines spezifischen Bewegungsprogramms wird ähnlich dem Reafferenzprinzip ein Muster der bei korrekter Bewegungsausführung zu erwartenden propriozeptiven und exterozeptiven Feedbackinformationen aufgebaut, das die aktuellen bewegungsbegleitenden Reafferenzen überwacht. Ein interner Fehlerentdeckungs-Mechanismus registriert mögliche Soll-Ist-Diskrepanzen und erlaubt, sofern die zeitlichen Voraussetzungen hierfür gegeben sind, eine closed-loop-Kontrolle der Bewegungen. Je nach Resultatangemessenheit der Bewegung – festgestellt über das tatsächliche Resultatfeedback („knowledge of result" (KR)) sowie den internen Vergleichsprozeß – erfahren die schematisch gespeicherten flexiblen Zuordnungen zwischen initialen motorischen Kommandos, dem erwarteten Feedbackmuster und dem Bewegungsresultat eine Verstärkung oder eine Modifikation.

Auf die sehr detaillierten Ausführungen Schmidts (1975) zum Aufbau der erwarteten sensorischen Feedbackmuster sowie den Prozeß der Parametrisierung der generalisierten Programme kann an dieser Stelle nicht näher eingegangen werden. Es dürfte jedoch klar geworden sein, daß die Schema-Theorie die traditionellen Regelungs- und Programmkonzepte um wesentliche Erklärungszusammenhänge bereichert. So entfällt auf Modellebene die Notwendigkeit zur Speicherung jeweils bewegungsspezifischer Programme und Vergleichsstandards. Darüber hinaus können durch den Einbau variabler Parameter in die generalisierten Programme eine Vielzahl von Bewegungen in flexibler Weise generiert und durch das Zusammenspiel von Programmsteuerung und Regelung effektiv kontrolliert werden. Zum strukturellen Aufbau dieser Kontrollprozesse sollen im folgenden einige ergänzende Ausführungen gemacht werden.

2.3 Sequentielle und hierarchische Organisation der Bewegungskontrolle

Von außen betrachtet stellen sich Bewegungen als sequentiell ablaufende Folgen von Einzeloperationen dar, die in organisierter Weise aufeinander bezogen sind. Wie bereits angedeutet, ist diese sequentielle Abfolgeordnung vor allem bei Bewegungsbeginn sehr flexibel. So können Bewegungen aus den unterschiedlichsten räumlichen Ausgangslagen einschließlich unterschiedlichster Zustände des Bewegungsapparates begonnen werden und bewirken doch ein identisches Bewegungsresultat. Diese kaum zu bestimmende Anzahl von Freiheitsgraden (Bernstein, 1967) bei der Bewegungsausführung wirft die Frage auf, in welcher Form die Einzeloperationen kontrolliert und in einer bestimmten Abfolgesequenz zu einer flüssigen Bewegung zusammengeschlossen werden. Es ist kaum vorstellbar, daß eine einzige zentralnervöse Instanz diese hochkomplexe Kontrollaufgabe allein bewältigen kann.

Man nimmt deshalb auf theoretischer Ebene an, daß mehrere, und zwar *hierarchisch organisierte Kontrollinstanzen* bei der Bewegungsausführung beteiligt sind. Vorstellungen dieser Art haben ihren Ursprung in allgemeinpsychologischen Handlungsmodellen wie sie z. B. von Miller, Galanter & Pribram (1960), Hakker (1978) und Norman (1981) entwickelt wurden (vgl. auch die Kapitel 1 und 2 in diesem Band).

Die am stärksten auf das Bewegungsgeschehen bezogene Theorie Normans geht davon aus, daß Handlungen durch hierarchisch verschachtelte Kontrolleinheiten gesteuert werden, die über einen in der hierarchischen Organisation von oben nach unten verlaufenden Befehlsstrang und durch einen in Gegenrichtung wirkenden Rückmeldeweg vielfach miteinander verbunden sind. Die Kontrolleinheiten stellen sensumotorische Wissensstrukturen dar, in denen Ausführungsanweisungen für Handlungen auf unterschiedlichen Niveaus der Handlungsspezifikation gespeichert sind. Die Absicht zur Ausführung einer bestimmten Handlungssequenz aktiviert je nach Spezifikationsniveau der Absichtsformulierung eine niveauadäquate Kontrolleinheit, die die Absicht zerlegt und zur weiteren Spezifizierung an die nachgeordneten Ebenen durch die Hierarchie hindurch weiterleitet. Jede weitere Zerlegung der Absicht auf den nachgeordneten Hierarchieebenen führt zu einer präziseren Festlegung dessen, was tatsächlich getan werden muß.

Die Zerlegung der Handlungsabsicht in ausführbare Handlungskomponenten sowie deren Ausführung und zeitliche Verkettung wird parallel auf Zielangemessenheit überwacht, um diskrepante Handlungsbestandteile entdecken und ggf. korrigieren zu können. Die Annahme eines solchen Überwachungsprozesses ist logisch zwingend angesichts der häufig zu beobachtenden Tatsache, daß Komponenten einer im Flusse befindlichen Handlungssequenz geändert oder sogar ersetzt werden können. Beim Vorgang des Gehens z. B. wird der Bewegungsfluß automatisch verändert, wenn das ausschwingende Bein ein Hindernis registriert. Ein anderes Beispiel ist die Fähigkeit eines Konzertpianisten, eine vorgeplante und dann auch ausgeführte Sequenz von Anschlägen so zu modifizieren, daß ein kurz vorauslaufender Zeitfehler nahezu unbemerkt kompensiert wird (Shaffer, 1980).

Grundlage des Überwachungsprozesses sind ebenfalls *hierarchisch aufeinanderbezogene Feedbackschleifen*, welche die auf den verschiedenen Hierarchieebenen ablaufenden Operationen an die jeweils nächsthöheren Ebenen zurückmelden. Diese vergleichen dann die rückgemeldeten Informationen mit den als Referenz- oder Sollgrößen vorliegenden Aktionsbefehlen der ihnen wiederum übergeordneten Ebenen. Eine so vorgestellte Struktur von verschachtelten Feedbackschleifen setzt das Handlungssystem in die Lage, flexibel auf etwaige Abweichungen zu reagieren, ohne den Handlungsfluß durch den zeitkonsumierenden Rückgriff auf die jeweils zentral wirksame Kontrolleinheit auf der höchsten Hierarchieebene zu unterbrechen.

Wenngleich nicht explizit ausgeführt, ist eine solche hierarchische Organisation von Kontroll- und Überwachungsprozessen auch in der Schema-Theorie der Bewegungskontrolle angelegt. Hier werden auf der obersten Kontrollebene durch Auswahl eines generalisierten Bewegungsprogramms zunächst lediglich die invarianten Merkmale einer Bewegungsklasse festgelegt. Durch situationsangepaßte Spezifikationen wird das Programm auf den nachfolgenden Ebenen soweit ergänzt und ausdifferenziert, bis die Programminstruktionen vom motorischen System „verstanden" werden können. Auf welcher Stufe in der Befehlshierarchie dies erreicht wird, bedarf noch einer Klärung. Es gibt jedoch Hinweise darauf, daß die niedrigste Befehlsebene nicht einzelne Muskeln und deren Kontraktionsabfolge kontrolliert, sondern Gruppen von Muskeln, die in Form von im Rückenmark und Hirnstamm verschalteten sog. „*koordinativen Strukturen*" zu eigenständig sich organisierenden Einheiten zusammengeschlossen sind (Easton, 1978).

Im Rahmen der hier in den Grundzügen sich andeutenden Vorstellung einer hierarchischen Organisation der Bewegungskontrolle bieten sich auch Erklärungsmöglichkeiten für die sequentielle Abfolgeordnung von Bewegungskomponenten. Funktionsgrundlage hierfür könnten die vielfältigen Feedbackschleifen sein, die die Bewegungsausführung überwachen. So ist denkbar, daß die auf der untersten Ebene ablaufenden Aktivitäten übergeordneten Kontrollinstanzen zurückgemeldet werden, die dann nachfolgende Bewegungssequenzen vorbereiten und zeitgerecht initiieren.

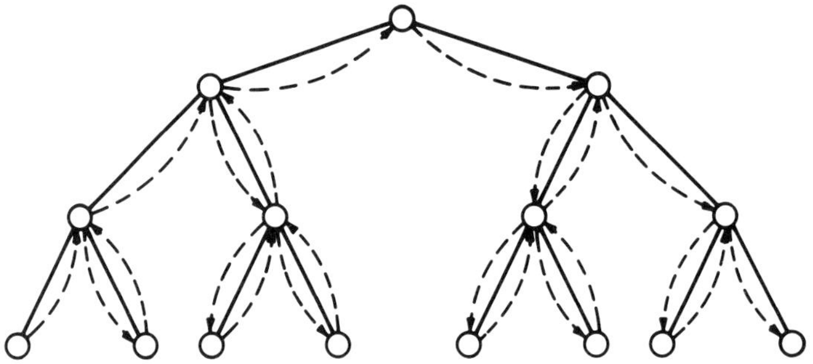

Abb. 3: Hierarchisch-sequentielles Kontrollmodell für die Ausführung einfacher Bewegungssequenzen (aus Rosenbaum, Kenny & Derr, 1983)

Trotz des großen Interesses, welches das Konzept der hierarchischen Organisation der Bewegungskontrolle mittlerweile genießt, mangelt es bisher an ausreichenden Belegen für dessen Gültigkeit. Diese sind eher episodischer als experimenteller Art (Norman, 1981; MacKay, 1982).

Zumindest in einer Studie von Rosenbaum, Kenny & Derr (1983) wurde aber der Versuch einer strengen, experimentellen Prüfung einiger zentraler Modellannahmen unternommen. Die Autoren ließen Personen mit den Zeige- und Mittelfingern der linken und rechten Hand geübte Bewegungssequenzen aus dem Gedächtnis reproduzieren, die Anschlagsequenzen beim Klavierspielen ähnelten. Jede Sequenz enthielt jeweils 8 einzelne Bewegungselemente, wobei Alternationen zwischen Zeige- und Mittelfinger sowie rechter und linker Hand auftraten. Unter der Annahme, daß diese Sequenzen hierarchisch kontrolliert werden, formulierten Rosenbaum et al. ein Kontrollmodell, das die in der Abb. 3 dargestellte Struktur hat.

Auf der unteren Ebene sind die einzelnen 8 Bewegungselemente abgetragen, die durch Instanzen auf drei hierarchisch verschachtelten Ebenen kontrolliert und durch ebenfalls hierarchisch verschachtelte Feedbackschleifen überwacht werden sollten. Zentrale Annahme war, daß die Zeiten zwischen den einzelnen Reaktionen (mittlere Latenzzeiten) mit der Anzahl der durch die Alternationen zwischen den Händen und Fingern angesprochenen Kontrollebenen anwachsen sollten, die bei ihrer Ausführung und Überwachung beteiligt sind. Wie die Abb. 4 zeigt, ist dies auch der Fall. Die längsten Zeitintervalle traten zwischen der 4. und 5. Reaktion auf, die durch alle drei Kontrollebenen verbunden sein sollten; die kürzesten Latenzzeiten zeigten sich bei der 2., 4., 6. und 8. Reaktion, welche jeweils nur durch eine Kontrollebene gemeinsam mit der in der Sequenz davor stattfindenden Reaktion aktiviert werden sollten. Die beobachteten Reaktionsfehler spiegeln die gefundenen Zeitverhältnisse exakt wider.

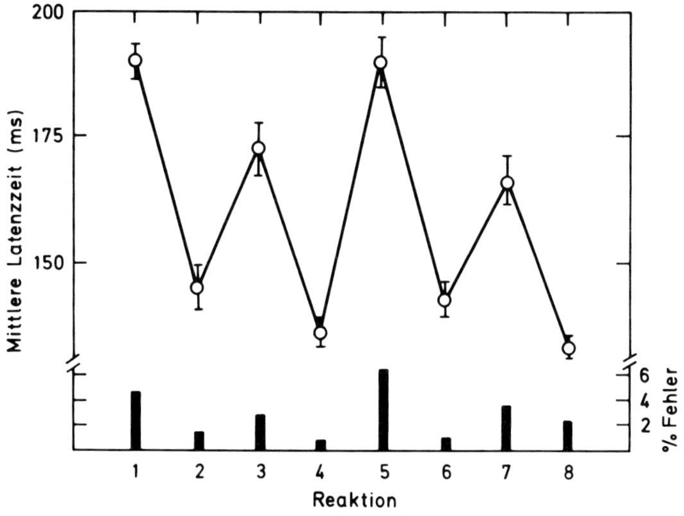

Abb. 4: Mittlere Latenzen und Fehler bei der Ausführung einfacher Bewegungssequenzen (nach Rosenbaum, Kenny & Derr, 1983)

Angesichts der schmalen empirischen Evidenz ist es bisher sicherlich verfrüht, das Modell der hierarchischen Organisation der Bewegungskontrolle einer abschließenden Bewertung zu unterziehen. Dazu sind weitere experimentelle Prüfungen vonnöten. Die Studie von Rosenbaum et al. zeigt hierfür gangbare Wege auf.

3 *Ableitungen für die Arbeitsgestaltung*

Die dargestellten Ansätze zur Beschreibung und Erklärung der bei der Bewegungsausführung beteiligten Kontrollprozesse verdeutlichen, daß deren Funktionsgrundlagen im wesentlichen in der Aufnahme, Verarbeitung sowie Speicherung einer Vielzahl verschiedener, sensorischer Informationen bestehen. Diese sind Basis sowohl einer Programmsteuerung als auch einer Regelung von Bewegungen. Kenntnisse hierüber sind – wie einleitend angedeutet – für die Arbeitsgestaltung insofern bedeutsam, als Arbeitsbedingungen, welche zu *Einschränkungen der sensorischen Kontrollmöglichkeiten* führen, eine forderungsgerechte und zuverlässige Ausführung von sensumotorischen Arbeitstätigkeiten nicht gewährleisten. Mögliche Folgen hiervon sind Fehlhandlungen sowie Fehlbeanspruchungen. Ziel der Arbeitsgestaltung muß es deshalb auch sein, Bedingungen für eine uneingeschränkte sensorische Kontrolle von Arbeitsbewegungen zu schaffen. Auf die wesentlichen Ursachen für Ausführbarkeitsbeeinträchtigungen von Arbeitsbewegungen, die zugleich die zentralen Ansatzpunkte für die Arbeitsgestaltung darstellen, wird im folgenden näher eingegangen.

3.1 Fehlende oder eingeschränkte Nutzungsmöglichkeiten von bewegungskontrollierenden Informationen

Die Ausführbarkeit von sensumotorischen Arbeitsvollzügen ist eingeschränkt oder nicht mehr sichergestellt, wenn die visuelle Kontrolle der Bewegungsausführung durch Gestaltungsmängel an Arbeits- oder Betriebsmitteln aufgehoben oder behindert ist. Ein Beispiel gibt die Abb. 5. Die ungünstige Gestaltung des Arbeitsmittels verhindert hier die Nutzung visueller Informationen über die arbeitende Hand und den Arbeitsgegenstand zumindest bei bequemer Sitzhaltung. Die notwendigen tätigkeitskontrollierenden Informationen sind nur durch das Einnehmen einer langfristig beanspruchenden Zwangshaltung zugänglich.

Die Aufnahme bewegungskontrollierender Informationen kann auch durch den Tätigkeitsvollzug selbst eingeschränkt sein. Beispiele hierfür finden sich vor allem im Bereich der Mikromontage, wo die arbeitende Hand den visuellen Zugang zu den kleindimensionierten Arbeitsobjekten behindern kann. Eine solche Situation wird bei Kleinbeck, Schmidt, Schleyer & Brockmann (1985) mit einem arbeitsgestalterischen Lösungsansatz beschrieben.

Abb. 5: Ein praktisches Beispiel für die eingeschränkte Ausführbarkeit von Arbeitsbewegungen (aus Hacker, 1984)

Bei der Montage von Schaltschutzen mußten von den Arbeitspersonen mit Hilfe einer Pinzette kleine Metallfedern zwischen jeweils zwei Federträger positioniert werden, die sich in räumlichen Aussparungen des mechanisch in einer Haltevorrichtung verankerten Montagegrundelementes befanden. Die exakte Position der Federn konnte während des Einlegevorgangs nicht in ausreichendem Umfang visuell kontrolliert werden, da die Arbeitshand den unmittelbaren Blickkontakt zum Arbeitsobjekt verstellte. Nur nach Herausnahme des Grundelementes aus der Haltevorrichtung war eine uneingeschränkte Kontrolle der Federpositionen möglich, was erst dann Gelegenheit zu häufig zeitaufwendigen Nachbearbeitungen gab.

Die arbeitsgestalterische Lösung zur Behebung der festgestellten Kontrollbeschränkungen bestand im Einbau von photoelektrischen Sensoren in die mechanische Haltevorrichtung, welche die Position der Federn jeweils an zwei Meßpunkten registrierten. Die über diese Sensoren festgestellten, möglichen Fehlpositionierungen wurden den Personen einmal durch ein akustisches Warnsignal rückgemeldet, mit dem allgemein das Auftreten eines Fehlers angezeigt wurde. Darüber hinaus wurde von einem Kleinrechner eine symbolische Positionsanzeige für alle möglichen Federpositionen auf einen Monitor eingespielt, der sich in Kopfhöhe der Personen links neben der Montagevorrichtung befand. Aus dieser Positionsanzeige konnte über Blinksignale abgelesen werden, welche Feder auf welcher Position fehlerhaft eingelegt war. Mit Hilfe dieser zusätzlichen, technisch vermittelten Feedbackinformationen konnte die Montagegenauigkeit erheblich gesteigert werden.

Eingeschränkte Möglichkeiten zur Nutzung bewegungskontrollierender Informationen liegen auch dann vor, wenn eine ausschließlich an Ausführungszeiten und deren Reduzierung orientierte Bemessung von Vorgabezeiten eine Ausführungsschnelligkeit von Arbeitsbewegungen erzwingt, die nur im Austausch mit Verminderungen der Bewegungsgenauigkeit zu erreichen ist. Ursache dieser *Austauschprozesse* sind reduzierte Möglichkeiten für eine angemessene Feedbackverarbeitung.

Da der Zeitbedarf für eine genauigkeitsoptimale Ausführung von Bewegungen entscheidend durch die Anzahl der dazu notwendig zu verarbeitenden Rückkoppelungen bewegungsverlaufbezogener Informationen determiniert wird, führt ein Unterschreiten dieses Zeitbedarfs zu einer Verringerung der Anzahl einlaufender und verwertbarer Rückmeldungen und zugleich zu einer Verlängerung der in den Laufzeitabständen zurückgelegten Wegstrecken. Der dadurch bewirkte Verlust an Genauigkeit ist umso größer, je länger die ohne sensorische Kontrolle ablaufenden Bewegungsphasen sind. Ausführungsbeeinträchtigungen dieser Art lassen sich vor allem bei nach externen Vorlagen geführten Bewegungen nachweisen (Hacker, 1974; Schmidt, Kleinbeck &

Hoppenbrock, 1985; Schmidt, Kleinbeck & Schmitz, 1985), die arbeitspraktisch z. B. bei Gravier- und Schweißoperationen sowie bei Einstellvorgängen an Bedienelementen auftreten. Aber auch bei gezielten, ballistischen Bewegungen wie dem Hinlangen sind Austausch-Beziehungen zwischen Bewegungsschnelligkeit und -genauigkeit zu beobachten, wenngleich hier, durch die Laufzeiten bedingt, erst in den Bewegungsendphasen eine visuelle Kontrolle der Bewegungsbahn möglich ist (vgl. Howarth & Beggs, 1985).

Bei der Auslegung maschineller Taktzeiten, bei der zeitlichen Organisation von manuellen Fertigungsprozessen, vor allem aber bei der Bestimmung des Zeitbedarfs von Arbeitsbewegungen auf der Grundlage von „Systemen vorbestimmter Zeiten“ müssen diese zeitkonsumierenden Kontrollprozesse in Rechnung gestellt werden, sofern eine anforderungsgerechte Genauigkeit von sensumotorischen Arbeitsvollzügen garantiert sein soll.

Selbst hochgeübte und hochautomatisierte Bewegungen, denen man eine vorwiegende Programmsteuerung unterstellt, sind beim gänzlichen Fehlen von exterozeptiven Informationen nicht uneingeschränkt ausführbar. Hier müssen zumindest Möglichkeiten zur visuell vermittelten, *räumlichen Einordnung* der Bewegungen gegeben sein. Dies belegen beispielhaft Beobachtungen von Schreiboperationen, deren Ablaufkontrolle zwar ohne visuelle Informationen möglich ist, das Einhalten von Rand- und Zeilenabständen jedoch bei Ausschaltung der visuellen Orientierung nicht mehr gelingt.

Eine ausreichende räumliche Orientierung ist ebenfalls bei schnellen, ballistischen Zielbewegungen zu Bedienteilen an Schaltpulten, Steuerkonsolen etc. erforderlich, die zumindest bei hochgeübten Operateuren häufig ohne exterozeptive Verlaufskontrolle ablaufen. Die räumliche Einordnung solcher Bewegungen kann arbeitsgestalterisch durch feste Standortzuweisung des Operateurs relativ zu den ebenfalls ortsfest im Greifraum und nach unveränderlichen Funktionsbereichen angeordneten Bedienelementen unterstützt werden. Taktile Differenzierungsmöglichkeiten an den Bedienelementen bieten eine zusätzliche Erfolgskontrolle solcher Zielbewegungen (s. Schmidtke & Rühmann, 1981).

3.2 Räumlich verzerrte Informationen über Bewegungsverlauf und -resultat

Durch die zunehmende Miniaturisierung von Arbeitsobjekten in vielen industriellen Fertigungsbereichen (vor allem der elektronischen und feinmechanischen Industrie) wächst die Notwendigkeit zum Einbau von optischen Arbeitshilfen (wie Lupen, Mikroskope, Bildschirme etc.) in den Arbeitsprozeß.

Diese optischen Hilfen führen häufig zu einer unerwarteten räumlichen Verzerrung der bewegungsverlauf- und resultatbezogenen visuellen Informationen.

Ursache der dadurch bedingten Ausführbarkeitsbeeinträchtigungen von Arbeitsbewegungen ist die *Aufhebung (Dekorrelation)* der bei beherrschter Körper-Transformation aufgebauten Relation zwischen Eigenbewegung und den visuellen Bewegungskonsequenzen (s. Abschnitt 2.1). Es entsteht eine unerwartete Diskrepanz zwischen motorischen Kommandos und dem visuell zugänglichen Bewegungseffekt einerseits sowie zwischen der propriozeptiven und visuellen Bewegungswahrnehmung andererseits; die gelernte Relation zwischen motorischen Kommandos und den propriozeptiven Informationen bleibt dagegen ungestört.

Folge dieser Dekorrelation der visuellen mit den übrigen Bewegungsinformationen ist, daß die Bewegungen nicht mehr mit ausreichender Sicherheit visuell kontrolliert werden können. Das Ausmaß dieser Störung veranschaulicht eine experimentelle Studie von Gould & Smith (1963; zitiert nach Klix, 1980, S. 432 ff.). In diesem Experiment hatten Personen die Aufgabe, ein Labyrinth nachzuzeichnen, wobei die visuelle Kontrolle der Eigenbewegung nur über einen Bildschirm zugänglich war. Durch Verstellen der aufnehmenden Kamera in verschiedene seitliche Positionen erhielten die Personen ein unterschiedlich stark verzerrtes Bild ihrer Bewegung auf dem Bildschirm zurückgemeldet. In der Abb. 6 ist die Versuchsanordnung und das zentrale Untersuchungsergeb-

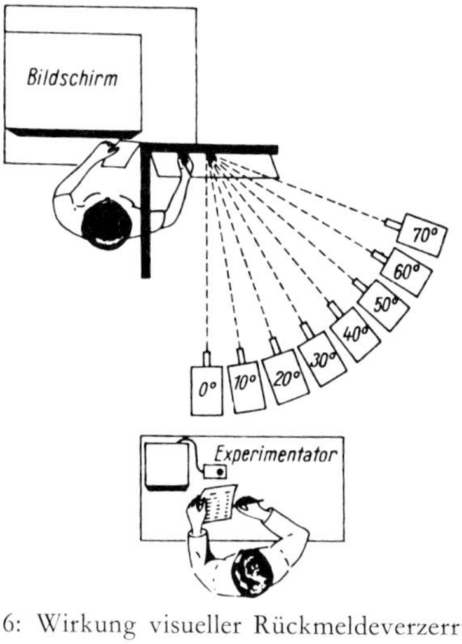

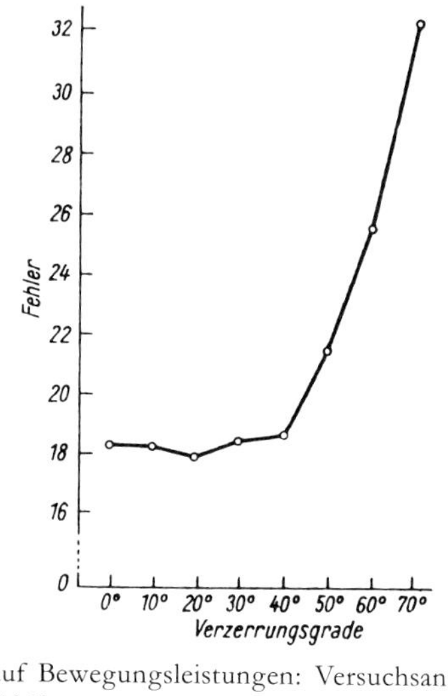

Abb. 6: Wirkung visueller Rückmeldeverzerrungen auf Bewegungsleistungen: Versuchsanordnung und Ergebnisse (nach Gould & Smith, 1963; aus Klix, 1980)

nis, das sich nach mehrtägiger Übung unter den verschiedenen Bedingungen einstellte, wiedergegeben.

Es zeigte sich, daß die Rückmeldeverzerrungen bis zu 40° nahezu vollständig kompensiert werden konnten; bei einer Verzerrung um 60° brach jedoch die Leistung drastisch zusammen.

Nicht nur visuelle Verzerrungen bewegungsverlaufbezogener Informationen bei geführten oder geregelten Bewegungen führen zu Beeinträchtigungen der Bewegungskontrolle; visuell verzerrte Informationen beeinträchtigen auch die zielangepaßte Parametrisierung programmgesteuerter Bewegungen. Dies belegt eine von Schmidtke (1960) durchgeführte Untersuchung. In diesem Experiment wurden Personen aufgefordert, ballistische Zielbewegungen mit unterschiedlichen Bewegungsweiten und Zielgrößen auszuführen. Dabei zeigte sich der bekannte Effekt, daß in der ballistischen Anfangsphase ein umso größerer Weganteil zurückgelegt wird, je größer die Zielentfernung und je kleiner das anzusteuernde Ziel ist. Das heißt, die Bewegungsgeschwindigkeit steigt als Funktion von Zielentfernung und Zielgröße zu Bewegungsbeginn drastisch an und nimmt in Zielnähe ab. Dieser Wirkzusammenhang läßt sich verstärken, wenn man die Zielentfernung künstlich, visuell vergrößert darbietet. In diesem Fall stellt sich die Bewegungsgeschwindigkeit auf die visuell verzerrte Entfernung ein und ist am Bewegungsbeginn deutlich erhöht (vgl. Wassmund, 1968; Hacker, 1978).

Wie in der Studie von Gould & Smith (1963), aber auch in anderen vergleichbaren Untersuchungen (s. zusammenfassend: Smith & Smith, 1962), sind beträchtliche Anpassungen an diese ungewohnten optischen Ausführungsbedingungen beobachtet worden. Dies sollte jedoch nicht zu dem Schluß verleiten, die arbeitspraktische Bedeutsamkeit der Ergebnisse insgesamt gering zu veranschlagen. Denn in der Paxis stellt sich durch häufige Wechsel der Ausführungsbedingungen der Zwang, ständige Anpassungen und Rückanpassungen vorzunehmen, was vor allem in den Übergangsphasen zu beträchtlichen Ausführbarkeitserschwernissen führt. Arbeitsgestalterisch kann diesen Erschwernissen durch Pausen zwischen mit und ohne optische Hilfen ausgeführten Tätigkeitsabschnitten vorgebeugt werden.

3.3 Zeitlich verzögerte Informationen über Bewegungsverlauf und -resultat

Die im Prozeß der Körper-Transformation aufgebaute Abstimmung zwischen propriozeptiven und exterozeptiven Bewegungsinformationen kann auch durch eine zeitliche Verzögerung der exterozeptiven Rückmeldungen eine

Störung erfahren, die zu empfindlichen Beeinträchtigungen der Bewegungskontrolle führt. Dieser Effekt ist am eindrucksvollsten bei der Sprechmotorik nachgewiesen worden. Hört zum Beispiel ein Sprecher seine eigene Stimme über Kopfhörer um ca. 200 msec zeitlich verzögert, treten erhebliche Artikulationsstörungen auf, welche begleitet sind von einer Verlangsamung des Sprechtempos und einer Verlagerung der Tonhöhe und Lautstärke (Lee, 1950). Vergleichbare Auswirkungen haben zeitliche Verzögerungen der akustischen Rückmeldung beim Singen und Klavierspielen (Smith, Mysziewski, Mergen & Koehler, 1963) sowie beim lauten Lesen (Fairbanks & Guttman, 1958).

Analoge Störungen lassen sich gleichfalls durch zeitliche Verzögerungen der visuellen Feedbackinformationen bei manuellen Bewegungsvollzügen nachweisen. In einer experimentellen Studie von Smith, McCary & Smith (1960) mußten Personen verschiedene, visuell geführte Bewegungen (Schreiben, Konturennachfahren, Labyrinthzeichnen) ausführen, wobei die visuelle Kontrolle der Bewegungen nur über ein Fernsehsystem möglich war, das die visuellen Bewegungskonsequenzen mit einer zeitlichen Verzögerung von 520 msec rückmeldete. Im Vergleich zu einer Bedingung ohne zeitliche Feedback-Verzögerung wurden gravierende Leistungsverschlechterungen beobachtet, die sich in verlängerten Ausführungszeiten, aber auch in einer Zunahme verschiedener Ausführungsfehler äußerten.

Beobachtungen vergleichbarer Art machte Long (1975), der manuelle Eingaben in einen Schreibautomaten untersuchte. Aufgrund der technisch manipulierten Zwischenspeicherung des getippten Materials vor Ausgabe über einen Drucker ließen sich sowohl die akustischen als auch die visuellen Konsequenzen der Eingaben zeitlich verzögern. Die Schreibgeschwindigkeit als auch die -qualität nahmen unter diesen Bedingungen deutlich ab. Überhaupt nicht mehr ausführbar sind Bewegungen, deren visuelle Feedbackinformationen räumlich verzerrt und zeitlich verzögert einlaufen (vgl. Held, Efstathiou & Greene, 1966).

Alle diese Beispiele belegen, daß die exterozeptiven Feedbackinformationen *zeitpunktgerecht* verfügbar sein müssen, um darauf aufbauend Bewegungen angemessen kontrollieren zu können. Sind diese zeitlichen Bedingungen für eine optimale exterozeptive Feedback-Verarbeitung nicht gegeben, ist die Ausführbarkeit von Arbeitsbewegungen deutlich eingeschränkt.

Zeitliche Verzögerungen der einlaufenden, exterozeptiven Rückmeldungen treten bei praktischen Arbeitsvollzügen gehäuft dann auf, wenn Bewegungen auf Werkzeuge oder Maschinen einwirken, durch deren Regelstrecke transformiert werden und erst dann in ihren Konsequenzen wahrnehmbar sind. Vor

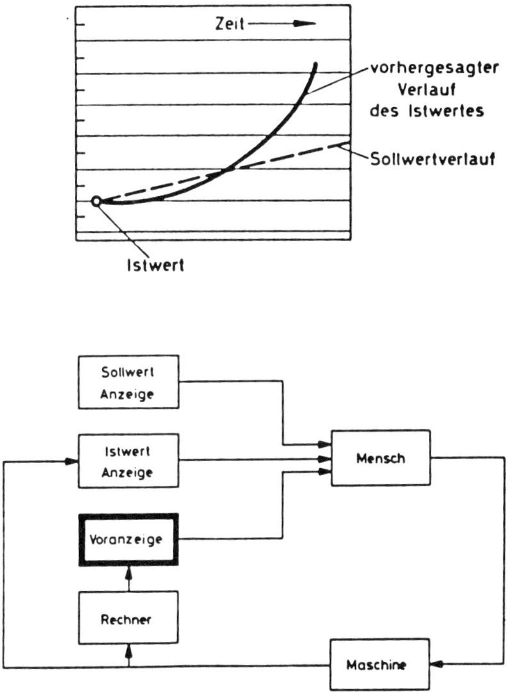

Abb. 7: Zweidimensionale Vorwertanzeige und Blockschaltbild des Regelkreises (aus Bernotat, 1974)

allem bei der Regelung von Maschinen, die durch ein komplexes Zeitverhalten ihrer Regelstrecken gekennzeichnet sind, lassen sich solche Bedingungen antreffen. Ein anschauliches Beispiel ist die manuelle Regelung träger Systeme, wie großer Schiffe, die erst nach beträchtlichen zeitlichen Verzögerungen auf einen motorischen Eingriff mit Richtungs- oder Geschwindigkeitsänderungen reagieren. Dies führt zu einer erheblichen Belastung des Operateurs, der in Einrechnung der verschiedenen, zusätzlich auf die Regelstrecke einwirkenden Randbedingungen (wie Wind, Strömungsrichtung und -geschwindigkeit des Wassers) die Wirkung seines motorisch abgegebenen Steuerbefehls zeitlich extrapolieren muß, um angemessene Korrekturen vornehmen zu können.

Arbeitsgestalterisch kann diesen Ausführungserschwernissen durch die Verwendung von sog. „*Vorwertanzeigen*" begegnet werden (Bernotat, 1974). Diese vermitteln dem Operateur Informationen darüber, welchen zeitlichen Verlauf die Regelgröße (Ist-Wert) relativ zum möglicherweise ebenfalls zeitlich veränderlichen Soll-Wert nehmen wird. In der Abb. 7 ist eine solche (zweidimensionale) Vorwertanzeige des Ist-Wertes mit dem zugrundeliegenden Blockschaltbild des Regelkreises dargestellt. Der für eine definierte Zeitstrecke durch einen Rechner ermittelte Vorwertverlauf wird zusätzlich zum momentanen Ist-Wert angezeigt und entlastet den Operateur von mentalen Extrapolationen über den zeitlichen Verlauf des von ihm motorisch eingestellten Ist-Wertes.

Mit Hilfe solcher rechnergestützten Anzeigen läßt sich das Regelverhalten des Menschen in komplexen Mensch-Maschine-Systemen deutlich verbessern.

3.4 Arbeitsbewegungen und verschiedene Formen der Kompatibilität

In seiner ursprünglichen Bedeutung meint der Begriff der Kompatibilität seit der häufig zitierten Arbeit von Fitts (1951) die „*Vereinbarkeit*" der Beziehung zwischen Eigenbewegung und dem über technische Anzeigevorrichtungen dargebotenen Bewegungseffekt, der in der Regel zusätzlich durch ein Werkzeug oder eine Maschine vermittelt wird. Diese Beziehung schließt einmal die Transformation der Eigenbewegung in die Operation eines technischen Arbeitsmittels ein, zum anderen die Transformation der technischen Systemoperation in die Anzeige-Information.

Für die Bewegungskontrolle stellen diese Informationsumwandlungen insofern ein Problem dar, als die Ausführungscharakteristika der an den Schnittstellen von Mensch-Maschine-Systemen (wie Handräder, Kurbeln, Drucktasten etc.) durchgeführten Bedienteilbewegungen nicht in allen Aspekten mit den angezeigten Bewegungsinformationen übereinstimmen, aufgrund derer aber letztlich die Bewegungen kontrolliert werden. So führt z. B. eine Drehbewegung an einer Handkurbel zumeist nicht zu einer kreisförmigen, sondern zu einer linearen Bewegung des Anzeigesignals.

Kompatibel ist eine Anordnung dann, wenn Bedienteilbewegung und die zugeordnete Anzeige-Information in für die Bewegungskontrolle günstiger Weise aufeinander bezogen werden können (Schmidtke & Hoyos, 1970). Dies ist dann der Fall, wenn der Zusammenhang beider Größen Erwartungen entspricht, die aus den natürlichen Eigenschaften häufig vorkommender Werkzeuge oder Maschinen ableitbar sind. Niemand käme auf die Idee, das Steuerrad eines Autos nach links zu bewegen, um nach rechts abzubiegen. Darüber hinaus sind gesellschaftliche Konventionen, *sog. Stereotypien* (Loveless, 1962), verantwortlich dafür, daß bei verschiedenen Bedienelementen ganz spezifische Zuordnungen zu Anzeigeeffekten erwartet werden. Ein anschauliches Beispiel hierfür liefert eine experimentelle Studie von Merz, Kalveram & Huber (1981).

In dieser Untersuchung hatten Personen die Aufgabe, bei einer Folge-Tracking-Aufgabe eine kreisförmige Folgemarke mit Hilfe eines Bedienelementes horizontal so zu bewegen, daß sie sich mit einem beweglichen, senkrechten Strich (dem Soll-Wert) möglichst in Deckung befand. Das Bedienelement bestand in einem Steuerrad, an dem unten ein Handknauf angebracht war; das Steuerrad war bis auf einen Bewegungsweg von 6 mm praktisch unbeweglich. Die Folgemarke bewegte sich ausschließlich proportional zu der auf den Handknauf ausgeübten Kraft. In einer Experimentalbedingung war das Steuerrad vollständig sichtbar, in einer zweiten wurde es bis auf den Handknauf durch eine Sichtblende verdeckt. Unter jeder dieser beiden Bedingungen mußten zwei Zuordnungen zwischen Bedienteilbewegung und der Auslenkung der Folgemarke bearbeitet werden. Im Falle der *Rad-kompatiblen Anordnung* bewirkte eine nach links gerichtete Kraft eine Bewegung der Folgemarke nach rechts; im Falle der *Hebel-kompatiblen Anordnung* war für eine Folgemarke-Bewegung nach rechts eine gleichfalls nach rechts wirkende Kraft aufzubringen.

Konnten die Personen das Steuerrad nicht sehen, war die Tracking-Leistung bei der Rad-kompatiblen Anordnung deutlich schlechter als beim sichtbaren Steuerrad. Ohne sichtbares Steuerrad wurde vermutlich eine Hebel-kompatible Zuordnung erwartet, was jedoch nicht zutraf. Dagegen unterschieden sich bei der Hebel-kompatiblen Anordnung die Tracking-Leistungen nicht unter den beiden Sichtbedingungen. Merz et al. (1981) erklären dies damit, daß in diesem Falle die Personen das gesehene Steuerrad vernachlässigten und nur Linear-Transformationen erwarteten, was wegen der Richtungskompatibilität von Bedienteilbewegung und Anzeigeeffekt die besten Leistungen versprach.

Die Ergebnisse zeigen, daß verschiedene Bedienelemente verschiedene Erwartungen über die Transformation von Eigenbewegung in angezeigte Bewegungseffekte anregen. Entsprechen die tatsächlichen Transformationen nicht den erwarteten (inkompatible Zuordnung), treten Störungen der Bewegungskontrolle auf, die zu entsprechenden Leistungseinbrüchen führen.

Die in der von Fitts begründeten Forschungstradition stehenden Untersuchungen haben vornehmlich den *räumlichen Aspekt* der Zuordnung von Bedienteilbewegung und Anzeigeeffekt zum Gegenstand. Sie lieferten die empirische Grundlage zur Ableitung von ersten praktischen Gestaltungsregeln für den Entwurf kompatibler Systemanordnungen; zusammenfassende Darstellungen dieser Regeln finden sich bei Murrell (1965), Schmidtke & Hoyos (1970) sowie Hoyos (1974).

In der Folgezeit wurde der Kompatibilitätsbegriff auf weitere Aspekte ausgedehnt. Brainard, Irby, Fitts & Alluisi (1962) und Greenwald (1970) untersuchten verschiedene Zuordnungen zwischen der *Modalität* von Anzeigeinformation und Bedienreaktion. Sie fanden, daß akustische Anzeigeinformationen am schnellsten und zuverlässigsten durch sprachliche Reaktionen beantwortet werden, visuell dargebotene Informationen dagegen durch manuelle Bedienreaktionen.

Wickens (1980) entwickelte diesen Ansatz weiter, indem er im Zusammenhang komplexer Mensch-Maschine-Interaktionen mit Mehrfachanzeigen und -bedienungen der Frage nachging, welche Aufgabenanforderungen ohne Beeinträchtigungen *simultan* bewältigt werden können bzw. welche Aufgabenkonstellationen zu Leistungsinterferenzen führen. Auf der Grundlage der kognitionspsychologischen Theorie der multiplen Verarbeitungsstrukturen und -ressourcen (vgl. Navon & Gopher, 1979) formulierte Wickens die Annahme, daß Simultananforderungen, die dieselben kognitiven Strukturen der Informationsverarbeitung (wie Kodier- und Gedächtnisstrukturen etc.) beanspruchen, nicht ohne wechselseitige Störungen bearbeitet werden können; Aufgabenanforderungen, die strukturell verschiedene Verarbeitungsoperationen ansprechen, sollten dagegen störungsfrei simultan bewältigt werden (*Verarbeitungs-Kompatibilität*). Die bisher zu diesem Ansatz vorliegenden Untersuchungen belegen die Gültigkeit dieser Annahme (zusammenfassend: Wickens, Mountford & Schreiner, 1981; Wickens, Sandry & Vidulich, 1983).

Simultane Aufgabenanforderungen führen darüber hinaus auch dann zu Ausführbarkeitsproblemen, wenn die Informationsabgabe durch den Menschen über die gleiche Reaktionsmodalität erfolgt (*Reaktions-Kompatibilität*). Dies veranschaulicht beispielhaft ein von McLeod (1977) beschriebenes Experiment. Hier wurden Personen aufgefordert, eine kontinuierliche, manuelle Tracking-Aufgabe (Primär-Aufgabe) in Kombination mit einer Ton-Diskriminations-Aufgabe (Sekundär-Aufgabe) zu bearbeiten. Diese Sekundär-Aufgabe war in zwei unterschiedlichen Varianten auszuführen. Einmal mußte die zwischen den beiden Tönen (1000 bzw. 3000 Hz) getroffene Unterscheidung manuell über 2 Reaktionstasten mit der durch die Tracking-Aufgabe nicht beanspruchten Hand angezeigt werden, in der zweiten Bedingung einfach durch verbale Identifikation des hohen bzw. niedrigen Tones. Mit der manuellen Beantwortungsvariante wurde eine bezüglich der Primär-Aufgabe modalitätsgleiche Bedingung realisiert, mit der verbalen Beantwortung hingegen eine modalitätsunähnliche. Mußten beide Aufgaben manuell beantwortet werden, traten erhebliche Ausführungsinterferenzen auf; hingegen wurden bei der verbal-manuellen Reaktionskombination keine Leistungseinbußen im Vergleich zu Einzelaufgaben-Bedingungen beobachtet.

Über vergleichbare *motorische Interferenzeffekte* bei Regel- und diskreten Reaktionsaufgaben berichten Wickens (1976), Isreal, Chesny, Wickens & Donchin (1980) sowie Schmidt, Kleinbeck & Brockmann (1984); bei bimanuellen Zielbewegungen liegen entsprechende Beobachtungen von Kelso, Southard & Goodman (1979) vor (vgl. auch Marteniuk, MacKenzie & Baba, 1984). Diese motorischen Koordinationsprobleme bei der simultanen Ausführung von Bewegungen werden als Hinweis auf das Wirken der schon genannten „koordinativen Strukturen“ interpretiert, in die ganze Gruppen von Muskeln funktional zu Einheiten zusammengeschlossen sind, und die nur gemeinsam aktiviert werden können. Wenn eine koordinative Struktur verschiedene Bewegungen zur gleichen Zeit kontrollieren muß, treten wechselseitige Beeinträchtigungen der Muskelaktivitäten auf, die vermutlich vor allem den zeitlichen Aspekt der Bewegungskoordination betreffen.

Arbeitsgestalterisch kann den beiden letztgenannten Kompatibilitätsproblemen durch eine flexible Verteilung simultaner Aufgabenanforderungen auf die verschiedenen sensorischen Aufnahmekanäle, Verarbeitungsstrukturen und Reaktionsmodalitäten des Menschen begegnet werden. Besonders die sich entwickelnden modernen Informationstechnologien bieten neuartige Möglichkeiten, den Informationsaustausch zwischen Mensch und Maschine unter Berücksichtigung der verschiedenen Kompatibilitätsaspekte anforderungsgerecht zu gestalten. Man denke beispielsweise an die Entwicklung Sprache erkennender Systeme oder sichtbetätigter Schalter zur Entlastung der manuellen Informationsabgabe durch den Menschen. Über diese neuartigen Gestaltungsmöglichkeiten informieren im Überblick Kraiss (1978) und Rühmann (1981).

4 *Ableitungen für die Gestaltung von Anlernbedingungen für sensumotorische Arbeitstätigkeiten*

Während das Ziel der Arbeitsgestaltung u. a. darin besteht, Bedingungen für eine beeinträchtigungsfreie Ausführungskontrolle von Arbeitsbewegungen zu schaffen, ist es das Ziel der Gestaltung von Anlernbedingungen für sensumotorische Arbeitstätigkeiten, den Aufbau und die Entwicklung dieser bewegungskontrollierenden Prozesse zu fördern und zu erleichtern. Wie in Kap. 2 näher ausgeführt, sind für die Kontrolle von Bewegungen im wesentlichen zwei Arten von Informationen notwendig:

1. Informationen über die Soll-Werte von Bewegungsverlauf und -resultat (in welcher Repräsentationsform auch immer die in den unterschiedlichen theoretischen Ansätzen gedacht werden), und

2. Informationen über die tatsächlichen verlauf- und resultatbezogenen Bewegungskonsequenzen.

Aufnahme und Verarbeitung dieser beiden Informationen gilt es, durch die Gestaltung der Anlernbedingungen zu optimieren (vgl. Volpert, 1981; Summers, 1981). Dabei geht es insbesondere um die Klärung der Frage, in welcher Form die Informationen vermittelt werden sollen, um die nachhaltigsten Lernwirkungen zu erzielen. Die folgenden Ausführungen sind vor allem diesem Problembereich gewidmet. Einem Gliederungsvorschlag von Newell (1981) folgend, soll untersucht werden, welche Arten der Informationsvermittlung *vor*, *während* und *nach Abschluß* der Ausführung eines Bewegungsablaufs das Lernen der Bewegung erleichtern.

Auf die mehr allgemeinen Gestaltungsansätze zur Optimierung sensumotorischer Anlernvorgänge, wie z. B. die günstigste Verteilung von Lern- und Pausenabschnitten oder den Einsatz von Ganz- vs. Teil-Lernverfahren, wird nicht näher eingegangen. Zusammenfassende Darstellungen der umfangreichen Literatur hierzu finden sich bei Ulich (1969), Rohmert et al. (1971) sowie Rüssel (1976).

4.1 Informationsvermittlung vor Ausführungsbeginn eines Bewegungsablaufs

Vor Beginn der praktischen Ausführung eines zu erlernenden Bewegungsablaufs benötigt der Lernende zunächst einmal Informationen darüber, welches Bewegungsresultat er erreichen soll und wie er es erreichen kann. Diese Informationen, über die die Soll-Werte von Bewegungsverlauf und -resultat festgelegt werden, lassen sich durch verschiedene Darbietungsmethoden vermitteln. Die am häufigsten praktizierten sind die *verbale Instruktion* und die *anschauliche Demonstration* durch einen Ausbilder; beide Methodentypen sind auch Bestandteil des in der Industrie üblicherweise angewandten „Beistellverfahrens" (vgl. Rohmert und Kirchner, 1969; Matern, 1982).

Trotz des verbreiteten Einsatzes verbaler Instruktionen zur *„Sollwertaktualisierung"* (Volpert, 1981) sind deren Auswirkungen auf die Bewegungskontrolle letztlich noch nicht eindeutig geklärt. Wenngleich nicht bestritten wird, daß verbale Anweisungen für die Vermittlung des zu erreichenden Bewegungsresultats nützlich sind, wird ihr genereller Nutzen für die Vermittlung der Ausführungsweise von Bewegungen in Zweifel gezogen. Die wenigen zum Thema vorliegenden Untersuchungen liefern jedenfalls kein einheitliches Bild. So deuten zwar einige Ergebnisse auf einen positiven Instruktionseffekt hin; dem stehen jedoch Untersuchungen gegenüber, in denen sogar von einem beeinträchtigenden Effekt detaillierter Anweisungen auf das Bewegungslernen berichtet wird. Wieder andere Untersuchungen legen die Vermutung nahe, daß verbale Instruktionen nur zu Beginn des Anlernprozesses wirksam sind oder nur bei Aufgaben, welche einen großen Anteil kognitiv-strategischer und einen geringen Anteil motorischer Ausführungskomponenten beinhalten (vgl. zusammenfassend: Holding, 1965).

Diese divergenten Befunde werfen die auch allgemeinpsychologisch bedeutsame Frage nach der Relevanz sprachlicher Repräsentationen von Bewegungen für deren Ausführungskontrolle auf. Obwohl die Beziehung zwischen verbal oder „symbolisch" kodierten Informationen und den Steuer- und Kontrollinstanzen des motorischen Systems noch weitgehend unerforscht ist, gibt es doch einige Hinweise für die Annahme, daß die Kommunikation zwischen diesen beiden Systemen nicht ohne Einschaltung von Vermittlungsgliedern abläuft. Schon die Alltagserfahrung lehrt, wie schwierig es ist, in verbal kodierter Form detaillierte Anweisungen für solche „einfachen" Verrichtungen wie das Fahrradfahren oder das Binden eines Knoten zu liefern.

Umgekehrt stößt auch die sprachliche Rekodierung hochgeübter Bewegungsabläufe auf erhebliche Schwierigkeiten. Annett (1985) berichtet von der Beobachtung, daß Personen bei Versuchen dieser Art vornehmlich auf bildhafte, visuelle Vorstellungen der Bewegungen zurückgreifen, die sie dann verbal beschreiben. Die bildhafte Anschaulichkeit von verbalen Anweisungen scheint auch für den Lerneffekt von entscheidender Bedeutung zu sein, wie die bei Annett zitierten Beispiele belegen.

Diese Auffassung von der vermittelnden Funktion bildhafter Vorstellungen wird durch Beobachtungen gestützt, die im Zusammenhang mit Untersuchungen der Wirkungsgrundlage des mentalen Trainings angestellt wurden. In einem von Johnson (1982) berichteten Experiment hatten Personen zunächst die Aufgabe, eine lineare Kriteriumsbewegung mit festgelegter Bewegungsweite zu lernen. Vor Reproduktion dieser Bewegung in einem anschließenden Untersuchungsabschnitt mußten die Personen entweder eine eingeschobene Bewegung mit einer von der Kriteriumsbewegung abweichenden Weite tatsächlich ausführen, oder lediglich visuell vorstellen. Wie aus anderen Untersuchungen bereits bekannt ist (vgl. Patrick, 1971; Craft, 1973; Laabs, 1974), verursachte auch hier die Ausführung der eingeschobenen Bewegung einen konstanten Reproduktionsfehler, der entsprechend der Abweichung der Weite der eingeschobenen Bewegung von der Kriteriumsbewegung ausfiel. Dieser Effekt trat aber auch dann auf, wenn die eingeschobene Bewegung lediglich in bildhafter Vorstellung ausgeführt wurde.

Annett (1985) führte diesen Untersuchungsansatz weiter, indem er der Frage nachging, durch welche Arten von Nebentätigkeiten dieser visuelle Vorstellungseffekt gestört werden könnte. Er ließ während der visuellen Vorstellung der eingeschobenen Bewegung mehrere Nebentätigkeiten ausführen, die sich hinsichtlich des Anteils räumlich-visueller Informationskomponenten unterschieden. Es zeigte sich, daß der übliche Reproduktionsfehler dann nicht mehr auftrat, wenn die simultan zur visuellen Vorstellung der eingeschobenen Bewegung auszuführenden Nebenaufgaben die Verarbeitung räumlicher Informationen erforderten. Annett schlußfolgert aus diesem Ergebnis, daß die Bewegungsvorstellung eine Repräsentationsstruktur beansprucht, die auch durch die Verarbeitung räumlicher Informationsaspekte angesprochen wird. Der dadurch bewirkte Interferenzeffekt verhindert die Induktion des bekannten Reproduktionsfehlers.

Angesichts dieser Ergebnisse und Beobachtungen scheint die von Annett formulierte Schlußfolgerung plausibel, daß verbale Instruktionen vor allem dann Einfluß auf die Bewegungskontrolle nehmen, wenn sie leicht in *räumlich-visuelle Bewegungsvorstellungen* umkodiert werden können, die dann ihrerseits die Ausführungsweise der Bewegungen kontrollieren. Diese Sichtweise entspricht auch den in Abschnitt 3.4 zitierten Untersuchungsergebnissen, die auf einen stärkeren Vermittlungszusammenhang visueller und motorischer Informationen hinweisen im Vergleich zum akustisch-motorischen Vermittlungsprozeß.

Die zweite dominierende Übermittlungsmethode bewegungsverlauf- und resultatbezogener Soll-Werte ist die Demonstration des zu erlernenden Bewegungsvollzuges durch den Ausbilder oder eine Film-Vorlage. Diese Methode nutzt also den vermutlich direkteren Zugang visueller Informationen zu den motorischen Kontrolloperationen. Ihre Effektivität bei sensumotorischen Anlernprozessen ist weitgehend unbestritten (Volpert, 1981), vor allem bei verbal kaum adäquat kodierbaren Abläufen. Allerdings darf nicht davon ausgegangen werden, daß der Lernende unvermittelt und vollständig die visuellen Vorlagen im motorischen Nachvollzug reproduzieren könnte. Schon allein die Menge der dargebotenen Informationen erzwingt eine selektive Ausrichtung der Aufmerksamkeit, und zwar möglichst auf die für die Ausführung des gesamten Vollzugs kritischen Komponenten. Die sieht der Lernende jedoch der Vorlage nicht unmittelbar an, so daß es zusätzlicher Hinweise und Kommentare durch den Ausbilder bedarf. Die in der Anlernpraxis häufig zu beobachtende Mischung von Instruktions- und Demonstrationsmethoden (Rohmert & Kirchner, 1969) trägt diesen Schwierigkeiten einer ausschließlich visuell vermittelten Sollwerteingabe Rechnung.

4.2 Informationsvermittlung während der Ausführung eines Bewegungsablaufs

Während der Ausführung eines Bewegungsablaufes lassen sich sowohl die Soll-Werte zu lernender Bewegungen als auch die tatsächlich einlaufenden

Feedbackinformationen durch verschiedene Vermittlungsmethoden in lernrelevanter Weise aktualisieren oder verstärken.

Bei der ausführungsbegleitenden Vermittlung des Bewegungssolls bedient man sich Verfahren, durch die der konkrete Vollzug der Bewegung extern so geführt wird, daß er der gewünschten Ausführungsweise weitgehend entspricht („*guidance*", vgl. Annett, 1969; Volpert, 1981). Diese externe Bewegungsführung kann einmal manuell erfolgen, indem der Ausbilder die Gliedmaßen des Lernenden über die gewünschten Bewegungsbahnen in die richtigen Endpositionen bringt („*manual guidance*"), oder durch mechanische Vorrichtungen, welche den Bewegungsspielraum des Lernenden bis auf die zu lernende Bewegung einschränken („*mechanical guidance*"). Die mit Hilfe dieser beiden Methoden durchgeführten Anlernversuche bewirkten in der Regel einen nachweisbaren Lerneffekt, insbesondere in der Anfangsphase der Übung (Holding, 1965). Allerdings sind den praktischen Einsatzmöglichkeiten relativ enge Grenzen gesteckt, denn eine externe manuelle oder mechanische Bewegungsführung dürfte vor allem bei komplexen Bewegungsabläufen kaum möglich sein.

Ungeachtet dessen verdienen diese Methoden unter theoretischen Aspekten Beachtung, bieten sie doch den einzigen Zugang, auf direktem Wege propriozeptive Sollgrößen von Bewegungen extern einzuführen und in ihrer Wirksamkeit als Referenzmuster für die einlaufenden Feedbackinformationen bei nachfolgend freier Bewegungsführung zu untersuchen. Nachteilig ist jedoch, daß das Verfahren zugleich eine angemessene Auswahl der die Bewegungen initial auslösenden motorischen Kommandos unterbindet (die Bewegungen werden hier passiv geführt), und somit auch den Aufbau der für die Körper-Transformation wesentlichen Relationen zwischen motorischen Kommandos und den propriozeptiv wahrgenommenen Konsequenzen der intendierten Bewegung verhindert (vgl. Abschnitt 2.1).

Eine dritte Methode der bewegungsbegleitend vermittelten Sollwerteingabe, das visuelle Führen zu lernender Bewegungen („*visual guidance*"), weist diesen Nachteil nicht auf. Hier muß der Lernende die Bewegung aktiv vollziehen, ihr konkreter Verlauf wird jedoch durch visuelle Signale „vorgeschrieben". Ein anschauliches Beispiel für die Einsatzmöglichkeiten dieser Methode lieferte Pask (1960; zit. nach Volpert, 1981). Er unterstützte das Lernen des Schreibmaschinenschreibens durch eine Anordnung, bei der die anzuschlagenden Tasten in der geforderten Reihenfolge ihrer Bedienung visuell signalisiert wurden. Die Wirksamkeit dieses Verfahrens auf die nachfolgend gezeigten Leistungen ohne visuelle Führung der Anschlagsequenzen war beträchtlich.

Wie das Beispiel zeigt, ist eine effektive visuelle Sollwerteingabe für diskrete Bewegungselemente möglich. Es muß jedoch bezweifelt werden, ob in sich geschlossene, kontinuierliche Bewegungsabläufe durch visuelle Signale vollständig vorgeschrieben werden können. Technische Schwierigkeiten dürften dies weitgehend verhindern.

Eine bewegungsbegleitende Sollwertaktualisierung findet auch dann statt, wenn der Ausbilder während der Ausführung eines zu erlernenden Bewegungsablaufs in Form von verbalen Anweisungen oder Kommentaren Einfluß auf die Ausführungsweise nimmt („*verbal guidance*"). Dies setzt wie bei der Instruktion vor Ausführungsbeginn voraus, daß Ausbilder und Lernender verbale Kodierungen von motorischen Ereignissen in übereinstimmender Weise verwenden. Dem „visual guidance" vergleichbar dürfte es kaum möglich sein, den gesamten kontinuierlichen Bewegungsablauf verbal zu führen, wohl aber auf kritische Ablaufphasen hinzuweisen und diese kommentierend zu erläutern. Auch hier ist, wie in Abschnitt 4.1 erläutert, die Übersetzbarkeit der verbalen Anweisungen in motorische Aktionen von zentraler Bedeutung.

Als zeitlich auf dieser verbalen Bewegungsführung durch einen Ausbilder aufbauend kann der Fall betrachtet werden, daß der Lernende selbst den eigenen Bewegungsvollzug durch *Selbstinstruktionen* und *Selbstbefehle* zu steuern versucht. Volpert (1981) bezeichnet diese Form der Sollwertaktualisierung als „interiorisiertes verbal guidance". Beispiele für dessen Wirksamkeit finden sich vornehmlich im sportpsychologischen Bereich. Die dort gewonnenen Erfahrungen deuten darauf hin, daß Selbstinstruktionen oder -befehle die Aufmerksamkeit gezielt auf ablaufkritische Phasen zu richten vermögen sowie ein Aufbrechen falsch gelernter Vollzugsbestandteile bewirken können.

Während der Bewegungsausführung erhält der Lernende in Laufzeitabständen Informationen über die eigene Bewegung zurückgemeldet. Sind die zeitlichen Voraussetzungen hierfür gegeben, können diese Informationen mit dem bei korrekter Ausführung zu erwartenden Feedbackmuster verglichen werden und ggf. Ausführungskorrekturen veranlassen. In einigen Fällen ist auch in Lernsituationen die Aufnahme dieser sensorischen Bewegungskonsequenzen eingeschränkt (z. B. beim Fehlen visueller Feedbackinformationen), was einen Vergleich mit dem Bewegungssoll erschwert. Als Hilfe für den Lernenden kann man diese sog. „intrinsischen", bei der Bewegungsausführung verfügbaren Informationen künstlich verstärken. Dieses Verfahren wird in der Literatur als „*concurrent augmented feedback*" (Holding, 1965) oder „*learning feedback*" (Miller, 1953) bezeichnet (vgl. auch Annett, 1969) und zielt auf eine *Aktualisierung des Ist-Wertes* von Bewegungen. Beispielsweise läßt sich die Leistung am „pursuit rotor", bei dem Personen einen Metallgriffel auf einer rotierenden Zielmarke zu halten haben, dadurch verbessern, daß neben den intrinsischen, propriozeptiven und visuellen Feedbackinformationen akustische Signale dargeboten werden. Diese zeigen an, daß die Nachführung innerhalb einer definierten Zeitspanne optimal gelungen ist (Reynolds & Adams, 1953). Allerdings ist die Lernwirksamkeit dieser künstlichen Feedbackinformationen nicht unbestritten. In vielen Untersuchungen zeigte es sich, daß die durch das künstliche Feedback bewirkten Leistungsanstiege nach Wegfall der Informationen wieder verloren gingen (zusammenfassend: Bilodeau, 1966, 1969). Dies deutet darauf hin, daß nicht das Lernen der Bewegungen verbessert wurde, sondern lediglich die aktuelle Leistung.

4.3 Informationsvermittlung nach Abschluß eines Bewegungsablaufs

Die wohl bekannteste und am umfassendsten untersuchte Vermittlungsmethode lernrelevanter Informationen ist die Bekanntgabe des Resultats von Bewegungen („*terminal knowledge of results*"). Diese Resultatinformationen werden nach Abschluß einer zu lernenden Bewegung in Form von Leistungswerten oder von relativ zu einem angestrebten Aufgabenkriterium definierten Abweichungsfehler zurückgemeldet. Auf der Grundlage dieser Informationen kann der Lernende die Bewegung in den nachfolgenden Lernabschnitten derart modifizieren, daß sie zunehmend genauer das intendierte Resultat bewirkt. Dies unterstützt gleichfalls den Aufbau der bei der Körper-Transformation beteiligten Relationen zwischen allen verfügbaren Bewegungsinformationen. Die hierdurch ermöglichte Bewegungskontrolle ist umso wirksamer, je detaillierter die zugrundeliegenden Bewegungsinformationen sind. Folglich sollte auch die Lernwirksamkeit der Resultatrückmeldung mit der Genauigkeit der vermittelten Informationen anwachsen.

Eine frühe Studie von Trowbridge & Cason (1932) veranschaulicht beispielhaft die Gültigkeit dieser Ableitung. In dieser Untersuchung hatten Personen die Aufgabe, bei geschlossenen Augen eine Linie von definierter Länge zu zeichnen. Nach jedem Versuchsdurchgang wurde den Personen entweder überhaupt keine Resultatinformation gegeben, sinnlose Silben, eine Richtig/Falsch-Information oder die genaue Information über das Ausmaß und die Richtung des gemachten Abweichungsfehlers (in 1/8 inch). Die Ergebnisse faßt die Abb. 8 zusammen.

Es zeigt sich, daß der Lernerfolg mit der Genauigkeit der rückgemeldeten Resultatinformation ansteigt. Während im Falle fehlender Rückmeldung und der Rückmeldung sinnloser Silben kein Lernen stattfindet, sind bei der Richtig/Falsch-Information deutliche Leistungsverbesserungen über die Versuchsdurchgänge zu beobachten. Diese werden noch bei Rückmeldung des genauen Abweichungsfehlers übertroffen.

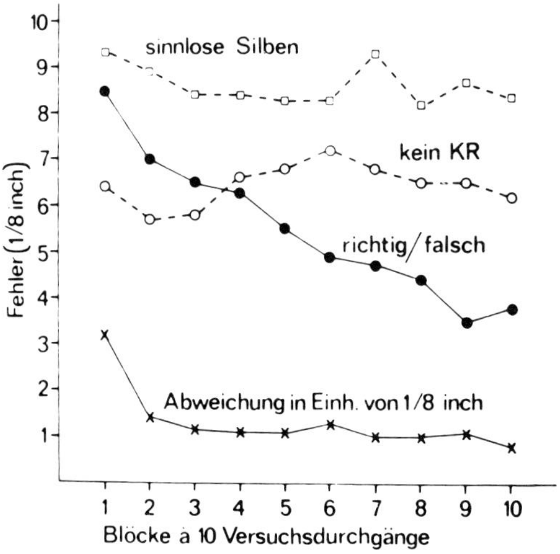

Abb. 8: Wirkung verschiedener Resultatrückmeldungen auf das Lernen einer Bewegung mit definierter Weite (nach Trowbridge & Cason, 1932; aus Heuer, 1983)

Die festgestellten Lernwirkungen der Resultatrückmeldung gehen zudem einher mit physiologischen Veränderungen, vor allem der Pulsfrequenz, die nach experimentellen Ergebnissen von Rutenfranz & Iskander (1970) sowie Rutenfranz, Rohmert & Iskander (1971) im wesentlichen Ausdruck emotionaler und motivationaler Anspannungsreaktionen auf das Resultatfeedback sind.

Im Gegensatz zu den bereits erwähnten Untersuchungen zur Wirksamkeit bewegungsbegleitender Istwert-Aktualisierung bleibt der Leistungsvorteil durch detaillierte Resultatrückmeldungen auch nach Wegfall dieser Informationen erhalten, und zwar umso deutlicher, je später im Lernverlauf das Resultatfeedback entfällt. Dies belegt ein von Bilodeau (1966) berichtetes Experiment. Beim Lernen einer einfachen Zielbewegung erhielt eine Personengruppe überhaupt keine Rückmeldung über die erreichte Leistung, während drei weiteren Gruppen das Resultat ihrer Bewegungen rückgemeldet wurde. Allerdings entfiel in der zweiten Gruppe das Feedback nach dem 2. Durchgang, in der dritten Gruppe nach dem 6. Durchgang, während die 4. Gruppe nach allen Durchgängen eine Rückmeldung erhielt. Zwar senkte der Fortfall der Rückmeldung die Leistung, doch wirkte der Entzug in früheren Lernstadien beeinträchtigender als in späteren. Dieses Ergebnis deutet darauf hin, daß sensorische Bewegungsinformationen im Lernverlauf eine zunehmend geringere Rolle bei der Bewegungskontrolle spielen, die dann verstärkt programmgesteuert abläuft.

Zusätzlich zur Resultatrückmeldung kann der Lernende gleichfalls Nutzen aus der Kenntnis des genauen Bewegungsverlaufs ziehen, welcher ein bestimmtes

Resultat bewirkt hat. Diese Form der Rückmeldung ist vor allem beim Lernen solcher Bewegungen sinnvoll, bei denen es auf eine spezifische Ausführungsweise ankommt. Die Aufzeichnung und Rückmeldung des Bewegungsverlaufs kann dabei mit Hilfe von Video-Aufnahmen erfolgen, die dem Lernenden vorgespielt werden. Newell (1981) regt an, diese *filmische Verlaufsrückmeldung* mit ebenfalls filmisch vermittelten Demonstrationen der Soll- oder Kriteriumsbewegung – vorgeführt durch eine hochgeübte Person – zu kombinieren. Er begründet diese Anregung mit dem Hinweis, daß in der Mehrzahl der Untersuchungsfälle, in denen Lerneffekte durch die Methode der Demonstration nachgewiesen werden konnten, zusätzlich auch eine Verlaufsrückmeldung der Bewegungen gegeben wurde.

Betrachtet man alle die dargestellten Ansätze zur Vermittlung der die Bewegungsausführung kontrollierenden Informationen im Zusammenhang, so lassen sich zumindest zwei wesentliche Schlußfolgerungen ziehen. Für den Lernerfolg scheint es immer vorteilhaft zu sein, Informationen über das zu erreichende Bewegungssoll mit Informationen über das aktuell Erreichte kombiniert zu vermitteln. Im günstigsten Falle sollten diese beiden zentralen Informationen im selben Vermittlungskode dargeboten werden, um den Ist-Soll-Vergleich zu erleichtern. Trotz zahlreicher praktischer Anlernerfolge sind die Bedingungsgrundlagen der Wirkung verschiedener Vermittlungsmethoden auf das Bewegungslernen noch weitgehend unaufgeklärt. Dies betrifft vor allem die Frage nach der Übersetzung verschieden kodierter Informationen in motorische Ausführungsoperationen. Insbesondere die Beziehung zwischen Sprache und Bewegung verlangt nach weiteren Forschungsbemühungen.

5 *Zusammenfassung*

Ausgehend von der Frage nach den sensorischen Informationsgrundlagen der Bewegungskontrolle werden zunächst Theorieansätze vorgestellt und diskutiert, die Aussagen über die Arten der im Prozeß der Ausführungskontrolle von Bewegungen beteiligten Informationen, deren Verarbeitung sowie Speicherung machen. Diese Informationen sind sowohl Grundlage einer Regelung als auch einer Programmsteuerung von Bewegungen. Bei der Regelung erfolgt die Kontrolle von Bewegungen durch einen Regelungsprozeß auf der Grundlage sensorischer Rückkoppelungsschleifen. Bei der Steuerung wird der Bewegungsablauf ohne Rückgriff auf die aktuell einlaufenden, peripheren Informationen durch ein zentral bereitgestelltes Bewegungsprogramm kontrolliert, das alle die für die Ausführung notwendigen Informationen enthält. Diese beiden Arten der Bewegungskontrolle schließen einander nicht aus, sondern können sich je nach Ausführungsbedingungen wechselseitig ergänzen. Auf

Modellebene wird dies am Beispiel der Schema-Theorie veranschaulicht, die zugleich im Ansatz Vorstellungen über eine hierarchische Organisationsstruktur der bewegungskontrollierenden und -überwachenden Prozesse entwickelt.

Aus diesen Ansätzen zur Beschreibung und Erklärung von Bewegungskontrollprozessen werden anschließend Ableitungen für die Arbeitsgestaltung und die Gestaltung von Anlernbedingungen für sensumotorisch akzentuierte Arbeitstätigkeiten formuliert. Ziel der Gestaltung von motorisch zu erledigenden Arbeitsaufgaben ist es, die uneingeschränkte Ausführbarkeit von Arbeitsbewegungen sicherzustellen. Beeinträchtigungen der Ausführbarkeit resultieren hauptsächlich aus dem Entzug, der räumlichen Verzerrung sowie der zeitlichen Verzögerung exterozeptiver Kontrollinformationen. Diese Ursachen von Ausführungsbeeinträchtigungen sind zugleich die zentralen Ansatzpunkte der Arbeitsgestaltung, für die einige Lösungsansätze vorgestellt werden.

Ziel der Gestaltung von Anlernbedingungen für sensumotorische Arbeitstätigkeiten ist es, den Aufbau und die Entwicklung von bewegungskontrollierenden Prozessen zu erleichtern. Dabei geht es zentral um die Klärung der Frage, in welcher Form die bewegungskontrollierenden Informationen vermittelt werden sollen, um die nachhaltigsten Lernwirkungen zu erzielen. Es wird untersucht, welche Arten der Informationsvermittlung vor, während und nach Abschluß der Ausführung eines Bewegungsablaufs das Lernen von Bewegungen fördern.

Literatur

Adams, J. A. 1971. A closed-loop theory of motor learning. Journal of Motor Behavior, **3,** 111–150.

Adams, J. A. 1976. Issues for a closed-loop theory of motor learning. In G. E. Stelmach (Hg.). Motor control: Issues and trends. New York: Academic Press. 87–107.

Adams, J. A. 1984. Learning of movement sequences. Psychological Bulletin, **96,** 3–28.

Annett, J. 1969. Feedback and human behavior. Baltimore, Md.: Penguin Books.

Annett, J. 1985. Motor learning: A review. In H. Heuer, U. Kleinbeck & K.-H. Schmidt (Hg.). Motor behavior: Programming, control and acquisition. Berlin, New York: Springer-Verlag. 189–212.

Bernotat, R. 1974. Anzeigen. In H. Schmidtke (Hg.). Ergonomie 2. Gestaltung von Arbeitsplatz und Arbeitsumwelt. München, Wien: Hanser. 68–92.

Bernstein, N. 1967. The coordination and regulation of movement. London: Pergamon Press.

Bilodeau, I. McD. 1966. Information feedback. In E. A. Bilodeau (Hg.). Acquisition of skill. New York, London: Academic Press. 255–296.

Bilodeau, I. McD. 1969. Information feedback. In E. A. Bilodeau & I. McD. Bilodeau (Hg.). Principles of skill acquisition. New York, London: Academic Press. 255–285.

Brainard, R. W., Irby, T. S., Fitts, P. M. & Alluisi, E. A. 1962. Some variables influencing the rate of gain of information. Journal of Experimental Psychology, **63,** 105–110.

Carlton, L. G. 1981. Processing visual feedback information for movement control. Journal of Experimental Psychology: Human Perception and Performance, **7,** 1019–1030.

Craft, J. L. 1973. A two-process theory for the short-term retention of motor responses. Journal of Experimental Psychology, **98,** 196–202.

Easton, T. A. 1978. Coordinative structures – the basis for a motor program. In D. M. Landers & R. W. Christina (Hg.). Psychology of motor behavior and sport – 1977. Champaign, Ill.: Human Kinetics Publ. 63–81.

Fairbanks, G. & Guttman, N. 1958. Effects of delayed auditory feedback upon articulation. Journal of Speech and Hearing Research, **1,** 18–28.

Fitts, P. M. 1951. Engineering psychology and equipment design. In S. S. Stevens (Hg.). Handbook of experimental psychology. New York: Wiley. 1287–1340.

Fleishman, E. A. & Rich, S. 1963. Role of kinesthetic and spatial-visual abilities in perceptual motor learning. Journal of Experimental Psychology, **66,** 6–11.

Gallistel, C. R. 1980. The organization of action: A new synthesis. New York: Wiley.

Gould, J. & Smith, K. U. 1963. Angular displacement of visual feedback in motion and learning. Perceptual and Motor Skills, **17,** 699–710.

Greenwald, A. G. 1970. Sensory feedback mechanisms in performance control: with special reference to the ideo-motor mechanism. Psychological Review, **77,** 73–99.

Hacker, W. 1974. Anforderungen an Regulation und Zeitbedarf bei geführten Bewegungen: Zur Gültigkeit des DERWORT-VON WEIZSÄCKER'schen Gesetzes der konstanten Figurzeit. Zeitschrift für Psychologie, **182,** 307–337.

Hacker, W. 1978. Allgemeine Arbeits- und Ingenieurpsychologie. Bern: Huber. (2. Aufl.) (Schriften zur Arbeitspsychologie, Nr. 20).

Hacker, W. 1984. Psychologische Bewertung von Arbeitsgestaltungsmaßnahmen. Berlin, New York: Springer-Verlag.

Held, R., Efstathiou, A. & Greene, M. 1966. Adaptation to displaced and delayed visual feedback from the hand. Journal of Experimental Psychology, **72,** 887–891.

Henry, F. M. & Rogers, D. E. 1960. Increased response latency for complicated movements and a „memory-drum" theory of neuromotor reaction. Research Quarterly, **31,** 448–458.

Heuer, H. 1983. Bewegungslernen. Stuttgart: Kohlhammer.

Heuer, H., Kleinbeck, U. & Schmidt, K.-H. (Hg.). 1985. Motor behavior: Programming, control and acquisition, Berlin, New York: Springer-Verlag.

Higgins, J. R. & Spaeth, R. K. 1972. Relationship between consistency of movement and environmental condition. Quest, **17,** 61–69.

Holding, D. H. 1965. Principles of training. Oxford: Pergamon Press.

Holding, D. H. (Hg.). 1981. Human skills. Chichester: Wiley.

Holst, E. von & Mittelstaedt, H. 1950. Das Reafferenzprinzip. (Wechselwirkungen zwischen Zentralnervensystem und Peripherie.) Naturwissenschaften, **37,** 464–476.

Howarth, C. J. & Beggs, W. D. A. 1985. The control of simple movements by multisensory information. In H. Heuer, U. Kleinbeck & K.-H. Schmidt (Hg.). Motor behavior: Programming, control and acquisition. Berlin, New York: Springer-Verlag. 125–151.

Hoyos, C. Graf. 1974. Kompatibilität. In H. Schmidtke (Hg.). Ergonomie 2. Gestaltung von Arbeitsplatz und Arbeitsumwelt. München, Wien: Hanser. 93–112.

Isreal, J. B., Chesney, G. L., Wickens, C. D. & Donchin, E. 1980. P300 and tracking difficulty: Evidence for multiple resources in dual-task performance. Psychophysiology, **17,** 259–273.

Johnson, P. 1982. The functional equivalence of imagery and movement. Quarterly Journal of Experimental Psychology, **34 A,** 349–365.

Kalveram, K. Th. 1983. Programmsteuerung und Parameterverstellung bei einem sensumotorischen Lernvorgang. Archiv für Psychologie, **135,** 245–255.

Keele, S. W. 1968. Movement control in skilled motor performance. Psychological Bulletin, **70,** 387–403.

Keele, S. W. 1973. Attention and human performance. Pacific Palisades, Calif.: Goodyear.

Keele, S. W. & Posner, M. I. 1968. Processing of visual feedback in rapid movements. Journal of Experimental Psychology, **77,** 155–158.

Kelso, J. A. S. & Stelmach, G. E. 1976. Central and peripheral mechanisms in motor control. In G. E. Stelmach (Hg.). Motor control: Issues and trends. New York: Academic Press. 1–40.

Kelso, J. A. S., Southard, D. L. & Goodman, D. 1979. On the coordination of two-handed movements. Journal of Experimental Psychology: Human Perception and Performance, **5,** 229–238.

Kerr, B. 1978. Task factors that influence selection and preparation for voluntary movements. In G. E. Stelmach (Hg.). Information processing in motor control and learning. New York: Academic Press. 55–69.

Klapp, S. T. 1977. Reaction time analysis of programmed control. Exercise and Sport Sciences Reviews, **5,** 231–253.

Kleinbeck, U., Schmidt, K.-H., Schleyer, M. & Brockmann, W. 1985. Ein Arbeitsplatzinformationssystem (AIDA) zur motivationsunterstützenden Selbstkontrolle von industriellen Bewegungsleistungen und zur individuellen Pausenverteilung bei freier Arbeit. Zeitschrift für Arbeitswissenschaft, **39,** (11 NF), 1–5.

Klix, F. 1980. Information und Verhalten. Berlin: VEB Deutscher Verlag der Wissenschaften. (5. Aufl.).

Kraiss, K.-F. 1978. Neuere Methoden der Interaktion an der Schnittstelle Mensch-Maschine. Zeitschrift für Arbeitswissenschaft, **32,** (4 NF), 65–70.

Küpfmüller, K. & Poklekowski, G. 1956. Der Regelmechanismus willkürlicher Bewegungen. Zeitschrift für Naturforschung, **11 b,** 1–7.

Laabs, G. J. 1974. The effect of interpolated motor activity on the short-term retention of movement distance and end-location. Journal of Motor Behavior, **6,** 279–288.

Lashley, K. S. 1917. The accuracy of movement in the absence of excitation from the moving organ. American Journal of Physiology, **43,** 169–194.

Lashley, K. S. 1951. The problem of serial order in behavior. In L. A. Jeffress (Hg.). Cerebral mechanisms in behavior. New York: Wiley.

Laszlo, J. I. 1966. The performance of a simple motor task with kinaesthetic sense loss. Quarterly Journal of Experimental Psychology, **18,** 1–8.

Laszlo, J. I. & Bairstow, P. J. 1971. Accuracy of movement, peripheral feedback and efference copy. Journal of Motor Behavior, **3,** 241–252.

Lee, B. S. 1950. Effects of delayed speech feedback. Journal of the Acoustical Society of America, **22,** 824–826.

Lenneberg, E. H. 1967. Biological foundations of language. New York: Wiley.

Long, J. 1975. Effects of randomly delayed visual and auditory feedback on keying performance. Ergonomics, **18,** 337–347.

Loveless, N. E. 1962. Direction of motion stereotypes. A review. Ergonomics, **5,** 357–383.

MacKay, D. G. 1982. The problems of flexibility, fluency, and speed-accuracy trade-off in skilled behavior. Psychological Review, **89,** 483–506.

Marteniuk, R. G. MacKenzie, C. L. & Baba, D. M. 1984. Bimanual movement control: Information processing and interaction effects. Quarterly Journal of Experimental Psychology, **36 A,** 335–365.

Matern, B. 1982. Beitrag der Psychologie für die Gestaltung von Trainingsverfahren in der Industrie. Probleme und Ergebnisse der Psychologie, **80,** 51–68.

McLeod, P. 1977. A dual task response modality effect: Support for multiprocessor models of attention. Quarterly Journal of Experimental Psychology, **29,** 651–667.

Merz, F., Kalveram, K. Th. & Huber, K. 1981. Der Einfluß kognitiver Faktoren auf Steuerleistungen. In L. Tent (Hg.). Erkennen – Wollen – Handeln. Festschrift für Heinrich Düker. Göttingen, Toronto, Zürich: Verl. f. Psychologie, Hogrefe. 327–335.

Miller, G. A., Galanter, E. & Pribram, K. H. 1960. Plans and the structure of behavior. London, New York: Holt, Rinehart and Winston.

Miller, R. B. 1953. Handbook on training and training equipment design. Wright Air Development Center. Technical Report, No. 53–136.

Murrell, K. F. H. 1965. Ergonomics. Man in his working environment. London: Chapman and Hall.

Navon, D. & Gopher, D. 1979. On the economy of the human-processing system. Psychological Review, **86,** 214–255.

Newell, K. M. 1981. Skill learning. In D. H. Holding (Hg.). Human skills. Chichester: Wiley. 203–226.

Norman, D. A. 1981. Categorization of action slips. Psychological Review, **88,** 1–15.

Pask, G. 1960. Electronic keyboard teaching machines. In A. A. Lumsdaine & R. Glaser (Hg.). Teaching machines and programmed learning. Washington, DC.: National Education Association. 336–348.

Patrick, J. 1971. The effect of interpolated motor activities in short-term motor memory. Journal of Motor Behavior, **3,** 39–48.

Pew, R. W. 1966. Acquisition of hierarchical control over the temporal organization of a skill. Journal of Experimental Psychology, **71,** 764–771.

Pew, R. W. 1974. Human perceptual-motor performance. In B. H. Kantowitz (Hg.). Human information processing: Tutorials in performance and cognition. Hillsdale, N.J.: Erlbaum. 1–39.

Reynolds, B. & Adams, J. A. 1953. Motor performance as a function of click reinforcement. Journal of Experimental Psychology, **45,** 315–320.

Rohmert, W. 1981. Physische Beanspruchung durch muskuläre Belastungen. In H. Schmidtke (Hg.). Lehrbuch der Ergonomie. München, Wien: Hanser. (2. Aufl.) 115–131.

Rohmert, W. & Kirchner, J.-H. 1969. Anlernung sensumotorischer Fertigkeiten in der Industrie. Berlin: Beuth. Schriftenreihe „Arbeitswissenschaft und Praxis", Bd. 10.

Rohmert, W., Rutenfranz, J. & Ulich, E. 1971. Das Anlernen sensumotorischer Fertigkeiten. Frankfurt am Main: Europäische Verlagsanstalt. (Wirtschaftliche und soziale Aspekte des technischen Wandels in der Bundesrepublik Deutschland, Bd. 7).

Rosenbaum, D. A. 1983. The movement precuing technique: Assumptions, applications and extensions. In R. A. Magill (Hg.). Memory and control of action. Amsterdam: North Holland Publ. Co. 231–274.

Rosenbaum, D. A. 1985. Motor programming: A review and scheduling theory. In H. Heuer, U. Kleinbeck & K.-H. Schmidt (Hg.). Motor behavior: Programming, control and acquisition. Berlin, New York: Springer-Verlag. 1–33.

Rosenbaum, D. A., Kenny, S. B. & Derr, M. A. 1983. Hierarchical control of rapid movement sequences. Journal of Experimental Psychology: Human Perception and Performance, **9,** 86–102.

Rühmann, H. 1981. Schnittstellen in Mensch-Maschine-Systemen. In H. Schmidtke (Hg.). Lehrbuch der Ergonomie. München, Wien: Hanser. (2. Aufl.) 351–376.

Rüssel, A. 1976. Psychomotorik. Empirie und Theorie der Alltags-, Sport- und Arbeitsbewegungen. Darmstadt: Steinkopff.

Rutenfranz, J. & Iskander, A. 1970. Untersuchungen über die Beeinflussung des Erlernens einer einfachen sensumotorischen Fertigkeit durch die Bekanntgabe der Lernresultate bei verschiedenen Übungsbedingungen. Internationale Zeitschrift für Angewandte Physiologie, **29,** 44–54.

Rutenfranz, J., Rohmert, W. & Iskander, A. 1971. Über das Verhalten der Pulsfrequenz während des Erlernens sensumotorischer Fertigkeiten unter besonderer Berücksichtigung der Pausenwirkung. Internationale Zeitschrift für Angewandte Physiologie, **29,** 101–118.

Schmidt, K.-H., Kleinbeck, U. & Brockmann, W. 1984. Motivational control of motor performance by goal setting in a dual-task situation. Psychological Research, **46,** 129–141.

Schmidt, K.-H., Kleinbeck, U. & Hoppenbrock, K. 1985. Feedback induced trade-offs between reaction time, movement time and accuracy at a guided aiming movement task. Studia Psychologica, **27,** 61–67.

Schmidt, K.-H., Kleinbeck, U. & Schmitz, A. 1985. Beziehungen zwischen Schnelligkeit und Genauigkeit beim Nachfahren von Linien zunehmender Krümmung. Zeitschrift für Exerpimentelle und Angewandte Psychologie. **32,** 484–493.

Schmidt, R. A. 1975. A schema theory of discrete motor skill learning. Psychological Review, **82,** 225–260.

Schmidt, R. A. 1976. The schema as a solution to some persistent problems in motor learning theory. In G. E. Stelmach (Hg.). Motor control: Issues and trends. New York: Academic Press. 41–65.

Schmidt, R. A. & Russel, D. G. 1972. Movement velocity and movement time as determiners of degree of preprogramming in simple movements. Journal of Experimental Psychology, **96,** 315–320.

Schmidt, R. A. & McCabe, J. F. 1976. Motor program utilization over extended practice. Journal of Human Movement Studies, **2,** 239–247.

Schmidtke, H. 1960. Über die Struktur willkürlicher Bewegungen. Psychologische Beiträge, **5,** 428–439.

Schmidtke, H. & Hoyos, C. Graf. 1970. Psychologische Aspekte der Arbeitsgestaltung in Mensch-Maschine-Systemen. In A. Mayer & B. Herwig (Hg.). Betriebspsychologie. Göttingen: Verl. f. Psychologie, Hogrefe. (2. Aufl.) 94–145. (Handbuch der Psychologie, Bd. 9).

Schmidtke, H. & Rühmann, H. 1981. Betriebsmittelgestaltung. In H. Schmidtke (Hg.). Lehrbuch der Ergonomie. München, Wien: Hanser. (2. Aufl.) 422–460.

Shaffer, L. H. 1975. Control processes in typing. Quarterly Journal of Experimental Psychology, **27,** 419–432.

Shaffer, L. H. 1978. Timing in the motor programming of typing. Quarterly Journal of Experimental Psychology, **30,** 333–345.

Shaffer, L. H. 1980. Analysing piano performance: A study of concert pianists. In G. E. Stelmach & J. Requin (Hg.). Tutorials in motor behavior. Amsterdam: North-Holland Publ. Co. 443–455. (Advances in psychology, Vol. 1).

Smith, K. U. & Smith, W. M. 1962. Perception and motion. An analysis of spacestructured behavior. Philadelphia, London: Saunders.

Smith, K. U., Mysziewski, M., Mergen, M. & Koehler, J. 1963. Computer systems control of delayed auditory feedback. Perceptual and Motor Skills, **17,** 343–364.

Smith, W. M., McCary, J. W. & Smith, K. U. 1960. Delayed visual feedback and behavior. Science, **132,** 1013–1014.

Smith, W. M. & Bowen, K. F. 1980. The effects of delayed and displaced visual feedback on motor control. Journal of Motor Behavior, **12,** 91–101.

Stelmach, G. E. & Requin, J. (Hg.). 1980. Tutorials in motor behavior. Amsterdam: North-Holland Publ. Co. (Advances in psychology, Vol. 1).

Stelmach, G. E. & Diggles, V. A. 1982. Control theories in motor behavior. Acta Psychologica, **50,** 83–105.

Sternberg, S., Monsell, S., Knoll, R. L. & Wright, C. E. 1978. The latency and duration of rapid movement sequences: Comparisons of speech and typewriting. In G. E. Stelmach (Hg.). Information processing in motor control and learning. New York: Academic Press. 117–152.

Summers, J. J. 1981. Motor programs. In D. H. Holding (Hg.). Human skills. Chichester: Wiley. 41–64.

Taub, E., Heitmann, R. D. & Barro, G. 1977. Alertness, level of activity and purposive movement following somatosensory deafferentation in monkeys. Annals of the New York Academy of Sciences, **290,** 348–365.

Trowbridge, M. H. & Cason, H. 1932. An experimental study of THORNDIKE's theory of learning. Journal of General Psychology, **7,** 243–258.

Ulich, E. 1969. Das Lernen sensumotorischer Fertigkeiten. In R. Bergius (Hg.). Allgemeine Psychologie. I. Der Aufbau des Erkennens. 2. Halbbd.: Lernen und Denken. Göttingen: Verl. für Psychol., Hogrefe, 1964. 326–346. (Handbuch der Psychologie, Bd. 1, 2. Halbbd.).

Volpert, W. 1981. Sensumotorisches Lernen. Zur Theorie des Trainings in Industrie und Sport. Frankfurt am Main: Fachbuchhandlung für Psychologie. (3. Aufl.) (Reprints Psychologie, Bd. 20).

Vossius, G. 1961. Der sogenannte „innere" Regelkreis der Willkürbewegung. Kybernetik, **1,** 28–32.

Wassmund, B. 1968. Untersuchung zu einer Störung der visuellen Bewegungsregulation – die bewußte Auseinandersetzung mit dieser Störung. Probleme und Ergebnisse der Psychologie, **26,** 69–85.

Wickens, C. D. 1976. The effects of divided attention on information processing in manual tracking. Journal of Experimental Psychology: Human Perception and Performance, **2,** 1–13.

Wickens, C. D. 1980. The structure of attentional resources. In R. S. Nickerson (Hg.). Attention and performance VIII. Hillsdale, N.J.: Erlbaum. 239–257.

Wickens, C. D., Mountford, S. J. & Schreiner, W. 1981. Multiple resources, task-hemispheric integrity, and individual differences in time-sharing. Human Factors, **23,** 211–229.

Wickens, C. D., Sandry, D. L. & Vidulich, M. 1983. Compatibility and resource competition between modalities of input, central processing, and output. Human Factors, **25,** 227–248.

Zelaznik, H. N., Hawkins, B. & Kisselburgh, L. 1983. Rapid visual feedback processing in single-aiming movements. Journal of Motor Behavior, **15,** 217–236.

7. Kapitel

Einfluß von Umgebungsfaktoren auf die psychische Leistung

Andrew P. Smith und Wolfgang Ottmann

1 Einleitung

Aufgabenanforderungen und Leistungsvoraussetzungen determinieren die Ausführung von Arbeitstätigkeiten und damit auch die Leistungsergebnisse. Umgebungsfaktoren können diese Interaktion beeinflussen, weil sie als äußere Arbeitsbedingungen die jeweiligen Verwirklichungsbedingungen von Aufgabenanforderungen mitdefinieren (vgl. Hacker, 1978; Hoyos, 1974).

Äußeren Arbeitsbedingungen werden dabei zwei Wirkungen zugesprochen. Einmal sollen sie spezifische physiologische Reaktionsmuster hervorrufen und auf diesem Weg die Leistungsvoraussetzungen modifizieren. Neben diesen unmittelbaren, physiologischen Wirkungen von Umgebungsfaktoren, die sich in eher homogenen Verhaltensänderungen niederschlagen sollen, werden Wirkungen erwartet, weil Umgebungsfaktoren potentiell psychische Verarbeitungsprozesse auslösen können. Umgebungsfaktoren erhalten dann in Abhängigkeit von Aufgabenanforderungen unter weiteren Verwirklichungsbedingungen und Leistungsvoraussetzungen eine spezifische Bedeutung und bedingen Erlebens- und Bewertungszustände, die ihrerseits einen Einfluß auf Tätigkeitsausführung und Leistung nehmen. Dieser Einfluß kann allein durch physikalische Charakteristika der Umgebungsfaktoren nicht vorausgesagt werden. Wirkungen von Umgebungsfaktoren können nicht durch eine Gegenüberstellung von physikalischen Reizen und Leistungsergebnissen ermittelt werden, weil physiologische Reaktionsmuster und psychische Verarbeitungsprozesse die entscheidenden Bindeglieder darstellen (vgl. Hacker, 1978). Physiologische Reaktion und psychische Verarbeitung müssen daher in die Modellbildung miteinbezogen werden.

Im folgenden sind Kenntnisse über die Wirkung von zwei Umgebungsfaktoren, Lärm und Hitze, zusammengetragen. Die Modellentwicklung ist für beide Größen unterschiedlich weit fortgeschritten. Während zur Wirkung von Lärm eine Vielzahl von Befunden vorliegt und darüber hinaus elaborierte Modelle erarbeitet werden konnten, ist der Stand der Modellbildung für Hitze eher bescheiden. Dies ist sicherlich dadurch bedingt, daß Lärm im Labor mit vergleichsweise wenig Aufwand experimentell variiert werden kann, während die experimentelle Gestaltung von Hitze den Bau kostenintensiver Klimakammern notwendig macht.

2 *Lärm und psychische Leistung*

Ein großer Teil der Forschungsarbeiten zur Wirkung von Lärm hat sich mit gesprächsbezogenen Wirkungen beschäftigt, die hier nur kurz behandelt werden. Der Leser sei auf Ward (1983) für die detaillierte Beschreibung der Wirkung von Lärm auf das Hören und auf Webster (1983) für die Darstellung der Wirkung von Lärm auf die Kommunikation verwiesen.

In vielen der ersten Experimente zur Wirkung von Lärm auf psychische Leistung werden hohe Schalldruckpegel beschrieben. Heute werden diese Schalldruckpegel nicht mehr verwendet, weil sich zwischenzeitlich herausgestellt hat, daß sie das Gehör gefährden. Da diese Arbeiten für die gegenwärtige Diskussion trotzdem von Bedeutung sind, werden die theoretischen Entwicklungen, die diesen Arbeiten zugrunde lagen und ihnen folgten, kurz beschrieben.

Neben der Höhe des Schalldrucks sind weitere Charakteristika des Lärms bedeutsam. Daher wird der Einfluß wichtiger Lärmparameter wie die Bedeutung des Lärms, die Dauer des Lärms und die Wirkung von unterbrochenem gegenüber kontinuierlichem Lärm diskutiert.

Experimentelle Arbeiten zielen im Regelfall auf akute Wirkungen von Lärm. Diese Befunde werden ergänzt durch Darstellungen chronischer Wirkungen von Lärmexposition.

Einer Reihe von Variablen aufgabenunspezifischer Art wird nachgesagt, daß sie die Wirkung von Lärm modifizieren können. Diese Variablen können Charakteristika der Person betreffen, aber auch besondere Merkmale der Arbeitssituation kennzeichnen. Auch hier wird der gegenwärtige Stand der Diskussion zusammengefaßt.

Wirkungen von Lärm werden schließlich auch auf Strukturmerkmale der Aufgabe, die unter Lärm zu bearbeiten ist, zurückgeführt. Der Vergleich der theoretischen Modelle mit empirischen Befunden belegt allerdings, daß viele der vorgeschlagenen Modelle inadäquat sind. Der gegenwärtige Stand der Diskussion betont die Bedeutung von Strategien, Effektivität und Selektivität. Die Darstellung wird abgeschlossen mit Anmerkungen über die Richtung und Methodologie zukünftiger Forschung.

Wie Lärm gemessen wird, ist ausführlich bei Pearsons (1973) und Schmidtke, Bubb, Rühmann und Schaefer (1981) beschrieben.

2.1 Wirkungen von Lärm, der mit akustischen Informationen interferiert

Jede Aufgabe, die die Aufnahme akustischer Information erforderlich macht, kann durch Lärm gestört werden. Viele Forschungsarbeiten zur Wirkung von Lärm haben sich mit diesen informationsbezogenen Effekten beschäftigt. Weiterhin gilt als gesichert, daß Lärm Taubheit zur Folge hat und die Kommunikation beeinträchtigt. Verstärkte Zuwendung beim Zuhören unter Lärm kann auch Leistungseinbußen wegen des zusätzlichen Aufwandes an Anstrengung nach sich ziehen. So zeigte z. B. Rabbitt (1966), daß Material, das zuvor in Ruhe gelernt wurde, schneller vergessen wird, wenn die Versuchsperson in der Phase zwischen Lernen und Wiedergabe Sprache unter Lärm hören mußte.

2.2 Ergebnisse von Untersuchungen mit lautem Lärm

In den letzten Jahren konnte aufgezeigt werden, daß Lärm die Effizienz psychischer Leistungen (Broadbent, 1979), das Sozialverhalten (Cohen & Spacapan, 1984), physiologische Reaktionen (Rehm, 1983) und die Motivation (Schönpflug, 1983) beeinflußt. Jedoch stimmt die durch Lärm bedingte Verhaltensbeeinträchtigung nicht immer mit den subjektiven und physiologischen Reaktionen überein. Häufig wirkt selbst mäßiger Lärm störend, und bis vor kurzem gab es nur wenige Untersuchungen, die Leistungseinbußen bei diesem Lärmniveau nachweisen konnten. In vielen der älteren Studien über Lärm und Leistung ist sehr lauter Lärm verwendet worden (oft über 100 dB (A)), was in Zukunft wegen möglicher Hörschäden unterbleiben sollte. Trotzdem sind diese Ergebnisse brauchbar, weil ähnliche Ergebnisse erwartet werden können, wenn mäßigere Lärmintensitäten (75 bis 80 dB (A)) bei längeren Expositionszeiten verwendet werden. So haben beispielsweise Smith & Miles (1985) eine Mehrfachwahlreaktionsaufgabe ausführen lassen, nachdem sich die Versuchspersonen für zwei oder fünf Stunden in Lärm aufgehalten hatten. Fünfstündiger Lärm hatte dabei einen Anstieg der Fehlerzahl zur Folge. Dieses Ergebnis steht im Einklang mit Beobachtungen, die bei der Verwendung höherer Schalldruckpegel über 95 dB (A) und kürzeren Verweilzeiten in Lärm gemacht wurden (Broadbent, 1953; Wilkinson, 1963). Andere Befunde, die zuerst unter lautem Lärm erhoben worden sind, konnten aufgrund der Entwicklung sensitiverer Meßverfahren auch für mäßigen Lärm repliziert werden. Smith (1985 a) konnte beispielsweise zeigen, daß Lärm auch bei 85 dB (A) eine Neigung bewirken kann, Informationsquellen mit hohen Auftretenswahrscheinlichkeiten gegenüber solchen mit niedrigeren Auftretenswahrscheinlichkeiten vorzuziehen. Dies war bisher nur bei lautem Lärm beobachtet worden (Hockey, 1970).

Daher ist es sinnvoll, einige der generellen Schlußfolgerungen anzuführen, die aufgrund der Studien mit Lärm über 95 dB (A) getroffen worden sind. Die detaillierte Argumentation für diese Annahmen kann der Leser bei Broadbent (1979) finden. Wirkungen von Lärm auf die Leistung sind nachgewiesen, jedoch hängen sie von der Aufgabe ab, die ausgeführt wird. Wenn zu sicher bestimmten Zeitpunkten reagiert werden muß, klare Warnsignale gegeben werden und die Stimuli gut erfaßbar sind, dann wird die Wirkung kontinuierlichen Lärms auf die Leistung gering sein. Sensorische Funktionen wie visuelle Genauigkeit, Diskriminationsfähigkeit, Sehkraft in Dunkelheit, Akkomodation und Geschwindigkeit von Augenbewegungen zeigen sich kaum durch Lärm beeinflußt. Ebenso wird die Motorik nicht wesentlich durch Lärm beeinträchtigt, solange der Gleichgewichtssinn nicht angesprochen wird. Reaktionszeiten bei einfachen Reaktionsaufgaben zeigen sich unverändert, solange die Versuchspersonen deutliche Warnsignale erhalten. Leistungen bei Büro- und Rechenaufgaben fallen ebenso unter Lärm nur wenig schlechter aus. Diese Befundlage führte zu der generellen Ansicht, daß Lärm die grundlegenden Funktionen, aus denen komplexere Tätigkeiten zusammengesetzt sind, nicht beeinträchtigt.

Broadbent (1979) beschrieb drei Haupteffekte von kontinuierlichem Lärm auf Leistung. Erstens waren nachteilige Wirkungen von Lärm bei Überwachungstätigkeiten zu beobachten, wenn das Lärmniveau über 95 dB (A) lag, die Zeit der Überwachung lang war, die Signale schlecht zu erkennen waren und die Situation nicht zur Vorsicht zwang.

Zweitens erschienen Lärmwirkungen als Phasen verstärkter momentaner Ineffizienz, die die normale Leistung durchsetzten. Bei der Mehrfachwahlreaktionsaufgabe beispielsweise führte Lärm zu einer höheren Zahl von Fehlern und sogenannten Gaps (überdurchschnittlich lange Zeiten ohne Reaktion, die auf Phasen momentaner Inaktivität schließen lassen), ohne gleichzeitig die durchschnittliche Zahl richtiger Reaktionen bedeutsam zu beeinflussen. Die Phasen momentaner Ineffizienz waren an Lärm von über 95 dB und an Verweilzeiten im Lärm von mindestens 30 Minuten gebunden.

Drittens führte Lärm bei Mehrfachwahlreaktionsaufgaben oder Aufgaben mit verschiedenen Komponenten zu einer Konzentration auf die Aufgabenkomponenten, die dominant waren oder eine hohe Auftretenswahrscheinlichkeit der Signale zeigten, zu Lasten der übrigen Aufgaben oder Komponenten. Hockey (1970) wies z. B. nach, daß Lärm die Leistung bei einer zentralen Spurverfolgungsaufgabe verbesserte, gleichzeitig aber zu langsameren Reaktionen auf solche Lichtsignale führte, die eine geringe Auftretenswahrscheinlichkeit hatten. Auch diese Ergebnisse schienen von lautem Lärm und längeren Expositionszeiten abzuhängen.

2.3 Die Art des Lärms

Die Ergebnisse der älteren Studien legen nahe, daß das Lärmniveau über 95 dB liegen muß, um einen Leistungsrückgang zu bewirken. Dennoch treten schon bei niedrigeren Schalldruckpegeln Beschwerden darüber auf, daß der Lärm die Ausführung von Arbeitstätigkeiten stört. Diese Diskrepanz zwischen subjektivem Empfinden und objektiven Leistungsmaßen wird auf die Art des Lärms zurückgeführt. Im Alltag sind Menschen einer weiten Bandbreite unterschiedlicher Geräusche ausgesetzt, während im Laborexperiment in der Regel künstlich erzeugtes, kontinuierliches weißes Rauschen Anwendung findet. Einige Autoren (z. B. Salame & Baddeley, 1982) haben vorgeschlagen, statt des weißen Rauschens von variierender Intensität die Bedeutung des Lärms zu manipulieren. Salame & Baddeley (1982) benutzten eine Aufgabe, bei der phonetische Information verarbeitet werden mußte, um die Effekte von weißem Rauschen und Gesprächslärm zu vergleichen. Die Gedächtnisleistungen zeigten sich durch den Gesprächslärm, nicht aber durch das weiße Rauschen beeinträchtigt, und die Leistungseinbußen waren abhängig von der phonetischen Ähnlichkeit der irrelevanten Information mit der zu verarbeitenden Information. Dies läßt darauf schließen, daß Gesprächslärm das Nutzen von phonetischer Information blockiert, indem die Effizienz des inneren Sprechens reduziert wird. Broadbent (1983) dagegen ist der Ansicht, daß der Befund von Salame & Baddeley durch Wirkungen von Gesprächslärm auf die Wahrnehmung und nicht auf das Gedächtnis bedingt ist. Er begründet seine Annahme damit, daß die Sprache zum gleichen Zeitpunkt eintreffen muß wie das visuelle Material, um den Effekt zu bewirken.

Baddeley & Thomson (zitiert nach Baddeley, 1981) fanden, daß Gesprächslärm in der Form von Radiosendungen die Geschwindigkeit semantischer

Verarbeitung verschlechterte. Im Gegensatz dazu konnten Eysenck & Eysenck (1979) sowie Wilding & Mohindra (1983) keine Wirkung von kontinuierlichem weißen Rauschen auf semantische Prozesse nachweisen. Smith (1985 b) zeigte, daß die Art des Lärms bedeutsam ist, und er fand heraus, daß beides, semantische Verarbeitung und syntaktisches Schlußfolgern durch unregelmäßigen, bedeutungsvollen Lärm, nicht aber durch kontinuierliches weißes Rauschen beeinträchtigt wird.

Andere Forscher haben die Wirkung von kontinuierlichem Lärm mit intermittierendem Lärm verglichen. Diese Studien sind im Detail bei Broadbent (1979) dargestellt, und von besonderem Interesse ist der Sachverhalt, daß sie die Stadien der Verarbeitung isoliert haben, die durch den Lärm gestört werden. Fisher (1972), der die Mehrfachwahlreaktionsaufgabe benutzte, fand, daß intermittierender Lärm nur Leistungen beeinträchtigte, wenn der Lärm während der Ausführung der Reaktion eintraf. Differentielle Effekte von Lärm auf bestimmte Stadien der Informationsverarbeitung sind ebenso von Woodhead (1964) berichtet worden. Sie teilte mit, daß Lärmspitzen durchschlugen, wenn sie während der Aufnahme von Information bei einer mentalen Arithmetikaufgabe eintrafen, daß sie aber keinen Effekt nach sich zogen, wenn sie während der aktuellen Berechnungsphase eintrafen. Salame & Wittersheim (1978) zeigten, daß Erinnerungsfehler dann häufiger auftraten, wenn die Lärmspitzen gleichzeitig mit den visuell dargestellten Zahlen dargeboten wurden und nicht in die Lücke zwischen den visuellen Darbietungen zweier Zahlen fielen. Smith (1985 b) berichtete ebenso Ergebnisse, die so interpretiert werden müssen, daß intermittierender Lärm mit den Input- und Outputstadien der Informationsverarbeitung interferiert, aber wenig Wirkung auf das Gedächtnis hat.

Verschiedene Studien haben ebenso demonstriert, daß Leistungsveränderungen, die durch intermittierenden Lärm verursacht werden, sich auf die kurze Periode beschränken, die dem Einsetzen oder Aussetzen des Lärms folgt. Teichner, Arees & Reilly (1963) dokumentierten, daß die Wirkung dieses intermittierenden Lärms auf die Leistung abhing von dem Wechsel im Lärmniveau und beide Änderungen, Zu- und Abnahme im Lärmniveau, bewirkten äquivalente Änderungen der Leistung. In weiteren Untersuchungen erwiesen sich die Vorhersehbarkeit des Lärms und die subjektiv wahrgenommene Kontrolle über den Lärm als determinierende Größen für Wirkungen und Nachwirkungen von Lärm (siehe Cohen, 1980).

Ältere Studien zur Wirkung von Lärm auf Leistung legten weiterhin dar, daß die Dauer des Lärms wichtig ist, weil die Art der Lärmwirkung sich über die Zeit der Lärmexposition änderte. Kürzlich durchgeführte Studien haben unter Verwendung mäßiger Lärmniveaus die Bedeutung der Dauer des Lärms bestätigt. Smith & Broadbent (1985) berichteten, daß erst nach einer Expositionszeit von mindestens 30 Minuten die Geschwindigkeit beim Benennen von Farben und beim Lesen von Farbnamen verändert war. Smith (1983a) fand heraus, daß sich die Wirkung von Lärm auf die geordnete Wiedergabe von Information mit der Bearbeitungsdauer änderte. Zuerst waren die Versuchspersonen, wenn sie unter Lärm arbeiteten, besser in der Wiedergabe geordneter Information, jedoch waren in der zweiten Hälfte des Experiments bei dieser Gruppe lärminduzierte Leistungsverschlechterungen zu beobachten.

2.4 Chronische Wirkungen von Lärm

Bislang standen akute Wirkungen von Lärm im Mittelpunkt der Betrachtung, die längste Lärmexposition bei den bisher dargestellten Experimenten betrug 7 Stunden (Smith & Miles, 1985). Zum Nachweis chronischer Wirkungen von Lärm sind daher eher Felduntersuchungen als Laborexperimente geeignet. Cohen (1973) untersuchte die Wirkung von Lärm auf die Gesundheit und die Arbeitsunfallhäufigkeit. Er fand, daß Industriearbeiter, die Lärm ausgesetzt waren, eine größere Zahl diagnostizierter Gesundheitsstörungen, Fehlzeiten und tätigkeitsbezogener Unfälle aufwiesen als die Arbeiter, die in ruhigeren Bereichen des gleichen Unternehmens arbeiteten. Bewohner von Regionen mit Fluglärm berichteten häufiger über das Auftreten von alltäglichen Fehlern als Bewohner von ruhigen Gegenden (Smith & Stansfeld, 1986). Cohen, Evans, Krantz & Stokols (1980) ermittelten die chronischen Wirkungen von Fluglärm auf kognitive, motivationale und physiologische Prozesse bei Kindern. Kinder in Schulen, die in Regionen mit Fluglärm lagen, zeigten höhere Blutdruckwerte, geringere Ausdauer, niedrigere Leistungswerte bei einer kognitiven Aufgabe und waren empfänglicher für Ablenkungen als Kinder, die nicht durch Fluglärm gestört wurden. Ebenso konnte eine Beziehung zwischen diesen Effekten und der Länge der Zeit, die ein Kind in der Region mit Fluglärm lebte, nachgewiesen werden. Während eine gewisse Habituation der physiologischen Reaktionsmuster an Lärm beobachtet wurde, war diese für die kognitiven und motivationalen Reaktionen nicht nachweisbar. Hier wuchs mit steigender Dauer der Lärmexposition die Beeinträchtigung durch den Lärm an. Diese Untersuchungen belegen, daß chronische Lärmwirkungen existieren und daß lange Expositionszeiten die Gesundheit beeinträchtigen (Rehm, 1983).

2.5 Individuelle Unterschiede

Die bereits erwähnte Diskrepanz zwischen der subjektiven Reaktion auf Lärm mit mäßiger Intensität (dieser soll oft die Leistung beeinträchtigen) und dem

Ergebnis der älteren Studien (Wirkungen mäßigen Lärms konnten im Experiment nicht nachgewiesen werden) kann durch eine andere mögliche Erklärung aufgelöst werden. Wenn Wirkungen von Lärm davon abhängen, welche Ausprägung individuelle Merkmale besitzen, dann ist es möglich, daß Lärm bei einigen Menschen Leistungseinbußen bedingt, während gleichzeitig andere Menschen hinsichtlich ihrer Leistung vom Lärm profitieren. Insbesondere an dieser Stelle ist der Hinweis notwendig, daß noch ein großer Bedarf an entsprechenden empirischen Arbeiten besteht, denn die wenigen z. Zt. vorliegenden Befunde fallen widersprüchlich aus.

Hörmann & Osterkamp (1966) zeigten, daß die Wirkung von Lärm auf die Organisation von Gedächtnisinhalten von der individuellen Fähigkeit abhing, Ablenkungen zu widerstehen. Dieser Befund konnte jedoch von Smith, Jones & Broadbent (1981) nicht repliziert werden.

Weiterhin konnten Smith, Jones & Broadbent (1981) keine Bestätigung dafür finden, daß einige Individuen besonders anfällig für Lärmwirkungen sind. Sie untersuchten Versuchspersonen unter Lärm- und Ruhebedingungen und ermittelten die Leistungsdifferenz. Eine Woche später wurden mit den gleichen Versuchspersonen nochmals Daten unter den gleichen Bedingungen erhoben. Die Autoren fanden für die beiden Datensätze eine Nullkorrelation, die anzeigt, daß es nicht dieselben Versuchspersonen waren, die bei den beiden Messungen jeweils die größten Leistungseinbußen aufwiesen. Eine mögliche Erklärung ist, daß einige Individuen anfänglich sehr sensibel auf Lärm reagieren, aber schnell habituieren, während andere eher eine Beeinträchtigung nach wiederholter Lärmexposition zeigen. Wilkinson (1974) berichtet ebenso einen Mangel an Konsistenz im individuellen Leistungsmuster bei Lärm um 100 dB (A).

Subjektive Reaktionen lassen darauf schließen, daß individuelle Unterschiede in der Anfälligkeit gegenüber Lärm bestehen. Daher wird Lärmsensitivität als die intervenierende Größe betrachtet, die das Ausmaß der Störung des lärmexponierten Individuums bestimmt. Jedoch gibt es wenig Bestätigung für diese Verwundbarkeitshypothese, die die Wirkung von Lärm auf das Verhalten von der Sensibilität des Betroffenen und der Anwesenheit von Lärm abhängig macht. Smith & Stansfeld (1986) konnten eine Interaktion von Lärmexposition und Lärmsensitivität für das Auftreten alltäglicher Fehler nicht nachweisen, und Stansfeld, Clark, Turpin, Jenkins & Tarnopolsky (1985) fanden, daß Lärmexposition und Lärmsensitivität differentielle Wirkungen für physiologische Indikatoren hatten. Daher gibt es wenig Anlaß zu der Annahme, daß die Abwesenheit von Wirkungen mäßigen Lärms auf die Leistung in vielen der früheren Untersuchungen auf individuelle Unterschiede in der Reaktion auf Lärm zurückgeführt werden kann.

2.6 Tageszeitbezogene Änderungen der Lärmwirkungen

Vieles deutet darauf hin, daß die Wirkung von Lärm durch weitere Größen moderiert wird. Eine Größe, der in letzter Zeit Aufmerksamkeit zuteil wurde, ist die Tageszeit; Wirkungen von Lärm sollen davon abhängen, zu welcher Tageszeit Leistungen zu erbringen sind. Es wurde angenommen, daß das Arousal über den Tagesverlauf anwächst (siehe Colquhoun, 1971) und daß Lärm das Arousal-Niveau erhöht (siehe Broadbent, 1971). Das Yerkes-Dodson-Gesetz postuliert, daß Leistungen bei optimaler Erregung am besten ausfallen. Dies führt zu der Annahme, daß Lärm die Leistung verbessert, wenn das Arousal circadian bedingt gering ausfällt (z. B. am frühen Morgen), aber keine Wirkung zeigt oder sogar niedrigere Leistungen bedingt, wenn das Arousal höher ist. Blake (1971) fand, daß Lärm bei einem Buchstaben-Durchstreich-Test Leistungsverbesserungen bewirkte, wenn er um 8.00 Uhr morgens ausgeführt wurde, jedoch die Leistung nicht beeinflußte, wenn die Aufgabe um 10.30 ausgeführt wurde. Einen ähnlichen Befund beschrieben Mullin & Corcoran (1977), die feststellten, daß sich die Entdeckungsleistung bei einer Vigilanzaufgabe vom Morgen zum Abend verbesserte, wenn das Lärmniveau niedrig war, nicht aber, wenn das Lärmniveau höher war.

Smith (1985 c) und Smith & Miles (1985) dagegen konnten die Annahme, daß die Wirkung von Lärm durch die Tageszeit moderiert wird, nicht stützen. Die einzige zuverlässige Interaktion zwischen Lärm und Tageszeit trat in der Zeit nach dem Mittagessen auf, in diesem Fall reduzierte Lärm den Leistungsrückgang bei einer Vigilanzaufgabe, der normalerweise nach der Einnahme der Mittagsmahlzeit auftrat. Diese Befunde und die großen Unterschiede zwischen Lärmwirkungen und tageszeitbezogenen Einflüssen auf die Leistung unterstützen Broadbents (1971) Ansicht, daß Lärm und Tageszeit unterschiedliche Wirkungen haben und daher kaum miteinander interagieren. Loeb, Holding & Baker (1982) sowie Baker, Holding & Loeb (1984) berichten Interaktionen zwischen Lärm, Tageszeit und Geschlecht. Ähnliche Befunde sind auch von Smith (1985 c) erhoben worden, jedoch erwiesen sich diese als noch zu unzuverlässig, und das genaue Muster differierte von Aufgabe zu Aufgabe.

2.7 Die Bedeutung der Art der Aufgabe

Die Bedeutung der Art des Lärms, individueller Unterschiede und möglicher Interaktionen des Lärms mit anderen Faktoren kann nicht geleugnet werden. Trotzdem ist mit Hilfe dieser Größen nicht zu erklären, warum bei den älteren Studien Wirkungen von mäßigem Lärm auf die Leistung ausblieben. Natürlich ist es möglich, daß die alltäglichen Beschwerden über die Wirkung mäßigen Lärms auf die Leistung unzutreffend sind. Bevor dieser Standpunkt akzeptiert wurde, ist noch eine andere Möglichkeit in Betracht gezogen worden. Experimente, bei denen lauter Lärm (über 95 dB) verwendet wurde, haben dokumentiert, daß Lärm die Leistung beeinträchtigt, jedoch hing dies von den verwendeten Aufgaben ab. Es ist daher möglich, daß mäßiger Lärm ebenso aufgabenspezifische Wirkungen nach sich zieht. Ein Überblick über die Forschungsergebnisse der letzten 10 Jahre zum Bereich Lärm und Leistung soll aufzeigen, daß in den jüngsten Experimenten im Gegensatz zu den bisher diskutierten Untersuchungen sehr unterschiedliche Aufgaben verwendet und Leistungen unter sehr unterschiedlichen Gesichtspunkten betrachtet wurden. Gleichzeitig werden die theoretischen Modelle vorgestellt, die zur Erklärung aufgabenspezifischer Lärmwirkungen herangezogen wurden. Obwohl sich viele der Modelle als unzureichend erwiesen haben, werden sie diskutiert, weil sie für die weitere theoretische Entwicklung von großem Nutzen waren.

2.8 Die Maskierung des inneren Sprechens

Poulton (1977) hat die Vermutung aufgestellt, daß die nachteiligen Wirkungen von Lärm ausschließlich entweder durch die Maskierung akustischer Informationen oder bei kognitiven Aufgaben durch die Maskierung des inneren Sprechens hervorgerufen werden. Der ersten Annahme ist energisch widersprochen worden (Broadbent, 1978), die zweite Annahme hat zu verschiedenen Untersuchungen geführt, die nun vorgestellt werden.

Untersuchungen zum Vergleich der Wirkungen von Lärm und der Unterdrückung des inneren Sprechens

Wilding & Mohindra (1980) ließen Versuchspersonen eine Liste von Buchstaben memorieren, und dann diese geordnet wiedergeben. Sie fanden, daß Lärm die Wiedergabe verbesserte, wenn inneres Sprechen erlaubt war. In einer Bedingung wurde inneres Sprechen unterdrückt, indem die Versuchspersonen aufgefordert wurden, permanent bestimmte Wörter, wie „da, da, da“ zu sagen. Für den Fall, daß Lärm inneres Sprechen maskieren sollte, war ein negativer Effekt auf die Gedächtnisleistung zu erwarten, der dann verschwinden sollte, wenn inneres Sprechen von vornherein verhindert wurde. Millar (1979) untersuchte ebenso die Wirkung von Lärm auf das innere Sprechen. Auf diese Resultate stützt sich die Ansicht, daß Lärm inneres Sprechen nicht maskiert.

Kognitive Vigilanzaufgaben

Jones, Smith & Broadbent (1979) untersuchten die Wirkung von Lärm auf die Bakan-Vigilanzaufgabe. Bei dieser Aufgabe werden einzelne Ziffern auf einem

Bildschirm dargestellt und die Probanden haben eine bestimmte Ziffernfolge zu entdecken, z. B. drei aufeinanderfolgende Zahlen, die ungradzahlig sind. Postexperimentelle Berichte ergaben, daß die Versuchspersonen die Ziffern leise aufsagten (subvokale Artikulation). Wenn Lärm das innere Sprechen maskiert, dann müßte die Leistung durch Lärm beeinträchtigt werden. Jones et al. (1979) ließen vier ähnliche Versionen dieser Aufgabe unter Lärm von 80 oder 85 dB (C) durchführen. In jedem Fall war eine Lärmwirkung nachweisbar, obwohl die genaue Art der Lärmwirkung von spezifischen Merkmalen der Aufgabe abhing. Dies und der Befund, daß Lärm keine differentiellen Effekte bewirkte, wenn die Ziffern gemeinsam oder einzeln leise nachgesprochen wurden, sprach gegen die Annahme, daß Lärm allein über den Weg der Interferenz mit der subvokalen Artikulation Leistung beeinträchtigt.

Trotzdem zeigten diese Befunde, daß Leistungen bei Vigilanzaufgaben, die auch Gedächtnisleistungen erfordern, empfindlich durch Lärm unter 95 dB gestört wurden, und dieser Befund steht in Übereinstimmung mit Untersuchungen von Benignus, Otto & Krelson (1975) sowie von Smith & Miles (1986).

2.9 Sprachverständnis und semantische Bezüge

Einiges deutet darauf hin, daß Lärm das Textverständnis beeinträchtigt. Hokkey (1979) konnte nachweisen, daß Lärm im Vergleich zur Ruhebedingung eine bessere Wiedergabe von Namen aus einem Textabschnitt, aber schlechteres Verständnis des Textes selbst zur Folge hatte. Zu ähnlichen Ergebnissen kamen Jones & Broadbent (1979), die aufzeigen konnten, daß beim Lesen unter Lärm ein Text weniger gut verstanden wurde. Diese beiden Laborexperimente erhalten eine ökologische Validität durch einen Befund von Smith & Stansfeld (1986), daß Bewohner in Gegenden mit Fluglärm häufiger als solche in ruhigeren Zonen von Schwierigkeiten beim sinnentnehmenden Lesen berichten.

Untersuchungen vom Clustern von Informationen bei freier Wiedergabe zeigten ebenso, daß unter Lärm weniger Gebrauch von semantischen Bezügen zur Unterstützung der Wiedergabe gemacht wird als in der Ruhebedingung (Daee & Wilding, 1977; Smith & Broadbent, 1981).

2.10 Die Wiedergabe von Ordnungsinformation

Hamilton, Hockey & Quinn (1972) untersuchten die Wirkung von Lärm auf die Wiedergabe von paarweisen Assoziationen, und sie legten dar, daß

85 dB (C) Lärm einen positiven Einfluß auf die Wiedergabe einer einzelnen Liste ohne intervenierende Tätigkeit bewirkte. Jedoch hing dieser Befund davon ab, daß das Material in der gleichen Reihenfolge wie bei der ursprünglichen Repräsentation abgefragt wurde, beim Abfragen in veränderter Reihenfolge war die Wirkung des Lärms nicht mehr feststellbar. Daee & Wilding (1977) fanden, daß bei Lärm eher Ordnungsinformationen als semantische Bezüge zur Unterstützung der Wiedergabe benutzt wurden. Dieses Ergebnis steht im Einklang mit Dornics (1975) Ansicht, daß Lärm zu einer verstärkten Nutzung einfacherer Speichermechanismen führt, die sich auf Ordnungsinformation stützen. Wilding & Mohindra (1983) haben eine komplexere Betrachtungsweise zum Einfluß des Lärms auf die Wiedergabe von Ordnungsinformation entwickelt. Im einzelnen führen sie an, daß

a) – mäßiger Lärm nur dann Einfluß auf das Gedächtnis hat, wenn Mitsprechen notwendig ist. Dies basiert auf folgenden Befunden.
Erstens beeinflußte Lärm nur dann die Wiedergabe, wenn die Probanden freie Wiedergabe, nicht aber, wenn sie Wiedererkennen erwarteten.
Zweitens zeigte Mohindra (1983), daß Lärm nur unter den Bedingungen, die Mitsprechen zuließen, die Wiedergabe verbesserte (z. B. wenn die Darbietungsrate langsam war oder wenn eine Zeitspanne bis zur Wiedergabe verging).
Drittens konnten Wilding & Mohindra (unveröffentlicht) Lärmwirkungen nicht nachweisen, wenn die Information nicht in Form von Wörtern, sondern mittels visueller Muster geboten wurde (hier tritt leises Mitsprechen nicht auf).

b) – Lärm das Mitsprechen verlangsamt.
Mohindra & Wilding (1983) fanden heraus, daß Lärm die Leistung verlangsamt, wenn eine Information aus dem Gedächtnis wiedergegeben werden muß, nicht aber, wenn lediglich Items vom Bildschirm abgelesen werden.

c) – die Wirkung von Lärm auf das Mitsprechen von Aufgabenparametern abhängt.
Mohindra & Wilding (1983) argumentieren, daß Lärm, wenn er die Wiedergabe verlangsamt, die Anzahl der subvokal artikulierten Items reduziert. Damit verringert sich auch die Anzahl der Items, die wiedergegeben werden können. Wenn jedoch die Hauptursache von Wiedergabedefiziten darin begründet ist, daß sich die Items einer Liste gegenseitig stören, dann müßte eine Reduktion der Anzahl der mitzusprechenden Items die Wiedergabe verbessern. Diese Annahme ist für eine Reihe von Aufgaben, beispielsweise für die „Running memory task“ nachgewiesen worden (siehe Hamilton, Hockey & Rejman, 1977).

2.11 Stadien der Informationsverarbeitung

Schwartz (1975) zeigte, daß Lärm die Wiedergabe phonetisch verwandter Wörter verbesserte, die Widergabe von semantisch verwandtem Material jedoch nicht beeinflußte. Weinstein (1974) wies nach, daß Probanden, die einen visuell dargebotenen Text nach Fehlern absuchten, orthographische Fehler unter Lärm ebensogut entdecken konnten wie in der Ruhebedingung, während grammatikalische Fehler unter Lärm häufiger übersehen wurden.

Dieser Bezug auf das Niveau der Informationsverarbeitung bei der Beschreibung von Lärmwirkungen ist deckungsgleich mit den zuvor beschriebenen Ergebnissen, die gezeigt haben, daß Lärm bei Nutzung semantischer Beziehungen die Wiedergabe verschlechterte und zu einer verstärkten Nutzung anderer Bezüge führte. Diese Betrachtungsweise kann jedoch aufgrund von vier Argumenten kritisiert werden: Erstens konnte ein direkter Vergleich, der die Manipulation des Enkodierungsprozesses miteinschloß, keine Interaktion zwischen Lärm und den verschiedenen Enkodierungsbedingungen aufdecken (Smith & Broadbent, 1981). Zweitens kann eine Reihe von Untersuchungen angeführt werden, die keinen Beleg für Effekte kontinuierlichen Lärms auf semantische Prozesse lieferten (Eysenck & Eysenck, 1979; Smith, 1985b; Wilding & Mohindra, 1983). Drittens gibt es Untersuchungen, die zeigen, daß die Wiedergabe von Ordnungsinformation unter Lärm nicht immer besser ausfällt (z. B. Smith, 1983a; Wilding & Mohindra, 1983). Schließlich muß Lärm keinen Effekt auf die Organisation der Wiedergabe haben und kann sogar zu höher organisierter Wiedergabe führen (Smith & Broadbent, 1981). Insgesamt belegen diese Ergebnisse, daß Aufgaben mit verbaler Speicherung oft anfällig für mäßigen Lärm sind, dies kann aber nicht durch einen passiven Wechsel auf bestimmte Niveaus der Informationsverarbeitung erklärt werden.

2.12 Selektivität in Gedächtnis und Aufmerksamkeit

Broadbent (1971) vertritt die Ansicht, daß Lärm die Wahrscheinlichkeit der Nutzung dominanter oder herausragender Information auf Kosten nicht dominanter Information erhöht. Diese Annahme wurde durch Ergebnisse mit Lärm über 95 dB gestützt, z. B. zeigte Hockey (1970), daß Lärm von 100 dB eine verbesserte Leistung bei einer Spurverfolgungsaufgabe zur Folge hatte, jedoch zu weniger effizienten Reaktionen auf Lichtsignale geringer Auftretenswahrscheinlichkeit führte. Broadbents Ansicht wird weiterhin gestützt durch Untersuchungen über die Wirkung von Lärm auf die Stroop-Aufgabe, die zeigen konnten, daß Lärm die Interferenz, die durch irrelevante Farbnamen hervorgerufen wird, reduziert (siehe Houston & Jones, 1967).

Kürzlich durchgeführte Untersuchungen lassen den Schluß zu, daß Broadbents Annahme auch bei Lärm von mäßiger Intensität zutrifft. Hockey & Hamilton (1970) fanden, daß Lärm von 80 dB die Wiedergabe von aufgabenirrelevanter, ‚zufälliger Information' verschlechterte. In diesem Experiment wurden Versuchspersonen instruiert, acht Wörter in bestimmter Reihenfolge wiederzugeben. Jeweils zwei Wörter waren in jeder Ecke eines Bildschirms plaziert. Nach der Wiedergabe der Wörter in der Reihenfolge wurden die Versuchspersonen aufgefordert, anzugeben, wo die Wörter auf dem Bildschirm plaziert waren. Lärm verbesserte die Wiedergabe der Wörter in der richtigen Reihenfolge, verschlechterte aber die Benennung der zugehörigen Positionen auf dem Bildschirm. Smith (1982) replizierte diese Befunde unter Nutzung einer Prioritätsinstruktion.

Ein weiteres Beispiel, daß Lärm die Selektivität des Gedächtnisses beeinflußt, wurde von Eysenck (1975) erbracht. Bei dieser Aufgabe war kein spezielles Material für das Experiment zu erlernen, sondern der Abruf semantischer Information aus dem Gedächtnis erfolgte, indem die Versuchsperson aufgefordert wurde, so schnell wie möglich Wörter aus einer bestimmten Kategorie zu nennen, die mit einem bestimmten Anfangsbuchstaben beginnen. Diese Aufgabe ist sehr leicht, wenn es innerhalb der Kategorie bekannte Begriffe mit dem richtigen Anfangsbuchstaben gibt. Die Schwierigkeit wird daher manipuliert, indem Kategorie/Anfangsbuchstabe-Kombinationen gewählt werden, die nur wenige und zudem wenig benutzte Wörter als Lösung zulassen. Eysenck stellte fest, daß Lärm von 80 dB die Benennung dieser nicht dominanten Lösung verlangsamte, aber keine nachteilige Wirkungen auf leichte Lösungen zeigte. Dieser Befund wurde durch Smith & Broadbent (1982) repliziert.

Lärm bedingt schnellere Reaktionen auf die Signale, die eine hohe Auftretenswahrscheinlichkeit besitzen, während Signale mit geringerer Auftretenswahrscheinlichkeit langsamer beantwortet werden. Smith (1985a) erhob diesen Befund mit der Mehrfachwahlreaktionsaufgabe, bei der er nach einer Einübungszeit die Auftretenswahrscheinlichkeit eines Lichtsignals erhöhte.

Andere Befunde dagegen weisen eher darauf hin, daß Broadbents Annahme den Sachverhalt dessen, was unter Lärm geschieht, zu sehr vereinfacht. Smith (1982) schlägt daher vor, daß Lärm zu einer Allokation von Anstrengung zu den Aufgaben führt, bei denen sich eine verstärkte Anstrengung am besten auszahlt. Dies kann sich in einer Zuwendung zu den Informationsquellen mit hoher Auftretenswahrscheinlichkeit auswirken, aber sich ebenso auch in anderen Verhaltensweisen manifestieren, wie der Auswahl einer Aufgabe aufgrund der Schwierigkeit, früherer Erfahrung oder aufgrund besonders hervortretender Signale.

Smith & Broadbent (1982) konnten Eysencks (1975) Ergebnisse in einer Studie replizieren, in einer anderen Studie wurde jedoch der gegenteilige Effekt beobachtet. Dominante Signale wurden weniger gut bearbeitet, während die Reaktion auf nicht dominante Signale sich nicht verschlechterte. In der Studie, mit der Eysencks Ergebnisse repliziert wurden, hatte die Versuchsperson Vorerfahrung mit einer Aufgabe, Wörter bestimmter Kategorien zu nennen, während dies für die Versuchspersonen der zweiten Untersuchung nicht der Fall war. Obwohl die Versuchspersonen objektiv betrachtet die gleichen Aufgaben lösen mußten, taten sie dies mit unterschiedlichen Voranmahmen und Strategien. Weiterhin fanden Smith & Broadbent (1982) verschiedene Wirkungen von Lärm, die davon abhingen, ob die dominanten oder nicht dominanten Signale in Blocks oder vermischt dargeboten wurden.

Smith & Broadbent (1985) haben gezeigt, daß mäßiger Lärm keinen Einfluß auf die Stroop-Interferenz-Bedingung hat. 30-minütige Exposition an 85 dB(C) Lärm beeinflußte jedoch die Kontrollbedingung der Stroop-Aufgabe, denn mit dem Lärm ging eine Verbesserung in der Benennung von Farben und eine Verlangsamung im Lesen von Farbnamen einher. Weitere Bestätigung für die Ansicht, daß Lärm nicht immer die Selektivität erhöht, wenn konkurrierende Signale eintreffen, kommt von einer Studie von Smith & Broadbent (1980), die zeigte, daß Lärm keine Wirkung auf die Geschwindigkeit hatte, mit der einfache Figuren in komplexen Mustern entdeckt wurden.

2.13 Die Unzulänglichkeit mechanistischer Erklärungen der Wirkung von mäßigem Lärm

Die dargestellten Untersuchungen belegen, daß mäßiger Lärm die Leistung beeinflußt, gleichzeitig wird aber auch die Unzulänglichkeit der Theorien offenkundig, die die durch Lärm bedingten Leistungsveränderungen auf eine invariante und mechanistische Art beschreiben wollen. Wechsel in der Aufgabenschwierigkeit, Vorerfahrung der Versuchspersonen sowie Veränderungen anderer Aufgabenparameter können Lärmwirkungen aufheben oder sogar umkehren. Bei vielen Aufgaben, die sensitiv gegenüber diesem Lärmniveau sind, wird verbales Material benutzt, und dies machte die Annahme, daß Lärm auf das innere Sprechen einwirkt, zunächst attraktiv. Jedoch ermöglichen sprachgebundene Aufgaben oft, die Lösung auf verschiedenen Wegen anzugehen, und Lärm kann hierbei die relative Effizienz der unterschiedlichen Lösungswege beeinflussen.

2.14 Versteckte-Mängel-Theorien zur Lärmwirkung

Hamilton, Hockey & Rejman (1977) sind der Ansicht, daß unter Lärm Informationen schneller verarbeitet werden, gleichzeitig aber das Kurzzeitgedächtnis weniger benutzt werden kann. Diese Annahme wurde durch zwei Befunde gestützt. Erstens zeigte eine Untersuchung über die Buchstabentransformationsgeschwindigkeit, daß die Leistung unter Lärm besser wurde, wenn das Kurzzeitgedächtnis nicht beansprucht wurde, während sich die Leistung bei Anforderung an das Kurzzeitgedächtnis verschlechterte. Zweitens verbesserte sich bei der ‚Running-Memory-Task' die Wiedergabe der Items, die erst vor kurzem dargeboten worden waren, während die Wiedergabe der Items, deren Darbietung schon länger zurücklag, sich gegenüber der Ruhebedingung verschlechterte.

Wenn Lärm Einfluß auf die relative Effizienz verschiedener Stadien oder Prozesse der Informationsverarbeitung hat, dann sind unterschiedliche Ergebnisse in Abhängigkeit davon zu erwarten, ob diese Stadien in großem oder geringem Umfang genutzt werden. Dieser Typ von Theorien, die variable Wirkungen von Lärm vorhersagen, wird als ‚versteckte-Mängel-Theorien' bezeichnet. Der lärmbedingte Mangel bei der Running-Memory-Task manifestiert sich in der reduzierten Speicherkapazität. Daraus folgt, daß die Wirkung von Lärm auf die Running-Memory-Task davon abhängt, ob die Speicherbeanspruchung hoch oder niedrig ausfällt, und Smith (1983b) hat nachweisen können, daß der Befund von Hamilton et al. (1977) nur bei hoher Speicherbeanspruchung zu replizieren war.

2.15 Strategien in der Informationsverarbeitung unter Lärm

Geeignete Strategien können die Wirkung von Lärm beseitigen

Pollock & Bartlett (1932) ließen Versuchspersonen aus einer vorgegebenen Anzahl von Buchstaben so viele Wörter wie möglich bilden. Zunächst zeigte sich dabei, daß Lärm zu schlechteren Leistungen führte, später jedoch waren die Leistungen unter Lärm und Ruhe gleich. Die Versuchspersonen berichteten, daß sie im Laufe der Zeit Regeln entdeckten und Techniken entwickelten, die diese Aufgaben lösen halfen, und mit der Entwicklung dieser Strategien verringerten sich die lärminduzierten Leistungseinbußen. Dies zeigt, daß eine geeignete Strategie als Puffer gegenüber Lärmwirkungen dient.

Lärm beeinflußt die Auswahl von Strategien

Smith (1983c) konnte zeigen, daß unter Lärm bestimmte Lösungswege präferiert werden, wenn Wahlmöglichkeiten bestehen. Dieser Ansatz wird als ‚Strategiewahl-Modell' bezeichnet. Durch Lärm induzierte Änderungen der Strategiewahl äußern sich in folgendem Verhalten:

- Unter Lärm werden Erinnerungsstrategien eher beibehalten, während unter Ruhebedingung Strategien weiter entwickelt und optimiert werden (Daee & Wilding, 1977).
- Probanden unter Lärm wählen andere Wiedergabestrategien als Probanden unter Ruhebedingung (Smith, Jones & Broadbent, 1981).
- Versuchspersonen erinnern sich unter Ruhebedingung eher an globale Merkmale, während Versuchspersonen in Lärm eine Präferenz für detaillierte Kennzeichen aufweisen (Smith, 1985b).

Die Auswahl von Lösungswegen hängt von Aufgabenparametern ab. Da Lärmwirkungen an bestimmte Lösungswege gekoppelt sind, wird es plausibel, warum Lärmwirkungen variieren, wenn Aufgabenparameter manipuliert werden. Dieser Sachverhalt kann durch die Befunde von Smith, Jones & Broadbent (1981) veranschaulicht werden. Die Autoren ließen in verschiedenen Experimenten eine Liste von Wörtern frei wiedergeben. Die Wiedergabestrategie der Probanden bestand darin, die Wörter nicht in beliebiger Reihenfolge, sondern geordnet nach Kategorien, die die Probanden entdeckten, zu erinnern. Einzelne Wörter, die sich nicht einordnen ließen, wurden anschließend wiedergegeben. Unter Lärm verringerte sich die Zahl der Wörter, die in solche Cluster zusammengefaßt wurden. Lärm zeigte aber keinen Einfluß auf die Clusterbildung, wenn sich die Wörter nur schwer gemeinsamen Kategorien zuordnen ließen (unter dieser Bedingung war die Zahl der Wörter in Clustern zu Beginn der Wiedergabe stark reduziert), oder wenn die Wörter, die zu einer Kategorie gehörten, vollständig in der Liste aufgeführt waren (z. B. Zeiteinheiten).

Lärm verstärkt die Nutzung der dominanten Strategie

Bei manchen Aufgaben ist es naheliegend, eine bestimmte Strategie anderen möglichen zur Lösung vorzuziehen. Dies mag aufgrund der Instruktion, vorangegangener Erfahrung oder anderer Merkmale der Aufgabe der Grund sein. Untersuchungen von Smith (1982) und Wilding, Mohindra & Breen-Lewis (1982) haben gezeigt, daß Lärm die Nutzung dominanter Strategien verstärken kann.

Aufgaben mit verbalem Material erweisen sich als besonders sensitiv gegenüber Lärmwirkungen, und dies ist möglicherweise der Fall, weil diese Aufgaben eine Reihe unterschiedlicher Strategien prinzipiell zulassen, und Wechsel in der Dominanz oder Präferenz können daher leichter auftreten als bei Aufgaben mit visueller Informationsdarbietung.

Ressourcenzuweisung unter Lärm

Smith (in Vorbereitung) hat mittels der Doppelaufgabentechnik die Ressourcenzuweisung unter Lärm untersucht. Dabei wurde die Schwierigkeit und die Auftretenswahrscheinlichkeit der kritischen Signale jeder Aufgabe manipuliert. In einer weiteren Bedingungsvariation wurden die Einzelaufgaben mit unterschiedlichen Prioritäten versehen. Die Ergebnisse zeigen folgendes:

1. Die Wirkungen von Lärm hingen von Aufgabencharakteristika ab. Wurde beispielsweise eine kognitive Vigilanzaufgabe (Entdecken bestimmter Zahlenmuster) und eine einfache Wahrnehmungsaufgabe (Abschätzen des zahlenmäßigen Verhältnisses von Buchstaben und Ziffern auf einem Blatt Papier) kombiniert, dann bewirkte Lärm bei der Vigilanzaufgabe einen Leistungsrückgang, während sich das Abschätzen als wenig beeinflußt erwies.

2. Eine Manipulation der Aufgabencharakteristika hatte nur dann Einfluß auf die durch Lärm hervorgerufenen Effekte, wenn beide Aufgaben um gemeinsame Ressourcen konkurrierten. So erwies sich die Wirkung von Lärm auf die kognitive Vigilanzaufgabe und auf die Abschätzaufgabe als unbeeinflußt durch Veränderungen der Aufgabenschwierigkeit und der Priorität. Die Ursache für diesen Befund mag darin liegen, daß die Abschätzaufgabe passiv und automatisch durchgeführt wird und nicht beeinflußt ist durch die aktive Zuweisung von Verarbeitungsressourcen. Wurde jedoch die kognitive Vigilanzaufgabe mit einer Aufgabe kombiniert, die ebenfalls von der aktiven Zuweisung von Verarbeitungsressourcen profitierte, dann konnten die Lärmwirkungen durch Wechsel der Aufgabencharakteristika modifiziert werden. Lärm führte beispielsweise zu einem Leistungsrückgang bei der kognitiven Vigilanzaufgabe, wenn keine Prioritätsinstruktionen gegeben wurden. Diese Lärmwirkung war aber nicht beobachtbar, wenn die Vigilanzaufgabe hohe Priorität erhielt.

3. Die Wirkungen von Lärm hingen davon ab, ob die Aufgabencharakteristika konstant waren oder schnell wechselten. Dies wird detailliert diskutiert in dem Abschnitt über Lärm und Flexibilität im Strategiewechsel.

Lärm verändert die Effizienz von Kontrollprozessen

Rabbitt (1979) hat vorgeschlagen, die Wirkung von Lärm bei der Mehrfachwahlreaktionsaufgabe (Anwachsen von Fehlern und Auftreten von kurzen

Phasen der Inaktivität) so zu erklären, daß der Lärm eine ineffiziente Kontrolle bei der Geschwindigkeit/Fehleraustausch-Funktion bewirkt. Leistungseinbußen sollen durch die Wirkung von Lärm auf diesen Austausch bedingt sein und verschwinden, wenn durch Übung die am besten geeignete Form von Aufgabenbewältigung gefunden wurde. Jedoch können die Wirkungen länger beobachtbar sein und von einer experimentellen Bedingung auf andere übertragen werden (Transfer-Effekte). Dies wird durch die Ergebnisse eines Experiments von Smith (1985e) zur Wirkung von Lärm auf die Wiedergabe von Wortlisten mit strenger oder schwacher assoziativer Verknüpfung veranschaulicht. Der Untersuchung lag die Annahme zugrunde, daß Lärm die assoziative Wiedergabe verbessert, wenn dies die naheliegende Strategie ist (wenn der Wortliste strenge Assoziationen zugrunde liegen), aber nicht, wenn die assoziative Wiedergabe weniger naheliegend ist (die Liste war aus schwach miteinander verknüpften Wörtern gebildet). Den Versuchspersonen wurden Wortlisten dargeboten, bei denen zuerst die Wörter streng und dann in einem zweiten Durchgang schwach assoziativ miteinander verknüpft waren. Wie vorhergesagt bewirkte der Lärm ein Anwachsen in der assoziativ verknüpften Wiedergabe von Wörtern der ersten Liste, jedoch war die assoziativ verknüpfte Wiedergabe der Wörter der zweiten Liste auch unter Lärm verbessert. Dies reflektiert den Transfer von Strategien über Versuchsbedingungen.

Smith (1985a) zeigte, daß Lärm die Reaktionszeit auf Lichtsignale mit hoher Auftretenswahrscheinlichkeit reduzierte. Auch wenn dann die Auftretenswahrscheinlichkeit für alle Lichtsignale wieder egalisiert wurde, zeigte sich weiterhin der Effekt, daß auf das Lichtsignal, das zuvor häufiger und jetzt genauso häufig wie alle anderen auftrat, schneller reagiert wurde als auf die anderen Lichtsignale.

Asymmetrischer Transfer

Die Wirkung von Lärm kann ebenso auf die Ruhebedingung übertragen werden. In der Literatur sind asymmetrische Transfereffekte (siehe Poulton, 1982) wie auch die Nachwirkungen von Lärm (siehe Cohen, 1980) gut dokumentiert.

Inflexibilität unter Lärm

Poulton (1982) bezeichnet die Übernahme einer Verarbeitungsstrategie von einer Versuchsbedingung zur nächsten als asymmetrischen Transfer. Die Annahme, daß Lärm eine solche Inflexibilität bewirkt, wird durch kürzlich erhobene Befunde gestützt. Dornic & Fernaeus (1981) berichteten, daß Lärm zu einer Reduktion des Wechsels zwischen unterschiedlichen kognitiven Strategien geführt hat. Smith (in Vorbereitung) ließ Probanden eine Doppelaufgabe ausführen, die die Abschätzaufgabe und eine Gedächtnisaufgabe enthielt. Die Schwierigkeit, die Auftretenswahrscheinlichkeit der Stimuli und die Priorität der Einzelaufgaben wurden häufig verändert, und in diesem Experiment fiel die Leistung bei der Gedächtnisaufgabe durchgängig schlechter aus. Dies ist wahrscheinlich der Fall, weil die Probanden nicht in der Lage waren, unter Lärm eine befriedigende Strategie, mit der sie den Anforderungen gerecht werden konnten, zu entwickeln (siehe Pollock & Bartlett, 1932).

2.16 Motivationale Veränderungen unter Lärm

Dieser Beitrag beschäftigte sich bislang damit, eine detaillierte Beschreibung der Lärmwirkungen zu geben. Die Beschreibung wäre aber nicht vollständig, ohne eine Diskussion motivationaler Veränderungen unter Lärm, die ebenso als mögliche Erklärungen für die bisher beschriebenen Wirkungen von Lärm herangezogen werden müssen.

Es ist gezeigt worden, daß Lärm die Frustrationstoleranz reduziert (Glass & Singer, 1972), das Anspruchsniveau verringert (Krenauer & Schönpflug, 1980), Anstrengung reguliert (Schulz & Schönpflug, 1982) sowie die Wahrnehmung der Kompetenz beeinflußt. Schönpflug (1983) hat einen exzellenten Beitrag über die Beziehung zwischen Kognition, Motivation, Aufgabenanforderungen und Leistung unter Lärm verfaßt.

2.17 Eine Zusammenfassung der Wirkung von Lärm auf psychische Leistung

Hohe Schalldruckpegel führen bei längeren Expositionszeiten zu Taubheit und sind daher unzulässig. Mittlere Schalldruckpegel stellen immer noch ein, wenn auch geringes, Risiko für das Gehör dar und beeinträchtigen psychische Leistungen. Die Befunde zur Leistungsbeeinträchtigung durch Lärm können dabei folgendermaßen zusammengefaßt werden:

Wirkungen von Lärm auf die Aufnahme akustischer Informationen

Aufgrund der maskierenden Wirkung von Lärm kann die Leistung bei jeder Aufgabenstellung, die die Aufnahme akustischer Informationen erfordert, beeinträchtigt werden.

Nicht durch Lärm beeinträchtigte Funktionen

Wenn der Proband zu klar definierten Zielen reagieren muß, deutliche Vorwarnsignale erhält und der Stimulus deutlich erkennbar ist, dann wird kontinuierlicher Lärm die Leistung nur wenig beeinträchtigen. Sensorische Funktionen wie die visuelle Genauigkeit werden ebenso wenig durch Lärm beeinträchtigt. Lärm zeigt keinen Einfluß auf die Motorik, solange der Gleichgewichtssinn nicht gefordert wird.

Lärmcharakteristika sind wichtig

Bedeutungshaltiger Lärm, hier besonders Gesprächslärm, und unterbrochener Lärm führen zu Leistungseinbußen, die bei kontinuierlichem Lärm nicht beobachtet werden.

Die Dauer der Lärmexposition ist entscheidend

Lärmwirkungen hängen von der Expositionszeit ab. Während bei physiologischen Reaktionen auf Lärm Habituation eintritt, ist mittels Feldstudien nachgewiesen worden, daß kognitive und motivationale Lärmwirkungen keine Gewöhnung an Lärm zeigen. Hier führt eine Zunahme der Expositionsdauer eher zu größeren negativen Wirkungen.

Individuelle Unterschiede in der Sensitivität gegenüber Lärm

Subjektive Reaktionen zeigen, daß individuelle Unterschiede in der Sensitivität gegenüber Lärm bestehen. Jedoch ist noch weitere Forschungsarbeit notwendig, um den Einfluß individueller Unterschiede auf lärmbedingte Leistungseinbußen aufzuzeigen.

Lärm verändert die Motivation

Verschiedene Lärmwirkungen zeigen Veränderungen in der Motivation des Probanden an.

Wirkungen von Lärm hängen von Aufgabencharakteristika ab

Obwohl Lärmwirkungen oft sehr unterschiedlich ausfallen, können einige deutlich abgrenzbare Reaktionsmuster aufgezeigt werden. Erstens führt Lärm zum Einsatz bestimmter Strategien bei der Aufgabenbearbeitung. Zweitens verstärkt Lärm die Nutzung der dominanten Strategie. Drittens reduziert Lärm die Effizienz von Kontrollprozessen, die den Handlungsvollzug optimieren. Dies äußert sich in einseitiger Aufteilung von Verarbeitungsressourcen und in einer verminderten Flexibilität, sich veränderten Situationen anzupassen.

Theorien zur Wirkung von Lärm

Zahlreiche Erklärungsansätze zur Wirkung von Lärm stehen in Konkurrenz. Ein weitverbreiteter Ansatz basiert auf der Annahme, daß Lärm das Arousalniveau beeinflußt. Erklärungsversuche auf der Basis eines eindimensionalen Arousalkonzeptes haben sich als ungeeignet erwiesen. Andere Erklärungsversuche fielen spezifischer aus. So ist zum Beispiel vermutet worden, daß Lärm das innere Sprechen maskiert, daß Lärm zur Wahl einfacherer Verarbeitungsstrategien führt oder daß Lärm eine verstärkte Nutzung dominanter oder herausragender Informationen bedingt. Auch diese Theorieansätze, die Lärmwirkungen in eher mechanischer Weise beschreiben, erwiesen sich als inadäquat, weil sie die Vielfalt unterschiedlicher Lärmwirkungen nicht erklären konnten.

Durch Lärm bedingte Leistungsveränderungen werden auch damit erklärt, daß Lärm die relative Effizienz unterschiedlicher Stadien in der Informationsverarbeitung selektiv stört. So soll Lärm beispielsweise die Enkodierungsgeschwindigkeit erhöhen, aber die Kapazität des Kurzzeitgedächtnisses reduzieren. Psychische Leistung hängt aber nicht nur davon ab, in welchem Umfang lärmkritische Stadien in der Informationsverarbeitung ausgelastet sind, sondern auch, auf welche Weise eine Aufgabe bearbeitet wird.

2.18 Die Ausweitung des Forschungsansatzes auf den Vergleich der Wirkungen unterschiedlicher Umgebungsfaktoren

Hockey & Hamilton (1983) haben zwei Strategien zur Erforschung der Wirkung von externen Belastungsgrößen beschrieben. Die erste Strategie, die von den Autoren „narrowband approach“ genannt wurde, hat zum Ziel, die Wirkung unterschiedlicher Umgebungsfaktoren auf eine einzige Aufgabe zu ermitteln. Dies ist beispielsweise in den Cambridge-Studien geschehen, die die Wirkung unterschiedlicher Belastungsgrößen auf die gleiche Mehrfachwahlreaktionsaufgabe beschreiben und dabei nachweisen konnten, daß Hitze und Lärm nicht gleiche Wirkungen hervorrufen. Ähnliches gilt auch für die Doppelaufgabe, die aus der Spurverfolgung und der Reaktion auf periphere Lichtsignale besteht. Einzelbelastung durch Lärm oder durch Hitze führte zu verbesserten Spurverfolgungsleistungen und reduzierten Leistungen bei der Reaktion auf die Lichtsignale (Bell, 1978). Ähnlichkeiten in den Befundmustern müssen damit nicht anzeigen, daß unterschiedliche Belastungsgrößen gleichartige Wirkungen bedingen, sondern sie können Charakteristika der verwendeten Aufgabe widerspiegeln.

Dem „narrowband approach" stellen Hockey & Hamilton (1983) den „broadband approach" gegenüber. Der Breitbandansatz verlangt das Erstellen detaillierter Profile der Wirkungen jeder der Belastungsgrößen für unterschiedliche Aufgabentypen, und der vorausgegangene Beitrag zur Wirkung von Lärm auf psychische Leistung ist ein Beispiel für diesen Ansatz. Es ist schwierig, die von anderen Belastungsgrößen bedingten Leistungsprofile mit dem durch Lärm verursachten zu vergleichen, weil diese noch nicht in gleicher detaillierter Weise erstellt worden sind.

Um die Wirkung unterschiedlicher Belastungsgrößen zu vergleichen, betrachten Hockey & Hamilton (1983) eher generelle Indikatoren als spezifische Aufgabencharakteristika. Sie fassen die Befunde so zusammen, daß Lärm die Wachsamkeit und Selektivität erhöht, wenig Einfluß auf Geschwindigkeitskomponenten hat, aber die Genauigkeit sowie das Kurzzeit-Gedächtnis negativ beeinflußt. Hitze soll die gleichen Wirkungen hervorrufen, nur die Leistung des Kurzzeit-Gedächtnisses soll nicht beeinträchtigt sein. Unglücklicherweise sind diese Verallgemeinerungen ungenau. Einige Untersuchungen haben gezeigt, daß langandauernde Lärmexposition zur Reduktion der Wachsamkeit führen kann (Hartley, 1973), und Untersuchungen unter Verwendung des Stroop-Tests zeigten, daß die Wirkungen von Lärm auf die Selektivität nicht einheitlich ausfallen (Smith & Broadbent, 1985). Weiterhin ist schon darauf verwiesen worden, daß die Wirkungen von Lärm auf das Kurzzeitgedächtnis von solchen Größen wie Umfang der Gedächtnisbelastung (Smith, 1983 b), Art des zu erinnernden Materials (Wilding & Mohindra, 1980) und Art des Lärms (Salame & Baddeley, 1982) abhingen. Smith (1985 a) wies nach, daß Lärm mittlerer Intensität nicht die Genauigkeit bei der Mehrfachwahlreaktion reduzierte, und Broadbent (1979) verwies darauf, daß nur Lärm über 95 dB solche Wirkungen hervorrufen kann.

Es ist sicherlich ein sinnvoller Weg, die Wirkungen unterschiedlicher Umgebungsgrößen zu vergleichen, indem für jeden Einflußfaktor Leistungsprofile erstellt werden. Diese Profile müssen dann jedoch für jede Einflußgröße so eingehend ausfallen, wie es für die Wirkungen von Lärm auf psychische Leistung dargestellt ist, und dies sollte begleitet sein durch eine genaue Erfassung physiologischer und subjektiver Reaktionen.

3 Hitze und psychische Leistung

Physiologische Wirkungen von Hitzebelastung ergeben sich aus der kombinierten Wirkung unterschiedlicher Klimagrößen auf die autonome Thermoregulation. Hitzebelastung kann daher bewertet werden über die Integration der Klimagrößen, die auf die autonome Thermoregulation Einfluß nehmen, oder sie wird an den physiologischen Kompensationsreaktionen abgelesen, mit der die autonome Thermoregulation der Hitzebelastung begegnet. Die Definition von Hitzebelastung in Experimenten zu Hitzewirkungen auf psychische Leistungen stützt sich auf dieses physiologische Modell. Dieser Sachverhalt macht es notwendig, die Diskussion von Hitzewirkungen auf psychische Leistungen mit einer Beschreibung der autonomen Thermoregulation zu beginnen und die Klimagrößen aufzuführen, die auf die Thermoregulation einwirken. Daran anschließend werden Verfahren vorgestellt, die die Integration unterschiedlicher Klimagrößen in Klimasummenmaße, z. B. Effektivtemperaturskalen, ermöglichen.

Die unterschiedliche Definition von Hitzebelastung über Klimasummenmaße sowie über physiologische Kompensationsreaktionen erlaubt eine erste Einteilung von Experimenten zur Wirkung von Hitze auf psychische Leistungen. Die Experimente lassen sich weiterhin danach differenzieren, über welche Größen Hitzebelastung auf psychische Leistungen wirken soll und welchen Komponenten psychischer Leistungen eine sensitive Reaktion auf Hitzebelastung zugesprochen wird. Diese Kriterien ermöglichen es, die Experimente vier unterschiedlichen und deutlich voneinander abgrenzbaren Untersuchungsparadigmen zuzuordnen.

Das Paradigma, das zu den weitaus meisten Untersuchungen führte, ist von Mackworth (1946) sowie von Viteles und Smith (1946) eingeführt worden. Mittels dieser Experimente sollte aufgezeigt werden, welche Effektivtemperaturen, die als einzige Indikatoren für Hitzebelastung dienten, Leistungseinbußen zur Folge haben. Für diesen pragmatischen Typ von Fragestellungen waren Erfahrungen verantwortlich, die aus dem Einsatz von Soldaten während des II. Weltkrieges in tropischen Regionen resultierten. Diese Vorgeschichte führte dann gleichzeitig auch dazu, daß die erhobenen abhängigen Größen Leistungen repräsentierten, die für militärische Aufgabenstellungen von Bedeutung waren. Später ist das Paradigma auf eine Vielzahl weiterer Aufgaben ausgedehnt worden, und allmählich wurde der Soldat von dem Studenten in der Rolle des Probanden abgelöst.

Dem zweiten Paradigma, das sich unabhängig von dem ersten entwickelt hatte, lag die Vorstellung zugrunde, daß die Wärmebelastung im Körper, die sich in der Körperkerntemperatur manifestiert und durch Hitzebelastung, aber auch durch andere Ursachen wie Erkrankungen bedingt sein kann, Ablaufgeschwindigkeiten nervöser Prozesse determiniert. Erhöhte Kerntemperatur soll damit zu höheren Geschwindigkeiten bei nervöser Informationsübertragung führen sowie die Ablaufgeschwindigkeiten einer internen Uhr auf chemischer Basis erhöhen. Abhängige Maße waren daher einfache Reaktionszeiten, diverse Verfahren der Zeitschätzung und rhythmische Aktivitäten.

Innerhalb des dritten Paradigmas wurde versucht aufzuzeigen, inwieweit die Umgebungstemperatur über die Wärmebelastung im Körper psychische Leistungen beeinflußt. Zu diesem Zweck wurden Situationen hergestellt, in denen Kern- und Hauttemperatur, die im Normalfall von der Umgebungstemperatur abhängen, von dieser vollständig abgekoppelt waren. Die unter dieser Bedingungsvariation erhobenen Befunde hatten zwei Konsequenzen. Einmal konnten Befunde, die innerhalb des ersten Paradigmas erhoben worden waren, neu interpretiert werden. Zum zweiten wurde ein Modell entworfen, das die Wirkung von Hitzebelastung auf psychische Leistungen erklären soll (Wilkinson, Fox, Goldsmith, Hampton & Lewis, 1964). Nach diesem Modell soll sich die Wärmebelastung im Körper auf das Arousal-Niveau auswirken und über diesen Weg psychische Leistungen beeinflussen.

Neben dem Arousal-Konzept sind auch andere Größen herangezogen worden, um Hitzewirkungen zu erklären. Diese vermittelnden Größen haben gemeinsam, daß sie nicht nur durch Hitzebelastung, sondern auch durch andere externe Größen wie Lärm oder Schlafentzug beeinflußt werden sollen. Die Validierung der Annahme, daß zwei externe Größen über die gleichen Mechanismen, z. B. das Arousal-Niveau wirken, kann erfolgen, indem innerhalb eines Experiments jeweils zwei verschiedene Einflußgrößen als unabhängige Variable so manipuliert werden, daß vier Merkmalskombinationen entstehen. Die unter den vier Bedingungen erzielten Leistungen werden dann daraufhin überprüft, ob sie je nach Wirkrichtung der Einflußgrößen auf das Arousal-Niveau durch die Addition oder Kompensation von Arousaleffekten erklärt werden können (vgl. Poulton, 1970). Hitzebelastung ist als unabhängige Variable in dieses Paradigma, das in der vorliegenden Darstellung als viertes Paradigma beschrieben wird, aufgenommen worden.

Mit dem Paradigma kombinierter Belastung steht ein Untersuchungsansatz zur Verfügung, der theoriegeleitete Forschung ermöglicht.

3.1 Thermoregulation

Der Mensch gehört zu den Lebewesen, die eine konstante Temperatur im Innern des Körpers aufweisen. Diese Homoiothermie verschafft ihm eine relative Unabhängigkeit von der Umgebungstemperatur im Vergleich zu den poikilothermen oder wechselwarmen Lebewesen, welche die Temperatur ihrer Umgebung annehmen und bei Temperaturschwankungen entsprechend veränderte Ablaufgeschwindigkeiten physischer Prozesse bis hin zur Kältestarre zeigen. Homoiothermie bedeutet aber auch, daß die konstante Temperatur im Körper erhalten bleiben muß. Abweichungen in der Größenordnung von 3°–4 °C können den Tod zur Folge haben.

Die konstante Temperatur im Körperinneren ist ein Resultat von Verhaltensregulation und autonomer Thermoregulation. Die Verhaltensregulation zeigt sich, wenn der Mensch unangenehme Klimata verläßt oder sich vor diesen z. B. durch entsprechende Kleidung schützt. Die autonome Thermoregulation erfolgt über die Abstimmung von Wärmeproduktion und Wärmeabgabe nach außen. Der Mensch ist darauf angewiesen, ständig kleine Wärmemengen an die Umgebung abzugeben. Hitzebelastung wirkt in diesem Prozeß als Störgröße, die durch Thermoregulation kompensiert werden muß. Die folgende Darstellung der Thermoregulation lehnt sich an die Arbeit von Wenzel & Piekarski (1984) an.

Die Wärmebilanz im Körper ist dann ausgeglichen, wenn sich die beim Stoffwechsel produzierte Wärme und die Wärmeabgabe entsprechen. Die Wärmeabgabe erfolgt, indem das Blut die Wärme vom Körperkern an die Körperoberfläche transportiert. Von dort kann die Wärme durch Konvektion und Konduktion an die Umgebung abgegeben werden. Das Ausmaß der Wärmeabgabe an der Hautoberfläche hängt von dem thermischen Gefälle zwischen Haut und Umgebung ab, so daß zunächst Lufttemperatur und Luftbewegung relevante klimatische Größen sind. Weiterhin kann durch das Verdunsten von Feuchtigkeit der Haut selbst dann Wärme entzogen werden, wenn die umgebende Luft wärmer als die Haut ist. Die dritte bedeutsame klimatische Größe ist damit die Luftfeuchtigkeit, denn je höher die Luftfeuchtigkeit ist, desto langsamer vollzieht sich die Verdunstung und desto größer wird die Wahrscheinlichkeit, daß Schweiß abtropft, ohne seine Funktion erfüllen zu können. Gleichzeitig gehen kleinere Wärmemengen durch Strahlung in die Umgebung über. Parallel dazu kann Wärme auch in Form von Strahlung aus der Umgebung dem Körper zugeführt werden. Dies macht die Strahlungstemperatur ebenfalls zu einer wichtigen Klimagröße.

Die für die Wärmebilanz relevanten Stellgrößen sind neben den vier angeführten klimatischen Parametern noch der thermische Widerstand der Bekleidung und der Umfang der körperlichen Aktivität. Diesen Stellgrößen steht eine Sollvorgabe für die Körperkerntemperatur gegenüber, die abgesehen von circadianen Schwankungen rektal gemessen im Durchschnitt bei 36,7 °C liegt. Kompensationsmechanismen der autonomen Thermoregulation haben die

Aufgabe, den Ausgleich der Wärmebilanz zu bewirken und damit das Einhalten der Sollvorgabe zu sichern.

Die Abgabe von Wärme wird einmal von der Herzkreislaufaktivität bestimmt. Das Auftreten eines Wärmestaus im Körper wird verhindert, indem Wärme durch verstärkte Durchblutung an die Haut abgegeben wird. Gleichzeitig vergrößert sich damit das thermische Gefälle zwischen Haut und Umgebung. Die Herzschlagfrequenz und die Differenz zwischen Hauttemperatur und Kerntemperatur spiegeln damit thermische Belastung wider.

Weitere Kompensationsmechanismen bestehen in der Schweißproduktion, der Variation der körperlichen Aktivität und der Tolerierung geringfügiger Abweichungen der Kerntemperatur von der Sollvorgabe, wodurch insbesondere die Kerntemperatur selbst zu einem wichtigen Indikator für thermische Belastung wird.

Kompensierbare Hitzebelastung liegt nach Wenzel & Piekarski (1984) dann vor, wenn unter der Voraussetzung einer Ruhefrequenz von 70 Schlägen pro Minute bei körperlicher Inaktivität die Herzfrequenz nicht über 90 Schläge pro Minute und die Kerntemperatur nicht über 38,0° – 38,3 °C ansteigt. Körperliche Aktivität kann diese Parameter weiter erhöhen, beispielsweise die Herzfrequenz auf 130 Schläge pro Minute anwachsen lassen, ohne daß die Kompensierbarkeit verlorengeht.

Nicht kompensierbare Hitzebelastung kann zeitlich nur begrenzt toleriert werden. Herzfrequenz und Kerntemperatur steigen weiter an und werden von Gefühlen der Erschöpfung begleitet. Wird dieses Klima nicht verlassen, dann drohen gesundheitliche Schädigungen. Beim Hitzekollaps haben sich die Blutgefäße in der Peripherie derart erweitert, daß die Blutmenge nicht mehr zur befriedigenden Versorgung aller Organe ausreicht und Ohnmacht eintritt. Der Hitzschlag ist die Folge von Gewebsschädigungen im Zentralnervensystem durch Wärme. Selbst bei frühzeitiger medizinischer Versorgung verläuft er nach Wenzel & Piekarski (1984) in 20 % aller Fälle tödlich.

3.2 Die Ermittlung von Klimagrößen

Bei der Beschreibung von Klimata werden häufig Feuchttemperaturskalen und Effektivtemperaturskalen verwendet.

Die pysikalische Größe Feuchttemperatur dient der Integration der Klimagrößen Lufttemperatur und Luftfeuchtigkeit. Dabei werden Feuchttemperatur und Lufttemperatur (Trockentemperatur) gleichgesetzt, wenn die Luft mit

Wasserdampf gesättigt ist. Je geringer die Sättigung der Luft mit Wasserdampf ausfällt, desto geringer fällt die Feuchttemperatur gegenüber der Lufttemperatur aus.

Effektivtemperaturskalen sollen die resultierende Wirkung der Klimagrößen Lufttemperatur, Luftfeuchtigkeit und Luftbewegung, die gemeinsam die Wärmeabgabe der Haut an die Umgebung bestimmen, in einem Maß zusammenfassen. Nomogramme erlauben es, die drei Einzelgrößen in eine Effektivtemperatur überzuführen. Sie sind entwickelt worden, indem Klimata ermittelt wurden, die trotz unterschiedlicher Ausprägung der Einzelgrößen das gleiche thermische Befinden beim Beurteiler auslösten (Yaglou, 1927).

Die Normal-Effektiv-Temperatur (ET) bezieht sich auf den mit Straßenkleidung bekleideten Menschen, die Basis-Effektiv-Temperatur (BET) auf einen Menschen mit unbekleidetem Oberkörper. Die Validität der Effektivtemperaturskalen ist kritisiert worden, weil die Skalen aufgrund der Angaben von nur 3 Bewertern entstanden sind. Die Techniken zur Ermittlung der Klimagrößen sowie Nomogramme zur Berechnung von Effektivtemperaturen sind bei Wenzel & Piekarski (1984) im Detail dargestellt.

Für die nachfolgende Darstellung sind Angaben zu Klimagrößen aus der Originalliteratur, die sich auf Grad Fahrenheit bezogen, in Grad Celsius umgerechnet worden. Desweiteren sind, soweit dies möglich war, Klimagrößen zu Basiseffektivtemperaturen oder Normaleffektivtemperaturen zusammengefaßt worden. Die von Mackworth (1946, 1950) angegebenen Effektivtemperaturwerte sind zusätzlich korrigiert worden, weil dieser fälschlicherweise die Normaleffektivtemperaturskala verwendete, die Basiseffektivtemperaturskala aber hätte anwenden müssen, weil seine Probanden nur mit kurzer Hose bekleidet waren. Vergleiche dazu Pepler (1963).

3.3 Effektivtemperatur und psychische Leistung – Untersuchungen zum Paradigma I

Die zum Paradigma I zusammengefaßten Arbeiten zeichnen sich durch eine pragmatische Vorgehensweise aus. Da theoretische Annahmen zu Hitzewirkungen noch fehlten, wurde Hitzebelastung als die kombinierte Wirkung von Lufttemperatur, Luftfeuchtigkeit und Luftbewegung definiert und ihr Einfluß auf psychische Leistungen unterschiedlichster Art untersucht. Dieses Paradigma ist durch die Arbeiten von Viteles & Smith (1946), sowie von Mackworth (1946, 1950) geprägt worden.

Viteles und Smith (1946) ließen 6 Versuchspersonen für 4 Stunden täglich an 42 Tagen eine Reihe von Tests bearbeiten, die kognitive und sensumotorische

Anforderungen an nautisches Personal simulieren sollten. Für einige der verwendeten Aufgaben (komplexe Wahlreaktion, Multiplikation, Spurverfolgung und räumliche Orientierung) wurde nachgewiesen, daß eine Effektivtemperatur von 30,6 °C im Vergleich zu 22,8 °C oder 26,7 °C zu schlechteren Leistungen führte; bei anderen Aufgaben, zum Beispiel einer einfachen Wahlreaktionsaufgabe, fielen temperaturbedingte Leistungsrückgänge statistisch nicht bedeutsam aus.

Beispiele für die von Mackworth untersuchten Tätigkeiten sind die Entschlüsselung telegraphisch übermittelter Nachrichten (Mackworth, 1946) oder der Clock-Test, mit dem Anforderungen bei der Radarüberwachung simuliert wurden (Mackworth, 1950). Mackworth konnte ebenfalls nachweisen, daß Hitze Leistungsminderungen bewirkte. Die Anzahl der Fehler bei der Entschlüsselung der telegraphisch übermittelten Nachrichten, die für 11 hitzeakklimatisierte Funker bei je dreistündiger Exposition pro Versuchsbedingung beobachtet wurden, war bei Basiseffektivtemperaturen von 24,4 °C und 27,8 °C etwa konstant, stieg aber über die drei Bedingungen 30,0 °C, 32,8 °C und 35,8 °C BET bedeutsam an.

Beim Clock-Test ließ Mackworth (1950) vier Versuchspersonengruppen, die zwischen 20 und 24 junge, hitzeakklimatisierte Männer umfaßten, unter einer von vier Klimabedingungen zwei Stunden lang arbeiten. Hinsichtlich der Anzahl versäumter Signale wie auch hinsichtlich eines Leistungsmaßes, das die Anzahl versäumter Signale und die Reaktionszeit zusammenfaßte, zeigte die Gruppe, die bei einer Basiseffektivtemperatur von 24,4 °C arbeitete, die beste Leistung. Sowohl höhere Temperaturen (30,0 °C BET und 35,8 °C BET) als auch eine niedrigere Temperatur (18,9 °C BET) bedingten bedeutsam schlechtere Leistungen.

Weiner und Hutchinson (1945) gaben 6 Versuchspersonen unter zwei Klimabedingungen (Experimentalbedingung: 32,8 °C ET; Kontrollbedingung zwischen 18,3 und 20,0 °C ET) eine Tätigkeit auf, die manuelle Geschicklichkeit erforderte. Die Probanden hielten sich schon 80 min vor Aufnahme der Tätigkeit unter den genannten Klimabedingungen auf, die ersten 20 min verbrachten sie mit körperlicher Arbeit in Form von Treppensteigen. Drei Leistungsmaße wurden für die Geschicklichkeitsaufgabe erhoben, und für jedes der drei Maße konnten Leistungseinbußen bei erhöhter klimatischer Belastung nachgewiesen werden.

Mackworth (1946, 1947, 1950) hat darüber hinaus nachgewiesen, daß Moderatorvariablen die Beziehung zwischen Hitzebelastung und Leistung beeinflussen können. Als eine wesentliche Variable erwies sich dabei die Leistungsfähigkeit des Probanden (Mackworth, 1946). Je leistungsfähiger die Probanden bei der Entschlüsselung der telegraphisch übermittelten Nachrichten unter Normalbedingungen waren, desto geringer fielen die hitzebedingten Leistungseinbußen aus. Weiterhin stieg die Fehlerzahl der leistungsschwächeren Probanden über die dreistündige Expositionszeit weitaus gravierender an als die der leistungstärksten Probanden.

Auch für den Clock-Test konnte Mackworth (1950) die Wirkung von Moderatorvariablen nachweisen. Wurden die Probanden danach differenziert, ob sie bislang für militärische Beobachtungsaufgaben eingesetzt worden waren, dann ergab sich, daß Probanden mit Vorerfahrung zum Ende der Expositionszeit bei Basiseffektivtemperaturen von 30,0 °C und 35,8 °C geringere Leistungseinbußen zeigten als Probanden ohne Vorerfahrung. Bei niedrigerer klimatischer Belastung oder in früheren Stadien der Exposition war dieser Befund nicht beobachtbar.

Diese Pionierarbeiten wurden in den darauffolgenden Jahren durch weitere Untersuchungen ergänzt, die sich im Untersuchungsziel und im experimentellen Design an die Vorgängerarbeiten anlehnten, darüber hinaus aber weitere Moderatorvariablen berücksichtigten oder andere Aufgaben verwendeten. Eine ausführliche Zusammenfassung dieser Befunde findet sich bei Pepler (1963).

Die Wirkung von Hitzebelastung auf die Leistung bei einer Spurverfolgungsaufgabe ist von Carpenter (1950), Teichner und Wehrkamp (1954) sowie von Pepler (1958, Experiment 1–3) untersucht worden. Basiseffektivtemperaturen von 18,9 °C oder 24,4 °C erwiesen sich dabei im Vergleich zu solchen von 28,9 °C oder 32,8 °C als günstiger (Carpenter, 1950; Pepler, 1958, Experiment 1). Wurden die Basiseffektivtemperaturen auf den Stufen 24,4 °C, 27,2 °C und 32,8 °C variiert, dann erwies sich 27,2 °C als die günstigste Klimabedingung, während niedrigere und höhere klimatische Belastungen geringere Leistungen zur Folge hatten (Pepler, 1958, Experiment 3). Teichner und Wehrkamp variierten die Lufttemperatur auf den Stufen 12,8 °C, 21,1 °C, 29,4 °C und 37,8 °C, das Leistungsmaximum wurde bei 21,1 °C, das Minimum bei 37,8 °C Lufttemperatur gefunden.

Pepler (1958, Experiment 2) manipulierte auf vier Basiseffektivtemperaturstufen zusätzlich die Luftfeuchtigkeit. Es zeigte sich bei 80 % Luftfeuchtigkeit ein Leistungsrückgang beim Übergang von 22,2 °C zu 26,1 °C BET. Betrug die Luftfeuchtigkeit nur 20 %, dann war der Leistungsrückgang erst beim Vergleich der Stufen 26,1 °C zu 28,9 °C BET zu beobachten. Pepler (1958, Experiment 3) variierte bei der Spurverfolgung zusätzlich die Aufgabenanforderungen durch Einführung von zwei Geschwindigkeitsstufen des Vorgabesignals sowie die Anreizbedingungen, indem er seinen Probanden eine Zielsetzung, kontinuierliche Rückmeldung und Lob entweder gewährte oder vorenthielt. Diese Variablen beeinflußten die Leistung in weitaus größerem Umfang als die klimatische Belastung, trotzdem war aber für jede Merkmalskombination der Größen Anforderung und Anreiz ein Leistungsmaximum bei 27,2 °C BET und ein Leistungsrückgang für höhere und niedrigere Temperaturen zu beobachten. Die Bedingung niedriger Anreiz/hohe Anforderungen erwies sich dabei als besonders anfällig für Hitzewirkungen, nur für diese Merkmalskombination war auch ein Leistungsrückgang zu beobachten, wenn die Klimastufen 30,0 °C und 32,8 °C BET verglichen wurden.

Pepler (1958), der seine Experimente in Singapur durchführte, konnte Probanden gewinnen, die durch einen Aufenthalt in den Tropen zwischen 6 Monaten und 2 Jahren auf natürliche Weise hitzeakklimatisiert waren, während andere Autoren, die vergleichbare Experimente durchgeführt hatten (Mackworth, 1950; Carpenter, 1950), ihre Probanden künstlich an die Hitze akklimatisiert hatten. Unterschiede in den Befunden dieser Arbeiten ergaben sich für warme Klimata nicht, beide Probandengruppen zeigten Leistungsabnahmen, wenn ein Wert von 27 °C BET überschritten wurde. Jedoch reagierten natürlich akklimatisierte Probanden deutlich auf kühle Klimata wie 18,9 °C BET und zeigten hier gegenüber der Normalbedingung stärkere Leistungseinbußen als künstlich akklimatisierte Probanden.

Bursill (1958) kombinierte eine Spurverfolgungsaufgabe mit einer Zweitaufgabe, die die Reaktion auf an unterschiedlichen Positionen im Blickfeld plazierte Lichtsignale erforderte. Die Experimentalbedingung von 35,0 °C BET führte gegenüber der Kontrollbedingung von 18,3 °C ET zu schlechteren Leistungen bei der Reaktionsaufgabe, wovon insbesondere Reaktionen auf die in der Peripherie des Blickfeldes gelegenen Lichtsignale betroffen waren. Dieser Befund war jedoch nicht zu beobachten, als die Anforderungen bei der Spurverfolgung reduziert wurden. Für diesen Fall konnte Bursill (1958) den von ihm als „Trichtereffekt" bezeichneten Befund nicht nachweisen. Pepler (1958; Experiment 5) sowie Chiles (1958) variierten bei einer mental belasteten Aufgabe die klimatische Belastung über die Stufen 24,4 °C, 27,8 °C, 30,0 °C und 32,8 °C. Der erste Autor fand, daß bei geringem Zeitdruck die Zahl der Auslassungen bei 27,8 °C BET am niedrigsten ausfiel. Bei mittlerem und hohem Zeitdruck war für die Zahl der Auslassungen kein Leistungsunterschied nachweisbar, jedoch nahm die Fehlerzahl bei hohem Zeitdruck über die vier Klimabedingungen zu. Chiles (1958) verwendete in Annäherung den gleichen Versuchsaufbau, hielt aber den Zeitdruck auf mittlerem Niveau konstant. Unter dieser Versuchsbedingung waren Leistungsunterschiede nicht zu beobachten, was Chiles (1958) auf die höhere Leistungsfähigkeit seiner Probanden zurückführte.

Den schon von Mackworth (1950) beobachteten Befund einer umgekehrt U-förmigen Beziehung zwischen klimatischer Belastung und Leistung bei der visuellen Vigilanzaufgabe (Clock-Test) konnte Pepler (1958, Experiment 6) mit natürlich akklimatisierten Probanden replizieren. Das Leistungsmaximum wurde bei 27,8 °C gegenüber 19,4 °C und 33,3 °C BET beobachtet.

In einem Experiment, bei dem die Probanden schwere körperliche Arbeit zu leisten hatten, konnte Mackworth (1947) nicht beobachten, daß größere Leistungsfähigkeit den Einfluß klimatischer Belastung auf die Leistung dämpfte. Der in diesem Experiment eingesetzte „Pull-Test" verlangte von den Probanden, ein knapp 7 kg schweres Gewicht über einen Seilzug durch Ziehen und Strecken des Armes in horizontaler Richtung jeweils innerhalb von 2 Sekunden einmal um rund 60 cm anzuheben und wieder abzusetzen. Die Zeit bis zur Erschöpfung des Probanden wurde als Leistungsmaß verwendet. Bei dieser Aufgabe zeigten die Probanden, die sich unter Normalklima als leistungsstärker erwiesen hatten, bei hoher klimatischer Belastung (35,8 °C BET) deutlichere Leistungseinbrüche als die eher leistungsschwachen Probanden.

Physische Arbeit erzeugt Wärme im Körper und führt so zu einem Anstieg der Kerntemperatur. Klimatische Belastung hat die gleich Wirkung auf die Kerntemperatur. Wenn Leistungseinbrüche dadurch bedingt sind, daß Wärmebelastung des Körpers kompensiert werden muß, dann beschleunigt physische Arbeit diesen Prozeß, und zwar umso intensiver, je größer der Betrag geleisteter Arbeit ist. Wirkt Hitzebelastung nicht über die Wärmebilanz des Körpers, dann ist es unerheblich, in welchem Umfang Wärme im Körper produziert wird. Mackworth (1946) vertrat die Ansicht, daß Leistungseinbußen unabhängig von der Wärmebilanz des Körpers und somit von der Körperkerntemperatur auftreten.

Mackworth (1946) hatte für jede Klimabedingung gesondert seine Probanden einmal danach eingeteilt, ob ihre Körperkerntemperatur zum Ende der dreistündigen Expositionszeit oberhalb oder unterhalb des Medians der Verteilung dieses Parameters in der Probandengruppe lag. Zum zweiten nahm Mackworth in gleicher Weise eine Einteilung nach der Höhe der erbrachten Leistung vor. Dann überprüfte er für jede Klimabedingung gesondert, ob Probanden mit den Merkmalskombinationen hohe Leistung/niedrige Körperkerntemperatur und niedrige Leistung/hohe Körperkerntemperatur häufiger zu finden waren als Probanden mit den zwei verbleibenden Merkmalskombinationen. Dies war nicht der Fall und so verwarf Mackworth (1946) die Annahme, daß klimatische Belastung über die Körperkerntemperatur psychische Leistungen beeinträchtigt. Carpenter (1950) und Pepler (1958) folgten dem Beispiel von Mackworth (1946) und kamen zu dem gleichen Resultat.

Dieses Verfahren der Datenanalyse ist jedoch der Fragestellung nicht angemessen und kann die Hypothese, daß klimatische Belastung über die Wärmebilanz des Körpers auf psychische Leistungen einwirkt, nicht widerlegen. Die in der Körperkerntemperatur verbleibende Varianz ist lediglich auf individuelle Konstanten zurückzuführen, da alle anderen wesentlichen Einflußgrößen (Klima, thermischer Widerstand der Bekleidung, körperliche Aktivität) konstant waren. So werden durch individuelle Konstanten bedingte Unterschiede in der Körpertemperatur in Beziehung zu Leistungsdaten gesetzt, und aufgrund fehlender Korrelationen auf interindividuellem Niveau wird geschlossen, daß auch intraindividuelle Beziehungen zwischen Körpertemperatur und Leistung nicht bestehen.

Aufgrund dieses voreiligen Verwerfens der Hypothese, daß die Wirkung klimatischer Belastung nicht über die Wärmebilanz des Körpers erfolgt, wurde beispielsweise der physischen Arbeit, die durch das Anhängen von Gewichten an die Kontrollvorrichtung bei der Spurverfolgungsaufgabe induziert wurde, keine Bedeutung im Hinblick auf eine Konfundierung mit der klimatischen Belastung zugemessen. Mackworth (1950) verwendete ein Gewicht von 22,5 kg, das die Probanden 15 mal für 3 Minuten innerhalb einer 3stündigen Experimentalphase mit der Kontrollvorrichtung der Spurverfolgung zu halten hatten. In seinem ersten Experiment ließ Pepler (1958) seine Probanden Gewichte von 3,6 kg oder 10,8 kg achtmal 15 Minuten lang halten. In den übrigen Experimenten waren zwischen 16 und 20 Durchgänge a 3 min mit Gewichten zwischen 0,9 kg und 18 kg (Carpenter, 1950), zwischen 3,6 kg und 14,4 kg oder ein konstantes Gewicht von 7,2 kg zu halten (Pepler, 1958). Diese Gestaltung des Versuchsaufbaus hat unter der Voraussetzung, daß klimatische Belastung über die Wärmebilanz des Körpers wirkt, Folgen für die Interpretation der Daten, denn die Vernachlässigung des Anteils physischer Arbeit auf die Wärmebilanz führt zu einer Überschätzung der Hitzewirkungen.

Die unter diesem Paradigma bis etwa 1960 erhobenen Befunde lassen sich so zusammenfassen, daß mit steigender Effektivtemperatur Leistungseinbußen wahrscheinlicher werden. Gleichzeitig wurde deutlich, daß die kritischen Effektivtemperaturwerte nicht für alle Aufgabentypen gleich ausfielen. Zudem wurden Größen wie Aufgabenschwierigkeit, Leistungsfähigkeit des Probanden und Anreizbedingung ermittelt, die die Beziehung zwischen Hitzebelastung und psychischer Leistung beeinflussen konnten. Die nach 1960 noch durchgeführten Experimente innerhalb dieses Forschungsparadigmas werden nicht mehr vorgestellt, weil sie keinen wesentlichen Beitrag mehr zur Modellbildung liefern konnten.

3.4 Körperkerntemperatur und Ablaufgeschwindigkeit nervöser Prozesse – Untersuchungen zum Paradigma II

Ein zweiter Forschungsansatz geht von einer Reihe älterer Befunde aus, die einen Zusammenhang zwischen Körpertemperatur einerseits und der Zeitwahrnehmung, der Reaktionszeit sowie rhythmischer Aktivitäten zum anderen belegen.

Francois (1927, zitiert nach Bell & Provins, 1963) beschrieb, daß sich die Geschwindigkeit, mit der eine Morsetaste in regelmäßigen Abständen gedrückt wurde (Tapping), höher lag, wenn die Versuchsperson aufgrund diathermischer Behandlung eine erhöhte Körpertemperatur aufwies. Hoagland (1933) zeigte, daß die Geschwindigkeit des Zählens bei höherer Körpertemperatur ebenfalls größer ausfiel. Kleitman, Titelbaum und Feiveson (1938) fanden kürzere Reaktionszeiten bei einfachen Reaktionsaufgaben sowie bei Wahlreaktionsaufgaben, wenn die Körpertemperatur aufgrund der circadianen Rhythmik erhöht war. Diese Befunde wurden so interpretiert, daß die diesen Leistungen zugrundeliegenden Prozesse chemischer Natur sind und daher eine Ablaufgeschwindigkeit aufweisen, die durch die Körpertemperatur bestimmt ist.

Bell & Provins (1963) wollten wegen methodischer Unzulänglichkeiten in den Arbeiten von Francois (1927) und Hoagland (1933) den Befund der Abhängigkeit der Zeitwahrnehmung von der Körpertemperatur replizieren, die Variation der Körpertemperatur sollte dabei durch Hitzebelastung erfolgen. In einem ersten Experiment variierten die Autoren die Hitzebelastung, die für die warme Bedingung bei oraler Messung eine um 1,7 °C erhöhte Körpertemperatur zur Folge hatte. Unter der normalen wie unter der Hitzebedingung wurden die Versuchspersonen aufgefordert, mit einer Geschwindigkeit von etwa einer Zahl pro Sekunde bis 45 bzw. 100 zu zählen. Bei der durch die Hitzebelastung induzierten erhöhten Körpertemperatur zählten die Versuchspersonen geringfügig schneller, jedoch ließen sich die Befunde statistisch nicht absichern. Darüber hinaus benötigten 4 von 10 Versuchspersonen beim Zählen bis 45 und 2 von 10 Versuchspersonen beim Zählen bis 100 bei erhöhter Körpertemperatur mehr Zeit als bei normaler Körpertemperatur.

In einem zweiten Experiment ließen die Autoren die Versuchspersonen eine Wahlreaktionsaufgabe bearbeiten. Nach 4, 9 oder 13 Minuten wurden die Versuchspersonen dann gefragt, wieviel Zeit seit Beginn eines bestimmten Tätigkeitsabschnittes vergangen ist. Die Körpertemperatur war wiederum durch Hitzebelastung beeinflußt, sie fiel für die warme Klimabedingung um 1,09 °C höher aus als für die normale Klimabedingung. Für die 13-Minuten-

Periode wurden unterschiedliche Schätzungen abgegeben, die bei höherer Körpertemperatur im Mittel bei 13,30 min und bei normaler Körpertemperatur im Mittel bei 11,45 min lagen, was den Erwartungen entsprach. Jedoch konnten für die 4 und 9 Minuten-Perioden unterschiedliche Zeitschätzungen nicht nachgewiesen werden, und nur 6 von 13 Versuchspersonen hatten für die 13-Minuten-Periode bei höherer Körpertemperatur längere Zeiten geschätzt.

Weiterhin konnten die Erwartungen nicht bestätigt werden, als die Autoren ihre Versuchspersonen in einer Normalbedingung und zwei unterschiedlichen Hitzebedingungen Zeitintervalle von 4, 9 und 13 Minuten schätzen ließen. Nur in einem von 6 Vergleichen konnte nachgewiesen werden, daß erhöhte Körpertemperatur die Zeitschätzung in vorausgesagter Weise beeinflußte. Dies war für die 13-Minuten-Bedingung in einer von zwei Versuchswochen.

Aufgrund dieses Ergebnisses verwarfen Bell und Provins (1963) zunächst die Annahme einer Beziehung zwischen Körpertemperatur und Zeitwahrnehmung. Bell (1965) griff diese Fragestellung aber nochmals mit einer zweiten Arbeit auf. Der Autor setzte jetzt Aufgaben ein, die rhythmische Aktivitäten erforderten. Für das Drücken einer Morsetaste mit einer vorgeschriebenen Geschwindigkeit von einem Druck pro Sekunde zeigte sich, daß sich bei einer um etwa 0,5 °C erhöhten Körpertemperatur die Anzahl der Reaktionen in einem 60 sec Intervall statistisch bedeutsam erhöhte. Bei einer zweiten Aufgabe waren drei Druckreaktionen pro Sekunde auf die Morsetaste verlangt, die Korrelation zwischen Körpertemperatur und Anzahl der Reaktionen in einem 10-sec-Intervall betrug $r = +0{,}84$ und war statistisch signifikant. Eine dritte Aufgabe erforderte das Schätzen, wann ein Metronom mit einer Frequenz von 4 Schlägen pro Sekunde läuft, und hier konnten die Erwartungen für einen Zusammenhang zwischen Körpertemperatur und veränderten Schätzungen nicht nachgewiesen werden. Aufgrund dieser Befunde wollte Bell (1965) nicht ausschließen, daß die Körpertemperatur Zeitschätzungen beeinflußt.

Fox, Bradbury, Hampton & Legg (1967) ließen zwölf Versuchspersonen unter Experimentalbedingungen mit 37,5 °C, 38 °C, 38,5 °C und 39 °C Körpertemperatur (aural gemessen) Zeitschätzungen vornehmen. Die Variation der Körpertemperatur wurde durch eine spezielle Technik erzielt, die bei Fox, Goldsmith, Kidd & Lewis (1963) beschrieben ist. Je höher die Körpertemperatur war, desto kürzer fiel das Zeitintervall aus, das die Versuchspersonen als 10 Sekunden lang schätzten. Die Unterschiede zwischen den Experimentalbedingungen ließen sich bis auf den Vergleich zwischen 38 °C und 38,5 °C Körpertemperatur absichern.

Auch hinsichtlich der Reaktionszeit ist versucht worden, den Befund von Kleitman, Titelbaum & Feiveson (1938) zu replizieren, indem die Körpertemperatur durch Hitzebelastung manipuliert wurde. Während Autoren, die einfache Reaktionsaufgaben einsetzten, in der Regel eine Verkürzung der Reaktionszeit bei thermischer Belastung nachweisen konnten (Lovingood, Blyth, Peacock & Lindsay, 1967; Reilly & Parker, 1967), fand man bei komplexeren Aufgaben Leistungsverschlechterungen in Hitze (Pepler, 1959; Frazer & Jackson, 1955; Grether, Jarris, Mohr, Nixon, Ohlbaum, Sommer, Thaler & Veghte, 1971).

Grether (1973) führte die verkürzten Reaktionszeiten bei einfachen Reaktionsaufgaben auf die durch Hitze erhöhte neurale Übertragungsgeschwindigkeit zurück. Für komplexe Reaktionsaufgaben nahm er dagegen an, daß die Übertragungsgeschwindigkeit nur wenig Einfluß auf die Reaktionszeit hat, weil andere psychische Komponenten verstärkt hinzukommen. Daher sollen bei einfachen, nicht aber bei komplexeren Reaktionsaufgaben Leistungsverbesserungen unter Hitzebelastung beobachtbar sein.

Diese Interpretation läßt sich aber nicht eindeutig aus den Befunden ableiten. Das Modell der durch Wärmebelastung erhöhten Ablaufgeschwindigkeiten nervöser Prozesse ist zwar sehr anschaulich, empirisch aber nicht abgesichert.

3.5 Körperkerntemperatur und psychische Leistung – Untersuchungen zum Paradigma III

Die zum Untersuchungsparadigma III zusammengefaßten Experimente haben gemeinsam, daß die Wärmebelastung des Körpers von der Effektivtemperatur abgekoppelt wurde. Diese Bedingungsvariation sollte aufzeigen, ob Hitze über physiologische Prozesse der autonomen Thermoregulation oder ob Hitze unabhängig von der Wärmebilanz des Körpers auf psychische Leistungen wirkt.

Wilkonson, Fox, Goldsmith, Hampton & Lewis (1964) führten hier die entscheidende Neuerung ein. Diese Autoren variierten die Körperkerntemperatur als unabhängige Größe, während die Umgebungstemperatur konstant gehalten wurde. Zu diesem Zweck wurden die Probanden einem feucht-heißen Klima ausgesetzt, bis die Körperkerntemperatur je nach Versuchsdurchgang 37,3 °C, 37,9 °C oder 38,5 °C (oral gemessen) betrug. Danach verließen die Probanden das feucht-heiße Klima und wurden mit Spezialanzügen bekleidet, durch die Luft geführt wurde. Die Lufttemperatur betrug 35 $°C_{tt}$ und 20 $°C_{tf}$, die Menge der durch den Anzug geführten Luft wurde so bemessen, daß die angestrebte Körperkerntemperatur aufrechterhalten werden konnte. Unter der Kontrollbedingung entfiel die Hitzeexposition zu Beginn, die Probanden trugen aber den Anzug, durch den Luft mit 30 $°C_{tt}$ und 20 $°C_{tf}$ geführt wurde, um eine thermisch neutrale Bedingung aufrechtzuerhalten. 12 Probanden bearbeiteten 4 mal unter jeder Versuchsbedingung jeweils eine Vigilanzaufgabe, eine Additionsaufgabe sowie eine Mehrfachwahlreaktionsaufgabe.

Die deutlichsten Leistungsveränderungen waren für die Additionsaufgabe zu beobachten. Die Leistungen nahmen über die Bedingungen 37,3 °C, 37,9 °C und 38,5 °C statistisch bedeutsam ab. Für die Vigilanzaufgabe war ein entgegengesetzter Befund beobachtbar, die Anzahl entdeckter Signale nahm mit steigender Temperatur zu. Die Antwortzeit auf Signale verkürzte sich mit steigender Temperatur, die längsten Antwortzeiten wurden jedoch nicht für die Kontrollbedingungen, sondern für die Bedingung 37,3 °C Körperkerntemperatur ermittelt.

Wilkinson, Fox, Goldsmith, Hampton & Lewis (1964) folgern aufgrund dieser Befunde, daß eine kausale Beziehung zwischen Körperkerntemperatur und Leistung bestehen muß, auch wenn die Körperkerntemperatur nicht die einzige Größe ist, über die thermische Belastung zu Leistungsänderungen führt. Für die differentielle Wirkung der Körperkerntemperatur auf die Leistung bei der Vigilanz- und der Additionsaufgabe bieten Wilkinson, Fox, Goldsmith, Hampton & Lewis (1964) folgenden Erklärungsansatz an: Eine erhöhte Körperkerntemperatur soll zu einem Anstieg des Arousal-Niveaus führen. Von diesem Anstieg sollen beide Aufgaben in unterschiedlicher Weise beeinflußt sein, da das optimale Arousal-Niveau für die Vigilanzaufgabe höher liegt als das für die Additionsaufgabe. Erhöhte Körperkerntemperatur führte demnach bei Vigilanzaufgaben noch zu Leistungsverbesserungen, während bei Additionsaufgaben schon Leistungseinbußen die Folge waren.

Die Idee, die Körperkerntemperatur als unabhängige Variable in das Design aufzunehmen und diese unabhängig von der Umgebungstemperatur zu variieren, ist von weiteren Autoren aufgegriffen worden.

Benor & Shvartz (1971) sowie Shvartz & Benor (1971) beschreiben ein Experiment, bei dem Probanden zweimal Lufttemperaturen von 30 °C, 35 °C, 40 °C, 45 °C und 50 $°C_{tt}$ exponiert wurden und dabei physische Arbeit auf einem Laufband zu leisten hatten. Die Probanden trugen wiederum Spezialanzüge, die 92 % der Körperoberfläche bedeckten und durch die kaltes Wasser geführt werden konnte. Jeder Proband arbeitete zweimal unter jeder Klimabedingung, einmal mit und einmal ohne Kühlung durch Wasser. Die Kühlung war so bemessen, daß die Körperkerntemperaturen nicht über 37,1 °C anstieg. Unter dieser Bedingung waren alle Probanden in der Lage, 2 Stunden lang eine einfache Reaktionsaufgabe und eine akustische Vigilanzaufgabe zu bearbeiten. Der Verzicht auf die Kühlung führte dazu, daß sich die maximalen Verweilzeiten im Durchschnitt für 7 Probanden von 108 min (30 $°C_{tt}$) bis zu 28 min

(50 °C_{tt}) reduzierten. Die Körperkerntemperatur lag dann zwischen 38,0 °C und 38,4 °C. Weder die Umgebungstemperatur noch die durch die Kühlung hervorgerufenen Unterschiede in der Körperkerntemperatur zeigten einen Einfluß auf die Reaktionszeit. Bei der Vigilanzaufgabe jedoch nahm der Prozentbetrag versäumter Signale mit der Umgebungstemperatur von 2,8 % (30 °C_{tt}) bis auf 11,9 % (50 °C_{tt}) zu, wenn auf Kühlung verzichtet wurde. Wurde jedoch die Kühlung eingesetzt, dann bewegten sich die Fehlerzahlen zwischen 1,0 % und 2,3 %, ohne daß ein Ansteigen der Fehler mit der Umgebungstemperatur beobachtet werden konnte. Überraschenderweise interpretierten die Autoren ihre Befunde so, daß die Vigilanzleistung eher durch die Umgebungstemperatur als durch die Körperkerntemperatur beeinflußt sei.

Diese Interpretation mag durch den Sachverhalt hervorgerufen worden sein, daß bei Verzicht auf die Kühlung mit steigender Umgebungstemperatur rapide sinkende Leistungen beobachtet werden, während die Körperkerntemperaturen, die zum Ende der Expositionszeit erhoben wurden, nicht unterschiedlich ausfielen. Diese Betrachtungsweise vernachlässigt jedoch, daß die Expositionszeiten mit steigender Umgebungstemperatur abnahmen. Die 38,3 °C Körperkerntemperatur, die unter 50 °C_{tt} nach 28 min Exposition im Mittel erreicht wurde, stellen demnach eine weitaus gravierendere Wärmebelastung dar als die 38,0 °C Körperkerntemperatur, die nach 108minütiger Exposition unter 30 °C_{tt} erzielt wurden. Da die Körperkerntemperatur relativ träge reagiert, stellt nicht nur das absolute Niveau, sondern auch die Steilheit des Anstiegs ein Maß für thermische Belastung dar.

Allnutt & Allan (1973) machten sich die Trägheit in der Reaktion der Körperkerntemperatur für ein weiteres Experiment zunutze, das klären sollte, inwieweit Leistungsveränderungen von der Körperkerntemperatur abhängen. Zuvor hatte Allnutt (1970; zitiert nach Allnutt & Allan, 1973) festgestellt, daß eine Effektivtemperatur von 34,4 °C gegenüber 15,6 °C zu einer Abnahme richtiger Lösungen und einer Zunahme der Bearbeitungsgeschwindigkeit bei einem Intelligenztest führte. Allnutt und Allan (1973) machten sich nun den Sachverhalt zunutze, daß der nach einer Hitzeexposition erfolgte Anstieg der Körperkerntemperatur nur langsam wieder abgebaut wird. Wird durch klimatische Belastung die Körperkerntemperatur auf 38,7 °C erhöht, dann dauert es bei Wegfall der klimatischen Belastung ca. 30 min, bis die Temperatur auf 38,2 °C abgefallen ist. In dieses Zeitintervall legten die Autoren ihre Experimentalphase, gleichzeitig trugen die Probanden Anzüge, die die Hauttemperatur so abkühlten, daß die Probanden thermische Behaglichkeit empfanden. Unter der Kontrollbedingung wurde die Körperkerntemperatur nicht erhöht, die Probanden trugen aber die gleichen Anzüge.

Ähnlich wie schon in dem Experiment von Allnutt (1970) führte die Experimentalbedingung zu verkürzten Verarbeitungszeiten. Der erwartete Anstieg der Fehlerzahlen in der Experimentalbedingung blieb jedoch aus. Die Leistungswerte, die für die Experimentalbedingung geringfügig besser ausfielen, unterschieden sich statistisch nicht bedeutsam.

Die Körperkerntemperatur reagiert aufgrund der Wirksamkeit von Kompensationsmechanismen nur träge auf thermische Belastung. Eine andere physiologische Reaktion tritt dagegen schon kurzfristig auf, thermische Belastung führt nach wenigen Minuten zu einem Ansteigen der Hauttemperatur. Der Frage, ob Hitzewirkungen an ein Ansteigen der Körperkerntemperatur gekoppelt sind, oder ob auch schon erhöhte Hauttemperaturen psychische Prozesse beeinflussen können, sind Poulton & Kerslake (1965) nachgegangen.

Die Autoren ließen zwölf Probanden in zwei Gruppen von je 6 Personen unter zwei Klimabedingungen (19 °C ET und 30 °C ET) 20 Minuten lang arbeiten. Dabei wurde von dem Probanden verlangt, aus Gruppen von jeweils 10 akustisch dargebotenen Buchstaben denjenigen zu identifizieren, der doppelt auftrat. Gleichzeitig mußten Anzeigeinstrumente überwacht und auf Abweichungen von Sollvorgaben reagiert werden. Vor Beginn der Variation der klimatischen Belastungen zeigten die Probandengruppen gleiche Ausgangsleistungswerte für beide Aufgaben. Auch die Hauttemperatur war bei einer Umgebungstemperatur von 21 °C gleich. Mit Beginn der Tätigkeit unter den angegebenen Klimabedingungen zeigte die Experimentalgruppe schon nach 4 min eine um 3,8 °C erhöhte Hauttemperatur, während die der Kontrollgruppe in der gleiche Zeit um 1,3 °C abfiel. Hinsichtlich der Buchstabenidentifikation zeigte die Experimentalgruppe konstante Leistungen, dagegen sanken die Leistungen der Kontrollgruppe über die Versuchsdauer ab. Der Leistungsabfall der Kontrollgruppe fiel nach sechs Minuten, der Unterschied zwischen beiden Gruppen nach 14 Minuten statistisch bedeutsam aus. Der Leistungsverlauf für die visuelle Überwachung sah ähnlich aus. Während die Leistungswerte für die Experimentalgruppe über die Expositionszeit leicht anstiegen, fielen die der Kontrollgruppe etwas ab. Der Unterschied zwischen den Gruppen konnte für die letzten 6 Minuten statistisch abgesichert werden.

Poulton & Kerslake (1965) haben beide Probandengruppen einen Tag später ein zweites Mal, jetzt aber unter der jeweils anderen Klimabedingung arbeiten lassen. Die Ergebnisse ließen sich während des zweiten Tages nicht replizieren, was die Autoren auf die Wirksamkeit massiver Transfereffekte zurückführten.

3.6 Re-Interpretation der Befunde aus dem Paradigma I

Die Arbeit von Wilkinson, Fox, Goldsmith, Hampton & Lewis (1964) stellte einen wesentlichen Impuls für eine veränderte Sichtweise und teilweise auch für eine Re-Interpretation der Daten dar. Da bisher die Bedeutung der Körperkerntemperatur für psychische Leistungen unterschätzt worden war, waren auch weitere Variable wie die Expositionszeit, die die Beziehung zwischen klimatischer Belastung und Körperkerntemperatur moderieren, vernachlässigt worden. Wing (1965) ging daher der Frage nach, ob das bislang uneinheitliche Bild für Zusammenhänge zwischen Effektivtemperaturen und Leistungseinbußen günstiger ausfällt, wenn die Expositionsdauer berücksichtigt wird. Der Autor verglich die Ergebnisse von 14 experimentellen Arbeiten und konnte aufzeigen, daß eine exponentielle Beziehung zwischen kritischer Effektivtemperatur und Expositionszeit bestand. Effektivtemperaturen von 30,6 °C erwiesen sich nur als wirksam, wenn die Gesamtexpositionszeit 240 min betrug. Mit steigenden Effektivtemperaturen nahm die zum Nachweis von Leistungseinbrüchen notwendige Expositionszeit progressiv ab und betrug bei 45,6 °C ET nur noch 6 min.

Grether (1973) verglich mehr als 50 in der Literatur beschriebene Experimente daraufhin, ob Regelmäßigkeiten im Hinblick auf die Effektivtemperaturbereiche, die zu Leistungseinbußen führten, zu beobachten waren. Er konnte solche Regelmäßigkeiten feststellen, und zwar in Abhängigkeit von den Anforderungen der verwendeten Aufgaben. Waren einfache Reaktionen oder das Schätzen von Zeitabschnitten verlangt, dann führte eine erhöhte Umgebungs- oder Kerntemperatur zu einem beschleunigten Ablauf dieser Leistungen. Vigilanz- und Überwachungstätigkeiten führten in der Regel dann, wenn die Umgebungstemperatur bis 26,7 °C erhöht wurde, zu besseren Leistungen, höhere Effektivtemperaturen hatten den gegenteiligen Effekt. Alle anderen Aufgabentypen (komplexe Reaktionsaufgaben, Spurverfolgung, kognitive Aufgaben) zeigten bis auf einige Ausnahmen wenig Leistungsvariation bei Effektivtemperaturen bis 29,4 °C. Effektivtemperaturen oberhalb dieser Gruppe führten dann zu Leistungseinbußen.

Diesen Befunden stellt Grether (1973) eine Arbeit von Lind (1963) gegenüber. Lind (1963) hatte beobachtet, daß bei Effektivtemperaturen ab 28,3 °C und leichter körperlicher Aktivität die Fähigkeit, eine konstante Körperkerntemperatur aufrecht zuerhalten, verloren geht.

3.7 Kombinierte Belastung und psychische Leistung – Erste Untersuchungen zum Paradigma IV

Erste Experimente zur kombinierten Belastung mit Hitze als einer der Belastungsgrößen sind von Pepler (1959, 1960) durchgeführt worden. Pepler hatte sich bis zu diesem Zeitpunkt an den von Mackworth (1946) vorgezeichneten Weg gehalten und begann nun, gezielt Hypothesen über das Zustandekommen der hitzebedingten Leistungseinbußen experimentell zu überprüfen. Pepler ging davon aus, daß klimatische Belastung nicht über die Wärmebilanz des Körpers wirkt. Er stellte die Hypothese auf, daß Hitzebelastung keine spezifischen Wirkungen hat, sondern zu geringeren Leistungen führt, weil sie ebenso wie andere unangenehme oder ungewöhnliche Situationsmerkmale von der Bearbeitung der Aufgabe ablenkt.

In einem ersten Experiment verglich daher Pepler (1959) die Wirkungen von klimatischen Belastungen mit denen von Schlafentzug. 12 Probanden hatten dabei unter vier Versuchsbedingungen, die sich in Bezug auf die klimatische Belastung (18,8 °C ET vs. 32,8 °C BET) sowie hinsichtlich des Schlafentzuges (Schlafentzug in der vorangegangenen Nacht vs. normaler Nachtschlaf) unterschieden, an zwei Aufgaben, einer Spurverfolgungs- und einer Mehrfachwahlreaktionsaufgabe, zu arbeiten.

Schlafentzug wie auch klimatische Belastung bedingten bei einigen Leistungsparametern (Deckungszeit bei der Spurverfolgung, Anzahl der Gaps bei der Mehrfachwahlreaktion) verminderte Leistungen. Schlafentzug erwies sich hierbei als weitaus wirkungsvoller. Darüber hinaus führte klimatische Belastung zu einer erhöhten Zahl von Richtungsänderungen bei der Spurverfolgung und zu einer erhöhten Zahl von Fehlern bei der Wahlreaktion, während Schlafentzug die Anzahl der Reaktionen auf die Mehrfachwahlaufgabe reduzierte. Insgesamt war nicht zu beobachten, daß beide Größen in ihrer Wirkung interagierten. Pepler (1959) schloß aus den Befunden, daß die Mechanismen, die der Wirkung von klimatischer Belastung und der Wirkung des Schlafentzuges zugrundeliegen, unterschiedlich sein müssen. Schlafentzug soll zu reduzierter Aktivität führen, klimatische Belastung dagegen weniger angemessene Reaktionen bedingen.

In einem weiteren Experiment benutzte Pepler (1960) Reize von milderer Wirkung als Schlafentzug. In einem ersten Experiment wollte er die Probanden durch eine unbedeckte Lichtquelle von der Spurverfolgung ablenken, in einem zweiten Experiment durch eine interessante Erzählung, die aus dem Hintergrund zu hören war. Für beide Experimente wurden wiederum 4 Versuchsbedingungen geschaffen, die sich im Vorhandensein des Zusatzreizes und in der klimatischen Belastung unterschieden. In dem ersten Experiment war zu beobachten, daß die zusätzliche Lichtquelle wie auch die klimatische Belastung die Spurverfolgungsleistung reduzierte, aber der Zusatzreiz führte zu einer Reduktion der Anzahl der Richtungsänderungen, während unter klimatischer Belastung dieser Parameter höhere Werte zeigte.

Das Gespräch im Hintergrund führte ebenso zu einer reduzierten Leistung bei der Spurverfolgung und zu einer Reduktion der Anzahl der Richtungsänderungen. Unter klimatischer Belastung waren Leistungsänderungen nicht nachweisbar, was Pepler (1960) auf eine hohe Varianz in den Leistungsdaten aufgrund ungenügender Übung der Probanden zurückführte.

3.8 Kombinierte Belastung, Arousal und psychische Leistung – Weitere Untersuchungen zum Paradigma IV

Die Annahme, daß Hitze über das Arousal-Niveau psychische Leistungen beeinflußt, hat der experimentellen Überprüfung von Hitzewirkungen neue Wege eröffnet. Grundlage dafür ist zunächst die Annahme, daß die Leistung eine Folge des Arousals ist und daß die Form dieser Beziehung einen umgekehrt-U-förmigen Verlauf hat. Dies bedeutet, daß ein Anstieg des Arousals bei geringerem Niveau Leistungsverbesserungen bewirkt bis ein Punkt optimalen Arousals erreicht ist. Weitere Arousalerhöhungen bewirken dann Leistungsverschlechterungen. Eine Variable, die die Beziehung zwischen Arousal und Leistung moderieren soll, ist die Aufgabenschwierigkeit oder -komplexität. Steigende Aufgabenkomplexität reduziert das für optimale Leistung erforderliche Arousal-Niveau.

Unterschiedliche externe Faktoren wie Schlafentzug oder Lärm sollen die Leistung über das Arousal-Niveau beeinflussen (Poulton, 1970). Lärm soll das Arousal-Niveau erhöhen, Schlafentzug das Arousal-Niveau verringern. Der Nachweis, daß solche externen Faktoren die Leistung in vorausgesagter Weise beeinflussen, ist ein erstes Indiz für die Richtigkeit der Annahme. Weitere Belege werden gesucht, indem jeweils zwei Einflußgrößen in einem Experiment variiert werden. Wenn beide Einflußgrößen über den gleichen Mechanismus auf die Leistung wirken, dann müssen sich die Effekte der Einzelfaktoren in Bezug auf das Arousal-Niveau je nach Wirkrichtung addieren oder kompensieren und zu voraussagbaren Leistungsveränderungen unter Einzel- wie unter Doppelbelastung führen. In einer Serie von drei Experimenten ist überprüft worden, wie Hitzebelastung (33 °C BET gegenüber 19 °C ET) mit niedrig frequentem Lärm (Poulton & Edwards, 1974a), mit Schlafentzug (Poulton, Edwards & Colquhoun, 1974) sowie mit Hyoscine, ein Medikament zur Reduzierung von Seekrankheitssymptomen (Poulton & Edwards, 1974b) interagiert. 12 Probanden hatten jeweils unter allen vier Merkmalskombinationen zweier Einflußgrößen drei Aufgaben je 30 min lang zu bearbeiten, eine Spurverfolgung mit gleichzeitiger Reaktion auf periphere Lichtsignale, die Mehrfachwahlreaktion und eine akustische Vigilanzaufgabe.

Poulton & Edwards (1974a) erwarteten, daß Lärm wie auch die milde Hitzeexposition eine Erhöhung des Arousal-Niveaus bewirkt. Entzug des Schlafes in der der entsprechenden Experimentalbedingung vorausgehenden Nacht sollte ebenso wie eine Dosis von 1 mg Hyoscine das Arousal-Niveau reduzieren. Die in diesen Experimenten erhobenen Befunde ließen sich nicht einheitlich nach dem Arousal-Konzept erklären.

Teilweise wirkte Hitze in vorausgesagter Richtung. So war die Anzahl entdeckter Signale bei der visuellen Vigilanzaufgabe, die unter Schlafdeprivation allein gegenüber der Kontrollbedingung bedeutsam reduziert war, zu Beginn der Bearbeitung wieder erhöht, wenn Hitze mit Schlafdeprivation kombiniert war. Ebenso war zu beobachten, daß in den letzten Minuten bei der Bearbeitung der Mehrfachwahlreaktion die durch Schlafentzug bedingten Leistungseinbrüche teilweise kompensiert werden konnten, wenn Schlafentzug gemeinsam mit Hitze auftrat. Jedoch wirkte Hitze als Einzelbedingung nicht in vorausgesagter Richtung. Sie reduzierte die Spurverfolgungsleistung, die Anzahl entdeckter Signale bei der Vigilanzaufgabe und erhöhte die Fehlerzahl bei der Mehrfachwahlreaktion. Weiterhin bewirkte die Kombination von Hitze und Schlafentzug zum Ende der Bearbeitung von Spurverfolgung und Vigilanz, aber zu Beginn der Mehrfachwahlreaktion deutlichere Leistungseinbußen als die Schlafdeprivation allein.

Hitze und Lärm, die beide das Arousal-Niveau erhöhen sollten, führten zu einer erhöhten Zahl von Fehlreaktionen bei der visuellen Vigilanzaufgabe. Dieser Befund konnte für die Hitzebedingung statistisch abgesichert werden. Unter kombinierter Belastung, die zu einem Überschreiten des mittleren Arousal-Niveaus führen sollte, wurden wieder Fehlerzahlen beobachtet, die denen unter der Kontrollbedingung glichen. Bei der Spurverfolgung konnten die Befunde zum Teil ähnlich interpretiert werden. Lärm bewirkte durch einen Anstieg im Arousal-Niveau eine Leistungsverbesserung, während kombinierte Belastung aufgrund eines Arousal-Niveaus oberhalb des Optimums wieder zu Leistungseinbußen führte. Hitze jedoch führte zu Beginn der Spurverfolgung zu statistisch bedeutsamen Leistungseinbußen, die denen kombinierter Belastung glichen, während in der zweiten Hälfte der Bearbeitung Resultate erzielt wurden, die denen unter Kontrollbedingungen glichen.

Die Kombination von Hitze und Hyoscine lieferte weitere widersprüchliche Befunde. In diesem Experiment erwiesen sich insbesondere die Reaktionszeiten als kritische abhängige Größen. Unter Einzelbelastung waren die Reaktionszeiten bei der Reaktion auf die Lichtsignale, die gleichzeitig mit der Spurverfolgung dargeboten wurden, im Vergleich zur Kontrollbedingung bei Einzelbelastung kürzer (Hitze) oder gleich (Hyoscine), während Belastungskombination zu bedeutsam verzögerten Reaktionen führte. Ebenso wurde eine statistisch bedeutsame Wechselwirkung für die Reaktionszeit bei der akustischen Vigilanz beobachtet. Einzelbearbeitung hatte Reaktionszeiten zur Folge, die sich statistisch unbedeutsam von der Kontrollbedingung unterschieden, Belastungskombination bewirkte aber wiederum deutlich verlängerte Reaktionszeiten.

Die Autoren führen eine Reihe von Gründen für diese unerwartete Befundlage an. Einmal wiesen ihre Ergebnisse auf massive Transfereffekte zwischen den Bedingungskonstellationen hin, die den Eindruck vermittelten, daß die Wirkung von Einflußgrößen bei Einzeldarbietung auch davon abhing, welche zweite Größe innerhalb des Experiments variiert wurde. So führte Hitze unter Einzelbelastung zu erhöhter Spurverfolgungsleistung, wenn die zweite unabhängige Variable im Experiment Hyoscine war, aber zu einem Leistungsrückgang, wenn Lärm als zweite Variable auftrat (Poulton & Edwards, 1974b).

Ähnliche Transfereffekte waren auch für die Kontrollbedingungen zu beobachten. Trotz gleicher Leistungswerte vor Beginn der Experimente fiel die Fehlerzahl bei der Mehrfachwahlreaktion in der Kontrollbedingung bedeutsam höher aus, wenn in den Experimentalbedingungen Hitze und Lärm, nicht aber Hitze und Hyoscine variiert wurden. Die methodischen Unzulänglichkeiten veranlaßten die Autoren zur Vermeidung von Transfereffekten unabhängige Probandengruppen für die unterschiedlichen Versuchsbedingungen zu fordern. Doch methodische Unzulänglichkeiten konnten nicht allein für die widersprüchlichen Befunde verantwortlich gemacht werden.

Die Wirkungen von Hitze entsprachen nur teilweise den Voraussagen, die mittels des Arousal-Konzepts getroffen worden waren. Einmal zeigten die belastenden Größen nicht die erwartete Unspezifität in ihrer Wirkung, sondern verschiedene Belastungsgrößen und Kombinationen von Belastungsgrößen hatten Einfluß auf unterschiedliche Leistungsparameter. Wurde dann unter Einzelbelastung oder Belastungskombination eine Wirkung beobachtet, dann fiel sie teilweise nicht in erwarteter Richtung aus. Diese Befundlage veranlaßte Poulton & Edwards (1974a), die Annahme eines eindimensionalen Arousal-Konzeptes für die Erklärung von Hitzewirkungen aufzugeben.

3.9 Die Weiterentwicklung des Paradigmas kombinierter Belastung

Auch wenn sich die mittels des Paradigmas kombinierter Belastung überprüften Modellannahmen als ungeeignet zur Erklärung von Hitzewirkungen erwiesen, erscheint das Paradigma prinzipiell doch in der Lage zu sein, diese Funktion erfüllen zu können, wenn die Modellvorstellungen auf der Grundlage bisher gewonnener Erkenntnisse ausgebaut werden. Zudem gewährt dieses Paradigma den Vorteil theoriegeleiteter Forschung. Ansatzpunkte für die Weiterentwicklung der Modellvorstellungen ergeben sich aufgrund von folgenden Sachverhalten:

1. Es ist dokumentiert, daß Umgebungstemperaturen nicht unabhängig von physiologischen Größen wirken. Hitzebelastung ruft einen Wärmestau im Körper hervor, der sich in erhöhter Kern- und Hauttemperatur, Herzschlagfrequenz und Schweißabgabe manifestiert. Aus diesem Sachverhalt ergibt sich zunächst die Forderung, zur Kontrolle der Vergleichbarkeit von Versuchsbedingungen unterschiedlicher Experimente sowie unterschiedlicher Meßzeitpunkte innerhalb eines Experimentes physiologische Parameter heranzuziehen, die während der Versuchsdurchführung kontinuierlich erhoben werden. Darüber hinaus stellt die Kombination von Hitze und Arbeitstätigkeit selbst schon eine Belastungskombination dar, die im Rahmen des Paradigmas kombinierter Belastung näher analysiert werden kann. Wirkungen der Belastungskombination auf physiologische Parameter können daraufhin untersucht werden, ob sie durch die Addition der Einzeleffekte erklärt werden können, oder ob Interaktionen zwischen den Belastungsgrößen zu beobachten sind.

Die Erfassung bedeutsamer physiologischer Parameter ist in den Untersuchungen von Rutenfranz, Wenzel, Singer, Mocellin & Hawel (1971) und Wenzel & Ilmarinen (1977) beschrieben. Die zweite Untersuchung belegt besonders, daß die in vorbildhafter Weise erfolgte Erfassung physiologischer Parameter hilfreich ist, Hitzewirkungen auch dann zu belegen, wenn Leistungseinbußen nicht beobachtbar sind.

Das Experiment von Wenzel & Ilmarinen (1977) hatte zum Ziel, die Spurverfolgungsleistung eines geübten und hochmotivierten Probanden unter 18 unterschiedlichen Bedingungen klimatischer Belastung (Trockentemperatur von 28 °C bis 55 °C, Luftfeuchtigkeit von 10 % bis 92 %) mit der unter Kontrollbedingung zu vergleichen. Der Proband wurde dazu unter jeder Bedingung zunächst 2 Stunden lang dem jeweiligen Klima ausgesetzt und hatte dann für weitere 2 Stunden unter dem Klima die Spurverfolgung zu bearbeiten. Das Experiment umfaßte aber noch eine weitere Bedingungsvariation; der Proband wurde wiederum jeweils für 4 Stunden den gleichen Klimata ausgesetzt, ohne die Spurverfolgung zu bearbeiten (Ruhebedingung).

Während die Spurverfolgungsleistung unbeeinflußt durch klimatische Belastung blieb, unterschieden sich die physiologischen Reaktionen nicht nur in Abhängigkeit von der jeweiligen Klimabedingung, sondern auch in Abhängigkeit davon, ob die Spurverfolgung auszuführen war oder nicht. Im einzelnen beschrieben Wenzel & Ilmarinen (1977) folgenden Sachverhalt: Die Sauerstoffaufnahme betrug unter der Ruhebedingung über die Klimata konstant 260 ml/min. Unter Spurverfolgung war die Sauerstoffaufnahme wegen der motorischen Aktivität auf einen über die Klimabedingungen konstanten Betrag von 320 ml/min erhöht. Damit führte die Spurverfolgung zu einer erhöhten Hitzeproduktion von 70 kJ/h, die ebenfalls über die Klimata konstant war.

Die Spurverfolgung führte weiterhin zu einer erhöhten Körperkerntemperatur von 0,1 – 0,2 °C und zu einer erhöhten Schweißabgabe, die eine zusätzliche Wärmeabgabe von 110 kJ/h durch Wasserverdampfung bedingte. Damit war die durch die motorische Aktivität produzierte Wärme durch erhöhte Schweißabgabe mehr als kompensiert, was zu Hauttemperaturen führte, die um 0,5 °C – 0,9 °C reduziert waren. Dieses bis hierher einheitliche Bild wurde noch durch den Befund abgerundet, daß die Herzschlagfrequenz unter Arbeit höher lag als unter Ruhe und über die Klimata anstieg. Unerwartet war jedoch, daß die Differenz in der Herzschlagfrequenz zwischen der Arbeits- und der Ruhebedingung umso größer wurde, je höher die Hitzebelastung ausfiel. Auch der Vergleich von Körperkerntemperaturen und Herzschlagfrequenz unter Arbeit und unter Ruhe ergab das gleiche Bild. Mit steigender Körperkerntemperatur wuchs auch die Differenz der unter Arbeit und unter Ruhe erzielten Herzschlagfrequenzen.

Während bei Körperkerntemperatur von 37 °C und knapp darüber die Herzschlagfrequenzen noch vergleichbar waren, betrug bei 37,8 °C die Herzschlagfrequenz 135 Schläge pro min bei Arbeit und 110 Schläge pro min unter Ruhe. Nach Wenzel & Ilmarinen (1977) ist der Anstieg der Herzschlagfrequenz auf das Bemühen des Probanden zurückzuführen, trotz steigender klimatischer Belastung konstante Spurverfolgungsleistungen zu erzielen. Dieser Befund ermutigt, physiologische Größen nicht nur zur Kontrolle von Versuchsbedingungen, sondern auch als Indikatoren für Beanspruchung zu nutzen.

2. Ein zweiter Ansatzpunkt für die weitere theoretische Entwicklung von Modellen zu Hitzewirkungen ergibt sich aus der Tatsache, daß das eindimensionale energetische Konzept, das die Leistung aufgrund des Arousal-Niveaus und der Aufgabenkomplexität voraussagen will, nicht in der Lage war, die unter Einzelbelastung und Belastungskombination erzielten Befunde widerspruchsfrei zu erklären. Eine mögliche Reaktion auf diesen Sachverhalt besteht darin, das Modell zu erweitern. Ein mehrdimensionales Konzept ist beispielsweise von Pribram & McGuinness (1977) angeboten worden. Die Autoren differenzieren zwischen phasischen und tonischen Komponenten in der physiologischen Reaktion. Phasische Komponenten folgen auf bestimmte Stimulimuster und werden als Arousal bezeichnet, während die tonische Komponente die Bereitschaft zur Reaktion reflektiert. Diese energetischen Mechanismen sollen unabhängig voneinander wirken und über eine dritte Größe, die Anstrengung, kontrolliert sein. Aufgrund dieser Modellerweiterung sind differentielle Hypothesen über die Wirkung von Hitze im Vergleich zu anderen Belastungsgrößen in Abhängigkeit von zugrundeliegenden Anforderungsmustern möglich.

3. Die von Poulton und seinen Mitarbeitern beobachteten Transfereffekte stellen nicht nur lästige Begleiterscheinungen dar, die experimentelles Arbei-

ten erschweren, sondern eröffnen eine weitere Zugangsmöglichkeit, Hitzewirkungen zu erfassen. Innerhalb des Paradigmas kombinierter Belastung können Leistungsergebnisse für die unterschiedlichen Belastungskombinationen unter Verwendung unabhängiger und abhängiger Probandengruppen erhoben und miteinander verglichen werden. Unterschiede in den Leistungsergebnissen, die Transfereffekte aufgrund abhängiger Messungen reflektieren, können Aufschluß über Strategien bei der Aufgabenbearbeitung geben, die durch unterschiedliche Belastungen und Belastungskombinationen ausgelöst sind.

Das Paradigma IV erlaubt so weiterhin theoriegeleitete Forschung und kann somit zu Erkenntnisgewinn führen, der mit Experimenten, die dem Paradigma I folgen, heute wohl kaum noch zu realisieren ist.

4 *Schlußfolgerungen*

Dieses Kapitel hat aufgezeigt, mit welchen unterschiedlichen Ansätzen der Einfluß von Umgebungsfaktoren auf psychische Leistungen erforscht worden ist. Der theoretische Ansatz, der die ersten Untersuchungen zur Wirkung der Belastungsgröße Hitze kennzeichnete, war von großer praktischer Bedeutung, trug aber wenig dazu bei, das Bedingungsgefüge von Hitzewirkungen aufzuzeigen. Ebenso erwiesen sich Interpretationen der Wirkungen von Belastungsgrößen auf der Grundlage einer eindimensionalen Arousal-Konzeption als inadäquat.

Die Dokumentation von Lärmwirkungen über das Erstellen detaillierter Leistungsprofile für unterschiedliche Aufgaben hat nicht nur eine Weiterentwicklung theoretischer Annahmen bedingt, sondern gleichzeitig die Notwendigkeit aufgedeckt, die Mikrostruktur von Verhalten, beispielsweise den Wechsel von Strategien oder in der Motivation zu erfassen. Dieser Ansatz macht deutlich, daß ein Vergleich auf der Basis eher globaler Leistungsindikatoren die Vielzahl von Wirkungen, die jede Belastungsgröße hervorrufen kann, vernachlässigt, und die Bedeutung spezifischer Merkmale jeder der Belastungsgrößen ignoriert.

Eine Vielzahl neuer Variablen ist in die Forschungsvorhaben aufgenommen worden. Einigen Ansätzen, die die Bedeutung von Veränderungen in der kognitiven Motivation betonen (Schönpflug, 1983; Jones, 1984), stehen andere Ansätze gegenüber, die den Einfluß von Umgebungsfaktoren über physiologische Prozesse auf psychische Leistungen dokumentieren. Die weitere experimentelle Arbeit wird beide Erklärungsansätze berücksichtigen müssen und kann zur Klärung beitragen, inwieweit Leistungsveränderungen auf physiologische Prozesse und inwieweit sie auf kognitive Prozesse zurückzuführen sind.

Literatur

Allnutt, M. F. 1970. Performance under environmental stress. Unpublished Ph. D. Thesis, University of Nottingham.

Allnutt, M. F. & Allan, J. R. 1973. The effects of core temperature elevation and thermal sensation on performance. Ergonomics, **16,** 189–196.

Baddeley, A. 1981. The cognitive psychology of everyday life. British Journal of Psychology, **72,** 257–269.

Baker, M. A., Holding, D. H. & Loeb, M. 1984. Noise, sex and time of day effects in a mathematics task. Ergonomics, **27,** 67–80.

Bell, C. R. 1965. Time estimation and increases in body temperature. Journal of Experimental Psychology, **70,** 232–234.

Bell, C. R . & Provins, K. A. 1963. Relation between physiological responses to environmental heat and time judgments. Journal of Experimental Psychology, **66,** 572–579.

Bell, P. A. 1978. Effects of noise and heat stress on primary and subsidiary task performance. Human Factors, **20,** 749–752.

Benignus, V. A., Otto, D. A. & Knelson, J. H. 1975. Effect of low-frequency random noises on performance of a numeric monitoring task. Perceptual and Motor Skills, **40,** 231–239.

Benor, D. & Shvartz, E. 1971. Effect of body cooling on vigilance in hot environments. Aerospace Medicine, **42,** 727 730.

Blake, M. J. F. 1971. Temperament and time of day. In W. P. Colquhoun (Hg.). Biological rhythms and human performance. London, New York: Academic Press. 109–148.

Breen-Lewis, K. & Wilding, J. 1984. Noise, time of day and test expectations in recall and recognition. British Journal of Psychology, **75,** 51–63.

Broadbent, D. E. 1953. Noise, paced performance, and vigilance tasks. British Journal of Psychology, **44,** 295–303.

Broadbent, D. E. 1971. Decision and stress. London, New York: Academic Press.

Broadbent, D. E. 1978. The current state of noise research: reply to Poulton. Psychological Bulletin, **85,** 1052–1067.

Broadbent, D. E. 1979. Human performance and noise. In C. S. Harris (Hg.). Handbook of noise control. New York: McGraw-Hill. (2. Aufl.) 2066–2085.

Broadbent, D. E. 1983. Recent advances in understanding performance in noise. In G. Rossi (Hg.). Proceedings of Fourth International Congress on Noise as a Public Health Problem. Milan: Centro Richerche e Studi Amplifon. 719–738.

Bursill, A. E. 1958. The restriction of peripheral vision during exposure to hot and humid conditions. Quarterly Journal of Experimental Psychology, **10,** 113–129.

Carpenter, A. 1950. A comparison of the influence of handle load and of unfavourable atmospheric conditions on a tracking task. Quarterly Journal of Experimental Psychology, **2,** 1–6.

Chiles, W. D. 1958/59. Effects of elevated temperatures on performance of a complex mental task. Ergonomics, **2,** 89–96.

Cohen, A. 1973. Industrial noise and medical absence, and accident record data on exposed workers. In W. D. Ward (Hg.). Proceedings of the International Congress on Noise as a Public Health Problem, Dubrovnik, Yugoslavia, 13.–18. 5. 1973. Washington, DC: US Environmental Protection Agency. 441–453.

Cohen, S. 1980. Aftereffects of stress on human performance and social behavior. A review of research and theory. Psychological Bulletin, **88,** 82–108.

Cohen, S., Evans, G. W., Krantz, D. S. & Stokols, D. 1980. Physiological, motivational, and cognitive effects of aircraft noise on children: Moving from the laboratory to the field. American Psychologist, **35,** 231–243.

Cohen, S. & Spacapan, S. 1984. The social psychology of noise. In D. M. Jones & A. J. Chapman (Hg.). Noise and society. London: Wiley, 221–246.

Colquhoun, W. P. 1971. Circadian variations in mental efficiency. In W. P. Colquhoun (Hg.). Biological rhythms and human performance. London, New York: Academic Press. 39–107.

Daee, S. & Wilding, J. 1977. Effects of high intensity white noise on short-term memory for position in a list and sequence. British Journal of Psychology, **68,** 335–349.

Dornic, S. 1975. Some studies on the retention of order information. In P. M. A. Rabbitt & S. Dornic (Hg.). Attention and performance V. London: Academic Press. 230–240.

Dornic, S. & Fernaeus, S. E. 1981. Type of processing in high-load tasks: The differential effects of stress. Reports from the Department of Psychology, University of Stockholm, No. 576.

Eysenck, M. W. 1975. Effects of noise, activation level, and response dominance on retrieval from semantic memory. Journal of Experimental Psychology, : Human Learning and Memory, **1,** 143–148.

Eysenck, M. W. & Eysenck, M. C. 1979. Memory scanning, introversion-extraversion and levels of processing. Journal of Research in Personality, **13,** 305–313.

Fisher, S. 1972. A „distraction effect“ of noise bursts. Perception, **1,** 223–236.

Fox, R. H., Bradbury, P. A., Hampton, I. F. G. & Legg, C. F. 1967. Time judgement and body temperature. Journal of Experimental Psychology, **75,** 88–96.

Fox, R. H., Goldsmith, R., Kidd, D. J. & Lewis, H. E. 1963. Acclimatization to heat in man by controlled elevation of body temperature. J. Physiol. (London), **166,** 530–547.

Francois, M. 1927. Contribution a l'etude du sens du temps la temperature interne comme facteur de variation de l'appreciation subjective des durees. Annee Psychologique, **28,** 186–204.

Frazer, D. C. & Jackson, K. F. 1955. Effect of heat stress on serial reaction time in man. Nature, **176,** 976–977.

Glass, D. C. & Singer, J. E. 1972. Urban stress: Experiments on noise and social stressors. New York: Academic Press.

Grether, W. F. 1973. Human performance at elevated environmental temperatures. Aerospace Medicine, **44,** 747–755.

Grether, W. F., Harris, C. S., Mohr, G. C., Nixon, C. W., Ohlbaum, M., Sommer, H. C., Thaler, V. H. & Veghte, J. H. 1971. Effects of combined heat, noise and vibration stress on human performance and physiological functions. Aerospace Medicine, **42,** 1092–1097.

Hacker, W. 1978. Allgemeine Arbeits- und Ingenieurpsychologie. Bern: Huber. (2. Aufl.).

Hamilton, P., Hockey, G. R. J. & Quinn, J. G. 1972. Information selection, arousal and memory. British Journal of Psychology, **63,** 181–189.

Hamilton, P., Hockey, B. & Rejman, M. 1977. The place of the concept of activation in human information performance processing theory: an integrative approach. In S. Dornic (Hg.). Attention and performance VI. Hillsdale, N.J.: Erlbaum. 463–486.

Hartley, L. R. 1973. Similar and opposing effects of noise on performance. In W. D. Ward (Hg.). Proceedings of the International Congress on Noise as a Public Health Problem, Dubrovnik, Yugoslavia, 13.–18. 5. 1973. Washington, DC: US Environmental Protection Agency. 379–387.

Hoagland, H. 1933. The physiological control of judgement of duration: Evidence for a chemical clock. Journal of General Psychology, **9,** 267–287.

Hockey, G. R. J. 1970. Signal probability and spatial location as possible bases for increased selectivity in noice. Quarterly Journal of Experimental Psychology, **22,** 37–42.

Hockey, G. R. J. 1979. Stress and the cognitive components of skilled performance. In V. Hamilton & D. M. Warburton (Hg.). Human stress and cognition: An information processing approach. Chichester: Wiley. 141–179.

Hockey, G. R. J. & Hamilton, P. 1970. Arousal and information selection in short-term memory. Nature, **226,** 866–867.

Hockey, G. R. J. & Hamilton, P. 1983. The cognitive patterning of stress states. In. R. Hockey (Hg.). Stress and fatigue in human performance. Chichester: Wiley. 331–362.

Hörmann, H. & Osterkamp, U. 1966. Über den Einfluß von kontinuierlichem Lärm auf die Organisation von Gedächtnisinhalten. Zeitschrift für Experimentelle und Angewandte Psychologie. **13,** 31–38.

Houston, B. K. & Jones, T. M. 1967. Distraction and stroop color-word performance. Journal of Experimental Psychology, **74,** 54–56.

Hoyos, C. Graf. 1974. Arbeitspsychologie. Stuttgart: Kohlhammer.

Jones, D. M. 1984. Performance effects. In D. M. Jones & A. J. Chapman (Hg.). Noise and society. Chichester: Wiley. 155–184.

Jones, D. & Broadbent, D. 1979. Side-effects of interference with speech by noise. Ergonomics, **22,** 1073–1081.

Jones, D. M., Smith, A. P. & Broadbent, D. E. 1979. Effects of moderate intensity noise on the Bakan vigilance task. Journal of Applied Psychology, **64,** 627–634.

Kleitman, N., Titelbaum, S. & Feiveson, P. 1938. The effect of body temperature on reaction time. American Journal of Physiology, **121,** 495–501.

Krenauer, M. & Schönpflug, W. 1980. Regulation und Fehlregulation im Verhalten. III: Zielsetzung und Ursachenbeschreibung unter Belastung. Psychologische Beiträge, **22,** 414–431.

Lind, A. R. 1963. A physiological criterion for setting thermal environmental limits for everyday work. Journal of Applied Physiology, **18,** 51–56.

Loeb, M., Holding, D. H. & Baker, M. A. 1982. Noise stress and circadian arousal in self-paced computation. Motivation and Emotion, **6,** 43–48.

Lovingood, B. W., Blyth, C. S., Peacock, W. H. & Lindsay, R. B. 1967. Effects of -amphetamine sulphate, caffeine, and high temperature on human performance. Research Quarterly, **38,** 64–71.

Mackworth, N. H. 1946. Effects of heat on wireless telegraphy operators hearing and recording morse messages. British Journal of Industrial Medicine, **3,** 143–158.

Mackworth, N. H. 1947. High incentives versus hot and humid atmospheres in a physical effort task. British Journal of Psychology, **38,** 90–102.

Mackworth, N. H. 1950. Researches on the measurement of human performance. London: His Majesty's Stationary Office. Medical Research Council, Special Report Series, No. 268.

Millar, K. 1979. Noise and the „rehearsal-masking-hypothesis". British Journal of Psychology, **70,** 565–577.

Mohindra, N. 1983. Noise and rehearsal. Paper presented at the British Psychological Society Conference, New York.

Mohindra, N. & Wilding, J. 1983. Noise effects on rehearsal rate in short term serial order memory. Quarterly Journal of Experimental Psychology, **35 A,** 155–170.

Mullin, J. & Corcoran, D. W. J. 1977. Interaction of task amplitude with circadian variation in auditory vigilance performance. Ergonomics, **20,** 193–200.

Pearsons, K. S. 1973. Systems of noise measurements. In W. D. Ward (Hg.). Proceedings of the International Congress on Noise as a Public Health Problem, Dubrovnik, Yugoslavia, 13.–18. 5. 1973. Washington, DC: US Environmental Protection Agency. 7–24.

Pepler, R. D. 1958/59. Warmth and performance: an investigation in the tropics. Ergonomics, **2,** 63–88.

Pepler, R. D. 1959. Warmth and lack of sleep: accuracy or activity reduced. Journal of Comparative and Physiological Psychology, **52,** 446–450.

Pepler, R. D. 1960. Warmth, glare and a background of quiet speech: a comparison of their effects on performance. Ergonomics, **3,** 68–73.

Pepler, R. D. 1963. Performance and well-being in heat. In C. M. Herzfeld (Hg.). Temperature, its measurement and control in science and industry. Vol. 3: Biology and medicine (J. D. Hardy, Hg.). New York: Reinhold. 319–336.

Pollock, K. G. & Bartlett, F. C. 1932. Two studies in the psychological effects of noise. I. Psychological experiments on the effects of noise. London: HMSO. 1–37. (Medical Research Council, Industrial Health Research Board, Report No. 65).

Poulton, E. C. 1970. Environment and human efficiency. Springfield, Ill.: C. C. Thomas.

Poulton, E. C. 1977. Continuous intense noise masks auditory feedback and inner speech. Psychological Bulletin, **84,** 977–1001.

Poulton, E. C. 1982. Influential companions: effects of one strategy on another in the within-subjects designs of cognitive psychology. Psychological Bulletin, **91,** 673–690.

Poulton, E. C. & Edwards, R. S. 1974a. Interactions and range effects in experiments on pairs of stresses: mild heat and low-frequency noise. Journal of Experimental Psychology, **102,** 621–628.

Poulton, E. C. & Edwards, R. S. 1974b. Interactions, range effects, and comparisons between tasks in experiments measuring performance with pairs of stresses: mild heat and 1 mg of 1-hyoscine hydrobromide. Aerospace Medicine, **45,** 735–741.

Poulton, E. C., Edwards, R. S. & Colquhoun, W. P. 1974. The interaction of the loss of a night's sleep with mild heat: task variables. Ergonomics, **17,** 59–73.

Poulton, E. C. & Kerslake, D. McK. 1965. Initial stimulating effect of warmth upon perceptual efficiency. Aerospace Medicine, **36,** 29–32.

Pribram, K. H. & McGuinness, D. 1975. Arousal, activation, and effort in the control of attention. Psychological Review, **82,** 116–149.

Rabbitt, P. M. A. 1966. Recognition memory for words correctly heard in noise. Psychonomic Science, **8,** 383–384.

Rabbitt, P. M. A. 1979. Current paradigms and models in human information processing. In V. Hamilton & D. M. Warburton (Hg.). Human stress and cognition. Chichester: Wiley. 115–140.

Rehm, S. 1983. Research on extra-aural effects of noise since 1978. In G. Rossi (Hg.). Proceedings of the Fourth International Congress on Noise as a Public Health Problem. Milan: Centro Richerche e Studi Amplifon. 527–549.

Reilly, R. E. & Parker, J. F. 1967. Effect of heat stress and prolonged activity on perceptual motor performance. Biotechnology Inc., Arlington, Va, for National Aeronautics and Space Administration, NASA-CR-1153.

Rutenfranz, J., Wenzel, H. G., Singer, R., Mocellin, R. & Hawel, W. 1971. Einfluß hoher Umgebungstemperaturen auf die Leistung und einige physiologische Größen bei einer Tracking- und einer optischen Vigilanz-Aufgabe. Opladen: Westdeutscher Verlag. (Forschungsberichte des Landes Nordrhein-Westfalen, Nr. 2200).

Salame, P. & Baddeley, A. D. 1982. Disruption of short-term memory by unattended speech: implications for the structure of working memory. Journal of Verbal Learning and Verbal Behavior, **21,** 150–164.

Salame, P. & Wittersheim, G. 1978. Selective noise disturbance of the information input in short-term memory. Quarterly Journal of Experimental Psychology, **30,** 693–704.

Schmidtke, H., Bubb, H., Rühmann, H. & Schaefer, P. 1981. Lärmschutz im Betrieb. Bayerisches Staatsministerium für Arbeit und Sozialordnung, München.

Schönpflug, W. 1983. Coping efficiency and situational demands. In R. Hockey (Hg.). Stress and fatigue in human performance. Chichester: Wiley. 299–330.

Schulz, P. & Schönpflug, W. 1982. Regulatory activity during states of stress. In W. Krohne & L. Laux (Hg.). Achievement, stress and anxiety. Washington, DC: Hemisphere. 51–73.

Schwartz, S. 1975. The effects of arousal on recall, recognition and organization of memory. (Unpubl. manuscript).

Shvartz, E. & Benor, D. 1971. Total body cooling in warm environments. Journal of Applied Physiology, **31,** 24–27.

Smith, A. P. 1982. The effects of noise and task priority on recall of order and location. Acta Psychologica, **51,** 245–255.

Smith, A. P. 1983a. The effects of noise and time on task on recall of order information. British Journal of Psychology, **74,** 83–89.

Smith, A. P. 1983b. The effects of noise and memory load on a running memory task. British Journal of Psychology, **74,** 439–445.

Smith, A. P. 1983c. The effects of noise on strategies of human performance. In G. Rossi (Hg.). Proceedings of the Fourth International Congress on Noise as a Public Health Problem. Milan: Centro Richerche e Studi Amplifon.

Smith, A. P. 1985a. Noise, biased probability and serial reaction. British Journal of Psychology, **76,** 89–95.

Smith, A. P. 1985b. The effects of different types of noise on semantic processing and syntactic reasoning. Acta Psychologica, **58,** 263–273.

Smith, A. P. 1985c. Circadian variation in stress: the effects of noise at different times of day. In C. Spielberger & J. Strelau (Hg.). Stress and anxiety. Vol. 12. New York: Hemisphere, McGraw-Hill International.

Smith, A. P. 1985d. The effects of noise on the processing of global shape and local detail. Psychological Research **47,** 103–108.

Smith, A. P. 1985e. The effects of noise on recall of lists of associated words. Current Psychological Research and Reviews, **4,** 17–21.

Smith, A. P. Noise, task parameters and dual task performance. (Paper in prep.)

Smith, A. P. & Broadbent, D. E. 1980. Effects of noise on performance on embedded figures tasks. Journal of Applied Psychology, **65,** 246–248.

Smith, A. P. & Broadbent, D. E. 1981. Noise and levels of processing. Acta Psychologica, **47,** 129–142.

Smith, A. P. & Broadbent, D. E. 1982. The effects of noise on recall and recognition of instances of categories. Acta Psychologica, **51,** 257–271.

Smith, A. P. & Broadbent, D. E. 1985. The effects of noise on the naming of colours and reading of colour names. Acta Psychologica, **58,** 275–285.

Smith, A. P., Jones, D. M. & Broadbent, D. E. 1981. The effects of noise on recall of categorized lists. British Journal of Psychology, **72,** 299–316.

Smith, A. P. & Miles, C. 1985. The combined effects of noise and nightwork on human function. In D. Oborne (Hg.). Contemporary ergonomics. London: Taylor & Francis. 33–41.

Smith, A. P. & Miles, C. 1986. Acute effects of meals, noise, and nightwork. British Journal of Psychology, **77,** 377–389.

Smith, A. P. & Stansfeld, S. 1986. Aircraft noise exposure, noise sensitivity, and everyday errors. Environment and Behavior, **18,** 214–216.

Stansfeld, S. A., Clark, C. R., Turpin, G., Jenkins, L. M. & Tarnopolsky, A. 1985. Sensitivity to noise in a community sample: II. The measurement of psychophysiological indices. Psychological Medicine, **15,** 255–263.

Teichner, W. H., Arees, E. & Reilly, R. 1963. Noise and human performance, a psychophysiological approach. Ergonomics, **6,** 83–97.

Teichner, W. H. & Wehrkamp, R. F. 1954. Visual-motor performance as a function of short-duration ambient temperature. Journal of Experimental Psychology, **47,** 447–450.

Viteless, M. S. & Smith, K. R. 1946. An experimental investigation of the effect of change in atmospheric conditions and noise upon performance. Heating, Piping and Air Conditioning, **18,** 107–112.

Ward, W. D. 1983. Noise-induced hearing loss: research since 1978. In G. Rossi (Hg.). Proceedings of the Fourth International Congress on Noise as a Public Health Problem. Milan: Centro Richerche e Studi Amplifon. 125–143.

Webster, J. C. 1983. Communicating in noise, 1978–1983. In G. Rossi (Hg.). Proceedings of the Fourth International Congress on Noise as a Public Health Problem. Milan: Centro Richerche e Studi Amplifon. 411–425.

Weiner, J. S. & Hutchinson, J. C. D. 1945. Hot humid environment: Its effect on the performance of a motor co-ordination test. British Journal of Industrial Medicine, **2,** 154–157.

Weinstein, N. D. 1974. Effect of noise on intellectual performance. Journal of Applied Psychology, **59,** 548–554.

Wenzel, H. G. & Ilmarinen, R. 1977. Effects of environmental heat on performance and some physiological responses of a man during a psychomotor task. Journal of Human Ergology, **6,** 139–152.

Wenzel, H. G. & Piekarski, C. 1984. Klima und Arbeit. München: Bayerisches Staatsministerium für Arbeit und Sozialordnung. (3. Aufl.).

Wilding, J. & Mohindra, N. 1980. Effects of subvocal suppression, articulating aloud and noise on sequence recall. British Journal of Psychology, **71,** 247–261.

Wilding, J. & Mohindra, N. 1983. Noise slows phonological coding and maintenance rehearsal: An explanation for some effects of noise on memory. In G. Rossi (Hg.). Proceedings of the Fourth International Congress on Noise as a Public Health Problem. Milan: Centro Richerche e Studi Amplifon. 759–771.

Wilding, J., Mohindra, N. & Breen-Lewis, K. 1982. Noise effects in free recall with different orienting tasks. British Journal of Psychology, **73,** 479–486.

Wilkinson, R. T. 1963. Interaction of noise with knowledge of results and sleep deprivation. Journal of Experimental Psychology, **66,** 332–337.

Wilkinson, R. T. 1974. Individual differences in response to the environment. Ergonomics, **17,** 745–756.

Wilkinson, R. T., Fox, R. H., Goldsmith, R., Hampton, I. F. G. & Lewis, H. E. 1964. Psychological and physiological responses to raised body temperature. Journal of Applied Physiology, **19,** 287–291.

Wing, J. F. 1965. Upper thermal tolerance limits for unimpaired mental performance. Aerospace Medicine, **36,** 960–964.

Woodhead, M. M. 1964. The effect of bursts of noise on an arithmetic task. American Journal of Psychology, **77,** 627–633.

Yaglou, C. P. 1927. Temperature, humidity, and air movement in industries: the effective temperature index. Journal of Industrial Hygiene, **9,** 297–309.

8. Kapitel

Methoden zur Planung und Bewertung arbeitspsychologischer Interventionsmaßnahmen

Friedhelm Nachreiner, Günter F. Müller und Gerhard Ernst

1 Zur Bedeutung der Bewertung arbeitspsychologischer Interventionsmaßnahmen

Am 28. 3. 1979 nachts gegen 04.00Uhr ereignete sich im Kontrollraum eines Kernkraftwerkes bei Harrisburg eine folgenschwere Fehlentscheidung, deren Ursachen zu nicht unerheblichen Anteilen in der konkreten Gestaltung der Arbeitsbedingungen zu suchen sind. Zwei Dinge, die ins Auge springen, sind die Gestaltung der Anzeigen (Wickens, 1984) und die Gestaltung des Arbeitszeitsystems (Andlauer et al., 1982). Beide weisen unter arbeitspsychologischer Perspektive gravierende Mängel auf. Wenn auch nicht allein, so sind diese Mängel der Arbeitsgestaltung doch in erheblichem Umfang mitverantwortlich für die Fehlentscheidung der Operateure und deren Folgen.

Die Bewertung oder Evaluation von – vorgeschlagenen oder realisierten – Interventionsmaßnahmen hat im Rahmen der Arbeitspsychologie eine hervorgehobene Bedeutung und zwar weil, wie das Beispiel zeigt, damit häufig erhebliche Konsequenzen für die direkt und eine noch größere Anzahl indirekt Betroffener verbunden sind, deren Abschätzung und Kontrolle aus humanitärer, organisationaler und gesellschaftlicher Sicht zwingend wird. Man denke beispielsweise an Empfehlungen zur Arbeitsgestaltung, die aus Ergebnissen der Laborforschung abgeleitet werden, wobei nicht sicher ist, inwieweit die Generalisierung überhaupt zulässig ist (vgl. Chapanis, 1967). So könnte etwa die Einführung zusätzlicher reaktionsfordernder Signale bei Überwachungstätigkeiten fatale Konsequenzen haben, obwohl sich unter gewissen laborexperimentellen Bedingungen eine Verbesserung der Trefferquote durch Erhöhung der Signaldichte erreichen läßt (vgl. Singer, 1969).

Im Prinzip handelt es sich bei der Evaluation von Interventionsmaßnahmen um einen völlig „normalen" Prozeß, wie er bei jedem zielgerichteten Handeln stattfindet, nämlich um die Feststellung von Soll-Ist-Differenzen oder die Beurteilung der Wirksamkeit des ausgeführten Verhaltens (hier der arbeitspsychologischen Intervention) zur Erreichung des angestrebten Zieles zwecks möglicher Korrekturen in der Annäherung an dieses Ziel. Dazu ist es erforderlich, den durch die Intervention erreichten Zustand mit einem Zustand vergleichen zu können, der sich auf die Zeit vor Einführung der Intervention, eine zeitgleiche unbehandelte Situation oder einen konkret beschreibbaren Zielzustand bezieht. Für arbeitspsychologische Interventionsmaßnahmen stellt sich damit, vereinfacht dargestellt, die Frage, ob und in welchem Umfang die der Interventionsmaßnahme zugrundeliegende Soll-Ist-Differenz durch die Intervention behoben wurde, und welche anderen unbeabsichtigten (Neben-) Wirkungen sich aus der durchgeführten Maßnahme ergeben.

Dabei stellt sich sofort die Frage, was in diesem Sinne denn als arbeitspsychologische Interventionsmaßnahme zu verstehen ist. Hier soll darunter ganz allgemein jeder Eingriff verstanden werden, der die Arbeitssituation für den Betroffenen gestaltet oder verändert, von der Gestaltung einer Anzeige oder eines Stellteiles über die (Um-)Gestaltung eines Schichtsystems oder des Arbeitsablaufes bis zur Einführung neuer Technologien zur Abwicklung neuartiger Produktionsprozesse. Alle diese Eingriffe oder Gestaltungmaßnahmen beeinflussen die Arbeitstätigkeit oder deren Ausführungsbedingungen und sollten in ihren Wirkungen bekannt oder sicher abschätzbar sein, wenn den an der Entwicklung und Einführung dieser Gestaltungsmaßnahmen in der Regel nicht (zumindest nicht entscheidend) beteiligten Betroffenen, für die die tatsächlichen oder potentiellen Konsequenzen häufig gar nicht absehbar sind, zugemutet werden soll, unter diesen Bedingungen zu arbeiten. Damit wäre eine der „Zielgruppen" benannt, für die die Bewertung arbeitspsychologischer Interventionsmaßnahmen von entscheidender Bedeutung ist. Dabei ist darauf zu achten, daß hier sowohl die kurz- wie auch langfristigen Wirkungen für die betroffenen Mitarbeiter – und wie das Beispiel Schichtarbeit zeigt auch für deren Familienangehörige (vgl. etwa Diekmann, Ernst & Nachreiner, 1981) – zu untersuchen sind. Kurzfristig wäre hier beispielsweise an schon klassische Fragen der Belastungs- bzw. Beanspruchungsveränderung oder der Arbeitssicherheit zu denken, längerfristig beispielsweise an Fragen der Veränderung der Persönlichkeit als Veränderung von Werthaltungen und Fertigkeiten (vgl. Kohn & Schooler, 1983).

Neben dieser klassischen arbeitswissenschaftlichen Perspektive des Schutzes vor nicht zumutbaren Arbeitsbedingungen ist für die Evaluation arbeitspsychologischer Interventionsmaßnahmen eine weitere Perspektive von Bedeutung, und zwar die der Organisation. Aus dieser Sicht ist in der Regel zu prüfen, welche Effekte die durchgeführten Maßnahmen für die Ziele der Organisation haben, wobei insbesondere Kosten-Nutzen-Überlegungen relevant werden. Dabei soll hier nicht lediglich auf die ökonomischen Kosten-Nutzen-Relationen abgestellt werden, dies ist für wirtschaftliche Organisationen ohnehin relevant, sondern auch auf andere Ziele, wie beispielsweise die Zuverlässigkeit eines Systems oder die Veränderung von Kooperations- und Entscheidungsstrukturen durch Veränderungen der Arbeitsabläufe.

Zu diesen beiden traditionellen Perspektiven der Evaluation von Interventionsmaßnahmen tritt in letzter Zeit ein weiterer Ansatzpunkt hinzu, die Abschätzung und Kontrolle gesellschaftlicher Konsequenzen der Gestaltung und Veränderung von Arbeitsbedingungen (vgl. Seashore, 1975). Auch Chapanis (1979) hat auf derartige potentiell weitreichende Konsequenzen ergonomischer Gestaltungsmaßnahmen aufmerksam gemacht. Als Beispiele mögen hier Hinweise auf die Veränderung der Qualifikationsanforderungen, der Kommunikationsstrukturen (Hiltz, 1983) oder auch auf Arbeitsschutzprobleme (Arbeitszeit bei Heimarbeit) im Zusammenhang mit der Einführung neuer Technologien oder Veränderungen im sozialen System durch Aufnahme von Schichtarbeit dienen (vgl. Ernst & Nachreiner, 1981). Arbeitsgestaltungsmaßnahmen haben in der Regel eben weiterreichendere Konsequenzen als bis zum Fabriktor, und dies häufig auch noch zeitverzögert. Trotzdem oder gerade deswegen sollten sie bekannt sein, um abschätzen zu können, ob eine Gesellschaft derartige Arbeitsbedingungen und die daraus resultierenden Konsequenzen zulassen will oder nicht. Chapanis weist mit Recht darauf hin, daß selbst damit noch nicht die Grenzen des Einflusses erreicht sind, zuweilen stellen sich Konsequenzen ein, die über die eigene Gesellschaft oder die eigene Generation hinausgehen; man denke hier etwa an die Gestaltung von Systemen zur Steuerung nuklearer Prozesse.

Ein vierter Zugang zur Evaluationsproblematik ist der eher wissenschaftsorientierte, bei dem es um die Frage der Zuordenbarkeit von Maßnahmen und Effekten geht. Hier geht es primär um die Prüfung von (kausalen) Erklärungsmodellen, also um die Prüfung und Erweiterung nomologischen und technologischen Wissens. Dieser Aspekt der Zuordenbarkeit von Effekten zu den sie bedingenden Interventionen ist allerdings nicht nur für den wissenschaftlich tätigen Arbeitspsychologen von Interesse, sondern ebenfalls für den arbeitspsychologischen Technologen oder Praktiker, der bei der Anwendung von Arbeitsgestaltungsmaßnahmen beurteilen muß, welche der potentiell zu ergreifenden Maßnahmen mit welcher Wahrscheinlichkeit über welchen Wirkungszusammenhang zu welchen Effekten führt. Dieses Problem hat in der Arbeitspsychologie an Bedeutung gewonnen, nachdem die Untersuchungen von Roethlisberger & Dickson (1939) deutlich gemacht hatten, daß selbst feldexperimentelle Überprüfungen der Wirksamkeit arbeitspsychologischer Interventionen zu erheblichen Fehlschlüssen mit fatalen Konsequenzen – für Forschung und Praxis – führen können. Auch der in der Praxis tätige Arbeitspsychologe muß bei der von ihm durchgeführten Intervention beurteilen können, was, wie und warum wirkt, wenn er sich nicht abergläubischer Riten oder der Scharlatanerie bezichtigen lassen will. Kommentare der Art, daß was da wirke, ob Hawthorne-Effekt oder die Veränderung der Arbeitsbedingungen, egal sei, solange es wirke (vgl. etwa Hertog, 1978), scheinen uns eher der letztgenannten Kategorie anzugehören.

Die Evaluationsproblematik hat aber nicht nur im Rahmen der Arbeitspsychologie an Bedeutung gewonnen, ein Blick in die einschlägige Literatur zeigt deren sprunghaftes Anwachsen in den letzten Jahren, insbesondere im Bereich der pädagogischen Psychologie aber auch der Evaluation großangelegter sozialer Programme. So ist in jüngster Zeit das Erscheinen mehrerer Zeitschriften und Schriftenreihen zu vermelden (vgl. Lange, 1983), die sich ausschließlich mit dieser Thematik beschäftigen.

Wir werden uns hier auf die für die Arbeitspsychologie relevanten Bereiche beschränken und Grundüberlegungen zur Planung und Bewertung arbeitspsychologischer Interventionsmaßnahmen darstellen, die einen Zugang zu den methodologischen Problemen der Evaluation eröffnen. Es kann dagegen nicht unsere Aufgabe sein, kochbuchartig Rezepte für die Anlage derartiger Studien vorzustellen bzw. zu wiederholen, da derartige Monographien verfügbar sind (z. B. Cook & Campbell, 1979). Nach einer kurzen Darstellung unterschiedlicher Evaluationsziele, -kriterien, -aufgaben und -konzepte werden wir daher Prinzipien und Probleme bei der Anlage und Durchführung von Evaluationsstudien, insbesondere unter dem Gesichtspunkt der Zuordenbarkeit von Maßnahmen diskutieren und schließlich ansatzweise Probleme der Metaanalyse darstellen, die sich in den letzten Jahren als Mittel zur Evaluation von Maßnahmen über verschiedene Einzelstudien hinweg zu entwickeln beginnt.

2 *Ziele und Kriterien der Bewertung arbeitspsychologischer Interventionsmaßnahmen*

Auf dem Hintergrund der oben skizzierten unterschiedlichen Zugänge zur Evaluationsproblematik (vgl. dazu auch Seashore, 1975; Gaugler, Kolb & Ling, 1977) lassen sich unterschiedliche Zielvorstellungen für Evaluationsuntersuchungen formulieren. Dabei ergibt sich häufig – aber nicht zwangsläufig – eine Verbindung von Zielvorstellung und Zielgruppe. So verfolgen Untersuchungen über Effekte von Arbeitsgestaltungsmaßnahmen mit Blick auf die betroffenen Mitarbeiter häufig humanitäre Ziele (z. B. Arbeitsschutzgedanke), während Untersuchungen aus organisationaler aber auch aus gesellschaftlicher Perspektive häufig ökonomische Zielvorstellungen verfolgen. Aus wissenschaftlicher Perspektive stehen dagegen in der Regel Zielvorstellungen über Kausalerklärungen und Modellprüfungen im Vordergrund des Interesses.

2.1 Humanitäre Ziele bei Evaluationsmaßnahmen

Auf der Ebene individuenbezogener Kriterien stehen mehrere, meist hierarchisch aufgebaute, Bewertungsschemata zur Verfügung (Hacker & Richter, 1980; Rohmert & Rutenfranz, 1975; Schmidtke, 1976), nicht zuletzt erscheint hier auch die Gesundheitsdefinition der WHO relevant. Zur psychologischen Bewertung von Arbeitsgestaltungsmaßnahmen schlagen Hacker & Richter ein vierstufiges, hierarchisches Bezugssystem mit den Ebenen

- Ausführbarkeit
- Schädigungslosigkeit
- Beeinträchtigungsfreiheit und
- Persönlichkeitsförderlichkeit

vor, die sich jeweils wiederum in Unterebenen aufgliedern lassen. Um eine höhere Bewertungsstufe in diesem System zu erreichen, müssen die jeweiligen Mindestanforderungen der vorangehenden Stufe erfüllt sein. Arbeitspsychologische Interventionen können nun dahingehend bewertet werden, auf welcher Stufe sie ansetzen und zu welcher Stufe sie hinführen. Zur Einordnung in die Stufen werden von Hacker & Richter beispielhaft Analyseverfahren, Erhebungsmethoden und Beurteilungskriterien genannt, wobei zwischen Grob- und Feinanalysen unterschieden werden kann.

Es liegt in der Natur der Sache, daß mit steigender Bewertungsebene der Anteil sogenannter „objektiver“, „naturwissenschaftlicher“ Meßverfahren (gemeint ist damit in der Regel apparatives „pointer measurement“) zugunsten von Beobachtungs- und Befragungsmethoden abnehmen muß, um den Meßgegenstand überhaupt bzw. angemessen abbilden zu können. Daraus allein sind jedoch keinerlei Schlüsse hinsichtlich der Qualität der Bewertung auf den verschiedenen Ebenen ableitbar, da die Art der Erfassung der Kriteriengrößen dafür völlig irrelevant ist. Entscheidend ist vielmehr, daß die Messung – welcher Art auch immer – für die zu beantwortende Fragestellung hinreichend reliabel und valide ist (vgl. Kap. 4). Dies ist aber durch die Tatsache, daß es sich um apparative Meßverfahren handelt, keineswegs gegeben, wie sich am Beispiel von Leistungs- und physiologischen Messungen zur Indikation psychischer Beanspruchung leicht belegen läßt. Welche Beurteilungsebenen und welche Kriterien mit einer Interventionsmaßnahme angestrebt werden, ist und bleibt ein normatives, aber kein methodologisches Problem.

2.2 Wirtschaftliche Ziele bei Evaluationsmaßnahmen

Während auf der Seite der individuenbezogenen Maßstäbe eine gewisse Systematik erkennbar wird, stellt sich auf der Ebene der unternehmensbezogenen Kriterien der Eindruck eines wahren Durcheinanders ein. Indikatoren der Bewertung reichen von der Produktivität – in allen Schattierungen – über Personalkosten bis zur Sabotage (vgl. Seashore, 1975). Dieses Durcheinander trat auf, nachdem die bis dato gängigen Wirtschaftlichkeitsberechnungen sich im Zusammenhang mit arbeitspsychologischen Interventionsmaßnahmen als unzureichend erwiesen hatten (Cherns & Davies, 1975). So können wesentliche, monetär nicht oder nur schwer quantifizierbare Kriterien die formale Wirtschaftlichkeitsrechnung eher negativ beeinflussen, insgesamt kann aber das reale Ergebnis eher günstig abschneiden (vgl. BMFT, 1982). Um diesem Umstand abzuhelfen, wurden in letzter Zeit mehrere Konzepte der erweiterten Wirtschaftlichkeitsrechnung entwickelt und erprobt.

Dabei gehen die Wirtschaftlichkeitsüberlegungen verstärkt in zwei Richtungen: einmal in den traditionellen monetären Bereich, zum anderen aber jetzt auch in den nicht oder nur schwer monetär quantifizierbaren Bereich. Die monetären Kosten können z. B. in der Montage in Vorbereitungskosten, Auftragswiederholungskosten, Ausführungskosten und Zusatzkosten unterschieden werden (vgl. AEG et al., 1983). Entsprechend den Anforderungen Seashores sollten hier aber auch die Kosten für arbeitsablaufbedingte Wartezeiten und die Kosten, die durch Fluktuation, Absentismus, Arbeitsunfälle und Berufskrankheiten entstehen, einbezogen sein. Letztere gehen in die betriebswirtschaftliche Kostenrechnung häufig jedoch nicht ein. Die Erfassungsdefizite werden noch größer, wenn der monetär schwer oder nicht mehr erfaßbare Nutzen für Produktqualität oder Flexibilität im Hinblick auf Stückzahlen oder Produkte erfaßt werden soll. Neubauer (1984) faßt die Anforderungen an die Erfassungsmethode der Wirtschaftlichkeit folgendermaßen zusammen: „Wir brauchen ein mehrdimensionales, dynamisches, planungsorientiertes, objektives, interdisziplinäres und praxisnahes Verfahren". Er bezeichnet diese Forderungen aber selbst als Idealforderungen und weist auf ihre Diskrepanzen zu den bisher entwickelten Verfahren hin.

Die meisten Verfahren der erweiterten Wirtschaftlichkeitsrechnung wurden bisher im Rahmen des Programms „Humanisierung des Arbeitslebens" entwickelt. Insgesamt sind fünf Verfahren dokumentiert:

- Betriebsökonomische Effizienzindikatoren (Seidel & Schumacher, 1985)
- Wirtschaftlichkeitsvergleich und Arbeitssystemwertermittlung (Auch & Bullinger, 1985)
- Duale Arbeitssituationsanalyse (Staehle & Sydow, 1985)
- Vier-Ebenen-Modell der Wirtschaftlichkeitsbeurteilung (Picot, Reichwald & Behrbohm (1985)
- Humanvermögensrechnung (Elias, 1985)
- Diagnose- und Kennzahlensystem (Staudt et al., 1985).

Wegen ihrer Bedeutung für die Bewertung arbeitspsychologischer Interventionsmaßnahmen und ihrer weitgehenden Unbekanntheit in arbeitspsychologischen Kreisen sollen hier exemplarisch zwei Verfahren etwas näher dargestellt werden. Der Wirtschaftlichkeitsvergleich verbunden mit einer Arbeitssystemwertermittlung wurde von Metzger (1977) als Hilfsmittel zur Planung flexibler Arbeitssysteme vorgestellt. Inzwischen systematisiert stellen beide heute Teile einer Gesamtplanungssystematik dar (Bullinger, 1983), wobei das Vorgehen aber im wesentlichen unverändert blieb. Das Verfahren soll auch als Bewertungsverfahren bei der Kontrolle der Auswirkung von Interventionsmaßnahmen herangezogen werden, wobei die Bewertungskriterien zu verfeinern und soweit wie möglich zu quantifizieren sind, um den Anteil unsicherer Schätzungen möglichst niedrig zu halten. Das Verfahren umfaßt zwei parallel zu bearbeitende Teile, einmal die Ermittlung der Wirtschaftlichkeit mit der Bestimmung monetär quantifizierbarer Auswirkungen und einmal die Arbeitssystemwertermittlung mit der Bestimmung der nicht oder nur schwer monetär quantifizierbaren Auswirkungen. Bei der Wirtschaftlichkeitsberechnung können die direkten Lohnkosten, die Sozialgemeinkosten, die Restfertigungsgemeinkosten, die Betriebsmittelkosten und die Kosten durch gebundenes Umlaufkapital als Kriterien eingehen. Welche Kostenarten konkret einbezogen werden, und ob eine dynamische oder statische Bewertung gewünscht wird, hängt vom jeweiligen Fall ab. Bei der dynamischen Betrachtung werden die Kosten für unterschiedliche Stückzahlen ermittelt, bei der statischen Betrachtung nur die Kosten für eine bestimmte (z. B. die Plan-)Stückzahl. Beim Vergleich verschiedener solcher Berechnungen ist zu beachten, daß die Vergleichbarkeit der Kriterien gewährleistet ist, so daß gleiche Kostenarten den Bewertungen zugrunde liegen.

Der zweite – gleichberechtigte – Teil besteht in der Arbeitssystemwertermittlung, die sich in die Definition der Kriterien, die Gewichtung der Kriterien, die Bestimmung der Erfüllungsfaktoren und die Ermittlung des Arbeitssystemwertes gliedert. Bei den ersten drei Schritten handelt es sich um subjektive

Bewertungen eines Planungs- oder Kontrollteams, die je nach Interessenlage sehr unterschiedlich ausfallen können (vgl. Fricke, 1977). Die in der ersten Phase definierten Kriterien – es soll dabei die Zahl von 10 möglichst nicht überschritten werden – werden in der zweiten Phase mittels Paarvergleich gewichtet, wobei das Vorgehen stark verbesserungsbedürftig erscheint. Im dritten Schritt wird anhand einer Skala von 1 bis 10 bewertet, inwieweit ein Arbeitssystem ein bestimmtes Kriterium erfüllt bzw. zu erfüllen verspricht. Dieser Erfüllungswert wird mit dem Gewichtungswert des Kriteriums multipliziert und über alle Kriterien hinweg addiert. Je höher der so berechnete Arbeitssystemwert, desto besser ist ein Arbeitssystem. Die methodischen Grundlagen des gesamten Vorgehens scheinen allerdings lediglich auf Plausibilitäts- und Praktikabilitätsüberlegungen zu beruhen, eine solide theoretische Fundierung fehlt dagegen, und auch das für die durchgeführten Operationen vorauszusetzende Intervallskalenniveau ist mit Sicherheit nicht gegeben. Selbst die Annahme eines Ordinalniveaus dürfte aufgrund meßtheoretischer Verstöße teilweise zu optimistisch sein (auch wenn der Umgang mit den Zahlenwerten ein hohes Skalenniveau suggeriert). Nachdem beide Verfahren separat durchgeführt sind, werden Wirtschaftlichkeit und Arbeitssystemwert gemeinsam beurteilt. Allerdings sind keine Angaben zu finden, wie beide miteinander verglichen oder verrechnet werden könnten. Das Verfahren des Wirtschaftlichkeitsvergleiches mit der Arbeitssystembewertung dürfte in der Praxis den Vorzug haben, daß es den Entscheidungsprozeß in den Planungs- und Bewertungsgruppen transparenter macht und Kriterien in den Planungs- und Entscheidungsprozeß einbezieht, die in die „normale" Wirtschaftlichkeitsberechnung nicht eingeflossen wären. Eine unkritische Akzeptanz des Arbeitssystemwertes als Bewertungsmerkmal geplanter oder durchgeführter Interventionsmaßnahmen erscheint dagegen nicht vertretbar.

Die Humanvermögensrechnung geht von der These aus, daß die Gestaltung von Arbeitsplatz und Arbeitsprozeß auf das in einer Unternehmung vorhandene Humanvermögen einwirkt, das als Produkt aus Arbeitsfähigkeit, Arbeitsverfügbarkeit und Arbeitsmotivation betrachtet wird (vgl. Conrads et al., 1982). Es kann auf den vier Ebenen der Betriebswirtschaft, der Hauswirtschaft, der Gesamtwirtschaft und der Versicherungswirtschaft erhoben werden. Betriebswirtschaftlich relevante Größen sind Absentismus, Fluktuation und Produktion. Einkommensverhältnisse, Aufstiegschancen und Möglichkeiten zur Selbstverwirklichung sind hauswirtschaftliche Größen, gesamtwirtschaftliche Größen betreffen das volkswirtschaftliche Potential, und versicherungswirtschaftliche Größen stellen Beiträge zu Berufsgenossenschaften, Krankenversicherungen usw. dar. Alle vier Ebenen können nun wieder in monetär erfaßbare und nicht monetär erfaßbare Komponenten untergliedert werden, die wegen der Probleme eines rein monetären Ansatzes als eigenständiges (nicht-monetäres) Indikatorensystem unumgänglich erscheinen. Der

Schwerpunkt dürfte aber auch hier auf dem monetären Sektor liegen; so wird etwa versucht, entgangene Freizeit monetär zu bewerten, indem die entgangenen Freizeitstunden mit dem Lohnsatz des Betroffenen gewichtet werden (Franke-Jokl, 1975, zitiert nach Conrads et al., 1982, vgl. ähnliche Ansätze im Zusammenhang mit der Bewertung von Schichtsystemen bei Baer et al., 1981, Bosworth & Dawkins 1981, sowie Ernst, 1984). „Das gesamte System der Humanvermögensrechnung soll ein Raster zur Erfassung von Humanvermögenseffekten liefern, die aus Arbeitsplatzgestaltungen resultieren können" (Conrads et al., 1982). Gegenüber diesem Anspruch zeigen sich allerdings sehr starke Defizite in Theorie und Anwendung. Das System erfaßt zwar sehr differenziert die unterschiedlichen Aspekte, versagt aber, wenn es gilt, konkurrierende Maßnahmen zu bewerten, da kein einheitlicher Maßstab für die nicht monetär erfaßbaren Komponenten zur Verfügung steht. In der praktischen Anwendung wird dieser Ansatz dann in der Regel stark vereinfacht, um ihn für den Betrieb handhabbar zu machen. Dies führt allerdings gelegentlich zu grotesken Übervereinfachungen, wenn etwa – wie bei Elias (1985) – simple Beziehungen zwischen Einzelbelastungen und Fehlzeiten sowie Additivität der Einzelbelastungen unterstellt werden und beispielsweise von der Zahl der Arbeitspulse auf die durch eine Belastungsreduktion vermeidbare Zahl von Fehltagen geschlossen wird.

Im Prinzip erscheint die Humanvermögensrechnung jedoch als bedeutsamer Ansatz, um arbeitspsychologische Interventionen auch auf wirtschaftlichen Dimensionen bewerten zu können. Praktische Handhabung und wissenschaftliche Fundierung erscheinen aber z. Zt. noch unzureichend, die weiteren Entwicklungen bleiben daher abzuwarten.

2.3 Wissenschaftliche Ziele bei Evaluationsmaßnahmen

Wissenschaftliche Ziele bei Evaluationsmaßnahmen zu arbeitspsychologischen Interventionen sind in erster Linie die Gewinnung von Erkenntnissen zu inhaltlichen und methodischen Fragestellungen aus dem Bereich der Arbeitspsychologie sowie die Überprüfung von Voraussagen über Wirkungszusammenhänge zwischen Arbeitsbedingungen, Arbeitsverhalten und dessen Folgen, also zu Grundproblemen der Arbeitspsychologie. Interventionsmaßnahmen und deren Evaluation bieten damit, soweit sie auf arbeitsspsychologischen Theorien oder Modellen beruhen und nicht ad hoc oder aufgrund „langjähriger Erfahrung" („das haben wir schon immer so gemacht") konzipiert wurden, die Möglichkeit der Überprüfung nomologischer und technologischer (vgl. dazu Perrez & Patry, 1982) Aussagen im angestrebten Gültigkeitsbereich. Dabei können Fragen der Zuordenbarkeit von Maßnahmen und Effekten im Vordergrund stehen, oder etwa Fragen der Generalisierungsweite vorhandener nomologischer oder technologischer Erkenntnisse. So stellt sich unter dieser Perspektive zum Beispiel die Frage, ob Erklärungsmodelle, die wegen nicht absehbarer bzw. nicht zu verantwortender Konsequenzen des Experimentierens mit Arbeitnehmern im Felde unter Modellierung wesentlicher Merkmale in der Laborsituation gewonnen wurden, auf die eigentlich interessierende Ausgangssituation rückübertragbar sind.

Hier dürfte ja gerade eines der besonderen Probleme oder Dilemmata einer anwendungsorientierten Disziplin wie der Arbeitspsychologie liegen. Einerseits werden von ihr technologische Regeln für eine optimale Gestaltung konkreter Arbeitsbedingungen verlangt – mit optimalen Konsequenzen für Individuum, Organisation und Gesellschaft. Auf der anderen Seite verbietet sich aber – schon aus ethischen Gründen – ein Herumprobieren mit nicht absehbaren Konsequenzen im Felde. Aus diesen Gründen wird man, und darin besteht im Rahmen der Arbeitspsychologie eine lange Tradition, auf dem Hintergrund des vorhandenen Wissens die Fragestellung unter Beschränkung auf die als relevant betrachteten Bedingungen im Labor zu lösen versuchen. Dieser Abstraktionsprozeß selbst verändert aber die Variablen, ihre Zusammenhänge und möglicherweise auch die Fragestellung selbst, so daß die Rückübertragung ins Feld – sowohl als nomologisches wie auch als technologisches Wissen – nicht ohne weiteres als gültig angenommen werden darf. Chapanis (1967) hat an einigen Beispielen demonstriert, wie problematisch diese Übertragung sein kann, und wir selbst (Nachreiner, 1980) haben an anderer Stelle gezeigt, welche Fallstricke sich daraus ergeben können. Geht man davon aus, daß für den Arbeitspsychologen nicht das Labor den angezielten Gültigkeitsbereich seiner Aussagen darstellt, dann wird die Überprüfung der Generalisierungsweite von Laboruntersuchungen, aber auch von, notwendigerweise immer nur im abgegrenzten Rahmen durchgeführten, Felduntersuchungen zwingend.

Die Kombination von pragmatischem, technologischem und nomologischem Wissen, die zur Durchführung der Intervention Anlaß gibt, stellt damit für den Arbeitspsychologen ein geeignetes Feld zur Überprüfung seiner Untersuchungsansätze, Erklärungsmodelle und Fragestellungen dar. Damit wird deutlich, daß der arbeitspsychologischen Intervention und deren Evaluation eine hervorragende Bedeutung im Rahmen der arbeitspsychologischen Theorienbildung zukommt (vgl. Dunnette, 1976 sowie Dubin, 1976). Sie schließt den Zyklus von der Gewinnung der Fragestellung, ihrer Explikation, theoretischen Lösung, empirischen Überprüfung, zur Ableitung von Schlußfolgerungen und deren Überprüfung in der Realität und überführt ihn in eine nächste Ebene.

Trotz der damit belegten Bedeutung der Evaluation arbeitspsychologischer Interventionsmaßnahmen ist es erstaunlich, festzustellen, in welch stiefmütterlichem Umfang Probleme der Evaluation auch in neueren einschlägigen Lehrbüchern behandelt werden (vgl. z. B. McCormick & Sanders, 1983 oder Wikkens, 1984). So weisen z. B. McCormick & Sanders (1983) auf die prinzipielle Notwendigkeit, aber leider nur selten vorfindbare Durchführung von Evaluationsstudien hin. Ihre knappe Problemdarstellung bezieht sich vorzugsweise auf die Themen Versuchspersonen und Kriterien, denen sie den größten Raum (= 1/3 Seite) widmen, und eher randständig auch auf die Vorgehensweisen. Damit sind sie jedoch immer noch umfassender als Wickens (1984), der sich auf Empfehlungen auf der Basis von Laborstudien beschränkt, deren Überprüfung in der Realität noch weitgehend aussteht. Darüber, wie derartige Überprüfungen in der Realität stattzufinden hätten, erfährt man dort leider nichts. Daß es sich hier nicht um negative Ausnahmefälle handelt, zeigt der Blick in weitere Lehrbücher (z. B. Schmale, 1983). Offensichtlich erscheint den meisten Lehrbuchautoren die Durchführung von Evaluationsmaßnahmen unproblematisch.

3 *Evaluierungsaufgaben und Evaluationskonzepte*

Die Frage, was bei einer Erfolgsbewertung von Interventionsmaßnahmen als „systematisch" gelten kann und darf, wird augenblicklich sehr kontrovers diskutiert. Lange Zeit akzeptierte Standards wie die der experimentellen Kontrolle sind nicht mehr unumstritten und kennzeichnen mit zunehmender Tendenz lediglich einen spezifischen Evaluierungs-„Ansatz", dem eine Reihe von Ansätzen mit auch andersartigen Leitvorstellungen gleichberechtigt zur Seite gestellt werden (vgl. Perloff et al., 1976; Glass & Ellett, 1980; Wortman, 1983). Welchen methodischen Anforderungen Evaluierungsstudien genügen sollen, ist völlig offen. Akademische Auseinandersetzungen darüber haben noch keine nennenswerten Annäherungen erkennen lassen. Den Vertretern einzelner Evaluierungsansätze erscheint es bislang wichtiger, den Vorzügen des eigenen Ansatzes das Wort zu reden, als sich um integrierende Verfahrensgrundsätze Gedanken zu machen (vgl. z. B. Cook, 1981; Cronbach, 1982; Davis, 1982; Mark & Cook, 1984). Da viele Argumente dieser Kontroverse das Dilemma zwischen „methodisch wünschenswert" und „praktisch machbar" betreffen, sind sie auch für Evaluierungsprobleme am Arbeitsplatz relevant. Sie nehmen sehr oft Einwände vorweg, die gegen eine Bewertung betrieblicher Maßnahmen sprechen können und ermöglichen es hierdurch, den Sinn und Zweck von Untersuchungsvorhaben wirkungsvoller zu begründen (vgl. Schulberg & Jerrell, 1979).

Welche Varianten systematischer Erfolgskontrolle derzeit diskutiert werden und worin ihre Stärken und Schwächen liegen, wird im folgenden beschrieben. Für die Bewertung speziell arbeitspsychologischer Maßnahmen gibt es, wie bereits angemerkt, kaum einschlägige Vorarbeiten (vgl. auch Krauth, 1983; Lange, 1983; Wittmann, 1985). Viele Evaluationskonzepte sind auf Erfordernisse sozialpolitischer, pädagogischer oder medizinischer Maßnahmen zugeschnitten, so daß eine direkte Übertragung auf den betrieblichen Bereich nicht immer opportun erscheint. Aus diesem Grund soll hier auch nicht von den Konzepten selbst, sondern von konkreten Evaluierungsaufgaben ausgegangen werden, um den beabsichtigten Anwendungsbezug herzustellen.

Standardwerken von Struening & Guttentag (1975), Dressel (1976), Morris (1978) oder Rossi & Freeman (1982) zufolge gibt es eine Vielzahl von Untersuchungsaspekten, die systematische Erfolgskontrollen auszeichnen können. Obwohl in Evaluierungsstudien kaum einmal alle Aspekte Berücksichtigung finden, ist eine Gesamtdarstellung nützlich. An ihr lassen sich zum einen Probleme der Bewertung arbeitspsychologischer Maßnahmen im Überblick behandeln; zum anderen liefert sie ein Raster, das die Zielsetzungen einzelner Evaluationskonzepte deutlich macht und Verfahrensunterschiede aufdeckt.

3.1 Aufgaben bei der Maßnahmenevaluierung im Betrieb

Mögliche Untersuchungsaspekte lassen sich zu insgesamt zwölf, relativ genau umschreibbaren Aufgaben zusammenfassen, deren zeitliche Abfolge eine gewisse Stringenz besitzt. In Abb. 1 sind diese Aufgaben so dargestellt, daß ihre Verknüpfung mit dem eigentlichen Untersuchungsgegenstand erkennbar bleibt.

Bedürfnisfeststellung	1	Aufgaben im Planungsstadium einer Maßnahme
Zieldefinition	2	
Maßnahmenentscheidung	3	
Untersuchungsplanung	4	
Ist-Analyse	5	Aufgaben im Umfeld der Maßnahmendurchführung
Implementierungskontrolle	6	
Teilerfolgsanalyse	7	
Gesamterfolgsanalyse	8	
Statistische Auswertung	9	Aufgaben evaluierender Nachbereitung der Maßnahme
Kosten-Nutzen-Analyse	10	
Evaluationsbericht	11	
Zielperspektiven	12	

Abb. 1: Evaluationsaufgaben

Die zwölf nun näher zu beschreibenden Aufgaben, das ist hervorzuheben, dürfen nicht als notwendige oder methodisch wünschenswerte Bestandteile einer Evaluierungsstudie angesehen werden. Sie listen lediglich auf, womit ein Evaluator potentiell befaßt sein kann. Was ein Evaluator aktuell bewältigen muß, hängt von den Erkenntnissen ab, um deretwillen eine Evaluierungsstudie durchgeführt wird (s. u. 3.2)

3.1.1 Aufgaben im Planungsstadium einer Maßnahme

Die erste Aufgabe ist die Bedürfnisfeststellung. Hierfür gilt es zu explorieren, ob geplante Veränderungen arbeitspsychologische Beiträge erfordern und ob eine Erfolgsbewertung dieser Beiträge notwendig und interessant erscheint. Beide Bedürfnisaspekte können eng verknüpft sein, aber auch in Konflikt miteinander geraten. Übereinstimmende Bedürfnisse finden sich oft bei innovativen Veränderungsabsichten vor, da mit überraschenden Effekten und Erfolgsrisiken gerechnet werden muß (wie derzeit etwa bei der Einrichtung und Gestaltung von Bildschirmarbeitsplätzen, vgl. Kopowski, 1984). Evaluierungsstudien sind im Interesse der direkt Betroffenen, weil die vorgesehene Neuerung unter kontrollierten Bedingungen eingeführt wird, sie sind im Interesse der Durchführungsverantwortlichen, weil sie deren Erkenntnishorizont erweitern, und sie sind im Interesse der Betriebsleitung und Mitarbeitervertretung, weil sie beide kontinuierlich über die Bewährung der Maßnahme informieren. Anders sieht es mitunter aus, wenn Veränderungen durch akute Problemlagen (Produktionsrückgänge, steigende Fehlzeiten, zunehmende Kündigungen) geboten sind. Der Zwang, den ursprünglichen Zustand wiederherzustellen, verschiebt Bedürfnisse sehr stark in Richtung auf konkretes Krisenmanagement. Dabei herrscht nicht selten die Meinung vor, daß eine Evaluierungsstudie die notwendigen Eingriffe zu sehr stört oder daß sich direkt betroffene Personen wegen des heiklen Interventionsanlasses gegen systematische Untersuchungen aussprechen (vgl. Armenakis et al., 1976). Trotzdem können innerhalb verbleibender Möglichkeiten Evaluierungsbedürfnisse vorhanden sein. Zu ihnen zählt sicherlich das Interesse, genaueres über die Wirkungen psychologischer Krisenintervention in Erfahrung zu bringen. Ein starker Anreiz ist oft aber auch die kontrollierte Maßnahmenverbesserung und Optimierung des Interventionserfolgs.

Die zweite Aufgabe besteht in einer Zieldefinition. Der Evaluator hat herauszufinden, worauf sich geplante Veränderungen beziehen sollen (Personen, Tätigkeiten, Arbeitsbedingungen), welche Zeitperspektiven für eine Umstellung ins Auge gefaßt werden und welchen Zielkriterien mögliche Interventionsmaßnahmen genügen müssen. Ist z. B. geplant, neue Fertigungsverfahren einzuführen, so könnte ein psychologischer Veränderungsbeitrag im Training dazu passender Kompetenzen bestehen. Bis wann die Kompetenzen erworben sein sollen, legt die Zeitperspektive fest; welches die Gradmesser für kompetente Verfahrensbeherrschung sein sollen, wird durch die Zielkriterien bestimmt. Die Zielkriterien definieren damit auch, was Interventionserfolg im einzelnen bedeutet und auf welchen Dimensionen er zu bewerten ist. Das Festlegen verbindlicher Zielkriterien gerät nicht selten zu einem schwierigen Unterfangen. Oft ist der Evaluator gezwungen, zwischen widerstreitenden Vorstellungen zu vermitteln und Interessen humanitärer und ökonomischer Art in Einklang zu bringen (s. o. Kap. 2). So mag ein Arbeitspsychologe vielleicht beabsichtigen, die erforderlichen Kompetenzen so weit aufzubauen, bis das neue Fertigungsverfahren zuverlässig beherrscht wird. Unter Umständen benötigt er hierfür aber zuviel Zeit, kommt mit organisatorischen Planzielen überkreuz oder muß Mittel aufwenden, die ihm die Betriebsleitung nicht ohne weiteres bewilligt. Der Evaluator kann hier auf Unvereinbarkeiten in den Interventionszielen hinweisen und Prozeduren vorschlagen, mit denen sich konsensfähige Kriterien finden lassen (s. u. 3.2.4).

Aufgabe 3 ist eine Auswahl von Maßnahmen. Entscheidungen während dieses Planungsstadiums sind in aller Regel mit Unsicherheit behaftet. Gründe können sein, daß bekannte Verfahren für die angestrebten Ziele nur bedingt geeignet erscheinen, daß mit möglichen Interventionsalternativen noch keine Erfahrungen gemacht wurden, oder daß gleich mehrere Maßnahmen versprechen, den Zielkriterien zu genügen. Ein Evaluator vermag hier wertvolle Entscheidungshilfen zu geben. Durch Methoden etwa, mit denen sich die zu erwartenden Nutzen potentieller Maßnahmen abschätzen lassen, kann er Zielinstrumentalitäten und Erfolgswahrscheinlichkeiten transparenter machen. Aus Nutzenberechnungen resultiert überdies sehr oft eine Rangordnung der Alternativen und begründet so zumindest eine gewisse Negativauswahl (s. o. 2.2, s. u. 3.2.3). Sind Maßnahmeentscheidungen gefallen, stellt sich die Aufgabe der Untersuchungsplanung. Hierin wird verbindlich festgelegt, welche Kontrollen die Effekte der ausgewählten Maßnahme erfahren sollen und welche Messungen durchzuführen sind, um eine fundierte Maßnahmenbewertung zu gewährleisten.

3.1.2 Aufgaben im Umfeld der Maßnahmendurchführung

Der Maßnahmenimplementierung voraus geht eine Ist-Analyse relevanter Zielkriterien. Psychologische Erfolgsindikatoren (Leistungsbereitschaft, Arbeitszufriedenheit, erlebte Beanspruchung, Fertigkeiten, Dispositionen usw.) werden hierfür in möglichst reliabler, valider und objektiver Form gemessen bzw. durch geeignete Tests, Fragebogen, Beurteilungs- oder Beobachtungsverfahren in ihrem jeweiligen Ausprägungsgrad erfaßt. An welchen Personen

Ist-Analysen vorgenommen werden, hängt vom methodischen Ansatz des Evaluators, von Erkenntnisinteressen des Betriebs und von organisatorischen Zwängen bei der Maßnahmenimplementierung ab. Haben methodische Erwägungen großes Gewicht, wird die Maßnahmenimplementierung in der Regel mit den Meßvorschriften kontrollstarker Untersuchungspläne abgestimmt. Ein wichtiger Grundsatz ist es dann z. B., die Maßnahme (zunächst) nur bei einem Teil der Zielpersonen zu implementieren, Kriterienausprägungen gleichwohl aber auch bei (noch) nicht betroffenen Personen zu messen (s. u. Kap. 4). Ist eine derartige Implementierungsstrategie nicht möglich oder wird sie explizit nicht gewünscht, bleibt für aussagefähige Ist-Analysen oft nur geringer Dispositionsspielraum. Je stärker Kriterienmessungen von Opportunität diktiert werden, desto ungenauer erfassen sie die effektive Ausgangslage. Im Extremfall sagen Ist-Analysen kaum mehr etwas aus. So sind beispielsweise zahlreiche Studien über psychische Probleme eines Arbeitsplatzwechsels vom Kleinraumbüro in ein Großraumbüro diesbezüglich kritisierbar. Die dort erhobenen Retrospektivmessungen erlauben keine verläßlichen Ist- Diagnosen und machen Versuche, das Funktionieren des neuen Büros auf solche Weise zu evaluieren, mehr als fragwürdig (vgl. Müller & Nachreiner, 1985).

Die Aufgabe der Implementierungskontrolle entsteht für einen Evaluator dann, wenn dieser auch inhaltliche Verantwortung trägt und selbst zur Maßnahmenrealisierung beiträgt. Anlaufphasen einer Intervention sind zumeist sensible Gradmesser für deren Funktionalität und Akzeptanz und damit auch für mögliche Schwächen im vorgesehenen Ablaufplan. Kriterienmessungen während dieser Phase können solche Schwachstellen aufdecken und lassen sich zu Ablaufkorrekturen benützen. Registrierte Zustandsveränderungen sind hier besonders informativ, weil Zielanpassungen noch zahlreiche Freiheitsgrade besitzen. Ob die Effekte zusätzlich eingeführter oder modifizierter Interventionselemente in die beabsichtigte Richtung gehen, wird dann durch Nachfolgemessungen kontrolliert.

Sind anfängliche Implementierungsschwierigkeiten überwunden, schließen sich sehr oft periodische Teilerfolgsanalysen an. Diese geben dem Evaluator Einblick, bei welchen Kriterien wie schnell Fortschritte gemacht werden und welche Feinkorrekturen gegebenenfalls erforderlich sind, um noch bessere Zielanpassungen zu erreichen. Solche Anpassungsevaluierungen werden derzeit z. B. durchgeführt, um die Benutzerfreundlichkeit von EDV-Software psychologisch zu optimieren (vgl. Krause, 1982).

Ist die Maßnahme nach einer bestimmten Zeit abgeschlossen, stellt sich die Aufgabe einer Gesamterfolgsanalyse. Hierzu finden typischerweise Abschlußmessungen auf allen zielrelevanten Kriterien statt. Um begründete Bewertungen abgeben zu können, müssen überdies Vergleichsmessungen durchgeführt werden. Da nur solche Effekte den Gesamterfolg indizieren, die der Maßnahme selbst zuzuschreiben sind, ist es notwendig, auf konfundierende Einflußgrößen zu achten bzw. deren Veränderungseffekte zu kontrollieren. Dies gelingt umso besser, je mehr kriterienrelevante Information aus dem jeweiligen Umfeld der Intervention zur Verfügung steht (vgl. Nachreiner et al., 1977, s. u. Kap. 4). Sich auf Messungen und Bewertungen des Gesamterfolgs zu konzentrieren, ist meist dann unumgänglich, wenn die durchgeführte Maßnahme ein abruptes Umstellen von Arbeitsbedingungen beinhaltet. Das trifft für zahlreiche betriebliche Veränderungen zu. Neue Arbeitszeitregelungen oder Lohnvereinbarungen etwa werden überwiegend zu einem bestimmten Zeitpunkt „in Kraft gesetzt", so daß auch ihre psychologisch relevanten Auswirkungen nur summarischen Analysen zugänglich sind (vgl. Lawler & Hackman, 1978; Scheflen et al., 1978).

3.1.3 Aufgaben evaluierender Nachbereitung der Maßnahme

Nach Abschluß aller Kriterienmessungen folgt die statistische Auswertung der gesammelten Daten. Der Evaluator untersucht hiermit, ob festgestellte Zielannäherungen signifikant sind und wie groß die von der Maßnahme geleisteten Annäherungsbeiträge ausfallen. Inwieweit gewünschte Kriterienveränderungen stattgefunden haben, zeigen Individual- oder Gruppenwert-Vergleiche zwischen Meßzeitpunkten vor und nach der Intervention oder während der Maßnahmendurchführung selbst. Für die Anwendung adäquater Auswertungsverfahren sind Anzahl und Niveau der Messungen ausschlaggebend (vgl. Andrews et al., 1975). Werden spezifische Veränderungshypothesen überprüft, findet eine Auswahl statistischer Verfahren bereits im Rahmen der Untersuchungsplanung statt. Wie deutlich Unterschiede ausfallen müssen, um als „bedeutsam" zu gelten, hängt von Zielerwartungen und Generalisierungsansprüchen ab. Die bei akademischen Forschungsarbeiten üblichen Signifikanzniveaus (1 % bzw. 5 %) sind hier nicht unbedingt obligatorisch. Lassen Meßwertunterschiede eine Zielannäherung erkennen, so mögen sich diese für den Betrieb auch schon bei Irrtumswahrscheinlichkeiten von 10 % oder 20 % lohnen. Da Kriterienveränderungen für sich gesehen noch nichts über ihre Verursachung aussagen, sind weitere Auswertungsschritte erforderlich, um die eigentlichen „Netto-Effekte" der Maßnahme abschätzen zu können. Hierfür wird getestet, ob Unterschiede zu Meßwerten aus Kontrollgruppen bestehen und wie groß diese sind, oder ob sich bei Meßwert-Reihen ausgeprägte Diskontinuitäten zwischen Kriterienausprägungen vor und nach der Maßnahmendurchführung nachweisen lassen.

Netto-Effekte sind letztlich auch die Basis für eine aussagefähige Kosten-Nutzen-Analyse. Im Gegensatz zu Aufwendungen lassen sich Erträge arbeitspsychologischer Maßnahmen aber häufig nicht direkt in Geldeinheiten darstellen, so daß es notwendig wird, nach bilanzierbaren Korrelaten psychologischer Kriterien Ausschau zu halten. Soweit solche Korrelate das individuelle Leistungsverhalten betreffen, erscheint ihre monetäre Bewertung zumindest potentiell durchführbar. Probleme entstehen dann, wenn Kriterienveränderungen – wie bei subtileren psychischen Vorgängen anzunehmen – nur indirekt oder verzögert in Produktivitätsgrößen zum Ausdruck kommen. Der unmittelbar feststellbare Profit (aktuelle Erträge minus Aufwendungen) ist daher nicht immer repräsentativ; mit großer Wahrscheinlichkeit unterschätzt er die wahren Erfolge der Intervention (vgl. Wortman, 1983).

Die letzten Aufgaben des Evaluators bestehen gewöhnlich darin, daß er Ergebnisse seiner Messungen und Auswertungen in einem Bericht niederlegt, noch vorhandene Zieldiskrepanzen diskutiert und Perspektiven für das weitere Vorgehen aufzeigt. Wiewohl nicht Teil des eigentlichen Untersuchungsprozesses, kommt der abschließenden Präsentation doch erhebliches Gewicht für maßnahmenübergreifende Entscheidungen zu. Oft informieren sich betriebliche Interessenvertreter erst hier wiederum über das Interventionsprojekt, wodurch die dargebotenen Inhalte, ihre Auswahl, Zusammenstellung und Kommentierung in besonderer Weise eindrucksbildend sind. Die Überzeugungskraft des Berichts ist nicht zuletzt auch der Maßstab, mit dem der Evaluator selbst evaluiert wird, mit dem seine Aussagen ernst genommen und als Richtschnur für betriebliche Planungen akzeptiert werden (vgl. Weeks, 1979). Überflüssig zu betonen, wie wichtig solch eine Präsentation auch für Arbeitspsychologen ist, wenn sie mit Interventionen und/oder Evaluierungsstudien einflußreich sein wollen.

3.2 Untersuchungsschwerpunkte wichtiger Evaluationskonzepte

In einer noch relativ aktuellen Bestandsaufnahme einschlägiger Literatur werden gleichberechtigt insgesamt sieben Evaluationskonzepte diskutiert (vgl. Glass & Ellett, 1980). Neueren Veröffentlichungen zufolge trifft die daraus ableitbare Relevanzzuschreibung jedoch schon nicht mehr zu (vgl. Edwards & Newman, 1982; Wortman, 1983; Deshler, 1984; Cook et al., i.p.). Es haben sich Haupt- und Nebenströmungen herausgebildet, denen mit entsprechender Akzentsetzung hier ebenfalls gefolgt werden soll. Unterschiedlichkeiten spiegeln sich dabei vor allem auch in den als wichtig erachteten Evaluierungsaufgaben wider.

3.2.1 Evaluation als Ursachenanalyse

Für diesen klassischen und nach wie vor sehr einflußreichen Ansatz ist eine (systematische) Bewertung von Interventionseffekten stets auch Evaluationsforschung und als solche bemüht, den Prinzipien wissenschaftlicher Beweisführung zu folgen. Das bedeutet vor allem eine genaue und unzweideutige Analyse der Ursachen von Veränderungen, die bei der Durchführung einer Maßnahme stattfinden. Am Vorbild laborexperimenteller Untersuchungen orientiert zielt Evaluierung darauf ab, Ergebnisse mit hoher interner Validität zu erhalten und maßnahmenspezifische Effekte einer möglichst strengen Prüfung zu unterziehen. Verfahrensgrundsätze hierzu sind die Unabhängigkeit von Intervention und Evaluation, die Verwendung zuverlässiger, gültiger und objektiver Meß- und Beobachtungsinstrumente und der Einsatz kontrollstarker Untersuchungspläne (vgl. Solomon, 1949; Campbell & Stanley, 1963; Cook & Campbell, 1976, 1979; Jaide, 1984). Vertreter wissenschaftlicher Evaluierung bemühen sich vor allem, die zahlreichen Faktoren einer Bedrohung interner Validität zu identifizieren und verschiedene Erhebungsmethoden dahingehend zu untersuchen, wie verläßlich deren Netto-Effekt-Diagnosen sind. Sie diskutieren in diesem Sinn sowohl Implikationen spezifischer Meßinstrumente (quantitative vs. qualitative, vgl. Reichardt & Cook, 1979) als auch Implikationen spezifischer Meßstrategien (experimentelle vs. quasi-experimentelle, vgl. Cook & Campbell, 1979). Da mittlerweile über ein Dutzend Faktoren bekannt sind, mit denen maßnahmenspezifische Effekte konfundiert sein können, lassen selbst ideale Untersuchungsbedingungen nur eine Teilkontrolle potentieller Störeinflüsse zu (s. u. Kap. 4). Trotzdem plädieren Vertreter wissenschaftlicher Evaluierung dafür, die Untersuchungsbedingungen so zu gestalten, daß Effekte mutmaßlich starker Störfaktoren kontrolliert werden und ein Mindestmaß an interner Validität gewährleistet ist. Der Evaluator muß sich daher insbesondere um Vergleichsmessungen bemühen und darauf dringen, Kriterieninformation aus wenigstens einer akzeptablen Kontrollgruppe zu erhalten (vgl. Müller, 1985). Ohne diese Minimalbedingung ist es für ihn prinzipiell nicht möglich, eine auch nur grobe Schätzung desjenigen Beitrags abzugeben, den die Maßnahme zur Aufklärung festgestellter Kriterienvariationen geleistet hat (vgl. Namboodiri, 1970).

Wissenschaftlichkeitsmaximen bestimmen ebenfalls die Schwerpunkte der Evaluierungsaufgaben. Das Unabhängigkeitsprinzip teilt dem Evaluator gleichsam die Rolle eines Auftragsforschers zu, von dem in erster Linie methodisches „know-how" für objektive Erfolgskontrollen erwartet wird. Da er beauftragt ist, besteht seine erste Aufgabe zumeist darin, an Zieldiskussionen teilzunehmen und die Zusammenstellung eines operationalisierbaren und mit geeigneten Instrumenten meßbaren Kriterienkatalogs anzuleiten. In Auswahlentscheidungen von Maßnahmen schaltet er sich nicht ein, die Maßnahmenimplementierung beeinflußt er jedoch so, daß sie untersuchungsplanerischen Erfordernissen weitestmöglich entgegenkommt. Sehr aktiv ist er bei Ist-Analysen, da diese zumeist zahlreiche Messungen an direkt betroffenen und (noch) nicht betroffenen Personen mit sich bringen. An Implementierungskontrollen und Teilerfolgsanalysen ist er bestenfalls als methodischer Berater beteiligt. Nach Abschluß der Maßnahme führt er umfangreiche Gesamterfolgsmessungen durch und schätzt unter Einsatz inferenzstatistischer Verfahren die Größe von Netto-Effekten ab. Die erhaltenen Ergebnisse setzen ihn auch in die Lage, eine wohl begründete Kosten-Nutzen-Analyse vorzunehmen. Anregungen für weiterführende Maßnahmen kann er wegen seines schwerpunktmäßig methodischen Auftrags nur bedingt geben. Sein Evaluierungsbericht ist retrospektiv und vergleichend; er enthält die bestmöglichen Informationen für rationale Folgeentscheidungen, ohne diese jedoch inhaltlich zu präjudizieren.

3.2.2 Evaluation als Maßnahmenverbesserung

Zahlreiche Autoren sehen die Zweckbestimmung einer Evaluierungsstudie weniger darin, Netto-Effekte der Intervention abzuschätzen, als vielmehr darin, brauchbare Informationen zur Optimierung der Maßnahmendurchführung zu erhalten (vgl. Cronbach et al., 1980; Guba & Lincoln, 1981; Cronbach, 1982; McClintock, 1984). Das Augenmerk richtet sich daher nicht nur auf den Gesamterfolg der Maßnahme, sondern auch auf Teilerfolge während ihres Ablaufs selbst. Hauptgegenstand entsprechender Evaluierungen sind „entwicklungsfähige" Interventionen (Trainings, Informationskampagnen, u. ä.), als Bewertungsgrundlage dienen festgestellte Veränderungen in einzelnen Interventionsphasen. Evaluation ist primär Kontrolle durch maßnahmeninterne Vergleichsmessungen, sie zielt auf eine adaptive Prozeßsteuerung ab, die in zunehmendem Maße Unsicherheit über den (Gesamt)Erfolg der Maßnahme reduziert (vgl. McClintock, 1984). Verfahrensgrundsätze einer Anpassungsevaluierung lassen sich wie folgt zusammenfassen: Da Bewertungsvorgänge eng mit inhaltlichen Gestaltungskonzeptionen verbunden sind, gibt es keine „prototypischen" Pläne, denen eine konkrete Evaluierungsstudie folgen kann. Meßinstrumente und Meßstrategien werden vielmehr auf Erfordernisse des jeweiligen Einzelfalls zugeschneidert und mit den maßnahmenspezifischen Wirkungstheorien abgestimmt. Den jeweiligen Wirkungstheorien sind bestimmte Erfolgsprognosen zu entnehmen („causal maps", vgl. McClintock, 1984, S. 82), deren tatsächliches Eintreten dann sukzessiv überprüft wird. Da eine Evaluierungsstudie Informationen liefern soll, die für Anpassungskorrekturen nützlich sind, wird von Kriteriendiagnosen erwartet, daß sie den jeweils aktuellen Interventionsstand detailliert, repräsentativ und umfassend wiederzugeben vermögen. Der Auswahl von Meßinstrumenten sind hierbei kaum

Grenzen gesetzt. Vielfalt und Komplexität interessierender Zielkriterien können den Einsatz unterschiedlichster Erhebungsmethoden nahelegen (vgl. Guba & Lincoln, 1981); selbst unorthodoxe oder neuartige Diagnoseverfahren liefern oft brauchbare Informationen (vgl. Scriven, 1976; Becker, 1979). Einzelne Meßzeitpunkte werden ebenfalls durch Besonderheiten der Maßnahmengestaltung diktiert. Natürliche Interventionszäsuren geben bestenfalls eine gewisse Orientierung, wann Kriterienmessungen sinnvoll sind; daneben erscheinen nach Stake (1975) auch solche Gelegenheiten günstig, bei denen Verantwortliche und Betroffene einer Maßnahme zusammentreffen, um Erfahrungen auszutauschen oder das weitere Vorgehen zu überlegen.

Wie leicht zu erkennen ist, sind Aufgabenschwerpunkte eines „Anpassungsevaluators" anders akzentuiert als Aufgabenschwerpunkte eines „Netto-Effekt-Evaluators". Aufgrund seiner methodischen und inhaltlichen Kompetenz gehört der Anpassungsevaluator zumeist von vorneherein dem Interventionsstab an. Großes Gewicht haben Zieldefinitionen und Maßnahmenentscheidungen, da hier der Bewertungsrahmen strukturiert und festgelegt wird. Ist-Analysen bleiben hingegen häufig auf die von der Maßnahme direkt betroffenen Personen beschränkt. Aufgabenschwerpunkte stellen sodann Implementierungskontrollen und Teilerfolgsanalysen dar. Für Kriterien, deren Zielausprägungen quantitativ definiert sind, kann der Evaluator die Maßnahmeneffekte auch statistisch überprüfen. An periodisch ermittelten Distanzwerten vermag er abzulesen, welche Kriterien bereits Zielniveau erreicht haben und welche Kriterien nach wie vor abweichen. Indikatoren des Gesamterfolgs fallen quasi automatisch an, da sie in den Ergebnissen der letzten Teilerfolgsanalyse enthalten sind. Diese Indikatoren sagen allerdings nichts über Netto-Effekte der Maßnahme aus, so daß sie auch keine verläßliche Basis für Kosten-Nutzen-Analysen abgeben. Eine Skizze von Zielperspektiven stützt sich ebenfalls eher auf inhaltliche Spekulation, als daß sie methodisch ausreichend zu fundieren wäre.

Daß die Maßnahmenbewertung bei Anpassungsevaluierungen nicht auf einer validen Ursachenanalyse beruht, liegt in der Natur des Untersuchungsansatzes. Dies bedeutet aber, daß keine generalisierungsfähigen Schlußfolgerungen möglich sind und der Erfolg selbst ähnlicher Maßnahmen keineswegs garantiert werden kann.

3.2.3 Evaluation als formalisierte Entscheidungshilfe

Ein Ansatz, der Bewertungen auf Aktivitäten bei der Maßnahmenentscheidung konzentriert, ist die multi-attributive Nutzentechnologie (vgl. Edwards & Guttentag, 1975; Edwards, 1980; Edwards & Newman, 1982).

Diesem Ansatz geht es weniger um den Erfolg konkret durchgeführter Maßnahmen, als vielmehr um ein (Vorab)Evaluieren potentiell durchführbarer Maßnahmen. Über empirisch ermittelte und gewichtete Kriterienpräferenzen und Erfolgserwartungen wird hierbei zu bestimmen versucht, wie effizient einzelne Maßnahmen mutmaßlich sein werden und welchen Nutzen ihre Auswahl mit sich bringen könnte. Zwar ist es möglich, zu einem späteren Zeitpunkt Untersuchungen darüber anzustellen, ob die erwarteten Effekte mit den tatsächlichen korrespondieren; Kontrollen dieser Art sieht der Ansatz jedoch nicht explizit vor. Bestenfalls berücksichtigt er sie implizit, indem er nahelegt, mit Experten zusammenzuarbeiten, deren Urteil eine bestimmte Vorhersagegültigkeit besitzt. Im Vordergrund steht damit eine rationale Entscheidungsfindung bei unsicherheitsbehafteter Maßnahmenauswahl.

Das Verfahren, mit dem mögliche Interventionsalternativen evaluiert werden, durchläuft folgende Phasen (zusammengefaßt nach Edwards & Newman, 1982): Zunächst werden Bewertungskriterien und Interventionsalternativen generiert. Wichtigste Informationsquelle sind Sachverständigen-Interviews, die zu erkennen geben, worauf es bei einer beabsichtigten Veränderung ankommt und welche Interventionsalternativen vermuten lassen, konstruktive Beiträge in dieser Richtung zu leisten. Daran anschließend werden zunächst die Bewertungskriterien bearbeitet: Experten erhalten die Aufgabe, vorliegende Kriterien ihrem Inhalt nach zu ordnen und eine Bewertungshierarchie („value tree") zu erstellen. Sie sollen sich hierbei an Vorstellungen orientieren, die mit wünschenswerten Kriterienausprägungen assoziiert sind (z. B. denen eines gutgestalteten Arbeitsplatzes). Sind Kriterien geordnet, werden sie ihrer relativen Bedeutung entsprechend gewichtet. Im Anschluß daran wird auf separaten Skalen ermittelt, welche Effekte vorhandene Interventionsalternativen bei einzelnen Kriterien vermuten lassen. Diese Bewertungen stellen die „Rohnutzen" der Interventionsalternativen dar. Nach Multiplikation mit den vorher ermittelten Gewichtungswerten und Aufsummierung aller Einzelwerte resultiert für jede Maßnahme ein bestimmter Erwartungsnutzen. Zumeist legt dieser auch eine bestimmte Rangordnung der Interventionsalternativen fest. Sensitivitätsanalysen schließen die Evaluierung ab. Sie dienen dazu, Konsequenzen möglicher Bewertungsfehler auszutesten. Ergiebig hierfür sind vor allem kontrovers diskutierte Gewichtungswerte und Rohnutzenbeurteilungen. Indem entsprechende Zahlen systematisch variiert und Erwartungsnutzen mit veränderten Zahlen berechnet werden, ist leicht feststellbar, ob die ursprüngliche Rangreihe der Maßnahmen darauf reagiert. Bleibt auf den ersten Rangplätzen alles beim alten, haben mögliche Irrtümer keine allzu gravierenden Folgen. Ergeben sich jedoch Unterschiede, kann es angezeigt sein, problematische Kriterien nochmals bewerten zu lassen.

Bei aller Hilfestellung, die die multi-attributive Nutzentechnologie gibt, um Maßnahmenentscheidungen zu erleichtern, so stehen und fallen ihre Erfolgsprognosen doch mit dem verfügbaren Expertenwissen und dessen quantitativ-rationaler Umsetzbarkeit. Hat dieses Wissen nur wenig Vorhersagekraft, wie etwa bei Maßnahmen mit innovativem Charakter, oder lassen sich wichtige Erfolgsdimensionen nur bedingt quantitativ-rational erfassen, wie etwa bei motivationalen oder affektiven Zielkriterien, ist eine Auswahlevaluierung selbst mit präziser Formaltechnik nicht zu verbessern.

3.2.4 Weitere Evaluationskonzepte

Von den weniger einflußreichen Ansätzen sollen drei zumindest kurz skizziert werden. Der erste Ansatz weist Überschneidungen mit der Anpassungsevaluierung auf. Wie bei dieser geht es darum, die einzelne Maßnahme in ihrer Ganzheitlichkeit und Komplexität zu erfassen und ihre Auswirkungen detailliert darzustellen. Der eigentliche Zweck ist jedoch nicht die Maßnahmenverbesserung, sondern der abbildgetreue Durchführungsreport. Erstellt wird also ein Interventionsportrait, das Inhalte, Ereignisse, positive wie negative Begleiterscheinungen sowie innere und äußere Umstände der Intervention wiedergibt, ohne damit Ist-Soll-Vergleiche zu verbinden (vgl. Stake, 1978). Evaluation erfolgt demnach, wenn man so will, zielfrei, zumindest was die Aufgaben des Evaluators betrifft. Daß maßnahmenbegleitende Untersuchungen auf rein deskriptivem Niveau angesiedelt bleiben können, verweist auf Schwierigkeiten, denen sich manchmal insbesondere externe Evaluatoren gegenüber sehen, wenn sie auf eine Präzisierung und Operationalisierung von Zielkriterien dringen (vgl. auch Scriven, 1974). Diese Problematik greift der zweite Evaluationsansatz auf. Ihm zufolge besteht eine wichtige Aufgabe des Evaluators gerade darin, die Vereinbarung von Interventionszielen konstruktiv zu beleben und Zieltransparenz für alle Interventionsbeteiligten herzustellen. Für diesen Ansatz ist Evaluation in erster Linie ein Verhandeln zentraler Bewertungskriterien, bei dem diskrepante Zielvorstellungen einem möglichst fairen Schlichtungsverfahren unterzogen werden (vgl. Levine, 1978). So sind die Interventionsbeteiligten gehalten, ihre jeweiligen Vorstellungen argumentativ auszuarbeiten und einer fachkundigen Jury zu präsentieren, die dann ein ausgewogenes Urteil zu finden versucht. Sind alle Beteiligten bemüht, trotz unterschiedlicher Ansichten im (gemeinsamen) Veränderungsanliegen weiter zu kommen, so ist die Wahrscheinlichkeit groß, mit diesem Verfahren konsensfähige Kriterien zu erhalten. Der dritte Ansatz schließlich beinhaltet eine Auswahlbewertung und ähnelt seiner Intention nach der multi-attributiven Nutzentechnologie. Wichtige Informationsquellen sind hier jedoch nicht Interventionsexperten, sondern wissenschaftliche Publikationen, die über gesicherte Auswirkungen potentiell geeigneter Maßnahmen berichten. Mit Ergebnissen dieser Veröffentlichungen führt der Evaluator Meta-Analysen durch und kann hiernach abschätzen, welche Maßnahmenvarianten wie stark auf welche Kriterien einzuwirken versprechen und wie gut die eigenen Veränderungspläne damit korrespondieren. Bei ergiebigen Quellen vermag er diejenige Maßnahme vorzuschlagen, deren Erfolg eine relativ gute Prognose besitzt. Obwohl arbeitspsychologische Maßnahmen bislang erst in relativ spezifischen Anwendungsbereichen meta-analytisch zu bewerten sind (zu Effekten von Führungstrainings vgl. z. B. Fiedler & Mahar, 1979; Strube & Garcia, 1981), deuten sich hier sehr vielversprechende Zukunftsperspektiven an (s. u. Kap. 5).

3.2.5 Zur Relevanz der Evaluationskonzepte für arbeitspsychologische Maßnahmen

Die beschriebenen Evaluationskonzepte sollen nun noch in ihrem Gesamtzusammenhang beleuchtet und hinsichtlich betrieblicher Anwendungen diskutiert werden. Als schematischer Überblick kann die in Abb. 2 dargestellte „Problem-Matrix" dienen. Diese Matrix wird durch Größendimensionen, Unsicherheitsfaktoren und Durchführungsbesonderheiten von Maßnahmen aufgespannt und enthält in ihren Feldern diejenigen Konzepte, denen nach ökonomischen, inhaltlichen und methodischen Gesichtspunkten eine gewisse Vorziehenswürdigkeit zukommt.

Das Merkmal der Dimensionalität differenziert danach, welches Volumen an betrieblichen Ressourcen (Kapital, Material, Personal) eine Maßnahme sehr wahrscheinlich benötigen wird. Kleinvolumige Maßnahmen sind vom Investitionsaufwand her gesehen überschaubar, zielen auf Effekte in Individuen oder Gruppen von Individuen ab und haben gesamtorganisatorisch gesehen eher „personalen" Charakter (vgl. Gebert, 1974). Beispiele sind Trainings motorischer und sozialer Fertigkeiten, psychologisch konzipierte Anlern-, Aus- und Weiterbildungsveranstaltungen, Modellarbeitsplätze, Unterweisungen in sicherheitsbewußtem Verhalten am Arbeitsplatz u. ä. Großvolumige Maßnahmen sind verglichen damit aufwandsintensiver, sie zielen auf Effekte in umfangreicheren Teilen der Betriebsorganisation ab und haben deshalb eher „strukturellen" Charakter. Beispiele sind Projekte zur Humanisierung der Arbeit, Veränderungen bei Arbeitszeitregelungen, technologische Neuerungen größeren Ausmaßes oder Umstellungen der Arbeitsorganisation.

Das zweite Merkmal der Problem-Matrix differenziert nach Unsicherheitsfaktoren, die eine Evaluation notwendig machen können. Systematische Erfolgskontrollen sind sinnvoll bei unbekannten Effekten, wie im Falle innovativer Maßnahmen, bei umstrittenen Effekten, wie im Falle von Maßnahmen mit stark polarisierten Auswahlpräferenzen, oder bei ungewissen Effekten, wie im Falle transfer-belasteter Maßnahmen.

		Unsicherheitsfaktoren		
		Maßnahmeneffekte unbekannt	Maßnahmeneffekte umstritten	Maßnahmeneffekte ungewiß
Dimensionalität der Maßnahme: kleinvolumig	Maßnahmendurchführung als längerfristiger Prozeß	• Netto-Effekt-Evaluierung	• Auswahlevaluierung • Anpassungsevaluierung	• Meta-Analyse • Anpassungsevaluierung
	Maßnahmendurchführung als kurzfristige Umstellung	• Netto-Effekt-Evaluierung	• Auswahlevaluierung • Netto-Effekt-Evaluierung	• Meta-Analyse • Netto-Effekt-Evaluierung
großvolumig	Maßnahmendurchführung als längerfristiger Prozeß	• Interventionsportrait	• Auswahlevaluierung • Anpassungsevaluierung	• Anpassungsevaluierung
	Maßnahmendurchführung als kurzfristige Umstellung	• Netto-Effekt-Evaluierung	• Zielverhandeln • Auswahlevaluierung	• Netto-Effekt-Evaluierung

Abb. 2: Problem-Matrix

Ein drittes Merkmal ist die Art der Maßnahmendurchführung. Für Anwendungen einzelner Evaluationskonzepte ist es auch wichtig, ob die Maßnahme eine plötzliche Veränderung mit sich bringt und damit sozusagen „als Ganzes" realisiert wird, oder ob die Maßnahme eine gewisse zeitliche Erstreckung besitzt und Veränderungen damit eher stufenweise erfolgen.

Je nach Ausgangssituation lassen sich nun bestimmte Evaluationskonzepte zuordnen. Bei kleinvolumigen Maßnahmen überwiegen Netto-Effekt-Evaluierungen. Kontrollgruppen sind zumeist ohne größeren Aufwand zu rekrutieren, Kriterien lassen sich relativ präzise fassen und Messungen ohne Beeinträchtigung des betrieblichen Ablaufs durchführen. Für innovative Maßnahmen wäre solch eine Evaluierung auch im Falle prozessualer Durchführung angezeigt, da differenzierte Wirkungstheorien erst noch entwickelt werden müssen. Geeignete Kontrollen könnten dabei etwa parallel durchgeführte konventionelle Maßnahmen abgeben. Eine Untersuchung umstrittener und transfer-belasteter Maßnahmen würde am ökonomischsten zunächst bei entscheidungstechnologischen und meta-analytischen Verfahren ansetzen. Je nach Eindeutigkeit und Überzeugungskraft der gewonnenen Erkenntnisse wären weitere Kontrollen angezeigt oder entbehrlich. Zu betrieblichen Anwendungen der so klassifizierten Konzepte liegt eine Literaturauswertung von Porras & Berg (1978) vor. Diese zeigt u. a., daß häufiger mit Kontrollgruppenplänen gearbeitet wurde als etwa mit einfachen Zeitreihen-Messungen. Betrachtet man Zeitreihen-Messungen als methodisches Requisit der Anpassungsevaluierung, so kann man vermuten, daß die Problem-Matrix den Realitäten einer Bewertung personaler Maßnahmen ziemlich gut entspricht.

Bei großvolumigen Maßnahmen ergibt sich ein etwas anderes Bild. Netto-Effekt-Evaluierungen sind oft nur mit erheblichem Aufwand zu leisten; wo sie unumgänglich erscheinen, weisen die Untersuchungen nur geringe interne Validität auf (vgl. Lange, 1983). Da es an gesicherten Wirkungskenntnissen fehlt, haben auch meta-analytische Evaluierungen zumeist nur wenig Sinn. Besonderheiten wären darüberhinaus bei längerfristigen, innovativen und kurzfristigen, umstrittenen Maßnahmen zu vermuten. Kostengesichtspunkte können die Evaluierung im ersten Fall sehr leicht auf ein rein beschreibendes Interventionsportrait beschränken; im zweiten Fall kann es angezeigt sein, eine Auswahlevaluierung durch vorgeschaltete Zielverhandlungen abzusichern. Zu betrieblichen Anwendungen entsprechender Konzepte gibt es keine zufriedenstellenden Informationen. Einer Literaturauswertung von Terpstra (1981) zufolge ist der Prozentsatz von Studien mit methodisch weniger strengem Vorgehen zwar relativ hoch (40,5 %), welche einzelnen Evaluationskonzepte dies einschließt und welchen Anteil strukturelle Maßnahmen dabei haben, geht aus den berichteten Ergebnissen jedoch nicht hervor. Ob die Problem-Matrix reale Untersuchungsgegebenheiten widerspiegelt, ist somit klärungsbedürftig. Wahrscheinlich zeichnen sich aber gerade strukturelle Maßnahmen dadurch aus, daß ihre Kontrolle von vorneherein eine Verfahrenskombination aus mehreren Ansätzen erfordert und deshalb auch nur bedingt durch ein einfaches Klassifikationsschema abzubilden ist.

4 Zuordenbarkeit von Maßnahmen und Effekten

4.1 Grundprobleme

Primäres Ziel der Evaluation arbeitspsychologischer Interventionen ist damit die Beurteilung, ob die vorausgesagten bzw. erwarteten Wirkungen durch die eingeleiteten Maßnahmen erreicht wurden/werden und in welchem Umfang. Das Problem läßt sich damit präzisieren auf die Fragestellung:

1. Haben sich die vorausgesagten Veränderungen in den abhängigen Variablen (Kriterien) ergeben?
2. Lassen sich die Veränderungen in den abhängigen Variablen auf die in der Intervention realisierten Veränderungen der unabhängigen Variablen zurückführen – oder sind andere Veränderungen für diese Veränderungen in den abhängigen Variablen verantwortlich?

   Und als Modifikation:

3. Wie stark sind die Veränderungen in den abhängigen Variablen und in welchem Umfang sind diese Veränderungen auf die Veränderungen der unabhängigen Variablen zurückzuführen?

   Schließlich:

4. Welche anderen Variablen sind in welchem Umfang am Zustandekommen der Veränderungen in den abhängigen Variablen beteiligt und wie ist deren Wirkungszusammenhang?

   Und:

5. Welche anderen, nicht beabsichtigten und nicht vorausgesagten Effekte sind als Folge der Intervention eingetreten (Nebenwirkungen)?

Diese Fragestellungen lassen sich – wie alle wissenschaftlichen Fragestellungen über Ursache-Wirkungszusammenhänge – (vgl. Campbell, 1979) nur als Relativurteil durch den Vergleich mit einer Standardsituation, bei der die auf ihre Wirksamkeit zu beurteilenden Variablen nicht verändert wurden, beantworten. Zentral für Evaluationsmaßnahmen – welcher Art auch immer – ist daher die Möglichkeit zum Vergleich (vgl. auch Fine & Akabas, 1981), und zwar mit einer Referenzpopulation und -situation – welcher Art auch immer –, die sich idealerweise nur durch das unterschiedliche (idealerweise Nicht-)Vorhandensein der in ihrer Wirksamkeit zu beurteilenden Intervention unterscheidet.

Das Zentralproblem der Evaluationsforschung läuft damit auf die Bereitstellung einer geeigneten Vergleichsbasis für den intendierten Vergleich hinaus, wobei es entscheidend darauf ankommt, den Einfluß anderer als der eigentlich interessierenden Variablen zu kontrollieren bzw. abschätzen zu können. Dies gilt nicht nur für Evaluationsmaßnahmen, die am Netto-Effekt-Prinzip orientiert sind, auch für anpassungsorientierte bzw. formative Evaluationsmaßnahmen gilt diese Forderung angemessener Vergleichsgrößen, hier beispielsweise als vergangene und zukünftige Systemzustände, wenn auch unter anderer Perspektive.

Für diese Herstellung der Vergleichsbasis und die Kontrolle des Einflusses von Drittvariablen bieten sich die auch sonst in der empirischen Forschung dazu geeigneten beiden prinzipiellen Vorgehensweisen an:

- experimentelle Variation der unabhängigen Variablen und Kontrolle von Drittvariablen durch Randomisierung, Parallelisierung oder expliziten Einbezug in die Untersuchung als zusätzliche unabhängige Variablen
- statistische Kontrolle der Kovariation zwischen unabhängigen, abhängigen und Drittvariablen,

wobei die zuerst genannte wissenschaftslogisch die beweiskräftigere Variante darstellt. Welche dieser Möglichkeiten jedoch konkret realisierbar ist, ist in der Regel weniger eine Frage des persönlichen Geschmacks des einzelnen Evaluators als vielmehr der konkreten Gegebenheiten im konkreten Untersuchungsfeld. Gerade hieraus ergeben sich die spezifischen Probleme der Planung und Bewertung arbeitspsychologischer Interventionsmaßnahmen.

Da arbeitspsychologische Interventionen qua Definition manipulative Eingriffe darstellen, bei denen im Sinne der experimentellen Logik unabhängige Variablen manipuliert werden, liegt es nahe, zur Bewertung der Wirksamkeit der Interventionsmaßnahmen experimentelle Grundprinzipien heranzuziehen. Als Konsequenz ergibt sich damit, daß zur Beurteilung der Wirksamkeit der Intervention die gleichen Kriterien herangezogen werden sollten, wie dies bei experimentellen Kausalanalysen üblich ist.

Für den experimentellen Nachweis der Kausalverursachung von Effekten durch die Interventionsmaßnahmen müssen damit drei notwendige Bedingungen gegeben sein:

1. Zeitliches Vorausgehen von Ursache vor Wirkung. Diese Bedingung ist bei Interventionsmaßnahmen kaum problematisch, da die Messung der abhän-

gigen Variablen bei echten Experimenten nach Einführung und bei Quasi-Experimenten mit nicht-äquivalenten Kontrollgruppen vor und nach Einführung der Intervention erfolgen und Veränderungen in den abhängigen Variablen mit den vorausgegangenen Interventionsmaßnahmen in Beziehung gesetzt werden können.

2. Kovariation von Intervention und Effekt. Hier ist mit Hilfe geeigneter statistischer Verfahren der entsprechende Nachweis zu führen, allerdings sind auch statistisch abgesicherte Schlüsse nicht frei von Fehlern.

3. Ausschließbarkeit plausibler Alternativerklärungen. Dies ist die – nicht nur logisch – am schwierigsten zu gewährleistende Bedingung, da eine totale Kontrolle aller denkbaren Einflußgrößen in der Realsituation eines Betriebes (wie auch im Labor) nicht zu gewährleisten ist.

Cook & Campbell (1976 und 1979) postulieren aufbauend auf Überlegungen von Campbell & Stanley (1966), eine der ersten systematischen Monographien zum Problemkreis von Feldexperimenten, daß für eine belegbare Zuordnung von Maßnahmen und Effekten vier Formen der Validität gegeben sein müssen:

1. Validität des statistischen Schlusses,

2. Interne Validität,

3. Konstruktvalidität,

4. Externe Validität.

Sind diese Validitäten nicht gegeben, so sind gültige Aussagen über Ursache-Wirkungszusammenhänge, und das bedeutet in dem hier behandelten Kontext gültige, aussagefähige Bewertungen der durchgeführten Interventionsmaßnahmen bezüglich ihrer Effekte nicht möglich.

Es scheint daher sinnvoll, die von Cook & Campbell diskutierten Validitätsaspekte hier aufzugreifen und ihre potentielle Bedrohung bei arbeitspsychologischen Interventionsstudien im Betrieb sowie mögliche untersuchungsplanerische Absicherungen gegen diese Validitätsbedrohungen zu skizzieren. Dabei kann es nicht darum gehen, omnipotente Untersuchungspläne oder etwa Patentrezepte zu deren Entwicklung vorzustellen, da es diese nicht geben kann. Die Bedrohungen der Validität ergeben sich stets aus den konkreten Gegebenheiten des Einzelfalles. Wichtig erscheint vielmehr die Darstellung der Grundprinzipien, deren Realisierung zu einer aussagekräftigen Untersuchungsanlage im Einzelfall vom jeweiligen Evaluator zu leisten ist.

Die vier Aspekte der Validität, wie sie von Cook & Campbell (1979) vorgestellt werden, beziehen sich auf vier typische Grundfragen, die im Forschungsprozeß zu beantworten sind. (Nur am Rande sei hier darauf hingewiesen, daß Validitätsfragen – wegen des Schlusses vom Besonderen, das konkret untersucht wurde, aufs Allgemeine, das wissenschaftlich interessiert, – immer induktionistische Aspekte beinhalten. Daran ändern auch verbale Umetikettierungen oder Uminterpretationen (Hager & Westermann, 1983) nichts, die Probleme bleiben grundsätzlich dieselben).

1. Gibt es eine überzufällige Beziehung (Kovariation) zwischen zwei Variablen, hier Intervention und Effekt? = Validität des statistischen Schlusses.
   Beispiel: Geben Schreibkräfte, die mit dem Textverarbeitungssystem A arbeiten, überzufällig andere Antworten auf dem Beanspruchungsfragebogen B als Schreibkräfte ohne Textverarbeitungssystem?

2. Gegeben, die Beziehung existiert, handelt es sich dann um eine Kausalbeziehung derart, daß die Intervention zu den Effekten führt oder wäre die gleiche Beziehung auch feststellbar, ohne daß die Intervention ursächlich für die Effekte verantwortlich ist – beispielsweise durch den Einfluß anderer, nicht kontrollierter Bedingungen = interne Validität.
   Beispiel: Sind die erhöhten Beanspruchungsangaben auf dem Beanspruchungsfragebogen B beim Einsatz des Textsystems A tatsächlich auf den Einsatz des Textsystems A zurückzuführen oder auf eine gleichzeitige und ggf. dadurch bedingte Umstrukturierung des Tätigkeitsspektrums?

3. Gegeben, die Beziehung zwischen Intervention und Effekten ist wahrscheinlich kausal, was sind – abgesehen von den konkreten Operationalisierungen von Intervention und Effektvariablen – die der Kausalbeziehung zugrundeliegenden Konzepte, oder: sind die gewählten Realisierungen gültige Realisierungen der zugrundeliegenden Konzepte? = Konstruktvalidität.
   Beispiel: Wird mit der gefundenen Beziehung zwischen der Beantwortung des Beanspruchungsfragebogens B und dem Einsatz des Textsystems A eine Beziehung zwischen den eigentlich interessierenden Konstrukten Arbeitsinhalt und Beanspruchung hergestellt oder gilt die gefundene Relation nur für die konkreten Realisierungen mit/ohne Textsystem A und Beanspruchungsfragebogen B, bzw. inwieweit repräsentiert die Einführung des Textsystems A eine Veränderung des Arbeitsinhaltes und Beanspruchungsfragebogen B tatsächlich das Konstrukt Beanspruchung?

4. Gegeben die kausale Beziehung zwischen den durch die Intervention und den gemessenen Effektvariablen realisierten Konstrukte, wie weit ist diese Beziehung auf andere Personen, Situationen und Bedingungen generalisierbar? = externe Validität.
   Beispiel: Gilt der gefundene Zusammenhang zwischen Arbeitsinhalt und Beanspruchung auch für andere Personengruppen unter anderen Bedingungen und zu anderen Zeiten, ist also beispielsweise bei der Veränderung des

Arbeitsinhaltes durch Einführung vernetzter Arbeitsplatzrechner bei Sachbearbeitern ebenfalls mit einer Veränderung der Beanspruchung zu rechnen oder gelten die gefundenen Beziehungen nur für die Veränderung des Arbeitsinhaltes bei der Einführung von Textsystemen bei Schreibkräften?

Hier wird deutlich, daß je nach beabsichtigter Generalisierungsweite unterschiedliche Validitätsaspekte relevant werden. Sollen lediglich die konkret durchgeführten Maßnahmen in ihrer Wirkung auf die konkret erhobenen Effektvariablen überprüft werden, ohne jegliche Intention der Generalisierung auf zugrundeliegende Konzepte, andere Populationen und raumzeitliche Bedingungen, sog. D-Studien im Sinne von Cronbach, Gleser, Nanda & Rajaratnam (1972), so entfallen Probleme der Konstrukt- und der externen Validität. Gilt es aber bereits Konzepte wie Effektivität oder Wirtschaftlichkeit oder Beanspruchung auf der Seite der abhängigen Variablen zu untersuchen, so wird sofort die Frage der Konstruktvalidität der konkret untersuchten Variablen aufgeworfen. Wie valide sind die erfaßten Merkmale für das zu messende Konstrukt des Kriteriums? Im Rahmen der wissenschaftlich-theoretischen Analyse, für die der konkrete Fall nur eine aus einer z. T. unbekannten Menge potentieller Realisierungen des unterstellten Kausalzusammenhanges darstellt, ergibt sich dagegen immer auch die Frage der Weite der Generalisierbarkeit: innerhalb welcher Randbedingungen ist der postulierte und am konkreten Fall nachgewiesene Zusammenhang gültig. Damit ergibt sich hier die volle Breite des Validitätsproblemes.

4.2 Aspekte der Validität und ihre potentiellen Bedrohungen

4.2.1 Validität des statistischen Schlusses

Die Feststellung einer Kovariation zwischen Intervention und Effektvariablen bedarf im Normalfall einer zufallskritischen Absicherung durch entsprechende statistische Verfahren. Dabei können sich Probleme daraus ergeben, daß die Studie bereits von ihrer Anlage her die Möglichkeit des Nachweises der Kovariation erschwert, weil beispielsweise durch zu geringen Stichprobenumfang bei relativ großer Streuung zwischen den Mitgliedern der Stichprobe oder ein zu hoch angesetztes Signifikanzniveau oder durch die Verwendung eines Tests mit unzureichender Teststärke vorhandene Unterschiede bei der gegebenen Irrtumsvarianz nicht absicherbar sind. Allerdings ergeben sich hier nicht nur Probleme aus Fehlschlüssen im Sinne falsch negativer Schlüsse. Wie Reanalysen des publizierten Datenmaterials der Hawthorne-Untersuchungen (Roethlisberger & Dickson, 1939) durch Franke & Kaul (1978) zeigen, wurde dort offensichtlich von statistisch nicht absicherbaren Kovariationen zwischen manipulierten (und postulierten) unabhängigen Variablen und Wirkungen ausgegangen, also von falsch positiven Schlüssen. Ist Kovariation dagegen gegeben, so interessiert in der Regel auch die Stärke des Zusammenhanges, da mit großen Stichproben bekanntlich auch minimale Zusammenhänge signifikant werden. Hier ist darauf zu achten, daß Signifikanz nicht mit Relevanz verwechselt wird. Bedrohungen der statistischen Validität ergeben sich insbesondere aus folgenden Bedingungen (vgl. Cook & Campbell, 1979): Verletzungen von Voraussetzungen der statistischen Testverfahren, multiples Testen am selben Datenmaterial (Fehlerquote pro Vergleich oder Fehlerquote pro Untersuchung, Interdependenzen zwischen mehreren Vergleichen am selben Untersuchungsmaterial), unzureichende Reliabilität der Meßinstrumente (vergrößern die Fehlervarianz) und unzureichende Reliabilität der Einführung der Intervention.

4.2.2 Interne Validität

Diese Form der Validität stellt den zentralen Aspekt bei der Zuordnung von Effekten zu Interventionsmaßnahmen dar, da es hier um die Frage geht, ob bei gegebener Kovariation von A und B eine Kausalbeziehung der Form A → B angenommen werden kann, oder ob Drittverursachung, etwa in der Form A → C → B anzunehmen ist. Zur Prüfung dieser Frage ist die in der Regel gegebene zeitliche Sequenz, wonach die Veränderungen in den Kriterien auf die Intervention folgen, erforderlich, wichtig ist jedoch ferner die Möglichkeit des Ausschlusses der Verursachung durch ebenfalls vorausgehende, unkontrollierte Drittvariablen.

Als in der Zwischenzeit klassisches Beispiel sei hier auf die Hawthorne-Studien (Roethlisberger & Dickson, 1939) verwiesen, deren Schwäche gerade darin besteht, Drittverursachung nicht ausgeschlossen zu haben und auch nachträglich nicht mehr ausschließen zu können. Dabei war es die Absicht dieser Forschungsgruppe, nach zunächst eher unsystematischen Versuchen mit der Variation von Beleuchtungsbedingungen, die Kovariation und unterstellte Kausalbeziehung zwischen physischen Arbeitsbedingungen (Beleuchtung in den Vorstudien und Arbeits- und Pausenzeiten in der Studie im Relais-Montage-Raum) und der Leistung unter kontrollierten Bedingungen zu untersuchen, und zwar mit Hilfe eines „experimentellen" Untersuchungsansatzes, der eine Beurteilung des Wirkungszusammenhanges erlauben sollte, unabhängig von sogenannten „psychologischen Faktoren" (vgl. Roethlisberger & Dickson, 1939, S. 181–184). Bei der Durchführung der Experimente wurden dann jedoch so viele Bedingungen – teils beabsichtigt, um günstigere Ausgangsbedingungen zu schaffen, teils unbeabsichtigt – mit verändert (vgl. Roethlisberger & Dickson, 1939), daß eine Zuordnung der Effekte zu Variationen der unabhängigen Variablen unmöglich wurde. Drittverursachung konnte nicht mehr ausgeschlossen werden. Im Gegenteil, sie wurde dann sogar im Nachhinein zur Erklärung der beobachteten Veränderungen herangezogen, und zwar in Form verbesserter zwischenmenschlicher Beziehungen („human relations") zwischen Forschern, Vorgesetzten und Versuchspersonen. Andererseits ist aber auch dieses später generell akzeptierte Erklärungsmuster nicht resistent gegen Bedrohungen möglicher Drittverursachung. So weist u. a. Sykes (1965) darauf hin, daß ökonomische Interessen der Versuchspersonen die Effekte ebensogut erklären könnten. Allerdings kann auch diese Erklärung nicht als gesichert angenommen werden, da die methodische Anlage der Untersuchung keinerlei wie auch immer geartete sinnvolle kausale Interpretation der berichteten Zusammenhänge zuläßt (vgl. auch Carey 1967; Nachreiner, 1980 oder Adair, 1984).

Drittverursachung, und damit die Bedrohung der internen Validität, stellen bei arbeitspsychologischen Interventionen ein besonderes Problemfeld dar, da die von den Interventionsmaßnahmen Betroffenen in der Regel wegen ihrer Betroffenheit durch potentielle Konsequenzen der Ergebnisse der Evaluation interessengeleitet auf die Intervention und deren Evaluation reagieren. Hinzu kommt, daß arbeitspsychologisches Experimentieren im Betrieb nicht gerade zu den Alltagserfahrungen der Betroffenen gehört. In welchem Grade dies eine besondere Situation für Mitarbeiter im Betrieb darstellt, läßt sich sehr leicht feststellen, wenn man beobachtet, wie Mitarbeiter im Betrieb auf arbeitspsychologische Untersuchungen reagieren, insbesondere, wenn diese Untersuchungen mit hohem Meßaufwand verbunden sind. Arbeitspsychologische Untersuchungen stellen somit immer eine vom Normalfall abweichende Bedingung dar, die selbst als Intervention mit unbekannten Effekten betrachtet werden kann. Diese in der methodologischen Literatur unter dem Stichwort „Reaktivität" behandelte Problematik kommt hier voll zum Tragen und kann zu erheblichen Störeinflüssen beim Versuch der Bewertung von Interventionsmaßnahmen führen.

Mögliche Bedrohungen der internen Validität ergeben sich nach Cook & Campbell (1976, S. 227–230 und 1979, S. 51–55) durch

- Zeitgeschehen
  Veränderungen in den abhängigen Variablen sind nicht durch die Intervention, sondern durch davon unabhängige, zeitlich parallele Ereignisse bedingt.
  Beispiel: Veränderungen der Fehlzeiten nach Einführung von Arbeitsstrukturierungsmaßnahmen bei gleichzeitiger Veränderung der allgemeinen Wirtschaftslage.

- Reifung
  Beobachtete Veränderungen können auf von der Intervention unabhängige Veränderungen bei den Betroffenen zurückgeführt werden.
  Beispiel: Erhöhung der Arbeitszufriedenheit als Folge einer Reduktion des Anspruchsniveaus, unabhängig von Veränderungen in den Arbeitsbedingungen.

- Messung/Datenerhebung
  Veränderungen in den abhängigen Variablen können durch Sensibilisierung durch (mehrfache) Vorlage des Meßinstrumentes bedingt sein.
  Beispiel: Geringere Zufriedenheit mit den Arbeitsinhalten als Konsequenz eines Fragebogens, der andere, attraktivere Arbeitsgestaltungsmöglichkeiten für die gleichen Arbeitstätigkeiten aufzeigt.

- Instrumentierung
  Nicht äquivalente Meßinstrumente bei Vor- und Nachmessung können für Veränderungen in den abhängigen Variablen verantwortlich sein.
  Beispiel: Zwei Parallelverfahren zur Erfassung der Arbeitszufriedenheit unterscheiden sich im Mittelwert der Skala. Mittelwertsunterschiede zwischen Vor- und Nachmessung können dann auf der unterschiedlichen Instrumentierung von Vor- und Nachmessung beruhen.

- Statistische Regressionseffekte
  können auftreten, wenn die Zuordnung zu Versuchsgruppen auf der Basis von Vormeßwerten oder deren Korrelaten erfolgte (was häufig unintendiert geschehen kann) und unzuverlässige Meßinstrumente verwendet werden. Untersuchte mit hohen Ausgangswerten werden dann relativ niedrigere Nachmeßwerte und Untersuchte mit niedrigeren Ausgangswerten relativ hohe Nachmeßwerte erzielen. Derartige unterschiedliche Veränderungswerte können aber nicht der Intervention zugeschrieben werden, sondern sind bedingt durch die statistische Regression auf den Gruppenmittelwert. Diese Fehlerquelle ist nicht ungewöhnlich, wenn mit intakten Gruppen gearbeitet wird, die in der Regel nach bestimmten Kriterien selegiert bzw. selbst-selegiert sind.

- Selektion
  Unterschiede in den abhängigen Variablen sind nicht auf die Intervention, sondern auf unterschiedliche personelle Zusammensetzung der beobachteten Gruppen zurückzuführen.
  Beispiel: Unterschiede in der Arbeitszufriedenheit nach Arbeitsstrukturierungsmaßnahmen zwischen Versuchs- und Kontrollgruppe sind nicht auf die veränderten Arbeitsinhalte, sondern auf die unterschiedliche Zusammensetzung der Versuchsgruppen zurückzuführen.

- Mortalität
  Unterschiedliche Ausfallraten bei Experimental- und Kontrollgruppe können für die Unterschiede in den abhängigen Variablen verantwortlich sein, da bei der Nachmessung die Gruppen unterschiedlich zusammengesetzt sein können.
  Beispiel: Vergleiche von Schichtarbeitern und Nichtschichtarbeitern bezüglich Gesundheitsbeschwerden zeigen häufig deswegen keine Unterschiede, weil es sich bei den Schichtarbeitern um eine selbst-selegierte Stichprobe handelt: Schichtarbeiter, die diese Intervention (Aufnahme von Schichtarbeit) aus Gesundheitsgründen nicht durchhalten, wechseln zur Gruppe der Tagarbeiter über.

- Wechselwirkungen mit Selektivität
  Viele der im vorausgehenden besprochenen Bedrohungen der Validität ergeben sich auch in Wechselwirkung mit Selektionsproblemen, etwa als Wechselwirkung von Selektion und Geschichte in Form örtlich begrenzter, interventionsunabhängiger Ereignisse, die für die Veränderung in den abhängigen Variablen verantwortlich sein können.
  Beispiel: Bei Kontroll- und Experimentalgruppen, die aus unterschiedlichen Betrieben gewonnen wurden, um eine unkontrollierte Ausbreitung der Intervention oder des Wissens darum zu verhindern, werden Reaktionen auf einen Fragebogen durch ein nur lokal verbreitetes Gerücht über positive Konsequenzen von Arbeitsstrukturierungsmaßnahmen zur positiven Seite hin verändert.

- Diffusion oder Imitation der Intervention
  Falls zwischen Experimental- und Kontrollgruppe Kommunikationsmöglichkeiten bestehen, besteht die Gefahr der Diffusion oder unkontrollierten Übernahme der Intervention durch die Kontrollgruppe, insbesondere dann, wenn es sich um eine von den Betroffenen mit der Erwartung positiver Konsequenzen verbundene Intervention handelt. Damit wird der für die Evaluation kritische Unterschied zwischen Experimental- und Kontrollgruppe aufgehoben.
  Beispiel: In einer von zwei benachbarten Abteilungen werden Arbeitsabläufe verändert. Die Mitarbeiter der Kontrollgruppe, bei der keine Eingriffe in den Arbeitsablauf vorgenommen werden, ändern von sich aus wegen der beobachteten/vermuteten Konsequenzen der Veränderungen in den Experimentalgruppen ihre Arbeitsabläufe in gewissem Umfang selber.
  Diese und die folgenden Gefahren sind besonders dort gegeben, wo man, wegen der Vergleichbarkeit oder Parallelisierung von Kontroll- und Experimentalgruppen in den übrigen Randbedingungen physisch benachbarte Abteilungen/Gruppen ohne Restriktion der Kommunikation wählt. Die hier zur Absicherung von kausalen Schlüssen realisierte größere Bedingungskontrolle bei den Randbedingungen kann damit zur Schwächung der

Implementation der Intervention führen, da eine unbehandelte Kontrollgruppe nun nicht mehr zur Verfügung steht, womit Kausalschlüsse erschwert werden.

- Kompensatorischer Ausgleich der Intervention
  Wenn die (experimentelle) Intervention zu positiv bewerteten Konsequenzen für die davon Betroffenen führt, kann dies zu administrativen und zum Teil nicht zu rechtfertigenden Problemen der Ungleichbehandlung von Experimental- und Kontrollgruppe führen. Dies kann zu kompensatorischen Maßnahmen – von wem auch immer – führen, die eine valide Beurteilung der Intervention erschweren können, insbesondere dann, wenn sich bei Anpassungsevaluationen bestimmte Trends abzeichnen.
  Beispiel: Die Mitarbeiter der Kontrollgruppe setzen aufgrund der beobachteten Belastungsreduktion in der Experimentalgruppe per Verhandlungen die Einführung zusätzlicher Pausen durch.
- Kompensatorische Rivalität
  Ist die Zuordnung zu Experimental- und Kontrollgruppen im Betrieb bekannt, können Wettbewerbssituationen entstehen, die beispielsweise Mitglieder der Kontrollgruppe zu höherer Leistung anspornen (John-Henry-Effekt, Saretsky, 1972), wodurch interventionsbedingte Unterschiede ausgeglichen werden können. Der gleiche Prozeß aus der Sicht der Experimentalgruppe kann Unterschiede in den abhängigen Variablen nach Einführung der Maßnahmen produzieren, die nicht durch die Maßnahme selbst bedingt sind.
- Demoralisierung derjenigen, die von weniger günstigen Bedingungen betroffen sind
  Da Mitarbeitern in der Kontrollbedingung gelegentlich (tatsächlich oder vermutet) Vorteile vorenthalten werden, können diese darauf mit Ressentiments oder Leistungsrücknahme reagieren. Unterschiede zwischen Experimental- und Kontrollgruppe wären damit nicht durch die Intervention selbst, sondern durch das Vorenthalten der Intervention bei der Kontrollgruppe und die daraus resultierenden negativen Reaktionen bedingt.

Ein Teil dieser Bedrohungen der internen Validität läßt sich durch echte Experimente mit Zufallszuordnung der experimentellen Einheiten auf Experimental- und Kontrollgruppen ausschalten. Dies entspricht der klassischen experimentellen Logik. Problematisch ist die Sachlage dagegen, wenn diese Zufallszuordnung unter den konkreten Bedingungen eines Betriebes nicht realisierbar ist. Dies wird besonders dann der Fall sein, wenn mit intakten, bereits bestehenden Arbeitsgruppen gearbeitet werden soll oder muß. Dabei ist noch zu unterscheiden, ob der einzelne Mitarbeiter oder die Arbeitsgruppe selbst die experimentelle Einheit darstellt. So kann bei Versuchen mit der Einführung teilautonomer Gruppenarbeit jedenfalls nicht ohne weiteres davon ausgegangen werden, daß der einzelne Mitarbeiter als experimentelle Einheit zu betrachten sei. Damit verringern sich aber der Umfang der Stichprobe und die Möglichkeiten der Zufallszuweisung der experimentellen Einheiten in der Regel dramatisch, ganz abgesehen von den statistischen Implikationen. Selbst wenn aber der einzelne Mitarbeiter die experimentelle Einheit ist, ist eine Zufallszuordnung häufig nicht realisierbar, weil diese Zufallszuordnung beispielsweise gewachsene soziale Beziehungen stören würde, was ebenfalls als experimentelle Intervention mit unbekannten Effekten bzw. als Drittverursachung zu betrachten wäre.

Bei der Arbeit mit bestehenden Gruppen ist darüber hinaus nahezu immer mit Selektions-/Mortalitäts-Bedrohungen zu rechnen, da sich bestehende Arbeitsgruppen sowie existierende Zuordnungen von Mitarbeitern auf bestimmte Funktionen ja gerade dadurch auszeichnen, daß sich hier, intendiert oder nicht, Selektions- und Selbstselektionsprozesse ausgewirkt haben. Würden Organisationen Random-Zuordnung von Mitarbeitern zu Funktionen und Gruppen praktizieren, dürften sie diesen Random-Schock kaum überleben. Insofern sind der Durchführung echter Experimente im Betrieb, stärker noch als im pädagogischen Bereich, aus dem ein großer Teil der Überlegungen zu Quasi-Experimenten stammt (Campbell & Stanley, 1966), extrem harsche Grenzen gesetzt, die auch gleichzeitig Fragen der externen Validität aufwerfen (wären echte Experimente mit Zufallszuweisung überhaupt auf das normale Betriebsgeschehen generalisierbar?).

Es muß daher darauf ankommen, bei der Planung und Bewertung der Interventionsmaßnahmen auf der Basis solider Sachkenntnis – nicht nur Methodenkenntnis – alle infrage kommenden Bedrohungen der internen Validität zu überprüfen und, soweit möglich, geeignete Gegenmaßnahmen zu ergreifen. Dies kann nicht zur Beliebigkeit der Argumentation führen, wie Frey & Frenz (1982) unterstellen. Nicht jede Bedrohung der internen Validität ist unter den jeweils konkreten Untersuchungsbedingungen im Feld plausibel zu machen. Hier muß auf der Basis inhaltlicher Sachkompetenz argumentiert werden, welche Bedrohungen vorliegen können und welche unwahrscheinlich sind. Damit ist aber keine Aufweichung des Konzeptes gegeben, wenn hier mit subjektiven Argumenten zur Plausibilität argumentiert wird. So subjektiv dies zunächst auch aussehen mag, läßt sich in der Regel doch intersubjektive Übereinstimmung zwischen Experten darüber herstellen, ob eine bestimmte Validitätsbedrohung unter den gegebenen Bedingungen vorliegen könnte oder ob sie unwahrscheinlich ist. Damit ist aber qualitativ kein Unterschied mehr zum sonstigen Vorgehen im wissenschaftlichen Bereich gegeben. Eine absolute Sicherheit des Ausschlusses von Drittverursachung dürfte allerdings nicht zu leisten sein, was der Logik des Forschungsprozesses im Sinne der Unmöglichkeit des positiven Beweises entspricht.

4.2.3 Konstruktvalidität

Der Aspekt der Konstruktvalidität bezieht sich auf die Frage, inwieweit der nachgewiesene Einfluß der Intervention auf die Kriterien durch die die Operationen repräsentierenden Konstrukte und nicht nur durch die konkret gewählten Operationalisierungen bedingt ist, bzw. inwieweit von den konkret realisierten Operationen auf zugrundeliegende Konstrukte generalisiert werden kann. In den seltensten Fällen wird man bei arbeitsspsychologischen Interventionsmaßnahmen an der Analyse des Effektes der konkret vorgenommenen Maßnahme auf die konkret erhobenen Kriterien interessiert sein – in diesem Falle ergeben sich keine Probleme der Konstruktvalidität –, sondern an eher generalisierbaren Zusammenhängen wie beispielsweise zwischen Arbeitsstrukturierung und Qualität des Arbeitslebens oder Persönlichkeitsentwicklung, für die die konkret realisierten Interventionsmaßnahmen und Effektmessungen lediglich eine oder mehrere von vielen möglichen darstellen. Damit ergibt sich aber die Frage, wie valide die gewählten Operationalisierungen für die interessierenden Konstrukte, auf der abhängigen wie auf der unabhängigen Seite, sind.

Auch dies läßt sich am Fall der Hawthorne-Studien verdeutlichen. So kommen Roethlisberger & Dickson (1939, S. 183) zu dem Schluß, die durchgeführten Experimente im Relais-Montage-Raum seien andere gewesen als die, die geplant gewesen seien. Die Veränderungen der physischen Arbeitsbedingungen seien in Wirklichkeit Veränderungen der sozialen Beziehungen zwischen Management und Mitarbeitern gewesen, wobei die manipulierten Variablen (oder die Manipulation als solche) in diesem Kontext zu Trägern sozialer Bedeutung für die betroffenen Mitarbeiter/innen geworden seien. Inhaltlich wird damit der Hawthorne-Effekt zu einem Effekt verbesserter zwischenmenschlicher Beziehungen deklariert (vgl. Cook & Campbell, 1979, S. 60). Dabei stellt sich aber die Frage, ob die in den Experimenten durchgeführten Manipulationen tatsächlich als valide Operationalisierungen des Konstruktes „verbesserte zwischenmenschliche Beziehungen" zu betrachten sind; in diesem Falle müßten die – unterstellten – Effekte auch durch solche Interventionen erreichbar sein, die die tatsächlichen Arbeitsbedingungen unberührt lassen, den Mitarbeitern dagegen lediglich signalisieren, daß das Management an besseren Beziehungen zu den Mitarbeitern interessiert ist. Es wäre vorstellbar, daß die unterstellten Effekte unter derartigen Bedingungen ausblieben, was die Validität des post hoc postulierten Erklärungsansatzes nicht unbeeinträchtigt ließe.

Bei der Frage nach der Konstruktvalidität spielt die potentielle Konfundierung verschiedener theoretischer Konstrukte in der gewählten Operationalisierung – sowohl bei der Intervention wie bei der Kriterienmessung – die entscheidende Rolle. Daher gilt es darauf zu achten und durch entsprechende

(Vor)Untersuchungen abzusichern, daß die gewählten Operationalisierungen die interessierenden Konstrukte auch adäquat und valide repäsentieren – bzw. daß Interpretationen gefundener Beziehungen zwischen den gewählten Operationalisierungen nicht auch als (Kausal-)Beziehungen zwischen anderen, rivalisierenden Konstrukten zu interpretieren sind. Praktisch bieten sich dafür konvergente und diskriminante Validierungen über multiple Indikatorensysteme an (vgl. Campbell & Fiske, 1959; Cronbach & Meehl, 1955 sowie Cook & Campbell, 1979, S. 59 ff.), die eine Abschätzung der Defizienz (nicht erfaßter Anteil des Konstruktes) und der Kontamination (konstruktirrelevanter Anteil) der Einzel- und der Gesamtoperationalisierung in bezug auf die zu untersuchenden Konstrukte erlauben.

Spezifische Bedrohungen der Konstruktvalidität ergeben sich nach Cook & Campbell (1976, S. 241–244 und 1979, S. 64–68) z. B. durch

- Unzureichende präoperationale Explikation der Konstrukte
  Der Wahl der Operationalisierungen für Kriterien und Intervention sollte eine gründliche konzeptuelle Analyse der Konstrukte vorausgehen. Beispielsweise wird unter einer Einstellung im allgemeinen eine relativ stabile Disposition zur Reaktion verstanden, sowohl über verschiedene Modalitäten (affektiv, kognitiv und verhaltensmäßig) wie über verschiedene Zeitpunkte hinweg. Derartige Überlegungen führen eine Operationalisierung eines Konstruktes wie der Einstellung zur Schichtarbeit oder der Arbeitszufriedenheit mit Hilfe einer einzelnen Frage innerhalb eines einmal applizierten Fragebogens ad absurdum, dennoch ist dies immer noch gängige Praxis (vgl. Nachreiner, 1977, 1978 a, 1985). Oder bedeutet etwa gleiche Lesbarkeit zweier unterschiedlicher Darstellungen auf Anzeigen, ausgedrückt durch die Zahl richtig identifizierter Signale, daß beide Anzeigen ergonomisch gleich effizient zur Vermittlung der Information sind, wenn dies im Falle A nur mit größter Mühe und kurzfristig, im Fall B aber ohne allzu große Verausgabung und über einen längeren Zeitraum hinweg möglich ist? Ohne vorausgehende konzeptuelle Klärung der Konstrukte Effektivität und Lesbarkeit besteht hier sicher die Gefahr invalider Ergebnisse.

- Singuläre Operationalisierungen
  In vielen Untersuchungen werden die zu untersuchenden Konstrukte lediglich durch eine einzige Operationalisierung repräsentiert, was zwangsläufig zu Defizienz und Kontamination führen muß. Für die Kriterienmessung etwa bezüglich des Konstruktes Effizienz ist dieses Vorgehen kaum zu entschuldigen, eher für die Implementation der Intervention. Aber auch hier bietet sich häufig die Möglichkeit einer gestuften oder abgewandelten Intervention an, die diese Bedrohung der Konstruktvalidität verringern kann. Ob beispielsweise die Erweiterung des Handlungsspielraumes persönlichkeitsförderlich ist, läßt sich valider durch mehrfache Operationalisie-

rungen der Intervention und der Kriterien belegen, z. B. durch abgestufte Veränderungen in verschiedenen Gruppen und multiple Indikatorensysteme, als durch eine einzige Maßnahme und einen singulären Indikator.

– Singuläre Methodik
Wie im Falle singulärer Operationalisierungen stellen auch singuläre Methodenanwendungen Bedrohungen der Konstruktvalidität dar. Führen etwa verbale Interviews zur Einstellung zur Schichtarbeit zu anderen Ergebnissen als schriftlich vorgelegte Fragebogen, so können hier durchaus unterschiedliche Konstrukte betroffen sein (vgl. Nachreiner, 1977), z. B. einerseits, in der sozialen Situation des Interviews, eine als öffentlich vertretbar betrachtete Einstellung und andererseits, in der anonymen Fragebogensituation, die persönliche Einstellung des Befragten zum Gegenstandsbereich. Daß es sich hier um unterschiedliche Konstrukte mit unterschiedlichen Verhaltensdispositionen handelt, ist evident. Am Beispiel der Messung des Führungsverhaltens konnten wir an anderer Stelle demonstrieren (Nachreiner, 1978 b), wie singuläre Methodenwahl über unzureichende Konstruktrepräsentanz und erhebliche Kontamination zu gravierenden Fehlschlüssen und -entwicklungen führen kann.

– Vermutungen der Betroffenen über die Hypothesen
Interventionsmaßnahmen im Betrieb werden in der Regel mit erkennbaren Hypothesen und Absichten implementiert, aus legalen wie aus ethischen Gründen. Dies kann dazu führen, daß die Betroffenen sich aus kooperativen oder aus oppositionellen Motiven heraus entsprechend oder entgegen den erwarteten Hypothesen verhalten – der beabsichtigte Nachweis der Beziehungen zwischen den Konstrukten ist damit nicht mehr valide. Selbst wenn Hypothesen und Absichten nicht völlig klar sind, werden die Betroffenen bemüht sein, den Sinn der Intervention herauszufinden (vgl. z. B. Rosen, 1970). Dies kann, bei entsprechend „abwegiger" Interpretation von Hypothesen und Absichten, zu einer völlig anderen als der geplanten Intervention führen (Experiment aus der Sicht des Versuchsleiters vs. Experiment aus der Sicht der Betroffenen, vgl. Adair, 1984; Nachreiner, 1980); hier liegt das Kernproblem der Hawthorne-Untersuchungen. Adair (1984) schlägt daher vor, die Interpretation der Intervention durch die Betroffenen, weil sie nicht ausschaltbar, sondern höchstens experimentell manipulierbar ist, mit zu erheben und als Kontrollvariable in der Analyse der Ergebnisse mit zu berücksichtigen.

– Wunsch nach Beurteilung durch den Experimentator
Versuchspersonen mögen, insbesondere bei überschaubaren Interventionen, den Wunsch hegen, etwas über sich selbst zu erfahren bzw. ein positives Bild von sich selbst zu vermitteln (Rosenberg, 1969) und dadurch Ergebnisse verfälschen, eine Tendenz, die für Laborforschung sicherlich bedeutsamer ist als für größer angelegte Interventionen in einem Betrieb.

- Versuchsleiter-Erwartungen
  In der Literatur zur Sozialpsychologie des psychologischen Experimentierens (Timaeus, 1974; Bungard, 1985) werden Verzerrungen durch Erwartungen der Versuchsleiter diskutiert. Inwieweit diese bei Interventionen im Betrieb von Bedeutung sind, ist weitgehend unklar.
- Differentielle Wirksamkeit des Konstruktes auf unterschiedlichen Stufen
  Fehlschlüsse über die Beziehungen zwischen zwei Konstrukten sind möglich, wenn beispielsweise die Beziehungen zwischen ihnen nur auf bestimmten Ausprägungsstufen gelten, die in der Untersuchung aber nicht repräsentiert waren. So könnten etwa circadianperiodische Leistungsunterschiede nicht nachweisbar sein, weil bei dem in der Untersuchung repräsentierten niedrigen Niveau der Aufgabenschwierigkeit mühelos perfekte Leistungen rund um die Uhr möglich sind. Dies würde nicht dafür sprechen, keinerlei Beziehung zwischen Circadianperiodik und Leistungsfähigkeit anzunehmen.
- Interaktionen zwischen verschiedenen Interventionen
  Werden verschiedene Interventionen gleichzeitig implementiert, sind Beurteilungen unabhängiger Implementationen der jeweiligen Interventionen bzw. zuordenbare Wirkungen einzelner Konstrukte nicht mehr möglich.
- Interaktionen zwischen Intervention und Meßoperation
  Vormessungen zur Beurteilung der Kriterienausprägung, bevor die Intervention einsetzt, können die Betroffenen für die Intervention sensibilisieren und zu verzerrten Reaktionen führen. So können beispielsweise Fragebogen zur Arbeitszufriedenheit die Befragten auf spezifische Aspekte der Arbeitsinhalte und des Handlungsspielraumes hinweisen und neue Beurteilungsgesichtspunkte ins Spiel bringen, die die Intervention – eine Erweiterung des Handlungsspielraumes – als unzureichend erscheinen lassen und statt zur Erhöhung zu einer Verringerung der Arbeitszufriedenheit führen. Eine schlüssige Beweisführung zum Zusammenhang zwischen Erweiterung des Handlungsspielraumes und Einstellung zur Arbeit wäre so nicht zu leisten.

Problemen der Bedrohung der Konstruktvalidität kann daher am besten dadurch begegnet werden, daß die zugrundeliegenden Konstrukte expliziert und mehrfach operationalisiert werden. Zu beurteilen ist jeweils die Frage, wie gut die gewählten Operationalisierungen das Konstrukt tatsächlich repräsentieren und für welche alternativen Konstrukte sie ebenfalls relevant sind bzw. inwieweit Kontamination ausgeschlossen werden kann.

4.2.4 Externe Validität

Unter externer Validität verstehen Cook & Campbell (1976, 1979) die Frage der möglichen Generalisierungsweite über Personen, Situationen und Zeitpunkte hinweg. Selten ist man nur an der Beurteilung der Wirksamkeit arbeitspsychologischer Interventionsmaßnahmen für den untersuchten Personenkreis unter den gegebenen zeitlichen und räumlichen Rahmenbedingungen interessiert, in der Regel interessiert die Frage, für welchen Personenkreis und unter welchen anderen Bedingungen die beobachteten Relationen zwischen Konstrukten oder Variablen noch gelten.

Im Vergleich zur Beurteilung der Frage, ob ein theoretisches Konstrukt in der gewählten Operationalisierung valide abgebildet wird, geht es bei der Beurteilung der Frage, auf welche Zielpopulationen bzw. auf welche Universa von Bedingungen sich die gefundenen Relationen generalisieren lassen, sehr viel stärker um eine – logisch nicht zu rechtfertigende – Induktion, da von den untersuchten Einheiten auf nicht untersuchte geschlossen werden soll. Für den „rein" theoretisch orientierten Forscher, der lediglich an der Überprüfung des Kausalzusammenhanges interessiert ist, unabhängig von Zielpopulationen, stellt sich dieses Problem nur am Rande, hier mag der Hinweis auf die logische Unzulässigkeit der Generalisierung dann auch angemessen sein (vgl. Irle, 1985). Anders ist die Problemlage dagegen bei Interventionsmaßnahmen, die aus Gründen der Vorsicht vor unbekannten oder nicht abschätzbaren Risiken zunächst nur in ausgewählten Teilbereichen unter intensiver Kontrolle der Vorgesetzten eingeführt wurden und dort wirksam waren. Mit dem Hinweis auf die logische Unzulässigkeit der Generalisierung auf den eigentlich interessierenden Personenkreis, auch in anderen Betriebsteilen oder Betrieben, auch ohne diese intensive Kontrolle, ist hier weder der Organisation noch dem Evaluator geholfen. Vielmehr erscheint es wichtig, Überlegungen anzustellen, wie die (praktische) Validität derartiger Generalisierungen erhöht werden kann bzw. welche Bedingungen die Generalisierbarkeit belegbar beeinträchtigen.

Hier sind zwei Fälle zu unterscheiden. Sind die Zielpopulationen bzw. die Universa der Bedingungen, für die Aussagen angestrebt werden, bekannt (z. B. schichtdienstverrichtende Polizeivollzugsbeamte im Lande Niedersachsen auf Autobahnstationen im Winter 1986), so bietet sich als praktische Lösung die Ziehung einer repräsentativen Zufallsstichprobe an. Logisch unbefriedigend aber praktisch bewährt lassen sich die Ergebnisse in solchen Fällen mit abschätzbarer Irrtumswahrscheinlichkeit auf die anvisierte Grundgesamtheit verallgemeinern.

Anders sieht die Lage dagegen aus, wenn die Grundgesamtheit nicht präzise abgrenzbar oder beschreibbar ist, oder eine derartige enge Abgrenzung wenig sinnvoll erscheint. Wäre es vernünftig, Evaluationsergebnisse etwa nur auf den untersuchten Personenkreis zu beschränken, nur weil die Grundgesamtheit, der dieser Personenkreis entstammt, nicht genau bekannt ist oder nur weil das über eine logisch nicht zu rechtfertigende Induktion erfolgen müßte? Was hindert den Evaluator daran, die Ergebnisse als valide für eine Grundgesamtheit und ein Universum von Bedingungen zu betrachten, für die die untersuchten Populationen und Bedingungen eine repräsentative Auswahl darstellen – auch wenn diese im Augenblick nicht präzise zu beschreiben sind –, statt sich an eine logisch korrekte Regel zu halten und den Gültigkeitsbereich auf die untersuchte Stichprobe von Personen und Bedingungen zu beschränken (zur Rechtfertigung dieses Vorgehens vgl. Cornfield & Tukey, 1956, S. 912). Nebenbei bemerkt erschiene es fraglich, ob sich dann noch der für die Evaluation notwendige theoretische und finanzielle Aufwand lohnen würde. Auf die statistischen Implikationen derartiger Überlegungen für die Hypothesenprüfungen (Modelle mit festen oder Zufallseffekten) sei hier nur am Rande hingewiesen.

Will man eine möglichst weitreichende Generalisierbarkeit erreichen, so sollte die untersuchte Stichprobe relativ heterogen sein bzw. typische Vertreter potentieller Zielpopulationen und Universa enthalten, um Bedrohungen der externen Validität erkennen zu lassen. Diese resultieren nach Cook & Campbell (1976, S. 234–238; 1979, S. 73–74) insbesondere aus Interaktionseffekten der Intervention mit Selektionsprozessen, Randbedingungen und Zeitgeschehen.

- Interaktionen zwischen Intervention und Selektion
  Unterliegt die Beteiligung an der Interventionsmaßnahme Selektionsprozessen, z. B. Freiwilligkeit, Überlebenspopulation, so ist fraglich, ob die Ergebnisse auf andere Personengruppen generalisierbar sind. Sind beispielsweise Veränderungen der Tätigkeitsstruktur und daraus resultierende subjektive Reaktionen, die bei freiwilliger Benutzung von informationsverarbeitenden Systemen gefunden wurden, auf Personen generalisierbar, die gezwungen sind, derartige Systeme zu benutzen? Oder führen etwa unterschiedliche Schichtsysteme, die sich in den Reaktionen von Schichtarbeitern, die diese Systeme bereits seit längerer Zeit verfahren, nicht unterscheiden, zu keinen unterscheidbaren Beeinträchtigungen – wenn nur noch die Schichtarbeiter in den jeweiligen Systemen verblieben sind, die mit ihrem eigenen System einigermaßen zurechtkommen? Cook & Campbell (1979, S. 78) weisen darauf hin, daß bei gegebener Heterogenität in den Versuchspopulationen nachweisbare Interventions-(Sub-)Populations-Interaktionen eine Einschränkung der Generalisierbarkeit auf andere Populationen anzeigen.

- Interventions-Situations-Interaktionen
  Sollen nachgewiesene Interventionseffekte auf unterschiedliche situative Bedingungen generalisiert werden, so schränken auch hier Situations-Interaktionen die Generalisierbarkeit ein. Ob beispielsweise die positiven Effekte der Einführung eines 12-Stunden-Schichtsystems in Betrieben mit

geringer psychischer Belastung auf Betriebe mit hoher psychischer und physischer Belastung übertragbar sind, erscheint zumindest zweifelhaft, Vorsicht scheint hier angebracht.

- Interaktionen von Intervention und Zeitgeschehen
  Die Generalisierbarkeit des Erfolges oder Mißerfolges einer Interventionsmaßnahme kann aber auch durch eine Wechselwirkung zwischen Intervention und Zeitgeschehen eingeschränkt sein. Wenn beispielsweise gleichzeitig mit der Einführung neuer Technologien oder Arbeitsstrukturen in den Massenmedien eine Kampagne über die positiven/negativen Effekte derartiger Maßnahmen läuft, so kann nicht davon ausgegangen werden, daß die Evaluation einer vergleichbaren Intervention zu einem anderen Zeitpunkt zu vergleichbaren Ergebnissen führt.

Alle diese Validitätsbedrohungen verlangen nach separater Prüfung der Beziehungen in Untermengen der Stichprobe von Personen, Situationen und Zeiträumen, woraus sich die Forderung nach heterogenen Stichproben ergibt. Kann der Effekt der Intervention auch dort nachgewiesen werden, haben sich die Universa bzw. Grundgesamtheiten, für die die untersuchten Stichproben repräsentativ sind, erweitert. Wie sie genau zu charakterisieren oder abzugrenzen sind, bleibt allerdings weiter unbestimmt. Im negativen Fall wird dagegen klar, auf welche Universa nicht generalisiert werden kann. Die vorgeschlagene Validitätsprüfung weist damit enge Beziehungen zur Überprüfung der Generalisierbarkeit von Testwerten auf, wie sie von Cronbach et al. (1972) vorgeschlagen wurde.

4.2.5 Beziehungen zwischen den Validitätsaspekten und Konsequenzen für Evaluationsuntersuchungen

Zwischen den von Cook & Campbell unterschiedenen Validitätsaspekten bestehen einige Beziehungen, die bei der Planung von Evaluationsuntersuchungen zu berücksichtigen sind. Interne Validität und statistische Validität zielen beide auf den Nachweis der Verursachung der Effekte durch die Intervention ab, und zwar durch den Nachweis der überzufälligen Kovariation und den Ausschluß der Drittverursachung. Sie stellen damit primär zu sichernde Validitätsaspekte dar, selbst dann, wenn lediglich der Nachweis der Wirksamkeit der Intervention – wie durchgeführt – im Bezug auf die Kriterien – wie gemessen – festgestellt werden soll. Geht es dagegen um mehr als um die hier und jetzt durchgeführte Maßnahme, wie dies bei theorieorientierter angewandter Forschung der Fall ist, so sind auch Konstrukt- und externe Validität sicherzustellen, bei der Konstruktvalidität sowohl die der Intervention wie die der Effektmessung. Die Absicht der Generalisierung, bei der Konstruktvalidität über die konkreten Operationalisierungen auf das zugrundeliegende theoretische Konstrukt bezogen, bei der externen Validität auf Populationen, Situationen, Randbedingungen und Zeitpunkte bezogen, ist beiden gemeinsam; daher rangieren deren Bedrohungen in verschiedenen Veröffentlichungen auch nicht immer unter dem gleichen Aspekt (vgl. Cook & Campbell, 1976 und 1979).

Insgesamt sollte diese Einteilung eher heuristisch oder akzentuierend betrachtet werden. Wichtig erscheint jedoch, daß für eine saubere Evaluation arbeitspsychologischer Interventionsmaßnahmen die jeweils relevanten potentiellen Bedrohungen der Validität ausgeräumt sein sollten. Dabei ist die hier in Anlehnung an Cook & Campbell diskutierte Liste potentieller Bedrohungen unterschiedlicher Validitätsaspekte sicher nicht erschöpfend. Erschwerend kommt hinzu, daß einige Maßnahmen zur Erhöhung einer Art von Validität, beispielsweise Zufallszuweisung zur Erhöhung der internen Validität, andere Aspekte der Validität negativ beeinflussen kann, beispielsweise die externe Validität, indem etwa die Generalisierung auf funktionierende Organisationseinheiten, bei denen üblicherweise keine Zufallszuweisung der Mitarbeiter realisiert werden kann und soll, erschwert wird. Wenn die Hawthorne-Studien irgend etwas belegt haben, dann die Tatsache, daß willkürlich zusammengesetzte Experimentalgruppen sich unter Umständen anders verhalten als natürliche Gruppen unter normalen Betriebsbedingungen.

Da sich die im Prinzip erstrebenswerte Zufallszuweisung, die in der Regel, wenn auch nicht immer, zur Maximierung der internen und der statistischen Validität führt, bei arbeitspsychologischen Interventionen in funktionierenden Organisationen nur sehr schwer herstellen läßt (zu hemmenden und fördernden Bedingungen vgl. Cook & Campbell, 1979) und auch aus anderen Überlegungen heraus manchmal nicht einmal wünschenswert erscheint, sollen im folgenden Abschnitt, ebenfalls in Anlehnung an Cook & Campbell, einige Prinzipien quasi-experimenteller Untersuchungsplanung dargestellt werden, um die Logik der Kontrolle potentieller Validitätsbedrohungen durch „unechte" Experimente zu demonstrieren. Welche Untersuchungspläne im konkreten Fall realisiert werden sollten, ist abhängig von den Bedingungen der spezifischen Fragestellungen und den Randbedingungen des Evaluationsvorhabens. Omnipotente Idealpläne, die alle Probleme in gleicher Weise lösen, sind hier, wie auch bei echten Experimenten, weder realisier- noch denkbar.

4.3 Experimentelle und quasi-experimentelle Versuchspläne zur Bewertung von Interventionsmaßnahmen

Wenn als primär zu lösendes Problem bei der Evaluation arbeitspsychologischer Interventionsmaßnahmen die Sicherung der internen Validität und die

Abschätzung der Effektstärke angesehen wird, so bieten sich als Lösungswege Methoden der Versuchsplanung an, wie sie in der experimentellen Forschung zur Prüfung kausaler Wirkungszusammenhänge eingesetzt werden. Die Logik dieser Versuchspläne zielt ja gerade darauf ab, die (Stärke der) Wirksamkeit der unabhängigen Variablen, als die die Intervention hier betrachtet werden kann, auf die abhängigen Variablen, hier die Kriterien, zu überprüfen.

Dabei besteht die Logik dieser Versuchsplanung prinzipiell lediglich darin, solche experimentelle Einheiten, bei denen die auf ihre Wirkung zu untersuchende Bedingung hergestellt wurde (Experimentalgruppe), mit solchen experimentellen Einheiten zu vergleichen, bei denen diese Bedingung nicht hergestellt wurde (Kontrollgruppe). Um dabei systematische Unterschiede zwischen beiden Versuchsgruppen, die mit der zu untersuchenden Bedingung nichts zu tun haben, in ihrer Wirksamkeit auf die abhängige Variable und damit auch Drittverursachung ausschließen zu können, wird in der experimentellen Versuchsplanung die Kontrolle dieser Bedingungen oder die Zufallszuweisung der experimentellen Einheiten auf die Versuchsbedingungen gefordert. Bei Zufallszuweisungen sind idealerweise sämtliche Bedingungen, außer der manipulierten unabhängigen Variablen, zufallsverteilt und können daher nicht systematisch die Ergebnisse verzerren. Daher wird in der klassischen experimentellen Literatur diese Strategie als die wirksamste betrachtet, sie bietet überdies den Vorteil, daß sie die Voraussetzung für die Anwendbarkeit verschiedener statistischer Verfahren schafft. Cook & Campbell (1976) machen die Zufallszuweisung zum Unterscheidungskriterium zwischen „echten" Experimenten und „Quasi-" Experimenten, bei denen zwar Kontrollgruppen verwendet werden, die Äquivalenz der Gruppen aber nicht durch Randomisierung der übrigen Variablen (Bedingungen und Versuchspersonen) hergestellt wurde. Wo dies möglich ist, sollten daher auch bei der Evaluation arbeitspsychologischer Interventionsmaßnahmen experimentelle Versuchsanlagen gewählt werden, da sie als die kontrollstärkste Untersuchungsstrategie betrachtet werden können.

Wenn im Betrieb derartige Zufallszuweisungen der experimentellen Einheiten auf die Versuchsgruppen auch häufig nur sehr schwer realisierbar sind, so bieten sich nach Cook & Campbell (1976, 1979) folgende Bedingungen dazu an:

- wenn Lotterie- bzw. Zufallszuweisungen erwartet werden,
- wenn die Nachfrage (nach Teilnahme an der Intervention) größer ist als das Angebot und eine Entscheidung billigerweise nur per Los möglich erscheint,
- wenn man die Intervention nicht allen zugleich zukommen lassen kann, z. B. gestuftes, zeitlich versetztes Vorgehen,

- wenn die Versuchsgruppen zeitlich und/oder örtlich getrennt behandelt werden können und keine Kommunikation zwischen den Einheiten besteht,

- wenn Änderungen nötig werden und geeignete Lösungen nicht bekannt sind, wenn also experimentierendes Vorgehen erwartet wird,

- wenn einige Personen keine der potentiellen Alternativen (Intervention oder nicht) bevorzugen und schließlich,

- wenn man sich seine eigene Organisation aufbauen kann und/oder Kontrolle über die experimentellen Einheiten hat.

Hier sollte angemerkt werden, daß vor der Versuchsplanung aufgrund inhaltlicher Überlegungen zu klären ist, was im Bezug auf die zu bewertende Intervention als experimentelle Einheit zu betrachten ist – einzelne Mitarbeiter, Gruppen von Mitarbeitern oder gar ganze Betriebe/Organisationen – denn deren Zufallszuweisung zu den experimentellen Bedingungen steht hier zur Diskussion. So macht es, wie oben angemerkt, wenig Sinn, bei der Einführung von Gruppenarbeit den einzelnen Mitarbeiter als experimentelle Einheit zu betrachten, da hier sinnvollerweise nur die Gruppe als Untersuchungsobjekt fungieren kann. Dies kann der auf den ersten Blick möglichen Zufallszuweisung einzelner Mitarbeiter den Sinn nehmen und die Durchführung echter Experimente weiter erschweren.

Wir hatten weiter oben darauf hingewiesen, daß die Durchführung echter experimenteller Untersuchungsanlagen, so wünschenswert sie unter der Perspektive der Sicherung der internen Validität sein mag, in Konflikt mit der Sicherung der externen Validität stehen kann. So kann etwa die Überprüfung der Wirksamkeit der Umstellung eines Schichtsystems unter laborexperimentellen Bedingungen mit Zufallszuweisung freiwilliger, schichtunerfahrener Versuchspersonen mit befriedigender interner Validität durchgeführt werden. Ob diese Ergebnisse allerdings auf (selbst-)selegierte Gruppen von Schichtarbeitern übertragen werden können, bleibt fraglich. Es kann daher gelegentlich sinnvoller sein, aus Gründen der externen Validität auf die potentiell mögliche Zufallszuweisung zu verzichten und mit intakten Gruppen zu arbeiten, auch wenn dies dann „nur" in quasi-experimentellen Untersuchungsplänen resultiert. Da Randomisierung überdies unter den hier zu diskutierenden Feldbedingungen des Betriebes nicht als Allheilmittel gegen jegliche Bedrohungen der internen Validität angesehen werden kann (vgl. 4.2.2), erscheint es uns nützlich, einige Grundüberlegungen bezüglich der Logik der Versuchsplanung an einem Modell zu demonstrieren. Daraus sollten sich für den konkreten Fall Anhaltspunkte für die Wahl bzw. Auslegung eines geeigneten (quasi-) experimentellen Versuchsplanes gewinnen lassen.

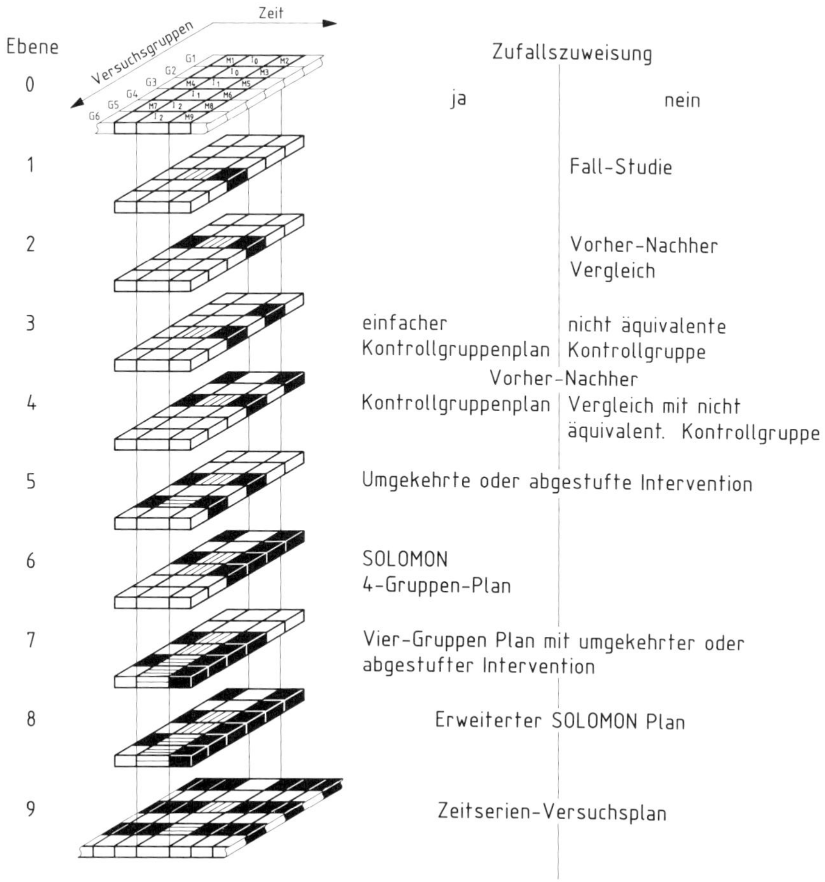

Abb. 3: Strukturmodell ausgewählter experimenteller und quasi-experimenteller Untersuchungspläne (G = Gruppe, I = Intervention, M = Messung)

Abbildung 3 zeigt als Strukturmodell den Aufbau verschiedener Versuchspläne und die dort jeweils gegebenen Vergleichsmöglichkeiten, wobei zwischen experimentellen Anlagen mit Zufallszuweisung und quasi-experimentellen Anlagen zu unterscheiden ist. Ebene 0 gibt die generelle Auslegung des Versuchsplanes mit der Bezeichnung der jeweiligen Vor- und Nachmessung (M_i, i = 1,9) der Intervention (I_j, j = 0,2) und deren Zuordnung zu den Versuchsgruppen (G_k, k = 1,6) wieder. Die hier schwächer durchgezogene Ausdehnung der Anzahl der Vor- und Nachmessungen deutet die in Ebene 9 vorgenommene mögliche Erweiterung der Untersuchungspläne in Richtung auf Zeitreihenversuchspläne an. Die in den Ebenen 1–8 dargestellten ausgewählten Versuchspläne, die alle als Teilpläne der in Ebene 0 dargestellten generellen Anlage des Versuchsplanes und seiner vollen Realisierung in

Ebene 8 enthalten sind, machen anhand der schwarz ausgezeichneten Blöcke deutlich, welche Vergleiche bei welchem Versuchsplan möglich sind und welchen Bedrohungen der internen Validität der jeweilige Versuchsplan damit vorbeugen kann. Abbildung 3 verdeutlicht, daß mit zunehmender Anzahl von Versuchsgruppen und Messungen die Anzahl der Vergleichsmöglichkeiten und damit der möglichen Kontrolle von Drittverursachung steigt, wobei unter randomisierten Bedingungen schneller aussagefähige Versuchspläne erreicht werden.

Ebene 1 stellt den Fall einer Fallstudie dar. Die Intervention erfolgt hier bei einer willkürlich ausgewählten Gruppe von Versuchspersonen, deren Kriterienwerte lediglich in der Nachmessung nach erfolgter Intervention erhoben werden (I_1, M_6). Unter versuchsplanerischen Gesichtspunkten ist dieser Versuchsplan nicht interpretationsfähig, da jegliche Vergleichsmöglichkeit mit anders- oder unbehandelten Einheiten, selbst mit sich selbst vor der Intervention, fehlt. Dieser Plan entbehrt daher jeglicher Absicherung gegen jegliche Bedrohung der internen Validität. Dennoch bleibt zu überlegen, welchen Erkenntniswert man aus derartigen Fallstudien, von Campbell und Mitarbeitern ebenso wie der Vorher-Nachher-Vergleich in Ebene 2 den vorexperimentellen Versuchsanlagen zugerechnet, noch ziehen kann. Campbell selbst weist in einer 1979 erschienenen Arbeit zur Evaluationsproblematik darauf hin, daß Interventionen kaum jemals ohne Vorwissen über den Zustand der Welt vor Einführung der Intervention durchgeführt werden. Insofern bietet sich hier eine Vergleichsbasis, wenn auch nur eine sehr schwache, an, die unter bestimmten Bedingungen eine vorläufige Bewertung – wenn auch keine sichere – der Intervention erlauben kann. Unter einer weiteren Bedingung kann dieser Versuchsplan ebenfalls zu verwertbaren Ergebnissen führen, nämlich dann, wenn theoretisch als Folge der Intervention zu erwartende Ergebnisse nicht eintreten oder wenn die Nachmessung Ergebnisse zeigt, die theoretisch oder nach allgemeiner Erfahrung unwahrscheinlich wären, hätte die Intervention nicht stattgefunden. Beispiel: Nach der Demonstration von im Bedienungshandbuch nicht dargestellten Nutzungsmöglichkeiten eines Rechners werden diese Möglichkeiten genutzt. Es muß hier darauf hingewiesen werden, daß die Vergleichsbasis hier eine theoretisch erwartete ist, mit deren Plausibilität bzw. Fundierung die Validität oder besser Plausibilität der Bewertung der Interventionsmaßnahme steht und fällt.

Beweislogisch nicht viel besser verhält es sich mit dem in Ebene 2 dargestellten Versuchsplan mit einer Gruppe im Vorher-Nachher-Vergleich. Zwar besteht hier die Möglichkeit zur Erfüllung der Minimalforderung eines Vergleiches zwischen unbehandelten und behandelten Bedingungen (M_4 – M_5) innerhalb derselben Versuchsgruppe, allerdings zu unterschiedlichen Zeitpunkten, und daher ist nicht auszuschließen, daß Veränderungen in den Kriterienwerten durch dritte zwischenzeitlich eingetretene Veränderungen bedingt sind, die interventionsabhängig oder interventionsunabhängig sein können. So kann etwa die höhere Arbeitszufriedenheit nach einer Erweiterung des Handlungsspielraumes auf die damit verbundene Höherqualifizierung und die darauf beruhende höhere Entlohnung zurückzuführen sein – oder aber auf eine zwischenzeitlich eingetretene Rezession, die das Anspruchsniveau der Betroffenen verändert hat. Ob die Erweiterung des Handlungsspielraumes auch ohne diese Konsequenzen/Randbedingungen zur Erhöhung der Arbeitszufriedenheit führen würde, die Intervention Arbeitsstrukturierung also ursächlich für die Veränderung des Kriteriums Arbeitszufriedenheit ist oder ob diese Kriterienerhöhung auch ohne eine ggfs. kostenintensive Umstrukturierungsmaßnahme zur Erweiterung des Handlungsspielraumes lediglich durch eine höhere Entlohnung zu erreichen wäre, bleibt mit dieser Versuchsanlage nicht entscheidbar. Auch dieser Versuchsplan erlaubt prinzipiell keine intern valide Beweisführung, auch hier wird die Ebene der Plausibilität kaum überschritten.

Bei dem in Ebene 3 dargestellten Versuchsplan ist nun zu unterscheiden, ob Zufallszuweisung erfolgt oder nicht. Im Falle der Zufallszuweisung handelt es sich um den postinterventiven Vergleich zweier präinterventiv äquivalenter Gruppen, die bis auf die zu prüfende Intervention gleichen Bedingungen (mit nur zufälligen Abweichungen) ausgesetzt wurden. Unterschiede zwischen den beiden Nachmessungen M_3 und M_6 dürften daher in der Regel auf die Intervention zurückzuführen sein, wenn nicht sonstige Bedrohungen der internen Validität, wie beispielsweise lokale oder gruppenspezifische interventionsunabhängige Zeitereignisse, berücksichtigt werden müssen. Anders sieht die Problemlage dagegen ohne Randomisierung aus. Da die präinterventive Äquivalenz der Versuchsgruppen nicht sichergestellt ist und auch nachträglich nicht überprüft/korrigiert werden kann, sind Unterschiede zwischen M_3 und M_6 sowohl der Intervention wie der unterschiedlichen Gruppenzusammensetzung zuordenbar. Beispiel: Der Vergleich der Arbeitszufriedenheit einer Arbeitsgruppe mit erweitertem Handlungsspielraum (M_6) mit einer Gruppe von Mitarbeitern, bei denen keine Veränderung erfolgte (M_3), zeigt den vorausgesagten Unterschied. Erfolgte Zufallszuweisung der Mitarbeiter auf die Interventions- und die Kontrollgruppe, so darf dieser Unterschied mit größerer Berechtigung auf die Intervention (oder durch sie ausgelöste Veränderungen) zurückgeführt werden, als wenn die Zuweisung zur Experimentalgruppe willkürlich auf der Grundlage der Qualifikation erfolgte (Selektionseffekte).

Der Versuchsplan auf Ebene 4 stellt in seiner randomisierten Variante einen Vorher-Nachher-Kontrollgruppenplan dar, der es im Gegensatz zu dem in Ebene 3 dargestellten erlaubt, Veränderungswerte unter Interventions- mit solchen unter Kontrollbedingungen zu vergleichen und damit nicht nur die Netto-Effekt-Stärke, sondern auch die Varianz der Veränderungen abzuschätzen. Derartige Pläne sind relativ kontrollstark, da für die Abschätzung der Wirksamkeit jede experimentelle Einheit als eigene unbehandelte Kontrolleinheit herangezogen werden kann und die Prüfung der Wirksamkeit über die Verteilungen der Vorher-Nachher-Differenzen bei Experimental- und Kontrollgruppe erfolgen kann. Werden von diesem Versuchsplan lediglich die Nachmeßwerte analysiert, reduziert sich der Versuchsplan auf den der Ebene 3, wobei allerdings hier der Einfluß des (Vor-)Meßvorganges selbst als feste Bedingung für beide Versuchsgruppen eingeführt wird. Wird dieser Versuchsplan ohne Zufallszuweisung der experimentellen Einheiten durchgeführt, so ergibt sich ein Vorher-Nachher-Vergleich mit nicht-äquivalenten Kontrollgruppen, einer der am häufigsten verwendeten Versuchspläne überhaupt. Die Möglichkeit zur Beschränkung der Datenanalyse auf die Nachmeßwerte (M_2 und M_5) entfällt hier, die Beweisführung muß über den Vergleich aller 4 Meßpunkte M_1, M_2, M_4 und M_5 erfolgen. Dabei zeigt sich erst am Muster der Ergebnisse, welche Aussagekraft der Versuchsplan hat. Der Vergleich $M_1 - M_4$ verdeutlicht das Ausmaß der präinterventiven (Nicht-) Äquivalenz von Kontroll- und Interventionsgruppe. Sind hier keine Unterschiede feststellbar, erlangt der Plan praktisch die gleiche Aussagekraft wie im randomisierten Fall. Treten dagegen Unterschiede auf, verbietet sich der direkte Vergleich $M_2 - M_5$, es sind dann die differentiellen Veränderungen $(M_1 - M_2)$ gegen $(M_4 - M_5)$ zu prüfen. Cook & Campbell (1976, 1979) sowie Matern (1984) diskutieren eine Reihe potentieller Ergebnisse dieses Vergleiches und deren Schlüssigkeit im Bezug auf die Bewertung der Interventionsmaßnahme. Interventionsunabhängige Zeitereignisse sollten in beiden Versuchsgruppen zu gleichsinnigen Veränderungen der Nachmeßwerte führen, sie können daher mit Hilfe dieses Planes überprüft werden. Selektive Veränderungsprozesse innerhalb der Gruppen sind dagegen nicht generell ausschließbar und können gelegentlich, wie auch selektive Zeitereignisse, die Validität der Zuordnung von Interventionen und Effekten beeinträchtigen (vgl. dazu auch Cook & Campbell, 1979, S. 103ff). Sofern bessere, kontrollstärkere Versuchspläne nicht realisierbar sind, lassen sich mit Hilfe dieses Planes und bei gebührender Vorsicht unter günstigen Bedingungen schon akzeptable Evaluationsstudien durchführen. Zur statistischen Auswertung sollte allerdings angemerkt werden, daß die direkte Verarbeitung der Differenzwerte $(M_1 - M_2)$ und $(M_4 - M_5)$ in der Regel nicht akzeptabel ist, hier sollte auf kovarianzanalytische Verfahren zurückgegriffen werden. Zur Auswertung solcher Versuchspläne mit nicht-äquivalenten Kontrollgruppen sei daher auf den Beitrag von Reichard (1979) verwiesen.

Verbietet sich die Möglichkeit einer unbehandelten Kontrollgruppe, beispielsweise weil dies wegen zu erwartender Vorteile der Experimentalgruppe nicht zu rechtfertigen wäre, bietet sich die Einführung einer weiteren Intervention (I_2) zu Kontrollzwecken an (Ebene 5). Dabei sind verschiedene Fälle denkbar, von der von der Logik der Beweisführung stärksten Variante der umgekehrten Intervention, die allerdings häufig aufgrund ethischer Überlegungen undurchführbar ist, weil sie zu negativen Effekten führen kann, über eine hypothesen-irrelevante („dummy"-)Intervention, die zu keinerlei hypothesen-relevanten Veränderungen führen sollte, bis zur abgestuften Intervention ($I_2 > I_1$), die zu abgestuften Veränderungen in den Nachmeßwerten führen sollte ($M_8 > M_5 > M_2$). Ohne Zweifel stellt auch hier die vorausgehende Zufallszuweisung einen Vorteil hinsichtlich der internen Validität dar, aber auch ohne diese Zuordnung sind die Ergebnisse derartiger Versuchspläne in der Regel gut interpretierbar. Hier bietet sich die Möglichkeit, Probleme der Reaktivität, der Konstruktvalidität oder mehrdimensionale Interventionen kontrolliert zu untersuchen: beispielsweise durch eine hypothesen-irrelevante Intervention, die das zu untersuchende Konstrukt nicht tangiert und die theoretisch keinerlei Effekte erwarten läßt. Unterscheiden sich dann ($M_4 - M_5$) nicht von ($M_7 - M_8$), kann die eigentlich zu bewertende Intervention I_1 und/oder das ihr zugrundeliegende Konstrukt nicht für die erhaltenen Effekte verantwortlich gemacht werden. Wenn sich auch umgekehrte Interventionen häufig aus unterschiedlichsten Gründen nicht durchführen lassen, so stellen sie, wenn sie durchführbar sind, z. B. als Verkürzung und Verlängerung ununterbrochener Arbeitsabschnitte, ein relativ kontrollstarkes Vorgehen dar, da hypothesenbezogen Differenzen mit unterschiedlichen Vorzeichen zwischen Vor- und Nachmessung in beiden Versuchsgruppen auftreten sollten. Treten dagegen gleichsinnige Differenzen zwischen Vor- und Nachmessung in beiden Versuchsgruppen auf, so kann diese Wirkung kaum als kausal durch die Intervention oder die ihr zugrundeliegenden Konstrukte bedingt betrachtet werden.

Der hier diskutierte Plan läßt sich unter Feldbedingungen ohne allzu große Schwierigkeiten auch mittels abgestufter Intervention realisieren, wobei dann idealerweise noch als weitere Stufe eine Null- oder dummy-Intervention in einer weiteren Kontrollgruppe realisiert wird. Für das oben gewählte Beispiel der Erweiterung des Handlungsspielraumes könnte dies etwa bedeuten, bei einer der Versuchsgruppen den Handlungsspielraum nur geringfügig zu erweitern, bei der anderen dagegen erheblich mehr, beiden aber die gleiche Erhöhung der Entlohnung zukommen zu lassen und einer dritten Gruppe die Lohnerhöhung aufgrund einer mit der Erweiterung des Handlungsspielraumes nicht zusammenhängenden Veränderung der Arbeitsbedingungen zu gewähren. Das dann resultierende Muster der Differenzen zwischen den Versuchsgruppen ließe höchstwahrscheinlich eine valide Beurteilung der Wirksamkeit der Erweiterung des Handlungsspielraumes zu.

Eine derartige Versuchsanlage ließe auch eine Prüfung der Frage zu, ob die Tatsache der Intervention alleine schon, ohne Rücksicht auf das jeweils spezifisch realisierte Konstrukt bereits für die Auslösung des Effektes in den Nachmeßwerten verantwortlich gemacht werden kann. Nun beschränkt sich die

Reaktivitätsproblematik, die Aspekte der internen wie der Konstruktvalidität beinhaltet, allerdings nicht nur auf die Frage der Intervention per se. Es kann als ausreichend gesichert gelten, daß auch die Meßoperation selbst unter bestimmten Umständen als Intervention betrachtet werden kann, die den normalen Betriebsablauf stört und als „Träger von Bedeutung" (Roethlisberger & Dickson, 1939) von den Betroffenen interpretiert wird. Damit kann die Meßoperation methodisch selbst als Operationalisierung eines drittverursachenden Konstruktes betrachtet werden, dessen Wirksamkeit auszuschließen oder zu kontrollieren ist. Dazu bietet es sich an, die Meßoperation selbst in Form einer Vormessung bei einem Teil der Versuchsgruppen als experimentellen Faktor in den Versuchsplan einzubringen. Integriert man die Versuchspläne der Ebenen 3 und 4, so erhält man in Ebene 6 den bekannten Solomon-Vier-Gruppen-Versuchsplan (Solomon, 1949), der bei Randomisierung der experimentellen Einheiten in den Sozialwissenschaften lange als der Idealfall zur Erfassung von Veränderungen bei gleichzeitiger Kontrolle von Vormeßeffekten galt (vgl. Frey & Frenz, 1982). Ist diese Bedingung erfüllt, können die Nachmeßwerte M_2, M_3, M_5 und M_6 varianzanalytisch nach einem zweifaktoriellen Plan (Intervention × Vormessung) ausgewertet werden, wobei Haupteffekte die Wirksamkeit dieser beiden Eingriffe erkennen lassen und ein signifikanter Interaktionseffekt auf eine Sensibilisierung für die Intervention durch die Vormessung schließen läßt. Frey & Frenz (1982) diskutieren die mit diesem Versuchsplan gegebenen Kontrollmöglichkeiten potentieller Validitätsbedrohungen sehr ausführlich, so daß hier auf eine weitergehende Darstellung verzichtet werden kann. Wird der Versuchsplan mit nicht randomisierten Gruppen durchgeführt, verliert er ein wenig von seiner Stringenz und bedarf weiterer Kontrollen bzw. Spezifikationen. So wird es sich in der Regel relativ leicht bewerkstelligen lassen, die Aufteilung der Versuchspersonen auf die Gruppen mit und ohne Vormessung innerhalb der Interventionsgruppe bzw. Kontrollgruppe per Zufallszuweisung vorzunehmen, indem man bei der Vormessung lediglich eine 50%ige Stichprobe befragt, was sich mit Stichprobentechnik begründen läßt. Innerhalb der Versuchsgruppen kann damit von Zufallszuweisung ausgegangen werden und über den Vergleich der Vormeßwerte M_1 und M_4 kann die (Nicht-)Äquivalenz der Versuchsgruppen bestimmt werden. Im günstigsten Fall läßt sich so die ursprüngliche Stringenz des Versuchsplanes wiedergewinnen. Ergibt sich dabei aber Nichtäquivalenz der behandelten und unbehandelten Gruppen, können gleichsinnige Unterschiede zwischen M_5 und M_6 und M_2 und M_3 auf Vormessungseinflüsse zurückgeführt werden. Sind derartige Unterschiede nicht nachweisbar, ermöglicht der Vergleich der Nachmeßwerte (M_2, M_3, M_5, M_6) eine Kontrolle auf lokal/selektiv wirksame interventionsunabhängige Ereignisse.

Kombiniert man nun den Solomon-Plan (Ebene 6) mit dem der Ebene 5 zugrundegelegten Gedanken der multiplen Intervention, so kommt man über einen Vier-Gruppen-Plan mit umgekehrter Intervention (Ebene 7), der aufgrund der gerichteten unterschiedlichen Voraussagen wiederum kontrollstärker geworden ist, zu dem von uns (Nachreiner et al., 1977) vorgeschlagenen Plan zur Kontrolle von Hawthorne-Effekten (Ebene 8). Dieser Versuchsplan geht, wie auch Solomon (1949), von der im Prinzip einfachen Grundannahme aus, nicht eliminierbare potentielle Störgrößen explizit als unabhängige Variablen in den Untersuchungsplan aufzunehmen und sie auf diese Weise in ihren Wirkungen abschätzbar zu machen. Da der von uns vorgelegte Versuchsplan lediglich eine Erweiterung des Solomon-Planes um eine umgekehrte, gestufte oder hypothesen-irrelevante Intervention darstellt, gelten die dort im einzelnen dargestellten Überlegungen hier in Kombination ebenfalls und brauchen nicht erneut dargelegt zu werden. Das interessante Moment an diesem Versuchsplan ist allerdings die Möglichkeit der expliziten Aufnahme einer „Hawthorne"-Intervention als I_2 und damit, über die zusätzliche Kontrolle auf (Stör-)Wirksamkeit der im normalen Betriebsgeschehen unüblichen Meßoperation, eine doppelte Kontrolle auf Reaktivität. Der Versuchsplan ermöglicht so bei geschicktem Einsatz eine Kontrolle der Frage, ob die Betroffenen ein anderes als das vom Versuchsleiter geplante Experiment durchgeführt haben und eliminiert so eine bedeutsame Artefaktquelle. Auch dieser Versuchsplan sollte allerdings nicht als Ideal-Versuchsplan angesehen werden. Er war zwar ideal für die damals vorgesehene Evaluation von Arbeitsstrukturierungsmaßnahmen unter den konkret gegebenen Randbedingungen, für andere Randbedingungen mögen aber andere Pläne geeigneter sein (für weitere konkrete Pläne und eine detaillierte Diskussion vgl. Cook & Campbell, 1979).

Wir haben bisher gezeigt, wie sich aus einigen Grundüberlegungen bzgl. Kontrolle von Störeffekten durch Erweiterung der Zahl der Versuchsgruppen (und damit der Vergleichsmöglichkeiten) schließlich Versuchspläne ableiten, die die gewünschten Kontrollen erlauben. Erweitert man dagegen die Vergleichsbasis in Richtung auf multiple Vor- und Nachmessungen, d. h. auf mehrfache Vergleiche innerhalb derselben experimentellen Einheiten, wie wir dies exemplarisch für einen Fall in Ebene 9 dargestellt haben, so kommt man auf diesem Wege über Versuchspläne mit Rücknahme der Intervention oder wiederholter Implementation der Intervention zu zeitreihenanalytischen Versuchsplänen. Dabei sind dann auch ggfs. Versuchspläne der Form A-B-B-A als sequentiell balancierte Pläne mit nur einer Gruppe (vgl. Matern, 1984) möglich, wenn aufgrund mangelnder Anzahl von Versuchsgruppen kontrollstärkere Pläne mit mehreren Versuchsgruppen nicht realisierbar sind. Allerdings sollte dann darauf geachtet werden, welchen potentiellen Bedrohungen der Validität mit solchen Versuchsplänen noch begegnet werden kann (vgl. Cook & Campbell, 1979).

4.4 Zeitserielle Versuchspläne

Zeitserien-Versuchspläne bieten sich insbesondere dann an, wenn der Zugriff auf verschiedene Kontrollgruppen nur schwer realisierbar ist, das Abgreifen der Kriterienausprägung aber ohne größere Störungen zu verschiedenen Zeitpunkten vor, während und nach der Intervention möglich ist. Besonders geeignet als Effektivitätskriterien sind dabei Daten, die im normalen Betriebsgeschehen als nicht-reaktive Maße ständig erhoben werden, wie etwa Leistungsdaten, Fehlzeiten, Fluktuationskennziffern oder Unfalldaten. Bei Fragebogen/Interview-Daten ist dagegen zu beachten, daß die wiederholte Applikation der Erhebungsinstrumente selbst zu Veränderungen in den Meßwerten führen kann, die nicht irrtümlich der Intervention zugeschrieben werden sollten (vgl. 4.2.2).

Zeitserielle Pläne haben darüber hinaus den Vorteil, zeitbezogene Trends innerhalb der Versuchsgruppen beurteilbar zu machen, die bei isolierter Betrachtung nur eines Vor- und eines Nachmeßwertes unter Umständen leicht irrtümlich als Effekt der Intervention mißinterpretiert werden könnten; sie sind daher insbesondere geeignet, Bedrohungen der internen Validität durch Reifungs- und Mortalitätsprobleme, auch in Interaktion mit Selektionsproblemen, zu kontrollieren. Dazu ist dann allerdings die Ausweitung des Untersuchungsplanes auf mindestens eine unbehandelte oder eine zeitlich versetzt behandelte Kontrollgruppe erforderlich (zu detaillierten Versuchsplänen vgl. Cook & Campbell, 1979). Gerade in dieser zeitlich versetzten Interventions-/Kontrollgruppenbehandlung offenbart sich der besondere Vorteil von Zeitserien-Plänen, da sich beispielsweise mit 2 Versuchsgruppen durch zeitlich versetzte und überkreuzte Interventionen – wobei auch hier wieder multiple Interventionen in Betracht kommen – und die daraus resultierende gegenseitige und auf sich selbst bezogene Kontrolle von Interventionseffekten relativ kontrollstarke Versuchspläne entwickeln lassen. Der Nachteil besteht allerdings darin, daß derartige Versuchspläne in der Regel sehr zeitaufwendig sind und für die schnelle Produktion von Entscheidungsgrundlagen daher weniger in Betracht kommen. Zeitreihenversuchspläne haben den weiteren Vorteil, neben dem Nachweis der Effektivität Auskunft über Dauer, Verlauf und ggfs. Zeitverzögerung der Effekte zu geben, sie bieten damit Informationen, die aus („quasi-") experimentellen Versuchsplänen, wie sie im vorigen Abschnitt beschrieben wurden, in dieser Form nicht zu gewinnen sind.

Es erscheint daher wichtig, auf die in Zeitserienversuchen nachweisbaren unterschiedlichen Formen der Effekte hier genauer einzugehen. Abbildung 4 verdeutlicht idealtypisch verschiedene Ergebnisse einer Zeitreihenuntersuchung, wobei wir hier der Einfachheit halber annehmen, daß Bedrohungen der internen Validität durch Erhebungen an einer unbehandelten Kontrollgruppe begegnet werden kann. Das Prinzip der Zeitreihenanalyse besteht nun darin, die Intervention als Unterbrechung der Zeitserie zu betrachten, die zu einer präinterventiven und einer postinterventiven Teilzeitreihe führt, die miteinander im Hinblick auf mehrere Merkmale verglichen werden können. Zur Auswertung derartiger Versuchspläne verweisen wir einführend auf McCain & McCleary (1979) sowie die dort angegebene weiterführende Literatur (vgl. auch Möbus & Nagl, 1983). Abbildung 4 zeigt die Intervention jeweils in dieser Funktion der Unterbrechung der Zeitreihe, wobei der Einfachheit halber vor und nach der Intervention der gleiche Grad von Stationarität der Zeitreihe angenommen wurde.

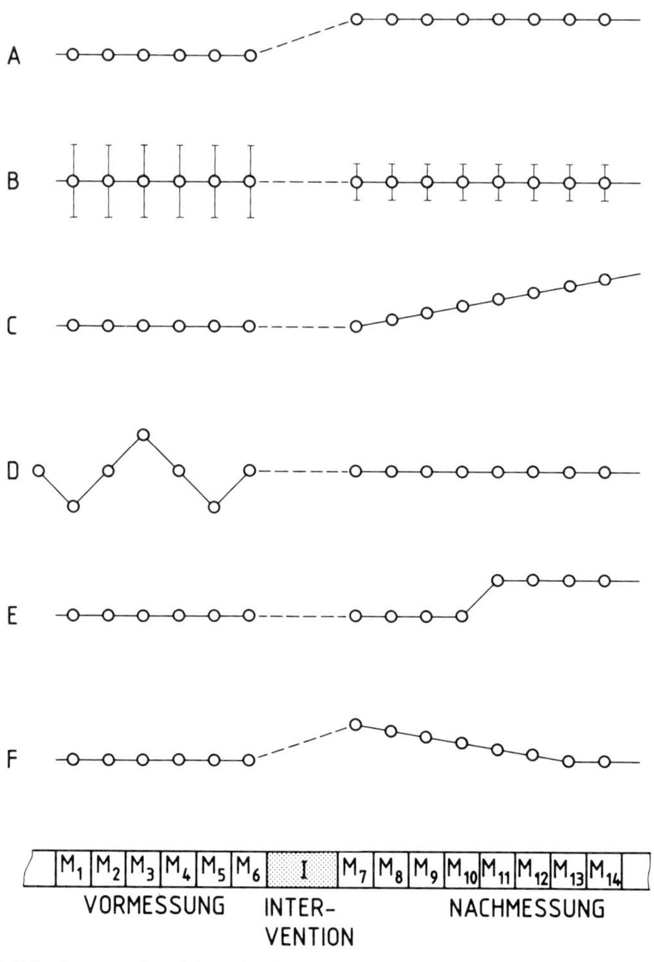

Abb. 4: Mögliche Interventionsfolgen bei Zeitserien-Versuchsplänen: A = Lage-, B = Varianz-, C = Stationaritäts-, D = Saisonalitäts-, E = zeitversetzte, F = instabile Veränderung der Kriterienwerte

Im Verlauf der Zeitserie A ergibt sich unmittelbar nach der Intervention eine Erhöhung des Mittelwertes, die über den Rest des Beobachtungszeitraumes erhalten bleibt. Beispiel: Erhöhung der Lohnkosten nach Einführung von Gruppenarbeit. Zeitserie B zeigt bei gleichem und konstantem postinterventivem Mittelwert eine zeitstabile Verringerung der Varianz in den Kriterienwerten. Beispiel: Die interindividuelle Varianz der Leistung verringert sich nach Einführung von Gruppenarbeit bei konstantem Leistungsmittelwert. Da es sich um zeitstabile Effekte handelt, ist der zusätzliche Informationsgewinn aus den Zeitserienplänen gegenüber einmaligen Vor- und Nachmessungen gering, wenn man von der Information, daß Zeitstabilität besteht, einmal absieht. Allerdings, und dies geht aus der Abbildung in der hier gewählten Form nicht hervor, würde die Analyse der Originaldaten zeitabhängige Veränderungstendenzen, die interventionsunabhängig sind, ebenfalls deutlich werden lassen. Dies kann etwa dann von Vorteil sein, wenn die Zeitserie bereits vor der Intervention eine steigende Tendenz aufweist und die prä-post-interventive Differenz bereits als Konsequenz der Instationarität zu erwarten wäre. Bei der Zeitreihenanalyse wäre dieser Nachweis ohne Kontrollgruppe möglich, bei einmaliger Vor- und Nachmessung dagegen nicht.

Zeitserie C in unserer Abbildung 4 läßt dagegen einen völlig anderen Effekt erkennen, der nur in zeitseriellen Analysen aufspürbar ist, eine postinterventive Trendänderung, die sich im Vergleich von prä- und postinterventiver Teilzeitreihe in einer Veränderung der Stationarität ausdrückt. Beispiel: Nach Einführung eines neuen Schichtsystems steigt die Anzahl der Anträge auf Wechsel zur Tagschicht ständig an.

Zeitreihe D zeigt präinterventiv einen deutlichen, zeitabhängigen, zyklischen Verlauf, der postinterventiv nicht mehr festzustellen ist. Die Intervention hat hier bei Konstanz von Mittelwert und interindividueller Varianz in der postinterventiven Zeitreihe zur Elimination der Zeitabhängigkeit (Saisonalität) geführt. Beispiel 1: Nach Einführung eines angemessenen Arbeits-Pausen-Regimes verschwinden tageszeitabhängige Leistungsschwankungen. Beispiel 2: Nach Aufnahme von Schichtarbeit verändern sich Amplitude, Frequenz und Phasenlage der Circadianperiodik. Damit wird deutlich, daß immer dort, wo mit zeitabhängigen Veränderungen der Effekt-Variablen gerechnet werden muß, Zeitserienpläne das Mittel der Wahl darstellen, da nur sie in der Lage sind, entsprechende Veränderungen aufzudecken.

Die in den Zeitserien A–D dargestellten Effekte können nun ferner, wie bisher angenommen, unmittelbar im Anschluß an die Intervention auftreten und zeitstabil erhalten bleiben oder aber verzögert auftreten (Zeitserie E) und/oder nur über einen bestimmten Zeitraum anhalten (Zeitserie F). Beispiel 1: Veränderungen der Entscheidungsstrategie nach Alkoholkonsum sind nur nachweisbar, wenn der Alkohol resorbiert und noch nicht eliminiert ist. Beispiel 2: Veränderungen des Schallimmissionspegels wirken sich zeitversetzt auf den Anteil der Mitarbeiter mit Lärmschwerhörigkeit aus. Beispiel 3: Der Anteil der Mitarbeiter, die sich nach einer Arbeitssicherheitsaktion an die empfohlenen Regeln halten, steigt unmittelbar nach der Aktion an, um abschließend wieder auf das Ausgangsniveau zurückzufallen.

Es bleibt anzumerken, daß sich alle hier isoliert dargestellten Effekte überlagern können, z. B. als zeitverzögerte instabile Erhöhung des Mittelwertes mit steigender Tendenz bei reduzierter Varianz und veränderter Saisonalität. Der Hinweis, daß derartige Effekte nur noch mit Methoden der Zeitreihenanalyse nachweisbar sind, erübrigt sich im Prinzip. Um die Möglichkeiten, die diese Versuchspläne bieten, ausnutzen zu können, ist allerdings ein minimales Verständnis der Auswertungsmethodik notwendig, insbesondere was die Verteilung der Meßzeitpunkte betrifft.

Diese Fragen werden auch dann bedeutsam, wenn zeitserielle Versuchspläne zur Anpassungsevaluation eingesetzt werden sollen. Da sie Trends erkennen lassen können, erscheinen sie für diese Art der Evaluation als das Mittel der Wahl. Dabei ist allerdings zu berücksichtigen, daß für die Beurteilungen von Trendänderungen eine ausreichende Zahl von Meßzeitpunkten zur Verfügung stehen muß. Wird die Intervention dabei in Abhängigkeit von den erhaltenen Ergebnissen verändert, so können derartige Versuchspläne bei sorgfältiger Planung in Zeitreihenversuchen mit multiplen Interventionen münden, bei denen zwischen verschiedenen Stufen der Intervention bei derselben Stichprobe verglichen werden kann.

Campbell (1963) hat darauf hingewiesen, daß Beobachtungen in Zeitserienform, bei denen innerhalb der Zeitserie eine geplante Intervention oder auch eine unbeabsichtigte Veränderung vorgenommen wurde, als Quasi-Experimente betrachtet werden können, wobei die Interpretationsfähigkeit bei fehlenden Kontrollgruppen allerdings stark vom Muster der Ergebnisse abhängt; Matern (1984) berichtet darüber in zusammengefaßter Form. Im Prinzip gelten damit auch bei Zeitserienversuchen die gleichen Validitätsbedrohungen wie bei den klassischen experimentellen Versuchsanlagen. Zur Abwehr potentieller Validitätsbedrohungen erscheint daher gelegentlich eine Kombination von zeitseriellem Vorgehen mit (quasi-)experimentellem Vorgehen erforderlich. Ähnlich wie wir in Abbildung 3 die einzelnen Versuchspläne als Ausschnitte eines umfassenderen Versuchsplanes mit k Gruppen dargestellt haben, läßt sich dieser Versuchsplan auch als Ausschnitt aus einem Zeitserienversuchsplan interpretieren, der zu Zwecken der jeweils notwendigen Vergleiche auf der Zeitachse ausgedehnt werden kann, wobei die Aneinanderreihung mehrerer Versuchspläne mit mehreren Interventionen einen weiteren Spezialfall darstellt. Die Kombination beider Vorgehensweisen erlaubt darum häufig eine statistische Kontrolle der Nichtäquivalenz der Versuchsgruppen, da ja für jede der Versuchsgruppen eine ausreichende Anzahl von Meßzeitpunkten zur Verfügung steht, wobei die Entwicklungstendenzen in den Versuchsgruppen mit und ohne Intervention überprüft und verglichen werden können, wobei auch Verfahren der Korrelationsanalyse angewendet werden können, wie sie bei lediglich passiver Beobachtung von Veränderungen aufgrund von Interventionsmaßnahmen nötig werden.

4.5 Korrelationsstatistische Verfahren

Korrelations- bzw. regressionsanalytische Verfahren zur Bewertung von Interventionsmaßnahmen bieten sich immer dann als Methode der Wahl an, wenn der Freiraum zur Durchführung echter oder quasi-experimenteller Ansätze nicht gegeben ist, weil beispielsweise vergleichbare Gruppen nicht zur Verfügung stehen oder die Intervention unkontrollierbar von dritter Seite vorgenommen wurde, wie etwa bei einer generellen gesetzlichen Verkürzung der Arbeitszeit oder bei sog. „natürlichen Experimenten", bei denen der Evaluator gezwungen ist, die Rolle eines passiven Beobachters zu übernehmen, ohne selbst aktiv intervenieren zu können. Statt unter derartigen Bedingungen gänzlich auf eine Evaluation zu verzichten, bietet sich hier immer noch eine, wenn auch in ihrer Beweiskraft eingeschränkte, Möglichkeit zur Kontrolle der Wirkungen der Intervention. Das grundsätzliche Problem stellt dabei die prinzipiell nicht ausschließbare Drittverursachung (durch gemessene oder nicht gemessene Variablen) dar, die für die Kovariation zwischen Interventions- und Effektvariablen verantwortlich sein kann. Es scheint in diesem Zusammenhang wichtig, noch einmal an den Unterschied von Vorhersage und Kausalanalyse zu erinnern (Blalock, 1961). Während es für die reine Vorhersage von Ereignissen oder Zuständen ausreicht, mit diesen aus welchen Gründen auch immer – zeitlich versetzt hinreichend kovariierenden Variablen zu erfassen, bedarf es zur Zuschreibung eines kausalen Wirkungszusammenhanges neben der Kovariation und des zeitlichen Vorausgehens der Intervention vor ihren Wirkungen, die ebenfalls korrelationsstatistisch prüfbar sind, des Ausschlusses der Drittverursachung.

Zum Zwecke der Überprüfung kausaler Modelle mit Hilfe korrelationsstatistischer Verfahren sind in den letzten 30 Jahren – insbesondere im Bereich der Sozialwissenschaften – verschiedene Ansätze entwickelt worden. Prinzipiell bieten sich dazu folgende vier Vorgehensweisen an (vgl. auch Cook & Campbell, 1979):

- Behandlung der Intervention als unabhängige Variable im Rahmen eines (multiplen) Regressionsmodells

- Pfad-Analysen und Analysen von Strukturmodellen
- zeitversetzte Kreuzkorrelationen
- Zeitserienkorrelationen und multivariate Spektralanalysen.

Der gebräuchlichste Weg zur Analyse von Interventionseffekten mittels korrelationsstatistischer Verfahren ist die Behandlung der Intervention als dummy-codierte unabhängige Variable im Rahmen eines Regressionsmodelles. Versuchspersonen mit oder nach der Intervention erhalten dabei den Wert 1, Versuchspersonen ohne oder vor der Intervention den Wert 0 auf dieser Variablen zugewiesen. Die Ergebnisse der Regressionsanalyse der Kriteriumsvariablen auf die unabhängigen Variablen lassen dann erkennen, ob und in welchem Umfang die Intervention mit den Effekten kovariiert. Dabei können die übrigen unabhängigen Variablen zur Kontrolle des Einflusses dritter Variablen, in denen sich unbehandelte und behandelte Analyseeinheiten unterscheiden, herangezogen werden. Dies kann sowohl auf individuellem wie auf aggregiertem Niveau erfolgen, indem der Beitrag dieser Variablen zur Beeinflussung der Effektvariablen rechnerisch berücksichtigt wird. Durch entsprechende Parameterwahl sind auch Interaktionseffekte, beispielsweise zwischen Vormessung und Intervention, modellierbar. Das Problem derartiger Analysen bleibt jedoch die prinzipielle Nicht-Ausschließbarkeit von Drittverursachung und die Nicht-Eindeutigkeit der Regressionslösung bei verschiedenen Modellansätzen und Vorgehensweisen. So ist der Beitrag der Intervention zur Veränderung in den abhängigen Variablen abhängig von der Anzahl der unabhängigen Variablen und bei stufenweisem Vorgehen von der Reihenfolge des Einschlusses in die Regressionsgleichung. Darüber hinaus tauchen erhebliche Probleme auf, wenn die unabhängigen Variablen untereinander korreliert sind. Unterschiedliche Ergebnisse bei unterschiedlichen Vorgehensweisen sind also wahrscheinlich. Cook & Campbell (1979) diskutieren mögliche Fehlschlüsse anhand eines fiktiven Beispiels, für eine detailliertere Darstellung von Techniken und Problemen von Regressionsanalysen verweisen wir auf Kerlinger & Pedhazur (1973).

Pfad- und strukturanalytische Modelle gehen zwar ebenfalls von der gegebenen Kovarianzstruktur der erhobenen Daten aus, dienen jedoch in erster Linie der Überprüfung vorher zu spezifizierender kausaler Beziehungsgefüge zwischen den Variablen (vgl. Blalock, 1971; Duncan, 1975; James et al., 1982; Möbus & Nagl, 1983, sowie Möbus & Schneider, 1986). Sie entsprechen damit den einer Evaluation von Interventionsmaßnahmen zugrundeliegenden Überlegungen wesentlich besser als reine Regressionsansätze. Da die Pfadanalyse lediglich einen Sonderfall allgemeiner linearer Strukturmodelle darstellt, bei der die Stärke der postulierten Beziehungen zwischen den Variablen über Partialkorrelationen abgeschätzt wird, soll hier darauf nicht weiter eingegangen werden. Als in diesem Zusammenhang am weitesten elaborierter Ansatz kann der von Jöreskog und Mitarbeitern angesehen werden, die kürzlich über die Anwendbarkeit von Strukturmodellen im Rahmen der Evaluationsforschung berichtet haben (Sörbom & Jöreskog, 1981, 1986). Bei diesem Ansatz können verschiedene Stufen der Modellbildung unterschieden werden, sowohl bei ein- wie bei mehrgruppigen Untersuchungsanlagen. In seiner komplexesten Form werden zwei unterschiedliche Modellbildungen simultan überprüft, zum einen ein Meßmodell und zum anderen ein Beziehungsmodell. Im Rahmen des Meßmodells ist zu spezifizieren, wie die gemessenen Variablen das eigentlich interessierende Konstrukt (bzw. die latente Variable) repräsentieren, wobei davon ausgegangen wird, daß die variablenmäßige Operationalisierung oder Messung stets fehlerbehaftet bzw. defizient ist. Betrachtet man dies für Interventions- und Kriterienvariablen, so spiegelt sich darin der bei Cook & Campbell (1976) vorgestellte Gedanke der Konstruktvalidität wieder. Das Beziehungsmodell hebt daher dann auch auf die Beziehungen zwischen den Konstrukten und nicht auf die zwischen den operationalisierten Variablen ab, in der Regel fallen diese dann auch enger aus, als bei der Überprüfung zwischen den gemessenen Variablen, da deren spezifische Varianz weitgehend eliminiert wird. Als Beispiel sei hier auf Untersuchungen von Kohn und Mitarbeitern verwiesen (Kohn & Schooler, 1983), die diese Art der Analyse mit Gewinn bei Fragen der Auswirkungen unterschiedlich gestalteter Arbeitsbedingungen auf die Persönlichkeitsentwicklung einsetzen konnten. Da diese Ansätze auch zur Auswertung experimenteller sowie quasi-experimenteller Untersuchungsanlagen sowie zur Analyse zeitversetzter Korrelationen herangezogen werden können (Beispiele bei Sörbom & Jöreskog, 1981), bietet sich hiermit ein relativ breit anwendbares Analyseverfahren an, für das auch geeignete Rechnerprogramme zur Verfügung stehen (z. B. Jöreskog & Sörbom, 1984). Es soll jedoch daran erinnert werden, daß es nicht möglich ist, die Gültigkeit bestimmter Modelle positiv zu belegen, auch die konkurrierende Überprüfung verschiedener Modelle durch Vergleich der Anpassungsgüte erscheint nicht unproblematisch. Weitere Erfahrungen mit diesen Ansätzen müssen daher zeigen, inwieweit sie tatsächlich zur Evaluation von Interventionsmaßnahmen geeignet sind, ihre Erprobung erscheint zumindest lohnend.

Zeitversetzte Kreuzkorrelationen bei wiederholten Messungen an denselben Versuchspersonen („cross-lagged panel correlations") werden von Cook & Campbell (1976, 1979, S. 309–321) ebenfalls zur Gruppe der Verfahren gerechnet, die Hinweise auf Kausalbeziehungen erlauben sollen. Grundidee dabei ist, daß die Korrelation zwischen Intervention (I) und Kriteriumsvariablen (K) über verschiedene Zeitpunkte hinweg analysiert wird, wobei sich als Grundschema ergeben sollte, daß die Korrelation zwischen I zum Zeitpunkt t und K zum Zeitpunkt t + 1 höher sein sollte als die zeitsynchrone Korrelation zwischen I und K oder die Korrelation zwischen K zum Zeitpunkt t und

I zu t + 1, bzw. mehrfachen Wiederholungen dieses Grundschemas. Welche Korrelationen dabei zu erwarten sind, hängt unter anderem von der Reliabilität der verwendeten Meßinstrumente und ihrer Konstruktvalidität ab. Damit bieten sich Analyseansätze, wie sie oben als Strukturmodelle beschrieben wurden, geradezu als Analyseinstrument an. Auch damit sind weitere Erfahrungen nötig, ein Beispiel für eine derartige Analyse findet sich ebenfalls bei Kohn & Schooler (1983), die im Rahmen ihrer Längsschnittstudie Modelle mit reziproken Kausalbeziehungen zwischen Arbeitsbedingungen und Persönlichkeitsentwicklung analysierten. Dabei wird deutlich, welch komplexe Interventionen und Relationen zwischen Interventionen und Kriterien mit derartigen Verfahren angehbar sind. Andererseits fehlt ihnen die Stringenz experimenteller Ansätze. Wie das gewählte Beispiel allerdings auch zeigt, wird hier die mangelnde Stringenz durch den der Komplexität des untersuchten Sachverhaltes eher angemessenen Ansatz kompensiert. Es ist sicher fraglich, wieweit (quasi-)experimentelle Ansätze derartige Ergebnisse aufscheinen lassen könnten, von den ethischen Problemen des Experimentierens in diesem Bereich einmal abgesehen. Damit dürfte erneut deutlich werden, daß es die ideale Methode zur Bewertung von Interventionsmaßnahmen nicht geben kann, vielmehr ist hier die Frage der Angemessenheit von inhaltlicher Fragestellung und methodischem Vorgehen zu diskutieren. Zeitversetzte Korrelationsstudien erscheinen von daher, ob klassisch oder strukturanalytisch ausgewertet, als eine der Möglichkeiten der Wahl bei anpassungsorientierten bzw. formativen Evaluationsansätzen, weil hier eine zeitlich gestaffelte Veränderung der Intervention methodisch angemessen berücksichtigt werden kann.

Verfolgt man diesen Gedanken weiter und erhebt Interventions- und Kriterienausprägung als parallele Zeitreihen, so bieten sich zur Analyse der Abhängigkeit der Veränderung der Kriterienwerte von Variationen in der Intervention Methoden der Analyse des Zusammenhangs zwischen verschiedenen Zeitreihen, von der einfachen Kreuzkorrelation beider Serien bis zur multivariaten Spektralanalyse an (vgl. Cook & Campbell, 1979, S. 321–335, die acht verschiedene Vorgehensweisen diskutieren, sowie Gottman, 1981). Im Unterschied zu den weiter oben diskutierten zeitseriellen Versuchsplänen, bei denen die (aktive) Intervention als Unterbrechung der Zeitserie interpretiert wurde, geht es hier darum, die passiv registrierten Veränderungen in der Ausprägung der Intervention mit gleichzeitigen oder zeitversetzt auftretenden Veränderungen in den Kriteriumsvariablen in Beziehung zu setzen, um daraus Erkenntnisse über die Wirksamkeit der Intervention auf die Kriterien ableiten zu können. Als Beispiel wäre hier etwa an eine Analyse des Einflusses von Veränderungen auf dem Arbeitsmarkt (nicht aktiv beeinflußbare Intervention) auf Fehlzeiten zu denken oder an Probleme der Leistungsbeeinträchtigung in Abhängigkeit von der vorausgehenden Arbeitsbelastung, wenn diese, wie in Feldstudien üblich, nicht vom Untersuchenden, sondern von der Auftragslage oder vom Systemzustand variiert wird, z. B. bei der Analyse von Fehlhandlungen bei Überwachungstätigkeiten, bei denen die Anforderungen an den Operateur von der Systemleistung bestimmt werden und nicht durch den Evaluator beeinflußt werden können. Ein anderes Beispiel stellt die Untersuchung von Wehner & Stadler (1982) dar, die der Frage der kognitiven Steuerung von Mehrfachhandlungen durch Rhythmisierung mit frequenzanalytischen Methoden nachgegangen sind.

Es mag hier genügen darauf hinzuweisen, daß auch Zeitreihenanalysen das prinzipielle Problem der nicht ausschließbaren Drittverursachung nicht umgehen können, da auch sie auf der passiven Beobachtung der zeitgleich oder zeitversetzt auftretenden Kovariation beruhen. Wie bereits mehrfach erwähnt, ist Kovariation lediglich eine notwendige, aber keine hinreichende Bedingung für den Nachweis kausaler Beziehungen. Für Vorhersagezwecke mag sie dagegen hinreichende Voraussetzungen bieten. Dennoch bleibt zu hoffen, daß unter Einbeziehung inhaltlicher Überlegungen über (un-)mögliche Relationen zwischen Variablen und/oder Konstrukten auch mit diesen Ansätzen weitere Erfahrungen über ihre Brauchbarkeit zur Evaluation arbeitspsychologischer Interventionsmaßnahmen gewonnen werden können.

4.6 Weitere Verfahren

Neben den bisher dargestellten eher klassischen Verfahren zur Bewertung arbeitspsychologischer Interventionsmaßnahmen werden in jüngster Zeit weitere Verfahren diskutiert, die den Erfolg solcher Maßnahmen bereits sehr frühzeitig abschätzbar machen sollen. Zum einen sei auf ein im angloamerikanischen Sprachraum als „prototyping" bezeichnetes Verfahren verwiesen, zum anderen auf Möglichkeiten der Abschätzung der Wirksamkeit einzelner Komponenten einer Maßnahme durch Monte-Carlo-Simulationen oder Sensitivitätsanalysen auf einem Rechner mittels systematischer Variation einzelner Parameter (vgl. dazu Siegel & Wolf, 1969).

Prototyping findet sich etwa in Verbindung mit der Installation kostspieliger Hard- und Software-Systeme, insbesondere bei der Entwicklung und Einführung maßgeschneiderter Programmsysteme, für die keine von vornherein feststehenden Lösungswege bereitstehen. Dazu werden die Systeme zunächst als Prototypen entwickelt und nach Überprüfung der grundsätzlichen Funktionserfüllung schrittweise verbessert (vgl. Savage & Habinek, 1984). Im Prinzip handelt es sich also um eine fortschreitende, formative Evaluation im Rahmen einer Labor- oder Feldstudie, sofern der Begriff nicht besser durch „gezieltes mehrstufiges Ausprobieren" ersetzt wird, denn genau darum scheint es sich nach vorliegenden Literaturberichten zu handeln (vgl. Young,

1984). Solche Methoden mögen angemessen sein, wenn es sich um eine kostenintensive einmalige Investition handelt, bei der das „warum" des Wirkungszusammenhanges weniger interessiert als das „ob" des Erreichens vorgegebener Ziele. Vielleicht ist die Methode daher in technischen Entwicklungsprozessen so effektiv, weil hier Probleme alternativer Erklärungsansätze kaum relevant sind.

Sensitivitätsanalysen hingegen erscheinen dort angebracht, wo die mit der Intervention verbundenen Risiken besonders hoch und/oder kostspielig sind, beispielsweise bei der Umgestaltung von Arbeitsabläufen bei Überwachungstätigkeiten in Kernkraftwerken. Hierzu können alternative Handlungsabläufe und die dabei zu erwartenden Fehlhandlungen auf der Basis vorhandener Daten über die Zuverlässigkeit des Menschen (Swain & Guttman, 1981) vor ihrer Implementation auf dem Rechner durchgespielt und durch die systematische Variation kritischer Parameter (z. B. bestimmter Fehlerquoten) potentielle Auswirkungen auf die Wahrscheinlichkeit bestimmter Ereignisse (z. B. Kernfusion) abgeschätzt werden (vgl. Hall et al., 1981). Derartige Vorgehensweisen bieten sich natürlich insbesondere dort an, wo Kosten-Nutzen-Analysen eine besondere Rolle spielen oder für die weitere Implementation der Intervention bei anderen Personen oder Betrieben von Bedeutung sind. Im Rahmen von Arbeitssicherheitsmaßnahmen kann so etwa eine Entscheidungshilfe dafür geliefert werden, bis zu welchem Aufwand eine solche Maßnahme sinnvollerweise noch durchgeführt werden sollte und welches Restrisiko nur mit unverhältnismäßigem Aufwand bzw. überhaupt nicht auszuschließen ist. Sofern die Kosten der Intervention und der je nach Effektstärke zu erwartende (quantifizierbare) Nutzen in die Simulation mit eingerechnet werden können, lassen sich so Handlungsalternativen in bezug auf ihren potentiellen Nutzen bei angebbaren Erfolgswahrscheinlichkeiten bewerten (vgl. auch 3.2.3).

Beide hier kurz skizzierten Vorgehensweisen dienen weitgehend der Bewertung des Erreichens vorgegebener Kriterien(relationen), zur Analyse von Wirkungszusammenhängen tragen sie dagegen kaum bei.

5 Meta-Analysen

Neben der bisher betrachteten Bewertung arbeitspsychologischer Interventionen als einzelner und einzeln und geplant zu evaluierender Maßnahme besteht häufig die Notwendigkeit, eine die Einzelmaßnahmen übergreifende Bewertung, oft auch im Nachhinein, der gleichen oder strukturell ähnlicher Maßnahmen vorzunehmen, z. B. vor der Realisierung einer konkreten Maßnahme im Betrieb zur Abschätzung der Erfolgschancen, oder im Rahmen größer angelegter Programme, die mehrere bzw. mehrfache Realisierungen oder ähnliche Interventionen unter unterschiedlichen personellen, zeitlichen und situativen Bedingungen beinhalten, zur Überprüfung der Generalisierungsweite. Ein Beispiel dafür wäre etwa die Überprüfung des Effektes von Arbeitsstrukturierungsmaßnahmen im Rahmen eines Programmes zur Verbesserung der Qualität des Arbeitslebens. Derartigen übergreifenden, wissenskumulierenden Evaluationsansätzen liegt das Denkmodell zugrunde, die Ergebnisse einer einzigen Studie seien niemals endgültig – zumindest nicht als positiver Beweis –, sondern erst viele konvergierende Ergebnisse führten zu wissenschaftlichen Fakten (Green & Hall, 1984) und darüber zu einer Grundlage für verantwortungsvolles praktisches Handeln. Diese Auffassung ist zwar nicht unproblematisch, kann aber im gegebenen Zusammenhang so akzeptiert werden.

Obwohl der Nutzen solcher übergreifender Evaluationsansätze unbestritten ist, wurden sie in der früheren methodologischen Literatur nur am Rande behandelt (Jackson, 1980), erst ab Mitte der siebziger Jahre hat sich dies geändert. Jackson kennzeichnet Ansätze, die sich mit der Generalisierung von Ergebnissen über einzelne Studien hinaus beschäftigen, als „integrative reviews“ und unterscheidet sie von anderen, die entweder neue Forschungsfelder oder neuere methodische Entwicklungen darstellen sollen. Für solche integrative Übersichtsstudien (Meta-Analysen im weitesten Sinne) sind verschiedene Vorgehensweisen möglich, eine Übersicht, in Anlehnung an die Darstellung bei Hunter, Schmidt & Jackson (1982) zeigt Abb. 5.

Dabei wird zunächst typisierend zwischen quantitativen und qualitativen Studien unterschieden, wobei als Beispiel für die qualitative Studie der klassische, narrative Review-Ansatz gelten kann, bei dem der Evaluator die Ergebnisse vorliegender Studien wertend zusammenfaßt. Bei den quantitativen Studien sind Auszählmethoden, die lediglich die Richtung und Signifikanz der Ergebnisse berücksichtigen, von Metaanalysen (im engeren Sinne) zu unterscheiden,

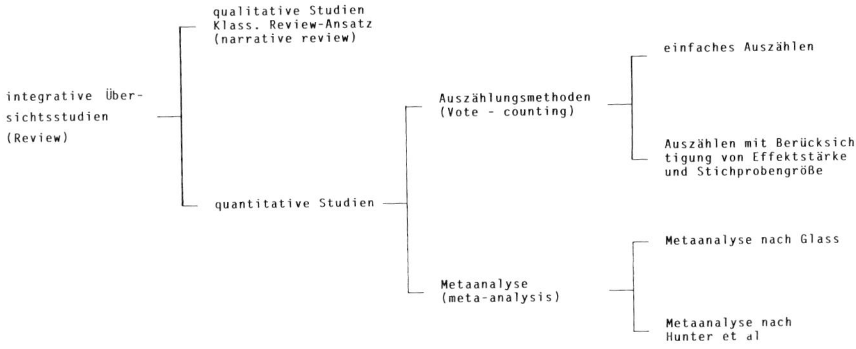

Abb. 5: Aufgliederung verschiedener Formen von Übersichtsstudien

bei denen es vor allem um eine übergreifende Abschätzung der Effektstärke geht.

Als Beispiel für das klassische Vorgehen mag die Lösung der Fragestellung, welchen Erfolg Arbeitsstrukturierungsmaßnahmen haben, durch Cummings & Salipante (1976) dienen. Hier wurden auf der Basis einer Literaturrecherche 550 einschlägige Studien ausfindig gemacht, allerdings nur 57, die minimale Ansprüche an die interne Validität erfüllten, für die weitere Analyse verwendet. Aufgrund des relativ größeren Anteils erfolgreicher Studien, d. h. solcher mit nicht-negativen, gemischten oder unveränderten Kriterienausprägungen, nach erfolgten Arbeitsstrukturierungsmaßnahmen unterschiedlichster Art kommen Cummings & Salipante zu dem Schluß, Arbeitsstrukturierungsmaßnahmen führten zur Verbesserung der Qualität des Arbeitslebens, eine Beweisführung, die an Absurdität nur schwer zu überbieten sein dürfte. Inwieweit subjektive oder statistisch nicht absicherbare Bewertungen bei solchen qualitativen Übersichtsstudien zu Fehlschlüssen führen können, führen Hunter et al. (1982) an einem fiktiven, auf der Basis einer Monte-Carlo-Studie beruhenden Beispiel vor.

Beide Beispiele verdeutlichen die extremen methodischen Mängel der qualitativen Übersichtsstudie. Obwohl Übersichtsreferate einen großen Einfluß besitzen, sind für sie keinerlei methodische Standards festgelegt, weder auf der Datenerhebungs-, der Auswertungs- oder der Interpretationsebene (Cooper & Rosenthal, 1980; Hunter et al., 1982). Bei Cummings & Salipante bleibt der eigentliche Auswahlmodus unklar. Sie geben als Auswahlkriterium zwar „Quasi-Experiment" an, gestehen aber wenig später ein, daß Kontrollgruppen fehlten, keine Zeitseriendaten erhoben wurden und die statistische Auswertung manchmal mangelhaft war. Auch das Argument, (intern valide) Studien mit negativen bzw. nicht signifikanten Ergebnissen, deren Zahl als relativ hoch eingeschätzt wird, seien kaum veröffentlicht, die Datenbasis daher auch nicht repräsentativ, wird nicht als gravierender Einwand gegen die oben angeführte Bewertung betrachtet.

Als Ausweg aus dem Dilemma der qualitativen Übersichtsstudien bieten sich Methoden der quantitativen Übersichtsstudie an; quantitativ deshalb, weil die zugrundeliegenden (Primär-)Studien (Jackson, 1980) als Analyseeinheiten angesehen werden, und die Bewertung gänzlich auf den quantifizierbaren Merkmalen und Ergebnissen dieser Studien beruht. Wesentliche Voraussetzungen dabei sind die gemeinsame Hypothese und eine quantitative Form der Ergebnisdarstellung, entweder als Größe des Effektes oder in Form statistischer Signifikanz (Green & Hall, 1984). Hunter et al. (1982) gehen einen Schritt weiter und differenzieren zwischen verschiedenen quantitativen Übersichtsstudien (vgl. Abb. 5). Sie unterscheiden dabei Auszählungsmethoden („vote-counting") (z. B. Hedges & Olkin, 1980) und solche der Metaanalyse. Auszählungsmethoden erfreuen sich besonderer Beliebtheit, da sie einfach zu handhaben sind, eine geringe statistische Datenbasis fordern und die Zusammenfassung verschiedener Studien leicht machen. In der einfachsten Form der Auszählungsmethoden werden die Zahl der signifikanten und der nichtsignifikanten Ergebnisse gegenübergestellt. Verbessert werden diese Ansätze durch die Berücksichtigung der Stärke des Effektes und der unterschiedlichen Stichprobengröße.

Einen weiteren Fortschritt stellen die Verfahren der Metaanalyse (im engeren Sinne) dar, entweder in der Version nach Glass (1976) oder in der parallel dazu entwickelten Form von Schmidt & Hunter (1977, deutsche Einführung bei Fricke & Treinies, 1985). Bei beiden Ansätzen liegt die Betonung auf der Größe des Effektes und nicht nur auf dessen Signifikanz, wie bei den Auszählverfahren bzw. der Kombination von p-Werten. Die Varianz der Effektgrößen wird bei Glass auf einer „inhaltsvaliden" Basis akzeptiert und möglichen Differenzen in allen möglichen Moderatorvariablen zugeschrieben. In dieser Zuschreibung unterscheidet sich der Ansatz von Hunter & Schmidt. Hier wird zunächst geprüft, ob die Varianz in der Effektstärke zwischen den einzelnen Studien auf Artefakte zurückzuführen ist. Insgesamt werden fünf Artefakttypen aufgeführt: 1. der Stichprobenfehler, 2. die Reliabilität der Meßinstrumente, 3. Einschränkungen des (potentiellen) Variationsbereiches der Variablen, 4. die Validität der Meßinstrumente und 5. Rechen-, Schreib- und Übertragungsfehler. Für die Ermittlung des Einflusses der ersten drei Quellen wurden mathematische Modelle entwickelt. Sollten diese drei Varianzquellen mehr als 75% der Gesamtvarianz der Effektstärke zwischen den Studien aufklären, wird angenommen, daß die Restvarianz in der Effektstärke auf die restlichen beiden Fehlerquellen zurückgeht und weitere, moderierende Variablen nicht berücksichtigt werden müssen, da keine systematischen Unterschiede der Effektstärke vorliegen. Wird diese Nullhypothese zurückgewiesen, wird ein um die Fehlervarianz korrigierter Wert der Gesamtvarianz berechnet, um dann ein Konfidenzintervall um die mittlere Effektstärke zu berechnen und die verbleibende Varianz theoriegeleitet mit Hilfe von Moderatorvariablen aufzuklären.

Dieser ausgesprochen positiven Beurteilung meta-analytischer Ansätze steht auf der anderen Seite eine harsche Kritik gegenüber, die bis zur „megasilliness" (Eysenck, 1978) reicht, was von Wortman (1983) mit Erstaunen betrachtet und als überhitzt bezeichnet wird. Die Kritik der Methodik setzt an folgenden Punkten an (vgl. auch Fricke & Treinies, 1985):

- bei der quantitativen Integration würden Äpfel und Birnen aufaddiert
- die Designqualität (Validität) der Ursprungsstudien würde zuwenig beachtet („data quality" nach Strube & Hartmann, 1982)

– die Veröffentlichungsregeln würden zu wenig berücksichtigt („sample biases“ nach Strube & Hartmann, 1982).

Das „Äpfel- und Birnen-Problem“ kann auf der Seite der abhängigen und der unabhängigen Variablen auftreten. Zwar weist Glass auf die Voraussetzung gleicher Untersuchungsfragen und Hypothesen hin, doch ist es schwierig zu klären, ob alle Arten der Arbeitsstrukturierung, wie z. B. bei Cummings & Salipante (1976), als äquivalent aufzufassen sind. Ähnliches gilt für die möglichen Operationalisierungen der abhängigen Variablen. Inwieweit dürfen Ergebnisse, die mit der AZA-Skala (Bartenwerfer, 1969), mit der BMS-Skala (Plath & Richter, 1984) und aufgrund von Leistungen in Zweitaufgaben gewonnen wurden, unter dem Etikett der „Psychischen Beanspruchung“ subsumiert werden? Hierbei ist auch das Argument der Untersuchung der Kovarianz der operationalisierten Variablen nicht tragfähig, da ja die quantitativen Übersichtsstudien ex-post-facto Analysen darstellen und damit die Kovarianz/Äquivalenz der Variablen in der Regel nicht bekannt ist.

Üblicherweise werden Studien, deren interne Validität nicht hoch ist, von weiteren Bewertungen ausgeschlossen. Dies gilt für Metaanalysen nur eingeschränkt. Glass ging sogar soweit, einen Ausschluß von Studien aus methodischen Überlegungen für unangebracht zu erklären. Von diesem harten Standpunkt rückte er jedoch durch Codierung der methodischen Charakteristika der Studien in der Zwischenzeit ab. So schlagen Glass, McGraw & Smith (1981) ausdrücklich die interne Validität als Codierungsmerkmal (wohlgemerkt nicht als Ausschlußmerkmal) vor, um dann weiter zu argumentieren, ob diese Unterschiede in der internen Validität einen Einfluß auf die Ergebnisse hätten, sei eine empirisch zu prüfende Frage; in ihren Metaanalysen zur Wirksamkeit von Psychotherapie sei dies nicht der Fall gewesen, in ihren Metaanalysen zum Effekt der Klassengröße sei dagegen ein Verzerrungseffekt vorhanden. Eine generelle Aussage, nach der methodisch schlechtere Studien immer die besseren Ergebnisse aufwiesen (wie beispielsweise im Zusammenhang der Wirksamkeit von Team-Training, vgl. Woodman & Sherwood, 1980; Müller & Nachreiner, 1981), ließe sich aber nicht halten. Ein ähnliches Vorgehen schlagen auch Strube & Hartmann (1982) vor. Die Ursprungsstudien sollen hinsichtlich der internen Validität klassifiziert werden, um dieses Merkmal als unabhängige Variable in die weiteren Berechnungen einbeziehen zu können. Andererseits muß aber berücksichtigt werden, daß Metaanalysen von vornherein ein relativ kontrollstarkes Design fordern, da nur über Kontrollgruppen eine Abschätzung der Stärke des Effektes möglich ist. Allerdings wird dabei häufig nicht zwischen den verschiedenen Typen von Kontrollgruppen – z. B. „No-treatment-Gruppen“ oder „Placebogruppen“ – unterschieden. Ebenso setzt die Metaanalyse die Darstellung entsprechender Statistiken und Signifikanztests in den Originalarbeiten voraus. Fehler in der Wahl der inferenzstatistischen Verfahren erweisen sich dagegen als weniger gravierend, da Neuberechnungen möglich sind, wenn vollständige Ergebnisse berichtet werden.

Als letzter Kritikpunkt bleibt der „sample-bias". Es besteht die Fiktion einer Grundgesamtheit aller möglicher Studien (wobei nicht genau geklärt ist, was dies eigentlich ist) zu einem Thema (auch hier ist nicht klar, was dies ist), aus der eine repräsentative Zufallsstichprobe gezogen wird. Faßt man den Begriff der Studie sehr weit als irgendwie publizierte wissenschaftliche Untersuchung, was nicht allgemein akzeptiert ist, so muß eine Datenbank bekannt sein, in der diese wissenschaftlichen Untersuchungen erfaßt sind. Diese Datenbank jedoch existiert nicht. Auch die Heranziehung der Psychological Abstracts oder des SSCI zeugt eher von einer anglophilen Einstellung als von einer gewissen Repräsentativität. Selbst wenn hier etwa durch das Absuchen mehrerer Datenbanksysteme aus verschiedenen Fachgebieten Abhilfe geschaffen würde, hilft dies noch nicht weiter, da die zugrundeliegenden veröffentlichten Studien sicher keine Zufallsstichprobe der Population der durchgeführten Untersuchungen zu diesem Thema darstellen. In der Regel werden aufgrund gängiger Publikationspraxis eher Arbeiten veröffentlicht, die Ergebnisse im Sinne der Hypothesen aufweisen, als solche mit Null- oder negativen Ergebnissen. Rosenthal (1979) empfiehlt zur Klärung dieser Frage die Einführung einer „fail safe number". Dieses Maß gibt die Zahl der (unbekannten) nicht-signifikanten Studien an, die notwendig wäre, um einen signifikanten Gesamteffekt in das Gegenteil zu verkehren. Strube & Hartmann (1982) bemerken zu recht, daß dies nicht die gesamte Lösung sein kann, da diese „fail safe number" ja ebenfalls auf den Daten der Stichprobe beruht, die u. U. vollkommen unrepräsentativ für die Grundgesamtheit ist, einer Grundgesamtheit, deren Parameter unbekannt sind. Als Ausweg empfehlen sie eine möglichst große Stichprobe zu ziehen und besonderen Wert auf Dissertationen und Kongreßvorträge zu legen, da hier eher nicht-erfolgreiche Untersuchungen berichtet werden.

Quantitative Reviewtechniken gehen – meist implizit – von der Unabhängigkeit der Daten, in diesem Fall der zugrundeliegenden Studien aus. Unabhängigkeit kann sich hierbei auf die Möglichkeit der wiederholten Messungen bei unterschiedlichen Personen beziehen, aber auch auf die Unabhängigkeit der durchführenden Forscher oder Forschungsinstitutionen. Strube & Hartmann (1982) befürchten für den zweiten Fall auch einen gewissen Verzerrungseffekt, da ein Forschungsteam möglicherweise einen ideosynkratischen Ansatz besitzt oder untypische Stichproben benutzt. Hierbei ist weiter zu überlegen, ob man den Ansatz der Institution nicht weiter fassen muß, etwa im Sinne von „Forschungsschulen", deren Zusammengehörigkeit nicht mehr institutionell, sondern eher von der Denkweise zu begründen ist.

Vor dem Hintergrund dieser Kritik ist die euphorische Bewertung der quantitativen Techniken, insbesondere der Metaanalyse kaum teilbar. Allerdings sollten auch ihre Vorzüge nicht bestritten werden. Beim klassischen Vorgehen, bei dem die hier aufgezeigte Kritik ja ebenfalls, wenn nicht in noch größerem Umfang zutrifft, wird der Bewerter häufig überfordert. Er soll aus Dutzenden von Studien mit unterschiedlichen Designs und statistischen Auswertungen aufgrund subjektiver Standards reliable und valide Schlüsse ziehen. Unter diesen Umständen ist der beständige Ruf nach besseren Untersuchungen (und Publikationen) sicher verständlich. Hier erleichtert die Einführung der empirischen, statistischen Vorgehensweise die Arbeit erheblich und ermöglicht eine höhere wissenschaftliche Effizienz, wenn man die Begrenzungen der statistischen Auswertungsmethode nicht aus den Augen verliert. Trotzdem bleiben der Arbeitsaufwand erheblich und Gefährdungen der Validität in allen Stadien bestehen. Insgesamt kommen Wortman (1983), Strube & Hartmann (1982) sowie Jackson (1980) zu dem Schluß, trotz der aufgezeigten Schwierigkeiten sei die Metaanalyse eine Technik, die sinnvoll einsetzbar sei und gegenüber den herkömmlichen Ansätzen erhebliche Vorteile besitze.

6 Ausblick

Wie die bisherige Darstellung immer wieder deutlich gemacht hat, sind methodische Patentrezepte für die Planung und Bewertung arbeitspsychologischer Interventionsmaßnahmen nicht verfügbar – und werden es auch nie sein. Dafür spricht alleine schon die Tatsache unterschiedlicher Evaluationsziele – übervereinfacht als Bilanzierungs- oder Steuerungsansatz charakterisierbar – und unterschiedlicher Evaluationsbedingungen – speziell was den Freiraum zur Manipulation und Kontrolle von Bedingungen betrifft. Es kann daher nur darum gehen, den unter der jeweiligen Perspektive und den jeweils gegebenen Bedingungen günstigsten Ansatz zur Bewertung (was immer darunter verstanden wird) der Interventionsmaßnahme auszuwählen oder zu entwickeln; gelegentlich dürften sich unterschiedliche Ansätze sogar ergänzen. So kann eine Anpassungsevaluation durchaus als kontrollstarker, am Netto-Effekt orientierter Zeitreihenansatz ausgelegt werden, um einerseits valide Ursachenzuschreibungen zu gewährleisten, die darüber hinaus zu planbar wirksamen Korrekturen bei der weiteren Implementation der Intervention führen können und nicht in unsystematischem Herumprobieren enden. Insofern erfordern konkrete Evaluationsprojekte zur sachgerechten Durchführung in der Regel eine Integration mehrerer, theoretisch oft gegensätzlich erscheinender Ansätze (s. o., 3). Für ein solch sachgerechtes Vorgehen erscheint uns neben hinreichender methodischer Vertrautheit mit den Vor- und Nachteilen der einzelnen Methoden, Verfahren und Techniken, die über das im Rahmen dieser Arbeit darstellbare erheblich hinausgeht, eine inhaltliche Fundierung in den zu bewertenden Gegenstandsbereichen, und dazu zählen wir auch eine profunde Kenntnis des Untersuchungsfeldes und seiner Probleme, unabdingbar. Es mag sonst wohl geschehen, daß Evaluationsmethoden gewählt werden, die zwar für Laborforschung im Grundlagenbereich angemessen sein mögen und dort auch eine Bewertung unterschiedlicher Gestaltungszustände von Arbeitsverfahren erlauben, unter Feldbedingungen wie denen des Betriebes jedoch zu Ergebnissen führen müssen, die bestenfalls irrelevant sind und schlechtestenfalls zu Wiederholungen bereits beschrittener und überholt geglaubter Wege führen. Wir denken hier etwa an laborexperimentelle Ergebnisse zur Mensch – Computer – Interaktion (Card, Moran & Newell, 1983), die an einer kleinen Anzahl von extrem selegierten und wahrscheinlich hochmotivierten Versuchspersonen (wahrscheinlich die Autoren, deren Kollegen und Mitarbeiter) gewonnen wurden und die aus arbeitspsychologischer Sicht z. T. unsinnige Vergleiche darstellen (z. B. zwischen Bedienelementen zur Lagesteuerung, von denen eines als Positions-, das andere als Geschwindigkeitssystem ausgelegt ist). Wenn aus dabei entstandenen Ergebnissen über elementare motorische und mentale Einheiten, aus denen sich eine erfolgreiche Dateneingabe oder -korrektur zusammensetzen soll, auf die potentielle Eignung unterschiedlicher Editoren, Eingabemodi oder Eingabemedien für die betriebliche Praxis geschlossen werden soll – etwa um daraus Vorgabezeiten abzuleiten –, so erscheint uns dies ausgesprochen naiv. Sollten sich derartige Überlegungen, abgesehen von allen Validitätsproblemen, die die lediglich im Labor durchgeführten Versuche auch sonst schon aufwerfen, bei der Gestaltung von rechnergestützten Arbeitsplätzen durchsetzen, wäre eine Wiederbelebung der mit den Systemen vorbestimmter Zeiten im Produktionsbereich verbundenen Probleme an anderer Stelle zu erwarten.

Damit dürfte deutlich geworden sein, daß die Bewertung arbeitspsychologischer Interventionsmaßnahmen in der Regel politisches Handeln impliziert. Ergebnisse von Evaluationsmaßnahmen haben in der Regel Konsequenzen – dies ist ja der Grund, warum man sie durchführt – für die von der Intervention Betroffenen (und weitere mögliche Zielpopulationen), wie auch gelegentlich für den Evaluator selbst, der bei mißliebigen Ergebnissen u. U. nicht mit weiteren Evaluationsstudien betraut wird. Vielleicht ist auch dies ein Grund dafür, warum mit zunehmender Weite und Bedeutung der Interventionsmaßnahmen die Evaluationsanlagen in der Regel „weicher" werden, denn weichere Untersuchungsanlagen lassen weichere Schlüsse zu.

Wir haben weiter oben darauf hingewiesen, daß sich für den Ausschluß einzelner Bedrohungen der Validität die Notwendigkeit der geeigneten Vergleichsbasis stellt, methodische Spitzfindigkeiten helfen in solchen Fällen nicht weiter und statistische Kontrollversuche ex post mögen gelegentlich hilfreich sein, stringent sind sie nicht. Für die zukünftige Evaluationsforschung stellt sich daher die Aufgabe, Erfahrungen über Bedrohungen der Validität, deren Bedeutung und Abwehrmöglichkeiten zu sammeln. Für andere Ansätze, z. B. die zeitreihenanalytischen, fehlt es darüber hinaus noch an hinreichenden methodischen Erfahrungen im Einsatz mit diesen Verfahren. Evaluationsuntersuchungen, die verschiedene Ansätze, bewährte und neue, miteinander verknüpfen – und ggfs. im Sinne einer Evaluation der Evaluation konkurrierend überprüfen – wären hier sicher hilfreich.

Literatur

Adair, J. G. 1984. The Hawthorne Effect: A reconsideration of the methodological artifact. J. Applied Psychol., **69,** 334–345.

AEG-Telefunken u. a. 1983. Neue Arbeitsstrukturen in Teilefertigung und Montage. Frankfurt: Campus.

Andlauer, P., Rutenfranz, J., Kogi, K., Thierry, H., Vieux, N. & Duverneuil, G. 1982. Organization of night shift in industries where public safety is at stake. Int. Arch. Occup. Environ. Health, **49,** 353–355.

Andrews, F. M., Klem, L., Davidson, T. N., O'Malley, P. M. & Rodgers, W. L. 1975. A guide for selective statistical techniques for analyzing social science data. Ann Arbor: University of Michigan Press.

Armenakis, A. A., Feild, H. S. & Holley, W. H. 1976. Guidelines for overcoming empirically identified evaluation problems of organizational development change agents. Human Relations, **29,** 1147–1161.

Auch, M. & Bullinger, H. J. 1985. Wirtschaftlichkeitsvergleich und Arbeitssystemwertermittlung. Eschborn: RKW Schriftenreihe Wirtschaftlichkeitsrechnung.

Baer, K., Ernst, G., Nachreiner, F. & Schay, T. 1981. Psychologische Ansätze zur Analyse verschiedener Arbeitszeitsysteme. Zeitschrift für Arbeitswissenschaft, **35,** 136–141.

Bartenwerfer, H. G. 1969. Einige praktische Konsequenzen aus der Aktivierungstheorie. Z. exp. angew. Psychol., **16,** 195–222.

Becker, H. 1979. Do photographs tell the thruth? In: Cook, T. D. & Reinhardt, C. S. (eds.): Qualitative and Quantitative Methods in Evaluation Research. Beverly Hills: Sage, 88–117.

Blalock, H. H. 1961. Causal inferences in nonexperimental research. Chapel Hill, N.C.: The University of North Carolina Press.

Blalock, H. M. (ed.) 1971. Causal models in the social sciences. Chicago: Aldine

BMFT (Hrsg.) 1982. Ein Programm und seine Wirkung. Frankfurt: Campus.

Bosworth, D. L. & Dawkins, P. J. 1981. Private and social costs and benefits of shift and night work. In: Reinberg, A., Vieux, N. & Andlauer, P. (eds.): Night and shift work: Biological and social aspects. Oxford: Pergamon Press, 207–213.

Bullinger, H. J. 1983. Vorgehensweise zur Planung und Realisierung von Fertigungssystemen. In: Bullinger, H. J. & Warnecke, H. J. (Hrsg.): Wettbewerbsfähige Arbeitssysteme; Problemlösungen für die Praxis. Stuttgart, 167–189.

Bungard, W. 1985. Sozialpsychologische Forschung im Labor. Göttingen: Hogrefe.

Campbell, D. T. 1963. From description to experimentation: Interpreting trends as quasi-experiments. In: Harris, C. W. (ed.): Problems in measuring change. Madison: Univ. Wisconsin Press, 212–254.

Campbell, D. T. 1979. „Degrees of freedom" and the case study. In: Cook, T. D. & Reichard, C. S. (eds.): Qualitative and Quantitative Methods in Evaluation Research. Beverly Hills: Sage, 49–67.

Campbell, D. T. & Fiske, D. W. 1959. Convergent and discriminant validation by the multitrait-multimethod matrix. Psychological Bulletin, **56,** 81–105.

Campbell, D. T. & Stanley, J. C. 1963. Experimental and quasi-experimental design for research on teaching. In: Gagne, N. I. (ed.): Handbook of Research on Teaching. Chicago: Rand McNally.

Campbell, D. T. & Stanley, J. C. 1966. Experimental and quasi-experimental design for research. Chicago: Rand McNally.

Card, S. K., Moran, T. D. & Newell, A. 1983. The psychology of human computer interaction. Hillsdale, N. J.: Erlbaum.

Carey, A. 1967. The Hawthorne studies: A radical criticism. American Sociological Review, **32,** 403–416.

Chapanis, A. 1967. The relevance of laboratory studies to practical situations. Ergonomics, **10,** 557–577.

Chapanis, A. 1979. Quo vadis, ergonomia? Ergonomics, **22,** 595–605.

Cherns, A. B. & Davies, L. E. 1975. Assessment of the state of the art. In: Davies, L. E. & Cherns, A. B. (eds.): The quality of working life. Vol. I: Problems, prospects, and the state of the art. New York: Free Press, 12–54.

Conrads, M., Dietrich, L., Franke, K., Herrmann, H., Kirchner, E. & Rinza, P. 1982. Humanvermögensrechnung – Entwicklung eines Verfahrens zur ökonomischen Bewertung von Humanisierungsmaßnahmen für den Bereich Gießerei. Karlsruhe: Fachinformationszentrum.

Cook, T. D. 1981. Dilemmas in evaluation of social programs. In: Brewer, M. B. & Collins, B. E. (eds.): Scientific Inquiry and the Social Sciences. San Francisco: Jossey Bass, 257–286.

Cook, T. D. & Campbell, D. T. 1976. The design and conduct of quasi-experiments and true experiments in field settings. In: Dunnette, M. D. (ed.): Handbook of Industrial and Organizational Psychology. Chicago: Rand McNally, 223–326.

Cook, T. D. & Campbell, D. T. 1979. Quasi-Experimentation: Design and analysis issues for field settings. Chicago: Rand McNally.

Cook, T. D., Leviton, L. C. & Shadish, W. J. Jr. (in press). Program evaluation. In: Lindzey, G. & Aronson, A. (eds.): Handbook of Social Psychology (3rd ed.). New York: Addison Wesley.

Cooper, H. M. & Rosenthal, R. 1980. Statistical vs. traditional procedures for summarizing research findings. Psychological Bulletin, **87,** 442–449.

Cornfield, J. & Tukey, J. W. 1956. Average values of mean squares in factorials. Annals of Mathematical Statistics, **27,** 906–949.

Cronbach, L. J. 1982. Designing evaluations of educational and social programs. London: Jossey Bass.

Cronbach, L. J., Ambron, S. R., Dornbusch, S. M., Hess, R. D., Hornik, R. C., Phillips, D. C., Walker, D. F. & Weiner, S. S. 1980. Toward Reform of Program Evaluation. London: Jossey Bass.

Cronbach, L. J., Gleser, G. L., Nanda, H. & Rajaratnam, N. 1972. The dependability of behavioral measurements: Theory of generalizability for scores and profiles. New York: Wiley.

Cronbach, L. J. & Meehl, P. G. 1955. Construct validity in psychological tests. Psychological Bulletin, **52,** 281–302.

Cummings, T. G. & Salipante, P. F. 1976. Research based strategies for improving work life. In: Warr, P. (ed.): Personal goals and work design. London: Wiley, 31–41.

Davis, B. G. 1982. Boruch and McLaughlin debate. Evaluation News, **3,** 11–20.

Deshler, D. (ed.) 1984. Evaluation for program improvement. San Francisco: Jossey Bass.

Dickmann, A., Ernst, G. & Nachreiner, F. 1981. Auswirkungen der Schichtarbeit des Vaters auf die schulische Entwicklung der Kinder. Zeitschrift für Arbeitswissenschaft, **35,** 174–178.

Dressel, P. L. 1976. Handbook of Academic Evaluation. London: Jossey Bass.

Dubin, R. 1976. Theory building in applied areas. In: Dunnette, M. D. (ed.): Handbook of industrial and organizational psychology. Chicago: Rand McNally, 17–39.

Duncan, O. D. 1975. Introduction to structural equation models. New York: Academic Press.

Dunnette, M. D. 1976. Toward fusion. In: Dunnette, M. D. (ed.): Handbook of industrial and organizational psychology. Chicago: Rand McNally, 1–16.

Edwards, W. 1980. Multiattribute utility for evaluation; structures, uses and problems. In: Klein, M. & Teilmann, K. (eds.): Handbook of Criminal Justice Evaluation. Beverly Hills: Sage, 177–215.

Edwards, W. & Guttentag, M. 1985. Experiments and evaluation: A reexamination. In: Bennett, C. A. & Lumsdaine, A. A. (eds.): Evaluation and Experiment. New York: Academic Press, 409–463.

Edwards, W. & Newman, J. R. 1982. Multiattribute Evaluation. Beverly Hills: Sage.

Elias, H. J. 1985. Humanvermögensrechnung. Eschborn: RKW.

Ernst, G. 1984. Die Interferenz von Arbeit und Freizeit bei verschiedenen Arbeitszeitsystemen. Bern: Lang.

Ernst, G. & Nachreiner, F. 1981. Ergebnisse der arbeits- und sozialpsychologischen Untersuchungen zu den Problemen des Wechselschichtdienstes der Polizei. In: Nachreiner, F., Rohmert, W. & Rutenfranz, J. (Hrsg.): Wechselschichtdienst bei der Polizei. Oldenburg, Darmstadt, Dortmund: Unveröffentlichter Forschungsbericht.

Eysenck, H. 1978. An exercise in mega-silliness. American Psychologist, **33,** 517.

Fiedler, F. & Mahar, L. 1979. The effectiveness of contingency model training: A review of the validation of Leader Match. Personnel Psychology, **32,** 45–62.

Fine, M. & Akabas, S. 1981. Combining experimental design with archival, survey, and interview methods: creative evaluation in trade unions. In: Connor, R. F. (ed.): Methodological advances in evaluation research. Beverly Hills: Sage, 141–154.

Franke, R. H. & Kaul, J. D. 1978. The Hawthorne experiments: First statistical interpretation. American Sociological Review, **43,** 623–643.

Frey, S. & Frenz, H. G. 1982. Experiment und Quasi-Experiment im Feld. In: Patry, J. L. (Hrsg.): Feldforschung. Methoden und Probleme sozialwissenschaftlicher Feldforschung unter natürlichen Bedingungen. Bern: Huber, 229–258.

Fricke, W. 1977. Zur Kritik der Planungssystematik zur Gestaltung flexibler Arbeitssysteme des IPA-Instituts. AfA-Nachrichten, **27,** 12–19.

Fricke, R. & Treinies, G. 1985. Einführung in die Metaanalyse. Bern: Huber.

Gaugler, E., Kolb, M. & Ling, B. 1977. Humanisierung der Arbeitswelt und Produktivität. Ludwigshafen: Kiehl.

Gebert, D. 1974. Organisationsentwicklung. Stuttgart: Kohlhammer.

Glass, G. V. 1976. Primary, secondary and meta – analysis of research. Educational Researcher, **5,** 3–8.

Glass, G. V. & Ellett, F. S. Jr. 1980. Evaluation Research. Annual Review of Psychology, **31,** 211–228.

Glass, G. V., McGaw, B. & Smith, M. L. 1981. Meta-analysis in social research. Beverly Hills: Sage.

Gottman, J. M. 1981. Time-series analysis. Cambrigde, Mass.: Cambrigde Univ. Press.

Green, B. F. & Hall, J. A. 1984. Quantitative methods for literature reviews. Annual Review of Psychology, **35,** 37–53.

Guba, E. G. & Lincoln, Y. S. 1982. Effective Evaluation. San Francisco: Jossey Bass.

Hacker, W. & Richter, P. 1980. Psychologische Bewertung von Arbeitsgestaltungsmaßnahmen. In: Hacker, W. (Hrsg.): Spezielle Arbeits- und Ingenieurpsychologie in Einzeldarstellungen. Lehrtext 1. Berlin: DVW 1980.

Hager, W. & Westermann, R. 1983. Planung und Auswertung von Experimenten. In: Bredenkamp, J. & Feger, H. (Hrsg.): Hypothesenprüfung. Enzyklopädie der Psychologie, B, I, Bd. 5. Göttingen: Hogrefe, 24–238.

Hall, R. E., Samanta, P. K. & Swoboda, A. L. 1981. Sensitivity of risk parameters to human errors in reactor safety study for a PWR. Brockhaven: National Laboratory report 51 322 (NUREG/CR-1879), zitiert nach Sheridan 1982.

Hedges, L. V. & Olkin, I. 1980. Vote-counting methods in research synthesis. Psychological Bulletin, **88,** 359–369.

Hertog, F. J. den 1978. Arbeitsstrukturierung. Bern: Huber.

Hiltz, R. 1983. On-line communities. Norwood: Ablex.

Hunter, J. E., Schmidt, F. L. & Jackson, G. B. 1982. Meta-analysis. Cumulating research findings across studies. Beverly Hills: Sage.

Irle, M. 1985. Experimental-Pläne in sozialwissenschaftlicher Forschung. In: Lutz, B. (Hrsg.): Soziologie und gesellschaftliche Entwicklung. Verhandlungen des 22. Soziologentages in Dortmund 1984. Frankfurt: Campus, 295–302.

Jackson, G. B. 1978. Methods for reviewing and integrating research in the social sciences. Final report to the National Science Foundation for Grant DIS 76-20 938. Washington: Washington University.

Jackson, G. B. 1980. Methods for integrative research. Review of Educational Research, **50,** 438–460.

Jaide, W. 1984. Probleme der Effizienzforschung. ZUMA Nachrichten, 60–65.

James, L. R., Mulaik, S. A. & Brett, J. M. 1982. Causal analysis. Assumptions, models and data. Beverly Hills: Sage.

Jöreskog, K. G. & Sörbom, D. 1984. Lisrel VI – Analysis of linear structural relationship by maximum likelihood, instrumental variables, and least squares methods. User's Guide. Mooresville: Scientific Software Inc.

Kerlinger, F. & Pedhazur, E. J. 1973. Multiple regression in behavioral research. New York: Holt.

Kohn, M. L. & Schooler, C. 1983. Work and personality: An inquiry into the impact of social stratification. Norwood, N. J.: Ablex.

Kopowski, L. 1984. Mitarbeit von Psychologen bei der Gestaltung von Bildschirmarbeit. In: Arbeit in moderner Technik. Duisburg: Sektion Arbeits- und Betriebspsychologie im Berufsverband deutscher Psychologen, 315–316.

Kraemer, H. C. & Andrews, G. 1982. A nonparametric technique for meta-analysis effect calculation. Psychological Bulletin, **91,** 404–412.

Krause, J. 1982. Mensch-Maschine-Interaktion in natürlicher Sprache. Evaluationsstudien zu praxisorientierten Frage-Antwort-Systemen und ihre Methodik. Tübingen: Niemeyer.

Krauth, J. 1983. The present state in measurement of success and change. In: Lüer, G. (Hrsg.): Bericht über den 33. Kongreß der Deutschen Gesellschaft für Psychologie. Göttingen: Hogrefe, 769–776.

Lange, E. 1983. Zur Entwicklung und Methodik der Evaluationsforschung in der BRD. Zeitschrift für Soziologie, **12,** 253–270.

Lawler, E. E. & Hackman, J. R. 1978. Der Einfluß der Mitbestimmung von Arbeitern bei der Entwicklung von Lohnanreizplänen: Ein Feldexperiment. In: Crott, H. W. & Müller, G. F. (Hrsg.): Wirtschafts- und Sozialpsychologie. Hamburg: Hoffmann und Campe, 225–231.

Levine, M. 1978. Adapting the jury trial for the program evaluation. Evaluation Program Planing, **1,** 177–186.

Mark, M. M. & Cook, T. D. 1984. Design of randomized experiments and quasi-experiments. In: Rutman, L. (ed.): Evaluation Research. London: Sage, 65–120.

Matern, B. 1984. Psychologische Arbeitsanalyse. In: Hacker, W. (Hrsg.): Spezielle Arbeits- und Ingenieurpsychologie in Einzeldarstellungen. Band 3. Berlin: DVW/ Springer.

McCain, L. J. & McCleary, R. 1979. The statistical analysis of the simple interrupted time-series quasi-experiment. In: Cook, T. D. & Campbell, D. T.: Quasi-experimentation: Design and analysis issues for field settings. Chicago: Rand McNally, 223–293.

McClintock, C. 1984. Toward a theory of formative program evaluation. In: Deshler, D. (ed.): Evaluation for program improvement. San Francisco: Jossey Bass, 77–95.

McCormick, E. J. & Sanders, M. S. 1983. Human Factors in engineering and design. New York: McGraw Hill (5. Auflage).

Metzger, H. 1977. Planung und Bewertung von Arbeitssystemen. Mainz: Krausskopf.

Möbus, C. & Nagl, W. 1980. Messung, Analyse und Prognose von Veränderungen. In: Bredenkamp, J. & Feger, H. (Hrsg.): Hypothesenprüfung. Enzyklopädie der Psychologie, B, I, Bd. 5. Göttingen: Hogrefe, 239–470.

Möbus, C. & Schneider, W. (Hrsg.) 1976. Strukturmodelle für Längsschnittdaten. Bern: Huber.

Morris, L. L. 1978. Evaluator's handbook. Beverly Hills: Sage.

Müller, G. F. 1985. Methodische und konzeptuelle Dilemmata bei der Erfolgskontrolle psychologischer Interventionsmaßnahmen. Hochschulöffentlicher Vortrag, Universität Oldenburg.

Müller, G. F. & Nachreiner, F. 1981. Kooperationsförderung bei Führungskräften in Organisationen. In: Grunwald, W. & Lilge, H. G. (Hrsg.): Kooperation und Konkurrenz in Organisationen. Bern: Haupt, 274–290.

Müller, G. F. & Nachreiner, F. 1985. Subjektive Räume und tätigkeitsrelevante Erlebensqualitäten im Büro. Psychologie und Praxis, Zeitschrift für Arbeits- und Organisationspsychologie, **29,** 15–24.

Nachreiner, F. 1977. Einstellung zur Schichtarbeit. Zeitschrift für Arbeitswissenschaft, **31,** 152–159.

Nachreiner, F. 1978a. Über Determinanten der Einstellung zur Schichtarbeit. Zeitschrift für Arbeitswissenschaft, **32,** 6–11.

Nachreiner, F. 1978b. Die Messung des Führungsverhaltens. Zur Validität von Fragebogen zur Beschreibung des Vorgesetztenverhaltens. Bern: Huber.

Nachreiner, F. 1980. Zur Artefaktproblematik in der Arbeits- und Betriebspsychologie. In: Bungard, W. (Hrsg.): Die „gute" Versuchsperson denkt nicht. Artefakte in der Sozialpsychologie. München: Urban & Schwarzenberg, 167–190.

Nachreiner, F. 1985. Einstellung zur Schichtarbeit: Probleme und Ergebnisse bei der Anwendung der EZS-Skala. Zeitschrift für Arbeitswissenschaft, **39,** 116–119.

Nachreiner, F., Brand, G., Ernst, G. & Rutenfranz, J. 1977. Zur Kontrolle von Hawthorne-Effekten in Feldexperimenten. Zeitschrift für Arbeitswissenschaft, **31,** 172–175.

Nachreiner, F., Wucherpfennig, D., Ernst, G. & Rutenfranz, J. 1976. Zur Bevorzugung unterschiedlicher vorgegebener Arbeitsstrukturen durch Fließbandarbeiter. Zeitschrift für Arbeitswissenschaft, **30,** 193–203.

Namboodiri, N. K. 1970. A statistical exposition of the „before-after" and „after-only" designs and their combinations. American Journal of Sociology, **76,** 83–102.

Neubauer, G. 1984. Erfassung der Wirtschaftlichkeit von HdA-Maßnahmen: Forschungsstand und Ergebnisse. Prodis Report Nr. 5. Köln: Institut der deutschen Wirtschaft.

Perloff, R., Perloff, E. & Sussna, E. 1976. Program evaluation. Annual Review of Psychology, **27,** 569–594.

Perrez, M. & Patry, J. L. 1982. Nomologisches Wissen, technologisches Wissen, Tatsachenwissen – drei Ziele sozialwissenschaftlicher Forschung. In: Patry, S. L. (Hrsg.): Feldforschung. Bern: Huber, 45–66.

Picot, A., Reichwald, R. & Behrbohm, P. 1985. Vier-Ebenen-Modell der Wirtschaftlichkeitsrechnung. Eschborn: RKW.

Plath, H. E. & Richter, P. 1984. Ermüdung – Monotonie – Sättigung – Stress. BMS. Verfahren zur skalierten Erfassung erlebter Beanspruchungsfolgen. Berlin (Ost): Psychodiagnostisches Zentrum.

Porras, J. & Berg, P. 1978. Evaluation methodology in organization development: An analysis and critique. Journal of Applied Behavioral Science, **14,** 151–173.

Reichhardt, C. S. 1979. The statistical analysis of data from nonequivalent group designs. In: Cook, T. D. & Campbell, D. T.: Quasi-experimentation. Design and analysis issues for field settings. Chicago: Rand McNally, 147–205.

Reichhardt, C. S. & Cook, T. D. 1979. Beyond qualitative versus quantitative methods. In: Cook, T. D. & Reichhardt, C. S. (eds.): Qualitative and quantitative methods in evaluation research. Beverly Hills: Sage, 7–32.

Roethlisberger, F. J. & Dickson, W. J. 1939. Management and the worker. An account of a research program conducted by the Western Electric Company, Hawthorne Works, Chicago. Cambridge, Mass: Harvard University Press (Nachdruck: New York: Wiley, 1964).

Rohmert, W. & Rutenfranz, J. 1975. Arbeitswissenschaftliche Beurteilung der Belastung und Beanspruchung an unterschiedlichen industriellen Arbeitsplätzen. Bonn: Bundesminister für Arbeit und Sozialordnung.

Rosen, N. A. 1970. Demand characteristics in a field experiment. J. Appl. Psych., **54,** 163–168.

Rosenberg, M. J. 1969. The conditions and consequences of evaluation apprehension. In: Rosenthal, R. & Rosnow, R. L. (eds.): Artifact in behavioral research. New York: Academic Press.

Rosenthal, R. 1979. The „file drawer problem“ and tolerance for null results. Psych. Bulletin, **86,** 638–641.

Rossi, P. H. & Freeman, H. G. 1982. Evaluation: A systematic approach. Beverly Hills: Sage.

Saretsky, G. 1972. The OEO P. C. experiment and the John Henry effect. Phi Delta Kappa, **53,** 579–581.

Savage, R. E. & Habinek, J. K. 1984. A multilevel menu-driven user interface: Design and evaluation through simulation. In: Thomas, J. C. & Schneider, M. L. (eds.): Human factors in computer systems. Norwood: Ablex, 165–186.

Scheflen, K. C., Lawler, E. E. & Hackman, J. R. 1978. Langzeitwirkungen der Mitbestimmung von Arbeitern bei der Entwicklung von Lohnanreizplänen: Nachuntersuchung zu einem Feldexperiment. In: Crott, H. W. & Müller, G. F. (Hrsg.): Wirtschafts- und Sozialpsychologie. Hamburg: Hoffmann und Campe, 232–237.

Schmale, H. 1983. Psychologie der Arbeit. Stuttgart: Klett Cotta.

Schmidt, F. G. & Hunter, J. E. 1977. Development of a general solution to the problem of validity generalization. J. Appl. Psych., **62,** 529–540.

Schmidtke, H. 1976. Ergonomische Bewertung von Arbeitssystemen. München: Hanser.

Schmidtke, H. (Hrsg.) 1981. Lehrbuch der Ergonomie. München: Hanser.

Schulberg, H. C. & Jerrell, J. M. 1979. The evaluation and management. Beverly Hills: Sage.

Scriven, M. 1974. Evaluation perspectives and procedures. In: Popham, W. J. (ed.): Evaluation in education: Current applications. Berkeley: McCuchan, 3–93.

Scriven, M. 1976. Maximizing the power of causal investigation: The modus operandi method. In: Glass, G. V. (ed.): Evaluation studies review annual. Beverly Hills: Sage, 101–118.

Seashore, S. E. 1975. Defining and measuring the quality of working life. In: Davies, L. E. & Cherns, A. B. (eds.): The quality of working life. Vol. 1. New York: Free Press, 105–118.

Seidel, E. & Schumacher, L. 1985. Betriebsökonomische Effizienzindikatoren. Eschborn: RKW.

Sheridan, T. B. 1982. Measuring, modeling, and augmenting reliability of man-machine systems. In: Johannsen, G. & Rijnsdorp, J. E.: Analysis, design, and evaluation of man-machine systems. Oxford: Pergamon.

Siegel, A. I. & Wolf, J. J. 1969. Man-machine simulation models. New York: Wiley-Interscience

Singer, R. 1969. Der Einfluß von zusätzlichen Signalen auf die Entdeckungsleistung bei einer akustischen Vigilanzaufgabe. Regensburg: Dissertation (Phil. Fak.).

Sörbom, D. & Jöreskog, K. G. 1981. The use of structural equation models in evaluation research. Research Report 81–86. Uppsala: University of Uppsala, Department of statistics.

Sörbom, D. & Jöreskog, K. G. 1986. Strukturgleichungsmodelle in der Evaluationsforschung. In: Möbus, C. & Schneider, W. (Hrsg.): Strukturmodelle für Längsschnittdaten und Zeitreihen. Bern: Huber, 151–186.

Solomon, R. W. 1949. An extension of control group design. Psychological Bulletin, **46,** 137–150.

Staehle, W. H. & Sydow, J. 1985. Duale Arbeitssituationsanalyse. Eschborn: RKW.

Stake, R. E. 1975. Evaluating the arts in education: A responsive approach. Columbus: Merrill.

Stake, R. E. 1978. The case study method in social inquiry. Educational Research, **7,** 5–8.

Staudt, E., Groeters, U., Hafkesbrink, J. & Treichel, H. R. 1985. Kennzahlen und Kennzahlensysteme. Berlin: Schmidt.

Strube, M. J. & Garcia, J. E. 1981. A meta-analytic investigation of Fiedlers model of leadership effectiveness. Psychological Bulletin, **90,** 302–321.

Strube, M. J. & Hartmann, D. P. 1982. A critical appraisal of meta-analysis. British Journal of Clinical Psychology, **21,** 129–139.

Struening, G. L. & Guttentag, M. 1975. Handbook of Evaluation Research. Beverly Hills: Sage.

Swain, A. D. & Guttman, H. E. 1981. Handbook of human reliability analysis with emphasis on nuclear power plant applications. Sandia Laboratory, NUREG/CR-1278.

Sykes, A. J. 1965. Economic interest and the Hawthorne researches: A comment. Human Relations, **18,** 253–263.

Terpstra, D. E. 1981. Relationship between methodological rigor and reported outcomes in organization development evaluation research. Journal of Applied Psychology, **66,** 541–543.

Timaeus, E. 1974. Experiment und Psychologie. Zur Sozialpsychologie psychologischen Experimentierens. Göttingen: Hogrefe.

Weeks, E. C. 1979. The managerial use of evaluation findings. In: Schulberg, H. J. & Jerrell, J. M. (eds.): The evaluator and management. Beverly Hills: Sage, 137–155.

Wehner, Th. & Stadler, M. 1982. Frequenzanalytische Untersuchungen zur kognitiven Steuerung von Mehrfachhandlungen durch Rhythmisierung. Zeitschrift für Psychologie, **190,** 183–201.

Wickens, C. D. 1984. Engineering psychology and human performance. Columbus: Merill.

Wittmann, W. W. 1985. Evaluationsforschung. Berlin: Springer.

Woodman, R. W. & Sherwood, J. J. 1980. The role of team development in organizational effectiveness: A critical review. Psychological Bulletin, **88,** 166–186.

Wortman, P. M. 1983. Evaluation research: A methodological perspective. Annual Review of Psychology, **34,** 223–260.

Young, T. R. 1984. Superior Prototypes. Datamation, 152–158.

9. Kapitel

Gestaltung von Motivationsbedingungen der Arbeit

Uwe Kleinbeck

1 Arbeit als zielgerichtetes Handeln

1.1 Einflußfaktoren der Arbeitsmotivation

Die Betrachtung der Arbeit als zielbezogenes Handeln impliziert den motivationspsychologisch bedeutsamen Sachverhalt, demzufolge arbeitende Personen die in den Arbeitsanforderungen definierten Ziele anstreben. Um die Arbeitsinhalte anforderungsgemäß und damit erfolgreich bewältigen zu können, müssen sie neben den notwendigen Fertigkeiten und Fähigkeiten zwei Arten von Motivationsprozessen realisieren:

1. Sie müssen eine Entscheidung für die Übernahme des in der Arbeit enthaltenen Ziels als persönliches Ziel treffen. Damit entwickeln sie über ihre Zielsetzung die Motivation für ein zielbezogenes Handeln. Sie bauen ihren Willen auf, der dann für das weitere Handeln als Maßstab genommen wird.
2. Sie müssen Ihre Motivation aufrecht erhalten, um eine zielangemessene Folge von Handlungen auch ggf. über einen längeren Zeitabschnitt hinweg zu Ende zu führen. Damit realisieren Sie durch Ausführung der Zielsetzungen ihre Motivation und setzen dabei ihren Willen durch.

Daß diesen Bestimmungsstücken des Arbeitshandelns in der Psychologie eine besondere Bedeutung zugemessen wird, kann man aus der langen Tradition motivationspsychologischer Fragestellungen zum Prozeß der Arbeit ableiten. Kraepelin (1902, S. 474) z. B. machte darauf aufmerksam, „daß die Willensanspannung, mit der wir die Arbeit vollziehen, durchaus keine gleichmäßige ist, sondern mannigfachen Schwankungen unterliegen kann“. Diese Schwankungen sprechen seiner Ansicht nach dafür, daß die nur in großen Umrissen „stetige Arbeit in Wirklichkeit durch immer wiederholte Willensanstöße in

Gang gehalten wird". Er betonte damit einen Aspekt des Motivationsprozesses, bei dem es besonders um die Durchsetzung aktueller Motivationszustände geht, deren Entstehungsbedingungen zunächst nicht weiter begründet werden müssen.

Die empirische Grundlage für seine Erkenntnisse fand Kraepelin in der von ihm und seinen Mitarbeitern beobachteten „Arbeitscurve", deren Schwankungen er als Ergebnis sich verändernder Motivationszustände interpretierte. Als praktische Maßnahme zur Erhaltung von Motivation schlug er vor, *Erholungspausen* einzufügen, damit ein vorübergehendes Nachlassen von Anspannung erreicht werden kann. Eine solche Maßnahme setzt implizit einen Sättigungseffekt durch die Arbeitstätigkeit voraus, dessen Wirkung in einer Motivationsreduktion besteht. Da ein solcher Sättigungseffekt während einer Arbeitspause zwangsläufig außer Kraft gesetzt wird, wird damit auch eine weitere Minderung der Motivation verhindert.

Eine andere Voraussetzung der Kraepelinschen Überlegungen besteht darin, das mit der Arbeitstätigkeit angestrebte Ziel oder Anspruchsniveau als konstant anzunehmen. Die Motivation für die Entwicklung und Festsetzung eines solchen Ziels wird nicht Inhalt seiner Betrachtung. Der Verlauf der „Arbeitscurve" verändert sich durch die Ausführung der Arbeitstätigkeit selbst. Mit der Ausführung der Arbeit stellen sich Ermüdungserscheinungen ein, in denen sich Motivationsveränderungen widerspiegeln. Dies sind Veränderungen, durch die ein zielangemessenes Handeln erschwert wird. Pausen sind offenbar in der Lage, die Bedingungen für ein zielorientiertes Arbeiten wieder herzustellen.

Diese Betrachtungsweise ist in der Arbeitspsychologie nur vereinzelt und randständig beibehalten worden. Das Thema Ermüdung, und in Verbindung damit Pausen, gehörte späterhin eher in den Kontext der psychischen Beanspruchung, die mehr und mehr unter dem Etikett „kognitiv" mit Beeinträchtigungen der Informationsverarbeitung gleichgesetzt wurde (Wickens, 1984).

Eine andere Entwicklung erhielt ihren ersten Anstoß ebenfalls zu Beginn des Jahrhunderts durch Taylor (1911), den Begründer des „Scientific Management". Er betonte den *Wert des Geldes* in seiner motivationsanregenden Wirkung. Er unterstellt dabei eine vom Handeln selbst beeinflußbare Motivationssteuerung, in der unterschiedliche Geldwerte für die Kompensation nachlassender Motivationsanregungen eingesetzt werden können. Ermüdung spielt in diesem Zusammenhang eine unwesentliche Rolle.

Der motivierende Einfluß des Geldes wurde jedoch im Zusammenhang mit anderen Prinzipien des „Scientific Management" relativiert. So führte z. B. die

Forderung Taylors, den Arbeitsinhalt möglichst einfach zu gestalten, zu Entwicklungen von Fließarbeitsorganisationen, in denen die Arbeitstätigkeiten so weit vereinfacht wurden, daß die Fließarbeiter häufig identische Handlungen in sehr großer Zahl (mehrere hundert innerhalb eines Arbeitstages) auszuführen hatten. Diese Wiederholung der immer gleichen Arbeitstätigkeiten setzte eher eine Verringerung von Motivation in Gang, die die motivierende Wirkung des Geldes damit einschränkte.

Aus der Beobachtung und Erkenntnis dieser motivationshemmenden Wirkung zu stark vereinfachter Arbeitsinhalte entwickelte sich in den späten vierziger Jahren und zu Anfang der fünfziger Jahre in der Arbeitswissenschaft die Einsicht, daß eine überzogene Vereinfachung von Arbeitsinhalten als mitverantwortlich für steigende Unzufriedenheit, Fehlzeiten, Fluktuation und sinkende Arbeitsgüte gesehen werden muß.

Diese Veränderungen bildeten dann den Ausgangspunkt für den Entwurf und die Umsetzung großer Programme zur Neustrukturierung von Arbeitsinhalten, die bis heute aktuell geblieben sind und seit den sechziger Jahren auch in Europa aufgegriffen wurden. *Arbeitsstrukturierungsmaßnahmen* sollten dazu beitragen, dem Motivationsverlust durch monotone und repetitive Arbeitstätigkeiten entgegenzuwirken. Die in umfangreichen Untersuchungen gewonnenen Erkenntisse zur Verbesserung der Arbeitsbedingungen (s. z. B. Kleinbeck, Schmidt & Rutenfranz, 1984) können nun auch Hinweise liefern für eine psychologisch sinnvolle Gestaltung der Arbeitsinhalte in existierenden Arbeitssystemen, u. a. auch in solchen, in denen Mensch-Rechner-Interaktionen im Vordergrund stehen.

Die Verantwortung für die Popularität einer weiteren Einflußgröße von Arbeitsmotivation muß ebenfalls Taylors Arbeiten zugeschrieben werden. Sein Konzept der Arbeitsaufgabe, die als eine bestimmte Arbeitsmenge nach Maßgabe einer Zeit- und Bewegungsstudie festgelegt wurde, stellt einen Schlüsselbegriff im „Scientific Management" dar. Die mit der Aufgabenstellung verbundenen *Zielsetzungen* haben sich seitdem als wirksame Motivationstechnik erwiesen (Ivancevich, 1976, 1977; Latham & Yukl, 1975; Locke, 1968, 1978).

Eine 5. Methode, Motivation zu verändern, besteht im Einsatz von *Motivänderungsprogrammen*. Sie zielen darauf ab, solche überdauernden Motivdispositionen zu entwickeln, deren Ausprägungsgrad eine geeignete Voraussetzung bietet, in spezifischen Arbeitssituationen angemessene Motivationszustände entstehen zu lassen. Der gezielte Einsatz solcher Programme kann im Prinzip zu einer Motivationsveränderung beitragen.

Kombinationen dieser Einflußgrößen macht sich die *Organisationsentwicklung* zunutze, eine Bewegung, die sich in den letzten Jahren auch im deutschen

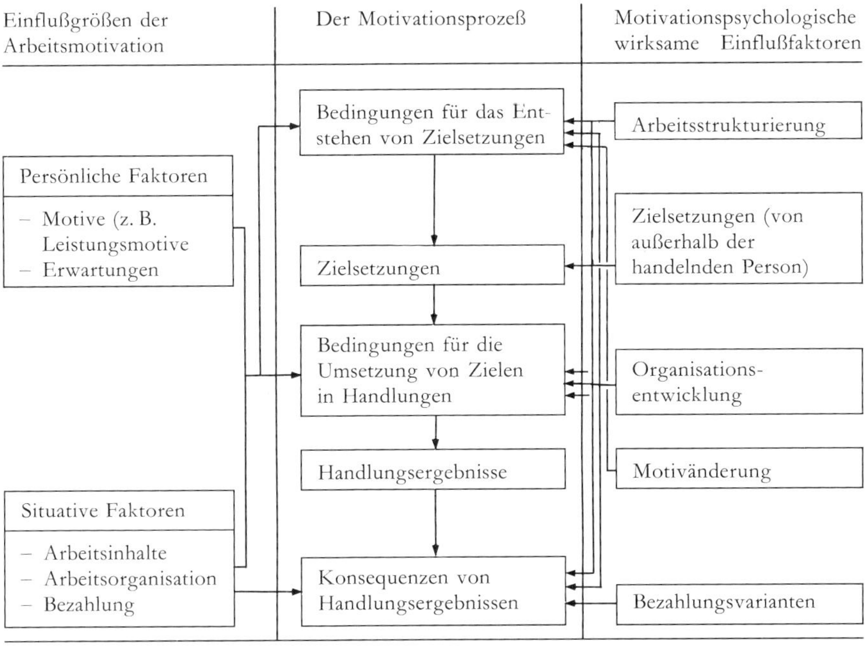

Abb. 1: Motivationspsychologisch wirksame Einflußfaktoren in ihrer Beziehung zu einzelnen Abschnitten des Motivierungsprozesses und zu Variablen allgemeiner Modelle der Arbeitsmotivation

Sprachraum in einer Reihe von Organisationen durchgesetzt hat (s. Becker & Langosch, 1984).

Abbildung 1 faßt die genannten motivationspsychologisch wirksamen Einflußfaktoren noch einmal zusammen und setzt sie in Beziehung zu den einzelnen Abschnitten des Motivierungsprozesses. Zur besseren Einordnung dieser Zusammenstellung dient eine vereinfachte Auflistung von motivationspsychologischen Variablen, wie man sie in der Regel in der allgemeinen Arbeitsmotivationstheorie vorfindet (Vroom, 1964; Steers & Porter, 1975; Szilagyi & Wallace, 1983).

Alle die genannten Einflußfaktoren der Arbeitsmotivation wirken sich auf Entscheidungen, das Setzen von Zielen und Anspruchsniveaus sowie auf die Ausdauer bei der Ausführung von Handlungen aus. Wie dies im einzelnen abläuft, wird in den folgenden Kapiteln darzustellen sein.

Um zu zeigen, auf welch vielfältige Weise die motivationspsychologischen Einflüsse auf die menschliche Arbeit einwirken, werden im letzten Teil dieses Kapitels einige Verhaltensweisen beschrieben, deren Abhängigkeit von Zuständen der Arbeitsmotivation empirisch untersucht worden ist.

1.2 Motivationsabhängiges Arbeitsverhalten

Motivationale Prozesse bei der Arbeit äußern sich in verschiedenen Formen des Verhaltens, in Einstellungen und in Werturteilen wie z. B. Zufriedenheitsäußerungen.

Eine hohe Motivation geht in der Regel mit höheren Stückzahlen einher, wobei sowohl eine ergiebigere Nutzung der verfügbaren Arbeitszeit, als auch eine erhöhte Arbeitsgeschwindigkeit eine Leistungssteigerung begründen können. Einflüsse auf die Arbeitsqualität können dann von Motivationszuständen ausgehen, wenn die Leistungsstandards einen Spielraum für unterschiedliche Qualitätsniveaus zulassen. In einem solchen Fall kann eine Motivationsabschwächung direkt Qualitätsminderungen nach sich ziehen. Auf eine indirekte Weise kann es zu Qualitätsveränderungen kommen, wenn die Austauschcharakteristik zwischen Leistungsmenge und -güte zugunsten der Leistungsmenge beeinflußt wird. Damit werden die Leistungsvoraussetzungen verstärkt auf die Mengenleistung ausgerichtet, so daß zwangsläufig die Qualität abnimmt.

Aber die Arbeitsmotivation steuert auch andere Verhaltensweisen, die sich indirekt auf die Arbeitsleistung Einzelner und ganzer Betriebe auswirken können; dazu gehören z. B. das Anwesenheitsverhalten (Fehlzeiten), die Fluktuation, das Unfallverhalten und auch die Arbeitszufriedenheit.

Zahlreiche arbeitspsychologische Untersuchungen (Steers & Rhodes, 1978; Kleinbeck, Schmidt, Donis & Ballé 1983; Goodman, Atkin & Associates, 1984) haben die Annahme bestätigt, nach der ein wesentlicher Anteil fehlzeitenbegründender Faktoren mit dem Ausprägungsgrad der Arbeitsmotivation zusammenhängt. Motivationsbedingte Fehlzeiten wiederum verhindern das Entstehen von hoher Arbeitsmenge und Arbeitsgüte, weil die leistungserbringenden Mitarbeiter ihre Arbeit erst gar nicht aufnehmen.

Einen deutlich weniger direkten Einfluß auf das Leistungsverhalten übt die Arbeitszufriedenheit aus. Ihr Ausmaß hängt sicherlich von Motivationsfaktoren ab und bestimmt je nach inhaltlicher Gestaltung auch das motivierte Verhalten mit.

Empirisch fundierte Erörterungen zur Beziehung zwischen Arbeitszufriedenheit und -leistung kommen zu dem Ergebnis, daß Arbeitszufriedenheit einmal als Folge von Leistungsergebnissen angesehen werden muß (Locke, 1968; Kleinbeck, 1985). In diesem Fall kann sie logischerweise keinen Einfluß auf die Leistung ausüben. Zum anderen wird jedoch von den gleichen Autoren darauf verwiesen, daß Arbeitszufriedenheit Leistungsbedingungen schaffen kann, unter denen angemessene Zielsetzungen gefördert werden. In diesem zweiten Fall bestimmt auch die Arbeitszufriedenheit das motivierte Verhalten und damit die Arbeitsleistung mit.

Die Motivierung von Handlungen bei der Arbeit wirkt sich nicht nur in konkretem Arbeitsverhalten aus, sie betrifft auch Veränderungen überdauernder Persönlichkeitszüge von Arbeitenden. Wenn Motivation dazu beiträgt, die Leistungsvoraussetzungen des Menschen für die Arbeitsziele verfügbar zu machen – und das unter Berücksichtigung optimaler Beanspruchung tut, so kann sie damit zu einer Persönlichkeitsentwicklung und -entfaltung beitragen, wie sie in den meisten menschlichen Gesellschaften als erstrebenswert angesehen werden.

Wenn sie jedoch Aspekte in sich birgt, durch die der Handlungsspielraum des Einzelnen zunehmend eingeschränkt wird, dann kann sie zu einer menschenverachtenden Methode zur Ausnutzung menschlicher Möglichkeiten werden. Motivationsfördernde Gestaltungsmaßnahmen sind deshalb auch immer unter diesem Gesichtspunkt zu bewerten, bevor sie in die betriebliche Praxis umgesetzt werden können.

2 Arbeitsstrukturierung als Motivationsfaktor

2.1 Grundprinzipien der Arbeitsstrukturierung

Die heute mit der Forderung nach einer Neugestaltung von Arbeitsinhalten verbundenen Klagen betreffen vornehmlich Arbeitsbedingungen, welche ursächlich mit einer seit Beginn dieses Jahrhundert praktizierten Form der Arbeitsorganisation im Zusammenhang stehen. Diese sah in der Zerlegung, Standardisierung und Spezialisierung von Arbeitsvollzügen ein geeignetes Mittel zur Ökonomisierung der Arbeit. Diese Arbeitsorganisationsform hat sich jedoch teilweise unter dem Einfluß veränderter Markt- und Technologiebedingungen, vor allem aber unter dem Einfluß veränderter subjektiver Ansprüche und Einstellungen, als veränderungsbedürftig herausgestellt. Die Kritik an den Folgen solcher Art gestalteter Arbeit für den Menschen hob besonders die durch den hohen Repetitionsgrad der Arbeit bedingte Einseitigkeit der Belastung, die reduzierten Möglichkeiten zum Einsatz und zur Entwicklung unterschiedlicher Fähigkeiten und Fertigkeiten, sowie die verengte Einsicht in die Sinnhaftigkeit der isoliert voneinander ablaufenden einzelnen Arbeitsvollzüge hervor. Diese Kritik wurde durch Beobachtungen verstärkt, nach denen bei Personen, welche unter den genannten Bedingungen heute arbeiten müssen, die Arbeitsunzufriedenheit zunimmt, die Leistungsbereitschaft sinkt und die Fluktuations- und Fehlzeitenrate anwachsen (Ulich, Groskurth & Bruggemann 1973, Neuberger, 1974).

Die als Lösungsstrategien angebotenen sog. neuen Formen der Arbeitsgestaltung (Ulich, Groskurth & Bruggemann, 1973; Klein, 1975) suchten deshalb die Arbeitsorganisation vornehmlich in den Aspekten verändernd zu strukturieren, von denen Einflüsse auf die Motivationsstruktur arbeitender Menschen erwartet wurden (Kleinbeck & Schmidt, 1983). Begriffe wie „Arbeitszufriedenheit“, „intrinsische Motivation“ oder „subjektives Wohlbefinden am Arbeitsplatz“, fanden darum Eingang in den Zielkatalog organisatorischer Arbeitsgestaltungsbemühungen. Die bisher eingesetzten und erprobten Gestaltungsansätze greifen dabei in der einen oder anderen Form auf hauptsächlich 4 Grundprinzipien zurück, welche als Arbeitserweiterung (job enlargement), Arbeitsbereicherung (job enrichment), Arbeitsplatzwechsel (job rotation) sowie Gruppenarbeit bekannt geworden sind (Ulich, Groskurth & Bruggemann, 1973; Rohmert, 1981).

Bei der *Arbeitserweiterung* – auch als Erweiterung des Arbeitsumfangs, Arbeitsvergrößerung, horizontale Arbeitserweiterung bezeichnet – werden untereinander ähnliche Arbeitsvollzüge, die vorher von mehreren Mitarbeitern ausgeführt wurden, zusammengelegt. Die Anzahl der Arbeitsvorgänge erhöht sich dadurch für jeden Mitarbeiter und somit vergrößern sich auch die Zykluszeiten. Völlig neue und andersartige Aufgaben übernimmt der Mitarbeiter dabei jedoch nicht. Das Ziel der Arbeitserweiterung besteht darin, einen Belastungswechsel für den Mitarbeiter – im einfachsten Fall z. B. zwischen Sitzen und Stehen – herbeizuführen. Außerdem werden dadurch eintönige Arbeitsabläufe abwechslungsreicher gestaltet und der Arbeitsumfang nimmt wenigstens zeitlich zu. Störungen an einzelnen Stellen des Produktionsablaufes können besser aufgefangen werden, da jeder Mitarbeiter eine größere Anzahl von Arbeitsvorgängen ausführt. Eine höhere Qualifizierung der Mitarbeiter wird nicht erforderlich.

Bei der *Arbeitsbereicherung* – auch vertikale Arbeitserweiterung genannt – werden den bisherigen Arbeitsvorgängen qualitativ neue und andere Aufgaben zugefügt. So kann z. B eine Montagetätigkeit um die Aufgaben der Materialdisposition, der Qualitätsprüfung oder der Güterverpackung bereichert werden. Dadurch entstehen neue Handlungs- und Freiheitsräume für den arbeitenden Menschen und ein gewisses Maß an Selbstkontrolle in einem für den einzelnen überschaubaren Verantwortungsbereich. Um die Anforderungen in bereicherten Arbeitsstrukturen bewältigen zu können, ist normalerweise eine Höherqualifizierung der Mitarbeiter unumgänglich.

Der *Arbeitsplatzwechsel* soll es dem Mitarbeiter ermöglichen, zwischen den einzelnen Arbeitsplätzen oder -tätigkeiten zu wechseln, und zwar sporadisch oder regelmäßig. Die wechselnden Aufgaben können dabei sowohl einander ähnlich sein, als sich auch deutlich voneinander unterscheiden. Je nachdem, ob der erste oder zweite Sachverhalt gegeben ist, ähnelt dieser Gestaltungsansatz dann entweder mehr dem Prinzip der Arbeitserweiterung oder dem der Arbeitsbereicherung.

Um *Gruppenarbeit* handelt es sich, wenn mehrere Personen in gegenseitiger Abhängigkeit zusammenwirken müssen, damit eine bestimmte Arbeit ausgeführt werden kann. Von Teilautonomie bzw. von Gruppenarbeit mit erweitertem Handlungsspielraum wird gesprochen, wenn einer Arbeitsgruppe unterschiedliche Aufgaben (z. B. Materialdisposition, Maschineneinrichtung, Reparatur- und Kontrolltätigkeiten) übertragen werden, und wenn diese Gruppe dann Teilerzeugnisse oder komplette Produkte in mehr oder weniger eigener Disposition und Verantwortung herstellt.

Solche Strukturierungsprinzipien überschneiden sich in der Praxis häufig. Die auf der Grundlage dieser Gestaltungsprinzipien durchgeführten Arbeitsstrukturierungsmaßnahmen und die dabei angestellten Beobachtungen liefern generell zwar Hinweise auf den Nutzen solcher Gestaltungsbemühungen (den Hertog, 1978; Alioth, 1980; Kleinbeck & Ernst, 1981), doch es fällt schwer, eindeutig Ursache- und Wirkungsbeziehungen in dem erhobenen Datenmaterial zu identifizieren. Mögliche Gründe für diesen Sachverhalt können sein

- die Komplexität der untersuchten Sachverhalte,
- die teilweise fehlenden theoretischen Begründungen für die Strukturierungsmaßnahmen, wodurch sowohl eine systematische Planung als auch eine bewertende Diskussion von Ergebnissen erschwert wird,
- die Unvollständigkeit der zugrunde gelegten Untersuchungspläne, falls überhaupt der Anspruch erhoben wurde, experimentell-analytisch die Wirkungen von bedeutsamen Einflußgrößen nachzuweisen, sowie schließlich
- die Übermächtigkeit von industriellen Randbedingungen, die ein Einhalten der Planungsmaßnahme teilweise infragestellen.

Aus diesen Feststellungen läßt sich die Forderung ableiten, zunächst einmal einen theoretischen Begründungs- und Erklärungsrahmen für die durch solche Neu- oder Umgestaltung angeregten psychologischen Wirkprozesse zu entwerfen, aus denen mögliche Ursache- Wirkungsrelationen hypothetisch begründet werden können. Diese theoretisch abgeleiteten Hypothesen sollten dann einer experimentellen bzw. feldexperimentellen Überprüfung zugänglich gemacht werden. Bei gelungener Kontrolle wichtiger Bedingungen wird es daraufhin möglich sein, eine arbeitspsychologisch begründete Bewertung des Einflusses von Arbeitsstrukturen auf das Verhalten und Erleben von Arbeitspersonen vorzunehmen.

2.2 Theoretische Begründung möglicher Strategien der Motivationsveränderung

Bei der Begründung und Planung von Arbeitsstrukturierungsmaßnahmen erfüllt eine motivationspsychologische Theorie des Arbeitsverhaltens und -erlebens zunächst zwei grundlegende Funktionen:

- sie vermag den Bereich der potentiell untersuchbaren Einfluß- und Kriteriumsvariablen so einzugrenzen, daß ein überschaubarer Inhaltskomplex zur Bearbeitung entsteht;
- sie ermöglicht außerdem die Ableitung von Hypothesen über die Wirkung von Arbeitsbedingungen im Rahmen der von ihren Variablen abgedeckten Inhalte.

Im arbeitspsychologischen Kontext des Studiums von Arbeitsgestaltung und Arbeitsstrukturierung hat ein theoretischer Ansatz ein besonders weit verbreitetes Interesse gefunden, der von Hackman & Lawler (1971) in einer ersten Fassung vorgestellt wurde, und in einer weiterentwickelten Form (Hackman & Oldham, 1975, 1976) eine Reihe von empirischen Untersuchungen von praktischem und theoretischem Nutzen angeregt hat. (Hackman, Pearce & Wolfe, 1978; Wall, Clegg & Jackson, 1978; Locke, Sirota & Wolfson, 1976; Evans, Kiggundu & House, 1979).

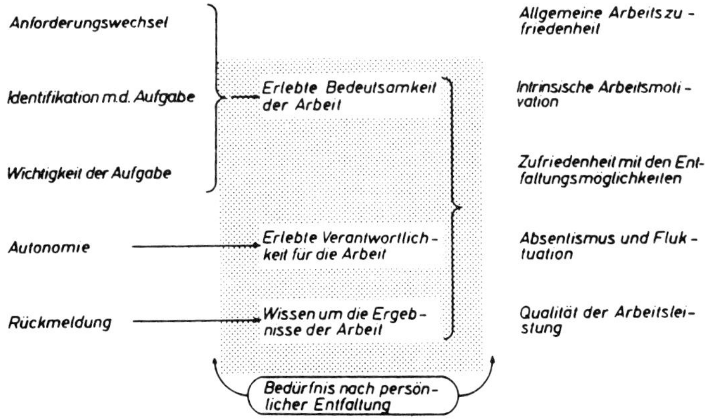

Abb. 2: Das „Job-Characteristics"-Modell der Arbeitsmotivation und Arbeitszufriedenheit (nach Hackman & Oldham 1976)

$$\text{MPS} = \left[\frac{\begin{array}{c}\text{Anforderungs-}\\\text{wechsel}\end{array} + \begin{array}{c}\text{Identifikation}\\\text{mit d. Aufgabe}\end{array} + \begin{array}{c}\text{Wichtigkeit}\\\text{der Aufgabe}\end{array}}{3}\right] \times \text{Autonomie} \times \text{Rückmeldung}$$

Abb. 3: Die Komponenten des Motivationspotentials der Arbeitssituation (nach Hackman & Oldham 1976)

Dieser Ansatz berücksichtigt die Tatsache, daß vorgegebene Arbeitsinhalte sich im subjektiven Erleben von Arbeitspersonen auf fünf ausgegliederten Merkmalsdimensionen widerspiegeln. In ihrer subjektiven Widerspiegelung beeinflussen diese Merkmalsdimensionen Erlebnisreaktionen und -zustände von Arbeitspersonen, die Zufriedenheits- und Motivationsprozesse anregen, aber auch steuernd auf offen beobachtbare Verhaltensgrößen einwirken.

Die fünf Merkmalsdimensionen für Arbeitsinhalte sind nach Hackman & Oldham (1976) Anforderungswechsel (skill variety), Identifikation mit der Aufgabe (task identity), Wichtigkeit der Aufgabe (task significance), Autonomie (autonomy) und Rückmeldung (feedback from the job). Eine ausführliche Beschreibung dieser Merkmalsdimensionen, die in Abb. 2 zusammenfassend dargestellt werden, ist in Schmidt, Kleinbeck & Rohmert (1981) enthalten.

Die Merkmalsdimensionen als Antezedenzbedingungen für die weiteren Variablen lassen sich nach Hackman & Oldham (1976) entsprechend folgender Verrechnungsvorschrift zu einem einzigen „Index des motivationalen Anregungspotentials der subjektiv wahrgenommenen Arbeitssituation“ (motivating potential score) (MPS) verdichten (Abb. 3).

Hinsichtlich der kausalen Verknüpfung von wahrgenommener Arbeitssituation auf den fünf Merkmalsdimensionen, den drei Erlebenszuständen der Person und den Kriteriumsvariablen des Modells berücksichtigen Hackman & Oldham (1976) die Wirkung einer Personengröße – nämlich das Bedürfnis nach persönlicher Entfaltung – an zwei verschiedenen Stellen des Modells. Interindividuelle Unterschiede in der Stärke dieses Bedürfnisses sollten nämlich einmal die Transformation der wahrgenommenen Situationsdimensionen in die modellspezifischen Erlebenszustände beeinflussen, und zum anderen die Wirkung dieser Erlebenszustände auf die Kriteriumsvariablen steuern. Je höher dieses Bedürfnis ausgeprägt ist, um so höher sollten die Korrelationskoeffizienten zwischen den Modellvariablen ausfallen. Dieses Bedürfnis nach Selbstentfaltung beinhaltet das Ausmaß des relativ überdauernden Strebens von Personen nach Weiterentwicklung der eigenen Tüchtigkeit, nach Selbständigkeit und Entscheidungspartizipation sowie nach optimaler Leistung.

Im Zusammenhang mit der Moderatorfunktion dieses Selbstentfaltungsbedürfnisses diskutieren Oldham, Hackman & Pearce (1976) auch die Rolle von sog. „Kontextfaktoren der Arbeitszufriedenheit". Sie meinen damit die Zufriedenheit mit Faktoren wie Bezahlung, Arbeitssicherheit, Vorgesetztenverhalten und soziales Klima bei der Arbeit. Die Autoren stellen die Hypothese auf, daß die erlebte Unzufriedenheit mit diesen Kontextfaktoren der Arbeit das Ausmaß der postulierten Variablenzusammenhänge im Modell herabsetzt.

Das heißt aber, daß die allgemeine kontextunabhängige Arbeitszufriedenheit, die intrinsische Arbeitsmotivation, sowie die anderen aufgeführten Kriteriumsvariablen mit zunehmender Unzufriedenheit mit den Kontextfaktoren – einer zweiten Moderatorvariablen, die neben dem Selbstentfaltungsbedürfnis im Modell existiert – in zunehmend geringeren Anteilen von den im Rahmen des Modells zugewiesenen Einflußfaktoren determiniert werden sollten. Für die Angemessenheit dieser Annahme konnten Oldham, Hackman & Pearce (1976) erste Hinweise beibringen.

Bevor sie diesen Modellansatz als Begründungs- und Erklärungsrahmen für Arbeitsstrukturierungsmaßnahmen einsetzten, haben Schmidt, Kleinbeck & Rohmert (1981) den Versuch unternommen, die interne Gültigkeit des Modells zu überprüfen. Im Rahmen einer Untersuchung der Arbeitstätigkeit und -situation von Handwerkern konnte gezeigt werden, daß das Modell durchaus in der Lage ist, Anteile der Variabilität der Arbeitszufriedenheit sowie der intrinsischen Motivation bei dieser Personengruppe aufzuklären. Außerdem konnte die im Modell postulierte Moderatorfunktion des Bedürfnisses nach persönlicher Entfaltung in dieser Studie nachgewiesen werden.

Bei einer weiteren Analyse dieses Datensatzes wurde versucht, den Gültigkeitsbereich des Modells durch Berücksichtigung der kombinierten Wirkung des Entfaltungsbedürfnisses und der Zufriedenheit mit den Kontextfaktoren weiter abzustecken. Es zeigte sich, daß bei Personen mit einem hohem Bedürfnis nach persönlicher Entfaltung, welche zugleich mit den aufgeführten Kontextfaktoren ihrer Arbeit zufrieden waren, sich die Kriteriumsvariablen am stärksten durch die Modellvariablen aufklären ließen (Schmidt & Kleinbeck, 1983).

In einer weiteren Studie (Kleinbeck, Schmidt, Donis & Ballé, 1983) konnte der Modellansatz von Hackman & Oldham (1976) zur Aufklärung von Fehlzeiten in zwei großen Fertigungsabteilungen (Montage und Teilefertigung) eines Unternehmens eingesetzt werden. Ausgehend von der Überlegung, daß die Modellvariablen inhaltlich einen Bereich abstecken, in dem das Arbeitsverhalten und -erleben in erster Linie von einer tüchtigkeits- oder leistungsorientierten Auseinandersetzung mit Arbeitsaufgaben und -situationen her strukturiert ist, also einen leistungsthematischen Person-Arbeits-Bezug aufspannt, wurden zusätzlich zu dem Motivationspotential der Arbeitssituation das Leistungsmotiv und eine Instrumentalitätsvariable (Vroom, 1964) in ihrem Einfluß auf Fehlzeiten untersucht.

Die Instrumentalitätsvariable bezog sich dabei auf den Sachverhalt, inwieweit sich das Wegbleiben vom Arbeitsplatz negativ auf leistungsthematische Folgen der Arbeit, wie z. B. persönliche Weiterentwicklung durch die Arbeit bzw. die Bedeutung des eigenen Leistungsbeitrags für den allgemeinen Arbeitserfolg, auswirkt. Durch Berücksichtigung dieser Variablen wurde versucht, den durch den Modellrahmen festgelegten allgemeinen Person-Arbeits-Bezug spezifisch auf das Abwesenheitsverhalten einzuengen.

In einer vorhergehenden Studie (Kleinbeck & Schmidt, 1979) hatte sich bereits herausgestellt, daß die Vorhersage spezifischer Verhaltensweisen durch die Eingrenzung von allgemeinen leistungsthematischen Grundsituationen auf der Grundlage von instrumentalitätstheoretisch an die Situation angebundenen spezifischen Folgeerwartungen verbessert werden kann. Auch die Analyse der Fehlzeitendaten zeigt nur, daß das Leistungsmotiv und das Motivationspotential der Arbeit einen bedeutsamen Beitrag zur Varianzaufklärung der Fehlzeiten leisten, wenn das Wegbleiben vom Arbeitsplatz eine hohe leistungsthematische Instrumentalität besitzt. Wenn Personen also der Meinung sind, daß das Wegbleiben vom Arbeitsplatz das Erreichen von Leistung und leistungsthematischen Zielen behindert, so weisen sie immer dann weniger Fehlzeiten auf, wenn sie ihren Arbeitsplatz für motivational anregend halten und ihr Leistungsmotiv hoch ausgeprägt ist. Im Gegensatz dazu fehlten Personen mit einem hohen Leistungsmotiv immer dann am häufigsten, wenn sie ihre Arbeitssituation wenig anregend fanden. Demgegenüber beeinflußte das Motivationspotential der Arbeit in unserer Studie nicht das Abwesenheitsverhalten der Personen mit einem niedrigen Leistungsmotiv. Bei Personen, die die leistungsthematische Instrumentalität des Fehlens niedrig einschätzten, zeigt sich ebenfalls ein Einfluß des Motivationspotentials der Arbeit und des Leistungsmotivs auf die Fehlzeiten. (Kleinbeck, Schmidt, Donis & Balle, 1983; siehe Abb. 4)

Die Ergebnisse aller dieser Studien liefern somit Hinweise auf die interne Güligkeit einiger wesentlicher Annahmen des Arbeitsmotivationsmodells von Hackman & Oldham. Die Variablen dieses Modells greifen dabei einen Ausschnitt von Arbeitssituationen heraus, in denen die Auseinandersetzung von Personen mit ihrer Arbeitsaufgabe unter Leistungsaspekten im Mittelpunkt steht und als Anregungsfaktor für Zufriedenheit und Arbeitsmotivation wirkt.

Wie kann man nun ein solches Modell als Erklärungs- und Planungsrahmen für konkrete Arbeitsstrukturierungsmaßnahmen einsetzen? Zunächst einmal kann es diagnostische Funktionen erfüllen. Die Messung der Modellvariablen

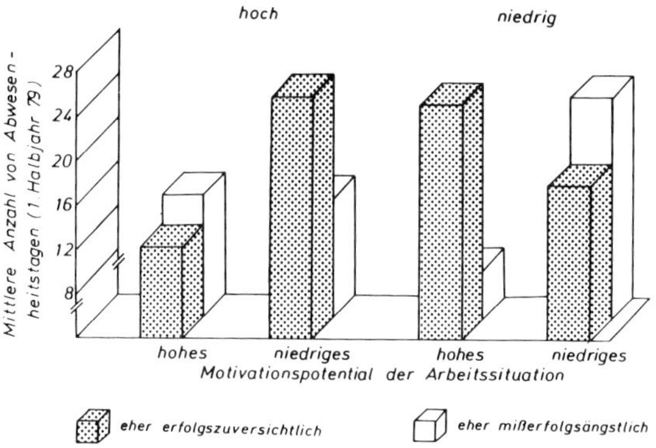

Abb. 4: Der Einfluß von Motivationspotential, Leistungsmotiv und leistungsthematischer Instrumentalität des Fehlens auf die betrieblichen Fehlzeiten

liefert nämlich Informationen, welche eine Einschätzung und Bewertung von Motivations- und Zufriedenheitszuständen erlauben. Falls sich dann herausstellen sollte, daß Probleme im Bereich der Arbeitszufriedenheit und der Arbeitsmotivation auf Seiten der untersuchten Personen tatsächlich existieren, so lassen sich auf der Grundlage der subjektiven Einschätzung der Arbeitssituationen Hinweise auf diejenigen Aspekte gewinnen, durch welche diese Probleme verursacht sein könnten. Informationen dieser Art zeigen auch die Zielrichtung der anschließend konkret zu planenden Gestaltungsmaßnahmen. Durch den diagnostischen Prozeß werden nämlich Schwachstellen aufgedeckt, die sich bestimmten Gestaltungsprinzipien zuordnen lassen, welche dann gezielt zur Verbesserung einiger modellrelevanter Arbeitssituationsaspekte eingesetzt werden können, wie:

- das Kombinieren von unterschiedlichen Teilaufgaben (Anforderungswechsel);
- das Bilden von aufgabenbezogenen natürlichen Tätigkeitseinheiten zu einem in sich geschlossenen Arbeitsvollzug (Identifikation mit der Aufgabe);
- das Kenntlichmachen vorheriger und nachfolgender Arbeiten, in welche die Arbeitstätigkeiten der Einzelpersonen eingebettet sind (Wichtigkeit der Aufgaben);
- eine vertikale Arbeitsbereicherung im Sinne der Übernahme von Dispositions- und Kontrolltätigkeiten zur Vergrößerung des Verantwortungsbereiches (Autonomie) sowie
- das Öffnen von Rückmeldekanälen unmittelbar durch die Arbeit selbst (Rückmeldung).

Über die Veränderung der Arbeitssituation durch diese Gestaltungsprinzipien sollten sich dann Veränderungen in der subjektiven Einschätzung der Arbeitssituation einleiten lassen, welche entsprechend den Modellannahmen Auswirkungen auf Arbeitszufriedenheit und Arbeitsmotivation haben sollten. Nach Durchführung von Veränderungsmaßnahmen kann das Modell dann weitere Funktionen bei der Kontrolle der Gestaltungswirkungen übernehmen.

2.3 Wirkung von Strukturierungsmaßnahmen auf motivationspsychologische Bewertungsvariablen

Zur Veranschaulichung der Durchführung von Umgestaltungsmaßnahmen können einige Untersuchungen dienen, die im Zeitraum zwischen 1977 und 1982 von Mitarbeitern des Instituts für Arbeitsphysiologie an der Universität Dortmund durchgeführt wurden. Sie entwickelten auf der Grundlage theoretischer, untersuchungsplanerischer und meßtechnischer Überlegungen (Kleinbeck, Schmidt & Rutenfranz, 1983) in drei Fertigungsbereichen von Produktionsbetrieben konkrete Gestaltungsmaßnahmen, deren Wirkung anhand der berücksichtigten Kriteriumsvariablen überprüft wurde.

Die Untersuchung I fand in der Montageabteilung eines Herstellungsbetriebes für Büromaschinen statt, in welcher in Fließbandarbeit elektrische Schreibmaschinen montiert wurden (Kleinbeck, Schmidt & Rutenfranz, 1982). Die Untersuchung II wurde in der Teilefertigungswerkstatt des gleichen Betriebes durchgeführt, in welcher verschiedene Leichtmetall- und Stahlteile in mehrstufiger Bearbeitungsfolge gefertigt wurden (Schmidt, Schweisfurth, Kleinbeck & Rutenfranz, 1981).

Das Untersuchungsfeld der Untersuchung III war wiederum die Montageabteilung eines Betriebes, in dem in Fließbandfertigung elektrische Antriebsmotoren montiert wurden (Schmidt, Kleinbeck & Rutenfranz, 1981).

Untersuchung I:

Im Ausgangszustand der Untersuchung wurden an 6 parallel verlaufenden Fließbändern elektrische Schreibmaschinen montiert. Jedes Fließband bestand aus 2 nebeneinander liegenden Plattenförderern mit 2 jeweils am Ende befindlichen Umlenkstationen (sog. Doppelwandertisch). An jedem Fließband wurde eine Fertigungsmontage in 11 unterschiedlichen Arbeitsfolgen durchgeführt. Die einzelnen Arbeitsplätze waren lediglich durch gering dimensionierte Platzpuffer voneinander entkoppelt. Die Qualitätskontrolle der fertig montierten Schreibmaschinen erfolgte außerhalb des Fließbandsystems an isolierten Kontroll- und Prüfarbeitsplätzen. Die Arbeitspersonen wurden im Einzelakkord entlohnt, die Rückmeldung über Fehler war lückenhaft.

Nach langwierigen Diskussionen mit den Vertretern des Betriebes gelang es, einen Interventionsansatz für Arbeitsstrukturierungsmaßnahmen durchzusetzen, der den vorher geschilderten Kriterien für derartige Untersuchungen weitgehend entsprach. So blieben 2 der genannten Fließbandsysteme nach Beginn der Intervention im Ausgangszustand zu Kontrollzwecken erhalten und je 2 wurden zur Neugestaltung zweier Systemvarianten zusammengefaßt. Bei der neugestalteten Arbeitsstruktur I blieb der herkömmliche Aufbau einer Fließbandorganisation erhalten. Es wurde allerdings eine andere Form der Pufferauslegung gewählt. Während in der alten Gestaltungsweise Puffer zwischen den verschiedenen Arbeitsplätzen lagen, wurde in der nun realisierten Struktur ein zentraler Puffer zwischen die beiden Plattenförderer gelegt, so daß ein mäanderndes Transportband entstand. Durch diese Maßnahme sollten den Mitarbeitern größere Freiheiten zur Eigenregulation der individuellen Beanspruchungsverläufe eingeräumt werden. Auf der Ebene der Arbeitsinhalte vergrößerte sich das Spektrum der Tätigkeitsanforderungen im Sinne einer Arbeitserweiterung. Dazu wurden die ursprünglich 11 Arbeitsvorgangsfolgen zu jeweils 5 zusammengefaßt, so daß die Dauer der Arbeitsinhalte von 10 auf ca. 30 Minuten anstieg.

Mit der Einführung der Arbeitsstruktur II wurde sogar die übliche Fließbandorganisation verlassen. Die Fertigmontage erfolgte hier an einem 6-Personen-Gruppentisch mit tangierendem Transportband für den Abtransport der Schreibmaschinen. Die anfänglich 11 Arbeitsvorgangsfolgen wurden hier zu 3 verschiedenen Arbeitsvorgängen zusammengefaßt. Jeder Arbeitsvorgang wurde von 3 Mitarbeitern ausgeführt. In diese Arbeitsvorgänge wurden in die einfachen Montagetätigkeiten auch Einstell- und Kontrolltätigkeiten integriert, so daß die bisherige externe Kontrolle der Schreibmaschinenfunktionen entfiel.

Diese Maßnahmen können eindeutig als Arbeitsbereicherung umschrieben werden. Es wurde bei der Arbeitsstruktur II also nicht nur die Anforderungsvielfalt wie bei der Arbeitsstruktur I erhöht, sondern es wurden auch Möglichkeiten für mehr Selbständigkeit und Rückmeldung über die Arbeitsleistung geschaffen (Kleinbeck, Schmidt & Rutenfranz, 1982).

Untersuchung II:

Die Untersuchung wurde in der Teilefertigungswerkstatt des gleichen Betriebes durchgeführt, in der auch die Untersuchung I stattfand. In dieser Werkstatt wurde im Einschichtbetrieb, d. h., in Normalschicht, gearbeitet. Dabei wurden verschiedene Leichtmetall- und Stahlteile für die Schreibmaschinenproduktion auf 153 Bearbeitungsmaschinen (vorwiegend Fräs-, Schleif- und Stanzmaschinen) gefertigt. Der gesamte Werkstattbereich war in 3 Fertigungseinheiten untergliedert, die jeweils eine Produktionsgruppe herstellten.

Im Ausgangszustand erfolgte die Fertigung vorwiegend in der Form der Einmaschinenbedienung. Aufgrund der hohen Durchlaufzeiten war der Repetitionsgrad der Arbeitsvorgänge pro Arbeitsplatz jedoch sehr hoch, die Zykluszeiten waren entsprechend gering. Das Einrichten und Umrüsten der Maschinen wurde von speziellen Einrichtern und Vorarbeitern vorgenommen.

Zwei der Fertigungsbereiche mit einer Mitarbeiteranzahl von 45 wurden als Kontrollbedingungen unverändert beibehalten. Ihnen gegenüber wurden die Auswirkungen einer Arbeitsbereicherungsmaßnahme mit den Mitarbeitern im dritten Fertigungsbereich überprüft. Die Arbeitsbereicherungsmaßnahme bestand in einer Erweiterung des Handlungs-, Kontroll- und Entscheidungsspielraums. Dieser Fertigungsbereich war ablauforganisatorisch und produktionstechnisch relativ unabhängig von den beiden anderen Fertigungsbereichen. Im Interventionsbereich arbeiteten an 35 Betriebsmitteln unterschiedlicher Fertigungsverfahren insg. 10 männliche Mitarbeiter.

Die Arbeitsbereicherungsmaßnahme bestand zunächst in der stufenweisen Übertragung von Einrichtertätigkeiten, wie Einrichten bzw. Umrüsten, auf das Maschinenbedienungspersonal. Es wurden also von den Mitarbeitern die Tätigkeiten der Einrichter mit übernommen. Voraussetzung für diese Übertragung war die Ausbildung aller Mitarbeiter in der Beherrschung und Bedienung aller vorhandenen Betriebsmittel.

In einem zweiten Schritt wurden dann die zu „Hilfseinrichtern" ausgebildeten Mitarbeiter in zusätzliche Aufgaben der kurzfristigen Fertigungssteuerung theoretisch und praktisch eingewiesen. Die Mitarbeiter hatten danach also Aufgaben der Arbeitsverteilung, der Fertigungsfortschrittsüberwachung, der Qualitätssicherung sowie der Betriebsmittelprüfung zu übernehmen.

Die theoretische und praktische Unterweisung in die Fertigungsverfahren aller im Untersuchungsbereich vorhandenen Betriebsmittel sowie die Höherqualifizierungsmaßnahmen zur Übernahme von Einrichtertätigkeiten durch die Maschinenbediener wurden in einem Zeitraum von ungef. 1/2 Jahr produktionsbegleitend durchgeführt (Schmidt, Schweisfurth, Kleinbeck & Rutenfranz, 1981).

Untersuchung III:

Die Montage von Elektromotoren erfolgte im Ausgangszustand der Untersuchung an 3 Montagelinien, bei denen über Transportbänder die vormontierten bzw. teilmontierten Motoren in jeweils maximal 11 hintereinanderliegenden Arbeitsplätzen der Endmontage zugeführt wurden. An diesen Bändern fanden sich sehr kurzzyklische Arbeitsverläufe; die Zykluszeit je Platz betrug ursprünglich nur ca. 0,8 min. Zwischen den einzelnen Arbeitsplätzen war kein Puffer vorgesehen. Jeder montierte Motor wurde nach der Fertigmontage einer elektrischen Prüfung wie einer Geräuschprüfung unterzogen. Diese Prüfung mußte aus technischen und organisatorischen Gründen in einer räumlich von den Montagelinien getrennt liegenden schallisolierten Kammer durchgeführt werden, was zu einer erheblichen Einschränkung der Möglichkeiten zur Fehlerrückmeldung führte.

Zwei dieser Transportbänder wurden als Kontrollbedingungen unverändert beibehalten, die Anzahl der Mitarbeiterinnen an diesen Bändern betrug 30. Diese beiden Transportbänder sollten als Kontrolle gegenüber der Wirkung von Umgestaltungsmaßnahmen am 3. Transportband benutzt werden.

Die Neugestaltung am 3. Transportband bestand in der Einrichtung eines Arbeitssystems, in welchem das bestehende Transportband in 2 Arbeitsgruppen zu je 5 Arbeitsplätzen aufgelöst wurde, die jeweils kreisförmig angeordnet waren. In jeder Arbeitsgruppe wurde jeweils 1 Motor an 4 Arbeitsplätzen komplett montiert, während am 5. Arbeitsplatz die Prüfung und Verpackung des Motors erfolgte. Durch diesen arbeitsorganisatorischen Einbezug des Prüfarbeitsplatzes in die Montagegruppe sollte der im alten System räumlich und zeitlich lange Weg der Fehlerrückmeldung verkürzt werden.

Der Weitertransport der teilmontierten Motoren zwischen den einzelnen Gruppenarbeitsplätzen wurde über Rutschen und Leichtförderer geregelt, die zugleich eine Pufferfunktion übernahmen. Die Mitarbeiter der beiden Arbeitsgruppen konnten nach Absprache in der Gruppe eine Aufteilung auf die Arbeitsplätze und Arbeitsbereiche selbst vornehmen. Dies beinhaltete, daß die Mitarbeiterinnen alle in der Arbeitsgruppe anfallenden Arbeitsgänge durchführen konnten, wodurch eine komplette Montage eines Motors durch eine Mitarbeiterin im Sinne einer Wandermontage ermöglicht wurde.

Um den Anlernvorgang für dieses umgestaltete Arbeitssystem vom aktuellen Fertigungsdruck frei zu halten, wurde in einem sog. Methodenraum ein gleichartiges An- bzw. Umlernsystem installiert, in welchem die Mitarbeiterinnen produktionsbegleitend in die neuen Aufgabenfunktionen eingewiesen wurden.

2.4 Untersuchungsergebnisse

Die drei beschriebenen Untersuchungen waren darauf angelegt, die Wirkungen von Arbeitsstrukturierungsmaßnahmen bei Montage- und Teilefertigungstätigkeiten auf eine Reihe psychologisch sinnvoller Variablen hin zu beobachten. Im Mittelpunkt standen dabei die Mitarbeitermotivation und -zufriedenheit sowie einige ihrer arbeits- und personenbezogenen Bedingungen. Außerdem wurden Veränderungen psychischer Ermüdungszustände erfaßt, um beobachten zu können, in welchem Umfang sich die neugestalteten Arbeitsbedingungen auf Ermüdung, Monotonie und Sättigung auswirkten.

Bei allen drei Untersuchungen, vor allem aber bei der Untersuchung I (Schreibmaschinenmontage), erwies es sich als schwierig, Wirkungen der Maßnahmen unter exakter Einhaltung der Kriterien feldexperimenteller Methodik zu überprüfen, obschon zunächst rein fertigungstechnisch alle Voraussetzungen geschaffen werden konnten (Kleinbeck, Schmidt & Rutenfranz 1982). Insbesondere erwies es sich als praktisch unmöglich, die Anzahl der Untersuchungsteilnehmer konstant zu halten, was vor allem durch konjunkturelle Gründe, aber auch durch Fluktuation bei einer betriebsbedingten zu langen Vorbereitungsphase hervorgerufen wurde. Eine Überprüfung der Personenidentität an den einzelnen Arbeitsplätzen und damit eine Überprüfung der Konstanz der einzelnen Gruppen erwies sich zunehmend im Längsschnitt als immer schwieriger, da im Verlauf unserer Untersuchungen die Datenschutzbestimmungen so verschärft wurden, daß schließlich eine personenbezogene Verfolgung von Daten fast unmöglich gemacht wurde.

Trotz dieser Schwierigkeiten kann als Ergebnis dieser drei von uns durchgeführten Untersuchungsreihen festgehalten werden, daß die im Einklang mit den arbeitspsychologischen Modellen zu Arbeitsmotivation und -zufriedenheit durchgeführten Gestaltungsmaßnahmen in zwei Fällen (Untersuchung II bzw. III) deutliche positive Veränderungen der Arbeitsbedingungen hervorrufen. Dies galt einmal für die in Untersuchung III durchgeführte Arbeitsbereicherung bei der Montage von Elektromotoren (Schmidt, Kleinbeck & Rutenfranz, 1981) und zum anderen bei der Einführung des Arbeitswechsels in Untersuchung II im Rahmen der Fertigung von Schreibmaschinenteilen (Schmidt, Schweisfurth, Kleinbeck & Rutenfranz, 1981). Die Übertragung von Einrichtertätigkeiten und die Forderung, kurzfristig Fertigungssteuerungsaufgaben mitzuübernehmen sowie systematisch den Arbeitsplatz zu wechseln, führte bei dieser Fertigung zu einer Steigerung der Arbeitszufriedenheit sowie zu einer Reduzierung des Monotonieerlebens. Ähnlich fielen auch die Befunde der Untersuchung II aus. Das Motivationspotential und die Arbeitszufriedenheit lagen zum Zeitpunkt der Nachmessung in der Experimentalgruppe deutlich über den Werten der Kontrollgruppe.

Die Ergebnisse zu den Strukturierungsalternativen in der Schreibmaschinenmontage stimmten dagegen nicht mit diesen Befunden überein. Hier schienen sich die motivationsbedeutsamen Variablen, wie Arbeitszufriedenheit und Motivationspotential der Arbeit durch die Strukturierungsmaßnahmen nicht verändert zu haben. Es gab aber Hinweise auf eine Verschiebung der den Fragebogenantworten zugrundeliegenden Bewertungssysteme der Untersuchungsteilnehmer während des länger dauernden Untersuchungzeitraumes.

Diese Vermutungen ließen sich vor allem durch Ergebnisse stützen, denen ein intraindividueller Vergleich des alten und des neuen Arbeitssystems zugrunde gelegt werden konnte. Wenn nämlich die Arbeitspersonen die beiden Arbeitssysteme direkt miteinander verglichen, dann wurden Veränderungen der Variablen, welche das Motivationspotential der Arbeitssituation charakterisieren, sowie Veränderungen der Arbeitszufriedenheit im erwarteten Sinne sichtbar (Kleinbeck, Schmidt & Rutenfranz, 1982).

In dieser Untersuchung I ließ sich auch für einen Meßzeitpunkt der besondere Einfluß des Leistungsmotivs auf die Beziehungen zwischen Motivationspotential und Arbeitszufriedenheit nachweisen. Während nämlich Personen mit einem hohen Leistungsmotiv auf das niedrige Motivationspotential ihrer Arbeitsbedingungen mit niedriger Arbeitszufriedenheit reagierten, beeinflußten unterschiedliche motivationale Anregungssituationen, wie sie an den Fließbändern realisiert worden waren, die Arbeitszufriedenheit bei Personen mit niedrigem Leistungsmotiv nicht.

Diese Unterschiede zwischen Personen in der Beurteilung von Arbeitssituationen lassen es aufgrund unserer Erfahrungen geraten erscheinen, Arbeitsstrukturierungsmaßnahmen besonders auch unter Berücksichtigung differentiell-psychologischer Aspekte zu betrachten, wobei ggf. eine „zielgruppenspezifische" oder „individualisierte" Arbeitsgestaltung angestrebt werden sollte.

2.5 Ableitung von arbeitspsychologischen Handlungshilfen für die industrielle Praxis von Arbeitsstrukturierungsmaßnahmen

Die Ergebnisse der feldexperimentellen Studien im Montage- und Teilefertigungsbereich liefern – unter Beachtung der früher aufgeführten Randbedingungen – Belege für die Gültigkeit des einleitend dargestellten theoretischen Ordnungs- und Erklärungsrahmens zum Wirkungsnachweis von Arbeitsstrukturierungsmaßnahmen. Aufgrund der Untersuchungen hat sich gezeigt, daß die durchgeführten arbeitsorganisatorischen Veränderungen zur Veränderung der subjektiven Einschätzung von Arbeitssituationen durch die betroffenen Mitarbeiter führen, und daß diese Einschätzungen wiederum in der erwarteten Richtung auf die Arbeitsmotivation, die Arbeitszufriedenheit und einige erlebte Beanspruchungsfolgen bei der Arbeit wirken.

Die von uns realisierten Gestaltungsmaßnahmen sollten zudem ganz gezielt einige der im theoretischen Modell zur Beschreibung von Arbeitssituationsaspekten ausgegliederten Merkmalsdimensionen ansprechen. Aufgrund der in den Untersuchungen geforderten Erfahrungen lassen sich dabei im Folgenden aufgeführte Zuordnungen von arbeitspsychologischen Gestaltungsprinzipien zu den Modellvariablen vornehmen (Kleinbeck, Schmidt & Rutenfranz, 1983).

2.5.1 Das Zusammenlegen von Arbeitsaufgaben

Sowohl das Merkmal „Anforderungswechsel" als auch das Merkmal „Identifikation mit der Aufgabe" lassen sich durch das Zusammenlegen von vorgefundenen fraktionierten Einzelaufgaben am Arbeitsplatz erhöhen. Wenn nämlich Teilaufgaben zusammengelegt werden, verlangt dies einerseits von der Arbeitsperson die Entwicklung und den Einsatz von verschiedenen aufgabenrelevanten Fähigkeiten; zugleich ergibt sich andererseits die Gelegenheit, größere Arbeitsabschnitte der Gesamtarbeitsaufgabe zu bearbeiten, wodurch sich die Möglichkeit zur „Identifikation mit der Aufgabe" erhöht.

Bei der Realisierung dieses Veränderungsprinzips sind mehrere Aspekte der bestehenden Arbeitsaufteilung zu beachten. So sollte vorab geprüft werden, in welcher Arbeitsablauffolge die bestehende Arbeit organisiert ist; es muß weiter berücksichtigt werden, in welcher Verbindung die einzelnen Teilarbeitsvorgänge untereinander stehen und es muß schließlich abgeklärt werden, ob überhaupt eine technische Realisierungschance für eine Zuammenlegung von Einzelaufgaben besteht. Arbeitspsychologische Maßnahmen, die diese technischen Vorbedingungen nicht mit berücksichtigen wollen, haben nur eine geringe Chance auf Realisierung im Betrieb.

2.5.2 Die Bildung natürlicher Arbeitseinheiten

Dieses Veränderungsprinzip schließt in Teilen das Prinzip der Zusammenlegung von Einzelaufgaben mit ein. Es geht jedoch darüber hinaus, indem es Arbeitsaufgaben nach Maßgabe logischer oder sachlich-inhärenter Aufgabenkriterien gruppiert, so daß die Aufgaben auch von den Arbeitspersonen intuitiv als zusammengehörend empfunden werden können. Diese Aufgabenanordnungen sollten die „Identifikation mit der Aufgabe" erhöhen. Zugleich enthält die Realisierung dieses Prinzips Möglichkeiten zur Entwicklung von

Einsichten, wie diese so zusammengelegten Arbeitsaufgaben in das Gesamtarbeitsfeld eingepaßt sind, bzw. in welcher Form sie das Gesamtarbeitsfeld beeinflussen. Damit ergeben sich zusätzliche Hinweise auf die „Wichtigkeit der Aufgabe".

2.5.3 Vertikale Anreicherung der Arbeitsaufgabe

Mit diesem Prinzip werden Aufgabenstellungen, die in der Arbeitsorganisations-Hierarchie auf einer höheren Ausführungsebene angesiedelt sind, auf niedrigere Bereiche übertragen. Dadurch kann man die „Autonomie" bei der Arbeit vergrößern. Den Arbeitspersonen werden Kontrollen über die eigene Arbeitsausführung ermöglicht, wodurch zusätzliche Verantwortlichkeiten in die Arbeitsaufgabe eingebaut werden. Die normalerweise bestehende Diskrepanz von ausführenden und planenden Organisationsebenen kann durch die Maßnahme verringert werden.

Es gibt nach unserer Erfahrung unterschiedliche Zugangsweisen zur vertikalen Anreicherung von Arbeitsaufgaben. Arbeitspersonen können danach Entscheidungsräume

- zur Bestimmung von Arbeitsausführungsarten,
- zur Festlegung variabler Arbeitsmethoden,
- zur Entwicklung eigener Problemlösungen von Aufgabenstellungen

offen gehalten werden. Weiterhin können den Arbeitspersonen Kontrolloperationen der eigenen Arbeitsergebnisse übertragen werden, wie z. B. Materialbereitstellung, Materialbeschaffung bzw. Prüf- und Reparaturtätigkeiten; außerdem können schließlich sogar dispositive Tätigkeiten bei der vertikalen Anreicherung der Arbeitsaufgabe mit berücksichtigt werden.

2.5.4 Das Öffnen von Rückmeldekanälen

Dieses Prinzip zielt auf die Schaffung von Bedingungen ab, unter denen es den Arbeitspersonen möglich ist, direkte Zusammenhänge zwischen eigener Tätigkeitsausführung sowie dem Tätigkeitsergebnis zu erkennen, woraus sich Einsichten in die persönliche Kontrollierbarkeit von Arbeitsleistung gewinnen lassen. Dabei sollten Umwege dieser Rückmeldeinformation, wie sie z. B. üblicherweise über Vorgesetzte verlaufen, soweit wie möglich vermieden werden. Dieser Umweg schafft erfahrungsgemäß nämlich potentielle interpersonale Konflikte, wodurch die Einsicht in die persönliche Vermitteltheit von Arbeitsergebnissen unter Umständen maskiert wird.

Die konkrete Form, in der Rückmeldekanäle für die betroffenen Arbeitspersonen eröffnet werden können, hängt in der Regel von der Arbeitstätigkeit selbst sowie von der Arbeitsorganisation ab, in welche die einzelne Tätigkeit eingebettet ist. So reicht es in vielen Fällen bereits aus, bestehende Blockaden im Rückmeldefluß zu erkennen, um sie dann zu beseitigen. Bei allen konkreten Maßnahmen sollte jedoch darauf geachtet werden, daß die Rückmeldeinformationen eine betroffene Arbeitsperson möglichst auf direktem, unmittelbarem Wege erreichen.

2.5.5 Allgemeine Aspekte arbeitspsychologischer Handlungshilfen

Einige der dargestellten Ergebnisse weisen darauf hin, daß Personen mit unterschiedlichen Motiv- bzw. Bedürfnisstrukturen unterschiedlich auf die oben angesprochenen Arbeitssituationsmerkmale reagierten. Personen mit einem hohen Bedürfnis nach Selbstentfaltung reagieren offensichtlich positiver auf Umgestaltungsmaßnahmen als Personen mit einem niedrigen Bedürfnis nach Selbstentfaltung. Dieser Befund konnte unter Berücksichtigung der Kriteriumsvariablen „Arbeitszufriedenheit" sowie „intrinsische Arbeitsmotivation" des den Umstrukturierungsmaßnahmen zugrunde gelegten Modells überprüft werden (Schmidt, Kleinbeck & Rohmert, 1981).

Weiterhin zeigte es sich, daß Personen, die mit einigen Faktoren im Umfeld von Arbeitssituationen und Arbeitstätigkeiten, wie z. B. Bezahlung, Arbeitsplatzsicherheit, Soziales Klima bzw. Vorgesetztenverhalten, zufrieden waren, den Modellannahmen in ihrem Erleben und Verhalten eher entsprachen als Personen, die mit diesen Faktoren unzufriedener waren.

Alle hier genannten Variablen können für den Erfolg und Mißerfolg von Arbeitsgestaltungsmaßnahmen zur Veränderung von Arbeitsmotivation mitentscheidend sein. Deshalb ist es nach unserer Erfahrung dringend geboten, diesen Größen vor Inangriffnahme solcher Maßnahmen besondere Aufmerksamkeit zu schenken und entsprechende Informationen über deren Ausprägungsgrad in den von der Arbeitsumstrukturierung betroffenen Mitarbeitergruppen zu sammeln. Sollten die dabei ermittelten Informationen einen Erfolg der Gestaltungsmaßnahmen als wenig wahrscheinlich erscheinen lassen, so wird eine Veränderung der Maßnahmenplanung unumgänglich sein.

Allerdings unterscheiden sich die hier aufgeführten Variablenbereiche hinsichtlich einer zu erwartenden Unveränderbarkeit. So lassen sich die berufs- und arbeitstätigkeitsspezifischen Fertigkeiten der Arbeitspersonen erfahrungsgemäß durch geeignete, vorbereitende Qualifizierungsmaßnahmen meist noch am ehesten an die zu erwartenden, veränderten Aufgabenanforderungen anpassen (Schmidt, Kleinbeck & Rutenfranz, 1981). Ebenso erscheint es prinzipiell möglich, die Zufriedenheit mit den Umweltfaktoren positiv zu verändern. Demgegenüber sind jedoch die Motiv- oder Bedürfnisstrukturen der betroffenen Personen weniger schnell einem verändernden Zugriff zugänglich.

Dieser Umstand hat bei der Diskussion um die differentiell-psychologischen Wirkungen von Arbeitsgestaltungsmaßnahmen zu einem Problemlösungsvorschlag geführt, der unter dem Stichwort „zielgruppenspezifische“ oder „individuelle“ Gestaltung bekannt wurde (Ulich, 1978). Mit dieser Kennzeichnung soll das Ziel, Gestaltungsmaßnahmen individuellen oder gruppenbezogenen Wert- oder Bedürfnislagen der Arbeitspersonen anzupassen, offengelegt werden. Dies soll arbeitsorganisatorisch durch die Bereitstellung unterschiedlicher Gestaltungsvarianten realisiert werden, zwischen denen die betroffenen Arbeitspersonen wählen können. Dieser Ansatz beruht auf der Grundannahme der relativen Stabilität der Wert- und Bedürfnisstrukturen der Arbeitspersonen.

Diese Grundannahme ist allerdings nach unserer Kenntnis kaum hinreichend überprüft. Mit dem Hinweis auf eine generelle Anpassungsflexibilität des Menschen an veränderte Umweltsituationen ließe sich zudem eine alternative Sichtweise begründen, welche die aufgefundenen differentiell-psychologischen Effekte zeitpunktbezogen relativiert. Nach dieser Problemsicht hieße dies also, daß solche Person- oder Personengruppen-Effekte auf einen Zeitraum kurz nach einer Veränderungsmaßnahme begrenzt werden. Sie sollten aber im Zuge eines allgemeinen Anpassungsprozesses späterhin verschwinden können.

3 Zielsetzungen als Motivationsfaktoren

Die hier vorgetragenen Überlegungen zur Gestaltung von Motivationsbedingungen gründen auf theoretischen Annahmen, nach denen Motivation sich im Aufbau von Zielen und der darauf folgenden Zielbindung realisiert. Aber auch praktische Ansatzpunkte für eine gezielte Beeinflussung von industriellen Leistungen in betrieblichen Arbeitssituationen lassen sich finden. Sie tauchen bereits in den Prinzipien der wissenschaftlichen Betriebsführung von Taylor (1911) auf. Das im Rahmen dieser Überlegungen entwickelte Aufgabenkonzept, nämlich die Vorgabe und Übertragung eines auf der Grundlage von Zeit- und Bewegungsstudien ermittelten Arbeitspensums pro Tag für jede Person, kann man als den praktischen Vorläufer des von Locke (1968) vorgestellten Zielsetzungsmodells bezeichnen. Durch Anwendung dieses Aufgabenkonzepts konnte Taylor bekanntlich die Arbeitsproduktivität bei vielen betrieblichen, vorwiegend manuellen Tätigkeiten nachhaltig steigern.

In einer Vielzahl neuerer Feldstudien, die in ihrer theoretischen Ausgangslage dem Zielsetzungsmodell von Locke (1968) verpflichtet sind, konnte die Leistungswirksamkeit von Zielsetzungen und Zielvorgaben auch unter experimentellen und quasi-experimentellen Designs für Feldstudien nachgewiesen werden. In diesen Studien werden die Bedingungen für die Entstehung von Zielsetzungen nicht thematisiert. Die Autoren folgen damit dem Vorbild Lokkes, der darauf verzichtet, die zu Beginn des ersten Kapitels beschriebene erste Art von Motivationsprozessen, durch die Entwicklungen von Zielsetzungen verständlich gemacht werden, in sein Untersuchungsanliegen einzubeziehen. Statt dessen setzen alle im Rahmen von Lockes Untersuchungsparadigma durchgeführten Untersuchungen voraus, daß die Zielsetzungen im optimalen Fall von den Versuchspersonen akzeptiert und übernommen werden. Wenn diese Voraussetzungen verwirklicht sind, kann die Frage nach den Auswirkungen von Zielsetzungen auf die Leistung experimentell angegangen werden.

Locke et al. (1981) führen in ihrem Übersichtsreferat z. B. 24 Feldstudien auf, bei denen die Wirkung von Zielsetzungen auf die Leistung bei einer Vielzahl von praktischen Arbeitstätigkeiten einschließlich einiger vorwiegend manueller Tätigkeiten untersucht wurde. Typisch für untersuchte Leistungen waren so unterschiedliche Tätigkeiten wie Schreibmaschineschreiben (Latham & Yukl, 1975), Sortiertätigkeiten (London & Oldham, 1976), Montagetätigkeiten am Fließband (Ivancevich, 1976), aber auch grobmotorisch orientierte Tätigkeiten wie z. B. Holzfällerarbeit (Latham & Locke, 1975), Ladetätigkeiten an Holztransportfahrzeugen (Latham & Baldes, 1975), sowie Schiffsbeladetätigkeiten (Migliore, 1977). Bei der überwiegenden Mehrzahl der untersuchten Arbeitsleistungen konnte jedenfalls die Leistungsüberlegenheit hoher spezifischer Ziele gegenüber unspezifischen Zielen oder „do your best"-Anweisungen eindeutig nachgewiesen werden.

Ähnlich den laborexperimentellen Arbeiten beinhalten die meisten der in betrieblichen Arbeitssituationen durchgeführten Zielsetzungsprogramme den Einbau von zusätzlichen Rückmeldeschleifen in den Arbeitsprozeß, durch die Arbeitspersonen die Zielangemessenheit ihrer Leistung selbst kontrollieren und vergleichen können. Damit wird natürlich die Frage aufgeworfen, welchen funktionalen Stellenwert die zusätzliche Bekanntgabe der Leistungsergebnisse relativ zur reinen Zielsetzungswirkung haben kann, denn schon aus vielen Untersuchungen zum Lernen der motorischen Fertigkeiten ist ja, wie früher bereits ausgeführt wurde, die lern- und leistungssteigernde Wirkung des Wissens um die Ergebnisse bekannt (Bilodeau, 1966; 1969; Annett, 1969). Aus den bisher vorliegenden Ergebnissen von Feldstudien ist es schwer zu beantworten, welcher Einfluß in realen Arbeitssituationen der Leistungsrückmeldung zukommt, deren experimentelle Kontrolle unter realen Industriebedingungen nahezu unmöglich ist. In den wenigen Fällen, in denen vom Versuchsplaner eine Bedingung mit „Zielsetzung ohne Rückmeldung" zu untersuchen beabsichtigt war, ist eine arbeitsimmanente natürliche Leistungsrückmeldung nicht auszuschließen. Auch wenn man versucht, diese Ansätze durch Hinweise auf die Ergebnisse von Studien zu bewerten, in denen lediglich das Ausmaß der zusätzlichen Rückmeldung ohne explizite Zielsetzungen variiert wurde, wie es Miller (1965) und Steers (1975) versucht haben, bei denen ebenfalls Steigerungen der Arbeitsleistung vorkamen, so ist es nahezu unmöglich, dies ausschließlich auf die intendierte Rückmeldungsvariation zurückzuführen. Es kann bei solchen Versuchen ja niemals ausgeschlossen werden, daß das verstärkte Hinweisen auf die Leistungsrückmeldung zu spontanen internen Änderungen der Zielsetzung auf Seiten der Betroffenen geführt hat.

In Übereinstimmung mit den laborexperimentellen Ansätzen ziehen Locke et al. darum den vorläufigen Schluß, daß Wissen um die Ergebnisse und Zielsetzungen für industrielle Leistungen notwendige aber nicht für sich hinreichende Bedingungen für Leistungsverbesserungen sind. Beide müssen also vorhanden sein, um eine Leistungssteigerung zu bewirken; sie können offensichtlich nicht als gegenseitiger Ersatz dienen.

Unter dem Eindruck der deutlichen Auswirkung von Zielsetzungen auf das Arbeitsverhalten haben einige Autoren einen Maßnahmenkatalog zur Motivation von Mitarbeitern vorgelegt, den sie mit der Überschrift „management by objectives" belegt haben (MBO; siehe Odiorne, 1965). Das Setzen von objektiven Zielen kann eine organisationsumfassende Tätigkeit werden, wobei die Ziele der betrieblichen Führungsspitze sich auf die Ziele der mittleren Führungsebene beziehen, die wiederum in Wechselwirkung mit der ihr unterstellten Personalebene steht. Auf jeder Organisationsebene werden hochspezifische und konkrete Ziele gesetzt, die stark von denjenigen mitbeeinflußt werden können, deren Verhalten durch sie angeleitet wird. Daraus sollte theoretisch eine hohe persönliche Zielbindung resultieren, durch die über alle Ebenen hinweg Arbeit auf eine erfolgreiche Zielerreichung hin angeregt wird.

Das ist in der Praxis jedoch nur schwer zu erreichen. Die Gründe dafür liegen auf der Hand. Eine der Stärken von MBO-Maßnahmen liegt in der Konkretheit der Ziele – denn dadurch wird eine objektive Leistungserfassung ermöglicht, die zugleich eine Gelegenheit für intrinsische Belohnung darstellt, wenn die Ziele erreicht werden. Oft ist es jedoch schwierig, konkrete Ziele zu formulieren, deren Erfüllung zuverlässig gemessen werden kann. Manchmal entwickelt sich auch eine Tendenz, Ziele in einen solchen Rahmen zu rücken, der ein Messen erlaubt, was dann oft das Risiko einschließt, die ursprüngliche Absicht des Ziels zu verfehlen.

Ein zweites größeres Problem bei der Einführung eines MBO-Programms entsteht durch die Ziele, die von Vorgesetzten für die Mitarbeiter festgesetzt werden, ohne daß sie offen mit ihnen diskutiert werden und ohne daß diese sie beeinflussen konnten. Unter solchen Bedingungen leidet die Zielakzeptanz auf Seiten der Mitarbeiter, wenn ihre persönlichen Wünsche und Erwartungen bei der Zielformulierung nicht einbezogen werden.

Wenn ein Mitarbeiter z. B. glaubt, sein Vorgesetzter räume ihm keine Möglichkeiten ein, Einfluß darauf zu nehmen, wie denn nun ein Ziel zu bestimmen sei, so könnte er seinerseits darauf reagieren, indem er Informationen zurückhält (über die sein Vorgesetzter nicht verfügt); das kann sich negativ auf die Wahrscheinlichkeit auswirken, mit der ein Ziel realistisch formuliert wird.

Dies ist ein wichtiger Hinweis auf die Bedingungen der Wirksamkeit des MBO-Programms: es funktioniert nur dann, wenn auf und zwischen den Organisationsebenen ein vertrauensvolles Klima gepaart mit offener Kommunikation existiert. Wenn das Organisationsklima mehr darauf ausgerichtet ist, daß jeder einen guten Eindruck zu erwecken versucht und sich dabei eher von offener Sachdiskussion zurückzieht, dann können MBO-Maßnahmen auch dazu beitragen, persönliche Zurückhaltung und unsachlichen Wettbewerb fortzuschreiben und zu verstärken.

Die Wirkung einmal akzeptierter Zielsetzungen hängt in erster Linie vom Grad der Zielbindung ab, die eine Person für das gesetzte Ziel entwickelt. Arbeitstätigkeiten sind oft mit Zielen verbunden, die über einen längeren Zeitraum hinweg verfolgt werden müssen. Da hilft es nur wenig, wenn Personen engagiert die Aufgabenziele übernehmen. Sie müssen im Anschluß an die Zielübernahme auch mit gleichem Engagement dabei bleiben. Das Aufrechterhalten einer aufgabengerechten Zielbindung stellt damit eine zweite wesentliche Größe im Rahmen des Zielsetzungsmodells dar. Es hängt, wie auch andere Komponenten des Motivationsprozesses, von persönlichen und situativen Bedingungen ab.

Z. B. können Motive unterschiedliche Grade an Zielbindung beeinflussen. In einer Untersuchung zur Bewegungssteuerung konnten Kleinbeck, Schmidt & Carlsen (1985) zeigen, daß Personen mit einer mißerfolgsorientierten Ausprägung des Leistungsmotivs anfänglich handlungsorientierte Zielbindungen offensichtlich schneller aufgeben als die eher Erfolgszuversichtlichen (Abb. 5).

Bei der ersten und zweiten Wiederholung der Bewegungsausführung in der Experimentalphase bemühten sich die eher Erfolgszuversichtlichen unverändert um eine möglichst geringe Diskrepanz zwischen den Zielvorgaben und ihren aktuellen Leistungswerten, während die eher Mißerfolgsängstlichen zu-

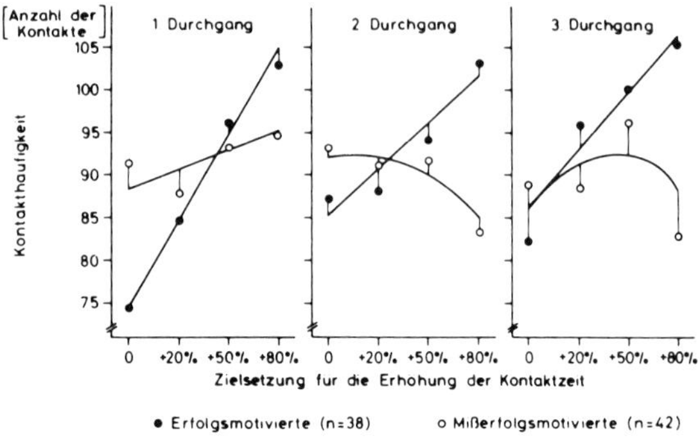

Abb. 5 Der Einfluß des Leistungsmotivs auf die Wirkung von Zielsetzungen für Leistungen

nehmend stärker von den erhöhten Zielsetzungen abwichen. Das Leistungsmotiv erwies sich damit als ein Faktor, dessen Ausprägungsgrad nicht nur die Zielakzeptanz (oder Zielpräferenz) mit bedingt, sondern auch die Zielbindung, deren Stärke im Verlauf der zielorientierten Handlung durch die Höhe bzw. Art des Leistungsmotivs unterschiedlich beeinflußt wird.

Die mit diesen Befunden gelieferten Hinweise stärken die Annahme, nach der es darauf ankommt, dem Prozeß der Umsetzung von Zielen in Handlungen größte Aufmerksamkeit zu schenken. Variablen wie z. B. Motive dürften mitverantwortlich dafür sein, wenn Ziele bereits kurz nach ihrer Entstehung die ihnen ursprünglich zugeordnete Handlungskontrolle verlieren. Neben den Motiven kommen als weitere Variablen, die Variationen der Zielbindung auslösen können, z. B. Rückmeldungen aber auch Geld infrage (Erez, Arzi & Gopher, 1985).

3.1 Hinweise aus Feldstudien für die motivationale Beeinflußbarkeit von Arbeithandlungen durch Zielsetzungen

Die in den vorgenannten Laborexperimenten überprüften Ansätze zur gezielten motivationalen Beeinflussung von Arbeitshandlungen bedurften einer Überprüfung auf ihre praktische Bedeutsamkeit. Es wurde darum versucht, einige in diesen Laborexperimenten als wichtig erkannte Einflußgrößen für die industrielle Praxis zu operationalisieren und unter betrieblichen Bedingungen zu realisieren. Dabei konnte nicht das ganze Spektrum denkbarer Ansätze überprüft werden, da der Rahmen für industrielle Realisierungsmöglichkeiten eng ist und arbeitspsychologische Forschung im Betrieb diese Bedingungen bei Interventionsstudien zu berücksichtigen hat. Betrieben und Arbeitnehmern, die bereit waren, derartige Interventionen durch arbeitspsychologische Gestaltungsmaßnahmen auf sich zu nehmen, gebührt darum besonderer Dank.

Wie aus der experimentellen Analyse von präzisen Ziel- und Positionierbewegungen bekannt ist, müssen gerade bei hohen Anforderungen an die Genauigkeit solcher Bewegungen Möglichkeiten für visuelle Rückkopplungen der Bewegungslage und Bewegungsbahn gegeben sein. Sowohl eigene Beobachtungen bei der Montage von Schaltschützen wie auch Äußerungen der an dieser Montage beteiligten Mitarbeiterinnen wiesen darauf hin, daß diese Möglichkeiten einer visuellen Führung der für die Montage erforderlichen Bewegungen nicht im leistungsoptimalen Umfang vorhanden waren. Vor allem das Einsetzen von Federträgern sowie der kleinen Metallfedern, insbesondere deren Positionierung, mußten nahezu ohne visuelle Kontrolle durchgeführt werden, weil diese Montageelemente an einer Stelle des Grundelementes eingesetzt werden mußten, die für die Arbeitsbewegungen, insbesondere aber für die Blickkontrolle nur schwer zugänglich war.

Dieser Engpaß bei der Bewegungskontrolle hatte aber direkte praktische Konsequenzen, da die exakte Position dieser Montageelemente das störungsfreie Funktionieren des gesamten Bauteils bestimmte, was aber erst am Ende der Produktion festgestellt werden konnte; daraus entwickelten sich häufig Demontagen oder Nachbearbeitungen. Von betrieblicher Seite wurde deshalb die Häufigkeit von Fehlfunktionen dieses Fertigungsteiles besonders beklagt, zumal die Qualitätsmängel häufig erst beim Anwender des Produktes bemerkt wurden. Die festgestellten Gestaltungsmängel, die durch Änderung der Produktion nicht zu beheben waren, gaben somit Anlaß zu der Frage, ob die ungünstigen Montagebedingungen nicht durch intrinsische visuelle Rückmeldungsaufnahme bei der Führung der Bewegung durch technische Gestaltungshilfen kompensiert werden können.

Dieses erste Problem wurde zusätzlich von einem zweiten überlagert, welches zu einer Verstärkung der Qualitätsprobleme beitrug. Die Mitarbeiterinnen dieser Montagegruppe hatten nämlich die Aufgabe, eine bestimte Stückzahl von Fertigmontagen pro Tag zu erreichen. Die Planungsgröße lag bei 272 Stück pro Mitarbeiterin pro Tag, doch waren die Mitarbeiterinnen im begrenzten Umfang frei, täglich mehr oder weniger von dieser Planungsgröße abzuweichen; zu hohe oder zu niedrige Stückzahlen sollten wenigstens in einem Zeitraum von einem Monat ausgeglichen werden. Die Mitarbeiterinnen hielten sich in der Regel an diese durchschnittliche Sollvorgabe, erbrachten dieses Leistungssoll aber nicht als gleichmäßige über die tägliche Schichtzeit verteilte Teilproduktionen. Sie arbeiteten vielmehr zu Beginn ihrer Arbeit schneller und erreichten eine höhere Stückzahl als gegen Ende. Oft waren sie auch weit vor Ende der Schicht mit dem vorgegebenen Arbeitspensum fertig.

Die Gefahr einer solchen Arbeitsweise liegt einerseits in der damit verbundenen hohen Selbstbeanspruchung zu Anfang der Schicht (Rutenfranz & Stoll, 1966), andererseits entsteht dadurch aber auch ein erhöhtes Risiko für eine Anhäufung von Fehlhandlungen in der Art eines Austausches von Mengen- und Güteleistung.

Aus diesen Verhaltensbeobachtungen ergab sich dann die zweite praktisch zu lösende Frage, ob es nämlich möglich sei, die Mitarbeiterinnen zu motivieren, ihr tägliches Arbeitspensum so zu verteilen, daß sie die dafür zur Verfügung stehende Arbeitszeit optimal nutzen können, wodurch sich dann das Risiko von Fehlhandlungen vermindern lassen sollte, wie es bereits von Graf (1959) im Prinzip vorgeschlagen worden war.

Die in dieser betriebspraktischen Arbeitssituation identifizierten Problemstellungen forderten somit Lösungsansätze, die sowohl zu einer Verbesserung der Rückmeldewege für Bewegungsleistungen mit dem Ziel einer Reduzierung von Montagefehlern führen, wie auch zu einer unter Beanspruchungs- und Leistungsgesichtspunkten besseren Verteilung des Arbeitspensums über die gesamte Arbeitsschicht beitragen sollten.

In einem ersten Lösungsversuch wurde darum zunächst nach Ansatzpunkten für die Einführung technischer Möglichkeiten gesucht, um zusätzliche Rückmeldeschleifen in den Arbeitsvollzug einzuarbeiten. Aufbauend auf der Einsicht, daß die während der Bewegungsausführung verwertbaren natürlichen Rückmeldeinformationen für eine forderungsgerechte Montage vor allem der kleinen Federn nicht ausreichen, wurde versucht, über technische Hilfsmittel die bereits vorhandenen geringen Rückmeldeinformationen zu verstärken und evtl. zu ergänzen (Abb. 6).

Es wurden in die mechanische Haltevorrichtung für das Grundelement photoelektrische Sensoren eingebaut, welche die Position der Federn zwischen den Federträgern an zwei Meßpunkten kontrollieren. Auf diesem Wege konnten dann Fehlpositionierungen der Federn exakt identifiziert werden.

Die über die Sensoren festgestellten Fehlpositionierungen wurden von den Mitarbeiterinnen dann einmal durch ein akustisches Vorwarnsignal angezeigt, zum anderen wurde eine symbolische Positionsanzeige für alle 8 möglichen Fehlerpositionen von einem Kleinrechner auf einen Monitor eingespielt, der in Kopfhöhe der Mitarbeiterinnen links neben der eigentlichen Montagevorrichtung installiert wurde.

Über Blicksignale konnte aus dieser Positionsanzeige abgelesen werden, welche Feder auf welcher Position evtl. falsch eingelegt war. Aufgrund dieser

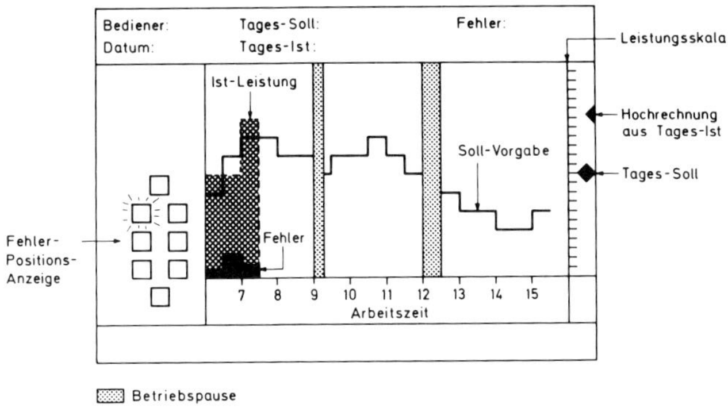

Abb. 6: Schematisches Monitorschaubild eines Gerätes zur gezielten motivationalen Beeinflussung von Montagetätigkeiten

zusätzlichen, technisch vermittelten Informationen konnten die Mitarbeiterinnen dann die Genauigkeit ihrer Bewegungsleistungen ständig selbst überprüfen und ggf. korrigieren.

Dieses Monitorsystem wurde auch zur Lösung der zweiten Problemstellung, der beanspruchungs- und leistungsoptimalen Verteilung der Arbeitsproduktivität über die gesamte Schichtzeit, genutzt. Über den genannten Kleinrechner wurden die durchschnittlichen Soll-Stückzahlen für jeden Tag für kurze überschaubare Zeitabschnitte umgerechnet, und in Form einer Soll-Vorgabekurve für die gesamte Schichtzeit auf dem Monitor eingespielt. Gespräche mit den Mitarbeiterinnen und technische Erwägungen führten schließlich zur Wahl von 30 Minuten-Abschnitten, für welche die Vorgabe jeweils erstellt wurde. Der Verlauf der Vorgabekurve für das Erreichen der Tagesstückzahl war zudem individuell programmierbar, um im günstigsten Falle individuelle Verläufe der Leistungsbereitschaft (Graf, 1944; 1954) in der Vorgabekurve berücksichtigen zu können.

Die tatsächlich erbrachte Ist-Leistung der Mitarbeiterinnen wurde ebenfalls in 30-minütigen Zeitabschnitten in diesem Monitorsystem erfaßt und in Form einer Ist-Leistungskurve um die Sollwerte auf dem Monitorschaubild abgetragen. Die Mitarbeiterinnen konnten so leicht die jeweils auftretende Diskrepanz zwischen Soll- und Ist-Wert erkennen. Außerdem wurde neben der Soll-Kurve auf einer Leistungsskala der theoretische Tages-Ist-Wert hochgerechnet, falls die aktuelle Leistung für den ganzen Tag beibehalten würde. Dieser Wert konnte jeweils direkt mit dem vorgesehenen Tagessoll über die graphische Anordnung der dargestellten Informationen auf dem Monitorschaubild verglichen werden.

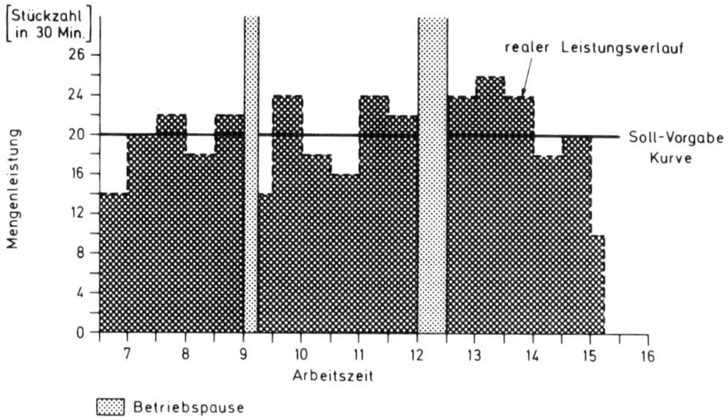

Abb. 7: Beispiel eines individuellen Leistungsverlaufes bei der Montage von Schaltschützen im Vergleich zu einer gleichförmig verlaufenden Sollvorgabekurve

Die Mitarbeiterinnen hatten weiterhin die Möglichkeit, die so sichtbar gemachten Informationen über einen Zeitraum von 20 Arbeitstagen zurückzuverfolgen, um auch ihre monatliche Ausbringungsrate kontrollieren und entsprechend den Soll-Vorgaben anpassen zu können. Der Zugriff auf diese gespeicherten Leistungsinformationen war nur den Mitarbeiterinnen selbst durch Eingabe eines individuellen Codes möglich.

Die Mitarbeiterinnen wurden in die Funktionsweise und die Bedienung dieses von uns mitentwickelten Informationssystems eingewiesen. Sie bekamen die Gelegenheit, durch Erprobung unterschiedlich gestalteter Vorgabekurven die individuellen Beanspruchungen optimal zu gestalten.

In Abb. 7 wird ein Beispiel eines Leistungsverlaufs im Vergleich zu einer gleichmäßig verlaufenden Soll-Vorgabekurve aus dieser Untersuchungsphase dargestellt.

Das Beispiel veranschaulicht, daß zu Beginn der Schicht der Leistungsverlauf zunächst hinter den Soll-Werten zurückblieb und sich nach einer halben Stunde dann diesem Soll-Wert annäherte. Nach der 15-minütigen Betriebspause traten dann beträchtliche Leistungsschwankungen um den Soll-Wert auf. Nach der 30-minütigen Mittagspause folgte schließlich ein Leistungshoch, das dann zum Ende der Arbeitsschicht auslief (Kleinbeck, Schmidt, Schleyer & Brockmann, 1985).

Dieses System wurde inzwischen von den Mitarbeiterinnen und der Betriebsleitung akzeptiert. Weitere nachfolgende Untersuchungen sollen nun zeigen, welche konkrete Vorgabekurve die beste Beanspruchungswirkung hat. Die betriebliche Qualitätserfassung hat bei den bisherigen Versuchen während der

Erprobungsphase jedenfalls schon beträchtliche Qualitätsverbesserungen durch die von uns operationalisierten Zielvorgaben und Rückmeldemechanismen ergeben.

Die Beschreibung dieses Gestaltungsansatzes illustriert somit, daß unter Einsatz technischer Hilfsmittel bisher unzureichende Rückmelde-Informationen in bestehende Arbeitsabläufe zur Eigenkontrolle von Leistungsprozessen integriert werden können. Es wird damit auch erkennbar, wie Grundlagenforschung, angewandte Laborforschung sowie Feldforschung über konkrete Handlungshilfen miteinander verbunden werden können, um arbeitspsychologische Maßnahmen für die konkrete Gestaltung von Arbeitsbedingungen zu entwerfen und umzusetzen.

Neben den in Feld- und Laborstudien nachgewiesenen Wirkungen von Zielsetzungen und Rückmeldungen auf die Aufgabenleistung verdient auch die mit der Ausführung von Arbeitstätigkeiten verbundene Veränderbarkeit der Beanspruchung durch spezielle anforderungsgerechte Gestaltungsmaßnahmen unter praktischen Gesichtspunkten eine besondere Bedeutung.

Bei sehr hohen Zielsetzungen kann ja bekanntermaßen eine Überforderung der tätigkeitsspezifischen Leistungsvoraussetzungen eintreten. Um einen solchen Fall zu verhindern, gilt es, die Beanspruchungsgrenzen arbeitsbezogener psychischer Leistungsfunktionen zu kennen und zu beachten. Zielsetzungen dürfen nicht zu einer Überschreitung dieser Grenzen führen. Für den Fall von Arbeitsbewegungen liefern die Befunde von Kleinbeck (1985) erste Hinweise darauf, mit welchen Mitteln eine dem Anliegen angemessene Analyse von Beanspruchungszuständen durchgeführt werden kann.

4 Die Bedeutung des Geldes als Motivationsfaktor

Zu den Selbstverständlichkeiten des Arbeitslebens gehört es, für geleistete Arbeit eine finanzielle Belohnung oder Entlohnung festzusetzen. Die dabei entwickelten Prinzipien der Lohnbegründung und -differenzierung verfügen bereits auf der Ebene „alltagspsychologischer Überlegungen" über recht unterschiedliches Motivationspotential.

Ein erstes heute verbreitetes Prinzip besteht in der Entlohnung allein nach der Anwesenheitszeit. Beim Zeitlohn unterstellt man, daß die Leistung stets etwa gleichbleibend ist, und daß allein von der Entlohnungsform keine motivationsfördernden Impulse erwartet werden können. Das angestrebte Arbeitsergebnis wird als abhängig von der Arbeitszeit gesehen, so daß Betriebsorganisationen zur Überpüfung der Arbeitstätigkeit ihrer Angehörigen lediglich auf die Einhaltung der Arbeitszeit zu achten haben (s. a. Kirchner, 1983).

Auch die motivationsbeeinflussende externe Bewertung ordnet sich dem Anwesenheitsprinzip unter. Jemand, der halbtags arbeitet, wird deshalb die Hälfte desjenigen verdienen, der ganztags beschäftigt ist. Arbeitszeiten, die über das vereinbarte Maß hinausgehen, werden konsequenterweise zusätzlich abgegolten. Obwohl die in dieser zusätzlichen Zeit erbrachte Leistung in aller Regel geringfügiger ausfällt als die Leistung in gleichlangen Zeiträumen der regulären Arbeitszeit, wird dem Mitarbeiter im allgemeinen eine überproportionale Belohung zugestanden. Diese Beschreibung der Eigenarten einer auf Anwesenheitszeit begründeten Entlohnungsform legt es nahe, ihr Motivationspotential für Leistung zunächst als gering zu veranschlagen. Demgegenüber wirkt sich die Zeitentlohnung motivationsfördernd aus, wenn man die Anwesenheitszeit bzw. die Fehlzeiten betrachtet.

Eine zweite traditionsreiche Form der Entlohnung richtet sich nach der individuell erbrachten zählbaren Leistungsmenge, das können z. B. die produzierten Stücke eines Autos sein oder auch Eingabeeinheiten an einem Datensichtgerät. Die Beziehung zwischen Arbeitsmenge und Entlohnungshöhe verläuft linear.

Beim sog. Zeitakkord, einer Unterform der Leistungsentlohnung, richtet sich die Bezahlung nach der pro Stück oder pro Auftrag verbrachten Zeit, die zu einer Soll-Zeit in Beziehung gesetzt wird. Wird die Soll-Zeit unterschritten, so erhöht sich die Mengenleistung bzw. der Leistungsgrad und davon abhängig die damit über einen Geldfaktor verbundene Lohnhöhe proportional.

Eine dritte Entlohnungsart, die auch in die Gruppe der Leistungslohnformen eingeordnet werden kann, wird als Prämienlohnsystem gehandhabt. Dabei werden bestimmte Leistungsaspekte spezifisch belohnt. Neben der Mengenleistung können z. B. Arbeitsqualität, die Maschinennutzung, die Abfallersparnis als Prämieneinflußgrößen herangezogen werden. Dabei können einfache und kombinierte Prämienlohnsysteme mit linearer, progressiver oder degressiver und anderen funktionalen Zuordnungen zur Lohnhöhe konstruiert werden. Der Akkordlohn erweist sich damit als Sonderfall der Prämienentlohnung mit reinem Mengenbezug und linearem proportionalem Verlauf der Zuordnung zur Lohnhöhe.

Leistungsentlohnung wird nicht nur individuell, sondern auch auf Gruppenleistungen angewendet. Dann erhält die Gruppe als ganze ihren Akkordlohn oder ihre Prämie, die entweder gleichmäßig auf alle Mitglieder verteilt wird, oder nach ihren Aufgaben, die ggf. durch eine Arbeitsbewertung differenziert werden.

Weitere Entlohnungsarten sind in letzter Zeit unter den Bezeichnungen Pensumslohn oder Kontraktlohn bekannt geworden. Bei diesen wird eine in einer bestimmten Zeit zu erbringende Leistung, meist als Leistungsmenge, zwischen Betrieb und Arbeitsperson ausgemacht und festgelegt. Die entsprechende Bezahlung ist unabhängig davon, ob diese Leistung tatsächlich erreicht wird. Bei Abweichungen nach oben oder unten wird aber der Kontrakt bzw. das Pensum für die nächste Periode dann dem vorangegangenen Ergebnis angepaßt. Die Probleme der subjektiven Leistungsbeurteilung entfallen, die Redlichkeit der zumutbaren und fairen Anforderungen bleibt bestehen.

Leistungs-Lohnsysteme machen zwei grundlegende Annahmen:

1. Wer mehr arbeitet, soll auch mehr Geld bekommen
2. Mehr Geld erhöht das Motivationspotential der Arbeit.

Während die erste Annahme das soziale Prinzip der Gerechtigkeit betont und als ethisch begründete Handlungsnorm wirkt, fordert die zweite Annahme zur empirischen Validierung heraus.

Systematische empirische Untersuchungen, in denen die Auswirkungen von Geld auf das Motivationspotential der Arbeit überprüft wurden, liegen in der arbeitspsychologischen Literatur vor. Ihre Ergebnisse werden von Locke et al. (1980) zusammengefaßt dargestellt.

Insgesamt 10 Experimente verglichen den Einfluß stundenweiser Bezahlung (Zeitlohn) mit dem des individuellen Akkordlohns (Leistungslohn). Über alle Studien hinweg zeigt sich dabei eine Leistungsverbesserung von durchschnittlich 30% bei Schwankungen zwischen 3% und 79%. Alle 10 Studien zeigten einen Leistungsgewinn nach Einführung des Leistungslohns.

In weiteren 7 Studien fehlte die Spezifikation der Entlohnungsform, so daß unklar blieb, ob Akkordlohn oder andere Formen von Prämienentlohnung vorlagen. In diesen Untersuchungen lag die mittlere Produktivitätssteigerung bei 39% mit einer Variation von 25% bis 75%.

Weitere Untersuchungen zur Wirkung der Entlohnung auf das Arbeitshandeln wurden in letzter Zeit von Thierry (1984) vorgelegt. Er kommt in seinem Überblick der vorliegenden Forschungsergebnisse zu dem Schluß, daß die Arbeits- und Organisationspsychologie z. Zt. noch nicht über eine angemessene Theorie der Wirkung von Geld auf die Motivation verfügt. Immerhin wurde jedoch ein System von Fragestellungen entworfen, deren Bearbeitung das Verständnis von finanziellen Belohnungswirkungen auf die Arbeitsmotivation vertiefen kann.

In der betrieblichen Wirklichkeit kommen Belohnungsformen immer in Verbindung mit anderen Motivationsfaktoren vor. So sind Prämienlohnsysteme nicht denkbar ohne Zielsetzung (wie auch andere Leistungs-Lohnsysteme). Ebenfalls sind sie gekoppelt an Rückmeldungen.

Gruppenentlohnung ist immer an soziale Ereignisse gekoppelt, oft auch an Mitbestimmung am Arbeitsplatz.

Wenn Arbeitsanreicherung über veränderte Rückmeldung erreicht wird, kommt es zu veränderten Arbeitsbewertungen, damit auch zu anderen Abstufungen der Belohnung; das gilt auch, wenn Anforderungswechsel erhöht wird.

In einigen Untersuchungen sind die Auswirkungen verschiedener Mischformen von Belohnungen unter Einschluß auch der finanziellen Komponente überprüft worden. Aus diesen Studien kann man zwei Schlußfolgerungen ziehen (Locke et al. 1980):

1. Geld wirkt von allen Komponenten am stärksten motivationsfördernd
2. Geld schafft in Kombination mit Zielsetzungen das höchste Motivationspotential.

Um diese Einflüsse von Geld allein, aber auch vor allem in Verbindung mit Zielsetzungen verstehen zu können, sind Überlegungen aus der Motivationspsychologie nützlich. Seit Vroom (1964) stehen für Erklärungsansätze des Motivationspotentials von Arbeit drei Grundkonzepte zur Verfügung, nämlich Valenz, Erwartung und Instrumentalität. Wenn die Folgen von Handlungsergebnissen mit hoher Valenz ausgestattet sind, d. h. in enger Verbindung mit von der handelnden Person erwünschten Zielen stehen, dann sind damit Voraussetzungen für eine hohe Motivation gegeben. Diese hohe Motivation kann dann realisiert werden, wenn eine geplante Handlung mit hoher Wahrscheinlichkeit zu Ergebnissen führt, die als instrumentell beschrieben werden können für das Erreichen der oben erwähnten hochvalenzierten Folgen.

Da Geld als Handlungsergebnisfolge mit vielen menschlichen Handlungszielen in Verbindung steht, kann es eingesetzt werden, um inhaltlich verschiedene Konsequenzen zu erzeugen. Man kann Geld z. B. nutzen, um Eintrittskarten für Theater und Konzert zu kaufen (kulturelle Werte), um Freundin oder Freund auszuführen (soziale Werte), um Ferien zu machen (Freizeitwerte), um Organisationen zu unterstützen (Selbstentfaltung).

Kein anderer Motivationsfaktor kommt dem Geld in Bezug auf seine instrumentelle Bedeutung für andere Werte nahe. Es kann deshalb keine Überraschung auslösen, daß Menschen sich bei der Arbeit mehr anstrengen, wenn sie dadurch mehr Geld verdienen können. Die durch das Geld geschaffene Motivation kann durch Zielsetzungen auf bestimmte Handlungsergebnisse ausgerichtet werden. Gleichzeitig können Zielsetzungen dazu dienen, den Handlungsprozeß mit der nötigen Ausdauer auszustatten, so daß er z. B. über einen definierten Zeitabschnitt durch eine hohe Zielbindung der Handlung aufrecht erhalten werden kann.

Da die genannten motivationspsychologischen Konzepte – wie Instrumentalität, Erwartung, Valenz – ihre Gültigkeit in einer Vielzahl von Untersuchungen nachgewiesen haben (siehe Heckhausen, 1980; Kuhl, 1983; Kleinbeck, 1985), dürften sie über das Erzeugen von Verständnis für Motivationswirkungen hinaus auch geeignet sein für die Planung und Gestaltung von motivationsfördernden Arbeitsbedingungen.

Ein modernes Angebot zur finanziellen Anreizgestaltung existiert heute in dem sogenannten Cafeteria-Plan. Er enthält die Anregung an den einzelnen Mitarbeiter in einer Organisation, zwischen verschiedenen Optionen zu wählen, wie er einen vorbestimmten Anteil seines Einkommens erhalten möchte. Der Angestellte wird dabei aufgefordert, ein für sich wertvolles Belohnungspaket zu packen, das seinen eigenen Bedürfnissen und Vorlieben am ehesten gerecht wird.

Eine Auswahl der verschiedenen möglichen Belohnungsformen wurde von Thierry & Croonen (1980) und Vinke & Thierry (1984) zusammengestellt.

5 Vergleich der Motivationswirkung von Geld, Zielsetzung, Arbeitsstrukturierung und Mitbestimmung

Im Rahmen eines Vergleichs verschiedener Motivationsfaktoren ziehen Locke et al. (1980) aus den vorliegenden Befunden, nach denen Mitbestimmung am Arbeitsplatz im Durchschnitt keinen Einfluß auf die Leistung hat, nicht den Schluß, daß sie keine leistungsbezogene Motivation entfaltet; sie vermuten statt dessen, daß die durch Mitbestimmung erzeugten Effekte weniger robust und direkt ausfallen als die der anderen Faktoren.

Locke & Schweiger (1979) beschreiben zwei Wege, auf denen Mitbestimmung zu mehr Produktivität führen kann. Zum einen können Beratungsgespräche mit den Mitarbeitern den Führungskräften helfen, mehr Wissen zu erwerben, wodurch sie dann die Qualität ihrer eigenen Entscheidungen verbessern können. In diesem Zusammenhang hängt die Wirksamkeit der Mitbestimmung von der relativen Kompetenz des Führungspersonals und der der Mitarbeiter ab. Zum anderen kann die Motivationswirkung der Mitbestimmung darin bestehen, Veränderungswiderstände zu reduzieren.

Die Ergebnisse zur Arbeitsstrukturierung weisen positive Auswirkungen auf die Leistung aus, wobei die Vermutung nicht völlig nachgewiesen werden kann, daß alle Störfaktoren (nicht motivationsbezogen) in den berichteten Untersuchungen ausgeschlossen werden konnten. Ein deutlicher Effekt, der ohne Motivationsbezug existiert, kommt durch den Wegfall von arbeitsablaufbedingten Wartezeiten zustande, in denen sich inter- und intraindividuell unterschiedliche Arbeitszeiten widerspiegeln. Durch Arbeitsstrukturierungsmaßnahmen können solche Wartezeiten eliminiert werden, wenn man z. B. die Arbeit so aufteilt, daß jeder Mitarbeiter größere Arbeitseinheiten vollständig ausführt. In ähnlicher Weise wirkt die Einrichtung von Platzpuffern.

Ein anderes Element von Arbeitsstrukturierungsmaßnahmen, nämlich Rückmeldung, weist einen deutlichen Bezug zur Arbeitsmotivation auf, vor allem wohl deshalb, weil das Wissen um die eigenen Leistungsergebnisse benutzt werden kann, um Ziele zu setzen und natürlich auch um das Erreichen von Zielen zu prüfen.

Wenn das jedoch der einzige Motivationsmechanismus im Rahmen von Arbeitstrukturierungsmaßnahmen ist, dann würde Arbeitsstrukturierung reduziert auf ein Zielsetzungsphänomen. Die Rückmeldungserklärung der Wirkung von Arbeitsstrukturierungsmaßnahmen erhält weitere Stützung durch eine Vielzahl von Hinweisen aus Untersuchungen der letzten Jahre (Kleinbeck, Schmidt & Rutenfranz, 1983), in denen vor allem die Arbeitsqualität, nicht jedoch die Arbeitsmenge, durch Arbeitsstrukturierung erhöht wurde. Da die meisten Studien zur Arbeitsstrukturierung Maßnahmen mit Qualitätsrückmeldungen berichten, liegt zumindest die Vermutung nahe, daß die Rückmeldungsvariable verantwortlich für die beobachteten Qualitätsverbesserungen war.

Als weitere motivationswirksame Komponenten von Arbeitsstrukturierungsprogrammen kommen noch individuelle Verantwortlichkeit und Selbständigkeit infrage. Beide Variablen erweisen sich vor allem dann als besonders wirksam, wenn die untersuchten Personen über ein stark ausgeprägtes Motiv nach persönlicher Entfaltung verfügen. Die mit diesem Motiv verbundenen Ziele kann man besser erreichen, wenn deutlich ist, daß Handlungsergebnisse aufgrund eigener Fähigkeiten und Anstrengungen erzielt worden sind. Das wiederum ist um so sicherer, je mehr Eigenverantwortlichkeit und Selbständigkeit bei der Arbeit gewährleistet ist.

Die überragende Rolle des Geldes bei der Förderung von Arbeitsmotivation kann man aus den vorliegenden Befunden erkennen. Verständlich wird dieser

Sachverhalt vor allem, weil Geld wie keine andere Belohnung eingesetzt werden kann, um andere persönliche Ziele zu erreichen.

Diese Aufzählung von Faktoren, die das Motivationspotential der Arbeit zu fördern imstande sind, verdeutlicht die möglichen Einflußquellen auf den Motivationsprozeß. Ihre weitere Erforschung und ihre theoriegerechte Anwendung versprechen Nutzen für Arbeitsorganisation und einzelne Mitarbeiter. Eine Erhöhung der Arbeitsmotivation bewirkt dabei:

1. Die Entwicklung der Persönlichkeit und der Fähigkeiten einzelner Mitarbeiter und
2. Die Entwicklung der Arbeitsorganisation durch Verbesserung der Arbeitsproduktivität und des Arbeitsinhalts.

Die Wirkung von Geld bleibt bekanntermaßen nicht beschränkt auf Veränderungen individueller Leistung. Als weitere abhängige Größe ist in arbeitspsychologischen Studien z. B. die Häufigkeit von Fehlzeiten untersucht worden.

Dabei kann man nicht ohne weiteres voraussetzen, daß die gleichen Belohnungssysteme sich auf die Leistungsmotivation in gleicher Weise auswirken wie auf die Fehlzeiten. Lawler (1977) berichtet Befunde, in denen die o. g. Wirkungen von leistungsbezogener Entlohnung auf die Leistungsmotivation bestätigt werden. Die Beziehung zu den Fehlzeiten ist hier deutlich weniger stark ausgeprägt. Fehlzeiten können nach Lawler wirksamer beeinflußt werden durch fähigkeitsbezogene Entlohnungspläne.

6 *Motiveänderung als Maßnahme zur Motivationsförderung*

Bekanntermaßen werden die Motivationsprozesse des Arbeitsverhaltens von Bestimmungsstücken aus der Arbeitssituation *und* aus der Arbeitsperson gesteuert. Als zentrale intrapersonale Größe existiert in der motivationspsychologischen Tradition das Motiv, welches in mannigfacher inhaltlicher Gestalt die Ausprägung akuteller Motivationszustände mitbestimmt (McClelland, 1951; Atkinson, 1958; Vroom, 1964; Heckhausen, 1980). Weil Motive erwiesenermaßen für wesentliche Anteile von Motivationsvarianz verantwortlich gemacht werden können (Atkinson, 1958; Kleinbeck & Schmidt, 1979; Kleinbeck, Schmidt & Carlsen, 1985; Kleinbeck, Schmidt, Donis & Ballé, 1983), stellen sich für die Gestaltung motivationsfördernder Maßnahmen zwei Fragen, nämlich:

1. Wirkt sich motivationsbezogene Gestaltung der Arbeitssituation in Abhängigkeit von verschiedenen Motiven unterschiedlich auf die Motivation aus?

2. Können Motive selbst zum Gegenstand von Gestaltungsmaßnahmen werden?

Die erste Frage konnte bereits im zweiten Kapitel beantwortet werden. Die dort berichteten Untersuchungsergebnisse dokumentieren nämlich den moderierenden Einfluß des Leistungsmotivs auf die Wirkung von Arbeitsstrukturierungsmaßnahmen.

Der Versuch, Motive zu ändern, stößt allgemein auf Widerstände von zweierlei Art. Der erste Widerstand gründet sich auf theoretische Erörterungen, der zweite auf ethische. Das Unternehmen, Motive zu ändern, trifft oft deshalb auf das Zögern der Motivationspsychologen, weil Motive nach einem Grundpostulat der Motivationstheorie zeitstabil sein sollen. Nach McClelland et al. (1953) gehört die Stabilität über die Zeit zu den wesentlichen Eigenarten von Motiven, nachdem sie in früher Kindheit erworben wurden.

McClelland (1961) war jedoch der erste, der dieses Postulat zumindest in einer extremen Interpretation (Motive sind unveränderlich) nicht ernstnahm. In einer Längsschnittstudie (1965) hatte er herausgefunden, daß hochmotivierte Studenten nach einigen Jahren in überzufällig hoher Anzahl in unternehmerischen Positionen tätig waren. Die in diesem Befund anklingende Bedeutung des Leistungsmotivs für wirtschaftlichen Erfolg verführte ihn zu weiterreichenden Überlegungen. Wenn man in wirtschaftlich schwachen Ländern zumindest in einigen ausgewählten Personengruppen den Ausprägungsgrad des Leistungsmotivs fördern könnte, dann müßte sich das mittel- und langfristig positiv auf die wirtschaftliche Kraft eines solchen Landes auswirken.

1967 begann McClelland in Entwicklungsländern die ersten Motivtrainingskurse von 10–14 Tagen abzuhalten. Diese Traningskurse gehören heute z. B. zum Maßnahmenkatalog der United Nations Industrial Development Organization (UNIDO).

Bei einem Vergleich zwischen Motivänderungskursen und anderen Formen der Entwicklungshilfe schneiden die Trainingsmaßnahmen in Bezug auf Kosten und Nutzen günstig ab (McClelland, 1978).

Wie Heckhausen (1971) und Varga (1977) zeigen konnten, änderten sich auch die Motivkennwerte nach Durchführung von Trainingskursen. Heckhausen (1980) beschreibt und interpretiert die Ergebnisse aus Abb. 8 wie folgt:

„Der in 2 bis 3 Jahren erzielte Motivwandel in Richtung auf vorwiegende Erfolgszuversichtlichkeit beruht auf einer Wechselwirkung von überwiegender Mißerfolgsmotivation vor dem Kurs und wirtschaftlichem Aktivwerden

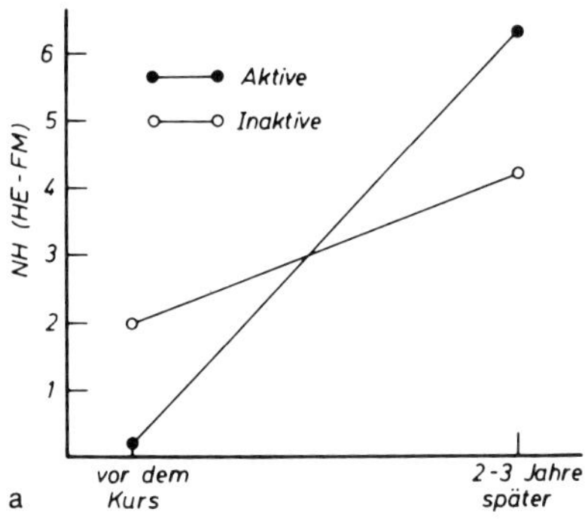

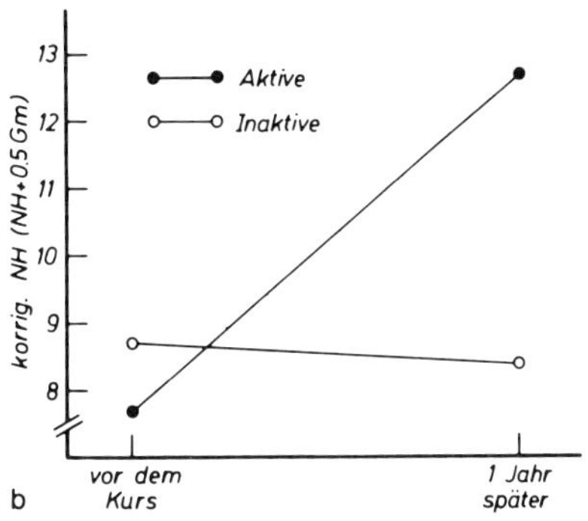

Abb. 8: Änderung der Motivkennwerte vor und nach Durchführung eines Motivänderungskurses (s. a. Heckhausen 1980, S. 697)
a) Reanalyse der indischen Kurse von McClelland & Winter (1969) durch Heckhausen (1971, S. 258)
b) Evaluation von UNIDO-Kursen in Indonesien, Pakistan, Persien und Polen durch Varga (1977, S. 193)

nach dem Kurs. Wirtschaftliche Selbständigkeit verstärkt diese den Motivwandel fördernde Wechselwirkung.

Die Voraussetzungen eines maximalen Motivwandels bestehen demnach in zwei zeitlich aufeinanderfolgenden Bedingungen: (1) in einer möglichst großen Dissonanz zwischen der anfänglichen Motivation und den angestrebten Programmzielen während des Kurses und (2) in einer längerfristigen Erprobung neuer Verhaltensmöglichkeiten im Sinne des absolvierten Kursprogramms. Die erste kurzfristige Bedingung scheint einen ersten initialen Beschleunigungseffekt auf den Motivwandel zu haben, der sich aber nur dann weiter fortsetzt und Bestand hat, wenn er längerfristig mit einem entsprechenden Verhaltenswandel gekoppelt ist." (Seite 697)

Die Ergebnisse Vargas entsprechen denen von Heckhausens Reanalyse. Seit der Zeit der ersten Untersuchungen zur Motiväderung sind viele Studien durchgeführt worden, um den Prozeß der Veränderung verständlich machen zu können. Obwohl diese Studien in der Regel mit Schülergruppen durchgeführt wurden, die aufgrund ihrer besonderen schulischen Situation für Motivtrainingsprogramme ausgesucht wurden (Kolb, 1965; Alschuler, 1973; Mehta, 1969; Krug & Heckhausen, 1982), können die dort erarbeiteten und bewährten Konzepte als Grundlagen dienen, den Motivänderungsprozeß für Menschen in der Arbeitswelt zu verstehen.

So konnte z. B. die Bedeutung individueller Gütestandards nachgewiesen werden, eines im Rahmen des Motivationskonzepts zentralen Begriffs (Rheinberg & Krug, 1978). Wenn es gelingt, in den Traningskursen zu erreichen, daß die Trainierten ihre Leistungsergebnisse wie auch ihre Zielsetzungen auf eigenen Gütemaßstäben abbilden, so kann eine zentrale Voraussetzung leistungsmotivierten Handelns als realisiert gelten. Diese Nutzung eigener Gütemaßstäbe muß flankiert werden durch die Übernahme von Verantwortung für das Zustandekommen der Ergebnisse, die natürlich von der Aufgabensituation her auch möglich sein muß; d. h., die Situation der Aufgabenbewältigung muß ausreichend Handlungsspielraum lassen für selbst verursachtes Handeln. Wenn die dabei mögliche Ursachenzuschreibung des Handelns zudem noch variabel erfolgt (weil das Handeln z. B. als anstrengungsbezogen erlebt wird), so erhöht sich das Motivationspotential einer solchen Situation für das Erreichen von persönlichen Zielen, die eng mit denen des Leistungsmotivs verbunden sind.

Personen erleben in einer solchen Situation ein Beispiel dafür, was passieren würde, wenn sie über ein hohes Leistungsmotiv verfügen würden. Es würde nämlich befriedigt werden. Damit erhält die Aneignung eines solchen Motivs einen hohen Anregungswert. Menschen können damit rechnen, bei Vorgabe einer bestimmten Aufgabensituation ein bestimmtes Motiv zu befriedigen, was u. U. zu dem Wunsch führen kann, über dieses Motiv zu verfügen.

Das Erreichen von Zielen führt auf dem Boden variabler internaler Ursachenzuschreibung zu Selbstbewertungen, die im Falle des Erfolgs positiv ausfallen. Da der Anregungsgehalt des Erfolges in der Regel hoch einzuschätzen ist, wird durch Selbstbewertungen der beschriebenen Art Leistungsmotivation gefördert. Sie wird um so besser gefördert, je stärker das Leistungsmotiv ausgeprägt ist.

Die Vermutung, daß ein anregendes Motivationspotential fördernde Wirkungen für die Ausprägung eines starken Leistungsmotivs besitzt, wird durch Erfahrungen mit Arbeitsstrukturierungsmaßnahmen gestützt. In Abschnitt 2 wurden ja z. B. Ergebnisse berichtet, nach denen es als erwiesen gelten kann, daß Arbeitsstrukturierung das Motivationspotential der Arbeit deutlich erhöht. Die Notwendigkeit, sich an diese Situation anzupassen, erleichtert die Entwicklung eines Motivs, dessen Ziel in der motivationsanregenden Situation leicht erreichbar erscheint.

Korreliert man das Motivationspotential der Arbeit mit dem Ausprägungsgrad des Leistungsmotivs, so stellt man eine positive Beziehung zwischen diesen beiden Variablen fest (Schmidt, Kleinbeck, Ottmann & Seidel, 1985). Eine einfache Erklärung für diesen Sachverhalt könnte z. B. darin bestehen, daß die Motivausprägung sich in Abhängigkeit vom Motivationspotential verändert. Zuverlässige empirische Belege zum Nachweis der Gültigkeit dieser Vermutung liegen nicht vor. Sie in Labor- oder Feldexperimenten zu gewinnen, stellt eine praktisch bedeutsame Herausforderung der Arbeitspsychologie dar.

In Arbeitssituationen mit niedrigem Motivationspotential kann es passieren, daß Personen mit hochausgeprägtem Motiv dem situationsverursachten Druck ausgesetzt sind, ihre an sich erstrebenwerten Motivziele zu verändern, da sie sie ja in der bestehenden Form nicht verwirklichen können. So wissen wir z. B. über die Schwierigkeiten hochleistungsmotivierter Personen, die in Fließarbeitsstrukturen mit hohem Anteil an repetitiven und monotonen Aufgaben arbeiten, ihre Arbeit unter Bezug auf ihre Motivziele positiv zu bewerten. Ihnen stehen zwei Handlungsmöglichkeiten offen. Mit der ersten können sie „aus dem Felde gehen" d. h. sie geben ihre Arbeit auf. Die zweite Handlungsmöglichkeit besteht in einer Motivänderung. Sie kann eigentlich nur sinnvoll vollzogen werden, wenn man aufgabenexterne Ziele in die Arbeitssituation einbezieht (z. B. soziale). Damit geht natürlich die Aufgabe als Motivationsquelle verloren.

Alle Überlegungen zu psychologisch begründeten Maßnahmen der Motivänderung enthalten auch einen ethischen Aspekt, in dem die Frage geklärt werden muß, wie man denn Motivmodifikationen gegenüber dem Betroffenen rechtfertigen kann. Rechtfertigungsgründe sind z. B.:

- Die Beeinflussungsabsicht wird von vornherein rückhaltlos dargestellt, so daß die Betroffenen sich mit Wissen um die Konsequenzen ihrer Handlungen entscheiden können
- deshalb muß die Teilnahme an Änderungsprogrammen völlig freiwillig erfolgen
- die Ziele (die mit der Motivänderung angestrebt werden) werden als positiv für die individuelle Persönlichkeitsentfaltung und die wirtschaftliche Lage angesehen.

7 Motivationsförderung durch Organisationsentwicklung

Zu den vielen Einflüssen auf das Arbeitsverhalten von Personen in Organisationen gehört in besonderer Weise die Gestaltung der Organisation selbst. Dabei bedeutet Organisationsgestaltung die besondere Anordnung der strukturellen Faktoren, die die grundlegende Form und das Wesen der Organisation ausmachen. Der Begriff „Struktur" soll in einer breiten Bedeutung verstanden werden; er schließt nicht nur das anatomische Gerippe der Organisation ein,

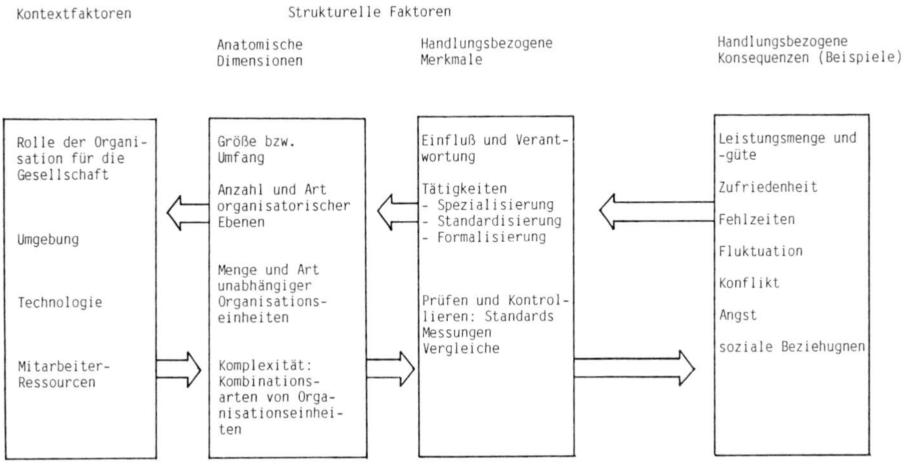

Abb. 9: Faktoren der Organisationsgestaltung (nach Porter, Lawler & Hackman, 1975 S. 223)

wie ihre Größe, ihre Ausmaße, die Anzahl ihrer organisatorischen Ebenen, die Reichweite ihrer Kontrolle, er umschließt auch die grundlegenden Organisationsmerkmale wie das Ausmaß der Tätigkeitsspezifikation, das Ausmaß der Machtkonzentration und die Typen sowie Stärken der Kontrolle. Alle diese Faktoren zusammengenommen machen die Organisationsgestaltung aus, die sowohl durch Kräfte und Ereignisse jenseits der Kontrolle durch die Organisation selbst und auch durch die freiwilligen Entscheidungen jener, die über die Ressourcen der Organisation herrschen, beeinflußt wird.

Eine Übersicht der wichtigsten Faktoren zur Organisationsgestaltung wird durch die Abb. 9 wiedergegeben.

Die von den Kontextfaktoren ausgehenden Wirkungen auf die Organisationsgestaltung sind bekannt (siehe Porter, Lawler & Hackman, 1975). Sie beeinflussen die strukturellen Faktoren wie Größe der Organisation und Art der Organisationshierarchie, deren Ausprägung sich wiederum in der Zuordnung von Einfluß und Verantwortung auf einzelne Mitarbeiter, in der Gestaltung von Tätigkeitsinhalten und in der Form der Mengen- und Qualitätsprüfung niederschlägt. Alle diese Größen zusammengenommen bestimmen die handlungsbezogenen Konsequenzen, auf deren Erreichen Organisationen hin angelegt sind. Wichtige Beispiele solcher Konsequenzen zeigen sich in Leistungsmenge und -güte, Zufriedenheit, Fehlzeiten, Fluktuation, Irritationen in Bezug auf Aufgaben sowie in den sozialen Beziehungen der Mitarbeiter untereinander.

Unter motivationspsychologischen Gesichtspunkten hat sich besonders eine bestimmte Kombination von Organisationsvariablen als einflußreich erwiesen. Sie faßt drei Variablengruppen zusammen, nämlich die Art und Anzahl organisatorischer Ebenen, verkürzt in der Dichotomie von mechanistischer versus organischer Organisationsstruktur, die Struktur der Arbeitsinhalte, innerhalb derer einfache Routinetätigkeiten von der bereits beschriebenen Arbeitsstrukturierung mit „angereicherten" Tätigkeiten unterschieden werden und eine Personvariable, mit der Personen mit einem hohen Motiv nach Selbstentfaltung von solchen mit einem niedrigen Motiv getrennt werden.

Die Kombination dieser drei Variablengruppen führt zu einer Reihe von (insgesamt 8) Hypothesen über ihre Handlungswirksamkeit, von denen bereits die Aussagen in den Zeilen 1, 2 und 7 der Abb. 10 in empirischen Untersuchungen bestätigt werden konnten (Hackman & Oldham, 1980; Kleinbeck, 1979).

Den Hypothesen in Abb. 10 liegen folgende Überlegungen zugrunde, die von verschiedenen Autoren im Laufe der Zeit entwickelt worden sind (Friedlander, 1970; Lawrence & Lorsch, 1967; Morse & Lorsch, 1970; Burns & Stalker, 1961).

Organische Organisationsformen, d. h. solche mit geringer Struktur, die wenig bürokratisch sind, können dann effektiv sein, wenn

- die Mitarbeiter im Durchschnitt über hohe Fähigkeiten verfügen
- Motive nach Leistung und Selbstentfaltung hoch ausgeprägt sind
- die Technologie schnell wechselnde Anforderungen an Arbeitstätigkeiten bewirkt
- die Umgebung dynamisch und komplex ist.

Eher mechanistische Organisationsformen, die sich durch hohe Strukturiertheit mit starker Bürokratie auszeichnen, können nur dann erfolgreich sein, wenn

- die Mitarbeiter unerfahren und unausgebildet sind
- Motive nach Sicherheit und Stabilität stark ausgeprägt sind
- die Technologie sich relativ langsam entwickelt
- die Umgebung der Organisation ruhig und einfach ist.

Die systematische Überprüfung der Beziehungen zwischen Organisationsvariablen und dem Verhalten und Erleben der Organisationsmitarbeiter ist bisher

Einfache Routinetätigkeiten	Erweiterte Arbeitsplätze („enlarged“) mehr Autonomie, Aufgabenidentität und Rückmeldung
Hochleistungsmotivierte Mitarbeiter (eher erfolgszuversichtlich) Mitarbeiter fühlen sich unterbeschäftigt und überkontrolliert, hohe Frustration, Unzufriedenheit und Fluktuation (1) (2) Kongruenz zwischen Motiv und Anreiz von Organisation und Arbeitsplatz, Effektive Leistung, angemessenes Zufriedenheitsniveau, angemessene Anwesenheitszahlen **Niedrigleistungsmotivierte Mitarbeiter (eher mißerfolgsängstlich)**	**Hochleistungsmotivierte Mitarbeiter (eher erfolgszuversichtlich)** Mitarbeiter reagieren positiv auf die Anreize ihres Arbeitsplatzes, aber regen sich auf wegen der Überkontrolle durch die Organisation (3) (4) Personen reagieren positiv auf Anreize der Organisation; die Beschäftigung mit ihrem Arbeitsplatz ist wenig effektiv **Niedrigleistungsmotivierte Mitarbeiter (eher mißerfolgsängstlich)**
Hochleistungsmotivierte Mitarbeiter (eher erfolgszuversichtlich) Mitarbeiter reagieren positiv auf die Anreize der Organisation, ärgern sich über Beschränktheit des Arbeitsplatzes, versuchen, ihn zu verändern oder zu verlassen (5) (6) Mitarbeiter reagieren auf die Anreize des Arbeitsplatzes positiv und zeigen angemessene Leistungen, aber sie fühlen sich nicht wohl und sind ängstlich wegen der Nicht-Vorhersagbarkeit im Organisationsmanagement **Niedrigleistungsmotivierte Mitarbeiter (eher mißerfolgsängstlich)**	**Hochleistungsmotivierte Mitarbeiter (eher erfolgszuversichtlich)** Kongruenz zwischen Anreiz von Organisation und Arbeitsplatz, Leistungen von hoher Qualität, große Anwesenheitsquote, niedrige Fluktuation (7) (8) Mitarbeiter werden durch Organisations- und Arbeitsplatzanforderungen erdrückt. Psychologischer Rückzug von der Arbeit ohne offene Feindseligkeit und angemessene Arbeitsleistung **Niedrigleistungsmotivierte Mitarbeiter (eher mißerfolgsängstlich)**

Abb. 10: Hypothesen zum Arbeitsverhalten für Personen mit unterschiedlichem Leistungsmotiv bei unterschiedlich motivationsanregenden Arbeitsplätzen in verschiedenen Organisationsstrukturen (nach Hackman 1977, S. 124)

lediglich in wenigen Fällen erfolgt. Die Bedeutung von Bestimmungsstücken des Handelns in Organisationen, die durch die Organisation selbst definiert sind, macht es jedoch erforderlich, mehr an Forschungskapazität zu investieren, um gesicherte Erkenntnisse für eine empirisch fundierte Organisationsgestaltung zu gewinnen.

8 Praktische Konsequenzen für die Förderung von Arbeitsmotivation

Unterschiedliche Stufen der Arbeitsmotivation bewirken nicht nur unterschiedliche Abstufungen der Arbeitsleistung, die ggf. getrennt nach Arbeitsmenge und -güte beschrieben werden muß, sie sind auch verantwortlich zu machen für Unterschiede in den Fehl- bzw. Anwesenheitszeiten, im Sicherheitsverhalten, in der Arbeitszufriedenheit und in der Persönlichkeitsentwicklung der einzelnen Mitarbeiter.

Während Leistung, Fehlzeiten und Arbeitssicherheit direkt auf die Effektivität der Arbeit einwirken, besteht zwischen Arbeitszufriedenheit, Persönlichkeitsentwicklung und dem Arbeitserfolg ein weniger direkter Zusammenhang.

Alle Faktoren jedoch hängen jeder auf seine Weise eindeutig in ihrer Variation von der Arbeitsmotivation ab. Sie sind deshalb in der Regel die Ausgangspunkte für das Bemühen von Organisationen, die Motivation ihrer Mitarbeiter zu fördern. Eine solche Förderung kann gemäß den Ergebnissen der Arbeitspsychologie auf einer Reihe von Ebenen erfolgen:

- Arbeitsstrukturierung,
- Zielsetzung,
- Geld,
- Arbeitsorganisation,
- Motivänderung.

Wenngleich einige Befunde dafür sprechen, daß die stärkste Leistungsbeeinflussung vom Geld als Motivationsfaktor ausgeht, so darf doch die Bedeutung der übrigen Variablen nicht unterschätzt werden. Sie bewirken zwar für sich genommen eher Veränderungen von Erleben und Einstellungen, aber in Kombination mit anderen Faktoren z. B. auch mit Geld, tragen sie Wesentliches zu erwünschten und unerwünschten Leistungsvariationen bei.

Abbildung 11 faßt schematisch den Ablauf von Motivationsprogrammen zusammen. Sie beginnen in der Regel mit einer gründlichen Analyse der Arbeitssituation, bei der Leistungsmaße festgelegt werden, die das erwünschte Verhalten beschreiben. Daraufhin werden dann die existierenden Arten von Motivierungsmaßnahmen durchgemustert, um entweder die *eine* richtige auszusuchen oder um eine Kombination einzelner Teile aus verschiedenen Maßnahmearten zu einem Maßnahmebündel zusammenzustellen. Im Anschluß an die realisierte Gestaltung der Motivationsbedingungen wird das Arbeitsverhalten erneut beobachtet und bewertet, wodurch ebenfalls eine Einschätzung der Effektivi-

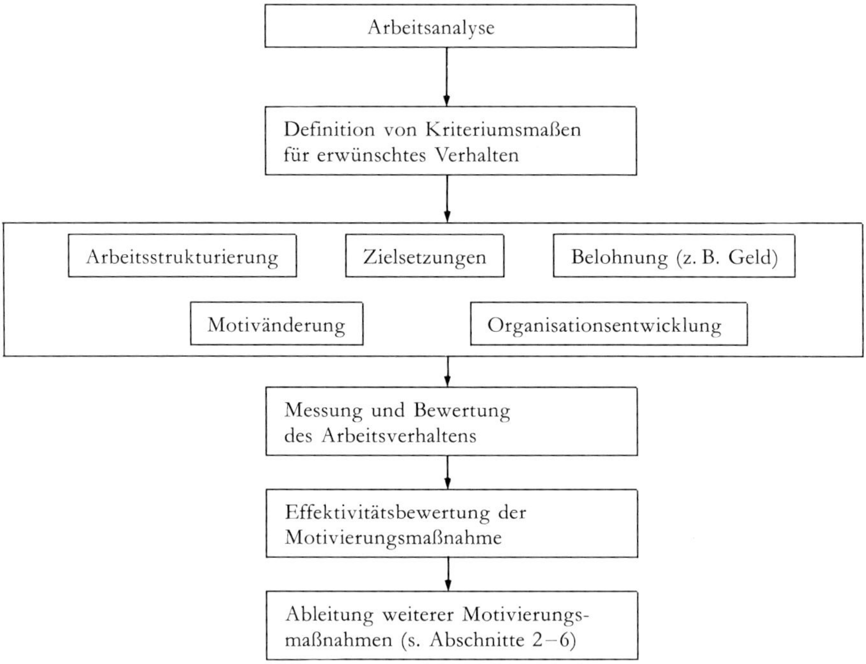

Abb. 11: Ablaufschema für Motivierungsprogramme

tät der Arbeitsgestaltung ermöglicht wird. Diese Einschätzung dient dann entweder als Bestätigung für die realisierte Gestaltung oder sie gibt Anlaß und konkrete Hinweise für die Ableitung weiterer Maßnahmen der Motivationsförderung.

Einige Hinweise wurden als Handlungshilfen zur Motivationsförderung in Form von Leitlinien bereits zusammengestellt. (s. Kap. 2–4; Kleinbeck, Schmidt & Rutenfranz, 1983; Porter, Lawler & Hackman, 1975; Steers, 1984). Obwohl deren Gültigkeit in der Regel durch empirische Studien nachgewiesen wurde, sind im Einzelfall Konstellationen von Variablen denkbar, die durch die Validierungsuntersuchungen nicht abgedeckt sind. In diesen Fällen ist es angebracht, die Durchführung der angezeigten Maßnahmen mit quasiexperimentellen Anordnungen zu verknüpfen, um die empirische Validierung nachzuholen.

Literatur

Alioth, A. 1980. Entwicklung und Einführung alternativer Arbeitsformen. Schriften zur Arbeitspsychologie, Nr. 27. Huber, Bern, Stuttgart, Wien.

Alschuler, A. S. 1973. Developing achievement motivation in adolescents. Educational Technology Publications, Englewood Cliffs.

Annett, J. 1969. Feedback and human behavior. Penguin Books, Baltimore, Md.

Atkinson, J. W. 1958 (Ed.). Motives in fantasy, action, and society. Van Nostrand, Princeton, New Jersey.

Becker, H. & Langosch, I. 1984. Produktivität und Menschlichkeit. Enke, Stuttgart.

Bilodeau, E. A. 1966 (Ed.). Acquisition of skill. Academic Press, New York, London.

Bilodeau, E. A. 1969 (Ed.). Principles of skill acquisition. (With the assistance of I. McD. Bilodeau) Academic Press, New York, London.

Burns, T. & Stalker, G. M. 1961. The management of innovation. Tavistock, London.

Erez, M., Arzi, N. & Gopher, D. 1985. Effects of Self-Control and Payment Manipulations on the Performance of Complex Tasks under Time-Sharing Conditions. Unveröffentlichtes Manuskript, Technion, Haifa.

Evans, M. G., Kiggundu, M. N. & House, R. J. 1979. A partial test and extension of the job characteristics model of motivation. Organizational Behavior and Human Performance **24,** 354–381.

Friedlander, F. 1970. The relationship of task and human conditions to effective organizational structure. In: B. M. Bass, R. Cooper & J. A. Haas (Eds.). Managing for accomplishment. Heath, Lexington, Mass.

Goodman, P. S. & Atkin, R. S. 1984. Associates Absenteeism. Jossey-Bass Publishers, San Francisco, Washington, London.

Graf, O. 1944. Ein Verfahren zur zwanglosen Steuerung der Arbeitsgeschwindigkeit nach vorgegebenen Arbeitskurven, insbesondere zu physiologisch richtiger Arbeitsablaufregelung. Arbeitsphysiologie **13,** 125–139.

Graf, O. 1954. Studien über Fließarbeitsprobleme an einer praxisnahen Experimentieranlage. Westdeutscher Verlag, Köln, Opladen. Forschungsberichte des Landes Nordrhein-Westfalen, Nr. 114.

Graf, O. 1959 (Bearb.). Ganztägige Arbeitsablaufuntersuchungen an 200 Arbeitsplätzen. Duncker & Humblot, Berlin. Arbeitszeit und Produktivität, Bd. 2.

Hackman, J. R. 1977. Workdesign. In: J. R. Hackman & J. L. Suttle, Improving life at work pp. 96–162. Goodyear, Santa Monica, Cal.

Hackman, J. R. & Lawler, E. E. 1971. Employee reactions to job characteristics. Journal of Applied Psychology **55,** 259–286.

Hackman, J. R. & Oldham, G. R. 1975. Development of the job diagnostic survey. Journal of Applied Psychology **60,** 159–170.

Hackman, J. R. & Oldham, G. R. 1976. Motivation through the design of work: Test of a theory. Organizational Behavior and Human Performance **16,** 250–279.

Hackman, J. R. & Oldham, G. R. 1980. Work Redesign. Addison Wesley Publ. Co., Reading, Mass.

Hackman, J. R., Pearce, J. L. & Wolfe, J. C. 1978. Effects of changes in job characteristics on work attitudes and behavior: A naturally occurring quasi-experiment. Organizational Behavior and Human Performance **21,** 289–304.

Heckhausen, H. 1971. Trainingskurse zur Erhöhung der Leistungsmotivation und der unternehmerischen Aktivität in einem Entwicklungsland: Eine nachträgliche Analyse des erzielten Motivwandels. Zeitschrift für Entwicklungspsychologie und Pädagogische Psychologie **3,** 253–268.

Heckhausen, H. 1980. Motivation und Handeln. Lehrbuch der Motivationspsychologie. Springer-Verlag, Berlin, Heidelberg, New York.

Hertog, F. J. den 1978. Arbeitsstrukturierung. Experimente aus Holland. Schriften zur Arbeitspsychologie, Nr. 21. Huber, Bern, Stuttgart, Wien.

Ivancevich, J. M. 1976. Effects of goal setting on performance and job satisfaction. Journal of Applied Psychology **61,** 605–612.

Kirchner, J.-H. 1983. Arbeitsbewertung und Entlohnung. In: W. Rohmert & J. Rutenfranz, Praktische Arbeitsphysiologie, S. 414–422. Thieme, Stuttgart, New York.

Klein, L. 1975. Die Entwicklung neuer Formen der Arbeitsorganisation. Schriften der Kommisssion für wirtschaftlichen und sozialen Wandel, Bd. 20. Schwartz, Göttingen.

Kleinbeck, U. 1979. Leistungsmotivation in Arbeit und Betrieb. Die Betriebswirtschaft **39,** 481–492.

Kleinbeck, U. 1985. Arbeitspsychologische Beiträge zur motivationalen Beeinflussung von Bewegungsleistungen. VDI-Verlag, Düsseldorf.

Kleinbeck, U. & Ernst, G. 1981 (Hrsg.). Zur Psychologie der Arbeitsstrukturierung. Campus-Verlag, Frankfurt/Main, New York.

Kleinbeck, U. & Schmidt, K.-H. 1979. Aufgabenwahl im Ernstfall einer betrieblichen Ausbildung. Instrumentalitätstheoretische Ergänzung zum Risikowahlmodell. Zeitschrift für Entwicklungspsychologie und Pädagogische Psychologie **11,** 1–11.

Kleinbeck, U. & Schmidt, K.-H. 1983. Angewandte Motivationspsychologie in der Arbeitsgestaltung. Psychologie und Praxis, Zeitschrift für Arbeits- und Organisationspsychologie **27,** 13–21.

Kleinbeck, U., Schmidt, K.-H. & Carlsen, H. 1985. Veränderungen von Zielsetzungswirkungen auf die Leistungen durch leistungsthematische Einflußfaktoren. Zeitschrift für Experimentelle und Angewandte Psychologie **32,** 263–280.

Kleinbeck, U., Schmidt, K.-H., Donis, R. & Ballé, W. 1983. Untersuchungen über den Zusammenhang zwischen leistungsthematischer Motivation und betrieblichen Fehlzeiten. Zeitschrift für Experimentelle und Angewandte Psychologie **30,** 425–441.

Kleinbeck, U., Schmidt, K.-H. & Rutenfranz, J. 1982. Motivationspsychologische Untersuchungen zur Arbeitsgestaltung – ein Feldexperiment. Zeitschrift für Experimentelle und Angewandte Psychologie **29,** 442–471.

Kleinbeck, U., Schmidt, K.-H. & Rutenfranz, J. 1983. Handlungshilfen für den Einsatz neuer Arbeitsstrukturen in der Montage. In: Neue Arbeitsstrukturen in Teilefertigung und Montage, Teil II: Montage, Schriftenreihe „Humanisierung des Arbeitslebens" (Bd. 49), 227–246. Campus-Verlag, Frankfurt.

Kleinbeck, U., Schmidt, K.-H., Schleyer, M. & Brockmann, W. 1985. Ein Arbeitsplatzinformationssystem (AIDA) zur motivationsunterstützenden Selbstkontrolle von industriellen Bewegungsleistungen und zur individuellen Pausenverteilung bei freier Arbeit. Zeitschrift für Arbeitswissenschaft **39,** 1–5.

Kolb, D. A. 1965. Achievement motivation training for underachieving high-school boys. Journal of Personality and Social Psychology **2,** 783–792.

Kraepelin, E. 1902. Die Arbeitscurve. Philosophische Studien (hrsg. von W. Wundt) **19,** 459–507.

Krug, S. & Heckhausen, H. 1982. Motivförderung in der Schule. In: F. Rheinberg (Hrsg.), Bezugsnormen zur Schulleistungsbewertung: Analyse und Intervention. Jahrbuch für Empirische Erziehungswissenschaft, 65–114. Schwann, Düsseldorf.

Kuhl, J. 1983. Leistungsmotivation: Neue Entwicklungen aus modelltheoretischer Sicht. In: H. Thomae (Hrsg.), Enzyklopädie der Psychologie, Bd. 2 der Serie Motivation und Emotion: Psychologie der Motive, 505–624. Hogrefe, Göttingen.

Latham, G. P. & Baldes, J. J. 1975. The „practical significance" of Locke's theory of goal setting. Journal of Applied Psychology **60,** 122–124.

Latham, G. P. & Locke, E. A. 1975. Increasing productivity with decreasing time limits: A field replication of Parkinsons's law. Journal of Applied Psychology **60,** 524–526.

Latham, G. P. & Yukl, G. A. 1975. A review of research on the application of goal setting in organizations. Academy of Management Journal **18,** 824–845.

Lawler, E. E. 1977. Reward Systems. In: J. R. Hackman & J. L. Suttle (Eds.), Improving life at work, pp. 163–226. Goodyear Publishing Company, Inc., Santa Monica, California.

Lawrence, P. R. & Lorsch, J. W. 1967. Organization and Environment. Harvard Business School, Division of Research, Boston.

Locke, E. A. 1968. Toward a theory of task motivation and incentives. Organizational Behavior and Human Performance **3,** 157–189.

Locke, E. A. 1978. The ubiquity of the technique of goal setting in theories of and approaches to employee motivation. Academy of Management Review **3,** 594–601.

Locke, E. A., Feren, D. B., McCaleb, V. M., Shaw, K. N. & Denny, A. T. 1980. The relative effectiveness of four methods of motivating employee performance. In: K. D. Duncan, M. M. Gruneberg & D. Wallis (Eds.), Changes in Working Life. John Wiley & Sons Ltd., New York.

Locke, E. A. & Schweiger, D. M. 1979. Participation in decision-making: One more look. In: B. M. Staw (Ed.), Research in Organizational Behavior (Vol. 1). JAI-Press, Greenwich, Conn.

Locke, E. A., Sirota, D. & Wolfson, A. D. 1976. An experimental case study of the successes and failures of job enrichment in a government agency. Journal of Applied Psychology **61,** 701–711.

London, M. & Oldham, G. R. 1976. Effects of varying goal types and incentive systems on performance and satisfaction. Academy of Management Journal **19,** 537–546.

McClelland, D. C. 1951. Personality. Holt, Rinehart Winston, New York.

McClelland, D. C. 1961. The achieving society. Van Nostrand, Princeton, N.J.

McClelland, D. C. 1965. Toward a theory of motive acquisition. American Psychologist **20,** 321–333.

McClelland, D. C. 1978. Managing motivation to expand human freedom. American Psychologist **33,** 201–210.

McClelland, D. C., Atkinson, J. W., Clark, R. A. & Lowell, E. L. 1953. The achievement motive. Appleton-Century-Crofts, New York.

McClelland, D. C. & Winter, D. G. 1969. Motivating economic achievement. Free Press, New York.

Mehta, P. 1969. The achievement motive in high school boys. National Council of Educational Research and Training, New Delhi.

Migliore, R. H. 1977. MBO: Blue collar to top executive. Bureau of National Affairs, Washington, D.C.

Miller, L. 1965. The use of knowledge of results in improving the performance of hourly operators. General Electric Co., Behavioral Research Service.

Morse, J. J. & Lorsch, J. W. 1970. Beyond theory Y. Harvard Business Review **48** (3), 61–68.

Neuberger, O. 1974. Theorien der Arbeitszufriedenheit. Urban-Taschenbücher: Sozioökonomie, Bd. 7. Kohlhammer, Stuttgart, Berlin, Köln, Mainz.

Odiorne, G. S. 1965. Management by objectives. Pitman, New York.

Oldham, G. R., Hackman, J. R. & Pearce, J. L. 1976. Conditions under which employees respond positively to enriched work. Journal of Applied Psychology **61,** 395–403.

Porter, L. W., Lawler, E. E. & Hackman, J. R. 1975. Behavior in Organizations. McGraw-Hill, New York.

Rheinberg, F. & Krug, S. 1978. Bezugsgruppenwechsel: Übernahme eines Stigmas oder neuer Vergleichsmaßstab zur Selbsteinschätzung? Replik auf Casparis. Zeitschrift für Entwicklungspsychologie und Pädagogische Psychologie **10,** 269–273.

Rohmert, W. 1981. Konzepte der Arbeitsstrukturierung. In: H. Schmidtke (Hrsg.), Lehrbuch der Ergonomie, S. 471–483. Hanser, München, Wien.

Rutenfranz, J. & Stoll, F. 1966. Untersuchungen über die Verteilung von Pausen bei freier Arbeit. Arbeitswissenschaft **5,** 123–135.

Schmidt, K.-H. & Kleinbeck, U. 1983. Beziehungen zwischen intrinsischen und extrinsischen Anreizfaktoren der Arbeitsmotivation und Arbeitszufriedenheit. Psychologie und Praxis, Zeitschrift für Arbeits- und Organisationspsychologie **27,** 79–86.

Schmidt, K.-H., Kleinbeck, U., Ottmann, W. & Seidel, B. 1985. Ein Verfahren zur Diagnose von Arbeitsverhalten: Der Job Diagnostic Survey (JDS). Psychologie und Praxis. Zeitschrift für Arbeits- und Organisationspsychologie, **29,** 162–172.

Schmidt, K.-H., Kleinbeck, U. & Rohmert, W. 1981. Die Wirkung von Merkmalen der Arbeitssituation und Persönlichkeitsvariablen auf die Arbeitszufriedenheit und andere motivationsbezogene Einstellungsvariablen. Zeitschrift für Experimentelle und Angewandte Psychologie **28,** 465–485.

Schmidt, K.-H., Kleinbeck, U. & Rutenfranz, J. 1981. Arbeitspsychologische Effekte von Änderungen des Arbeitsinhaltes bei Montagetätigkeiten. Zeitschrift für Arbeitswissenschaft **35,** 162–167.

Schmidt, K.-H., Schweisfurth, W., Kleinbeck, U. & Rutenfranz, J. 1981. Einige arbeitspsychologische Ergebnisse zur Wirkung von Arbeitsinhaltsveränderungen bei Teilefertigungstätigkeiten. Zeitschrift für Arbeitswissenschaft **35,** 101–107.

Steers, R. M. 1975. Task goal attributes, n achievement, and supervisory performance. Organizational Behavior and Human Performance **13,** 392–403.

Steers, R. M. 1984. Introduction to Organizational Behavior. (2nd ed.), Scott, Foresman & Co., Glenview, Illinois.

Steers, R. M. & Porter, L. W. 1975. Motivation and Work Behavior, (2nd ed.), McGraw-Hill, New York.

Steers, R. M. & Rhodes, S. R. 1978. Major influences on employee attendance: A process model. Journal of Applied Psychology **63,** 391–407.

Szilagyi, A. D. & Wallace, M. J. 1983. Organizational Behavior and Performance. (3rd ed.), Scott, Foresman & Company, Glenview.

Taylor, F. W. 1911. The principles of scientific management. Harper & Brothers, New York, London.

Thierry, H. 1984. Systems of remuneration. In: P. J. D. Drenth, H. Thierry, P. J. Willems & C. J. de Wolff (Eds.), Handbook of Work and Organizational Psychology. John Wiley & Sons, Ltd., New York.

Thierry, H. & Croonen, J. J. F. 1980. Does the cafeteria plan pay off? An empirical research study. Management Decisions **18,** 303–312.

Ulich, E. 1978. Über das Prinzip der differentiellen Arbeitsgestaltung. Industrielle Organisation **47,** 566–568.

Ulich, E., Groskurth, P. & Bruggemann, A. 1973. Neue Formen der Arbeitsgestaltung. Möglichkeiten und Probleme einer Verbesserung der Qualität des Arbeitslebens. Europäische Verlagsanstalt, Frankfurt am Main.

Varga, K. 1977. Who gains from achievement motivation training? Vikalpa (The Journal for Decision Makers). Indian Institute of Management, Ahmedabad, **2,** 187–200.

Vinke, R. H. W. & Thierry, H. 1984. The Cafeteriaplan: Put in practice? Unveröffentlichtes Manuskript. Universität Amsterdam.

Vroom, V. H. 1964. Work and Motivation. Wiley, New York.

Wall, T. D., Clegg, C. W. & Jackson, P. R. 1978. An evaluation of the job characteristics model. Journal of Occupational Psychology **51,** 183–196.

Wickens, C. D. 1984. Engineering Psychology and Human Resources. Merrill, Columbus.

10. Kapitel

Arbeitsstrukturierung*

Eberhard Ulich und Christof Baitsch

1 Begriffliche Einordnung

Arbeitsstrukturierung meint die Umstrukturierung von Arbeitsinhalten und Arbeitsabläufen im Sinne der Überwindung des tayloristischen Prinzips der Trennung von Kopf- und Handarbeit bzw. die Neustrukturierung von Arbeitstätigkeiten nach dem Konzept der soziotechnischen Systemgestaltung mit dem Ziel der Anpassung der Arbeitsbedingungen an die Qualifikationen und Bedürfnisse der Beschäftigten. Da diese sich mit Lernfortschritten und Kompetenzerweiterung verändern, ist Arbeitsstrukturierung nicht ein einmaliger Vorgang, sondern ein dynamischer Prozeß.

Konzepte der Arbeitsstrukturierung sind also einerseits als Reaktion auf Folgen tayloristischer Produktionskonzepte – wie mangelnde Flexibilität der Organisation oder qualitative Unterforderung der Beschäftigten – zu verstehen. Sie basieren andererseits auf insbesondere in Norwegen entwickelten Vorstellungen über ‚industrielle Demokratie', in deren Rahmen teilautonome Arbeitsgruppen als organisationale Basis für direkte Partizipation der Beschäftigten verstanden wurden. Diese Vorstellungen knüpfen explizit an die Tradition an, die „Kurt Lewin vor 1933 in Berlin begründet hat und die 1950–1960 in den USA am Institute for Social Research der University of Michigan weiterentwickelt wurde" (Emery und Thorsrud 1982, 18). Die skandinavischen Programme waren außerdem beeinflußt von den am Tavistock Institute of Human Relations durchgeführten Forschungsarbeiten über Organisationen als soziotechnische Systeme (z. B. Rice 1958, Emery 1959, Herbst 1962, 1974).

Mit der Diskussion über ‚Handlungsspielraum' (Ulich 1972) und ‚Freiheitsgrade' (Hacker 1973), vor allem aber mit der Entwicklung von Konzepten

*) Einar Thorsrud und Reine Hansson zum Gedächtnis

persönlichkeitsförderlicher Arbeitsgestaltung (Hacker 1978, Ulich 1978 a, Volpert 1979) und von Kriterien für die Analyse, Bewertung und Gestaltung von Arbeits- und Organisationsstrukturen (Hacker 1978, Ulich 1980 a) ist Arbeitsstrukturierung integraler Bestandteil auch der deutschsprachigen Arbeitspsychologie geworden.

Dies findet einen Niederschlag auch in der Definition von humaner Arbeitstätigkeit, die dem Schweizerischen Nationalen Forschungsprogramm „Arbeitswelt: Humanisierung und technologische Entwicklung" zugrundegelegt werden konnte: „Als human wird eine Arbeitstätigkeit bezeichnet, die die Gesundheit des Arbeitstätigen nicht schädigt, sein Wohlbefinden nicht – oder allenfalls vorübergehend – beeinträchtigt, seinen Bedürfnissen entspricht, individuelle und kollektive Einflußnahme auf Arbeitsbedingungen und Arbeitssysteme ermöglicht und zur Entwicklung seiner Persönlichkeit im Sinne der Förderung seiner Potentiale und Kompetenzen beizutragen vermag" (Ulich 1982, 1984).

Weitere Begründungen bzw. Anstöße zur Beschäftigung mit Konzepten der Arbeitsstrukturierung stammen aus der Diskussion über mögliche Zusammenhänge zwischen Arbeitsbedingungen und Freizeitverhalten. Hier spielt verständlicherweise das Modell der Generalisation, unter der eine Übernahme von „während der Arbeit gelernten (und damit z. B. durch die Art der Arbeit bestimmten) Einstellungen und Verhaltensweisen in den Freizeitbereich" verstanden wird (Ulich und Ulich 1977, 216), eine besondere Rolle.

Schließlich sind in diesem Zusammenhang auch jene Anstöße zu nennen, die aus der Diskussion über ‚gelernte Hilflosigkeit' (Seligmann 1975) und Kontrolle bzw. Kontrollverlust (Frese 1977, 1978; Frese und Greif 1978) resultieren. In diesen Kontext würde auch eine gründliche Auseinandersetzung mit der Theorie der psychologischen Reaktanz gehören (Brehm 1972, Gniech und Grabitz 1978).

2 *Historische Positionen*

In Zusammenhang mit der Diskussion über Konzepte der Arbeitsstrukturierung erscheint es zunächst nützlich, einige historische Betrachtungen in bezug auf die deutschsprachige Arbeitspsychologie anzustellen, zumal die Kenntnis der früheren Arbeiten auf diesem Gebiet kaum verbreitet zu sein scheint. Dabei wird insbesondere zu prüfen sein, ob und in welcher Weise die Zielstellungen der früheren Arbeitspsychologie sich von den derzeit erkennbaren Zielvorstellungen unterscheiden.

In seiner Arbeit über „Psychologie und Wirtschaftsleben" beschäftigte sich Hugo Münsterberg (1912) auch mit den Zielen und Mitteln einer angewandten Wirtschaftspsychologie. Er formulierte seine Auffassung dahingehend, daß die Formulierung von Zielen bzw. die Stellungnahme zu formulierten Zielen keinesfalls Aufgabe des Wirtschaftspsychologen sein könne: „Welches Ziel das bessere ist, ob beispielsweise die Heranziehung tüchtiger und arbeitsfreudiger Arbeitskräfte oder die Gewinnung billiger Arbeiter, geht den wirtschaftstechnischen Psychologen nichts an" (Münsterberg 1912, 19). In einer Anmerkung präzisierte bzw. begründete er diese Auffassung durch die Aussage, der Wirtschaftspsychologe könne „der Psychologie niemals entnehmen, welche Ziele des Wirtschaftslebens für bestimmte Wirtschaftsgruppen oder für bestimmte Persönlichkeiten bevorzugt werden sollen" (a.a.O., 188). Damit wird dem Psychologen – wie übrigens auch dem Arzt, dem Techniker, dem Physiker – eine scheinbar wertfreie Aufgabenerfüllung zugewiesen mit der bemerkenswerten Begründung, daß er aus seinem Fach schließlich keine normativen Vorstellungen ableiten könne. Konsequenterweise wird dann auch bei der Diskussion der Monotonieproblematik eine Auseinandersetzung mit Fragen der Arbeitsteilung als „außerhalb des Bereiches unserer gegenwärtigen Betrachtung" liegend bezeichnet (Münsterberg 1912, 115). Allerdings formulierte Münsterberg im letzten Kapitel seines Buches über Psychologie und Wirtschaftsleben auch, die wirtschaftliche Experimentalpsychologie habe vielleicht keine höhere Aufgabe als die „Anpassung der Berufstätigkeit an die seelische Eigenart der Individuen, mit dem Ziel, das übervolle Maß seelischer Unbefriedigung an der Arbeit, seelischer Verkümmerung und Bedrücktheit und Entmutigung aus der Welt zu schaffen" (a.a.O., 181).

Während sich bei Münsterberg seiner Auffassung entsprechend keine kritische Auseinandersetzung mit dem Taylorismus und dessen möglichen Folgen für die Beschäftigten findet, befaßte sich Kurt Lewin (1920) in einer weitgehend in Vergessenheit geratenen Arbeit mit der „Sozialisierung des Taylor-Systems". Absicht dieses Beitrages war es, die Frage zu beantworten, „wie vom Standpunkt des gerechten Gemeinschaftslebens, vom Standpunkt des Sozialismus aus, zu den Methoden und Zielen der angewandten Psychologie prinzipiell Stellung zu nehmen ist" (Lewin 1920, 5). Aus dieser Formulierung läßt sich jedoch kein grundlegender Widerspruch zu Münsterberg ableiten; denn auch Lewin bezeichnete die angewandte Psychologie als „ein Mittel, das von sich aus keine neuen Zwecke setzt, sondern zu vielerlei auch entgegengesetzten Zwecken verwendbar ist" (a.a.O., 5) (*Anmerkung 1*).

Für die Diskussion von Arbeitsstrukturierungskonzepten erscheint Lewins Kennzeichnung der „zwei verschiedenen Gesichter der Arbeit" fruchtbar. Das eine Gesicht der Arbeit sei „Mühe, Last, Kraftaufwand"; dieses Gesicht zeige die Arbeit lediglich als Mittel zum Zweck des Lebensunterhalts, „ein Ding ohne eigenen Lebenswert" – „darum Arbeit so kurz und so bequem wie möglich" (a.a.O., 11). Das andere Gesicht der Arbeit zeige deren nicht-instrumentellen Charakter; in diesem Zusammenhang ist die Rede vom „Lebenswert" der Arbeit, die eben selbst Leben sei. „Darum will man die Arbeit reich und weit, vielgestaltig und nicht krüppelhaft beengt ... Der Fortschritt der Arbeitsweise gehe also nicht auf möglichste Verkürzung der Arbeitszeit, sondern auf Steigerung des Lebenswertes der Arbeit, mache sie reicher und menschenwürdiger" (a.a.O., 12). Mit welchem dieser beiden Gesichter die Arbeit dem Arbeiter begegnet, hängt nach Lewin vom Standpunkt des Arbeiters als Arbeitskonsumenten ab. Wenn es schon im Wesen der Psychotechnik „als bloßer Methode" liege, „sich jedem Ziel in der Veränderung der Arbeitsweise dienstbar machen zu lassen", dann sei allerdings zu fordern, „den Arbeitskonsumenten bei Einführung psychotechnischer Veränderungen Gelegenheit zur Wahrung ihrer Interessen zu geben" (Lewin 1920, 18). Damit sollte nach Auffassung Lewins auch eine Ausbreitung des Taylorismus verhindert werden können, mit dem eine Verschlechterung des Lebenswertes der Arbeit verbunden sei. „Um einerseits den Lebenswert der Arbeit vor Verminderung zu schützen und andererseits ihre Wirtschaftlichkeit nicht zu verschlechtern, ist den Arbeitskonsumenten sowohl wie den Leistungskonsumenten das Mitbestimmungsrecht über die Einführung von Veränderungen der Arbeitsmethode zu sichern" (a.a.O., 22f.). Diese Forderungen werden von Lewin aber wiederum nicht aus der angewandten Psychologie bzw. der Psychotechnik selbst abgeleitet.

Eine in bezug auf die Zieldiskussion modifizierte Stellungnahme findet sich bei Wladimir Eliasberg (1926): „Für die Psychotechnik ist der Produzent ein Mensch im vollen Sinne des Wortes, der, unbeschadet der Notwendigkeit der Produktion, sein Anrecht auf Glück hat" (Eliasberg 1926, 80). Aus dieser und anderen Formulierungen läßt sich auch eine kritische Stellungnahme zum Taylorismus ableiten, die bei Münsterberg bewußt vermieden, bei Lewin aus seiner sozialistischen Grundauffassung abgeleitet wurde. Für Eliasberg stehen aber die Psychotechnik selbst und der Taylorismus in gewissem Gegensatz zueinander: „Die Psychotechnik hat mit Recht den dilettantischen psychologischen Aufputz des Taylorismus kritisiert" (Eliasberg 1926, 100).

Für die Zieldiskussion bedeutsam erscheint im Ansatz von Eliasberg vor allem die Formulierung von Motivationsstufen. Die historische Betrachtungsweise soll „zusammen mit der psychologischen folgende Motivationsstufen wirklicher Arbeit erkennen" lassen: (1) Zwang, (2) freiwillige rationale Einordnung, (3) übermäßige rationale Einordnung, (4) Hingabe, (5) Revolte, (6) Selbstbestimmung (a.a.O., 694). Sofern reale Arbeitsbedingungen nicht mit den – historisch und kulturell bedingten – Motivationsstufen in Einklang zu bringen sind, könnten daraus erhebliche Spannungen und pathologische Fehlentwicklungen entstehen. Diese Sichtweise impliziert nach unserer Auffassung, daß die angewandte Psychologie selbst einen Beitrag zur Formulierung der Zielvorstellungen für die Gestaltung menschlicher Arbeit zu leisten hat. Damit erhält der Beitrag von Eliasberg innerhalb der Arbeitspsychologie einen besonderen – und bisher kaum genügend gewürdigten – historischen Stellenwert.

Ein ähnlicher historischer Stellenwert kommt dem Beitrag von Otto Lipmann (1932) zu, der in seinem ‚Lehrbuch der Arbeitswissenschaft' postuliert hat, „daß dem Arbeiter die Gestaltung seiner Arbeit, die Wahl der Arbeitsmittel und Arbeitsmethoden in möglichst hohem Grade überlassen bleiben soll, und daß dieses Prinzip nur aufgrund streng begründeter wirtschaftlicher Erwägungen durchbrochen werden soll" (Lipmann 1932, 191) (*Anmerkung 2*).

Zum Taylorismus nahm Lipmann explizit Stellung: „Diese Theorie, daß es *einen* und *nur* einen ‚besten' Weg für jede Verrichtung geben müsse, der sich unter Zugrundelegung von Erkenntnissen der Mechanik und der Physiologie feststellen ließe, wird heute nicht mehr aufrechtzuerhalten sein" (a.a.O., 397). Im übrigen konstatiert Lipmann (1932, 387) ausdrücklich: „‚Arbeitsfreude' im eigentlichen Sinne des Wortes gibt es nur da, wo der Arbeiter eine zielgerichtete Tätigkeit zu verrichten hat, deren Ziel oder deren Ablauf er autonom bestimmen oder regulieren kann".

Trotz derartiger Einwände hat sich das tayloristische Rationalisierungskonzept während der dreißiger und vierziger Jahre in den industrialisierten Ländern – unabhängig von deren Wirtschafts- und Gesellschaftsform – offenbar ungebrochen durchsetzen können. In der Zeit nach dem Zweiten Weltkrieg war es dann vor allem Georges Friedmann (1952, 1953, 1959), der dieses Konzept prinzipiell in Frage stellte, auf die mit diesem Verständnis von Rationalisierung verbundene Entwertung beruflicher Fertigkeiten aufmerksam machte, alternative Arbeitsstrukturen forderte und zahlreiche konkrete Beispiele beschrieb.

3 Arbeitsstrukturierung im Kontext persönlichkeitsförderlicher Arbeitsgestaltung

In der deutschsprachigen Arbeitspsychologie werden Ansätze der Arbeitsstrukturierung zunehmend verknüpft mit dem Konzept persönlichkeitsförderlicher Arbeitsgestaltung. Dieses Konzept basiert auf einer Reihe von Grundannahmen, von denen nur einige hier wiedergegeben werden sollen.

Die erste Grundannahme betrifft unser Menschenbild, das impliziert, daß Arbeitstätige nicht lediglich als Objekt der Handlungen anderer Arbeitstätiger betrachtet werden, denen im Rahmen vorgegebener gesellschaftlicher Arbeitsteilung die Festlegung von Arbeitsstrukturen obliegt. In deutlicher Abhebung davon erscheint uns die Betonung der Subjektstellung der Arbeitstätigen besonders wichtig. Diese findet ihren Niederschlag etwa in dem von Tomaszewski (1978, 16) formulierten Konzept vom Menschen „als eines relativ autonomen Subjekts der eigenen Handlungen in der ihn umgebenden Welt“.

Die zweite Grundannahme betrifft unser Verständnis von der Entwicklung der menschlichen Persönlichkeit. Wir gehen (1) davon aus, daß es sich bei den diesbezüglichen Entwicklungsprozessen um Veränderungsreihen handelt, die sich über das gesamte zeitliche Kontinuum des menschlichen Lebenslaufes erstrecken (vgl. dazu ausführlicher Thomae 1959, Baltes und Schaie 1973, Rudinger 1977). Wir nehmen (2) an, daß unter den für die Persönlichkeitsentwicklung des erwachsenen Menschen relevanten Lebensbeziehungen und Lebenstätigkeiten der Arbeitstätigkeit eine hervorragende Bedeutung zukommt. Nach Rubinstein (1958, 704) ist die Arbeit sogar „das wichtigste Mittel der Formung der Persönlichkeit“; in der Arbeitstätigkeit entwickeln sich Fähigkeiten, Normen und Einstellungen des Menschen. In diesem Zusammenhang können wir vier voneinander abhebbare, für die Persönlichkeitsentwicklung relevante Aspekte der Arbeitstätigkeit unterscheiden: (1) der Inhalt der Arbeitstätigkeit; damit unmittelbar gekoppelt (2) die Anforderungen, die die Arbeitstätigkeit stellt; davon abgeleitet (3) die zur Erfüllung der Anforderungen erforderliche Qualifikation der Ausbildung; dadurch vermittelt (4) die gesellschaftliche Bewertung der Arbeitstätigkeit (vgl. Ulich 1978a). Ähnlich heißt es auch bei Hacker (1976, 30): „Die ausschlaggebende Rolle für die Persönlichkeitsentwicklung im Arbeitsprozeß besitzen die Anforderungen der langfristig ausgeübten Arbeitstätigkeit“.

Die dritte Grundannahme bezieht sich auf die Notwendigkeit der Berücksichtigung interindividueller Differenzen in der Gestaltung von Arbeitstätigkeiten. Mit Lipmann (1932) and Christensen (1976) nehmen wir an, daß die klassische Suche nach dem ‚one best way‘ für die Gestaltung von Arbeitsinhalten und Arbeitsabläufen den vorhandenen und/oder sich in der Auseinandersetzung mit der Arbeitstätigkeit entwickelnden interindividuellen Differenzen häufig nicht gerecht wird. Das Angebot alternativer Arbeitsformen – entsprechend dem ‚Prinzip der differentiellen Arbeitsgestaltung‘ (Ulich 1978b) – sollte in besonderer Weise geeignet sein, „eine optimale Entwicklung der Persönlichkeit in der Auseinandersetzung mit der Arbeitstätigkeit auf dem Hintergrund interindividueller Differenzen zu gewährleisten“ (Ulich 1978b, 568). Tatsächlich genügt es aber nicht, durch das einmalige Angebot verschiedener Arbeitssysteme allfällige interindividuelle Differenzen zu berücksichtigen. Vielmehr bedarf das Prinzip der differentiellen Arbeitsgestaltung der Ergänzung durch das Prinzip der dynamischen Arbeitsgestaltung. „Damit ist die Möglichkeit der Erweiterung bestehender oder der Schaffung neuer Arbeitssysteme gemeint sowie die Möglichkeit des Wechsels zwischen den verschiedenen Arbeitssystemen“ (a.a.O., 568), um so auch intraindividuellen Differenzen über die Zeit gerecht werden zu können.

Aus den Untersuchungen von Nachreiner et al. (1976) sowie von Kuhn und Spinas (1979) u. a. geht deutlich hervor, daß die Mehrheit der jeweils Befragten unter verschiedenen vorgestellten Arbeitsstrukturen denjenigen mit größeren Handlungs- und Gestaltungsspielräumen den Vorzug gibt. Kuhn und Spinas konnten auch zeigen, „daß sich die in den Antworten auf allgemeine und undifferenzierte Fragen zum Ausdruck kommende, verbreitete Ablehnung gegenüber Veränderungen mit der Vorgabe von konkreten, neue Perspektiven eröffnenden Alternativen weitgehend ändert“ (a.a.O., 15).

In Zusammenhang mit Konzepten persönlichkeitsförderlicher Arbeitsgestaltung stellt sich darüber hinaus vor allem die Frage nach den Möglichkeiten einer Beteiligung der Beschäftigten am Prozess der Arbeitsstrukturierung. Dabei kommt der Frage nach der Beschaffenheit von Informationen, die entsprechende Handlungsbereitschaften auslösen können, vorrangige Bedeutung zu. Handlungsintentionen werden offenbar am ehesten durch Informationen ausgelöst, die eine Soll-Ist-Differenz erkennbar werden lassen. Um zu verhindern, daß eine derartige Soll-Ist-Differenz im Sinne der Reduktion von kognitiven Dissonanzen etwa durch Anspruchsniveaureduzierung wieder abgebaut wird, muß die entsprechende Information darüber hinaus auch Aussagen über mögliche Handlungsergebnisse und deren Auftretenswahrscheinlichkeit enthalten. „Was zum Handeln motiviert, sind demnach Anreizwerte der vorweggenommenen Folgen des voraussichtlichen Ergebnisses eigener Handlungen“ (Heckhausen 1977, 297).

Eine der Möglichkeiten, die damit angesprochenen Probleme adäquat anzugehen, stellt die, auf einen Vorschlag von Emery und Emery (1976) zurückgehende, von uns (Ulich 1981) so genannte Subjektive Tätigkeitsanalyse (STA) dar. Diese Vorgehensweise hat sich in sehr unterschiedlichen Anwendungsbeispielen als geeignet erwiesen, Soll-Ist-Differenzen bewußt zu machen, entsprechende Handlungsbereitschaften auszulösen und damit ein partizipatives Design zu ermöglichen, mit dessen Hilfe alternative Arbeitsstrukturen gemeinsam erarbeitet und bewertet werden können (vgl. Ulich 1978a, 1981, Alioth 1980a, Baitsch 1985).

Die Subjektive Tätigkeitsanalyse wird als eine Vorgehensweise verstanden, mit deren Hilfe die Subjektposition der Beschäftigten zur Geltung gebracht, Qualifizierungsbarrieren abgebaut und Qualifizierungsbereitschaften ausgelöst werden können (vgl. zu arbeitspsychologischen Qualifizierungskonzepten

Frei und Baitsch 1979, Baitsch und Frei 1980, Frei, Duell und Baitsch 1984, Duell und Frei 1986). Mit der Subjektiven Tätigkeitsanalyse sollen zugleich Voraussetzungen dafür geschaffen werden, daß objektive Tätigkeitsspielräume nicht nur erkannt und genutzt, sondern auch Möglichkeiten ihrer Erweiterung wahrgenommen und realisiert werden. Die STA ist also kein Ersatz für eine Analyse der objektiven Arbeitsbedingungen.

4 *Merkmale der Arbeit und Maßnahmen der Arbeitsstrukturierung*

Durch die sogenannte ‚wissenschaftliche Betriebsführung' (Taylor 1911, 1977) wurden Arbeitsformen postuliert, die infolge extremer Partialisierung und ständiger Wiederholung gleicher Tätigkeitselemente minimale Anforderungen an die Qualifikation des Arbeiters stellen; dadurch wurde dessen Anlernzeit auf ein Minimum reduziert und der Arbeiter selbst jederzeit austauschbar.

Auswirkungen tayloristischer Arbeitsstrukturierungskonzepte für die Persönlichkeitsentwicklung der davon Betroffenen wurden vielfach beschrieben. Wie Untersuchungen aus den letzten drei Jahrzehnten (vgl. dazu auch Frese, Greif und Semmer 1978) zeigen, können die mit diesem Verständnis von Rationalisierung verbundenen Einschränkungen von Handlungs- und Gestaltungsspielräumen

- „... zu Störungen im Wohlbefinden und zu andauernden psychischen und körperlichen Beschwerden ...,
- ... zu einem Abbau der intellektuellen Leistungsfähigkeit, insbesondere der geistigen Beweglichkeit ...,
- ... zu einem passiven Freizeitverhalten sowie zu geringem Engagement im politischen und gewerkschaftlichen Bereich ..." führen und sich auch darauf auswirken,
- „... wie jemand seine Kinder erzieht ..." (Volpert 1983, 83f.).

In Übereinstimmung mit den frühen Hinweisen von Lewin und Lipmann sind nach den Ergebnissen von Kohn unter allen „strukturellen Imperativen der Arbeit ... diejenigen am wichtigsten für die Persönlichkeit, die darüber entscheiden, wieviel Gelegenheit der Beschäftigte zu beruflicher Selbstbestimmung hat, ja, inwieweit diese sogar notwendig ist" (Kohn 1985, 46). Als zentrale Aspekte der beruflichen Selbstbestimmung werden inhaltliche Komplexität der Arbeit, Strenge der Überwachung und Grad der Routinisierung genannt. Die strukturellen Imperative sind „ Bestandteile der Arbeitsstruktur" und hängen „von der Verortung des Arbeitsplatzes in den ökonomischen und gesellschaftlichen Strukturen ab. Imperative sind diese Arbeitsbedingungen insofern, als sie berufliche Realitäten definieren, denen jeder Beschäftigte gegenübersteht" (a.a.O.).

Damit stellt sich u. a. die Frage, wie Arbeitsaufgaben konkret gestaltet werden sollten, damit Aufgabenorientierung und Selbstbestimmung überhaupt entstehen können. Aus den Konzepten von Hackman und Oldham (1976) sowie von Emery und Thorsrud (1969, 1982) lassen sich die folgenden fünf Gestaltungsmerkmale ableiten: (1) Ganzheitlichkeit, (2) Anforderungsvielfalt, (3) Kooperationserfordernis, (4) Lernmöglichkeiten und (5) Autonomie.

Die genannten Merkmale der Aufgabengestaltung finden sich in unterschiedlicher Ausprägung in den zentralen Arbeitsstrukturierungsmaßnahmen wieder. Diese Maßnahmen lassen sich als unterschiedliche Formen individueller oder kollektiver Aufgabenerweiterung beschreiben. Sie können die den Tätigkeitsspielraum im Bereich der Arbeit konstituierenden Dimensionen Handlungsspielraum, Gestaltungsspielraum und Entscheidungsspielraum betreffen (Ulich 1972, 1984).

Die individuelle Aufgabenerweiterung (job enrichment sensu Herzberg, Mausner & Snyderman 1959) besteht darin, strukturell verschiedenartige Tätigkeitselemente – z. B. Planungs-, Ausführungs- und Kontrollfunktionen – in eine umfassendere Aufgabe zu integrieren, die in jedem Fall auch kognitive Elemente im Sinne von Denkleistungen mit antizipatorischen Anforderungen einschließt. Damit entspricht die individuelle Aufgabenerweiterung der von uns – im Unterschied zur fragmentierenden Rationalisierungsstrategie – so genannten integrierenden Rationalisierungsstrategie (Ulich 1983c, 1985; vgl. auch Ulich, Troy and Alioth, im Druck). Diese Strategie intendiert die Wiederherstellung der Einheit von Planen, Ausführen und Kontrollieren (vgl. dazu auch das von Volpert in diesem Band diskutierte Konzept der ‚vollstandigen Handlung').

Die kollektive Aufgabenerweiterung führt zur Bildung von teilautonomen Arbeitsgruppen (autonomous groups sensu Herbst 1962), denen ein möglichst abgeschlossener Aufgabenbereich zur Erledigung in eigener Verantwortung übertragen wird. Abhängig davon, welche Entscheidungsbefugnisse den Gruppen übertragen werden, sind unterschiedliche Grade von Autonomie vorfindbar (*Anmerkung 3*).

Susman (1976) hat die in diesem Zusammenhang relevanten Entscheidungsbefugnisse in drei Kategorien zusammengefaßt: (1) Entscheidungen der *Selbstregulation* sind arbeitsbedingt und dienen der Regulation des Systems; (2) Entscheidungen der *Selbstbestimmung* betreffen die Unabhängigkeit der Arbeits-

	Die Gruppe hat Einfluß auf ihre qualitativen Ziele	Die Gruppe hat Einfluß auf ihre quantitativen Ziele	Die Gruppe entscheidet Fragen der Vertretung nach außen	Die Gruppe entscheidet über die Annahme von zusätzlichen Arbeiten	Die Gruppe entscheidet, wann sie arbeiten will	Die Gruppe entscheidet über Fragen der Produktionsmethoden	Die Gruppe bestimmt die interne Aufgabenverteilung	Die Gruppe entscheidet über Fragen von Neueinstellungen	Die Gruppe entscheidet über Fragen der internen Führung	Die Gruppenmitglieder bestimmen über ihre eigenen Produktionsmethoden
	1a	1b	6b	2c	2b	3	4	5	6a	7
Holzfällergruppe	−	+	+	+	+	+	+	+	+	+
Kohle-Bergbau-Gruppe	−	+	+	+	+	+	+	+	+	+
Elektr. Heizofen-Gruppe	−	+	+	+	+	+	+	+	+	+
ALFA-Ofen-Gruppe	−	−	−	+	+	+	+	+	+	+
ALFA-Steinhauer-Gruppe	−	−	−	+	+	+	+	+	+	+
Druckfedergruppe	−	−	−	−	−	0	+	+	+	+
Schmelzofengruppe	−	−	−	−	−	−	+	+	+	+
Galvanisierungsgruppe	−	−	−	−	−	−	−	−	−	+

Abb. 1: Autonomiegrad in acht verschiedenen autonomen Arbeitsgruppen (nach: Gulowsen 1972, 387).

gruppe und ergeben sich nicht zwingend aus dem Arbeitsprozess; (3) Entscheidungen der *Selbstverwaltung* betreffen die materiellen und hierarchischen Interessen der Gruppenmitglieder und sind aus Machtkonstellationen oder Wertvorstellungen abgeleitet.

Interpretiert man die in Abbildung 1 nach Gulowsen (1972) dargestellte Skala der Autonomiegrade verschiedener realer Arbeitsgruppen an Hand der Entscheidungskategorien von Susman, so wird einerseits deutlich, daß Entscheide auf der Ebene der individuellen Selbstregulation (7) eine Voraussetzung für Entscheide der kollektiven Selbstregulation (6a, 5, 4) darstellen. Andererseits ist die Übertragung von Entscheidungen der Selbstbestimmung (3, 2b, 2c) an Arbeitsgruppen offenbar nur zu erwarten, wenn diese auch die direkt arbeitsbezogene Selbstregulation übernehmen. Entscheidungen der Selbstverwaltung (6b, 1b) treten schließlich nur zusammen mit den beiden anderen Entscheidungskategorien auf. Mit dieser Zuordnung wird die von Gulowsen vorgelegte Guttman-Skala plausibel interpretierbar (Alioth und Ulich 1981).

Über Bedingungen und Auswirkungen von Maßnahmen der Arbeitsstrukturierung wird in zahlreichen zusammenfassenden Publikationen berichtet, z. B. von Thorsrud & Emery (1970), Maher (1971), Davis & Taylor (1972), Ulich, Groskurth & Bruggemann (1973), De Jong (1974), Davis & Cherns (1975), Aguren, Hansson & Karlsson (1976), Gaugler, Kolb & Ling (1977), den Hertog (1978), International Labour Office (1979), Aguren & Edgren (1980), Kleinbeck & Ernst (1981), Sandberg (1982), Gottlieb Duttweiler-Institut (1983).

Cummings, Molloy und Glen (1977) haben darauf hingewiesen, daß die berichteten Auswirkungen von Arbeitsstrukturierungsmaßnahmen häufig nur ungenügend auf interne und externe Validität geprüft wurden. In Übereinstimmung damit hat Nachreiner (1980) auf die Artefaktträchtigkeit von Arbeitsstrukturierungsexperimenten aufmerksam gemacht und insbesondere die zumeist fehlende Verwendung von Kontrollgruppen bemängelt. Demgegenüber hat Hansson (1972) schon früher grundsätzliche Einwände gegen die Einführung von Kontrollgruppen bei langfristigen Feldexperimenten solcher Art formuliert. Nach unserer Auffassung entscheidet die je konkrete Fragestellung darüber, ob und in welcher Weise die hier vorgetragenen methodologischen Postulate zu berücksichtigen sind.

Zur Veranschaulichung wird im folgenden über zwei Beispiele für Arbeitsstrukturierung berichtet, die an anderer Stelle bereits ausführlicher dargestellt wurden.

Das erste Beispiel betrifft die Umrüstung einer schwedischen Autokarosseriefabrik, in der im Jahre 1975 die herkömmliche Fließbandstruktur durch ein an soziotechnischen Konzepten orientiertes System teilautonomer Arbeitsgruppen abgelöst wurde (vgl. Ulich 1983a). Den aus überwiegend angelernten Arbeitern bestehenden Gruppen wurde ein umfassendes Aufgabenpaket zur Erledigung in eigener Verantwortung übertragen (vgl. Abbildung 2).

Die Gruppen vertreten sich nach außen durch eine Kontaktperson, die zusätzliche, nicht direkt produktive Aufgaben wahrzunehmen hat und deren Funktion im wöchentlichen Wechsel zwischen allen Gruppenmitgliedern rotiert. Jede Gruppe ist zugleich eine eigene Kostenstelle, und je drei bis vier Gruppen bilden einen Meisterbereich. Daß sich mit den Veränderungen der Ablauforga-

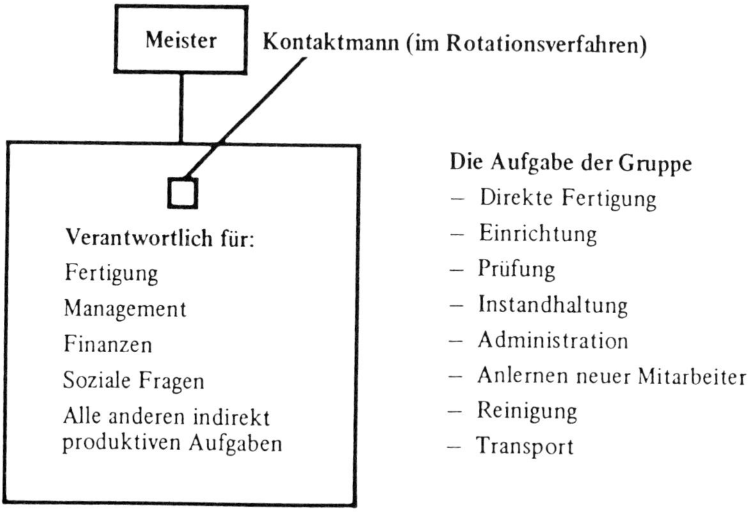

Abb. 2: Gruppenorganisation, Arbeitsaufgabe und Verantwortlichkeit (nach Angaben der Betriebsleitung, Saab-Karosseriefabrik Trollhättan)

nisation zugleich einige Elemente der Aufbauorganisation verändert haben, geht aus der Darstellung in Abbildung 3 hervor (*Anmerkung 4*).

Nach mehr als sechsjähriger Erfahrung berichtete die Werksleitung u. a. über die folgenden betriebswirtschaftlichen Nutzeffekte: Verbesserung der Qualität und Verminderung der Kosten für Qualitätskontrolle und Nacharbeit, Verringerung des Verletzungsrisikos und Verminderung der Fluktuation, Verbesserung der Produktionsstabilität und Verminderung von Abstimmungs- und Systemverlusten. Zu den Kosteneffekten gehören die Kapitalbindung in Puffern sowie zusätzliche Investitionen für Parallelausrüstung und Einrichtung von Extrazonen für die Lagerung von Material im Produktionsbereich. Der insgesamt eindeutig belegbare betriebswirschaftliche Nutzen hat die Unternehmensleitung im Jahre 1985 veranlaßt, dieses Konzept der Arbeitsstrukturierung zum Bestandteil der Unternehmenspolitik zu erklären.

Das zweite Beispiel betrifft die Einführung der sogenannten Gruppentechnologie (vgl. dazu Spinas und Kuhn 1980) in der Teilefertigung und verweist insbesondere auf die Möglichkeiten einer neuen Kombination von ‚advanced technology and skilled production work' (Martin 1984). In diesem Fall wurden in einem deutschen Fertigungsbetrieb bisher ablauf- und aufbauorganisatorisch getrennte Bearbeitungsvorgänge wie Drehen, Fräsen und Bohren in teilautonome Fertigungsinseln integriert. Mit der Einrichtung dieser Fertigungsinseln wurden u. a. die folgenden Ziele verfolgt:

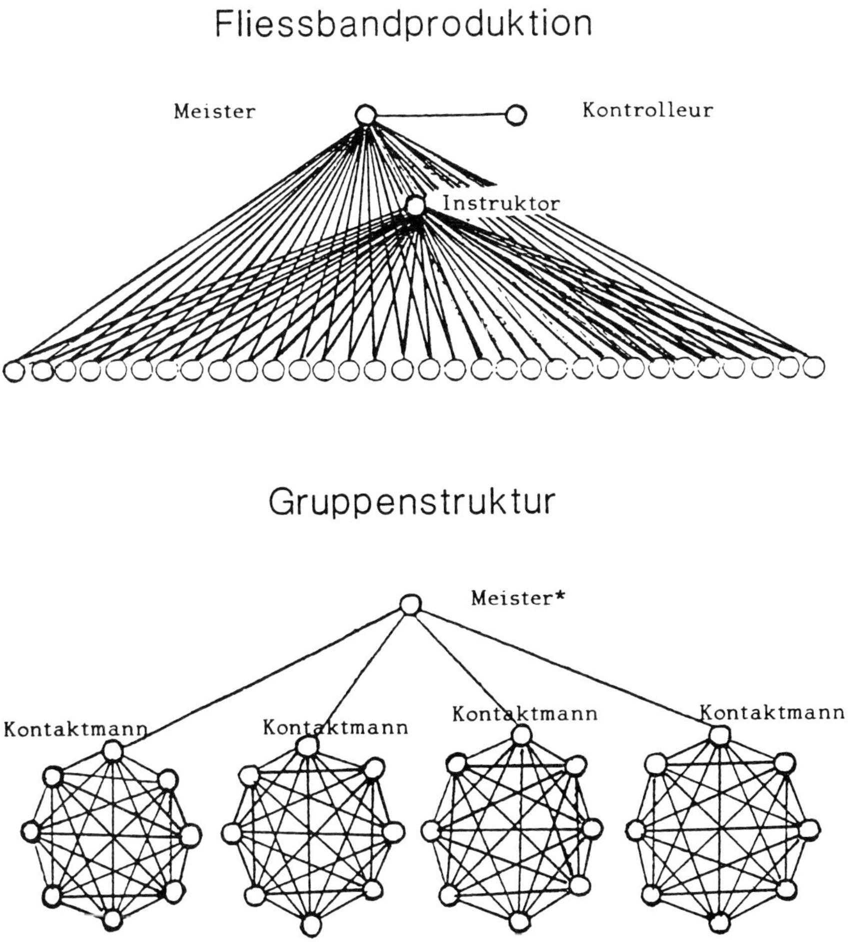

Abb. 3: Die Organisationsstruktur im Vergleich von Fließbandproduktion und Arbeit mit teilautonomen Gruppen (nach Angaben der Betriebsleitung, Saab-Karosseriefabrik Trollhättan)

- „Zusammenfassen von Arbeitsplätzen zu einer Fertigungseinheit
- vollständiges Herstellen von Teilen eines definierten Teilespektrums in Teilefamilien
- Anwendung neuester Fertigungsmethoden, verbunden mit der Verwendung herkömmlicher Maschinen für untergeordnete Arbeiten
- Verminderung der Herstellkosten um 20%
- Verringerung von Verwaltungstätigkeiten auf ein Minimum

- Verbesserung der Arbeitsbedingungen in Richtung Aufgabenerweiterung, Arbeitsbereicherung und Arbeitsplatzwechsel
- Reduzierung der Durchlaufzeiten ...“ (Gauderon 1984, 5).

Die Fertigungsinsel besteht aus je einer NC-Drehmaschine, NC-Bohr- und Fräsmaschine, Universaldrehmaschine sowie einem Schlosser- und Prüfplatz und einem Arbeitsplatz „für das Planen und Steuern der Produktion in der Fertigungsinsel mit Hilfe eines Bildschirmterminals mit Anschluß zum zentralen Mikrorechner und dem angeschlossenen Schnelldrucker“ (a.a.O.). In der Fertigungsinsel arbeiten zwei bis drei Werker mit Facharbeiterqualifikation, die alle anfallenden Aufgaben von der Materialbereitstellung bis zur Ablieferung der Teile selbständig erledigen. „Arbeiten, für die in dieser Fertigungsinsel keine Maschinen oder Einrichtungen vorhanden sind, werden von den Werkern an die übrige Fertigung untervergeben“ (Gauderon 1984, 8.). Die Verantwortung für Termineinhaltung und Qualität bleibt auch in diesen Fällen bei der Gruppe. Die genannten Ziele wurden weitgehend erreicht, teilweise sogar übertroffen. So fiel etwa die Verminderung der Herstellkosten „deutlich höher aus als erwartet“. Die positiven Erfahrungen haben dazu veranlaßt, dieses Konzept der teilautonomen Fertigungsinseln auch in einer schweizerischen Maschinenfabrik einzuführen. Als betriebswirtschaftlich relevantes Ergebnis wird hier über eine Reduzierung der Durchlaufzeiten in einigen Bereichen um mehr als 50 Prozent berichtet (Gauderon 1985).

Nach der von Grob und Haffner (1982, 29) vertretenen Auffassung ist es allerdings „falsch, größere Betriebsbereiche einheitlich zu strukturieren“. Unter Verweis auf das Prinzip der differentiellen Arbeitsgestaltung (Ulich 1978b, 1983d) postulieren sie, dem Mitarbeiter müsse „eine breite Palette unterschiedlicher Arbeitsstrukturen angeboten werden“ (a.a.O.). In der Realisierung dieses Postulats haben Zülch und Starringer (1984, 213) kürzlich „diejenige Alternative vorgestellt, die sich bei unseren letzten Arbeitsstrukturierungsprojekten in Flachbaugruppen-Fertigungen als die beste Lösung herausgestellt hat, weil sie sowohl die monetären als auch die nicht monetären Zielkriterien am besten erfüllt: die Form der differentiellen Arbeitsgestaltung“. In den von Zülch und Starringer beschriebenen BLUME-Gruppen (*B*estücken, *L*öten *u*nd *M*ontieren als *E*inheit) arbeiten typischerweise fünf Arbeiterinnen zusammen. Dem Prinzip der differentiellen Arbeitsgestaltung entsprechend ist die Bewältigung des Arbeitsauftrags in verschiedenen Arbeitsformen realisierbar: „Die Möglichkeiten reichen von technologisch voneinander getrennten Einzelarbeitsplätzen bis hin zu Fertigungsnestern, bei denen jedes Gruppenmitglied alle vorkommenden Tätigkeiten beherrscht“ (Zülch und Starringer 1984, 214). Zu den betriebswirtschaftlich relevanten Effekten gehört nach der Erfahrung der Autoren aus mehreren Projekten „eine Senkung der Durchlaufzeiten und der Werkstattbestände auf jeweils die Hälfte des vorhergehenden Wertes" (a.a.O., 215).

Schließlich ist aber nicht zu übersehen, daß trotz im einzelnen vielfach belegbarer betriebswirtschaftlicher Vorteile Maßnahmen der Arbeitsstrukturierung noch häufig auf Widerstand stoßen. Der Hauptgrund dafür läßt sich an einem von Emery und Thorsrud (1982) mitgeteilten Fall aufzeigen. In einem Zweigwerk eines norwegischen Unternehmens der elektrotechnischen Industrie wurde ein Experiment mit teilautonomen Gruppen durchgeführt. Innerhalb des ersten Versuchsjahres stieg die Produktivität um 20 Prozent, im darauf folgenden Jahr noch einmal um 10 Prozent. Eine Diffusion der unbestritten produktivitätsfördernden neuen Arbeitsstruktur auf das Hauptwerk wurde von der Unternehmensleitung jedoch abgelehnt, weil die dort beschäftigten Arbeiter – die aber offenbar niemand gefragt hatte – an alternativen Arbeitsstrukturen nicht interessiert seien und weil individuelle Akkordlöhne für die Aufrechterhaltung der Produktivität erforderlich seien. Daß es hier – wie in vielen anderen Fällen – tatsächlich um Fragen der Aufrechterhaltung von Menschenbildern und Machtstrukturen geht, formulieren Emery und Thorsrud (1982, 120) so: „Rückblickend ist leicht zu erkennen, daß es in Wirklichkeit um die Grundvorstellungen des Managements hinsichtlich der Arbeitsorganisation ging". Dies ist insofern verständlich, als Konzepte der Arbeitsstrukturierung, insbesondere solche der Arbeit in teilautonomen Gruppen, über Partizipation und Enthierarchisierung die Stärkung der Subjektposition der Beschäftigten tatsächlich mehr oder weniger explizit intendieren.

Andererseits ist aber auch nicht zu übersehen, daß Konzepte der Arbeitsstrukturierung in verschiedenen Bereichen der Wirtschaft auf zunehmendes Interesse stoßen. So berichten Kern und Schumann (1984), die diese Ansätze als ‚neue' Produktionskonzepte bezeichnen, daß in den industriellen Kernsektoren der BRD Prinzipien der Aufgabenintegration „schon ein Stück Wirklichkeit sind und daß sich in diesen Branchen die weitere Produktions- und Arbeitsgestaltung zumindest auch an solchen Ansätzen orientieren wird" (Kern und Schumann 1984, 315). Für die Automobilindustrie konstatieren sie sogar eine „Trendwende in der Arbeitsgestaltung" (a.a.O., 316). Durch den ganzheitlichen Aufgabenzuschnitt – und dies gelte für die Kernsektoren Automobilindustrie, Werkzeugmaschinenbau und Chemische Industrie insgesamt – werden „neue Produktivkräfte" erschlossen.

In diesem Zusammenhang ist auch das Ergebnis einer Analyse der Begründungen für die Einführung von Arbeitsstrukturierungskonzepten in der schweizerischen Industrie interessant (Ulich 1983b, vgl. auch Alioth 1984). (*Anmerkung 5*). Die Gründe für die Beschäftigung mit alternativen Arbeitsformen sind danach vorwiegend in akuten oder antizipierten betrieblichen Problemen zu suchen. Die häufiger genannten sind:

- Erhöhung der Flexibilität der Produktion durch polyvalente Mitarbeiter, besonders relevant seit der offensichtlichen Zunahme von Auftragsschwankungen;
- Sicherung bzw. Erhöhung der Attraktivität der Arbeit trotz Rationalisierung und Automatisierung, im Hinblick auf die infolge Wertwandels höheren Ansprüche der heutigen und zukünftigen Arbeitnehmer;
- Erhalten und Ausbauen bestehender Qualifikationen im Hinblick auf die Bewältigung des technologischen Wandels.

Damit wird – ebenso wie aus den Ergebnissen von Kern und Schumann – deutlich, daß Arbeitsstrukturierungskonzepte nunmehr zum Bestandteil einer alternativen betrieblichen Rationalisierungsstrategie geworden sind. Für die Arbeitspsychologie, die diese Konzepte seit einigen Jahrzehnten formuliert und vorgetragen hat, stellt sich vor allem die Frage nach deren Auswirkungen auf die Entwicklung der Persönlichkeit.

5 *Arbeitsgestaltung und Persönlichkeitsentwicklung*

Daß die Arbeitssituation zu denjenigen Faktoren gehört, die die Entwicklung des Menschen im Erwachsenenalter quantitativ und qualitativ nachhaltig zu beeinflussen vermögen, wurde bereits sehr früh in anderen wissenschaftlichen Disziplinen vermutet (z. B. Adam Smith 1776, Karl Marx 1862); aber auch schon in den Anfängen der arbeitspsychologischen Theoriebildung finden sich Hinweise darauf (vgl. etwa Münsterberg 1912, Eliasberg 1921, Lewin 1920 oder Lipmann 1932). Erste empirische Untersuchungen stammen denn auch aus dieser Zeit (z. B. Wunderlich 1925). Dennoch entwickelt sich erst seit Mitte der sechziger Jahre ein systematischeres Interesse an dieser Fragestellung, welches sich in einer seit Mitte der siebziger Jahre stark ansteigenden Anzahl von theoretischen und empirischen Studien niederschlägt.

Trotz erkannter Relevanz der Thematik ist der Stand der Forschung nach wie vor durch erhebliche Mängel und Lücken gekennzeichnet. Die auch von einschlägigen Forschern geübte Kritik bezieht sich auf zwei, voneinander nicht unabhängige Ursachenbündel:

- Mängel in der Theoriebildung zur Persönlichkeit und Persönlichkeitsentwicklung in explizitem Bezug auf die Arbeitstätigkeit; es liegen eher heterogene Konzeptionen zu mehr oder minder umfangreichen Einzelaspekten vor;

- empirische Mängel, die sich in der Beschränkung auf nicht immer theoretisch begründete, sondern nach der Untersuchbarkeit ausgewählte, oft miteinander unverbundene Einzelaspekte der Persönlichkeit sowie im Bezug auf unspezifische, häufig voneinander isolierte Merkmale der unmittelbaren Arbeitssituation abbilden (vgl. etwa Hoff 1985, Kohn 1985).

Im einzelnen läßt sich zum Stand der Forschung anmerken, daß häufig soziologisch ausgerichtete Konzeptionen von Arbeit relativ unvermittelt in Verbindung mit meist psychologischen Konzeptionen von Persönlichkeit gebracht werden; daß die untersuchten Variablen oft isoliert voneinander behandelt werden und sich inhaltlich jeweils auf einige wenige Untersuchungsdimensionen beschränken; daß die Aggregationsebene der untersuchten Merkmale der Arbeitssituation meist niedrig ist (d. h. auf die unmittelbare Arbeitssituation bezogen), während die Aggregationsebene der untersuchten Persönlichkeitsmerkmale oft hoch angesetzt wird (i. S. situationsunabhängig gedachter Eigenschaften, Einstellungen etc.); daß die objektive Arbeitssituation oft nicht getrennt von deren subjektiver Repräsentation erfaßt wird und Wechselbeziehungen zwischen beiden Dimensionen weitgehend vernachlässigt werden; daß einmalige Messungen vorherrschen; selbst bei mehrmaligen Messungen wird der eigentliche Vermittlungsprozeß zwischen Arbeitstätigkeit und Persönlichkeit aus der Untersuchung ausgeklammert, womit sich bestenfalls korrelationsstatistische Aussagen machen lassen.

Die Übersicht in Abbildung 4 gibt einen Überblick über die inhaltlichen Schwerpunkte einer Reihe von Untersuchungen.

Betrachtet man die vorliegenden empirischen Studien, so zeigt sich trotz aller theoretischen und methodologischen Probleme, trotz unterschiedlicher Herkunft und schwieriger Vergleichbarkeit, daß die Ergebnisse praktisch ausnahmslos eine ähnliche Tendenz aufweisen: Geringe Restriktivität in arbeitsplatz- und berufsbezogenen Dimensionen korreliert positiv mit als vorteilhaft bewerteten Ausprägungen psychologischer Dimensionen.

Die Frage, welche Aspekte bzw. Dimensionen der Persönlichkeit in der Auseinandersetzung mit der Arbeitstätigkeit – und das heißt auch: durch Arbeitsstrukturierung – gefördert werden können, ist beim bisherigen Stand der Forschung nicht abschließend beantwortbar. Ein Vergleich der Ergebnisse bisher vorliegender Untersuchungen (z. B. Bruggemann 1979, Kohn und Schooler 1973, 1978, 1982, Ulich 1983a, Baitsch 1985) zeigt jedoch, daß Freisetzungen von Entwicklungspotentialen hauptsächlich die folgenden Aspekte betreffen: (1) die kognitive Kompetenz, (2) die soziale Kompetenz, (3) das Selbstkonzept und (4) die Leistungsmotivation.

	mental health	Selbstvertrauen Kompetenzbewußtsein	Intelligenz intelektuelle Flexibilität	Moralbewußtsein	soziale Kompetenz	internale Kontrolle	intrinsische Motivation	Kreativität	Erweiterung fachlicher Qualifikation
erforderliches Qualifikationsniveau	Gardell 1978, Kornhauser 1965, Marstedt & Schahn 1977	Alioth 1980, Baitsch 1985, Baitsch & Frei 1980, Gardell 1971, Kohn & Schooler 1973, 1982, Fricke et al. 1981, Marstedt & Schahn 1977, Stubbe & Tine 1977, Ulich 1978a, 1983a	Baitsch 1985, Kohn & Schooler 1973, 1982, Schleicher 1973	Baitsch 1985, Kohn & Schooler 1973, 1982	Alioth 1980, Baitsch 1985, Kornhauser 1965		Rousseau 1977, Stubbe & Tine 1977, Ulich 1978a, Ulich 1983a	Baitsch & Frei 1980	Alioth 1980, Baitsch 1985, Baitsch & Frei 1980, Fricke et al. 1981, Marten 1970, Triebe 1978, Ulich 1978a, Ulich 1983a
Tätigkeitsspielraum	Wall & Clegg 1981	Alioth 1980, Baitsch 1985, Baitsch & Frei 1980, Lankenau 1984, Kohn & Schooler 1973, 1983, Fricke et al. 1981, Preuss 1975, Ulich 1978a, Ulich 1983a	Baitsch 1985, Kohn & Schooler 1973, 1982	Baitsch 1985, Kohn & Schooler 1973, 1982	Alioth 1980, Baitsch 1985, Ulich 1978a, Ulich 1983a, Wall & Clegg 1981		Oldham 1976, Rousseau 1977, Ulich 1978a, Ulich 1983a, Wall & Clegg 1981	Baitsch & Frei 1980	Alioth 1980, Baitsch 1985, Baitsch & Frei 1980, Fricke et al. 1981, Kund & Schmidt 1972, Triebe 1978, Ulich 1978a, Ulich 1983a, Wall & Clegg 1981

Problem-haltigkeit der Arbeitsinhalte		Baitsch 1985, Baitsch & Frei 1980, Gardell 1971, Kohn & Schooler 1973, 1982, Fricke et al. 1981, Morse 1975, Mortimer & Lorence 1979, Ulich 1978a, Ulich 1983a	Baitsch 1985, Kohn & Schooler 1973, 1982	Baitsch 1985, Kohn & Schooler 1973, 1982	Alioth 1980, Baitsch 1985, Rousseau 1977, Ulich 1978a, Ulich 1983a, Wall & Clegg 1981		Oldham 1976, Rousseau 1977, Ulich 1978a, Ulich 1983a, Wall & Clegg 1981	Baitsch & Frei 1980	Baitsch 1985, Baitsch & Frei 1980, Fricke et al. 1981, Kund & Schmidt 1972, Neubert & Tomczyk 1976, Oldham 1976, Triebe 1978, Ulich 1978a, Ulich 1983a
Entscheidungs- und Kontroll-spielraum (individuell, kollektiv)	Gardell 1971, Kornhauser 1965	Alioth 1980, Baitsch 1985, Baitsch & Frei 1980, Lankenau 1984, Kohn & Schooler 1973, 1982, Fricke et al. 1981, Ulich 1978a, Ulich 1983a	Kohn & Schooler 1973, 1982, Baitsch 1985	Kohn & Schooler 1973, 1982, Baitsch 1985	Alioth 1980, Baitsch 1985, Ulich 1978a, Ulich 1983a, Wall & Clegg 1981		Oldham 1976, Preuss 1975, Rousseau 1977, Stubbe & Tine 1977, Ulich 1978a, Ulich 1983a, Wall & Clegg 1981		Alioth 1980, Baitsch 1985, Baitsch & Frei 1980, Dittmayer et al. 1976, Kund & Schmidt 1972, Marten 1970, Neubert & Tomczyk 1976, Oldham 1976, Preuss 1975, Triebe 1978, Ulich 1978a, Ulich 1983a

	mental health	Selbstvertrauen Kompetenzbewußtsein	Intelligenz intelektuelle Flexibilität	Moralbewußtsein	soziale Kompetenz	internale Kontrolle	intrinsische Motivation	Kreativität	Erweiterung fachlicher Qualifikation
Interaktionsspielraum		Alioth 1980, Baitsch 1985, Marstedt & Schahn 1977, Ulich 1978a, Ulich 1983a, Wall & Clegg 1981	Baitsch 1985	Baitsch 1985	Alioth 1980, Baitsch 1985, Ulich 1978a, Ulich 1983a		Ulich 1978a, Ulich 1983a, Wall & Clegg 1981		Alioth 1980, Baitsch 1985, Baitsch & Frei 1980, Ulich 1978a, Ulich 1983a, Wall & Clegg 1981
Belastungen		Fricke et al. 1981							Fricke et al. 1981
beruflicher Status		Kohn & Schooler 1973, 1982	Kohn & Schooler 1973, 1982	Kohn & Schooler 1973, 1982		Andrisani & Nestel 1976			Triebe 1978
Einkommen	Kornhauser 1965	Gardell 1971, Ekvall 1976, Mortimer & Lorence 1979				Andrisani & Nestel 1976		Ekvall 1976	

Abb. 4: Untersuchungen zum Zusammenhang von Aspekten der Arbeitssituation und Persönlichkeitsentwicklung

Der kausale Einfluß der Arbeitsbedingungen auf die Persönlichkeitsentwicklung kann selbstverständlich nur in Längsschnittstudien adäquat erfaßt werden. Die Anzahl derartiger Studien ist tatsächlich noch gering. Ihre Ergebnisse stützen indes „völlig übereinstimmend die Behauptung, daß die Arbeit einen Einfluß auf die Persönlichkeit hat (vgl. Kohn und Schooler 1983a, Mortimer und Lorence 1979, Andrisani und Abeles 1976, Andrisani und Nestel 1976, Brousseau 1978, Lindsay and Knox 1984). Die Auswirkungen der Arbeitsbedingungen auf die Persönlichkeit erreichen eine alles andere als triviale Grössenordnung, insbesondere, wenn man berücksichtigt, wie konstant die Persönlichkeitsdimensionen sind, die in diesen Untersuchungen erforscht wurden" (Kohn 1985, 45). Im übrigen spricht nach Kohn (1985, 47) „eine zunehmende Anzahl von Befunden ... dafür, daß die Arbeitsbedingungen die Erwachsenenpersönlichkeit hauptsächlich mittels eines direkten Lern- und Generalisierungsprozesses beeinflussen".

Stellvertretend seien die Ergebnisse einiger Untersuchungen etwas näher beschrieben.

Bereits 1925 beschäftigte sich Wunderlich mit der „Einwirkung einförmiger zwangsläufiger Arbeit auf die Persönlichkeitsstruktur". Aufgrund seiner Experimente kam er zu einer Klassifizierung in drei Typen der unterschiedlichen Einstellung zu einförmigen Arbeitsanforderungen (verstanden als „Konstitutionsbeschaffenheit"). Wenngleich dies sowie die daraus resultierende Forderung nach entsprechender Selektion heute kaum mehr vertretbar erscheint, so ist doch die Erkenntnis von Wunderlich, daß eine mangelhafte Übereinstimmung von Bedingungen der Arbeitssituation und der Person zu tiefgreifenden Folgen für die Person („Entpersönlichung") führt, bemerkenswert.

Kornhauser (1965) führte in den fünfziger Jahren Erhebungen durch, um die negativen Auswirkungen von Arbeitsbedingungen auf die psychische Gesundheit (mental health) überprüfen zu können. Dabei identifizierte er insbesondere das geforderte Qualifikationsniveau der Arbeitstätigkeit als Quelle von mehr oder weniger Selbstbewußtsein sowie als Quelle sozialer und personaler Identität.

Brousseau (1975), der im Abstand von sechs Jahren Daten bei mittleren und höheren Angestellten erhob, legte Befunde vor, die darauf hindeuten, daß eine aktive Orientierung und Freiheit von Depressionen dann vermehrt zu beobachten sind, wenn die Arbeitstätigkeiten durch Ganzheitlichkeit gekennzeichnet sind, wenn die Befragten ihre Leistung selbst kontrollieren können und sie selbst die soziale Bedeutung ihrer Arbeit als hoch einschätzen. Ähnliche Zusammenhänge stellt auch Oldham (1976) fest, wenn er hohe Korrelationen zwischen Autonomie, Bedeutung der Arbeit für andere, Ganzheitlichkeit der

Aufgaben und Variabilität der erforderlichen Fertigkeiten einerseits und intrinsischer Motivation, Zufriedenheit mit Kollegen und Vorgesetzten sowie Bedürfnis nach weiterer Entwicklung am Arbeitsplatz nachweist (*Anmerkung 6*).

Karasek (1979) konnte mit Hilfe seines Modells der Stressbewältigung in der Arbeitssituation aufzeigen, daß die Kombination von hohen Arbeitsanforderungen (etwa Intensität der Arbeit) mit einem kleinen Entscheidungs- und Kontrollspielraum zu Streßsymptomen und entsprechendem Verhalten führt. Hingegen führt eine hohe Intensität der Arbeit bei einem großen Kontrollspielraum nicht zu unerwünschten psychischen Beanspruchungen. Zu vergleichbaren Ergebnissen kommen auch Betschart et al. (1985), wenn sie die bis in die private Lebenswelt hinreichenden negativen Auswirkungen eines kleinen Tätigkeitsspielraumes beschreiben. Theoretische Modelle zu dieser Problematik und ihrer Verbindung zu psychischen Beschwerden werden etwa von Marstedt und Schahn (1977) sowie von Frese (1977) vorgelegt. Im übrigen legen die Ergebnisse von Karasek nahe, daß der durch die Arbeitssituation begründete Streß ohne Leistungsverlust reduziert werden kann, wenn der Entscheidungs- und Kontrollspielraum vergrößert wird (vgl. dazu auch Ulich 1981 a).

Die Frage nach dem Einfluß der Arbeit auf intellektuelle Fähigkeiten war Gegenstand mehrerer Untersuchungen. Schleicher (1973) fand in einer Querschnittsuntersuchung Hinweise dafür, daß die intellektuellen Anforderungen in der Arbeitstätigkeit die Intelligenzleistung Erwachsener nicht unerheblich beeinflussen. Analog hierzu stellte Moeller (1966, 102) fest, daß Arbeiterinnen, die mit Hilfsarbeiten beschäftigt werden, einem Prozess „permanenter Verdummung" unterliegen. Mit den Arbeiten von Kohn und Schooler (1973, 1978) liegen zu diesem Aspekt erstmals Längsschnittdaten vor. Sie untersuchten im Abstand von zehn Jahren an einer für die USA repräsentativen Stichprobe von berufstätigen Männern die Zusammenhänge zwischen der Arbeitssituation (Einschätzung von sieben arbeitsplatzbezogenen Dimensionen durch die Befragten selbst) und verschiedenen Persönlichkeitsaspekten. Dabei ergaben sich klare Hinweise auf reziproke Beziehungen zwischen Bedingungen der Arbeitssituation und Persönlichkeitsvariablen. So scheint insbesondere die inhaltliche Komplexität der Arbeit einen Beitrag zur Erhaltung und Steigerung der intellektuellen Flexibilität zu leisten, der in seinem Gewicht jenem der Bildung gleichkommt. Gleichzeitig kann die Forschergruppe um Kohn jedoch auch Langzeiteffekte der Persönlichkeit auf die Arbeitsbedingungen – und damit die Reziprozität dieser Beziehung – nachweisen (vgl. Kohn und Schooler 1982).

Ulich, Groskurth und Bruggemann (1973) wie auch Den Hertog (1978) verweisen auf eine Reihe von betrieblichen Experimenten bzw. Felduntersuchungen, bei denen Maßnahmen der Aufgabenerweiterung sowie die Einrichtung teilautonomer Arbeitsgruppen zu positiv bewertbaren Veränderungen auf seiten der Arbeitenden geführt haben: Veränderungen der Arbeitszufriedenheit, zunehmendes Interesse an der Arbeit, verringerte einseitige Beanspruchung und dadurch abnehmende Ermüdung, Reduzierung von Monotonie, Erhöhung der arbeitsbezogenen Qualifikationen etc. Außerdem berichten die Autoren über eine Reihe von positiv bewertbaren Auswirkungen auf die betriebliche Effizienz: Verbesserung der Qualität, Abbau von Abstimmungsverlusten, Senkung der Produktionskosten, Erhöhung der Systemstabilität, Verminderung von Fluktuation und Fehlzeiten.

Auch im außerberuflichen Lebensbereich eines Arbeitenden lassen sich Wirkungen der Arbeitssituation nachweisen: Bruggemann (1979) konnte Effekte einer Arbeitsstrukturierung auf die arbeitsfreie Zeit, insbesondere auf das psychosoziale Wohlbefinden und die Interessenentwicklung, aufzeigen. Fröhlich (1978) fand, daß die Wahl der Schulart für die eigenen Kinder zunächst sehr stark von der beruflichen Stellung des Vaters abhängt. Daneben haben aber auch die Bedingungen der aktuellen Arbeitssituation eine Bedeutung: Kinder werden dann vermehrt auf weiterführende Schulen geschickt, wenn der Vater an einem Arbeitsplatz arbeitet, der durch einen großen Tätigkeitsspielraum, geringe Unterforderung oder geringes Ausmaß an notwendiger Unterordnung gekennzeichnet ist. Ebenso scheinen die Arbeitserfahrungen der Eltern das Erziehungsverhalten und die entsprechenden Wertvorstellungen zu beeinflussen (vgl. Grüneisen und Hoff 1977, Kohn 1969).

Eine Studie, die über korrelationsstatistische Aussagen hinausgehen möchte und sich den eigentlichen Vermittlungsprozeß zwischen Arbeitssituation und Persönlichkeit zum Inhalt macht, wurde von Baitsch (1985) vorgelegt. Aufbauend auf der tätigkeitspsychologischen Konzeption von Leontjew (1973, 1977, 1982) wird als theoretische Basis ein Modell der Kompetenzentwicklung in der Arbeitstätigkeit vorgeschlagen (Frei, Duell und Baitsch 1984). Als Kompetenz wird dabei das System subjektiver Voraussetzungen verstanden, das sich in der Qualität der Handlungen niederschlägt und diese reguliert. Die derart als Verlaufsqualität der psychischen Tätigkeit verstandene Kompetenz ist ein wesentliches Charakteristikum der Persönlichkeit. Inhaltlich ist damit die Verknüpfung von Werten und Attitüden mit den Motiv-Ziel-Strukturen einer Person gemeint, welche wiederum die Erfahrungen prägen und modifizieren und in Fertigkeiten, Fähigkeiten und Wissen eines Menschen einfließen. Kennzeichnend für die Qualität der psychischen Tätigkeit ist ihre Variabilität in verschiedenen Dimensionen, die gleichzeitig der Beschreibung der Entwicklung von Kompetenzen dienen. Veränderungen von Kompetenzen im Erwachsenenalter erfolgen dann am ehesten, wenn sich die gegenständlichen Bedingungen wandeln, wobei von einer komplexen und gegenseitigen Bedingtheit dieser beiden Veränderungsprozesse auszugehen ist.

Empirische Grundlage der erwähnten Studie ist ein Prozeß der Arbeitsstrukturierung. Das Datenmaterial für die eigentliche Untersuchung besteht aus objektiven Situationsdaten, jeweils individuums- und gruppenbezogenen, authentischen und provozierten verbalen und Verhaltensdaten, die innerhalb von 3 1/2 Jahren während 40 kürzeren und längeren Beobachtungsperioden erhoben wurden. Damit wurde bei acht Industriearbeitern, die in den Prozeß der Umgestaltung ihrer eigenen Arbeitssituation einbezogen worden waren, eine individuumszentrierte, hermeneutisch ausgerichtete Analyse und Rekonstruktion der Entwicklung ihrer Kompetenzen durchgeführt.

Aus dem Vergleich der Einzelfälle konnte aufgezeigt werden, daß das Zusammenspiel von drei kritischen Momenten Prozesse der Kompetenzentwicklung auslöst: (1) Es ist notwendig, daß dem Arbeitenden Widersprüche in der gegebenen Arbeitssituation bewußt werden und neue Ziele für diese Situation, die auf ein neu entwickeltes oder bislang latentes Motiv in der Arbeitstätigkeit bezogen sind, formuliert werden. (2) Damit neue Ziele entwickelt werden können, muß Information zur Verfügung stehen, die dem Entwurf von Alternativen dienen kann. (3) Der praktische Vollzug einer neuen Tätigkeit, welche die Auflösung dieser Widersprüche bzw. die Einlösung der neuen Ziele darstellt, führt schließlich zur Entwicklung von Kompetenzen. Ist nur eines dieser drei Momente nicht gegeben, so kommt es nicht zu solchen Entwicklungsprozessen.

In der o.a. Studie hieß dies konkret, daß sich die untersuchten Arbeiter – unterstützt durch ein zur kollektiven Reflexion stimulierendes Instrument (die Subjektive Tätigkeitsanalyse, vgl. Ulich 1981 b) – kollektiv über die Widersprüche in der Arbeitssituation bewußt wurden und sich damit auseinandersetzten. Daß es sich dabei um auflösbare Widersprüche handelte, erfuhren sie aus ihrem Erfolg bei der mitbestimmten Veränderung zunächst von Kontextbedingungen einerseits und durch die Vermittlung von Kenntnissen über alternative Möglichkeiten der Arbeits- und Organisationsgestaltung andererseits. In jedem Fall kam es zu einer Veränderung der Kompetenzen immer dann, wenn einer der Arbeiter seine alltägliche Arbeitstätigkeit qualitativ veränderte, indem er für eine bestimmte Periode dispositive und koordinative Aufgaben (hier: die Vorgesetzten-Funktion) übernahm.

Bei aller Wichtigkeit, die damit den subjektiven Faktoren zukommt, verweisen die Ergebnisse auch dieser Studie auf die Relevanz gerade auch der gegenständlichen Bedingungen: ein ausreichender Spielraum für individuelle und kollektive Selbstregulation unter Einbezug der Möglichkeit, auf die eigene Arbeitssituation gestaltend Einfluß zu nehmen, scheint eine unabdingbare Voraussetzung dafür zu sein, daß eine Arbeitssituation persönlichkeitsförderliche Entwicklungsprozesse zuläßt.

Neuere Bemühungen zur Konstruktion von Analyseinstrumenten zur Abschätzung des persönlichkeitsförderlichen Potentials einer Arbeitstätigkeit berücksichtigen solche Ergebnisse (vgl. etwa Baarss, Hacker et al. 1981, Volpert et al. 1983, Oesterreich und Volpert in diesem Band).

6 Arbeitsstrukturierung, Belastung und Streß

In einer kleineren Anzahl von Publikationen wird über Befunde berichtet, denen zufolge Arbeitsstrukturierungsmaßnahmen zu nachteiligen Belastungswirkungen für die Betroffenen geführt haben. In den etwa von Altmann et al. (1981) mitgeteilten Beispielen sind aber die berichteten Belastungswirkungen offensichtlich nicht auf die eingeführten alternativen Arbeitsstrukturen zurückzuführen, sondern auf die Tatsache, daß in den geschilderten Fällen Arbeitsstrukturierungsansätze mit dafür ungeeigneten Lohnformen verkoppelt worden waren.

Birkwald hat vor einiger Zeit darauf hingewiesen, daß „die heutigen Regelungen der Entgeltdifferenzierung ... ein Anreiz für Arbeitsgestalter" seien, „systematisch Qualifikation im Betrieb zu entwerten" (Birkwald 1982, 5). Solche Überlegungen haben ihren Niederschlag in dem VW-Tarifvertrag LODI gefunden, in den nicht zuletzt Erfahrungen aus einem Arbeitsstrukturierungsprojekt eingegangen sind. ‚Paying for knowledge' ist auch in den USA als alternatives Lohnkonzept aus Arbeitsstrukturierungskonzepten entstanden. „Rewarding workers for the repertoire of skills and knowledge they possess and not for a particular job category has gained popularity since the experiences of the Gaines Pet Food plant in Topeka, Kansas, were published in the early 1970" (Jenkins and Gupta 1985, 121). Derartige, am Polyvalenzkonzept orientierte Lohnsysteme liegen mittlerweile für verschiedene Branchen vor (vgl. Alioth 1986).

Tatsächlich haben wir aber selbst verschiedentlich beobachten können, daß einige Arbeiter nach der Einführung von Arbeitsstrukturen mit größeren Tätigkeitsspielräumen dazu tendierten, durch hohes Arbeitstempo z. T. erheblich vermehrte Pausenzeiten herauszuarbeiten. Hier scheint die Möglichkeit der Akkumulation von Zeit durch erhöhte Arbeitsgeschwindigkeit („speeding up") eine ähnliche psychologische Funktion zu übernehmen wie die Möglichkeit der Akkumulation von Geld durch Akkordentlöhnung. Die damit angesprochenen Probleme sind allerdings noch keineswegs hinreichend geklärt und bedürfen eingehenderer Analysen, zumal sich ja nur ein Teil der Beschäftigten in der beschriebenen Weise verhält.

Eine von Agurén, Hansson und Karlsson (1976) durchgeführte Analyse der Gruppenarbeit im Volvo-Werk Kalmar führt diesbezüglich zu interessanten

Ergebnissen: „No two teams are alike ... The differences are expressed in the different ways the work is distributed, the varying patterns of job rotation (if, indeed, rotation occurs), the different ways that team members help each other when problems arise, the different means of working ahead to earn extra breaks (or decline to work ahead, accepting only the fixed breaks), different ways of taking care of team coffee rooms, different attitudes toward entertainment (some teams have tape recorders for music while they work; others prefer tranquility). All these various conditions are decided upon within the teams. Obviously, there are differences of opinion, but this does not present any problems. For the most part, it is the majority that decides" (Agurén, Hansson and Karlsson 1976, 18).

Im übrigen legen die Befunde aus einem Projekt über Gruppenarbeit in der Motorenmontage eine differenziertere Interpretation der zur Belastungsfrage vorliegenden Ergebnisse nahe (Rohmert und Haider 1980, Ulich 1980b). Die Tätigkeit in der alternativen Arbeitsstruktur wurde von den Betroffenen vergleichsweise als gründlichere Ausbildung und ständige fachliche Weiterbildung verlangend, als anspruchsvoll und selbständige Entscheidungen erfordernd, charakterisiert. Unter dem Belastungsaspekt zeigen die entsprechenden Untersuchungsergebnisse bei den in der Gruppenmontage Beschäftigten einerseits eine Minderung unerwünschter Belastungswirkungen, vor allem durch Abbau qualitativer Unterforderungen. Andererseits wurden aber sowohl Vermehrungen kognitiver Beanspruchungen, die sich auf erhöhte Anforderungen an die Informationsverarbeitung zurückführen lassen, erkennbar als auch Vermehrungen ‚sozialer Beanspruchung' im Zusammenhang mit den Erfordernissen der kollektiven Selbstregulation.

Beanspruchungen sind aber nicht nur eine Folge von Aktivität, sondern auch Voraussetzung für folgende Aktivität; d.h. „Das Erfahren von Beanspruchung ist eine wesentliche Grundlage aller Lernprozesse" (Nitsch und Udris 1976, 12). Insofern stellen die hier beschriebenen Vermehrungen kognitiver und sozialer Beanspruchungen zugleich eine notwendige Voraussetzung für den Erwerb kognitiver und sozialer Kompetenzen dar. Von daher erscheint auch die Interpretation statthaft, daß bei den in der Gruppenmontage Beschäftigten weniger eine Verminderung der Gesamtbeanspruchung als vielmehr eine – positiv zu beurteilende – Veränderung der Beanspruchungsstruktur stattgefunden hat. Diese Interpretation wird gestützt durch die Ergebnisse ergonomischer Vergleichsanalysen und deren abschließende Bewertung: „Der Zielbereich Humanität wird am besten von der teilautonomen Gruppenmontage abgedeckt" (Rohmert und Haider 1980, 93).

Des weiteren konnte gezeigt werden, daß die neue Organisationsform nicht nur Freiräume für eine positiv bewertbare Entwicklung der Persönlichkeit eröffnet, sondern unter bestimmten Voraussetzungen auch die betriebswirtschaftlich günstigere Variante darstellt. Ähnlich wie für die Beanspruchungssituation scheinen für die Entwicklung der Arbeitszufriedenheit qualitative Veränderungen bedeutsamer zu sein als quantitative. So kann nicht grundsätzlich von einer linearen Erhöhung der Zufriedenheit ausgegangen werden, weil sich gleichzeitig auch das Anspruchsniveau verschieben kann. Dies legten etwa die Ergebnisse der erwähnten Studie zur Gruppenarbeit in der Motorenmontage nahe (vgl. Ulich 1980b, Bruggemann 1980). Auf die Tatsache, daß die geäußerte Arbeitszufriedenheit stets nur in ihrer Verbindung zum Anspruchsniveau gesehen und beurteilt werden kann, verweist bereits Maslow (1965, 240f.).

Im übrigen ist in letzter Zeit verschiedentlich darauf hingewiesen worden, daß Vermehrungen der Anforderungsvielfalt – wie sie mit Arbeitsstrukturierungskonzepten typischerweise verbunden sind – eher zur Verminderung als zur Vermehrung der Gesamtbeanspruchung beitragen. So berichten Jacobi, Lullies und Weltz (1980, 29f.) aufgrund einer Untersuchung an Schreibarbeitsplätzen: „Die ‚Homogenisierung‘ der Arbeitsbeanspruchung führt zu einer eher höheren Gesamtbeanspruchung, denn sowohl die physische (statische) als auch die psychische Beanspruchung (Müdigkeit, Erschöpfungsgefühl) wird im Vergleich zu gemischten Tätigkeiten stärker empfunden“.

In diesem Zusammenhang ist schließlich auch auf die möglichen Beziehungen zwischen Streßkonzepten und Konzepten der Arbeitsstrukturierung zu verweisen. Nach der hier vertretenen Auffassung ist Streß grundsätzlich verbunden mit – tatsächlichem oder vermeintlichem – Kontrollverlust (vgl. zum Kontrollkonzept etwa Glass und Singer 1972, Frese 1977, Frey et al. 1977, Oesterreich 1981), der mit Gefühlen der Bedrohung, des Ausgeliefertseins, der Hilflosigkeit oder der Abhängigkeit einhergeht. Streß wird demzufolge verstanden als „die emotionale Belastung, die entsteht, wenn kompensierende Aktivitäten (coping) gegenüber einer Bedrohung oder Überforderung nicht zum Ziel führen“ (Semmer 1980, 490) oder wenn infolge von Störungen der Handlungsregulation derartige Aktivitäten gar nicht ausgelöst werden (können). Damit wird auch deutlich, daß nicht jeder potentielle Stressor bei jeder davon betroffenen Person tatsächlich Streß auslöst. Ob Streß entsteht, hängt vielmehr davon ab, ob eine Person objektiv und/oder subjektiv in der Lage ist, den potentiellen Stressor zu bewältigen.

Offensichtlich kommt also der Schaffung von Möglichkeiten autonomieorientierter Arbeitsgestaltung, in deren Rahmen kognitive und soziale Kompetenzen entwickelt und trainiert werden können, eine wesentliche Bedeutung für die Streßprävention zu. Folgerichtig findet sich auch bei Orendi der Schluß, daß erst jene „Arbeitsbedingungen, die sich durch größere Kontroll- und

Entscheidungsspielräume bei gleichzeitigem Angebot zum Kompetenzerwerb beschreiben lassen", die Rahmenbedingungen bieten, „in denen Individuen und Gruppen die ihnen angemessenen Strategien zur Streßbewältigung erlernen und erproben können" (Orendi 1982, 64f.). Ergebnisse verschiedener Untersuchungen über die Bedeutung sozialer Unterstützung für Streßentstehung und Streßbewältigung verweisen schließlich „auf die zentrale Bedeutung der Arbeitsorganisation als Determinante für innerbetriebliche Unterstützungssysteme" (Udris 1982, 87). Die Erfahrung, „daß für viele Menschen die Kooperation mit anderen helfen könnte, streßbelastete Situationen ... erträglicher und handhabbarer zu machen" (Emery und Thorsrud 1982, 50), stützt die Annahme, daß gemeinsame Kontrolle über die Arbeitsbedingungen nicht nur die Handlungskompetenz fördert, sondern gleichzeitig durch gemeinsame erfolgreiche Bewältigungsprozesse die Auswirkungen potentieller Stressoren reduziert und darüber hinaus Problemlösungsversuche zum Abbau der potentiellen Stressoren stimuliert.

Anmerkungen

Anmerkung 1
Soweit sich in Lewins Beitrag also Aussagen mit normativem Gehalt finden, müßte es sich dabei um Aussagen der Person bzw. des Sozialisten Lewin handeln, nicht aber um solche des Psychologen Lewin.

Anmerkung 2
Eine Reihe sorgfältig geprüfter, neuerer Erfahrungen zeigt aber, daß die von Lipmann als Voraussetzung für das Abgehen von autonomieorientierter Arbeitsgestaltung geforderte strenge wirtschaftliche Begründung in zahlreichen Fällen gar nicht ohne weiteres beigebracht werden kann (vgl. etwa Pfeiffer und Staudt 1976).

Anmerkung 3
Differenziertere Maßnahmenkataloge finden sich bei Ulich, Groskurth & Bruggemann (1973) oder bei Neuberger (1985).

Anmerkung 4
Derartige Konzepte machen zugleich deutlich, daß die strikte Trennung von Aufbau- und Ablauforganisation in der bisherigen Form fragwürdig ist. Damit wird zudem die Unterscheidung in eine Organisationspsychologie und eine Arbeitspsychologie in Frage gestellt.

Anmerkung 5
Diese Begründungen sind z. T. wesentlich differenzierter als jene, über die De Jong (1974) sowie Reif und Schoderbeck (1966) berichtet haben.

Anmerkung 6
Spezifische motivationstheoretische Ansätze finden sich in den Arbeiten von Kleinbeck et al. (1982, 1983; Schmidt, Kleinbeck et al. 1985; vgl. auch Kleinbeck in diesem Band).

Literatur

Agurén, R. & Edgren, J. 1980. New Factories. Stockholm: Swedish Employers Federation.

Agurén, S., Hansson, R. & Karlsson, K. G. 1976. The Volvo Kalmar plant. The impact of new design on work organization. Stockholm: The Rationalization Council SAF-LO.

Alioth, A. 1980a. Entwicklung und Einführung alternativer Arbeitsformen. Schriften zur Arbeitspsychologie, Band 27. Bern: Huber.

Alioth, A. 1980b. Arbeit im Betrieb. Umfrage zur Arbeitsorganisation und Arbeitsgestaltung. Schweizerische Arbeitgeberzeitung, **75,** 495–496.

Alioth, A. 1986. Lohn und Lernen. In: Duell, W. und Frei, F. (Hrsg.): Arbeit gestalten – Mitarbeiter beteiligen. Eine Heuristik qualifizierender Arbeitsgestaltung. Schriftenreihe „Humanisierung des Arbeitslebens" (Hrsg. Bundesministerium für Forschung und Technologie), Band 77. Frankfurt: Campus. 183–194.

Alioth, A. & Ulich, E. 1981. Gruppenarbeit und Mitbestimmung. In: Stoll, F. (Hrsg.): Die Psychologie des 20. Jahrhunderts, Band 12: Anwendungen im Berufsleben. Zürich: Kindler, 863–885.

Altmann, N., Binkelmann, O., Duell, K., Mendiola, R. & Stueck, H. 1981. Bedingungen und Probleme betrieblich initiierter Humanisierungsmaßnahmen. Band I–IV. Forschungsbericht HA-81 007. Bonn: Bundesministerium für Forschung und Technologie.

Andrisani, P. J. & Abeles, R. 1976. Locus of control and work experience: cohort and race differences. Paper presented to the annual meeting of the APA. Washington.

Andrisani, P. J. & Nestel, G. 1976. Internal- external control as contributor to and out-come of work-experience. Journal of Applied Psychology, **61,** (2), 156–165.

Baarss, A., Hacker, W., Hartmann, W., Iwanowa, A., Richter, P. & Wolff, S. 1981. Psychologische Arbeitsanalysen zur Erfassung der Persönlichkeitsförderlichkeit von Arbeitsinhalten. In: Frei, F. & Ulich, E. (Hrsg.): Beiträge zur psychologischen Arbeitsanalyse. Schriften zur Arbeitspsychologie, Band 31. Bern: Huber, 75–90.

Barth, H.-R., Muster, M. & Ulich, E. unter Mitarbeit von Udris, I. 1980. Arbeits- und sozialpsychologische Untersuchungen von Arbeitsstrukturen im Bereich der Aggregatefertigung der Volkswagenwerk AG. Band 1 und Anhangband. Bonn: Bundesministerium für Forschung und Technologie (HA-80-016/017).

Baitsch, C. 1985. Kompetenzentwicklung und partizipative Arbeitsgestaltung. Bern: Lang.

Baitsch, C. & Frei, F. 1980. Qualifizierung in der Arbeitstätigkeit. Schriften zur Arbeitspsychologie, Band 30. Bern: Huber.

Baltes, P. & Schaie, K. W. (eds). 1973. Life-span developmental psychology: personality and socialisation. New York/London: Academic Press.

Bergius, R. 1964. Produktives Denken (Problemlösen). In: Bergius, R. (Hrsg.): Handbuch der Psychologie, Band 1/2. Halbband: Lernen und Denken. Göttingen: Hogrefe, 519–563.

Betschart, H. P., Odersky, T., Schefer, M. & Ulich, E. 1985. Psychosoziale Auswirkungen der Arbeit im Zweischichtsystem, Band 2. Zürich: Lehrstuhl für Arbeits- und Organisationspsychologie.

Birkwald, R. 1982. Geisterschicht, eine Lösung des Schichtproblems? AFA-Informationen, **32,** 3–13.

Brehm, J. W. 1972. Responses to loss of freedom. A theory of psychological reactance. Morristown: General Learning Press.

Brousseau, K. R. 1975. Effects of job experience on personality. A theoretical and empirical investigation. Unpublished doctoral thesis. New Haven/Conn.: Yale University.

Bruggemann, A. 1979. Erfahrungen mit wichtigen Variablen und einigen Effekten neuer Arbeitsstrukturen im Betrieb – Die Gestaltung von bildungsförderlichen Arbeitsbedingungen. In: Groskurth, P. (Hrsg.): Arbeit und Persönlichkeit: berufliche Sozialisation in der arbeitsteiligen Gesellschaft. Reinbek: Rowohlt, 146–174.

Bruggemann, A. 1980. Zur Entwicklung von Einstellungen und sozialem Verhalten in den untersuchten teilautonomen Gruppen. Arbeits- und sozialpsychologische Untersuchungen von Arbeitsstrukturen im Bereich der Aggregatefertigung der Volkswagenwerk AG. Band 2. Bonn: Bundesministerium für Forschung und Technologie (HA-80-018).

Christensen, J. M. 1979. Ergonomics: Where have we been and where are we going: II. Ergonomics, **19,** 287–300.

Cummings, T. G., Molloy, E. E. & Glen, R. 1977. A methodological critique of fifty-eight selected work experiments. Human Relations. **30,** 675–708.

Davis, L. E. & Cherns, A. (ed.) 1975. The quality of working life. Vol. I and II. New York: Free Press.

Davis, L. E. & Taylor, J. C. (ed.) 1972. Design of jobs. Harmondsworth: Penguin.

De Jong, R. 1974. Tendenzen zur Partizipation, Erweiterung der Arbeitsinhalte und ihre Beziehung zu Prozessen der beruflichen Bildung. Schriften zur Berufsbildungsforschung, Band 26.

Den Hertog, F. J. 1965. Arbeitsstrukturierung. Schriften zur Arbeitspsychologie, Band 21. Bern: Huber 1978.

Dittmayer, S., Metzger, H. & Schaefer, D. 1976. Bewertung von Arbeitssystemen. In: Rationalisierungskuratorium der Deutschen Wirtschaft (Hrsg.): Menschengerechte Arbeit – Erfahrungsaustausch zwischen Forschung und betrieblicher Praxis. Frankfurt: RKW, 189–196.

Duell, W. & Frei, F. (Hrsg.) 1986. Arbeit gestalten – Mitarbeiter beteiligen. Eine Heuristik qualifizierender Arbeitsgestaltung. Schriftenreihe „Humanisierung des Arbeitslebens" (Hrsg. Bundesministerium für Forschung und Technologie), Band 77. Frankfurt: Campus.

Ekvall, G. 1976. Creativity at the place of work. Journal of Creative Behaviour, **10,** 52–54, 70.

Elder, G. H. 1969. Occupational mobility, life pattern, and personality. Journal of Health and Social Behaviour, **10,** 308–323.

Eliasberg, W. 1921. Bemerkungen zur Psychopathologie und Psychotherapie der abhängigen Arbeit. Vierteljahresschrift für Psychologie und Medizin.

Eliasberg, W. 1926. Richtungen und Entwicklungstendenzen in der Arbeitswissenschaft. Archiv für Sozialwissenschaft und Sozialpolitik, **55,** 66–101 und 687–732.

Emery, F. E. 1959. Characteristics of socio-technical systems. Tavistock Document no. 527. London.

Emery, F. E. & Emery, M. 1974. Participative design: work and community life. Canberra. Reprinted in : Emery, F. E. & Emery, M. 1976. Democracy at work. Leiden: Martinus Nijhoff, 158–177.

Emery, F. E. & Thorsrud, E. 1969. Form and content in industrial democracy. London: Tavistock.

Emery, F. E. & Thorsrud, E. 1982. Democracy at work. Leiden: Martinus Nijhoff, 1976. Dtsch. Übers.: Industrielle Demokratie. Schriften zur Arbeitspsychologie, Band 25. Bern: Huber.

Frei, F. & Baitsch, C. 1979. Konzeption einer Untersuchung zur Entwicklung und Validierung einer Taxonomie von Qualifizierungsaspekten. Bonn: Bundesministerium für Forschung und Technologie (HA 79–23).

Frei, F., Duell, W. & Baitsch, C. 1984. Arbeit und Kompetenzentwicklung. Theoretische Konzepte zur Psychologie arbeitsimmanenter Qualifizierung. Schriften zur Arbeitspsychologie, Band 39. Bern: Huber.

Frese, M. 1977. Psychische Störungen bei Arbeitern. Salzburg: Otto Müller.

Frese, M. 1978. Partialisierte Handlung und Kontrolle: zwei Themen der Industriellen Psychopathologie. In: Frese, M., Greif, S. & Semmer, N. (Hrsg.): Industrielle Psychopathologie. Schriften zur Arbeitspsychologie, Band 23. Bern: Huber, 159–183.

Frese, M. & Greif, S. 1978. „Humanisierung der Arbeit" und Streßkontrolle. In: Frese, M., Greif, S. & Semmer, N. (Hrsg.): Industrielle Psychopathologie. Schriften zur Arbeitspsychologie, Band 23. Bern: Huber, 216–231.

Frese, M., Greif, S. & Semmer, N. (Hrsg.) 1978. Industrielle Psychopathologie. Schriften zur Arbeitspsychologie, Band 23. Bern: Huber.

Frey, D., Kumpf, M., Ochsmann, R., Rost-Schaude, E. & Sauer, C. 1977. Theorien der kognitiven Kontrolle. In: Bericht über den 30. Kongreß der Deutschen Gesellschaft für Psychologie, Regensburg, 1976. Band 1. Göttingen: Hogrefe, 105–107.

Fricke, E., Fricke, W., Schoenwaelder, M. & Stiegler, B. 1981. Qualifikation und Beteiligung – das Peiner Modell. Frankfurt: Campus.

Friedmann, G. 1952. Der Mensch in der mechanisierten Produktion. Köln: Bund-Verlag.

Friedmann, G. 1953. Zukunft der Arbeit. Köln: Bund-Verlag.

Friedmann, G. 1959. Grenzen der Arbeitsteilung. Frankfurt: Europäische Verlagsanstalt.

Froehlich, D. 1978. Arbeitserfahrung und Bildungsverhalten. Frankfurt: Campus.

Gardell, B. 1971. Alienation and mental health in the modern industrial environment. In: Levi, L. (ed.): Society, stress and disease. Vol. 1. London: Oxford University Press. 148–189.

Gardell, B. 1978. Arbeitserfahrung, intrinsische Arbeitszufriedenheit und Gesundheit. In: Frese, M., Greif, S. & Semmer, N. (Hrsg.): Industrielle Psychopathologie. Schriften zur Arbeitspsychologie, Band 23. Bern: Huber, 52–111.

Gauderon, E. 1984. Wirtschaftliche Fertigung von Kleinserien in autonomen Fertigungsinseln. Winterthur: Sulzer, im Manuskript, 1984. Engl. Kurzfassung: The autonomous production island. In: Martin, T. (ed.) 1984. Design of work in automobil manufacturing systems. Oxford: Pergamon Press, 79–83.

Gauderon, E. 1985. Wirtschaftliche Fertigung von Kleinserien in autonomen Fertigungsinseln. Vortrag am GDI-Seminar ‚Neustrukturierung der Arbeit in der Produktion', Brunnen.

Gaugler, E., Kolb, M. & Ling, B. 1977. Humanisierung der Arbeitswelt und Produktivität. München: Bayerisches Staatsministerium für Arbeit und Sozialordnung. (2. Aufl.)

Glass, D. & Singer, J. E. 1977. Urban stress: Experiments on noise and social stressors. New York: Academic Press.

Gniech, G. & Grabitz, H.-J. 1978. Freiheitseinengung und psychologische Reaktanz. In: Frey, D. (Hrsg.): Kognitive Theorien der Sozialpsychologie. Bern: Huber, 48–73.

Gottlieb Duttweiler-Institut (Hrsg.) 1983. Arbeit – Beispiele für ihre Humanisierung. Olten: Walter.

Grob, R. & Haffner, H. 1982. Planungsleitlinien Arbeitsstrukturierung. Berlin, München: Siemens AG.

Grueneisen, V. & Hoff, E.-H. 1977. Familienerziehung und Lebenssituation. Weinheim: Beltz.

Gulowsen, J. 1972. A measure of work group autonomy. In: Davis, L. E. & Taylor, J. C. (ed.): Design of jobs. Harmondsworth: Penguin, 374–390.

Hacker, W. 1973. Allgemeine Arbeits- und Ingenieurpsychologie. Berlin (DDR): Deutscher Verlag der Wissenschaften.

Hacker, W. 1976. Zu Wechselbeziehungen zwischen Arbeitsbedingungen und der Persönlichkeitsentwicklung. Pädagogik, **31** (Beiheft 1), 28–34.

Hacker, W. 1978. Allgemeine Arbeits- und Ingenieurpsychologie. Schriften zur Arbeitspsychologie, Band 20. Bern: Huber. (2., erweiterte Aufl.)

Hacker, W. & Richter, P. 1980. Psychologische Bewertung von Arbeitsgestaltungsmaßnahmen. Spezielle Arbeits- und Ingenieurpsychologie. Lehrtext 1. Berlin (DDR): Deutscher Verlag der Wissenschaften.

Hackman, J. R. 1969. Nature of the task as a determiner of job behaviour. Personnel Psychology, **22,** 435–444.

Hackman, J. R. 1970. Task and task performance in research on stress. In: McGrath, J. E. (ed.): Social and psychological factors in stress. New York: Holt, Rinehart & Winston.

Hackman, J. R. & Oldham, G. R. 1976. Motivation through the design of work: test of a theory. Organizational Behaviour and Human Performance, **16,** 250–279.

Hansson, R. 1972. Program of the Group of Research (URAF) of the Swedish Development Council of Collaboration Questions. Paper presented at the International Conference on Enhancing the Quality of Working life. Arden House: Harriman (N.Y.).

Heckhausen, H. 1977. Motiv und Motivation. In: Herrmann, Th., Hofstaetter, P. R., Huber, H. P., Weinert, F. E. (Hrsg.): Handbuch psychologischer Grundbegriffe. München: Kösel, 296–313.

Herbst, P. 1962. Autonomous group functioning. London: Tavistock.

Herbst, P. 1974. Socio-technical design. London: Tavistock.

Den Hertog, F. 1978. Arbeitsstrukturierung. Schriften zur Arbeitspsychologie, Band 21. Bern: Huber.

Herzberg, F., Mausner, B. & Snyderman, B. 1959. The motivation to work. New York: Wiley.

Hoff, E.-H. 1985. Berufliche Sozialisation. Zur Verbindung soziologischer und psychologischer Forschung. In: Hoff, E.-H., Lappe, L. & Lempert, W. (Hrsg.): Arbeitsbiographie und Persönlichkeitsentwicklung. Schriften zur Arbeitspsychologie, Band 40. Bern: Huber 15–40.

International Council for the Quality of Working Life. 1979. Working on the quality of working life: Developments in Europe. Boston: Martinus Nijhoff.

International Labour Organisation/ILO. 1979. New forms of work organisation, Vol. I and II: Geneva: International Labour Office.

Jacobi, U., Lullies, V. & Weltz, F. 1980. Textverarbeitung im Büro. Schriftenreihe „Humanisierung des Arbeitslebens" (Hrsg.: Bundesministerium für Forschung und Technologie), Band 4. Frankfurt/Main: Campus.

Jenkins, G. D. Jr. & Gupta, N. 1985. The payoffs of paying for knowledge. National Productivity Review 121–130.

Karasek, R. A. 1979. Job demands, job decision latitude, and mental strain: Implications for job redesign. Administrative Science Quarterly **24,** 285–308.

Kern, H. & Schumann, M. 1984. Das Ende der Arbeitsteilung? München: Beck.

Kleinbeck, U. & Ernst, G. (Hrsg.) 1981. Zur Psychologie der Arbeitsstrukturierung. Frankfurt: Campus.

Kleinbeck, U. & Schmidt, K.-H. 1983. Angewandte Motivationspsychologie in der Arbeitsgestaltung. Psychologie und Praxis. Zeitschrift für Arbeits- und Organisationspsychologie, **27,** 13–21.

Kleinbeck, U., Schmidt, K.-H. & Rutenfranz, J. 1982. Motivationspsychologische Untersuchungen zur Arbeitsgestaltung – ein Feldexperiment. Zeitschrift für Experimentelle und Angewandte Psychologie, **29,** 442–471.

Kohn, M. L. 1969. Class and conformity. A study in values. Homewood, Ill.: Irwin.

Kohn, M. L. 1985. Arbeit und Persönlichkeit: ungelöste Probleme der Forschung. In: Hoff, E.-H., Lappe, L. & Lempert, W. (Hrsg.): Arbeitsbiographie und Persönlichkeitsentwicklung. Schriften zur Arbeitspsychologie, Band 40. Bern: Huber, 41–73.

Kohn, M. L. & Schooler, C. 1973. Occupational experience and psychological functioning. American Sociological Review, **38,** 97–118.

Kohn, M. L. & Schooler, C. 1978. The reciprocal effects of substantive complexity of work on intellectual flexibility: a longitudinal assessment. American Sociological Review, **48,** 24–52.

Kohn, M. L. & Schooler, C. 1982. Job conditions and personality. American Journal of Sociology, **87,** 1257–1286.

Kornhauser, A. 1965. Mental health of the industrial worker. New York: Wiley.

Kuhn, R. & Spinas, P. 1979. Einstellungen von Fließbandarbeitern zu Neuen Formen der Arbeitsgestaltung (NFA). Zeitschrift für Arbeitswissenschaft, **33,** 15–22.

Kund, F. & Schmidt, G. 1972. Erfordernisse und Möglichkeiten zur Erhöhung des Anteils schöpferischer Arbeit beim Bedienpersonal von Chemieanlagen. Sozialistische Arbeitswissenschaft, **18,** 458–469.

Lankenau, K. 1984. Handlungsspielraum, Beurteilung der Arbeitstätigkeit und Qualifizierungsbereitschaft. Psychologie und Praxis. Zeitschrift für Arbeits- und Organisationspsychologie, **28,** 109–118.

Leontjew, A. N. 1973. Probleme der Entwicklung des Psychischen. Frankfurt: Fischer.

Leontjew, A. N. 1977. Tätigkeit, Bewußtsein, Persönlichkeit. Stuttgart: Klett.

Leontjew, A. N. 1982. Psychologie des Abbilds. Forum Kritische Psychologie, **9,** 5–19.

Lewin, K. 1920. Die Sozialisierung des Taylor-Systems. Schriftenreihe Praktischer Sozialismus, **4,** 3–36.

Lindsay, P. & Knox, W. E. 1984. Continuity and change in work values among young adults: a longitudinal study. American Journal of Sociology, **89,** 918–931.

Lipmann, O. 1932. Lehrbuch der Arbeitswissenschaft. Jena: G. Fischer.

Maher, J. R. (ed.) 1971. New perspectives in job enrichment. New York: van Nostrand Reinhold.

Marstedt, G. & Schahn, K. 1977. Eine Analyse des Zusammenhangs von Arbeitsbedingungen und psychischen Störungen. Psychologie und Praxis, **21,** 1–12.

Marten, L. 1979. Der Einfluß der Arbeitsorganisation auf die Entwicklung sozialistischer Formen der Arbeitsteilung und Kooperation der Arbeit. Sozialistische Arbeitswissenschaft, **14,** 34–45.

Martin, T. 1984. Manless factory: the wrong alternative. International Federation of Automatic Control. Newsletter 2.

Marx, K. 1977. Das Kapital, Band I. Berlin: Dietz.

Maslow, A. 1965. Eupsychian Management. Homewood, Ill.: Irwin Dorsey.

Meissner, M. 1971. The long arm of the job. Industrial Relations, **10,** 239–260.

Moeller, C. 1966. Die Einfügung der ungelernten Jungarbeiterin in den industrialisierten Arbeitsprozess. Meisenheim/Glan.

Morse, J. J. 1975. Person-job-congruence and individual adjustment and development. Human Relations, **9,** 841–861.

Mortimer, J. T. & Lorence, J. 1979. Occupational experience and the self-concept. A longitudinal study. Social Psychology Quarterly, **42,** 307–323.

Münsterberg, H. 1912. Psychologie und Wirtschaftsleben. Leipzig: J. A. Barth.

Nachreiner, F. 1980. Zur Artefaktproblematik in der Arbeits- und Betriebspsychologie. In: Bungard, W. (Hrsg.): Die „gute" Versuchsperson denkt nicht. München: Urban und Schwarzenberg, 167–190.

Nachreiner, F., Wucherpfennig, D., Ernst, E. & Rutenfranz, J. 1976. Zur Bevorzugung unterschiedlicher vorgegebener Arbeitsstrukturen durch Fließbandarbeiter. Zeitschrift für Arbeitswissenschaft, **30,** 193–203

Neuberger, O. 1985. Arbeit. Basistexte Personalwesen, Band 5. Stuttgart: Enke.

Neubert, J. & Tomczyk, R. 1976. Mit regulationsorientiertem Handlungstraining zur Optimierung von Arbeitsverfahren. Sozialistische Arbeitswissenschaft, **20,** 250–260.

Nitsch, J. R. & Udris, I. 1976. Beanspruchung im Sport. Beiträge zur psychologischen Analyse sportlicher Leistungssituationen. Bad Homburg: Limpert.

Oesterreich, R. 1981. Handlungsregulation und Kontrolle. München: Urban und Schwarzenberg.

Oldham, G. R. 1976. Job characteristics and internal motivation: the moderating effect of interpersonal and individual variables. Human Relations, **29,** 559–569.

Orendi, B. 1982. Überlegungen zu einem psychologischen Streßkonzept. Phil. Diss. Bern: Universität.

Pfeiffer, W. & Staudt, E. 1976. Analyse der Konsequenzen für die Unternehmensplanung bei der Einführung neuer Formen der Arbeitsorganisation. Betriebswissenschaftliches Institut der Universität Erlangen-Nürnberg. Arbeitspapier, Heft 45.

Preuss, H. U. 1975. Kurzlinienorganisation: auch ein Weg zur Humanisierung der Arbeit. Industrielle Organisation, **44,** 565–568.

Reif, W. E. & Schoderbeck, P. P. 1966. Job enlargement: antidote to apathy. Management of Personnel Quarterly, **5,** 16–23.

Rice, A. K. 1958. Productivity and social organization: The Ahmedabad experiment. London: Tavistock.

Rohmert, W. & Haider, E. 1980. Integrale Darstellung der Problematik, Methoden und Ergebnisse, ergonomische Untersuchungen zur Arbeitsstrukturierung im Volkswagenwerk Salzgitter. In: Gruppenarbeit in der Motorenmontage. Schriftenreihe „Humanisierung des Arbeitslebens", Band 3. Frankfurt: Campus, 67–96.

Rousseau, D. M. 1977. Technological differences in job characteristics, employee satisfaction, and motivation: a synthesis of job design research and sociotechnical systems theory. Organizational Behaviour and Human Performance, **19,** 18–42.n.

Rubinstein, S. L. 1958. Grundlagen der Allgemeinen Psychologie. Berlin (DDR): Volk und Wissen.

Rudinger, G. 1977. Entwicklung. In: Herrmann, Th., Hofstaetter, P. R., Huber, H. P. & Weinert, F. E. (Hrsg.): Handbuch psychologischer Grundbegriffe. München: Kösel, 122–135.

Sandberg, T. 1982. Work organization and autonomous work groups. Lund: Liber Förlag.

Schleicher, R. 1973. Die Intelligenzleistung Erwachsener in Abhängigkeit vom Niveau der beruflichen Tätigkeit. Probleme und Ergebnisse der Psychologie, **44,** 25–55.

Schmidt, K. H., Kleinbeck, U., Ottomann, W. & Seidel, B. 1985. Ein Verfahren zur Diagnose von Arbeitsinhalten: Der Job Diagnostic Survey (JDS). Psychologie und Praxis, Zeitschrift für Arbeits- und Organisationspsychologie, **29,** 162–172.

Seligman, M. E. P. 1975. Helplessness. San Francisco: Freeman.

Semmer, N. 1980. Stress. In: Asanger, R. & Wenninger, G. (Hrsg.): Handwörterbuch der Psychologie. Weinheim: Beltz, 486–493.

Smith, A. 1776. An inquiry into the nature and causes of the wealth of nations. London: Strahan and Cadell.

Spinas, P. & Kuhn, R., unter Mitarbeit von E. Rohmert. 1980. Gruppentechnologie – ein alternatives Fertigungsprinzip. Unveröffentlichter Projektbericht der Kommission zur Förderung der wissenschaftlichen Forschung beim Eidgen. Volkswirtschaftsdepartment. Zürich: Lehrstuhl für Arbeits- und Betriebspsychologie der ETH.

Stubbe, H. & Tine, W., 1977. Zum Interesse ungelernter Arbeitnehmerinnen an neuen Formen der Arbeitsgestaltung. Psychologie und Praxis. **21,** 78–86.

Susman, G. 1976. Autonomy at work: a socio-technical analysis of participative management. New York: Praeger.

Sydow, J. 1985. Der soziotechnische Ansatz der Arbeits- und Organisationsgestaltung. Frankfurt: Campus.

Taylor, F. W. 1911. The principles of scientific management. New York: Harper & Row. (dtsch. Übers. 1913). Neu herausg. und eingeleitet von W. Volpert und R. Vahrenkamp. Weinheim: Beltz, 1977.

Thomae, H. 1959. Entwicklungsbegriff und Entwicklungstheorie. In: Thomae, H. (Hrsg.): Handbuch der Psychologie, Band 3: Entwicklungspsychologie. Göttingen. Hogrefe, 3 20.

Thorsrud, E. & Emery, F. E. 1970. Mot en ny bedriftsorganisasion. Oslo: Tanum.

Tomaszewski, T. 1980. Tätigkeit und Bewußtsein. Weinheim: Beltz.

Torbert, W. R. & Rogers, U. P. 1973. Being for the most part puppets. Interaction between men's labour, leisure, and politics. Cambridge, Mass.: Schenkmann.

Triebe, J. K. 1978. Entwicklung von Handlungsstrategien. Zeitschrift für Arbeitswissenschaft, **31,** 221–228.

Udris, I. 1982. Soziale Unterstützung: Hilfe gegen Stress? Psychosozial, **5,** 78–91.

Ulich, E. 1972. Arbeitswechsel und Aufgabenerweiterung. REFA-Nachrichten, **25,** 265–275.

Ulich, E. 1978a. Über mögliche Zusammenhänge zwischen Arbeitstätigkeit und Persönlichkeitsentwicklung. Psychosozial, **1,** 44–63.

Ulich, E. 1978b. Über das Prinzip der differentiellen Arbeitsgestaltung. Industrielle Organisation, **47,** 566–568.

Ulich, E. 1980a. Psychologische Aspekte der Arbeit mit elektronischen Datenverarbeitungssystemen. Schweizerische Technische Zeitschrift, **75,** 66–68.

Ulich, E. 1980b. Bericht über die arbeits- und sozialpsychologische Begleituntersuchung. In: Bundesminister für Forschung und Technologie (Hrsg.): Gruppenarbeit in der Motorenmontage. Ein Vergleich von Arbeitsstrukturen. Schriftenreihe ‚Humanisierung des Arbeitslebens', Band 3. Frankfurt: Campus, 97–142.

Ulich, E. 1981a. Möglichkeiten autonomieorientierter Arbeitsgestaltung. In: Frese, M. (Hrsg.): Streß im Büro. Bern: Huber, 159–178.

Ulich, E. 1981b. Subjektive Tätigkeitsanalyse als Voraussetzung autonomieorientierter Arbeitsgestaltung. In: Frei, F. & Ulich, E. (Hrsg.): Beiträge zur psychologischen Arbeitsanalyse. Schriften zur Arbeitspsychologie, Band 31. Bern: Huber, 327–347.

Ulich, E. 1982. Vorwort zu: Linke, J. Determinanten und Konsequenzen des Führungsverhaltens in industriellen Arbeitsstrukturen. Schriften zur Arbeitspsychologie, Band 36. Bern: Huber, 5–7.

Ulich, E. 1983a. Alternative Arbeitsstrukturen – dargestellt am Beispiel der Automobilindustrie. Psychologie und Praxis. Zeitschrift für Arbeits- und Organisationspsychologie, **2,** 70–78.

Ulich, E. 1983b. Alternative Arbeitsformen in schweizerischen Betrieben. In: Schweizerischer Nationalfonds zur Förderung der Wissenschaften. Jahresbericht 1982. Bern, 210–213.

Ulich, E. 1983c. Rationalisierung – wo bleibt der Mensch. Planung und Produktion, **31,** Heft 6, 19–22.

Ulich, E. 1983d. Differentielle Arbeitsgestaltung – ein Diskussionsbeitrag. Zeitschrift für Arbeitswissenschaft, **37,** 12–15.

Ulich, E. 1984. Psychologie der Arbeit. In: Management-Enzyklopädie, Band 7. Landsberg: Moderne Industrie, 914–929.

Ulich, E. 1985. Arbeitspsychologische Konzepte und neue Technologien. In: Zink, K. (Hrsg.): Personalwirtschaftliche Aspekte neuer Technologien. Berlin: E. Schmidt, 135–159.

Ulich, E., Groskurth, P. & Bruggemann, A. 1973. Neue Formen der Arbeitsgestaltung. Frankfurt: Europäische Verlagsanstalt.

Ulich, E., Troy, N. & Alioth, A. 1987. Technologie und Organisation. In: Enzyklopädie der Psychologie, Band „Organisationspsychologie". Hogrefe: Göttingen (im Druck).

Ulich, E. & Ulich, H. 1977. Über einige Zusammenhänge zwischen Arbeitstätigkeit und Freizeitgestaltung. In: Leuenberger, T. & Ruffmann, K.-H. (Hrsg.): Bürokratie – Motor oder Bremse der Entwicklung. Bern: Lang, 207–227.

Volpert, W. 1979. Der Zusammenhang von Arbeit und Persönlichkeit aus handlungspsychologischer Sicht. In: Groskurth, P. (Hrsg.): Arbeit und Persönlichkeit. Reinbek: Rowohlt, 21–46.

Volpert, W. 1983. Der Zusammenhang von Arbeit und Persönlichkeit – Folgerungen für die Arbeitsgestaltung. In: Technik und menschliche Existenz. Wiesbaden: Freie Akademie, 81–92.

Volpert, W., Oesterreich, R., Gablenz-Kolakovic, S., Krogoll, T & Resch, M. 1983. Verfahren zur Ermittlung von Regulationserfordernissen in der Arbeitstätigkeit (VERA). Köln: TÜV-Rheinland.

Wall, T. D. & Clegg, C. W. 1981. A longitudinal field study of group work redesign. Journal of Occupational Behaviour, **2,** 31–49.

Wunderlich, H. 1925. Die Einwirkung einförmiger, zwangsläufiger Arbeit auf die Persönlichkeitsstruktur. In: Lipmann, O & Stern, W.: Schriften zur Psychologie der Berufseignung und des Wirtschaftslebens. Leipzig: Barth.

Zülch, G. & Starringer, M. 1984. Differentielle Arbeitsgestaltung in Fertigungen für elektronische Flachbaugruppen. Zeitschrift für Arbeitswissenschaft, **38,** 211–216.

11. Kapitel

Arbeitszeitgestaltung

Peter Knauth und Joseph Rutenfranz

Als im vorigen Jahrhundert erste Maßnahmen der Arbeitszeitgestaltung eingeleitet wurden, stand zunächst der Gesundheitsschutz der Beschäftigten im Vordergrund der Überlegungen. Dagegen waren für die gesetzlichen Regelungen nach dem 1. Weltkrieg sowie für die Bemühungen der Gewerkschaften um die Erreichung des 8-Stunden-Tages und der 40-Stunden-Woche in erster Linie soziale Gesichtspunkte maßgebend.

Vor einer Darstellung der sozialpsychologischen und arbeitsphysiologischen Argumente, auf die sich die Arbeitsgestaltung heute stützen kann, sind einige begriffliche Abgrenzungen notwendig.

Die „Arbeitszeit" ist nach Paragraph 2 Abs. 1 der Arbeitszeitordnung definiert als „die Zeit vom Beginn bis zum Ende der Arbeit ohne Ruhepausen".

Addiert man zur Arbeitszeit die Betriebspausen und ferner die Zeiten für das Waschen und Umkleiden, soweit diese nicht in der Arbeitszeit enthalten sind, so erhält man die „Anwesenheitszeit am Arbeitsort" (oder auch „Schichtzeit", Denecke, 1976).

Die „sozial wirksame Arbeitszeit" oder auch „arbeitsgebundene Zeit", die sich aus der Anwesenheitszeit am Arbeitsort und den Wegezeiten zusammensetzt, ist für den Arbeitnehmer von größerem Interesse als die Arbeitszeit. In Tab. 1 sind Beispiele für die Auswirkungen der sozial wirksamen Arbeitszeit auf Schlaf und Freizeit dargestellt. Überlange sozial wirksame Arbeitszeiten – z. B. 14,5 Stunden – machen nicht nur Freizeit an diesem Tag unmöglich, sondern schränken auch die Schlafmöglichkeiten ein.

Tabelle 1: Abhängigkeit verschiedener Zeitelemente des Tages von der Arbeitszeit (nach Rutenfranz, Knauth & Colquhoun, 1976) (Angaben in Stunden)

I. ARBEITSZEITELEMENTE			
1. Arbeitszeit	8,00	10,00	12,00
2. Ruhepausen	0,75	1,00	1,25
3. Zeiten für Umziehen, Waschen etc. (soweit nicht in I.1)	0,25	0,25	0,25
4. Wegezeit	1,00	1,00	1,00
∑ I. 1–4: Sozial wirksame Arbeitszeit	10,00	12,25	14,50
II. FREIE ZEITEN			
1. Echte Freizeit (theoretisch möglich)	4,00	1,75	–
2. Zeit zur Erledigung persönlicher Bedürfnisse (Essen, Waschen etc.)	2,00	2,00	2,00
III. SCHLAFZEITEN			
1. Schlafzeit	8,00	8,00	7,50

Im folgenden sollen zunächst die Variation der Arbeitsdauer, danach die Untergliederung der Arbeitszeit durch Pausen und schließlich die tageszeitliche Lage der Arbeitszeit als Gestaltungsmöglichkeiten diskutiert werden.

1 *Variation der Arbeitsdauer*

Alle Diskussionen über die Variation, vor allem die Flexibilisierung oder die Verkürzung der Arbeitszeit, beziehen sich auf die folgenden Bereiche:

- tägliche Arbeitszeit
- wöchentliche Arbeitszeit
- Jahresarbeitszeit oder
- Lebensarbeitszeit.

Unter dem Begriff der „Flexibilisierung" wird aus betrieblicher Sicht eine Anpassung der Personalkapazität an den täglich, wöchentlich, saisonal oder allgemein konjunkturell schwankenden Personalbedarf verstanden. Dagegen ist hier mit „Flexibilisierung" die Zunahme des individuellen zeitlichen Dispositionsspielraumes gemeint.

In Abb. 1 sind Modelle der Arbeitszeitregelung geordnet nach dem Dispositionsspielraum dargestellt. Während das erste Modell „starre Arbeitszeit für alle Mitarbeiter gleich" am weitesten verbreitet ist, hat die Bedeutung der

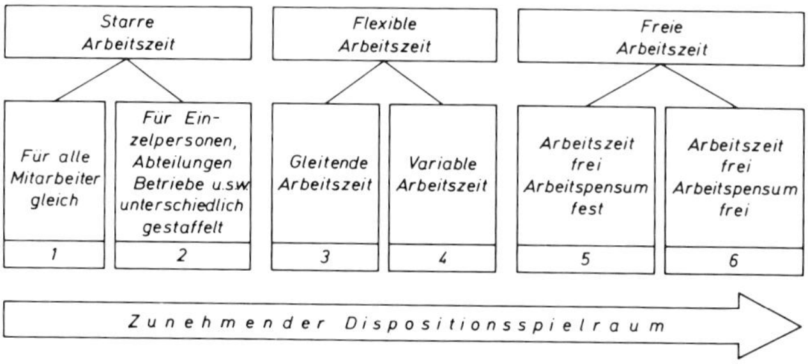

Abb. 1: Modelle der Arbeitszeitregelung, geordnet nach dem zeitlichen Dispositionsspielraum

gleitenden Arbeitszeit (Modell Nr. 3) vor allem im öffentlichen und privaten Dienstleistungssektor im letzten Jahrzehnt zugenommen. Bei dem Modell Nr. 6 handelt es sich um einen theoretischen Extremfall.

1.1 Tägliche Arbeitszeit

Von den zahlreichen Möglichkeiten, die Tagesarbeitszeit zu variieren, sollen nur die wichtigsten genannt werden: Bereitschaftszeit, Kurzarbeit, Mehrarbeit, Teilzeitarbeit, Job sharing, Flexibilisierung der Arbeitszeit, Schichtarbeit (Kap. 3), Arbeitszeitverkürzung für ältere Arbeitnehmer, Freistellung für persönliche bzw. gesellschaftliche Bildungszwecke, Mindestfreizeit und Pausen (Kap. 2).

Die derzeit gültigen gesetzlichen Bestimmungen zur Arbeitszeit beruhen auf betrieblichen Erfahrungen, wissenschaftlichen Erkenntnissen, sozialen Erwägungen und politischen Forderungen. Entsprechend vielfältig sind die Begründungen für die Arbeitszeitgesetze (z. B. Lehmann, 1962; Denecke, 1976): Schutz gegen den vorzeitigen Verbrauch der Kräfte, Gelegenheit zu ausreichender Nachtruhe und Erholung zwischen den Schichten, Berücksichtigung der Leistungsfähigkeit bzw. Schutzwürdigkeit bestimmter Personengruppen (z. B. Jugendliche, weibliche Arbeitnehmer, werdende und stillende Mütter, Behinderte), Einschränkung des Risikos bei Arbeiten in Betrieben mit gefährlicher Arbeit sowie Möglichkeiten, ausreichend freie Zeit für das Familienleben und die Teilnahme am weiteren Sozialleben zu haben.

Während gesetzliche Festlegungen und soziale Überlegungen zur Arbeitszeit immer auf Regelungen für Gruppen oder auf generelle Regelungen ausgerichtet sind, muß eine physiologische Arbeitszeitregelung an individuellen Regelungen interessiert sein.

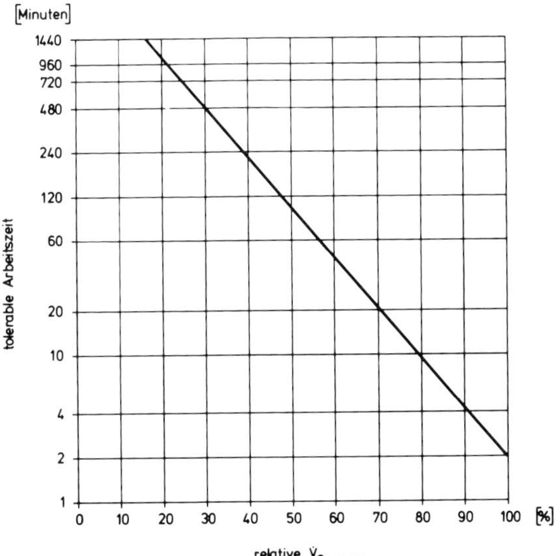

Abb. 2: Zulässige Arbeitsdauer (ohne Pausen) in Abhängigkeit von Prozentsätzen der $\dot{V}_{O_2}$ max (aus Bonjer, 1971)

Ziel einer physiologisch begründeten Arbeitszeitregelung ist es, Leistungsanforderungen und individuelle Leistungsvoraussetzungen in Einklang zu bringen. Die körperliche Leistungsfähigkeit als ein Teil der individuellen Leistungsvoraussetzungen ist z. B. vom Lebensalter und vom Geschlecht abhängig. So sind bei energetischen Belastungen die Leistungsvoraussetzungen im Alter von 16 bis 18 Jahren sowie nach dem 50. Lebensjahr schlechter als im Alter von 20 bis 50 Jahren (Astrand, 1952; Astrand, 1960). Weiterhin verfügen Frauen im Mittel über eine geringere kardiopulmonale Leistungsfähigkeit als Männer, was für sensumotorische Leistungen jedoch nicht zutrifft (z. B. Rutenfranz, Hettinger & Hellbrügge, 1962; Hettinger, Eissfeldt, Olbrich & Seibert, 1975; Rutenfranz & Berndt, 1976).

Für die Realisierung der physiologisch begründeten Forderung, Leistungsanforderungen und individuelle Leistungsvoraussetzungen in Einklang zu bringen, gibt es prinzipiell verschiedene Wege. Zunächst kann die energetische Belastung individuell so eingeregelt werden, daß allen Personen die gleiche Arbeitsdauer zugemutet werden kann. Das in Abb. 2 dargestellte Diagramm beruht auf entsprechenden Überlegungen von Bonjer (1971). Danach ist eine achtstündige Arbeitsdauer akzeptabel, wenn bei einer energetischen Belastung die Dauerleistungsgrenze von etwa 30% der individuellen maximalen O_2-Aufnahme nicht überschritten wird. Dagegen dürften energetische Belastungen in einer zwölfstündigen Schicht etwa 24% der maximalen O_2-Aufnahme nicht überschreiten.

Gelingt es allerdings nicht, die Arbeitsschwere individuell einzuregeln, so muß versucht werden, durch zusätzliche Pausen den sogenannten Ermüdungsanstieg physiologischer Funktionen zu vermeiden, falls auch dies nicht möglich ist, muß die Arbeitszeit im Betrieb verkürzt werden. Zusätzlich zu diesen Überlegungen, die sich nur auf die Leistungsfähigkeit beziehen, müssen bei der Gestaltung der Arbeitszeit aber auch Einflüsse der Tagesperiodik physiologischer Funktionen berücksichtigt werden, um im Interesse der Arbeitssicherheit eine Überforderung der Arbeitsperson zu vermeiden (s. Kap. 3).

Entsprechende Aussagen über maximal akzeptable psychische Leistungen, wie sie für energetische Belastungen dargestellt wurden, sind bisher nicht möglich, da es noch nicht schlüssig gelungen ist, maximale individuelle Leistungsfähigkeiten in bezug auf verschiedene Aspekte mentaler Leistungen operational zu definieren. Über tagesperiodische Variationen mentaler Leistungen liegen dagegen bereits zahlreiche Erkenntnisse vor (s. Kap. 3).

1.2 Wöchentliche Arbeitszeit

Wenn auch die tarifliche Wochenarbeitszeit im Laufe der letzten Jahrzehnte deutlich zurückging, nahm die effektive Arbeitszeit nicht im gleichen Maße ab, da die Mehrarbeit anteilmäßig stieg (z. B. Whybrew, 1968; Schudlich, 1983).

Neben der Änderung der verbreiteten Wochenarbeit an 5 Werktagen über Mehrarbeit gibt es viele andere Variationsmöglichkeiten: z. B. Kurzarbeit, Teilzeitarbeit, variable Arbeitszeit, Arbeitszeitverkürzung für bestimmte Personengruppen, 3-, 4-, 6- und 7-Tage-Woche.

In der Bundesrepublik Deutschland herrscht zwar die 5-tägige Arbeitswoche vor, jedoch kommen auch Einzelarbeitstage (Teilzeitarbeitskräfte), 7-tägige Arbeitsperioden (z. B. vollkontinuierliche Schichtarbeit in der Stahlindustrie), 14-tägige Arbeitsperioden (z. B. Schubschiffe auf dem Rhein) oder sogar mehrmonatige Arbeitsperioden (z. B. Öltanker) vor. Die Aufteilung der 40-Stunden-Woche auf 4 mal 10 Stunden hat sich nicht durchgesetzt. Zwar arbeiteten 1972 in den USA etwa 1 Mio. Arbeiter und Angestellte nach diesem Modell, inzwischen ist jedoch die Mehrzahl der Firmen wieder zur konventionellen 5-Tage-Woche zurückgekehrt. Auch in der BRD haben nur wenige Betriebe, die die 4-Tage-Woche einführten, diese Regelung beibehalten. Während in der ersten Euphorie betriebliche Vorteile (z. B. Attraktivität der Arbeitszeitregelung, geringere Abwesenheit und Fluktuation, Verringerung der Betriebskosten) und persönliche Vorteile (z.B. mehr Freizeit, Verminderung des traditionellen Wochenendverkehrs) in den Vordergrund gestellt wurden, zeigte die Erfahrung bald, daß die Belastung vor allem für ältere Personen zu groß ist. Die Freizeit an Arbeitstagen (Tab. 1) ist sehr stark eingeschränkt und ein nicht unerheblicher Teil des dreitägigen Freizeitblockes ist für die Erholung von den Strapazen der vorangegangenen Arbeitsperiode notwendig.

Bei einer deutlichen Verkürzung der wöchentlichen Arbeitszeit auf 36 Stunden erscheint die Viertagewoche (4 mal 9 Stunden) wieder akzeptabel zu sein, wenn die energetischen oder mentalen Belastungen nicht sehr groß sind.

Als extremes Beispiel soll noch die Drei-Tage-Woche (3 mal 12 Stunden) genannt werden, die z. B. in den USA und Kanada praktiziert wird, für die jedoch die Vorbehalte, die bei der 4-Tage-Woche mit 40 Stunden dargelegt wurden, in besonderem Maße gelten, falls es sich nicht um besonders leichte Arbeiten mit vielen Pausen oder Wartezeiten handelt.

Betrachtet man die Verteilung der Arbeit auf die Wochentage, so ist ein Trend zur 4,5-Tage-Woche festzustellen, d. h. relativ viele Personen arbeiten von Montagmorgen bis Freitagmittag.

In eine andere Richtung weisen dagegen Modelle, die eine 6-tägige Betriebswoche ermöglichen. In Belgien wird z. B. im Zusammenhang mit der 36-Stunden-Woche für Tagarbeiter die in Abb. 3 dargestellte Arbeitsverteilung realisiert. Abb. 4 zeigt einen Schichtplan für 4 Schichtbelegschaften, der die Tage Montag bis Samstag vollständig abdeckt.

Auch bei einer „ variablen Arbeitswoche“ kann der Betrieb von Montag bis Samstag geöffnet sein, wenn z. B. die Tage von Dienstag bis Donnerstag als Kernarbeitstage und Montag, Freitag und Samstag als Gleittage festgelegt werden.

Während der Kernarbeitstage müssen alle Mitarbeiter von morgens bis abends arbeiten, während an Gleittagen Wahlfreiheit (z. B. 0 bis 8 Stunden) nach Absprache mit den Kollegen besteht.

Wochentag		Mo	Di	Mi	Do	Fr	Sa	So
Woche	1	T	T	T	T	////	////	////
	2	////	////	T	T	T	T	////
	3	T	T	////	////	T	T	////

T = Tagarbeit (9 Stdn.) //// = frei

Abb. 3

Wochentag		Mo	Di	Mi	Do	Fr	Sa	So
Schicht-beleg-schaft	A	////	////	////	S	S	S	////
	B	F	F	F	F	F	F	////
	C	N	N	N	////	////	////	////
	D	S	S	S	N	N	N	////

F = Frühschicht S = Spätschicht
N = Nachtschicht //// = frei

Durchschnittliche Wochenarbeitszeiten:
36 Stdn./Woche ohne Zusatzschicht
38 Stdn./Woche mit 1 Zusatzschicht
40 Stdn./Woche mit 2 Zusatzschichten

Abb. 4

Abb. 3: Arbeitszeitregelung für 3 Personen, die bei einer Wochenarbeitszeit von 36 Stunden zwei Tagarbeitsplätze von Montag bis Samstag abdecken (Belgien)

Abb. 4: Diskontinuierlicher Schichtplan für vier Schichtbelegschaften mit Arbeit von Montag bis Samstag und für verschiedene durchschnittliche Wochenarbeitszeiten. Die Anzahl der Zusatzschichten bezieht sich auf 4 Wochen (aus Knauth, 1983)

1.3 Jährliche Arbeitszeit

Auch für die jährliche Arbeitszeit gibt es zahlreiche Variationsmöglichkeiten z. B. über Erholungsurlaub, Bildungsurlaub, Freistellungen, Ausgleichs-Freizeitregelungen, saisonale Arbeitsschwankungen und Jahresarbeitsvertrag.

Eine Arbeitszeitverkürzung über eine deutliche Vergrößerung des Erholungsurlaubs wird z. B. in einigen Bereichen für ältere Arbeitnehmer realisiert.

Ausgleichs-Freizeitregelungen gibt es für Mehrarbeit, besondere Belastungen und Gefährdungen, Sonn- und Feiertagsarbeit sowie für Nacht- und Schichtarbeit.

Änderungen der Jahresarbeitszeit durch Verlängerung des Urlaubs oder über zusätzliche Freischichten erscheinen vernünftig, da es auf diese Weise z. B. bei Schichtarbeitern gelingen kann, die zirkadiane Rhythmik physiologischer Funktionen wieder über eine längere Konstanz der sozialen Zeitgeber zu stabilisieren.

Im Einzelhandel gibt es Jahresarbeitsverträge, die je nach Wunsch des Arbeitnehmers jede beliebige Arbeitszeitdauer festlegen können. Dabei wird eine Arbeitszeitsumme als Monatsdurchschnitt festgelegt, die aber, ohne das monatliche Durchschnittseinkommen zu verändern, nach gegenseitiger Übereinkunft über- oder unterschritten werden kann mit der einzigen Maßgabe, daß zum Jahresende ein Ausgleich zu erfolgen hat. Während der Arbeitgeber dadurch versucht, die Anwesenheit der Verkäuferinnen der Kundenfrequenz in Abhängigkeit von der Tageszeit anzupassen, können die Verkäuferinnen durch Absprache untereinander ihre Arbeitszeiten den persönlichen Bedürfnissen besser anpassen als dies bei der ausschließlichen Beschäftigung von Vollzeitkräften möglich wäre. Ähnliche Regelungen sind auch in anderen Dienstleistungsbereichen mit stark schwankendem Personalbedarf denkbar.

Von dieser Art des Jahresarbeitsvertrages zu unterscheiden ist die kapazitätsorientierte variable Arbeitszeit (KAPOVAZ). Hier wird mit einem Arbeitnehmer die jährlich oder monatlich zu leistende Arbeitzeit zwar im voraus festgelegt, jedoch hat der Arbeitgeber das Recht, die Arbeitsleistung je nach Bedarf ohne Berücksichtigung der Wünsche der Betroffenen bis zur Ausschöpfung des Gesamtdeputats abzurufen (z. B. im Textil-Einzelhandel).

1.4 Lebensarbeitszeit

Die während eines Lebens zu leistende berufliche Arbeit kann variiert werden über die Festlegung des Eintrittsalters in den Beruf, Zugangsbeschränkungen zu bestimmten Tätigkeiten, Unterbrechungen aufgrund familiärer Situationen, Langzeiturlaub, differenzierte Arbeitszeiten (z. B. nach freier Wahl, nach Alter, nach Rang, nach Belastung während des Berufes), Bildungsurlaub und vorgezogene Ruhestandsregelungen.

Langzeiturlaub oder „sabbaticals" waren früher nur einigen Hochschullehrern in wenigen Ländern möglich. Sie konnten sich nach mehrjähriger ununterbrochener Vorlesungstätigkeit ein Semester von den Vorlesungsverpflichtungen entbinden lassen. Dieses Beispiel hat nur in Ausnahmefällen Nachahmung in Bereichen außerhalb der Universität gefunden.

Für vorgezogene Ruhestandsregelungen gibt es grundsätzlich die folgenden Möglichkeiten:

- feste Ruhestandsregelung
- flexible Altersgrenze
- stufenweiser Abbau der Arbeitszeit
- Beendigung des Berufslebens nach festgesetzter Anzahl von Jahren.

Als Begründung für eine Verkürzung der Lebensarbeitszeit werden vor allem Frühinvalidität, Ausgleich für besonders belastende Arbeiten und Abbau der Arbeitslosigkeit genannt. Aus physiologischer Sicht sind präventive Maßnahmen in früheren Lebensabschnitten sinnvoller, da gesundheitliche Schäden am Ende des Arbeitslebens durch eine vorzeitige Pensionierung nicht korrigiert, sondern höchstens kompensiert werden können. Allerdings erscheinen Regelungen, die eine stufenweise Verkürzung der täglichen Arbeitsdauer bei älteren Menschen vorsehen, dennoch sinnvoll. Vor allem können sie den Übergang zum Rentenalter psychologisch erleichtern.

2 *Untergliederung der Arbeitszeit durch Pausen*

Ein wichtiger Aspekt der Arbeitszeitgestaltung ist die Unterbrechung der täglichen Arbeit durch Pausen. Unter Pausen verstehen wir Arbeitsunterbrechungen verschiedener Länge, die zwischen zwei innerhalb einer Arbeitsschicht vorkommenden Tätigkeitszeiten auftreten und die der Erholung dienen sollen. Auch Untätigkeitszeiten am Schichtanfang oder -ende werden als Pausen bezeichnet. Arbeitspausen gehören daher zur arbeitsgebundenen Freizeit. Sie unterscheiden sich aber von allen anderen Zeitelementen innerhalb eines Tagesablaufes durch den spezifischen Erholungszweck (Graf, Rutenfranz & Ulich, 1970).

2.1 Der Erholungsvorgang während einer Pause

Unsere bisherigen Erkenntnisse über den Mechanismus der Pausenwirkung beziehen sich auf die physiologischen Prozesse, die nach Ende einer Arbeit ablaufen. Während die verschiedensten physischen Funktionen durch Arbeit gegenüber dem Ruhewert erhöht werden, geht diese Funktionssteigerung in der Pause in Richtung auf den Ausgangswert vor Aufnahme der Arbeit in Form einer geometrisch degressiven Kurve zurück (Abb. 5). Diese prinzipielle Verlaufsform wird nicht nur durch die Größe der verlangten Leistung, sondern auch durch die individuelle Leistungsfähigkeit modifiziert.

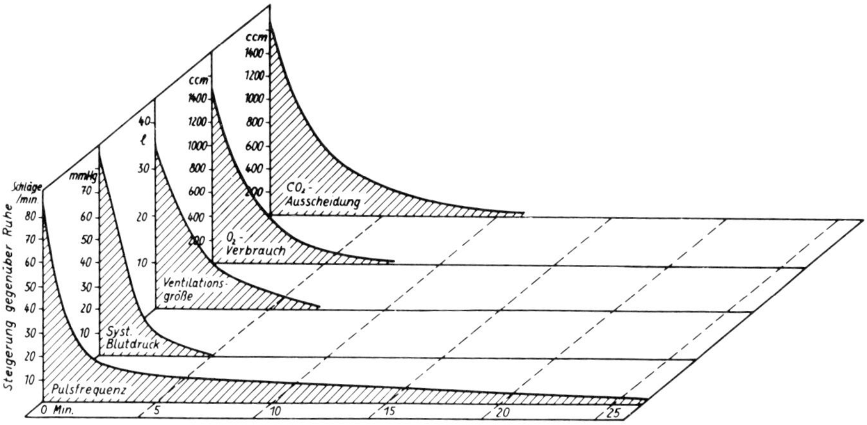

Abb. 5: Rückkehr der Funktionssteigerung von Herzschlagfrequenz, Blutdruck, Atmung, Sauerstoffverbrauch und Kohlendioxidausscheidung auf den Ausgangswert nach anstrengender Arbeit (aus Lehmann, 1962)

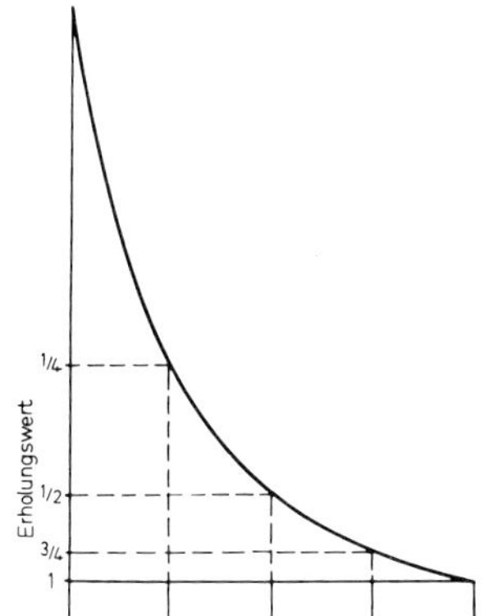

Abb. 6: Abhängigkeit der Erholungswirkung von der Pausenlänge (aus Lehmann, 1962)

Dennoch ist jede Pause zeitbezogen, d. h. der Erholungsprozeß schreitet im ersten Teil einer Pause wesentlich schneller fort als in späteren, gleich langen Abschnitten (Abb. 6). Nach Bilodeau (1954) steht der Erholungswert einer Pause, d. h. das Integral des Erholungsfortschrittes über der Pausenzeit, in negativer Beziehung zur Pausendauer. Außerdem ist der Erholungswert einer Pause auch von der Länge des vorangegangenen Arbeitsabschnittes sowie von der Häufigkeit seiner Wiederholungen abhängig (Rohmert, 1960b).

2.2 Pausenindikationen

Es gibt eine Reihe von Gründen, die für die Einführung von Pausen sprechen:

a) Erholung

Das Argument der Erholung wird meistens als Begründung für die Notwendigkeit von Pausen angeführt. Dieses sollte jedoch eher für schwere körperliche Arbeit reserviert werden, da weder dynamische noch statische Arbeit oberhalb der Dauerleistungsgrenze für die Länge einer achtstündigen Schicht ohne Pausen möglich sind. Diese Art von Pausen dient also der Beseitigung von Ermüdungssymptomen, die durch Arbeit verursacht wurden.

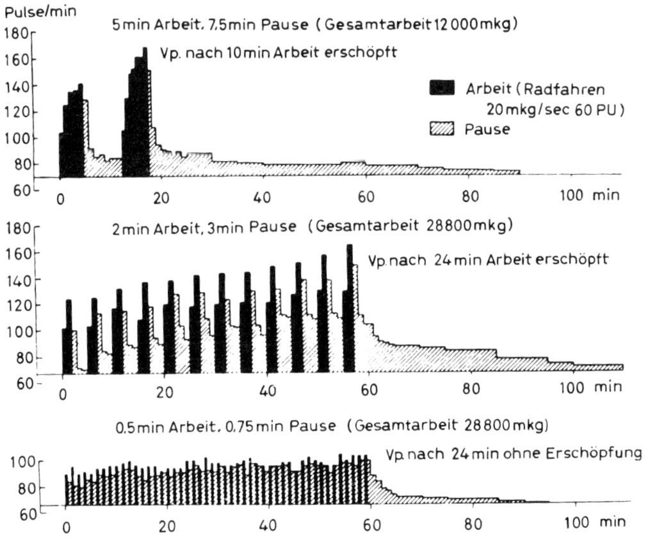

Abb. 7: Verhalten der Herzschlagfrequenz während und nach schwerer Ergometerarbeit bei unterschiedlichen absoluten Arbeits- bzw. Pausenzeiten, aber konstantem Arbeits-/Pausenverhältnis 2:3 (aus Karrasch und Müller, 1951)

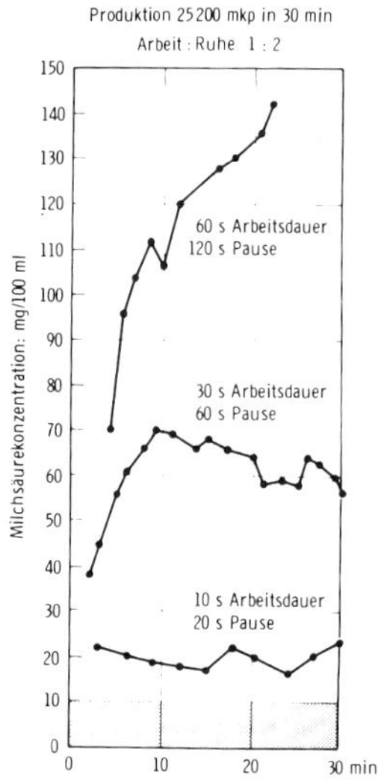

Abb. 8: Verhalten der Laktat-Konzentrationen bei schwerer Ergometerarbeit, bei unterschiedlichen absoluten Arbeits- bzw. Pausenzeiten, aber konstantem Arbeits-/Pausenverhältnis 1 : 2 (aus Astrand und Rodahl, 1970)

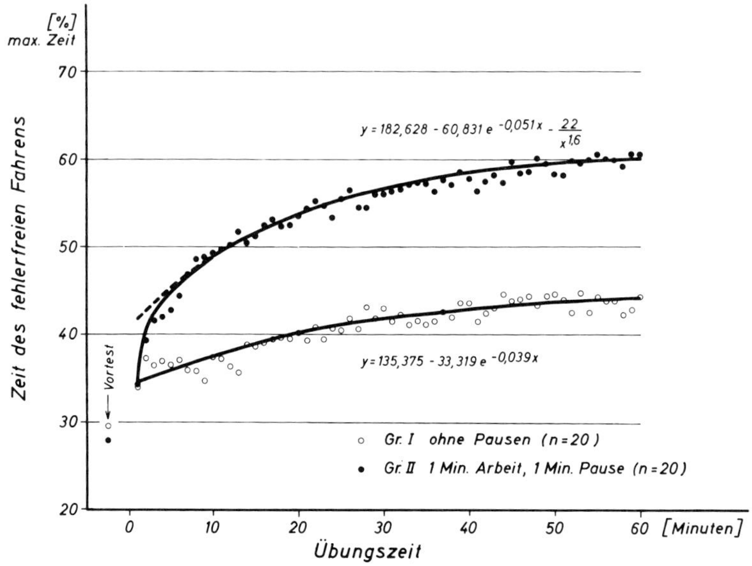

Abb. 9: Einfluß von Pausen auf das Erlernen einer einfachen sensumotorischen Leistung (aus Rohmert, Rutenfranz & Ulich, 1971)

b) Verhinderung von Ermüdung

Diese Begründung ist in der Praxis nicht scharf von der Beseitigung von Symptomen der Ermüdung zu trennen. Die Abbildungen 7 und 8 zeigen Ergebnisse aus Laborversuchen mit schwerer körperlicher Arbeit, bei denen die Arbeitsschwere und das Arbeits-Pausen-Verhältnis konstant gehalten wurden. Es ist zu erkennen, daß die Länge der Arbeitszeit, die ohne Pausen durchgehalten wird, allein davon abhängt, wie kurz die einzelnen Arbeitsabschnitte absolut sind, d. h. wann jeweils die nächste Pause kommt.

Durch ein sinnvolles Arbeitszeit-Pausenverhältnis von 1:2 oder 2:3 konnte erreicht werden, daß selbst bei sehr schwerer körperlicher Arbeit die Herzschlagfrequenzwerte unter 100 Pulse/min (Karrasch & Müller, 1951) bzw. die Blutmilchsäurekonzentration bei etwa 20 mg/100 ml blieben (Astrand & Rodahl, 1970). Bei diesen Werten ist zu erwarten, daß die Arbeit acht Stunden lang ausgeführt werden kann.

Auch für Anlernvorgänge ist die Verhinderung von Ermüdung durch Pausen von entscheidender Bedeutung. Wie aus Abb. 9 zu ersehen ist, sind die Lernfortschritte bei einer systematischen Unterbrechung des Lernprozesses durch Pausen („verteiltes Lernen") deutlich größer als bei dem Lernen ohne Pausen („massiertes Lernen"). Die Verhinderung der Ermüdung bei verteiltem Lernen läßt sich auch mit physiologischen Meßgrößen, z. B. der Herzschlagfrequenz, nachweisen (Abb. 10).

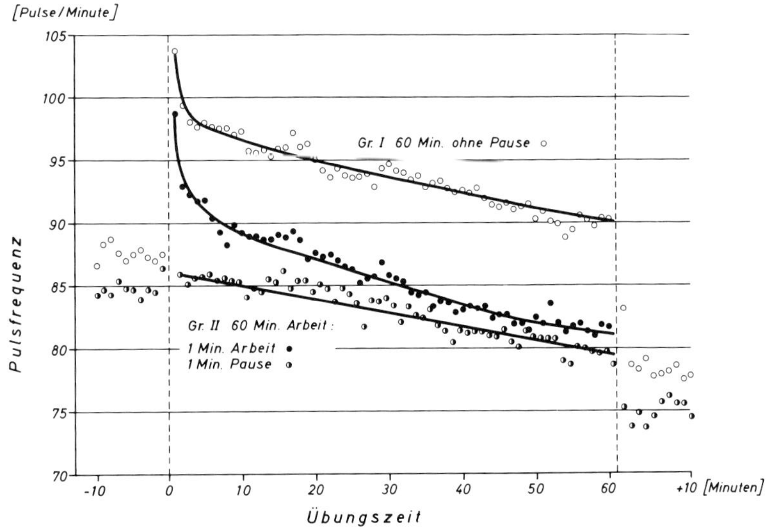

Abb. 10: Verhalten der Herzschlagfrequenz beim Erlernen einer einfachen sensumotorischen Leistung, Gruppe I: ohne Pausen, Gruppe II: mit Pausen (aus Rutenfranz, Rohmert & Iskander, 1971)

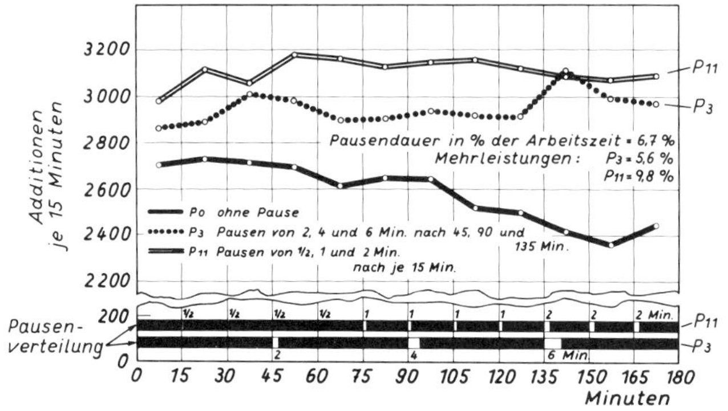

Abb. 11: Wirkung von Kurzpausen auf Additionsleistungen (aus Graf, 1927)

c) Steigerung der Leistung

Bereits 1922 konnte Graf zeigen, daß Pausen nicht nur als unproduktive Unterbrechungen des Arbeitsprozesses zu sehen sind. Er verstand unter „lohnenden Pausen" Arbeitsunterbrechungen, bei denen die durch Pausen verursachte Leistungsminderung infolge der Arbeitszeitverkürzung kompensiert wird auf der Basis von Funktionsverbesserungen infolge Erholung oder durch Vorauswirkungen von Pausen. Graf (1922, 1927) stellte nämlich eine Veränderung des Arbeitsverhaltens in Abhängigkeit von der Länge des Arbeitsabschnitts bis zur nächsten Pause fest. In Analogie zum Sport, bei dem ein Läufer ein extremes Tempo einhält, wenn er eine Kurzstrecke zu laufen hat, im Vergleich zu einem „gedrosselten" Tempo bei längeren Strecken, ist bei kurzer Arbeitsdauer bis zur nächsten Pause ein hoher „psychologischer Erwartungswert" in bezug auf die bevorstehende Pause festzustellen (Abb. 11). Ein Überblick über zahlreiche Experimente von Graf (1927, 1956) zeigt, daß Pausen vor allem bei sogenannten handzeitbestimmten Tätigkeiten sowie bei mechanischen mentalen Leistungen dann „lohnend" sind, wenn sie bereits kurz nach Arbeitsanfang einsetzen, selbst kurz sind und mit Fortschritt der Arbeitszeit länger werden (Abb. 12).

d) Einhaltung eines ausreichenden Wachsamkeitsniveaus

Mit Monotonie- und Sättigungsempfindungen ist bei allen Tätigkeiten zu rechnen, die durch das ständige Aufnehmen gleichförmiger Information gekennzeichnet sind, wie Beobachtungs- und Kontrolltätigkeiten oder Montagetätigkeiten mit geringem Arbeitsinhalt. Eine häufig damit verbundene Herabsetzung des Wachsamkeitsniveaus kann durch Pausen oder Arbeitswechsel beseitigt werden. Immer wenn es nicht gelingt, die Arbeitsanforderungen so zu gestalten, daß nur ein niedriges Wachsamkeitsniveau erforderlich ist, sind Pausen oder Arbeitswechsel aus Gründen der Arbeitssicherheit zwingend erforderlich.

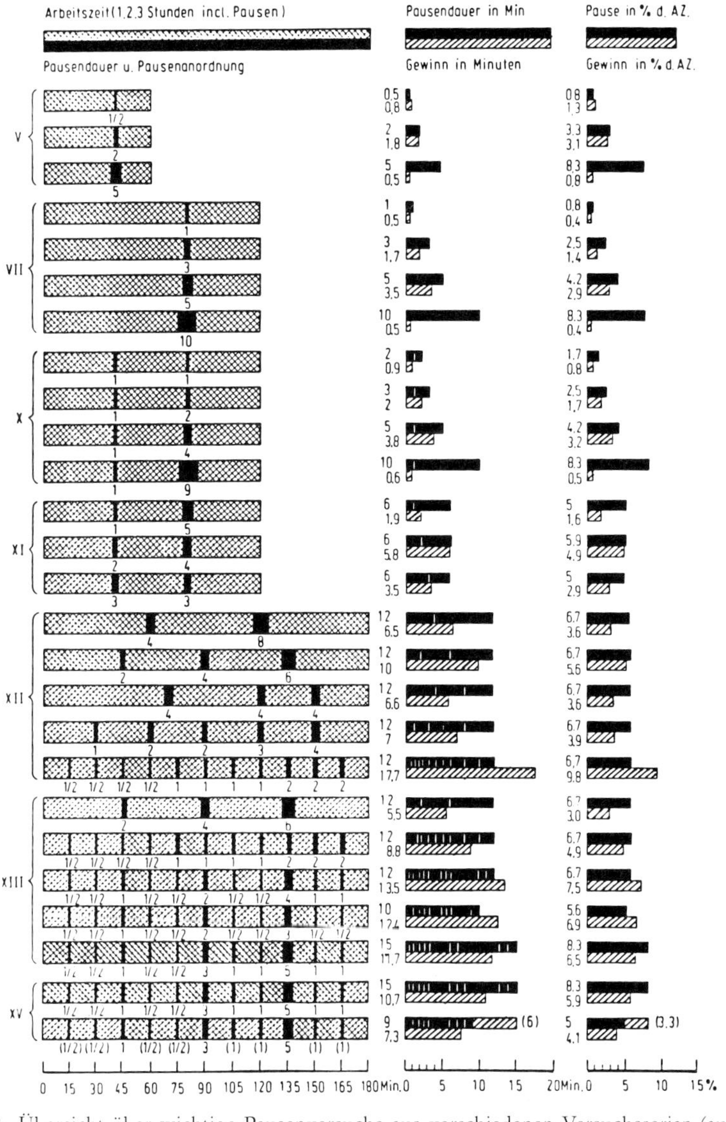

Abb. 12: Übersicht über wichtige Pausenversuche aus verschiedenen Versuchsserien (aus Graf, 1927)

e) Gelegenheit zur Nahrungsaufnahme

Während es früher üblich war, die Nahrung am Arbeitsplatz bei laufender Maschine einzunehmen, sicherte die gesetzliche Regelung der Arbeitszeit (Arbeitszeitordnung) Mindestpausen von wenigstens 15 Minuten Dauer. Der Erholungswert von Pausen, die hauptsächlich der Nahrungsaufnahme dienen, ist begrenzt.

2.3 Pausenformen

Bei einer Charakterisierung der Pausen nach formalen Gesichtspunkten kann folgende Unterscheidung getroffen werden:

a) Kurzpausen

Unter Kurzpausen werden formal alle Pausen verstanden, die eine bestimmte, meist rechtlich fixierte Mindestlänge von z. B. 15 Minuten unterschreiten. Im engeren Sinn werden jedoch Pausen von 1 bis 5 Minuten als Kurzpausen bezeichnet. Von „Kürzestpausen“ spricht man bei Pausen unter 1 Minute (Schmidtke, 1959).

b) Gesetzliche Pausen

In der Arbeitszeitordnung sowie im Jugendarbeitsschutzgesetz werden sowohl die Mindestlänge als auch die Zeit, welche ohne Pausen gearbeitet werden darf, festgelegt.

c) Frei gewählte Pausen

Detaillierte Zeitstudien lassen erkennen, daß praktisch an allen Arbeitsplätzen Pausen gemacht werden, auch wenn offiziell keine Pausen ausgewiesen werden. Bei Akkordarbeit sind solche Pausen im Rahmen des Erholungszuschlages bzw. der persönlichen sowie der sächlichen Verteilzeit erlaubt. Allerdings ist weder den Arbeitern noch der Geschäftsleitung immer bekannt, wieviel Pausenzeit in Minuten tatsächlich zur Verfügung steht. Daher werden Pausen oft unter Nebenarbeit versteckt (Abb. 13). Der Erholungswert solcher ka-

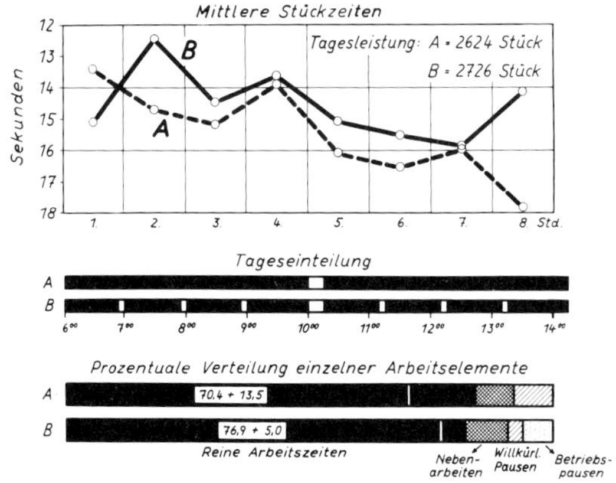

Abb. 13: Leistung und prozentuale Verteilung einzelner Zeitelemente an einem Arbeitsplatz eines elektrotechnischen Betriebes ohne bzw. mit Kurzstunden nach Untersuchungen von Graf und Scholz (aus Graf, 1956)

schierter Pausen ist allerdings geringer als bei offen deklarierten Pausen (Graf, 1927).

Untersuchungen von Graf (1959) sowie Rutenfranz & Stoll (1966) haben außerdem gezeigt, daß bei Akkordarbeit ein nicht unbeträchtlicher Teil der Pausenzeit zur Verlängerung der Essenspausen bzw. zur Vorverlegung des Arbeitsendes benutzt oder in Geld umgesetzt wird (Abb. 14). Diese Studien stützen also nicht die These, daß der einzelne Arbeiter seine Pausen selbst „erholungsgerecht" nimmt. Vielmehr scheint es notwendig zu sein, wenigstens einen Teil der frei gewählten Pausen in organisierte Pausen zu sinnvollen Zeitpunkten des Arbeitsablaufes zu überführen.

d) Organisierte Pausen

Durch eine Organisation der Pausen kann erreicht werden, daß die zur Verfügung stehende Pausenzeit sinnvoll und gezielt über den Tag verteilt wird, wobei auch die Pausen zur Nahrungsaufnahme in das Pausenschema eingegliedert werden müssen. Wenn solche organisierten Pausen im voraus festliegen, Teil der Betriebsordnung sind und wenn die Betriebsmittel während der Pause stillstehen, spricht man von Betriebspausen.

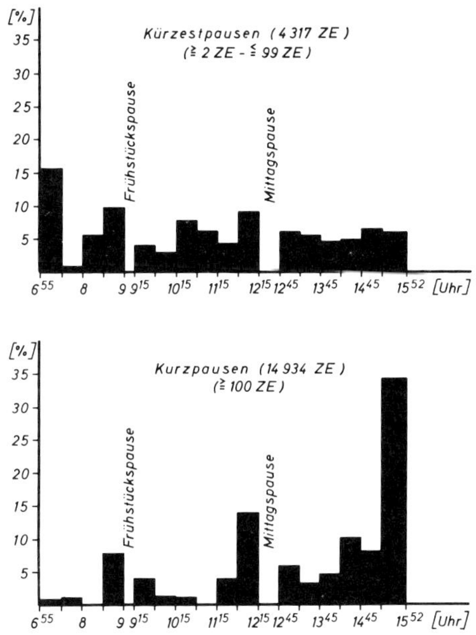

Abb. 14: Verteilung frei gewählter Pausen bei freier Arbeit in Abhängigkeit von der Pausenlänge
Kürzestpausen: 0,02 min bis < 1 min
Kurzpausen: 1 min bis 15 min
(aus Rutenfranz und Stoll, 1966)

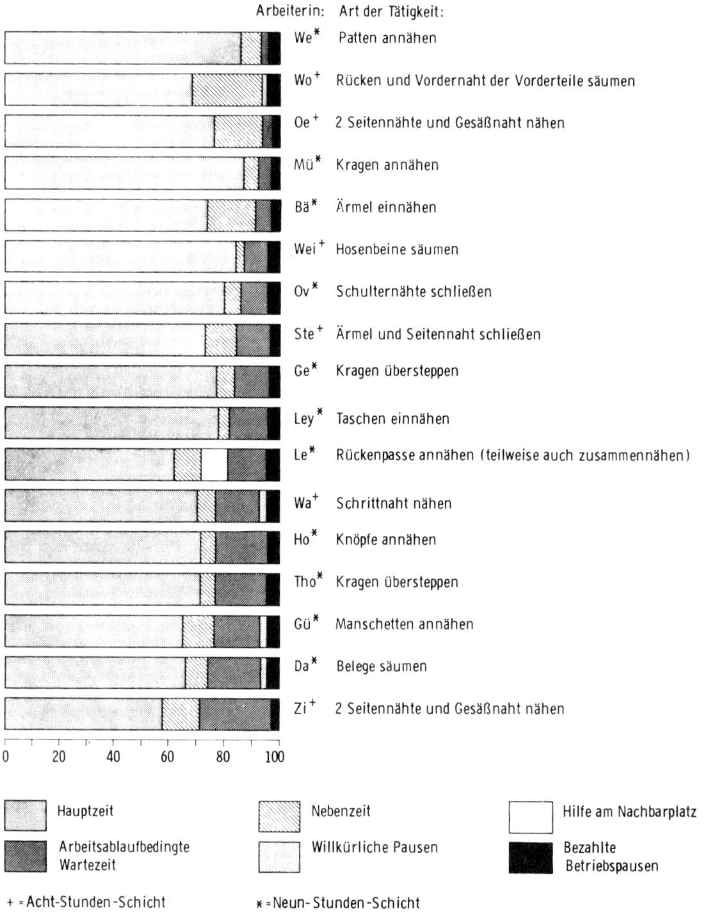

Abb. 15: Unterschiedliche Dauer der arbeitsablaufbedingten Wartezeiten bei schlechter Bandabstimmung (aus Graf, 1954)

e) Arbeitsablaufbedingte Wartezeiten

Dagegen sind arbeitsablaufbedingte Wartezeiten gerade durch ihre Nichtvorhersehbarkeit charakterisiert. Sie werden z. B. bei Fließarbeit durch schlechte Bandabstimmung oder durch Störungen verursacht (Graf, 1942/43, 1954). Diese Wartezeiten können zu Frustrationserlebnissen führen, wenn sie als Behinderung von Verdienstmöglichkeiten empfunden werden und ungleiche Arbeitsbedingungen am gleichen Band signalisieren (Abb. 15).

2.4 Ermittlung des Pausenbedarfs

In der Praxis wird der Pausenbedarf meistens geschätzt. Pornschlegel & Birkwald (1968) haben vorgeschlagen, die folgenden Belastungen gesondert zu berücksichtigen: energetische, statische, besondere geistige Belastung, einseitige Tätigkeit, Aufmerksamkeit, Monotonie, Hitze, Lärm sowie Lichtmangel. Erste exaktere Methoden zur Ermittlung von Erholungszuschlägen stammen von Spitzer (1951) und von Lehmann (1957). Während die meisten in der Praxis verwendeten Erholungszeitermittlungsverfahren belastungsorientiert sind und daher keine Rücksicht auf die individuelle Leistungsfähigkeit nehmen, gibt es nur wenige beanspruchungsorientierte Methoden (z. B. Köck, 1974; Rohmert, 1960a und b; Schmidtke, 1963).

Für statische Haltearbeit lassen sich nach Rohmert (1960a) die Erholungszuschläge nach der folgenden Formel berechnen:

$$EZ = 18 \times \left(\frac{t}{T}\right)^{1,4} \times \left(\frac{k}{K} - 0,15\right)^{0,5} \times 100\,\%$$

wobei EZ = Erholungszuschlag in Prozent von t; t = Haltezeit in Minuten; T = maximale Haltezeit in Minuten; k = Haltekraft in kp; K = maximale Haltekraft in kp bedeuten. Voraussetzungen für die Anwendbarkeit dieser Formel sind: ein Überschreiten von 15% der maximalen Muskelkraft in der betreffenden Arbeitsstellung, Leistung der Haltearbeit nur durch Muskelkraftwirkungen und ohne Unterstützung durch die Schwerewirkung des Körpers oder von Körpergliedmaßen sowie der Ausschluß eines Belastungswechsels parallel geschalteter Muskelgruppen.

Bei dynamischer Arbeit oberhalb der Dauerleistungsgrenze läßt sich der Erholungszuschlag nach der folgenden Formel berechnen (Rohmert, 1960b).

$$EZ = 1,9\,(t_{arb})^{0,145} \left(\frac{N_{eff}}{N_{DLG}} - 1\right)^{1,4} \times 100\,\%$$

wobei EZ = Pausenzeit in Prozent von t_{arb}; t_{arb} = Dauer eines Arbeitsabschnittes in Minuten; N_{eff} = effektive Leistung während des Arbeitsabschnittes in mkp/sec und N_{DLG} = Dauerleistungsgrenzwert für pausenlose Arbeit in mkp/sec bedeuten.

Schmidtke (1963) hat analog zu den geschilderten Ansätzen den Pausenbedarf für eine mental beanspruchende Aufgabe, und zwar für Kopfrechnen bei dem

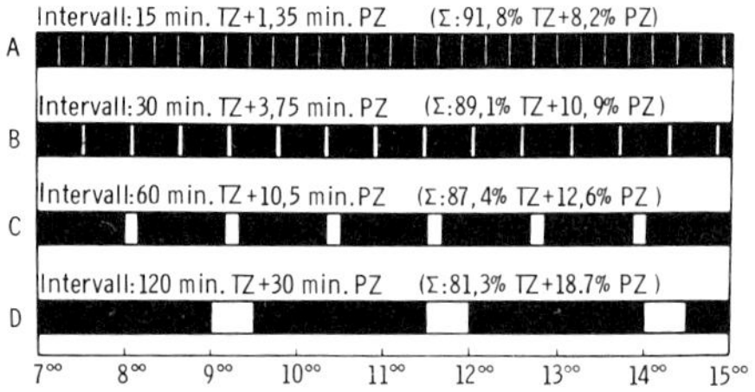

Abb. 16: Unterschiedlicher Pausenbedarf bei mental beanspruchenden Arbeiten in Abhängigkeit von der Dauer der einzelnen Arbeitsperioden (aus Schmidtke, 1967)

Konzentrations-Leistungs-Test von Düker, nach der folgenden Formel bestimmt:

$$EZ = 0{,}9487\,(T_R)^{0{,}1578}\left(\frac{L_{eff}}{L_{DLG_{Ps}}} - 1\right)^{1{,}9014} \times 100\,\%$$

wobei EZ = Pausenzeit in Prozent von T_R; T_R = Dauer der einzelnen Rechenperiode in Minuten; L_{eff} = effektive Rechenleistung (Aufgabe/Min); DLG_{Ps} = Dauerleistungsgrenze für Kopfrechenarbeiten bedeuten.

Aus Abb. 16 ist zu ersehen, daß der Pausenbedarf je nach Länge der einzelnen Arbeitsperioden zwischen 8,2 und 18,7 % der Schichtzeit variiert, wenn man die gleiche Leistungshöhe erhalten will. Bei dieser Berechnung wurden die gesetzlich vorgeschriebenen Ruhepausen nicht berücksichtigt.

3 Tageszeitliche Lage der Arbeitszeit (Schichtarbeit)

3.1 Formen der Schichtarbeit

Arbeit zu konstant ungewöhnlicher Tageszeit oder zu wechselnder Tageszeit wird als „Schichtarbeit" bezeichnet (Rutenfranz, 1978).

Dabei kann man generell zwei Formen der Arbeitszeitorganisation unterscheiden (Abb. 17): permanente Schichtsysteme und Wechselschichtsysteme. Permanente Systeme kommen in den USA häufiger vor als in Europa. Wenn Personen mehrere Jahre lang nur in einer bestimmten Schicht arbeiten, handelt es sich um ein permanentes System. Nachtschwestern, Nachtwächter, Zeitungsdrucker, einige Taxichauffeure oder Arbeiter in der Textilindustrie sind Beispiele für Dauernachtschichtler. Bei der begrifflichen Unterscheidung zwischen Dauerfrühschicht und „normaler" Tagarbeit kann die Frage, ob ein

I. Permanente Schichtsysteme

1. Dauerfrühschicht
2. Dauerspätschicht
3. Dauernachtschicht
4. Geteilte Schichten zu konstanten Tageszeiten

II. Wechselschichtsysteme

1. Systeme ohne Nachtarbeit
   a) Diskontinuierliche Systeme
   b) Kontinuierliche Systeme
2. Systeme mit Nachtarbeit
   a) Diskontinuierliche Systeme
   b) Kontinuierliche Systeme

Abb. 17: Arbeitszeitorganisationsformen unter Berücksichtigung der tageszeitlichen Lage der Arbeit (aus Knauth & Rutenfranz, 1982)

Arbeitsplatz nacheinander von mehreren Arbeitnehmern besetzt ist oder nicht, eher helfen als die Uhrzeit des Arbeitsbeginns, da hier die Festlegung einer Grenze willkürlich ist.

Die in Europa vorherrschenden Wechselschichtsysteme können weiter nach dem Vorkommen von Nachtarbeit sowie Wochenendarbeit untergliedert werden. Während bei diskontinuierlicher Arbeit im allgemeinen der Sonntag, häufig aber auch der Samstag arbeitsfrei sind, schließen kontinuierliche Schichtsysteme regelmäßig auch Sonntagsarbeit ein.

Schichtsysteme können zusätzlich durch die folgenden Merkmale charakterisiert werden:

- Regelmäßigkeit: Sehr unregelmäßige Schichtsysteme kommen vor allem im Dienstleistungssektor bei stark schwankendem Personalbedarf vor.
- Anzahl der aufeinanderfolgenden Nachtschichten: Kurze Nachtschichtperioden umfassen z. B. nur 2 Nachtschichten und lange Perioden z. B. 7 Nachtschichten
- Dauer der Schichten: Extreme Beispiele sind 4-stündige Wachen auf Schiffen oder 12-stündige Schichten in der Chemieindustrie.
- Organisation der Bereitschaftszeiten: Kombinationen aus Arbeitszeit und Bereitschaftszeiten können z. B. bei Ärzten, Feuerwehrleuten, Polizisten, Schiffslotsen und Lokführern 24 Stunden und mehr dauern.
- Anfangs- und Endzeiten der Schichten: Während in der Industrie der Bundesrepublik Deutschland die Schichten überwiegend um 6.00, 14.00 und 22.00 Uhr gewechselt werden, kommen im Dienstleistungsbereich alle denkbaren Wechselzeiten vor (Knauth, 1983).

- Schichtzyklusdauer: es gibt Schichtpläne, die sich nach relativ kurzer Zeit wiederholen (z. B. nach 4 Wochen) und andere, die sich erst nach mehreren Monaten wiederholen.
- Rotationsrichtung: Die Folge Früh-, Spät- und Nachtschicht wird „Vorwärtsrotation“ und die Folge Nacht-, Spät- und Frühschicht „Rückwärtsrotation“ genannt. Ein Schichtplan kann allerdings auch Elemente beider Rotationsarten enthalten.
- Verteilung der Freizeit im Schichtsystem: Hier können die Länge der Freizeit zwischen zwei Schichten, die tageszeitliche Lage der Freizeit sowie der Wochentag von Bedeutung sein.

Die genaue Charakterisierung eines Schichtsystems ist notwendig, da verschiedene Schichtsysteme unterschiedliche sozialpsychologische oder arbeitsmedizinische Probleme zur Folge haben können.

3.2 Das Belastungs-Beanspruchungskonzept für Schichtarbeit

Wie in Abb. 18 dargestellt, führt die objektive Belastung durch Schichtarbeit, d. h. die Phasenverschiebung von Arbeits- und Erholungszeiten, nicht zwangsläufig zu überdurchschnittlichen Beanspruchungen. Vielmehr hängt das Ausmaß der Beanspruchung zusätzlich von intervenierenden Faktoren ab. Diese Faktoren umfassen z. B. individuelle Eigenschaften des Schichtarbeiters wie Alter und Persönlichkeit, Verhaltensweisen (Morgentyp/Abendtyp), physiologische Anpassungsfähigkeit, häusliche Wohnbedingungen und Akzeptanz der Schichtarbeit durch die Familie. Auf der Belastungsseite können neben der Arbeitszeitorganisation auch eine große körperliche und geistige Belastung, eine ungünstige Arbeitsorganisation sowie belastende Umgebungsbedingungen eine Rolle spielen.

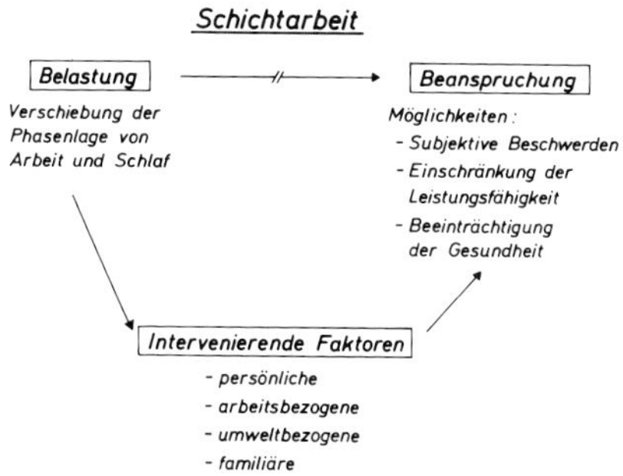

Abb. 18: Schematische Darstellung des Belastungs-Beanspruchungskonzeptes für Schichtarbeit (nach Colquhoun & Rutenfranz, 1980)

Bei einer ungünstigen Kombination von Belastungen und intervenierenden Variablen ist auf der Beanspruchungsseite mit einer Beeinträchtigung des Wohlbefindens, des sozialen und familiären Lebens, der Arbeitsleistung und unter Umständen sogar der Gesundheit zu rechnen.

3.3 Hauptbelastungen des Schichtarbeiters

Schichtarbeit, vor allem Nachtarbeit, ist mit einer Zeitverschiebung von Arbeit und Schlaf gegenüber der „normalen" Zeitstruktur der biologischen Tagesrhythmik verbunden. Die Frage, ob eine vollständige Anpassung der Circadianrhythmik an die veränderte Lebensweise möglich ist, ist daher von entscheidender Bedeutung.

Fast alle bis heute daraufhin untersuchten Funktionen des menschlichen Körpers weisen eine Abhängigkeit von der Tageszeit auf (Aschoff, 1955, 1959, 1971). Diese Circadianrhythmik weist eine endogene Spontanfrequenz auf, die durch Zeitgeber oder Synchronizer (Aschoff, 1954; Halberg & Visscher, 1954) auf eine 24-Stunden-Periodik synchronisiert wird.

Die Stärke des Einflusses von Zeitgebern auf Phase und Amplitude biologischer Rhythmen kann durch mehrere Versuche überprüft werden (Aschoff, 1958, 1959). In sogenannten „Ziehversuchen", in denen normale Tage durch kürzere oder längere Kunsttage ersetzt wurden, erwies sich das Zeitbewußtsein als wichtigster Zeitgeber beim Menschen (Lewis & Lobban, 1957).

Bei „Inversionsversuchen" verschiebt man dagegen die Phase des vermuteten entscheidenden Zeitgebers sprunghaft gegen die vorherige Zeitstruktur des Organismus. Dies kann im Speziallabor oder im Feldversuch durchgeführt werden. So kommt nach Flugreisen über mehrere Zeitzonen offensichtlich durch Änderung des sozialen Umfeldes immer sofort eine Anpassung der Circadianrhythmik an die neue Zeit in Gang. Die Inversion ist je nach Funktion und Größe der Zeitverschiebung nach 3–14 Tagen abgeschlossen (Strughold, 1952; Rutenfranz & Hettinger, 1957; Klein & Wegmann, 1975; Aschoff, Hoffmann, Pohl & Wever, 1975).

Bei „Free-running-Versuchen" verkürzt oder verlängert man die Periodendauer des vermuteten relevanten Zeitgebers über die Grenzen seines Zielbereiches hinaus oder man nimmt den vermutlich entscheidenden Zeitgeber ganz weg. In diesen Fällen wird die Spontanfrequenz der endogenen Periodik beobachtbar.

Zusammenfassend sind – nach dem gegenwärtigen Erkenntnisstand – die Kenntnis der Uhrzeit (kognitiver Zeitgeber) sowie die tagesperiodischen Än-

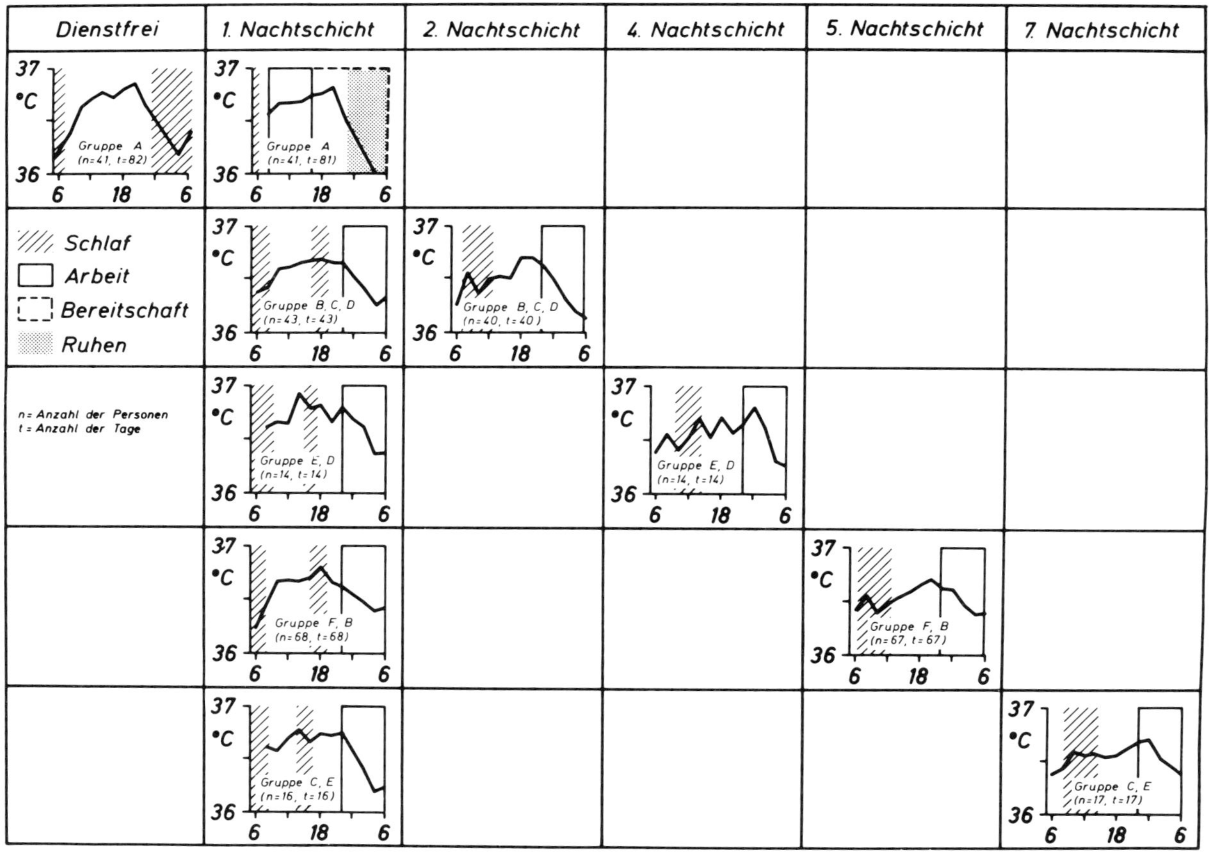

Abb. 19: Circadianrhythmen der Mundtemperatur ($\bar{x}$) bei erfahrenen Schichtarbeitern (aus Knauth, Emde, Rutenfranz, Kiesswetter & Smith, 1981)

derungen im Sozialverhalten der Umwelt (soziale Zeitgeber) als die für den Menschen entscheidenden Zeitgeber anzusehen. Da sich diese Zeitgeber innerhalb einer überwiegend tagaktiven Gesellschaft für den einzelnen Schichtarbeiter nicht wirklich verschieben, ist auch keine vollständige Anpassung der Circadianrhythmik an Nachtarbeit zu erwarten.

In Abb. 19 sind die Veränderungen der Circadianrhythmik der mittleren Mundtemperatur von 133 Schichtarbeitern bei unterschiedlich langen Nachtschichtperioden dargestellt. Dabei ist zwar in der Tendenz eine Abflachung bei 5 oder 7 hintereinanderliegenden Nachtschichten, nicht jedoch eine Anpassung der gesamten Tagesrhythmik (vollständiges Re-entrainment) festzustellen.

Dagegen ergibt sich bei einer stärkeren Verschiebung der sozialen Zeitgeber im Rahmen experimenteller Schichtarbeit eine ausgeprägtere und schnellere Teilanpassung der Circadianrhythmik. So zeigt Abb. 20, daß zwar das Minimum, nicht aber das Maximum des Tagesganges der Körpertemperatur ad-

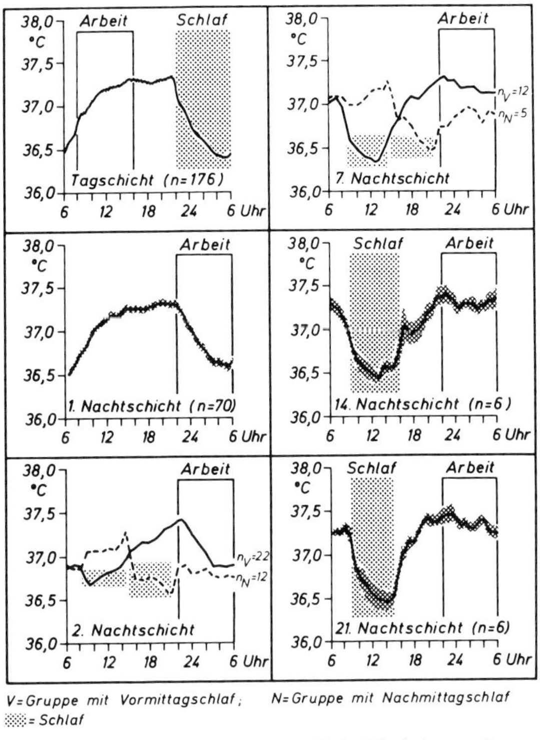

Abb. 20: Circadianrhythmen der Rektaltemperatur ($\bar{x} \pm SE$) bei experimenteller Schichtarbeit (aus Knauth, 1983)

äquat phasenverschoben wurde. Außerdem ist erstens zu berücksichtigen, daß die Rückumstellung nach Ende der Nachtschichtperiode umso länger benötigt, je mehr Nachtschichten hintereinander lagen, und daß zweitens die Dissoziation verschiedener physiologischer Funktionen mit unterschiedlicher Anpassungsgeschwindigkeit bei kurzen Nachtschichtperioden am geringsten war (Knauth, 1983). Wenn man also die natürliche Zeitstruktur des circadianen Systems möglichst erhalten will, muß man die Nachtschichtperioden kurz machen.

Auf der Belastungsseite ist neben der Nichtanpassung der biologischen Rhythmik auch vermehrt mit ungünstigen Umgebungsbedingungen zu rechnen. So ergab eine Auswertung von rund 2400 Arbeitstätigkeiten, daß in Zweischichtsystemen und bei reiner Tagarbeit seltener Kombinationen von ungünstigen Bedingungen der Arbeitsumgebung (z. B. Hitze, Lärm, mechanische Schwingungen) gefunden wurden als bei Drei-Schichtsystemen, irregulären Schichtsystemen, Systemen mit Nachtschicht und kontinuierlichen Schichtsystemen (Knauth, 1983).

3.4 Hauptbeanspruchungen bei Schichtarbeitern

Die unvollständige Anpassung des menschlichen Organismus an Nachtarbeit kann zu einer Beeinträchtigung des Wohlbefindens führen.

a) Schlafstörungen

Bei den Beschwerden der Schichtarbeiter stehen Klagen über Schlafstörungen im Vordergrund. In Abb. 21 wurden Untersuchungsergebnisse über die Häufigkeit von Schlafstörungen bei 18 352 Befragten zusammengestellt. Auch wenn die Erhebungsmethoden der verschiedenen Autoren nicht immer identisch sind, ist als Tendenz festzustellen, daß in Zusammenhang mit Wechselschichtarbeit, die auch Nachtschichten einschloß, bei Dauernachtschicht sowie von ehemaligen Schichtarbeitern häufiger über Schlafstörungen geklagt wurde als von Tagarbeitern und Zweischichtarbeitern.

Die Klagen über Schlafstörungen können sich sowohl auf die Schlafdauer als auch auf die Schlafqualität beziehen. Das Ergebnis einer Analyse von 9480 Tagesverläufen von 1230 Schichtarbeitern in Abhängigkeit vom Schichttyp ist in Abb. 22 dargestellt. Offensichtlich ist der Tagschlaf zwischen Nachtschichten mit rd. 6 Stunden immer kürzer als der Nachtschlaf. Außerdem haben elektroencephalographische Studien gezeigt, daß der Tagschlaf nicht nur ein verschobener Nachtschlaf ist, sondern daß auch deutliche qualitative Unterschiede zwischen beiden bestehen. Dabei fallen vor allem eine Verringerung

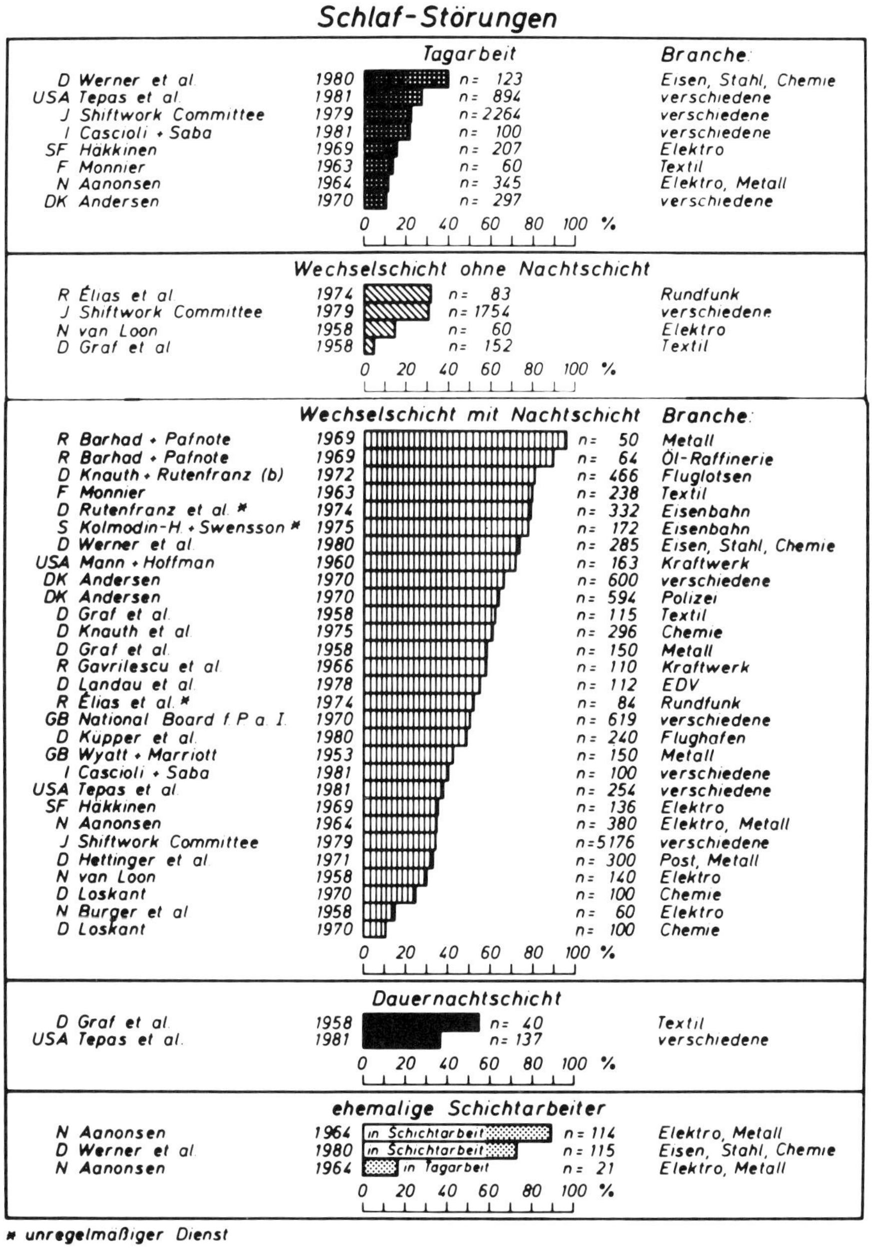

Abb. 21: Häufigkeit von Schlafstörungen bei verschiedenen Arbeitszeitorganisationsformen. Anzahl aller befragten Personen: 18 352 (nach Rutenfranz, Knauth & Angersbach, 1980; Knauth, 1983)

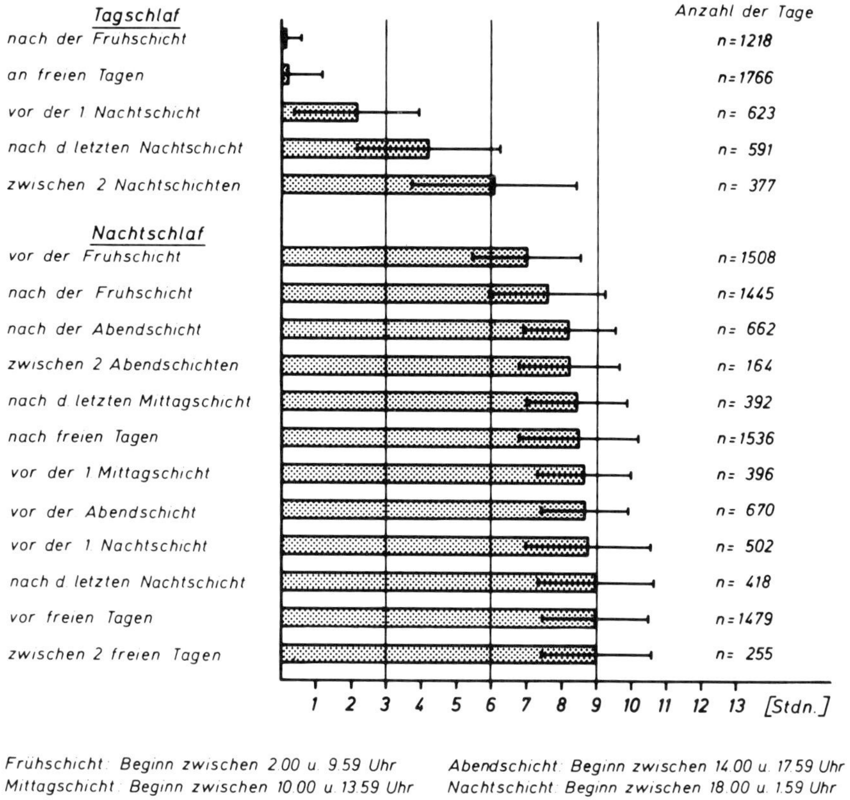

Abb. 22: Durchschnittliche Schlafdauer in Abhängigkeit vom Schichttyp; Tagesprotokolle von 1230 Schichtarbeitern (nach Knauth, Landau, Dröge, Schwitteck, Widynski & Rutenfranz, 1980)

des sogenannten REM-Schlafes sowie eine andere Verteilungsstruktur dieses Schlafstadiums auf die Schlafzeit ins Auge (Knauth & Rutenfranz, 1972b; Knauth, Rutenfranz, Schulz, Bruder, Romberg, Decoster & Kiesswetter, 1980; Knauth, Kiesswetter, Bruder, Romberg & Rutenfranz, 1981; Foret & Benoit, 1978).

Für die Verkürzung der Schlafdauer und die Beeinträchtigung der Tagschlafqualität gibt es mehrere Gründe. Da der Mensch ein tagaktives Lebewesen ist, sind seine Organfunktionen während des Tages mehr auf „äußere Leistung" und nachts mehr auf „Erholung" geschaltet. Außerdem wird der Tagschlaf häufiger durch Lärm – vor allem durch Kinder- und Verkehrslärm – gestört als der Nachtschlaf (Knauth & Rutenfranz, 1972a; Rutenfranz, Knauth, Hildebrandt & Rohmert, 1974; Nachreiner, Frielingsdorf, Romahn, Knauth, Kuhlmann, Klimmer, Rutenfranz & Werner, 1975). Schließlich können auch

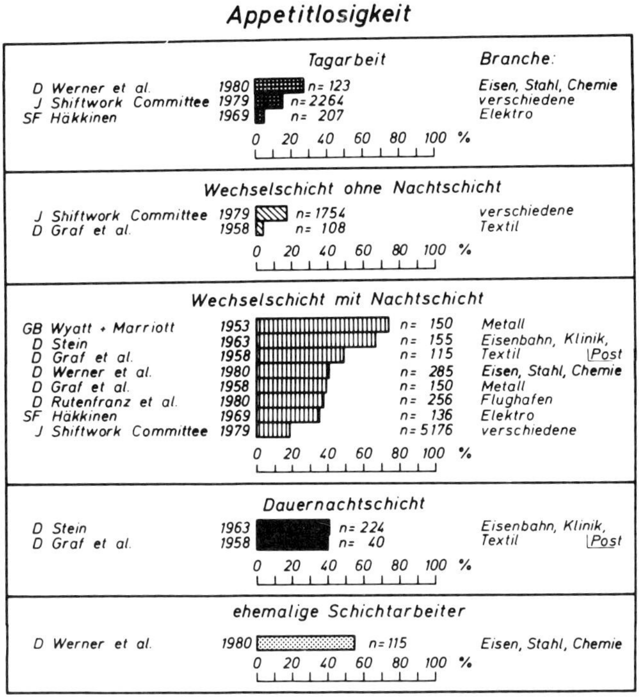

Abb. 23: Häufigkeit von Appetitstörungen bei verschiedenen Arbeitszeitorganisationsformen. Anzahl aller befragten Personen: 11 258 (nach Rutenfranz, Knauth & Angersbach, 1980; Knauth, 1983)

soziale Einflüsse, z. B. der Wunsch, das Mittagessen gemeinsam mit der Familie einzunehmen, die Schlafdauer gezielt verkürzen.

b) Appetitstörungen

Nicht nur der Schlaf, sondern auch die Mahlzeiten werden durch Nachtschichten verschoben bzw. verändert. Aufgrund der Studien zur Mahlzeitendauer, -frequenz, Kalorienaufnahme und zu sozialen Aspekten von gemeinsam mit der Familie eingenommenen Mahlzeiten (Debry, Girault, Lefort & Thiebault, 1967; Reinberg, Migraine, Apfelbaum, Brigant, Ghata, Vieux, Laporte & Nicolai, 1979; Cervinka, Kundi, Koller & Arnhof, 1984) ist zu erwarten, daß der Appetit vor allem bei Nachtarbeit beeinträchtigt wird. Eine Zusammenstellung von Befragungen zur Häufigkeit von Appetitstörungen bei 11 258 Personen stützt diese Vermutung (Abb. 23).

Eine unregelmäßige Aufnahme der Nahrung kann langfristig zu Magen-Darm-Beschwerden führen (Rutenfranz, Knauth & Angersbach, 1980). Dagegen ist mit Erkrankungen des Magen-Darm-Traktes erst dann zu rechnen, wenn weitere erschwerende Faktoren hinzutreten. Außerdem gibt es in einer retrospektiven Kohortenstudie von Angersbach, Knauth, Loskant, Karvonen, Undeutsch & Rutenfranz (1980) deutliche Hinweise auf einen in der Kohorte auch nach 10 Jahren fortdauernden Selektionsprozeß vor allem bei gastrointestinalen Erkrankungen.

c) Beeinträchtigung der Leistung

In Analogie zu physiologischen Circadianrhythmen gibt es auch zahlreiche cirkadiane Leistungsrhythmen (Übersichten bei Freeman & Hovland, 1934; Kleitman, 1963; Hockey & Colquhoun, 1972; Knauth, Kiesswetter & Rutenfranz, 1981; Folkard, 1982), die ihre Höchstwerte zu verschiedenen Tageszeiten haben können.

Zur Erklärung circadianer Leistungsverläufe wird in vielen Untersuchungen auf ein eindimensionales Aktiviertheitskonzept und die umgekehrt U-förmige Beziehung zwischen Aktiviertheitsniveau und Leistung zurückgegriffen.

Ein komplexeres „kognitiv-energetisches Modell für Arousal, Stress und Leistung“ wird z. B. von Sanders (1983) vorgeschlagen. Dieses Modell basiert auf der Vorstellung unabhängiger Stufen der Informationsverarbeitung (Sternberg, 1969) und geht in Anlehnung an Pribram und McGuinness (1975) von drei energetischen Systemen aus, die selektiv zu spezifischen kognitiven Verarbeitungsmechanismen in Beziehung stehen. Dieses Modell, das für Streßphänomene in Zusammenhang mit menschlicher Leistung sehr wertvoll ist, berücksichtigt jedoch nicht explizit alle an der Informationsverarbeitung beteiligten kognitiven Funktionen.

Für den Tagesgang von Leistungen spielt jedoch die Anforderung an das Kurzzeitgedächtnis eine besondere Rolle. Grundsätzlich kann nämlich zwischen zwei Aufgabentypen unterschieden werden. Zur ersten Gruppe gehören Aufgaben, die hohe Anforderungen an die Wahrnehmung, Aufmerksamkeit, Informationsverarbeitung und Sensumotorik stellen. Folkard (1982) hat Beispiele entsprechender Leistungsverläufe, die sich annähernd in Phase mit der Körpertemperatur befinden, zusammengestellt (Abb. 24). Ein entgegengesetzter Leistungsverlauf über die Tagesstunden ist dagegen aus Abb. 25 zu erkennen. Bei diesem zweiten Typ von Aufgaben stehen hohe Anforderungen an das Kurzzeitgedächtnis im Vordergrund. Auch bei Aufgaben, die logisches Denken erfordern, werden ähnliche, vom Tagesgang der Körpertemperatur abweichende Leistungsverläufe beobachtet.

In Abb. 26 sind schließlich Leistungsverläufe dargestellt, die je nach Anforderungen an das Kurzzeitgedächtnis zu unterschiedlichen Tageszeiten Maxima

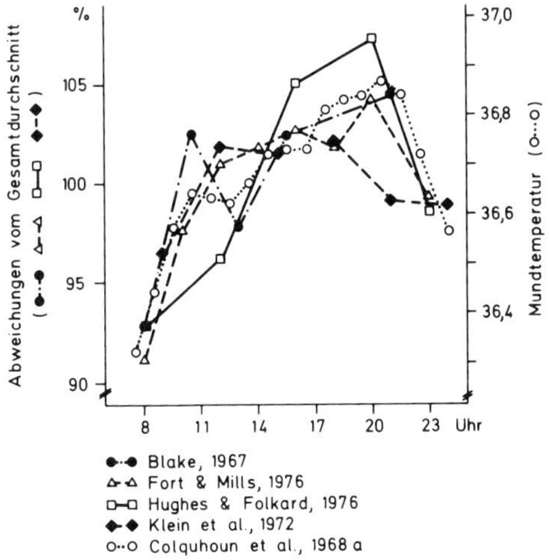

Abb. 24: Leistungen bei visuellen Suchaufgaben in Abhängigkeit von der Tageszeit sowie Tagesgang der Mundtemperatur (Zusammenstellung nach Folkard, 1982)

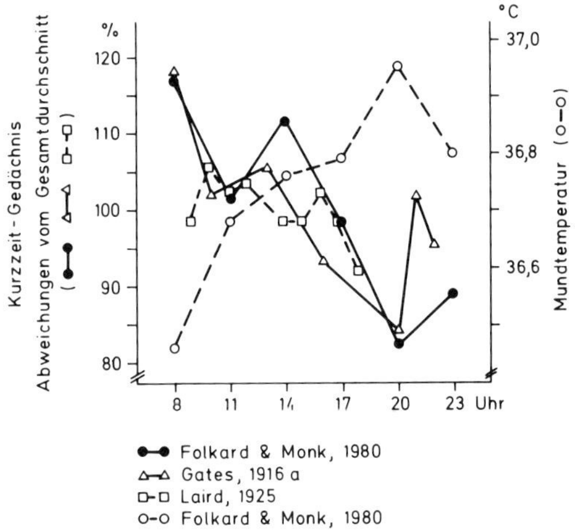

Abb. 25: Leistungen in Kurzzeit-Gedächtnis-Tests in Abhängigkeit von der Tageszeit sowie Tagesgang der Mundtemperatur (Zusammenstellung nach Folkard, 1982)

aufweisen. Bei niedrigen Anforderungen in bezug auf das kurze Behalten waren Leistungs- und Temperaturwerte hoch positiv und bei hohen Anforderungen an das Kurzzeitgedächtnis negativ korreliert. Aus diesen Befunden sowie aus der Tatsache, daß verschiedene Leistungsverläufe sich unterschiedlich schnell an Nachtarbeit anpassen (Monk, Knauth, Folkard & Rutenfranz, 1978), kann in Analogie zu physiologischen Circadianrhythmen geschlossen werden, daß auch psychische Leistungen nicht nur von einer einzelnen „inneren Uhr" gesteuert werden.

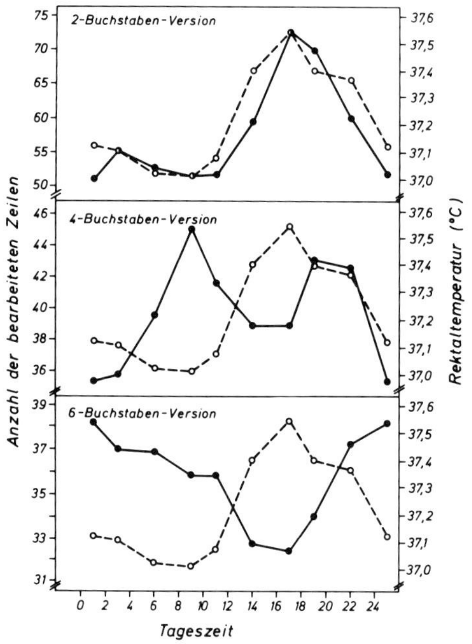

Abb. 26: Circadiane Leistungsverläufe bei visuellen Suchaufgaben mit unterschiedlichen Belastungen des Kurzzeitgedächtnisses ●——● sowie Tagesgang der Rektaltemperatur ○– – ○(aus Folkard, Knauth, Monk & Rutenfranz, 1976)

Aus der Tatsache, daß die Tagesmaxima verschiedener Leistungen zu verschiedenen Stunden des Tages zu beobachten sind, folgt, daß verschiedene Arbeiten zu gleichen Tageszeiten als unterschiedlich beanspruchend empfunden werden (Rutenfranz & Colquhoun, 1979). Außerdem ist zu erwarten, daß Fehler und Fehlverhalten zu den verschiedenen Tageszeiten mit unterschiedlicher Häufigkeit auftreten. In Abb. 27 sind oben drei Beispiele von solchen Tageskurven zusammengestellt, bei denen die Haupt- und Nebenmaxima nachts oder in der Mittagszeit lagen, während die unterste Fehlerkurve genau umgekehrt verläuft. Bei der letzten Kurve handelte es sich um Tätigkeiten mit hohen Anforderungen an das Kurzzeitgedächtnis.

Leistungen und Fehlleistungen sind natürlich nicht nur von der Aufgabenart und der Tageszeit, sondern auch von individuellen Faktoren abhängig. Kleitman (1963) war einer der ersten, der auf einen möglichen Zusammenhang zwischen „morgentypischem“ oder „abendtypischem“ Verhalten und einem „frühen“ oder „späten“ Maximum von Körpertemperatur- und Leistungsverläufen hinwies. In einer neueren Untersuchung von Horne, Brass & Pettitt (1980) wurden Leistungen von Morgen- und Abendtypen bei Prüftätigkeiten an einem Versuchsfließband miteinander verglichen. Es ergaben sich zwar

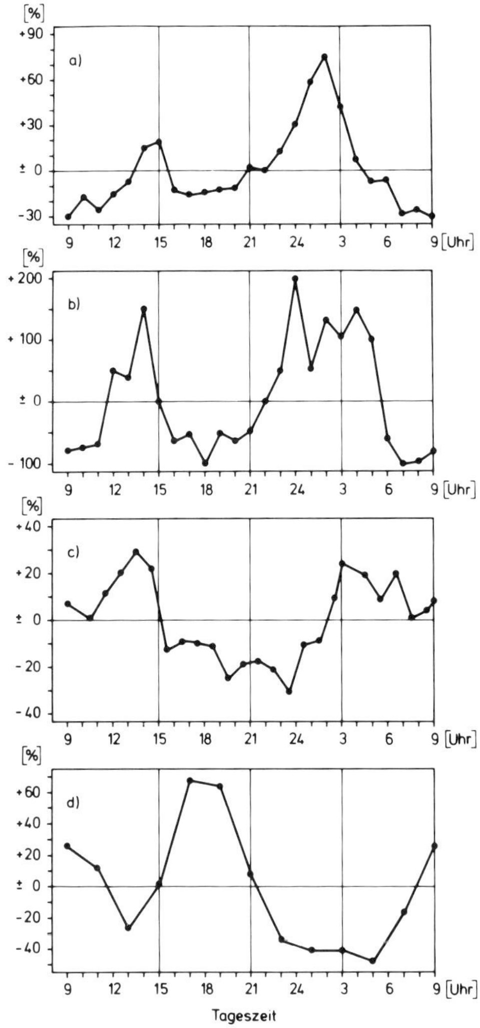

Abb. 27: Tageszeitliche Variationen beruflicher Fehlleistungen (aus Knauth, 1983): a) 74 927 Registrier- und Berechnungsfehler in einem Gaswerk (aus Bjerner, Holm & Swensson, 1955), b) Einschlafhäufigkeit von 100 Personen am Steuer ihres Fahrzeuges (aus Prokop & Prokop, 1955), c) 2238 Zwangsbremsungen von Zügen bei Nichtbeachtung eines Warnsignals (aus Hildebrandt, Rohmert & Rutenfranz, 1974), d) 70 Fehler bei Interaktion mit dem Steuerpult von sechs Schichtarbeitern in einer Meßwarte der chemischen Industrie (aus Monk & Embrey, 1981)

keine signifikanten Unterschiede zwischen beiden Gruppen in bezug auf die Anzahl irrtümlich zurückgewiesener Prüfstücke, jedoch war die Anzahl korrekt zurückgewiesener Prüfstücke bei Morgentypen vormittags besser sowie nachmittags und abends schlechter als bei Abendtypen. Die entsprechenden Leistungen der Abendtypen verbesserten sich im Laufe des Tages ständig und waren positiv korreliert mit der Körpertemperatur. Dagegen wurden bei den Morgentypen eine fallende Tendenz der Leistung und eine negative Beziehung zur Körpertemperatur gefunden. Ein besonderes Leistungstief nach dem Mittagessen ergab sich nur bei den Morgen- nicht jedoch bei den Abendmenschen.

Blake (1971) hat Extremgruppen von Extravertierten und Introvertierten miteinander verglichen. Die Leistungen der Extravertierten in einem Buchstabendurchstreichtest waren morgens schlechter und abends besser als die Leistungen der Introvertierten. Die Nachmittagssenke war bei den Extravertierten stärker ausgeprägt, d. h. bei dieser Gruppe wurde eine größere Leistungseinbuße während des Tests um 13.00 Uhr beobachtet.

Bisher liegen noch keine Informationen über interindividuelle Anpassungsunterschiede in bezug auf Leistungsverläufe bei mehrjähriger Nachtarbeit vor.

d) Probleme im sozialen Bereich

Als letzter, aber für die Schichtarbeiter subjektiv besonders wichtiger Bereich, sollen Probleme in der Familie, im Freundeskreis und im weiteren sozialen Bereich angesprochen werden. Aus der Tatsache, daß die Lage der Freizeit eines Schichtarbeiters häufig von der Freizeit seiner Umwelt abweicht, so daß er praktisch in zwei Zeitordnungen leben muß, können sich eine Reihe von Problemen ergeben. Im familiären Bereich kann z. B. die Regelmäßigkeit der Kontakte vor allem zu schulpflichtigen Kindern eingeschränkt und dadurch die Erziehung schwieriger sein (Neuloh, 1964; Mott, Mann, McLoughlin & Warwick, 1965; Diekmann, Ernst & Nachreiner, 1981; Diekmann, Baer, Ernst & Nachreiner, 1983). Die Ehefrauen von Schichtarbeitern sind in bezug auf die Haushaltsorganisation und die Kindererziehung besonderen Belastungen ausgesetzt (Banks, 1956; Ulich, 1957; Stein, 1963). Besondere Probleme ergeben sich in den Fällen, in denen die Ehefrau ebenfalls berufstätig ist, wenn Schichtarbeiterinnen kleine Kinder zu versorgen haben oder wenn zwei Familienmitglieder nach unterschiedlichen Schichtplänen arbeiten (Stein, 1963; Knauth, Romahn, Kuhlmann, Klimmer & Rutenfranz, 1975; Rutenfranz, Knauth, Küpper, Romahn & Ernst, 1980).

Außerdem kann Schichtarbeit die Kontakte zu Freunden, Verwandten und Bekannten erschweren. Das Ausmaß der Beeinträchtigung ist jedoch unterschiedlich, je nach Schichtsystem, Arbeitszeit der Freunde, Familienstand und

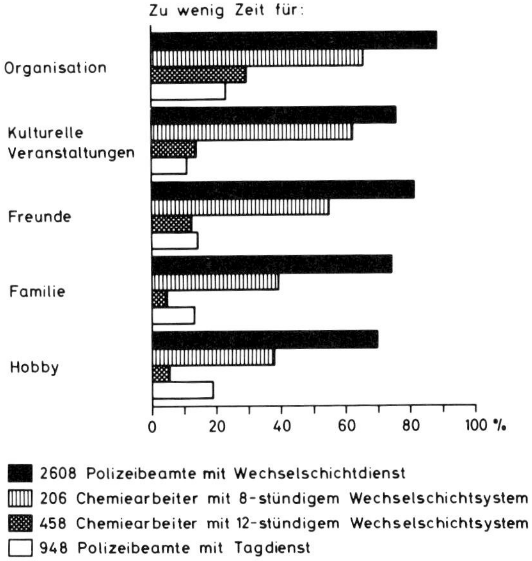

Abb. 28: Häufigkeit von Klagen über „zu wenig Zeit" für verschiedene Freizeitaktivitäten in 4 Kollektiven mit unterschiedlichen Arbeitszeitorganisationsformen (nach Nachreiner und Rutenfranz, 1975; Knauth, 1983)

Umfang der Schichtarbeit in der Gemeinde (Blakelock, 1960; Neuloh, 1964; Mott, Mann, McLoughlin & Warwick, 1965; Maasen, 1980; Rutenfranz, Knauth, Küpper, Romahn & Ernst, 1980).

Sportliche, politische, kulturelle und kirchliche Veranstaltungen, das Vereinsleben sowie Weiterbildungsmaßnahmen sind in der Regel an die Abendstunden oder an das Wochenende gebunden. Da bei der Schichtplanung im allgemeinen darauf keine Rücksicht genommen wird, ist das Defizit vieler Schichtarbeiter in diesem Bereich besonders groß. Allerdings zeigt die Abb. 28, daß die Häufigkeiten von Klagen über „zu wenig Zeit" für bestimmte Freizeitaktivitäten auch sehr stark vom Schichtsystem abhängen.

3.5 Kompensationsmöglichkeiten

Als „Ausgleich" für negative Auswirkungen der Schichtarbeit wurde bisher meistens mehr Geld, d. h. Schichtzulagen, bezahlt. Dieses Vorgehen hat eine Reihe von Nachteilen: Die Höhe der Schichtzulage hängt eher von der konjunkturellen Lage sowie vom Verhandlungsgeschick der Tarifpartner als von den tatsächlich erlebten Nachteilen der Schichtarbeit ab. Außerdem besteht kein direkter Zwang, die Situation der Schichtarbeiter mit Maßnahmen zu verbessern, die gezielt bei den möglichen Defiziten (z. B. gesundheitliche Beschwerden, eingeschränkte soziale Kontakte) ansetzen. Vor allem gibt es große interindividuelle Unterschiede bei den betroffenen Schichtarbeitern in bezug auf Beanspruchungsempfindungen z. B. in Abhängigkeit vom Alter, von Wohnbedingungen und vom Schichtsystem.

Thierry & Hoolwerf (1976) haben daher ein „Gegenwertmodell" (counter-value model) entwickelt, das zwei Forderungen an eine Kompensationsmaßnahme stellt (s. auch Thierry, Hoolwerf & Drenth, 1975; Jansen, van Hirtum & Thierry, 1983):

a) Die positiven Folgen einer Interventionsmaßnahme sollen in dieselbe Kategorie bzw. unter denselben Nenner fallen wie die negativ empfundenen Auswirkungen der Schichtarbeit.

b) In bezug auf die relativen und situationsbezogenen Nutzungswerte sollen die materiellen oder immateriellen „Entlohnungen" von den Betroffenen als bedeutsam empfunden werden.

In Abb. 29 ist das Gegenwert-Modell von Thierry & Hoolwerf schematisch dargestellt. Im Beispiel I besteht ein wirksames Gleichgewicht, da die Entlohnungen der Person A mit den Motiven, die für sie bedeutsam sind, übereinstimmen. Dagegen stehen die Kompensationsmaßnahmen im Beispiel II überhaupt nicht im Einklang mit den Wertvorstellungen des Betroffenen. Schließlich ist im Beispiel III zwar ein gemeinsamer Nenner für Motive und Entlohnungen gegeben, aber die Entlohnungen sind für die Person A wenig bedeutsam, d. h. es entsteht kein wirksames Gegenwertgleichgewicht. Versucht man alle Kompensationsmaßnahmen, die für die Umsetzung in die Praxis in Frage

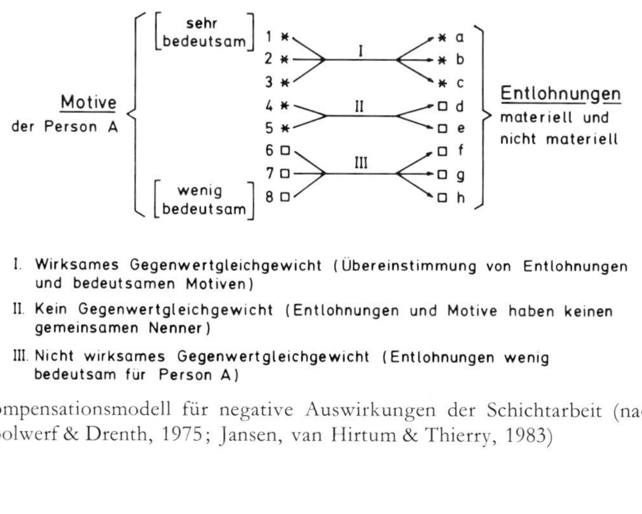

Abb. 29: Kompensationsmodell für negative Auswirkungen der Schichtarbeit (nach Thierry, Hoolwerf & Drenth, 1975; Jansen, van Hirtum & Thierry, 1983)

kommen, zu gruppieren, so kann man nach Jansen, van Hirtum & Thierry (1983) drei Typen unterscheiden, die hierarchisch gegliedert sind:

Typ 1: Beseitigung oder Reduzierung der Ursachen von „Unannehmlichkeiten".

Typ 2: Beseitigung oder Reduzierung der negativen Folgen der Schichtarbeit.

Typ 3: Kompensation der psychologischen Bedeutung der „Unannehmlichkeiten".

Der umfassendste Eingriff in den privaten, betrieblichen und eventuell auch volkswirtschaftlichen Bereich würde durch Maßnahmen des Typs 1 erfolgen, während Typ-3-Kompensationen einen relativ geringen Eingriff bedeuten. Das extremste Beispiel für eine Maßnahme des Typs 1 wäre die vollständige Abschaffung der Schichtarbeit oder speziell der Nachtarbeit. Eher durchzusetzen sind allerdings Maßnahmen, die auf eine Reduzierung der täglich, wöchentlich, jährlich oder im Leben zu leistenden Nacht- und Schichtarbeit gerichtet sind. So enthalten z. B. eine Reihe von Tarifverträgen Regelungen über zusätzliche Freischichten, präventive Kuren oder Vorruhestandsregelungen für Schichtarbeiter. Auch zu Fällen, in denen die Anzahl der Nachtschichten, die pro Person und pro Jahr geleistet werden müssen, durch Änderung der Arbeitszeitorganisation (Knauth, Eichhorn, Löwenthal, Gärtner & Rutenfranz, 1983) oder im Zusammenhang mit einer Verkürzung der wöchentlichen Arbeitszeit (Vartia & Kauppinen-Toropainen, 1984) reduziert wurde, liegen Veröffentlichungen vor. Ein wichtiger weiterer Bereich ist der Übergang zu weniger beanspruchenden Schichtsystemen (Knauth & Rutenfranz, 1982; Knauth, 1983; Knauth und Schmidt, 1985).

Auch nach Einführung möglicher Typ-1-Maßnahmen können sich negative Effekte der Schichtarbeit auf das Privatleben einzelner Schichtarbeiter ergeben. Als Typ-2-Maßnahme käme z. B. eine Flexibilisierung der Schichtwechselzeiten in Frage, die sich unter Umständen günstig auf den Schlaf, das Familienleben und andere Aktivitäten im privaten Bereich auswirken kann (Knauth, Ernst, Schwarzenau & Rutenfranz, 1981; Knauth, Kiesswetter & Schwarzenau, 1984). Wenn sich Schichtarbeiter dadurch benachteiligt fühlen, daß sie nicht an abendlichen Weiterbildungskursen teilnehmen können, wäre die Organisation von Lehrgängen zu Zeiten, die dem Schichtplan angepaßt sind, eine adäquate Maßnahme des Typs 2. Analog könnte einem Schichtarbeiter, der während des Tagschlafes durch Verkehrslärm gestört wird, durch Schallschutzmaßnahmen in seinem Schlafzimmer geholfen werden.

Falls weder eine Beseitigung der Ursache noch eine Milderung der negativen Konsequenzen von Schichtarbeit möglich ist, ist an eine Kompensation der psychologischen Bedeutung von Unannehmlichkeiten zu denken. Falls ein Schichtarbeiter z. B. erlebt oder empfindet, daß seine Arbeitszeitorganisation einen Statusverlust bedeutet, so wäre eine Statuserhöhung als wirksamer Gegenwert sinnvoll.

Erste Feldversuche zur Wirksamkeit des Gegenwertmodells zeigen, daß für verschiedene Schichtarbeitergruppen unterschiedliche Lösungen gefunden werden müssen und daß sinnvolle Entscheidungen Experimentierphasen voraussetzen, in denen die Betroffenen selbst Erfahrungen mit Verbesserungsalternativen sammeln müssen.

Zum Abschluß dieses Kapitels der Arbeitszeitgestaltung erscheint es wünschenswert, noch einmal alle wichtigen Empfehlungen zur Schichtplangestaltung aufzulisten. Die folgenden Kriterien wurden dabei berücksichtigt: Anpassung der Circadianrhythmik physiologischer Funktionen an Nachtarbeit, Anpassung des Tagesganges psychischer Prozesse und Leistungen an Nachtarbeit, Beeinträchtigungen der Befindlichkeit und der Gesundheit, Störungen im sozialen Bereich sowie Unfallrisiken in Abhängigkeit vom Schichtsystem. Nach den bisher vorliegenden Erkenntnissen erscheint es sinnvoll, bei der Schichtplangestaltung die folgenden Empfehlungen zu berücksichtigen (Knauth & Rutenfranz, 1982; Knauth, 1983):

a) Die Anzahl der hintereinanderliegenden Nachtschichten sollte möglichst klein sein.

b) Die Dauer der Schichten sollte von der Arbeitsschwere abhängen; bei ungleichen Schichtlängen sollte die Nachtschicht kürzer sein.

c) Die Frühschicht sollte nicht zu früh beginnen; die Schichtwechselzeiten können flexibel gestaltet werden.

d) Kurze arbeitsfreie Zeiten zwischen den Schichten sollten vermieden werden.

e) Kontinuierliche Schichtsysteme sollten Wochenenden mit zwei zusammenhängenden arbeitsfreien Tagen (0.00–24.00 Uhr) enthalten.

f) In kontinuierlichen Schichtsystemen sollte der Vorwärtswechsel bevorzugt werden.

g) Die Schichtwechselzyklusdauer sollte nicht zu lang und die Schichtsysteme sollten möglichst regelmäßig sein.

Beispiele für Schichtpläne, die diesen Empfehlungen weitgehend entsprechen, sind in den Abbildungen 30 bis 32 dargestellt.

Wochentag		Mo	Di	Mi	Do	Fr	Sa	So
Schicht-beleg-schaft	1	N		F	S	N	N	N
	2		F	S	N			
	3	F	S	N		S	S	S
	4	S	N		F	F	F	F

F = Frühschicht N = Nachtschicht
S = Spätschicht ▨ = frei

Abb. 30

Wochentag		Mo	Di	Mi	Do	Fr	Sa	So	Mo	Di	Mi	Do	Fr	Sa	So
Schicht-beleg-schaft	A	F	F	S	S	N	N					F	F	S	S
	B	N	N					F	F	S	S	N	N		
	C			F	F	S	S	N	N					F	F
	D	S	S	N	N					F	F	S	S	N	N
	E					F	F	S	S	N	N				

Durchschnittliche Wochenarbeitszeiten:
33.6 Stdn./Woche ohne Zusatzschicht
35.2 Stdn./Woche mit 2 Zusatzschichten /10 Wochen
36.8 Stdn./Woche mit 4 Zusatzschichten /10 Wochen
38.4 Stdn./Woche mit 6 Zusatzschichten /10 Wochen

F = Frühschicht; S = Spätschicht; N = Nachtschicht; ▨ = frei

Abb. 31

Abb. 30: Kontinuierlicher Schichtplan für durchschnittliche Wochenarbeitszeit von 42 Stunden mit vier Schichtbelegschaften. Bei kürzeren Wochenarbeitszeiten erfolgt Ausgleich der Mehrarbeit über zusätzliche Freischichten (aus Knauth, 1983)

Abb. 31: Kontinuierlicher Schichtplan für verschiedene durchschnittliche Wochenarbeitszeiten mit fünf Schichtbelegschaften und einer Schichtzyklusdauer von 10 Wochen (aus Knauth, 1983)

	Mo	Di	Mi	Do	Fr	Sa	So
1	F	F	F	F	F		
2	N	N		S	S		
3	N	N	N			F	
4	S	S	N	N	N		
5	S	S	S	N	N		
6		F	F	F	F	F	
7	F		S	S	S		

F = Frühschicht S = Spätschicht
N = Nachtschicht ▨ = frei

Abb. 32: Diskontinuierlicher Schichtplan für eine durchschnittliche Wochenarbeitszeit von 36,6 Stunden und 7 Schichtbelegschaften. Andere durchschnittliche Wochenarbeitszeiten sind durch entsprechende Mehr- oder Minderarbeit zur erreichen

Literatur

Angersbach, D., Knauth, P., Loskant, H., Karvonen, M. J., Undeutsch, K. & Rutenfranz, J. 1980. A retrospective cohort study comparing complaints and diseases in day and shift workers. International Archives of Occupational and Environmental Health, **45,** 127–140.

Aschoff, J. 1954. Zeitgeber der tierischen Tagesperiodik. Die Naturwissenschaften, **41,** 49–56.

Aschoff, J. 1955. Exogene und endogene Komponente der 24-Stunden-Periodik bei Tier und Mensch. Die Naturwissenschaften, **42,** 569–575.

Aschoff, J. 1958. Tierische Periodik unter dem Einfluß von Zeitgebern. Zeitschrift für Tierpsychologie, **15,** 1–30.

Aschoff, J. 1959. Zeitliche Strukturen biologischer Vorgänge. Nova Acta Leopoldina, **21,** Nr. 143, 147–177.

Aschoff, J. 1971. Eigenschaften der menschlichen Tagesperiodik. In J. Rutenfranz & R. Singer (Hg.). Aktuelle Probleme der Arbeitsumwelt. Stuttgart: Gentner. 21–43 (Schriftenreihe Arbeitsmedizin, Sozialmedizin, Arbeitshygiene, Bd. 38).

Aschoff, J., Hoffmann, K., Pohl, H. & Wever, R. 1975. Re-entrainment of circadian rhythms after phase-shifts of the Zeitgeber. Chronobiologia, **2,** 23–78.

Astrand, I. 1960. Aerobic work capacity in men and women with special reference to age. Acta Physiologica Scandinavica, **49,** Suppl. **169.** 1–92.

Astrand, P.-O. 1952. Experimental studies of physical working capacity in relation to sex and age. Copenhagen: Munksgaard.

Astrand, P.-O. & Rodahl, K. 1970. Textbook of work physiology. New York: McGraw-Hill.

Banks, O. 1956. Continuous shift work: the attitudes of wives. Occupational Psychology, **30,** 69–84.

Bilodeau, E. A. 1954. Rate recovery in a repetitive motor task as a function of successive rest periods. Journal of Experimental Psychology, **48,** 197–203.

Bjerner, B., Holm, A. & Swensson, A. 1955. Diurnal variation in mental performance. British Journal of Industrial Medicine, **12,** 103–110.

Blake, M. J. F. 1971. Temperament and time of day. In W. P. Colquhoun (Hg.). Biological rhythms and human performance. London: Academic Press. 109–148.

Blakelock, E. 1960. A new look at the new leisure. Administrative Science Quarterly (Ithaca), **4,** 446–467.

Bonjer, F. H. 1971. Temporal factors and physiological load. In W. T. Singleton, J. G. Fox & D. Whitfield (Hg.). Measurement of man at work. London: Taylor & Francis. 41–44.

Cervinka, R., Kundi, M., Koller, M. & Arnhof, J. 1984. Ernährungsverhalten und Schichtarbeit. Zeitschrift für Arbeitswissenschaft, **38,** (10 NF), 30–35.

Colquhoun, W. P. & Rutenfranz, J. (Hg.) 1980. Studies of shiftwork. London: Taylor & Francis

Debry, G., Girault, P., Lefort, J. & Thiebault, J. 1967. Enquete sur les habitudes alimentaires des travailleurs „a feux continus". Bulletin de l'Institut National de la Sante et de la Recherche Medicale (Paris), **22,** 1169–1202.

Denecke, J. 1976. Arbeitszeitordnung. (Fortgef. von D. Neumann). München: Beck. (9. Aufl.).

Diekmann, A., Baer, K., Ernst, G. & Nachreiner, F. 1983. Gemeinsame freie Zeit von Familienmitgliedern bei unterschiedlichen Arbeitszeitsystemen. Vortrag, 29. Frühjahrskongreß der Gesellschaft für Arbeitswissenschaft e.V., Dortmund, 10. und 11. 3. 1983.

Diekmann, A., Ernst, G. & Nachreiner, F. 1981. Auswirkung der Schichtarbeit des Vaters auf die schulische Entwicklung der Kinder. Zeitschrift für Arbeitswissenschaft, **35,** (7 NF), 174–178.

Folkard, S. 1982. Circadian rhythms and human memory. In F. M. Brown & R. C. Graeber (Hg.). Rhythmic aspects of behavior. Hillsdale, N. J.: Erlbaum. 241–272.

Folkard, S., Knauth, P., Monk, T. H. & Rutenfranz, J. 1976. The effect of memory load on the circadian variation in performance efficiency under a rapidly rotating shift system. Ergonomics, **19,** 479–488.

Foret, J. & Benoit, O. 1978. Shiftwork: The level of adjustment to schedule reversal assessed by a sleep study. Waking and Sleeping, **2,** 107–112.

Freeman, G. L. & Hovland, C. I. 1934. Diurnal variations in performance and related physiological processes. Psychological Bulletin, **31,** 777–799.

Graf, O. 1922. Über lohnendste Arbeitspausen bei geistiger Arbeit. Psychologische Arbeiten, **7,** 548–611.

Graf, O. 1927. Die Arbeitspause in Theorie und Praxis. Psychologische Arbeiten, **9,** 563–681

Graf, O. 1942/43. Zur Frage der Arbeits- und Pausengestaltung bei Fließarbeit. V. Mitt.: Fließarbeit und physiologische Leistungsbereitschaft. Arbeitsphysiologie, **12,** 332–347.

Graf, O. 1954. Studien über Arbeitspausen in Betrieben bei freier und zeitgebundener Arbeit (Fließarbeit) und ihre Auswirkung auf die Leistungsfähigkeit. Köln und Opladen: Westdeutscher Verlag. (Forschungsberichte des Wirtschafts- und Verkehrsministeriums Nordrhein-Westfalen, Nr. 115).

Graf, O. 1956. Sicherheit durch Freizeit und Pause. In Verhandlungen der Deutschen Gesellschaft für Arbeitsschutz, Bd. 4. Darmstadt: Steinkopff. 255–268.

Graf, O. 1959. Ganztägige Arbeitsablaufuntersuchungen an 200 Arbeitsplätzen. Berlin: Duncker & Humblot. (Arbeitszeit und Produktivität, Bd. 2).

Graf, O. 1970. Arbeitzeit und Arbeitspausen. (Bearb.: Rutenfranz, J. & Ulich, E.). In K. Gottschaldt, Ph. Lersch, F. Sander & H. Thomae (Hg.). Handbuch der Psychologie, Bd. 9. Göttingen: Verl. f. Psychologie, Hogrefe. 244–277. (2. Aufl.).

Halberg, F. and Visscher, M. B. 1954. Some physiologic effects of lighting. Proc. 1st Intern. Photobiol. Congr. (4th Intern. Light Congr.). Amsterdam 1954. 396–398.

Hettinger, Th., Eissfeldt, G., Olbrich, K.-H. & Seibert, W. 1975. Geschicklichkeit und deren Übbarkeit. Zeitschrift für Arbeitswissenschaft, **29,** (1 NF), 223–229.

Hildebrandt, G., Rohmert, W. & Rutenfranz, J. 1974. 12 and 24 h rhythms in error frequency of locomotive drivers and the influence of tiredness. International Journal of Chronobiology, **2,** 175–180.

Hockey, G. R. J. & Colquhoun, W. P. 1972. Diurnal variation in human performance: a review. In W. P. Colquhoun (Hg.). Aspects of human efficiency. London: The English Universities Press. 1–23.

Horne, J. A., Brass, C. G. & Pettitt, A. N. 1980. Circadian performance differences between morning and evening „types“. Ergonomics, **23,** 29–36.

Jansen, B., van Hirtum, A. & Thierry, H. 1983. Unannehmlichkeiten der Schichtarbeit (Fallstudie auf der Grundlage des Modells für innovative Kompensationsfunktionen). Dublin: Europäische Stiftung zur Verbesserung der Lebens- und Arbeitsbedingungen. (Nr. EF/83/27/DE).

Karrasch, K. & Müller, E. A. 1951. Das Verhalten der Pulsfrequenz in der Erholungsperiode nach körperlicher Arbeit. Arbeitsphysiologie, **14,** 369–382.

Klein, K. E. und Wegmann, H. M. 1975. Das Verhalten des menschlichen Organismus beim Zeitzonenflug. 2. Die Folgen der Desynchronisation. Fortschritte der Medizin, **93,** 1497–1502.

Kleitman, N. 1963. Sleep and wakefulness. Chicago: University of Chicago Press.

Knauth, P. 1983. Ergonomische Beiträge zu Sicherheitsaspekten der Arbeitszeitorganisation. Düsseldorf: VDI-Verlag. (Fortschritt-Berichte der VDI-Zeitschriften, Reihe 17, Nr. 18).

Knauth, P., Eichhorn, B., Löwenthal, I., Gärtner, K. H. & Rutenfranz, J. 1983. Reduction of nightwork by re-designing of shift-rotas. International Archives of Occupational and Environmental Health, **51,** 371–379.

Knauth, P., Emde, E., Rutenfranz, J., Kiesswetter, E. & Smith, P. 1981. Re-entrainment of body temperature in field studies of shiftwork. International Archives of Occupational and Environmental Health, **49,** 137–149.

Knauth, P., Ernst, G., Schwarzenau, P. & Rutenfranz, J. 1981. Möglichkeiten der Kompensation negativer Auswirkungen der Schichtarbeit. Zeitschrift für Arbeitswissenschaft, **35,** (7 NF), 1–7.

Knauth, P., Kiesswetter, E., Bruder, S., Romberg, H. P. & Rutenfranz, J. 1981. Day sleep during the morning and during the afternoon between experimental night shifts. In W. P. Koella (Hg.): Sleep 1980. Basel: Karger. 198–210.

Knauth, P., Kiesswetter, E., & Rutenfranz, J. 1981. Rhythmen im Leben. In F. Stoll (Hg.): Anwendungen im Berufsleben. Arbeits-, Wirtschafts- und Verkehrspsychologie. Zürich: Kindler Verlag. 680–713. (Die Psychologie des 20. Jahrhunderts, Bd. 13).

Knauth, P., Kiesswetter, E. & Schwarzenau, P. 1984. Erfahrungen mit einer flexiblen Arbeitszeitregelung bei Dreischichtarbeitern. Zeitschrift für Arbeitswissenschaft, **38,** (10 NF), 96–99.

Knauth, P., Landau, K., Dröge, C., Schwitteck, M., Widynski, M. & Rutenfranz, J. 1980. Duration of sleep depending on the type of shift work. International Archives of Occupational and Environmental Health, **46,** 167–177.

Knauth, P., Romahn, R., Kuhlmann, W., Klimmer, F. & Rutenfranz, J. 1975. Analyse der Verteilung verschiedener Tageselemente bei kontinuierlicher Arbeitsweise mit Hilfe von „time-budget-studies“. In F. Nachreiner et al. Schichtarbeit bei kontinuierlicher Produktion. Wilhelmshaven: Wirtschaftsverlag Nordwest. 17–82. (Bundesanstalt für Arbeitsschutz und Unfallforschung, Dortmund, Forschungsbericht Nr. 141).

Knauth, P. & Rutenfranz, J. 1972a. Untersuchungen über die Beziehungen zwischen Schichtform und Tagesaufteilung. Internationales Archiv für Arbeitsmedizin, **30,** 173–191.

Knauth, P. & Rutenfranz, J. 1972b. Untersuchungen zum Problem des Schlafverhaltens bei experimenteller Schichtarbeit. Internationales Archiv für Arbeitsmedizin, **30,** 1–22.

Knauth, P. & Rutenfranz, J. 1982. Development of criteria for the design of shiftwork systems. In K. Kogi, T. Miura and H. Saito (Hg.). Shiftwork: Its practice and improvement. Proc. of the 6th International Symposium on Night and Shift Work. Tokyo: Center for Academic Publications. 337–367. Journal of Human Ergology, **11,** Suppl. 1982.

Knauth, P., Rutenfranz, J., Schulz, H., Bruder, S., Romberg, H. P., Decoster, F. & Kiesswetter, E. 1980. Experimental shift work studies of permanent night, and rapidly rotating, shift systems. II. Behaviour of various characteristics of sleep. International Archives of Occupational and Environmental Health, **46,** 111–125.

Knauth, P. & Schmidt, K.-H. 1985. Beschleunigung der Schichtrotation und Ausweitung der regulären Betriebszeit auf das Wochenende. Eine Feldstudie bei Dreischichtarbeitern. Zeitschrift für Arbeitswissenschaft, **39** (11 NF), 226–230.

Köck, P. G. 1974. Ermittlung des Erholungszeitbedarfs bei körperlicher Arbeit. Köln: Hanstein.

Lehmann, G. 1957. Überlegungen zur Frage des Erholungszuschlags. Zentralblatt für Arbeitswissenschaft und soziale Betriebspraxis, **11,** 81–85.

Lehmann, G. 1962. Praktische Arbeitsphysiologie. Stuttgart: Thieme (2. Aufl.).

Lewis, P. R. & Lobban, M. C. 1957. Dissociation of diurnal rhythms in human subjects living on abnormal time routines. Quarterly Journal of Experimental Physiology and Cognate Medical Sciences, **42,** 371–386.

Maasen, A. 1980. Das Familienleben der Schichtarbeiter und die Schulausbildung ihrer Kinder. In Europäische Stiftung zur Verbesserung der Lebens- und Arbeitsbedingungen (Hg.). Die Auswirkungen der Schichtarbeit auf Gesundheit, gesellschaftliche Bindungen und Familienleben. Dublin. S. 1–100.

Monk, T. H. & Embrey, D. E. 1981. A field study of circadian rhythms in actual and interpolated task performance. In A. Reinberg, N. Vieux & P. Andlauer (Hg.). Night and shift work. Biological and social aspects. Oxford: Pergamon Press. 473–480.

Monk, T. H., Knauth, P., Folkard, S. & Rutenfranz, J. 1978. Memory based performance measures in studies of shiftwork. Ergonomics, **21,** 819–826.

Mott, P. E., Mann, F. C., McLoughlin, Q. & Warwick, D. P. 1965. Shift work. The social, psychological and physical consequences. Ann Arbor, Mich.: The University of Michigan Press.

Nachreiner, F., Frielingsdorf, R., Romahn, R., Knauth, P., Kuhlmann, W., Klimmer, F., Rutenfranz, J. & Werner, E. 1975. Schichtarbeit bei kontinuierlicher Produktion. Wilhelmshaven: Wirtschaftsverlag Nordwest. (Bundesanstalt für Arbeitsschutz und Unfallforschung, Dortmund, Forschungsbericht Nr. 141).

Nachreiner, F. & Rutenfranz, J. 1975. Sozialpsychologische, arbeitspsychologische und arbeitsmedizinische Erhebungen in der Chemischen Industrie. In F. Nachreiner et al. Schichtarbeit bei kontinuierlicher Produktion. Wilhelmshaven: Wirtschaftsverlag Nordwest. 83–177. (Bundesanstalt für Arbeitsschutz und Unfallforschung, Dortmund, Forschungsbericht Nr. 141).

Neuloh, O. 1964. Sozialisation und Schichtarbeit. Soziale Welt, **15,** 50–70.

Pornschlegel, H. & Birkwald, R. 1968. Handbuch der Erholungszeitermittlung. Köln: Bund-Verlag. (Arbeits- und betriebskundliche Reihe, Nr. 6/7).

Pribram, K. H. & McGuinness, D. 1975. Arousal, activation, and effort in the control of attention. Psychological Review, **82,** 116–149.

Prokop, O. & Prokop, L. 1955. Ermüdung und Einschlafen am Steuer. Deutsche Zeitschrift für Gerichtliche Medizin, **44,** 343–355.

Reinberg, A., Migraine, C., Apfelbaum, M., Brigant, L., Ghata, J., Vieux, N., Laporte, A. & Nicolai, A. 1979. Circadian und ultradian rhythms in the feeding behaviour and nutrient intakes of oil refinery operators with shift-work every 3–4 days. Diabete et Metabolisme, **5,** 33–41.

Rohmert, W. 1960a. Ermittlung von Erholungspausen für statische Arbeit des Menschen. Internationale Zeitschrift für Angewandte Physiologie einschließlich Arbeitsphysiologie, **18,** 123–164.

Rohmert, W. 1960b. Zur Theorie der Erholungspausen bei dynamischer Arbeit. Internationale Zeitschrift für Angewandte Physiologie einschließlich Arbeitsphysiologie, **18,** 191–212.

Rohmert, W., Rutenfranz, J. & Ulich, E. 1971. Das Anlernen sensumotorischer Fertigkeiten. Frankfurt am Main: Europäische Verlagsanstalt. (Wirtschaftliche und soziale Aspekte des technischen Wandels in der Bundesrepublik Deutschland, Bd. 7).

Rutenfranz, J. 1978. Arbeitsphysiologische Grundprobleme von Nacht- und Schichtarbeit. In J. Rutenfranz: Arbeitsphysiologische Grundprobleme von Nacht- und Schichtarbeit (und) R. Bernotat: Ergonomische Gestaltung von Mensch-Maschine-Systemen. Opladen: Westdeutscher Verlag. 7–50. (Rheinisch-Westfälische Akademie der Wissenschaften: Natur-, Ingenieur- und Wirtschaftswissenschaften, Vorträge N 275).

Rutenfranz, J. & Berndt, I. 1976. Influence of age, rest pauses, body position and knowledge of results on the learning procedure of a tracking task. In U. Simri (Hg.). Motor learning in physical education and sport. Proc. of an International Seminar, April 1976. Tel Aviv: Wingate Institute for Physical Education and Sport. 209–221.

Rutenfranz, J. & Colquhoun, W. P. 1979. Circadian rhythms in human performance. Scandinavian Journal of Work, Environment and Health, **5,** 167–177.

Rutenfranz, J. & Hettinger, Th. 1957. Die physiologischen Folgen einer raschen Änderung der Ortszeit durch Übersee-Luftreisen für die Leistungsfähigkeit von Sportlern. Sportmedizin, **8,** 195–200.

Rutenfranz, J., Hettinger, Th. & Hellbrügge, Th. 1962. Untersuchungen über die Entwicklung der Handgeschicklichkeit von Kindern und Jugendlichen. Zeitschrift für Kinderheilkunde, **87,** 169–183.

Rutenfranz, J., Knauth, P. & Angersbach, D. 1980. Arbeitsmedizinische Feststellungen zu Befindlichkeitsstörungen und Erkrankungen bei Schichtarbeit. Arbeitsmedizin Sozialmedizin Präventivmedizin, **15,** 32–40.

Rutenfranz, J., Knauth, P. & Colquhoun, W. P. 1976. Hours of work and shiftwork. Ergonomics, **19,** 331–340.

Rutenfranz, J., Knauth, P., Hildebrandt, G. & Rohmert, W. 1974. Nacht- und Schichtarbeit von Triebfahrzeugführern. 1. Mitt.: Untersuchungen über die tägliche Arbeitszeit und die übrige Tagesaufteilung. Internationales Archiv für Arbeitsmedizin, **32,** 243–259.

Rutenfranz, J., Knauth, P., Küpper, R., Romahn, R. & Ernst, G. 1980. Pilotstudie über physiologische und psychologische Konsequenzen der Schichtarbeit in einigen Branchen des Dienstleistungssektors. In Europäische Stiftung zur Verbesserung der Lebens- und Arbeitsbedingungen (Hg.). Die Auswirkungen der Schichtarbeit auf Gesundheit, gesellschaftliche Bindungen und Familienleben. Dublin. S. 1–146.

Rutenfranz, J., Rohmert, W. & Iskander, A. 1971. Über das Verhalten der Pulsfrequenz während des Erlernens sensumotorischer Fertigkeiten unter besonderer Berücksichtigung der Pausenwirkung. Internationale Zeitschrift für Angewandte Physiologie einschließlich Arbeitsphysiologie, **29,** 101–118.

Rutenfranz, J. & Stoll, F. 1966. Untersuchungen über die Verteilung von Pausen bei freier Arbeit. Arbeitswissenschaft, **5,** 132–135.

Sanders, A. F. 1983. Towards a model of stress and human performance. Acta Psychologica, **53,** 61–97.

Schmidtke, H. 1959. Analyse des Arbeitsablaufes unter besonderer Berücksichtigung der Arbeitspausen. Zeitschrift für Experimentelle und Angewandte Psychologie, **6,** 248–273.

Schmidtke, H. 1963. Untersuchungen über den Erholungszeitbedarf bei psychisch beanspruchender Tätigkeit. In Verband für Arbeitsstudien, REFA e.V. (Hg.). Arbeitsstudium heute und morgen. Berlin: Beuth-Verlag. 85–102.

Schmidtke, H. 1967. Psycho-physiologische Aspekte der Überwachungs- und Steuerungstätigkeiten. In Arbeitsschutz und Arbeitsmedizin, Heft 3: Probleme der menschlichen Belastung im Wandel der technischen Arbeitsmethoden (hrsg. von der Deutschen Gesellschaft für Arbeitsschutz e.V.) Frankfurt/M.

Schudlich, E. 1983. Weniger Arbeit für mehr Beschäftigte. Historische Hinweise über den Zusammenhang von Arbeitszeit und Beschäftigung. WSI-Mitteilungen, **36,** 209–217.

Spitzer, H. 1951. Physiologische Grundlagen für den Erholungszuschlag bei Schwerarbeit. REFA-Nachrichten **4,** 37–42.

Stein, A. 1963. Zur Frage der Belastung berufstätiger Frauen durch Nacht- und Schichtarbeit. München, Univ., Phil. Fak., Diss.

Sternberg, S. 1969. On the discovery of processing stages: some extension of Donders' method. Acta Psychologica, **30,** 276–315.

Strughold, H. 1952. Physiological day-night cycle in global flights. Journal of Aviation Medicine, **23,** 464–473.

Thierry, H. & Hoolwerf, G. 1976. The dynamics of compensation: does the degree of application of shiftwork have any impact? Paper presented at the 6th Congress of the International Ergonomics Association „Old world, new world, one world", July 11–16, 1976. University of Maryland, USA: Human Factors Society.

Thierry, H., Hoolwerf, G. and Drenth, P. J. D. 1975. Attitudes of permanent day and shift workers towards shiftwork – a field study. In P. Colquhoun, S. Folkard, P. Knauth & J. Rutenfranz (Hg.). Experimental studies of shiftwork. Opladen: Westdeutscher Verlag. 213–231. (Forschungsberichte des Landes Nordrhein-Westfalen Nr. 2513).

Ulich, E. 1957. Zur Frage der Belastung des arbeitenden Menschen durch Nacht- und Schichtarbeit. Psychologische Rundschau, **8,** 42–61.

Vartia, M. A. L. & Kauppinen-Toropainen, M. K. 1984. Five-shift system in continuous three-shift work: psychological and social aspects. Proceedings of the 4th Finnish-Soviet Joint Symposium on Industrial Hygiene, Toxicology, Work Physiology and Psychology, Helsinki 1984.

Whybrew, E. G. 1968. Overtime working in Britain. A study of its origins, functions and methods of control. London: Her Majesty's Stationary Office. (Royal Commission on Trade Unions and Employers' Associations, Research Papers, No. 9).

12. Kapitel

Verhalten in gefährlichen Arbeitssituationen

Carl Graf Hoyos

1 *Einleitung*

1.1 Psychologie im Arbeitsschutz

Verhalten in gefährlichen Situationen ist eine elementare Dimension menschlicher Existenz, denn die Umwelt des Menschen ist immer auch eine gefährliche Umwelt. Gefahren „lauern" überall. Jeder kann an vielen Orten und zu jeder Zeit von schädigenden Energien betroffen werden. Dennoch gelten bestimmte Plätze und Vorgänge als besonders gefährlich: Fabriken, öffentliche Straßen, hohe Gebäude, Gebirge. Diese Gefahrenbereiche sind den meisten Menschen i. S. eines Vorwissens präsent. Man denkt dabei zumeist auch an größere, oft an spektakuläre Energiebeträge, etwa an Starkstrom, oder an die bei einem Fall aus großer Höhe freiwerdende kinetische Energie. Jedoch können auch harmlos erscheinende Dinge Verletzungen herbeiführen, wenn sie zum „richtigen" Zeitpunkt an einen falschen Ort gelangen und die in ihnen steckende physikalisch-chemische Wirkung entfalten: eine achtlos hingeworfene Bananenschale kann zum Freiwerden beträchtlicher kinetischer Energie beitragen, wenn eine Person auf der Schale ausrutscht und stürzt.

In diesem Beitrag stehen gefährliche Arbeitssituationen im Mittelpunkt der Betrachtung. Wenn wir im folgenden versuchen, den Problembereich abzustecken und den Stand der Forschung zu referieren, haben wir zwei Schwierigkeiten zu beachten. 1. Bei einigen Teilthemen sind die Kenntnisse noch recht dürftig oder noch gar nicht vorhanden. Ergebnisse aus anderen Gebieten und Vorüberlegungen müssen die Lücken füllen. 2. Andere Teilthemen können nur angeschnitten werden; der innerhalb dieses Bandes vorgesehene Raum reicht nicht aus, alle psychologischen Fragen der Arbeitssicherheit und des Arbeitsschutzes gründlich zu behandeln. Wir greifen dabei nur ausnahmsweise auf Publikationen zurück, die vor 1980 erschienen sind und verweisen stattdessen auf die ausführliche Darstellung von Hoyos (1980).

Gefahren können als die möglichen Wirkungsweisen betrachtet werden, die physikalische Körper auf andere physikalische Körper ausüben, indem Energie übertragen wird. Skiba (1973) nennt solche Körper „Gefahrenträger". Eine unübersehbare Menge von Gegenständen und Teilen; Materie in flüssigem oder gasförmigem Zustand; Materie aufgrund ihrer Eigenschaft zu strahlen, usw. können Gefahrenträger sein oder unter bestimmten Umständen zu Gefahrenträgern werden: Fahrzeuge, Messer, rotierende Teile, Werkzeuge aller Art, herabfallende Steine, siedendes Fett, radioaktives Material, usw. Auch Menschen sind Gefahrenträger. Sie können aktiv Arbeit verrichten, Kraft ausüben oder passiv Lageenergie in sich gespeichert haben. Daher können Menschen zur Gefahr für andere Personen und Sachen, aber auch für sich selbst werden.

Nicht alle Energieübertragungen sind jedoch Gefahren. Energieträger sind immer nur im Verhältnis zur Widerstandsfähigkeit einer Person oder Sache, die sie beschädigen können, relativ gefährlich. Nach Schneider (1977) ergibt sich aus dem Verhältnis der Größen „Energie" und „Widerstandsfähigkeit" die „Schädigungskraft einer Gefahr".

Wenn Johnson & Tversky (1983) mit Recht feststellen, „as a society, we have never been more concerned with the assessment, the management and the regulation of risk", dann formulieren die Autoren damit auch eine Herausforderung an die Gesellschaft, die in vielfältiger Weise auch angenommen wurde durch (ohne jeden Anspruch auf Vollständigkeit):

- den Erlaß von Gesetzen, so in der Bundesrepublik Deutschland z. B. das „Arbeitssicherheitsgesetz",
- die Gründung von staatlichen Forschungsinstituten (z. B. Bundesanstalt für Arbeitsschutz (BAU)) und größere Forschungsaufwendungen in Regierungsprogrammen, durch Versicherer und andere Institutionen,
- regelmäßige Sicherheitskampagnen, u. a. auch in Betrieben,
- vermehrte und verbesserte Inspektionen von Anlagen und Geräten,
- nicht zuletzt durch beträchtliche Fortschritte in der Sicherheitstechnik.

Obwohl Sicherheitsprobleme, oft sehr ähnlicher Art, in vielen Bereichen bestehen, so im Verkehr, im privaten Haushalt, in Werkstätten und Betrieben, haben sich doch eher selbständige Zweige der Sicherheitsarbeit entwickelt.

Soweit es die Sicherheit eines arbeitenden Menschen betrifft, von dem in diesem Beitrag vornehmlich die Rede ist, kumulieren die Bemühungen um Sicherheit – zusammen mit den Zielen des Gesundheitsschutzes – im System des „Arbeitsschutzes", dessen Zielsetzungen schon bei der Gründung der „Bundesanstalt für Arbeitsschutz" (seinerzeit noch Bundesanstalt für Arbeitsschutz und Unfallforschung) programmatisch formuliert wurden (Hagenkötter, 1973, 7): „Arbeitsschutz ist die Bewahrung des Menschen vor Gefahren und Beeinträchtigungen in Verbindung mit seiner Berufsarbeit. Ziel des Arbeitsschutzes ist die Gewährleistung der Gesundheit und die Schaffung des Wohlbefindens im Berufsleben." Auf diese Aktivitäten, an denen ja nicht nur viele Institutionen beteiligt sind, sondern auch mehrere wissenschaftliche Disziplinen, kann hier nicht eingegangen werden (zusammengefaßt in BAU, 1980). Zum Verständnis der Rolle der Psychologie innerhalb des Arbeitsschutzes muß aber aufgezeigt werden, welchen *Schutzzielen* sich die Bemühungen um mehr Sicherheit am Arbeitsplatz verpflichtet fühlen und wie sie hierarchisch geordnet sind (Abb. 1).

Nach DIN 31 000 müssen „technische Erzeugnisse so hergestellt sein, daß sie bei ordnungsgemäßer Errichtung bzw. Aufstellung und bei einer bestimmten Verwendung keine Gefahren verursachen." Als Maßnahmen, die eine zuverlässige Absicherung von Gefahren gewährleisten sollen, stehen nach dieser DIN-Vorschrift die Methoden der *unmittelbaren, mittelbaren* und der *hinweisenden* Sicherheitstechnik zur Verfügung. Kann eine Gefahr nicht ganz eliminiert werden (*unmittelbare* Sicherheitstechnik), müssen besondere sicherheitstechnische Mittel angewandt werden, die z. B. den Zugang zu einer Gefahrenquelle unmöglich machen (mittelbare Sicherheitstechnik). Kann jedoch nicht erreicht werden, die Gefahren zuverlässig einzudämmen, darf auf eine Abkapselung des menschlichen Körpers zurückgegriffen werden. Den Arbeitenden muß

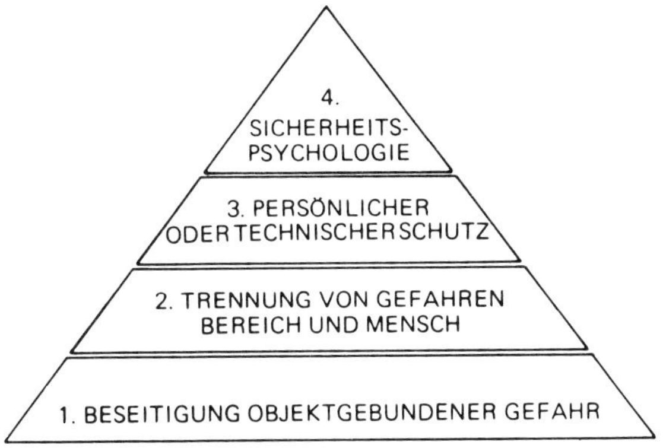

Abb. 1: Rangordnung und Effizienz von Unfallverhütungsmaßnahmen (mit freundlicher Genehmigung der Allgemeinen Unfallversicherungsanstalt, Wien)

dann eine entsprechende persönliche Körperschutzausrüstung – meist kostenlos – zur Verfügung gestellt werden. Führen die Maßnahmen der unmittelbaren und mittelbaren Sicherheitstechnik nicht vollständig zum Ziel, so wird die *hinweisende* Sicherheitstechnik eingesetzt, die Beschäftigte vor auftretenden Gefahren warnt oder für den Umgang mit den Gefahren entsprechend unterweist. Im weiteren Sinne handelt es sich dabei also um die Beeinflussung des Verhaltens mit dem Ziel einer Gefahrenmeidung und -kontrolle. Während sich DIN 31 000 auf die Sicherheitstechnik i. e. S. bezieht, haben Dawson, Poynter & Stevens (1982) nicht nur Strategien benannt (ähnlich den Schutzzielen), sondern diese Strategien auch auf Arbeitspersonen, „hardware" und auf die Interaktion beider bezogen. So nennen sie – wie DIN 31 000 – die Eliminierung von Gefahren durch Verzicht auf bestimmte Geräte, Substanzen usw. als primäre Strategie, was aber auch den Ausschluß bestimmter Personengruppen nach Geschlecht, Alter, physischen und psychischen Merkmalen bedeuten kann. Die Strategien nach DIN 31 000 werden ergänzt durch Maßnahmen, die die Folgen tatsächlich realisierter Gefahren lindern sollen, das sind Erste-Hilfe-Maßnahmen, Notfallprozeduren auf der Personenseite, Brandschutzeinrichtungen, Markierung von Fluchtwegen auf der „hardware"-Seite. Bei der Planung und Entwicklung von Evakuierungsmaßnahmen z. B. interagieren Personen und materielle Umgebung.

Aus diesen klaren Zielen und Strategien kann allerdings nicht auf die Zustände und Vorgehensweisen in der Arbeitswirklichkeit geschlossen werden:

- Technische Entwicklung und technologischer Innovationsprozeß haben oft einen sachbedingten Vorlauf gegenüber ihrer rechtlichen Erfassung. Gefahrenbilder im Umgang mit einer neuen Technologie werden oft erst nach Unfällen sichtbar und damit Gegenstand sicherheitstechnischer Maßnahmen. Insgesamt aber werden Mensch und Gefahr stärker getrennt als früher.
- Wirtschaftliche Überlegungen verhindern häufig, neuere Sicherheitsstandards in Anlagen einzubauen, die als veraltet gelten.
- Und schließlich: Wie die Hierarchie der Schutzziele selbst erkennen läßt, können nicht alle Gefahrenquellen eliminiert bzw. verkapselt werden: z. B. muß man sich beim Eingeben und Entnehmen von Material notgedrungen einer Gefahr (Hitze, rotierende Teile) exponieren.

So bestehen in Arbeitssystemen stets Restgefahren und es entstehen auch immer wieder neue Gefahrenmomente; sie bedeuten Verhaltensanforderungen an den arbeitenden Menschen. Das Verhalten des Menschen in gefährlichen Situationen gilt daher heute als der Angelpunkt der Sicherheitsarbeit, denn die Sicherheitstechnik und verwandte Maßnahmen stoßen deutlich wahrnehmbar an Grenzen ihrer Wirksamkeit.

1.2 Gefährliche Situationen

Gefahren und die Reaktion auf Gefahren lassen sich nicht als isolierte Ereignisse betrachten. Vielmehr sind Gefahren Bestandteile bestimmter Situationen, ja, sie prägen solche Situationen ganz eindeutig: sie machen sie zu „gefährlichen Situationen" (Hoyos, 1984a). „Situation" ist ein häufig verwendeter Begriff der Alltagssprache und der Psychologie. Er will die Umstände und Bedingungen zusammenfassend charakterisieren, mit denen es ein Mensch momentan zu tun hat.

Lantermann (1980, 116, 133f.) unterscheidet „Umgebung" und „Situation". Umgebung betreffe die objektiv erfaßbare Außenwelt eines Individuums, die man mit physikalischen, soziologischen und geographischen usw. Begriffen beschreiben könne. Die Situation hingegen beziehe sich „auf die kognitiv-evaluative interne Repräsentation einer Umgebung", kurzum auf das interne Modell der Umgebung. Die Situation ist danach immer subjektive Situation.

Wenn wir von gefährlichen Situationen sprechen, so heißt das: die Person wird mit Umgebungsbedingungen konfrontiert, die bedrohliche Zustände erwarten lassen – damit erweist sich diese Person-Umwelt-Konfiguration auch als Streß – und u. U. zu negativen Konsequenzen führen. In der gefährlichen Situation kommt es zu aktuellen Interaktionen, die wir „Gefährdungen" nennen. „Die Gefährdung bezeichnet ... eine Interaktion der Gefahrenträger Mensch und Gegenstand, in der schädigende Energie übertragen werden kann." (Hoyos, 1980, 38, Abb. 2)

Die meisten Menschen werden sich bei der Auseinandersetzung mit der gefährlichen Situation von dem übergeordneten Ziel der Freiheit von Personen- und Sachschäden leiten lassen. Ein Handlungsziel „mutwillig sicherheitswidrige Risikoübernahme" läßt sich schwer vorstellen, mag aber in Einzelfällen wirksam sein. In Verfolgung dieses Zieles kommt es zu Prozessen und Handlungen, von denen in den folgenden Abschnitten ausführlicher die Rede sein wird.

Abb. 2: Gedankenmodell zum Begriff Unfall (nach Skiba, 1973)

1.3 Risikoanalyse

Mit einer Gefährdung ist eine gewisse Wahrscheinlichkeit für das Eintreffen einer Kollision der Gefahrenträger verbunden – mit negativen Folgen für die Betroffenen (Personenschäden, Sachschäden). Für diese Konstellation wird häufig der Begriff *Risiko* verwendet. Weitgehend übereinstimmend wird Risiko als das Produkt aus *Schadenswahrscheinlichkeit* und dem zu erwartenden *Schaden in Geldwerten, Leben* oder *operativen Einheiten* definiert (Hammer, 1972; Carlin & Planek, 1980; Graham & Kinney, 1980). Da man den Begriff „Risiko" auch im Zusammenhang mit Spielen oder Leistungssituationen verwendet, empfiehlt es sich, mit v. Klebelsberg (1969) im Falle des Umgangs mit Gefahren von *Gefahrenrisiko* zu sprechen. Nun hat der Begriff Risiko auch in die Verhaltenswissenschaften Eingang gefunden. Schon Cohen (1960) verwendete den Begriff „risk" für die subjektive Wahrscheinlichkeit unerwünschter Folgen. Mit Risikoverhalten will man die persönliche Bereitschaft bezeichnen, sich Gefahren auszusetzen. Diesen Aspekt werden wir weiter unten wieder aufgreifen. Zunächst bewegen wir uns noch auf einer nicht-psychologischen Ebene.

Arbeitssysteme können einer *Risikoanalyse* unterzogen werden, die gewöhnlich 1. eine Gefahrenanalyse, 2. die Exposition gegenüber Gefahren und 3. die Folgen von Gefährdungen umfaßt.

Gefahrenanalysen gehören zu den Standardverfahren der Sicherheitsarbeit. Sie können retrospektiv betrieben werden, indem Unfälle auf die beteiligten Gefahren hin analysiert werden und man auf diese Weise ein Bild der im untersuchten Arbeitssystem vorhandenen Gefahren gewinnt. Vorteilhafter ist eine *prospektive Gefahrenanalyse* (vgl. Schneider, 1977). Ihre Aufgabe ist, zunächst festzustellen, welche Gefahren in einem Arbeitssystem überhaupt vorhanden sind. Dafür gibt es Anleitungen, Beobachtungsbögen und andere Hilfsmittel. Das „Safetygramm" von Nill (1974) erfaßt Gefahren mehr in physikalischen Begriffen, z. B. Höhendifferenz, Drehmoment als potentielle mechanische Energie, Flug, Fall, Beschleunigung. Andere Verfahren erfassen mehr Manifestationen von Gefahren, z. B. Tuttle, Wood, Grether & Reed (1974), die abfragen: „getroffen werden von fallenden Objekten und Fahrzeugen" oder „in Kontakt kommen mit heißen Flächen, unter Spannung stehenden Leitungen". Um ein Risiko abschätzen zu können, muß auch die Auftretenswahrscheinlichkeit von Gefahren festgestellt werden – ein außerordentlich schwieriges Unterfangen, treten doch manche Gefahren (z. B. das Ausströmen giftiger Gase) sehr selten und unerwartet auf, während andere Gefahren (Absturzgefahr bei Arbeiten auf erhöhten Plätzen) permanent bestehen.

Da Gefahren erst zu einer Gefährdung und damit möglicherweise zu negativen Konsequenzen führen, wenn Menschen sich in den Einwirkbereich von Gefahren begeben, gehört zu einer Gefahrenanalyse stets auch die Feststellung, in welcher Art und Weise Mensch und Gefahr in Kontakt kommen können. So unterscheidet Schneider (1977, 2): „Mensch wird von Gefahr betroffen; Mensch löst Gefahren arbeitsbedingt aus; Mensch gelangt arbeitsbedingt in den Wirkungsbereich von Gefahr."

Gefahrenexposition. – Einsichtigerweise kann es nur zu Gefährdungen kommen, wenn sich ein Mensch der Gefahr auch aussetzt. Angaben zur Gefahrenexposition machen Unfallzahlen erst verständlich. Die Angabe, im Betrieb X hätten soundsoviele Unfälle stattgefunden, sagt wenig aus, wenn man nicht weiß, wieviele Personen wie lange in einem Gefahrenbereich gearbeitet haben. Unfallstatistiken basieren daher stets auf Vergleichswerten, so z. B. auf der „Tausend-Mann-Quote":

$$\text{1000-Mann-Quote} = \frac{\text{Anzahl der Unfälle} \cdot 1000}{\text{mittl. Belegschaftsstärke}}$$

Diese quantitativen Angaben sind jedoch sehr grob und erlauben keine eindeutige Interpretation. Wie v. Benda (1983) für den Straßenverkehr zeigen konnte, ergeben sich unterschiedliche Risiken, je nachdem, ob man von der gefahrenen Strecke, der Zeitdauer der Fahrt oder der Anzahl der Fahraufgaben ausgeht. Um ein präziseres Bild der Gefahrenexposition zu gewinnen, muß man tatsächlich von elementareren Einheiten des Arbeitsvollzuges ausgehen, z. B. von Arbeitsaufgaben oder Teilaufgaben und für diese Einheiten die Exposition feststellen. Dies ist aber, wohl wegen des immensen Beobachtungsaufwandes, u. W. noch nicht geschehen. Der Bediener automatisierter Drehmaschinen exponiert sich den Gefahren der rotierenden Teile im Grunde nur, und das auch nur teilweise, beim Eingeben und Entnehmen von Material oder bei Störfällen. Zu den normalen Betriebszeiten sollen die Schneidwerkzeuge und drehende Teile verkapselt sein. Erst aus den Einzelexpositionen könnte man ein Bild der Gesamtexposition synthetisieren, das wegen der unterschiedlichen Gefahren eher qualitativer Art sein muß. Risikoanalyse geht dann in sicherheitsorientierte Arbeitsanalyse über. In der Verkehrskonflikttechnik werden „Begegnungen" von Verkehrsteilnehmern als Expositionseinheit definiert und die Zahl der Konflikte und Unfälle darauf relativiert (Zimolong, 1982).

Während für den Sicherheitstechniker Gefahrenexposition ein objektives Datum ist, das für die Bewertung von Unfallziffern unerläßlich ist, ist Gefahrenexposition auch Gegenstand menschlicher Entscheidungen: Gefährdung entsteht ja, indem sich der Mensch bestimmten Gefahren für eine Dauer oder über eine Strecke hin aussetzt. Wir kommen auf diesen Aspekt im Zusammenhang mit dem Risikoverhalten zurück. Schließlich bedeutet Gefahrenexposition immer auch einen Zuwachs an Erfahrung: indem sich Menschen Gefahren aussetzen, haben sie auch Gelegenheit zu lernen, mit Gefahren umzugehen.

Folgen von Gefährdung. – Als Folge von Gefährdung kann es zu einer Kollision von Gefahrenträgern mit Personen- und/oder Sachschäden kommen, gewöhnlich und summarisch als Unfall bezeichnet. Obwohl man korrekterweise die gesamte Ereignissequenz vom Eintritt eines Störfalles bis zur Versorgung von Verletzten als Unfall bezeichnen sollte (s. S. 602 f), erfassen die gebräuchlichen Definitionen den Unfall anhand seiner Folgen, d. h. der eingetretenen Schäden. Auf diesen Definitionen sind wiederum die üblichen Statistiken und Risikoquantifizierungen aufgebaut (vgl. Carlin & Planek, 1980).

1.4 Unfalldefinitionen

Definitionen des Unfalls, die sich in der Literatur und in einschlägigen Arbeitsmaterialien finden lassen, enthalten zumeist noch weitergehende Annahmen über das Zustandekommen von Schäden, meist mit Betonung von Körperschäden. Wir greifen auf eine Formulierung von Neuloh, Graf, Mausolff, Rüssel & Ruhe (1957, 48) zurück, die in dieser und ähnlicher Form auch in der Folgezeit immer wieder gebraucht wurde: „Als Arbeitsunfall bezeichnen wir eine mit der betrieblichen Organisation unmittelbar verbundene, ungewollte und unerwartete Störung des Normalablaufs der Arbeitsvorgänge, die in der Regel durch Zusammenwirken innerer oder äußerer Ursachenfaktoren technischer, physischer, psychischer oder sozialer Natur hervorgerufen wird und zu einem Körperschaden führt." Der Unfall wird hier durch ein Erklärungsmodell umschrieben, das notwendige und genügende Bedingungen enthält, die durch geeignete Verfahren ermittelt und in einen – meist statistischen – Zusammenhang mit den Unfallereignissen gebracht werden. Die menschlichen Bedingungen können unter diesem Aspekt in Begriffen von Eignungsmängeln, Fehlhandlungen, „Unfallneigung" eingebracht werden (s. S. 609). In dem Bestimmungsstück „ungewollt" kumuliert ein Bündel von Aspekten. Den Unfallforschern schien es schwer vorstellbar, Arbeitspersonen würden absichtlich einen Unfall herbeiführen, vielmehr müßten sie tendenziell auf Sicherheit hin motiviert sein. Nach Mittenecker (1962), v. Klebelsberg (1969), Hoyos (1980) u. a. gibt es ein *Sicherheitsbedürfnis* oder eine *Sicherheitstendenz*, die vorsichtiges Handeln begünstigt. Allzu große Gefährdung widerspräche auch dem Kontrollbedürfnis des Menschen (Taylor, 1976). Diese Annahme steht in krassem Widerspruch zu den häufig geäußerten Klagen von Sicherheitsfachkräften über sicherheitswidriges Verhalten von Beschäftigten, besonders über das Nichtbeachten von Schutzvorschriften, Nichttragen von Schutzausrüstungen. Wie aber noch gezeigt werden wird, ist die Auseinandersetzung mit Gefahren ein facettenreiches Unternehmen, in dem ein Bedürfnis nach Sicherheit nur eine Komponente darstellt. Obwohl Unfälle sicherlich ungewollt sind, suchen doch Außenstehende, wie z. B. Kollegen, Vorgesetzte, schließlich auch Gerichte und nicht zuletzt der Verunfallte selbst nach einem Schuldigen, den sie für den Unfall verantwortlich machen können. Eine solche Anschuldigung hat nach Taylor (1976) eine wichtige Funktion: wenn man einen Schuldigen gefunden hat, ist der Unfall erklärt und eine weitere Erklärung nicht mehr erforderlich. Für eine psychologische Betrachtungsweise ist die Tendenz von Betroffenen wie Außenstehenden interessant, i. S. einer Kausalattributierung Verantwortung für einen Unfall zuzuweisen und damit das Ereignis seiner (vermeintlichen?) Zufälligkeit zu entkleiden (Walster, 1966). – Eine Bemerkung erfordert noch die in gängigen Unfalldefinitionen (z. B. Skiba, 1973) vorkommende Feststellung, es handele sich bei einem Unfall um das *plötzliche* Zusammentreffen von Mensch und Gefahr. Damit wird der Unfall von der *Berufskrankheit* abgegrenzt, die als Ergebnis *langfristig* wirkender Schädigungen verstanden wird. Unter dem Gesichtspunkt eines umfassenden Arbeitsschutzes (Zimolong, 1980) und auch aus verhaltenswissenschaftlicher Sicht ist eine allzu scharfe Abgrenzung dieser Schädigungsarten unzweckmäßig. Was die Bereitschaft zur Gefahrenexposition und die nötigen Vorsorgemaßnahmen betrifft, so läßt sich vielfach kein Unterschied im Verhalten feststellen, ob nun kurzfristige oder langfristige Schädigungen zu erwarten sind, wie wir an anderer Stelle deutlich zeigen konnten (Ruppert, 1984a).

1.5 Systemanalyse

Auch wenn es hilfreich ist, zum Verständnis von Gefährdung und seiner Folgen vom Verhalten in gefährlichen Sitationen auszugehen, kann eine solche Betrachtungsweise keineswegs ausreichen, führt sie doch zu einer starken Personalisierung der Unfallursachenforschung und läßt wichtige Mitbedingungen außer acht. Diese situationsbezogene Betrachtung ist durch eine *Systembetrachtung* zu ergänzen, die an verschiedenen Stellen dieses Bandes gepflegt wird. Es ist von Arbeitssystemen und Mensch-Maschine-Umwelt-Systemen oder soziotechnischen Systemen die Rede. Auf diese Ausführungen kann verwiesen werden. Es genügt daher, hier festzustellen: ein System ist eine Anordnung von Komponenten, die miteinander verbunden sind und in bestimmten Wechselbeziehungen stehen, um eine Aufgabe zu erfüllen und gegenüber der Umgebung in bestimmter Weise zu funktionieren. In Mensch-Maschine-Umwelt-Systemen bilden, wie dieser Begriff anzeigt, Menschen und Maschinen die grundlegenden Komponenten, die über Schnittstellen durch einen Informationsfluß und mit der Umgebung (z. B. wieder andere Systeme) verbunden sind. Mensch-Maschine-Umwelt-Systeme findet man in der industriellen Produktion, im Transportwesen, in der Nachrichtenübermittlung und an manchen anderen Stellen. Sie verfolgen damit die Ziele, die auch zu ihrer

Konstruktion geführt haben. Ein wichtiges Systemziel ist aber auch die *Sicherheit des Systems.*

Kommt es zu einem Unfall, so hat das System in gewisser Weise versagt. Unfälle sind darum auch ein unerwünschter Output des Systems (Monteau, 1977, 12). Zu diesem Output können die einzelnen Komponenten des Systems, Mängel in der Kommunikation dieser Komponenten, wie Störeinflüsse aus der Umgebung beigetragen haben, indem sie Störfälle produzieren, die sich nicht mehr beherrschen ließen. Wie sich die Sicherheitsanalyse auf das ganze System bezieht, muß auch die Unfallverhütung auf dieser Ebene operieren. So kann vermieden werden, fälschlicherweise einzelne Komponenten des Systems, z. B. Arbeitspersonen für das Versagen voreilig verantwortlich zu machen, und die Analyse der Störfälle einer Disziplin allein zu übertragen.

Zu fehlerhaften Erklärungen von Systemversagen kommt es auch, wenn das System falsch abgegrenzt wird, d. h. zu klein oder zu groß gewählt wird. Um Unfälle bei Gabelstaplerfahrten zu untersuchen, wäre es sicher verfehlt, nur das Fahrzeug mit seinem Fahrer als Mensch-Maschine-Umwelt-System zu betrachten und die Betriebsteile auszuschließen, an denen Transportgut aufgenommen und abgesetzt wird. Es ist ein großer Vorteil der Systembetrachtung, die Konfiguration von Elementen herausgreifen zu können, die besonders interessant ist; es ist auch die Aufgabe des Systemanalytikers, diese Abgrenzung klar und eindeutig vorzunehmen (Beishon, 1974; Van de Putte, 1981).

Sicherheit als Systemziel ist auch Gegenstand der *Sicherheitspolitik* einer Person, eines Unternehmens, einer politischen Einheit, z. B. eines ganzen Staates. Während für ein umgrenztes Mensch-Maschine-Umwelt-System (z. B. ein Baukran) ein Unfall ohne Zweifel als Systemversagen gelten kann, das sich nicht wiederholen sollte, läßt sich das Versagen eines größeren Arbeitssystems nicht ohne weiteres definieren bzw. läßt sich so oder so definieren. Die Unternehmensleitung eines Betriebes mag eine 1000-Mann-Quote oder ähnliche Ziffer als akzeptabel, als Tribut an die Produktivität und den technischen Fortschritt hinnehmen, eine andere Unternehmensleitung tut dies nicht und erhöht ihre Anstrengung für die Unfallverhütung (durch höhere Priorität, Zuweisung von mehr Mitteln etc.). Diese Entscheidungen haben sich als einflußreicher Faktor für den tatsächlichen Erfolg der Sicherheitsarbeit erwiesen (Cohen, 1977; Smith, H. H. Cohen, A. Cohen & Cleveland, 1978; Dawson et al., 1982). Diese Diskussion kann, wie gesagt, auf verschiedenen Ebenen geführt werden. Hoyos (1980) hat verschiedene Überlegungen aus den 60er und 70er Jahren referiert, wieviele Unfalltote im Straßenverkehr der Bundesrepublik Deutschland man akzeptieren müsse oder solle. So seltsam mitunter „Zahlenspiele“ dieser Art erscheinen mögen, so handelt es sich dabei in der Tat doch um einen grundlegenden Zug der Sicherheitspolitik: sie basiert nicht nur auf einer

Risikoanalyse, sondern vor allem auf einer *Risiko-Nutzen-Analyse* oder *Kosten-Nutzen-Analyse*. Da absolute Sicherheit unmöglich ist, muß eine Balance zwischen Risiken und Nutzen gefunden werden. Eine solche Balance zu finden, war ja in den letzten Jahren der Gegenstand der Diskussion um die Einrichtung großtechnischer Einrichtungen. Diese Diskussion wurde unter dem Titel *Risikoakzeptanz* bekannt, was nichts anderes als die Erörterung der Frage bedeutet, welche Personenschäden, Sachschäden, weiterhin Umweltschäden bis hin zur Beeinträchtigung persönlicher Zufriedenheit von einzelnen Bürgern, gesellschaftlichen Gruppen, Behörden und dem Staat als Ganzem hingenommen werden können. Paté (1983) wendet sich nun mit Recht dagegen, allgemeine Sicherheitsstandards für alle möglichen Bereiche anzustreben. Verschiedene Systeme erfordern eine unterschiedliche Risiko-Nutzen-Balance. Dazu sei es aber notwendig, die erforderlichen Entscheidungsprozesse zu verbessern, Gesetze und Verordnungen in Bezug auf ihre *Sicherheitsphilosophie* durchsichtig und stimmig zu machen sowie Risikoanalysen zu standardisieren (s. auch: Solomon, Batten & Phelps, 1984).

2 *Handeln in gefährlichen Situationen*

2.1 Systematik

Wir kehren zum engeren Thema zurück und halten fest: Personen kommen – arbeitsbedingt oder aus anderen Gründen – in den Einwirkbereich von Gefahren, d. h. sie geraten in eine gefährliche Situation, die sie mit dem Ziel einer ausreichenden Sicherheit kontrollieren wollen. Das *Handeln in gefährlichen Situationen* kann daher auch als *Kontrolle der Gefahr* bezeichnet werden. Nach Dawson et al. (1982) und Hoyos (1984a) kann man zwei grundlegende Aspekte des sicheren Handelns unterscheiden: *Antizipation* und *Reaktion*. Eine wirksame Kontrolle der Gefahr muß stets antizipatorisch sein, also Handlungen enthalten, die den Eintritt von Gefährdungen vorwegnehmen und das Wirksamwerden von Gefahren vermeiden. Als Komponenten sicheren Verhaltens mit antizipatorischem Charakter sind zu nennen:

- Wahrnehmen und Erkennen von Gefahren
- Gefahrenexposition und Risikoverhalten
- Vorsorgeverhalten.

Schädigende Energien können – aus welchen Gründen auch immer – tatsächlich frei werden, zumindest aber können in Arbeitsprozessen Störfälle eintreten und damit kritische Situationen entstehen. Sie erfordern vom Handelnden eine gezielte Reaktion, mit der eine kritische Situation wieder unter Kontrolle gebracht werden kann oder Folgen gering gehalten werden können. [1])

Das „Handeln in gefährlichen Situationen" vollzieht sich in „Gegenwart" sicherheitskritischer Kontextbedingungen; diese können aufgabenbezogen und nicht-aufgabenbezogen sein.

2.2 Wahrnehmen und Erkennen von Gefahren (Gefahrenkognition)

Gefahrensignale und ihre Erfassung. – Die Wahrnehmung von Gefahren ist eine Teilaufgabe im Rahmen der Kontrolle der Gefahr und muß nach ihrem Beitrag zu diesem Gesamtziel bewertet werden. Sie bildet die Voraussetzung für weitere Phasen des Handelns in gefährlichen Situationen als da sind: Urteile und Einschätzungen, Entscheidungen und Auswahl von Aktionen. Sie dient der Orientierung, dem gezielten Suchverhalten und der Verifizierung absolvierter Handlungsschritte. Sie repräsentiert in besonderer Weise den antizipatorischen Charakter der Gefahrenkontrolle und kann als Übertragung von Information zwischen Gefahrenträgern (gefährlicher Gegenstand – Mensch) beschrieben werden, während im Kollisionsfalle schädigende Energie vom gefährlichen Gegenstand auf den Menschen übertragen wird.

Der Prozeß der Gefahrenwahrnehmung ist bis heute nur in Teilaspekten untersucht und beschrieben worden. Ergebnisse stammen überwiegend aus Beobachtungen außerhalb der Arbeitswelt und sollten daher hier nur kurz erwähnt werden.

1. Einige Anhaltspunkte liefern – offenbar genetisch bedingte – Furcht- und Vermeidungsreaktionen. Gibson & Walk (1960) und Walk & Gibson (1961) setzten Babies und Jungtiere auf eine Glasplatte, unterhalb derer sich ein gemustertes Papier befand, das optisch „Tiefe" signalisierte („visuelle Klippe"). Obwohl die Glasfläche ertastet werden konnte und Halt bot, zeigten Babies und Jungtiere dann, wenn sie auf die Fläche gesetzt wurden, große Anzeichen von Unbehagen und überschritten die „Klippe" nicht.

---

[1]) Die folgenden Ausführungen mögen den Anschein erwecken, „Handeln in gefährlichen Situationen" sei überwiegend ein bewußtes, problemlösendes Verhalten. Das ist sicher nicht der Fall. Ich stimme Zimolong (pers. Mitt.) zu, wenn er sagt: um problemlösendes Entscheiden handele es sich vielleicht in 10% aller Fälle, in 90% der Fälle habe man es mit gewohnheitsmäßigem Handeln zu tun. Solche Gewohnheiten sind aber erst durch wiederholte bewußte Handlungen entstanden, die daher wohl mit Recht in dieser Darstellung ein hohes Gewicht erhalten haben. Im übrigen wird dieser Gedanke noch in 3.3 vertieft.

2. Globale Erfahrungen in dramatischen Situationen. – Baddeley (1969) kam aufgrund von Gelegenheits- und systematischen Beobachtungen (eigene und von anderen Autoren berichtete) über das Verhalten in Situationen, wie Gefechte, Fallschirmspringen, Tauchen, zu folgendem Ergebnis: Das Erleben der Gefahr führe zu einer starken Erregung und als Folge zu einer Einengung der Aufmerksamkeit. Liegen wichtige Aufgabenelemente im Zentrum der Aufmerksamkeit, kann sich die Leistung verbessern, ist aber die Bewältigung mehr peripher gelegener Aufgabenelemente unerläßlich für die Gefahrenkontrolle, sind negative Handlungsergebnisse sehr wahrscheinlich. Dieses Modell könnte auch für das Verständnis gefährlicher Arbeitssituationen dienlich sein.

3. Ebenfalls aus dem motorisierten Straßenverkehr sind verschiedene Studien bekannt, in denen das Erkennen und Einschätzen von Risiken auf normalen, wie auch Testrouten untersucht wurden (neuerdings Quimby, 1983). Offenbar spielt bei diesen Prozessen die Erfahrung eine beträchtliche Rolle. Für Ziele des Arbeitsschutzes sind solche Untersuchungen nur von begrenztem Nutzen, weil es im Verkehr praktisch nur um die Kollision des Fahrzeuges mit Hindernissen oder anderen Fahrzeugen, also um die Kontrolle von beträchtlichen Bewegungsenergien geht. An Arbeitsplätzen müssen dagegen vielfältige Gefahren aufgrund vielfältiger Energieformen wahrgenommen werden.

4. Eine gewissen Universalität kann die Anforderung beanspruchen, die in einem Feld existierenden Gefahren und ihre möglichen Folgen zu einem Gesamturteil der *Gefährlichkeit einer Situation* zu integrieren. Ein wichtiger Effekt dieser Integration ist die Fähigkeit des Handelnden, die Gefährlichkeit abgehoben von den eigenen – u. U. überschätzten – Bewältigungsmöglichkeiten zu sehen. Nur langjährige Erfahrung vermittelt diese Fähigkeit (v. Benda & Hoyos, 1983; v. Benda, Hoyos & Schaible-Rapp, 1983).

5. Verschiedene Autoren, die sich mit der Gefahrenkognition im Verkehr beschäftigt haben (besonders Maukisch & Pfeiff, 1976; weitere Belege bei Hoyos, 1980), betonen die aktive Informationssuche bei der Gefahrenkognition, da es sich ja oft darum handelt, die Gefahrenquelle in einem – mehr oder weniger komplexen, verwirrenden oder ablenkenden – Reizmuster zu identifizieren. Wegen der geforderten Schnelligkeit der Abläufe kommt der raschen und effektiven Informationsverarbeitung „lebenserhaltende" Bedeutung zu.

Gefahrenwahrnehmung und Informationsverarbeitung. – Das Wahrnehmen und Erkennen von Gefahren an Arbeitsplätzen haben wir u. W. zum ersten Mal – in einem HdA-Projekt – umfassender untersuchen können (Ruppert, 1984b, Ruppert, Hirsch & Waldherr, 1985). Wie in vielen Teildisziplinen der Psychologie gegenwärtig Wahrnehmung als eine besondere Art der Informationssuche und -verarbeitung betrachtet wird (Klix, 1976; Anderson, 1980; Gibson,

1982), so kann auch die Gefahrenkognition mit Gewinn als Informationsverarbeitung betrachtet werden. Besonders Hackers (1978) Konzept der Arbeitssignale hat unsere Untersuchung der Gefahrensignale angeregt und befruchtet. Nach Hacker bilden Signale eine wichtige Komponente der Regulation von Arbeitstätigkeiten. Dabei beschränkt Hacker den Signalbegriff auf informative, handlungsbedeutsame Signale und konzentriert sich damit auf *semantische* und *pragmatische* Aspekte der Information. Zwar fließe dem Arbeitenden ein Strom von Reizen zu, die aus dem Arbeitsprozeß, der Umgebung und aus dem Werktätigen selbst stamme, aber nicht alle Reize seien Signale, sondern nur solche, die eine bestimmte nützliche Information über den zu regulierenden Arbeitsprozeß vermitteln und eine andere Reaktion verlangen. Damit sind Signale – weiter nach Hacker (a.a.O., 142) – „(Vor-) Anzeigen für ein notwendiges spezifisches Handeln". So kann auch die Kontrolle der Gefahr gesehen werden: aus dem stets wirksamen Reizstrom müssen Signale herausgelöst werden, die Gefahren anzeigen, noch besser: voranzeigen. Dazu muß der Arbeitende über ein Kategoriensystem verfügen, nach Hacker z. B. für die Erscheinungsweise der Signale, ihre zeitlichen Eigenheiten, ihre Zugänglichkeit usw.

Die Gefahr im subjektiven Ereignisfeld. – Nicht alle Gefahren sind, wie wir schon andeutungsweise gesehen haben, direkt „signalisiert"; in vielen Fällen müssen sie aus „Indikatoren" erschlossen werden. Zum Verständnis dieser komplexen Verhältnisse erweist sich eine Unterscheidung von Klix (1976, 44) als hilfreich. Jedem informationsaufnehmenden System sei die Umwelt als Ereignisfeld gegeben. Umgebungszustände unterscheiden sich nach dem Grad ihrer Zugänglichkeit, und zwar auf drei Ebenen:

1. Die erste Ebene betrifft das „sensorisch wirksame Ereignisfeld". Darunter versteht Klix alle wahrnehmbaren Eigenschaften in der Umgebung. Auch viele Gefahren sind sensorisch wirksame Ereignisse, wie z. B. Feuer, Tiefe, fallende Gegenstände, „Spitzigkeit". Auf dieser Ebene gibt es für das Erkennen von Gefahren Probleme durch eine Reihe von Kontextbedingungen, wie schwache Kontraste, visuelle Maskierungen usw.

2. Als eine weitere Ebene beschreibt Klix das „erzeugbare Ereignisfeld". „Darunter fassen wir nicht unmittelbar wahrzunehmende, prinzipiell aber veränderbare oder bildbare Zustände oder Prozesse in der Umgebung zusammen." (a.a.O.) So gewinnt der Handelnde Informationen – hier über Gefahren – erst durch verändernde Eingriffe in die Umgebung. Eine Schleifscheibe wird anhand eines durch Klopfen erzeugten Geräusches auf einwandfreien Zustand hin überprüft; elektrische Spannung wird durch einen Spannungsprüfer sichtbar. Dies sind einfache diagnostische Tätigkeiten. In komplexeren Systemen sind größere diagnostische Fähigkeiten erforderlich.

3. Die dritte Ebene ist nach Klix das „latente Ereignisfeld". „Darunter fassen wir diejenigen objektiven Eigenschaften oder Veränderungen zusammen, die weder wahrnehmbar sind noch zu gegebener Zeit wahrnehmbar gemacht werden können." (a.a.O.) Es geht also darum, das Vorhandensein von Gefahren aus der Erfahrung heraus zu vermuten, oder aus der Kenntnis allgemeiner Gesetzmäßigkeiten zu erschließen. Ruppert (1984a) nennt ein instruktives Beispiel: Aus einer Felswand, die durchstiegen werden soll, können sich jederzeit einzelne Steine lösen. Diese – plausiblen – Überlegungen bedürfen der Überprüfung durch Empirie und sollten zu einer verhaltenswissenschaftlichen Systematik gefährlicher Situationen erweitert werden.

Dimensionen von Gefahrenindikatoren. – Wenn, wie schon gesagt, Gefahrenindikatoren identifiziert, kategorisiert und in Handlungen umgesetzt werden müssen, wenn sie z. B. aus dem subjektiven Ereignisfeld erst erschlossen werden müssen, u. U. noch andere Verarbeitungsleistungen notwendig sind, so kann man insgesamt eine Reihe von Anforderungen an die Verarbeitungskapazität postulieren, die an den Handelnden in gefährlichen Situationen gestellt werden und denen er gerecht werden muß, wenn er Sicherheit erzielen will. Die Bedeutung solcher Anforderungen konnten bereits Hoyos, Gockeln & Palecek (1981) zeigen, indem sie in einem Stahlwerk unfallbelastete Arbeitsplätze mit weniger belasteten verglichen. So werden an Arbeitsplätzen, die sich in der unfallbelasteten Stichprobe gehäuft vorfanden, komplexere aufgabenbezogene Anforderungen an das Wahrnehmungs- und Beurteilungsvermögen gestellt. Wir bezeichnen – in Anlehnung an eine Systematik von Hacker (a.a.O., 151 f.) – diese Anforderungen als Dimensionen von Gefahrenindikatoren:

1. Anschaulichkeit
2. Zugänglichkeit
3. Kodierung
4. Regelmäßigkeit im Auftreten
5. Vorwarnzeit
6. Gefährdungswahrscheinlichkeit
7. Verhalten Anderer bei der Gefahrenindikation
8. Signalisierte Schadensfolgen
9. Gefahrenindikatoren und sicheres Handeln
10. Koordination zwischen Gefahrenkontrolle und Arbeitstätigkeit.

Der Ansatz, das Wahrnehmen und Erkennen von Gefahren als Erfassen und Verarbeiten von Gefahrenindikatoren zu verstehen, wurde in mehreren Feldstudien erprobt.

In einem Eisen- und Stahlwerk, bei einer städtischen Müllabfuhr, in medizinischen Laboratorien wurden insgesamt 138 Personen befragt, die 38 verschiedene Tätigkeiten ausübten (Ruppert, 1984 b, Ruppert et al., 1985). In eingehenden Interviews sollten die Befragten anhand einer vorgelegten, auf den Arbeitsplatz schon zugeschnittenen Liste die Gefahren angeben, mit denen sie zu tun haben, sowie auf Sicherheitsvorschriften, Verbesserungswünsche und auf die Einstellung zur Arbeitssicherheit i. A. eingehen.

Die umfangreichen Interviewprotokolle wurden auf die angesprochenen Gefahrenindikatoren und ihre Dimensionen hin kategorisiert. Dabei sollte nicht nur festgestellt werden, welche verschiedenartigen kognitiven Prozesse bei der Verarbeitung von Gefahrenindikatoren gefordert sind, sondern durch entsprechende Stufungen auch die Schwierigkeiten der kognitiven Aufgaben oder – wie man auch sagen kann – der kognitive Aufwand abgeschätzt werden. Dazu einige Beispiele: für „Anschaulichkeit" wurden vier Stufen angenommen:

1. Gefahrenindikatoren sind unmittelbar wahrnehmbar (einen herabfallenden Gegenstand erblicken, durch Atemnot Sauerstoffmangel bemerken).[1])

2. Gefahrenindikatoren manifestieren sich in einer Veränderung im Reizstrom oder als Normabweichung (höhere Geräuschfrequenz an der Presse eines Müllwagens zeigt die Gefahr wegsplitternder Sperrmüllteile an; der Abstand von entzündlichem Material [z. B. Alkohol], von einer Flamme [Bunsenbrenner] muß interpretiert werden).

3. Gefahrenwahrnehmung basiert zwar auf anschaulichen Ereignissen, die aber auf Gefahren hin interpretiert werden müssen (gewisse visuelle Eigenheiten des Fußbodens deuten auf dessen Glätte hin).

4. Hinweise auf Gefahren können in einer gegebenen Situation nur dem Gedächtnis entnommen werden, sind also nicht sichtbar (die Arbeitsperson muß z. B. wissen, daß sich Sägeblätter beim Schneiden statisch aufladen können).

Die Dimension 4 (Regelmäßigkeit im Auftreten eines Gefahrenindikators) fordert unterschiedliche Aufmerksamkeitsleistungen. Im einfachsten Fall können Gefahren, wie das Rotieren von Maschinenteilen oder leicht entzündliche Materialien, dauernd präsent sein. Gefahren können regelmäßig auftreten und der Arbeitsperson nur ein einfaches Aufmerksamkeitsschema zumuten (Böden sind nach Reinigung glatter, bestimmte Maschinen bergen nur beim An- und Abstellen Gefahren). Schließlich treten Gefahren unregelmäßig und unvorhersehbar auf; „time sampling" oder gar Daueraufmerksamkeit sind unerläßlich (beim Umgang mit ätzenden Materialien können gelegentlich Spritzer auftreten; Transportfahrzeuge kommen in unregelmäßigem Turnus am Arbeitsplatz vorbei). Hierher könnten auch Kenntnisse über Häufigkeiten kritischer Ereignisse gehören.

Für die Gefahrenkontrolle einflußreich erweisen sich oft die „signalisierten Schadensfolgen" (Dimension 8). Obwohl in der Regel niemand absichtlich einen Unfall herbeiführt, besteht doch offenbar die Tendenz, sich weniger intensiv um die Gefahr zu kümmern, wenn nur Bagatellschäden signalisiert werden. So werden Sprünge aus

[1]) In diesem Text wurden eher unspezifische Beispiele genannt; aus unseren Untersuchungen liegen sehr spezielle Aussagen vor, die allerdings nicht ohne technische Hinweise verständlich sind.

geringer Höhe, wenn z. B. Rangierer von einem rollenden Waggon abspringen, als wenig gefährlich erlebt (Zimolong, 1978), während Stürze aus größerer Höhe für jedermann ersichtlich zu schweren Verletzungen führen. Interessant an dieser Dimension ist aber die Eindeutigkeit der Schadenssignalisierung.

Insgesamt wurden von den 138 Befragten 2230 Gefahrenindikatoren genannt. Die Befragten lieferten damit ein außerordentlich differenziertes Gefahrenbild ihres Arbeitsbereiches. Aus einer Sekundäranalyse des Interviewmaterials ergab sich:

- „Anschaulichkeit“: bei 42 % aller Gefahrenindikatoren war die Gefahr anschaulich gegeben, 22 % bzw. 23 % erforderten Vergleichs- und Interpretationsleistungen; in 13 % aller Fälle müssen Gefahren durch Erinnerung an erlerntes Wissen „vorhergeahnt“ werden.
- „Regelmäßigkeit im Auftreten“: ein genauer Zeitpunkt ist vorhersehbar (37 %); ein Zeitraum ist bestimmbar (33 %); eine zeitliche Vorhersage ist nicht möglich (30 %).
- Bemerkenswerterweise signalisierten 26 % der Indikatoren auf der Dimension 8 Verletzungen mit Todesfolge und immerhin 21 % langfristige Gesundheitsschäden. In 34 % wurden mittlere und schwere Verletzungen, in nur 19 % leichte Verletzungen signalisiert. Diese auffallende Verteilung dürfte auf die Auswahl der Untersuchungsfelder zurückgehen: in Hütten- und Stahlwerken geht es regelmäßig um gravierende Gefahren. Umgang mit infektiösem Material, wie dies in medizinischen Laboratorien vorkommt und im Rahmen einer Teilstudie untersucht wurde, führt im Infektionsfalle zu langfristigen Gesundheitsschäden. Diese Zahlen werden sich wohl erst an einer größeren Stichprobe von Arbeitsplätzen ausgleichen.

Diese Befunde bereichern unsere Kenntnisse über Gefahrenwahrnehmung nicht nur beträchtlich, sondern legen auch verschiedene Konsequenzen nahe. Wie man diese Ergebnisse in Unterweisungs- und Trainingsmaßnahmen einbringen kann, wird z. Zt. von uns untersucht. Die bessere Signalisierung von Gefahren, die zweifellos vonnöten ist, kann als dringliche Aufgabe der Ergonomie bezeichnet werden. Dies ergibt sich noch aus folgendem Ergebnis: Im Falle von 48 % der analysierten Indikatoren müssen die Gefahren kodiert werden, z. B. durch Warnsignale, aber nur in 17 % war eine solche Kodierung auch verbindlich eingeführt. Wünschenswert wäre auch eine intensivere gegenseitige Unterstützung bei der Gefahrenwahrnehmung, denn 70 % aller Indikatoren basierten auf Wahrnehmungen, die ohne Vermittlung anderer zustande kamen, obwohl die meisten Befragten in Gruppen arbeiten.

2.3 Entscheidungen in gefährlichen Situationen: Gefahrenexposition und Risikoverhalten

Wenn die handelnde Person die Situation als gefährlich erkannt und im einzelnen bestimmte Gefahren wahrgenommen hat, muß sie über ihr weiteres Handeln Entscheidungen treffen – vorausgesetzt, für Entscheidungen besteht auch ein Handlungsspielraum (vgl. Hoyos, 1976). Sie kann dies auf zwei Ebenen tun: 1. Sie steuert die Gefährdung, d. h. sie entscheidet darüber, wieweit und wie lange sie sich in den Einwirkbereich von Gefahren begibt. Wir bezeichnen Entscheidungen auf dieser Ebene als Gefahrenexposition und Risikoverhalten. 2. Sie kontrolliert die möglichen Folgen einer Gefahrenexposition, nämlich das Eintreten von Personen- oder Sachschäden, indem sie Vorsorgemaßnahmen ergreift, wie Schutzausrüstung tragen, Versicherungen abschließen usw. Die zuletzt angesprochenen Entscheidungen kann man als Vorsorgeverhalten beschreiben (Hoyos, 1980, 1984a). Wir gehen in diesem Abschnitt auf Gefahrenexposition und Risikoverhalten ein; ein Abschnitt über Vorsorgeverhalten folgt. Wir sprechen mit diesen Themen die motivationale Seite des Verhaltens in gefährlichen Arbeitssituationen an. Dieses Thema wird im Rahmen der Maßnahmen (5.) korrespondierend zu diesem Abschnitt noch einmal aufgegriffen.

Gefahrenexposition. – Im Anblick erkannter und bekannter Gefahren muß der Einzelne entscheiden, ob und in welchem Umfang er sich Gefahren aussetzt, z. B. auf einem hohen Gerüst zu arbeiten, eine Maschine mit drehenden Teilen zu bedienen, mit dem Auto in einer Geschwindigkeit zu fahren usw. Kurzum: Er muß über eine bestimmte Gefahrenexposition disponieren. In der Gefahrenexposition drückt sich die individuelle Bereitschaft aus, sich Gefahren mehr oder weniger auszusetzen und das Eintreten von Personen- und/oder Sachschäden mit einer bestimmten Wahrscheinlichkeit in Kauf zu nehmen, die wir auch *Risikoverhalten* nennen. Wir wären glücklich, wenn wir zu diesem Thema auf empirische Untersuchungen aus der Arbeitswelt zurückgreifen könnten. Das ist leider nicht der Fall; stattdessen müssen wir Anregungen und Vermutungen aus anderen Bereichen zusammentragen.

Um zunächst einen Eindruck von der Vielfalt der von den Beschäftigten geforderten Entscheidungen unter Risiko zu vermitteln, nennen wir einige einschlägige Fragen aus dem „Fragebogen zur Sicherheitsdiagnose" (FSD, 1. Fassung) (s. S. 611):

- Wie häufig müssen vom Stelleninhaber langfristige, vorbeugende Maßnahmen ergriffen werden, wenn sich sicherheitskritische Situationen anbahnen? (z. B. Wechseln abgefahrener Reifen in absehbarem Zeitraum)
- Wie häufig müssen vom Stelleninhaber kurzfristig ohne großen Aufschub Maßnahmen ergriffen werden, wenn es im Arbeitsverlauf zu sicherheitskritischen Situationen gekommen ist? (z. B. wiederholtes Abwischen von verschmutzten Sichtfenstern, stündliches Entfetten von Metzgereifußböden)
- Wie wichtig ist es für einen Stelleninhaber, Geschwindigkeit oder Richtung von Maschinen, technischen Einrichtungen, Anlagen oder auch Fahrzeugen zu steuern? (z. B. Variation der Hubgeschwindigkeit eines Krans, Fahrgeschwindigkeit und Richtung eines Gabelstaplers)

– Wie häufig muß der Stelleninhaber zur Erreichung des Arbeitszieles Entscheidungen treffen, die den sicheren Ablauf des Arbeitsprozesses beeinflussen können? (z. B. Entscheiden, ob Schutzmittel benutzt werden, ob eine Messung von Betriebsgrößen oder Schadstoffen durchgeführt werden muß).

Während die Fragen aus dem FSD über das sichere Handeln einer Systematik des Verhaltens folgen (z. B. langfristige vs. kurzfristige Entscheidungen; verschiedenartige Arbeitsausführungen) und eine „handlungsorientierte" Beschreibung anstreben, werden bei Sicherheitskampagnen, die sich verhaltensmodifikatorischen Prinzipien verpflichtet fühlen, zumeist die sicheren und sicherheitswidrigen Handlungen – „tätigkeitsbezogen" (i. S. von McCormick) erhoben und zum Gegenstand von Maßnahmen gemacht (Reber & Wallin, 1983; weitere Titel s. S. 613). „Tätigkeitsorientierte" Daten werden auch im Rahmen der Sicherheitsarbeit „vor Ort" benötigt. So sind Erhebungen auf dieser Ebene der Beschreibung nützlich und notwendig, erlauben in der Regel aber keine Vergleiche von Arbeitssystemen.

Beurteilungen von Risiko. – Um zu erkennen, aus welchen Bedingungen eine bestimmte Gefahrenexposition = Risikoverhalten resultiert, orientiert man sich am besten an Modellvorstellungen, die sich in der Motivations- und Entscheidungstheorie bewährt haben. Eine allgemeine Orientierung liefert ein Modell, das Wilde (1978) für das Verkehrsverhalten entworfen hat. Bei Gefahrenexposition (Risikoverhalten) handelt es sich um Entscheidungen, die man mit Gewinn in Begriffen der Erwartung × Wert-Theorien der Motivationspsychologie beschreiben kann (Vroom, 1964; Heckhausen, 1980; Hoyos, 1981), wie ja auch die gängigen Risikodefinitionen auf diesen Parametern beruhen. Hierzu haben weniger die Arbeitswissenschaftler als vielmehr die Forscher zur sog. Risikoakzeptanz Beiträge geliefert, denen es um die Bewertung von Risiken durch die Bevölkerung in Industrierevieren geht, wo sich eben viele Risiken sammeln. Eine Untersuchung von Vlek & Stallen (1981) gibt eine gute Illustration zur Art des gegenwärtig bevorzugten Vorgehens. Um Urteile über Risikohaltigkeit verschiedener Situationen und Aktivitäten zu ermitteln, legten die Autoren Listen eben solcher Situationen und Aktivitäten vor, die nach personenbezogenen Aktivitäten (Erholung, zu Hause sein, Gesundheit, Kriminalität), Verkehr und Transport (von Personen und Gütern) und Industrie, Beruf sowie Behörden gegliedert waren. Zwar wird damit eine gewisse Systematik risikohaltiger Situationen versucht, andererseits werden aber Situationen miteinander verglichen, die sich in allen nur erdenklichen Hinsichten unterscheiden. Im einzelnen werden – mit Hilfe verschiedener Skalierungsverfahren – zu den vorgelegten Situationen u. a. folgende Fragen beurteilt: Wie riskant ist die Situation? Kann man sie akzeptieren? Verspricht sie einen Nutzen? Mit welcher Wahrscheinlichkeit kommt es zu einem Unfall? Wieweit läßt sich die Situation kontrollieren? Wie schon die Anlage der

Untersuchung zeigt, wollten die Verf. hauptsächlich die Begriffe der Risikoforschung klären, Dimensionen von Risikoverhalten identifizieren und Hypothesen über deren Zusammenhänge aufstellen sowie auf gruppenspezifische Urteilstendenzen hinweisen. Nur zwei Ergebnisse: (1) Die Annehmbarkeit eines Risikos korrelierte mehr mit dem Nutzen als mit der Risikohaltigkeit und (2) der Nutzen korrelierte kaum mit der Risikohaltigkeit.

Mit dieser Studie folgten die Verf. der Richtung der Oregon-Gruppe, die sich mit Risikowahrnehmung im weitesten Sinne unter vielerlei Hinsichten beschäftigt haben (Fischhoff, Lichtenstein, Slovic, Derby & Keeney, 1981; resumiert auch von Otway und von Winterfeldt, 1980; Jungermann, 1982; Renn, 1983). Diese Studien, die mit dem Arbeitsverhalten nicht direkt etwas zu tun haben, deckten einige Urteilstendenzen auf, die für das Verhalten in gefährlichen Arbeitssituationen maßgeblich sein können. Sie beruhen auf *Heuristiken*, sog. Daumenregeln, mit deren Hilfe Personen die gerade vorherrschenden Unfall- oder Schadenswahrscheinlichkeiten schätzen (wobei man „schätzen" nicht zu wörtlich nehmen darf). Wie Jungermann (1982) in einem Resumé zur Wahrnehmung von Risiken der Großtechnologie ausgeführt hat, seien solche Heuristiken durchaus angemessen und erfolgreich, führten jedoch gelegentlich auch zu Urteilsverzerrungen. Unter diesen Heuristiken ist z. B. die mentale Verfügbarkeit über Unfallhergänge bekannt geworden. Slovic (1978) hat Untersuchungen zu dieser Verfügbarkeit referiert und ausgeführt: Wenn man die Wahrscheinlichkeit oder Häufigkeit eines Ereignisses schätzen soll, so gründet sich dieses Urteil bevorzugt darauf, wie leicht man sich das betreffende Ereignis vorstellen kann und wie leicht man sich an frühere Fälle dieser Art erinnert. Spektakuläre, aber seltene Ereignisse finden oft große Beachtung in den Medien und erhöhen daher die „Verfügbarkeit" beim Bürger. Häufige Ereignisse spielen sich aber meist ohne Publizität ab und sind daher bei der Bevölkerung mental unterrepräsentiert.

Eine andere Heuristik nennt Jungermann (a.a.O.) „Gebundenheit der Wahrnehmung". Durchaus seltene Ereignisse werden in ihrer Häufigkeit stark überschätzt, wenn die Schätzer Gelegenheit hatten, die zahlreichen Bedingungen, die möglicherweise zu dem Ereignis beigetragen haben, in einem Fehlerbaum dargestellt zu sehen. Ließ man aber z. B. die wichtigsten und für 50% verantwortlichen Ursachen für Startschwierigkeiten eines Autos in einem Fehlerbaum weg, stieg die Schätzung, wieviele Aspekte des fraglichen Problemfeldes nicht genannt seien, lediglich um 7%. Die mentale Verfügbarkeit wurde hier negativ in sehr drastischer Weise beeinflußt. Ebenso könnte es bei Unfällen sein. Wie gesagt, harren solche Befunde noch ihrer Übertragung auf die Situation „Arbeitsplatz". Sie haben aber in der Entscheidungs- und Risikoforschung insofern eine Tendenzwende herbeigeführt, als man sich von den üblichen „Zahlenspielen" (d. h. den Versuchspersonen in Zahlen ausgedrückte

Wahrscheinlichkeiten vorzulegen) abgewandt hat und in stärkerem Maße realitätsnahe Beschreibungen vorgibt. Damit kommt man wahrscheinlich der Vorgehensweise der handelnden Person sehr viel näher, die McKenna (1982) zugespitzt für das Autofahren formuliert hat. Risikoverhalten könne man von zwei Positionen aus betrachten: vom „Lehnstuhl" und vom Fahrersitz aus. Vom „Lehnstuhl" aus könne man Risiken mit Hilfe von Unfallwahrscheinlichkeiten betrachten und bewerten; das sei aber nicht die Position des Autofahrers, der sich in kritischen Situationen keineswegs mit dem Berechnen der Auftrittswahrscheinlichkeit seltener Ereignisse beschäftige. Nach McKenna reguliere sich das Risikoverhalten über die Kontrolle, die ein Fahrer über die Situation ausüben könne. Gelungene Kontrolle werde dann erfahren, wenn die tatsächlichen Verkehrssituationen den vorausgesagten Situationen entsprächen und der Fahrer zum Urteil käme, Differenzen bewältigen zu können. Geringe Kontrolle werde dementsprechend im Falle größerer Differenzen und wenig Aussicht auf Bewältigung erlebt. Unfälle wären eher unter Bedingungen geringerer Kontrolle zu erwarten und vice versa, was aber nicht unter allen Umständen so sein müsse. Die Konsequenzen für die Unfallverhütung seien bedeutend, käme es doch darauf an, die Antizipation des Fahrers zu trainieren und ihn mit weitaus mehr Rückmeldungen aus dem System zu versorgen.

Diese Überlegungen leisten bisher nicht mehr, als eine neue Betrachtungsweise für das Risikoverhalten anzuregen – empirische Evidenz steht noch aus, aber sie erscheinen wichtig und im Einklang mit anderen Untersuchungen. In der Tat kann man sich schwer vorstellen, der Handelnde operiere mit Unfallwahrscheinlichkeiten, wenn er sich mit Gefahren konfrontiert sieht.

In enger Anlehnung an Heckhausens „erweitertes Motivationsmodell" (Heckhausen, 1980) haben Rheinberg & Dirksen (1984) die Einstellung von Motorradfahrern zu ihrem Risikoverhalten betrachtet. Durch modellgerecht formulierte Fragen haben sie die einzelnen Komponenten des Modells (Anreizwerte, verschiedene Erwartungen) zu operationalisieren versucht (Handlungs-Ergebnis-Erwartung: „Inwieweit beherrscht du deiner Meinung nach dein Motorrad?"). Aus der Analyse des Motorradfahrens mit seinen positiven und noch vielmehr negativen Anreizen wird man noch weniger auf das Arbeitsverhalten schließen können, als aus Beobachtungen von Autofahrern. Jedoch sollte das Vorgehen der Verf. zu ähnlichen Untersuchungen anregen.

Folgenabschätzung. – Unsere bisherigen Überlegungen betrafen überwiegend, wenn auch nicht ausschließlich, die Erwartungsseite des Risikoverhaltens. Daher ist noch ein Blick auf die Wertseite vonnöten, die wohl am besten durch die (wahrgenommenen) Folgen einer Kollision von Gefahrenträgern charakterisiert wird. Jungermann (1982) kam im Zusammenhang mit der Wahrnehmung technologischer Risiken zu folgender, durchaus überraschender Folgerung: „Entgegen früheren Vermutungen ... zeigte sich in empirischen – vorwiegend faktorenanalytischen – Arbeiten vor allem eine große Bedeutung der Schrecklichkeit eines Unfalls, der Hilflosigkeit bei einer Katastrophe und der Schwere ihrer Folgen – jedenfalls im Urteil von Laien. Mit den Prädiktoren ‚Schrecklichkeit', ‚Folgenschwere' sowie den Faktoren ‚geschätzte durchschnittliche Todeshäufigkeit' und ‚Katastrophenpotential' läßt sich das wahrgenommene Risiko bei Laien fast vollständig vorhersagen: die multiple Korrelation beträgt 0.95. Demgegenüber waren die Risikobeurteilungen von Experten mit keinem der genannten qualitativen Merkmale korreliert." (a.a.O., 222). Eine der wenigen Untersuchungen am Arbeitsplatz stimmen mit den referierten Ansätzen gut überein. Zimolong (1978, 1979) ließ Tätigkeiten, die als gefährlich bekannt waren, auf ihre Gefährlichkeit hin einschätzen und wählte dazu Rangiertätigkeiten im Bahnbetrieb aus. Der weitaus größte Teil der kritischen Ereignisse wurde in Übereinstimmung mit den berichteten Unfällen und Ausfalltagen eingeschätzt, jedoch gab es auch einige auffällige Über- und Unterschätzungen. Die Überschätzungen teilte Zimolong in zwei Gruppen: eine Gruppe bildeten die anschaulich gefährlichen Tätigkeiten, wie auf Puffern, Tritten mitfahren; in Gleisen gehen; heranrollende Wagen am Geräusch erkennen. Kritische Ereignisse dieser Art kamen in den Unfallberichten gar nicht oder nur sehr selten vor. Trotzdem haben die Rangierer diese Tätigkeiten als gefährlich eingestuft, offenbar weil sie die Wahrscheinlichkeit für eine Verletzung als sehr hoch erachteten. Bei in ihrer Gefährlichkeit unterschätzten Verhaltensweisen handelte es sich um Routinehandlungen, die der Rangierer mehrmals am Tage auszuführen hat. Diese Befunde, die neuerdings für Sturzunfälle bestätigt werden konnten (Zimolong, 1985), belegen sehr schön die Verfügbarkeit von Unfallhergängen und die Bedeutung der wahrgenommenen Unfallschwere.

Rückmeldungen. – Im Zusammenhang mit Sicherheitstraining wurden die motivationalen Aspekte des Verhaltens in gefährlichen Situationen deutlicher herausgearbeitet, neuerdings von Komaki (1983). Wenn ein Arbeiter unter der Zielsetzung an seine Arbeit geht, Verletzungen und Schaden zu vermeiden, und seine Arbeit auch sicher erledigt, so gibt es dafür praktisch kein meßbares Ergebnis. Wenn der Arbeiter dagegen mit sicherheitswidrigen Praktiken arbeitet, so kann es lange dauern, bis seine Handlungen zu einem Unfall führen. Außerdem werden sichere oder sicherheitswidrige Praktiken selten von den Vorgesetzten und Kollegen belohnt bzw. kritisiert. Sicherheitswidriges Verhalten erspart aber häufig Zeit und steigert den persönlichen Gewinn. „The net effect of a lack of a decent measure of safety performance is that the consequences for performing safely are either nonexistent or negative..." (Komaki, 1983, 88). Wie man sieht, erweisen sich die Rückmeldung oder – allgemeiner – die Folgen für sicheres bzw. sicherheitswidriges Verhalten als eine kritische Komponente des Handelns in gefährlichen Situationen. In Begriffen der *Wert × Erwartungs-Theorien* handelt es sich um Fälle undefinierter oder ungünstig geprägter Folge-Erwartungen, um die Folgen selbst und um deren Verknüpfung mit Handlungsergebnissen. Für Burkardt (1976, 1981, 1985), der immer wieder auf für die Sicherheit abträgliche Konstellationen von Rückmeldungen hingewiesen hat, Komaki (1983), Sulzer-Azaroff (1982) und viele andere Autoren leiten sich diese Überlegungen von der Lerntheorie des operanten Konditionierens her. Die praktische Anwendung dieser Lerntheorie, die ja – was das „Gesetz des Erfolges" betrifft – eher der Motivationspsychologie zuzurechnen ist, hat zu respektablen Ergebnissen in der Sicherheitsarbeit geführt.

Sicherheitsstreben und andere Motive. – Wie bereits angedeutet, konkurriert Sicherheitsstreben zumeist mit anderen Motiven, indem z. B. sicherheitswidriges Verhalten vielfach auch Zeit spart, die der „bezahlten" Leistung zugute kommt. Schon Mittenecker und Mitarbeiter (Mittenecker, 1962, 77f.) sprachen im Zusammenhang mit der Erklärung von Unfällen von einem Konflikt zwischen *Leistungstendenz* und *Sicherheitstendenz*, also zwischen dem Ziel, ein Handlungsergebnis zu erzielen und damit positive Folgen herbeizuführen, und dem Ziel, die Gefährdung gering zu halten, die körperliche Unversehrtheit zu schützen und die Kontrolle über den Ablauf des Geschehens zu behalten. Rheinberg & Dirksen (1984) sprachen – in Bezug auf rasantes Motorradfahren, in diesem Fall durchaus verallgemeinerbar – von einem Appetenz-Aversions-Konflikt. Ein solches Konfliktmodell lieferte die beste Erklärung für Beobachtungen aus der schwedischen Holzindustrie: nach Übergang vom Akkordlohn zum Zeitlohn nahmen die Unfälle der Holzarbeiter drastisch ab. Bei Zeitlohn unterließen die Holzarbeiter zeitsparende, aber sehr gefährliche Praktiken (Sundström-Frisk, 1984). Mit der „Sicherheitstendenz" können auch andere Motive konfligieren. So werden Sicherheitsmaßnahmen von einzelnen Arbeitern nicht ergriffen, um dem Spott der Kollegen zu entgehen (Kieback, 1984). Letztlich konkurriert sicheres Handeln fast immer mit der Arbeitsaufgabe (Hoyos et al., 1981; Hoyos, 1984b). Dem Arbeiter wird damit ein „Abwägen von Anreizen" (Heckhausen) in Permanenz abgefordert. In der Tat mißlingt die Unterbrechung der Arbeit, um eine Gefahrenmeidung zu initiieren, bei fast der Hälfte aller berichteten Gefahrenindikatoren (Ruppert, 1984b).

Aus den Erwartungen und den Bewertungen bzw. Anreizen der Situation resultiert, wie oben schon gezeigt wurde, eine bestimmte Gefahrenexposition. Eine nicht unwichtige Rolle hat dabei die Frage gespielt, ob sich die Handlungstendenz aus dem Produkt aus Erwartung und Wert oder Wahrscheinlichkeit und Nutzen ergibt. Über anregende „Zahlenspiele" (Edwards, 1968) ist man allerdings kaum hinausgekommen, was nicht verwundert, denn wenn

Wahrscheinlichkeiten keine geeignete Basis für die Entscheidungen in gefährlichen Situationen abgeben, kann man auch nicht die Gewichtung der Anreize durch Erwartungen in herkömmlicher Weise als Basis zur Feststellung einer Handlungsabsicht nehmen. Eine relativ einfache Lösung wäre es ja, wenn die Handlungsbereitschaft ausschließlich von den bewerteten Folgen abhinge, wie Jungermann (1982) für die Risikowahrnehmung durch Laien gezeigt hat.

Sollwerte. – In allen geregelten Systemen – und Arbeitssysteme sind zweifellos geregelte Systeme – sind Sollwerte bzw. Führungsgrößen wirksam. Eine der wichtigsten Führungsgrößen im System mit einem gewissen Gefährdungspotential ist die Sicherheit des Systems, die eng verwandt ist mit der Führungsgröße „Zuverlässigkeit". Wie oben schon angedeutet wurde, ist das Systemziel „Sicherheit" mit der unmittelbaren Verhütung von Unfällen nicht hinreichend erfüllt. Eine Menge von Komponenten aktiver Sicherheit, angefangen von sicherheitstechnischen Einrichtungen bis hin zu personellen Vorkehrungen, wie der Bestellung von Sicherheitsfachkräften und Betriebsärzten in der Industrie, dienen ebenfalls diesem Systemziel. Der Mensch ist dem Systemziel „Sicherheit" in mannigfacher Weise unterworfen: er hat Vorschriften zu befolgen, z. B. Unfallverhütungsvorschriften, er wird für fahrlässiges Verhalten mit Strafen bedroht, seine Wege sind mit Warnsignalen bestückt, usw. Sollwerte der genannten Art haben psychologische Seiten mannigfacher Art. Hier interessieren besonders Gefahrenexposition und Risikoverhalten. Wie besonders Helga v. Benda (1977), v. Klebelsberg (1977), Wilde (1978) u. a. zeigen konnten, orientiert sich der Mensch beim Handeln in gefährlichen Situationen an einem akzeptierten Risikoniveau, d. h. an einem inneren Sollwert, mit dem gegebene Gefahren verglichen werden. Um zu zeigen, wie ein Sollwert „akzeptiertes Risiko" in die Regulierung der Gefahrenexposition eingeht, wurden theoretische Ansätze entwickelt, so von Näätänen & Summala (1976), v. Klebelsberg (1977) und Wilde (1978), unter denen wohl Wildes Theorie der Risikokompensation oder Risikohomöostase die meiste Beachtung gefunden hat. Sie besagt im wesentlichen: Der Handelnde steuert seine Gefahrenexposition in Abhängigkeit von einem Sollwert, dem akzeptierten Risikoniveau. Dem Modell zufolge wird zusätzliche Sicherheit, die z. B. durch sicherheitstechnische Maßnahmen in ein System eingeführt wurde, durch Mehrgefährdung wieder aufgezehrt. Die Gefahrenexposition als Ergebnis eines homöostatischen Prozesses zu betrachten, ist sicher eine Bereicherung der Sicherheitspsychologie. Wie die gegenwärtige lebhafte Diskussion allerdings zeigt (Huguenin, 1982; Wilde, 1983; Hoyos, 1984c), wird die verhaltenswissenschaftliche Seite dieses Ansatzes bisher recht stiefmütterlich behandelt, d. h. es wurde kaum versucht, die Regulationsprozesse zu operationalisieren und zu beobachten. Auch diese Ansätze wurden primär zur Erklärung des Verhaltens des Autofahrers entwickelt. Die Anwendung auf Arbeitssituationen steht noch aus.

2.4 Vorsorgeverhalten

Wie oben dargelegt, lassen sich Gefahren auch kontrollieren, indem man einmal dem Entstehen von Gefahren vorbeugt (z. B. durch regelmäßige Instandhaltung, rechtzeitiges Auswechseln von Verschleißteilen) oder versucht, die Folgen der Gefahrenexposition zu verringern, z. B. finanzielle Verluste, die Schwere einer Verletzung, den Tod, Krankheiten und Invalidität, Schäden an Eigentum und Gerät. In diesem Sinne eine Klasse von Verhaltensweisen abzugrenzen, die wir Vorsorgeverhalten genannt haben (Hoyos, 1980), ist von der Sache her plausibel, ergab sich aber auch empirisch in einer Studie von Andriessen (1978) an Bauarbeitern, in der Risikoverhalten und Vorsorgeverhalten faktorenanalytisch unterschieden werden konnten. Wie andere Konstrukte auch, hat man Vorsorgeverhalten zunächst als eine generelle Verhaltensdisposition angesehen, die das Anlegen von Sicherheitsgurten ebenso determiniere, wie das Abschließen von Versicherungen. Diese Annahme hat sich jedoch nicht bestätigt (Williams & Wexler, 1973). Im Bereich „Mensch und Arbeit" interessiert in erster Linie, in welchem Umfang und unter welchen Umständen Körperschutzmittel getragen werden oder überhaupt dem Entstehen von Gefahren vorgebeugt wird. Dieses Verhalten dürfte den gleichen Bedingungen unterliegen wie Risikoverhalten, jedoch gibt es dafür keine empirischen Belege. Die Diskussion bezieht sich eher auf praktische Fragen, z. B. wie man das Tragen von Schutzmitteln bequemer machen und erleichtern kann. Dies ist auch Gegenstand von Sicherheitskampagnen. Sehr eingehend dagegen ist die Benutzung einer Schutzausrüstung untersucht worden, deren Benutzung jedem Autofahrer heute zur Pflicht gemacht ist: der Sicherheitsgurt. Ergebnisse über den Erfolg von Versuchen, Gewohnheiten des Anlegens und Tragens von Sicherheitsgurten zu fördern, sind ein vorzügliches Demonstrationslehrbeispiel für Vorsorgeverhalten. Die meisten Untersuchungen zu dieser Frage wurden in den 70er Jahren publiziert. Hier ging es nicht nur um die Praxis des Gurtanlegens, sondern vielen Forschern auch um die Gründe für das Nichtanlegen. Dafür wurden situative Momente verantwortlich gemacht: z. B. werden bei Fahrten innerorts Gurte weniger getragen als außerorts; ebenso emotionale Momente: Angst trägt eher zur Gurtablehnung bei, wie auch Kosten-Nutzen-Erwägungen: es „lohnt" sich nicht, den Gurt auf kurzen Strecken anzulegen; Unbequemlichkeit und Lästigkeit „wiegen schwerer" als die gewonnene Sicherheit, für die es wiederum wenig Rückmeldung gibt. Das inzwischen fast überall bestehende und durch Androhung von Strafen sanktionierte Gurtobligatorium läßt diese Form von Vorsorgeverhalten freilich in einem anderen Licht erscheinen. Ein ähnliches Vorgehen ist im Betrieb kaum möglich. Einstellungsänderungen, Motivierung, Kampagnen bleiben hier die Methoden der Wahl zur Förderung von Vorsorgeverhalten.

3 *Kompensatorisches Verhalten und Fehlverhalten*

3.1 Störfälle und Unfälle

Wie die vorhergehenden Ausführungen zeigen sollten, ist sicheres Verhalten in erster Linie antizipatorisches Verhalten: Gefahren werden vor ihrem Wirksamwerden erkannt und Aktivitäten eingeleitet, um Gefährdungen gering zu halten. Aus unterschiedlichen Gründen kann es jedoch in jedem System zu Störfällen kommen, die durch gezielte Reaktionen – kompensatorisch – unter Kontrolle gebracht werden müssen, wenn es nicht zu einem Unfall kommen soll. Mit der ausgeführten Handlung kann entweder die Kontrolle zurückgewonnen werden, d. h. das System kehrt in den Zustand des Gleichgewichts zurück, oder aber das System verharrt im Zustand der Fehlanpassung, die zu einem Systemversagen führen kann. Unter Systemversagen verstehen wir hier Unfälle mit Personen- und/oder Sachschäden. So wäre es an der Zeit, auf das *Zustandekommen von Unfällen* einzugehen. Das kann hier nur in aller Kürze geschehen. Nach übereinstimmender Auffassung muß man den Unfall als eine Ereignissequenz auffassen, die mit einem Störfall beginnt (pre-crash phase), und über eine Reihe von unfallfördernden Bedingungen in einem verletzenden und/oder schädigenden Ereignis mündet (crash phase), das wiederum – im Falle von Verletzungen – in Abhängigkeit von Erste-Hilfe-Maßnahmen, Transport, ärztlicher Versorgung, günstig oder ungünstig verläuft (post-crash phase). Die entscheidende Frage ist, wie es zu einem Störfall kommt. Zu dieser Frage hat neuerdings Kjellén – vorhandene Ansätze aufgreifend, besonders Hale & Hale (1970), Benner (1975), Smillie & Ayoub (1976) – mit dem *Abweichungskonzept* einen umfassenden Ansatz geliefert (Kjellén & Larsson, 1981; Kjellén, 1983a). Er folgt dem Modell „Unfall als Ereignissequenz" und beginnt mit einer „initiatory phase": sie ist charakterisiert durch eine *Abweichung* im Produktionsprozeß. Eine Abweichung ist nach Kjellén ein Ereignis

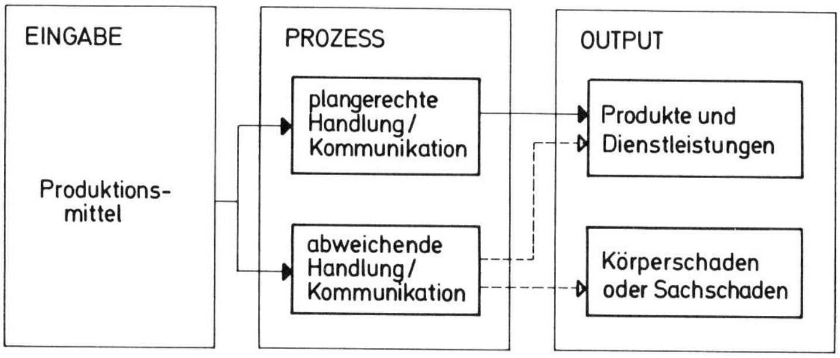

Abb. 3: Modell der Unfallgenese durch systemwidrige Abweichungen im Produktionsprozeß (nach Kjellén, 1983)

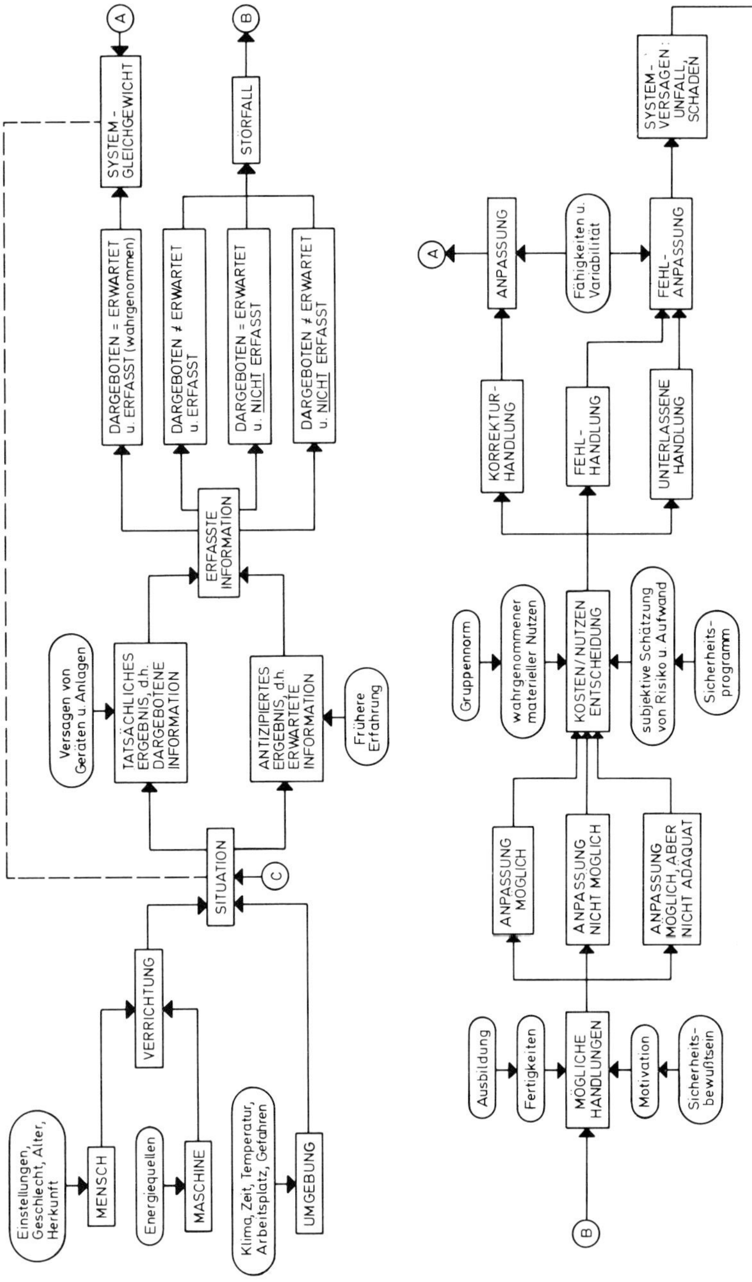

Abb. 4: Integratives Modell des Unfallgeschehens (nach Smillie & Ayoub, 1976, von Hoyos, 1980, leicht modifiziert)

oder eine Bedingung im Produktionsprozeß, die von den Normen der Fehlerfreiheit und des geplanten Prozesses eben abweicht. Ein Beinaheunfall wäre eine typische Abweichung, die zu einer Schlußphase führen kann, in der schädigende Energie frei wird und auf den menschlichen Körper einwirkt – von Kjellén in einem einfachen Schema dargestellt (Abb. 3). Abweichungen können nach Kjellén & Larsson (1981) u. a. vorkommen: im Materialfluß, im Fluß von Arbeitskraft, im Informationsfluß, in der Umgebung. Diese durch eine Abweichung initiierten Abläufe werden durch externe und interne Bedingungen mitbeeinflußt, aufgelistet bei Kjellén & Larsson (1981), z. T. sind sie auch in einem „integrativen Modell des Unfallgeschehens" enthalten, das auf Smillie & Ayoub (1976) zurückgeht (Abb. 4).

Kjellén hat diesen Ansatz besonders für Unfallanalysen und für den Aufbau eines Sicherheitsinformationssystems entwickelt und bei einer Reihe von Unfallverhütungsaktionen angewandt (Kjellén, 1983 b, dort auch die schon zitierten Publikationen enthalten). Ein stärker praxisbezogenes und zugleich verhaltenswissenschaftlich orientiertes Verfahren haben Wissenschaftler entwickelt, die dem französischen Forschungsinstitut für Arbeitssicherheit angehören bzw. mit ihm zusammenarbeiten (Monteau, 1977; Leplat, 1978, 1982). Auch mit diesem Verfahren soll „... das Netz der Umstände, die zum Unfall geführt haben ..." aufgedeckt werden (Monteau, 1977, 9). Unfälle als Indikatoren für „pathologische Zustände" eines Arbeitssystems können auf Gegebenheiten, wie z. B. das Fehlen einer Schutzvorrichtung zurückgehen; sie allein zu identifizieren, garantiert aber noch keine vollständige Unfallanalyse. Vorrangig müssen variable Gegebenheiten in der Genese eines Unfalles ermittelt werden. Gemeint sind damit *Änderungen* im Arbeitsablauf – ähnlich dem Konzept der Abweichung bei Kjellén.

3.2 Kompensatorisches Verhalten

Konnte nun wegen nicht beherrschter Abweichungen oder Änderungen im normalen Arbeitsprozeß das Freiwerden schädigender Energie nicht verhindert werden, so ist der Beschäftigte zu kompensatorischem Handeln oder „Reaktionen" gezwungen. Dawson et al. (1982) haben Komponenten solchen Verhaltens beschrieben. Zu dieser Gruppe von Verhaltensweisen würden primär Maßnahmen, wie das Abschalten von Anlagen, Unterbrechen von Stromkreisen, Betätigen von Alarmeinrichtungen, gehören. Dann käme es darauf an, die akuten Konsequenzen des Störfalles zu mildern. Dazu müssen Vorkehrungen, wie Bereitstellen von Erste-Hilfe-Einrichtungen, Installierung von Feuerlöschern, Bezeichnungen von Fluchtwegen u. a. m. getroffen sein; ihre Benutzung muß trainiert werden und im Störfall kommt es darauf an, sie unverzüglich und reaktionsschnell zu benutzen. Als Folge solcher Maßnahmen wird sich, wie Dawson et al. (1982) weiter ausführen, die Lage stabilisieren. Dies erlaubt eine sofortige Aufklärung des Störfalles: Identifizierung des Ortes und der unmittelbaren Ursache, Untersuchung der Hardware-Komponenten, Befragung von Beschäftigten. In schwereren Fällen kann der Störfall den Staatsanwalt auf den Plan rufen; häufig werden Sachverständige der Gewerbeaufsicht und der Versicherung beigezogen werden. Anleitungen für solche Untersuchungen findet man in der „Sicherheitsliteratur" (s. auch Grundlehrgänge für Sicherheitsfachkräfte, Bundesanstalt für Arbeitsschutz und Unfallforschung, 1976f.; Monteau, 1979; Hoyos, 1980, Kap. 3). Schließlich müssen die Erhebungsergebnisse bewertet und in Unfallverhütungsmaßnahmen umgesetzt werden.

3.3 Fehlverhalten und Handlungsfehler

Störfälle können gelegentlich allein durch Versagen technischer Komponenten zustandekommen (eine Leitung reißt, eine Spundwand bricht); in der Mehrzahl aller Fälle aber resultiert der Störfall aus einem „menschlichen Fehler", der aus *Fehlverhalten* oder *Fehlhandlungen* hervorgeht, die schon S. Freud beschrieben hat, und die zum unveräußerlichen Bestandteil aller Unfallanalysen gehören. Oft wird ein technischer Fehler erst zu einem Störfall, wenn er mit einer Fehlhandlung zusammentrifft. Fehler sind nach Leplat (1982) – ganz allgemein und in Übereinstimmung mit vielen Autoren – ebenso wie Störfälle und Unfälle Ereignisse, die in der Funktionsweise des Systems nicht programmiert sind. Ihr Auftreten verweist auf Funktionsabläufe, die nicht mit den Erwartungen konform gehen. Eine weitere begriffliche Klärung hat Hacker (1978) herbeigeführt, indem er technische Fehler und *Handlungsfehler* unterschied. Handlungsfehler folgen aus Fehlhandlungen, die Hacker auf Informationsmängel zurückgeführt hat, wobei es sich um das Fehlen von Information und um verschiedene Nutzungsmängel vorhandener Information handeln kann.

Die Betrachtung von Fehlverhalten in Begriffen von Informationsverarbeitung ist zweifellos nützlich und hilfreich, jedoch hat Singleton (1973) gezeigt, wie Fehlverhalten im Rahmen verschiedener psychologischer Theorien beschrieben werden kann, z. B. S-R-Theorie, Feldtheorie, Entscheidungstheorien und natürlich auch kybernetische Theorien. Viele Psychologen, Kybernetiker, Ingenieure, Ergonomen und wer noch an Systemfehlern, einschließlich menschlicher Fehler, interessiert ist, haben sich um eine Klassifizierung von Fehlern bemüht, wobei nicht immer klar ist, ob es sich um Fehlverhalten oder Handlungsfehler handelt. So unterschied Hammer (1976) – im Hinblick auf Phasen und Stadien von Produktionsprozessen – *Planungsfehler, Fehler in der Fertigung, Verfahrensfehler, Fehler bei Wartungs- und Reparaturarbeiten.* Auch wenn diese Klassifizierung besonders dazu verhilft, Fehlhandlungen in größeren organisatorischen Zusammenhängen zu sehen, benötigen zumindest die Psychologen *handlungsorientierte* Fehlerklassifizierungen. Für sie liegen zahlreiche Ansätze vor (referiert bei Hoyos, 1974, 1980, neuerdings z. B. für Kernkraftwerke intensive Bemühungen, Adams & Husseiny, 1984); einen besonders detaillierten Ansatz aber hat neuerdings Rasmussen (1982) vorgelegt. Um unabhängig von speziellen Situationen und Datenquellen zu einer übertragbaren Systematik zu kommen, suchte Rasmussen eine allgemeine psychologische Klassifikation von Fehlern in Beziehung zu allgemeinen Aufgabenmerkmalen und Umweltparametern. Dieses Ziel kann nur mit Hilfe einer Modellierung psychischer Prozesse erreicht werden.

Zunächst ist der Fehler zu charakterisieren: es handelt sich um Fälle von „misfits" zwischen Mensch und Maschine, Mensch und Aufgaben. Um Fehlhandlungen von allgemeiner Variabilität abzugrenzen, müssen Fehler stets auf Normen i. S. erfolgreicher Aktivitäten bezogen werden. Rasmussen entwikkelte nun zum Verständnis des Fehlverhaltens und der Handlungsfehler – in Anlehnung an bekannte Vorbilder – ein Modell der menschlichen Informationsverarbeitung. Diese Entwicklung kann hier nicht nachvollzogen werden; folgender Hinweis mag genügen: externe Vorgänge müssen beobachtet werden, Ereignisse sind zu identifizieren und zu interpretieren, eine Aufgabe ist zu definieren und auszuführen. Diese Prozesse folgen mehr oder weniger aufeinander und bilden damit eine Ereignissequenz (Abb. 5).

Dazu einige Beispiele: (1) Als externe Ursachen werden Störeinflüsse, Aufgabenanomalien u. ä. genannt. (2) Auf der Ebene der internen Fehlermechanismen nennt Rasmussen: Information nicht erhalten oder falsch verstanden (vgl. Hackers Nutzungsmängel der Information), einzelne Handlungen nicht erinnert oder eine falsche erinnert, räumliche Desorientierung. (3) Dadurch kommt es zum Versagen mentaler Funktionen: Signale werden nicht entdeckt bzw. entdeckt, aber nicht identifiziert, Entscheidungen führen zu falschen Zielen oder Aufgaben, falsche Aktionen werden ausgewählt. Diese Prozesse führen schließlich (4) zu Handlungsfehlern: eine bestimmte Aufgabe wird nicht oder ungenau erledigt; es kommt zu einer fehlerhaften oder unerwünschten Handlung oder die Handlung erfolgt zum falschen Zeitpunkt. Die Fehler können sich bei Planungen, Produktion, Instandhaltung usw. ereignen (s. o.).

Interessant ist nun noch die Gliederung solcher Abläufe in Leistungen, die auf Fertigkeiten basieren, solche die auf Regeln, und solche, die auf Wissen basieren. Danach gibt es je nach Art dieser Leistung typische Fehler: im Bereich der Fertigkeiten, die automatisierte, mehr oder weniger unbewußte Prozesse einschließen, reguliert sich die Leistung nach gespeicherten Mustern des räumlich-zeitlichen Verhaltens. Fehler entstehen dann durch Variabilität in der

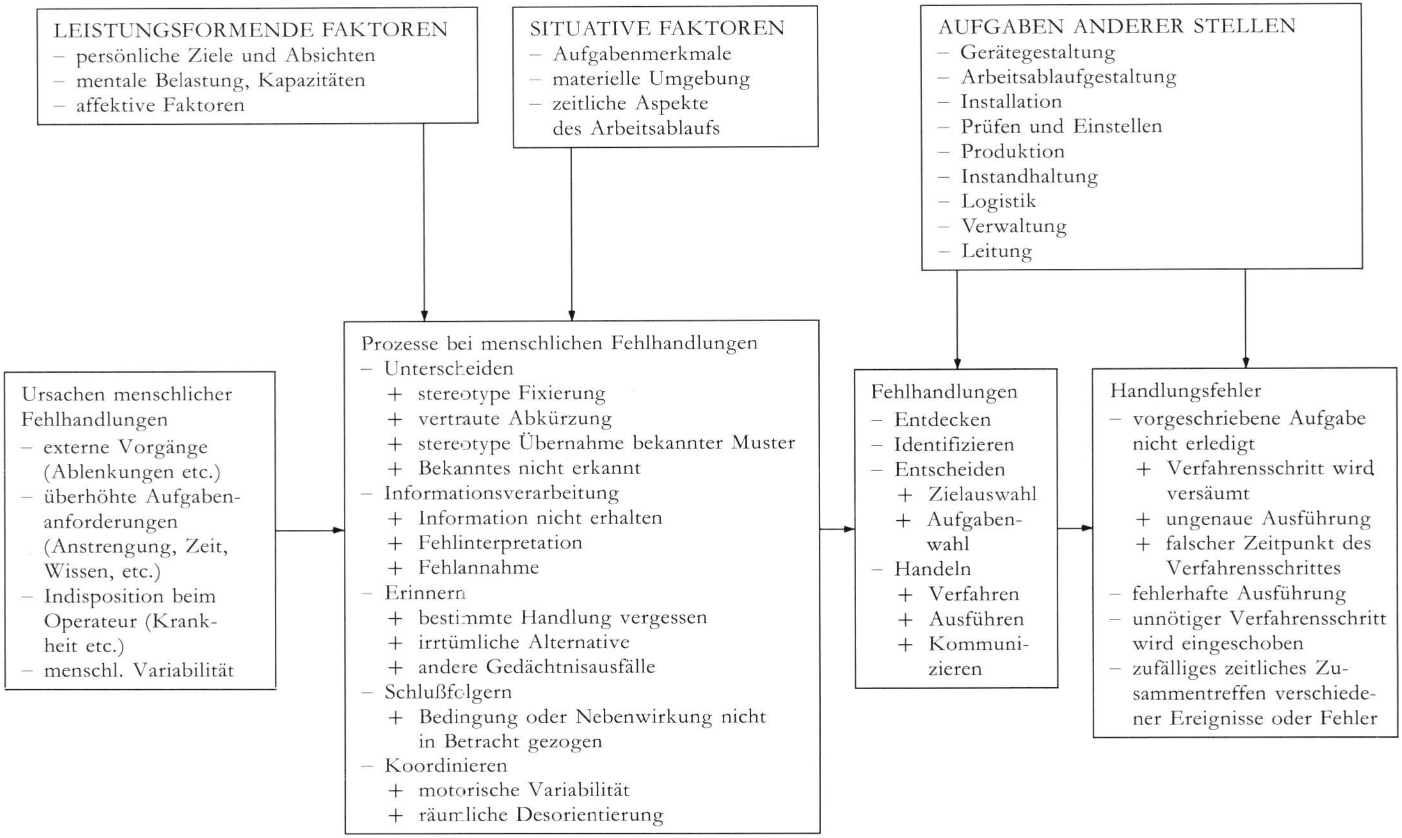

Abb. 5: Modellorientierte Taxonomie zur Beschreibung und Analyse menschlicher Fehlhandlungen (nach Rasmussen, 1982, leicht modifiziert)

räumlichen und zeitlichen Koordination sowie in der Steuerung des Kräfteeinsatzes. Wenn von einem Verhalten auf der Basis von Regeln die Rede ist, so sind Leistungen in bekannten Situationen gemeint, in denen es um durch Regeln festgelegte Koordination von Unterprogrammen geht. Fehler auf dieser Ebene sind typischerweise falsche Klassifikation oder Einschätzung von Situationen, fehlerhafte Zuordnungen von Aufgaben, Fehler beim Erinnern von Prozeduren. Die dritte Ebene reserviert Rasmussen für den Umgang mit unbekannten Situationen, in denen Handlungen auf der Basis von Wissen um die funktionalen und materiellen Eigenschaften des Systems und unter Wahrung von Zielprioritäten geplant werden müssen. Für Fehler in diesen Fällen ließen sich nicht typische Arten angeben; vielmehr komme es darauf an, von Fall zu Fall in Bezug auf die vorherrschenden Ziele und die beteiligten „Fehlermechanismen" sorgfältige Beschreibungen zu geben.

So detaillierte Fehlerklassifizierungen können zusammen mit den Modellannahmen leicht in Ablaufbeschreibungen, Erklärungen und Voraussagen umgesetzt werden, wie Rasmussen in eindrucksvollen Beispielen gezeigt hat. Die Arbeiten Rasmussens fortführend, haben Rouse & Rouse (1983) einen detaillierten Klassifikations- und Analyseansatz vorgelegt. Diese Autoren haben auch auf Kommunikationsprobleme als einer besonderen Seite des Fehlverhaltens hingewiesen; allerdings hätten sie bisher nur bei der Analyse von Fehlern bei Flugzeugbesatzungen Beachtung gefunden.

Nach Leplat (1982) haben Fehlhandlungen ein doppeltes Gesicht: sie sind Ursachen und sie sind Folgen. Ihre Rolle als Ursache haben wir besprochen. Sie als Folgen vorhergehender Prozesse zu sehen, lenkt die Aufmerksamkeit auf Versuche, „hinter" dem unmittelbaren Fehlverhalten allgemeinere oder indirekte Ursachen zu sehen, so z. B. Shinar, McDonald & Treat (1978), die für Verkehrsunfälle, z. B. Unaufmerksamkeit als *direkte* Unfallursache, Ermüdung, affektive Erregung, Zeitdruck aber als *indirekte* Ursachen ausmachten; ähnlich Lewin (1982) u. a. mit den Kategorien „konkurrierende Motive", „temporärer Abfall eines Fertigungsniveaus", „Unerfahrenheit". Solche Umstände sind in gewisser Weise auch Kontextbedingungen für sicheres Handeln (s. S. 609 f). Letztlich kann eine ganze Palette von indirekten Ursachen für Fehlverhalten angenommen werden – von Fähigkeitsdefiziten über habituelle Risikoneigung bis hin zu basalen Persönlichkeitsattributen. Die – für diese Zusammenhänge nicht sehr ergiebige – Forschung leidet unter Willkür bei der Auswahl von Variablen und – wie immer – am Mangel an geeigneten Kriterien.

In der Sicherheits- und Unfallforschung wird nun – auf die eine oder andere Weise – versucht, Fehlverhalten in der Unfallentstehung auszumachen. Dazu nur ein paar Hinweise. Gewiß besteht ein starkes Bedürfnis, Fehler unmittelbar zu beobachten und zu registrieren. Wegen der relativen Seltenheit von

Fehlern ist dies eine zeitaufwendige Methode und wurde mit leidlichem Ertrag nur bei Simulationen angewandt (z. B. Rubinsky & Smith, 1973); Rehschuh (1984) schlug vor, in regelmäßigen Abständen Bilder zu schießen; Cavén & Saari (1982) analysierten Videoaufnahmen zusammen mit Beschäftigten. In hochautomatisierten Prozessen können Fehler im Rahmen laufender Prozeßaufzeichnungen festgehalten werden. Alle anderen Verfahren sind retrospektiv angelegt: Unfälle werden „vertieft" analysiert, Erhebungen am Unfallort angestellt, Beinahe-Unfälle und kritische Ereignisse mit Interviewtechniken erhoben. Bedauerlicherweise aber gilt für alle Fehleranalysen: Sie werden zu selten angewandt – mit der Folge, daß bei Stör- und Unfällen unkritisch häufig Menschen verantwortlich gemacht werden (Smith & Fedor, 1984).

4 *Kontextbedingungen*

Oft kann der Beschäftigte ohne Schwierigkeiten den Anforderungen genügen, die mit dem Systemziel Sicherheit verbunden sind, trotzdem aber das Ziel wegen ungünstiger Kontextbedingungen nicht erreichen (Bernhardt, Hoyos & Hauke, 1984). Rouse & Rouse (1983) haben vier Klassen von Kontextbedingungen unterschieden: 1. inhärente menschliche Grenzen; 2. inhärente Systemgrenzen; 3. fördernde Bedingungen; 4. fördernde Ereignisse. „Fördernd" kann positiv wie auch negativ verstanden werden (vgl. Abb. 3).

Zu (1) Im Zusammenhang mit der Gefahrenwahrnehmung wird man an Grenzen des Wahrnehmungsapparates denken, aber auch an Maskierung von Reizen, optische Täuschungen u. a. m. Rouse & Rouse (1983) erwähnen besonders das Wissen des Operateurs als begrenzenden Faktor, den wir schon im Zusammenhang mit Fehlertypen erwähnt haben. Die Suche nach Ursache von Fehlern (s. S. 608) führt vielfach auf temporäre Faktoren, wie Streß, Unaufmerksamkeit, affektive Erregung, Ermüdung. Schließlich können auch überdauernde Persönlichkeitsmerkmale als Begrenzungen sicheren Verhaltens genannt werden. Als „klassische" Bedingung wäre die „Unfallneigung" ebenfalls zu nennen – ein lange erforschtes, aber nie so recht verifiziertes Konstrukt der Unfallpsychologie. Wenn man nicht temporäre u. a. Mängel in der Leistungsfähigkeit, z. B. durch Ermüdung, momentane Neigung zu Fehleinschätzungen und falsche Ambitionen, Verstimmungen, auch als Unfallneigung bezeichnen will, dann kann man eine „Unfallneigung" als Unfallursachenfaktor getrost ad acta legen. Für einzelne Persönlichkeitsmerkmale konnte – zumindest was das Autofahren betrifft – eine Affinität zum Unfallgeschehen gezeigt werden, z. B. das Merkmal „Feldabhängigkeit" (zusammenfassend Goodenough, 1976). Einstellungen spielen zweifellos eine wichtige Rolle als Kontextbedingungen, wie z. B. Risikobereitschaft, feste Vorstellungen über Störfallgenesen, Selbstzufriedenheit, kollegiale Haltungen. Alter und Erfahrung wären weitere sehr generelle begrenzende Faktoren.

Zu (2) Mit dieser Gruppe von Begrenzungen erfaßt man den weiten Bereich aller Gestaltungsprinzipien und Gestaltungsmängel in Arbeitssystemen, beginnend mit elementarer Anzeigen- und Bedienelemente-Gestaltung bis hin zu Arbeitsstrukturen. Eine lebhafte Diskussion hat sich z. B. zu der Frage entwikkelt, ob Arbeitsstrukturen mit mehr Handlungsspielraum die Sicherheit fördern oder nicht (Saari, 1976/77; Hoyos, 1981). Ein wichtiger Systemfaktor ist die Organisation des Sicherheitswesens und seine Einbindung in die Gesamtorganisation (Cohen, 1977; Simonds & Shafai-Sahrai, 1977; Robinson, 1982, 1983; Fang & Harmsringdahl, 1983).

Zu (3) Rouse & Rouse (1983) nennen zu dieser Kategorie von Kontextbedingungen: Lärm, Arbeitsüberlastung, Zeitdruck, Ärger, Konfusion. Ferner gehören hierher so simple Umstände wie Unordnung am Arbeitsplatz, auf dem Weg liegende Gegenstände, schlechte Beleuchtung, Enge bei der Arbeit. Es kann nicht schwerfallen, solche Umstände als gefährdungsfördernd in betriebsnahen Analysen nachzuweisen. Der wissenschaftliche Nachweis ihres negativen Beitrags wird sich aus methodischen Gründen ebenso schwer führen lassen wie das für die Faktoren in den anderen Gruppen der Fall ist.

Zu (4) Als „fördernde" Ereignisse nennen Rouse & Rouse Ablenkung, Fehlen von Kommunikation, plötzliche technische Fehler, aber auch subtile psychische Prozesse, wie plötzliches „Abschlaffen". In dieser Kategorie stößt man im Grunde wieder auf den Störfall. Daher mag fraglich sein, ob es sich hier noch um Kontextbedingungen handelt.

5 Sicherheitsfördernde Maßnahmen

In kaum einem anderen Gebiet der angewandten Psychologie drängten die relevanten Einsichten so sehr zu einer Umsetzung in praktische Maßnahmen wie in der Sicherheitspsychologie, aber in kaum einem anderen Feld gibt es eine so unübersehbare Menge an Aufforderungen und Appellen, an allgemeinen und speziellen Anregungen, an Konzepten, an Ausbildungsmaßnahmen und öffentlichen Kampagnen, aber – in krassem Gegensatz zu der Menge unüberprüfter Maßnahmen –, nur wenige empirische Untersuchungen. Nun können freilich sicherheitsfördernde und unfallverhütende Maßnahmen auf allen organisatorischen Ebenen, in allen Phasen der Entstehung von Arbeitssystemen, von verschiedensten Disziplinen, vom Gesetzgeber, Institutionen und Betriebsleitern ergriffen und durchgeführt werden. Hier kann es nur um psychologisch orientierte Maßnahmen gehen, die sich unmittelbar auf das Verhalten in gefährlichen Situationen beziehen – in ihren vielfältigen Aspekten von der Sektion Arbeits- und Betriebspsychologie im BDP (1983) behandelt. Der begrenzte Raum für diesen Beitrag erlaubt es nicht, ausführlich auf die Befundlage in diesem Anwendungsbereich psychologischer Prinzipien und Methoden einzugehen. Wir beschreiten daher einen pragmatischen Weg, indem wir ein von uns entwickeltes Diagnoseverfahren kurz darstellen und mit einem Maßnahmekatalog ergänzen, den wir als Interpretationshilfe für die Umsetzung einer Sicherheitsdiagnose aufgestellt haben.

5.1 Sicherheitsdiagnose

Sicherheitsarbeit und Unfallverhütung haben viel von der Analyse von Unfällen profitiert, ja diese Bemühungen basieren meist ausschließlich auf diesen Arbeiten. Es sind aber auch präventive Untersuchungen vonnöten, um Gefahren und Gefährdungen, die bislang noch nicht zu Unfällen geführt haben, entdecken zu können. Diese Überlegungen veranlaßten uns, für eine – präventiv anzuwendende – psychologische Sicherheitsdiagnose (die aber auch organisatorische Aspekte berücksichtigt), ein geeignetes Verfahren zu entwickeln, das mit dem Titel „Fragebogen zur Sicherheitsdiagnose" (FSD) zunächst in einer ersten Fassung erprobt wurde (Bernhardt, Hauke, Hoyos & Wenninger, 1984) und jetzt nach gründlicher Überarbeitung in einer zweiten Fassung vorliegt. Das Verfahren, das das Verhalten des Menschen in gefährlichen Situationen in den Mittelpunkt der beabsichtigten diagnostischen Tätigkeit stellt, soll Fachkräfte für Arbeitssicherheit, aber auch Betriebsärzte, Vorgesetzte und andere für den Arbeitsschutz Verantwortliche in die Lage versetzen, den Sicherheitsstandard ihres Betriebes oder Teile ihres Betriebes eingehend zu analysieren und dabei differenzierte Hinweise auf sicherheitskritische Problemfelder zu gewinnen.

Der FSD versucht, psychologische Theorien über sicheres Verhalten in die betriebliche Praxis umzusetzen, indem das – zugegebenermaßen noch begrenzte – Wissen über verhaltensauslösende Bedingungen und verhaltensbestimmende Faktoren zur Nutzung durch die Sicherheitsfachkraft systematisch zusammengestellt wird. Als Modell für die Entwicklung des Fragebogens diente der „Fragebogen zur Arbeitsanalyse (FAA)" (Frieling & Hoyos, 1978), bei dem ein „handlungsorientiertes" Vorgehen realisiert wurde. Daraus ergab sich für die Entwicklung des FSD die Zielvorgabe, einen Fragebogen zu erstellen, dessen Elemente in Analogie zu den *Arbeitselementen* des FAA als *Sicherheitselemente (SE)* bezeichnet werden sollen.

Der FSD enthält in seiner revidierten Fassung 165 SE, die in 8 Kapitel gegliedert sind:

1) Aufbau und Praxis des Arbeitsschutzes

2) Organisation der Arbeit

3) Gefahren und ihre Absicherung

4) Gefährdungsmöglichkeiten am Arbeitsplatz

5) Wahrnehmen und Erkennen von Gefahren

6) Information und Kooperation am Arbeitsplatz

7) Handeln und Entscheiden

8) Umgebungseinflüsse und besondere Arbeitsbedingungen.

Die Sicherheitsdiagnose schreitet, von der Beschreibung eines Betriebes oder einer Abteilung ausgehend, über die Beschreibung eines Arbeitsplatzes zur Analyse einer bestimmten Gefahr voran. So soll Kap. 1 eine Bewertung des im Betrieb bestehenden Arbeitsschutzsystems ermöglichen. Sodann wendet sich der Bearbeiter des FSD einem bestimmten Arbeitsplatz zu, dessen organisatorische Ausgestaltung er zunächst untersucht (Kap. 2) und dessen Gefahrenbild er in offener Protokollierung erstellt (Kap. 3). Vom Gefahrenbild ausgehend, wird dann die Sicherheit des Arbeitssystems für *jede* am untersuchten Arbeitsplatz bestehende Restgefahr *getrennt* untersucht (Kap. 4–8).

5.2 Maßnahmen

Im Zusammenhang mit der Anwendung des FSD stellte sich die Frage, wie eine Sicherheitsfachkraft oder ein anderer Nutzer des FSD die Ergebnisse einer Sicherheitsdiagnose interpretieren und umsetzen soll. Um diesem Personenkreis dabei Hilfestellung zu leisten, wurden Interpretationshilfen ausgearbeitet, die sich aus zwei Teilen zusammensetzen.

1. Die einzelnen Kapitel des FSD thematisieren spezifische Problemfelder, Finden sich nun gehäuft sicherheitskritische Einstufungen in einem Kapitel, so wird damit ein sicherheitskritisches Problemfeld angezeigt. Die Einstufungen im FSD zeigen also dem Benutzer des Fragebogens etwa: Information und Kooperation bilden einen sicherheitskritischen Bereich, indem aus Informationen Folgemaßnahmen abgeleitet werden oder widersprüchliche Anweisungen verarbeitet werden müssen. Der Nutzer erhält nun Interpretationshilfen zu den einzelnen Kapiteln des FSD, die ihm die grundlegenden Prozesse, Bedingungen und Zusammenhänge verdeutlichen sollen.

2. Sicherheitsprobleme können sich themenbezogen identifizieren lassen, müssen es aber nicht. Da das sichere Verhalten – wie jedes Verhalten – von einer Reihe von übergeordneten externen und internen Bedingungen abhängt, müssen für eine erfolgreiche Sicherheitsarbeit auch diese Bedingungen ins Spiel gebracht und dem Anwender des FSD verständlich gemacht werden. Wir haben diese Bedingungen als „Sicherheitsfaktoren“ bezeichnet. Dem Anwender des FSD wird es vor allem wichtig sein abzuleiten, welche Interventionen oder Maßnahmen sich aus der Sicherheitsdiagnose ergeben. Dabei kommen hier, wie schon gesagt, in erster Linie verhaltensorientierte Maßnahmen in Betracht, zu denen Hoyos (1980) im Anschluß an Goldstein, McIntire, Pfeifer & Stefanski (1974) die folgenden Maßnahmen rechnete: Auswahl und Plazierung, Training, Sicherheitseinstellung und Massenkommunikation, Verhaltensmodifikation und Organisationspsychologie.

Auswahl und Plazierung kommen als Instrumentarium für die Sicherheitsfachkraft gewöhnlich nicht in Betracht. Die übrigen Maßnahmegruppen haben wir umgestellt und drei „Maßnahmebündel“ gebildet (Hauke, 1985). Wir nennen jetzt diese Maßnahmen mit ihren Untergruppen, geben einen kurzen Kommentar und fügen einige einschlägige Veröffentlichungen hinzu.

1 Motivierung und Einstellungsänderung

1.1 Anreize setzen für sicheres Verhalten

1.2 Rückmeldung geben

1.3 Bedeutsamkeit erhöhen

1.4 Führungsverhalten verändern

Nach diesen Grundsätzen organisierte Maßnahmen wurden in letzter Zeit mit gutem Erfolg als Modifikation sicherheitswidrigen Verhaltens oder auch „organizational behavior management“ durchgeführt. Aus sachlichen Gründen wie aus Gründen der Akzeptanz erschienen uns die Begriffe „Motivierung und Einstellungsänderung“ angebrachter, sollen doch die Entscheidungen des Beschäftigten in Richtung auf sicheres Verhalten gelenkt, zum anderen die Bereitschaft zu sicherem Verhalten gestärkt werden. Dazu gehören i. e. S. die Maßnahmen 1.1 und 1.2. Sie werden aber durch die Vorgesetzten, z. T. durch die Sicherheitsfachkraft vermittelt. Vorgesetzte müssen aber dazu zumeist erst angeleitet werden (1.4). Mit der Maßnahmengruppe 1.3 wird auf den motivierenden Einfluß angespielt, der sich aus der hohen Priorität der Sicherheitsarbeit im Unternehmen und daraus resultierenden Aktivitäten ergibt.

Ausgewählte Literatur: Smith, H. H. Cohen, A. Cohen & Cleveland, 1978; Sulzer-Azaroff, 1978; Komaki, Heinzmann & Lawson, 1980; Locke, 1980;

Sulzer-Azaroff & Consuelo de Santa Maria, 1980; Komaki, 1981; Haynes, Pine & Fitch, 1982; Sulzer-Azaroff, 1982; Komaki, Collins & Penn, 1982; Komaki, 1983; Fellner & Sulzer-Azaroff, 1984; Chhokar & Wallin, 1984.

2 Unterweisung und Training

2.1 Die Fähigkeit zum Wahrnehmen und Erkennen von Gefahren verbessern

2.2 Die Entscheidungsfähigkeit in sicherheitskritischen Situationen verbessern

2.3 Die Kommunikations- und Kooperationsfähigkeit verbessern

2.4 Verbessern der Koordination von Arbeits- und Gefahrenkontrolle

Zu den klassischen Maßnahmen des Arbeitsschutzes und der Unfallverhütung gehören Unterweisung und Training, Maßnahmen, die in vielerlei Gesetzen und Verordnungen verankert sind (Strube, Ruppert & Strobel, 1985). Aber in diesem Bereich ist die Forschungslage noch ungünstiger: einer Flut von Artikeln mit immer wieder neuem Programm stehen nur wenige Beiträge gegenüber, die auch die Wirksamkeit solcher Maßnahmen geprüft haben (Hale, 1984). Mit Hale (a.a.O.) läßt sich Sicherheitstraining als der Versuch bezeichnen, das Verhalten von Individuen in gefährlichen Situationen durch Verbesserung ihrer Fähigkeiten, Kenntnisse und Fertigkeiten so zu verändern, daß sie Unfälle oder Gesundheitsschäden vermeiden können. Dazu ist ein spezifisches Training erforderlich, das wir – wie oben angegeben – in 4 Themenbereiche gegliedert haben. Um nur ein Beispiel zu nennen: Nach 2.4 kommt es darauf an, Arbeitstätigkeit und Gefahrenkontrolle zu koordinieren, denn hinter jeder Arbeitsaufgabe verbirgt sich ein mehr oder weniger großes Gefahrenpotential, das davon abhängig ist, wie gut die gleichzeitige Kontrolle der Arbeitsausführung und der davon ausgehenden Gefährdungen gelingt. Dazu muß der Handelnde seine Aufmerksamkeit verteilen können und über ein Programm von Eingriffen in sicherheitskritischen Situationen verfügen.

Ausgewählte Literatur: Ellis, 1975; Goldstein, 1978; Komaki, Heinzmann & Lawson, 1980; McKenna & Hale, 1981, 1982; Cohen & Jensen, 1984; Referate von Ludborzs, Maier, Bluhm & Schollmeyer, Frey auf dem Workshop „Gefahrenbewußtsein und sicheres Handeln“ (Hoyos & Wenninger, 1985).

3 Arbeitsgestaltung

3.1 Sicherheitsfördernde Gestaltung von Arbeitsplatz, Arbeitsmitteln und Arbeitsumgebung

3.2 Sicherheitsfördernde Gestaltung des Arbeitsablaufs

3.3 Sicherheitsfördernde Gestaltung der Aufbauorganisation

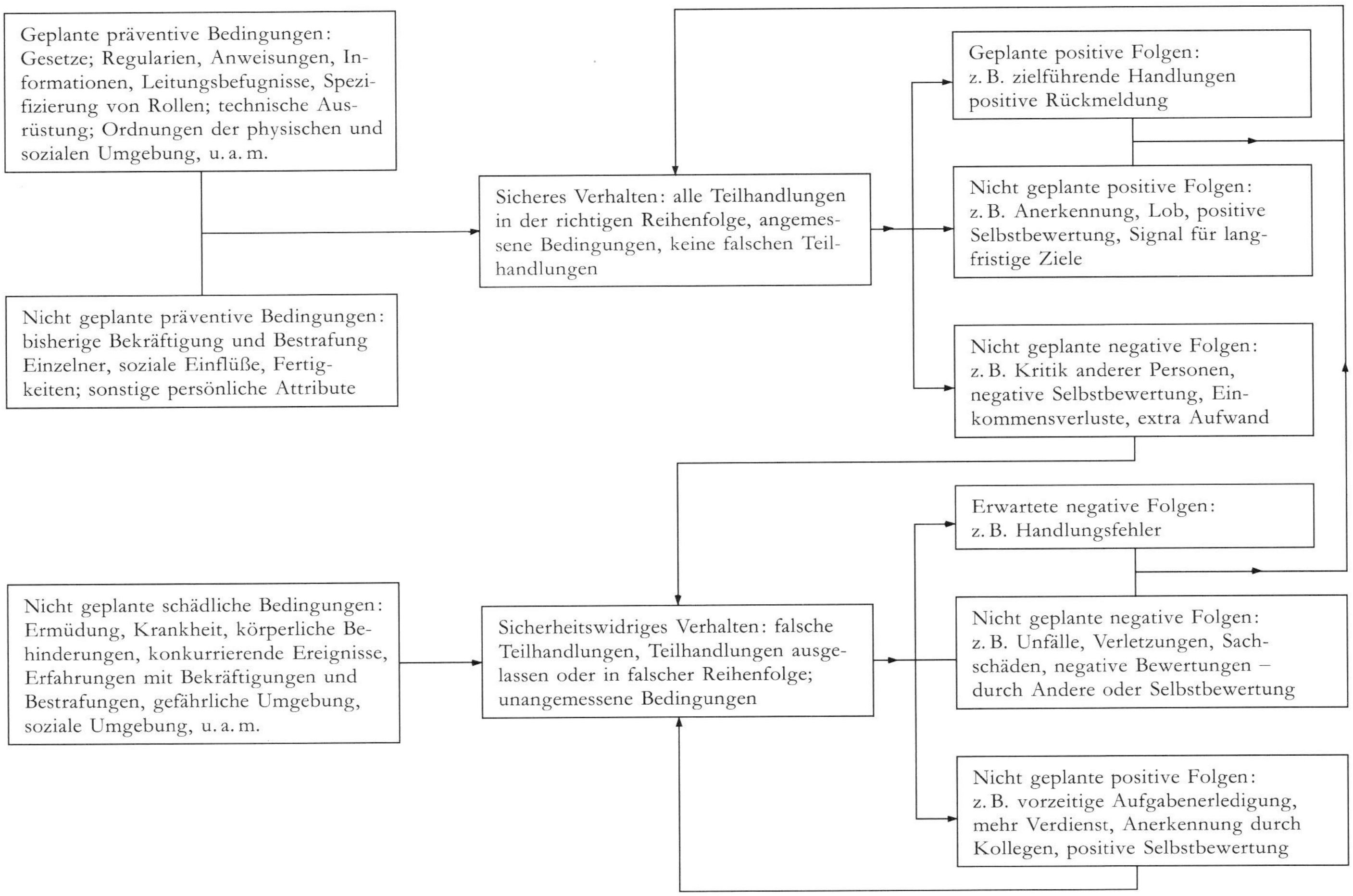

Abb. 6: Geplante und nicht geplante Einflüsse auf sicheres und sicherheitswidriges Verhalten (nach Sulzer-Azaroff, 1982)

In dieser Gruppe von Maßnahmen geht es darum, nicht-personale Systemkomponenten im Hinblick auf Sicherheit zu optimieren. Dabei gilt der Grundsatz: nach ergonomischen Prinzipien gestaltete Arbeitssysteme fördern auch die Sicherheit. Spezielle ergonomische Gestaltungsmängel mit Sicherheitsrelevanz lassen sich aus den Einstufungen der Kap. 4, 5, 8 des FSD erkennen. Darüber hinaus lassen sich allgemeine Gestaltungsgrundsätze aufstellen, die die Sicherheit verbessern sollen. Im Bereich der Arbeitsplatzgestaltung i. e. S. sollte man sich bemühen, die Kontextbedingungen für sicheres Verhalten (s. S. 609f) zu verbessern. Im Arbeitsablauf können Anweisungen stärker sicherheitsfördernd gestaltet werden. In der Aufbauorganisation spielt u. E. das Informationsnetz für sicherheitsrelevante Inhalte, Ereignisse und Anweisungen eine wichtige Rolle. – Auch wenn an der Bedeutung der arbeitsgestalterischen und organisatorischen Aspekte der Sicherheitsarbeit nicht gezweifelt werden kann, so gibt es doch wenig empirische Anhaltspunkte, welche Maßnahmen sich besonders bewährt haben.

Ausgewählte Literatur: Simonds & Shafai-Sahrai, 1977; Robinson, 1982, 1983; Saari, 1982; Pauls, 1984; im übrigen kann auf die ergonomische und arbeitswissenschaftliche Standardliteratur verwiesen werden.

Abschließend versuchen wir, anhand einer Darstellung von Sulzer-Azaroff (1982) eine Zusammenschau der Maßnahmen zur Förderung sicheren Verhaltens und des Abbaus sicherheitswidrigen Verhaltens zu geben. Während Training und Arbeitsgestaltung – zusammen mit anderen Einflußfaktoren – den Input für das Verhalten in gefährlichen Arbeitssituationen bilden, beziehen sich motivierende Maßnahmen auf das Verhalten selbst, d. h. auf den Output der Systemkomponente „Mensch" und auf die entsprechenden Konsequenzen. Gleichzeitig aber lassen sich aus Abb. 6 auch die Wirkbeziehungen der einzelnen Maßnahmen erkennen.

6 *Ausblick*

In diesem Beitrag wurde versucht, einen Überblick über wichtige Themen der Psychologie im Arbeitsschutz zu geben. Anschließend soll auf einige Teilthemen und Aspekte hingewiesen werden, die notgedrungen zu kurz gekommen sind oder gar nicht behandelt werden konnten.

6.1 Psychologie im Arbeitsschutz als Angewandte Psychologie

Wie die Arbeitspsychologie insgesamt ist die Psychologie im Arbeitsschutz ein Teilgebiet der Angewandten Psychologie. Sie hat es offenkundig mit einem

Problemfeld zu tun, das mit der Entwicklung der menschlichen Arbeitstätigkeit eng zusammenhängt und für das Lösungen – im Zusammenwirken mit anderen Disziplinen – erarbeitet werden sollen. Nach dem Verständnis der Angewandten Psychologie sollen dazu Erkenntnisse der Grundlagendisziplinen der Psychologie ebenso herangezogen werden, wie auch eigene Hypothesen und Theorien entwickelt werden (Hoyos, 1977). Es wäre nun ein notwendiger und nützlicher Schritt, darüber zu reflektieren, in welchem Umfange die Sicherheitspsychologie von den Erkenntnissen der Grundlagendisziplinen profitiert hat. Das ist tatsächlich der Fall, denn bei der Behandlung sicherheitsrelevanter Themen konnte auf Wahrnehmungsgesetze, auf attributionstheoretische Ansätze, auf homöostatische Modelle, auf Ergebnisse der Motivationsforschung Bezug genommen werden. Das sind bislang aber nur vereinzelte Nutzungen von Grundwissen. Wie auch nicht verhehlt werden darf, führt eine solche Nutzung gelegentlich in die Irre, wenn man z. B. die Risikoabschätzung auf der Basis vermuteter kleiner Wahrscheinlichkeiten betrachtet. An dieser und anderen Stellen wird deutlich: die Rückkoppelung der Grundlagenforschung mit der Angewandten Psychologie ist dringend verbesserungsbedürftig.

6.2 Allgemeine und spezielle Sicherheitspsychologie

In diesem Beitrag wurde versucht, das Verhalten in gefährlichen Arbeitssituationen eher allgemein zu behandeln, wobei allerdings die Beschränkung auf gefährliche Arbeitssituationen schon eine Spezialisierung bedeutet. U. E. gelten sicherheitspsychologische Erkenntnisse allgemein für viele Bereiche, d. h. neben der Arbeit z. B. auch für Sport, Haushalt (in dem Arbeit verrichtet wird, die aber üblicherweise nicht Thema der Arbeitspsychologie ist), Verkehr. Auf der anderen Seite sind spezielle Sicherheitspsychologien unter verschiedenen Hinsichten vonnöten. Nur einige Beispiele: Wie die Anforderungen an das sichere Verhalten mit der Art der vorherrschenden, schädigenden Energie (Hitze, chemische Energie usw.) variieren, hat kürzlich Strobel (1984) gezeigt; ein besonderes Interesse erheischen manche neue Technologien, z. B. Industrieroboter, deren Gefährdungspotential noch nicht durchschaut wird (Hoyos & Strobel, 1985); wegen ihrer Spitzenposition in der absoluten und relativen Häufigkeit haben Sturzunfälle die Aufmerksamkeit auf die Gebäudesicherheit gelenkt, dort wieder besonders auf Treppen (Archea, Collins & Stahl, 1979; Pauls, 1984; Templer, 1984); viele handelsübliche Produkte, z. B. Rasenmäher, haben ein erhebliches Gefährdungspotential, das durch Gestaltung und sinnvolle Instruktionen kontrolliert werden muß, während die Nutzer zumeist nicht greifbar sind (Wilson, 1983; R. L. McCarthy, Finnegan, Krumm-Scott & G. E. McCarthy, 1984).

6.3 Umsetzung sicherheitspsychologischer Erkenntnisse

Für die Angewandte Psychologie ist das wohl drängendste Problem die Umsetzung ihres Wissens in Maßnahmen aller Art. Sie kann auf zahlreichen Ebenen und in verschiedenen Stufen geschehen: im Umgang mit anderen Disziplinen und mit Repräsentanten der Betriebe, Verwaltungen usw. Durch die Psychologen vor Ort, durch geeignete Aufbereitung von psychologischem Wissen, durch Expertisen und Beratung. Sicherheitspsychologische Erkenntnisse lassen sich aber vielfach nicht umsetzen, weil sie zu kompliziert oder zu komplex sind, weil sie zu der „common sense"-Psychologie von Sicherheitsfachkräften, Arbeitern, Vorgesetzten usw. in Widerspruch stehen und deshalb nicht akzeptiert werden, weil sie zu Konsequenzen führen, die nicht durchsetzbar sind, d. h. weil sie vielleicht zu teuer sind und weil man deren langfristige Wirkung evtl. nicht abschätzen kann. Erfahrungen solcher Hemmnisse und Schwierigkeiten sind für uns nicht neu; wir teilen sie mit anderen Disziplinen. Wir lernen daraus aber auch: gute Erkenntnisse – und wir hoffen, unsere Erkenntnisse seien gut – setzen sich nicht von allein durch. Besondere Bemühungen sind erforderlich, z. B. durch Aufbereitung des Wissens in geeignete Aussageformen, durch systematische Anleitung, durch Informationen über die Größenordnung von Maßnahmeeffekten u. a. Maßnahmen mehr (vgl. Kraak, 1980; Hoyos, 1984).

Literatur

Adams, S. K. & Husseiny, A. A. 1984. Anticipating control failure and operator error. Proceedings of the Human Factors Society, 28th Annual Meeting, San Antonio/Texas 283–287.

Anderson, J. R. 1980. Cognitive psychology and its implications. San Francisco: Freeman.

Andriessen, J. H. T. H. 1978. Safe behaviour and safety motivation. Journal of Occupational Accidents, **1**, 363–376.

Archea, J., Collins, B. L. & Stahl, F. I. 1979. Guidelines for stair safety. Washington, D.C.: National Bureau of Standards.

Baddeley, A. D. 1969. Performance in dangerous environments. Paper presented to the NATO Advanced Study Institute in Human Factors/Ergonomics at Mondello, Herbst 1969.

Beishon, J. 1974. Systems, organization and management. Milton Keynes: The Open University.

Benda, Helga v. 1977. Die Skalierung der Gefährlichkeit von Straßenverkehrssituationen. Teil II: Die Skalierung der Gefährlichkeit. Forschungsbericht FP 7320 im Auftrag der Bundesanstalt für Straßenwesen. TU München, Lehrstuhl für Psychologie.

Benda, Helga v. 1983. Die Häufigkeit von Verkehrssituationen. Forschungsbericht im Auftrag der Bundesanstalt für Straßenwesen (BASt) – FP 7320/2. München: Lehrstuhl für Psychologie.

Benda, Helga v. & Hoyos, C. Graf 1983. Estimating hazards in traffic situations. Accident Analysis & Prevention, **15,** 1–9.

Benda, Helga v., Hoyos, C. Graf & Schaible-Rapp, A. 1983. Klassifikation und Gefährlichkeit von Straßenverkehrssituationen. Forschungsberichte der Bundesanstalt für Straßenwesen, Bereich Unfallforschung, Nr. 89. Bergisch Gladbach.

Benner, L. 1975. Accident investigations: multilinear events sequencing methods. Journal of Safety Research, **7** (2), 67–73.

Bernhardt, U., Hoyos, C. Graf & Hauke, G. 1984. Psychological safety diagnosis. Journal of Occupational Accidents, **6,** 61–70.

Bernhardt, U., Hauke, G., Hoyos, C. Graf & Wenninger, G. 1984. Entwicklung eines Verfahrens zur Diagnose von Mensch-Umwelt-Systemen. Teil 1: Entwicklung und Erprobung des Fragebogens zur Sicherheitsdiagnose (FSD). Bericht Nr. 12 aus dem Lehrstuhl für Psychologie der TU München.

Bubb, H. & Schmidtke, H. 1981. Analyse der Systemstruktur. In: H. Schmidtke (Hg.): Lehrbuch der Ergonomie. München: Hanser, 263–285.

Bundesanstalt für Arbeitsschutz und Unfallforschung (BAU) (Hg.) 1980. Untersuchung des Arbeitsschutzsystems in der Bundesrepublik Deutschland – Kurzfassung. Dortmund.

Bundesanstalt für Straßenwesen 1976. 6. Mittlg. Zeitschrift für Verkehrssicherheit, **22,** 34–40.

Burkardt, F. 1976. Psychologie der Arbeitssicherheit. In: Bundesanstalt fur Arbeitsschutz und Unfallforschung/Hauptverband der gewerblichen Berufsgenossenschaften (Hg.): Ausbildung Sicherheitsfachkräfte – Grundlehrgang A. Köln: Verlag TÜV Rheinland, Kap. II/7.

Burkardt, F. 1981. Arbeitsgewohnheiten und Sicherheitseinstellungen als Resultate von Lernprozessen. Psychologische Beiträge zum Arbeitsschutz. Frankfurt/M.: Institut für Psychologie der JWG-Universität.

Burkardt, F. 1985. Unfallschwerpunkt-bezogene Verhaltensmodifikation. In: C. Graf Hoyos & G. Wenninger (Hg.): Gefahrenbewußtsein und sicheres Handeln: Psychologische Sicherheitsforschung für die Praxis. Bericht Nr. 13 aus dem Lehrstuhl für Psychologie der TU München.

Carlin, D. & Planek, T. W. 1980. Risk evaluation in industry: methods and practice. Professional Safety, March, 46–50, April, 29–35.

Cavén, T. & Saari, J. 1982. Videotape-based interviews in safety analysis. Journal of Occupational Accidents, **4,** 341–345.

Chhokar, J. S. & Wallin, J. A. 1984. Improving safety through applied behavior analysis. Journal of Safety Research, **15,** 141–151.

Cohen, J. 1960. Chance, skill, and luck. Harmondsworth, Engl.: Penguin Books.

Cohen, A. 1977. Factors in successful occupational safety programs. Journal of Safety Research, **9,** 168–178.

Cohen, H. H. & Jensen, R. C. 1984. Measuring the effectiveness of an industrial lift truck safety training program. Journal of Safety Research, **15,** 125–135.

Dawson, S., Poynter, P. & Stevens, D. 1982. Strategies for controlling hazards at work. Journal of Safety Research, **13,** 95–112.

Edwards, W. 1968. Information processing, decision making and highway safety. In: O'Day, J. (Hg.): Driver behavior: cause and effect. Washington, D.C.: Insurance Institute for Highway Safety.

Ellis, L. 1975. A review of research on efforts to promote occupational safety. Journal of Safety Research, **7,** 180–189.

Fang, G. & Harms-Ringdahl, L. 1983. Safety considerations in the design of factories – a study of three cases. International Seminar on Occupational Accident Research, Saltjöban/Schweden, 5.–9. Sept. 1983, 67–97.

Fellner, D. J. & Sulzer-Azaroff, B. 1984. Increasing industrial safety practices and conditions through posted feedback. Journal of Safety Research, **15,** 7–21.

Fischhoff, B., Lichtenstein, S., Slovic, P., Derby, S. L. & Keeney, R. L. 1981. Acceptable risk. Cambridge, Engl.: Cambridge University Press.

Frieling, E. & Hoyos, C. Graf. 1978. Fragebogen zur Arbeitsanalyse (FAA). Bern: Huber.

Gibson, J. J. 1982. Wahrnehmung und Umwelt. München: Urban & Schwarzenberg (Englische Originalausgabe, 1979).

Gibson, E. J. & Walk, R. D. 1960. The visual cliff. Scientific American, **202,** 64–71.

Goldstein, J. L. 1978. The pursuit of validity in the evaluation of training programs. Human Factors, **20,** 131–144.

Goldstein, J. L. McIntire, R. W., Pfeifer, C. M. & Stefanski, J. L. 1974. Behavioral approaches. In: Pfeifer, C. M. u. a. (Hg.): An evaluation of policy related research on effectiveness of alternative methods to reduce occupational illness and accidents. Technical Report BSC-2, Columbia, Md.: Behavioral Safety Center.

Goodenough, D. R. 1976. A review of individual differences in field dependence as a factor in auto safety. Human Factors, **18,** 53–62.

Graham, K. J. & Kinney, G. F. 1980. A practical safety analysis system for hazard control. Journal of Safety Research, **12,** 13–20.

Hacker, W. 1978. Allgemeine Arbeits- und Ingenieurpsychologie. Bern: Huber (2. Aufl.).

Hagenkötter, M. 1973. Bemerkungen und Thesen zum Arbeitsschutz. Dortmund: Bundesanstalt für Arbeitsschutz und Unfallforschung.

Hale, A. R. 1984. Is safety training worthwhile? Journal of Occupational Accidents, **6,** 17–33.

Hale, A. R. & Hale, M. 1970. Accidents in perspective. Occupational Psychology, **44,** 115–121.

Hammer, W. 1972. Handbook of system and product safety. Englewood Cliffs, N.J.: Prentice-Hall.

Hammer, W. 1976. Occupational safety management and engineering. Englewood Cliffs, N.J.: Prentice-Hall.

Haynes, R. S., Pine, R. C. & Fitch, H. G. 1982. Reducing accident rates with organizational behavior modification. Academy of Management Journal, **25,** 407–416.

Heckhausen, H. 1980. Motivation und Handeln. Berlin: Springer.

Hoyos, C. Graf 1976. Entscheidungsautonomie in Mensch-Maschine-Systemen. Ergebnisse einer Untersuchung zum Risikoverhalten an industriellen Arbeitsplätzen. Zeitschrift für Arbeitswissenschaft, **30** (2 NF), 216–220.

Hoyos, C. Graf 1977. Angewandte Psychologie. In: Wörterbuch der Pädagogik. Freiburg: Herder, 28–31.

Hoyos, C. Graf 1980. Psychologische Unfall- und Sicherheitsforschung. Stuttgart: Kohlhammer.

Hoyos, C. Graf 1981. Motivation. In: H. Schmidtke (Hg.): Lehrbuch der Ergonomie. München. Hanser, 88–104.

Hoyos, C. Graf 1984a. Der gegenwärtige Stand der Unfallpsychologie. In: Angst – Streß – Unfall. 25. Kongreß des Berufsverbandes Österreichischer Psychologen (B.Ö.P.), 13.–15. 9. 83 in Wien, Schlußbericht, 1984, 165–181.

Hoyos, C. Graf 1984b. Durch die Arbeitsaufgabe vermittelte Gefahren. Schlußbericht 4. Internationales Kolloquium: Maschinen-Störungsbehebung und Instanthaltung. Wien, 16.–18. 5. 1984.

Hoyos, C. Graf 1984c. Stellungnahme zu einer Diskussion über die Theorie der Risikokompensation. Zeitschrift für Verkehrssicherheit, **30,** 61–62.

Hoyos, C. Graf, Gockeln, R. & Palecek, H. 1981. Handlungsorientierte Gefährdungsanalysen an Unfallschwerpunkten der Stahlindustrie. Zeitschrift für Arbeitswissenschaft, **35** (7 NF), 146–149.

Hoyos, C. Graf & Strobel, G. 1985. Das Gefährdungspotential des Programmierers von Industrierobotern. Die Berufsgenossenschaft, April, 191–198.

Hoyos, C. Graf & Wenninger, G. (Hg.) 1985. Gefahrenbewußtsein und sicheres Handeln: Psychologische Sicherheitsforschung für die Praxis – Workshop Oktober 1984. Bericht Nr. 13 aus dem Lehrstuhl für Psychologie der TU München.

Huguenin, R. D. 1982. Zur Problematik von Risikokompensationstheorien in der Verkehrspsychologie. Zeitschrift für Verkehrssicherheit, **28,** 180–187.

Johnson, E. J. & Tversky, A. 1983. Affect, generalization, and the perception of risk. Journal of Personality and Social Psychology, **45,** 20–31.

Jungermann, H. (1982) Zur Wahrnehmung und Akzeptierung von Großrisiken. Psychologische Rundschau, **33,** 217–238.

Kieback, D. 1984. Fehler im Verhalten als Ursachen für Unfälle durch elektrischen Strom. Sicherheitsingenieur, Heft **6,** 26–31.

Kjellén, U. 1983a. The deviation concept in occupational accident control – theory and method. Report No. TRITA-A06-0019. Stockholm: Kungl. Tekniska Högskolan.

Kjellén, U. 1983b. Analysis and development of corporate practices for accident control. Report No. TRITA-AVE-0001. Stockholm: Kungl. Tekniska Högskolan.

Kjellén, U. & Larsson, T. J. 1981. Investigating accidents and reducing risks – a dynamic approach. Journal of Occupational Accidents, **3,** 129–140.

Klebelsberg, D. v. 1969. Risikoverhalten als Persönlichkeitsmerkmal. Bern: Huber.

Klebelsberg, D. v. 1977. Das Modell der subjektiven und objektiven Sicherheit. Schweizerische Zeitschrift für Psychologie und ihre Anwendungen, **36,** 285–294.

Klix, F. 1976^3. Information und Verhalten. Bern: Huber.

Komaki, J. L. 1981. A behavioral view of paradigm debates: let the data speak. Journal of Applied Psychology, **66,** 111–112.

Komaki, J. L. 1983. A behavioral approach to work motivation. Conference Papers of the International Seminar on Occupational Accident Research, Saltjöban/Schweden, 5.–9. Sept. 1983, 67–97.

Komaki, J., Heinzmann, A. T. & Lawson, L. 1980. Effect of training and feedback: component analysis of a behavioral safety program. Journal of Applied Psychology, **65,** 261–270.

Komaki, J., Collins, R. L. & Penn, P. 1982. The role of performance antecedents and consequences in work motivation. Journal of Applied Psychology, **67,** 334–340.

Kraak, B. 1980. Psychologie für die Praxis. Psychologische Beiträge, **22,** 182–190.

Kuhlmann, A. 1981. Einführung in die Sicherheitswissenschaft. Köln: Verlag TÜV Rheinland.

Lantermann, E. D. 1980. Interaktionen – Person, Situation und Handlung. München: Urban & Schwarzenberg.

Leplat, J. 1978. Accident analyses and work analyses. Journal of Occupational Accidents, **1,** 331–340.

Leplat, J. 1982. Accidents and incidents production: methods of analysis. Journal of Occupational Accidents, **4,** 299–310.

Lewin, I. 1982. Driver training: a perceptual-motor skill approach. Ergonomics, **25,** 917–924.

Locke, E. A. 1980. Latham versus Komaki: a tale of two paradigms. Journal of Applied Psychology, **65,** 16–23.

Maukisch, H. & Pfeiff, E. 1976. Kognition von Verkehrs-Gefahrenquellen bei tatauffälligen und unauffälligen Kraftfahrern. Problem und Entscheidung, Arbeiten zur Organisationspsychologie, Heft **16,** München.

McCarthy, R. L., Finnegan, J. P., Krumm-Scott, S. & McCarthy, G. E. 1984. Product information presentation, user behavior, and safety. Proceedings of the Human Factors Society, 28th Annual Meeting, San Antonio/Texas 81–85.

McKenna, F. P. 1982. The human factor in driving accidents – an overview of approaches and problems. Ergonomics, **25,** 867–877.

McKenna, S. P. & Hale, A. R. 1981. The effect of emergency first aid training on the incidence of accidents in factories. Journal of Occupational Accidents, **3,** 101–114.

McKenna, S. P. & Hale, A. R. 1982. Changing behaviour towards danger: the effect of first aid training. Journal of Occupational Accidents, **4,** 47–60.

Mittenecker, E. 1962. Methoden und Ergebnisse der psychologischen Unfallforschung. Wien: Deuticke.

Monteau, M. 1977. Praktische Methode zur Untersuchung von Unfallfaktoren. Grundsätze und Anwendung im Versuch. Deutsche Ausgabe durch die Generaldirektion Soziale Angelegenheiten. Luxemburg: Kommission der Europäischen Gemeinschaften.

Monteau, M. 1979. Bilance des methodes d'analyse d'accidents du travail. Rapport No. 456/RE. Vandoeuvre-Les-Nancy: Institut National de Recherche et de Sécurité.

Näätänen, R. & Summala, H. 1976. Road-user behavior and traffic accident. Amsterdam: North-Holland Publishing Co.

Neuloh, O., Graf, O., Mausolff, A., Rüssel, A. & Ruhe, H. 1957. Der Arbeitsunfall und seine Ursachen. Stuttgart/Düsseldorf: Ring-Verlag.

Nill, E. 1974. Das Safetygramm. Sicherheitsingenieur, Nr. 2 und 3.

Otway, H. J. & Winterfeldt, D. v. 1980. Risikoverhalten in der Industriegesellschaft. In: Hoyos, C. Graf et al. (Hg.): Grundbegriffe der Wirtschaftspsychologie. München: Kösel.

Paté, M. E. 1983. Acceptable decision processes and acceptable risks in public sector regulations. IEEE Transactions on Systems, Man, and Cybernetics, SMC-13, 113–124.

Pauls, J. 1984. Building use and safety. Proceedings of the Human Faktors Society, 28th Annual Meeting, San Antonio/Texas, pp. 555–559.

Quimby, A. R. 1983. Hazard perception in a laboratory test and driving performance on the road. Working Paper/Human and Social Factors Division. Crowthorne Engl.: Transport and Road Research Laboratory.

Rasmussen, J. 1982. Human errors – a taxonomy for describing human malfunction in industrial installations. Journal of Occupational Accidents, **4,** 311–333.

Reber, R. A. & Wallin, J. A. 1983. Validation of a behavioral measure of occupational safety. Journal of Organizational Behavior Management, **5,** 69–77.

Rehschuh, D. 1984. Erfassen des Unfallgeschehens in der Forstwirtschaft. Vortrag 30. Arbeitswissenschaftlicher Kongreß, Düsseldorf, 15./16. 3. 1984.

Renn, O. 1983. Technology, risk and public perception. Angewandte Systemanalyse, **4,** 50–65.

Rheinberg, F. & Dirksen, U. 1984. Motivationspsychologische Analysen zu riskantem vs. defensivem Motorradfahren. Referat auf der AEPF-Tagung „Empirisch-pädagogische Forschung zur Verkehrssicherheit", Oktober 1984, Bundesanstalt für Straßenwesen.

Robinson, G. H. 1982. Accidents and sociotechnical systems: principles for design. Accident Analysis & Prevention, **14,** 121–130.

Robinson, G. H. 1983. Accidents and variance control. Conference Papers of the International Seminar on Occupational Accident Research, Saltjöban/Schweden, 5.-9. Sept. 1983, 67–97.

Rouse, W. B. & Rouse, S. H. 1983. Analysis and classification of human error. IEEE Transactions on Systems, Man, and Cybernetics. SMC-13, 539–549.

Rubinsky, S. & Smith, N. 1973. Safety training by accident simulation. Journal of Applied Psychology, **57,** 68–73.

Ruppert, F. 1984a. Wahrnehmen und Erkennen von Gefahren am Arbeitsplatz. Die Berufsgenossenschaft, **3,** 194–197.

Ruppert, F. 1984b. Wahrnehmen und Erkennen von Gefahren. Bericht zum Forschungsprojekt 01 HA 121 des BMFT. München: Lehrstuhl für Psychologie der Technischen Universität.

Ruppert, F., Hirsch, Ch. & Waldherr, B. 1985. Wahrnehmen und Erkennen von Gefahren am Arbeitsplatz. Forschungsberichtsreihe Humanisierung des Arbeitslebens, Forschungsbericht, Nr. 426. Bremerhaven: Wirtschaftsverlag NW.

Saari, J. 1982. Accidents and progress of technology in Finnish industry. Journal of Occupational Accidents, **4,** 133–144.

Saari, J. 1976/77. Characteristics of tasks associated with the occurence of accidents. Journal of Occupational Accidents, **1,** 273–279.

Schneider, B. 1977. Gefährdungsanalyse. In: Bundesanstalt für Arbeitsschutz und Unfallforschung, Hauptverband der Gewerblichen Berufsgenossenschaften e.V. (Hrsg.); Sicherheitsfachkräfte – Grundlehrgang B, Kap II, 21. Köln: Verlag TÜV Rheinland.

Sektion Arbeits- und Betriebspsychologie im BDP (Hg.) 1983. Arbeitspsychologische Fortbildung von Sicherheitsfachkräften. Duisburg.

Shinar, D., Mcdonald, S. T. & Treat, J. R. 1978. The interaction between driver mental and physical conditions and error causing traffic accidents: an analytical approach. Journal of Safety Research, **10,** 16–23.

Simonds, R. H. & Shafai-Sahrai, Y. 1977. Factors apparently affecting injury frequency in eleven matched pairs of companies. Journal of Safety Research, **9,** 120–127.

Singleton, W. T. 1973. Theoretical approaches to human error. Ergonomics, **16,** 727–737.

Skiba, R. 1973. Die Gefahrenträgertheorie. Forschungsbericht Nr. 106. Dortmund: Bundesanstalt für Arbeitsschutz und Unfallforschung.

Slovic, P. 1978. The psychology of protective behavior. Journal of Safety Research, **10,** 58–68.

Smillie, R. J. & Ayoub, M. A. 1976. Accident causation theories: a simulation approach. Journal of Occupational Accidents, **1,** 47–68.

Smith, M. J., Cohen, H. H., Cohen, A. & Cleveland, R. J. 1978. Characteristics of successful safety programs. Journal of Safety Research, **10,** 5–15.

Smith, L. L. & Fedor, O. H. 1984. The basics of human error analysis – where to place the blame. Proceedings of the Human Factors Society, 28th Annual Meeting, San Antonio/Texas pp. 188–191.

Solomon, K. A., Batten, C. L. & Phelps, C. E. 1984. How safe is reasonable? In: G. A. Peters & B. J. Peters (Hg.): Automotive engineering and litigation. Vol. 1. New York: Garland Law Publishing, 555–573.

Strobel, G. 1984. Handlungsorientierte Anforderungsanalyse sicherheitskritischer Arbeitssituationen. Unveröffentl. Diplom-Arbeit, München.

Strube, S., Ruppert, F. & Strobel, G. 1985. Sicherheitsausbildung am Arbeitsplatz. Entwicklung und Erprobung handlungsorientierter Informationskonzepte. Unveröffentl. Manuskript. München: Lehrstuhl für Psychologie der TUM.

Sulzer-Azaroff, B. 1978. Behavioral ecology and accident prevention. Journal of Organizational Behavior Management, **2,** 11–44.

Sulzer-Azaroff, B. 1982. Behavioral approaches to occupational health and safety. In: L. W. Frederiksen (Hg.): Handbook of organizational behavior management. New York: Wiley, 505–538.

Sulzer-Azaroff, B. & Consuelo de Santa Maria, M. 1980. Industrial safety hazard reduction through performance feedback. Journal of Applied Behavior Analysis, **13,** 287–295.

Sundström-Frisk, C. 1984. Behavioural control through piece-rate wages. In: U. Kjellén (Hg.): Proceedings of the International Seminar on Occupational Accident Research, Saltsjöbaden/Schweden, 5.–9. Sept. 1984. Amsterdam: Elsevier, 49–59; gleichzeitig: Journal of Occupational Accidents, **6.**

Taylor, D. H. 1976. Accidents, risks, and models of explanation. Human Factors, **18,** 371–380.

Templer, J. A. 1984. The forgiving stair. Proceedings of the Human Factors Society, 28th Annual Meeting, San Antonio/Texas 58–62.

Tuttle, T. C., Wood, G. D., Grether, C. B. & Reed, D. E. 1974. Psychological-behavioral strategies for accident control: a system for diagnosis and intervention. Final Report for National Institute for Occupational Safety and Health. Columbia, Md.: Behavioral/Safety Center.

Van de Putte, T. 1981. Purpose and framework of a safety study in the process industry. Journal of Hazardous Material, **4,** 225–234.

Vlek, C. & Stallen, P.-J. 1981. Judging risks and benefits in the small and in the large. Organizational Behavior and Humance Performance, **28,** 235–271.

Vroom, V. H. 1964. Work and motivation. New York: Wiley.

Walk, R. D. & Gibson, E. J. 1961. A comparative and analytical study of visual depth perception. Psychological monographs, 75, No. **519.**

Walster, G. 1966. Assignment of responsibility of an accident. Journal of Personality and Social Psychology, **3,** 73–79.

Wilde, G. J. S. 1978. Theorie der Risikokompensation der Unfallverursachung und praktische Folgerungen für die Unfallverhütung. Vortrag 12. Tagung Österreichische Gesellschaft Unfallchirurgie, 1976, Hefte zur Unfallheilkunde, Heft 130. Berlin: Springer, 134–156.

Wilde, G. J. S. & Kunkel, E. 1984. Die begriffliche und empirische Problematik der Risikokompensation – eine Erwiderung auf Dr. R. D. Huguenin. Zeitschrift für Verkehrssicherheit, **30,** 52–60.

Williams, A. F. & Wechsler, H. 1973. Dimensions of preventive behavior. Journal of Consulting and Clinical Psychology, **40,** 420–425.

Wilson, J. R. 1983. Pressures and procedures for the design of safer consumer products. Applied Ergonomics, **14,** 109–116.

Zimolong, B. 1978. Gefährdungseinschätzung beim Rangieren. Forschungsbericht für die Bundesanstalt für Arbeitsschutz und Unfallforschung. Braunschweig: Institut für Psychologie.

Zimolong, B. 1979. Risikoeinschätzung und Unfallgefährdung beim Rangieren. Zeitschrift für Verkehrssicherheit, **25,** 109–114.

Zimolong, B. 1980. Arbeits- und Gesundheitsschutz. In: Hoyos, C. Graf et al. (Hg.): Grundbegriffe der Wirtschaftspsychologie. München: Kösel, 309–315.

Zimolong, B. 1982. Verkehrskonflikttechnik – Grundlagen und Anwendungsbeispiele. Unfall- und Sicherheitsforschung im Straßenverkehr, Heft 35. Köln: Bundesanstalt für Straßenwesen.

Zimolong, B. 1985. Hazard perception and risk estimation in accident causation. In: R. E. Eberts & C. G. Eberts (Hg.): Trends in Ergonomics/Human Factors II. Amsterdam: Elsevier, 463–470.

Autoren-Register

Hinweis: die *kursiv gedruckten* Seitenangaben beziehen sich auf die Literaturverzeichnisse der Artikel.

Sachregister